罗马私法

【当代德国法学名著】

当代德国法学名著
Repräsentative Deutsche Rechtsliteratur der Gegenwart

罗马私法

Römisches Privatrecht

[德] 马克斯·卡泽尔　罗尔夫·克努特尔/著
M.Kaser/R.Knütel
田士永/译

法律出版社

著作权合同登记号
图字：01–2005–4676

本书翻译得到德意志学术交流中心
和德国科学基金协会的支持

**Die Übersetzung erfolgte mit
Unterstützung des DAAD und des
Stifterverbandes für die Deutsche Wissenschaft**

本书翻译得到德意志学术交流中心
和德国科学基金协会的支持

**Die Übersetzung erfolgte mit
Unterstützung des DAAD und des
Stifterverbandes für die Deutsche Wissenschaft**

当代德国法学名著总序

当代德国法学名著译事之缘起，在乎“取法人际，天道归一”之理念。

天地渺渺，众生芸芸；然天地何以长存不灭，众生何以繁衍不息？此中必有亘古于今之一般法则。天地者，自然之谓；众生者，乃自然所赋生灵之长，人也。而人所以居万物之首而为生灵之长，概因其不仅是生于自然，而且还能领悟于自然，进而以理性和智慧的劳动创造受益于自然。由此而论，天地间至真至善至美，莫过于人与自然之和谐融合。正如庄子所说：“知天之所为，知人之所为者，至也。”而中国哲人所言“天人合一”，实际表明着人类的最高智慧和境界。但是，最高的智慧未必是功利的智慧，最高的境界往往不是现实的境界，此乃人类虽为万物灵长，但又归于万物的本性使然。尽管不无缺憾，但却理所当然。纵观古往今来，可知人类始终是在理想与现实、理性与物性的矛盾状态中存在发展。不过，人出于其自然本性但又以其理性确认的社会秩序，又使之在这种永远不会解消的矛盾状态中生存发展成为可能。

自古以来，食色之性、交往之需、名利之求、功德之义，无论国人洋人、权贵庶民，众生莫不有之;唯每人认取之价值,或此或彼因人因地因时而异。但基于人之本性所产生的社会,无论东方西方,必然有其共性。于是有老子的古训:“人法地,地法天,天法道,道法自然。”而希腊的斯多噶哲人也说:“按照自然而生活。”由此可知,同属自然之人类,本有其共同的理念与法则。以法律而言,中国、西方法律虽文化传统各异,然毕竟都是人类社会的法律;必然有其共同的人性内涵。所以,考察法律,应着眼超越地域、国度和民族,甚至超越时空的人际层面,努力发现本来属于整个人类的理念和规范,并在此基础上寻求并促进人与人、民族与民族、国家与国家之间越来越普遍深入的交往。吾人之规可为他人所取,他人之法可为吾人所用,概其皆出乎人之本性。所以“取法人际,天道归一”,当为人类社会法律进步之最高思想境界。以迄今历史度之,人类生存发展的必然趋势是越来越普遍深入地相互结合和依赖,经济的全球化和文化的世界化正在相辅相成地迅速演进。在人类发展进程中,产生于人类本性的共性愈多愈充分地为人所认识,则人与人之间、国家与国家之间的交往就愈可能有效和平地进行。作为人类社会的行为规范,任何国家的法律都是人与人之间实现交往、确定关系及秩序的最重要途径。就此而论,可断言未来人类的发展与和平,很大程度上将取决于全人类在法律法则上的沟通与趋同。

本着取法人际或取法自然的理念,当代德国法学名著译事拟系统全面地翻译当代德国法学具有代表性的学术成果。因为德国法不仅为可取之一方法律,而且还与当代中国法制有着特殊的关联。事实上,当代中国大陆与台湾地区的法制是基于清末民初之际的法律改制发展而来。当时采纳了欧洲大陆法系法制模式,而其中又以汲取德国法律,特别是民法、刑法居多。不仅如此,20 世纪以来中国法制和法学的发展还颇受德国法制和法学的影响,现今中国法制和法学的不少思路实际都与后者有关联。因而,中国法制建设和法学进步自然更容易从德国法制与法学中获得启发。

此外，由于近代德国历史法学派和学说汇纂学派对罗马法和罗马普通法的系统研究与整理，近现代德国法学形成并获得了其本身独有的特色，其丰富成熟的法律理论与教条，恰恰是目前乃至21世纪我国法学与法制建设所迫切需要的。

当代德国法学名著的选题范围包括法哲学和法的基本理论、国家法、法律史、民法和商法、经济法、刑法、国际私法等内容。选题标准是：德国乃至欧洲法律界已经普遍公认为经典的名著，或在德国普遍使用的有代表性的教科书。与此同时，亦根据我国的实际需要翻译介绍一些有关法律文化背景方面的工具书和著名法学家的传记。初步选题首先由德国学者提出，然后由编委会综合各方面意见，最后根据我国实际需要确定翻译选题。为保证翻译质量，翻译工作严格采取译、校和三审程序。每部译著由一责任编委审阅或校对。译稿一审通过后，编委会和编辑部就一审提出的问题召开由德国教授和有关译者参加的翻译工作会议；在此基础上，译者还专程前往德国与作者或有关学者探讨翻译的疑难和细节问题。在此方面，德意志学术交流中心（DAAD）提供了有力的支持。在赴德改稿基础上提出的第二稿通过二审后，由译者进一步修改、润色定稿，复经审阅后交付出版社。

系统翻译德国法学名著的想法由来已久，但正式酝酿于1997年秋，经过近一年的准备筹划，于1998年秋开始实施，拟于2005年完成全部选定书目的翻译。应该说，德国文化交流中心的霍恩贝格尔先生（U. Hornberger）和法律出版社社长贾京平先生对促成此项翻译计划起了重要作用，黄闽总编亦助之鼎力。而此项翻译计划能够顺利实施，亦诚有赖编委会和编辑部各位同仁的共同志趣和辛勤工作。六位德国著名学者：考夫曼（A. Kaufmann）、克茨（H. Kötz）、克努特尔（R. Knütel）、何意志（R. Heuser）、孟文理（U. Manthe）和胜雅律（H. von Senger）教授在计划拟定、选题推荐和具体翻译工作中均给予我们宝贵帮助。德国大使馆柯灵博士(T. Klinner)和李雅思先生(M. Licharz)以多种方式推动此项翻译计划。德意志学术交流中心驻京办事处主任史翰功先生(H. Schmidt.)和施密特－多尔博士(T. Schmidt-Dörr)和他的同事们亦为此计划付出了劳动。德国跨国基金会(Inter Nationes)对部分书目的出版提供了支持。特别要提及的是,江平、谢怀栻、潘汉典等法学界前辈对于此项工作始终给予着关注和支持,中国政法大学有关部门亦对我们的工作提供了帮助。法律出版社张波、卞学琪先生对出版工作兢兢业业、认真负责。在此,谨对上述所有法律界同仁和有关机构表示由衷的谢意。我之所愿,所有参与此项计划和给予该计划关注和支持的人,都能从此处呈献的工作成果中得到虽非物质的,但却真实诚恳并有长久价值的酬劳。因为,倘若这些成果能够在21世纪和中华崛起之际被赋予些微历史和现实意义的话,那么它将胜于所有致谢和嘉言。

米　健

2002年于京城蓟门

所有法均为人而设。
Omne ius hominum causa constitutum. Hermogenian, D. 1,5,2

序言(第19版)

在新版中,我就不少问题予以了拓展和深化。尤其是关于奥古斯都婚姻法的内容,它对罗马市民的自由产生了极大影响,而且在长达百余年的时间里持续发生着效力。此外,还特别拓展和深化了关于奴隶法和金钱的内容。在债法领域主要是增补了关于法律继受以来的发展的提示。为便于把握时间顺序,我为本书增附了皇帝名录。此外,我还为本书增加了国内外的文献,这也不无意义。本书主要用于大学生,而他们也许不完全熟悉欧洲的通用语言,如果他们想深入钻研这些内容,在这些外语作品中不难找到针对各个问题的其他渊源和文献。此外,本书对于感兴趣者而言,越是那些进入私法和民事诉讼法的内容的人,越能提供理解上的帮助,尤其是当它恰好从法律的历史对法律加以说明的时候。

在准备本版过程中,罗士安博士(Dr. Sebastian Lohsse)作为讨论者提供了大量宝贵意见，作为助手提供了大力帮助，对此应当在这里向他表示衷心感谢。对于波恩大学罗马法研究所的同事们，我要感谢他们提出的各种修订建议。对于卡琳·阿尔佩特（Karin Alperth）女士一如既往地对修订文本进行精准可靠和敏捷迅速的加工，我致以深深的谢意。

没有我的老师马克斯·卡泽尔（Max Kaser），这部教科书的奠基人，我也不能出版这个新版，谨此怀着感激和崇敬之心表示对他的思念。

波恩（Bonn），2008 年 8 月

罗尔夫·克努特尔

序言(第17版)

正如马克斯·卡泽尔在此前的16个版次中那样,我在准备该书新版时也致力于明白易懂地传授罗马私法的全貌,即使个别内容仅在学术性课程中才有些许意义。这就需要将各种各样的材料相互联系起来。例如,没有关于夫权或者家父权的知识就很难掌握妇女和未成年人实施的法律行为。此外,为准确理解罗马私法,有必要将程序法包括在内。因此,对马克斯·卡泽尔已经很集中的论述予以了大幅压缩。

其实,很多方面的论述内容都需要增加。因此,我增加了很多据以说明法律规则或者法律问题的解决方案的理由。这对当代法同样具有意义:当代法虽然继受了很多规则,但关于它们自身的理性即使在大部头评注中也几乎没有涉及。基于同样考虑,我试图尽可能加入对于各项法律制度在罗马法复兴以后的发展的评论,进而再大体扩展到关于德国现行法、奥地利现行法、瑞士现行法及其他现行法的提示。

此外,我还增加了对古代渊源的参考,尤其是当时比较容易接触到的优士丁尼的《法学阶梯》。与此同时,还摘引、探讨了《学说汇纂》中某些代表性文本,它们有助于了解罗马的法律发现和法律表述的方式和方法。(所列出的)翻译基本上是由我的同事和朋友奥科·贝伦茨(Okko Behrends)、贝特霍尔德·库皮施(Berthold Kupisch)、汉斯·赫尔曼·塞勒(Hans Hermann Seiler)和其他许多专业同事完成的。米勒出版社(C. F. Müller)友好地许可我使用,谨在此表示感谢。

本书修订过程中还使用了其他文献。在马克斯·卡泽尔关于罗马私法的手册(第2版,1971年、1975年)和罗马民事诉讼法的手册[卡尔·哈克尔(Karl Hackl)负责修订,1996年]中,非常完整地提供了大量的国际上的文献。对此,在本教科书每一节开始前都作了标记(RPr. §§;Kaser/Hackl §§)。此外,只有对于那些难点问题才列出20世纪70年代以来出版并且范围较为适当、内容较为贴切的私法文献。

另外,根据经验,罗马法的专业术语可能会妨碍大学生的理解,因此我尽量避免使用它们,并对很多术语进行了翻译。对于引用的拉丁短语和文本片段也就不再作为附录,而是在引用的文本后进行附注。

附录中新增加了文本中使用的拉丁语法律规则的汇编。段落划分增加了边码,参阅也予以相应调整。渊源索引进行了缩减,内容索引重新予以加工。

马克斯·卡泽尔对为数不少的文本作出了添加按语或者伪造按语。这些按语很大程度上说明了应当把这些片段归于后古典法发展还是归于优士丁尼。尽管马克斯·卡泽尔的归类大部分可以成立,但在细节上还有许多值得讨论之处,在修订时只可能在很小范围内进行这项工作。因此,新版只删除了这些按语中的一部分。无疑,马克斯·卡泽尔也曾经或者可能考虑过,很多片段都不应当再予坚持了。

非常感谢我的朋友卡尔·哈克尔博士教授,他通读了民事诉讼法导论部分,并且向我提出了很多非常有价值的建议。特别感谢我的助手,第一次国家考试通过人罗士安先生,他长期不懈并且非常老练地帮助我澄清了无数具体问题,还检查了我的手稿和校样。任教以来,我的助教,第二次国家考试通过人吉多·伯默(Guido Bömer),给了我很多非常有帮助的提示;他还和我的学生助手尤利娅·库森(Julia Kusen)和丹尼尔·库尔特(Daniel Kurth)共同完成了索引和目录。我的秘书,乌特·马龙(Ute Maron)女士,以她令人熟悉的可信赖性整理了不同版本的草稿。谨此向他们表示我的谢意。最后但并非不重要的是,我要对贝克出版社(C. H. Beck Verlag)的约翰内斯·瓦斯穆特博士(Dr. Johannes Wasmuth)表示我的谢意,对我多次推迟交稿和改变计划,他表示了宽容和谅解。

马克斯·卡泽尔是我非常钦佩的老师和父亲般的朋友,我对他充满万分的感激和深深的敬仰。这里附上了1992年他为本书第16版写的前言。关于他的人格和作品,《萨维尼杂志》第115卷有很多说明;《新法学周刊》1997年第1492页有一个简短的悼词。

波恩,2003年5月
罗尔夫·克努特尔

序言(第16版)

罗马私法对乡土国家的法律文化具有决定性影响。传承罗马法知识是法学教育义不容辞的任务。许多具有罗马法渊源的法律概念或者由这些概念发展而来的法律论证方法直接或者间接地对当代大多数法律秩序在科学层面上产生影响,从而使之成为世界范围内具有高度文化各民族的共同财富。为理解罗马人这一世界历史性贡献,似乎确有必要努力超越各个孤立的细节从而得到罗马人的法律创造的全貌,并解释形成其历史命运的各项因素。

为法律课程以简要方式描述这种全貌的想法,我在"古典学手册"(Handbuch der Altertumswissenschaft)中已经有了详尽描述:《罗马私法》(Das Römische Privatrecht,1955年9月,1971年5月第2版)、《罗马民事诉讼法》(Das römische Zivilprozeßrecht,1966年)。手册属于历史学著作,是为所有对古典时期感兴趣的人写的,对罗马文化生活的重要部分进行了描述并对其发展予以说明。为此目标,我将罗马私法分成三个时期:"古代罗马法""前古典和古典罗马法""后古典的发展"。

这本大学用书则以教学为目的，1960 年初次出版，此后多次修改和补充。当代的法律课程设置——至少大多数——将法律史开设在学习开始，因此就应当通过罗马私法对私法概念世界进行一般性介绍。正如迄今通行的做法，我在这本书中根据法律素材领域进行了划分，此外还尽量详细描述了基本概念并与现代概念进行了比较。对财产法，也就是物法和债法，以一般法律行为学说（第 5 节至第 11 节）相补充，这也表明它们是对我们当代的思维方式有着最深影响的内容。然而，为使这些现象的整体的内在联系能够为人理解，我努力把全书所有章节通过很多细节予以说明，而这些细节并不全都是学习的内容。

对于初学者，建议按照本书内的大量参阅指示，尤其是内容索引，进行学习。至于要基于渊源和文献进一步深入学习，可以参考我的手册……

关于本书的翻译，我尤其要感谢以下教授：罗·丹嫩布林（R. Dannenbring，英文译本“Roman Private law”，1968 年，最新 1984 年第 4 版，南非大学出版社，比勒陀利亚）、费·贝·约·武布（F. B. J. Wubbe，荷兰文译本“Romeins Privaatrecht”，1967 年，1971 年第 2 版，琴克·维林出版社，兹沃勒）、何·圣·克·泰黑罗（J. Santa Cruz Teijeiro，西班牙文译本“Derecho romano privado”，1968 年，Instituto Editorial Reus 出版社，马德里）、汉·塔·克拉米（H. T. Klami，芬兰文译本“Roomailainen yksityisoikeus”，1968 年，Porvoo Helsinki-Söderström osakeyhtiö）、柴田光藏（M. Shibata，日文译本，1979 年，创文社出版，东京）。

对于本书初版以来就其勘误及修改提出过建议的所有人，谨此致以衷心感谢，尤其是萨尔茨堡的朋友和同行沃尔夫冈·瓦尔德施泰因（Wolfgang Waldstein）。提供校勘帮助的一直是我忠诚的朋友和学生卡尔·哈克尔博士教授。对于本版所首附渊源索引的制作工作，我要向大学助教马丁·舍尔迈尔法学博士（Dr. iur.

Martin Schermaier)先生表示感谢。

埃恩林格(Ainring),1991年9月

马克斯·卡泽尔

缩略语

AARC	Atti dell' Accademia Romanistica Costantiniana	《君士坦丁罗马法学会材料汇编》
ABGB	Allgemeines Bügerliches Gesetzbuch (Österreich) von 1811	1811 年《奥地利民法典》
a. E.	am Ende	末尾
a. F. /n. F.	alte Fassung/neue Fassung	旧文本/新文本
AcP	Archiv für die civilistische Praxis(Zschr.)	《民法实务档案》(期刊)
Afr.	Sextus Caecilius Africanus	塞克斯图斯·凯奇利乌斯·阿弗里卡努斯
AG	Aktiengesellschaft; auch: Archivio Giuridico (Zschr.)	股份公司;又《法学档案》(期刊)
AGBG	(Deutsches) Gesetz zur Regelung des Rechts der Allgemeinen Geschäftsbedingungen (AGB-Gesetz) von 1976	1976 年《德国一般交易条件法》
AJ	Max Kaser, Das altrömische ius, 1949	马克斯·卡泽尔,《古代罗马法》,1949 年
AktG	(Deutsches) Aktiengesetz von 1937/1965	1937 年/1965 年《德国股份法》
Alex.	Alexander Severus	亚历山大·塞维鲁斯
Alf.	Alfenus Varus	阿尔弗努斯·瓦鲁斯
ALR	Preußisches Allgemeines Landrecht von 1794 (zit. nach §, Teil, Titel)	1794 年《普鲁士一般邦法》(引用顺序是条、节、章)
AnfG	(Deutsches) Anfechtungsgesetz von 1994	1994 年《德国撤销法》
ANRW	H. Temporini(Hrsg.), Aufstieg und Niedergang der römischen Welt, seit 1972	希·特姆波里尼(编),《罗马世界的兴衰》,自 1972 年起

Ant.	Antoninus(Caracalla,Rz 3.19)	安东尼努斯(卡拉卡拉,边码3.19)
Apal.	Annali del Seminario giuridico dell'Università di Palermo	《巴勒莫大学法学研究所年刊》
argCc	Código civil (Argentinien) von 1869	1869年《阿根廷民法典》
Arist.	Aristo	阿里斯托
A^us A^us	Aulus Agerius	奥卢斯·阿格里乌斯(原告空白名)
AußStrG	(Österreichisches) Außerstreitgesetz	《奥地利涉外争议法》
Behrends Ⅰ,Ⅱ	O. Behrends, Institut und Prinzip. Ausgewählte Aufsätze, hgg. v. M. Avenarius, R. Meyer-Pritzl, C. Möller, Bde. Ⅰ u. Ⅱ, 2004	奥·贝伦茨,《制度和原则:论文选集》,马·阿芬那留斯/鲁·迈尔-普利茨尔/科·默勒(编),第1册和第2册,2004年
Berger	A. Berger, Encyclopedic Dictionary of Roman Law, 1953	阿·贝格尔,《罗马法百科词典》,1953年
Bas.	Basilicorum libri LX(Rz 1.50)	《巴西尔法典六十编》(边码1.50)
BeurkG	(Deutsches) Beurkundungsgesetz von 1969	1969年《德国公证书法》
BGB	(Deutsches) Bürgerliches Gesetzbuch von 1896	1896年《德国民法典》
BGE	Entscheidungen des Schweizerischen Bundesgerichts, Amtl. Slg.	《瑞士联邦最高法院裁判集》(官方汇编)
BGH	(Deutscher) Bundesgerichtshof	(德国)联邦最高法院
BGHZ	Entscheidungen des BGH in Zivilsachen, Amtl. Slg.	《联邦最高法院民事裁判集》(官方汇编)
BinnSchG	(Deutsches) Binnenschiffahrtsgesetz	《德国内河航运法》
brasCc	Código civil (Brasilien) von 1916/2002	1916年/2002年《巴西民法典》

Bruns	Bruns-Gradenwitz, Fontes iuris Romani antiqui (Rz 1.46)	布伦斯/格拉登维茨,《古代罗马法渊源》(边码 1.46)
Bull.	Bullettino dell'Istituto di diritto romano, Vittorio Scialoja' (Zschr.)	《维托里奥·夏洛亚罗马法研究所学刊》(期刊)
BVerfGE	Entscheidungen des (deutschen) Bundesverfassungsgerichts, Amtl. Slg.	《德国联邦宪法法院裁判集》(官方汇编)
C., Cod.	Codex Iustinianus (Rz. 1. 42,45)	《优士丁尼法典》(边码 1.42,45)
c.	canon	(教会法规定的)条
c., cap.	caput	章
c. s. n. p. a.	condemnato, si non paret absolvito	请判罚,如果未证明,请开释
Call.	Callistratus	卡利斯特拉图斯
Cass.	Gaius Cassius Longinus	盖尤斯·卡修斯·龙吉努斯
Cc	Code civil (Frankreich) von 1804	1804 年《法国民法典》
Cconsom	Code de la consommation (Frankreich)	《法国消费者法》
Cels.	Publius Iuventius Celsus	普布里乌斯·尤文提乌斯·克尔苏斯
chilCc	Código civile (Chile) von 1855	1855 年《智利民法典》
Cic.	Cicero	西塞罗
CISG	Übereinkommen der Vereinten Nationen über Verträge über den internationalen Warenverkauf (Convention on Contracts for the international Sale of Goods), 1980/1989	《联合国国际货物销售合同公约》,1980/1989 年
Cod.	Codex	《法典》
Coing	H. Coing, Europäisches Privatrecht, Bde. Ⅰ (1985), Ⅱ (1989) (Rz. 1. 60)	赫·科英《欧洲私法》,第 1 册(1985 年),第 2 册(1989 年)(边码 1.60)

coll.	Collatio legum Mosaicarum et Romanarum (Rz. 1.46)	《摩西法律和罗马法律汇编》(边码 1.46)
cond.	condictio	请求返还之诉
Const.	Konstantin d. Gr.	君士坦丁大帝
const.	constitutio	敕令
Corp. iur. can.	Corpus iuris canonici(s. Friedberg)	《教会法大全》(见,弗里德贝格)
Corp. iur.; Corp. iur. civ.	Corpus iuris civilis (Rz. 1.42 – 45)	《民法大全》(边码 1.42 – 45)
Crawford	M. H. Crawford (Hrsg.), Roman Statutes, Bde. I, II, 1996 (Rz. 1.48)	迈·休·克劳福德(编),《罗马法规》,第 1 册、第 2 册,1996 年(边码1.48)
CTh.	Codex Theodosianus (Rz. 1. 49)	《狄奥多西法典》(边码 1.49)
D.; Dig.	Digesta Iustiniani(Rz. 1. 42,44)	优士丁尼《学说汇纂》(边码 1.42,44)
DER	P. Voci, Diritto ereditario romano, Bde. 1 u. 2, 2. Aufl. 1967 u. 1963	帕·沃奇,《罗马继承法》,第 1 册和第 2 册,第 2 版,1967 年和 1963 年
DG	Dogmengeschichte	教义史
Diocl.	Diocletianus (et Maximianus)	戴克里先(和马克西米安)
ebda.	ebenda	同上
ED	Enciclopedia del diritto(seit 1958)	《法学百科全书》(自 1958 年起)
Ed.	Edictum, Edikt	谕令;敕谕
ed.	editor, editores	编者
EG	Europäische Gemeinschaft; auch: Einführungsgesetz	欧洲共同体;或者,施行法

EGBGB	Einführungsgesetz zum (Deutschen) Bügerlichen Gesetzbuch von 1896/1994	1896 年/1994 年《德国民法典施行法》
EGV	Vertrag zur Gründung der Europäischen Gemeinschaft (von 1957)	(1957 年)《欧洲共同体条约》
EheG	Ehegesetz von 1938/1946	1938 年/1946 年《婚姻法》
emanc.	emancipatio	脱离父权
EMRK	Europäische Menschenrechtskonvention von 1950	1950 年《欧洲人权公约》
eod.	eodem titulo (in demselben Digesten-, Institutionen- oder Codextitel)	(《学说汇纂》《法学阶梯》《法典》的)同一标题
Ess. Pool	R. van den Bergh(Hrsg.), Ex iusta causa traditum. Essays in honour of Eric Pool, 2005	雷·范登贝赫(编),《正当原因交付:埃·普尔祝贺文集》,2005 年
Est. Miquel	J. L. Linares u. a. (Hrsg.), Liber amicorum Juan Miquel, 2006	何·路·利纳雷斯等(编),《胡安·米克尔祝贺文集》,2006 年
Ét.	Études	祝贺文集;纪念文集
Ét. Ankum	Collatio iuris romani. Études dédiées à Hans Ankum, 2 Bde., 1995	《罗马法汇编:汉斯·安库姆祝贺文集》,2 册,1995 年
EU	Europäische Union	欧洲联盟
EuGH	Europäischer Gerichtshof	欧洲法院
EuratomV	Vertrag zur Gründung der Europäischen Atomgemeinschaft (von 1957)	(1957 年)《欧洲原子能共同体条约》
exc.	exceptio	抗辩
Fälle RG	U. Falk/M. Luminati/M. Schmoeckel (Hrsg.), Fälle aus der Rechtsgeschichte, 2008.	乌·法尔克/米·卢米纳蒂/马·施默克尔(编)《法律史案例》,2008 年
Fg.	Festgabe	祝贺文集

FGG	(Deutsches) Gesetz über die Angelegenheiten der freiwilligen Gerichtsbarkeit von 1898	1898 年《德国非诉事件法》
FHI	C. Cascione/C. Masi-Doria (Hrsg.), Fides Humanitas Ius. Studii in onore di Luigi Labruna, 8 Bde., 2007	科·卡肖内/卡·马西-多利亚(编),《信义 人性 法:路易吉·拉布鲁纳祝贺文集》,8 册,2007 年
FIRA	Fontes iuris Romani anteiustiniani (Rz. 1.46)	《前优士丁尼罗马法渊源》(边码 1.46)
Flor.	Florentinus	佛罗伦汀
Flume	W. Flume, Rechtsakt und Rechtsverhältnis, 1990	维·弗卢梅,《法律上的行为和法律关系》,1990 年
fr. Fr.	Fragment	片段
fragm. vindob.	Fragmentum Vindobonense (Rz. 1.46; FIRA Ⅱ, S. 429)	文多博纳残片(边码 1.46;《前优士丁尼罗马法渊源》第 2 册,第 429 页)
Friedberg Ⅰ, Ⅱ	E. (Ae.) Friedberg, Corpus iuris canonici Bd. 1 (Decretum magistri Gratiani), Bd. 2 (Decretalium collectiones), 1879 (Neudr. 1959)	埃·弗里德贝格,《教会法大全》,第 1 册(格拉蒂安教令集),第 2 册(教令汇编),1879 年(1959 年重印)
Fs.	Festschrift	祝贺文集
Fur. Anth.	Furius Anthianus	弗利乌斯·安提亚努斯
G.; Gai. Inst.	Gai institutiones (Rz. 1. 47)	盖尤斯《法学阶梯》(边码 1.47)
Gai.	Gaius (Rz. 1.46, 47)	盖尤斯(边码 1.46, 47)
Gall.	Gallienus	伽利埃努斯(皇帝名)
Gell.	Aulus Gellius, Noctes atticae	奥卢斯·格利乌斯,《阿提卡之夜》
Ges. Schr.	Gesammelte Schriften	全集
GG	(Deutsches) Grundgesetz von 1949	1949 年《德国基本法》
Giur.	Giuridico, Giuridici	法学家

GlUNF	Glaser-Unger Neue Folge	《格拉泽—翁格尔奥地利最高法院判决新编》
GmbH	Gesellschaft mit beschränkter Haftung	有限责任公司
GmbHG	(Deutsches) Gesetz betreffend die Gesellschaften mit beschränkter Haftung von 1892	1892年《德国有限责任公司法》
Gnomon	Gnomon. Kritische Zeitschrift für die gesamte klassische Altertumswissenschaft	《指针:综合古典学批评杂志》
Gord.	Gordian Ⅲ.	高尔迪安三世(皇帝名)
griechZGB	Zivilgesetzbuch (Griechenland) von 1940	1940年《希腊民法典》
Gs.	Gedächtnisschrift	纪念文集
Herm.	Hermogenianus	赫尔莫杰尼安(法学家名)
HGB	(Deutsches) Handelsgesetzbuch von 1897; (Österreichisches) Handelsgesetzbuch von 1939	1897年《德国商法典》; 1939年《奥地利商法典》
HIA	D. Nörr, Historiae Iuris Antiqui. Ges. Schr., hgg. v. T. J. Chiusi/W. Kaiser/H.-D. Spengler, Bd. Ⅰ-Ⅲ, 2003.	迪·内尔,《古代法的历史:研究文集》,蒂J.基乌西/沃·凯泽/汉-迪·施彭格勒尔(编),1-3册,2003年
HKK	M. Schmoeckel/J. Rückert/R. Zimmermann(Hrsg.), Historisch-kritischer Kommentar zum BGB, Bd Ⅰ (Allg. Teil., §§1-240), 2003; Bd. Ⅱ/1 (Schuldrecht: Allg. Teil, §§241-304), 2007; Bd. Ⅱ/2(Schuldrecht: Allg. Teil, §§305-432), 2007	马·施默克尔/约·吕克特/赖·齐默尔曼编,《德国民法典历史批评注释书》,第1册(总则,第1条至第240条),2003年;第2册之1(债法:总则,第241条至第304条),2007年;第2册之2(债法:总则,第305条至第432条),2007年
h. M.	herrschende Meinung	通说
Homenaje Murga	J. Paricio (Hrsg.), Derecho romano de obligaciones (Homenaje al Prof. J. L. Murga Gener), 1994	哈·帕西里奥(编),《罗马债法:约·路·穆尔加·格内尔祝贺文集》
h. t.	hoc titulo	同一标题

i. i. cessio	in iure cessio	拟诉弃权
Iav.	Lucius Iavolenus Priscus	卢奇乌斯·雅沃伦乌斯·普里斯库斯
Index	Index-Quaderni camerti di studi romanistici; International Survey of Roman Law (Zschr.)	《索引:卡梅利诺罗马法研究年刊·罗马法国际概览》(杂志)
InsolvenzO (InsO)	(Deutsche) Insolvenzordnung von 1994	1994 年《德国支付不能法》
Inst.	Institutiones Iustiniani (Rz. 1.42,43)	优士丁尼的《法学阶梯》(边码 1.42,43)
int.; interd.	interdictum	令状
int. Salv.	interdictum Salvianum	萨尔维令状
itCc	Codice civile (Italien) von 1942	1942 年《意大利民法典》
itp.	interpoliert	添加的
Iul.	Salvius Iulianus	萨尔维乌斯·尤里安
Iura	Iura-Rivista internazionale di diritto romano e antico (Zschr.)	《罗马法和古代法国际杂志》(期刊)
japZGB	Zivilgesetzbuch (Japan) von 1898	1898 年《日本民法典》
Jh.	Jahrhundert	世纪
Jher. Jahrb.	Jherings Jahrbücher	《耶林年刊》
JRS	Journal of Roman Studies (Zschr.)	《罗马研究》(期刊)
Jur. Bl.	Juristische Blätter (Zschr.)	《法学报》(期刊)
JuS	Juristische Schulung (Zschr.)	《法学教育》(期刊)
Just.	Justinian I; justinianisch	优士丁尼;优士丁尼的
JZ	Juristen Zeitung (Zschr.)	《法学家报》(期刊)
Kaser/Hackl	M. Kaser, Das römische Zivilprozeßrecht, 2. Aufl. 1996, bearb. v. K. Hackl (Rz. 1.59)	马·卡泽尔,《罗马民事诉讼法》, 1996 年第 2 版,卡·哈克尔修订(边码 1.59)
KindRÄG	Kindschaftsrechtsänderungsgesetz	《亲子关系变更法》

Kindschafts-reformG	(Deutsches) Kindschaftsreformgesetz	《德国亲子关系改革法》
KonkursO	(Deutsche) Konkursordnung von 1877	1877 年《德国破产法》
korBGB	(Koreanisches) Bügerliches Gesetzbuch von 1958	1958 年《韩国民法典》
l. a.	legis actio	法定诉讼
l. c.	loco citato (am angeführten Ort)	前引文
Lab.	Marcus Antistius Labeo	马尔库斯·安提斯提乌斯·拉贝奥
Labeo	Labeo-Rassegna di diritto romano (Zschr.)	《拉贝奥罗马法杂志》(期刊)
Lic.	Marcus Gnaeus Licinius Rufinus	马尔库斯·格奈乌斯·利奇尼乌斯·鲁菲努斯
Louisiana Cc	Louisana Civil Code von 1870 (Revisionen seit 1971)	1870 年《路易斯安那民法典》(自 1971 年起修订)
MA	Mittelalter	中世纪
Mac. Macer	Aemilius Macer	埃米利乌斯·马策尔
manc.	mancipatio; auch (res) mancipi	要式买卖;又要式(物)
Marcell.	Ulpius Marcellus	乌尔皮乌斯·马尔塞鲁斯
Marci	Aelius Marcianus	埃利乌斯·马尔奇亚努斯
Mél.	Mélanges	祝贺文集
mexCc	Código civil (Mexico) von 1928	1928 年《墨西哥民法典》
Mod.	Herennius Modestinus	赫热尼乌斯·莫德斯汀
Motive	Motive zu dem Entwurfe eines Bürgerlichen Gesetzbuches für das Deutsche Reich (1888)	《德意志帝国民法典草案立法理由书》(1888 年)(中译简称:《德国民法典立法理由书》)

MuV.	D. Nörr/S. Nishimura (Hrsg.) Mandatum und Verwandtes (Beiträge zum röm. und modernen Recht), 1993	迪·内尔/西村重雄(编),《委托和类似制度(罗马法和现代法论文集)》,1993年
nat. obl.	naturalis obligatio	自然之债
NBW	(niederländisches) Nieuw Burgerlijk Wetboek	《新荷兰民法典》
Nelson/ Manthe Ⅲ/1, Ⅲ/2, Ⅲ/3	H. L. W. Nelson/ U. Manthe, Gai. Inst. Ⅲ 1 – 87, 1992, Ⅲ 88 – 181, 1999, Ⅲ 182 – 225, 2007 (Rz. 1.47)	海·利·威·内尔松/孟文理,《盖尤斯法学阶梯》,第3编之1,1 – 87,1992年,第3编之2,88 – 181,1999年,第3编之3,182 – 255,2007年(边码1.47)
Ner.	Lucius Neratius Priscus	卢奇乌斯·内拉提乌斯·普里斯库斯
NJW	Neue Juristische Wochenschrift (Zschr.)	《新法学周刊》(期刊)
NNDI	Novissimo digesto italiano (seit 1957)	《意大利最新学说汇纂》(自1957年起)
NotZwG	(Österreichisches) Gesetz betreffend das Erfordernis der notariellen Errichtung einiger Rechtsgeschäfte von 1871	1871年《奥地利个别法律行为需要公证设定法》
Nov.	Novellae Iustiniani (Rz 1.42)	优士丁尼《新律》(边码1.42)
N[us]N[us]	Numerius Negidius	努梅利乌斯·内吉迪乌斯(被告空白名)
NTh.	Novellen des Theodosius Ⅱ (Rz 1.49)	《狄奥多西新律》(边码1.49)
NVal.	Novellen Valentinians Ⅲ (Rz 1.49)	《瓦伦提尼安新律》(边码1.49)
öEO; öExekO	Exekutionsordnung (Österreich) von 1896	1896年《奥地利强制执行法》

7. öEVHGB	7. （Österreichische） Einführungsverordnung zum HGB	《奥地利商法典第 7 施行条例》
öGBG	Allgemeines Grundbuchsgesetz（Österreich）	《奥地利普通土地登记簿法》
OIR	Orbis Iuris Romani(Zschr.)	《世界罗马法》(期刊)
öKO	Konkursordnung （Österreich） von 1914	1914 年《奥地利破产法》
öKonsumen-tenSchG	Österreichisches Konsumentenschutzgesetz von 1979	1979 年《奥地利消费者保护法》
öNotwegeG	（Österreichisches） Notwegegesetz	《奥地利必要通道法》
öEheG	Österreichisches Ehegesetz	《奥地利婚姻法》
öOGH	Oberster Gerichtshof （Österreich）	（奥地利）最高法院
OR	（revidiertes Schweizerisches） Obligationenrecht von 1911/36 （altes Obligationenrecht von 1881）	1911 年/1936 年《瑞士债法》(1881 年旧债法)
öZPO	（Österreichische） Zivilprozessordnung	《奥地利民事诉讼法》
Pap.	Aemilius Papinianus	埃米利乌斯·帕比尼安
Paul.	Iulius Paulus	尤里乌斯·保罗
Ped.	Sextus Pedius	塞克斯图斯·佩迪乌斯
Phil.	Philippus	菲利普斯
Pius	Antoninus Pius	安东尼努斯·皮乌斯
poln. ZGB	Zivilgesetzbuch （Polen） von 1964	1964 年《波兰民法典》
Pomp.	Sextus Pomponius	塞克斯图斯·彭波尼
portCc	Código civil （Portugal） von 1966	1966 年《葡萄牙民法典》
pr.	principium	（原始文献中节的）首条
praef.	praefectus	长官
PRG	Privatrechtsgeschichte	私法史
Proc.	Proculus	普罗库卢斯

Prot.	Protokolle der Kommission für die zweite Lesung des Entwurfs des Bügerlichen Gesetzbuchs, 1897 – 1899	《民法典草案二读委员会记录》(1897—1899 年)
PS	Pauli sententiae (Rz 1.46)	《保罗论判决》(边码 1.46)
Qu. Muc.	Quintus Mucius Scaevola	昆图斯・穆齐乌斯・斯凯沃拉
RE	Paulys Realenzyklopädie der classischen Altertumswissenschaft (neue Bearb. Von G. Wissowa, W. Kroll, K. Mittelhaus, K. Ziegler)	《保吕氏古典学百科全书》(维索瓦等修订)
ReA	Roma e America. Diritto romano comune-Rivista di diritto dell'integrazione e unificazione del diritto in Europa e in America latina (Zschr.)	《罗马和美洲:共同罗马法——欧洲和拉丁美洲法律融合与一体化杂志》(期刊)
REHJ	Revista de Estudios Histórico-Jurídicos (Zschr.)	《历史与法学研究杂志》(期刊)
RelKG	Gesetz über die religiöse Kindererziehung v. 1921	1921 年《德国子女宗教教育法》
Rez.	Rezension	书评
RGBl.	Reichsgesetzblatt	《帝国法律公报》
RGuPD	R. Zimmermann/R. Knütel/J. P. Meincke (Hrsg.), Rechtsgeschichte und Privatrechtsdogmatik, 1999	赖・齐默尔曼/罗・克努特尔/延・彼・门克(编),《法律史和私法教义》,1999 年
RGZ	Entscheidungen des Reichsgerichts in Zivilsachen	《帝国法院民事裁判集》
RH	Revue historique de droit français et étranger (4. Serie seit 1922, Nachfolgerin der NRH; Zschr.)	《法国法和外国法的历史杂志》(1922 年起第 4 系列,《新法国法和外国法的历史杂志》的接续者,期刊)
RIDA	Revue internationale des droits de l'antiquité (3. Serie seit 1954; Zschr.)	《古代法国际杂志》(1954 年起第三系列,期刊)
RiLi	Richtlinie	准则;指令

RPr. Ⅰ, Ⅱ	M. Kaser, Das römische Privatrecht Bd. Ⅰ, 2. Aufl., 1971; Bd. Ⅱ, 2. Aufl. 1975	马·卡泽尔,《罗马私法》,第1册,1971年第2版,第2册,1975年第2版
RRG	Römische Rechtsgeschichte	罗马法史
RRQ	M. Kaser, Römische Rechtsquellen und angewandte Juristenmethode, 1986	马·卡泽尔,《罗马法渊源和所用法学家方法》,1986年
s. v.	sub verbo	关于该词(参见)
Sab.	Masurius Sabinus	马苏里乌斯·萨宾
SC, SCta	Senatusconsultum, Senatusconsulta	元老院决议
sc.	scilicet, nämlich	即
Scaev.	Cervidius Scaevola	克尔维迪乌斯·斯凯沃拉
SCDR	Seminarios Complutenses de derecho romano (Zschr.)	《马德里大学罗马法研究》(期刊)
Schluss TitZGB	Schlusstitel des Schweizerischen Zivilgesetzbuchs	《瑞士民法典》尾章
Schr.	Schriften	文集
schwBZP	(Schweizerisches) Bundesgesetz über den Bundeszivilprozeß von 1947	1947年《瑞士联邦民事诉讼法》
schwIRSG	(Schweizerisches) Bundesgesetz über internationale Rechtshilfe in Strafsachen von 1981	1981年《瑞士刑事案件国际法律救助法》
schwLPG	(Schweizerisches) Bundesgestz über die Landwirtschaftliche Pacht von 1985	1985年《瑞士农地用益租赁法》
schwSchKG	(Schweizerisches) Bundesgesetz über Schuldbetreibung und Konkurs von 1889	1889年《瑞士债务申请与破产联邦法》
schwStGB	(Schweizerisches) Strafgesetzbuch von 1937	1937年《瑞士刑法典》
Scr. giur.	Scritti giuridici	法学文集

SD, auch SDHI	Studia et Documenta Historiae et Iuris (Zschr.)	《历史与法的研究与文献》(期刊)
SDÜ	Schengener Durchführungsübereinkommen	《申根通行公约》
Ser.	Serie, série, series	系列
Serv.	Servius Sulpicius Rufus	塞尔维乌斯·苏尔皮奇乌斯·鲁弗斯
Sev.	Septimius Severus	塞普提米乌斯·塞维鲁斯
Slg.	Sammlung; auch Slg. der Entscheidungen des EuGH	汇编;《欧洲法院裁判汇编》
Sodalitas	Sodalitas. Scritti in onore di Antonio Guarino, Bde. 1 – 9, 1984	《友谊:瓜里诺祝贺文集》,第 1 册至第 9 册,1984 年
spanCc	Código civil (Spanien) von 1889	1889 年《西班牙民法典》
St.	Studi (in onore di ...)	(献给某人的)研究/祝贺文集
St. Talamanca	Iuris vincula. Studi in onore di Mario Talamanca, 8 Bde. 2001	《法锁:塔拉曼卡祝贺文集》,8 册,2001 年
st. Rspr.	ständige Rechtssprechung	惯常司法判例
StGB	(Deutsches) Strafgesetzbuch von 1871	1871 年《德国刑法典》
stip.	stipulatio	要式口约
str./umstr.	strittig/umstritten	存在争议
Symp.	Symposion, Symposium	学术交流会
Symp. Wieling	Th. Finkenauer (Hrsg.), Sklaverei im röm. Recht. Symposium für H. J. Wieling, 2006	托·芬克瑙尔(编),《罗马法中的奴隶制:汉·约·维林格学术交流会》,2006 年

SZ	Zeitschrift der Savigny Stiftung für Rechtsgeschichte, Romanistische Abteilung; SZ germ. Abt. = Germanistische Abteilung; SZ kan. Abt. = Kanonistische Abteilung	《萨维尼基金会法律史杂志:罗马法部》(中译简称:《萨维尼杂志》);SZ germ. Abt. =《萨维尼基金会法律史杂志:日耳曼法部》(中译简称:《萨维尼杂志:日耳曼法》);SZ kan. Abt. =《萨维尼基金会法律史杂志:教会法部》(中译简称:《萨维尼杂志:教会法》)
Theod.	Theodosius	狄奥多西
Theoph.	Theophilus (Rz. 1.50)	狄奥菲鲁斯(边码 1.50)
Tit.	Titulus, Titel	标题
TodeserklGes	(Deutsches) Todeserklärungsgesetz von 1950	1950 年《德国死亡宣告法》
TP, auch TPSulp.	Tabulae Pompeianae Sulpiciorum (Rz 1.46)	苏尔皮奇家族的庞贝蜡板(边码 1.46)
TR	Tijdschrift voor rechtsgeschiedenis = Revue d'histoire du droit = The Legal History Review (Zschr.)	《法律史杂志》(期刊)
TreC	L. Labruna/M. P. Baccari/C. Cascione (Hrsg.), Tradizione romanistica e Costituzione, 2Bde., 2006	路·拉布鲁纳/马·皮·巴卡里/孔·卡肖内(编),《罗马传统和政制》,2 册,2006 年
Tryph.	Claudius Tryphoninus	克劳迪乌斯·特里菲尼乌斯
UAJR	W. Ernst/É. Jakab (Hrsg.) Usus Antiquus Juris Romani, 2005	沃·恩斯特/埃·雅各布(编),《如古代般适用罗马法》,2005 年
UE	Ulpiani epitome (tituli ex corpore Ulpiani)	《乌尔比安作品摘要》
Ulp.	Domitius Ulpianus	多米提乌斯·乌尔比安
u. ö.	und öfter	经常
usf.	und so fort	立即

v.	von, aus dem Jahre	在……年
Val.	Valentinian; auch Valerianus	瓦伦提尼安；又，瓦勒里安乌斯
Val. Gall.	Valerianus et Gallienus	瓦勒里安乌斯和伽利恩乌斯
vat.	Fragmenta vaticana (1.46)	梵蒂冈残片（边码 1.46）
Ven.	Venuleius Saturninus	维努雷乌斯·萨图尔尼努斯
VerschGes.	(Deutsches) Verschollenheitsgesetz von 1951	1951 年《德国失踪法》
Wesenberg/ Wesener	G. Wesenberg/ G. Wesener, Neuere deutsche Privatrechtsgeschichte, 4. Aufl. 1985	格·韦森贝格/贡·韦泽纳，《近代德国私法史》，1985 年第 4 版
X.	Liber Extra (Teil des Corpus iuris canonici), s. Friedberg	《教会法大全》第二部分（教皇教令部分），在《格拉蒂安教令集》之外（见，弗里德贝格）
ZEuP	Zeitschrift für Europäisches Privatrecht	《欧洲私法杂志》
ZGB	(Schweizerisches) Zivilgesetzbuch von 1907	1907 年《瑞士民法典》
ZHR	Zeitschrift für das gesamte Handelsrecht und Wirtschaftsrecht	《综合商法与经济法杂志》
Zimmermann	R. Zimmermann, The Law of Obligations, 1990 (Rz 1.56)	赖·齐默尔曼，《债法》，1990 年（边码 1.56）
ZPE	Zeitschrift für Papyrologie und Epigraphik	《纸草学与碑铭学研究杂志》
ZPO	(Deutsche) Zivilprozeßordnung von 1877	1877 年《德国民事诉讼法》
Zschr.	Zeitschrift	期刊
ZVG	(Deutsches) Zwangsversteigerungsgesetz	《德国强制拍卖法》
12 Taf.	Zwölftafelgesetz (Rz 1.46)	《十二表法》（边码 1.46）

*	Mit einem Sternchen werden solche lateinischen Ausdrücke bezeichnet, die sich in der Rechtssprache des Mittelalters oder der Neuzeit eingebürgert haben, den römischen Quellen aber fremd sind.	小星号表明这些拉丁语表述是中世纪或者近代才被采纳到法律语言中的,而罗马法渊源中则没有
[ ]	im lateinischen Text: vermutlich unechter Zusatz; im deutschen Text: Ergänzung des Übersetzers	拉丁文本中:可能虚假的添加;德文文本中:译者的补充
〈 〉	ergänzter Text	补充文字

目录

第二编　人　　法

第三编　物　　法

第四编　债　　法

第五编　家庭法

第六编　继　承　法

第七编　民事诉讼法导论

附　　录

导 论

第一节 罗马私法的发展和意义

（RPr. § §1,2,3 Ⅰ,Ⅳ,46,47,192—195）

一、概说

文献:鲁·冯·耶林(R. von Jhering),《罗马法的精神》(Geist des röm. Rechts),1883年至1893年第6版(主要是关于罗马法的特性和法律形成的因素);弗·舒尔茨(F. Schulz),《罗马法的原则》(Prinzipien des röm. Rechts),1934年、1954年、2003年重印。

1 **私法**构成了罗马法素材领域的核心内容,无论当时还是后来,它的内在价值和影响都远超过其他法律。罗马私法之所以如此伟大并具有世界历史意义,应当归功于罗马人的法律天赋,他们不但洞悉生活现实,而且知道如何实现基本价值(如人的自由、合同信赖和所有权保护等),他们的法律思想随时间推移而逐渐成熟并且经受了理性检验。这种天赋在共和早期和元首制时期,尤其是**古典法学**时期(公元后前两个半世纪)法学家们天才般的创造中,达到了顶峰。这些法学家使私法发展到了更加完美的程度,并使它在人类法律思维中具有了智识优势,而这种智识优势超越了罗马人的历史生命并且持续至今。直到今天,欧洲大陆国家及受其影响的海外区域(尤其是拉丁美洲、南非以及日本和韩国,还有包括台湾在内的中国)的私法制度的重要部分仍然以罗马法为基础。它的思维方式已经进入现代民法典中,这些法典自18世纪末起排斥了直接适用罗马法渊源。盎格鲁-萨克逊(英美的)法域以及斯堪的纳维亚国家也都表明,罗马法的影响并不像人们先前认为的那样是微不足道的,这在它们发展早期已经表现出来。

对于这种普世性,鲁道夫·冯·耶林(1818~1892年)在其名著《罗马法在其不同发展阶段的精神》(Geist des römischen Rechts auf den verschiedenen Stufen seiner Entwicklung)(1852年起)的开篇恰如其分地说:"罗马曾三次支配世界法律,三次将各民族统一起来,第一次是国家统一,当时罗马人正充满着力量,第二次是教会统一,它发生在罗马国家消灭之后,第三次是中世纪法律统一,它因罗马法继受而发生;第一次是凭借武力的外在强制,另两次是凭借精神的力量。一言以蔽之,罗马的世界历史意义和使命正是凭借普世性思想而超越了国家原则。"

2 关于私法的**概念**,见下文边码3.4-7。人们在相同意义上使用(广义上的)民法的表达方式,并且将用以在法庭上主张私权的程序称为民事诉讼。狭义民法的(=市民法的)概念作为一般私法(与商法、劳动法等特别私法相对)属于现代法教义学。

二、历史

文献:弗·维亚克尔(F. Wieacker),《罗马法史》(RRG),1988年;沃·瓦尔德施泰因/约·米·赖纳(W. Waldstein/J. M. Rainer),《罗马法史》(RRG),2005年第10版;马·卡泽尔,《罗马法史》(RRG),1967年第2版;马·布雷顿纳(M. Bretone),《罗马法的历史》(Geschichte des röm. Rechts),1992年;弗·舒尔茨,《罗马法学史》(Geschichte der röm.

Rechtswissenschaft),1961 年,1975 年重印;恩·利维(E. Levy),《西罗马通俗法·财产法》(West Roman Vulgar Law. The law of Property),1951 年;恩·利维,《西罗马通俗法·债法》(Weström. Vulgarrecht. Das Obligationenrecht),1956 年;弗·维亚克尔,“通俗法与通俗主义”(Vulgarrecht und Vulgarismus),载《比斯卡尔迪纪念文集》(St. Biscardi),第 1 册,1982 年,第 33 页;奥·贝伦茨(O. Behrends),“罗马私法中的制度性和基本性思想”(Institutionelles und prinzipielles Denken im röm. Privatrecht),载《萨维尼杂志》(SZ),第 95 卷(1978 年),第 187 页;奥·贝伦茨,《制度和原则:论文选集》,第 1 册,第 15 页。

3 **古代**罗马私法和创造出这些法律的罗马人民一起缓慢地向前发展,这些内容应当在“罗马法史”中论述。它可以划分为很多**时期**。

4 (一)第一个时期,我们称为**古代罗马**时期,从蒙昧初期到布匿战争开始,也就是到公元前 3 世纪中叶。在这个时期,罗马还是农业社会,其中有些近似于国家的原形,到这个时期结束时,它统治的范围已经到达意大利中部和南部。农民性和畜牧业,早先还有农耕,共同决定了罗马人的经济生活基础及其社会结构。农民意识也渗透到诸如宗教和道德、语言和艺术、政治和法律等精神生活的各个分支。手工业和商业的出现暂时尚未改变其农业性的基本特征。从农民性出发就可以说明家庭(familia)作为支配这个时期全部私法的单位的地位和意义。这个团体包括了小家庭、家父(paterfamilias)和所有处于其支配之下的家庭成员:妻子、子女、隶农和奴隶。这个人的团体因为单个农户占有的土地、畜群和拥有的其他财产而欣欣向荣,从这些农家财产可以看出它存在的基础和内容。古代罗马私法就可以直接概括为家庭团体的内部构造以及它与其他家庭团体在法律关系上的法。希腊法和日耳曼法的类似情况是显而易见的。

5 关于这个时期的私法,我们的主要渊源是(约公元前 450 年)

《十二表法》,它在实践中主要通过解释(interpretatio)而继续发展。当然,应当注意的是,《十二表法》的法律已经表明,法律发展已经进入一个先进的发展阶段,远远超过了早期没有渊源记载的水平。关于罗马法原始阶段的真实情况,和日耳曼法一样,我们知之甚少。

6 (二)在公元前3世纪,经过很多方面的准备,罗马人的生活逐渐呈现出强力上升,对外实现了统治世界,对内达到了罗马文化的全盛时期。这一时期可以分为两个亚时期,即准备时期和实现时期。

1. **共和晚期**从公元前3世纪到公元前1世纪。这个时期正是罗马力量扩张的时期,最终统治几乎达到了古代世界的全部疆域:整个西欧和南欧、小亚细亚、中东、埃及和北非。在此期间,农业生活方式逐渐让位于大城市生活方式,其经济结构和社会结构由**商业、手工业**和**货币流通**所决定。罗马文化与**希腊化时期文化**相互影响。希腊化时期文化主要来源于希腊,同时也来源于东方。它是这两种因素密切结合而形成的一种晚期文化,植根于先前亚历山大大帝的帝国的地中海东部空间及其腹地,并逐渐发展成为强大的精神统一体。在与希腊文化相竞争的同时,罗马文化逐渐获得其全部力量并形成其特点。

7 这些因素也决定了罗马法律文化的繁荣。至此,罗马人所具备的法律知识已经足以满足实践,在此基础上与希腊哲学相遇,就提供了产生**法学**的土壤,而这正需要借助于分析和综合的思维方法去理解法的概念并将其归置于一个内部体系中。虽然是由希腊人发现的,但将这种思维方法第一次应用于法律素材的,却是罗马人。罗马法学就这样打上了典型的罗马印记。虽然罗马人夸大了法学的实践意义,但因此也避免了无益的理论空谈。他们的法学天赋成功地使乡土法学达到了一个高峰,使其法律原则和法律设施具有了不朽价值。新的法学方法得以不断发展和完善,从而适应了文化、经济、社会等各方面均已发生变化的关系。这项历史功绩应当归于公元前两个世纪的法学家们,他们对于**前古典法学家**这一传统名称当之无愧。奥·贝伦茨着重强调了希腊哲学的影响,参见《罗马法的精神内核》(Die geistige Mitte des röm. Rechts),《萨维尼杂志》,第125卷(2008年),第25页。

8 除抽象思维的方法外,这个时期的罗马法主要是受**希腊**范本影响而采用了文书化的习惯(下文边码7.25)。此外,许多制度还受到了希腊银行业影响[文书合同、债务清偿承诺(constitutum debiti)、银行主承保(receptum argentarii)]。与此相对,具体的希腊法制度只是零星地影响到了同时代的罗马法[《关于抛弃的罗迪亚法》(lex Rhodia de iactu)(边码42.31);航海借款(fenus nauticum)(边码39.8);定金(arra);所谓非常保管(depositum irregulare)(边码39.20)]。

9 2.第二个时期与**元首制时期**,即温和的帝政时期,大体一致。在这个时期,罗马的世界统治进一步巩固,奥古斯都(Augustus)为帝国境内带来了和平,而罗马的法律科学也在这个帝国里达到了它的顶点。这些皇帝并未以其权力阻碍罗马法学达到其高峰,相反,在皇帝的支持下,罗马法学有时甚至被认为可以用于为国家政治服务,法学家的成就虽然在创造性方面并没有超越前古典法学家,但在贯彻完整性、准确性和思想深刻性方面则超越了前古典法学家。我们可以用**古典法学家**这一名称来称呼最初两个半世纪以来的这些罗马法学家,他们使罗马法学臻于完善,并且具有超越时间的影响,其著作在后世乃至于当代都可以作为范本,在这个意义上他们同样也是古典法学家。

10 古典法学所从事的也并不是严格系统的抽象理论,而是主要致力于**实践**方面。这源自于法学家们所从事的鉴定人职业活动,因为他们所做的具体解释都是针对生活中发生的法律案例。当然,他们所从事的工作不止如此,尤其是将法律材料以市民法评论和谕令评论方式进行了阐释,并且深入到很多分支中的具体细节,以期在特殊个案中检验法律规则或者法律制度归列。在古典盛期(2 世纪),除面向实践的法学主流外出现了以尤里安(Julian)和克尔苏斯(Celsus)为代表的**学校**支流,其出发点就是基础法学课程。古典时期这种学校法学的最重要作品就是**盖尤斯**的**《法学阶梯》**(**Institutionen des Gaius**)(公元 160 年,边码 1.47)。不过,这种系统条理的倾向也努力与著名实务人员建立密切联系并且远离了理论推演。在古典晚期,尤其是在乌尔比安(Ulpian)和保罗(Paulus)内容广泛的评论中,这一系统条理的支流终于与普通流派汇合到一起了。

11 与这种根深蒂固的见解不同,奥·贝伦茨近年来发表了大量作品。例如,《萨维尼杂志》,第 95 卷(1978 年),第 187 页;《索引》(Index),第 24 卷(1996 年);《约·格·沃尔夫祝贺文集》(Fs. J. G. Wolf),2000 年,第 1 页,以及迪·维洛魏特(D. Willoweit)主编:《作为历史问题的法的产生》(Die Entstehung des Rechts als geschichtliches Problem),2000 年,第 19 页。此外还可参见,奥·贝伦茨,《制度和原则:论文选集》,第 2 册,2004 年,现在的全面深入论述,见《萨维尼杂志》,第 125 卷(2008 年),参见边码 1.7;意见相反者如:弗·霍拉克(F. Horak),《韦泽纳祝贺文集》(Fs. Wesener),1992 年,第 201 页;瓦尔德施泰因,《罗马法和古代法国际杂志》(Iura),第 44 卷(1993 年),第 85 页;米·希尔格鲁贝尔(M. Hillgruber),《瑞士研究大全》[(Museum Helveticum),第 52 卷(1995 年),第 170、173 页];内尔松/孟文理(Nelson/Manthe),第 3 编之 3,第 93 页及下页。这些作品提出了如下见解:罗马法学就其总体而言深受希腊哲学影响。古代罗马法,尤其是通过解释《十二表法》而达到了专业法学程度的罗马法,在公元前 3 世纪接近于结束时——与法学文献产生时间大体一致——连续两次把握住了希腊法律理论中丰富的构想,并且也因此在精神上得到了深化和极大丰富。

第一项法律理论构想应该是自然法和作为专为罗马市民保留的法的狭

义市民法之间的相互补充的对立,它是由斯多葛哲学发展出来的。它的基本原则是:个人之间的争议,只要不适用市民法,就适用补充性的共同的自然法。法庭长官的任务就是贯彻这种二元制度。——在此基础上,[埃利乌斯·派图斯(Aelius Paetus)的]第一部科学性的十二表法评论形成了关于[加图(Cato)、普·穆奇乌斯(P. Mucius)和大祭司昆·穆奇乌斯(Q. Mucius Pontifex)的]广义市民法——也就是包括自然法的市民法——的大量表述。这个体系中的自然法核心概念是诚实信用(bona fides),作为自然法的信赖原则,其作用范围在当时的占有法和使他人受益的事务处理中体现得尤其清楚。

第二项法律理论构想源自于怀疑论学派;对他们来说自然和文明之间的对立应当是具有决定性的。生物人具有自然本质,但以其精神能力为基础,他们可以理解依据规则和法形式(制度)的共同生活,并且可以使现实行动具有法伦理的价值。生物人对生物人的支配从这个角度看是自然现象;但通过司法管辖权行使的支配却应当适用协商一致后的法规则并且应当实现人们所承认的法伦理的价值。这项义务在谕令,即裁判官的司法活动中有正式表述。在关于谕令的新表述和与之相随的[主要是塞尔维乌斯·苏尔皮奇乌斯(Servius Sulpicius)]谕令评论的新表述中,这种新的法律理论得以贯彻。这种方法变化的一个典型例子,就是关于控制权利行使的表达方式的改变,这就产生了后来诈欺抗辩(exceptio doli)中最为重要的抗辩权:它不是建立在自然法诚实信用(bona fides)的基础上,而是以裁判官宣布相关的具体现实情况为基础,因为裁判官依照谕令有义务实现恶意禁令中的法伦理价值。

在帝政时期法学派的对立中,这两项法律理论的分歧仍然存在:萨宾的法学派,即萨宾学派,以依照自然法发展的市民法的思路为指导,而普罗库勒的法学派,即普罗库勒学派,则捍卫共和晚期的所有形式性传统。这两个法学派间有数不胜数的争论,例如关于互易的可诉性、成年或者加工等,相应地通常还有(萨宾学派)以自然法和市民法为主导与(普罗库勒学派)以文明法为准则之间的对立。到古典盛期和古典晚期,两个法学派相互促进,最终第二种体系的形式性特征获得了胜利,特别是因为萨宾学派在尤里安作为带头人以后在很多方面都接受了形式性的内容。通过回顾价值性(自然法或者法伦理的)争论而调整某领域内关于正义的形式性规定很有必要,此后它成为了法学家们的共同财富。

12 （三）1. **后古典时期**自公元3世纪起到古代结束时止。这个时期表现出了衰落的迹象。在塞维鲁斯·亚历山大（Severus Alexander）皇帝（222—235年）去世后的国内外剧烈动荡中，罗马帝国处于崩溃的边缘，而古典法学的创造力也逐渐枯竭了。当然，**戴克里先**（**Diokletian**）（284—305年）在帝国经历了一个半世纪的混乱后重新为其带来了强大的中央权力，至少是力求保持古典思想财富（在敕答实践中，即交由他作出的法律裁决中）的活力。至于古典法学的复兴，却不可能有任何空间，因为在专制主义君主制中，所有国家机关均屈从于统治者的全能意志，而自由的、只对法学家自己良心负责的司法和法学不再被承认了。

13 **君士坦丁大帝**（**Konstantin d. Gr.**）（307—337年）时期，法律生活在很大程度上偏离了古典传统。这种情形下，法律文化的命运首先就是**通俗化**。

古典法学家高度精致的法律思维技术和表达技术消失了。取而代之的，很大程度上是法律外行们或者稍微专业一些但只受过很少训练的法律实务人员和法律教师们关于法律的表述，他们经常误解或者歪曲古典法的内容。这些存在缺陷的法律意见，尤其是在各个行省，虽然对古典实务而言也并非完全陌生，但是，只要古典法还是“正式的”国家制度，它们大部分还是受到了抑制。

古典时期结束后，这种通俗主义终于占据了上风，而且自君士坦丁起甚至于进入了帝国立法中。只要是承认“通俗的”思维和表达风格的特征并且进行偏离古典法的实务应用法律教育，人们就将其概括为**通俗法**。无疑，它不是一个法律体系化的概念，而是一个法律文化上的概念，主要用以说明法的适用，此外还可说明法的形成和发展。

后古典通俗法对于罗马法史的意义,最早到20世纪30年代才获得恩·利维的承认,他对此予以高度评价。它虽然是按照罗马法描述其主要内容,但有些粗糙,内容方面也有所变动,并且在法律文化上降低到了较低水平,只能间或与前科学的、古代罗马法的思维方式联系起来。今天看来,在通俗化程度上的判断较之于恩·利维时候整体上要有所保留。尽管有些语言在修辞上较为夸张,有些术语反复变动,但古典私法主要部分的内容仍然与古代晚期具有联系。通俗化当然也有一些内容是进步的(如自权人代理和债权让与)。——文献:卡·米泽拉(K. Misera)/拉·巴克豪斯(R. Backhaus),"恩斯特·利维和通俗法"(Ernst Levy und das Vulgarrecht),载《永远开放:海德堡大学祝贺文集》(Semper Apertus, Fs. Universität Heidelberg),第3册,1985年,第194页。 14

与罗马通俗法相区别的是希腊化**民族法**,即希腊渊源或者东方渊源的非罗马法,正如我们主要从希腊-埃及纸草中所了解到的,这些渊源因为罗马曾经施加影响并且(公元212年)《安东尼敕令》(constitutio Antoniniana)普遍授予罗马市民权而在帝国东部大大扩张了其适用范围(下文边码3.19)。——**希腊化**对罗马法的后古典发展虽然影响较大,但仍限制在一个狭隘的范围之内。它主要表现在书面形式的大幅扩张,除此之外只有少数制度具有希腊渊源或者东方渊源,如在神圣的教堂中释放(manumissio in sacrosanctis ecclesiis)、婚姻定金(arra sponsalicia)、婚前赠与(donatio ante nuptias)。

2. 除上文简要描述的内部变化和外部影响外,后古典时期的私法在时代的精神生活和物质生活所决定的**法律形成因素**方面继续发生深刻变化。**专制主义君主**,由此开始的唯一立法者,通过它那些部分出于强权政治考虑,部分出于福利国家考虑而采取的措施,介入到其臣民生活之中。国家结构变化带来了**法院组织**的改变以及**民事诉讼法**的新规则,它们都对私法产生了影响。之所以产生深刻变化,还由于**基督教**的胜利[313年《米兰敕令》(Mailänder Toleranzedikt),自381年起(狄奥多西大帝)(Theodosius d. Gr.)(379—395年)成为国教],当然其学说影响主要仅仅局限于家庭法,尤其是婚姻法。此外,与过渡到专制主义 15

君主制密切联系的还包括创立了**国家社会主义**,大量的行政机构开始介入各方面生活关系并进行规制。与这些现象密切相随的是,出现了**经济**和**社会共同体**衰退、普遍贫困化、群众困难、商业衰落和金融衰败。

16 皇帝对此所采取的措施表现为两方面,一方面是想进行某些救济,尤其是在家庭法和继承法中;另一方面却对臣民课以种类繁多、极其沉重的负担。他们在职业团体(corpora)中被联合成了不能分解而且世袭的强制成员。农业中主要是隶农,他们和人身自由更少的奴隶关系较近(下文边码16.18)。他们被课以苛捐杂税,当然还有沉重的强制劳役负担(munera)。在私法上具有意义的主要是对所有权和自由买卖的限制。描述这种关系的报告中令人印象深刻者,参见,埃·泽克尔(E. Seckel),“世袭强制职业和以及世袭强制团体在罗马晚期的发展(1901年)”[Die spätrömische Entwicklung der erblichen Zwangsberufe sowie der erblichen Zwangsverbände (aus 1901)],载《萨维尼杂志》,第121卷(2004年),第506页;其他文献,德·利布斯(D. Liebs),“古代晚期的政制历史、法律历史和社会历史特征”(Verfassungs -, rechts - und sozialgeschichtliche Eigenheiten der Spätantike),载《信义 人性法》(FHI),第5册,第2857页。

17 3. 经历了4世纪诸位先帝之后,随着狄奥多西大帝(379—395年)去世,帝国最终分裂成为**西罗马**和**东罗马**两部分。从此以后,法律发展在帝国两部分走上了本质完全不同的两条道路。

在这个时期,皇帝法律在哪部分公布,就只(按照地区)适用于哪部分。当然,为维护统一表象,皇帝名录记录了所有皇帝。当然还是有很多法律出自于某一部分却为另一部分所采用了。尤其是(438年)《狄奥多西法典》(Codex Theodosianus),它在帝国两部分都公布了,包含了帝国两部分的法律。此后,只有个别东部法律为西部所采用,而西部法律在东部则几乎都未被采用。

(1)在**西罗马**帝国,经济和社会衰退、私法通俗化势不可当。 18
西罗马帝国解体(476 年)后,罗马法根据属人法原则(下文边码 3.9 - 10)对日耳曼后继诸国的罗马臣民继续适用。

在西哥特王国和勃艮第王国,罗马法以特别汇编形式得以记录下来。西哥特王国称为奥伊里希(Eurich)国王的法律[《奥伊里希法典》(Codex Euricianus),约 475 年]和《西哥特罗马法》[Lex Romana Visigothorum,或者《阿拉里奇节录》(Breviarium Alaricianum),506 年]。大概东哥特王国是狄奥多西一世的《狄奥多西敕谕》(Edictum Theodorici)(500 年之后),勃艮第王国是《勃艮第罗马法》(Lex Romana Burgundionum)(6 世纪初)。

(2)在**东罗马**帝国,经济和社会状况较之于西部总体上保持 19
在较高水平,甚至某些方面还有所提高。在法律文化生活中,通俗化在一定程度上受到了遏止,甚至于重新回归到**古典主义的**方向,这就保存了古典法律文献并且尽力使其能够得到使用。这个方向始自于一些**法律学校**,其中,5 世纪时拜里特斯(Berytos)(今天黎巴嫩的贝鲁特)的法律学校最为出众,后来君士坦丁堡(今天伊斯坦布尔)的法律学校也非常突出。无疑,这些不同于古典法学家的法律学校不再以借助具体案例直接对实践进行创造性续造为其职责。相反,这些法律学校在对遗存材料进行理论化分析整理中发现了自己的使命。与此同时,各学校教义,尤其是在意思学说和过错学说方面,反复体现出同时代哲学和神学的影响。

三、《民法大全》

文献:详参利·文格尔(L. Wenger),《罗马法的渊源》(Die Quellen des röm. Rechts),1953 年,第 562 ~ 679 页;保·克吕格尔(P. Krüger),《罗马法渊源与文献的历史》(Geschichte der Quellen und Litteratur),1912 年第 2 版,第 365 页;伯·屈布勒(B. Kübler)《罗马法史》(Geschichte des Röm.

Rechts),1925 年;孔克尔/舍尔迈尔(Kunkel/Schermaier)(边码 1.58),第 208、304 页;瓦尔德施泰因/赖纳(边码 1.58),第 242 页。

20 东罗马法律学校的工作在**优士丁尼一世**(**Jusitinian Ⅰ.**)皇帝规模宏大的立法作品中达到了顶峰。这部作品就是**《民法大全》**(**Corpus iuris civilis**),其主要部分在 533 年和 534 年公布。优士丁尼的古典主义使这部汇编作品的主体部分保留了古典时期法律文献的渊源原文,尤其是**《学说汇纂》**[**Digesten**,来自于"digerere",意为"整理排序""收集",也称为 **Pandekten**,来自希腊语"pandektai"一词(也就是"bibloi"),指包罗万象内容广泛的书]和初学者教科书,即**《法学阶梯》**(**Institutionen**,来自于"instituere",意为"讲课")中。同样,他在其**《法典》**(**Codex**)中保留了元首制时期完成的 4600 多份皇帝敕令以及常常完全遵循古典法的戴克里先敕谕。关于其现代版本和翻译,下文将概括说明(边码 1.42 –45)。

21 然而,古典主义只说明了优士丁尼在一个方面的立场。与此同时,皇帝还致力于实现**专制主义统治的基督教福利国家**的理想,这与其前任诸位皇帝并无二致。为实现这个目标,优士丁尼并未使古典法重新适用于所有领域。这些决定性变革使得他所处的时代与古典法学家所处的时代区别开来,其根据是前文已经论及的法律形成因素(上文边码 1.15):专制主义和诉讼改革、基督教和希腊化(尽管其作用范围狭隘),尤其是经济、社会衰退的需要。

22 优士丁尼适应了这些发生变化的关系,一方面是因为他将源于(自君士坦丁起)后古典时期的很多皇帝法律采用到他的《法典》中,另一方面主要因为创设了他自己的法律,它们同样被编入了《法典》和**《新律》**(**Novellen**)(来自于"novellae constitutiones",意为"新的皇帝敕令",关于其版本,见边码 1.42)。优士丁尼计划对主要使用希腊语编写而成的《新律》进行官方汇编,但并未完成。在私人汇编之中，所谓“希腊文汇编”有168项新律，它是最全面的汇编。无疑，私法史上最具意义的是所谓的“真本”(Authenticum)，其中有134项(535—556年)新律使用了拉丁语，还有一部分使用了原始文本，但主要是对希腊语原文的翻译，不过这些翻译也常常难以令人满意。

在遗存的古典法学家文献和源自古典时期的皇帝敕令中，他通过进行**添加**(来自于“interpolare”，意为“装饰”“改变”)而适应了这些变化。“添加”也就是改变文本，当然，那些“汇编者”对此只能间或草草为之。人们所谓的汇编者(源自于“compilare”，意为“洗劫”“筛净”)，指的是在皇帝的总理大臣特里波尼安(Tribonian)领导下汇编《学说汇纂》《法学阶梯》和(优士丁尼)《法典》的委员会的成员。

在《民法大全》的主要部分，尤其是《学说汇纂》中，当然也包括《法学阶梯》和《法典》，关于古典法学家和皇帝敕令的原始文献应该区分为**多个修订层次**，它们从表面上看不出来，只有通过对文本的批评性分析才能发现。为揭示这些层次(弗·维亚克尔)，罗马科学产生了一个新的研究方向，这就是文本阶段研究。它区别了许多在个别情形下无疑不易准确界定的阶段：(1)淡化内容的改变从古典时期结束就已经开始了；这个后古典早期层次可能溯源于那些鄙陋的法律课程，它已经使古典思维过程的精确性变得模糊了，但却尚未有意识地改变法材料。(2)自4世纪起，尤其是在西罗马，就已经有了通俗化的征兆，具体表现是偶尔在内容上不顾及古典传统。它的影响在《法典》中较为明显，在《学说汇纂》中则比较少。(3)在5世纪和6世纪则正好相反，东罗马的学校的理论化的、受经院哲学方法支配的影响开始发挥作用，开始强烈地回归到古典思想财富上。据推测，这一思想可能首先是由优士丁尼的汇编者引进到遗存文本中的。(4)如果不考虑对东罗马的学校据以发展古典法的学说的训练，优士丁尼最后的文本改革本质上是为适应前文所及立法创新和宪法、宗教、经济和社会变化而进行的(未完全贯彻下去的)调整。此外，法源顺序、正式民事诉讼程序的严格原则等古典法据以存 23

在的条件也都已经发生了变化。——文献:弗·维亚克尔,《古典法学家的文本阶段》(Textstufen klassischer Juristen),1975 年;弗·维亚克尔,《罗马法史》(RRG)(边码 1.58),第 1 册,第 165 页。

24 除此以外,后古典法学家(尤其是汇编者)的文本变化主要局限于删减或者统一,为此采取了诸如概括不同观点或者解决古典法学家间分歧等方法。总而言之,后古典的影响范围,即内容变化,明显比大约 20 世纪 60 年代末人们所认为的范围要小,学习这些较早的文献时,应当充分注意到这一点。当代研究基本又回归到了遗存文献上,认为它们还是比较可信的。

文献:马·卡泽尔,《罗马法渊源研究方法论》(Zur Methodologie der röm. Rechtsquellenforschung),1972 年;马·卡泽尔,"对罗马法渊源一个世纪的添加研究"(Ein Jahrhundert Interpolationenforschung an den röm. Rechtsquellen),载《罗马法渊源和所用法学家方法》(RRQ.),第 112 页;罗·克努特尔,"论马克斯·卡泽尔的方法论遗产"(Zum methodologischen Vermächtnis Max Kasers),载《萨维尼杂志》,第 115 卷(1998 年),第 33 页。

四、继续发展

文献:弗·卡·冯·萨维尼(F. C. v. Savigny),《中世纪罗马法史》(Geschichte des röm. Rechts im Mittelalter),7 册,1834 年至 1851 年第 2 版,1961 年重印;弗·维亚克尔,《近代私法史》(Privatrechtsgeschichte der Neuzeit),1967 年第 2 版;温·特鲁森(W. Trusen),《德国学者法的开始:论继受早期的历史》[Anfänge des gelehrten Rechts in Deutschland (zur Geschichte der Frührezeption)],1962 年;赫·朗格(H. Lange),《中世纪罗马法:第一册,注释法学派》(Röm. Recht im Mittelalter, I, Die Glossatoren),1997 年;赫·朗格/马·克里希鲍姆(H. Lange/M. Kriechbaum),《中世纪罗马法:第二册,评论法学派》(Röm. Recht im Mittelalter, Ⅱ, Die Kommentatoren),2007 年;格·韦森贝格/贡·韦泽纳(G. Wesenberg/G.

Wesener),《近代德国私法史》(Neuere deutsche Privatrechtsgeschichte),1985年第4版;保·科沙克尔(P. Koschaker),《欧洲和罗马法》(Europa und das röm. Recht),1966年;汉·哈腾豪尔(H. Hattenhauer),《欧洲法律史》(Europäische Rechtsgeschichte),2004年第4版;贡·韦泽纳,“论中世纪早期留存的罗马法”(Zum Weiterleben röm. Rechts im Frühmittelalter),《罗马传统和政制》(TreC),第2册,第1751页。——关于《民法大全》作用历史的简要说明,同时参见,奥·贝伦茨/罗·克努特尔/贝·库皮施/汉·赫·塞勒(O. Behrends/R. Knütel/B. Kupisch/H. H. Seiler),《民法大全》,第2册(见边码1.44),第13页至第22页。——还可参见边码1.60-62。——自注释法学派(边码1.27即见)以来的几个世纪中,通过科学而“占有”文本方面的差异,可以Paul. D. 24,1,63为例而说明,霍·海·雅科布斯(H. H. Jakobs),“已安装木料和学说汇纂批评”(Tignum iunctum und Pandektenkritik),载《萨维尼杂志》,第124卷(2007年),第198页。

关于古代结束以后罗马法的命运,这里也只能简要勾勒几笔。罗马法通过三条途径进入到后世法律发展之中。 25

(一)在**西部**,虽然只是表现为**通俗法**的歪曲形态,罗马法经受住了罗马帝国的崩溃而继续存在,并且与日耳曼法律思想相混合而成为了意大利、南部法兰克帝国和比利牛斯半岛中世纪法律发展的基础。

(二)在**东部**,《民法大全》中的法不管是表面上还是材料上都逐渐被淡化而且一定程度上叠加了希腊化思想,但它在拜占庭帝国得以继续适用。1453年5月29日,拜占庭帝国被穆罕默德(Mahomet)征服而灭亡。 26

在用希腊语进行的统一修订中,9世纪的**《巴西尔法典》(Basiliken)**较为突出,但它回溯到了更为古老的范本。这种“希腊—罗马法”在巴尔干半岛部分地区经受住了考验,甚至还经受住了土耳其统治,它还是现代希腊1940年《民法典》的基础之一。

27 （三）随着11世纪末期始自于波罗尼亚（Bologna）的**法学复兴**，《民法大全》中的法在意大利有了极大繁荣。**注释法学派**对汇编作品的内容，尤其是对《学说汇纂》的内容，借助于同时代（前经院哲学）神学形成的思维方法进行了基础性理论加工，而欧洲大陆后来的法律理论很大程度上就奠基于此。随着《民法大全》的回归，这些汇编作品中的古典法学的思想财富重新开发出来。然而，注释法学派认为《民法大全》不容置疑，主张法律启示（书面理性（ratio scripta））而回避对它进行批评，因此并未发现在他们所处时代应用这些关于法律生活的知识资源的渠道。

28 在14世纪和15世纪，具有实践目标的**评论法学派**（所谓“**后注释法学派**”、评注法学派）取代了注释法学派的理论化倾向，将新发现的罗马法学成就应用于同时代的司法活动。他们成功地在那个时代的制度中贯穿了从罗马人那里学来的方法，而不管它源于罗马还是日耳曼。这样罗马人的思想就变得不再具有非同寻常的独特性了。

29 这两个学派对欧洲大陆国家的法律文化都产生了决定性影响。受影响相对比较小的，只有当时已经有了高度发达的本土法律科学的英格兰，此外还有部分斯堪的纳维亚国家。《民法大全》中的法在罗马语族国家创造了法律科学上的高度文化之后，它还在所谓罗马法“**继受**”名义下成功地进入了德国。这种继受在13世纪逐渐开始，而1495年《帝国枢密法院条例》则在某种程度宣告了其结束。依照该法第3条，帝国最高法院的法官们不仅应当“依照帝国普通法（继受的罗马法）、还应当依照审判引用到的侯爵领地、贵族领地和法院的非常公正并且可以容忍的条例、法律和习惯”进行审判。罗马法通过这种继受形式就具有了辅助性效力，而这种辅助性效力的实际意义越来越大，尤其是在本地法受到严格解释的情形之下。人们将继受以来，尤其是十七八世纪，罗马法这种实践性适用称为“（学说汇纂）现代应用”[Usus Modernus

(pandectarum)]。

30 这种现象的基础、过程和结果及其继续发展,应当在“近代私法史”中进行描述。这里强调的仅仅是得以继受的罗马法,与按地域和等级严格区分的德意志“地方法”不同,被称为**共同法(ius commune)**,后来,尤其是在19世纪,被称为**普通法**。它并没有完全排斥德意志法,而是与之富有成效地结合起来。共同法适应了交易法对统一和高度发展的需要,不但为近代债法提供了基础,而且还在一定程度上为物法和继承法提供了基础,而德意志法则在家庭法和不动产法的许多领域起着作用。同样重要的是,通过《民法大全》使德国熟悉了科学**方法**,其特征主要是以法律效果和前提为指向的思想。这种方法也用于地方法,并多次使它避免为罗马—普通法所淹没。

31 同时代的记录表明,随着继受罗马法而在文明和法律文化方面得到的好处如何之大。例如,梅兰希通(Melanchthon)1518年在维腾贝格(Wittenberg)举办的法学阶梯讲座课上曾经说(并非逐字逐句的翻译):“如果上帝想让诸侯及强者们的思想意识转到保护法学,就只能期望他是较为明智的好人了。如果它被弃置,那么谁也无法想象,宫廷内外将会出现何种暴政,法庭上下将会作出何种野蛮裁判,而整个民法将会变得如何混乱不堪。——为避免这一切,让我们用全心全意祈祷上帝吧。”

奥尔托尔夫·富克斯贝格尔(Ortholf Fuchsberger),《法学阶梯》的第二位德语译者,1538年在其译本的“前言”中用朴素但却毫不掩饰的语言强调说:“如果,这种对法认识与运用/被人类弃置/那么,我们居所内外/我们的所占所有/我们的亲朋好友/父母双亲/妻子儿女/就再也不能和睦幸福地生活。世间就再也没有人能够知道/什么属于自己/什么属于他人/什么是父族遗产/什么又归属于自己的子女。所有正义与公德将被遗弃/取而代之的是茹毛饮血/弱肉强食的蛮荒生活。那时,还有谁愿意在城市乡村规矩文明地生活呢?在暴力与暴政的淫威下/无辜者不受庇护/所有的礼仪和艺术将毁于一旦。”

如果注意到《学说汇纂》第 1 编中就已经包含了后来市民革命中那些伟大的目标中所体现出的思想，“自由、平等、博爱”(Ulp. D. 1,1,4;Flor. D. 1,5,4pr. ;D. 1,1,3)这些表达就很容易理解了:依照《民法大全》中的法，市民之间原则上平等(而不是根据出生等级分别)适用法律;坚持了自由推定[所谓“自由优先”(favor libertatis)];妇女(完全不同于中世纪很多法律)在合同法和继承法中原则上平等;很多方面不同于中世纪法，尤其是不同于封建法对所有权自由和遗嘱自由的约束，土地所有权甚至可以自由处分;为法律交往发展出了简明清晰的法律形制;坚决禁止暴力(边码 8. 31 - 33;21. 6;36. 12)，等等。详细内容参见科英(Coing)，《欧洲私法》，第 1 册，第 25 页，以及下文边码 1. 39。

此外，关于富克斯贝格尔所描绘的情形，还可参见西塞罗(Cicero)在《为塞斯提欧辩护》(Pro Sestio 42,91 - 92)中关于文明发展所描绘的图景，他强调了对文明发展具有决定性的保障:我们要消灭暴力，法就必须发挥作用，即所有人都处于法的统治之下(Vim volumus exstingui,ius valeat necesse est,id est iudicia,quibus omne ius continetur)。

32 **五、法典编纂**

18 世纪到 19 世纪出现了许多立法，举其要者诸如《普鲁士一般邦法》(1794 年)、《法国民法典》(1801 年/1804 年)、《巴登州法》(《法国民法典》的翻译)(1809 年)、《奥地利帝国一般民法典》(1811 年)，等等。随着这种立法转向，上列诸国不再适用罗马—普通法(以及当地的地方法)。这些立法在所有方面都继承了由罗马成分和德意志成分组成并遗留下来的既有法。从科学方法的角度分析，这些较早的立法除受到普通法的影响外，还受到源于启蒙时代的自然法学说的影响。自然法学说以古希腊哲学和基督教学说为中心思想,认为自然法是全人类所有时代都适用的法,很多方面无疑都努力以曾经存在的罗马—日耳曼制度为范本构造出来。

自 19 世纪早期起从德国开始,**历史学派**在其创始人弗里德里希·卡尔·冯·萨维尼(Friedrich Carl von Savigny)领导下使罗马法重新产生了极大影响。在与“自然法”理念相对而具有历史性特征的“民族精神”主导下,新流派要求回归到作为夕土法律文化最高发展阶段的罗马法,更确切地说要回归到《民法大全》中“纯粹的”罗马法,并且将它等同于古典法。后注释法学派和学说汇纂现代应用据以适应时代变化需要而完成的继续发展被否定。这种在古典主义和理想主义激励之下但同时远离现实的回归被证明在实践上没有可行性,尽管如此,历史学派仍然做出了不朽功绩。他们在科学上对私法各部分都进行了非常重要的深入研究。该学派从罗马法渊源得出了许多基本认识,尤其是在“总则”、体系化和基本概念方面,发展了自然法学说的准备工作,从罗马渊源得出了大量基础知识。 33

19 世纪的科学,因其主要渊源也被称为学说汇纂学派或者**学说汇纂法学**,还从罗马法的材料中形成了清晰抽象的概念和规则,从而使**私人自治**有了十分重要的保障。晚近一些的民法法典编纂都受到了它的实质性影响,如瑞士法(1881 年《瑞士债法》,1911 年/1936 年修订,1907 年《瑞士民法典》),《德国民法典》(1896 年),《日本民法典》(1898 年),《巴西民法典》(1916 年)(2002 年新文本)直至《希腊民法典》(1940 年)和《意大利民法典》(1942 年)。 34

文献:霍·海·雅科布斯,《以 19 世纪法律渊源学说为根据的民法科学和民法立法》(Wissenschaft und Gesetzgebung im bügerlichen Recht nach der

Rechtsquellenlehre des 19. Jh.),1983 年;罗・克努特尔,“1896 年《德国民法典》中自由的保护”(Schutz der Freiheit im deutschen Bügerlichen Gesetzbuch von 1896),《信义 人性 法》,第 4 册,第 2643 页。

六、当代罗马法

文献:弗・维亚克尔,《论罗马法》(Vom röm. Recht),1961 年第 2 版,第 288 页;马・卡泽尔,“德国民法中的罗马法因素”(Der röm. Anteil am dt. Bürgerl. Recht),《法学教育》(JuS),1967 年,第 337 页;赖・齐默尔曼(R. Zimmermann),“罗马 - 教会共同法作为欧洲法统一的基础”(Das röm. - kanon. ius commune als Grundlage europäischer Rechtseinheit),《法学家报》(JZ),1992 年,第 8 页;赖・齐默尔曼,“听到的旋律是甜美的”(Heard melodies are sweet),《民法实务档案》(AcP),第 193 卷(1993 年),第 121 页至第 169 页;罗・克努特尔,“罗马法与德国民法”(Röm. Recht und dt. Bürgerl. Recht),载瓦・路德维希(W. Ludwig)(编),《欧洲当代的古代因素》(Die Antike in der europ. Gegenwart),《约・容尼乌斯科学协会会刊》(Veröff. d. J. Jungius—Ges. d. Wiss.),第 72 卷(1993 年),第 43 页;赖・齐默尔曼,“罗马法和欧洲法统一”(Röm. Recht und Euopäische Rechtseinheit),载瓦・路德维希前引书,第 151 页;罗・克努特尔,“欧洲法统一与罗马法”(Rechtseinheit in Europa und röm. Recht),《欧洲私法杂志》(ZEuP),第 2 卷(1994 年),第 244 页;罗・克努特尔,“欧盟法院中的共同法与罗马法”(Ius commune und röm. Recht vor Gerichten der EU),《法学教育》,1996 年,第 768 页;又见,欧・布赫尔(E. Bucher),“法律遗存和当代法”(Rechtsüberlieferung und heutiges Recht),《欧洲私法杂志》,第 8 卷(2000 年),第 394 页;弗・哈・安德烈斯・桑托斯(F. J. Andrés Santos),“罗马法规则在欧洲共同法中的认识论价值”(Valor epistemológico de las reglas jurídicas romanas en el derecho communitario europeo),《米克尔祝贺文集》(Est. Miquel),第 21 页;弗・昆卡・博伊(F. Cuena Boy),“希望和现实之间的罗马法”(El derecho romano entre el deseo y la realidad),《米克尔祝贺文集》,第 265 页。

35 1900年1月1日《德国民法典》生效,直到这时仍然有约1650万居民,即当时帝国人口的三分之一,适用罗马—普通法。罗马—普通法虽然因其中包含的内容为《德国民法典》所取代而不再适用,但它在很多方面仍然对当代法有深远意义。依照《德国民法典施行法》,只要没有为新的州法所取代,它原则上在各州范围内仍继续适用(所谓"法律统一的失效目录")。此后这种情形确实发生了,当然相关案例很少,今天在处理这些案例时仍然以普通法为依据,这点尤其表现在水法中[例如,参见《联邦最高法院民事裁判集》(BGHZ),第92卷,第326页,摩泽河岛屿案(Moselinsel);第108卷,第110页、第121页,豪赫瓦赫特湾案(Hohwachter Bucht);联邦最高法院,《新法学周刊》,1990年,第3263、3265页,特拉维蒙德案(Travemünde);还可参见《联邦最高法院民事裁判集》,第114卷,第183、189页]。

36 更为重要的是,《德国民法典》的结构、法制度、法语言和某些规则都被深深打上了罗马—普通法的烙印,其他法典也都如此。当代法典的很多条款读起来就像是《学说汇纂》片段的翻译一样(如阻碍条件成就的规则,边码10.5;或者,善意自主占有人的孳息取得,边码26.6;甚至于有的是完全相同的,如Inst. 2,14,7和《德国民法典》第2089条、第2090条)。因此,美国人查尔斯·谢尔曼(Charles Sherman)在其洋洋巨著《当代世界中的罗马法》(*Roman Law in the Modern World*)(1924年)第2册的序言中强调说,"19世纪和20世纪的所有法典编纂都有一个共同点:现代法典在很大程度上可以被认为是优士丁尼不朽的罗马法法典的再版——只不过它们适应了现代的时代要求,而且穿上了现代语言的新装",这虽然略显夸张,但却非常到位。

37 因此,在解释新的法典中的许多规则时自然而然地需要以旧法(即普通法)为根据,这一点在第一个十年里尤其明显。同样,如果法典没有规定或者规定不完全,人们自然而然就会从此前的法律出发——尽管按照法典的原则（如果不考虑《德国民法典施行法》的保留），应当完全废弃州私法，即使些微辅助性效力都被排除了（《德国民法典施行法》第55条）。帝国法院判决以及《德国民法典》注释书就是以这种方式为实质上尽量捍卫法的连续性而做出了贡献。从这些真实经历可以看出，《德国民法典》的规范构成了疏密不同的网格，通过这些网格我们可以得到并掌握千年以来所获得的法律经验。此外，《德国民法典》之父们自己也并不认为其法典具有封闭性。他们多数（从罗马法传统出发）认为其前提是不言而喻的；他们常常放弃某项规则，正如法律材料中公式化的说法那样，这是为了将问题“交由科学和实践解决”。对此一般应当认为，不应故意对既有法作出原则性改革。由此得出的结论是，如果不追溯到普通法并且大多数情形追溯到罗马法，则对当代民法问题大多不可能进行深入研究。

38 罗马法的作用并不仅仅局限于理解民族国家的法典。世界各地都在研究其法律形制、准则和术语，罗马法知识因此也使理解和沟通变得简单。在欧洲联盟一体化过程中，这一点也很清楚。在司法判决中，尤其是欧洲法院的判例中，追溯到法典化之前的共同法（ius commune）和罗马法所确立的原则和规则情形并不少见。这些准则被作为“成员国法律制度中共同的法律原则”而予以适用［《欧洲共同体条约》第288条第2款（288 II EGV）；《欧洲原子能共同体条约》第188条第2款（188 II Euratom V）］；它们与不同民族国家法律制度教育出来的法官、检察官的法意识相符合，在由法院实务逐渐发展出一套共同体法的“总则”的过程中所起的作用不容忽视。［参见罗·克努特尔（边码1.35之前），《法学教育》，1996年，第768页］。

39 由于罗马法已经遍及世界，这就使其他法律制度以原始形式或者变化后的形式对我们的法律制度发生影响。

著名的"可预见规则"的基本思想是,违约损害赔偿应当限定在债务人缔约时所能预见的违约可能产生的后果。它是由法国法学家迪穆兰(Dumoulin)和波蒂埃(Pothier)在16世纪和18世纪以将损害赔偿限定为两倍金额(dupli quantitas)的优士丁尼谕令C.7,47,1为出发点而发展出来的。通过哈德利诉巴克森代尔案(Hadley v. Baxendale)的判决,该学说在1854年被英格兰所接受。它因此被引入到英美法并成为《国际货物买卖统一法》(EKG)第82条和1980年(关于国际货物买卖的)《联合国国际货物销售合同公约》(CISG)第74条的范本。对此,合同损害赔偿的限制以一种调整后的形式回到我们的法律制度中。

对于公法而言,由以下几点也可见一斑:由古代渊源发展而来的共同法(ius commune)中已经包含了我们基本权利的主要部分;它为法国大革命开辟了政治道路;它决定了我们今天的法律思想并且间接决定了北美的法律思想。关于罗马法所保护的价值和价值观念对我们当代的法和正义的影响,我们应该溯源到什么样的广度、深度?正如总检察长特拉布奇(Trabucchi)在他于欧洲法院就4/73诺尔德案[4/73(Nold)]的终局控告(欧洲法院对此已经确定)中所说的,基本权利属于"一般法律原则"。他清楚地概括道:"对自由和所有权的关注,对平等原则、非歧视和比例原则的确认……是整个共同体体系框架内的,并且是具有决定性的。……这一直涉及按照事物本质进行处理的原则,即所有法律均因某原因而制定(quarum causa omne ius constitutum est)。在古代的法律制度中,它被作为人类共同生活的书面理性(ratio scripta);在刚才提到的19世纪的立法中,它被确定为条文表述的效力;今天它还以许多庄严的形式表达出来……共同体机关的活动必需严格遵守这些原则。"[《欧洲法院裁判汇编》(Slg.),1974,509,513]。这一引用来自于D.1,5,2,法学家赫尔莫杰尼安(Hermogenian)在这里强调,"所有法均为人而设"。——欧洲法院判决确定,基本权利,正如《欧洲人权公约》(EMRK)和成员国共同的宪法流传一样,属于共同体法的一般原则[如 C – 7/98 案,《欧洲法院裁判汇编(2000 年)》,第 1 – 1935 页,边码 25 – 27,克隆巴赫(Rs. C – 7/98, Slg. 2000, I – 1935 Rz 25 – 27 – Krombach)],它找到了进入《欧洲联盟条约》的途径(第 6 条第 2 款,至 1998 年末第 F 条第 2 款)。参见上文边码 1.31;朱·吉利贝蒂(G. Giliberti),“人人平等自由”(Omnium una libertas),《罗马传统和政制》,第 2 册(TreC II),第 1881 页。

40 罗马法不仅通过对实践持续不断地发生影响,同时还应当格外强调,其重要价值在于,它为人类提供了在民法经验方面可资利用的宝贵财富。罗马法在其千年发展中成为法和法律科学发展的模范:从其确立到其持续发展达到繁荣并由此走向衰落。它明确了人类共同生活所存在的矛盾境地的基本结构,罗马法学家几乎避免了立法者的介入,而是从争议问题和事物本身出发,在几乎所有永恒的私法问题上都发展出了最好的解决方案。中世纪盛期(参见上文边码 1.27)罗马法渊源重新发现以来的任何时间——不论是注释法学派、评论法学派、人文主义学派、现代应用学派、自然法学派、历史法学派、学说汇纂法学,还是当代的历史科学——从古代文本中总能发现新知识。这是关于该宝库的内容如何丰富的一个非常生动的见证。

41 19 世纪的德语法学能够在世界上达到并处于领先地位,大范围立法得以实现并取得《德国民法典》这样的成就,都与对罗马法所进行的大量的紧张工作密切相关。尽管如此,在 20 世纪里,对绝大多数德国法学家而言,罗马法逐渐丧失了其应有的尊严,在大学里,罗马法与其他不同课程一样降格而只能成为一门选修课。这种地位就像在纳粹时期一样,当时罗马法被纳入其消灭计划中。这样发展有诸多理由,本书对此不予分析。对于那些学习法学的学生而言,应当特别指出,与德国的发展情况不同,其他地方(可以比较一下法国)的人们越来越认识到罗马法的意义。对此有很多例证,这里仅选取其中三个。中国不久前在法学系的教学计划中将罗马法开设为选修课;澳大利亚的一位大学校长和南澳大利亚最高法院(Supreme Court of South Australia)的首席法官(Chief Justice)举行的告别演讲题目是"对罗马法的诉求"(A Plea for Roman Law)[约·杰·布雷(J. J. Bray),《阿德莱德法律评论》(Adelaide Law Review),第9卷1983—1985年,第50页];1992年,一位年轻的美国法学家在完成普通法(Common Law)学习后参加普通法实践之前,利用召开一个关于罗马法、普通法和现代民法的联系的会议之机,撰写了一篇论文,文章以下面的论断作为结束:"开设一门罗马法课程是正确的、合乎逻辑的选择。拒绝开设罗马法课程或者拒绝承认罗马法课程的正当性,就如同雅典人宣判苏格拉底死刑:轻率、不理性的行为,最终会损害大多数学生。今天成为一名执业律师确实不需要罗马法知识,但要培养比较好的律师就需要它了。正如亨利·梅因爵士(Sir Henry Maine)所言,罗马法的意义在于'对罗马法的无知就是我们最大的无知'。"J. J. 霍格特(J. J. Hogarty),《土伦法律评论》(Tulane Law Review),第66卷(1992年),第1898页。

七、法源(代表性作品) 42

已经提到或者将要提到的法源有许多版本和翻译,此处仅选择其重要者。

文献:利·文格尔,《罗马法渊源》(Die Quellen des röm. Rechts),1953年;同时参见边码1.3之前的文献。

(一)关于《民法大全》(**Corpus iuris civilis**),介绍其全集和其各部分不同选集。

1. 通常使用的全集是:

特·蒙森/保·克吕格尔/鲁·舍尔/吉·克罗尔(Th. Mommsen/P. Krüger/R. Schoell/G. Kroll),《民法大全》(Corpus iuris civilis),铅印版(editio stereotypa):

第1册:《法学阶梯》(Institutiones)、《学说汇纂》(Digesta)(《法学阶梯》由保·克吕格尔编辑,《学说汇纂》由特·蒙森/保·克吕格尔编辑),1928年

第 15 版,1911 年第 12 版,多次重印,最新重印是 1970 年第 21 版);

第 2 册:《优士丁尼法典》(Codex Iustinianus)(保·克吕格尔编辑),1929 年第 10 版,最新重印是 1970 年第 15 版;

第 3 册:《新律》(Novellae)(鲁·舍尔/吉·克罗尔编辑),1928 年第 5 版,最新重印是 1972 年第 10 版。

《民法大全》有一个德文全译本,以曾经通常使用的文本为基础[《学说汇纂》第 38 编之前根据克里格尔兄弟公司(Gebr. Kriegel)的版本,其余部分,原则上也包括《新律》,根据贝克出版社(Beck)的版本],这个德译本直到今天(尽管略显陈旧)还为人所用,即:

卡·埃·奥托/布·席林/卡·弗·费·辛特尼斯(C. E. Otto/B. Schilling/C. F. F. Sintenis),《民法大全》(Das Corpus Iuris Civilis in's Deutsche übersetzt von einem Vereine Rechtsgelehrter),法学家协会德译,第 1 册至第 7 册,1830 年至 1833 年(第 1 册,第 2 版,1839 年),1984 年重印(其他翻译参见下文边码 1.43 –45)。

43 2. 关于**《法学阶梯》**需要列举如下:

保·克吕格尔,《优士丁尼法学阶梯》(Iustiniani Institutiones),1921 年第 4 版。

奥·贝伦茨/罗·克努特尔/贝·库皮施/汉·赫·塞勒,《民法大全:文本与翻译》(Corpus Iuris Civilis),第 1 册,《法学阶梯》,1997 年第 2 版;同时经过修订的袖珍本,2013 年第 4 版,克努特尔/库皮施/罗士安/吕福纳,(第 292 页及下页)提到了《法学阶梯》的其他版本和译本,尤其是:

弗·赫尔南德斯 – 特耶罗·约格(F. Hernandez – Tejero Jorge),《优士丁尼法学阶梯》(Las Instituciones de Justiniano),1961 年,1998 年重印;

恩·纳尔迪(E. Nardi),《罗马法法学阶梯》(Istituzioni di diritto romano),第 2 部分:文本(B:Testi)2,1975 年(第 7 页至第 202 页,文本与意大利文翻译);

约·安·查·托马斯(J. A. C. Thomas),《优士丁尼法学阶梯》(The Institutes of Justinian),1975 年;

彼·伯克斯/格·麦克劳德(P. Birks/G. McLeod),《优士丁尼法学阶梯》(Justinian's Institutes),1987 年;

约·埃·斯普鲁特/卡·埃·玛·邦格纳尔(J. E. Spruit/K. E. M.

Bongenaar),《民法大全：文本与翻译》(Corpus Iuris Civilis, Tekst en Vertaling),第1册,《法学阶梯》(Instituten),1993年。

关于狄奥菲鲁斯(Theophilus),见边码1.50。

3. 关于**《学说汇纂》**介绍如下： 44

特·蒙森,《优士丁尼皇帝学说汇纂》(Digesta Iustiniani Augusti),第1册(第1编至第29编),1868年,第2册(第30编至第50编),1870年,1962年至1963年重印[2001年大校勘版(所谓"ed. maior"),它是铅印版(ed. stereotypa)的基础];

彼·彭梵德/卡·法达/孔·费里尼/萨·里克博诺/维·夏洛亚(P. Bonfante/C. Fadda/C. Ferrini/S. Riccobono/V. Scialoia),《优士丁尼皇帝学说汇纂》(Digesta Iustiniani Augusti),第1册(第1编至第28编),1908年;第2册(第29编至第50编),1931年,1960年重印一册本(袖珍本);

特·蒙森/保·克吕格尔/艾·沃森,《优士丁尼学说汇纂》(The Digest of Justinian),第1册至第4册,1985年(根据大校勘版确定文本和段落并有英文翻译);

约·埃·斯普鲁特/罗·芬斯特拉/卡·埃·玛·邦格纳尔(J. E. Spruit/R. Feenstra/K. E. M. Bongenaar),《民法大全：文本与翻译》(Corpus Iuris Civilis, Tekst en Vertaling),第2册(第1编至第10编),1994年;第3册(第11编至第24编),1996年;第4册(第25编至第34编),1997年;第5册(第35编至第42编),2000年;第6册(第43编至第50编),2001年(根据大校勘版确定文本并有荷兰文翻译);

奥·贝伦茨/罗·克努特尔/贝·库皮施/汉·赫·塞勒,《民法大全：文本与翻译》(Corpus Iuris Civilis),第2册(第1编至第10编),1995年;第3册(第11编至第20编),1999年;克努特尔/库皮施/塞勒/贝伦茨,第4册(第21编至第27编),2005年;克努特尔/库皮施/塞勒/吕福纳,第5册(第28编至第34编),2012年(根据大校勘版和铅印版确定文本并有所改进)。

4. 关于**《法典》**,除铅版印本外(边码1.42)还可以列举如下： 45

保·克吕格尔,《优士丁尼法典》(Codex Iustinianus),1877年(大校勘版),1998年重印;

约·埃·斯普鲁特/杰·玛·约·肖吕斯/卢·德利赫特(J. E. Spruit/J. M. J. Chorus/L. de Ligt),《民法大全：文本与翻译》(Corpus Iuris Civilis, Tekst en Vertaling),第 7 册(《法典》第 1 编至第 3 编),2005 年;第 8 册(第 4 编至第 8 编),2007 年;第 9 册(第 9 编至第 12 编),2010 年(根保·克吕格尔 1877 年版的文本,1998 年重印和以此为根据的铅印版)。

5. 关于《新律》(除铅印版外边码,边码 1.42),现在还有约·埃·斯普鲁特和/约·H. A. 洛金/伯·H. D. 斯托尔特/尼·范德瓦尔(J. H. A. Lokin/B. H. D. Stolte/N. van der Wal),《民法大全:文本与翻译》,第 10 册(《新律》第 1 项至第 50 项),2011 年;和杰·玛·约·肖吕斯/卢·德利赫特,第 11 册(《新律》第 51 项至第 114 项),2011 年;洛金和范德瓦尔,第 12 册(《新律》第 115 项至第 168 项),2011 年。

46 (二)前优士丁尼的法源有许多汇编。

1. 一般汇编如下:

卡·格·布伦斯/奥·格拉登维茨(C. G. Bruns/O. Gradenwitz),《古代罗马法渊源》(Fontes iuris Romani antiqui),第 1 册:法律和行为文书(I:leges et negotia);第 2 册:作者(II:Scriptores);第 7 版,1909 年(1958 年重印),对此有图册(Simulacra)和词语目录(索引);

弗·布雷默(F. Bremer),《哈德良之前的法学遗留文本》(Iurisprudentiae antehadrianae quae supersunt),第 1 册,第 2 册第 1 分册、第 2 分册,1896 年至 1901 年版,1985 年重印;

埃·泽克尔/伯·屈布勒(E. Seckel/B. Kübler),《前优士丁尼法学的遗留文本》(Iurisprudentiae anteiustinianae reliquiae),第 1 册,第 2 册第 1 分册、第 2 分册,1908 年至 1927 年版;

保·克吕格尔/特·蒙森/威·施图德蒙德(P. Krüger/Th. Mommsen/W. Studemund),《优士丁尼之前法学文献汇编》(Collectio librorum iuris anteiustiniani),第 1 册至第 3 册,1878 年至 1923 年版;

保·弗·吉拉尔/费·森(P. F. Girard/F. Senn),《罗马法文本》(Textes de droit romain),第 1 册,1967 年第 7 版;第 2 册,1977 年第 7 版;

萨·里克博诺/约·巴维拉/孔·费里尼/约·富拉尼/温·阿兰焦 - 鲁伊斯(S. Riccobono/J. Baviera/C. Ferrini/J. Furlani/V. Arangio - Ruiz),《前优士丁尼罗马法渊源》(Fontes iuris Romani anteiustiniani)(缩写为“FIRA”),第 1 册:法律(Leges);第 2 册:作者(Auctores)[其中主要是《盖尤斯法学阶梯》(Gai. Inst.)、《乌尔比安摘要》(UE)、《保罗论判决》(PS)、《梵蒂冈残片》

(vat.)和《摩西法律和罗马法律汇编》(coll.)];第3册,交易(Negotia)(碑铭、纸草和蜡板上的交易文书);1940年至1943年第2版,第1册、第2册,1968年重印;第3册1969年重印;它是现在最常用的汇编;

约·埃·斯普鲁特/卡·埃·玛·邦格纳尔(J. E. Spruit/K. E. M. Bongenaar),《古典罗马法学家作品》(Het erfdeel van de klassieke romeinse Juristen),第1册:《盖尤斯法学阶梯》(Instituten van Gaius)(参见边码1.47);第2册:《盖尤斯和保罗》(Gaius en Paulus),1984年;第3册:《乌尔比安、帕比尼安和小残片》(Ulpianus, Papinianus en kleinere fragmenten),1986年;第4册:《梵蒂冈残片、摩西法律和罗马法律汇编、见解、西奈注疏、检验》(Fragmenta Vaticana, Collatio, Consultatio, Scholia Sinaïtica, Probus),1987年(根据保·弗·吉拉尔/费·森确定文本并有荷兰文翻译)。

此外还有:

德·利布斯,"伪保罗论判决"(Die pseudopaulinischen Sentenzen),载《萨维尼杂志》,第112卷(1995年),第151页;《萨维尼杂志》,第113卷(1996年),第132页[还可参见此前,德·利布斯,《非洲的罗马法学》(Röm. Jurisprudenz in Africa),1993年];关于普特奥里(Puteoli)出土的蜡板,参见:

朱·卡莫代卡(G. Camodeca),《苏尔皮奇家族的庞贝蜡板》(Tabulae Pompeianae Sulpiciorum),第1册、第2册(1999年);

约·格·沃尔夫(J. G. Wolf),《庞贝的新法律文书》(Neue Rechtsurkunden aus Pompeji. Tabulae Pompeianae novae)(缩写为TPN)(拉丁语和德语),2010年。

关于基督教东部地区,可以参见:

瓦·泽尔博/胡·考夫霍尔德(W. Selb/H. Kaufhold),《叙利亚-罗马法典》(Das Syrisch-röm. Rechtsbuch),第1册(导论)、第2册(文本和翻译)、第3册(评论),2002年;

瓦·泽尔博,《叙利亚判决》(Sententiae Syriacae),1990年(导论、版本、翻译和评论)。

2. 前优士丁尼法源中最重要的是1816年巴·格·尼布尔(B. G. Niebuhr)在维罗纳(Verona)修道院图书馆发现的,其中一份重复使用的羊皮卷上包含有盖尤斯(Gaius)《法学阶梯》(上文边码1.10)。 47

埃·泽克尔/伯·屈布勒,《盖尤斯法学阶梯》(Gaius, Institutiones),1939

年第8版,1935年第7版,1969年重印;

保·克吕格尔/威·施图德蒙德,《盖尤斯法学阶梯》(Gai institutiones),1923年第7版(边码1.46所谓《汇编》中);

孟文理,《盖尤斯法学阶梯》(Gaius Institutionen),2004年,2010年第2版[文本(基本上根据达维德/内尔松/孟文理的文本,第4编根据克吕格尔/施图德蒙德的文本),附有德文翻译和讨论]。

弗·德·祖鲁特(F. De Zulueta)《盖尤斯法学阶梯》(The Institutes of Gaius),第1册(附有批评性注解的文本和翻译)1946年,1974年第5次重印;第2册,评论,1953年;

朱·赖纳赫(J. Reinach),《盖尤斯》(Gaius),1950年;

马·达维德/海·利·威·内尔松(M. David/H. L. W. Nelson),《盖尤斯法学阶梯评论4编》(Gai institutionum commentarii IV);迄今出版4册:第1编和第2编,文本和语文学评论,1954年,1960年,1968年;海·利·威内尔松/孟文理,《盖尤斯法学阶梯》(Gai. Inst.),第3编,第1-87页,1992年;第3编,第88-181页,1999年;第3编,第182-225页,2007年[文本和(同时也是法律史的)评论];

弗·赫尔南德斯-特耶罗·约格/胡·安·阿里亚斯·博内特/胡·伊格雷西亚斯·雷东多/曼·阿贝尔兰·维拉斯克/海·罗塞特·艾斯特维(F. Hernandez-Tejero Jorge/J. A. Arias Bonet/ J. Iglesias-Redondo/M. Abellan Velasco/J. Roset Esteve),《盖尤斯法学阶梯》(Gayo Instituciones),1985年[根据保·弗·吉拉尔/费·森(见边码1.46)确定文本并有西班牙文翻译];

威·莫·戈登/奥·F.罗宾逊(W. M. Gorden/O. F. Robinson),《盖尤斯法学阶梯》(The Institutes of Gaius)(根据泽克尔/屈布勒1935年第7版确定文本并有英文翻译);

恩·纳尔迪,《罗马法阶梯》,第1册,文本(Istituzioni di diritto romano A:Testi),1973年(第1~144页;文本并有意大利文翻译);

约·埃·斯普鲁特/卡·埃·玛·邦格纳尔,《盖尤斯法学阶梯》(De Instituten van Gaius),第2版,1994年(根据保·弗·吉拉尔/费·森确定文本并有荷兰文翻译)。

未附盖尤斯的文本的德文翻译:

约·拉迈尔(J. Lammeyer),《盖尤斯法学阶梯》(Die Institutionen des

Gaius),1929 年;

莉·胡赫特豪森(L. Huchthausen),载莉·胡赫特豪森/戈·黑特尔(G. Härtel),《罗马法》(Römisches Recht),1975 年,1991 年第 4 版(第 9 ~ 224 页)。

3. 前优士丁尼的法律汇编: 48

迈·休·克劳福特(M. H. Crawford)(编),《罗马法律》(Roman Statutes),第 1 册、第 2 册,1996 年(顺序均为书目、导论、法律,并有翻译和评论);

玛·埃尔斯特(M. Elster),《罗马共和中期的法律》(Die Gesetze der mittleren röm. Republik),2003 年;

迪·弗拉赫(D. Flach),《罗马共和早期的法律》(Die Gesetze der frühen römischen Republik),文本和评论,1994 年(第 109 ~ 207 页是关于《十二表法》的内容);迪·弗拉赫,《十二表法》(Das Zwölftafelgesetz)(文本及相关遗留材料、翻译和评论),2004 年;

乔·罗通迪(G. Rotondi),《罗马人的法律》(Leges publicae populi romani)[意大利法律百科全书(Enciclopedia Giur. Italiana)],1912 年;1966 年重印并有所补充(编年表和说明);

鲁·迪尔(R. Düll),《十二表法》(Das Zwölftafelgesetz)(文本、翻译和说明),1995 年第 7 版(第 1 章上文边码 46 汇编中有其他版本);

爱·沃尔泰拉(E. Volterra),《元老院决议》(Senatus Consulta),载《意大利最新学说汇纂》(Novissimo Digesto Italiano),第 16 册,1969 年,第 1047 页;又见,爱·沃尔泰拉,《法学文集》(Scritti giuridici),第 5 册,1993 年,第193 ~ 297 页(编年表和说明)。

《**法典**:格雷高里法典和赫尔莫尼安法典》(Codices: Gregorianus und Hermogenianus),参见保·克吕格尔等编《汇编》节录,第 3 册,第 221 页以下;同时参见,《前优士丁尼罗马法渊源》,第 2 册,第 653 页以下(二者同时参见边码 1.46); 49

特·蒙森/保·马·迈尔(P. M. Meyer),《含有〈西尔蒙多汇编皇帝法〉的 16 卷〈狄奥多西法典〉和与〈狄奥多西法典〉有关的〈新律〉》(Theodosiani libri XVI cum constitutionibus Sirmondianis et leges novellae ad Theodosianum pertinentes),第 1 册第 1 分册、第 2 分册;第 2 册,1905 年;1954 年、1970 年

重印；

保·克吕格尔(P. Krüger),《狄奥多西法典》(Codex Theodosianus),第1册和第2册(不完整),1923年/1926年。

克·法尔(C. Pharr),《〈狄奥多西法典〉、〈新律〉和〈塞尔蒙多法律〉》(The Theodosian Code and Novels and the Sirmondian Constitutions),1952年,1969年重印(以蒙森/迈尔的版本为基础同时兼顾克吕格尔的版本的英文译本)；

西·克罗吉兹－彼得勒坎/皮·雅耶特(S. Crogiez－Pétrequin/P. Jailette),《狄奥多西法典》(Codex Theodosianus. Le Code Théodosien),(已出至)第5册,2009年(拉丁语依照蒙森的文本,法文翻译)。

50 (三)**拜占庭时期**的法源列举主要者如下：

孔·费利尼(C. Ferrini),《狄奥菲鲁斯对〈法学阶梯〉的重述式希腊语翻译》(Institutionum Graeca paraphrasis Theophilo Antecessori vuglo tributa),第1册、第2册,1884年,1967年重印(有一些关于《优士丁尼法学阶梯》的内容)；

路·布格曼(L. Burgmann)(编),《〈民法大全〉希腊语概述》(Ecloga),1983年(导论、版本、翻译)；

古·黑内尔(G. Hänel),《尤里安对优士丁尼〈新律〉的拉丁语摘要》(Iuliani Eptiome Latina Novellarum Iustiniani),1873年;重印并有安·奥古斯丁(A. Augustín)编制的词汇表、皮·菲奥雷利/安·玛·巴尔托莱蒂·科隆博(P. Fiorelli/A. M. Bartoletti Colombo)等人编制的索引(Indizes)和词汇表(Konkordanzen),1996年[对此参见沃·凯泽(W. Kaiser),《尤里安摘要》(Die Epitome Iuliani),2004年]；

卡·吉·埃·亨巴赫(C. G. E. Heimbach),《巴西尔法典六十编》(Basilicorum libri LX),第1册至第6册,1833年至1870年;对此有两份补遗[卡·爱·察哈里埃·冯·林根塔尔(C. E. Zachariae v. Lingenthal)制作的,1846年,孔·费里尼和乔·梅尔卡蒂(J. Mercati)制作的,1897年]；

赫尔曼·扬·斯海尔特马/尼·范德瓦尔/道·霍尔维达(H. J. Scheltema/N. van der Wal/ D. Holwerda),《巴西尔法典六十编》(Basilicorum libri LX),第一系列(Series A):文本(Textus)(I－LX);第二系列(Series B):(对第1编至第60编的)简要讨论[Scholia (zu den Büchern I－LX)],

1953 年至 1988 年；

皮·诺瓦耶/阿·戴恩(P. Noailles/A. Dain),《智者列奥六世的新律》(Les novelles de Léon VI le Sage),1944 年(导论,新律 113 项的文本和翻译)；

卡·爱·察哈里埃(C. E. Zachariae),《未刊简明史》(Anecdota),1843 年；

约·泽波斯/帕·泽波斯(J. Zepos/P. Zepos),《希腊－罗马法》(Ius Graeco－Romanum),第 1 册至第 8 册,1931 年。

关于法律史上的重要渊源,如文献性渊源、碑铭和纸草,更多提示参见:沃·瓦尔德施泰因/约·米·赖纳(W. Waldstein/J. M. Rainer),《罗马法史》(Röm. Rechtsgeschichte),2005 年第 10 版,第 5～7 页;关于纸草和陶片的编辑名录,汉·尤·沃尔夫(H. J. Wolff),《埃及的希腊文纸草中的法》(Das Recht der griechischen Papyri Ägyptens),汉－阿·鲁普莱希特(H.－A. Rupprecht)编,第 1 册,2002 年,第 212 页,第 248 页。

八、文献资料

关于罗马私法的文献,应当分清楚**古代**罗马法的论述和 19 世纪罗马—**普通**法的论述。 51

1. 普通法作品将罗马法作为近代适用的法律,它们考虑的问题是,罗马法是否以及如何应用于现代司法的法律适用中,并且排除了与近代无关的内容(如关于异教徒婚姻的法律、关于奴隶及其释放的法律)。

2. 新的法典编纂使普通法(和本地法)为现代法典所替代,罗马法不再服务于当前司法,因而也就成为纯粹的**历史**研究的内容。自 19 世纪 80 年代起,人们开始撇开 16 世纪法国人文主义先驱及其 17 世纪在尼德兰和德国的继承者们,也就是自那时起,人们对罗马法的历史研究开始了。由于使用了语文学、纸草学、碑铭学、钱币学和古典学其他分支的认识工具,现今罗马法学界对罗马法的认识已经涉及其历史深处。他们研究了罗马法在前文所述期间 52

内的发展，考察了决定该发展的内部和外部力量，同时还涉及它与历史上其他法的关系。当然，他们也研究了罗马法在中世纪和近代对后世的影响。

53 与此相应，现代论述中多将**古代**罗马法作为历史的内容进行处理。尽管如此，它们大多还是将重点放在了表现形式多种多样的古典法上，当然也注意到早期法和后古典的继续发展，尤其是在《民法大全》中进行的综合。通过文本批评研究（添加批评），同时也通过对遗存表现进行高雅的历史分析以及与（希腊法、希腊-埃及法、古东方法、古犹太法以及古日耳曼法等）其他历史上的法进行富有成果的比较，罗马科学在20世纪有了影响深远的蓬勃发展，它使人们的历史知识图景发生实质性改变。旧文献作品不能注意到这些成果，因此就显得陈旧过时了。

54 （一）关于罗马私法的**现代**论述中使用德语者

1.（代表性）**教科书**

彼·阿帕蒂/格·克林根贝格/马·佩恩尼茨（P. Apathy/G. Klingenberg/M. Pennitz），《罗马法导论》（Einführung in das röm. Recht），2012年第5版；

阿·比格（A. Bürge），《罗马私法：法律思想和社会基础》（Römisches Privatrecht. Rechtsgedanken und gesellschaftl. Verankerung），1999年；

保·弗·吉拉尔/罗·冯·迈尔（P. F. Girard/R. v. Mayr），《罗马法的历史与体系》（Geschichte und System des römischen Rechts），1908年［吉拉尔《基础手册》（Manuel élémentaire）的翻译］；

延·迪·哈尔克（J. D. Harke），《罗马法》（Römisches Recht），2008年；

赫·豪斯马宁尔/瓦·泽尔博（H. Hausmaninger/W. Selb），《罗马私法》（Römisches Privatrecht），2001年第9版；

海·洪泽尔（H. Honsell），《罗马法》（Römisches Recht），2010年第7版；

保·约斯/沃·孔克尔（P. Jörs/W. Kunkel），《罗马私法》（Römisches Privatrecht），1949年第3版；现在的《罗马法》（Römisches Recht）是在保·约

斯、沃·孔克尔、利·文格尔的作品基础上由海·洪泽尔、特·迈尔－马利(Th. Mayer－Maly)、瓦·泽尔博修订后的1987年第4版；

马·卡泽尔,《罗马私法》(Das römische Privatrecht),2册,1971年/1975年(本简明教科书以该书为基础)；

特·迈尔－马利,《罗马法》(Römisches Recht),1999年第2版；

汉·克雷勒尔(H. Kreller),《罗马法2:普通法的基本学说》(Römisches Recht II:Grundlehren des gemeinen Rechts),1950年；

恩·拉贝尔(E. Rabel),《罗马私法基础》[(Grundzüge des römischen Privatrechts),1955年第2版(1915年第1版未修改的重印,最初发表于霍尔岑多夫/科勒(Holtzendorff/Kohler),《法学百科全书》(Enzyklopädie der Rechtswiss.),第7版,第1册,第399－540页]；

海·西贝尔(H. Siber),《讲座用罗马法基础2:罗马私法》(Römisches Recht in Grundzügen für die Vorlesung, II:Römisches Privatrecht),1928年(1968年重印)。

至今仍有价值的是:

奥·卡洛瓦(O. Karlowa),《罗马法史》(Römische Rechtsgeschichte),第2册,1885年/1901年(1997年重印)。

概观罗马法全貌(而不要求系统性和完整性)的作品,可以参见德·利布斯,《罗马法》(Römisches Recht),学习用书,2004年第6版。

2. **教学材料和文本汇编** 55

尼·本克/弗·施·迈塞尔(N. Benke/F. St. Meissel),《罗马债法练习书》(Übungsbuch zum römischen Schuldrecht),2006年第7版；

尼·本克/弗·施·迈塞尔,《罗马物法练习书》(Übungsbuch zum römischen Sachenrecht),2008年第9版；

赫·豪斯马宁尔,《罗马物法案例书》(Casebook zum römischen Sachenrecht),2012年第11版；

赫·豪斯马宁尔,《〈阿奎里亚法〉中的损害赔偿法》(Das Schadenersatzrecht der lex Aquilia),1996年第5版；

赫·豪斯马宁尔,《罗马合同法案例书》(Casebook zum römischen Vertragsrecht),2012年第7版；

布·胡维勒尔(B. Huwiler),《罗马私法文本书》(Textbuch zum

römischen Privatrecht),2000 年第 2 版(有关于《瑞士民法典》和《瑞士债法》的文本和材料);

汉·彼得(H. Peter),《罗马债法文本并参照瑞士法》(Texte zum römischen Obligationenrecht mit Verweisen auf das schweizerische Recht),2011 年第 3 版;

约·米·赖纳/约·菲利普－弗勒施尔(J. M. Rainer/J. Filip－Fröschl),《罗马法文本》(Texte zum Römischen Recht),2007 年第 2 版;

埃·沙尔(E. Scharr),《罗马私法》(Römisches Privatrecht)(拉丁文和德文),1960 年。

56 (二)就**个别领域**的**全面**论述

埃·贝蒂(E. Betti),《罗马法法学阶梯》(Istituzioni di diritto romano),第 1 册(总论和各论之一:物权关系)(I:Parte generale und Parte speciale I:Rapporti di diritto reale),1942 年第 2 版(1947 年重印);第 2 册第一分册(第二册:债的关系)(II:Rapporti di obbligazione),1960 年/1962 年;

彼·彭梵德(P. Bonfante),《罗马法教科书》(Corso di diritto romano),1925 年至 1933 年;第 1 册:《家庭法》(I:Diritto di famiglia);第 2 册第 1 分册、第 2 分册:《所有权》(II 1/2:La proprietà);第 3 册:《物权》(III:Diritti reali);第 4 册:《债》(IV:Obbligazioni),1979 年;第 6 册:《继承法总论》(VI:Le successioni,Parte generale)(重印:1936 年第 1 册,1966 年/1968 年第 2 册第 1 分册、第 2 分册,1972 年第 3 册,1974 年第 6 册);

路·米泰斯(L. Mitteis),《迄至戴克里先时代的罗马私法》(Römisches Privatrecht bis auf die Zeit Diokletians)(1,基本概念和法人学说),1908 年;

赖·齐默尔曼,《债法:民法传统的罗马法基础》(The Law of Obligations,Roman Foundations of the Civilian Tradition),1990 年(1996 年平装本;尤其将罗马法和普通法、英格兰—南非法律的法律发展相联系)。

关于奴隶法有专门的古代奴隶制的罗马法源汇编(约·米·赖纳等编),参见边码 15.1 之前。

57 (三)**普通**法的论述(所谓“学说汇纂法学作品”)

路·阿恩茨(L. Arndts),《学说汇纂教科书》(Lehrbuch der Pandekten),1886 年第 13 版,[普法夫/霍夫曼(Pfaff/Hofmann)]1889 年第 14 版;

阿·布林茨(A. Brinz),《学说汇纂教科书》(Lehrbuch der Pandekten),4

册,1873 年至 1892 年第 2 版/第 3 版(1997 年重印);

海・德恩堡(H. Dernburg),《学说汇纂》(Pandekten),3 册,1902 年/1903 年第 7 版[第 8 版,德恩堡/佐科洛夫斯基(Sokolowski),《罗马法体系》(System des römischen Rechts),1912 年];

费・雷格尔斯贝格尔(F. Regelsberger),《学说汇纂》(Pandekten),(仅有)第 1 册,1893 年;

弗・卡・冯・萨维尼,《当代罗马法体系》(System des heutigen römischen Rechts),8 册,1840 年至 1849 年;《债法》,2 册(未完成),1851 年至 1853 年(1973 年重印);

卡・弗・费・辛特尼斯(C. F. F. Sintenis),《实用普通民法》(Das praktische gemeine Civilrecht),3 册,1868 年至 1869 年第 3 版(1997 年重印);

卡・阿・冯・冯・范格罗(K. A. v. Vangerow),《学说汇纂教科书》(Lehrbuch der Pandekten),3 册,1865 年至 1876 年第 7 版(1997 年重印);

伯・温德沙伊德/特・基普(B. Windscheid/Th. Kipp),《学说汇纂法教 58
科书》(Lehrbuch des Pandektenrechts),第 3 册,1906 年第 9 版(1963 年重印);1900 年第 8 版(2000 年重印);

(四)**罗马法史**的论述乃是罗马私法学习的基础,对此列举如下(并参见其中列举的其他文献):

弗・维亚克尔,《罗马法史》(Römische Rechtsgeschichte),第 1 册(导论、史源学、早期和共和时期),1988 年;第 2 册(从元首制早期到古代结束的西罗马帝国法学和到优士丁尼立法的东罗马法学),约・格・沃尔夫编,2006 年;

沃・瓦尔德施泰因/约・米・赖纳,《罗马法史》(Römische Rechtsgeschichte)(和本书属于同一法学简明教科书丛书),2005 年第 10 版;

马・卡泽尔,《罗马法史》(Römische Rechtsgeschichte),1967 年第 2 版;

沃・孔克尔/马・舍尔迈尔(M. Schermaier),《罗马法史》(Römische Rechtsgeschichte),2005 年第 14 版;

阿・泽尔纳(A. Söllner),《罗马法史导论》(Einführung in die römische 59
Rechtsgeschichte),1996 年第 5 版。

（五）**罗马民事诉讼法**的概括性论述（使用德文者）：

马·卡泽尔，《罗马民事诉讼法》（Das römische Zivilprozeßrecht），1966年（见下文第八十节之前）；第2版，卡·哈克尔修订，1996年；

莫·奥·冯·贝特曼－霍尔韦格（M. A. v. Bethmann-Hollweg），《罗马民事诉讼（Der römische Zivilprozeß）》，第3册，1864年至1866年（1959年重印）；

弗·路·冯·凯勒/阿·瓦赫（F. L. v. Keller/A. Wach），《罗马民事诉讼》（Der römische Civilprozeß），1883年；

利·文格尔，《罗马法民事诉讼法律制度》（Institutionen des römischen Zivilprozeßrechts）（1925年）；意大利文译本，1938年；英文翻译，1940年（1955年重印）；

瓦·泽尔博，《罗马法民事诉讼法基础》（Grundzüge des römischen Zivilprozeßrechts），载《罗马法》（Römisches Recht），第4版（边码1.54），第506页至第561页。

60 （六）关于罗马法**后世影响**的论述

罗马法对中世纪和近代的后世影响属于“近代私法史”的内容。相关论述划分为两组。

1. 关于制度史（法律设施和法律形制）：

赫·科英（H. Coing），《欧洲私法》（Europäisches Privatrecht），1500年至1800年，第1册（古代普通法），1985年；《欧洲私法》（Europäisches Privatrecht），1800年至1914年，第2册（19世纪），1989年；

汉·克雷勒（H. Kreller），《罗马法》（Römisches Recht），第2册（普通法的基础学说），1950年；

格·韦森贝格/贡·韦泽纳（G. Wesenberg/G. Wesener），《近代德国私法史》（Neuere deutsche Privatrechtsgeschichte），1985年第4版；1998年西班牙文译本；

赖·齐默尔曼，《债法：民法传统的罗马法基础》，1990年（参见边码1.56）。

2. 关于法律发展一般内容和法学家,乃是以下作品的重点: 61

赫·朗格(H. Lange),《中世纪罗马法》(Römisches Recht im Mittelalter),第1册(注释法学派),1997年;第2册(评论法学派),2007年(边码1.25之前);

弗·卡·冯·萨维尼,《中世纪罗马法史》(Geschichte des Römischen Rechts im Mittelalter),第1册至第7册,1834年至1851年第2版,1961年重印(直至今天仍是经典论述);

汉·施洛瑟(H. Schlosser),《近代私法史基础》(Grundzüge der Neueren Privatrechtsgeschichte),2005年第10版;

弗·维亚克尔,《近代私法史》(Privatrechtsgeschichte der Neuzeit),1952年第1版(由于论述内容丰富而非常具有价值);1967年第2版(有实质性扩充)。

3. 最后要指出的是: 62

赫·科英(编),《近代欧洲私法史渊源和文献手册》(Handbuch der Quellen und Literatur der neueren europäischen Privatrechtsgeschichte),第1册(中世纪),1973年;第2册(近代),第1分册(科学),1977年;第2分册(立法和司法),1976年;第3册(19世纪,立法),第1分册至第5分册,1982年至1988年。

第二节　罗马私法的一般特征

(RPr. §§49,51,52 Ⅰ,196 Ⅱ－Ⅵ)

我们在这里以法源学说为基础进行概括,其详细内容则属于“罗马法史”。

一、不统一性　法律层次性

现代民法典将其内容按照统一的指导思想规制在一个封闭体系之内,而罗马私法则与此不同,它并未整理且确定出体系化的总体法律,**没有**形成内在和外在的**整体**。它由许多不同部分或者不同层次的法律设施和法律规范组成,其适用范围和适用基础各不 1

相同。**市民法(ius civile)**仅适用于罗马市民,**万民法(ius gentium)**则对所有人均有约束力而不考虑其国籍,二者因其适用范围不同而存在差异(下文边码3.8-21)。(另一种意义上的)**市民法(ius civile)**与**荣誉法(ius honorarium)**的效力基础则不尽相同,对此马上就要论述(下文边码2.8-17)。

由于形成渊源多样性而发生的这些"层次"彼此并存但又有所交错,因此这一点既表现在罗马人固有的基本态度中,又表现在以下事实中:罗马人就如同当代英格兰人一样,他们没有将法律包括在国家按照计划立法而形成的整体中,而主要是任由其在实践中自然成长,虽然同时也有对个别情形和个别领域的权威性规制。

2 当然,古代罗马时期也有综合性立法行为,公元前450年的《十二表法》即是如此。但其目的并不在于形成一个完整、封闭的体系,而这种体系也因为空间过小时间过短而尚未成熟。这部法律的主要起因恐怕还在于阶级斗争:它想确保平民和贵族在法律上平等,因此主要规定个别法律问题,从这些法律问题可以感到处于经济弱势的平民遭受了贵族法庭主官的威胁。与之相近的希腊规则[如大约公元前594年的雅典梭伦(Solons)立法]在目的和内容上都被用作范本了。

二、法学家法　皇帝法

文献:沃·瓦尔德施泰因,"古典罗马法学家的裁判依据"(Entscheidungsgrundlagen der klass. röm. Juristen),《罗马世界的兴衰》(ANRW),第2册之15,1976年,第3页;沃·瓦尔德施泰因,"罗马的习惯法和法学家法"(Gewohnheitsrecht und Juristenrecht in Rom),《冯·吕布托祝贺文集》(Fg. v. Lübtow),1980年,第105页;托·贾罗(T. Giaro),"罗马法学家法的效力和持续效力"(Geltung und Fortgeltung des röm. Juristenrechts),《萨维尼杂志》,第111卷(1994年),第66页;弗·维亚克尔,《罗马法史》,1988年,第429、470页(职务法);第519、563、572页(共和时期的法学);

弗·维亚克尔，“根据君主授权的解答”（Respondere ex auctoritate principis），《芬斯塔拉祝贺文集》（Satura Feenstra），1985 年，第 7 页；弗·维亚克尔，《古典法学家的文本阶段》（Textstufen klassischer Juristen），1975 年；马·卡泽尔，“荣誉法和市民法”（Ius honorarium und ius civile），《萨维尼杂志》，第 101 卷（1984 年），第 1 页；马·卡泽尔，“论罗马法源学说的疑难问题”（Zur Problematik der röm. Rechtsquellenlehre），《维·弗卢梅祝贺文集》（Fs. W. Flume），第 1 册，1978 年，第 101 页，第 110 页（习惯法），第 118 页（法学家法）以及《罗马法渊源和所用法学家方法》，第 9 页。

前古典时期和古典时期的罗马私法具有（广义）**法学家法**的特征，而这两个时期对罗马私法的形成则具有决定性作用。罗马私法的精神创造者，即法律专家（iuris prudentes）、法律顾问（iuris consulti）等，并非不谙世事的学究，而是现实法律生活中的人——当然他们不必来自于国家司法机关——其科学直接来自法律生活，反过来其认知又直接服务于法律生活。正因为法律科学与法律适用和法律续造结合得如此完美，才使罗马法可能具备这种接近生活的特性。 3

（一）审判中的**法律适用**是与**法律科学**相互联系的，其途径就是法学家致力于经常性地为司法机关提供专家咨询。裁判官享有普通诉讼民事管辖权，但他不是（或者只在例外情形才是）法学家，而是政治家，其国家政治生涯中只有一年被任命处理民事（或者刑事）司法工作。类似情形还有（实体权限受限制的）贵族市政官和行省里的总督。同样，由法庭长官指定的判决法官（承审员）通常也并不懂法。 4

法学家尽管总是站在司法机关一边，但却（通常）不是国家工作人员或者国家官员，而是私人。最初他们属于祭司，后来属于上等阶级（“贵族”），公元前一世纪以来有时也属于骑士。他们的法律知识不是用来谋生的，而是出于爱好、天赋并继续传之于他们的学生。这些懂法律的人被司法机关任命为**顾问**（**consilium**），进入可供任意选择的专业顾问之列,从而帮助司法机关完成司法任务。尽管司法机关并不受法学家建议的拘束,但他们却常常采纳这些建议。长官任期较短,继任者一般会接受前任所任命的顾问而不予变动,这样,一个法学家被选任后就可以有十几年时间的发挥其作用,这对解决争议、维护法律安全以及得到民众信任,自然大有好处。

法学家不仅仅为长官和承审员服务,还可以通过法律**解答**(responsa)为当事人服务。他们可以就提交给他们的法律案件、合同和遗嘱的形式和解释发表意见,向已经进入诉讼程序的当事人建议可以向裁判官主张适用何种诉讼程式或者抗辩。详细内容,参见边码 2.20。

所有这些表明,懂法律的人对民事审判全过程负责和监督,并不是凭借他们的官员身份,而是因为他们的专业知识的权威性使他们有能力这样做。法学家对司法影响如此之大,一方面确保了审判具有较高专业水准,另一方面也要求法学接近现实。

5 法学家们向法庭等需要法律者提供法律,但在罗马,法律只有很少一部分是由国家机关制定的规范(参见下文边码 2.10)。另一部分则没有写出来,也就是人们的法律信念,即习惯法(参见,下文边码 3.2)。由于制定法和习惯法都只能有限调整个别情形,因此,对于不能归属于二者的情形,法学家就可以进行某些法律发现。法学家凭借其力量发现的(狭义)"法学家法",在很多情形下是受到个案决疑影响的,也就是受到法学家日常实践中从事的解决案件的影响,偶尔它也会自我发展。

古典时期罗马法这种"案例法的"特性,可能会让人与英格兰的"案例法"相比;然而,二者还是有本质的区别,这不仅仅在于二者的具体内容有很多不同,还在于二者的法律形成的类型不同。与英格兰法学家相比,罗马法学家总体上更严格地遵守了原则、概念和结构的要求。此外,只要法律没有规定,英格兰法就是“法官法”了,它可以在具有专业知识的法官的判决中得以体现。这一法庭判决在很多方面的效力都比较强,因为[根据遵循先例(stare decisis)规则]其指导原则是,它对此后法律上相同的案例是具有拘束力的法律渊源;这一效力是罗马法和我们一般规则所没有的。

罗马法学家在其文献中所描述的法律总的来说是他们的精神创造而且世所公认,这些法律与其他法律渊源构成了一个封闭性整体。但由于法学家们并不受同行见解拘束,因此,在很多问题包括法律解释上存在大量分歧。这些分歧不仅仅涉及某些细节,有时还涉及原则问题,但这些分歧在后古典时期经常被深入研究所克服。此外,前古典法学和古典法学中虽然有各种各样的流派,但这并未妨碍表述方式和术语在其发展过程中逐渐一致,并且作为大部分立法作品的基础的体系已经比较熟悉,这一点比起我们今天毫不逊色。 6

从内容上来说,法学家的决定性影响限于**私法**和**民事诉讼法**。在罗马人看来,与整个国家管理一样,**刑法**和刑事审判权属于国家事务,受政治力量影响,不能仅仅以法律标准衡量。因此,法学家们(一般)在这个领域的解答很少,他们在法学思考中也经常将其忽视。只是到了后古典时期,罗马法文献才开始在有限范围内涉及刑法和行政法的某些分支。 7

(二)1. 罗马法学家的创造力超越了法律适用,还涵盖了**法律续造**。如果不考虑《十二表法》所取得的成就,那么通过**法律**实现的法的续造仅仅是很小的一部分。《十二表法》满足于一些简练的规范,而这些规范是为早期、主要是农业小国的关系而设置的。共和早期政治、文化、经济和社会发展迅猛,适应这些变化就要求私法和民事诉讼法发生根本性革新,从而适应商业和金融交易日益发展的要求以及法文化不断高雅的需求。为适应这种涉及方方面面的变化,罗马人并未信任其立法,而是信任了承担国家**司法工作**的人。这就使得在遗存制度和规范[**市民法(ius civile)**]之外,又新产生了**荣誉法**(**ius honorarium**)[主要是**裁判官法**(ius praetorium)],即职务法。 8

9 罗马人认为[作为荣誉法(ius honorarium)对应概念的]**市民法**(ius civile)是其法律制度的传统核心,古代市民制度主要以**习惯法**(mos maiorum)为基础,后来部分体现在《十二表法》中并经由其解释(interpretatio)而继续发展,再后来间或有个别法律和元老院决议对其予以补充。对于因时代变化而引起方方面面变化的要求,渊源并未提供充分依据。

10 **立法**的基础和具体制度应当在"罗马法史"中讲述,其主要目的在于解决现实政治问题。私法和民事诉讼法的内容由民众大会决定的法律(**leges**)[依照公元前 286 年《霍尔腾西亚法》(lex Hortensia),它与**平民会议决议**(**plebiscita**)效力相同,参见 G.1,3]进行调整,但只涉及个别的、内容受严格限制的问题。同样还有**元老院决议**(**senatus consulta**),它在公元 1 世纪和 2 世纪实际上具有人民法律的地位。自公元 2 世纪晚期起,法律以皇帝(在元老院)演讲的形式出现[**元首诏书**(**orationes principis**)],因为它由皇帝提议,从中也可以发现一些重点。

11 2.(1)共和早期的罗马人更愿意冒着无与伦比的巨大风险,将法律的划时代变化委诸长官(也就是每年选举一次的"官员"),由他们负责司法工作。这些长官主要是**裁判官**,此外还有贵族市政官和行省总督。在法律和类似法律的渊源中没有任何根据的私法和民事诉讼法的所有领域里,这些官员都可以将原则和设施作为现行法予以适用。因此,裁判官承认了大量能在民事诉讼中实现的私法请求权或者诉(actiones),它们的效力并未获得法律(或与法律类似者)支持,而是得到了裁判官的司法权(iurisdictio)的个别支持。此外,他们还引入了其他法律救济,如抗辩权(exceptiones)、恢复原状(in integrum restitutiones)、附有紧急情形下特别程序的请求权[令状(interdicta)]等,所有这些都不是法律中已有的内容。相反,裁判官对于在他们看来过时的,甚至是《十二表法》中规定的请求权,都拒绝适用,以使它们不再具有危害性。实施这些法律改革的权力,裁判官都不是通过法律而获得的;毋宁说,他们这样做是基于其司法权,而他们的司法权发展出了独立的职责范围,其真正基础则是裁判官治权(imperium)。

(2)这些新的法律设施和法律规范作为一个整体构成了**荣誉法**(**ius honorarium**)(参见边码 2.8),与之相对的市民法(ius civile)则是传统的、主要由法律而且特别是由法律解释构成的整体。荣誉法涉及私法和民事诉讼法的各个分支,但丝毫没有排斥市民法(ius civile)。当然,荣誉法通过以市民法设施为基础的某些创新,在某些方面限制同时又在其他方面发展了市民法。二者的相互交错表现出了一种奇特的、初看起来非常复杂的衔接,但它们显然没有给罗马人的实践带来什么困难,在某些方面已经被古典法学家超越了。——**文献**:马·卡泽尔,"'荣誉法'和'市民法'"("Ius honorarium"und "ius civile"),基于信义诚实义务《萨维尼杂志》,第 101 卷(1984 年),第 1 页。 12

D. 1,1,7,1(帕比尼安,《定义》,第 2 编)

Ius praetorium est, quod praetores introduxerunt adiuvandi vel supplendi vel corrigendi iuris civilis gratia propter utilitatem publicam.	裁判官法是由裁判官为公共利益而引入的,旨在支持、补充和修正市民法。

"支持"指的是裁判官实现并且继续发展市民法既有设施的情形,"补充"指的是裁判官填补漏洞的情形,"修正"指的是裁判官通过自身设施代替市民法设施或者[如通过授予诈欺抗辩(exceptio doli)]使市民法的法律救济失去效力的情形。此外,这种三分法对于依照《德国民法典》第 242 条进行法律理论的准确阐述也是非常有益的(维亚克尔,1956 年)。

(3)荣誉法的历史起源大概是古代的共和时期,可能存在于与非市民[外邦人(peregrini)]之间的法律关系中,对他们而言市 13

民法(ius civile)是一种“市民特权”而不予适用。(大多数)罗马法律如此,对于他们所适用的诉讼程序也是如此[法定诉讼(legis actiones),下文第八十一节]。荣誉法(ius honorarium)中有两项创造的意义尤其深远,其根源可能都涉及与外邦人之间的关系:首先是**程式诉讼**(下文第八十二节)中先进的司法程序,其优点在于市民之间也可适用,并且由于这项创造而明显发展了前文(边码2.11)所引入的设施。其次就是(只能在程式诉讼中主张)**“诚信审判”(bonae fidei iudicia)**,它是债的关系中最为重要的一部分,其可诉性不是以法律为依据,而是由法学家和裁判官依照“基于信义诚实义务”(oportere ex fide bona)予以支持。属于其中的,首先就是买卖,此外还有使用租赁和用益租赁以及雇佣合同和承揽合同、合伙、事务处理等(下文边码,3.16,33.11－12)。不管是市民还是非市民,所有人都受诚信约束,诚信审判(bonae fidei iudicia)很早就适用于市民,除此之外还有专门适用于市民的其他内容。

14 (4)荣誉法的全部实质内容都是法学家的精神创造,裁判官在引入新的设施和法律救济时也有赖于法学家的专业指导。法学家以法律适用为己任,但更重要的是,由于裁判官年年更换,法学家对法律安全性的兴趣使他们更关心法律发展的稳定性,更注意避免采取仓促措施。如果不考虑参与法庭长官顾问(consilium)活动,法律发现的稳定性对于另外一项新设施也有好处。这项新设施就是法庭长官**谕令**。法学家对其内容也产生了十分重要的影响。

15 裁判官谕令是一种公告,其内容丰富,在裁判官任期开始时以布告方式公布。裁判官谕令的主要内容是将所有已经承认的请求权(actiones)、抗辩权(exceptiones)和其他法律救济手段分类汇编。对于任何一项请求权[如基于所有权的返还之诉(rei vindicatio)、基于买卖的买受之诉(actio empti)以及出卖之诉(actio venditi)、基于盗窃的盗窃之诉(actio furti)],谕令都包括一项诉讼程式(下文,第八十三节)的(空白)范本,可供当事人在发生具体争议时使用。从该程式(formula)文句可以看出请求权的(除程序性外)私法前提;此外,谕令还列举了抗辩权和其他法律救济的私法前提。谕令中的诉讼程式并不限于职务法请求权,还包括了(裁判官承认的)市民法请求权。的确,裁判官法诉讼的范本程式通常以法律保护预告[狭义谕令(edictum)]为前导,其中详细描述了请求权的前提。这对于裁判官法请求权是必需的,因为谕令是其唯一的成文渊源,而市民法请求权的前提是由法律(和法学家为此发展而来的法律原则和法律规则)确定的。对于将谕令和范本程式这两种形式作为最重要、最全面的成文法渊源之一,法学家们充分发挥了他们的精神创造力。

裁判官谕令几乎包含了普通司法管辖权中私法争议的所有法律内容。 16
贵族市政官谕令基本上局限于奴隶买卖和大牲畜买卖(参见,下文边码 41. 38 - 41)中物的瑕疵担保法律问题。(古典时期)行省总督谕令显然很大程度上与罗马城市裁判官谕令相一致(下文边码 80. 22)。

虽然各长官在其任职开始时都要重新公布其谕令,但自共和末期起谕令内容就有了大体固定的基础,继任者对此会原封不动地接受[传袭谕令(edictum tralaticium)]。裁判官任职期间,如果认为确有必要,对提交给自己的案件可以提供谕令中没有、专门针对该案案情而授予的诉讼。那些事实之诉(actiones in factum)同样是根据法学家建议而授予的,如果能反复适用,它就会被接受作为谕令中一种新的范本程式。谕令内容在元首制早期就已大体确定。大约公元 130 年,通过经由古典法学家萨尔维乌斯·尤里安(Salvius Iulianus)审订即确定谕令文本而不再改动的方法,哈德良(Hadrian)皇帝停止了谕令的继续发展。这些谕令后来被称为**永久谕令**(**edictum perpetuum**)。奥托·莱纳尔(Otto Lenel)[《永久谕令》(Das edictum perpetuum),1927 年第 3 版,多次重印]对谕令的复原是今天进行研究的基础。元首制后期的私法发展中,裁判官不再发挥作用;如果不考虑法学家的解释和补充,私法发展这时主要体现在元首敕令中。

整体而言,谕令虽然不像现代法典那样包含对全部私法详尽法典化的内 17
容,但确实包含所有可在普通司法主张的请求权、抗辩权等大量的解释说明。与此相对,不能直接在民事诉讼中实现权利的各种各样的法律规范,一般不是从谕令中推断出来的,如关于合同和其他法律行为的成立、解释的规则、关于所有权取得和丧失的规则、关于结婚和离婚的规则等。这些私法[广义市民法(ius civile),下文边码3.8]的法律规则在罗马法文献中是在关于市民法(ius civile)的论述中[尤其是萨宾(Sabinus)的作品及其后的评论中]进行处理的。与此相对,谕令所含的大部分私法内容,只是与诉讼相关的内容。罗马人关于诉讼法思想的常用套话尽管表明了是罗马私法非常重要的一部分,但却不是其全部。

18 (三)1. **皇帝法**是元首制时期市民法(ius civile)和荣誉法(ius honorarium)之外的另一个法律层次。皇帝并无技术意义上的立法权,但其**敕令**(**constitutiones**)却因皇帝权威而被承认是有拘束力的法律渊源,而无论是敕谕(edicta,一般公告)还是敕训(mandata,官员的工作指示),或者只是针对特定情形而颁布的敕裁(decreta,司法判决或者是特别处理)或敕答(rescripta,法律解答)。

虽然皇帝敕令开始时和裁判官法一样只是依职权而作出的,但元首制以后不久人们就赋予它和法律相同的效力[G. 1,5:代替法律(legis vicem optinent);Ulp. D. 1,4,1 pr. /1 = Inst. 1,2,6:皇帝所定者,有法律效力(quod principi placuit,legis habet vigorem);无疑,它(皇帝敕令)是法律(legem esse constat)]。帕比尼安(Papinian)(D. 1,1,7 pr.)将其归入市民法。

19 2. 按照内容可将皇帝敕令区分为:(1)有一部分只限于遗存的市民法(ius civile)和荣誉法(ius honorarium)内容,从哈德良时期冻结裁判官谕令起,它在个别方面就有了合乎逻辑的发展;(2)皇帝法其他部分则是全新的、对于传统法律思想而言简直是革命性的原则和设施,它们超越了逐渐僵化的传统法,当然也可能只是在某些细节方面实现了超越。这些先进的新创造主要是基于皇帝的特殊司法裁判和皇帝职权[非常公职审判(**extraordinaria cognitio**)]而发展出来的。法学家还在皇帝顾问(consilium)中发挥了作用,因此也影响了法律续造的这个方面。

皇帝法有时也会被非技术地称为非常法(ius extraordinarium),其中也有原创的新法律内容,如父母和子女之间的扶养请求权(下文边码 62.2)、较高阶层成员对所提供高级劳务的酬金请求权(下文边码 42.20)、不要式遗赠[信托(fideicommissa),下文第七十七节、第七十八节]。

(四)某些**法学家解答**(**responsa prudentium**)也被认为具有法律拘束力。这些法律解答(responsa)所包含的法律思想基本遵从了遗存的市民法、荣誉法和皇帝法的法律材料,澄清了与这些材料相关的争议问题并在具体问题上有所发展。 20

彭波尼在 Pomp. D. 1,2,2,49/50 提到,奥古斯都曾授予某些法学家——当然是针对具体情形——"经皇帝授权"(ex auctoritate principis)进行法律解答的特权。这些法学家的解答因此享有较高声望,并且也因此而被认为对法官有拘束力。这些法学家人数有限,但在其所处时代显然是影响力最大的。他们的解答必须密封交给当事人并由当事人呈交法官。依照哈德良的一份敕答,只要那些经授权可以续造法律的法学家们意见一致,法官就应受其全部法律意见[判决与意见(sententiae et opiniones)]约束;否则,法官应当决定遵从何种意见(G. 1,7)。——关于解答的形式,参见,马·塔拉曼卡(M. Talamanca),《信义 人性 法》,第 8 册,第 5499 页。

(五)1. 在**后古典时期**,既有法律层次之间的对立消失了,尤其是市民法(ius civile)和荣誉法(ius honorarium)之间的对立,这是伴随着国家形式和法庭组织的变迁、纯粹公职审判(下文边码 80.21 – 24)对此前诉讼程序[程式诉讼,此外还有皇帝法的非常公职审判(extraordinaria cognitio)]的排斥而发生的。同时,法律制度的结构也发生了变化。此前所述法源中,(平民会议)法律[leges(plebiscita)]、元老院决议(senatus consulta)、长官谕令 21

(edicta magistratuum)、(至戴克里先的)皇帝敕令(constitutiones principum)、法学家解答(responsa prudentium),只有那些经**法学家文献**承认和解释的才能继续适用。古典时期以来留存下来的法律文献包含了过去绝大部分法律材料,这些文献现在成了具有约束力的法源。但是,古典思想财富如何丰富、精致,到古典时期结束后,就不再为人所知了。

22 古典法学家的原始文献在 250 年到约 320 年之间经过不为人知的(所谓后古典早期的)修改而被删节和简化,甚至于在内容上还进行了歪曲,当然这可能不是人们所愿意的。此外,在古典作者名义之下节录了某些内容,这些内容节录是从古典法学家的作品中抽象而来的规则推演而出的。例如,归到晚期古典法学家**保罗**(**Paulus**)名下的**《论判决》**(**sententiae**),它在后来深受人们喜爱。在这一时期,从(经过修改的)古典材料中终于完成了片段汇编[例如所谓的《梵帝冈残片》(fragmenta Vaticana)]。从这些**仿**(**epi -**)或者**准**(**quasi -**)**古典**文献中,人们基本上还能正确评价(已略显糟糕的)古典传统的延续。

23 在 4 世纪时,遗存的法律材料在西部和东部开始发生**通俗化**,5 世纪时**西部**尤甚(见上文边码1.13 - 14)。前述仿古典汇编**《保罗论判决》**(**Pauli sententiae**)由君士坦丁直接授予等同于法律的效力。从后来对该作品的修改就可以推断出这种通俗化。除此之外,一方面,这种通俗化可以由始自于君士坦丁(上文边码1.13)受到通俗主义支配的皇帝法清楚地推断出来;另一方面,还可以从与"西哥特罗马人法"(上文边码 1.18)一起流传下来的法律文献推断出来。同属其中的还有 5 世纪产生的对保罗论判决、对皇帝法(《格雷高里法典》、《赫尔莫杰尼安法典》和《狄奥多西法典》三部法典和后狄奥多西的《新律》)的**解释**,以及**《盖尤斯摘录》**(**Epitome Gai**),该书是与盖尤斯的《法学阶梯》大约相同时期进行的改编。在继承了西罗马帝国的日耳曼国家中,通俗化与日耳曼法的融合同时发生。对古典文献(以"仿古典"形式)的使用回溯到了5世纪的实务,并且继续受到所谓**"援引法"**的限制;特别是依照426年(CTh. 1,4,3)的援引法,基本上只有帕比尼安、保罗、盖尤斯、乌尔比安和莫德斯汀(Modestinus)的文章(当时存在的版本)才被承认具有拘束力。

与此相对,**东部**因为受到法律学校影响仍然保持了古典化方向,他们在5世纪和6世纪收集了当时仍然十分丰富的古典时期(和后古典早期)的材料,并将其作为理论探讨的内容。这项工作成为优士丁尼的**《学说汇纂》**中全部罗马法遗产最重要的渊源,此外,盖尤斯的《法学阶梯》和其他导论性文献对于优士丁尼的**《法学阶梯》**(边码1.20)具有同样意义。 24

2. 法学家文献(及其汇编)作为从过去存续而来的法律的整体,现在(非技术地)被简单归结为(**旧**)**法**(**ius vetus**),在专制主义君主制下被作为**皇帝立法**中新制定法律时唯一的渊源。皇帝制定法律的意志的表现就是现实的**法律**(**Leges**)。它有不同表现形式,同时在汇编中被统一起来:戴克里先时代私人(或者半官方)的《格雷高利法典》(它包含较古老的皇帝法)和《赫尔莫杰尼安法典》(Codices Gregorianus 和 Hermogenianus),君士坦丁之后较晚的法律在官方汇编的《狄奥多西法典》(Codex Theodosianus)(438年)中。最后,优士丁尼将其所承认的(自哈德良起)所有皇帝法汇编在其**《优士丁尼法典》**(**Codex lustinianus**)(534年)中,以它取代了较古老的法典。6世纪所补充的法律被作为**《新律》**(**Novellen**)。关于其版本,参见边码1.42和45。 25

三、体系

(一)古代罗马法尚不知将私法材料**建构**在具有贯通一致法律原则的体系中。 26

根据我们能够认识到的,《十二表法》仍然采用"组合"方法,即将内容相关联者(组合)联系到一起。比较早的时期对**市民法**(**ius civile**)[昆·穆奇乌斯·斯凯沃拉(Q. Mucius Scaevola),公元前1世纪初;马苏里乌斯·萨宾(Masurius Sabinus),公元1世纪前半叶]的论述显然也采用了类似方法,先是从遗嘱和非遗嘱继承开始,然后是人法和——不同顺序的——其他材料。——裁判官谕令则主要是从诉讼法的角度建构[诉讼开始的规则和确保诉讼开始;普通法律救济(尤其是诉);快速法律救济;强制执行;附件:令状,抗辩,裁判官法要式口约。对此详见,莱纳尔(边码2.16),第3页]。谕令中私法请求权的编排通常也采用组合方法,应当注意的是,谕令内容的形式随着时代发展被分成许多不同标题。古典法文献的绝大部分,要么采用谕令的建构[偶尔补充法律(leges)、元老院决议(senatusconsulta)等的相关材料作为附件],要么采用前述市民法(ius civile)的描述方式。——**文献**:安·贝·施瓦茨(A. B. Schwarz),"现代学说汇纂体系的建立"(Zur Entstehung des modernen Pandektensystems),《萨维尼杂志》,第42卷(1921年),第578页;弗·维亚克尔,《罗马法史》(上文边码1.58),第462页,第618页;弗·维亚克尔,《罗马法史》(上文边码1.61),第373页;托·贾罗,"论罗马法学家的方法论工作手段"(Über methodologische Werkmittel der Romanistik),《萨维尼杂志》,第105卷(1988年),第191页。

27 (二)内容符合逻辑原则的清晰体系符合教学需要。这种体系首先出现在**盖尤斯**的**《法学阶梯》**,它分为人(personae)(第1编)、物(res)(第2编和第3编)和诉讼(actiones)(民事诉讼法部分,第4编)。《法学阶梯》根据权利主体和权利客体进行的分类是受到了语法和基础哲学的启示。

人(personae)法包括人法和家庭法。物(res)以区分"有体"和"无体"标的为出发点,后者包括遗产和债权。狭义物权法——有些人为性地——包括在继承法中,其中还包括债法。《奥地利民法典》(ABGB)第285条使用广义的"物"的概念,在这里就找到了根源。

这种盖尤斯模式可能是以内拉茨(Neraz)的《论规则》(regulae)(初学者教科书)为基础的,因此能溯源至比较早的范本。即使特别注意到这种模式的继续发展,对它的很多批评也不无道理,在努力进行恰如其分的法律材料划分方面,盖尤斯模式所取得的成就仍然具有世界意义:优士丁尼在其《法学阶梯》中(原则上)继承了这种模式;其"法学阶梯体系"在中世纪和近代对后来许多体系都产生了影响;不管是对罗马法的文献论述方面还是在民法的法典化方面。《法国民法典》和《奥地利民法典》尤其清楚地表明了这种影响;即使是《德国民法典》的五编制[最早是由 18 世纪末期古斯塔夫·胡果的《罗马法法学阶梯》(Gustav Hugos Institutionen des röm. Rechts)发现,然后经过格奥尔格·阿诺德·海泽(Georg Arnold Heise)的《普通民法的体系基础》(Grundriß eines Systems des gemeinen Civilrechts)引入到学说汇纂法学家中]和其他现代民法典(瑞士、意大利、希腊等)的建构,最终也可以溯源至盖尤斯的体系[详见,库皮施,《民法大全》,第 1 册,1997 年第 2 版(边码1.44),第 294 页];还可参见,亚·古斯曼·布利陀(A. Guzmán Brito),"全部法律的人、物、诉讼三分法及其修辞学语境"(La tripartición del omne ius en personae res actiones y la doctrina retórica de las circumstantiae),载《信义 人性 法》,第 4 册,第 2429 页。

(三)罗马人对贯穿各部分、内容符合逻辑原则的体系的些微兴趣仅仅在于,其法律制度来源于"案例法",首先并未视其为将抽象概念事先归置好的一种组织,而是将其作为"法律形制"的总和:其法律生活的具体设施(制度)形态各不相同,由此建构出或多或少的个别规则(规范)。它们通过成文法或者不成文法(主要是法学家法)的其他规则得到补充,受某些一般性主导思想(原则)指导,如诚信、良俗、衡平(bona fides, boni mores, aequitas)以及各个法律领域中的原则。 28

基于这些丰富的材料,在共和晚期受到希腊思维方式训练的罗马法学家们随着时间推移成功地建立起了一座由法律概念和法律规则构筑的大厦。这座大厦应当归功于它在为私法所有现实问题提供可供选择的解决方案方面的灵活性,也就是我们所承认的"内部"体系。与此相反,除为法律教学而确定的制度外,罗马人尚未努力将全部法律材料的完整描述置于一个"外部"体系之中。

第一编

基础知识和基本概念

第一章　法

第三节　法的概念和种类
法律制度

（RPr. § § 5,6,14 Ⅱ,48－50,
52－54,66 Ⅱ,Ⅲ,196,197）

一、法

文献:弗·维亚克尔,《罗马法史》,第487页(法律制度的建构),第502页;马·卡泽尔,《古代罗马的法》(Das altrömische ius),1949年;马·卡泽尔,"论法——罗马人的概念"(Zum Ius－Begriff der Römer),《本雅特纪念文集》(Essays Beinart),第2册,1979年,第63页;马·卡泽尔,"论罗马法源学说的疑难问题"(Zur Problematik der röm. Rechtsquellenlehre),《弗卢梅祝贺文集》,第1册,1978年,第110页,又见《罗马法》,第21页;奥·贝伦茨,"法和市民法"(Ius und Ius Civile),《维亚克尔学术交流会》(Sympotica Wieacker),1970年,第1页;维·弗卢梅(W. Flume),《罗马法和习惯法》(Röm. Recht und Gewohnheitsrecht),1975年,又见,维·弗卢梅,《全集》(Ges. Schriften),第1册,1988年,第30页;沃·瓦尔德施泰因,"罗马的习惯法和法学家法"(Gewohnheitsrecht und Juristenrecht in Rom),《冯·吕布托祝贺文集》,1980年,第105页。

1 （一）如同我们所使用的“法”（Recht）这个词一样，“**法**”（**ius**）同样表示调整社会中人类彼此之间关系的制度。它为这个目的而授予个人和全体以特定权限，同时又为其他法律成员和整个共同体的幸福而限制其权力范围。因此，“法”（ius）有时用于**客观**方面，包括了法律规范和法律设施，也就是法律制度及其基石；有时用于**主观**方面，用以指法律制度授予个人的权限，也就是“赋权”。这种区别在以下两例可见一斑：供罗马人民使用的法（ius quo populus Romanus utitur）、某人有权使用并且收取孳息（alicui ius esse utendi fruendi）。罗马人也在“法律状况、法律地位”等比较含混的意义上使用“法”（ius）一词。“主观权利”的思维方式萌芽于罗马法，直到近代理论中才逐渐得以完善。

公正（iustum）、衡平（aequum）和合法（legitimum）这三个词在表示合法性方面有细微差别：公正（iustum）更多强调与具体的、在具体设施中实际存在的法的协调一致，衡平（aequum）更多强调符合经过权衡后的分配正义，而合法（legitimum）则更多强调与民族法律相符合者。**衡平**（**aequitas**）在古典时期也意味着正义，尤其是裁判官在适用荣誉法克服市民法（ius civile）的僵化时经常使用它。——直到后古典时期，法才逐渐要考虑伦理标准（参见边码1.15 和21），衡平（aequitas）表达出某种公平合理的含义，而是否公平合理基本上是按照斯多葛学派的人文主义理念进行判断，并且以不超越基督教伦理学为限，因而在某些情形就会超越实定法。

2 （二）1. **法**（**ius**）和**习俗**（**mores**）虽然被罗马人进行了抽象区分，但它们彼此之间自古以来就有着密切联系。“传统习俗”（mores maiorum）的表述说明，罗马人顽强地坚持着一种保守精神。习俗（mos）的概念既包含人类因其良心要求而遵守的道德命令（伦理、道德），也包含不具有拘束力的习惯（习俗）。某些根深蒂固的法律设施所能追溯的习俗（mos）或者习惯（consuetudo）太过久远，以至于反倒不能确定其来源了。属于这种情况的包括：父权(patria potestas)、夫权(manus)、监护(tutela)、保佐(cura)、所有权、要式买卖(mancipatio)、拟诉弃权(in iure cessio)、交付(traditio)、原物返还之诉(vindicatio)、誓约—要式口约(sponsio - stipulatio)、债务口约(nexum)和其他很多制度。这些现象在《十二表法》中未予调整,反倒因其早已存在而被认为是前提性的了。西塞罗和古典法学家(Julian D. 1,3,32,又见 G. 3,82,此外还可参见 Inst. 1,2,9)承认以希腊为范本的**习惯**[习俗(mos)或者习惯(consuetudo)]具有相当于法律的效力,而这就又回溯到了作为民族法律的基础的民族共同意志上了。

D. 1,3,32,1(尤里安,《学说汇纂》,第 84 编)

Inveterata consuetudo pro lege non immerito custoditur, et hoc est ius quod dicitur moribus constitutum. nam cum ipsae leges nulla alia ex causa nos teneant, quam quod iudicio populi receptae sunt, merito et ea, quae sine ullo scripto populus probavit, tenebunt omnes: nam quid interest suffragio populus voluntatem suam declaret an rebus ipsis et factis? quare rectissime etiam illud receptum est, ut leges non solum suffragio legis latoris, sed etaim tacito consensu omnium per desuetudinem abrogentur.	没有理由不把自古使用的习惯作为法律而遵守,人们称之为习惯确立的法。我们遵守这些法律没有其他原因,仅仅因为民众决定接受它们,因此,在民众没有成文规定的情况下,任何人均应受其拘束。民众通过(在民众大会上)表决所表达的意志和通过其行为而引起事实所表达的意志,有什么差别呢?因此有理由接受这一点:法律并不仅仅会因为(民众作为)立法者表决而失效,而且还会因为任何人均放弃使用习惯这种方式所表示的默示同意而失效。

此外,古典时期的法学派早就根据希腊哲学[νόμοι ἔγγραφοι(nomoi engraphoi)和 ἄγραφοι(agraphoi)]区分了“成文”法(ius ex scripto)和“不成文”法(ius ex non scripto, Ulp. D. 1,1,6,1 =

Inst. 1,2,3)。

文献:维·弗卢梅,《习惯法和罗马法》(Gewohnheitsrecht und röm. Recht),1975 年;卡泽尔(上文边码 2.3)。

同时,人们还将习俗(mos)或者习惯(consuetudo)理解为纯粹的地方惯例,它有时还能排斥任意法(下文边码 3.7)。属于地方习惯的还包括已经确定下来的行省的法律实践,尤其是东部的希腊"民族法",利奥(Leo)皇帝在 C. 8,52,3 中指出了它的重要性。

3 2. 人们援引习俗命令意义上的传统习俗(mores maiorum)来限制主观的权利范围。某些主观权利滥用被认为是对社会公众违反道德义务。滥用家父权尤其如此,这项权利是法律制度授予家父(paterfamilias)享有的使他对家子可以进行各种处分的一种完全权力。这些违反行为被认为是对上帝的神法犯罪而应处以刑罚。在共和早期,**监察官**就可以依据其**习俗监管**(regimen morum)而予以制止。他可以对行为人提出劝告(admonitio)和公开批评,这些劝告和批评可以由监察官在市民名录中受批评人的姓名上进行标注,即监察官记过(nota censoria)。他还可以使这个人受到某种社会上的或者政治上的不利(自骑士阶层开除、调整至声望较低的部落),或者对其处以税法的惩罚。这种习俗监管与司法权(iurisdictio)严格区分。

随着监察官对习俗的监管在共和晚期逐渐消失,这种习俗上的拘束力也逐渐消解了。在元首制时期,皇帝重新逐渐强化习俗上的共同义务。他们认为某些滥用父权和特定权限是违法行为,应当依照皇帝法而受到刑罚。因此他们就把一些习俗上的禁止性规范吸收到法里面。

二、公法—私法

文献:马·卡泽尔,"公法和私法"(Ius publicum und ius privatum),《萨维尼杂志》,第 103 卷(1986 年),第 1 页;弗·维亚克尔,《罗马法史》,1988

年,第 491 页。

大陆—欧洲的法律学说习惯于将所有法分为**公法**和**私法**。它认为,公法是调整作为主权担当人的法共同体(国家、团体、其他公共组织等)和处于从属地位的个人之间关系的所有的法。与此相对,私法调整的法律关系中,每个人均处于平等地位,不存在一个人对另一个人的主权。这种(盎格鲁-萨克逊法则没有这么严格的)区分可以溯源至罗马法,但直到近代才发展成为对所有法律材料的最重要的区分。 4

(一)公法(ius publicum)和私法(ius privatum)的表达在罗马并不意味着将所有法律材料自始至终严格体系化地分为两个主要领域,而是指根据其主要内容分成的两大部分:一部分是“国家的法”[“国家”(publicus)来自于“民众”(populus)],另一部分是“个人的法”和其家庭的法[“私人”(privatus)来自“个人”(privus)]。这种区分源自于“国家团体”[公共团体(res publica)、城邦(civitas)]和“家庭团体”[家父(paterfamilias)之下的家庭(familia)]这对古老的矛盾(下文边码 12.1-2)。不过,我们所用的法(ius)的种类则是自共和晚期起才有的,尤其是受西塞罗的影响较大。法学家的论述则主要是晚期古典法学家们的教学材料,如乌尔比安《法学阶梯》中这段著名的论述: 5

D. 1,1,1,2(=Inst. 1,1,4)(乌尔比安,《法学阶梯》,第 1 编)

... publicum ius est quod ad statum rei Romanae spectat, privatum quod ad singulorum utilitatem: sunt enim quaedam publice utilia, quaedam privatim. publicum ius in sacris, in sacerdotibus, in magistratibus consistit. privatum ius tripertitum est: collectum etenim est ex naturalibus praeceptis aut gentium aut civilibus.	……公法是有关罗马国家的制度,私法是有关个人利益的制度。因为它们二者一个服务于公利益,另一个服务于私利益。公法调整国家祭祀、宗教事务和执法机构,私法是自然法、万民法和市民法三部分的总和。

在这种意义上,公法(ius publ.)包括了政制和行政,还包括行省和对外关系,此外还包括所有司法制度,并且因此也包括(公共的)刑法,只要它首先保护公众利益即可;尤其包括一些宗教生活设施。私法(ius priv.)是本书的材料(人、家庭、所有权、财产等),也就是个人可以根据个人意愿通过法律行为而独立形成的法律上的个人领域的那些内容("私人自治")。

6 (二)此外,还有另一种区分,认为(广义的)公法(ius publicum)是由国家创制或者至少承认对公众具有拘束力的所有的法;即使调整"私法的"关系的国家法也包括在内。这种含义无所不包,源于西塞罗由希腊的观念发展而来的学说,即认为全部法律秩序均服务于公众利益(utilitas publica)。调整私人之间法律关系的私法(ius privatum),就包含在这种公法(ius publicum)里。

7 古典法学家这种关于公法(ius publicum)含义的表述,主要体现在以下规范:公法不能通过私人协议改变(ius publicum privatorum pactis mutari non potest, Pap. D. 2,14,38)。该规范显然是针对特别公共利益的法律规则;如果国家的法律规定是强行法(* ius cogens)而不是任意法(* ius dispositivum),显然就是这样。强行法规范均需适用,而任意法规范只有在当事人未以法律行为予以变动时才可适用。

三、适用范围 市民法—万民法

文献:马·卡泽尔,《万民法》(Ius gentium),1993年;弗·维亚克尔,《罗马法史》,1988年,第444页;卡-海·齐格勒(K.-H. Ziegler),《国际法史》(Völkerrechtsgeschichte),1994年,第44、54、58、62页等多处;沃·瓦尔德施泰因,"后古典时期的自然法"(Ius naturale in der Nachklassik),《萨维尼杂志》,第11卷(1994年),第1页;劳·C.温克尔(L. C. Winkel),"关于自然法和万民法的几点评论"(Einige Bemerkungen über ius naturale und ius gentium),《瓦尔德施泰因祝贺文集》(Fs. Waldstein),1993 年,第 443 页;特·迈尔－马利,"通商权"(Commercium),《法律史杂志》(TR),第 71 卷(2003 年),第 1 页;奥·贝伦茨,"古代万民法是什么"(Che cos'era il ius gentium antico?),《罗马传统和政制》,第 1 册(TreC I),第 481 页;托·马谢洛(T. Masiello),"对万民法的来源的评注"(Nota sull'origine del ius gentium),《信义 人性 法》,第 5 册,第 3347 页。

关于罗马私法的适用范围,应当区分如下: 8

(一)**市民法**(**ius civile**),也就是原始习惯法和其他法律及其他与法律相同的渊源[平民会议决议(plebiscita)、元老院决议(senatusconsulta)等]中所包含的法,(一般)仅适用于罗马市民。只有罗马市民才受"市民优先权"约束(G. 1,1 = Inst. 1,2,1)。

正如我们所看到的,市民法(ius civile)的表达具有多重含义。它有时与万民法(ius gentium)(下文论及)相对,有时又与荣誉法(ius honorarium),即法官法,相对(上文边码 2.8－17);有时将其概括为经法学家加工过的私法[与神法(ius sacrum)和公法(ius publicum)相对],有时又与军事法(ius militare)(军人的特别法)相对。

在例外情形下,市民法(ius civile)的适用范围也可以扩张至非市民。拉丁联盟(foedus Latinum)的城邦国家与罗马市民共享**通商权**(**commercium**),即具有依照罗马法实施某些罗马交易法的特定行为[要式买卖(mancipatio),可能还有其他秤式行为,《乌尔比安摘录》(UE 19,4/5)]的能力,此外还享有**通婚权**(**conubium**),即依照罗马市民法(ius civile)缔结有效婚姻的能力。由罗马开辟并适用拉丁法的殖民地拉丁人(Latini coloniarii)和其他非市民[外邦人(peregrini)]只有经过罗马国家特别授权才个别地享有通商权(commercium)和通婚权(conubium)。——随着共和晚期和元首制时期罗马市民权进一步扩张,授予通商权和通婚权(ius commercii 和 conubii)也就失去了其意义。

(二)1. 在建立罗马国家联盟的特定过程中,很多独立国家或 9

多或少地享有自治权,它们只是通过国际法条约而依附于罗马。这表明在罗马统治之下生活的很多人是**非市民**[外国人(hostes)、后来称为外邦人(peregrini)]。这些“外国人”因其出生国而处于罗马宗主权之下,因此他们之间的彼此关系(只要属于同一民族)按照其出生国法进行裁判。例如,雅典人适用雅典法,亚历山大人适用亚历山大法(Inst. 1,2,2)。是否以及何种程度上也可以诉至罗马法院,则存在争议。

10 无论居留在何地,任何人均应根据其国籍进行裁判,该规则谓之**属人原则**,其他民族也有这项原则。但是,可能如同在其他地方一样,它在罗马的意义非常有限。——西罗马帝国结束后,该原则在继承国家中同样(有许多例外地)用于处理罗马人和日耳曼人之间的关系。

11 2. 如果罗马人战胜某国或者以其他方式强制某国投降(deditio),只要该国(在联盟条约或者和平条约中)未被征服为奴隶,该国居民就不如前文所述,而是**归降人(dediticii)**,即没有权利的投降者。他们在人法上虽然是自由的,但却没有市民权,他们[作为无城邦人(apólides)]的阶层比外邦人还低。其出生国法随其国家被征服而消灭,至多被罗马人承认具有临时[事实上(de facto)可以随时取消]效力。对其他人适用万民法(ius gentium)(下文将予论述)。特定的非自愿释放自由人[属于归降人(dediticiorum numero)]依照《埃利亚和森提亚法》(lex Aelia Sentia)具有相似地位(下文边码16.11,参见G.1,13–15)。

12 (三)1. 对于**罗马人和外邦人之间**或者不同国籍的外邦人之间的法律关系,如前所述,既不适用罗马市民法(ius civile),也不适用非罗马的法律制度。罗马人在与外邦人的法律交往或者外邦人之间的法律交往中,发展出了适用于所有人的一系列法律设施。这些法律设施并不取决于当事人的市民权。

属于这种情形的，首先是商业交往中的基础行为：形式自由买卖、形式自由所有权转让，此外还有通过改变承保（fidepromissio）形式实施要式口约（stipulatio）而作出的债务允诺，另外还有诸如消费借贷、合伙合同以及其他一些债的关系。为适用于外邦人，罗马人有时也改变其市民法（ius civile）行为的具体形式，如完全放弃某些罗马固有特征，即完全抛弃特定形式要求的拘束力［如要式物（res mancipi）的所有权转让］或者改变［如承保（fidepromissio）］具体形式。

2. 自共和晚期起，人们将市民和非市民同样适用的法概括为 13
万民法（ius gentium）。它所依据的是自然法学说，而自然法学说源自于希腊哲学，特别是经西塞罗传播介绍而被罗马法学所采用。根据该学说，不论种族、国籍有何差别，所有人原则上都具有人类确定的共同本质。由此，某些法律思想和许多由此而来的设施、法律规定都是提供给所有的人的。从这些现象出发，罗马法在其形成过程中就创设了“所有民族”的法［万民法（ius gentium）］，其内容主要是私法方面，拘束所有自由的人。因此，它同样适用于非罗马人，同时也补充并继续发展了罗马市民法。——关于市民法（ius civile）－万民法（ius gentium）的概念，参见 G. 1,1；Inst. 1,2,1 f.；Ulp. D. 1,1,1,4；D. 1,1,4。

万民法（ius gentium）除具有所有自由人涉及“民族共同法的”一面外， 14
还可能有更古老的、“国际法的”另一面。在这种意义上，万民法（ius gentium）涉及国家之间的公法（如公使法、国家条约法和战争法）。这些都是法学家几乎无法处理之事；法学家文本中唯一确定无疑在国际法意义上涉及万民法的文本，是 Pomp. D. 50,7,18，该片段说明，侵害敌国公使违反国际法。相反，这种意义上的万民法倒是经常在文学渊源中出现［李维（Lirius）、西塞罗等］。根据这些渊源留给人们的印象，自人文主义起人们主要将万民法（ius gentium）理解为一种国家之间或者超国家的法，比较符合德文中“国际法”这种借译的含义。

15 当代各国在其国内立法中都有国际私法规范,以划定内国法和外国法的适用范围,而罗马人则只是零星地有这类规范。万民法(ius gentium)不属于国际私法,不确定罗马法律制度的范围,而是直接包含外国人(或者他们彼此之间,罗马市民之间除外)在其法律关系方面可以直接适用的私法。

16 3. 根据其**适用基础**,属于所有的人无需考虑市民权差别而均受其约束的法的,首先就是职务法(上文边码 2.11 – 17);它以裁判官的司法权为根据,即使非市民也处于其管辖权之下。

对于万民法(ius gentium)的债务关系,人们很早就将其拘束力基础确定在"信义"(fides)上,也就是言而有信、信守诺言的义务,而这项义务对所有的人不分国籍均应适用,起初应当是在神的保护之下。人们将承保(fidepromissio)(下文边码 7.20;57.8),尤其是诚信审判(bonae fidei iudicia)(上文边码 2.13 和下文边码 33.11),也就是基于最重要的形式自由地设立的债(买卖、使用租赁、用益租赁、雇佣和承揽合同以及合伙、委托、事务处理等)而生的"基于诚实信用的诉讼",均归结在**"信义"(fides)**基础上。当然,诚信审判(bonae fidei iudicia)解决的主要是罗马市民之间的关系。它并不是以法律而是以"基于信义诚实义务"(oportere ex fide bona)为依据,自始就适用于外邦人。这种关系中的某些关系,如信托(fiducia)和监护(tutela),按照其构成要件无疑被限定为仅适用于罗马市民。其他的诚信审判(bonae fidei iudicia)属于万民法(ius gentium),并因其进步性而为私法现代化和去国家化作出了重大贡献,使其在世界帝国其他部分的适用变得更加简单。

文献:路·隆巴尔迪(L. Lombardi),《从"信义"到"诚信"》(Dalla ,fides‘ alla ,bona fides‘),1961 年;阿·卡斯特雷萨纳(A. Castresanna),《信义,诚信:法律创设的概念》(Fides, bona fides: un concepto para la creación del derecho),1991 年;迪·内尔(D. Nörr),《罗马万民法中的信义》(Die Fides im röm. Völkerrecht),1991 年,第 42、58 页;阿·泽尔纳,"诚信 – 善意?"(Bona fides - guter Glaube?),《萨维尼杂志》,第 122 卷(2005 年),第 1 页;相反意见,玛·维·桑松·罗德里格斯(M. V. Sansón Rodríguez),“诚信和时效取得”(Bona fides y usucapio),《信义 人性 法》,第 7 册,第 4971 页。——关于继续发展,参见《德国民法典历史批评注释书》(HKK),杜韦(Duve)执笔,第 242 条,边码 4 以下。

在其他情形下,如在法定刑事诉讼[例如盗窃之诉和阿奎利亚法之诉(actiones furti 和 legis Aquiliae)]中,通过拟制假定已经授予适用市民法(ius civile)所必需的市民权,从而使市民法能够适用于外邦人。诉讼程式中也就包含着[作为拟制程式(formula ficticia)]的条文,“就如同他作为市民那样“(si civis esset)(参见 G. 4,37)。——在其他情形[如请求返还之诉(condictio)]下,古典法学家通过扩张解释的方式将市民法“义务”(oportere)轻而易举地适用于非市民。

4. 自然法(ius naturale)的概念与万民法(ius gentium)较近,与希腊哲学密切相关。亚里士多德谓之理念法(δίκαιου φυικόυ dikaion physikon),意指并非国家创制而是所有人努力实现的理想法,与之相对的国家实证法则谓之实定法(δίκαιου υομιόυ dikaion nomikon)。西塞罗和罗马的学校法学家则有时将自然法(ius naturale)用以指以自然理性(naturalis ratio)(经常是在“事物本质”意义上)为依据的万民法(ius gentium)现象,有时用以指适用于所有人的法律思想和法律设施,如依照自然法所有人生而平等[Tryph. D. 12,6,64;Ulp. D. 1,1,14 = Inst. 1,5pr.;Ulp. D. 50,17,21;Inst. 3,2,2,与带来奴隶制的万民法(ius gentium)不同]、根据出生就有(血亲)亲属、通过抓取物或者(无权利的)人的实体[先占(occupatio)]而取得所有权等。一些不同于市民法(ius civile)而与自然事实相联系的法律设施建立起来。例如,血亲(naturalis cognatio)与宗亲(adgnatio)(男方亲属)相对、自然占有(naturalis possessio)与占有相对、自然之债(naturalis obligatio)与市民法之债的相互对应。另一方面,自然法效力可能与市民法效力同时存在(参见 G. 2,73;Gai. D. 43,18,2,越界建筑);如前所述,自然法效力还可能与万民法效力同时存在[如,Tryph. D. 16,3,31 pr.,所寄存财物的返还、G. 2,65;inst. 2,1,40;Gai. D. 41,1,93,通过交付(traditio)转让所有权],在以下情况它们经常具有相同含义。例如,以万民法(ius gentium)或者自然法(ius naturale)为依据、或者建立在自然理性(naturalis ratio)、自然衡平(naturalis aequitas)或者仅仅建立 17

在自然(natura)上。无论如何这种自然法都不是体系化地形成的。

18 根据流传很广但仅见于后古典法学家乌尔比安作品中的界定,自然法是自然教育给所有生物的法。塞维利亚的伊西多尔(Isidor von Sevilla,约公元 570—636 年)称自然法为凭自然灵感(instinctu naturae)而存在于世界的法[《语源学》(Etymologiae5,4,1)]。自然法也吸收了希腊哲学,正如西塞罗所说[《论共和国》(de re publ. 3,11,19)],毕达哥拉斯(Pythagoras)和恩培多克勒斯(Empedokles)所表明的,对世间所有生物确有共同法基础(unam omnium animalium condicionem iuris esse)。

D. 1,1,1,3(= Inst. 1,2pr.)(乌尔比安,《法学阶梯》,第 1 编)

Ius naturale est, quod natura omnia animalia docuit: nam ius istud non humani generis proprium, sed omnium animalium, quae in terra, quae in mari nascuntur, avium quoque commune est. hinc descendit maris atque feminae coniunctio, quam nos matrimonium appellamus, hinc liberorum procreatio, hinc educatio: videmus etenim cetera quoque animalia, feras etiam istius iuris peritia censeri.

自然法是自然教育所有生物的法。因为该法不是人类所独有的,而是与所有生物共有的,不管它是陆地上的,还是水中的或者是飞鸟。由此产生了男女两性的结合,我们谓之婚姻,同样还有子女的繁衍和养育:我们看到其他生命,包括野兽,对该法都理解得非常好。

近百年来关于其含义争论颇多的“censeri”一词,可以指所有生物按照对自然法的理解而区分为较高等和较低等。这使人想起上帝那句话,“你们要征服大地”[“摩西五经”(1. Mos. 1,28)],但这却是对希伯来文原始文本的一种不幸的翻译。因为根据这句话,诚信管理并保持世界是人的使命。“censeri”还可以指归入一个统一组群中,对此可以引用狄奥菲鲁斯

(Theophilus)文章中相应的一段,其思路朝这种方向有所深入而引人注意:这一明显"自然法的"行为方式的依据在于以在子孙中继续存在的方式分享不朽这样一种渴望。这种可以推演出结婚义务的思想,柏拉图(Plato)就已经有了(Nomoi 721 b,c)。新近的法典中(《德国基本法》第20a条;《德国民法典》第90a条;《奥地利民法典》第285a条;)所采用的动物不是物的论断,重新表现出这种"自然法的"观念。罗马法学家应当是由这种影响深远的、"动物权利"中包含的自然法观念而得出的结论,这一点并不明显。——**文献**:彼·保·奥尼达(P. P. Onida),《罗马法中非人类动物地位之研究》(Studi sulla condizione degli animali non umani nel sistema giuridico romano),2002年,书评,玛·亚·平托(M. A. Pinto),《索引》,第35卷(2007年),第187页;约·菲利普－弗勒施尔,"自然自由:对人类和动物自然自由的思考"(Libertas naturalis, Überlegungen zur natürlichen Freiheit von Mensch und Tier),《信义 人性 法》,第3册,第1851页。

(四)1. 随着不断授予罗马市民权,所有罗马法[包括市民法(ius civile)]的适用范围也不断扩张。公元前90—88年同盟战争后,罗马市民权扩张到整个意大利。此后,特别是恺撒和奥古斯都,继续授予市民权,有时是照顾为数众多的原自治市(城市和殖民地及其后方),有时是照顾有功劳的个别人或者光荣退役(missio honesta)时奖励退伍士兵(veterani)。这种发展随着著名的**《安东尼敕令》(constitutio Antoniniana)**而结束,该敕令是212年的一份告示,塞维鲁斯·安东尼努斯(Severus Antoninus)皇帝[绰号叫卡拉卡拉(Caracalla),来自别人送给他的一件凯尔特式风帽大衣]在该告示中授予帝国所有臣民以罗马市民权(其目的大概是通过这种方式增加自所有帝国成员征收的税款,因为只有罗马市民才负担纳税义务,尤其是税率为百分之五的遗产税)。 19

关于其遗存[被严重篡改的吉森纸草(Papyrus Gießen)40,I的希腊文翻译,参见Ulp. D. 1,5,17],应当参见罗马法史的论述。

20 2. 罗马法律设施的实际适用却落后于这些原则。**意大利**全部适用罗马法；**西部行省**也同样，罗马文化在那里并未遇到势均力敌的本土文化的对抗。在这一过程中，应当承认，离罗马首都越远，法就会变得越粗糙，被歪曲得就越多，也就是法变得越发**通俗化**，因为当地的司法机关不能理解古典法学中的精细雅致。

21 3. 在帝国**东部**被征服地区，罗马法的境地则十分困难。罗马文化在那里遇到了**希腊化**，其水平非常高，但在很多方面会突然产生极端不一致的法律制度。希腊化的法律思想与罗马法严重对立，首先是对罗马法封闭的家庭团体，此外还有罗马法固有的形式风格、与拉丁语的密切联系、与罗马诉讼程序的密切联系等，所有这些均被认为是奇特的并且令人讨厌的。罗马当权者非常聪明地放弃了强制完全适用罗马的设施，因为彻底改革会使东部诸行省人民深感不安，严重影响经济，不会带来值得罗马人一提的好处。《安东尼敕令》在拟制适用中也只是对希腊化的法律稍加变动。无论如何，正如我们从丰富的埃及纸草文书中所了解到的那样，东部诸行省还是引入了一些罗马法的强制性规范。此外，希腊化的法律被视为地方习惯，可以与罗马交易法中极富弹性的任意规范协调一致。

22 **四、市民法—荣誉(裁判官)法**

对此参见，上文边码 2.8 –17。

五、法律适用

文献：马 · 卡泽尔，“论罗马人法律发现的方法”(Zur Methode der röm. Rechtsfindung)，《格廷根科学院新闻》(Nachr. Akad. d. Wiss. Göttingen)，1962 年，第 54 页；乌 · 韦泽尔(U. Wesel)，《修辞学的状态学说和罗马法学家的法律解释》(Rhetorische Statuslehre und Gesetzesauslegung der röm. Juristen)，1967 年；贝 · 翁格利斯(B. Vonglis)，《古典法学和修辞学中法律文义和立法精神的关系》(Lettre et l' esprit de la loi dans la jurisprudence classique et la rhétorique),1968 年;弗·霍拉克,《裁判理由》(Rationes decidendi),1969 年;弗·霍拉克,"罗马法学家和'逻辑的光辉'"(Die röm. Juristen und der ‚Glanz der Logik'),《卡泽尔祝贺文集》(Fs. Kaser),1976 年,第 29 页;弗·维亚克尔,《罗马法史》,1988 年,第 572 页;弗·维亚克尔,"罗马法学中论辩的角色"(Zur Rolle des Arguments in der röm. Jurisprudenz),《卡泽尔祝贺文集》,1976 年,第 1 页;弗·维亚克尔,"罗马法学家尚未完成的评价"(Offene Wertungen bei den röm. Juristen),《萨维尼杂志》,第 94 卷(1977 年),第 1 页;布·施米德林(B. Schmidlin),《罗马的法律规则》(Die röm. Rechtsregeln),1970 年;迪·内尔,"裁决规则与概括化"(Spruchregel und Generalisierung),《萨维尼杂志》第 89 卷(1972 年),第 18 页;奥·贝伦茨(边码 1.3 之前),《萨维尼杂志》,第 95 卷,第 187 页;沃·瓦尔德施泰因,"结论作为论据"(Konsequenz als Argument),《萨维尼杂志》,第 92 卷(1975 年),第 26 页;特·迈尔-马利,"明显的衡平"(Aequitas evidens),载《冯·吕布托祝贺文集》(Fs. v. Lübtow),1970 年,第 339 页;特·迈尔-马利,"罗马法学家思想观察"(Evidenz im Denken röm. Juristen),载沃森(编),《我们的道博》(Daube Noster),1974 年,第 225 页;特·迈尔-马利,"论据"(argumentum),《萨维尼杂志》,第 125 卷(2008 年),第 251 页;罗·克努特尔,"罗马法学家法律发现的思考"(Betrachtungen zum Rechtsfindung der röm. Juristen),载《米克尔祝贺文集》,第 523 页 =(大部分又见)《迈·海因策祝贺文集》(Gs. M. Heinze),2005 年,第 457 页;雷·夸德拉托(R. Quadrato),"盖尤斯和法律解释"(Gaio e la legum interpretatio),载《信义 人性 法》,第 8 册,第 4557 页。

23 对于法律适用的方法,古典法学家尚未发展出一套理论,而是止步于符合目的要求的技术。东罗马的学校对法律适用理论也仅仅留下些许萌芽,它们主要是经由 19 世纪学说汇纂法学才得以非常完美地继续。

24 (一)法学家和司法机关对交由他们鉴定或者裁判的法律案例所进行的法律发现中,只有部分能够以成文法规范为依据。这些规范中较为突出的,古代是《十二表法》,后来是——在法律和等同于法律的渊源之外的——长官谕令(和其中的诉讼程式)。如果存在这种规范,法学家就有**解释**(**interpretatio**)法律的任务,即确定规范所包含的意义。在此应当遵循的原则是,对于《十二表法》这样古老的渊源,并不能严格按照其字面进行解释,而应该考虑法的目的[利益(utilitas)]并因此而考虑到衡平(aequitas)。

法律规范通常是由**事实构成**[如《阿奎利亚法》(lex Aquilia),下文边码51.10,中:如果某人不法杀害他人男奴隶或者女奴隶或者(他人)四足家畜]和**法律效果**[同上,他就应当负担向所有权人支付该物当年内(最高)所值金额的铜币的义务]组成。事实构成和法律效果这两部分均属于解释对象。解释中语言的和思维的方法优先(文意解释和逻辑解释),所得出的结论与字面意义相比既可能较窄(限制解释或者严格解释)也可能较宽(扩张解释或者扩大解释)。

25 (二)如果对于待决案情并无既有成文法规范,而扩张解释也不能达到目标,在罗马法的法律发现中偶尔也可**类推**适用(相应的)既有法律规范。类推的前提是,成文法规范所调整的事实构成与待决案情具有法律相似性。在这种情形下,就可以将待决案情与有法律相似性的法律规范中的相同法律效果相联接。此外,还可将法学家发现、承认的法律案件的解决方案适用于裁决具有法律相似性的案件中。罗马人也将类推作为解释(interpretatio)的一种广义理解的概念。

法学家们面对个案决疑进行法律发现时,如果要将某个(已决)案件作为其他案件的根据,就经常用到类推及其对立者,即反面论证(argumentum e contrario)。然而,法律、谕令等的类推适用,直到古典时期结束也不是法官(陪审员)职责的主要内容,而是裁判官(法庭长官)职责的主要内容。他运用类推的方法,通过模仿谕令中包含的(市民法或者荣誉法的)诉讼(actiones)等内容而补充了类似的法律救济措施。

例如,《阿奎利亚法》(lex Aquilia)中的毁损物件责任,以行为人直接原因为前提,通过裁判官法事实之诉(actiones in factum)扩张适用于间接原因或者不作为导致损害的情形(详见下文边码 51.14－15)。 26

有时人们还扩张诉的适用范围,具体做法是,对该诉必须具备而待决案情不存在的事实通过拟制方法认为它已经存在;在某些拟制程式(formulae ficticiae)中,如普布里奇之诉(actio Publiciana)中,就认为程式所要求的时效取得期间已经届满(参见下文边码 27.25;83.19)。普布里奇之诉(act. Publ.)就因此而被认为是原物返还之诉(rei vindicatio)的扩张。在罗马法学家的解释中,并未完全严格区分**拟制**与类推。法学家法中经常这样做,目的是使在某个确定案件中的法能够适用于具有法律相似性的案件。——**文献**:埃·比安基(E. Bianchi),《法律拟制:罗马法中拟制之研究》(Fictio iuris. Ricerche sulla finzione in diritto romano),1997 年;莱·瓦卡(L. Vacca),"论古典法学中的类推解释"(L'interpretazione analogica nella giurisprudenza classica),《信义 人性 法》,第 8 册,第 5727 页。

(三)在完全缺乏成文法的其他领域,尤其是有关市民法(ius civile)的某些特定材料(参见上文边码 2.17),法学家有义务进行**创造性法律发现**。这种创造性法律发现仅取决于事实正义而不考虑外在约束,当然它同时还必须公正适当。 27

六、一般法律规则,即**共同法**(**ius commune**),和突破这些一般规则的例外规范[**个别法**(**ius singulare**)]之间相互对应的意义微不足道。这个概念在古典法学家理论中还不完善,只有到了普通法理论中才对其有详细论述。**特别法**(**privilegium**)[由个人的(privus)、特别的和法(lex)构成]是古代罗马法中针对个别人的特别法律。不允许它为该人带来不利[《十二表法》第 9 表第 1 条:Privilegia ne inroganto,他(长官)不应(在民众大会上)提出(通常为特定市民个人带来不利的)特别法律,后来对于特别人群则有特别法(军人遗嘱、国库特别法等)]。——**文献**:雅·福·施塔格尔(J. F. 28

Stagl)(边码 59.9),第 28 节,第 317 页[嫁资优先(favor dotis)作为个别法(ius singulare)的规则和裁判]。

第四节　主观权利　诉和抗辩　消灭时效

(RPr. § §7,54,55,198,199,243;Kaser/Hackl
§ §32,35,45,47,73,88,89)

1 **一、绝对权和相对权**

现代私法理论将主观权利分成三大类:绝对权(支配权)、相对权(请求权)和形成权。形成权理论直到 19 世纪中叶才产生[这个概念可以追溯到,泽克尔(Seckel),《科赫祝贺文集》(Fs. Koch),1903 年,第 205 页],而绝对权和相对权之间相互对立的历史根源则可以追溯到早期罗马法之中。对立的基础是对物之诉(actiones in rem)和对人之诉(actiones in personam)的区别,也就是用以保护这两类主观权利的法律救济手段(诉)的区别。

2 (一)1. **绝对**权赋予其权利人对于法益的直接支配,权利人据此可以排除任何未经授权而对该权利的干涉。所有权可以作为绝对权的例子:所有权人直接享有作用于物的权利,而不只是请求某人承认权利人对物的支配;所有权人对于非法扣留其物或者以其他任何方式妨碍其占有和享用的任何人都可以主张其所有权。与此相应,原物返还之诉(rei vindicatio)就是为保护所有权而存在的,它是一项**对物之诉(actio in rem)**,可以由所有权人向非法扣留其物并因此而将妨碍行使其支配权的任何人主张。

3 当然,罗马法和当代的观点还有一些区别。占有人使物处于其事实控制之下并自所有权人实施非法扣留的,依照当代法,他对所有权人负担返还义务(《德国民法典》第 985 条,《奥地利民法典》第 366 条,《瑞士民法典》第 641 条第 2 款);所有权人对他享有一项对物请求权。他和所有权人之间存在一种“法定之债关系”，即所谓“所有权人－占有人关系”，由此发生了占有人的返还义务，并且发生了作为其结果的（恶意）占有人对过失毁损、毁坏等（《德国民法典》第989条、第990条）的责任和返还或者补偿收益（第987条、第990条）的责任。占有人对所有权人基于所有权法而产生对人责任，这种概念对于罗马法来说还是陌生的。所有权人对占有人并无（技术意义上的）请求权，只有一种对于物的抓取权，而不论他在谁那里找到该物。对物之诉（actio in rem）在古代罗马法中还可以按照字面意义理解：作为一种（要式的）法律上的行为，是一种追及人对于物本身的抓取；而对人之诉（actio in personam）则是对于责任人人身的一种抓取。由于物上请求权这种缺点，所以在对物之诉中产生了所谓“应诉自由”（下文边码27.12），直到优士丁尼时期它原则上继续存在。这就意味着，被告有权将系争物交给原告而回避诉讼。这其中以及（后古典时期）对物之诉（actiones in rem）可以罹于时效之中已经酝酿着“对物请求权”的概念了。

2.支配权首先表现在罗马的**家父**（**paterfamilias**）对其家庭团体中的**人**和**物**的**权利支配**，也就是对家子的父权（patria potestas）、对妻子的夫权（manus）、对奴隶和其他财物的所有权及限制物权。其他支配权还有诸如对由另一个人遗留下来的遗产的继承权，监护人（tutor）和保佐人（curator）对被保护人及其财产的权力，此外还有释放人对释放自由人的庇主权。 4

对物之诉（actio in rem）这种表达方式中的“物”（res）在较广意义上应当理解为“权利客体”，因此物也可以是人。德文翻译“对物请求权”和“对物之诉”容易误导人。

（二）**请求权**是权利人可以请求义务人给付的权利。请求权是相对权，仅仅指向特定的人。在罗马，（这种意义上的）请求权**与债权**（obligationes）的范围一致，它为债权人提供了一项对债务人关于各种给付的权利，如消费借贷中返还借款金额，买卖中供给 5

货物和(作为交换)支付价款,盗窃中归还盗窃物和支付罚金,等等。**“对人之诉”**(**actiones in personam**)即用以实现这些请求权,它仅仅指向负担义务的人(并且通常还指向其继承人)。

对人之诉(actio in personam)在古代也可以从字面加以把握:是对人的抓取,也就是抓取责任人的身体。如果已经确定了作为责任人责任基础的案件事实——通常是在民事诉讼中通过判决确认请求权之后,责任人(债务人)就屈从于强制执行的债权人了。在古代罗马法中,对人之诉指向债务人的人身而非(如同今天这样)其财产,债务人可能丧失自由乃至生命;后来,对人之诉为债权人利益可以对债务人以丧失财产相威胁,必要时还会使债务人沦为奴隶。这些强制手段旨在迫使债务人能履行对债权人的义务并使债权人获得满足。详细内容,参见下文边码 32.3 –20;81.12。

6 **二、诉和抗辩**

(一)1. 主观权利的权利人为实现和实施这项权利而采取的手段,就是**诉**(**actio**)。这个概念来自于民事诉讼法。它的字面意思是“法律上的行为”,即原告借以将其权利作为法律争议内容的行为。由起诉这项行为(无疑与现代的诉差异很大)就产生了这种含义:“有一项诉(actio) = 有一项权利,它能使人在诉讼中作为原告有望成功。”据此,诉(actio)的含义介乎于**诉讼行为**这个诉讼法概念和能够通过诉讼方式主张的(私法)权利,即**请求权**(诉讼请求权)这个私法概念。

7 与“诉”(actio)的私法方面相对应的“请求权”的概念,较之于上文边码 4.5 中主观权利分类所讲的请求权要更宽一些。因为如同当代的诉一样,罗马法中的诉(actio)所针对的就已经不仅仅是**给付**了,还可以是**权利形成**或者**确认**(具体例子,见下文边码 83.24 和 25)。如果说某人“有一项诉(actio)”,不管是对物之诉(actio in rem)还是对人之诉(actio in personam),都意味着他有一项私权,可以按照其意愿通过法院的给付判决、形成判决或者确认判决实现这项权利。(这个广义的请求权概念与当代民事诉讼法中的请求权概念相近。)由于克尔苏斯(Cels. D. 44,7,51 = Inst. 4,6,pr.)以下表达仅仅对于对人之诉(actio in personam)才是正确的,因此就有些过于狭隘了:诉无非就是通过审判追回所欠的一种权利(Nihil aliud est actio quam ius quod sibi debeatur, iudicio persequendi)。

私法请求权以诉(actio)为基础,在罗马人的理解中,它始终只不过是法律制度在特定前提下通过包含在(作为诉讼行为的)诉(actio)中的程序而提供法律保护的一种简单反映。诉(actio)这个核心概念同时既属于私法又属于诉讼法,由此就可以明白,对罗马人而言,"形式的"法(程序法)和"实体的"法(私法)紧密地结为一体,并且在其法律发展各个阶段都远较当代紧密(详见下文边码 80.1)。

严格区分私法和诉讼法的,(在前辈学者之后)主要是伯·温德沙伊德(B. Windscheid)[《从当代法立场看罗马市民法的诉》(Die Actio des römischen Civilrechts vom Standpunkte des heutigen Rechts),1856 年,1969 年重印]的贡献,当代的请求权概念就应当归功于他。

2. 正如我们所见,诉(actio)(作为给付之诉)或者是对物的(in rem),或者是对人的(in personam)。通过**对物之诉(actio in rem)**,支配权的权利人可以对抗非法扣留他的标的或者妨碍他行使权利的任何人。通过**对人之诉(actio in personam)**,基于债权享有权利之人可以请求其债务人履行义务。参见 G. 4,1–3。 8

对人之诉(actio in personam)中主观权利(债权)与(私法方面)诉(actio)的含义基本一致,而以对物之诉(actio in rem)为基础的主观权利,如所有权,则包含着丰富的内容:它包含着支配权对其客体提供的所有权限(如物的使用和收益),诉权只是诸多权限之一。

9 3. 根据诉讼请求权所援用的法律基础，它有时是以市民法为基础的**市民法之诉**(**actiones civiles**)，有时是以荣誉法为基础的**荣誉(裁判官)法之诉**[**actiones honorariae (praetoriae)**]。

关于这种区分的诉讼法实践效果，参见下文边码 82. 25。——对于在皇帝法中借助非常公职审判(cognitio extra ordinem)(下文边码 80. 21 - 22)才能提起诉讼(如基于信托)的请求权，人们也使用了诉的概念，但最初是非技术意义上的使用，只是到了后古典时期才普遍使用。

10 (二)如同诉(actio)一样，**抗辩**(**exceptio**)最初也是一项民事诉讼法的措施，对其含义完全可以从字面把握，它是对据以作出判决的条件中对被告有利的一种"例外"。例外的条款是应被告申请，例外情形也可以依职权，而被加入诉讼程式中的(下文边码 82. 9；83. 26)。由这种诉讼法的防卫手段逐渐发展成为一项私法的抗辩权，一项可以拒绝满足原告请求的独立权利。参见 G. 4,115ff.。

例如，所有权人基于原物返还之诉(rei vindicatio)请求返还其物时，如果被告对其享有诈欺抗辩(exceptio doli)，就可以主张补偿他用于该物的特定改良费用(下文边码 27. 21)。——抗辩最初属于程式诉讼，完全是裁判官的创造，但它们的依据只有一部分是荣誉法(ius honorarium)，另一部分则是市民法(ius civile)渊源：依据法律(leges)和元老院决议(senatusconsulta)，裁判官借助于它们以实现其目的[G. 4,118；例如，莱托里亚法抗辩(exceptio legis Laetoriae)、马其顿元老院决议抗辩(exc. senatusconsulti Macedoniani)]。所有抗辩中最重要的就是上文提及的——裁判官法的——**诈欺抗辩**(**exceptio doli**)(下文边码 33. 18)。法学家们将抗辩区分为灭却抗辩(exceptiones peremptoriae)(永久抗辩，如欠缺形式的免除合同所生的抗辩)和延期抗辩(exceptiones dilatoriae)(一时抗辩，如延期付款的抗辩)；参见 G. 4,120 - 125。——原告对于被告的抗辩权可以提出**反抗辩**(**replicatio**)以为对抗，被告可以对此再提出**再抗辩**(**duplicatio**),原告则可以提出**三次抗辩**(**triplicatio**),等等;G. 4,126 – 128。据此,当代诉讼法中人们也称反抗辩(Replik)、再抗辩(Duplik)、三次抗辩(Triplik)等。——**文献**:贡·韦泽纳,"非谕令抗辩"(Nichtediktale Einreden),《萨维尼杂志》,第112卷(1995年),第109页;贡·韦泽纳,"论禁令法中的谕令抗辩和裁决抗辩"(Zu ediktalen und dekretalen Exzeptionen im Interdiktenrecht),《信义 人性 法》,第7册,第5909页。

后古典诉讼法中,无论是在西部还是在优士丁尼时期,通过诈欺抗辩(exceptio doli)使请求权失去效力与无效经常发生重合。在法律行为所产生的诉但同时还存在抗辩(exceptio)的情形,人们通常可以认为法律行为无效,当然,这种无效应当由债务人提出主张(类似于现代法中的得撤销)。

三、消灭时效 11

古典法的诉通常不受期间限制,可以在任意长的时间内主张,尽管按照经验判断,被告由于证据灭失,如证人死亡等,越来越难以进行辩护。只有裁判官法罚金之诉(下文边码50.15)因其刑罚目的要求迅速和解才附期限一年,而时间经过就会使诉消灭。在买卖的情形下市政官法物的瑕疵之诉同样如此(有其他期限)(下文边码41.39,41.43)。

狄奥多西二世(Theodosius Ⅱ)皇帝在424年的一部法律中依照很多行省法的范本引入了——不管对人的还是对物的——请求权的一般性**"消灭时效"**(CTh. 4,14,1 = C. 7,39,3,1):任何诉,如果先前没有提起,从权利开始时起算,经过30年沉默之后,就不应该让其再发生效力(Quae ergo ante non motae sunt actiones, triginta annorum iugi silentio, ex quo competere iure coeperunt, vivendi ulterius non habeant facultatem)。——与当代法中消灭时效仅产生抗辩权不同,这项"消灭时效"则导致请求权消灭,至少原则上如此,因为后来的皇帝法律中多次说到"时间抗辩"(praescriptio temporalis 或者 exceptio temporalis)。某些请求权则不受时效限 12

制,例如释放请求权或者国库的税收债权。

13 一般消灭时效期间为30年(当代很多法律仍然如此,《法国民法典》第2262条,《奥地利民法典》第1478条,依照《瑞士债法》第127条则是10年,《德国民法典》第195条最长可到30年,但自2002年1月1日起改为3年)。正如"生命力"(vivendi facultas)这个词所暗示的那样,这个标准与人们将30年算作一代人有关。罗马帝国墓碑上关于年龄的记载中,最常见的死亡年龄就是30岁左右。

对于特定请求权,尤其是基于在教堂和修道院里所作遗嘱处分而发生的请求权,消灭时效期间确定为40年或者100年。后一期限是优士丁尼根据最长人类寿命(longissimun vitae hominum tempus)确定的(530年的C. 1,2,23,2;又见,535年Nov. 9)。虽然优士丁尼在541年又将该期限缩短至40年(Nov. 111,此外545年Nov. 131,6),但教会法后来还是与100年这个期限联系起来。正是由于这种背景,并且教会还有大量永佃地产,(废除永佃权后)今天人们设立现代的地上权通常会以99年为期限,就很容易就能得到解释了(显然,1898年中国将香港出租给英格兰99年也是因为如此)。——**文献:**沃·凯泽,"论对罗马教会有利的100年消灭时效期间"(Zur hundertjährigen Verjährung zugunsten der röm. Kirche),《萨维尼杂志:教会法》,第116卷(1999年)第60页。

14 消灭时效(根据古典晚期的法学家,下文边码25. 14)称为**长期时效期间(longi temporis praescriptio)**。"时效"(praescriptio)在这个时期直接表示抗辩权;这个概念来自于久已不用的古典程式诉讼,其中涉及为原告利益需要置于书面诉讼程式起首的情形(下文边码83. 27)。(消灭性的)消灭时效在通俗法观点中与(取得性的)时效取得汇合到了一起。即使优士丁尼的时效取得法改革(下文边码25. 17 – 18)也未能成功地区分消灭时效和时效取得。与此相应,中世纪法学家和早先的普通法法学家都将时效

(praescriptio)作为一项统一的法律制度，但很早人们就认为可以区别其中的对物的，后来也有对其他权利(质权、对持续给付的债权等)的取得时效(praescriptio acquisitiva)和涉及诉或者权利的消灭时效(praescriptio extinctiva)。统一时效学说是《奥地利民法典》第1451条、第1452条和《法国民法典》第2219条以下的基础，直到19世纪人们才开始逐渐超越它，这主要是由于受到了萨维尼的批评。于是，人们将时效取得限定在有体物所有权，而将诉和请求权置于消灭时效之下。这种构想在《德国民法典》(第194条以下、第900条、第937条以下，此外，依照第1033条也可以通过时效取得而取得用益权)和瑞士法(《瑞士民法典》第661条以下、第728条、第731条第3款、《瑞士债法》第127条以下)中得以采用。——**文献**：科英，第1册，第183页；第2册，第280页；彼·阿帕蒂，"请求权的消灭时效、诉的消灭时效还是权利的消灭时效？"(Verjährung des Anspruchs, der Klage oder des Rechts?)，《胡维勒尔祝贺文集》(Fs. Huwiler)，2007年，第1页；《德国民法典历史批评注释书》，赫尔曼(Hermann)执笔，第194条至第225条，边码7以下。

四、权利滥用 15

如果权利行使不能为权利人带来任何利益却损害他人，权利人行使其权利就会受到**权利滥用**禁止的限制。"模仿"(aemulatio，意大利文 emulazione)这种名称来自于 Mac. D. 50, 10, 3，但在这里的其意思却是"竞争"。

"刁难禁止"在古典法中仅仅是根据具体情况进行处理的，有时可以通过诈欺抗辩(exc. doli)。这种普遍禁止是由哲学渊源进入法学的，而且对于行使其权利者不应被认为恶意(Gai. D. 50, 17, 55: Nullus videtur dolo facere, qui suo iure utitur)这项原则发挥了限制作用。因此，如果某人"挖邻居墙脚"仅仅是为了损害邻居，就会被追诉(Marcell. – Ulp. D. 39, 3, 1, 12)。安东尼努斯·皮乌斯(Antoninus Pius)皇帝(138—161年)的敕谕是反对权利滥用的基础。

对此,Gaius 1,53 说道:

Sed hoc tempore neque civibus Romanis nec ullis aliis hominibus, qui sub imperio populi Romani sunt, licet supra modum et sine causa in servos suos saevire; nam ex constitutione imperatoris Antonini qui sine causa servum suum occiderit, non minus teneri iubetur, quam qui alienum servum occiderit. Sed et maior quoque asperitas dominorum per eiusdem principis constitutionem coercetur; nam consultus a quibusdam praesidibus provinciarum de his servis, qui ad fana deorum vel ad statuas principum confugiunt, praecepit, ut si intolerabilis videatur dominorum saevitia, cogantur servos suos vendere. Et utrumque recte fit: male enim nostro iure uti non debemus; qua ratione et prodigis interdicitur bonorum suorum administratio.

但是在今天,不管是罗马市民还是生活在罗马民族统治下的其他任何人,都不能过分地和无故地虐待其奴隶。因为依照安东尼乌斯·皮乌斯皇帝的一项敕谕,某人无故杀死其奴隶,承担的责任不会比杀死他人奴隶承担的责任更轻。所有权人过分严酷在同一皇帝的另一敕谕中也有所限制。在征求一些行省总督意见后决定,对于某些逃至神庙或者皇帝雕像下避难的奴隶,如果其所有权人的暴行不堪容忍,就可以命令所有权人(为改善奴隶的条件而)将奴隶出卖。两者看起来都有理由,这是因为我们不能滥用权利。基于同一理由,浪费人也将被剥夺其对财产的管理。

还可参见(同时也涉及第一份敕谕文句)Ulp. D. 1,6,2 = coll. 3,3; Inst. 1,8,2;此外参见优士丁尼在 D. 6,1,38 中的表述[不能容忍纯粹恶意(neque malitiis indulgendum est)]。这其中就有当代权利滥用禁止和刁难禁止的根源(《德国民法典》第 226 条,《奥地利民法典》第 1295 条第 2 款、第 1305 条,《瑞士民法典》第 2 条第 2 款,《法国民法典》第 544 条第 2 款以及《德国基本法》第 14 条第 2 款)。——**文献**:汉·克雷勒尔(H. Kreller),“罗马法学说中的权利滥用理论”(Die Theorie des Mißbrauchs der Rechte in der röm.

Rechtslehre),《第二届国际比较法大会上的国家报告》(Dt. Landesreferate z. II. Internat. Kongreß f. Rechtsvergl.),1937 年,第 1 页;安・帕尔玛(A. Palma)(边码 23.10 之前),第 159 页。

第二章 法律行为

第五节 法律行为和合同概说

(RPr. § §56,200 I)

1 一、法律行为

现代理论在具有法律意义的人类行为中强调了其中的法律行为,将一人或者多数人通过其意思表示努力实现法律制度所承认的效果这种统一的、典型的事实构成称为“法律行为”。任何法律行为(如买卖合同、所有权转让、结婚、遗嘱)必须包含至少一项“意思表示”,通过它表明了某人指向获得承认的法律效果的意思。法律行为和意思表示的概念,如同当代私法理论中其他一般性概念一样,尚不为古代罗马法渊源所知。而它们在罗马法学家的大量个案决疑实践中早已发展出萌芽,因此近代理论在其形成中才能得到罗马法渊源的支持。

2 罗马人的思维方式是从个案出发,一般只注意到那些交由法学家们鉴定的具体事务,至多再注意到这些事务中的特别类别[如买卖、要式口约(stipulatio)、遗嘱]。为使对各项事务的判断相互协调,罗马人使用了他们独特的法律专门知识,现代理论则由此发展出法律行为学说的一般理论。罗马法渊源中使用的“行为”(actus)和“交易”(negotium)两词,与“管理”(gerere)和“缔约”(contrahere)相联系[无因管理(negotium gerere)除外,见下文边码 44.12],并无专门术语表达,这些概念也包含了非法律的行为和侵权行为。甚至于“意思表达”(declarare voluntatem)也不是后古典时期对于意思表示的技术性表达方式(参见 Lab. D. 29,2,62 pr.)。

关于法律行为的**区分**,罗马人已经有所认识,尽管他们对此几乎未置一 3
词。根据行为中包含一项还是多项意思表示,区分为单方行为和多方行为(下文边码 38.19 – 25);在多方行为中,又特别突出了合同(下文即见)。关于生前行为和**死因**行为(mortis causa,如遗嘱、遗嘱附书、死因赠与)的区分,在罗马法渊源中只是初现萌芽。——具有重大意义但渊源中并无一般性说明(可以参见诸如,Paul. D. 44,7,3)的是,将**负担**行为和**处分**行为相互分离。负担行为,是指向设立债的关系的行为;处分行为,是指对既有权利直接转让、设定负担、变更或者消灭的行为,如所有权的转让(技术意义上应该是出让)或者(以限制物权)设定负担,此外还有释放奴隶、(消灭债权的)债务履行承担、债务免除、债务更新等。物权法的处分(出让、设立负担)称为物权行为。

二、合同

**对于合同,即两人或者多数人就旨在实现的法律效果所表示 4
出的合意,罗马人也是既没有专门名称也没有理论。**

无论是“简约”(pactum)(pactio,不要式协议)还是“协议”(conventio)、“缔约”(contrahere)或者“合同”(contractus),都不是合同的专门名称。“合同”(contractus)逐渐地固定成为债法合同中最重要部分的名称(下文边码 38.1)。与此相关,当代大多数法典编纂(德国等例外)中均将合同的概念限定为债法合同,并且将关于合同的一般学说,即一般法律行为学说的主要部分,置于债法中处理(如《瑞士债法》以及 1942 年《意大利民法典》;同时参见《奥地利民法典》第 861 条)。

在罗马,实施古代法中的双方要式行为时取决于取得一方当事人,他的 5
套话程式中就已经表达了全部行为内容。相对人的表达均限于他服从该内容;在要式口约(stipulatio)中是“我发誓”(spondeo)、“我承诺”(promitto)等,在要式买卖(mancipatio)和拟诉弃权(in iure cessio)中是对取得人实现抓取的不要式容忍甚至是默示容忍。在此,对于法律约束力起决定作用的,起初并不是当事人意思,而是正确完成形式(下文边码 6.1 –2 和 8.4 –5),直到后来才是意思相互一致(边码 8.24)。

6 对于缔约理论,如同法律行为理论一样,罗马人并未成功地由萌芽发展出一般规则。古典法学家就已经承认了很多情形下的默示缔约[默示简约(pactum tacitum)],如设质和延长使用租赁关系(下文边码 31.19;42.16)。**—文献**:安·瓦克(A. Wacke),“论默示简约学说和诈欺抗辩的救济功能”(Zur Lehre vom pactum tacitum und zur Aushilfsfunktion der exc. doli),《萨维尼杂志》,第 90 卷(1973 年),第 221 页;第 91 卷(1974 年),第 251 页。

第六节 法律形式主义概说

(RPr. § § 8,57 Ⅰ,Ⅱ,200 Ⅱ)

一、本质和特征

1 古代罗马法如同其他早期法律制度一样也有其独特观念,即只有通过(符合一定仪式的)**要式行为**才能(通过被允许的行为而)产生法律约束。一般解释认为,这种早期法的形式主义与原始的人类需要相适应。这在罗马得到了以下事实的支持:法律事务在古代执掌于祭司手中,而祭司在敬神时经常做各种仪式性行为。这种影响同时也就说明了为什么古代罗马的法律形式全部都是**套话形式**,就如同在祈祷、念咒中那样,在实施具有法律意义的行为时,也必须郑重地说讲出规定字句。这种口头形式有时通过触碰手部[如要式买卖(mancipatio)所要求的,下文边码 7.2]或者杖棒[如原物返还之诉(vindicatio)中的杖棒(festuca 或者 vindicta),下文边码 27.3]而得以强化。在很多情形下还要求形式证人参与[庄严证人,如用铜和秤(per aes et libram)交易]或者长官参与[如拟诉弃权(in iure cessio),下文边码 7.16]。这样可以保护行为证据，同时也增加了对其行为的公众认知。

古代罗马私法中的形式是**要物形式**（效力形式），它不仅是该行为的外部补充，同时也表达或者体现着行为内容本身。例如，抓取对其取得控制的人或者物，或者拘束因为某项责任而屈从于其下的人或者物，或由某项责任中解脱。在蒙昧的早期，郑重地说讲出规定程式关系着（具有文字魔力的）神秘力量。这对于说明古代罗马法中的象征［大多是“部分代表整体”（pars pro toto）］同样具有意义：（以触碰方式）抓取手势代替现实抓取，［要式买卖（mancipatio）中］提交铜块代替现实的价款，抓取砖瓦或者［原物返还之诉（vindicatio）中］抓取土块代替抓取房屋或者土地（G. 4,17）。——与此相对，形式在古典法和后古典法中具有了完全不同的特性，尤其是在人们承认没有合意就没有合同，即使受形式约束的合同也没有之后（Ped. – Ulp. D. 2,14,1,3；边码 38.2）。因此，形式（如同当代一样）就成了服务于私益或者公益的**保护形式**，通常是为确保将来发生争议时能提供证据。**——文献：**鲁道夫·冯·耶林（边码 1.1 之前），第 2 册之 2，第 470 页。 2

二、模仿行为 3

在创造新的要式行为时，人们经常以现有制度为范本，通过对它进行修正或者根本就不修正，使它可以服务于新目的。这些模仿行为（恩·拉贝尔）在罗马可以发现，在其他早期法律制度中也能发现。

可以作为例证的，如拟诉弃权（in iure cessio）：为转让特定权利，当事人在裁判官面前完成特定仪式，仪式的核心部分是模仿进行诉讼程序，被告在该程序中对于原告的权利主张予以承认（下文边码 7.16 – 18）。**——文献：**恩·拉贝尔，“模仿行为”（Nachgeformte Rechtsgeschäfte），《萨维尼杂志》，第 27 卷（1906 年），第 290 页；第 28 卷（1907 年），第 311 页；=《论文全集》（Ges. Aufsätze），第 4 册（1971 年），第 9 页；弗·普林斯海姆（F. Pringsheim），“古代法中的象征和拟制”（Symbol und Fiktion in antiken Rechten），《德·弗兰斯奇纪念文集》（St. De Francisci），第 4 册，1956 年，第

209 页；=《论文全集》(Ges. Abh.)，第 2 册，1961 年，第 382 页。

4 三、有时为发生、消灭法律效力，对应存在具有相同形式类型的法律行为：例如对于责任设立或者责任解脱有（作为铜和秤式行为的）债务口约(nexum)和债务口约解除(nexi liberatio)、（以口头问答方式进行的）要式口约(stipulatio)和正式免除(acceptilatio)，而对于结婚和离婚有共食婚(confarreatio)和分食婚(diffarreatio)。这项**形式对应原则**（对称思想）要求，通过要式行为发生的法律效力只能通过相同形式类型的相反行为(contrarius actus)才能消灭，而它只是一项经验法则，绝对不能上升为确定的法律规则。参见诸如 Qu. Muc. – Pomp. D. 46,3,80：通过与其缔结方式相同的方式才能解除一项行为(Prout quidque contractum est, ita et solvi debet)，Gai. D. 50,17,100：依法缔结的一切，依照相反的法失去效力(Omnia quae iure contrahuntur, contrario iure periunt)，参见 Paul. D. 50,17,153 = D. 41,2,8。这种法律思想已经远远超出了私法本身。例如，建立城市要翻耕以确定城区界限并封锁魔鬼进出的入口（这里要用犁耕开设计的入口，即“portare”，所以“porta”就是城门）。与此相应，在摧毁迦太基(Karthago)时就是用犁将其夷为平地，参见 Mod. D. 7,4,21。——关于相反合意(contrarius consensus)，见下文边码 53.23。

文献：德·利布斯，“相反行为。论罗马免除合同的确立”(Contrarius actus. Zur Entstehung des röm. Erlaßvertrags)，《维亚克尔学术交流会》，1970 年，第 111 页；罗·克努特尔，“论罗马法中的形式对应原则”(Zum Prinzip der formalen Korrespondenz im röm. Recht)，《萨维尼杂志》，第 88 卷(1971 年)，第 67 页；布·施米德林，《罗马法律规则》(Die röm. Rechtsregeln)，1970 年，第 74 页。

5 **四、形式自由行为**

形式自由行为可以采用口头或者书面的任意文句而订立，也可以通过传达人而订立，显然自古以来人们在日常生活中就是这样做的。

但是，起初它们可能没有被认为是法律行为，而［如同略式物(res nec

mancipi）现物互易和现物买卖一样］被认为是纯粹的事实过程。当然，无疑在很早时候，大概《十二表法》时，形式自由行为就已为法律所承认。

在前古典和古典时期高度发达的交易法中，形式自由行为甚至成为惯例，尤其是债法中的合意合同和要物合同以及物法中的通过交付（traditio）让与所有权，它们有助于和外邦人进行法律交往（上文边码3.12和16）。这项惯例使受形式约束的行为［要式口约（stipulatio）、要式买卖（mancipatio）、拟诉弃权（in iure cessio）等］成为例外。即使在后古典时期，形式自由的日常行为也经常发生，当然，它的诉讼证明力要弱于采用特定形式而文书化的行为（下文边码7.34）。 6

第七节　各种要式行为

（RPr. § § 9,10,57,200,263 I;Kaser/Hackl §92）

我们在这里首先讨论三种要式行为，这些行为在其他章节的不同位置还会涉及，可以追溯至古代罗马时期：要式买卖（mancipatio）（和其他秤式行为）、拟诉弃权（in iure cessio）和要式口约（stipulatio）。最后，我们研究共和早期发生的文书化及其发展。 1

一、要式买卖，秤式行为

文献：奥·贝伦茨，“论《十二表法》中的要式买卖”（La mancipatio nelle XII Tavole），《罗马法和古代法国际杂志》，第33卷（1982年），第46页；约·格·沃尔夫（J. G. Wolf），“要式买卖的功能和结构”（Funktion und Struktur der Mancipatio），《马格德兰祝贺文集》（Mél. Magdelain），1998年，第501页。

2 (一)1.要式买卖(mancipatio)[来自于"手"(manus)和"抓取"(capere)]是一种要式行为,通过该行为某人向他人转让对特定人或者财物的所有权或者类似于所有权的权力。关于要式买卖的古老仪式,盖尤斯曾经进行过描述:

G.1,119

Est autem mancipatio, ut supra quoque diximus imaginaria quaedam venditio; quod et ipsum ius proprium civium Romanorum est, eaque res ita agitur: adhibitis non minus quam quinque testibus civibus Romanis puberibus et praeterea alio eiusdem condicionis, qui libram aeneam teneat, qui appellatur libripens, is qui mancipio accipit, rem tenens ita dicit HVNC EGO HOMINEM EX IVRE QUIRITIVM MEVM ESSE AIO ISQUE MIHI EMPTVS ESTO HOC AERE AENEAQUE LIBRA; deinde aere percutit libram idque aes dat ei, a quo mancipio accipit, quasi pretii loco.	要式买卖,正如我们上文(G.1,113)所言,是一种表见买卖;该行为属于仅适用于罗马市民的特有法律,它按照下列程序进行:延请至少五名成年罗马市民作为证人,并另请相同身份之人,该人手持一杆铜秤,他被称为"司秤"。通过要式口约取得之人手持抓取之物,说:"我主张这名奴隶依照奎里蒂法属于我,他是被我用这块铜和这杆铜秤买得的。"然后,他用铜敲秤,并将铜块交付给通过要式买卖而使他取得之人,如同交付价款那样。

这样就有八个人参与该行为:取得人、出让人、司秤和至少五名(受邀而来的)证人。奴隶在套话形式中是作为例子的(可以通过要式买卖方式取得之物,见边码7.5)。奎里蒂法(ius Quiritium)意指(尤其与物法相关的)市民法,它是根据罗马市民的古名"奎里蒂人"(Quirites)而来(参见,Inst.1,2,2)。这里的铜块可以是尚未铸成硬币者[没有特定形式的小粗铜块(raudusculum)],也可以是小额铜币[一文铜币(nummus unus)]。

2. 这种独特的仪式显然是一个完整过程的历史遗留，可以从与形式的相关情况发现这个过程的意义。之所以用秤并请司秤（可能因其内行而不偏不倚地）参与其中，这使我们回想起了罗马尚未采用铸币而以未经铸造加工的铜为货币的时期，当时铜块价值取决于其重量。因此，如果不是更早，那么至少在共和早期就已经有了该行为的核心内容。取得人当时交给出让人的铜块不能毫无价值，而必须有相当数量，其具体数额由司秤监督并以秤确认。因此，古代法中的要式买卖（mancipatio）才被描述为一种**交换行为**，取得人通过该行为取得对他所取得的人或者物的权力，价款则作为对待给付而交出。根据其经济功能，这种古要式买卖是一种**现金买卖**，买卖标的物和价款在该行为中同时进行交换。 3

当然，这种形式与买卖的过程不同，因为只有取得人说话和行事，而与此同时，出让人却仅限于当个旁观者和金钱受领者而一言不发。由于程式开始时“我主张这名奴隶依照奎里蒂法属于我”（hunc ego hominem ex iure Quiritium meum esse aio）（上文边码 7.2）与原物返还之诉（vindicatio）的程式相互一致（下文边码 7.16），因此就可以想象出，人们在要式买卖（manc.）中模仿了原物返还之诉（vindicatio）这种单方、自力抓取行为，而铜块数额首先意味着补偿金，出让人受领该数额就意味着他不再反对取得人的抓取行为。合同思想在这里还没有发展出来。当然，从经济的角度可以认为古要式买卖是某种买卖行为。 4

出让人不是合同当事人，而是**前手权利人**（**auctor**），即强化取得人法律地位的人（来自于“augere”，增强、加强），他以一种类似于当代法中权利人追认无权处分行为的方式赋予取得人单方抓取行为效力（《德国民法典》第 185 条第 1 款）。

3. 要式买卖（manc.）的**标的**只能是家子和特定财产，它们因此而被称为**要式物**（**res mancipi**）：意大利土地、奴隶和特定大牲畜，即马、牛、驴和驴骡（以及马骡）（G. 1,120），但不包括被驯化 5

的大动物,如象和骆驼,因为——盖尤斯(G. 2,16)如此表示——当人们确定对某物可以采用要式买卖时,甚至连这些动物的名称都不知道。此外,属于要式物(res mancipi)的还有古老的地役权(通行权、畜牧权、道路通行权、导水权,参见下文边码 28.5)。

6 4.(1)要式买卖(manc.)对要式物(res mancipi)发生的效力在于,如果是所有权人将其出让,就取得**所有权**(或者所提及的役权),对家子就取得类似于奴隶的主人地位的权力,它同样称**买主权**(**mancipium**)(下文边码 16.17;60.5)。

7 (2)如果要式买卖(manc.)基于**出卖**而发生(早期经常如此),除发生物法效力以外,它还发生属于债法的其他效力,其中包括出让人的**担保责任(auctoritas)**。在第三人以诉讼方式向取得人追夺要式买卖标的物时,如果该第三人是所有权人,就可以对该物主张所有权人的原物返还之诉(rei vindicatio)而抓取该物,出让人就必须对取得人就标的物进行诉讼辩护予以支持。出让人对此不作为或者虽予以帮助但没有结果,就会使取得人输给第三人并且必须向第三人返还该物(或者其金钱价值),这时取得人就可以通过求偿(赔偿)方式对出让人提起权利担保之诉(actio auctoritais)而请求返还价款的双倍金额(详细内容,见下文边码 41.26 – 27)。

8 5.要式买卖(mancipatio)中支付实际价款被纯粹象征性交付铜块所替代,因此它的适用范围就远远**超越**了现金买卖。这样,对于可以采用要式买卖的各种标的的所有权[或者所提及的买主权(mancipium)]的给与,就可以用于各种经过许可的目的:信用买卖、赠与、嫁资设定、损害投偿(noxae deditio)、信托、责任解脱等。显然,这种用小额铜币进行的要式买卖在《十二表法》中就已经有了,正如 Inst. 2,1,41 所显示的一样,在《十二表法》时期,买受人要取得所有权可以另行提供担保以代支付价款。权利转让以拟制买卖为依据这种思想,直到当代的实践中仍然继续存在,以(当时的)1 马克出卖需要整顿的企业[如新家园公司(Neue Heimat)、耶拿的卡尔·蔡思公司(Carl Zeiss Jena)等]就是很明显的例子。

当然,如果要式买卖不是因为买卖而发生,其效力就有些微不足道了:它确实使取得人取得所有权[或者是买主权(mancipium)],但对此却只有很少担保:如果该行为以买卖为基础,即,已经用现金支付了实际价款或者对价款存在有约束力的约定时,权利担保责任对他才有好处(参见边码 41.26 和 27)。

6. 要式买卖可以有**附款**,即在通常程式之外附加一项单方表示[要式买卖附加声明(leges mancipio dictae)],它是仪式的一部分,也就是全部说讲程式(**附款,nuncupationes**)的一部分。在这里,法(lex)就意味着法律行为中私人意思所确定的"规范",也就是一项法律行为性质的附加规定。 9

这种附款可以是诸如买卖标的物性质的约定,如土地大小、该物是否有特定瑕疵,也可以是保留役权或者用益权。

文献:萨·兰达佐(S. Randazzo),《要式买卖附加声明:要式转让行为中协议意义的有限性之研究》[Leges mancipii. (Contributo allo studio dei limiti di rilevanza dell' accordo negli atti formali di alienazione)],1998 年[书评,埃·雅各布(É. Jakab),载《萨维尼杂志》,第 119 卷(2002 年),第 638 页]。

7. **信托简约(pactum fiduciae)**与之相近,可以与要式买卖(mancipatio)相结合而约束取得人,使得在特定前提下[通过要式买卖或者拟诉弃权(in iure cessio)]应当交还标的物或者释放要式买卖的人(详细内容,见下文边码 24.8;31.7)。 10

(二)1. 买卖婚(coëmptio)(下文边码 58.35)是要式买卖的一种变形,通过这种方式丈夫对妻子取得的不是类似于对奴隶的买主权(mancipium),而是夫权(manus)(来自于作为提供保护的 11

象征的手，即 manus）。

12 2. **家产要式买卖**（**mancipatio familiae**）是为设立遗嘱而独立存在的一种形式。它只能使取得人取得对遗产的照管（custodela），而只要出让的遗嘱人还活着，处分权（mandatela）（下文边码 67.4）就继续由他保留。

13 3. 在其他情形下，人们使用象征性要式买卖（mancipatio nummo uno）的一般形式，为家庭法的目的而与其他法律上的行为相结合，由此创设了**复合**行为，如脱离父权（emancipatio）和收养。要式买卖具有作为其他行为的"基石"这种特征，同样也是抽象所有权让与的范本，在私法史上具有非常重要的意义。

14 （三）要式买卖属于**用铜和秤**（**per aes et libram**）的交易，即所谓**秤式行为**。它原本是个现实支付过程，在不少于五名证人和司秤的面前称量金属条块货币后给予对方。尽管该行为在古典法中继续存在，但其支付功能几乎已经被象征性交付小铜块所代替，因此（和证人一样）司秤也只是作为形式人员而参与其中。除要式买卖之外，秤式行为还包括（有争议的）**债务口约**（**nexum**），它是旨在发生消费借贷或者成为债务奴隶的责任行为，债务人本人因为该行为而处于债权人抓取之下（下文边码 39.1－2）；此外还旨在赎清责任的**债务口约解除**（**nexi liberatio**）和**铜和秤式清偿**（**solutio per aes et libram**）（下文边码 52.5－7）。债务口约（nexum）最迟在共和晚期就消亡了，铜和秤式清偿（solutio per aes et libram）——纯粹象征性提交代替支付实际应付金额——在古典时期只存在于特定情形的债务免除之中（下文边码 53.18）。

15 **（四）**最迟在古典末期，所有秤式行为都已经没有人再用了。优士丁尼故意通过添加将它们从渊源中清除出去（参见 531 年 C.7,31,1,5）。尽管如此，模仿要式买卖在很多日耳曼民族法中仍然存在。例如，在出卖土地和奴隶时，除中间人外还需要特定数目的证人，其中一半是成年人，一半是未成年男孩。为使这个过程

“印象深刻”,对成年人需给以款待,而未成年男孩则被拧耳朵或者打耳光[参见《里布里亚法》第 60 条第 1 款(Lex Ribuaria 60,1),约 714 年至 747 年,《巴伐利亚法》第 15 章第 2 条第 1 款(Lex Baiwariorum XV,2,1),约 742 年],这种方式在巴伐利亚州(Bayern)直到 18 世纪仍然存在。由此就出现了俗话所说的“把某些东西写在耳朵后面”这种表达方式。

二、拟诉弃权

(一)拟诉弃权(in iure cessio)(在法庭上让与)是一种转让、让与或者废止特定权利的行为,是对古代民事诉讼中对物誓金法定诉讼(legis actio sacramento in rem)(下文边码 81.2 –3)这种对物之诉的模仿。这种行为如同对物权利争议一样开始:如果想让与奴隶的所有权,出让人和取得人就要带奴隶到裁判官面前,取得人说讲出原告的原物返还之诉程式:我主张这名奴隶依照奎里蒂法属于我(hunc ego hominem ex iure Quiritium meum esso aio)(参见上文边码 7.2 和 4 和下文边码 81.3)。在诉讼中对方当事人必须同样以原物返还对待之诉(contravindicatio)回答,主张自己是所有权人。在拟诉弃权(i. i. cessio)中,出让人则不作出相反主张,而是如同承认对方诉讼主张的被告一样,(非特定形式地)默示承认了所有权归属于取得人或者将所有权给了取得人。裁判官对此作出其官方判决(addictio),确认取得人的所有权主张。双方当事人和裁判官的合作就使取得人取得了所有权。参见 G. 2,24。 16

“in iure”意指“在法庭上”;“ius”古代的意思是指在广场上裁判官行使其裁判权的场所(下文边码 80.10)。——《十二表法》中就已经有拟诉弃权(i. i. cessio)了。由于拟诉弃权并不需要对待给付,因此自古以来它就不仅可用于买卖的目的,还可用于赠与、嫁资设定、损害投偿(noxae deditio)、信托等目的。拟诉弃权即使是为买卖目的而实施的,也不发生权利担保责任。附加表示(leges dictae)或者信托简约(pactum fiduciae)可以与要式买卖 17

(manc.)联系到一起,同样也可以与拟诉弃权(i. i. cessio)联系到一起。

18 (二)拟诉弃权(i. i. cessio)对于能通过模仿对物之诉而得以实现的各种目的都**可以适用**。以原物返还之诉(rei vindicatio)为范本,拟诉弃权可用于转让所有权,包括转让非要式物(res nec mancipi)所有权;以役权返还之诉和用益权返还之诉(vindicatio servitutis 和 ususfructus)为原型可用于设定役权和用益权;以所有权人对非法妨碍役权和用益权的否认之诉(actio negatoria)为原型可用于废止这些权利(下文边码 28.17)。父权(patria potestas)返还之诉是对收养(adoptio)的模仿,监护返还之诉是对让与监护(tutela)的模仿,要求继承之诉(hereditatis petitio)是对让与遗产的模仿。在古代法中通过诉请释放(manumissio vindicta)而释放奴隶是对释放诉讼[采用请求恢复自由之诉(vindicatio in libertatem)形式]的一种模仿,在释放诉讼中,主张人(adsertor)作为辅助人在原主人容忍下主张即将获释的人是自由人(详见下文边码 16.2)。

19 (三)拟诉弃权(i. i. cessio)在古典法时期有些就已经被废弃不用了。优士丁尼则将其从渊源中删除了;但在 Scaev. D. 32,37,3 中的"让与"(cessi))还是能让人想起它来。

三、要式口约

文献:内尔松/孟文理,第 3 编之 2,第 103 页,第 468 页;弗·帕斯托里(F. Pastori),《论罗马法中的口头行为》(Il negozio verbale in diritto romano),1994 年,第 23 页至第 193 页讨论誓约(sponsio),第 195 页至第 321 页讨论要式口约(stipulatio);其他文献,见边码 40.1 之前。

（一）要式口约（stipulatio）是一种**口头债务允诺**，其独特之处在于采用了特定的问答形式。可能成为债权人的当事人［允诺人（stipulator），要约人（reus stipulandi）］，向相对人对于他是否愿意就（特定）给付允诺提出符合特定形式的问题，例如，“你发誓将给予我 10000 塞斯特吗？”（sestertium decem milia mihi dari spondesne？）可能成为债务人的当事人［承诺人（promissor），受约人（reus promittendi）］予以肯定回答，“我发誓”（spondeo）。当事人双方都必须到场，提问和回答必须口头交流，彼此直接相随并且指向同一内容，提问中使用的动词必须在回答中再现。最古老但又一直为罗马市民所用的动词是“你发誓吗？”（spondes？）“我发誓”（spondeo），在与外邦人的交易中使用的则是“你承保吗？”（fidepromittis？）“我承保”（fidepromitto）。古典时期还使用过“你承诺吗？”（promittis？）“我承诺”（promitto），“你给予吗？”（dabis？）“我给予”（dabo）及希腊使用的表达方式，甚至使用了“为何不”（quid ni？）的回答。参见，G. 3，92－94；Ulp. D. 45，1，1 pr. －6；Inst. 3，15，1。 20

要式口约的**早期历史**尚不清楚，它可能有双重渊源。使用“发誓”（spondere）一词的，“誓约”（sponsio）的名称就可能与某种采用宣誓方式的允诺相关，而这种允诺最初并非在民事诉讼中得以实现，而是通过一种神的惩罚体现出来：违背自己誓言的人，对哪位神发誓，就会受到哪位神的报复。此外，还有另外一种非常古老的纯粹世俗的责任行为，而且在古代罗马诉讼中被作为了出庭允诺，由此使得某人以他自己的人身对于在诸如程序延期等情形下特定人（例如诉讼当事人）或者物将在新的日期将会出庭承担责任。这些出庭保证人就是诸如“出庭保证人”（vades）（下文边码 82.3）和“保证人”（praedes）（来自于“prae-vades”一词；下文边码 27.5），等等。发达法律中的要式口约（stip.）（其名称来源争议颇多）可能来自于誓约（sponsio）世俗化及其与出庭允诺的相互融合。它最初是用在强化消费借贷的效力中（下文边码 39.6）。——在发达法律中，“接受允诺”（stipulari）是债权人在成立某行 21

为时的行为,“发誓”(spondere)则是债务人为此而为的行为。

22 古典的要式口约(stipulatio)还有特别的**其他适用范围**,因为通过它,任何许可的给付在任何许可的条件下,都可以成为可诉允诺的内容。因此,要式口约在法律交往中采用的非常广泛,并且为罗马法学家提供了机会,使他们由此发展出了法律行为学说和一般债法中的很多规则。关于要式口约在私法和民事诉讼法中适用范围极为广泛的诸多具体方面,在债法中将予以讨论(下文边码40.9－11)。它经常主要用作一种**保证**(**cautio**),也就是作为提供担保的一项允诺,在这项允诺中他向他人允诺,如果对方将来在说定的具体情形下受有损害,他就提供某种给付,尤其是损害赔偿。保证(cautio)可以[作为担保(satisdatio)]通过保证的方式作出,有时也可以通过质权予以强化,这时它就被称为担保(satisdatio)。在很多情形下裁判官都强制要求成立保证金;裁判官在他的谕令中为这些情形确定了保证要式口约的范本程式。

23 (二)在**后古典**时期,要式口约几乎全部采用**书面**债务允诺的形式。古典法对于要式口约(stip.)既未要求文书化,也未要求邀请证人参加。自共和晚期起,为保障证明要式口约成立而予以文书化已经开始通行。古典末期以后,不管是在西部还是在东部,法律实践中都已经不再以口头交换问答为实质部分,而是以文书化为实质部分,这在某种程度上也是受到了希腊化文书实务的影响。正如埃及纸草所表明的,那里早在公元3世纪就已经开始使用这种方法,各种类型的合同都应当附加要式口约条款[经询问他已宣誓(ἑπερωτηθε ἰξ ὡμολογησενinterrogatus spopondit)],从而使之服从于罗马要式口约法。后来西部也不再使用问答形式了,要式口约言词基本上就不再使用了。最后,在东部经利奥皇帝宣布,使用任意词句(书面)成立的债务合同都被作为要式口约[C. 8,37,10(公元472年);Inst. 3,15,1]。书面债务允诺[债据,现在也称为保证(cautio)]几乎完全排斥了其古老的形式(参见 PS 5,7,2;第 2 项仍然是古典法的规则)。

优士丁尼的古典主义无疑倾向于努力回归到口头的要式口约,而这就使他也不得不有所妥协了。 24

只要没有一方当事人证明,缔约时他们双方(或者在必要时是代理他的奴隶)并未都出现在做成文书的地点,就会认为文书化合同有效成立了。参见,C. 8,37,14;Inst. 3,19,12。

四、书面性和文书行为 25

使用书面形式将私人法律行为予以文书化,罗马人对此原本并不了解,因为它源自于希腊－希腊化文化,而这种文化流行将很多事情都予以文书化。罗马虽然早就有在法律上非常重要的文书档案,正如法律表所证明的那样,但在法律交往中广泛使用文书(因文盲太多而限制了其范围)却是直到共和晚期才开始的。我们应当区别书面形式与作成纯粹证据文书,采用书面形式对法律行为有效性而言是必须的,而纯粹证据文书一般使用"文书"(instrumentum)这个词表示。关于罗马法律文书的现代版本,见边码1.46。——**文献**:文格尔(边码 1.42),第 55、74、78、834 页;伊·A. 迈耶(E. A. Meyer),《罗马世界的合法性和法律》(Legitimacy and Law in the Roman World),2004 年[怀疑性批评,埃·雅各布,《萨维尼杂志》,第 122 卷(2005 年),第 299 页]。

(一)1. **书面形式**在**古典**法中要求的相对较少:文书合同、书面遗嘱(此外还有口头形式)以及民事诉讼中的诉讼程式(formula,更古时候大概也可以用口头形式授予)。 26

2. (1)在**后古典**时期,普遍流行将所有重要行为予以文书化,甚至在通俗化法律观念影响下认为它是有效性的要求,这在某种程度上是受到了希腊化文书实务的再次影响。这个时期的法律规 27

则有时当然认为文书化是不言而喻的。同时,文书化的效力并未得到普遍扩张,它被认为是文书上所记载行为成立的表面(prima-facie)证据,通过相反证据可以使其失去效力。要式口约(stipulatio)(上文边码7.23)就说明了这个时期的情景。

28 (2)对土地买卖和赠与的要求更加严格。对于这两种行为,君士坦丁的法律明确规定,必须采用远超出简单的文书化的特定形式。

土地的**买卖**同时发生所有权转让效果,法律(vat. 35 = CTh. 3,1,2,大概337年)除要求它应当予以文书化(和支付价款)外,还承认了买受人的土地税义务(该法律主要目的就是保障实现土地税),并要求邻人作为出让人转让所有权的证人。实践中将这种形式要求扩张至特定动产。——对于各种赠与的形式要求更为严格,通过赠与就可以同时发生有体物所有权转让。为此,除需要当着邻人面交付有体物予以文书化之外,还要求将该文书在官府登记(下文边码7.36)(vat. 249,大概323年,CTh. 8,12,1有变化,C. 8,53,25有添加)。

29 (3)优士丁尼通常严格遵守这项后古典时期的形式规则,有时允许选择书面形式或者在某些情形下——例如买卖时——选择古典法的不要式口头形式订立(参见,C. 4,21,17pr.;Inst. 3,23,pr.),这样做一方面是出于实践需要,另一方面则是想恢复古典原则。

30 (二)对于作成**证据文书**并没有规定,但它对于将来发生法律争议时能提供证据却很有用。自共和初期起,证据文书越来越常见。它首先主要有两种形式可供选择:证人文书(testatio)和亲笔字据(chirographum)。

31 1. **证人文书(testatio)**形式庄重,在很多方面都追随了希腊化时代的样式。

它在罗马以两块、更常见的是三块（有时块数更多）表面涂蜡的小木板［表板（tabulae）］作成［双板、三板（Diptycha，Triptycha）等］，确切地说是作为双份文书，在上面两次书写文本。然后，将这些小木板摞起来并用绳索捆绑，这样就有一面语句被隐藏起来，而其他的还可以看得见。制作人手提绳索，受邀而来的证人盖上印鉴，补注姓名。在诸如诉讼等有需要的情形中，需要证人辨认其印鉴并打开绑绳以确定外面文字与里面文字是否一致或者被篡改过。文本得以客观（有三个人参与）地概括，能重现曾经发生的交易［例如：达修斯·布雷库斯（Dasius Breucus）买了年轻奴隶阿帕劳斯图斯（Apalaustus）并通过要式买卖而取得……载《前优士丁尼罗马法渊源》，第3册，码88（FIRA，III Nr. 88）］。证人的人数大多为七人。在东部文化区域中类似方式的（作为双份文书）证人文书还有的使用纸草、羊皮和其他材料。所谓军人文书使用金属材料，它是关于荣誉退伍军人特权的副本，大多涉及市民权的授予。

证人文书（testatio）的内容可以是各种法律行为［有或者无要式买卖的 32
买卖、使用租赁、合伙、消费借贷、要式口约、文书合同、遗嘱等，收据也属其中］。此外，某些法律上比较重要的过程通常也可以通过作成证人文书而予以证明，如不同内容意思表示的作出［通知（denuntiationes）］、人的出生或者死亡、证人陈述，而且，还有由庞贝（Pompeji）和赫库兰尼姆（Herculaneum）（公元1世纪）、由特兰西瓦尼亚（Siebenbürgen）［达克亚（Dakien）行省，公元2世纪］和埃及得到的其他与私法内容相关的证人文书副本。——在后古典时期，证人文书（testatio）消失了，取而代之的是由证人共同签名的文书。优士丁尼通过法律要求完成这种文书化从而实现很多目的。

2. 除证人文书外，在实践中与提供担保相联系，自共和晚期起 33
还根据希腊范本采用了**亲笔字据（chirographum）**，它不需要证人但大多（但并不必须，Mod. D. 20，1，26，1）需要亲笔书写，通过亲笔书写以便证明主观（只有一个人）所作表示。它尤其适用于信用行为（以要式口约进行的消费借贷、保证、质押、债务承认、收据等）。

关于亲笔字据(chirographa),我们在庞贝找到过,但大部分则是在埃及找到的。它们有的(使用小木板者)表现出一种与证人文书(testatio)相混合的形式,有的(使用纸草者)表现出一种与希腊文书形式相混合的形式。从其制作人签名(subscriptio)可以发现其希腊起源,有时在证人文书中也能发现这一点。亲笔字据中总有一个完整的句子。

34 3. 在帝政时期,尤其是后古典时期,通过私人职业文书记述人(**tabelliones**)而予以文书化非常普遍,在这个过程中对常用文书类型采用了固定程式。优士丁尼将公共确认文书(instrumenta publice confecta)等同于至少三个证人签名的文书[不严格地被称为准公共确认文书(instrumenta quasi publice confecta)]。参见,C. 4,21,17;4,2,17。**公共**文书(instrumenta publica)是官府的档案、记录以及由官府颁发的文书。当代的公共文书概念即可溯源于此[《德国民事诉讼法》第415条,参见《奥地利民事诉讼法》(öZPO)第310条,《瑞士民法典》第9条]。

35 在后古典时期诉讼中,自由证据评价原则受到限制:公共文书和经证人陈述证明其制作或者经笔迹比较确认的私人文书(也是由文书记述人所写)较之于单纯的证人陈述(下文边码88.9),具有更强的证明力。通常只有通过证明文书是伪造的才能否定其证明力。

36 4. 在后古典时期,除制作文书外,有时还需要**官府**协助;在官府前(**apud acta**)作出法律行为的表示并在那里对此予以记录就是这样的,当事人将私人文书或者在文书记述人面前作成的文书进行“登记”,即在官府记录中的**登记**(**insinuatio**),也是这样的。如前所述,自君士坦丁起就要求赠与采用第二种形式了。

第八节 解释和意思瑕疵

(RPr. § §58,59,201)

一、解释

(一)如同法律一样(上文边码 3.24),法律行为也需要**解释**(**interpretatio**),即查明其含义。对于相关的系列问题,19 世纪的学说汇纂法学派尤为关注,其相关见解也已经多次为晚近的民法法典化所吸收采用。该学说的出发点是构成法律行为的**意思表示**(上文边码 5.1-2),并且将意思表示分为两项要素:作为内部事实构成的意思(再分为一般行为意思和所谓“表示意识”,即在法律交易中促成法律效果的意思),和作为外部事实构成的表示,它是唯一表露在外而能为他人识别的具体情形。如果表示有多重含义,就会产生一个问题:解释是应当根据表意人的真实**意思**(在某些情况下还必须通过表示赖以存在的其他外在情形予以证明)作出还是应当根据其**表示**作出,也就是说,应该以表示受领人所认为的表意人意思的含义为准或者还要根据具体情形确定。通过在意思理论和表示理论之间进行选择,19 世纪学说汇纂法学的学说基本上确定了意思说的内容。 1

它得到了罗马法渊源的支持,同时也符合了当时个人主义—自由主义的思潮。意思主义的胜利还体现在《德国民法典》第 133 条(同时参见《奥地利民法典》第 914 条,参见《瑞士债法》第 18 条,《法国民法典》第 1156 条,《意大利民法典》第 1362 条),而当代民法学者则受到保护交易安全的社会主义思想影响,更倾向于强调表示主义,即至少是对于需受领的意思表示——真实意思在解释中只是因为根据表意人所有行为并且在其表示中以某种方式能为人所识别者才值得重视。在这个发展过程中,联邦最高法院当时刚好认为以下情形也可满足意思表示的要求:尽管表意人欠缺表示意识而 2

为表示,但如果已经尽到交易中的应有谨慎就可以避免它,而受领人事实上也正是这样认为的,那么,表意人的表示就应被认为是一种意思表示[《联邦最高法院民事裁判集》(第 91 卷),第 324 页,1984 年;《联邦最高法院民事裁判集》(第 109 卷),经常参见第 171、177 页等(BGHZ 91,324ff. v. 1984; BGHZ 109,171,177u. ö.)]。——**文献**:《德国民法典历史批评注释书》,舍尔迈尔执笔,第 116 条至第 124 条,边码 2 以下。

3 罗马法观点和当代观点之间在实践中的区别,表现在诸如要约人发出要约后死亡的情形。表示到达就生效,即使存在疑义也可以被承诺(《德国民法典》第 130 条第 2 款、第 153 条,《奥地利民法典》第 862 条)。《德国民法典》第 153 条有意偏离罗马法(《德国民法典立法理由书》,第 1 册,第 175 页),因为罗马法中尚未承认本来不受意思表示拘束的继承人加入意思表示。

例如,Iul. D. 12,1,41 表明,“如果我给你钱,以便你把钱借给斯提库斯,你把钱给了他,但不知道我已经死了,你不能使受领人成为(钱的)所有权人(也不成立消费借贷)”。——其理由在于,出让人死亡后所有权就会与之分离而移转于继承人,而没有出让人的意思就不能使所有权与之分离(Ulp. D. 23,3,9,1 也是如此,不过这里没有传达人介入)。——正如尤里安的意见,帝国法院在著名的波尼法蒂乌斯社团案(Bonifatius)[《帝国法院民事裁判集》(第 83 卷),第 223 页,1912 年(RGZ 83,223 v. 1912)]中处理赠与时也持这种意见。该判决在当代一般被认为不正确:只要继承人没有对传达人撤回要约,表示就仍然存在,对此受利者仍然可以作出承诺。对于意思和表示相分离因此就产生了完全不同的评价。

4 (二)如果观察一下**古代**罗马法的发展,就会发现,人们开始时是“客观的”、从表示出发的解释,但相关典型解释逐渐发展成为“主观的”、追求真实意思的解释,因此也就是个体化的解释了。

5 1. 早期以**形式主义**为其特性,形式正确的行为同时也就发生了效力，即使行为人根本没有发生该效力的意思也不例外；效力发生来自于形式而非意思（参见边码6.2）。

2. 随着法律文化不断进步，人们才逐渐开始考虑行为人的个 6
人意思。这就引出了日常生活中**形式自由的**行为，也就是那些应该按照善意或者诚实信用（bona fides）进行判断的行为，因此法官也就被赋予更大的自由裁量空间。对这些行为的解释不会受到形式规则的妨碍。

3. **要式**行为则与此相反，尤其是在要式口约和遗嘱中，首先发 7
生形式约束的效力，对于所使用言词按照它的**典型**含义予以判断，其中也就包含了它们在通常的语言惯用法中的含义。

在共和早期人们说明要式行为中的言词时，也开始按照在特定情形表意人的具体含义加以说明：开始从**言词（verba）**"客观"解释向着按照个人**意思（voluntas）**加以说明的方向发展。这种发展一方面得益于前述的不要式行为这种范本，另一方面受到了希腊化**修辞学**的影响，而它反过来又完善了希腊哲学中的意思理论。公元前150年到公元前50年之间，希腊演说术在罗马受到高度重视，西塞罗成为了罗马的演说术大师。当时的法学家们一方面严格按照客观词义进行解释——既考虑了交易安全，同时也是出于形式强制的教育力量的道德意识——诉讼演说家们则坚决主张按照意思进行解释。由此产生的结果是促使法学家开始放松坚持原来所有人都坚持的原则。

在（公元前93年的）库里乌斯案（causa Curiana）这个著名继承案中，当时举足轻重的演说家卢·里奇尼乌斯·克拉苏斯（L. Licinius Crassus）由于按照被继承人的意思进行解释，最终战胜了大法学家昆·穆奇乌斯·斯凯沃拉（关于争议，见下文边码68.10），当然双方都掌握了对方所使用的"艺术"。另一个例子：Serv. Iav. D. 35,1,40,3。

8 作为这种发展的结果,**遗嘱**解释在共和早期已经开始在考虑形式拘束之外考虑被继承人的真实意思了,当然还要考虑遗嘱目的和某些社会主导思想。由于遗嘱只包含无偿给与,理解也许会简单一些,因为这里并没有威胁到交易利益保护(也就是表示受领人的信赖)。

9 但即使是对要式合同,特别是**要式口约**,法学家们在古典时期进行解释时也非常强调明显的当事人意思。他们考虑**行为本身是什么(quod actum est)**,考虑其本来意思,此外还考虑了当事人达成一致而努力实现的目标,为此就不再仅仅拘泥于行为程式中的文句了。形式自由的合同(上文边码8.6)对于自由解释的影响是显而易见的。

10 两个例子:对买卖附款[法(lex),上文边码7.9]的解释,体现在:

D. 18,3,2(彭波尼:《论萨宾》,第35编)

Cum venditor fundi in lege ita caverit:,si ad diem pecunia soluta non sit, ut fundus inemptus sit ', ita accipitur inemptus esse fundus, si venditor inemptum eum esse velit, quia id venditoris causa caveretur: nam si aliter acciperetur, exusta villa in potestate emptoris futurum, ut non dando pecuniam inemptum faceret fundum, qui eius periculo fuisset.	如果庄园出卖人在买卖合同中订有如下条款:"如果价款到特定期限尚未支付,就没有买得该庄园",那么,(在迟延支付时)只有在出卖人愿意该庄园没有被买得的情形,才视为庄园没有买得,因为该条款是为出卖人利益而订立的。如果对此作其他判断,那么,在约定买卖的庄园建筑被烧毁时,买受人就有权通过不支付价款而解除庄园买卖,而他本来已经对此承担了风险。

虽然条款文句中说，合同将在未按期支付时废除，这就会使人想到了“解除”条件（对此参见边码 10.11）。尽管自合同成立时风险就已转移至买受人（边码 41.21－22），他仍然可以通过不支付价款而非常简单地使该行为“终止”。与此相对照，出卖人在该条款中只考虑自己的利益，而买受人可以通过合同迟延而保留“合同之主”的地位。流质约款（lex commissoria）的这种合理解释构成了《德国民法典》第 354 条（旧文本第 360 条）的基础（参见《瑞士债法》第 108 条第 3 项）。

要式口约法中有一个独特的解释：

D. 45,1,1,4（乌尔比安：《论萨宾》，第 48 编）

Si stipulanti mihi, decem ‘ tu , viginti ‘ respondeas, non esse contractum obligationem nisi in decem constat. ex contrario quoque si me , viginti ‘ interrogante tu , decem ‘ respondeas, obligatio nisi in decem non erit contracta: licet enim oportet congruere summam, attamen manifestissimum est viginti et decem inesse.

如果你对我在要式口约问题中的“10”以“20”相答，就可以认为，最多只能成立最高为 10 的债的关系。反过来，我在要式口约问题中提的是“20”而你以“10”相答，最多也只能成立最高为 10 的债的关系。虽然必须就数额达成一致，但很显然，20 中包含着 10。

（将来的）债权人提问：“你发誓，应当给 10 吗？”将来债务人回答：“我发誓，应当给 20。”乌尔比安对这种情形及其相反情形均未考虑要式口约中基本的完全一致原则（边码 7.20），他提出举重明轻［in maiore minus inest（大中含小）］这一解释原则作为支持自己的理由（Lab. －Iav. D. 32,29,1；Paul. D. 50,17,110 pr.）。这种略显保留的措辞不禁让人推测，乌尔比安认为，当说 20 时，其中就包含着成立关于 10 的有效要式口约的假定意思。——对这个问题存在争议，有人认为它无效［盖尤斯（G. 3,102）］，优士丁尼采用了他的见解（Inst. 3,19,5）。——**文献**：拉·巴克豪斯，“大中含小”（In Maiore minus inest），《萨维尼杂志》，第 100 卷（1983 年），第 136 页，第 151 页；乌·

巴比西奥(U. Babusiaux),《当事人约定者》(Id quod actum est),2006 年,第 32 页;弗－施·迈塞尔[边码 43.1 之前,(2006 年)];克努特尔(边码 40.3),第 249 页。

11 正如上例清楚表现出来的那样,法学家们遵循了某些解释规则,但这些规则无疑未被认为是有约束力的,也未被认为是法律渊源,而只被认为是一种准则。参见 Paul. D. 50,17,1:法不应当从规则中推导出来,毋宁说由现行法才形成了规则(Non ex regula ius sumatur,sed ex iure quod est regula fiat)。——由于解释规则只接受实践逻辑,因此《德国民法典》之父们原则上并未将它们规定在法典之中(不同于《法国民法典》第 1156 条至第 1164 条,《意大利民法典》第 1362 条至第 1371 条)。所以,关于解释学说尤其要经常追溯到罗马－日耳曼法(参见边码 1.37)。这里只提及个别规则。

12 **疑义规则**属于著名的并且在当代仍然重要的解释规则,它在一般交易条件法的个别程序中仍然存在[《德国民法典》第 305C 条第 2 款(此前是《一般交易条件法》第 5 条),《法国民法典》第 1162 条,《意大利民法典》第 1370 条],并且依照 1993 年的《条款指令》(Klausel－Richtlinie)第 5 条,它也适用于消费者合同的条款,包括"一次性条款"(《德国民法典》第 310 条第 3 款第 2 项;《法国消费者法》第 133—2 条)。Celsus D. 34,5,6(也称为"克尔苏斯规则"):"在对要式口约实际所指存在疑问时,疑义不利于要式口约人"(cum quaeritur in stipulatione, quid acti sit, ambiguitas contra stilpulatorem est)(承担不利益的人是要式口约中的提问人)。这项规则的正当性在于它有利于债务人的保护和补偿,因为表意人在表述其意思的过程中显然会优先考虑自己的利益,也因为他有能力将条款概括清楚,参见 Lab.－Paul. D. 18,1,21;Pap. D. 2,14,39。人们也称之为承诺人优先(favor promissoris)。

文献:克·克兰佩(Chr. Krampe),《疑义规则》(Die Unklarheitenregel),1983年;海·洪泽尔,“疑义不利于要约人”(Ambiguitas contra stipulatorem),《卡泽尔祝贺文集》(Fg. Kaser),1986年,第72页;奥·贝伦茨,“罗马法中的疑义规则”(Die Unklarheitenregel des röm. Rechts),《格·奥特祝贺文集》(Fs. G. Otte),2005年,第457页;《德国民法典历史批评注释书》,福格瑙尔(Vogenauer)执笔,第205条至第310条之三,边码13以下。

此外,比较重要的是所谓“维持解释”,根据这项解释规则,有疑义时应解释认为法律行为发生效力而不是不生效力(ut res magis valeat quam pereat,根据 Iul. D. 34,5,12,参见 Ulp. D. 45,1,80;Paul. D. 34,5,21,当代的《法国民法典》第1157条,《意大利民法典》第1367条)。这种解释对于转化某些指导原则具有特殊意义。例如,为实现被继承人意思,应采用维持遗嘱或者遗嘱指示的解释[遗嘱优先(favor testamenti),参见边码8.7,当代的《德国民法典》第2084条]。解释时为了有利于自由,应采用倾向于承认自由和取消自由限制的解释[自由优先(favor libertatis),Gai. D. 50,17,122:自由比其他的都更优先(Libertas omnibus rebus favorabilior est);例见边码13.8]。为保障婚姻和照顾妻子,解释应有利于设定嫁资(dos)或者保持嫁资完整[嫁资优先(favor dotis),Ulp. D. 23,3,9,1,并参见下文边码59.9]。 13

债务人优先(favor debitoris)还有古典根源(参见 Gai. D. 50,17,125;例如,Gai. D. 50,17,42;G. 3,160)。在后古典时期,这种指导思想的意义开始显现出来,除了因为基督教具有的慈善心以外,国家还适当进行了平衡,否则,就会毫无顾忌地牺牲债务人的经济保障而放纵债权人的贪婪。同时,债务人优先(favor debitoris)还表现在具体立法措施中,如流质禁止(君士坦丁大帝,公元前320年的 CTh. 3,2,1,边码31.33)、利息限制(边码 14

34.32)、延期清偿(边码 53.13)等。

15 错误称谓不发生损害(falsa demonstratio non nocet)的解释原则(当然不全用这种固定措辞)最初是在遗嘱法中发展起来的。当然,它在那里具有的意义受到一定限制,因为用“称谓”(demonstratio)只是意味着不必要的称谓。Marci. D. 35,1,33pr.:“在诸如被继承人(自己错误地)说错了其兄弟、姐妹、孙子女的称谓或者以任何其他方式用错称谓时,错误称谓对受遗赠人、遗产信托受益人和被指定继承人都是无害的。”(Falsa demonstratio neque legatario neque fideicommissario nocet neque heredi instituto, veluti si fratrem dixerit vel sororem vel nepotem vel quodlibet aliud)对人或者物附加不正确的资格也是无害的。参见 Marci. D. 28,5,49,3;Scaev. D. 32,35,1 和 2;Iav. D. 34,5,28 和 D. 35,1,40,4;Flor. D. 35,1,34pr. 以及 Inst. 2,20,29 和 30。——参见《意大利民法典》第625 条。

文献:汉·维林格(H. Wieling),“罗马遗嘱中的错误称谓、未写明条件、载明条件”(Falsa demonstratio, condicio pro non scripta, condicio pro impleta),《萨维尼杂志》,第 87 卷(1970 年),第 197 页;纳·拉姆帕佐(N. Rampazzo),“错误称谓和遗赠的客体”(La falsa demonstratio e l' oggetto dei legati),《索引》,第 29 卷(2001 年),第 259 页。

16 这种思想产生于遗嘱法,在合同法也得以贯彻并在此获得了普遍意义,而这种普遍意义直到当代法仍然存在(《瑞士债法》第 18 条,《德国民法典》第 133 条,《奥地利民法典》第 914 条,《法国民法典》第 1156 条,《意大利民法典》第 1362 条)。如果当事人在奴隶的姓名、允诺标的等方面发生错误,但对于其人本身仍然达成合意的话,就不考虑要式口约的形式强制而仍然认为它有效[Ulp. D. 45,1,23;可与之相比的是当代法对于要式合同所采用的解释规则,《联邦最高法院民事裁判集》(第 87 卷),第 150 页]。对于不要式合同尤其如此,不管是一方当事人错误还是双方当事人错误,单纯称谓错误都是无害的,Ulp. D. 18,1,9,1:“如果标的(对当事人)是确定的,称谓错误通常无关紧要。”(Nihil enim facit error nominis,cum de corpore constat)

17 “语义明确学说”(sens clair – Doktrin)可溯源至 Paul. D. 32,25,1:“如果语义确定无疑,不允许探究当事人意思”(Cum in verbis nulla ambiguitas est,non debet admitti voluntatis quaestio)。该命题源于遗嘱法的文本,因此对其不应当评价过高,因为同样就是这个保罗在其他文本也强调过遗嘱解释中个人意思优先,D. 50,17,12:“在遗嘱中我们应当非常明确地解释被继承人的意思”(In testamentis plenius voluntates testantium interpretamur)。如果表示是“明确的”,这就已经确定了解释的结果。错误称谓(falsa demonstratio)规则(边码 8. 15)表明,“语义明确学说”有些过分了。帝国法院和联邦最高法院也经常强调,“对于遗嘱中包含的表示,如果是完全按照一般语言习惯表示出来并且清楚无误,就不允许通过解释产生其他意义”[联邦最高法院关于《德国民法典》第 2084 条的意见如此表达,参见,林登迈尔 – 默林编《联邦最高法院参考资料》码 7(BGH LM Nr. 7)]。

18 4. 在**后古典**时期,完成了以实现意思原则为内容的发展。它有利于最终废止古老的言词形式主义:对于最重要的要式行为,即要式口约和遗嘱,在这个时期放弃了对使用特定言词的限制,这样当事人就可以如同不要式行为那样在其表示中使用任意言词。文书使用增多,正如遗嘱法通常所表明的那样,但这并不妨碍按照意思进行解释的自由。此外,意思学说还得到法律伦理化的支持,由此导致的结果是,所有行为现在不但要按照法律的意思主义立场进行评价,还要按照道德的意思主义立场进行评价,尤其是要按照基督教的意思主义立场进行评价。

19 5. 在更宽泛的、远超出行为解释的意义上,罗马法学家们谈到了**意思**

(**animus**)。它尤其被用以指行为人指向特定法律目的的意图。例如,在债务合同中,具有决定意义的就是当事人是否以及就何种合同内容形成一致的意图。此外,当事人意图具有决定作用者还尤其体现在决定给与(所有权让与,要式口约等,详见下文边码 24.11 - 12;40.4 - 5)的法律目的[原因(causa)]。例如,当事人无偿提供财产给与的意思就决定了发生赠与。——后古典学说将重视意思一般化并且因此而有所裨益。

在古典法时期通常有**默示**(tacite)表示的意思就可以了,具体方法是人们可以由特定行为解释出合同成立(拟制);尤其是设质(下文边码 31.20)和以各种方式进行的约定[简约(pacta),参见下文边码 38.13]。

二、错误

文献:约·格·沃尔夫,《罗马合同法中的错误》(Error im röm. Vertragsrecht),1961 年[书评,维·弗卢梅,《法律史杂志》,第 30 卷(1962 年)];特·迈尔 - 马利,"古典错误学说中合意障碍方面的评论"(Bemerkungen zum Aspekt der Konsensstörung in der klass. Irrtumslehre),《梅兰文集》(Mél. Meylan),第 1 册,1963 年,第 241 页;弗·维亚克尔,"错误、不合意或者无标的给付确定?"(Irrtum, Dissens oder gegenstandslose Leistungsbestimmung?),同上,第 383 页;彼·阿帕蒂,"实质正义和体系思维:以物的瑕疵责任和错误等的发展为例"(Sachgerechtigkeit und Systemdenken am Beispiel der Entwicklung von Sachmängelhaftung und Irrtum etc.),《萨维尼杂志》,第 111 卷(1994 年),第 95 页;马·约·舍尔迈尔,《材料》(Materia),1992 年,第 109 页;马·约·舍尔迈尔,"解释和合意确定"(Auslegung und Konsensbestimmung),《萨维尼杂志》,第 115 卷(1998 年),第 235 页;齐默尔曼,第 583 页,第 587 页;延·迪·哈尔克,《如果错误发生:古典罗马合同法中的错误》(Si error aliquis intervenit. Irrtum im klass. röm. Vertragsrecht),2005 年(书评,马·约·舍尔迈尔,《萨维尼杂志》,第 125 卷(2008 年),第 826 页);霍·海·雅科布斯,"超越添加研究之后的 D.18,1,11"(D.18,1,11 nach Überwindung der Interpolationistik),《萨维尼杂志》,第 125 卷(2008 年),第 375 页[尤其论及材料错误(error in materia)];《德国民

法典历史批评注释书》，舍尔迈尔执笔，第 116 条至第 124 条，边码 51 至 54。

与上文提及的解释原则的发展密切联系的是罗马人如何处理**意思瑕疵**。这首先体现在**错误**学说。 20

现代观点是从学说汇纂法学的学说出发的，当然这里是从其中的意思表示学说出发的，它将意思表示拆分为意思和表示两个因素（上文边码8.1）。它首先通过解释查明表示的含义，然后检验表示内容是否符合表意人的意思。只有必须对此予以否定时，即意思和表示不一致时，才存在典型的法律上的重大错误，即“交易错误”（《德国民法典》第 119 条第 1 款）。相反，虽然意思和表示一致，但意思形成过程中受到了不正确想法的误导，就只存在“动机错误”，对此一般不予考虑。只有这种动机错误包括人或者物的重要性质时，通过延续罗马法个案决疑的方式（下文即见），它才可以与交易错误同等对待（《德国民法典》第 119 条第 2 款）。就合同而言，如果构成合同的表示（要约和承诺）按照解释的结果不相一致（不合意），合同根本不成立，尽管双方当事人误信已经达成一致。如果存在这种（隐存的）“合意瑕疵”，就不需要检验是否存在法律上的重大错误了。对于中世纪盛期以来错误法发展有相当深入研究的是马·约·舍尔迈尔，《从注释法学到〈德国民法典〉中关于本质错误的规定》（Die Bestimmung des wesentlichen Irrtums von den Glossatoren bis zum BGB），2000 年，该书特别研究了重要性质错误（* error in substantiali qualitate），其内容由买卖标的物的性质错误（error in qualitate）和材料错误（error in substantia，下文边码 8.23）之间的联系构成；此外还可参见，马·舍尔迈尔，“欧洲人文史：以错误法为例”（Europäische Geistesgeschichte am Beispiel des Irrtumsrechts），《欧洲私法杂志》，第 6 卷（1998 年），第 60 页。

（一）罗马人将法律行为作为整体进行评价，还不知道将意思和表示予以拆分，对合同也不知道分别评价要约和承诺。 21

1. 考虑错误（error）是从**合意合同**（买卖、使用租赁等）开始的。罗马法学家按照传统观点理解这些合同中的错误，仅仅抓住了意思这个因素:有效合同要求意思一致(consensus, G. 3,15),表示的客观(来自于一般语言惯用法)陈述价值退到这种意思之后,它只是展示意思的辅助手段。因此,不合意(dissensus)就是欠缺意思的相互一致,合同在这种情形下不成立(imperfectum, nullum),即使合同内容客观上是明确的也一样。不合意是因为当事人一方或者双方错误,还是因为形成错误或者是内容错误,并不重要。

22 古典错误学说主要部分存在于 Ulp., Paul. D. 18,1,9pr. -11 和 14; Pomp. D. 44,7,57(基本上全部是古典文献)。如果意思不合意涉及基本合同要素,例如标的[实物错误(error in corpore)]或者买卖价款或者合同类型(例如一方愿卖,而另一方却只想租),就会使合同无效。合同标的基本性质是否也属其中[实体或者材料错误(error in substantia oder materia),例如,以铜为金、以铅为银、以醋为葡萄酒而出卖],在古典法学家之间则存在争论,尤里安(Julian)对其予以肯定(D. 18,1,41,1,还可参见 Marci. eod. 45; Paul. D. 19,1,21,1),而马尔塞鲁斯(Marcellus)则予以否定(在 Ulp. D. 18,1,9,2 中,又见 Paul. eod. 10,有删略)。乌尔比安虽然对该问题予以肯定,但却有限制性倾向(即使葡萄酒在合同时变酸,买卖仍然有效,但如果先前就不是葡萄酒而是醋,合同就无效;fr. 9,2 cit.)。如果事实上达成一致,仅仅是名称错误(error in nomine)就不会考虑(参见 Ulp. D. 18,1,9,1,上文边码 8.16)。

23 根据传统观点,错误情形合同无效是因为合同当事人不合意(所谓不合意理论)。其对立见解是所谓识别理论(约·格·沃尔夫 1961 年提出,边码 8.20 之前)。根据这种理论,各合同类型的专有特征的客观实现独立于当事人合意,它应当是合同有效的基础。如果因为错误而缺乏该特征,这项合同就不是因为欠缺合意而是因为欠缺这项合同必须的要素上的识别性而不生效。这项理论最近得到哈尔克的进一步发展(边码 8.20 之前)。合同生效的前提应当只是查明其客观的行为内容。合同当事人错误,即客观行为内容方面偏离其意思,可能是由当事人为该行为带来的——无疑仅在特定情形才较为重要——合同障碍原因。按照这种观点,罗马法学家并未将当事人不合意看得非常重要,而是将合同客观表现形式看得较为重要。然而,这几乎不可能与合意(consensus)的本质相一致。对要式口约的观点也不可信,因为以成立要式口约的形式要求作为其生效形式的观点(边码6.2),在古典时期就已经不复存在了。

2. 要式口约(**stipulatio**)首先仅仅取决于形式。如果符合形式要求,意思不合意就不会影响其效力。在古典时期才对要式口约开始要求(在形式之外)有意思一致。 24

塞·佩迪乌斯(Sex. Pedius)认为每项合同中都有协议(conventio)要素(Ulp. D. 2,14,1,3,见边码38.2),也就是意思上的一致。同样,根据Ven. D. 45,1,137,1和Paul. eod. 22和38,1,合同在古典法中只因合意瑕疵而落空。Inst. 3,19,23表述得非常清楚,根据该片段,若一方当事人单方错误(它无疑是古典法的),则合同在内容不明确时并不成立。关于名称错误,见上文边码,8.16。

(二)对于作为要式行为的**遗嘱**,古代学说从一般语义出发,也不可能考虑到错误。对于这种单方无偿行为,如上所述(上文边码8.7),自共和早期起就已经将实现交易目的与注重真实意思联系起来。如果被继承人知道事实真相,皇帝法有时甚至会考虑被继承人可能会有的假定(即纯粹拟制的)意思[参见提比略(Tiberius)在Inst. 2,15,4和D. 28,5,42中的见解;Hadrian – Paul. D. 5,2,28;Sev. Ant. C. 3,28,3和Paul. D. 28,5,93]。 25

(三)错误表示不包含意思(errantis nulla voluntas est)这句话,涉及的情形是行为人并不知道表示内容的基本情况:某人误认第三人为所有权人而自他承租了自己之物,并不发生(推定的)所有权让与(Diocl. C. 4,65,23);某妇女不知遗嘱无效并因此代替指定的女继承人表示,某名奴隶根据遗嘱应予释放,这时她并没有表达出她自己的释放意思(Diocl. C. 1,18,8)。在这些情形都排除了内容错误,应当从其行为中得出推定表示。我们当代所做的与此 26

并无不同。——虽然这句话就其普遍性而言并不恰当,但是罗马法学家的普遍概括性表述的确并不少见,如果没有这些表述,应当就不会因此而在某些具体情形中作出错误判断。因此,后古典学说使该命题成为规则的可能性就很小(与第十六版不尽相同)。——**文献:**安·瓦克,“错误表示不包含意思”(Errantis voluntas nulla est),《索引》,第22卷(1994年),第267页。

27 (四)关于法律错误或者法律无知(error 或者 ignorantia iuris),法学家按照这条谚语(上文边码8.11)来处理:法律无知损害任何人,事实无知则不生损害,这是一条法律规则(Regula est quidem iuris ignorantiam cuique nocere, facti vero ignorantiam non nocere), Paul. D. 22,6,9pr.。根据这项规则,一些人群被排除在外:妇女、未成年人和军人(因为“较之于法律,军人必须更熟悉武器”, Iust. C. 6,30,22 pr.)和某些没有经验的人(rustici)。此外,这项原则的影响通过附加评价标准而得以发挥,亚里士多德对此早已有所考虑。在此应当根据以下因素而有所区别:错误者在处理事务时是否尽到了所要求的注意(Ulp. D. 22,6,6),他是否应听取法律建议(Lab. – Paul. D. 22,6,9,3),或者他是否丧失了利益——没有利用法律错误——或者本应消灭对他发生的不利益, Pap. D. 22,6,7 和8。

文献:特·迈尔-马利,“法律错误”(Error iuris),《费尔德罗斯祝贺文集》(Fs. Verdross),1980年,第147页;劳·温克尔,《法律错误作为法律制度的问题》(Rechtsirrtum als Problem der Rechtsordnung),1985年[书评,弗·霍拉克,《法律史杂志》,第56卷(1988年),第355页];劳·温克尔,“法律错误附录和补遗”(Parerga et paralipomena ad errorem iuris),《迈尔-马利祝贺文集》(Fs. Mayer-Maly),2002年,第901页;齐默尔曼,第604页。——关于错误的其他文献:特·迈尔-马利,“计算错误评论”(Bemerkungen zum Kalkulationsirrtum),《罗尔夫·奥斯特海姆祝贺文集》(Fs. R. Ostheim),1990年,第195页;马·舍尔迈尔,“关于骗子、糟糕的债务人和信以为真的少女”(对人的错误的历史和比较)[Von Hochstaplern, schlechten Schuldnern und vermeintlichen Jungfrauen (Historisches und Vergleichendes zum error in persona)],《迈尔－马利祝贺文集》,2002 年,第 661 页。

三、虚伪行为 28

在虚伪行为中,法律行为的订立只是伪装的,通常会订立一项行为,但按照当事人意愿却不欲使之发生[虚伪行为(* negotium simulatum)]。虚伪行为在古典法尚未被作为单独的类型。在要式行为中,当事人不欲发生该行为的约定可以忽略不计。与此相对,在形式自由的买卖合同、使用租赁合同中,如果不想实际支付价款或者租金,就会认为合同不成立,因为对待给付乃是这些合同的本质内容。多数情形下,通过这种合同会隐藏一项违反禁止性规定的赠与(下文边码 47.8;59.4－5)。戴克里先时期获得承认的规则是,"真正想做的比表见成立的效力更强"(plus valere quod agitur quam quod simulate concipitur,C.4,22 Tit.)。这种意思理论意义上的解决方案经由中世纪法学,尤其是意大利评论法学派,得到了进一步发展。直到 17 世纪和 18 世纪的自然法学说才发展出了信赖原则意义上的限制。例如,《奥地利民法典》第 869 条、第 916 条(第 2 款:"因虚伪行为而发生的抗辩权不能对抗因信赖该表示而取得权利的第三人"),《德国民法典》第 117 条、第 405 条,《瑞士债法》第 18 条。

参见 Ulp. D.18,1,36;eod.38;D.19,2,46;Gai. D.23,2,30;Iav. D.24,1,64;Mod. D.44,7,54。**—文献**:贡·韦泽纳,"中世纪后期法学、学说汇纂现代实用法学、自然法中的虚伪行为"(Das Scheingeschäft in der spätmittelalterl. Jurisprudenz, im Usus modernus und im Naturrecht),《许布纳祝贺文集》(Fs. Hübner),1984 年,第 337 页;齐默尔曼,第 646 页;《德国民法典历史批评注释书》,舍尔迈尔执笔,第 116 条至第 124 条,边码 38－43。

"模仿"行为不是真正的虚伪行为(上文边码 6.3)。

在**舞台**上和**戏谑**中所表示的行为只是一种模仿,永远不发生效力(Paul.

D. 44,7,3,2:因为如果我在开玩笑时或者讲课时对你说:“你允诺吗?”你说:“我允诺。”这不产生任何债的关系)。

29 **真意保留**(* reservatio mentalis)中只有当事人一方不愿实现其所表示者,古罗马法对此几乎全然不知(Cels. D. 2,15,12 中初现萌芽)。真意保留不予考虑在后来也未见怀疑。关于中世纪的法学家,人们通常会引用阿佐(Azo)的话:“头脑中保留的故意不发生效力”(propositum in mente retentum nihil operatur)。中世纪教会的婚姻法才开始重视内心保留。它作为出发点所考虑的情形[c. 26,X. 4,1,英诺森三世(Innozenz Ⅲ)1212 年,参见弗里德贝格(Friedberg),《教会法大全》,第 2 部分,第 670 栏]值得注意:只有事先有婚约者才能与妇女同房。他向她说:“约翰内斯允诺与你结婚。”后来他却主张婚姻不成立,因为他不是约翰内斯,只想与她同房而不想与她结婚。——婚姻可以单纯通过合意而成立。这个男人的保留就会被认为相当重要。参见 1983 年《教会法大全》第 2 节第 1101 条(Can. 1101 § 2 Corp. iur. canonici v. 1983)。这种回溯到婚姻的神法性质的意见不能普遍化。——从世界范围的法来看,虽然 19 世纪就提出来了不考虑内心保留与意思理论相矛盾的问题(边码 8. 1),但对这项原则本身并未提出问题。在《德国民法典》以及其他国家法典制中都可以发现这一点。——《德国民法典》第 116 条,《奥地利民法典》第 869 条,《法国民法典》第 1131 条(错误原因)。——**文献**:《德国民法典历史批评注释书》,舍尔迈尔执笔,第 116 条至第 124 条,边码 30 - 33。

四、胁迫

文献:阿・塞・哈特坎普(A. S. Hartkamp),《罗马私法中的胁迫》(Der Zwang im röm. Privatrecht),1971 年;贝・库皮施,《恢复原状和利益返还之诉》(In integrum restitutio und vindicatio utilis),1974 年(基础性的);贝・库皮施,“对胁迫法的思考:胁迫之诉”(Überlegungen zum Metusrecht:Die actio quod metus causa),《胡维勒尔祝贺文集》,2007 年,第 415 页;马・卡泽尔,“论恢复原状,尤其是因为胁迫和诈欺”(Zur in integrum restitutio, bes. wegen metus u. dolus),《萨维尼杂志》,第 94 卷(1977 年),第 101 页,第 108 页;卡

泽尔/哈克尔,第424页;齐默尔曼,第651页;卡·温图里尼(C. Venturini),“胁迫”(Metus),《穆尔加祝贺文集》(Homenaje Murga),第921页。

格拉古兄弟与贵族之间爆发矛盾的结果是,政治决策过程开始受暴力行为影响而渐渐背离了共和制,有时完全就是无政府的局势。充满权力欲的派系和野心勃勃的暴发户发动起广大民众,利用武装团伙,消灭政治对手和不受欢迎者的人身,剥夺其自由,抢劫其财产,而强大的私人为增加其财产也决不甘心落后于他们。因此,在共和末期,暴力、威胁和敲诈勒索或多或少已经变得日常化了。裁判官谕令中提供了明显严格的法律保护,其背景即在于此。权贵(potentiores)对元首制的正常秩序也构成了侵犯,这些在渊源中都有记载(例如 Afr. D. 19,2,33;Ulp. D. 1,16,9,5;D. 1,18,6,2;D. 4,2,23)。参见边码 51.25。 30

在违法或者背俗的胁迫之下,准确地说“在(强迫性的)暴力下或者恐惧基础上”[以胁迫方式(vi metusve causa)]成立的法律行为,不管是要式的还是形式自由的,依照市民法通常有效。因为人们(可能是受亚里士多德和斯多葛学派影响)认为,行为人毕竟愿意实施该行为。 31

D. 4,2,21,5(保罗,《论谕令》,第11编)

Si metu coactus adii hereditatem, puto me heredem effici, quia quamvis si liberum esset noluissem, tamen coactus volui: sed per praetorem restituendus sum, ut abstinendi mihi potestas tribuatur.	如果我出于恐惧接受了遗产,我认为我就成了继承人。因为如果我是自由的,我不会愿意,但由于受到胁迫我才愿意。我必须通过裁判官恢复原状,这样我就会有拒绝继承的权利。

由此引出了“由于受到胁迫我才愿意”(coactus tamen volui)这项准则,我们[在心理强制(* vis compulsiva)的情形]直到当代

仍然遵从着它[《德国民法典》第123条、第1314条第2款第4项、第2078条第2款,《奥地利民法典》第870条、第875条、第565条,《瑞士债法》第29条、第30条,《瑞士民法典》第469条第1款,《法国民法典》第1111条,而绝对强制(* vis absoluta)的情形则不同,因为这时根本就没有行为]。

尽管这些行为可以依照裁判官法而失去效力(参见边码2.12),但这仅仅涉及非常勇敢的人(homo constantissimus)都会发生恐惧的情形,如果只是怯懦的人发生恐惧就不予考虑了(Gai. D.4,2,6)。根据Lab. – Ulp. D.4,2,5,所涉及的必须是对严重不利的恐惧(timor maioris malitatis)。由此使人想到了《瑞士债法》第30条中的"构成胁迫",参见《法国民法典》第1112条。

32 (一)基于任何受胁迫行为(Ulp.,Paul. D.4,2,1 ff.),裁判官赋予了一项罚金之诉,即**胁迫之诉(actio quod metus causa)**,对胁迫行为可以就损害金额4倍罚金提出请求,而胁迫行为发生一年后则只能对损害金额本身提出请求。这项诉讼不仅可以向胁迫人提起,还可以向诸如自胁迫人取得财产的人等善意第三人提起。这项诉讼是一项仲裁之诉(actio arbitraria)(Inst. 4,6,31)。这意味着:如果法官查明存在胁迫行为,他对此就会发布一项确定性中间裁决(pronuntiatio),要求被告以自然方式恢复原状,如返还因受胁迫而交出的物。如果被告按照该命令去做了,他在最终判决中就会被判开释,否则就会被判罚4倍罚金(参见边码27.17)。胁迫之诉(outio quod metus causa)使得由法官实施(因此是"司法性")恢复原状(integrum restitutio)成为可能;这项诉讼完全是一种常规法律措施,旨在实现恢复原状,即返还已经被迫交出的财产。4倍罚金惩罚的是那些不顾中间裁决要求拒绝恢复原状的人,而不是实施胁迫行为的人。如前所述,这项诉讼因其惩罚性较强,因此也可以向善意第三人提起。参见Ulp. D.4,2,9,8;eod. 14,1;Inst. 4,6,25和27。——这样主要是考虑了利用公职进行勒索[作为应受刑罚的搜刮钱财罪(crimen repetundarum)]的国家公职人员,因为4倍罚金所产生的惩罚压力很大,同时通常还能达到返还的结果。

(二)除胁迫之诉(actio quod metus causa)外,裁判官对受胁迫人还可以通过**恢复之诉**(**actio rescissoria**)进行救济:如果某人"基于恐惧"而将其所有权通过要式买卖(mancipatio)转让于胁迫人,裁判官可以将该财产所有权让与的效力废止(resindere),并且授予受胁迫人拟制的原物返还之诉(rei vindicatio)。这项原物返还之诉可以向胁迫人提起,如果胁迫人又将标的物让与第三人,则可以向第三人提起。它之所以是"拟制的",是因为在其诉讼程式中,裁判官将其委托给法官进行"假定",要式买卖(mancipatio)所产生的效力消失了,出让人也就又成为所有权人。与此相应,受胁迫免除债务的情形,(原)债权人可以基于其债权提起诉讼,这是因为假定免除(acceptilatio)被废止了。——原则上原告可以在胁迫之诉(actio quod metus causa)和恢复之诉间进行选择。参见 Ulp. D. 4,2,9,4 和 6;Paul. eod. 21,6。 33

(三)因受胁迫而负担给付义务者,对于债权人(即使并非胁迫人)的诉讼享有**胁迫抗辩**(**exceptio metus causa**)(Ulp. D. 44,4,4,33;Inst. 4,13,1 和 9)。 34

按照诚实信用(bona fides)进行评价的合同和发生荣誉法效力的行为,在受胁迫的情形直接不发生任何效力,因此也就不需要抗辩(exceptio)。

五、恶意

文献:卡泽尔(边码 8.30 之前),第 143 页;齐默尔曼,第 662 页;玛·弗·库尔西(M. F. Cursi),"诈欺之诉和第三人提供虚假信息所带来的损害"(Actio de dolo e danno da falsa informazione del terzo),《信义 人性 法》,第 2 册,第 1229 页。

35 与受胁迫行为类似，这里将讨论因恶意诈欺(dolo malo)而实施的或者受到恶意影响的法律行为。这些行为依照市民法(ius civile)无效，但裁判官对它们也提供了保护：

(一)按照法学家盖·阿奎利乌斯·加卢斯[C. Aquilius Gallus)(公元前1世纪)]的建议，受到任何方式欺骗影响的人，对于行为人，如果不能提起其他诉讼，(作为“辅助性”诉讼)就可以就损害金额原数提起**诈欺之诉(actio de dolo)**这项罚金之诉。该诉讼也是一项仲裁之诉(actio arbitraria)，其中规定了由法官决定的恢复原状(in integrum restitutio)(Paul. D. 4,3,18 pr.,1 和 4，参见边码 8.32;27.17)。

D. 4,3,1,1－2(乌尔比安,《论谕令》,第11编)

1. Verba autem edicti talia sunt:,Quae dolo malo facta esse dicentur,si de his rebus alia actio non erit et iusta causa esse videbitur, < intra annum, cum primum experiundi potestas fuerit > iudicium dabo‘. 2. Dolum malum Servius quidem ita definiit machinationem quandam alterius decipiendi causa,cum aliud simulatur et aliud agitur. Labeo autem posse et sine simulatione id agi, ut quis circumveniatur: posse et sine dolo malo aliud agi, aliud simulari, sicuti faciunt, qui per eiusmodi dissimulationem deserviant et tuentur vel sua aliena: itaque ipse sic definiit dolum malum esse omnem calliditatem fallaciam machinationem ad circumveniendum fallendum decipiendum alterum adhibitam. Labeonis definitio vera est.

1.(关于恶意诈欺的)谕令文句如下：对于主张因恶意诈欺而为之事，如果对此未给予其他诉讼并且有正当基础，我将授予(自可以提起诉讼之日起一年内提起的)诉讼。2. 塞尔维乌斯将恶意诈欺定义为一种旨在欺骗他人的诡计，伪装实施一项行为而实际上实施另一项行为。但拉贝奥说，一则可能使人受骗而没有伪装，二则可能没有恶意而实施一项行为但伪装实施另一项行为。例如，通过这种伪装来保护自己或者他人的财产的人就是这样做的。他在这里将恶意定义为一种骗局、阴谋或者诡计，目的在于使对方受欺骗、受蒙蔽、受诈欺。拉贝奥的定义是正确的。

在第 1 段中,乌尔比安描述了法律保护预告(上文边码 2.15),编纂者删除了其中关于年限的要求,因为君士坦丁大帝在 319 年改变了自欺诈发生之日起 2 年的规定,C,2,20,8。——基于这项诉讼的判罚发生不名誉(infamis,边码 13.13)的效果。对恶意侵害人的继承人可以就该案情提起一种专门设置的诉讼[事实之诉(actio in factum),边码 2.16],请求返还的范围(quod ad eum pervenit)是受领时所取得者,而不是现在实际存在的得利。——《德国民法典》第 826 条,《奥地利民法典》第 1295 条第 2 款,《瑞士债法》第 41 条第 2 款,《法国民法典》第 1109 条。

人们应当可以设想,如同胁迫(metus)的情形(边码 8.33)一样,裁判官可以不提起诈欺之诉(actio de dolo),而是通过恢复之诉以实现恢复原状(in integrum restitutio)。

很多关于保证(边码 7.22)的范本程式中包含所谓"诈欺条款",允诺人答应,不管是现在还是将来其中都不会有恶意诈欺(dolum malum huic rei abesse afuturumque esse)。这种情形下,如果允诺人有恶意,就可以基于要式口约提起诉讼,关于某些保证金也可以对其遗产(例如,Ulp. D. 7,9,5 pr.)提起该诉讼。——关于缔约诈欺(*dolus in contrahendo),见边码 33.15。

(二)如果某人因诈欺或者受诈欺影响而负担提供给付的义务,就发生了**诈欺抗辩(exceptio doli)**,而它却因远超出这种情形而具有了一般意义。详见下文边码 33.18。 36

六、在较早的普通法中对于胁迫(metus)情形下的合同是否不生效力存在争议,有认为不生效力者(《普鲁士一般邦法》第 32 条、第 33 条第 1 款第 4 项即是如此),但多数意见则认为可以使它无效,如《法国民法典》第 1111 条(谁行使该项权利都一样)和《奥地利民法典》旧文本第 870 条、第 877 条。对于诈欺(dolus)的情形,则应区别是否涉及合同基本要素。如果存在"缔约成因诈欺"(dolus causam contractus dans),多数认为导致合同无效(《普鲁士 37

一般邦法》第 84 条至第 89 条第 1 款第 4 项即是如此）；按照《法国民法典》第 1109 条，合同在这种情形下可以通过判决而被宣告无效。如果诈欺仅涉及次要内容［所谓次要诈欺（* dolus incidens）］，就只考虑损害赔偿了，《法国民法典》第 1109 条、第 1116 条，类似规定参见《奥地利民法典》第 870 条、旧文本第 871 条，第 872 条、旧文本第 877 条）。——关于这种区别在古典法中的萌芽，参见，瓦克，《萨维尼杂志》，第 94 卷（1977 年），第 236 页。

在学说汇纂法学中，更强调胁迫（metus）和诈欺（dolus）的对比，并且承认这两种情形均发生撤销权。《德国民法典》采纳了这种做法，遵从了罗马法范本中的期限要求（第 124 条），但非常明显，受第三人胁迫所为意思表示可以撤销而不受限制，但受第三人诈欺所为意思表示的撤销（第 123 条第 2 款）却有严格限定。鉴于边码 8.30 所提及的关系，就形成了一种观念：胁迫对社会有危害，因为在多数情形下它是由处于优势的相对人实施的，而有关人员无法阻止它；它在现代法治国家是否仍然合适，颇值得考虑。《奥地利民法典》第 870 条（他方威胁）与之有非常密切关系。——**文献**：科英，第 1 册，第 420 页；第 2 册，第 450 页；齐默尔曼，第 670 页；《德国民法典历史批评注释书》，舍尔迈尔执笔，第 116 条至第 124 条，边码 104 至 115。

第九节　不生效　违法和背俗　诈害债权人

（RPr. §§ 60，202）

1 **一、不生效**

对于法律行为不生效（无效），罗马人尚未使之完善，对此甚至还没有固定术语。

（一）依照**市民法**（**ius civile**）不生效的行为，大多用“nullum”“nullius momenti”“inutile”或者类似词语称之，是指根据其本质和目的必须否认其效力的行为。这种不生效可以由任何人在任何时间提出主张。

2 相对于绝对、确定不生效（无效），《德国民法典》区分了相对较弱的表现形式，即得撤销和相对不生效。**得撤销**意味着，该行为在权利人撤销之前一直发生效力，权利人——而且只有权利人——可以主张该行为的瑕疵，并且因此而有溯及力地使该行为不生效；撤销权人决定使该行为无效还是使它继续有效。古典时期有一例，即不合义务遗嘱之告诉（querela inofficiosi testamenti）：忽略被继承人特定近亲属的遗嘱，可以因违反义务被撤销而失去效力（下文边码 70.1－2）。在后古典法中，得撤销与不生效非常接近，只有在因该行为而受损害的人提出主张时才会考虑得撤销。这种表现形式有很多变化，因为恢复原状（in integrum restitutio）各情形在当时就是在这种意义上进行理解的。在优士丁尼时期还将这些情形以及因诈欺抗辩（exceptio doli）而失去效力理解为一种得撤销（上文边码 4.10）。——《德国民法典》的相对无效则与之不同，它自始（无须主张）为特定人利益而对其不生效，对其他人则生效，罗马法显然没有这种相对无效。应予注意者，当代其他国家的民法中，有的用“相对不生效（无效）”来指称“得撤销”。

（二）**裁判官**使许多依照市民法（ius civile）发生效力的行为失去了效力，其中有的驳回了依照市民法成立的诉讼（**驳回诉讼**，下文边码82.5），有的授予他们**抗辩**（**exceptio**）以相对抗（上文边码 4.10），有的则授予了“裁判官法的”**恢复原状**（**in integrum restitutio**）。最后一种情形是根据裁判官诉讼的需要而确定的，其目标是消除某项行为已经发生的效力（下文边码 86.7）。此外，在仲裁之诉（actiones arbitrariae）程序中还引入了“司法性”恢复原状（in integrum restitutio）（例如，上文边码 8.33 和 35）。 3

文献：弗·穆苏梅奇（F. Musumeci），“论对未成年人的损害和谕令保护”（Pregiudizio del minore e protezione edittale），《信义 人性 法》，第 6 册，2007 年，第 3715 页；汉－彼·贝内尔（H. －P. Benöhr），“（D. 4,6 的）实体问题、法律规则等”［Sachproblem, Rechtsregeln etc.（zu D. 4,6）］，《赫·豪斯马宁尔祝贺文集》（Fs. H. Hausmaninger），2006 年，第 41 页；汉—彼·贝内尔，“罗马法中的法律技术和法律原则”（Rechtstechnik und Rechtsprinzipien im röm. Recht.），《胡维勒尔祝贺文集》，2007 年，第 39 页（成年恢复）；汉—彼·贝内

尔,“论恢复原状期限的计算(D. 4,6)”[Zur Berechnung der Restitutionsfristen (D. 4,6)],《信义 人性 法》,第1册,第387页。

4 (三)如果只有部分不生效,就应当尽可能使行为其他部分得以维持;由此产生了交易优先(favor negotii)(上文边码8.13)的表达。

文献:汉·赫·塞勒,“有效不受无效影响”(Utile per inutile non vitiatur),《卡泽尔祝贺文集》,1976年,第127页;赖·齐默尔曼,《法官调整权还是全部无效?》(Richterliches Moderationsrecht oder Totalnichtigkeit?),1979年;(内容全面者)安·施塔夫霍斯特(A. Staffhorst),《古典罗马法中法律行为的部分无效》(Die Teilnichtigkeit von Rechtsgeschäften im klassischen röm. Recht),2006年。

例如,在土地买卖中,对于作为其从物而同时出卖的奴隶存在不合意,但这不涉及买卖的效力;(有利于债务人的)解释认为,出卖人想出卖的奴隶应当给付,Lab. – D. 18,1,34 pr.。或者某人提出要式口约中的问题“你允诺应当给甲吗?”相对人允诺说“甲和乙”。乌尔比安接受了标的是多少就对多少成立要式口约(tot stipulationes quot res)的规则,认为应当区分为两项要式口约,其中一项生效而另一项不生效,生效的一项不受不生效的一项影响(neque vitiatur utilis per hanc inutilem),D. 45,1,1,5,还可参见Ulp. D. 45,1,1,4(边码8.10)。相对而言,在遗嘱法中经常采用有利于维持其他部分效力的做法,遗嘱优先(favor testamenti)(参见边码10.6例)。

中世纪法学家据此形成了“有效不受无效影响”(utile per inutile non vitiatur)的规则,它在当代很多法典中仍然是一项原则(《奥地利民法典》第878条,《瑞士债法》第20条第2款,参见《意大利民法典》第1419条第2

款)。在 19 世纪才特别强调私人自治优先的思想,由此产生了部分无效存疑时就应当认定全部无效[《德国民法典》第 139 条(遗嘱法则不同,《德国民法典》第 2085 条),《希腊民法典》第 181 条,《法国民法典》第 1172 条还规定了无效条件]。当然,这项原则在实务中很早就有例外。此外,它还不适用于《德国民法典》第 306 条第 1 款(《奥地利民法典》第 6 条第 1 款更早)和第 2085 条规定的情形以及支票法和票据法。——**文献**:《德国民法典历史批评注释书》,多恩(Dorn)执笔,第 139 条至第 141 条,边码 2 至 5。

(四)不生效一般都是确定的,只有例外情形才能**补正**(Konvaleszenz)(例如下文边码 47.9;59.5)。有时补正只能依照裁判官法发生效力,例如,非所有权人出让某物,嗣后他成为所有权人,现在取得人只享有裁判官法所有权(in bonis habere)。参见《德国民法典》第 185 条第 2 款,《希腊民法典》第 239 条、《奥地利民法典》第 366 条。——**文献**:菲·拉涅里(F. Ranieri),《转让的补正》(Alienatio convalescit),1973 年(附有教义史);格·克林根贝格,"部分补正"(Partielle Konvaleszenz),《克伦茨莱因祝贺文集》(Fs. Kränzlein),1986 年,第 53 页(关于 C. 3,32,14);安·瓦克,"无权处分的补正"(Die Konvaleszenz der Verfügung eines Nichtberechtigten),《萨维尼杂志》,第 114 卷(1997 年),第 197 页;曼·哈德(M. Harder),"论通过权利人继承财产而补正无权处分"(Zur Konvaleszenz von Verfügungen eines Nichtberechtigten bei Beerbung durch den Berechtigten),《法律史和私法教义》(RGuPD),第 637 页;海·哈·波切维特(G. H. Potjewijd),《处分权、追认和补正》(Beschikkingsbevoegdheid, bekrachtiging en convalescentie),1998 年[书评,汉·安库姆(H. Ankum),《萨维尼杂志》,第 118 卷(2001 年),第 442 页];乔·菲纳齐(G. Finazzi),"补正和追认之间关系的反思"(Riflessioni sul rapporto fra convalida e ratifica etc.),《信义 人性 法》,第 3 册,第 1907 页。关 5

于质权补正,见下文边码 31.17。

6 不生效行为**转换**为另一项已经充分其生效前提的行为[转换(Konversion)],这种情形很多。例如,不生效的正式免除(acceptilatio),也就是要式的市民法免除行为,“根据法律,当然”(ipso iure)直接废止债务,它经常被视为不要式免除约定,后者在裁判官法受到重视,如果债权人尽管存在(不生效的)债务免除但仍就给付提起诉讼,债务人就可以通过简约抗辩(exceptio pacti)或者诈欺抗辩(exc. doli)保护自己(Paul. D. 2,14,27,9;Ulp. D. 46,4,8pr. 和 19pr.)。其他例子,下文边码 68.24;76.9。——《德国民法典》第 140 条,《意大利民法典》第 1424 条。——**文献**:克·克兰佩,《法律行为的转换》(Die Konversion des Rechtsgeschäfts),1980 年;《德国民法典历史批评注释书》,多恩执笔,第 139 条至第 141 条,边码 24 至 29。

二、违法和背俗

文献:马·卡泽尔,《论罗马法中的禁止性法律和违法行为》(Über Verbotsgesetzte und verbotswidrige Geschäfte im röm. Recht),1977 年;杰·玛·约·肖吕斯,《违法行为》(Handelen in strijd met de wet),1976 年[同样涉及注释法学者,书评,汉·安库姆,《萨维尼杂志》,第 97 卷(1980 年),第 288 页]。

7 (一)行为可以通过成文法或者非成文法的规范而被**禁止**。罗马人将法律严格区分为完全法律(leges perfectae)、次完全法律(leges minus quam perfectae)和不完全法律(leges imperfectae)(参见 UE 1,1/2)。完全法律使被禁止的行为无效,次完全法律使所实施或者实行的行为虽然应受惩罚但并未宣告它无效,不完全法律则既不使行为无效又不使行为应受惩罚,而是将维护该法律的职责委诸裁判官。虽然罗马人也知道被禁止的行为无效而且同时应受惩罚的情形,但他们并未形成(后来所谓的)过完全法律

(leges plus quam perfectae)这个类别。——判断某项规范到底属于哪个类别的根据,首先是法律规定的违法行为所生的法律效果[制裁(sanctio)],此外还有解释。不完全法律(leges imperfectae)和次完全法律(leges minus quam perfectae)由裁判官通过其合法统治手段来保证能够得到遵守,其中经常采用者就是提供抗辩(exceptio)。完全法律(leges perfectae)[如《埃利亚和森提亚法》(lex Aelia Sentia),参见下文边码 16.11]出现得较晚,自奥古斯都时期起才成为了规则。

狄奥多西二世以所谓的**《决疑法》**(**lex non dubium**)(公元 439 年 NTh. 9)为中世纪和近代的发展奠定了基础,它规定以前和将来违反法律规定的行为无效,并由此而使它成为了完全法律(leges perfectae)。优士丁尼继受了这部法律而且基本未予修改(C. 1,14,5)。此后人们主要考虑了违反禁止性规定的法律行为的无效性,即使是自然法学家针对那些批评意见也是如此的。直到学说汇纂法学时,人们才更多注意到那些被违反的禁止性规范的目的,发现了《决疑法》并且仅将其作为解释规则,据此认定违反禁止性规定的法律行为无效。——当代法:《德国民法典》第 134 条,《奥地利民法典》第 879 条,《瑞士债法》第 19 条第 2 款、第 20 条第 1 款。——**文献**:《德国民法典历史批评注释书》,多恩执笔,第 134 条至第 137 条,边码 4 至 9。

自共和早期起,**规避法律行为**(**fraus legi facta**)就用以指那些合乎法律字面但却违反其精神的行为。这种规避可以通过法律而明文禁止,也可以通过扩张解释禁止性法律而阻碍其实现(Paul. D. 1,3,29;Ulp. eod. 30)。例如,下文边码 41.42 和 G. 1,46:如果为规避《弗菲亚和卡尼尼亚法》(lex Fufia Caninia)对释放的限制(有 11 名到 30 名奴隶的人只允许通过遗嘱释放三分之一),被继承人在释放指示中写出了他所有的 20 名奴隶的名字,那么,任何一名奴隶都不能被释放。——**文献**:海·洪泽尔,"规避法律行为"(In fraudem legis agere),《卡泽尔祝贺文集》,1976 年,第 111 页;奥·贝伦茨,《规避法律》(Die fraus legis),1982 年;扬·施罗德(J. Schröder),《法律解释和法律规避》(Gesetzesauslegung und Gesetzesumgehung),1985 年(自启蒙晚期起到民族社会主义时期)。 8

9 （二）**背俗行为（turpia）**，因为损害了祖先的善良传统（contra bonos mores），受到法学家和皇帝的抑制。具体准则不是得自于宗教学说或者哲学学说，而是得自于正常民众道德。

例：使人被迫结婚或者维持婚姻的违约金（Paul. D. 45,1,134 pr.；对“越轨行为”则可以约定违约金，Pap. D. 45,1,121,1）；限定时间的收养（Lab. – Paul. D. 1,7,34）；对仍然生存第三人（可期待）遗产的赠与（下文边码 65. 23）。

10 要式行为（如要式口约）背俗涉及其内容，这从其所用文句就可以表现出来，该行为依照市民法（ius civile）无效（参见 Ulp. – Pomp. D. 45,1,26/27pr.）。如果行为内容没有问题（如支付金钱），但其法律基础［原因（causa）］背俗而且从所用文句就可以看出来，同样处理。但如果字面上看不出来（例如，“抽象”概括的要式口约中，仅允诺支付一定金额，而不说明背俗的原因），该行为就有效，但裁判官可以拒绝（驳回）其诉讼或者通过（依职权授予的）诈欺抗辩（exceptio doli）以阻止该行为（Paul. D. 45,1,134pr.；12,5,8）。对于需要按照诚实信用（bona fides）进行评价的合同，以及某些可以提起裁判官法诉讼的合同，所生的诉讼，为使其失去效力，并不需要以要式方式授予诈欺抗辩、简约抗辩或者胁迫抗辩（exceptio doli，pacti oder metus）（边码 8. 34），因为这些抗辩被认为是这些诉讼“固有的”（Gai. D. 18,1,35,2；Pap. D. 22,1,5；Ant. C. 2,3,6）。可能在古典时期就已经开始这样根据具体情况处理要式口约了。关于背俗条件，见下文边码 10. 6。

《德国民法典》第 138 条，《奥地利民法典》第 879 条，《瑞士债法》第 20 条，《法国民法典》第 1131 条，《意大利民法典》第 1343 条。——**文献**：特·

迈尔－马利,“违背善良风俗”(Contra bonos mores),《卡泽尔祝贺文集》,1986 年,第 151 页。关于进一步发展,参见科英,第 1 册,第 414 页;第 2 册,第 447 页;赫尔穆特·施密特(Helmut Schmidt),《从历史角度分析法律行为背俗学说》(Die Lehre von der Sittenwidrigkeit der Rechtsgeschäfte in historischer Sicht),1973 年。

三、诈害债权人

针对旨在诈害债权人(in fraudem creditorum)的行为,例如,为避免财产分配隐匿财产于友人而采取的危及支付能力的出让,裁判官提供了两种救济措施:在强制执行(在罗马即破产)程序授予了**恢复原状**(**in integrum restitutio**),以使诈害行为中受诈害当事人可以就破产财产提出请求。破产程序结束后,债权人对明知债务人诈害行为而基于其行为取得财产的人取得了**诈害令状**(**interdictum fraudatorium**)。此外,对因诈害债权人(in fraudem creditorum)所给财产的善意取得人,裁判官还提供了事实之诉(actiones in factum)。 11

在优士丁尼时期,恢复原状(in integrum restitutio)和令状结合到一项统一的诉讼中。这项诉讼出现在保罗的某些文本(D. 22,1,38,4)中,被称为**保罗之诉**(**actio Pauliana**)。在后世法律和现代法律中,撤销为损害债权人而成立的行为,均以此为出发点。迄今为止,它仍然是以下法律的基础:《德国支付不能法》第 129 条以下以及(为在支付不能程序之外撤销债务人法律上的行为)1879 年/1994 年《德国撤销法》第 3 条以下。 12

文献:汉·安库姆,《保罗之诉的历史》(De geschiedenis der actio Pauliana),1962 年;哈·多尔斯(X. D' Ors),《古典罗马法中的诈害令状》(El interdicto fraudatorio en el derecho rom. clasico),1974 年;焦·因帕洛梅尼(G. Impallomeni),“返还之诉,罗马法”(Azione revocatoria,Diritto rom.),《最新意大利全书》(NNDI)第 2 册,(1958 年),第 147 页;焦·因帕洛梅,

《罗马法文集》(Scritti di diritto rom. etc.),1996 年,第 27 页;焦·因帕洛梅,"保罗之诉"(Pauliana actio),《保吕氏古典学百科全书增补》(RE Suppl.)第 12 卷(1970 年)第 1008 页 =《罗马法文集》,第 217 页;格·格雷韦斯米尔(G. Grevesmühl),《古典罗马法中的债权人撤销》(Die Gläubigeranfechtung nach klassischem röm. Recht);2003 年[书评,哈尔克,《法律史评论》,第 72 卷(2004 年),第 383 页、第 385 页];尼·本克,"诈害债权人的奴隶婴儿和嫁资?"(Slave Infants and Dowries for Defrauded Creditors?),《赫·豪斯马宁尔祝贺文集》,2006 年,第 25 页;法·克林克(F. Klinck),"论诈害释放奴隶的诈害目的"(Zum Nachweis der Benachteiligungsabsicht bei fraudatorischen Sklavenfreilassungen),《维林格学术交流会》,第 83 页。

第十节 条件 期限 负担 时间计算

(RPr. § § 61,203)

1 ## 一、条件

(一)1. 法律行为可以为适应不能事先准确预见的发展而进行调整,使其附**条件**(**condicio**)订立。关于条件,罗马法就已经如同当代法一样将其理解为一种将来的不确定事件,并使已经订立法律行为的效力取决于条件成就。

当然也有学说认为,条件涉及的是法律行为本身,即"法律上的行为",而不仅仅涉及其效力(维·弗卢梅,第 120 页以下,认为罗马法学家的基本观点如此),而这种学说也有其根据。这种区别对诸如附条件债务更新或者买卖中风险转移等情形会产生作用(下文边码 41.22)。——**文献**:关于历史发展,参见,戈·席曼(G. Schiemann),《悬而未决之事和条件的溯及力》(Pendenz und Rückwirkung der Bedingung),1973 年(教义史的);《德国民法典历史批评评注》,芬克瑙尔(Finkenauer)执笔,第 158 条至第 163 条,边码 5 至 18。

当代各民法典的条件规则大多严格地以罗马法规则为根据,参见《德国民法典》第 158 条以下、第 2074 条至第 2076 条,《奥地利民法典》第 696 条至

第703条、第897条至第900条,《瑞士债法》第151条以下、《瑞士民法典》第482条,《法国民法典》第900条、第1168条以下,《西班牙民法典》第1114条,《希腊民法典》第201条以下,《意大利民法典》第633条以下、第1353条以下。

条件可以作为限制性“附加规定”而规定于法律行为中。罗马人所称的条件(condicio)在技术意义上最初仅指**停止**条件(所谓的延缓条件),只有在条件中的事件成就时,附条件法律行为才发生所欲实现的法律效力。当然,主要是在后来的文献中,条件(condicio)可能也有了“合同约定”这种一般含义。 2

举例:结婚之前授予嫁资的允诺就是以结婚为(停止)条件。停止条件在古代神法中就已经有了。例如,向上帝发愿(votum)时所附条件就是希望发生的事件实际发生。在私法中,《十二表法》就已经有了附条件遗嘱释放[作为待自由人(statuliber),下文边码16.7]。

2.(停止)条件可附于所有类型的行为,但适法行为(actus legitimi)除外,特别是市民法(ius civile)的法律行为。不得附条件的法律行为,诸如脱离父权(emancipatio)、正式免除(acceptilatio)、限期决定继承(cretio)和拟诉弃权(in iure cessio,边码7.16)等即是,参见Pap. D. 50,17,77。附条件就会使这些行为不生效。 3

3.作为条件的事件,可以独立于附条件权利人的意思,也可以完全或者部分取决于其意思。罗马法学说据此区别了偶成条件、任意条件和混合条件(condicio casualis, potestativa und mixta)(Iust. C. 6,51,1,7)。 4

取决于偶然因素的(停止)条件在渊源中通常采用范例表述,如“如果船只自亚洲到达”“如果提提乌斯成为执政官”(Inst. 3,15,4)等。诸如“试用买卖”(下文边码41.49-50)中的“如果买受人同意购买该物”就属于任意条件。否定性任意条件表现为"权利人不做特定行为"。例如,"如果某寡妇不再嫁",将对其遗赠,而在其夫死亡后她可以决定是否再嫁。这种情形下会将遗赠给她,但如果她违反条件,就应按照(法学家昆·穆奇乌斯·斯凯沃拉,公元前95年的执政官,创制的)**穆奇乌斯保证**(**cautio Muciana**)向继承人返还所受领者。《德国民法典》第2075条继续发展了这种模式,并且通过将给与取决于遗赠受益人是否实施禁止性行为这一解除条件而实现了某种转换。参见《意大利民法典》第638条、第639条,《奥地利民法典》第700条、第708条。

5 4. 作为例外,可以"**拟制**"条件**成就**,如果因行为成立而受有不利的一方当事人(例如出让人或者债务人)阻碍条件成就,就认为条件已经成就。这种解决办法最初涉及的是遗嘱指示中的任意条件。在Iul. – Ulp. D. 40,7,3,16中,遗产中一名女奴隶被遗嘱释放,但所附条件是她生三个子女。然而,继承人为保留对她的所有权,就采取了避孕措施。尤里安认为,这种情况下她应当立刻就获得自由。

这是罗马法律发展中将某种思想扩张适用于其他情形的一个典型,以下片段清楚表明了这项原则:

D. 50,17,161(乌尔比安,《论谕令》,第77编)

In iure civili receptum est, quotiens per eum, cuius interest condicionem non impleri, fiat quo minus impleatur, perinde haberi, ac si impleta condicio fuisset. quod ad libertatem et legata et ad heredem institutiones perducitur. quibus exemplis stipulationes quoque committuntur, cum per promissorem factum esset, quo minus stipulator condicioni pareret.

对条件不成就有利益之人使条件不成就者,正如市民法所承认的,应当认为该条件已经成就。这适用于释放以及遗赠和指定继承。如果要式口约中债务人阻碍债权人成就条件,则该要式口约同样参照适用该范本。

文献:埃·比安基(边码 3.26),第 446 页;奥·贝伦茨,"卖图书馆了!论买卖附条件的起源和履行拟制及其他"(Eine Bibliothek wird verkauft! Zum Ursprung der Bedingbarkeit des Kaufs und der Erfüllungsfiktion etc.),《信义 人性 法》,第 1 册,第 361 页;皮·斯塔拉切(P. Starace)(边码 16.7),第 175 页;还可参见,罗·克努特尔,"论附条件情形所谓履行拟制和不履行拟制"(Zur sog. Erfüllungs – und Nichterfüllungsfiktion bei der Bedingung),《法学报》(Juristische Blätter),第 98 卷(1976 年),第 613 页。

这项规则为现代民法典所接受,《德国民法典》第 162 条第 1 款,《瑞士债法》第 156 条,《法国民法典》第 1178 条,《西班牙民法典》第 1119 条,《希腊民法典》第 207 条,《意大利民法典》第 1359 条。(理所当然)相反规则就是违背诚信促使条件成就者视为不成就或者尚未成就,如违约金和短缺保证的情形即是(Serv. – Pomp. D. 4,8,40;Serv. – Ulp. D. 22,2,8;Mod. D. 46,1,41 pr.)。参见《德国民法典》第 162 条第 2 款,《希腊民法典》第 207 条第 2 款。

5. 如果有以下情形,就构成了**不真正**条件:将效力与当前的或者过去的或者不能的、必然的、违反禁止性规定的或者背俗的事件相联系。如果所附条件是**当前的**或者**过去的**事件,就不会发生附条件行为独特的待定效力,该行为或者立即生效,或者在欠缺条件的情形不生效力(Pap. D. 12,1,37)。如果所附事件**不可能**[例如,"如果他用手摸到天"(si digito caelum tetigerit),G. 3,98],该条件就会使行为无效;而萨宾学派和后来的法学家们认为,[基于遗嘱优先(favor testamenti)]这种情形下可以主张遗嘱给与,但应删去该条件而认其为未附条件[所谓萨宾规则(regula Sabiniana),Ulp. D. 35,1,3;Inst. 2,14,10]。相反,如果所附条件**必然**发生["如果我不用手摸到天"(si digito caelum non attigero),Inst. 3,19,11],该行为立即生效。 6

违反禁止性规定和**背俗**的条件使得依照诚实信用(bona 7

fides)评价的债法合同无效。要式口约在其文句明确提及该条件的,同样也无效。其他要式口约,如未涉及违反禁止性规定和背俗动机而抽象表达的,依照市民法发生效力,可以通过驳回诉讼或者诈欺抗辩(exceptio doli)使其失去效力(参见 Cels. D. 45,1,97,2起首)。依照通行意见,(发生债法效力的)间接遗赠(边码 76.5)和指定继承中所附违反禁止性规定条件和背俗条件,将如同不能条件一样相同处理,即删去该条件,但行为仍然存在。

8 参见 Pomp. ,Paul. ,Marci. D. 28,7,7;9;14;关于较早学说,参见 Pap. eod. 15。——在古典时期,条件不一致,则法律行为无效;后来,在各类行为中均将条件删去,Marci. eod. 16。——**文献**:施塔夫霍斯特(边码 9.4),第76、105、190、209 页。

所谓**"法定条件"**(**condicio iuris**),即法律规定的生效要件,也不是真正条件,因为它独立存在,附加该条件纯系多余。例如,如果继承了一笔遗产,提提乌斯就将其作为(特定)遗赠给马维乌斯,Pomp. D. 36,2,22,1。——该行为只有从一个角度看才包含典型的默示条件(condicio tacita)。同样,婚前的嫁资允诺显然附有默示条件,即婚姻成立(Ulp. D. 2,14,4,2;D. 23,3,21;eod. 23 和 43;其他例证,见 Iul. – Afr. D. 46,3,38 pr.)。

9 6. 停止条件的**效力**在于,行为效力处于**待定**中[条件悬止(condicio pendet)],因为条件成就(existere)抑或不成就(deficere)尚未可知。附条件权利人在条件成就前尚未取得被给与权利,而仅取得一种可继承期待(不同于遗赠,边码 76.13),在很多方面均应予以注意。

10 附停止条件让与某物所有权或者释放奴隶的人,仍然是所有权人,还可以另行处分标的。如果条件成就,在此期间所实施处分若与条件互不相容即失去效力,并不影响附条件权利人取得被给与权利(参见 Gai. D. 30,69,1;Marci. D. 20,1,13,1)。如果创设债权但附停止条件,债权人在条件成就前对给付并无任何权利;错误认为条件成就而为给付者,可以[通过请求返还之诉(condictio)]主张返还(Pomp. D. 12,6,16pr.)。但如果已经确立债务则可以更新(novatio)或者正式免除(acceptilatio)(参见 Ulp. D. 46,2,14,1;Pomp. D. 46,4,12),并可设质担保。这种部分采用决疑方式处理的个别情形存在争议;优士丁尼强化了个别情形下附条件行为的暂时效力。但是,优士丁尼显然并未承认,条件成就具有自行为成立时起发生效力这种完全溯及效力(Pomp. D. 46,3,16 及其他)。——**文献**:安·瓦克,“附条件让与所有权所生期待权的构造和 Ulp. D. 23,3,9,1 中的嫁资优先”(Die Konstruktion des Anwartschaftsrechts aus bedingter Übereignung und der favor dotis bei Ulp. D. 23,3,9,1),《胡维勒尔祝贺文集》,2007 年,第 651 页。

(二)在**解除**条件的情形下,行为成立就完全发生效力,但条件成就则重新失去效力[所谓“解除条件”(Resolutivbedingung)]。自普通法以来的通说认为,古典法学家尚未将解除条件作为独立的条件种类、法律行为的组成部分,而是将它作为与主法律行为相联系的附解除条件的解除约定。 11

文献:维·弗卢梅,第 147 页;京·雅尔(G. Jahr),“古典罗马法中的解除条件和期限”(Auflösende Bedingungen und Befristungen im klass. röm. Recht),《胡·尼德伦德祝贺文集》(Fs. H. Niederländer),1991 年,第 27 页;又见彼得斯(Peters)(下文边码 41.50),第 93、164 页;卡泽尔,《罗马私法》,第 1 册第 2 版,第 257 页;齐默尔曼,第 731 页;帕·皮绍纳茨(P. Pichonnaz),“解除条件本身的效力”(La condicion résolutoire avec effet réel),《信义 人性法》,第 6 册,第 4259 页。

市民法(ius civile)的严格法债务,尤其是要式口约和遗赠,不允许附期限。Pomp. D. 30,55 强调,继承人基于遗赠所负担的债务,不能因为时间经过或者条件成就而结束,Inst. 3,15,3 也强调,“附终期不能负担债务”。如果遗赠或者要式口约中涉及义务的 12

终止，就可以主张裁判官为其提供的简约抗辩(exceptio pacti)或者诈欺抗辩(exc. doli)(参见 Paul. D. 44,7,44,2)，债务也并不当然(ipso iure)消灭。

13 从这种观念出发的，在古典法学家那里，(尽管对此争议颇多)显然还有自由诉讼，对此立即就可以想到法官裁量所确定的诈欺抗辩和简约抗辩(边码 33.16)。这里首先就涉及买卖的解除保留问题(更优报价条款、流质约款、试用买卖，下文边码41.49－50)。关于解除约款有很多说明：

D. 41,4,2,3(保罗，《论谕令》，第 54 编)

Sabinus, si sic empta sit, ut, nisi pecunia intra diem certum soluta esset, inempta res fieret, non usucapturum nisi persoluta pecunia. sed videamus, utrum condicio sit hoc an conventio: si conventio est, < emptio > magis resolvetur quam implebitur.	萨宾说，如果买受某物时附加有约款，价款在特定期限未支付，就没有买得该物，也不能时效取得(它)，除非买受人支付了价款。但我们可以考虑，这是条件还是协议：如果是协议，买卖(未支付时)就应该被解除而不是被履行。

他人之物被附加解除约款而出卖并且已经交付的，买受人因此只能通过时效取得而取得所有权。如果早期古典法学家萨宾承认对此所必须的正当原因(iusta causa)(边码 25.9)乃是支付价款，他就必然认为解除约款是停止条件(condicio)，买卖只有在支付后才发生效力并且成为一项正当原因(iusta causa)。与此相对，晚期古典法学家保罗则认为，这是对解除约款的结构性安排。它应该是一项协议(conventio)，如果这样，买卖就应当同时生效，取得时效也同时开始，直至出卖人基于该(附解除条件的)解除协议解除买卖。由于罗马人尚未将解除作为一种形成权，因此解除协议所附的条件就被认为是有利于出卖人的停止性任意条件(边码 10.4)(参见 Pomp. D. 18,3,2，边码 8.10)。

授予某些绝对的法律地位,如自由、父权、地役权和继承权等,不符合解除条件的性质,因为人们认为这些法律地位不能事先限定时间(Paul. D. 40,4,33 f. ;Lab. – Paul. D. 1,7,34)。然而,法学家对此也找出了解决办法:通过提供简约抗辩或者诈欺抗辩(exceptio pacti 或者 doli)进行荣誉法上的协议性限制(Pap. D. 8,1,4 pr.)。 14

当然,在个别情形也可以发现其中有解除条件的观念。因此,用益权的期限最长可以到用益权人死亡,在奴隶之上可以有一项用益权,直至所有权人愿将该奴隶释放。因为释放使用益权消灭,因此应该可以将其理解为解除性任意条件(Ulp. D. 7,4,15;参见 Lab. – Iav. D. 33,2,30 pr.)。此外就是以不合常规而著称的军人遗嘱(边码 67.8),其指定继承可以有时间限制或者直至某解除条件成就(Ulp. D. 29,1.15,4)。 15

出卖负有下列约定就是采用了类似方式:出卖人担心被奴隶追踪而使奴隶到国外(ut servus exportetur)才能取得;释放奴隶(ut servus manumittatur);不将女奴隶卖为娼妓(ne serva prostituatur)。这些情形下行为成立但未附条件,如果违反约定,出卖人就可以对奴隶采取适当方式予以拘禁(manus iniectio)而使其回归到自己的所有权。参见 Pap. vat. 6;D. 18,7,9。这里涉及对物的"处分限制",可以对抗第三人取得,它大概可以追溯至要式买卖附加声明(leges mancipio dictae)(边码 7.9)。——按照当代法的理解,私人自治也不可能使得某物的法律命运竟然可以产生对抗第三人的效果并且最终可以取得无交易能力的物,参见《德国民法典》第 137 条,《德国民法典立法理由书》,第 3 册(1888 年),第 77 页。——**文献:**马·卡泽尔,《罗马法渊源和所用法学家方法》,第 173、184、70、75 页;马·维默尔(M. Wimmer),"受约束的所有权的结构"(Konstruktionen gebundenen Eigentums),载《赫·豪斯马宁尔祝贺文集》,2006 年,第 341 页。 16

二、期限

附期限(dies)就是使行为的某些效力取决于将来确定发生的 17

事件。只不过该事件发生的时间既可以确定[确定期限（* dies certus an et quando），即是否发生以及发生时期均已确定的期限，如日历日]，也可以不确定[不确定期限（dies certus an，incertus quando），即确定发生但发生时期不确定的期限，如死亡日]。与此相应，发生与否和发生期限均不确定（incertus an et quando）以及发生与否不确定但时期确定（incertus an certus quando）（如某人活至日历中确定某日）的情形，均属于条件。期限在很多方面适用与条件相同的规则。——《德国民法典》第 163 条，《奥地利民法典》第 704 条至第 706 条，《法国民法典》第 1185 条，《希腊民法典》第 210 条。

18 附**停止**期限（始期）者，如果是适法行为（actus legitimus）则不生效力。相反，如果指定继承时附加该期限，就会删除该限制并且被指定人立即成为继承人（下文边码 68.8）。附停止期限让与所有权、释放等，如同附停止条件一样，发生了一项期待。如果债务人于将来期限负有给付义务，通常就发生了可继承的债，只不过这项债在所附期限届至时才到期，此后才能主张该项债权（Inst. 3，15，2）。——附**解除**期限（终期）一般被认为是附停止期限的解除约定，可以附这种期限的范围与可以附解除条件的范围大体一致。某些情形绝对不能附解除期限，但其他情形期限届至只能[通过抗辩（exceptio）]产生荣誉法解除效果（上文边码 10.11 – 15）。

19 **三、负担**

负担（modus）（在优士丁尼时期才成为专门术语，C. 6，45）对赠与、释放或者遗嘱性给与等行为的限制在于，它为那些自该行为获益的人规定了应为的特定行为。

举例：受赠人以后应当将受赠奴隶释放，被释放者或者金钱遗赠受领人应当照管被继承人的坟墓；Iav. D. 35，1，40，5；Ulp. D. 40，5，7。

与条件不同，这里所给与的权利（或者自由）并不是完成负担后才取得的。古典法学家在这里的表述不同于对条件的表述。对条件的表述是“如果……将给与某物”，而对负担的表述则是“给与某物，因而……”此外，古典法学家还将给与行为的种类取决于负担是否可以强制执行。优士丁尼还鼓励主要为教会利益而设定的负担。他将负担的强制执行予以一般化，并且通过规定未执行负担者应当返还其所得给与而使其得以强化。 20

赠与人可以通过要式买卖附信托简约（pactum fiduciae）或者通过要式口约（stipulatio）对履行负担提供担保。此外，不管这种担保是否附条件，在受赠人或者死因被给与人未执行负担时，可以向他主张（给予目的不达）请求返还之诉[condictio（ob rem dati）]（参见 Alex. D. 4,6,2）。如果负担是向第三人给付，古典皇帝法就已经为个别情形下第三人请求给付提供了扩用诉讼（actio utilis）（Diocl. vat. 286 = C. 8,54,3）。此外，古典皇帝法还对通过负担而受利益者就其执行提供了依前书文句之诉（actio praescriptis verbis）（C. 8,53,9）。 21

四、时间计算 22

对于确定期限，有两种可能供参考：或者从起始日的具体时刻起算，如 15 点，期限至终止日的同一时刻。这种方法称为“自然计算法”，它在 Ulp. D. 4,4,3,4 中用以计算年龄，按照这种方法，从此以后未成年就再不可能重新恢复到原来状态。它的优点在于准确，但却不符合交易习惯。对于事件，如果不考虑极端异常的情形，人们通常认为比较重要的是天，而不是时，更不是分。因此，罗马人在计算期限时使用的最小时间单位原则上就从午夜到午夜所确定的天（所谓历法计算法）。这种计算中存在是否将起始日（dies a quo）计算在时间之内的问题。罗马法学家进行区分时采用了有利于由作为基础的法律规范获得利益者（如时效取得中的取得人）的标准；他们通过两项原则使得历法计算法中的实践理性原则具体化：如果有可能丧失权利，例如某行为必须在特定期限进行，期间经过即自下一个午夜起算［不计算起始日（dies a quo non computatur），参见 Paul. D. 50，17，101］。相反，如果涉及取得权利，就认为前一个午夜符合要求。例如，遗嘱能力自成年之日取得，但在早于实际出生的钟点之前他就已经取得了（Ulp. D. 28，1，5；Paul. D. 50，16，134；此外参见边码 58. 37）。——《德国民法典》第 186 条以下，《奥地利民法典》第 902 条、第 903 条，《瑞士债法》第 76 条以下，《意大利民法典》第 1187 条、第 1263 条，《希腊民法典》第 240 条以下。——**文献**：米・施米茨（M. Schmitz），《罗马法中的期间计算》（Die Fristberechnung nach röm. Recht），2002 年。

第十一节　代　　理

（RPr. § § 62，204）

一、概说

文献：阿・克劳斯（A. Claus），《罗马私法中的意定代理》（Gewillkürte Stellvertretung im röm. Privatrecht），1973 年［书评，马・卡泽尔，"代理和'必要有偿性'"（Stellvertretung und ‚notwendige Entgeltlichkeit‘），《萨维尼杂志》，第 91 卷（1974 年），第 146 页，第 200 页］；汉・维林格，"委托以及类似法律关系对第三人的效力"（Drittwirkungen des Mandats und ähnlicher Rechtsverhältnisse），《委托和类似制度》（MuV），第 235 页；约・霍夫施泰特尔（J. Hofstetter），"间接代理的直接效果"（Direkte Wirkungen indirekter Stellvertretung），《武布祝贺文集》（Mél. Wubbe），1993 年，第 161 页；安・瓦克，"论船东和企业负责人对直接代理的诉讼"（Von der Reeder – und der Betriebsleiterklage zur direkten Stellvertretung），《萨维尼杂志》，第 111 卷（1994 年），第 281 页，文献附录，第 356 页；齐默尔曼，第 45 页；托・芬克瑙尔，"要式口约中的直接代理？"（Direkte Stellvertretung bei Stipulationen?），《萨维尼杂志》，第 125 卷（2008 年），第 440 页。关于进一步发展，科英，第 1

册,第423页;乌·米勒(U. Müller),《直接代理和利益第三人合同的发展》(Die Entwicklung der direkten Stellvertretung und des Vertrages zugunsten Dritter),1969年。

1 **直接**代理是当代法所理解的技术意义上的代理,即以(独立的)他人名义实施法律行为且行为效果归属于被代理人,它在夕土诸国私法中是相对较新的内容。这种认为法律上的行为对行为人以外的人发生效力的思想,是以先进的法律抽象能力为前提的。对于这种真正的代理,尽管我们在19世纪的教义中才能找到具体内容,但在《学说汇纂》中很容易就可以发现其萌芽。例如,Ulp. D.3,5,5,3:"如果我鉴于你而给你的管理人以消费借贷,因此而使他清偿你的债权人,我对你就有无因管理之诉(边码44.21);对我与之订立消费借贷合同的管理人,我没有诉。"共同法(ius commune),尤其是与商法相关者,即发端于此,而且很早就已经发展出了代理的某些典型规则。例如,《学说汇纂》文本Scaev. D. 14,3,20就是这样被共同法(ius commune)法学所使用的:缔约的经理人不应承担自己责任(佛罗伦萨在1393年就已通过法令确定了这项规则)。参见边码44.11。

2 为了能够通过其他人实施法律上的某些行为,包括罗马法在内的古代法采用了其他思路:通过附属机关、信托和间接代理而实施行为。**间接**代理人以自己名义行事,对自己发生效果;代理人将法律效果转移给被代理人则由他们之间的"内部关系"决定。

例:(根据承认直接代理的法律制度)甲作为乙的直接代理人行事,以乙的名义自丙买受某物并为所有权让与,(只要甲有权代理乙)乙即成为所有权人并且应当向丙支付买卖价款。如果甲作为间接代理人,则甲成为物的所有权人并且应当向丙支付买卖价款。基于甲乙之间的内部关系,如基于乙对甲的委托,甲应当将所有权让与于乙,乙应当补偿甲所垫付的买卖价款。甲对乙的间接代理由于甲要以自己的名义对丙行事,这就使得丙不能(在外部关系中)识别出来。

二、机关

3 通过附属机关行事,自古即为罗马法所熟悉,但在私法中却只存在于有限范围之内。

“机关”的观念不是由罗马人形成的,而是源自现代法人学说(下文边码17.1-2),但却能够作为一种思维方式来说明这里所谈的罗马法律状态。这种观念的基础是,某人通过附属于他的人实施法律上的行为,就如同这个人通过其肢体行事一样。机关就是“有灵魂的工具”“延长的手臂”,(按照罗马及当代的观点)和传达他人表示的传达人(nuntius)一样,当然只能够实施不要式行为,如不要式结婚(Pomp. D. 23,2,5)、买卖(Paul. D. 18,1,1,2)、不要式协议(Paul. D. 2,14,2 pr.)等。罗马人的观点已经远不限于传达人这种情形,他们将依附人可以或多或少独立决定意思的情形也包括在内了。芬克瑙尔(边码11.1之前)则对此提出了批评。

通过机关实施行为从早期开始就已经超出了私法范围:罗马国家(populus Romanus,下文边码17.5)通过官员行事,神——在特定情形——通过神职人员行事。

私法上通过机关行事应当区分为他人取得权利和为他人负担义务。为他人实施处分行为的讨论与机关无关(对此参见下文边码11.15)。

4 (一)1. **取得权利**,在罗马只能通过自己的家子和奴隶(边码15.9),而不能通过自由人和家外人。家子与归顺夫权的妻子(uxor in manu)地位相同,他和奴隶自古以来就无财产能力,不能享有自己的财产权。只有他们的家父(paterfamilias)才具有财产能力。他们所取得的一切,不管是通过他们可以实施的要式行为,还是通过不要式行为或者其他任何方式,都必然归属于家父。对此,以家父名义行事并不重要,而家父明知或者愿意在大多数情形下也不重要。详细内容，参见 G. 2,86 – 94;3,163 – 167a. ;Inst. 2,9 和 3,28。

然而，如果他权人有特有产（peculium，对此参见下文边码 15.7），就要区分这项取得是归属于其特有产（无疑也属于家父）还是归属于家父其他财产。

文献：沃·克吕格尔（W. Krüger），《通过身份的取得的归属》（Erwerbszurechnung kraft Status），1979 年；法·克林克，《通过向第三人交付而取得》（Erwerb durch Übergabe an Dritte），2004 年，第 40、189 页［书评，弗·施图尔姆（F. Sturm），《萨维尼杂志》，第 125 卷（2008 年），第 790 页］。

2. 与之相反，自权人并不像机关那样附属于被代理人，一般不 5
能通过他们取得权利（与真正利益第三人合同一样，下文边码 34.6）：通过自由人，即那些不处于我们家父权之下的人，我们不能取得权利（Per liberas personas, quae in potestate nostra non sunt, adquiri nobis nihil potest），PS 5,2,2；G. 2,95；Inst. 2,9,5；C. 4,27,1 pr.。古典法承认一项例外：如果自由财产管理人［代理人（procurator）］，当然也可能包括监护人（tutor），已经取得占有，只要取得占有是取得所有权所必须的，就能够为被代理人取得所有权［参见 G. 2,95 中使用的是“通过代理人”（per procuratorem）；3,103；Ner. D. 41,1,13 pr. /1；C. 7,32,1；Inst. 2,9,5］。个别晚期古典法学家认为，占有取得和（由此而实现的）所有权取得可以通过其他人作为代理人（procurator）和监护人（tutor）而实施；优士丁尼采用了这种观点。参见 Pomp. D. 41,1,53；Ulp. D. 13,5,5,9。

关于代理人（procurator）的这项例外可以由以下事实说明：如同富人们经常做的一样，人们通常指定自己的释放自由人担任财产管理人。这些人在共和晚期仍然严重依赖于其释放人、庇主（下文边码 16.12），因此指定他们就像以（自己的）奴隶作为纯粹的取得工具那样。关于监护，见下文边码 11.

10－12。——**文献**:见边码 11.4。

6 3. 表见奴隶(bona fide serviens),即自由人使用被他人善意相信为所有权人的奴隶作为占有人,是一种特殊情形(参见 Gai. D. 41,1,10 pr.)。这种情形显然并不少见。对于这种现象可以进行如下说明,有些罗马市民日渐贫困,他们对此不能避免也无法阻止,只好从事依附性劳动以挣得生活必需,冒充奴隶并在富裕的罗马人家里从事奴隶承担的工作,因为富裕家庭中奴隶的生活条件往往比市民阶层中最下等自由人的生活条件还要舒适并且有保障。大概这也是逃避兵役征召的一种途径。

7 关于通过表见奴隶(bona fide serviens)的取得,基于善意占有人的财产或者通过自己劳动所取得的一切,均归其占有人,而其他取得(基于继承或者遗赠)则均归他自己,G. 2,92 = Inst. 2,9,4。这可以解释为适用以下规则的具体情形:善意自主占有人取得物的孳息的所有权(边码 26.6),因此也包括表见奴隶的劳动力的收益。——**文献**:沃·克吕格尔(边码 11.4),第 92 页;阿·泽尔纳,《误将奴隶作为自由人和不确定所有权关系中的奴隶》(Irrtümlich als Sklaven gehaltene freie Menschen und Sklaven in unsicheren Eigentumsverhältnissen),2000 年;阿·泽尔纳,"诚实信用－善意?"(Bona fides－Guter Glaube?),《萨维尼杂志》,第 122 卷(2005 年),第 50 页、第 55 页;法·克林克(边码 11.4),第 78 页。

8 (二)基于法律行为或者类似于法律行为的行为而**负担义务**,依照市民法(ius civile)只能涉及实施该行为的人。与此相对,**裁判官法的**法律创造则为家子和奴隶所实施负担行为的债权人提供了在特定案情下可以向家父提起的诉讼,即所谓**附加之诉**(对此详见下文第四十九节)。它们的根据在于,依附人或者是经家父授权而接受债务,或者是为实施特定任务而受其雇佣,或者是他作为特别财产而获得了特有产(peculium),或者是以其他任何方式而给与家父财产利益[转化物(* versio in rem)]。如果为履行该项职能而指定自权人或者他人奴隶,本人甚至要对某些经理人发生的债务负担责任。这种"附加的"责任同样源自于机关附属性的思想。这种责任并不像真正代理中那样取代依附人的自己责任，而只是在依附人的自己责任之外存在的一项责任。

在古典晚期，一方面开始限制行为人的共同责任（上文边码 11.1），另一方面却又扩张了共同责任的情形，即自权人按照本人意思行事者负共同责任，尤其是（被拉贝尔赞为“光辉一页”的）帕比尼安在 D. 14,3,19 pr. 中的见解（下文边码 49.14）。这两者都推动了代理思想的发展。

（三）在后古典时期的实践中，由自权人作为代理人实施行为在很大范围内获得了承认。优士丁尼却只接受了这些扩张中的个别内容。 9

在后古典法中，自权人也可以由他人授权或者由他人事后追认而取得各种权利。通过负担行为对被代理人产生拘束力的范围也有所扩张。此外，订立行为的依附人这时自己也取得了限制财产能力，因此他们自己也就可以提起诉讼了。它尤其适用于家子，在一定范围内也适用于地位类似于奴隶的人，如隶农（边码 16.18），对于奴隶本身只有在例外情形才能适用。——优士丁尼则将通过自权人［也可以通过作为代理人（procurator）的其他人］取得限定在占有取得以及由此而发生的所有权取得（Inst. 2,9,5）。基于负担行为所发生的附加责任在个别情形有所扩张（下文边码 49.10－11）。除古典法中的萌芽外，在家子或者奴隶基于授权（iussum）而负担义务的情形，家父自己就是合同当事人，债权人对他（除附加之诉外还）享有一般的合同之诉（Inst. 4,7,8）。

三、信托

不以机关思想为根据，而是以信托思想为根据的，首先是监护人（tutor）和保佐人（curator）相对于其被保护人的地位。基于信托可以对此予以说明。 10

（一）他们基于自己的权利可以［处于所有权人的地位 11

（domini loco）］处分其被保护人的财产权（Paul. D. 26,7,27；参见下文边码62.17）。

12 （二）监护人至少可以为被监护人而取得占有和所有权（上文边码11.5）。所有其他取得行为，监护人和保佐人无疑也可以作为间接代理人而参与，即先由他们自己取得，然后再向被代理人转让所得（参见下文边码62.17）。当然，裁判官在保护关系结束后赋予被保护人一项请求权，凡是监护人或者保佐人作为间接代理人而取得者，被保护人都可以提起扩用之诉（actiones utiles）。参见 Ulp. D. 26,9,2。

同样，经营者基于担任其经理人（institor）的自权人而取得的债权可以提起［作为扩用之诉（actiones utiles）的］诉讼（下文边码49.3 和13－14）；Ulp. D. 14,3,1 末尾，和 Gai. eod. 2；参见 Ulp. D. 14,1,18。

13 （三）反过来，裁判官基于监护人或者保佐人为被保护人利益而实施的负担行为也（根据具体情况）赋予债权人一项针对特定被保护人的扩用之诉（actiones utiles）。参见 Ulp. D. 21,2,4,1；26,7,9 pr.。

14 当代法中的“自己缔约”，或者是代理人以被代理人名义与以自己名义的自己缔约（自己行为），或者是以被代理人名义与作为第三人代理人的自己缔约（多方代理），其中所体现的利益冲突，不但可以发生在直接代理，也可以发生在间接代理（边码11.1－2）。在罗马，它主要体现在监护。对此，自共和时期起就有两项原则性禁止：其一，监护人在自己事务中不能为被监护人作出要式同意（tutor in rem suam auctor fieri non potest）（Ulp. D. 26,8,1 pr.；G. 1,84；Inst. 1,21,3）；其二，监护人不能买受被监护人之物（tutor rem pupilli emere non potest）（Paul. D. 18,1,34,7；Ulp. D. 26,8,5,2）。当然，对诸如在公开拍卖中取得、共同监护人同意的情形或者先前的被监护人成年后许可的情形等，还有其他符合实际情况的具体限制。

监护人可以通过向被监护人支付自己债务（监护人由于监护甚至对自己应收款项负担义务）而自我免责，反过来，监护人也可以用被监护人财产对自己债权自我清偿。——对这种“多方代理”显然并无原则性怀疑[Marcell. D. 26,8,15；Scaev. eod. 20：对同一监护人的两个被监护人之间法律争议和遗产分割的同意（auctoritas）]。

《德国民法典》第 181 条，《德国商法典》第 400 条，《奥地利民法典》旧文本和新文本第 271 条、第 272a 条、第 1009 条，《法国民法典》第 450 条第 3 款，第 1596 条，《西班牙民法典》第 162 条第 3 项、第 163 条、第 1459 条，《希腊民法典》第 235 条，《意大利民法典》第 1395 条。——**文献**：安·瓦克，“罗马代理法中的自我缔约”（Selbstkontrahieren im röm. Vertretungsrecht），《卡泽尔祝贺文集》，1986 年，第 289 页；安·瓦克，“通过自己行为的清偿行为”（Tilgungsakte durch Insichgeschäft），《萨维尼杂志》，第 103 卷（1986 年），第 223 页；克·肖特（Cl. Schott），“普通法中代理的自己行为”（Das Insichgeschäft des Stellvertreters im gemeinen Recht），《科英祝贺文集》（Fs. Coing），第 1 册，1982 年，第 307 页。

四、处分

不以机关思想为根据的，还有罗马人对于非权利人处分他人 15
权利而实施的某些处分行为，只要事先或者事后取得权利人同意，也承认它发生效力。它尤其适用于他权人处分权利人权利的情形。如果处分标的属于其特有产（peculium），他就可以自由处分（libera administratio），因此，随着这项概括授权通常[例如，对违反《马其顿元老院决议》（SC Macedonianum，边码 39.7）而赠与或者消费借贷就没有]授予了同意（下文边码 15.7 和 10；60.16）。——**文献**：安·瓦克，“特有产的自由处分”（Die libera

administratio peculii),《维林格学术交流会》,第 251 页。

通过市民法要式行为处分他人权利,或者根本不允许[例如,通过要式买卖(mancipatio)或者拟诉弃权(in iure cessio)而为者],或者只在例外情形才允许[家父诉请释放(manumissio vindicta)家子即属之,下文边码 16.2, Paul. D. 40,9,15,1]。与此相对,对于不要式处分[例如,交付(traditio)、质押、不要式免除等],非权利人则可以为之,即使他与权利人并无依附关系,当然这需要权利人事先(不要式)许可或者事后追认(ratum habere, ratihabitio)。参见 Gai. D. 41,1,9,4 = Inst. 2,1,42;Paul. D. 13,7,20 pr.;Marci. D. 20,2,5,1(以其物设质于债务人者为此担保)。为让与质物所有权,有权出卖的债权人基于质押中的出卖约定已经得到了授权(G. 2,64 和下文边码 31.35)。此外,法学家们(就像我们对《德国民法典》第 185 条和代理法所做的那样)区分了诸如委托等"内部关系"和外部具有对物效力的许可或者授权(iussum),经许可或者授权之人基于该许可或者授权可以处分许可或者授权他处分的权利而直接对该权利发生效力(维林格,《委托和类似制度》,第 236 页)。

处分他人债权可以有很多种途径:(1)某人经债务人授权清偿他人债务(Cels. D. 46,3,67 第 2 部分;Paul. D. 12,6,6 pr./3)。它应当与"第三人支付"(下文边码 53.4)相区别,后者支付目的不是作为债务人的给付,而是作为行为人自己的给付。——(2)某人经债权人授权向第三人给付(Paul. D. 12,6,6,2;Afr. D. 46,3,38,1)。——(3)某人经原债权人授权对他人债权进行更新(Paul. D. 3,5,58)。详见卡泽尔(边码 11.1 之前),第 200 页。——关于补正,见边码 9.5。——以权利人名义行为者一般非常少见。

《德国民法典》第 185 条,《奥地利民法典》第 456 条,《瑞士债法》第 38 条类推适用。——**文献**:边码 9.5。

第二编

人法

第十二节　人和家庭

(RPr. §§ 11 Ⅱ – Ⅳ,12,13,63,205)

一、古代罗马的家庭

（一）人在社会共同体中的地位和由此而在法律中的地位，在罗马发展的过程中发生了巨大变化。在古代罗马时期，尚未将人视为个体，而是将其视为所在团体的成员。在这些团体中，就私法地位而言，突出了最大单位，即国家作为全部罗马市民的团体，同时也突出了最小单位，即**家庭**。 1

如果追溯到早期历史，大概就可以推测，人们存在于大家庭中，而大家庭包括了所有通过（父系）亲属关系而联系起来的人（对此参见下文边码 12. 7），家父（paterfamilias）的任何旁系亲属（兄弟、叔伯、堂兄弟等）及其后裔均属其中。这种全面的团体可能独立地继续向外扩展，因此可以认为它是国家的前身。由它可能还产生了宗族（gentes）（下文边码 12. 10）。随着时间推移，大概是在意大利人逐渐从游牧转为定居后，这种父系团体逐渐分解成为了小家庭，而这种小家庭则构成了后世罗马人法和家庭法的基本形象。 2

3 (二)1. 罗马的**小家庭**(familia)构成一种独裁式**法律团体**,由作为首脑的家父(paterfamilias)和屈从于其全面的家父权之下的人组成:其妻子(只要她处于夫权之下)、其子女(只要他们尚未脱离家父的权力)、其门客和奴隶。这种家庭团体在农业时代生活在单独庄宅中,经营单独庄宅是其存在的基础和内容。它因家神祭祀又构成了一个神事单位。

关于家庭的意义以及相关内容,见 Ulp. D. 50,16,195,1 – 5。——**文献**:特·迈尔 – 马利,"家庭"(Familia),《安·瓦克祝贺文集》(Fs. A. Wacke),2001 年,第 261 页;汉·赫·塞勒,"家庭和家庭法"(Familia und Familienrecht),同上,第 437 页;真·弗兰乔西(G. Franciosi),《罗马的家庭(社会和法)》[La famiglia romana(Società e diritto)],2003 年。

4 2. 家庭团体中的成员地位屈从于**家父**(**paterfamlias**)一个人几乎不受限制的**完全权力**之下,而这种权力根据其标的表现出某种差别。这种家父权称为**"支配权"**(**potestas**),起初还有"夫权"(manus)(古高地德语"munt",还体现在"Vormund","mündig","Mündel"等词语中)这个词,"夫权"在这里既象征支配,同时也意味着给予保护。后来,"夫权"(manus)仅用于对妻子的权力[归顺夫权的妻子(uxor in manu)],只要她(并不必须)属于丈夫的家庭团体(下文边码 58. 9)即可。对家子(filii,filiae familias)的权力是父权(patria potestas)(下文第六十节),对奴隶的权力就是所有权。

关于对门客和释放自由人的庇主权,见下文边码 13. 5;关于监护人(tutor)和保佐人(curator)的信托权力,参见下文边码 62. 4,64. 1;关于对已经出让的家子的买主权(mancipium),见下文边码 16. 17。

5 3. 归顺夫权的妻子(uxor in manu)和家子虽然是自由的(不

同于奴隶),但如上所述,却屈从于其家父自己的支配之下,这种支配甚至包括了生死权(下文边码 58.7;60.3)。当然,最严重的滥用这项权力的行为受到了法律、神法禁令和后来监察官习俗监管的抑制(上文边码3.3)。归顺夫权的妻子(uxor in manu)和家子也无能力有自己的财产。财产可能首先被作为家庭财产,至少其唯一的处分权自古就属于家父(paterfamilias)(详细内容,参见下文边码 58.6 – 9;60.2 和 12)。家子这种在法律上的高度依附性和奴隶比较近似,但他所享有的不仅是对其自由等级的社会承认,而且还有法律期待,即将来——如家父死亡时——不再依赖他人并且自己也成为一个新家庭的首脑,而对奴隶显然没有这种指望,因为他对将来获得释放并无任何期待。

4. 处于家父(paterfamilias)的家父权之下的人,包括家父自己 6
的婚生子女。按照支配罗马家庭的所谓父权制原则,家父所出后裔只能经由男方后裔而获得该地位:儿子的婚生子女,儿子的儿子,等等。此外,通过法律上的行为还可以使家外人成为家庭成员而加入家庭团体:通过接受作为子女[采用自权人收养(adrogatio)和收养(adoptio)形式],以及妇女通过归顺家父或者家子的夫权(manus)。家子虽然成年,但只要家父仍然活着而他尚未经过特别法律过程脱离家庭,就仍然处于家父权之下;但通过诸如脱离父权(emancipatio)、收养(adoptio)、女子通过归属其丈夫的夫权(manus)等方式,就可以脱离父权。在罗马,子女达到"成年"并不能使他脱离家父(paterfamilias)的权力而获得自由,这一点不同于希腊法和日耳曼法。

5. **亲属关系**首先不是按照血亲(cognatio)而是按照家庭团体 7
的从属关系而确定的:**族亲(adgnati)**,即父系亲属关系,是指那些处于同一家庭团体的所有自由人,还包括共同家父尚存时仍然共同处于同一家庭团体的所有自由人。族亲关系只能由男人获得,因为只有他们才能成为家父权的权利人。

亲属的亲等(族亲以及血亲)是按照产生亲属关系的生育次数计算:父母和子女是一等亲,兄弟姐妹是二等亲。关于亲系和亲等,详见 D. 38,10 和 Inst. 3,6;《法学阶梯》中有示意图,贝伦茨/克努特尔/库皮施/塞勒的版本(边码 1.43),第 155 页。

8 (三)**自权人**(**sui iuris**,suae potestatis)是不处于任何家父权之下的人:家父(paterfamilias)、无亲属的男子、无亲属的妇女。其他所有人均为他权人(alieno iuri subiecti,* **alieni iuris**),不仅包括归顺夫权的妻子(uxor in manu)、家子(filii familias)、家女(filiae familias),而且还包括奴隶;但处于监护或者保佐之下的被监护人则不属之。参见 G. 1,48f. = Inst. 1,8 pr. 和 1。

家父(paterfamilias)也指自权人(sui iuris)中的男性自由人,即使其家父权之下没有家庭成员,而他是否适婚也不重要。Ulp. D. 1,6,4;50,16,195,2。

9 如果家父(paterfamilias)**死亡**(或者丧失自由或者丧失市民权),有多少人直接(不包括间接成员)处于其家父权之下,就会成立多少新家庭:他的归顺夫权的(in manu)妻子、他的儿子和女儿、亡子的归顺夫权的(in manu)妻子和子女等人现在都成为了自权人(G. 1,127 = Inst. 1,1,12 pr.)。分裂为多个新家庭是依法发生的,当然这些家庭暂时要受继续存在的继承人共同体约束(下文边码 73. 1)。死者的儿子(亡子的孙子等)自己将成为家父(paterfamilias),如果他们有归顺夫权的妻子(uxor in manu)或者自己的族亲后代,这些人此时就处于他的家父权之下了。成为自权人的妇女,即死者的归顺夫权的妻子(uxor in manu)和女儿等人则不能成为家父,因为妇女对其所属家庭不能享有家父权。参见 Ulp. D. 50,16,195,2/5。

二、宗族

宗族(gentes)是超越家庭团体的高级团体,可以与日耳曼人的氏族团体(希腊人的"γένζ",即"genos",凯尔特人的"clan")相比较。它起源于——大多是传说中的——共同祖先(pater gentis),由多个家庭组成,当然是为合作而组织起来的团体,为特定任务显然也可以有一名首脑。宗族在古代可能是垦殖共同体,并且在较早阶段是强大的政治权力的主体,但随着国家确立这一点就不复存在了。在私法方面,直到共和末期还为它保留着(辅助性的)无遗嘱继承权(作为一种遗产复归权,参见下文边码66.6)和(同样是辅助性的)法定监护(下文边码62.6)。 10

宗族的来源可能是大家庭,这使人想到了(在名和姓之间)使用宗族名(nomen gentile)的习惯。例如,盖尤斯·尤利乌斯·恺撒(Gaius Iulius Caesar)就是尤利乌斯宗族(gens Iulia)成员。

三、家庭团体的松散化

前文所描述的家庭团体中罗马民族的构造保留了直到后期仍然得以坚持的原则。尽管如此,还是应当注意,自农业社会末期起,罗马家庭进一步发展的历史就是它逐渐分化的历史。少数自由人从其约束中解脱并且获得其独立,而社会现实又推动了这方面的法律发展。这种先进的个人化表明了农业社会开始向商业、手工业和货币流通所决定的经济形式转化,同时也表明了文化意识在普遍的、接近泛希腊化文化的方向上开始精致化。在后古典时期,受基督教影响家子独立化更为强烈,当然,在后期仍然保留着古代父权的某些残余。 11

我们在这里只作简要概括,详细内容将在"家庭法"(下文第五编)中介绍。妇女归顺丈夫的夫权(manus)在元首制开始时除个别例外基本上不复 12

存在。对家子的家父权逐渐消失了。野蛮的生杀权被认为过时了,并且在元首制时期根据具体情况而受到抑制,在4世纪最终消亡。类似情形还有家父(paterfamilias)对家子人格的严重侵害[例如,损害投偿(noxae deditio),即将侵害他人而应当承担责任的家子交给受害人]。关于财产方面,古代共和时期就已经发展出了这样的风俗:家父从其财产中留出特定财产,由家子(或者奴隶)作为特有产(peculium)自由经营管理,但家父有权随时撤销。如果特有产(peculium)受领人对属于家父所有权之下的财产享有权利,尽管他仍然处于家父命令权之下,但在经济上和社会上已经取得了相当程度的独立性。从特有产制度出发,帝政时期开始在法律上也承认家子的财产能力。当然,该财产能力所涉及的仅限于特定财产[军营特有产(peculium castrense)、准军营特有产(pec. quasi castrense)、母亲遗产(bona materna)等],到古典晚期家子仍未取得完全的财产能力。

第十三节　权利能力　自然人

(RPr. §§ 6 II,64,206)

一、权利能力

文献:贝·阿尔巴内塞(B. Albanese),《罗马私法中的人》(Le Persone nel Diritto Privato Rom.),1979年。

1　(一)现代教义提及权利能力,是作为权利和义务担当人(权利主体)的能力,并且称具有这项能力者为法律意义上的**人**。具有权利能力者在当代包括所有生物人(自然人),此外还包括法律承认为人而被称为法人的特定组织形式[有权利能力的社团、基金会、国家(对此参见第十七节)]。权利能力的概念由近代学说从罗马法渊源发展而来,当然它在罗马人自己那里尚未形成。

对罗马人而言,任何生物人都是人(persona),奴隶也是(参见G. 1,121;

2,187;3,189),尽管后来通常把自由人称为人(personae)。关于人的最初含义(面具?)存在争议。身份(status)不是权利能力,而是一般的生物人的法律地位。

(二)在当代,权利能力因为所有生物人的自由和法律面前人人平等而被认为是统一的,但罗马人对该问题的回答却是,人可以根据其所在人群而相应享有部分权利。对此,出现了据以区分人的法律地位的三个角度:**自由(libertas)**、**市民权(civitas)**和在**家庭**团体中的地位。 2

自由人身份(status libertatis)、市民身份(status civitatis)和家庭身份(status familiae)等(非罗马的)名称是由身份变更,即**人格减等(capitis deminutio)**的三个种类发展而来。罗马人认为这是一个自由人失去其所在团体的成员地位的过程。古典时期的学校教义区分了人格最大减等(cap. dem. maxima)(丧失自由)、人格中减等(cap. dem. media)或者人格小减等(cap. dem. minor)(丧失市民权)和人格最小减等(cap. dem. minima)(丧失家庭身份。例如,收养中将家子送交他人,女儿归顺夫权(conventio in manum),此外还可通过自权人收养、自权妇女归顺夫权,或者脱离父权,尽管子女因此而成为自权人)。人们常将人格减等(cap. dem.)的效果与死亡的效果相比较。——参见 G. 1,158 – 162;3,153;Paul. D. 4,5,11;Inst. 1,15,3;1,16。 3

1. 关于根据自由而将权利能力区分为自由人(生来自由人和释放自由人)和奴隶,详见下文第十五节、第十六节。 4

2. 关于按照**市民权**将罗马市民(cives Romani)和外邦人(peregrini)[其中拉丁人(Latini)地位较高,归降人(dediticii)地位较低]分为不同阶层,上文边码3.8 – 11 已经论及。自由和市民权在古代罗马时期密切关联,因为古代市民制度就是从市民权中发展出了自由权。罗马的法律一般只保护罗马市民(civis 5

Romanus)而不保护外邦人。外邦人因为欠缺这种保护而没有市民权,处于听任罗马国家权力和罗马市民任意处置的状态,而实际上只有交战的敌人才被认为是外邦人。对未与罗马交战民族的非市民,罗马人自古以来至少在事实上承认他们是自由的。如果外邦人作为**宾客**处于某罗马市民庇护权之下,他作为**"门客"**(**cliens**)(来自于"cluere","听从、遵从"之意,或者"clinare","依靠,寻求保护"之意)就具有较高的安全性,因为其庇主受神法约束应当维持其信义(fides)(下文边码16.12)。这种庇护关系,自古以来就不仅仅可以与罗马市民成立,还可以与某些外国人,甚至是与整个共同体成立,还可以由罗马国家通过国家间的条约与外国成立。随着罗马和其他国家之间签定联盟条约日益频繁,在共和晚期门客没有(罗马)市民权但享有独立的自由这种理念成了对外邦人普遍实行的原则[关于无城邦人(apólides),见上文边码3.11]。

3.关于按照家庭团体的地位而区分权利能力[自权人和他权人(personae sui iuris 和 alieni iuris)],在上文边码12.8中已经论及。

6 (三)关于**法人**的权利能力,罗马法仅仅产生了某些萌芽,对此详见下文第十七节。

7 **二、权利能力的开始和结束**

(一)1.自由人的权利能力**开始**于其**出生**,即活产的完成。只要有第一次呼吸,就是出生了(Iust. C. 6,29,3;Ulp. D. 28,2,12,1;相应地在死亡时是最后一次呼吸;Marci. D. 34,5,18 pr.)。大概最初对于新生儿是否还需要啼哭存在争议(vocem emittere)。——《德国民法典》第1条[依照《身份法施行条例》(AusführungsVO zum PersonenstandsG)第29条:如果开始心脏跳动、脐带搏动或者自然肺呼吸],《瑞士民法典》第31条。

在 D. 25,4,1,1 中,乌尔比安表述为"因为胎儿出生之前,是母亲的或者子宫的部分"(partus enim antequam edatur, mulieris portio est vel viscerum)(2005 年德文翻译如此,边码 1.44)。沃·瓦尔德施泰因反对这种表述,因为它未给尚未出生者以任何法律地位。他建议翻译为"未出生的胎儿在出生之前是妇女和她自己子女们(法律上)的应得份额"或者"是她自己的肉和血"(这勉强把问题说清楚了些),其前提在我看来并不恰当,因为乌尔比安在这里要对子宫中的胎儿的法律地位提出一般看法。根据语境只能清楚说明,丈夫对(已经离婚的)妻子只有自出生时起才能请求返还子女(边码 60.22)。

如果对未出生的胎儿有利,就可以为特定目的而将已经孕育但尚未出生的胎儿拟制为已经出生(Paul. D. 1,5,7;50,16,231)。首先应当考虑的就是父亲死亡后出生的子女[遗腹子(postumus)]的继承权。同样,为确保未出生的胎儿将来能够实现取得权利的期待,还可以设定胎儿保佐人(curator ventris)(Ulp. D. 37,9,1,17)。

由这项渊源发展出一句法谚:只要对胎儿有利,就应当认其为已经出生(Nasciturus pro iam nato habetur, quotiens de commodis eius agitur)。当然,前提是活着出生。——**文献:**玛·迈因哈特(M. Meinhart),"D. 50,16,231,论胎儿的法定继承权学说"(D. 50, 16, 231. Ein Beitrag zur Lehre vom Intestaterbrecht des ungeborenen Kindes),《萨维尼杂志》,第 82 卷(1965 年),第 188 页;兰贝蒂(边码 66. 3);安·卡瓦列·马托雷利(A. Caballé Martorell),"论《西班牙民法典》第 29 条或者罗马法传统的重要性"(El art. 29 del Cc o el peso de la tradición jurídica romana),《米克尔祝贺文集》,第 241 页;沃·瓦尔德施泰因,"奥维德《恋歌》第 2 卷第 14 首中的胎儿"(Das ungeborene Kind bei Ovid, Amores 2,14),《信义 人性 法》,第 8 册,第 5887 页;沃·瓦尔德施泰因,"新《学说汇纂》翻译中的 Ulp. D. 1,1,1,1 和 25,4,1,1"(Ulp. D. 1,1,1,1 und 25,4,1,1 in der neuen Digestenübersetzung),《萨维尼杂志》,第 125 卷(2008 年),第 328 页(引文出自第 342 页)。——《奥地利民

法典》第 22 条,《瑞士民法典》第 31 条第 2 款,《西班牙民法典》第 29 条,《希腊民法典》第 36 条,《意大利民法典》第 1 条第 2 款,《1987 年路易丝安那民法典》第 26 条,《2002 年巴西民法典》第 2 条,等等;《德国民法典》只体现在个别条文(第 844 条第 2 款、第 1912 条、第 1923 条第 2 款,参见第 84 条)。

8 2. 关于子女在获得自由、市民权和家庭成员资格等方面的法律地位,在古典时期对婚生子女按照孕育时间(父亲身份)判断,对于非婚生子女按照出生(母亲身份)时间判断;UE 5,10;G. 1,89 和 35;Ulp. D. 1,9,7,1,末尾;Ulp. D. 63,1,18,5。

对于自由优先(来自于"favor libertatis")的例外,古典法学家之间存在争议(即使母亲怀孕期间仅仅曾经暂时是自由人,其所生之人也是自由人;Marci. D. 1,5,5,3;PS 2,24,1 –3;Inst. 1,4 pr.)。

9 优士丁尼判断子女的法律地位始终是以出生时间为准,除非按照怀孕开始判断对子女有利(C. 5,27,11,4)。

(二)权利能力**结束**于**死亡**。

10 死亡推定和死亡宣告在古代尚不为人所知。直到注释法学派才提出,失踪时(可以推翻地)推定失踪人活 100 岁(参见边码 4. 13)。后来该推定[根据《圣经·诗篇》(Psalm)90,确切说是 89(90),10]降低到 70 岁。普通法对死亡推定还要求经公告后由法院确认失踪。

11 如果多数人在同一危险,如沉船,中**同时死亡**(**commorientes**),就需要作个别决定,认为适婚儿子后于父亲死亡,未适婚子女先于母亲死亡(Tryph. D. 34,5,9,2 –4;Pap. D. 23,4,26 pr.)。后古典学说由此得出一般法律推定,但该推定并未为当代法所接受,尤其是因为在遗产诉讼中发生疑问时存在由谁承担举证责任的问题,而任何推定在这里都欠缺充分理由(《德国民法典》第 20 条,现在的《失踪法》第 11 条(同时死亡推定),《奥地利民法典》第 25 条,现在的《1950 年死亡宣告法》第 11 条,《瑞士民法典》第 32 条第 2 款,《意大利民法典》第 4 条,而《法国民法典》第 720 条至第 722 条则不同)。

在优士丁尼时期,按照穷人誓愿进入**修道院**修行就会使其丧失财产,因此修道士无财产能力(Nov. 5,5;76;123,38);教会法也是这样,甚至普通法、普鲁士法和奥地利法(《奥地利民法典》第356条)也都是这样,但《德国民法典》不是这样,《瑞士民法典》也不是。 12

三、名誉

名誉(existimatio)减等对私法地位仅仅作为例外而发生影响。 13

拒绝见证交易的交易证人,依照《十二表法》(第8表第22条)不能作为证人(inprobus intestabilisque),既没有能力在秤式行为中作为证人或者邀请证人,因此也不能[通过要式买卖(per mancipationem)]作出遗嘱。在刑事诉讼和民事诉讼中因特定轻罪而被判罚的人[在民事诉讼中还可能是由于违反了特定信任关系:合伙(societas)、监护(tutela)、委托(mandatum)、寄托(depositum)、信托(fiducia)],或者因其他特定不名誉行为而应受谴责的人[非罗马的间接不名誉(infamia *mediata)需要通过法院判决,而直接(*immediata)不名誉则不需要这种判决],就会发生失名声(ignominia),或者发生法学家常说的不名誉(infamia),被法律作为**不名誉(infames)**而不能提起民事诉讼或者刑事诉讼,此外还不能担任特定公职。这些措施的根据,有的是法律,有的是裁判官谕令(法定不名誉、裁判官法不名誉;对此参见D. 3,2,1中的告示;G. 4,182;Inst. 4,16,2)。

第十四节 行为能力

(RPr. §§ 20,65,207)

一、概说

自由的人虽然从出生起就有权利能力,并且因此即使没有他人帮助也可能在幼年时期就取得了权利,如通过继承或者通过其奴隶而取得,但是,通过自己的行为(Handeln)发生法律效果的能 1

力[广义行为能力(Handlungsfähigkeit)]则需要他在年龄上更成熟一些并且不存在妨碍其能力的性质。当代法区分了自己实施有效法律行为的能力[**行为能力**(**Geschäftsfähigkeit**)]和应当对侵权行为承担责任的能力(**私犯能力**)。对于罗马法,我们可以考虑将这两种现象概括论述。这些规则同样也适用于非自由人的法律行为和侵权行为。

二、年龄

2 在罗马法中,"适婚期"(pubertas)是关键的年龄界限。

(一)**未适婚人**(**impuberes**,单数是"impubes")是指性成熟之前的所有的人。对于**男孩**,起初采取个案判断决定是否适婚,并且通过庄重地穿上成人托伽袍而予以承认。萨宾学派就是这种观点,而普罗库勒学派以及后世遵从该学派的法学家们却都以年满14周岁作为适婚标准。对于**女孩**,自古以来就以年满12周岁作为法律意义上的适婚人。参见G. 1,196;Inst. 1,22 pr.。

3 1. 只要未适婚人尚属**幼儿**(**infantes**),即他们尚属不能说讲要式行为的套话(qui fari non possunt)的儿童,就是完全无(广义)行为能力,因此被排除在所有法律行为和应当承担责任的侵权行为之外。在古典时期,人们就已经将幼儿(infantia)一般性地定为年满7周岁之前,Ulp. D. 26,7,1,2,还可参见,昆体良(Quintilian),《论演讲家的培训》[Institutio oratoria 1,1,18/19(公元1世纪)],阿尔卡迪乌斯(Arcad.),Cth. 8,18,8(407年)。——**文献**:内尔松/孟文理,第3编之3,第199页;塞·塔法罗(S. Tafaro),"简论婴儿"(Brevi note sugli infantes),《信义 人性 法》,第8册,第5467页。

4 2. **未适婚大幼儿**(**impuberes infantia maiores**)是已经超过了儿童年龄的自权人(sui iuris)。只要他们不是很像儿童,也就是近乎幼儿(infanti proximi),就可以实施法律行为,G. 3,109 = Inst. 3,19,10。但是,如果他们是自权人并且法律行为不只是改善其法律地位（如同接受赠与的大多数情形那样），就需要其监护人的同意，**监护人同意**（**auctoritas tutoris**）。这一点适用于所有（如通过买卖、消费借贷、要式口约允诺而）使其负担义务的或者（如通过出让或者释放而）抛弃权利的行为，又或者（如通过设质而）在权利上设定负担的行为。监护人在行为成立时必须在场，并且最初这种同意是要式的，至少在古典时期就已经允许采取不要式同意了。参见 Inst. 1,21 pr. –2；Paul. D. 26,8,3。

在买卖、委托和双方负担义务的类似关系中，未适婚大幼儿（impubes infantia maior）未经监护人同意（auctoritas tutoris）而订立的合同，虽然对其有利部分发生效力，但对其不利部分则不发生效力：他因此而取得权利但不负担义务［参见 Ulp. D. 19,1,13,29；所谓“跛脚”法律行为（* negotia claudicantia）；当代《德国民法典》第107条则规定全部法律行为效力未定；还可参见《奥地利民法典》第151条及下条和第865条，《瑞士民法典》第19条］。当然，权利人大概只有提供对待给付后才能主张其请求权。安东尼努斯·皮乌斯皇帝（2世纪中叶）还在敕答中为未经同意的被监护人行为的合同相对人就其返还得利提供了一项针对被监护人的诉讼（下文边码62.21）。——**文献**：路·拉布鲁纳（L. Labruna），《神圣皮乌斯敕答》（Rescriptum divi Pii），1962年。 5

3. 对于**私犯行为**，未适婚大幼儿（impuberes infantia maiores）首先应当完全负责任。晚期古典法学家则认为，只有适婚人（puberes）才须负责任，此外，接近适婚年龄，可以理解什么是不法的未适婚人需要负责任［近乎适婚人（pubertati proximi），参见 G. 3,208 = Inst. 4,1,18；Ulp. D. 9,2,5,2］。 6

4. 有人认为，在古代年满17周岁既是取得民众大会表决权和服兵役能力的标准，也是构成判断是否适婚的重要年龄标准。后来，人们转而根据性成熟状况进行判断，显然是认为人类随着性成熟而补足了未适婚人所欠缺的能力。进行一定程度独立思考的能 7

力在成长过程的第二个七年中逐渐发展出来,这就使年轻人也能订立合同了。对于结婚,除需要精神成熟外,还需要身体成熟,因此要求他们进入适婚期(pubertas)(不同于婚约,订立婚约只要当事人不低于7岁即可,当然它最早是由优士丁尼确定的,Mod. D. 23,1,14)。

所有这些内容背后可能都受到了斯多葛哲学的影响。还有一种观念,正如毕达哥拉斯(Pythagoras)和赫拉克里特(Heraklit)及其他罗马先贤所说的那样,认为每个七年都给生命打上某种标记[septimus quisque annus aetati signum inprimat,塞内卡,《论美善》(Seneca, de beneficiis, 7, 1, 5)]。现代发展心理学的研究证明了这一点。

古代的适婚期(pubertas)影响了宗教适婚,后者要求年满14周岁(参见《德国子女宗教教育法》第5条。此外参见《德国民法典》第2条、第104条第1项、第828条,《奥地利民法典》第865条、第1297条、第1310条,《瑞士民法典》第13条、第14条、第17条)。——**文献**:汉-格·克诺特(H.-G. Knothe),"论古代罗马法中幼儿7岁界限"(Zur 7-Jahresgrenze der infantia im antiken röm. Recht),《历史与法的研究与文献》(SD),第48卷(1982年),第239页;罗·克努特尔,"收养法概略"(Skizzen zum Adoptionsrecht),《索引》,第22卷(1994年),第252页。

8 (二)1. 进入适婚期(pubertas),依照古代法就具有了完全的行为能力和私犯能力。随着生活关系越来越复杂,这项标准越来越不能满足要求。公元前200年左右的《莱托里亚法》(Lex Laetoria)(不是《普莱托里亚(Plaetoria)法》)引入了新的年龄标准。该法保护未满25周岁的未适婚人[minores viginti quinque annis,或者简单地称为**"未成年人"(minores)**,由此产生了当代的"未成年人"这个概念],以使其免受他人欺骗(circumscribere)。基于这部法律,裁判官为未成年人提供了一项针对行为人的罚金之诉,还为未成年人对基于欺骗未成年人行为而提起的诉讼提供了一项**莱托里亚法抗辩**(**exceptio legis Laetoriae**),最后还赋予一种**恢复原状**(**in integrum restitutio**)的救济方式,从而使未成年人能请求恢复到他受骗而提供给付或者实施行为之前的状态(下文边码 9.3;86.7)。裁判官还可以应未成年人(minor)申请而为其设定**保佐人**(**curator**)作为顾问。开始时它针对的只是个别行为,自马可·奥勒留(Mark Aurel)皇帝(2 世纪后半叶)起就开始针对所有行为了(下文边码,64.3 -4)。如果未成年人(minor)未得到为其所设保佐人的同意(consensus)(不要式同意),其行为有效,但裁判官为保护未成年人而在其受有不利情形时为其提供了恢复原状(in int. rest.)和莱托里亚法抗辩(exc. leg. Laet.)作为救济。——**文献**:马·卡泽尔(边码 8.30 之前),第 155 页;马·卡泽尔(边码 2.12),第 42 页;安·瓦克,"论对受骗而为法律行为的未成年人的法律保护"(Zum Rechtsschutz Minderjähriger gegen geschäftliche Übervorteilungen),《法律史杂志》,第 48 卷(1980 年),第 203 页;弗·穆苏梅奇,"关于 25 岁未成年人的谕令等"(Editto sui minori di 25 anni etc.),《塔拉曼卡祝贺文集》,第 6 册,第 33 页。

在古典晚期的法中并未排除保佐人参与[对未成年人(minor)订立合同 9
予以同意或者保佐人自己订立合同,上文边码 11.12 和 13],因行为相对人欺骗或者因其他方式而受损害的未成年人(minor),可以通过恢复原状(in int. rest.)或者莱托里亚法抗辩(exc. leg. Laet.)受到保护(Scaev. D. 4,4,39,1 和 49)。依照 Diocl. C. 2,21,3 的规定,未成年人(minor)只要有保佐人,就只有经保佐人同意才能有效出让。

2. 在**后古典**时期,未适婚大幼儿(impuberes infantia maiores) 10
和未成年人(minores)的法律地位逐渐接近,但并未完全相同。优士丁尼坚持了未适婚人(impuberes)和未成年人(minores)[同样还有监护人(tutor)和保佐人(curator)]之间的区别。1548年《帝国警察条例》(Reichspolizeiordnung)才将所有未成年人置于监护之下;而适婚期(pubertas)只对结婚成年和遗嘱成年才具有意义(参见边码68.13)。——《奥地利民法典》第21条还区分了"未适婚"(Unmündige)(不满14周岁)和"未成年"(Minderjährige)(不满19周岁,从前是不满21周岁)。与此不同的是,《德国民法典》第2条、第106条[只有"未成年"(Minderjährige)]和《瑞士民法典》第19条["未适婚"(Unmündige)]。

11 3.宣告成年自君士坦丁时起(依照古制)以皇帝恩准方式确定为男子年满20周岁,女子年满18周岁[**年龄恩准**(**venia aetatis**),C. 2,44,2]。当然,对土地的特定处分被排除在外。——现代法典中与此相关的规定自成年年龄降低为18周岁起被废止了(《德国民法典》旧文本第3条以下,《奥地利民法典》旧文本第252条,《瑞士民法典》旧文本第15条)。

三、性别

文献:简·F.加德纳(Jane F. Gardner),《罗马法律和社会中的妇女》(Women in Roman Law and Society)1986年(概要);德文译本,《古代罗马的妇女:家庭、日常生活和法》(Frauen im antiken Rom. Familie, Alltag, Recht),1995年;简·F.加德纳,《家庭和罗马法律和生活中的家庭》(Family and familia in Roman Law and Life),1998年;莱·佩佩(L. Peppe),《罗马共和时期妇女的法律地位和社会角色》(Posizione giuridica e ruolo sociale della donna romana in epoca repubblicana),1984年;朱·里泽利(G. Rizzelli),《古代罗马法律实践中的妇女》(Le donne nell' esperienza giuridica di Roma antica),2000年[书评,尼·本克,《萨维尼杂志》,第119卷(2002年),第469页];埃·霍本赖希/朱·里泽利(E. Höbenreich/G. Rizzeli),《西拉:古代罗马妇女的法律历史片断》(Scylla. Fragmente einer juristischen Geschichte der Frauen im antiken Rom) 2003年;卡尔(边码58.10之前);费·梅尔科利亚诺(F. Mercogliano),"妇女地位的不断恶化"(Deterior est condicio feminarum),

《索引》,第29卷(2001年),第209页;弗·切内里(F. Ceneri),《罗马女性:理想与现实》(La donna romana. Modelli e realtà),2002年[书评,米·马吉(M. Maggi),《索引》,第35卷(2007年),第175页];马·皮·巴卡里(M. P. Baccari),"关于罗马宗教法律制度中妇女的一些观察"(Alcune osservazioni sulla condizione della donna nel sistema giuridico-religioso romano),《信义 人性 法》,第1册,第253页;还可参见乌·格哈德(U. Gerhard)(主编),《法的历史中的妇女:从近代早期到当代》(Frauen in der Geschichte des Rechts. Von der Frühen Neuzeit bis zur Gegenwart),1997年。

妇女在罗马人那里与男子不平等,这与希腊人、日耳曼人或者历史上其他民族完全一样。正如妇女在公共生活中被排除在国家使命之外一样,与罗马家庭团体的"父权制"结构相应,她们也不能享有家父权:家父(paterfamilias)只能是男子。 12

关于妇女在罗马社会中所扮演角色的古代罗马保守观念,我们可以从李维(32,2-4)所流传下来的监察官马·波尔齐乌斯·加图(M. Porcius Cato)反对废除《奥皮亚法》(Lex Oppia)的演讲中获得一个生动的印象。这部法律是公元前215年(第二次布匿战争中)为反对奢侈而颁布的平民会议决议,它禁止妇女"拥有"(也就是佩戴)超过半盎司(大约14克)的黄金,穿彩色长袍,在罗马、其他城市或者城市周围乘坐敞篷马车超过1000步。加图这样说也是徒然的,妇女们为废除这部法律曾经走上街头,而它终于在公元前195年被废止了。——**文献**:约·陶佛尔(J. Teufer),《论古代妇女解放的历史》(Zur Geschichte der Frauenemanzipation im Altertum),1913年;马·克吕格尔(M. Krüger),"《奥皮亚法》的废除"(Die Abschaffung der lex Oppia),《新年刊》(NJb),1940年,第64~87页(以上两作品都是关于李维34,1-8);赫本赖希/里泽利,第97页。

自由妇女,如果是自权人(sui iuris),既不处于父权(patria potestas)之下,也不处于夫权之下(上文边码12.4),而是不分年龄——因此也包括未适婚人——都处于所谓的**妇女监护人**(**tutor** mulieris)之下。盖尤斯强调,这是罗马的特色(1,193)。妇女从事所有要式行为、处分要式物(res mancipi)或者承担债务都需要监护人同意(auctoritas)(G. 1,192;UE 11,27)。当然,裁判官经常依妇女申请强制监护人授予这种同意[G. 1,192:"经常"(saepe)]。在古典时期,随着形式自由行为适用范围不断扩大,这种监护逐渐弱化,在古典时期结束后不久就消失了(详见下文第六十三节)。

早在共和晚期,性别监护几乎已经成为妇女参与交易生活的一项障碍。西塞罗的夫人特伦蒂亚(Terentia)就是一个很好的例子。她不处于西塞罗的夫权(manus)之下,然而也从未提及过她的监护。她管理自己的财产,不管是独立管理还是在其释放自由人帮助之下管理都卓有成效。在元首制时期,妇女显然已经不再是经济生活里无足轻重的参与部分了。——**文献**:韦・哈尔布瓦克斯(V. Halbwachs),"她们自己处理自己的交易:论罗马法律渊源中妇女作为交易相对人"(Ipsae sibi negotia tractant: Zur Frau als Geschäftspartnerin im Spiegel römisch – rechtl. Quellen),载伊・皮罗(I. Piro)(主编),《法律与古代法律现实中的法律》(Règle et pratique du droit dans la réalité juridique de l' Antiquité),1999 年,第 349 页。

成年妇女的私犯能力不受限制。

13 关于(承认一夫一妻之前)原始的"母系氏族"或者"母权",在罗马早期缺乏明显痕迹(埃特鲁斯坎人也是如此)。——家母(materfamilias)并不是一个法律概念,而只是对已生育子女的归顺家父夫权妻子(uxor in manu patrisfamilias)的一种尊称。

14 在后古典时期,妇女甚至可以自己作为其子女的监护人。两性平等在优士丁尼时期受益于基督教而得以完全实现。当然,对妇女还有某些保护性规定,尤其是《维雷乌斯元老院决议》(SC Vellaeanum)(下文边码 57.27)。

四、精神病

精神病(furor)使得一个人完全没有行为能力或者私犯能力,因为他不能理解他所为之事(quia non intellegit quid agit, G. 3, 106 = Inst. 3,19,8)。一个人只有在重大而且显而易见的情形下才会被认为有精神病。精神病人(furiosus)自古以来就处于保佐之下, Inst. 1,23,3。 15

“清醒期间”(* lucida intervalla)实施的法律行为,在古典时期根据具体情形判断是否予以考虑,后来一般性地予以考虑(参见 Mac. D. 1,18,14; Diocl. C. 4,38,2)。

五、浪费

浪费人(prodigus)就是具有轻率挥霍财产倾向的人,他们具有行为能力和私犯能力,但其行为能力依照《十二表法》(第 5 表第 7c 条)就已经可以通过**宣告禁治产**(interdictio)而受到限制了。他因此(与未适婚人类似)不能实施所有的负担行为和处分行为,而只能实施使其获得利益的行为, Ulp. D. 45,1,6。他也处于保佐之下, Inst. 1,23,3。 16

古代裁判官宣告禁治产程式的内容如下:“由于你无状挥霍父亲和祖父的遗产并使你的子女陷于贫困,因此我将你排除在负担债务和从事交易行为之外”(Quando tibi bona paterna avitaque nequitia tua disperdis liberosque tuos ad egestatem perducis, ob eam rem tibi aere commercioque interdico)(PS 3,4a;7;又见 UE 12,2)。该程式所依据的是防止挥霍财产的恶行和使子女陷于贫困。这项禁令最初只涉及以秤式行为处分因法定继承而得的财产,但在古典时期就已经适用于对概括财产不利的所有行为。 17

因为浪费而宣告禁治产直至 1992 年 1 月 1 日才被废止,它将禁治产宣告转入了限制行为能力情形[参见《德国民法典》(旧文本)第 6 条第 2 项,第 114 条]。

第十五节　奴　　隶

（RPr. § §29,67,68,209,210,211 Ⅰ,Ⅱ）

一、法律地位

文献:威·沃·巴克兰(W. W. Buckland),《罗马奴隶法》(The Roman Law of Slavery),1908年(多次重印)迄今仍是基本作品;概况,参见热·布尔弗特/马·莫拉比托(G. Boulvert/M. Morabito),“帝政早期的奴隶法”(Le droit de l' esclavage sous le Haut－Empire),《罗马世界的兴衰》,第2册之14,1982年,第98页。——正在编辑的古代奴隶制罗马法渊源大全(约·米·赖纳主编)中包括,约·米·赖纳/伊·赫尔曼－奥托(E. Herrmann－Otto),“前言”(Prolegomena),1999年;第1部分,汉·维林格,“万民法和市民法中奴隶身份的确立”(Die Begründung des Sklavenstatus nach ius gentium und ius civile),1999年;第6部分,莱·舒马赫(L. Schumacher),“神法中奴隶的地位”(Stellung des Sklaven im Sakralrecht),2006年;第9部分,阿·泽尔纳(上文边码11.7);第10部分之6,格·克林根贝格,“逃亡奴隶”(Servus fugitivus),2005年。——此外还有,沃·瓦尔德施泰因,“论奴隶的人的本质”(Zum Menschsein von Sklaven);里·加毛弗(R. Gamauf),“论罗马法渊源中的‘奴隶制和人性’问题”(Zur Frage,Sklaverei und Humanität' anhand von Quellen des röm. Rechts),以上两文均载于,海·贝伦/海·海嫩(H. Bellen/H. Heinen)(主编),《美因茨科学院古代奴隶制研究五十年》(Fünfzig Jahre Forschungen zur antiken Sklaverei an der Mainzer Akademie),2001年,第31、51页。

1　(一)如同古代所有民族一样,罗马人也承认奴隶制:罗马存在**非自由人**,他们在公法和私法中都不具有能力并且处于主人的所有权之下。他们被称为“**奴隶**”(**servi**)或者“手抓之人”(mancipia)或者就简单地称为“人”(homines)。

奴隶的**社会**地位发生了变化。在农业社会时期,奴隶来源于和罗马人同源但成为了罗马人战俘的意大利人。他们为数不多,所受待遇较好,因为人们需要他们的劳动力。作为农业上的帮手,他们可以和主人同桌共食面包。《十二表法》(第8表第3条)对特定的身体侵害(骨折)规定了罚金:如果侵害的是自由人,为300阿司,如果侵害的是奴隶,为150阿司。由此可见,奴隶被认为具有自由人全部价值的一半。但到了公元前286年的《阿奎利亚法》(lex Aquilia)就已经规定,杀死奴隶或者侵害奴隶的罚金按照其市价计算了。——自3世纪起的掠夺战争时期带来了大批外国战俘,他们中的一部分由罗马人从文化极端落后的部族带到了罗马。随着经济形式变化,奴隶的待遇逐渐恶化,许多奴隶被用于大工场、大庄园、大手工作坊、矿山做劳工或者被用来做搬运工、水手。奴隶的劳动通常比较廉价,在古代就代替了机器。大工场使得奴隶与其主人相互疏离,而主人则将他们作为纯粹的获利工具并且能够不受国家限制地剥削其劳动力。 2

与此相对,只要奴隶在主人家里服侍主人及其家庭或者参与工商营业,其社会地位就会明显改善。奴隶也可以有很多不同情形,比如,如果奴隶表现得听话机敏而主人明智并且经济状况较好的话,其处境就可能达到甚至好于等级较低的自由民,当然这要视具体情况而定。由于特有产(peculium)这项使奴隶取得自己可以处分财产的制度(下文边码15.7)和“附加”责任(下文边码15.11),这些奴隶在日常生活中与自由人并无明显区别。某些奴隶,尤其是出身于希腊的奴隶,有时因其才智杰出甚至可以提升到影响较大并且受人尊敬的地位,当然,这只是例外情形,较为少见。对于严重滥用主人权力,奴隶受到了深受希腊哲学中人文主义思想影响的皇帝立法的保护(边码15.6)。同样基于这些渊源还产生了一种观念,认为奴隶制违反自然,因为所有的人在本质上应当都是自由的;当然这种见解并没有因为法学家而在社会现实中得以实现。奴隶之所以受到善待,一般来说并不是为了奴隶自身好,而是为了主人能够维持奴隶的劳动能力和商业价值。这种利益状态产生的结果是为了对奴隶所受不利提供保护,有时他们受到的待遇比很多经济状况较差的自由人受到的待遇都好。因此,释放奴隶并不一定会使其社会地位、经济地位得到改善,尤其是对庇护这项保护关系(下文边码16.12-16)结束后的下一代而言。——罗马的国家奴隶(servi publici populi Romani)具有特殊地位,他们每年都可以得到给养钱(总计几乎达到奴隶通常生活费两倍的 3

薪水),可以与自由妇女结成准婚姻,并且可以对其财产的一半设立遗嘱(边码68.13)。

文献:雷·范登贝赫(R. van den Bergh),"谁扶养谁?"(Who was dependent upon whom?),《普尔祝贺文集》(Ess. Pool),2005年,第347页;施·克诺赫(St. Knoch),《罗马帝国的奴隶救济》(Sklavenfürsorge im Röm. Reich),2005年。

4 在后古典时期,基督教学说虽然在具体方面不断削弱奴隶制,但并未动摇奴隶制的存在。相反,经济、社会普遍衰败导致了社会下层的自由人逐渐变成依附之人。他们在人法上的独立性受到了影响,最终成为界于自由人和非自由人之间的中间阶层,并且逐渐接近于奴隶。关于隶农,尤其参见下文边码16.18;关于出卖自己,参见边码15.18。——**文献**:马·梅卢索(M. Melluso),《优士丁尼时期的奴隶制》(La schiavitù nell'età giustinianea),2000年。

5 (二)在**法律上**,奴隶是物(res)(权利客体),同时也是人(personae)(边码13.1)。他们**无权利能力**,(如果不是例外地"无主的")作为要式物(res mancipi)处于主人的**所有权**之下。他们充其量可以在事实上而不能在法律上享有家庭关系。奴隶之间的婚姻[同居(contubernium)]仅仅是一种不为法律所承认的事实。女奴所生子女(partus ancillae)属于母亲的主人(下文边码15.15),与其生父并无任何法律联系。奴隶之间的亲属关系直到优士丁尼时期(在释放自由人死亡后法定继承时)才得到了考虑。

6 严重**滥用**主人权力在共和时期由监察官负责监管。在元首制时期,皇帝针对具体情形采取具体措施,开始为此提供法律保护(例如,G. 1,53中提到,在整个希腊化范围之内,逃避到神庙里的奴隶享有避难权,边码4.15)。首先是干预杀死自己的奴隶,君士坦丁(C. Th. 9,12,1 = C. 9,14)通常将其作为谋杀予以处罚。关于授予无人关心的奴隶以自由,见下文边码15.19。——故意杀死他人奴隶在共和晚期依照苏拉治下公元前81年《关于谋杀者和投毒者的考尔内利亚法》(lex Cornelia de sicariis et veneficis)就已经可能导致死刑了(Marci. D. 48,8,1,2;Ulp. coll. 1;3;2;Ulp. D. 9,2,23,9,参见下文边码 51.10)。——奴隶可以参与到神法中,而且在异教时期与基督教时期一样,特别是他具有能力起誓,参见 Ulp. D. 12,2,23 和 25。——**文献:**马·米列塔(边码 51.10);莱·舒马赫(边码 15.1 之前)。

(三)私法也不否认,奴隶是一个**生物人**,但却是处于主人支配权(potestas)(这里应当理解为所有权)之下的他权人(persona alieni iuris)。尽管他不具有权利能力并且因此也不具有财产能力,但是主人自古以来就可以将**特有产**(**peculium**)作为特别财产交给他独立经营管理。这项财产使奴隶具有了一定的经济独立性,并且被认为事实上(不是法律上)是奴隶自己的财产,还成为他取得信用的基础。特有产(peculium)虽然始终属于主人,他可以随时将其全部或者部分收回,但让奴隶保留特有产(peculium)通常也出于主人自己的利益考虑,因为奴隶通过经营使特有产增加,其结果对主人也有好处。参见边码 11.15。关于主人和奴隶基于特有产之诉(actio de peculio)而发生的法律联系,参见下文边码 49.5 -6。 7

从字面上来说,特有产(peculium)(来自于"pecus",即家畜)最初是指小牲畜群,后来用来指各种财产标的。释放奴隶时通常将特有产赠与或者遗赠给奴隶。——**文献:**弗·德尔索尔博(F. Del Sorbo),"坎帕尼亚法律实践中奴隶的行为自治"(L'autonomia negoziale degli schiavi nella prassi giuridica campana),《信义 人性 法》,第 3 册,第 1407 页。

(四)奴隶在有限的范围内有能力在法律上行事;当然,这些行为的效力是由对于所有权人权力的屈从性而决定的。 8

文献:伊·布蒂(I. Buti),《奴隶的财产行为能力研究》(Studi sulla capacità partrimoniale dei servi),1976 年[书评,汉 - 彼·贝内尔,《指针:综合

古典学批评杂志》(Gnomon),第54卷(1982年),第546页]。

9 1.奴隶的所有**取得**,因为奴隶自己无财产能力并且被认为仅仅是主人的取得机关,都属于其主人和所有权人(上文边码11.4)。奴隶可以通过自然过程而取得,如先占或者收取孳息。但是,只要奴隶有行为能力,就也可以通过法律行为而取得。至于取得归属于奴隶的特有产还是主人的(其他)财产,取决于主人的意思,不过,主人大多将奴隶通过特有产取得的财产转让给这个奴隶。

奴隶在家外人向他转让物品时,可以采用不要式行为,也可以采用要式行为[如要式买卖(mancipatio)],他可以通过消费借贷、要式口约或者其他债务合同使他人作为债务人而负担义务,等等。他因此而使其主人成为所有权人或者债权人。只有拟诉弃权(in iure cessio)[作为法定诉讼(legis actio)],奴隶不能参加(参见G.2,87-89;91-94;96)。

10 2.对于主人财产权的**处分行为**,尤其是出让和设定负担,奴隶通常只能采用不是要式的行为,并且需要主人对该行为表示同意(上文边码11.15)。

11 3.奴隶不能通过法律行为而依照市民法(ius civile)**负担义务**(G.3,104;Inst.3,19,6)。为能使奴隶能够"代理"主人,裁判官为奴隶实施的负担行为提供了特定要件下针对主人的附加之诉(详见第四十九节)。奴隶的法律行为之债被认为是自然之债(下文边码33.6-8)。

12 4.基于奴隶的**私犯行为**,主人根据**损害之诉**(**actio noxalis**)承担责任:作为对不法行为的赔偿,主人有权选择如同自己实施不法行为那样支付罚金,或者选择将奴隶交给受害人[损害投偿(noxae deditio)]。详见下文边码50.12-13。

5. 在**民事诉讼**中,奴隶既可以作为当事人又可以作为代理人。(皇帝法的)非常审判程序是他受限制的例外,可能还有其他个别受限制的情形。 13

(五)关于一个人是自由人还是奴隶的法律问题,将通过**自由诉讼**中的确认判决来决定。由于奴隶不能作为当事人出庭,所以必须由自权人代理他主张其自由[主张自由的人(adsertor in libertatem)]。如果主张人作为原告向声称系争人乃其奴隶的人提起诉讼,这项诉讼就是一项请求恢复自由之诉(vindicatio in libertatem)。如果当事人角色分配反过来的话,这项诉讼就是一项请求恢复奴隶之诉(vindicatio in servitutem)。优士丁尼使得主张人变成了多余的,系争人自己就可以出庭为其自由进行辩护,C. 7,17,1。 14

在这项诉讼进行期间,系争人自古以来就被视为自由人,这主要来自于自由优先(favor libertatis)这项指导原则,其地位根据所适用的规则优于其他诉讼当事人。——除这项请求恢复自由之诉,还有一项纯粹的确认之诉,在这项诉讼中还可以搞清楚关于身份的其他争议。例如,某人是否为原告的释放自由人、是否生来自由人(ingenuus)以及是否处于父权之下(对此参见下文边码 83. 25)。——**文献**:卡·哈克尔(边码 83. 25);农·多纳迪奥(N. Donadio),"卡拉特里亚·特米斯和佩特尼亚·尤斯塔之争"(La lite tra Calatoria Themis e Petronia Iusta),《信义 人性 法》,第 3 册,第 1543 页;沃·凯泽,"出生自由还是释放?——'尤斯塔的诉讼'"(Freigeboren oder freigelassen? – Der „Prozeß der Iusta"),载《法律史案例》,第 29 页。

二、不自由的发生

奴隶关系可基于以下事实而发生: 15

(一)**出身**。不自由的母亲所生的子女是奴隶,(与物的孳息相似,但有不同,见下文边码 18. 16)归属于母亲的主人。参见 G. 1,82;89 – 92;Inst. 1,3,4;1,4,pr. 。

对于自由优先(favor libertatis)也存在例外,例如母亲怀孕期间曾暂时自由的情形(参见上文边码 13.8)。——关于"自由优先"(favor libertatis)的表达,参见,汉·安库姆,《米克尔祝贺文集》,第 45 页(在古典法学家的作品中);汉·安库姆,《维林格学术交流会》,第 1 页(在皇帝敕令中);又见汉·安库姆,"'自由优先'的表达和古典罗马释放法"(Der Ausdruck favor libertatis und das klassische röm. Freilassungsrecht),载赫尔曼－奥托(Herrmann－Otto)(边码 42.19),第 82 页。

16 (二)**战俘**。在被承认为合法的战争(iustum bellum)中,敌人(很少例外)不受法律保护。谁俘获了敌人和他们的物品,谁就成为这些人和物的所有权人。这里涉及先占(occupatio)的适用情形(见下文边码 26.3)。

17 如果罗马人被敌人俘虏并且因此而沦为了奴隶,他就可以由**复境权**(**ius postliminii**)而受益(G. 1,129 = Inst. 1,12,5)。他的权利在被俘期间处于待定状态:如果他成功地返回,(在很多事情上)就视为他一直享有其权利。如果他在被俘期间死亡,这些权利就自他被俘时起消灭。依照**考尔内利亚法拟制**(* **fictio legis Corneliae**)[苏拉(Sulla)时期,约公元前 80 年],被俘前所立遗嘱发生效力(Iul. D. 28,1,12;PS 3,4a,8)。裁判官将这种拟制扩展到无遗嘱继承。所有这些优先在后古典时期仍然继续扩大。——赎回俘虏的自由人,依照(2 世纪后半叶)皇帝法,对**赎回的俘虏**(**captivus redemptus**)享有一项留置权,直至他偿还了赎金(Diocl. C. 8,50,17 pr.)。——**文献**:卡－海·齐格勒,"罗马私法中的赎金问题"(Lösegeld－Probleme im röm. Privatrecht),《卡泽尔祝贺文集》,1986 年,第 381 页;玛·弗·库尔西,《共和时期和元首制时期"复境权"的构造》(La struttura del ‚postliminium' nella repubblica e nel principato),1996 年。

（三）因特定重罪将处以丧失自由的**刑罚**。 18

古代罗马法就已经将向敌人倒戈的人作为不受法律保护的非市民。在其他特定情形将重罪犯出卖为奴隶，甚至卖到外国［越过台伯河出卖（trans Tiberim vendere）：直到大约公元前400年，台伯河是边界。关于强制执行，参见下文边码81.22］。它在后来逐渐消失了。然而，在帝政时代产生了受罚为奴的新情形，从而使得市民在国内也可以沦为奴隶了。这样就使得被判处死刑、斗兽或者（优士丁尼之前）到矿山劳动的人逐渐沦为了奴隶。依照（公元52年的）《克劳迪乌斯元老院决议》（SC Claudianum），违反主人意思而与其奴隶同居（contubernium，边码15.5，参见PS 2,19,6）并且经过三次警告仍未结束这项关系的女市民将被出卖，其子女也将被作为奴隶；但如果主人容忍该行为，就会仅仅将孩子作为奴隶，当然，到哈德良皇帝时期就已经认为孩子生而自由了（G. 1,84）。在后古典时期，前述元老院决议的规则继续被削弱，到优士丁尼时期它就完全被废止了（C. 7,24,1）。——如果市民为了分享价款原因（pretii participandi causa）而自卖为奴，即目的在于表明他在自由后与出卖人分享所获价款，他就将成为奴隶；Inst. 1,3,4。经济衰退、饥荒和大范围的物质匮乏导致西部自5世纪中期经常发生**自卖**为奴或者被子女、父母出卖为奴的情形。基于这些分享价款而出卖情形，皇帝经过徒劳的犹豫之后终于在法律上承认了自卖为奴，当然这需要当事人明知是自卖为奴而共同参与其中（关于出卖子女的详细内容，见下文边码60.5－7）。——关于释放的撤回，见下文边码16.13。——**文献**：爱·沃尔泰拉（边码1.48），第1068页（＝第262页）；德·利布斯，“日耳曼－罗马法中基于贫困而产生的奴隶”（Sklaverei aus Not im germanisch－römischen Recht），《萨维尼杂志》，第118卷（2001年），第286页；阿·约·鲍·希尔克斯（A. J. B. Sirks），“公元52年《克劳迪乌斯元老院决议》的目的”（Der Zweck des SC Claudianum von 52 n. Chr.），《萨维尼杂志》，第122卷（2005年），第138页以及卡泽尔（边码2.12），第88页。

三、不自由的结束 19

奴隶身份基于以下事实而结束：

（一）**国家**授予自由以奖赏为公共福祉作出贡献者。

在帝政时期，基于人道主义为保护奴隶可给其以自由，如抛弃身体虚弱的奴隶[克劳迪乌斯（Claudius），D. 40，8，2；苏维托尼乌斯（Sueton），克劳迪乌斯（Claudius），第25节之2]；此外还有主人违反合同义务或者遗嘱义务不释放奴隶的情形[马可·奥勒留和康茂德（Commodus），C. 4，57，2]；同样，如果该人拒绝释放，而奴隶用其特有产（peculium）向出卖人支付价款时，这个人就应当释放他[用他自己的钱买（suis nummis emptus）][马可·奥勒留和卢·维鲁斯（L. Verus），Ulp. D. 40，1，4]。后古典时期还有其他情形，这些都是为了保护奴隶对基督教的信仰。——**文献**：罗·克努特尔，"买回自由的委托"（Das Mandat zum Freikauf），《委托和类似制度》，第353页。

20 （二）**时效取得**自由[长期时效期间（longi temporis praescriptio）]最早在古典晚期获得承认（Diocl. C. 7，22，1 f.）。

21 （三）关于通过**释放**而以法律行为授予自由，即见边码16.1－9。

22 （四）奴隶试图**逃亡**（**fuga**）以摆脱其主人控制者并不少见。奴隶身份并未因此而结束（和丧失对重新获得自然自由的野生动物的所有权不具有可比性，边码26.2）。逃亡奴隶（servus fugitivus）的概念一方面可以指逃亡之中的奴隶，另一方面可以指具有逃亡倾向的奴隶，他甚至可能已经逃亡过了。第二种含义在买卖法中比较重要，是主张减价的品质，依照市政官谕令出卖人对此必需公开（边码41.39－41）。争论激烈的是，如何判断存在这种倾向，Ulp. D. 21，1，17pr.（例如，因所有权人残酷而逃亡到避难场所或者皇帝雕像后面就没有这种倾向，eod. 17，12，参见边码4.15；15.6）。另见Tryph. D. 50，16，225。

23 只要他人尚未对逃亡奴隶取得占有，所有权人对逃亡奴隶的占有就仍然保持着（边码20.8）。乌尔比安对此所作的说明显然是从结论出发的：他不能因此侵夺我们的占有（ne ipse nos privet

possessione)(D. 41,2,13 pr.);盖尤斯则借助于循环论证:因为奴隶不能侵夺他所携带之物的占有,因此他也就不能侵夺我们对他的占有(D. 41,2,15)。意见比较一致的是,奴隶因其逃亡而犯了自盗(furtum sui)(例如,Afr. D. 47,2,61),因此他不能由第三人时效取得(D. 2,45 和 48;Inst. 2,6,1;参见边码 25.8)。——在债务关系中,如果某人应当向借用人、买受代理人或继承人等给付奴隶但奴隶自该人处逃亡,这项逃亡就使债务人给付不能(边码 34.2)。如果债务人存在过错而该奴隶并不需要监视时,他对此不承担责任(边码 36.17,26)。当然,债务人应当对重新获得该奴隶后会将其返还提供担保。

为重新捕获逃亡奴隶,国家设立了追捕和遣返机构,负责帮助所有权人实施追捕,同时也可以依职权独立推动抓捕逃亡奴隶之事。抓捕到逃亡奴隶(fugitivus)之人应当将其交与所有权人或者公职人员,将其藏匿或者隐瞒其居留之人应负盗窃犯之责(Ulp. D. 11,4,1 pr.)。《学说汇纂》第 11 编第 4 章的标题就是“关于逃亡奴隶”(De fugitivis)。 24

被抓获之人将面临刑罚,而其所受刑罚将由其主人决定,并且可能会令人恐惧,例如为其戴上脚镣、披上枷锁[上刻文字,例如,“我是逃亡奴隶,请扣留我”(Fugi,tene me)],或者——作为真正的刑罚——在其手、小腿或者额头上打上烙印,有时甚至于将其送交竞技场用于斗兽或者残酷地杀死。君士坦丁大帝在 305 年禁止给判罚到矿山劳作的奴隶打烙印,“以使按照美妙的主的形象而给予的面容不受任何玷污”(quo facies,quae ad similitudinem pulchritudinis caelestis est figurata,minime maculetur)(基督教的,CTh. 9,40,2 = C. 9,47,17)。它可能得以普遍化并且还用到了被抓捕到的逃亡奴隶(fugitivi)。——**文献**:海·贝伦,《罗马帝国奴隶逃亡的研究》(Studien zur Sklavenflucht im röm. Kaiserreich),1971 年;格·克林根贝格(边码 15.1 之前);格·克林根贝格,“逃亡奴隶处于如同自由人那样的状况”(Der servus fugitivus pro libero se gerens),《维林格学术交流会》,第 109 页;里·加毛弗,《可以逃亡到雕像那里》(Ad statuam licet confugere),1999 年(还论及避难);里·加毛弗,“悬赏:对逃亡奴隶的告发”(Indicium:Die Denunziation von 25 flüchtigen Sklaven),《赫·豪斯马宁尔祝贺文集》,2006 年,第 91 页。

四、继续发展

26 虽然根据基督教学说,在上帝面前所有的人都是平等的,但教会在古代晚期和中世纪早期并没有能够改变奴隶制的存在。废除奴隶制就会使经济和社会秩序发生革命,而教会对于作为其财产核心的地产几乎不可能放弃奴隶劳动。因此,它试图寻找改善奴隶制的实现途径,让皇帝如同所有权人那样承担主动博爱(caritas)以缓和奴隶制的残酷性的义务。——在 12 世纪到 14 世纪,奴隶制甚至出现了一个繁荣期,此后以及进入近代以后,奴隶制在神圣罗马帝国和大多数基督教国家与诸如隶农制(边码 16.18)或者农奴制等其他自由度较低的关系一样绝对不再只是边缘化现象。奴隶主要来自于与非基督教民族战争中所抓获的俘虏或者是与非基督教民族商业交往中所取得的人(1179 年第三届拉特朗大公会议在宗教上禁止将信仰基督教的战俘作为奴隶)。当然,还是有些人将信仰基督教的战俘,如(1683 年)维也纳城前的土耳其人,作为奴隶,这种行为被认为是适度报复权(所谓报复措施,如《普鲁士一般邦法》序论第 43 条至第 45 条)而具有正当性,这些战俘应当被作为奴隶。——1794 年《普鲁士一般邦法》允许"黑人奴隶"贸易(第 2 编第 8 章第 2049 条、第 2227 条,1844 年 7 月 8 日法律删除);除此之外,虽然"王国不允许奴隶制"(第 2 编第 5 章第 196 条),但仍然存在例外"只是短期在王国逗留的外国人,保留对其所带奴隶的权利"(第 2 编第 5 章第 198 条)。后来,柏林枢密法院在 1854 年"马尔切利诺诉里特尔博士案"(Marcellino gegen Dr. Ritter)诉讼中还适用了这项对奴隶不利的规则,但它却被 1857 年 3 月 9 日的法律所废止:"奴隶自踏上普鲁士的领土时起就是自由的。主人的所有权自该时刻起消灭。"这样在德国就形成了统一的法律状态(参见《奥地利民法典》第 16

条)。它仍然在继续发展,直到(依照反对奴隶制和妇女贸易的若干双边或者多边协议)1948 年联合国大会公布《人权宣言》并且在其第 4 条公开宣布禁止奴隶制(1956 年 9 月 7 日/4 月 30 日补充协议)。古代自然法中的理念(边码 3.7;15.3),现在终于变成了强行法。

文献:鲁·施塔姆勒(R. Stammler),《古代和近代德意志法律生活》(Deutsches Rechtsleben in alter und neuer Zeit),第 2 册,1932 年,第 265 页;扬·哈勒贝克(J. Hallebeek),"论古罗马'奴隶'概念的含义和中世纪的奴隶制"(Observaciones sobre el sentido de los conceptos romanos servus y servitus en el mundio medieval),《普尔祝贺文集》,第 121 页;托·吕福纳(Th. Rüfner),"中世纪学者法中对罗马奴隶法的继受"(Die Rezeption des röm. Sklavenrechts im Gelehrten Recht des Mittelalters),《维林格学术交流会》,第 201 页。——"当代奴隶制"令人心情沉重,对此参见 2008 年人权年鉴[祖尔坎普袖珍书系列第 3961 号(st 3961)]。

第十六节　释放和释放自由人　其他依附之人

(RPr. § § 30,69 -71,211 Ⅲ,Ⅳ,212,213)

一、释放

(一)授予自由的常规过程是由主人实施私人法律行为而**释放**(**manumissio**),大多是因为忠实劳务而提供的一种奖赏。在帝政时期,如果奴隶的前途比较好,就会在 30 岁到 40 岁之间获得释放,在城市里尤其如此。同样,正如在并不少见的释放约定中那样,所有权人允诺在特定条件下(主要是支付金钱)释放其奴隶(边码15.19),以便能实现稳定奴隶制的希望:对将来获得释放的现实期待能使奴隶行为得当,而且也有助于抑制起义、反叛、自杀和逃亡。 1

古代罗马法以及古典市民法(ius civile)承认了三种释放形式,两种是生前行为,一种是死因行为。在后古典时期它们形成了一种教会法形式。这些行为导致了取得罗马市民权,而“裁判官法的”释放(边码16.9)产生的作用则相对较小。释放使奴隶成为释放自由人(libertus,libertinus),并且使释放人(manumissor)成为庇主(patronus),即释放自由人的保护人(边码16.12)。

文献:海·尚特赖纳(H. Chantraine),“论在罗马通过获得市民权而释放”(Zur Entstehung der Freilassung mit Bürgerrechtserwerb in Rom),《罗马世界的兴衰》,第1册之2,1972年,第59页;盖·阿尔弗尔迪(G. Alföldy),“释放奴隶等”(Die Freilassung von Sklaven etc.),载施奈德(边码16.18),第336页。

2 1. **诉请释放(manumissio vindicta)**,即使用释放杖而实施的释放,最初是拟诉弃权(in iure cessio)的一种具体情形(上文边码7.18),也是对请求恢复自由之诉(vindicatio in libertatem)的一种模仿形式(边码15.14)。主人带着奴隶和一个作为主张自由的人(adsertor in libertatem)的市民一起来到裁判官的面前(上文边码15.14)并且充当原告的角色。主张自由的人用释放杖(vindicta)触碰奴隶,并说讲出特定程式主张该奴隶应该是自由的。主人并不提出奴隶属于他的相反主张,通过其沉默承认了主张人(adsertor)的主张。裁判官接着以其官方判决(addictio)确认了奴隶的自由。在古典时期,这种形式逐渐演变成主人释放意思的单方表示了,当然,他要自己亲手拿着释放杖在长官及其权标面前作出该表示。通过释放杖进行释放的类似形式,在优士丁尼时期仍然存在,Inst. 1,5,1。

3 2. 在**登记释放(manumissio censu)**中,即将获得释放之人可以经其主人授权而于五年一次的市民调查(census)时在市民名录上登记为自由市民。这种形式随着市民调查（census）在元首制时期的消失而消失了。

3. **遗嘱释放（manumissio testamento）**这样实施：主人在要式买卖遗嘱（边码 67.3 –5）中以规定言词表示其释放意思，例如，“我的奴隶斯提库斯应当成为自由人”（Stichus servus meus liber esto）。随着遗嘱生效，通常也就是随着指定继承人取得遗产，奴隶获得了自由，并且因此自成为其庇主的遗嘱人直接获得了自由［死亡自由人（libertus orcinus），因为庇主已经死亡（orcus）］。对释放自由人而言，这种形式有较多优点，因为他原则上不需要提供任何劳务（下文边码 16.15）。参见 G. 2,267；UE 2,7 f.。——关于必要继承人的情形和因自由而发生的遗产分配，参见边码 74.5。 4

除这些**直接**释放形式外，在元首制时期还发展出**信托**释放：被继承人通过信托（下文边码 77.1 –2）使继承人（或者他在遗嘱中给与该奴隶的他人）负担应当释放奴隶的义务。基于信托负担义务的遗赠负担人应当（通过生前释放行为）予以释放（为此他在公职审判程序中可能受到强制）；他因此也就成为释放自由人的庇主并可以请求他提供劳务。参见 G. 2,263 –266；UE 2,7 –12。——**文献**：帕·沃奇（P. Voci），《罗马继承法》，第 2 册，第 408 页；迪·内尔，《罗马法：历史和往事。阿雷斯库萨案》（Röm. Recht：Geschichte und Geschichten. Der Fall Arescusa），2005 年，第 23 页、第 39 页、第 103 页；罗·克努特尔，“释放信托的法律问题”（Rechtsfragen zu den Freilassungsfideikommissen），《维林格学术交流会》，第 131 页。 5

直接遗嘱释放不同于前述生前释放行为，是没有公力参与的纯粹私人行为，最初可能只是为了事实上免除奴隶义务而提供的一项神法保护（作为门客，见下文边码 16.12），但最晚到公元前 312 年［阿皮乌斯·克劳迪乌斯（Appius Claudius）的部落改革］就已经可以因此而获得罗马市民权了。 6

7 自《十二表法》起,奴隶就可以作为**待自由人**(**statuliber**)而通过附延缓条件遗嘱获得释放,大多数条件是他应当[使用被认为事实上属于奴隶自己的财产的特定产(peculium)]向继承人支付特定金额,以弥补继承人因其可继承遗产中丧失奴隶而受到的损失。参见 G. 2,200;UE 2,1 –6;例证见上文边码 10.5。——**文献**:皮·斯塔拉切(P. Starace),《待自由人和条件拟制成就》(Lo statuliber e l' adempimento fittizio della condizione),2006 年;马·佩恩尼茨,“古人就此提出疑问,我们认为(Iust. C. 6,46,6)”[Veterum dubitate quiescente nobis placuit(Iust. C. 6,46,6)],《信义 人性 法》,第 6 册,第 4073 页。

8 4. 自君士坦丁时期起,所有权人可以在主教和参加集会的基督教教众面前表示释放奴隶[**在神圣教堂中释放**(**manumissio in sacrosanctis ecclesiis**)]。这种形式可能既受到了希腊化模式的影响,又受到了裁判官释放形式(下文即见)的影响。参见 C. 1,13,1 和 2;Inst. 1,5,1。

9 5. 在共和晚期,出现了**裁判官**释放,这种形式只需要以私人形式生前实施即可,通常是当着朋友面释放(manumissio inter amicos)、通过书信释放(manumissio per epistulam)、在宴席上释放[(manumissio per mensam),它可能产生较晚并且受到希腊化影响]或者与之类似的形式。通过这种形式,释放自由人所获得的自由并不是法律上的,而只是事实上的[法学家们称之为“处于自由状态”(in libertate esse)]。他们在法律上仍然属于其主人而且没有财产能力。正如使他们在其释放人主张请求恢复奴隶之诉(vindicatio in servitutem)(边码 15.14)时可以受到保护并且为他们提供了对第三人的诉权一样,裁判官将他们作为自由人。他们并未成为罗马市民。直到《尤尼亚(和诺尔巴拿?)法》[lex Iunia (Norbana?),公元 19 年]才授予他们殖民地拉丁人(Latini coloniarii)(上文边码 3.8)的地位。他们因此被作为**尤尼亚拉丁人**(**Latini Iuniani**)(G. 1,22)而享有限制权利能力。优士丁尼使他们成为罗马市民,并因此而使这种简化释放形式等同于其他形式(C. 7,6,1;Inst. 1,5,1;1,5,3)。

(二)**奥古斯都的释放法**如同其婚姻法(下文边码 58.25)一 10
样都符合其人口政策上的动机。依照这些法律,大规模释放经常是出于帝国炫耀的癖好,这都是与自由和市民资格不相匹配的因素。对于考虑不周的释放和损害他人的释放,应当完全禁止。

概括事实构成很少是比较合适的。**《弗菲亚和卡尼尼亚法》(lex Fufia** 11
Caninia)(公元前 2 年)规定了主人可以采用遗嘱方式释放的奴隶应当在其奴隶总数的一定限额之内(G. 1,42. ff.);这部法律被优士丁尼废止了。——《埃利亚和森提亚法》(lex Aelia Sentia)(公元 4 年)(作为规则)要求主人最低年龄(20 周岁)和奴隶最低年龄(30 周岁;参见 G. 1,18 - 20;38 - 41;例外情况必须经过国家释放委员会的承认),宣布侵害债权人或者庇主的释放无效(G. 1,37;47),并且受到某些公法处罚的奴隶被释放,只能成为不受保护的归降人(dediticii)而没有任何权利(上文边码 3. 11;参见 G. 1,13;25 - 27)。优士丁尼只保留了其中对释放诈害债权人(in fraudem creditorum)的禁止,Inst. 1,6, pr. ; 1, 6, 3。——**文献**:特·希门尼斯·坎德拉(T. Giménez Candela),“建议中的释放的评论”(Bemerkungen über Freilassungen in consilio),《萨维尼杂志》,第 113 卷(1996 年),第 64 页。

二、释放自由人和庇主 12

(一)释放自由人(liberti, libertini)虽然有权利能力,但如果成为罗马市民(上文边码 16.9),与生来自由人(ingenui)还是不完全相同。他们很大程度上不能享有政治权力。出身于奴隶阶层在私法中发生的影响是,释放自由人处于**庇主**之下,并因此而处于释放人保护权之下(边码 16.1)。

庇主(patronus)的权力在古代是一种完全权力,它只能因为庇主的神法忠实义务而有所削弱;《十二表法》(第 8 表第 21 条)规定:庇主对其门客背信弃义,就将其献祭于神(patronus si clienti fraudem fecerit, sacer esto),即对门客背信弃义使庇主受到了上帝的报复(参见边码60.2)。释放自由人最初和侨居关系中的外邦人一样都属于**门客**,是庇主保护之下的被保护人(边码13.5)。这种保护关系在共和早期逐渐由法律依附淡化为纯粹的社会依附。庇主只对释放自由人保留了法律内容。自释放授予罗马市民资格起,这项法律内容逐渐削弱变成了庇主的保护权力(有规制详尽的忠诚权和名誉权);释放自由人负有服从义务和援助义务。在元首制时期还个别存在的前述庇主权利,如(其中)释放自由人(libertus)的生杀权,也逐渐消失了。释放自由人的子女是生来自由人,对他们而言,只有在个别关系中才继续发生影响。——**文献**:安·弗尔迪(A. Földi),"罗马公法中释放自由人后代情况的历史概述"(Esquisse historique sur la condicion des descendants d'affranchis en droit public romain),《普尔祝贺文集》,第92页。

13 对于因严重忘恩负义而**撤回**释放(revocatio in servitutem),古典皇帝法只在个别情形下才予以承认;后古典法自君士坦丁起因受希腊化影响而将其作为一项固定制度(参见C. 6,7,2 pr.;Inst. 1,16,1)。

14 (二)1. 庇主可以被依法任命为释放自由人的未适婚子女和女性的释放自由人的**监护人**(下文边码62.7);此外,如果释放自由人(libertus)没有自家继承人(sui heredes)而死亡,庇主将成为其**法定遗嘱继承人**(边码66.10和17,还可参见边码69.10)。如果庇主死亡,其权利(通常)只移转于其直系卑亲属。——**文献**:卡·马西·多里亚(C. Masi Doria),《释放自由人的财产》(Bona libertorum),1996年。

15 2. 释放人通常在释放前要求宣誓允诺提供**劳务**[确切说是提供一定数量的劳务(operae)]。允诺人通常在释放后(再次)宣誓或者以要式口约方式重申允诺。基于这项允诺,可以对提供劳务提起[与请求返还之诉(condictio)相近的、可能是市民法的]**劳务之诉**(**actio operarum**)(参见Ulp. D. 38,1,2,1;eod. 7,pr.)。

最初,庇主可以通过私力惩戒方式强制要求提供劳务。自从庇主惩戒权逐渐弱化开始，这种诉讼就越发重要了。详细内容，参见下文边码42.22。——**文献**：沃·瓦尔德施泰因，《释放自由人的劳务》（Operae libertorum），1986年；西村重雄（S. Nishimura），“释放自由人提供劳务时的非债清偿请求返还之诉”（Condictio indebiti bei operae liberti），《维林格学术交流会》，第189页。

（三）释放自由人可以因为皇帝恩赐而被授予生来自由人的地位［**出身复原**（**natalium restitutio**）］。当然，大多是因为社会效应才授予（只有释放自由人才享有的）这项戴**金戒指权**（**ius anuli aurei**）。在后古典时期的法律中，承认在很多情形下庇主都可以依法释放奴隶。 16

三、其他依附关系

（一）对于古代法以及古典法，还应该提及基于个别事实而发生的处于**买主权下**（**in mancipio**）**的家子**的有所限缩的自由。如果家父（paterfamilias）（例如为提供劳务而）将其家子要式出卖给了他人，家子在人法上是自由的，可以存在有效婚姻并且有婚生子女，但对取得人却处于类似于奴隶的服从状态，只有（如同奴隶一样）通过释放（manumissio）才能获得自由（参见G.1，116－118；138。详见下文边码60.5－7；内尔松/孟文理，第3编之3，第306页）。 17

（二）后古典时期的发展承认了界于自由和不自由之间的很多种类完全不同的中间阶层，其中**隶农**较为引人注目。隶农（coloni）（不统一）的历史渊源存在争议，他们是具有依附性的小土地用益承租人，被束缚在土地上：他们离不开土地，而所有权人也不允许他们离开土地，尤其是既不能转让土地但不转让隶农，也不能转让隶农但不转让土地。 18

他们最初在人法上都是自由的，但其中确实有一部分人，如国家的或者皇帝的领地上的世袭隶农，自4世纪起就受到人法限制并因此而与奴隶非常相近。之所以不考虑众多限制而保持其人法上的自由，主要是想保持其军事能力。为了国家经济政治利益、大地产经营以确保军队和居民的后勤供应、国家税收,这种限制不断加剧。——**文献**:阿·休·马·约内斯(A. H. M. Jones),“罗马隶农”(Der röm. Kolonat),载赫·施奈德(H. Schneider)(编),《罗马帝政时期的社会经济史》(Sozial – u. Wirtschaftsgeschichte der röm. Kaiserzeit),1981 年,第 81 页;帕·罗萨菲欧(P. Rosafio),《隶农研究》(Studi sul colonato),2002 年。

第十七节　团体和财团

(RPr. § §72,214)

一、概说

1 现代法律观点承认了赋予独立权利能力的人的团体。(有权利能力的)社团是不同于其成员的权利主体,可以享有所有权或者其他财产权;对社团的财产,成员并不直接享有权利。因此,(有权利能力的)社团是**法人**。当需要实现多数人或者公众的共同利益时,这种社团可以有很多表现形式:有时表现为由成员决定法人意思的成员团体(如社团或者很多商事公司),有时并不存在这种联合组织的关系(如财团)。在公法上,国家、社区、教会和许多其他团体和组织机构都是按照具有法律人格的方式组织起来的。

2 这些组织形式可以脱离其成员而成为独立的权利主体的观念与权利能力理论一样,都发端于古代的萌芽,但主要经由 19 世纪的科学发展而来。古代还没有这种思想。尽管如此,罗马人可能也并未忽视,确实在有些情形下,多数人具有集体意思、其财产不同于成员财产并因此不再允许各成员处分该财产。这主要表现在自古以来就承认罗马国家和古代社团。但是,罗马人并没有认为这些集合是不同于其成员的权利主体,而是认其为各个成员总体的权利主体,类似于日耳曼法上的共同共有。因此,总体财产与成员财产严格区分，总体可以专门任命某人为其机关，通过该机关参与涉及法律的事务。

罗马人对团体没有技术性名称。他们说，团体“有体”（corpus habet）（Gai. D. 3,4,1 pr./1）。说到“总体”（universitas）时他们表示的是不同种类的总体。——罗马人很少比较这些集合与作为个体的人（persona），而且这种比较也没有约束力。例如，“（未继承的）遗产取代人的地位”［hereditas（iacens）personae vice fungitur］这种表述；Flor. D. 30,116,3；46,1,22。这种非技术表达只是为了说明问题，尽管如此，它仍然被当作是许多学说汇纂法学家所坚持的“拟制理论”的基础，这种理论认为应当将法人拟制成自然人。 3

合伙（**societas**，下文边码 43.6 – 7）与社团不同，是多数人为实现共同目的发生统一效力的合同性联合。合伙不是团体，而只是一种合同关系，它在合伙人之间产生债法的负担义务（例如，三位出资人相互联合以装备商船和驾船航行）。与社团不同，合伙对外没有被认为是一个独立的单位。与此相应，它也没有机关，如果某合伙人是为“合伙”行事，他就是为所有合伙人行事，也就是为自己并作为其合伙人的间接代理人（上文边码 11.2）而行事。如果形成了（当然不是必需的）合伙财产，该财产也（相对于社团财产）并不属于作为独立单位的“合伙”，而是属于作为共有人的合伙人。合伙（societas）与订立合伙合同的成员的人相联系，而社团在其成员（由于加入或者退出而发生）变化时仍是同一社团。因此，如果（由于死亡、退伙等）只剩下一个合伙人，合伙通常也就消灭了。 4

二、各种团体

（一）1. 罗马**国家**在法律上是其市民的总体而非其他；它的名称“罗马国家”（populus Romanus）［城邦（civitas）或者公共团体（res publica）也同样，来自于“民众”（populus）］已经说明了这一点。**国库**（**aerarium**）并不是作为权利主体的国家，而是（共和国的）国家金库并且经管国家财产。国家完全是依照“国家法”［这种意义上的公法（ius publicum），见上文边码 3.5］评判，而不是依照私法评判。国家法还决定了国家机关，国家通过其机关形成和 5

实现其意思。所有国家财产都是公共财产。个人与国家之间的法律行为也不处于私法之下。个人和国家之间的争议由作为国家机关的长官作出有权裁判，只是在例外情形下才适用与民事诉讼相应的程序。在共和时期以及元首制时期，都是如此。

6 2. 在帝政时期，**皇室金库**（**fiscus**）（字面意思是"盛钱的篮子"，引申为"钱箱中的财产"）成为国库（aerarium）之外的特别财产，皇帝依其职权取得该财产，可以独自处分它而不受民众和元老院影响。皇室金库［私人财产（res privata）、家庭财产（res familiaris）也一样］也许是从皇帝私人财产发展而来的，皇帝对它也可以有私权。然而，皇室金库被认为是与元首履行其职责相关的财产，因此在其统治结束后就归于其继任人。此外，君主仍然可以有其个人财产（patrimonium），而该财产可以按照私法规则继承。当然，后来的继任人，可能是其养子，也常常是他个人的继承人。随着皇帝权力的日益增长，皇室金库（fiscus）和国库（aerarium）的界限逐渐模糊了；临近元首制末期，国库完全被皇室金库（fiscus）吸收，皇室金库就成为了唯一的国家财产。参见 Ulp. D. 43,8,2,4；Ant. C. 7,49,1。

7 在专制主义君主制下，上述财产在私法上不再区分。皇室金库（fiscus）是国家财产，私人财产（res privata）是各个皇帝的皇室财产，皇帝财产（patrimonium Caesaris）是皇帝的个人财产，这种区分虽然还存在，但只有管理上的意义。即使受到国家利益至上原则的限制，皇帝仍然可以自由处分所有这些财产。通常，皇室金库可以部分享有私权得到了坚持。对于臣民服从于君主意志之下的这种国家形式而言，团体的国家观就丧失了基础；当然人们也没有找出一种新解释来。

8 （二）此外，人们自古以来就将罗马之外的城镇，即**自治市**（**municipia**）和**殖民地**（**coloniae**）［也称之为"城邦"（civitates）或者“公有物”(res publicae)],认为是由不固定成员组成的团体性集合。它们的意思形成以及有权行事的机关,依照社区组织法确定,也就是依照公法确定。当然,这种社区依照裁判官法可以享有私权,可以提起民事诉讼或者在民事诉讼中被诉。

参见 Ulp. D. 3,4,7 pr. 和 1;此外 G. 2,11;Ulp. D. 4,3,15,1;Paul. D. 41,2,1,22。

(三)**社团**[行会(collegia),共济会(sodalitates, sodalicia),后 9
来还有团体(corpora)]很早就有了。它们全都表现出公法特点或者神法特点,因为它们全部或者部分承载着公共使命或者宗教使命。首先是古老的市镇村落[山村、村镇、农庄(montani, vicani, pagani)],然后是各种行业公会(“行会”及其他),还有国家用益承租人合伙,尤其是包税人合伙(societates publicanorum)(绝不是上文边码 17.4 意义的单纯“合伙”)以及后古典时期的世袭强制成员的职业团体(corpora),都是如此,此外还包括古已有之的丧葬社团和祭祀社团。由于社团具有这种公法特点或者神法特点,很少有法学家精通社团法,因此也就任由实务自行发展了。可以肯定的是,裁判官认为社团具有私权能力[例如,对于作为共用物(res communis)的财产,Gai. D. 3,4,1,1]并因此承认了它在民事诉讼法上的能力。——**文献**:鲍·希尔克斯,《罗马的食物》(Food for Rome),1991 年[涉及船东协会(corpora naviculariorum)等];乌·马尔门迪尔(U. Malmendier),《包税人合伙》(Societas publicanorum),2002 年;迪·内尔(边码 48.20),第 116 页[涉及《伊比里亚河流法》(lex rivi Hiberiensis)上的水手行会》](包税人享有质权)。

依照《十二表法》(第 8 表第 27 条),只要社团目的不违法就可自由设 10

立。后来,元老院可以禁止设立社团或者解散社团,这在共和晚期由于滥用政治权力或者违背风俗而经常发生。依照奥古斯都时期的《尤利亚法》(lex Iulia),所有社团均须由社员大会通过章程,或者须经元老院许可。当然,元老院通常会授予共济会(collegia tenuiorum)这种许可。

11 社团内部事务几乎是不受规制而完全由章程[社团法(lex collegii)]决定。根据章程确定成员的加入与退出、他们的权利和义务以及确定代社团行事的机关。参见布伦斯/格拉登维茨,《古代罗马法渊源》码 175(Bruns n. 175),同见《前优士丁尼罗马法渊源》,第 3 册,码 35(FIRA III n. 35)。成立法人需要最少 3 名成员[Ner. – Marcell. D. 50,16,85 中“三人成立……社团”(tres facere ... collegium)];当然,其存续则只需要 1 名成员就够了(Ulp. D. 3,4,7,2)。

12 (四)在后古典时期,基督**教会**(ecclesia)是由基督徒构成的人的集合。成员形成意思在此转向由教会机关形成意思,法学观点中认为教会是团体者逐渐让位于认为它是机构者;然而人们关心的并不是解释问题。主教地位显赫,这有时也会有利于认为他享有教会财产的信托所有权的观点。与之类似的还有**修道院**及其管理机关。教会和修道院可以享有私权并进行民事诉讼。在接近于(“法人”意义上的)独立法律人格方面,教会和修道院相对而言是最先进的。

三、财团

13 (一)在古典时期,财团存在只能是不独立的,也就是说,被当作对于私人或者社团或者集合的附负担的给与(上文边码 10.19 – 21),由被给与人用于慈善目的。Scaev. D. 33,1,18 pr. 提供了例证。

元首制时期的扶养基金就表现出某种公法上的特点,这项基金中,土地用于出租或者作为贷款抵押,目的是将租金或者贷款利息用于生活无着的青少年作为生活费用。——**文献**:文格尔(边码 1.20 之前),第 761 页。

（二）在 5 世纪和 6 世纪，**慈善团体**（**piae causae**）就是些财产，特别是收容和照顾那些敬神而且需要照顾的人的场所（礼拜堂、寺院、医院、儿童院、养老院等）。它们要么属于教会的财产，要么属于地主的财产。当然，也有独立而特别的管理。它们近似于具有独立权利能力的"目的财产"，即作为法人的财团，否则其法律状态就不能得到教义说明了。无论如何，它们都是当代法中财团的原型。——渊源：C. 1，2，19；Nov. 120，6（544 年）；Inst. 3，27 末尾。——关于其继续发展，参见科英，第 1 册，第 593 页；第 2 册，第 349 页。 14

第三编

物法

第一章　概说　占有

第十八节　物

(RPr. §§31 Ⅲ,92,93,237)

一、物的概念和种类

(一)**物**(Res)在法律语言中可以有三种含义:有时在狭义上指个别的、确定的、法律上独立的有体物,有时在广义上指所有的(私)权利标的或者民事诉讼标的(权利客体,例如奴隶和特定关系中的家子),而有时则指全部财产(patrimonium、bona),也就是具有货币价值的标的整体。物权主要涉及第一种含义,只有个别的独立的有体物以及奴隶才能够处于所有权之下。 1

十七、十八世纪的自然法学说还承认对于债权的所有权(仍可参见《奥地利民法典》第1424条);《德国民法典》和《瑞士民法典》至少承认了对于权利的用益权(使用收益权)和质权,《德国民法典》第1068条以下、第1273条以下,《瑞士民法典》第745条、第773条以下、第899条以下。 2

盖尤斯《法学阶梯》第1编讨论"人"(personae),而第2编和第3编则讨论"物"(res)。物(res)在此就是所有的权利客体,区分为**有体物**(**res corporales**,狭 3

义的物)和**无体物**(**res incorporales**)。在此之下,盖尤斯在列举限制物权(用益权和役权)的同时,还讨论了遗产和债,与此相应,在关于物(res)的学说中还涉及了继承法和债法(上文边码 2.27)。参见 G.2,12-14 = Inst.2,2;Gai.D.1,8,1,1。然而,这样严格区分的实际意义在罗马非常有限。——《德国民法典》第 90 条和《瑞士民法典》第 641 条、第 713 条所采用的物的概念仅包括狭义的有体物,而《奥地利民法典》第 285 条所采的却是广义的物,不过,它必须区分对物物权和对人物权,第 307 条以下、第 859 条以下。——关于自古代共同法以来的发展,参见科英,第 1 册,第 271 页以下,第 2 册,第 367 页;恩·霍尔特赫费尔(E. Holthöfer),《罗马法和普通法中物的成分和从物》(Sachteil und Sachzubehör im röm. und gemeinen Recht),1972 年。

4 (二)有些物不能作为私权标的,它们是非私产物(res extra patrimonium, G.2,1; Inst.2,1 pr.)或者是不能交易之物[res quarum commercium non est, 所谓**非交易物**(* **res extra commercium**)]。它们可以分为多个组。

5 1. **神法物**(**res divini iuris**)[与人法物(res humani iuris)相对]是指属于神的(非私法的)所有物,或者,在古代法中与之相应的受到神的保护的所有物。

它可以分为三个亚组:(1)**神用物**(**res sacrae**),如庙宇、柱像、祭坛、祭器。在基督教时期,祭祀建筑和祭器属于教会专用物,(一般)不能出让或者设质。——(2)**神息物**(**res religiosae**),是贡献给冥神(dii Manes)的。当然,针对它们还存在一项私人墓葬权,或者与家庭相联系[家庭坟墓(sepulchrum familiare)],或者可以继承[家传坟墓(sep. hereditarium)],后者可归属于家外继承人。在优士丁尼时期就只存在第二种形式了。根据我们从很多铭文中所了解的关于墓葬权的具体规则,它受裁判官的保护,还受神法保护。——(3)**神护物**(**res sanctae**),如城墙、城门、私人土地之间的界埂。对此参见 G.2,2-9;Gai.D.1,8,pr.;Inst.2,1,7-10。——**文献**:马·卡泽尔,

“论罗马法的墓葬权”(Zum röm. Grabrecht),《萨维尼杂志》,第 95 卷(1978 年),第 15 页。

2. 关于**共用物**(**res communes omnium**),法学家马尔西安(Marcian)(D. 1,8,2 pr. /1;Inst. 2,1 pr. /1)认为包括诸如空气、流动的雨水和河水、海洋和海岸。当然,对于海岸(litora maris)还存在有国家主权(Cel. D. 43,8. 3 pr.)。 6

私人经国家许可在岸上或者海上兴建的房屋,属于私人所有。参见 Ner. D. 41,1,14 pr. /1;Pomp. eod. 50;Inst. 2,1,1;2,1,5。——文献:奥·贝伦茨,“所有生物的共用物”(Die allen Lebewesen gemeinsamen Sachen),载《赫·朗格祝贺文集》(Fs. Herm. Lange),1992 年,第 3 页 = 奥·贝伦茨《制度与原则:论文选集》,第 2 册,第 599 页。

3. **公有物**(res publicae)是属于国家所有的物,它们因为国家(一般)不能享有私人所有权而不属于私人所有权;G. 2,10 – 11;Inst. 2,1,6。 7

这其中还有公用(usus publicus)物:公共街道和广场、河流、湖海、水渠等。尽管对这些物只存在公共所有权,裁判官仍然可以采用市民法诉讼中的禁令,此外还可以采用侵辱之诉(actio iniuriarum)(边码 51. 22),以保护各项公用物免受他人侵害。——关于公田(ager publicus),见边码 19. 6,7。

(三)1. 在私权**划分**中,**要式物**(**res mancipi**, = mancipii,应当读作 máncipi)和**略式物**(**res nec mancipi**)的划分在古代罗马法中非常重要。要式物(res mancipi)只包括意大利土地、奴隶和大牲畜(牛、马、驴、马骡和驴骡)以及无体物中的地役权(下文边码 8

28.4 –5)。只有这些标的才能适用要式买卖(上文边码 7.2 和 5)。所有其他物均为略式物(res nec mancipi)。参见 G. 2,14a – 22;UE 19,1。

9 要式物如此受到重视,说明它们在农业社会时期是最贵重的财产。它们的转让应当采取庄重并(通过证人而)公开的形式。按照公示原则,第三人需要了解该行为,以使他不至于(因时效取得而)过迟地主张其权利。尽管今天的公示手段完全不同,但是动机仍然相似,就像今天转让土地(以德国法为基础)需要在土地登记簿登记一样。罗马人完全不知道什么土地登记簿[埃及的“占有档案”(βιβλιοθήκη ἐγκτήσεων)与土地登记簿的外在形式和功能都相似,但它与中世纪德意志的土地登记簿毫无关系]。

10 通过要式买卖(mancipatio)对要式物(res manc.)获得的权力(正如最初的要式买卖行为,见上文边码 7.2)称为**买主权**(**mancipium**),对于物和奴隶的买主权只是对物和奴隶的所有权的表现形式。——要式物(res manc.)和略式物(res nec manc.)的区别随着要式买卖(mancipatio)的衰落而逐渐淡化了,通过不要式交付(traditio)而取得要式物(下文边码 22.9)在古典时期就已经开始受到裁判官的保护。在后古典时期这种区别消失了。优士丁尼将它从渊源中清除出去并代之以交付(traditio)。这是发生添加最为频繁的情形之一(上文边码 1.22)。

11 2. **动产**和**不动产**(土地)的划分,在古代法中的意义非常有限,仅仅体现在诸如取得时效期间、占有保护等方面。但在后古典时期,这种划分的意义非常明显地表现出来,如在土地买卖的形式上(上文边码 7.28)。——参见《奥地利民法典》第 293 条、第 295 条至第 297 条,《瑞士民法典》第 655 条、第 713 条。

受到哲学影响的,还有一种三分法:动产、不动产和自动产(res mobiles, immobiles 和 se moventes),即自己运动的奴隶和动物。哲学影响还体现在如下表述中：在物里面特别强调动物，是因为它们分享着自然法（边码 3.18）。

3. 现代法还由罗马法的划分引申出其他划分。——（1）**可替代物**是在交易中通常只是取决于种类（genus）的物，而非特定物（species）［根据数量、重量、度量决定的物（res quae pondere numero mensura consistunt），Paul. D. 12，1，2，1］，如粮食、油、矿石等（参见《德国民法典》第 91 条）。——**文献**：托·吕福纳，《可替代物》（Vertretbare Sachen），2000 年。——关于可替代行为和不可替代行为，参见，埃蒙茨（边码 53.4），第 295 页（附有优士丁尼的改革 C. 8，37，13），第 313 页。 12

（2）**消耗物**是那些通常使用就会消耗的物［使用就会灭失或者损耗的物（res quae usu consumuntur，vel minuuntur），Ulp. D. 7，5，1］，如食物、燃料，还有衣服（因为它用过就变旧）和货币（因为它用于流转）。参见《德国民法典》第 92 条，《奥地利民法典》第 301 条。 13

（3）**不可分物**是不减损其经济价值就不能分割的物［不毁灭即不能分割之物（res quae sine interitu dividi non possunt），Paul. D. 6，1，35，3］，如奴隶、动物、艺术品等。 14

可分部分（**pars pro diviso**）是指通过物体的分割而产生的物的部分，也指通过分割而产生的地面（Ulp. D. 8，4，6，1）。——如果某物是单一的，该物与其所有部分（《德国民法典》第 93 条："重要成分"）在物权法上就只有单一的结果，即存在单一的所有权、质权等。相反，如果是由多个独立物组成的整体［**可分共有**（**communio pro diviso**），参见 Pomp. D. 41，3，30 pr.；**复合物**（**universitas rerum**），参见 Afr. D. 50，16，208］，它们之间可能在体上是相互结合的，如房屋、船只［**"合成物"**（corpus ex contingentibus）］，也可能是在体上不相结合的，如牧群、图书馆［**集合物**（corpus ex distantibus）］。虽然合成的单独的物中各个物可能属于不同所有权人，但人们却将整个物看作属于一人所有，以使他可以主张返还整个物。例如，尽管某船是用乙的木料建造而成，但该船却属于甲（下文边码26.14）。相应地，数人对同一物享有权利，但每人享有一个计算份额（如三分之一、四分之一等）的共有则是**按份共有**（**communio pro indiviso**）（参见下文边码23.22－23）。

二、从物

15 与物的部分（pars）相区别的是诸如庄园工具、商店等（instrumentum fundi, tabernae）可以动的从物（accessio, instrumentum;《奥地利民法典》和《瑞士民法典》使用的词是“Zugehör”）。它服务于主物的经济目的。这个概念有些精致。至于对主物的债务合同或者遗赠是否同时涉及（并未同时提及的）从物，是个解释问题［参见 Ulp. － Pomp. D. 19,1,13,31 至 eod. 16;Paul. D. 33,7,18,4，财产管理人作为从物？参见约·门纳（J. Menner），《维林格学术交流会》，第153页］。——**参见**《德国民法典》第97条、第311c条、第926条、第1120条、第2164条，《奥地利民法典》第294条至第297a条，《瑞士民法典》第644条、第645条。

三、孳息

16 孳息（fructus）是通过经营管理他物而得到的物；农作物和树木果实、树林、幼畜、毛发、羊毛、牛奶等［天然孳息（* fructus naturales）］；广义孳息包括矿物，还包括奴隶的劳作（operae）。此外，罗马人还把作为某物的使用出租（用益出租）租金的利润称为孳息［市民法孳息（fr. civiles），当代谓之“权利孳息”］，但却不把资本利息（如借款利息）作为孳息。奴隶的子女也不是孳息（边码15.15;29.6）。关于幼畜是否属于孳息，可能也曾经存在争议，似乎存在某些相反的例子，苹果、葡萄、牛奶被作为与原物相同的生物，同样也被作为其产出（参见 Ulp. D. 7,1,68 pr. 和1）。

天然的物之孳息在与原物分离前属于原物不可独立的一部分。一旦分离,孳息就会按照它所处的特殊关系来确定其独立的法律命运。关于所有权取得,参见下文边码 26.6 -9。

文献:马·卡泽尔,"女奴所生子女"(Partus ancillae),《萨维尼杂志》,第75卷(1958年),第156页;奥·贝伦茨,"元首制和奴隶法"(Prinzipat und Sklavenrecht),载乌·伊门加(U. Immenga)(编),《法学和法发展》(Rechtswissenschaft und Rechtsentwicklung),1980年,第70页;约·菲利普-弗勒舍,"成分、果实和孳息"(Partus et fetus et fructus),《瓦尔德施泰因祝贺文集》,1993年,第99页;里·卡尔迪利(R. Cardilli),《论孳息的法律概念》(La nozione giuridica di fructus),2000年;瓦·迪尼西奥(V. Di Nisio),"论女奴所生子女"(Osservazioni in tema di partus ancillae),《信义 人性 法》,第3册,第1495页。

第十九节 占有 本质和种类

(RPr. §§36,94,238,239,266Ⅱ)

一、概说

文献:弗·卡·冯·萨维尼,《占有法》(Das Recht des Besitzes),1803年[1865年第7版,1990年重印,19世纪最著名的专著,对此参见卡波格罗索·科洛涅西(边码22.2之前),第183页];科英,第1册,第277页;第2册,第372页。

与外行话不同,罗马的法学家们如同今天一样将"占有"(possessio)和"所有权"(dominium proprietas)相互区分;Ulp. D. 41,2,12,1:所有权与占有没有共同之处(nihil commune habet proprietas cum possessione)。所有权人只是物所"属"之人,对该 1

物享有我们法律制度承认的对物的最强权利，而在罗马和当代法律制度中具有多种表现形式的占有，则是以占有是对物的事实控制这种观念为基础的。

2 据此，对法学家而言，原则上占有人就是对物有事实控制的人，即使该物并不属于他，至于他对此是否明知，则无关紧要。因此，窃贼或者强盗也是占有人。在现今——与罗马大不相同——依照《德国民法典》第 854 条和《瑞士民法典》第 920 条，基于其事实对物控制，因使用承租、借用、作为质物而接受某物的人也是占有人[依照《奥地利民法典》第 309 条第 1 句这些人只是“持有人”(lnhaber)]。当然，所有这些人通常都不是所有权人。另一方面，外行人对我们说“土地占有人、工厂占有人”时，指的则是所有权人。在罗马，那些不是法律家的人有时也称(土地)所有权人为占有人(possessor)。我们的外行话可以追溯到历史上德意志法的影响，它也把所有权理解为适格的持有(Haben)。确实，我们“占有”(besitzen)这个词受到了“占有”(possidere)的影响，正如许多当代法律制度中占有与所有权的对立打上了罗马法的烙印一样。

3 **占有(possessio)**的事实构成因此是共同的，即某人享有对某物的事实控制，他既可以自己实施该控制，也可以通过他人实施。罗马法学家将占有界定为不是权利而是事实，并将所有权界定为法律上的完全支配(Ulp. D. 41,2,12,1;43. 17,1,2)。这并不能得出结论认为，占有(possessio)最重要的表现形式(时效取得占有、令状占有)恰恰是因为历史的和实践的理由并且通过法律特征才得以确定的。

4 **二、历史**

占有(possessio)的古代历史较为复杂，因为它可以追溯到两个原本独立的渊源。由此产生了在古典法中具有重要法律意义的两种占有表现形式，即市民法(ius civilis)占有和荣誉法(ius honorarium)占有。

(一)**使用(usus)**是事实控制,而它也是时效取得的要求。这个词在《十二表法》规定时效取得期间时用到过(下文边码25.2)。与之类似,出卖人使买受人取得的事实控制称为**“拥有”(habere)**。对于可以时效取得的所有标的都可以有这种“使用”(usus),如(私法交易中的)物、遗产甚至是自由人[对妻子夫权(manus)的时效取得,下文边码58.36]。市民法占有(possessio civilis),即时效取得占有,就可以追溯到这种使用(usus)占有(下文边码19.8)。 5

(二)**“占有”(possessio)**一词则源自于某人可以“坐”(来自于“sedere”)的土地。如果可以推测认为古代存在氏族集体土地所有权(下文边码22.5),那么,占有(possessio)也许就是家父(paterfamilias)对因耕种而由氏族取得的共同土地的地块的一种支配形式。随着氏族集体消亡,耕地被认为是国家的[罗马人民的公地(ager publicus populi Romani)],除此之外[家父(paterfamilias)所有权下的]私人土地主要是城市土地。对这两种土地都可以取得占有(possessio)。 6

共和时期,国家将公地(ager publicus)各地块交由各个家父耕种。它们有的是作为租税地(agri vectigales)为收取租税而(对耕地)以监察官出租方式出租(永佃)的,有的是作为占据地(agri occupatorii)而(对新地)完全退还给某人(自始)无偿占有。在所有这些情形,国家都保留了(公法的)所有权和随时收回土地的权利。各个家父(paterfamilias)取得了对国家土地的占有(possessio),它受到裁判官通过令状(下文边码21.7)提供的保护可以针对私力侵夺或者妨害进行保护,但作为纯粹容假占有(precarium)(下文边码19.13)则可能被国家撤回。由这种占有(possessio)发展出了令状占有(下文边码19.10)。如前所述,它 7

既存在于国家土地上,还可以存在于私人所有的土地上。它最初存在于城市土地上,但从共和早期起也存在于农村土地上。大概在很早的时候,令状占有就扩张及于动产了。——**文献**:奥·萨基(O. Sacchi),“罗马国家公地的概念”(La nozione di ager publicus populi Romani),《法律史杂志》,第73卷(2005年),第19页。

三、市民法占有

8 古典市民法(ius civlie)中的占有,即市民法占有(possessio civilis),可以追溯到上文所提及的使用(usus)占有。它除了要求以自主占有意思实施对物的事实控制之外,还要求**占有的正当原因(iusta causa possessionis)**(取得名义),即占有必须是基于权利基础而取得的。权利基础依照市民法(ius civile)使占有人的所有权取得正当化,如买卖(pro emptore)、赠与(pro donato)、嫁资(pro dote)、物上遗赠(pro legato)、债务清偿(要式口约、间接遗赠等,即 pro soluto)、获取抛弃物(pro derelicto)、获取未继承的遗产(pro herede)。市民法占有(possessio civilis)属于以时效取得(见下文边码25.9)方式取得所有权的事实构成。市民法占有(possessio civilis)的转让还构成通过不要式交付(traditio)的所有权转让的事实构成,而不要式交付发生取得略式物(res nec mancipi)的市民法所有权和要式物(res mancipi)的裁判官法所有权的效力。

9 共和晚期法学家们“任何人不能为自己而单方改变其占有原因”(nemo sibi ipse causam possessionis mutare potest)的规则意味着:某人如果没有正当原因(iusta causa),就不能私力取得这种占有(也不能因此取得市民法占有),尤其是纯粹持有人(下文边码19.16,如使用承租人或者用益承租人)在市民法占有人死亡后并没有获取未继承的遗产(pro herede)的名义。对该规则的影响无疑争议颇多(参见 Iul. 41,3,33,1;41;5;2;1;Paul. D. 41,6,1,2)。——**文献**:赫·豪斯马宁尔,“任何人不能为自己而单方改变其占有原因”(Nemo sibi ...),《鲁·施密特纪念文集》(Gs. R. Schmidt),1966年,第399页;里·伯尔(R. Böhr),《罗马私法中私力改变占有禁止》(Das Verbot der eigenmächtigen Besitzumwandlung im röm. Privatrecht),2002年。——《奥地利民法典》第319条,《法国民法典》第2240条,《意大利民法典》第1141条,参见《德国民法典》第868条、第937条第2款。

四、令状占有

裁判官法(ius praetorium)占有的特征是,对于私力侵夺或者妨害占有,通过令状(interdicta)予以保护,即通过裁判官诉讼这种诉讼上的特殊程序进行保护(下文第二十一节和边码86.1-6)。古典诉讼中关于所有权的特定情形[原物返还之诉(rei vindicatio),下文边码27.8],被告也需要以这种“令状占有”(所谓* possessio ad interdicta)为根据。令状占有并不考虑占有的正当原因(iusta causa possessionis)。 10

令状占有人可以是:

(一)**自主占有人**。他有将某物置于其控制之下的意思,为自己而拥有或者保留某物,并且不承认他负有应当将物返还他人的义务。它涉及三点:(1)占有某物的所有权人自己;(2)误认自己为所有权人的善意占有人;(3)明知他人权利而保留某物的恶意占有人,如窃贼与强盗。恶意占有人也享有令状占有,因为对于标准的自主占有意思而言,自己是真实所有权人的想象[所谓“所有权人想象”(opinio domini)]并不重要。所有这些人都获得令状占有,是因为如果其占有状态恢复完整,也便于真正权利人追夺其物。 11

(二)此外,还有某些令状占有的他主占有人,即承认他们负有应当将物返还他人义务的他主占有人。当然,它只有四种情形: 12

1. **永佃权人**是前文(边码19.7)所提及的公地占有(pessessio am ager publicus)情形在古典时期仍然继续存在的唯一形式(下文边码30.1-2)。

13 2. **容假占有人**为使用或者收益而借用动产或者不动产,但给予人可以随时自由撤回["precarium"一词,来自于"preces"(请求);Ulp. D. 43,26,1 pr. /3]。在此,对令状占有可进行历史说明,容假占有(precarium)的根源在于土地借用当事人是农村佃农,地主将土地交给他但可以任意撤回(上文边码 13. 5;16. 12)。与容假占有给予人(precario dans)相比,容假占有人的地位很弱,对于容假占有给予人以容假占有令状(interdictum de precario)实施的撤回,不能对抗。其占有(只能)对抗容假占有给予人有瑕疵(参见,G. 4,151)并因此而不正当的占有(iniusta possessio)。容假占有人对第三人当然享有令状占有的保护(参见,Ulp. eod. 4,)。容假占有(precarium)这种最初只在占有法上具有意义的事实,在古典时期发展成更加松散的借用关系。

例如,人们将容假占有(precarium)和用益租赁合同联系起来。通过这种结合,用益承租人虽然并未立即享有对抗第三人的占有法上的令状保护(Pomp. - Ulp. D. 41,2,10,1 - 2),但却可以(基于恶意抗辩或者简约抗辩)受到保护而避免给予人随时撤回,因为用益出租使得给予人负有在用益租赁期间届满前不得撤回使用的义务。与之相应,分期付款买卖中也只是暂时以容假占有方式将物交给买受人。只要支付分期款项,就可延缓出卖人和给予人的撤回权(参见,Ulp. D. 43,26,20,下文边码 41. 16)。古典晚期还产生了一种有期限的容假占有(precarium),它完全排除了提前撤回(Ulp. D. 43,26,4,4 和 6 pr.)。——为了保护返还因容假占有而交付的物,可能有时也可以提起依前书文句之诉(actio praescriptis verbis)(边码 45. 8)。

萨宾学派和普罗库勒学派之间,对于容假占有人享有令状占有的同时给予人是否还享有市民法占有(possessio civilis),存在争论。普罗库勒学派持否定立场,具体意见如下:

D. 41,2,3,5(保罗,《论谕令》,第54编)

Ex contrario plures eandem rem in solidum possidere non possunt: contra naturam quippe est, ut, cum ego aliquid teneam, tu quoque id tenere videaris. Sabinus tamen scribit eum qui precario dederit et ipsum possidere et eum qui precario acceperit. idem Trebatius probabat existimans posse alium iuste, alium iniuste possidere, duos iniuste vel duos iuste non posse. quem Labeo reprehendit, quoniam in summa possessionis non multum interest, iuste quis an iniuste possideat: quod est verius. non magis enim eadem possessio apud duos esse potest, quam ut tu stare videaris in eo loco, in quo ego sto, vel in quo ego sedeo, tu sedere videaris.

相反,数人不能对一物作为整体(单独)占有:因为我持有某物,而你也持有该物,这是违背自然的。萨宾却写到,基于容假占有而交付某物的人和基于容假占有而取得物的人都占有该物。特雷巴提乌斯认为该观点正确,即可以一个人合法占有,另一人非法占有,但不能同时存在两项占有都合法或者都非法。拉贝奥对此予以了批评指责,因为不管某人是合法占有还是非法占有,对于占有全都不太重要。这种观点是正确的。因为两个人(每个人都为他自己)不可能同时存在同一项占有,就像我站的地方你不能站、我坐的位子你不能坐一样。

在认为占有是事实的颇具启发性的文本中,涉及了单独占有。某物可能只有唯一占有人。应当与之区别的是共同占有,它是多人共同支配一物(Ulp. D. 43, 17, 1, 7; Pomp. D. 41, 3, 32, 2, 参见《德国民法典》第866条)。——与之相对,Pomp. D. 43,26,15,4 则提到,除容假占有人的令状占有之外,给予人保留有占有地位,而它正是时效取得所需要的。所以,彭波尼(Pomponius)以功能上相互区分为根据肯定了双重占有。——**文献**:马·卡泽尔,"论容假占有的历史"(Zur Geschichte des precarium),《萨维尼杂志》第89卷(1972年),第14页;葆·比亚瓦什(P. Biavaschi),《容假占有之研究》(Ricerche sul precarium),2006年[书评,乌·巴比西奥,《萨维尼杂志》,第125卷(2008年),第804页]。

14 3. **质权人**受令状保护,因为他有时比出质人更关心质物。如果出质人支付能力较低,他将来回赎质物的希望就会很小,再则,他在针对第三人维护质物占有方面也不会比质权人更关心。在质权人的令状占有之外,为出质人利益,应当承认出质人享有可以时效取得质物的市民法占有(possessio civilis),Iav. D. 41,3,16;Paul. D. 41,2,1,15。

15 4. **扣押保管人(sequester)**,他为就某物发生诉讼的当事人保管该物并应当将该物返还给胜诉当事人。他享有令状占有,因为这种保管的目的就在于,当事人都不能将扣押保管人保管期间计入时效取得。参见 Flor. D. 16,3,17 pr./1;Iul. D. 41,2,39。

16 **五、持有**

如果某人虽然对某物有事实控制,但却不能满足市民法占有(civilis possessio)或者令状占有的前提,他就**不是**(技术意义的)占有人(possessor)。法学家们为表示不同于市民法占有(civilis possessio)而只有占有外表的情形,(自尤里安起)称之为**自然占有(naturalis possessio)**(参见 Iul. D. 41,5,2,1),此外——与令状占有相对——也称为占有(in possessione esse)(G. 4,153),有时(非技术地)也称为保有(tenere)、持有(detinere)。共同法由此发展出了与"法律的"占有不同的"持有"(Detention)这种技术性表达方式[持有(Innehabung);《奥地利民法典》也称为"持有人"(Inhaber),"保管"(Gewahrsam)]。

17 因此,所有不属于上文(边码 19.12-15)所列有利情形的他主占有人都是持有人,如保管人[基于寄存(depositum)]、借用人[基于使用借贷(commodatum)]、受托人、无因管理人、承揽人,甚至还包括使用承租人、收益承租人,他们因不受自主占有保护而处于较差的法律地位。在所有这些情形中,能受令状保护的只有占有人,由此引出其持有,并且他通过持有人实施其事实控制。例如,使用承租人因第三人的禁止的私力而被侵夺事实控制,只有使用出租人享有令状[如果他是占有人(possessor);转租情形是上位出租人];使用承租人只能基于使用租赁合同向出租人请求,而不能直接向第三人请求。

当代的《德国民法典》和《瑞士民法典》,为了满足保护他主占有的社会需要,将双方当事人(使用出租人和使用承租人、保管人和寄存人等)都称为占有人(《德国民法典》第 868 条中是"直接"和"间接"占有人,与之类似,《瑞士民法典》第 920 条中是"非独立"和"独立"占有人),使双方当事人都受占有保护。参见《德国民法典》第 869 条。当然,间接占有并非对物支配,而是一种占有顺序的归属关系,如时效取得的归属关系。——《奥地利民法典》则不同,它只给"占有人"以占有保护,而不给"持有人"以占有保护。当然有很多"持有人"(使用承租人、收益承租人、借用人、质权人)享受占有保护,这是因为《奥地利民法典》第 311 条、第 312 条中承认许多值得保护的无体物占有是"权利占有"。《德国民法典》在"占有辅助人"(第 855 条)中也承认了持有的一项残余。 18

较为有利的是用益权人、某些役权人等人的地位,他们的事实对物控制不是通过普通占有令状而是通过特殊令状受到保护的。显然,人们在古典时期就已经非技术地称之为**准占有(quasi possessio)**(G. 4,139)。可能在古典晚期就已经承认,事实上行使用益权(ususfructus)或者地役权的人,不管他是否有这项权利,是**权利占有(possessio iuris)**(《德国民法典》、《瑞士民法典》与之类似,关于《奥地利民法典》见上文)(参见边码 28.21)。后古典时期学说继续扩张该概念,从而使通过交付(traditio)和时效取得而取得役权和用益权以及适用扩用的普布里奇之诉(actio Publiciana)(下文边码 27.25)具有了正当性。 19

六、后古典的发展

(一)在后古典通俗法中,关于占有(possessio)及其与所有权严格区分的古典观念消失了。占有和所有权在很大程度上相互融合了。参见边码 22.11。 20

21 （二）优士丁尼虽然回归到了占有（possessio）和所有权（dominium）的严格区分，但他（在前述后古典发展影响下）将真正的占有（possessio）限定于具有所有意思（animus domini）的善意占有，即需要具有将自己作为所有权人的意思。其他所有对物控制都是物体占有（corporalis possessio）或者自然占有（naturalis possessio），而不论它是否受到令状保护。真正的、具有所有权人意思的占有不再是纯粹的事实，而是更接近于**权利**。——关于1500年以后的发展，参见科英，第1册，第277页；第2册，第372页。

第二十节　占有取得和丧失

（RPr. §§95，239III）

一、占有取得

文献：弗·舒尔茨，《〈学说汇纂〉研究导论》（Einführung i. d. Studium d. Digesten），1916年，第63页；赫·豪斯马宁尔，《罗马物法案例书》（边码1.55），案例1－66；威·戈登，《通过交付移转财产研究》（Studies in the Transfer of Property by traditio），1970年；汉－彼·贝内尔，《经由他权人的占有取得》（Der Besitzerwerb durch Gewaltabhängige），1972年；安·瓦克，《法律史和法教义中作为交付替代的占有改定》（Das Besitzkonstitut als Übergabesurrogat in Rechtsgeschichte u. Rechtsdogmatik），1974年；沃·克吕格尔（边码11.4）；法·克林克（边码11.4）；伊·皮罗，《以身体致害并以身体占有》（Damnum corpore suo dare rem corpore possidere），2004年，第213页；马·佩恩尼茨，"取得树木和矿石的障碍"（Hindernisse beim Erwerb von Bäumen und Steinen），《赫·豪斯马宁尔祝贺文集》，2006年，第213、223页。

1 （一）根据古典学说，取得占有需要**体素和心素**（**corpore et animo**），即形成事实控制（corpus）并有支配物的意思（animus）。

这两项因素构成一个整体,意思通过对物控制的行为而得以表现。何时取得这种事实控制,应当按照生活经验结合个案进行判断(例如 Gai. D. 41,1,5,;Ulp. D. 18,6,1,2),这对当代法仍然富有启发意义。

参见 PS 5,41,2;Paul. D. 2,1,3,1。对于占有交付(传来的、"继受的"占有取得,以前占有人的意思为基础),有时人们认为前占有人为取得人利益而腾退[腾退交付(vacuam possessionem tradere)]并且因此而放弃抓取即可(Scaev. D. 19,1,48)。因此,对于土地在塔楼上指明边界(Cels. D. 41,2,18,2),对于动产按照命令交给取得人[**长手交付**(* **longa manu traditio**),Iav. D. 46,3,79]、在家中交还(Cels. 同上)或者按照其意思交给第三人、交付存货所在仓库的钥匙,甚至仅仅在物面前作出表示(关于相关情形,参见 Paul. D. 41,2,1,21)即可。显然,交付记载物的交付的证书[证书交付(traditio per chartam),"象征性"交付,拟制交付(* traditio ficta)],无论在后古典法还是在优士丁尼法中显然都是不充分的(中世纪有所不同)。——《德国民法典》第 854 条,《奥地利民法典》第 426 条、第 427 条,《瑞士民法典》第 922 条、第 923 条。 2

基于自己控制而取得占有("原始的"占有取得)受到严格限制;当然,为占取目的而踏上该土地即可(Paul. D. 41,2,3,1)。捕获动物将根据具体情况判断(Proc. D. 41,1,55;Paul. D. 41,2,3,14 - 16;Gai. D. 41,1,3;D. 41,1,5 pr. -5;Inst. 2,1,12 - 14)。存在争议的是对于发现埋藏物如何处理,见 Paul. D. 41,2,3,3;获得承认的观点是,土地占有人不能立即成为埋藏物的占有人(边码 26.5)。 3

对于未适婚人(impuberes)取得占有是否需要其监护人同意(auctoritas tutoris),古典法学家之间存在争议;Paul. D. 41,2,1,3;Decius C. 7,32,3。——如果家父知道或者目的在于取得特有产(peculium),他权人就为家父取得了占有。作为自权人,依照古典法,代理人(procurator)取得占有是为本人取得占有,监护人当然也是为被监护人取得占有。直到优士丁尼时期才广泛允许经由为他人行事的自权人而取得占有(上文边码 11.4 -5,7,12)。 4

5 （二）如果持有人（上文边码 19.17）自他为之持有该物的人取得占有。例如，使用承租人自使用出租人买受某物，只要在该合意中包含取得人取得该物占有（possessio）的自主占有意思即可［**短手交付**（* **brevi manu traditio**）］；Gai. D. 41,1,9,5；Ulp. D. 12,1,9,9；Cels. D. 21,2,62,pr.；Inst. 2,1,44。——《德国民法典》第 929 条第 2 句，《奥地利民法典》第 428 条第 2 分句，《瑞士民法典》第 922 条第 2 款。

6 相反，如果某物被出卖之后又立刻被承租回来，取得人虽然取得了占有的心素和体素（animo et corpore），但并没有物体交付，因为出让人现在作为持有人而为取得人实施事实控制。这种情形，即**占有改定**（* **constitutum possessorium**，该名称受到 Ulp. D. 41,2,17,1 影响），在古典法中就已经获得承认：

D. 41,2,18,pr.（克尔苏斯，《学说汇纂》，第 23 编）

Quod meo nomine possideo, possum alieno nomine possidere: nec enim muto mihi causam possessionis, sed desino possidere et alium possessorem ministerio meo facio. nec idem est possidere et alieno nomine possidere: nam possidet, cuius nomine possidetur, procurator alienae possessioni praestat ministerium.	我以自己名义而占有的，也可以用他人名义占有。这时我没有改变我占有的法律基础，而是停止占有并且通过我自己而使他人成为占有人。以自己名义占有和以他人名义占有不同：因为以谁的名义占有，谁就是占有人；财产保管人是为他人占有的。

克尔苏斯为占有改定提供了理论基础：原占有人放弃了该物为自己而有的意思，并将自己改为持有人，其意思在于此后为他人实施事实控制。为了发生法律效力，这项意思变动必须向占有取得人表示，而占有取得人方面以其同意表示其取得意思。取得人这样就取得了对物支配：“如果某人事实支配某物之力以我可以按照自己意思支配的方式处于我的支配之下，我也就以

等于用自己之力进行支配的方式取得了对该物的事实控制。”［参见伯·温德沙伊德,《学说汇纂》(Pandekten),第1册,第149节注释1］。当然,这种占有取得发生交付(traditio)(下文边码24.10)的法律效力还必须有一项基础,基于这项基础原占有人在此期间保留着持有,和使用承租或者委托或者无因管理等(的财产管理人)一样。这其中并不存在占有法律基础的单方变动(边码19.9)。——当事人以这种方式避免了多余的物的交来交去。——恩·伊·贝克尔(E. I. Bekker)［《耶林年刊》,第34卷(1895年),第26页］创造出“占有辅助人”(《德国民法典》第855条)的概念是从片段18. pr. 引发出来的。——**文献**:卡泽尔,《罗马法渊源和所有法学家方法》,第295页至第300页;法·克林克(边码11.4),第257页。——《德国民法典》第930条,《奥地利民法典》第428条第1分句,《瑞士民法典》(第717条)第924条,依照《法国民法典》第1141条效力稍弱。

二、占有的存续和丧失

(一)作为事实持续关系,占有或者在占有人自愿放弃对物支配时因为丧失体素和心素(corpore et animo)而归于消灭,或者在他非自愿丧失该物的事实控制时因为仅仅丧失体素(corpore)而归于消灭。例如,动物脱逃或者遗失物不能再找回,只要该物在其控制范围之外即可［照管(custodia)］。如果它仍在照管(custodia)之下,因为它仍然存在,所以需要的只是细心寻找。参见 Paul. D. 41,2,3,13;eod. 30,3;Pomp. eod. 25 pr. 。当然,在实务中的很多情形下,占有仅仅因为单纯的心素(solo animo)的维持而得以维持,只要仍然有可能重新获得事实支配(G. 4. 153)。 7

以下情形就是如此:只能根据时间而加以利用的夏季牧场和冬季牧场(Paul. D. 41,2,3,11);逃亡奴隶(Paul. D. 41,2,1,14,边码15. 23);战争俘获后又被释放的物(Iav. eod. 23,1);受遗赠人得知别人将土地遗赠给他后根据其知识不敢获得或者未能获得的土地［Ulp. eod. 6,1 中的拉贝奥(Labeo)的意见,不同于此后的 Pap. eod. 44,2 和46;见下文边码21. 16］。 8

9 (二)优士丁尼倾向于认为占有是一种权利,他由这种(还有其他)情形概括出一项规则:占有能够在丧失物体控制后仅仅因为意思而得以维持。

占有丧失和占有取得一样也要有心素和体素(animus und corpus)这种见解显然是非古典的一般化,参见 Paul. D. 41,2,8(部分 = 50,17,153)和 Pap. D. 41,2,46。

10 (三)占有人**死亡**,占有并不移转于家外人(extranei, Iav. D. 41,2,23,pr.),却可能移转至自家继承人(sui heredes)。——《德国民法典》第 857 条,《瑞士民法典》第 560 条第 2 款,《法国民法典》第 724 条,参见《奥地利民法典》第 797 条。

第二十一节　占有保护

(RPr. § §36 Ⅱ,96,240;Kaser/Hackl § 92 Ⅱ – Ⅳ)

一、概说

1 (一)为保障占有而针对无权侵扰或者侵夺提供救济的,不是诉,而是**令状**(来自于"interdicere",意思是"禁止",因为裁判官颁布了一项禁止或者命令)。

占有令状最初可能是一种国家行政程序,因为它符合维持占有这种具有较强公共性的利益,尤其是对公共土地的占有,当然也包括对私人土地的占有。直到后来,令状才在市民法诉讼的特别程序中逐渐得到改造(参见边码 21.8)。——当然,令状不仅仅是为保护占有而创设出来的,它可以用于很多目的。例如,在诈害债权人的情形为返还已转移财产的欺害令状(interdictum fraudatorium,边码 9.11),使用承租人搬家时受到妨碍的搬离令状(interdictum de migrando,边码 31.38),将子女拘提到法庭以便鉴定的出示子女令状(interdictum de liberis exhibendis,边码 60.9)等。它大多涉及需要尽快予以明确的情形。令状保护的请求权大多还具有明显的公共利益特征,当然还是将这项请求权交由对此最具利益的个人予以主张,并且与此相应的程序也是一项市民法诉讼[对此参见边码 86.1 – 6;关于其基本情况,参见贝格尔(Berger),《罗马法百科词典》,第 507、509 页,词条“Interdictum”和“Interdicta”]。

此外,占有人对侵夺其对物支配还可以实施正当防卫,并且可以通过自助行为而将该物自侵夺人处立即取回(下文边码 36.11;Diocl. C. 8,4,1)。——参见《德国民法典》第 895 条,《奥地利民法典》第 344 条,《瑞士民法典》第 926 条。

(二)古典时期的学院教义将占有令状分为三种(G. 4,143)。

1. **获得占有令状**(**interdicta adipiscendae possessionis**)指向初次取得占有,而不是用来保护已经存在的占有。它又分为不同种类。例如,萨尔维令状(interdictum Salvianum)就是其中之一,用益出租人根据该令状可以对用益承租人主张对已出质财产取得占有(Gai. 4,147;下文边码 31.37)。又如,收获果实令状(interdictum de glande legenda)可供树木所有权人支配,他据此可以收取坠落邻地的果实(边码 23.12)。 2

2. **维持占有令状**(**interdicta retinendae possessionis**)用于维持占有,而且主要是保护这项占有免受妨害。它包含着对其他私力侵夺的禁止,因此是“**禁止性的**”。除这种禁止性功能外,它还具有一种**回复性**(边码 21.7)功能。 3

3. **回复占有令状**(**interdicta recuperandae possessionis**)指向重新取得(recuperare)已经丧失的占有。它包含有一项返还命令,因此是**恢复性**的。与维持占有令状(interdicta retinendae possessionis)相同,这种令状是基于占有的令状,而获得占有(adipiscendae possessionnis)令状则是指向占有的令状。 4

(三)所有的占有之诉(在罗马如同当代一样)全都排除了“有权占有的抗辩”(所谓“基于本权的”抗辩)。因此,被告不能以自己是所有权人(或者 5

基于其他债权、物权)因而有权占有该物为由进行辩护。占有令状的效力无非就是尽快弥补因为妨害占有或者侵夺占有而对法律和平造成的损害。如果占有之诉的败诉方想援用其所有权(或者其他“对占有的权利”),必须是在基于该权利的另一项诉讼中,即在其他诉讼中主张其权利。为尽快消除占有受侵害状态的目的,占有之诉[防止暴力令状(interdictum de vi armata)除外,下文边码 21.14]的消灭时效期间为 1 年。——《德国民法典》第 863 条、第 864 条,《奥地利民法典》第 346 条,《瑞士民法典》第 927 条至第 929 条。

6 (四)占有令状的唯一目的最初是针对通过不被允许的私力实施妨害或者侵夺而为占有提供保护。暴力(vi)或者隐蔽(clam)侵害他人占有,就构成了禁止的私力。此外,因**容假占有**(**precario**,上文边码 19.13)而交与的物在任意撤回后仍然保留该物的人,也构成了禁止的私力。因实施这些禁止的私力而侵夺或者妨害占有的人,在采用这两项最古老的禁止性令状[对不动产的现状占有(uti possidetis)令状,对动产的优者占有(utrubi)令状]时,将被裁判官“禁止”(“interdicere”)任何继续控制。他对于对方当事人取而代之重新占有该物也不能予以抵抗,并且必须停止任何继续妨害占有的行为。如果他违反了这项要求,最初他可能被课以罚金(multa),但从共和晚期起,他在民事诉讼程序中就会被强制恢复原状(restituere),或者在紧急情形下以金钱恢复原状(restituere)。此外,人们在这期间还创制了特别的恢复性令状[制止暴力剥夺(unde vi)令状、容假占有(de precario)令状以及隐蔽侵占(de clandestina possessione)令状],要求行为人恢复到先前的状态;如果他不这样做,就要被判罚支付金钱。

二、各种令状

关于令状用语的复原,参见奥·莱纳尔(O. Lenel),《永久谕令》(Das Edictum perpetuum),1927 年第 3 版,第 469、488、461、486 页。——关于令状的审理程序,参见卡泽尔/哈克尔,第六十三节和下文边码 86.1－6。

（一）禁止性令状

1. 对于土地的**现状占有**（**Uti possidetis**）令状的程式表述是：如同你们（争议双方）现在占有这里涉及的房屋（或者土地），而且未被他人以或者暴力或者隐蔽或者容假占有为由提出要求那样，（你们应当继续占有并因此）我禁止（你们双方）使用暴力改变你们现在的占有状态[Uti nunc eas aedes, quibus（或者 eum fundum, quo）de agitur, nec vi nec clam nec precario alter ab altero possidetis, quo minus ita possideatis, vim fieri veto]。 7

这项令状适用于双方当事人并且禁止相互使用暴力。要么当前占有对相对人无瑕疵——因此禁止妨害占有，尤其要禁止侵夺占有，要么当前占有对相对人有瑕疵——因此禁止对除去妨害、尤其是重新取得占有的暴力防御。在第二种情形中，私力重新取得占有者对临时占有人（例如基于暴力取得占有者）就是瑕疵占有。因此，现状占有令状（interdictum uti possidetis）虽可视为维持占有令状（边码 21.3），但仍然具有回复性的功能。

"现状占有"令状保护的不仅仅是私法的占有，还包括交给个人使用的公田（ager publicus）的占有，而且这项令状可能主要是为此而创制的。据推测，它是在征服埃特鲁斯人的维爱（Veji）（大约公元前 396 年）以后创制的，因为有很多土地可以分配给罗马人。 8

"或者暴力或者隐蔽或者容假占有"（nec vi nec clam nec precario，边码 21.6）的条款虽然被称为瑕疵占有抗辩（exceptio vitiosae possessionis），但它却是令状中符合谕令文句所要求的条款，而不是技术意义上的抗辩（exceptio）。根据传统的学说见解，这句与程式中的"现在"（nunc）不相符合的条款是补加进来的，因为这时裁判官已经没有能力再去自己查清楚，争议双方谁相对于对方构成瑕疵占有，并相应地对占有作出正确判决。因此裁判官在行政程序以后附加了的第二个程序阶段，在这个阶段法官根据程式诉讼的原则判断颁发这项令状是否正当，同时可能对因违法行为而致对方受到损害的当事人作出判罚(边码 86.3 -6)。当然,仍然有疑问的是,从何时起人们开始承认,附有所谓抗辩(exceptio)的令状文句符合古代表述类型的进一步具体化,并且令状程式的拼合文本是其历史较为久远的一个标记[朱·法尔科内(G. Falcone),参见赖·维尔冯泽德(R. Willvonseder),《萨维尼杂志》,第 119 卷(2002 年),第 463 页、第 467 页及下页]。

9 2. 对于动产占有争议,人们模仿现状占有(uti possidetis)令状创制了**优者占有令状(interdictum utrubi)**。这项动产令状的古典程式表述是:这里涉及的这个奴隶在这一年大部分处于你们中哪方当事人之下,而且未被他人或者暴力或者隐蔽或者容假占有而取得占有(因此占有仍然在这一方);相反,(长期无瑕疵占有的)这个人就可以将他(这个奴隶)领走,我禁止使用暴力(Utrubi vestrum hic homo, quo de agitur, maiore parte huius anni nec vi nec clam nec precario ab altero fuit, quo minus is eum ducat, vim fieri veto)。

这项令状保护的不是在后无瑕疵占有人,而是自颁布令状起前溯一年中无瑕疵占有时间更长的占有人。这体现出古代具有一种通过(与不动产相比)动产频繁的占有变动仍不能充分说明的不灵活性。无瑕疵占有人以继承、买受或者以其他无瑕疵方式取得该物的,其前手的占有期间计算为无瑕疵占有人的占有期间[时间添附(accessio temporis), Gai. 4, 151]。——直到优士丁尼时期,这项令状[以及现状占有(uti possidetis)令状]才也保护在后无瑕疵占有人了。参见 Gai. 4, 150; 160; 不同于 D. 43, 31, 1 pr.; Inst. 4, 15, 4a。

10 3. 现状占有(ut possidetis)令状和优者占有(utrubi)令状以及制止暴力剥夺令状(interd. unde vi)(见边码 21.13)除具有反对不被允许的私力的目的外,还具有为所有权争议进行准备的目的。想自他人处取回其物占有的人,如果该相对人系以暴力、隐蔽或者容假占有而取得占有，他就可以凭该令状提起诉讼，以使自己重新获得占有。如果这样成功了，他就不仅可以重新获得该物，而且在他人对他提起所有权人的原物返还之诉（rei vindicatio）时，还可以取得被告的有利身份，因为原物返还之诉中原告有义务但一般很难证明其所有权（下文边码 27.6）。相反，如果被请求人并未因这项令状而返还该物，他就会因原告占有利益而被（以金钱）判罚，此外，他仍然面临着原告的原物返还之诉（rei vindicatio）。由于通过公平分配当事人角色而对原物返还之诉进行准备的新功能，制止暴力剥夺令状（int. uti poss.）和优者占有（utrubi）令状反对占有妨害和占有侵夺的最初目的就被抑制住了，但尚未被完全清除。参见 G. 4，148；Inst. 4，15，4，此外还有 Ulp. D. 43，17，3，2 –4。

4. 现状占有令状（interdicta uti possidetis）和优者占有（utrubi） 11
令状是**双重令状**（**interdicta duplicia**）：裁判官将其使用暴力的禁止适用于双方当事人，因此，他们任何一方既是原告又是被告，例外地甚至可能对原告作出判罚（G. 4，160；Inst. 4，15，7）。例如，他使用暴力侵夺对方占有并且现在对他因后来实施的暴力妨害进行了追究。这种“双重性”是由这两项令状的功能而产生的，争议双方的占有都证明对方是无瑕疵占有。如果以暴力（vi）、隐蔽（clam）或者容假占有（precario）自占有人取得占有，就是有瑕疵的（vitiosa）。

如果争议双方之间都相互使用了禁止的私力，通常（例外，上文边码 12
21.9）最初实施私力行为之前占有物的一方享有占有。至于他们中一方是否以暴力（vi）、隐蔽（clam）或者容假占有（precario）自第三人取得占有，无关紧要。因此，占有争议涉及相对（于对方当事人而言）有利的占有。这种有利的占有在技术上称为**正当的**（**iustus**），对方当事人即**不正当占有人**（**iniustus possessor**），Paul. D. 43，17，2。——参见《德国民法典》第 858 条，在《奥地利民法典》第 345 条至第 347 条称为“有瑕疵占有”（vitiosa possessio），此外，《瑞士民法典》第 926 条、第 927 条。

（二）恢复性令状

13 1. 某人以暴力将他人自土地占有赶出去的，他就应当根据**制止暴力剥夺令状**（**interdictum unde vi**）的命令将占有恢复给相对人（... restituas），只要相对人对他而言不是瑕疵占有［瑕疵占有抗辩（exceptio vitiosae possessionis）（边码 21.8），这项限制在后古典法中自该令状清除出去了，Inst. 4,15,6 和 4,2,1］，见 D. 43,16,1 pr.；Cic. pro. Tullio 19,44－45。这项令状只能存在于事件发生之后 1 年内，否则就只能根据罚金之诉的范本（下文边码 50.7－15）处理了。

14 它的变形之一是**防止暴力令状**（**interd. de vi armata**）：它以武装团伙实施驱逐为前提，不受 1 年消灭时效期间限制，并且在古典法中就已没有瑕疵占有抗辩（exc. vit. poss.）。因此，如果被赶出去的人对侵入者而言是瑕疵占有，也会成立这项令状。

15 2. **容假占有令状**（**interd. de precario**）同样是对于容假占有人基于容假占有（上文边码 19.13）的全部所得以及因其恶意（dolo malo）而不再享有者的代替者的习惯法（而非罚金的）返还之诉；D. 43,26,2 pr.。

16 3. 隐蔽侵占令状（interd. de clandestina possessione）在哈德良皇帝的敕谕中就已不再采用了，因为当时不再不加思考地认为自土地占有隐蔽赶走他人就是占有取得了（上文边码 20.8）。

三、后期发展

17 （一）1. 在后古典时期，为说明制止暴力剥夺令状（int. unde vi）（相对于所有权争议）的临时性特征，人们将其改称为临时之诉（actio momentaria），并且放宽到为有效遏制非法侵入住宅而排除瑕疵占有抗辩（exceptio vitiosae possessionis），这就使之与刑事处罚发生了竞合。晚期的法律为主张行使权利对占有侵夺采取自助行为的情形规定了一项程序（没有刑事处罚），其中还需要考察所有权:如果行为人是所有权人,他就因为对方当事人失权而丧失其所有权,以惩罚其禁止的私力;如果行为人不是所有权人,他就应当返还该物,此外还要支付罚金。在这种程序中,占有争议与所有权争议就相互融合了。参见 Inst. 4,2,1。

文献:劳·索利多罗·马罗蒂(L. Solidoro Maruotti),《君士坦丁时代对占有的保护》(La tutela del possesso in età costantiniana),1998 年[书评,马·维默尔,《萨维尼杂志》,第 117 卷(2000 年),第 590 页]。

2. 优士丁尼保留了这项程序,但又恢复了占有诉讼——发生了前文所列更新和程序变化——的古典法形态。制止暴力剥夺令状(interd. unde vi)的古典式样[但无瑕疵占有抗辩(exc. vit. poss.)]除适用于所保留的后古典程序外,还适用于暴力赶出但并无自助行为的情形。Inst. 4,15,6。 18

(二)1. 共同法的基础是经过中世纪**教会法**继续发展后的罗马法。在共同法中,普通占有诉讼(possessorium ordinarium)得以形成,它可以追溯到现状占有(uti possidetis)令状。它用于确认既存占有以及排除占有妨害并对占有妨害进行防御,即使仅仅口头主张占有也包括在内,例如言词骚扰(turbatio verbis)(c. 9 X de probationibus 2,19,见,弗里德贝格,《教会法大全》,第 2 册,第 311 栏)。可以主张瑕疵占有抗辩(exceptio vitiosae possessionis);瑕疵这个概念的基础延伸到任何缺乏前占有人意思的占有取得,如占有走失的动物。——参见《德国民法典》第 862 条,《奥地利民法典》第 339 条,《瑞士民法典》第 928 条。 19

普通占有诉讼耗时较长,为弥补由此而生的缺点,实践中根据临时处分类型创制出一种简化快速的程序,即简易审查(summariissimum),对能证明最后无争议占有行为的人提供临时占有保护。——参见《德国民事诉讼法》第 935 条,《奥地利执行法》第 381 条,《瑞士联邦民事诉讼法》第 79 条。

2. 没有前占有人意思的占有侵夺[所谓“侵夺”(spoliatio)(名词),来自于动词“侵夺”(spoliare)]被考虑作为“恢复规则”(canon Redintegranda)[来自《伪伊西多尔书》(Pseudo - Isidorus),载《格雷蒂安敕令》(Decretum Gratiani,Teil 2,causa 3,quaestio 1,c3)中,参见弗里德贝格,《教会法大全》,第 1 册,第 505 栏]的基础。依照这项规则,主教在其教区或者财产为世俗暴 20

力所侵夺时可以重新恢复占有而不受刑事处罚追究。由此,人们将基本原则延伸到私法中,发展出了两种法律救济程序。通过**侵夺抗辩**(**exceptio spolii**),未经其同意(超出了暴力、隐蔽、容假占有情形)而从土地占有或者动产占有被赶走的占有人或者持有人(也就是诸如用益承租人等)可以在恢复原状前驳回侵夺人的任何诉讼。**侵夺之诉**(**actio spolii**)旨在对于侵夺人,以及明知侵夺人私力而自侵夺人取得占有的第三人,主张返还,而且没有瑕疵占有抗辩[《教会法大全》(c. 18 X de restutione spoliatorum 2,13),见弗里德贝格,《教会法大全》,第 2 册,第 290 栏]。——参见《德国民法典》第 861 条、第 858 条第 2 款,《奥地利民法典》第 345 条、第 346 条以及第 1464 条,《瑞士民法典》第 927 条。——**文献**:卡·格·布伦斯,《中世纪占有法》(Das Recht des Besitzes im MA),1848 年;卡·格·布伦斯,《罗马法和当代法中的占有诉讼》(Die Besitzklagen des röm. u. d. heutigen Rechts),1874 年,第 212 页;科英,第 1 册,第 282 页;第 2 册,第 373 页。

第二章　所有权

第二十二节　所有权的本质和历史

(RPr. §§31 Ⅰ-Ⅳ,38 Ⅰ,97,238,241 Ⅰ)

一、所有权的概念

古典法和优士丁尼法的所有权,我们现代观点即以此为基础,是一个人对物可以享有的最为全面的私权;私法上的完全支配虽然可以通过不同方式予以限制,但却并非自始就受到限制。与之相对,一方面是作为纯粹事实支配的占有,另一方面是限制物权(役权、用益权、质权等)。为所有权划定的某些界限,根据的是习俗、神法、公法、偶尔是私法——尤其是在相邻权方面(下文边码23.10)。当然,所有权人自己也可以通过法律行为同意他人对该物或多或少发生各种作用;它可能是基于对物权(即设定一项限制物权),也可能是通过债的法律关系(如通过使用出租或者出借)。只要这种限制后来消灭,所有权就又恢复到完全的对物支配(Inst. 2,4,4;所有权的"弹性")。 1

二、所有权的历史和种类

文献:马·卡泽尔,《古代罗马法中的所有权和占有》(Eigentum und Besitz im älteren röm. Recht),1956 年第2版;艾·沃森,《罗马共和晚期的财产法》(The Law of Property in the Later Roman Republic),1968 年,1984 年新印;奥·贝伦茨,“罗马边境的土地主权和私人土地所有权”(Bodenhoheit und privates Bodeneigentum im Grenzwesen Roms),载奥·贝伦茨/路·卡波格罗索·科洛涅西(O. Behrends/L. Capogrossi Colognesi)编,《罗马土地勘定术》(Die röm. Feldmeßkunst),1992 年,第 192 页 = 贝伦茨,第 2 册,第 465 页;路·卡波格罗索·科洛涅西,《罗马法中的所有权、物权以及对土地所有权的保护》(Proprietà e diritti reali e tutela della proprietà fondiaria nel diritto romano),1999 年。

2 上文所述古典-优士丁尼的所有权概念,是长期发展的结果。

(一)农业时代的**古代罗马**所有权是家父(paterfamilias)的全面家父权的一种表现形式,如同对特定人的权利[对家子的父权(patria potestas),对妻子的夫权(manus)],还有对财物的权利。尽管这个时代关于对物权力还没有自己的名字,但仍然认为它与对人的权力有些不同。

古代罗马所有权具有比古典所有权大得多的作用范围。它包括了限制物权的前身,此外与占有也没有严格界限,而是与希腊法和日耳曼法相近,其中包含着一项合格的占有。

3 具体解释说明:1. 所有权在古代罗马时代可能是唯一的物权。早先已有的古老的土地役权(下文边码 28.5)尚未被认为是对负担该项权利的他人土地的特别种类的权利,而被认为是为役权人利益而自所涉及土地所有权留出的空间。因此,役权人即使自己取得土地所有权,其役权功能也是受到限制的。

4 2. 所有权和占有最初还不像后来那样严格对立,从古代罗马所有权诉讼的特性可以得出这个结论：在对物誓金法定诉讼（legis actio sacramento in rem）（下文边码 81.2）中，双方当事人都自称是所有权人，因此，法官应当决定的只有一项选择，即双方当事人中的一方由于比对方在物上享有更优的权利从而就是所有权人；相反，他不能因为双方可能都不是所有权人而驳回该项诉讼。还有一种可能是，诉讼后第三人比胜诉当事人对物有较优权利，他提出主张并且因此得到该物。因此，这些情形对所有权的保护就具有**相对性**：与令状在古典法中对占有的保护并无不同（上文边码 21.12）。——然而，对这种特殊性也不能过高估计。它产生于法定诉讼（legis actio）这种特别诉讼类型并且随之而消灭。尽管如此，这项程序在程式诉讼产生后仍然用于保护只是相对较优的权利人，这个问题直到裁判官法创设普布里奇之诉（actio Publiciana）才得以解决，在其中将时效取得占有人作为比第三人相对较优权利人而保护（边码 22.7，27.25）。——通常所有权人即使在古代罗马阶段也因其所有权取得就会受到绝对保护，即相对于任何人都是较优物权。（这里使用“绝对”“相对”等词，其含义与上文 4.1－4.5 中并不相同）——**文献**：马・卡泽尔，“论古代罗马法中的相对所有权”（Über relatives Eigentum im altröm. Recht），《萨维尼杂志》，第 102 卷（1985 年），第 1 页；马・卡泽尔，（边码 81.3），第 77 页；不同见解，安・瓦克，“对第三人的判决效力？”（Urteilswirkung gegenüber Dritten?），《世界罗马法》（OIR），第 9 卷（2004 年），第 213 页。

3. 争议颇多的问题是，私人所有权是否曾经限定于动产之上？因为对于土地只能存在氏族（gentes）集体控制。要式买卖（mancipatio）和原物返还之诉（vindicatio）具有抓取物的形式，这似乎是肯定了这些行为也是为动产而创制的。家庭财产“familia pecuniaque”（＝仆役和家畜）的古名也没有提到土地。另一方面，无疑可以确定，承认各个小家庭的私人土地所有权应该很早就已经实现了。在这种语境下，罗慕鲁斯（Romulus）给每个市民 2 尤戈拉（iugera）土地作为遗产（heredium）（作为生存基础显然不够）的传说究竟有何含义，这仍然是一个尚未解决的问题。法律发展后，私人所有权主要是对全部家业的所有权，（在氏族消失后）还有对公田（ager publicus）的所有权。（如同德意志的公有地）公共土地的残余在后来可能只有公共牧地（ager compascuus）了。 5

4. 古代罗马时期评价财物，还不是从纯粹财产立场出发，而是根据它对 6

整个家庭的共同价值。由此,产生了要式物(res mancipi)与略式物(res nec mancipi)(边码 18.8 – 9)的区分;要式物(res mancipi)的确在法律上具有特殊地位,但也只在于其转让与要式买卖(mancipatio)和拟诉弃权(in iure cessio)相联系。这两种方式中,要式买卖(mancipatio)由于在买卖的情形出让人承担的担保责任(上文边码 7.7,下文边码 41.26)而使取得人较之于采用拟诉弃权(in iure cessio)会具有更为安全的地位。家庭财产(familia pecuniaque)整体已经包含了略式物(res nec mancipi),因此不能将它与要式物(res mancipi)等同。

7 (二)从全面但未严格限定的古代罗马所有权转化为**古典**法严格限定的概念,与共和早期法律概念的不断区分和民事诉讼法的某些变化密切相关。自共和晚期起,(某种程度上含义相同的)**"所有权"(dominium 和 proprietas)**的表达方式就技术性地变成了所有权的标志。

纯粹"相对的"所有权保护的情形消失了,此后,取代神法诉讼中双方主张所有权的,是在原物返还之诉(rei vindicatio)(下文边码 27.6 和 8;27.16 – 17)的新程序类型中原告单方主张所有权。原告这时必须使其所有权主张得到一项取得基础的支持,这项取得基础使他取得了根据上文边码 22.4 可以对抗任何人的,即绝对受保障的地位。

8 前古典法和古典法承认所有权的多种表现形式,然而它们又是以多个法律层面并存为根据的。

1. 作为本来意义上的所有权,只有以市民法(ius civile)为根据的所有权,即**奎里蒂法所有权(dominium ex iure Quiritium)**。它只能由罗马市民并且只能对动产和意大利土地享有。

9 2. 与此同时,还有一些情形,人们认为依照裁判官法也是所有权。一个人对某要式物(res mancipi)虽然自奎里蒂法所有权人取得,但并未通过要式买卖(mancipatio)或者拟诉弃权(in iure

cessio）而仅通过不要式交付的方式，因此尚未取得奎里蒂法所有权。然而，裁判官发现这些要式行为现在已经没有公示价值了（上文边码 18.10），而且这样做是多余的，因此对要式物通过不要式取得即可。出让人仅仅交付了要式物（res mancipi），这时他当然还是奎里蒂法所有权人，但如果此后他以原物返还之诉（rei vindicatio）请求返还该物，裁判官就会为作为被告的取得人提供已出卖并已交付物的抗辩（exceptio rei venditae et traditae）或者诈欺抗辩（exc. doli）（对此见下文边码 27.30 – 31）。裁判官因此就使他比奎里蒂法所有权人更为强大（详见下文边码 27.26 和 30）。关于这些通过非特定形式而取得要式物（res mancipi）的人，盖尤斯说，他对这些物享有裁判官法所有权（in bonis）。由于他将这种受裁判官法保护的地位也称为所有权（dominium），人们就称为**裁判官法**所有权了。参见 G. 1，54；2，40f. 。不过，裁判官法所有权（in bonis）也能意指全部所有权，包含了市民法所有权在内（下文边码 31.16）。

文献：马·卡泽尔，“再论裁判官法所有权”（Nochmals zu bonis habere），《保·范·瓦梅罗祝贺文集》（Huldigingsbundel P. van Warmelo），1984 年，第 144 页 =《罗马法渊源和所用法学家方法》，第 346 页；马·卡泽尔，[关于塞尔维之诉（actio Serviana）中的裁判官法所有权（in bonis habere）]，载《海·许布纳祝贺文集》（Fs. H. Hübner），1984 年，第 71 页 =《罗马法渊源和所用法学家方法》，第 330 页；汉·安库姆/马·范·格塞尔德·罗/埃·普尔（H. Ankum/M. van Gesselde Roo/E. Pool），“裁判官法所有权表达方式的不同含义”（Die verschiedenen Bedeutungen des Ausdrucks in bonis...），《萨维尼杂志》，第 104 卷（1987 年），第 238 页；第 105 卷（1988 年），第 334 页；第 107 卷（1990 年），第 155 页。概括介绍，见汉·安库姆/埃·普尔，载彼·伯克斯（编），《巴·尼古拉斯祝贺文集》（Essays for B. Nicholas），1989 年，第 5 页。

10 3. 对**行省土地**[无例外地处于意大利权(ius Italicum)之下,对它们可以享有意大利的特定权利]不能享有罗马私人所有权。自共和晚期起,由于能够为国家提供地租,它被认为属于罗马国家所有。可是,个人也可以对它享有类似于所有权的占有权和收益权(uti frui habere possidere,使用、收益、拥有、占有),在荣誉法上以罗马所有权为范本而受到保护。参见 G. 2,7。

罗马人经常使用"使用、收益、拥有、占有"(uti frui habere possidere)表示外邦法所有权。行省土地通过交付(traditio)可以转让;关于其时效取得[长期取得时效(longi temporis praescriptio)],见下文边码 25. 14。地租同时被认为是土地税,在元老院行省称为税金(stipendium),并且按照乡镇分摊。在皇帝行省,这种税金被直接收取,称为贡金(tributum)。据此区分了纳税地(agri stipendiarii)和贡赋地(agri tributarii)。G. 2,21;Inst. 2,1,40。

11 (三)古典法中轮廓清晰、与占有和限制物权精准划定界限的所有权概念最终并未流传下来。**后古典通俗法**在消解古典概念世界的同时,还使思维方式退回了所有权与占有相互交错的状态,并且使所有权和限制物权之间的界限重新变得模糊了。

12 (四)与此相反,优士丁尼又回归到了古典法中既与占有相对又与限制物权相对的严格界定的所有权概念。然而,对于"奎里蒂法"所有权和"裁判官法"所有权之间过时的差别和行省土地的特殊地位,他则明确予以废止。现在就只有统一的所有权了,任何人对各种物都可以享有这种所有权。参见 Iust. C. 7,25,1。——关于后期发展,参见科英,第 1 册,第 290 页;第 2 册,第 383 页;韦森贝格/韦泽纳,第 43、125、190 页;迪·施特劳赫(D. Strauch),"历史和当代的分割所有权"(Das geteilte Eigentum in Geschichte und Gegenwart),《海·许布纳祝贺文集》,第 273 页。——《德国民法典》第 903 条,《奥地利民法典》第 362 条,《瑞士民法典》第

641 条,《意大利民法典》第 832 条。

第二十三节　所有权的界限　共有

(RPr. § § 31 Ⅴ,37,98,99,138 Ⅰ,241 Ⅱ－Ⅴ)

一、私法外的所有权限制

文献:威·希姆斯豪塞尔(W. Simshäuser),“共和晚期－古典罗马法中私人所有权的社会义务”(Sozialbindungen des spätrepublikanisch－klassischen röm. Privateigentums),《科英祝贺文集》(Fs. Coing),第 1 册,1982 年,第 329 页;威·希姆斯豪塞尔,“帝政晚期罗马建筑业中所有权的社会义务”(Sozialbindungen des Eigentums im röm. Bauwesen der späten Kaiserzeit),《友谊:安·瓜里诺祝贺文集》[Sodalitas (Fs. A. Guarino)]第 4 册,1984 年,第 1793 页;约·米·赖纳,《古典罗马法中建筑和相邻权的规定》(Bau－und nachbarrechtl. Bestimmungen im klass. röm. Recht),1987 年;约·米·赖纳,“论城市法中关于拆除的规定”(Zu den Abbruchbestimmungen in den Stadtrechten),《萨维尼杂志》,第 108 卷(1991 年),第 325 页。

(一)尽管所有权提供了完全支配,但却不允许滥用它而损害公众。按照广为流传的观点,罗马法所有权的特征就是不受限制、个人主义和敌视社会,而与之相对的德意志法所有权概念在本质上则更具有社会性。然而,这有些言过其实了。罗马法所有权在其发展中分为不同阶段,也受到了不同限制。在古代,它因社会利益而受到的限制在很大程度上是由监察官在进行**习俗**监管时通过自由裁量而实现的。 1

监察官在出让不可或缺的地产、耕种管理不善以及非理智抛弃财产或者生活奢侈等行为中都会进行干预。监察官的习俗监管在共和晚期逐渐消失了。立法也开始反对奢侈,下文可见。关于反对滥杀或者虐待奴隶以保护奴隶,见上文边码 4.15;15.6。

2 (二)为公共利益而限制所有权,《十二表法》中就已经有出于不同动机的很多规定了,主要涉及建筑以及公共卫生方面的禁止,还有些是出于宗教要求或者反对奢侈的要求。后来的法律制定中,这些内容得以继续存在。

《十二表法》中有诸如(第 10 表第 1 条以下)禁止在城市里葬埋、在建筑物旁焚化尸体等规定,称为过度陪葬和奢华安葬禁令,此外(第 7 表第 6 条及下条)还有关于建筑物的间距、附近居民的道路修筑义务等规定。

3 维护公共道路、输水管线、建筑物和河岸所必需的容忍和劳役负担在元首制时期凸显出来。自马可·奥勒留(161 ~ 180 年)起,在斯多葛哲学影响下,人们开始提出公共福祉优先于个人利益。在其《沉思录》(Wege zu sich selbst)中,皇帝认为有益于集体是人类行为的优先目标(4,33 结尾,参见 9,23)。在后古典时期,即在专制主义统治的福利国家里,因为公共利益而进行的所有权限制越来越多。

4 这其中包括,诸如强制负担(ἐπιβολή, epibole),即将从原所有权人那里夺取的荒地(agri deserti)分配给那些有效率的土地占有人,他们能够使这些土地变得有所收成,但同时必须承受相应税负。此外,在公有土地上,后来包括在他人私有土地上,从事采矿的人,取得某种限制性所有权(但它因长期中断而丧失),必须每次缴付收成的十分之一给国家和土地所有权人。

在共和晚期,城市法中就已经包含如果不能确保重建就禁止拆除建筑物的禁令。《霍西迪乌斯元老院决议》(SC Hosidianum)和《沃卢西乌斯元老院决议》(SC Volusianum)(公元 44 年和 56 年)禁止为拆除而买进建筑物和对材料投机交易。在元首制盛期,马可·奥勒留颁布的一项元老院决议有助于为建造建筑物提供信贷:贷款人对重新建成的出租公寓享有一项质权[Pap.

D. 20,2,1;Ulp. D. 42,5,24,1(谕令)]。参与出租公寓重建的共有人,如果他所分摊的费用未获补偿,就可以在四个月后取得建筑物所有权(Ulp. D. 17,2,52,10;Phil. C. 8,10,4,公元 245 年)。——最晚在君主制时代,就已经确立了一点,即国家当局有权强制所有权人采取修缮、翻新等方式维护其建筑物,在紧急情况下可以由所有权人负担费用完成工作。如果所有权人不能补偿费用及利息,就会将建筑物出让(Ulp. D. 1,18,7;Paul. D. 39,2,46)。关于私人建筑详细并且影响深远的一项建筑法令是由芝诺(Zeno)皇帝颁布的(C. 8,10,12,5 世纪末期)。某些土地与劳务义务(在边界地区由士兵掌握,此外由强制性职业协会的成员掌握)相联系:谁取得了这些土地,谁就必须承担相应功能,或者将其交回出让人。——**文献**:温·斯卡拉诺·乌萨尼(V. Scarano Ussani),"索要优先权、城市观念及其他"(Privilegium exigendi e ideologia della città etc.),《拉贝奥罗马法杂志》(Labeo),第 29 卷(1983 年),第 255 页。

地租负担在共和晚期被认为与私人所有权是一致的[负税私田(ager privatus vectigalisque)与无税负私田(ager optimo iure privatus)相对]。一般性土地税负同样自这个时期起只对行省土地征收,而行省土地也因此被视为属于国家所有(上文边码 22.10)。专制主义君主制时期对所有土地都征税,而这也就与其所有权概念相符合了。 5

(三)对于(狭义)**征收**,即国家基于公共福祉而没收私人所有权,罗马人从未认为它是独立的法律设施。虽然古代国家观并不承认所有权的合宪性保障,但罗马人在帝政时期对于在个人领域内违反所有权人意思而干涉其私人财产的确还保持着很高警惕。即使是罗马城市建筑规划以及输水管线建设所必需的土地,人们也更喜欢通过正常买卖(必要时有政治压力)而不是通过法律强制取得。直到专制主义之下,私人领域不再受尊重,才开始为国家开展建设或者为消除紧急情况获取食物而没收土地。由于以金钱或者实物作为补偿,人们还是认为这个过程是强制买卖。——**文** 6

献:马·佩恩尼茨,《共和时期和元首制时期罗马法上的征收情形》(Der Enteignungsfall im röm. Recht der Republik u. des Prinzipats),1991 年;自君士坦丁起的变迁,参见利布斯(边码 1.16),第 2862 页。

二、私法的所有权限制 概说

7 (一)1. 在**空间**上所有权要求有所限定的标的,如一块限定的土地。当然,它还包括这块土地的地上空间和地下空间。参见 Ulp. D. 8,4,13,1;Proc. - Ulp. D. 39,2,26。——《德国民法典》第 905 条,《法国民法典》第 552 条[土地所有权包括地上所有权和地下所有权(La propiété du sol emporte la propriété du dessus et du dessous)],《意大利民法典》第 840 条,参见《奥地利民法典》第 297 条。

8 2. 在时间上,所有权从未受到限定。所有权让与限定时间,诸如附解除条件或者附解除期限,在古典时期最多只是在例外情形才获得了承认(参见 Ulp. D. 13,7,13,pr. 和上文边码 10.15)。后古典通俗法在其广义所有权概念中包含了诸如永佃权和地上权等某些限制物权,无疑它有可能承认限定时间的所有权。优士丁尼虽然重新限制了所有权概念,但却普遍承认了"限时所有权"。参见 Diocl. C. 8,54,2[添加的,参见 Diocl. vat. 283,这里"限时的"(ad tempus)不应当读成"为你"(ad te),通说]。

9 (二)私法的**出让禁止**产生于元首制时期,在专制主义君主制时期增加了很多。

出让禁止源自于古典时期:系争物(res litigiosa,G. 4,117;自奥古斯都起)、嫁资土地[奥古斯都的《尤利亚法》(lex lulia),见下文边码 59.18]、被监护人的土地[《塞维鲁斯诏书》(oratio Severi),见下文边码 62.19]。可以从后古典时期大量出让禁止中列举几个:家父(paterfamilias)对母亲遗产(bona materna)的出让禁止(君士坦丁,下文边码60.20)、遗赠财产的出让禁止(优士丁尼,下文边码76.11)。受希腊化民族法影响,出现了一种先买权,根据这项权利,村落共同体的土地应当优先出卖于本村落的其他人,因此出让于本村以外的人可能无效。古典法还承认了根据合同或者遗嘱设定的出让禁止。违反这项义务会发生损害赔偿义务,特定情况下甚至会使出让行为不生效力(不同于《德国民法典》第137条)。——**文献**:马·卡泽尔,"罗马质权研究"(Studien zum röm. Pfandrecht),《法律史杂志》,第44卷(1976年),第261页;马·卡泽尔,"罗马法中法律行为的处分禁止"(Rechtsgeschäftliche Verfügungsbeschränkungen im röm. Recht),《约·松蒂斯祝贺文集》(Fg. J. Sontis),1977年,第11页=《罗马法渊源和所有法学家方法》,第173页;马·卡泽尔(边码9.7之前),第55页。

三、相邻权

文献:艾·罗杰(A. Rodger),《罗马法中的所有权人和邻人》(Owners and Neighbours in Roman Law),1972年;安·帕尔马,《相邻权》(Iura vicinitatis),1988年[书评,格·克林根贝格,《萨维尼杂志》,第108卷(1991年),第507页]。

基于相邻关系而产生的私法的所有权限制,很大程度可以追溯到古代罗马时期,而且后来只有很少的继续发展或者补充。后古典时期在这方面(依照古代范本)有时采用法定役权的思维方式,其中有些限制原来通过法律行为的指示经由役权而得以实现,现在则直接依照法律规定发生效力了。 10

(一)树枝伸出地界者(**越界悬伸**),依照《十二表法》(第7表第9a条),受树阴影响的邻人可以请求所有权人疏剪到15英尺高。如果没有这样做,邻人可以自己去做,后来这项私力通过[关于树木倾倒的(de arboribus caedendis)]令状获得了保障(D. 43,27,1 pr./7)。对植根蔓侵可以类推适用。被允许的自力超过限度,就应当支付罚金。——《德国民法典》第910 11

条,《奥地利民法典》第 422 条,《瑞士民法典》第 687 条。

12 (二)果实落于邻地者(**越界落果**),所有权人可以依照《十二表法》(第 7 表第 10 条)于落果第三日(tertio quoque die),(根据罗马含本数计数法计算)就是隔两天,取走。这种许可的私力后来得到[收获果实(de glande legenda)]令状确保,这里“橡果”(glandis)一词代表了任何果实(参见 Ulp. D. 43,28,1)。——与此相反,《德国民法典》第 911 条,《奥地利民法典》第 422 条,《瑞士民法典》第 687 条第 2 款都有些偏离德意志法的原则,根据德意志的原则,邻人可以取得“落物”,因为“尝过苦酒的人也要尝好酒”[1697 年《里特贝格州法》(Rietberger Landrecht)第 35 条]。

13 (三)不走他人土地就不能或者很难从本人土地到达公共道路的人,对**必要通道**享有权利。这项权利自古以来认为是对管理用路的权利。法律予以规定的,只有通向墓地的必要通道(iter ad sepulchrum)。参见 Iav. D. 8,6,14,1。——《德国民法典》第 917 条,《瑞士民法典》第 694 条,《奥地利必要通道法》第 1 条。

14 (四)烟、水和类似物质由邻地**侵入**(**immissio**),如果没有超过通常限度,所有权人必须容忍,但这绝不包括体积大的有体物(如石头)侵入。否则,他可以将现状占有令状(interd. uti. possidetis),根据具体影响相应还可以提出否认之诉(actio negatoria)(下文边码 27.23),作为针对邻人而采取的措施。参见 Ulp. D. 8,5,8,5 – 7;Alf. eod. 17,2。——《德国民法典》第 906 条,《奥地利民法典》第 364 条第 2 款和第 3 款,《瑞士民法典》第 684 条第 2 款。

15 (五)邻人必须容忍墙向外突出达半英尺(越界建筑),其中有些可能古典法就已经承认了[Alf. D. 8,5,17 pr.,半英尺或者更多(semipedem aut amplius)]。

16 (六)如果一个人受到邻人土地上的人工设施或者变化的影响,以致流到自己土地上的雨水增多,就可以提起**排放雨水之诉**(**actio aquae pluviae arcendae**),请求邻人除去该设施或者请求赔偿。这项诉讼可以回溯到《十二表法》(第 7 表第 8a 条)并经由古典法学家和优士丁尼而得以继续发展。自己建造设施的邻人,对完全恢复原状负责,其他所有权人对原告以其费用排除妨害恢复原状负容忍责任(Paul. D. 39,3,5)。——当代州法,参见诸如,联邦最高法院,《新法学周刊》,1991 年,第 2770、2772 页——**文献**:罗杰(上文边码 23.10 之前),第 145 页以下;弗·西齐亚(F. Sitzia):《排放雨水之诉研究》(Ricerche in tema di ,actio aquae pluviae arcendae),1977 年;弗·西齐亚,《雨水与农事》(Aqua pluvia e natura agri),1999 年。

(七)如果土地所有权人受到邻人建筑物坍塌致损的威胁,(依照《十二表法》中就已经存在的相关规定)裁判官就会根据受威胁人的申请,要求邻人为将来损害提供担保,即**潜在损害保证**(**cautio damni infecti**)。如果没有提供这项保证,裁判官就裁定受威胁人持有受威胁土地[初次占有裁定(missio in possessionem *ex primo decreto)],根据具体的请求情况还可以对裁判官法所有权作出占有裁定[再次授权裁定(missio *ex secundo decreto)]。如果邻人抗拒该裁定,受威胁人就享有了损害赔偿之诉(参见 D. 39,2,7,pr. 的谕令)。——**文献**:迪·内尔,载《1977 年学术交流会议》(Symposion 1977)(1982 年),第 269 页[关于西塞罗的《论题学》(Topica 4,22)];约·米·赖纳(边码 23.1 之前),第 97 页;约·米·赖纳,“论《卢布里亚法》第 20 章和 Ulp. D. 29,2,4 中的潜在损害”(Zum damnum infectum in der lex Rubria Caput 20 und in Ulp. D. 29,2,4),《普尔祝贺文集》,第 256 页;约·米·赖纳,“法定诉讼和潜在损害”(Legis actio und damnum infectum),《赫·豪斯马宁尔祝贺文集》,2006 年,第 245 页。 17

(八)所有权人(或者役权人)受他人建筑施工影响的,可以禁止建筑人(《十二表法》就是这样的)继续建筑,即**新建筑异议**(**operis novi nuntiatio**)。如果该人继续建筑,异议人就可以通过拆除令状(* interd. demolitorium)诉请拆除该建筑物(D. 39,1,20 pr.)。这项令状程序只对违反异议中的禁令继续建筑施工作出决定,而不涉及异议的合法性,更不涉及建筑施工本身的合法性。异议的后续建筑禁止可能因为以下理由而消灭:(1)建筑人提供担保,或者(2)裁判官废止这项禁止。对于第一项理由,通过提供担保可以使建筑禁止彻底失效;在建筑人方面而言,对于异议人的各种妨碍可通过这项令状而得到保护(eod. 20,9);对于第二项理由,异议人对裁判官废止可以主张否决权(ius prohibendi),为此可以提起否认之诉(actio negatoria)[或者可能提起役权返还之诉(vindicatio servitutis)]。——在后古典法中,这项程序得以简化,并且通过期间而变得严密。——**文献**:哈·帕里西奥(J. Paricio),《古典罗马法中的新建筑异议》(La denuncia de obra nueva en el derecho Romano clásico),1982 年;约·米·赖纳(边码 23.1 之前),第 152 页。 18

19 （九）对于土地上的暴力或者隐蔽施工，裁判官为对于防止该施工有法律利益的人提供了（恢复原状性质的，部分具有罚金性质的）**暴力和隐蔽令状**（**interdictum quod vi aut clam**）（D. 43,24,1 pr.）。它的前提不是暴力行为，而只是违反旨在保护有关人员的禁止的行为（Ulp. D. 43,24,1,5），而在拉贝奥（Labeo）主张污染邻人水井也属于这种行为时，还包括了环境保护措施的某些萌芽（Lab. – Ulp. D. 43,24,11 pr.）。行为人应当完全恢复原状，而完成设施的其他持有人只需要容忍以原告费用排除妨碍（Iul. -Ulp. eod. 13,7，参见上文边码 23.16）。**文献**：路·卡波格罗索·科洛涅西（边码 22.2 之前），第 5 页（路·卡波格罗索·科洛涅西，边码 42.6，第 1 页）；安·瓦克，"罗马法中的环境保护?"（Umweltschutz im röm. Recht?），《世界罗马法》，第 7 卷（2002 年），第 101 页；马·菲奥伦蒂尼（M. Fiorentini），"环境法的罗马法先例? 水污染问题"（Precedenti di diritto ambientale a Roma? I. La contaminazione delle acque），《索引》，第 34 卷（2006 年），第 353 页［评何·路·萨莫拉·曼萨诺（J. L. Zamora Manzano），《环境法的罗马法先例：水污染等问题》（Precedentes romanos sobre el Derecho Ambiental. La contaminación de las aguas etc.），2003 年］。

20 （十）对农村土地之间的地界走向发生争议的，任何所有权人都可以依照《十二表法》（第 7 表第 2 条）对他人提起**地界调整之诉**（**actio finium regundorum**）。法官将查明地界走向［进而确定五英尺宽的地界（confinium），它不能时效取得，邻人各有一半］。如果不能查明，他就会延请土地测量人员重新划定边界。无论如何，他都会像在分割之诉（下文边码 23.28）中那样（通过形成判决）根据分配裁判（adiudicatio）重新分配所有权。此外，为保护在所有权分配中受到不利影响一方的利益，他会（通过给付判决）对其以金钱进行补偿，Ulp. D. 10,1,2,1；Gai. eod. 3；G. 4；42；Inst. 4,6.20；4,17,6. ——**文献**：奥·贝伦茨（边码 22.2 之前），第 244 页；贝伦茨，《论文选集》第 2 册，第 522 页；罗·克努特尔，"地界调整之诉和土地勘定技术"（Die actio finium regundorum und die ars gromatica），载奥·贝伦茨/路·卡波格罗索·科洛涅西（边码 22.2 之前），第 285 页；福·坦·欣里希斯（F. T. Hinrichs），"地界调整之诉的历史"（Zur Geschichte der Klage finium regundorum），《萨维尼杂志》，第 111 卷（1994 年），第 242 页；劳·马甘扎尼（L. Maganzani），《罗马民事诉讼中的土地勘测员》（Gli agrimensori nel

processo privato rom.),1997 年,马·芬奇(M. Vinci),《地界调整》(Finis regere),2004 年;约·普拉切克(J. Platschek),“对强制乃至保留的思考”(Überlegungen zur vis ac deductio),《信义 人性 法》,第 8 册,第 4395 页(法定诉讼程序中的地界争议);法·图奇洛(F. Tuccillo),“古代土地勘测文集 126.3-8:希吉努斯和时效取得”(Su Grom. vet. 126.3-8 L.:Igino e il capere usu.),《信义 人性 法》,第 8 册,第 5659 页。

四、共有

(一)古代罗马法承认多数所有权人对同一个物享有权利,主要存在于**不分割**(**ercto non cito**)共同关系的情形,如继承人共同体(下文边码 73.1-2)和模仿它而形成的结义兄弟关系(下文边码 43.2),它是合伙关系的前身。对于不分割(ercto non cito)共同关系(与德意志法的“共同共有”相近)重要的是,各共有人对财产或者各个标的没有单独份额。当然,对这些标的进行处分(出让、释放奴隶),不必全部共有人共同参与,各共有人有权独立于他人分别进行。这样做的根据是他们之间存在的信赖关系。其他共有人对处分享有禁止权(边码 23.26)虽然有可能,但却没有得到证实。任何共有人随时都可以提起遗产分割之诉(actio familiae erciscundae)(见边码 23.28)请求废止共同关系。这种共有形式在共和早期逐渐消失并且最终在古典早期消亡了。G.3.154a/b(根据 1933 年在埃及发现的片段)。——**文献**:内尔松/孟文理,第 3 编之 2,第 329、532 页;迈塞尔(边码 43.1 之前,《合伙》),第 78 页。 21

(二)此外还发展形成了**按份共有**(communio pro indiviso, *condominium),其中各共有人[合伙人(socius)]对物的所有权享有一个观念上的份额,即所有权份额[按份部分(pars pro indiviso)](上文边码 18.14)。这种按份共有可以不通过合同而发生,例如以具有对物效力的遗赠留给多名受遗赠人同一个物或 22

者不同所有权人的液体物质发生混合(confusio)[所谓意外共有(*communio incidens)]。当然,它也可以基于合同而发生,尤其是取得合伙(societas)形成合伙财产的情形(边码 43.9;不同于当代法)。大概按份共有在共和时期主要是为适应取得合伙的需要而新创造出来的。与农庄不同,它可以进行财产分割,这在实践中意义很大并且经济损失风险较小,能够得到实施。

23 观念上的所有权份额、按份部分(pars pro indiviso)和物的具体部分[可分部分(pars pro diviso)]之间的区别(当然,物的具体部分描述的不是共有而是部分所有),在以下片段中说得很清楚:

D. 17,2,83(保罗,《概要》,第 1 编)

Illud quaerendum est, arbor quae in confinio nata est, item lapis qui per utrumque fundum extenditur an, cum succisa arbor vel lapis exemptus eius sit cuius fundus, pro ea quoque parte singulorum esse debeat, pro qua parte in fundo fuerat? an qua ratione duabus massis duorum dominorum conflatis tota massa communis est, ita arbor hoc ipso, quod separatur a solo propriamque substantiam in unum corpus redactam accipit, multo magis pro indiviso communis fit, quam massa? sed naturali convenit rationi et postea tantam partem utrumque habere tam in lapide quam in arbore, quantam et in terra habebat.	一棵树长在地界,一块石头伸到两块土地,应当研究它们的权利状态。砍伐后的树木或者从土里取出的石头(原则上)属于土地所属之人,还是说它也部分属于其所处土地的邻人?或者不按照这种基本思路,而按照另外一种思路考虑,即分别属于两个人的金属块熔合成的金属块上发生了共有,这棵树通过与土地分离而得到了独立存在的实体,对它的所有权就由按份共有变成了共同共有?但是,根据自然理性,双方任何一人不管对树木还是对石头都享有与他(作为石头或者树木的部分所有权)对它们仍处于土里时所享有的权利状态大小相同的(共有)部分。

只要石头还在土里，根据地上物从属于土地（superficies solo cedit，边码26.10）的原则，存在根据边界走向确定的部分所有权；甲是在他土地上那部分的所有权人，乙是在他土地上那部分的所有权人。如果把这块石头挖掘出来，就会发生“法律上的变形”：部分所有权就会变成按份所有权，例如，甲按照相应部分取得三分之二。这一点适用于各方所占实体部分可以事先判断出来的情形。因为对动产个别（不可分）部分不可能有特别所有权（Cels. – Ulp. D. 13,6,5,15），而石头被挖出来就由土地权利赖以存在的土地的组成部分成为了独立动产。值得注意的是保罗的（补充性）新说明：不同所有权人的金属块相熔合，对熔合而成的金属块就形成了新的单一的物，对此只能共有（下文边码26.15）。因此，必须合理考虑的是，如果仅仅通过独立化而形成一个新物，对它的各部分虽然存在不同所有权，但从一开始就构成了一个整体。——依照《德国民法典》，对于石头，也是这样处理的，但对于那棵树，第923条第1款则基于可行性而规定它是等份共有。

各共有人可以对其应有份额独立处分，即将其出让、设质、负担用益权并且请求他人返还该人所保留的其应有份额［按份原物返还之诉（vindicatio pro parte），边码26.15］。对作为整体的物，则只能由共有人共同出让或者设立负担，并且是全体共有人同时处分其份额。如果处分不可分，例如设立役权负担或者释放共有奴隶，就必须由全体共有人共同实施。——《德国民法典》第747条，《奥地利民法典》第828条、第829条，《瑞士民法典》第646条第3款、第648条第2款。——**文献**：汉·赫·塞勒，“论共有的风险：Ulp. D. 10,3,7,13”（Über die Risiken des Miteigentums. Ulp. D. 10,3,7,13），《梅迪库斯祝贺文集》（Fs. Medicus），1999年，第605页。 24

应有份额不应当看作分割的所有权，而应当看作涉及物的实体全部的所有权，它受共有人权利约束，并且只是在计算上限制一定份额。因此，如果一名共有人抛弃其应有份额，并不产生可能被人先占的无主份额。这也许只表明，其他人的所有权并不受已经 25

进行的排除的限制(Mod. D. 41,7,3;有争议)。用这种方式可以说明所谓的"增添"。

因此,只有一名共有人[依照市民法(ius civile)即可]释放奴隶时,其他共有人取得对奴隶的单独所有权[PS 4,12,1;UE 1,18;不同于古代的家庭共同体(consortium),G. 3,154a;边码 23. 21]。不过,优士丁尼废止了这种"典型的糟糕规则",并且可以因为奴隶已经向其他共有人按其应有份额支付了补偿而向他授予自由(Inst. 2,7,4;C. 7,7,1),这可能是受到了犹太法的影响。在犹太法中,希勒尔(Hillel)拉比认为"奴隶应该是一天自由,另一天又不自由",沙马耶(Schammaj)的应当强制其他所有权人(在受领其应有份额价值的债务字据后)释放的学说战胜了这种学说,否则"他不得与女奴隶结婚,因为他一半是自由人;他不得与自由人结婚,因为他一半是奴隶;他同样不得放弃结婚,因为这个世界还需要繁殖生长"。[《塔木德》,第三卷第四章第5节的41a页、第41b页(Talmud,Traktat Gittin Ⅳ 5)]。顺便提一下,优士丁尼禁止研究《塔木德》(Talmud),Nov. 146,1(公元553年)。——**文献**:英·赖夏德(I. Reichard),"抛弃共有份额"(Der Verzicht auf einen Miteigentumsanteil),《格·奥特祝贺文集》(Fs. G. Otte),2005年,第265、274页;与之相对,罗士安(S. Lohsse)(边码 76. 16),第143页,则否定了罗马法上的增添。

26 共有人的其他措施,如对物施加事实上的影响,只有得到全部共有人(明示或者默示)容忍时才可以。其中不同意的人,因为各共有人对其他共有人享有禁止权(ius prohibendi)(类似于合议长官的否决权),可以通过许可的私力(自助)阻止对共有物的措施。这项禁止权来自于一般性原则:在法律地位相同时应当坚持禁止(较之于做某事)优先(in re pari potentiorem causam esse prohibentis constat)(Pap. D. 10,3,28)。在例外情形,多数同意就可以许可某项措施。

优士丁尼对此进行了扩展。这时再不能通过自助行为阻止侵害了。相反,为消除(似乎是危及国家的)私力,优士丁尼提供了一项以古典法为范本的诉讼。对于这些情形,他允许提起共有物分割之诉(actio communi dividundo)(见下文),对于已经存在的共有,共有人应当容忍与共有利益无关的措施,并且在必要时允许排除其结果。——参见 Cels. – Ulp. D. 13,6,5,15;Sab. – Paul. D. 10,3,28(部分添加);Paul. D. 8,2,26 (“sed”以下是添加的);10,3,14,1(部分添加);Gai. D. 16,3,14 pr.。 27

各共有人可以随时对其他共有人提起三项**分割之诉**中的任何一项诉讼从而废止共有。前文(上文边码 23. 21)已经提及的**遗产分割之诉(actio familiae erciscundae)**,现在仅仅作为遗产分割之诉而仍然继续存在(下文边码 73. 3),此外还有作为一般分割之诉的**共有物分割之诉(actio communi dividundo)**。它可以[作为扩用之诉(actio utilis)]类推适用于前述多数人共有一项对物权(如质权、用益权、地役权则需具体考虑)的其他情形。这些诉讼与**地界调整之诉(actio finium regundorum**,边码 23. 20)相似。通过这些诉讼可以确定一项程序,使全部共有人都能参与其中,从而使得他们之间不像其他原告和被告那样相互对立。这项程序有双重目的:物权法上,废止共有关系并在原所有权人之间分配单独所有权,债法上,他们之间结算尚未付清的债权进而实现这些人之间的共同清算(下文边码 43. 16)。为废止共有关系,法官将进行**分配裁判(adiudicatio)**,也就是通过这三项分割之诉的诉讼程式中特殊的所有权分配条款,通过其形成判决创设单独所有权并分配于当事人[关于程式的详细内容,下文边码 83. 9;83. 24;84. 8;此外,共有人还可以考虑按份原物返还之诉(vindicatio pro parte),边码 26. 15]。 28

法官因此通过其形成判决进行了分割(《奥地利民法典》第 841 条以下有所调整,《德国民法典》第 749 条略有不同,而在《瑞士民法典》第 650 条、第 651 条中,共有人自己可以进行分割,每一共有人对其他人都只有一项废 29

止请求权)。如果共有物可以没有价值减损地分割(金钱、粮食等),法官就可以按照其份额关系进行分割,任何人都可以分到相应份额。如果不能进行自然分割,法官就可以将整个物分配给某人,并使该人对他人(通过给付判决)负担金钱补偿义务,紧急情况下还可以将该物(通过拍卖)出让给其他人,然后分割所得价款。

第二十四节　所有权转让

(RPr. § §33,35,100,242)

一、概说

1 (一)如同占有取得(上文边码 20.2 -3)一样,在所有权取得也区别了原始取得和继受(传来)取得。原始取得,其最古老的形式是先占(occupatio),仅仅基于取得行为就可以发生其效力。与之相对,继受取得则依赖于先前他人享有这项权利;这个人是前手权利人(auctor),其权利继受人(successor)是取得人。这样,继承人只能取得属于被继承人者,要式口约债权人(边码 7.20)只有在要式口约债务人是所有权人时才成为允诺之物的所有权人。因此,继受取得基于取得行为和前手权利人(auctor)的权利而发生其效力。

继受取得要么是权利转让型(移转),如以上两个例子;要么是权利创设型(设立),如某人在其物上设立用益权。他不是将其权利原封不动地转让于他人,而是基于其所有权创设(负担或者设立)一项新的权利。与之相应,今天人们也说某人在其物上"设立"(来自于"constituere")一项限制物权。

2 (二)关于所有权转让,罗马法对此还不是很精确,因为可以使取得人取得"同一项"权利这种权利转让的观念在开始时尚不为人所知。毋宁说(主观)权利对任何人都是作为一项新权利而发生的。然而,在古典时期对继受的权利取得则存在一种观念认为,出让人将其权利"让与"取得人的同时丧失了一项与取得人所取得权利具有相同内容的权利。这种取决于"让与人"

权利丧失的权利取得,被古典法学家认为是所有权的"移转"或者"转让"(dominium transferre, transire),我们当代术语即受此影响。

(三)此外,所有权转让的事实构成还有一点是共同的,即,只有出让人享有某项权利,取得人才能取得这项权利。因为"任何人都不能转让超过他所享有权利的权利"(nemo plus iuris ad alium transferre potest quam ipse habet, Ulp. D. 50,17,54;又见 D. 41,1,20 pr.)。自非权利人取得所有权对罗马法而言是陌生的。交易安全的要求通过以下方式得到了满足:善意取得人可以在相对较短的期间内通过时效取得而取得(下文第二十五节)。 3

现代规则承认自非权利人的即时取得,这是罗马法与德意志法相互妥协的产物。依照德意志法,对于(动产)物,通常只能追及受其信任的人("手护手");对第三手的追及(大部分是恶意取得)则被排除了。基于罗马法,尤其是时效取得,则产生了只有针对善意取得人才不能追及的思想;对于恶意取得人,可以对该物主张所有物返还。(德意志法)对于盗窃物或者其他脱离物的例外,在罗马法中有某些对应规则,如盗窃物不得时效取得。 4

关于所有权取得,除这里(第二十四节至第二十六节)所提及的事实构成之外,还有其他一些情形,例如,前文所述分割之诉中基本由法官实施的所有权分配(边码 23. 28),此外还有占有人在原物返还之诉中被判决支付金钱以代替返还原物(边码 27. 22),其他(具有对物效力的)直接遗赠(边码 76. 4)以及(公法的)国家授与。 5

二、要式买卖

(一)关于要式买卖(mancipatio),其形式、其历史、其适用范围及其效力,已经论及(上文边码 7. 2 - 10)。如果让与人是奎里蒂法所有权人[或者是具有通商权(commercium)的外邦法所有权人],它就使罗马市民取得了对意大利土地、奴隶、大牲畜[作为要式物(res mancipi)]的奎里蒂法所有权。它在古代是一种现金买 6

卖,所有权也就在同时支付(实际)价款的互易中取得了。然而,自从它可以随单纯象征性支付价款(《十二表法》已经开始)作为象征性要式买卖(mancipatio nummo uno)而得以实施,它就可以作为让与行为而被用于不同目的:现金买卖或者远期买卖、赠与、嫁资设定、信托(fiducia),履行要式口约之债或者遗赠之债等。然而,要式口约的效力与作为其原因的那些关系在法律上是独立存在的:法律基础关系不生效的,所有权仍然可以取得。正如我们今天所说的,参见要式买卖生效是**抽象的**(即不是"要因"的,下文边码 24.11)。

7 对此,最初以古代现金买卖为基础的买卖原因还以象征性要式买卖(manc. nummo uno)[在程式中要这样说"……我将它买下……(... isque mihi emptus esto...)",边码 7.2]这种"变形"发挥着作用。买卖原因之外,显然排除了其他应予考虑的现实原因。如果文书中明确说到了赠与(donationis)或者信托原因(fiduciae causa)[参见布伦斯/格拉登维茨,《古代罗马法渊源》(Bruns),第 135 页至第 138 页],就不能援引要式买卖的程式。

在古典时期,要式买卖逐渐退居次要位置,其公示目的在大城市通过 5 个证人不再能够实现了。自从不要式交付要式物(res mancipi)创设裁判官法所有权(下文边码 24.10)起,它就在很大程度上失去了意义。在古典晚期(而在行省更早些),要式买卖虽然已经文书化了,但通常并未实际地这样做。在后古典时期,它很快就消亡了。到优士丁尼将它从古典渊源中删除时,它已经很长时间没有被实际适用了。——通过所谓的**土地所有权让与合意**(《德国民法典》第 925 条所用概念)进行土地所有权让与,在 323 年君士坦丁大帝的一部法律(vat. 249,6 – 8)中有其渊源。依照该法,在土地赠与(不是负担义务的合同,边码 47.3)时,抛弃占有和占有指示应当在邻居证人面前记录并且应当在官署登记。——**文献**:迪 · V. 西蒙(D. V. Simon),《君士坦丁的皇帝法》(Konstantinisches Kaiserrecht),1977 年,第 110 页;汉 · 维林格,"君士坦丁皇帝如何发现了日耳曼的'土地所有权让与合意'"(Wie Kaiser Konstantin die germanische Auflassung erfand),载《萨维尼杂志:日耳曼法》,第 124 卷(2007 年),第 287 页。

关于要式买卖可能发生的债法效力[权利担保之诉(actio auctoritatis)、土地面积之诉(actio de modo agri)],将在买卖(下文,第四十一节)中予以讨论。

(二)**信托简约**(**pactum fiduciae**)可以与要式买卖相结合(上文边码7.10)。它可以与将要式买卖物作为质押担保的债权人缔结[**与债权人订立的信托**(**fiducia cum creditore contracta**)];对此参见下文边码31.7。此外,还可以为实现其他目的而将该物以要式买卖方式让与至受托人[非技术地称为**与朋友订立的信托**(**fiducia cum amico contracta**);G. 2,60],例如旨在获得其庇护或者使其负担诸如出让于第三人、释放奴隶等继续处分该物的义务等目的。如同其他情形一样,在受托人按照信托约定处置该物并且信托人并无恶意(dolo malo)而发生损害的情形(下文边码31.12;36.14)中,出让人也可以向受托人提起债法的信托之诉(actio fiduciae)。 8

三、拟诉弃权

拟诉弃权(in iure cessio),即"在法庭上让与",其形式是模仿承认之诉而形成的,上文对此已经论及(上文边码7.16-19)。它适用于各种物[也包括略式物(res nec mancipi)]的所有权让与,并且,如果是由所有权人实施的,取得人还可以取得奎里蒂法所有权。如同要式买卖一样,拟诉弃权可基于前述法律基础而实施;其效力也独立于(在该行为的形式中看不出来的)原因(causa)的有效性(抽象的)。 9

信托简约(pactum fiduciae)也可以与拟诉弃权相结合,对此同样适用关于要式买卖(manc.)的相关论述。——拟诉弃权(i. i. cessio)在古典时期就已经很少用于所有权让与了,并且到古典末期最终消亡了。

四、交付

文献:见边码 20.1 之前,豪斯马宁尔,同上,案例 67 –71;伦・兰贝蒂尼(R. Lambertini),“论交付的正当原因”(In tema di iusta causa traditionis),《信义 人性 法》,第 4 册,第 1745 页。

10 (一)如果某物的不要式交付(traditio)是所有权人**基于正当原因(ex iusta causa)**而实施的,即具有能够说明所有权给与正当性的法律基础,就使取得人取得了所有权。它按照上文所述方式实施(边码 20.2;20.4 –6)。

交付(traditio)是日常的所有权让与行为。该行为发生如下效果:(1)自古以来就可以使罗马市民对略式物(res nec mancipi)取得奎里蒂法所有权,自比较早的时期起它还用于同非市民进行交易时的所有权转让。(2)自共和晚期起,基于该行为可以对要式物(res mancipi)取得裁判官法所有权。(3)最后,它还被用于转让对行省土地的类似于所有权的占有权和使用权。

11 (二)交付(traditio)是**“要因的”**,即它是以有效原因关系为前提的:买卖、赠与、嫁资设定、消费借贷等。清偿(solutio),即为履行债务而提供给付,也是合格原因(causa),并且它独立于被清偿之债是否实际存在。

这可以通过以下分析而得到说明,在古代罗马法中,清偿(solutio)是责任解脱行为(下文边码 52.4),并且是双方放弃行为:一旦接受清偿(solutio),受领人就不能再主张原债(obligatio),给予人也不能因为该债不存在而主张原物返还之诉。在此还可以通过请求返还之诉(condictio)对非债清偿(indebitum solutum)请求返还。因此,严格来说,古典时期交付(tradtio)在这些情形下就成为了抽象的所有权让与行为(即见下文边码 24.12,关于 Iul. D.41,1,36 的内容)。

12 根据古代罗马的观点,买卖本身(作为现金行为,和赠与、履行、嫁资设定等一样）就移转了所有权。交付（traditio）只是一项事实的交付，它可以因为当时或者后来的所有权让与以外的其他目的而发生：为了使用借贷、使用租赁、保管、设质等，或者是基于这些关系而返还。但是，自前古典时期起，人们就把（技术意义的）交付（traditio）认为是所有权让与行为，由占有取得（上文边码 20.2，20.4－6）和一项有效给与关系［**正当原因（iusta causa）**，后来是名义（titulus）］，如出卖、赠与、嫁资、清偿、信用原因（causa emptionis，donandi，dotis，solvendi，credendi）等组成（参见 G. 2，20；UE 19，7；Inst. 2，1，40），由这些原因同时也可以看出当事人所有权转让和取得的意思。诸如不被允许的配偶间赠与等不是正当原因（iusta causa）。买卖必须有效，即使它不是现金行为也可以，也就是说，给付买卖标的物在开始时仅是一项负担的义务。只要对于取得人有纯粹想象中的义务是否就已经足够了（“误信名义”，正如在时效取得的情形，下文边码 25.20），尚未经证实。尤其还有对原因（causa）存在不合意的情形，例如，给予人赠与金钱，受领人作为消费借贷而受领。

D. 41，1，36（尤里安，《学说汇纂》，第 13 编）

Cum in corpus quidem quod traditur consentiamus, in causis vero dissentiamus, non animadverto, cur inefficax sit traditio, veluti si ego credam me ex testamento tibi obligatum esse, ut fundum tradam, tu existimes ex stipulatu tibi eum deberi. nam et si pecuniam numeratam tibi tradam donandi gratia, tu eam quasi creditam accipias, constat proprietatem ad te transire nec impedimento esse, quod circa causam dandi atque accipiendi dissenserimus.

如果我们对交付的物达成合意，对交付原因未达成合意，我并不认为交付应当无效。例如，我认为根据遗嘱我有义务将一块土地让与你，而你却认为它是根据要式口约而欠你的；又如，我给你一笔现金旨在赠与你，你却认为是消费借贷而接受它。无疑，所有权已经移转于你，我们对交给和受领的原因没有达成合意并不对此造成妨碍。

在第一种情形，让与人和受领人之间对负担基础存在不合意。然而，这种不合意并不妨碍所有权取得，因为交付肯定是为了实现清偿目的，即清偿原因（solvendi causa），并且当事人对该目的达成了合意。尤里安的意见是不是以该债务来自遗嘱或者来自于要式口约为前提，存在争议。所有权取得并不取决于所负担义务的成立，人们之所以这样推测，是因为罗马法学家多次承认，如果所有权人以清偿原因（solvendi causa）交付该物而该义务并不存在，可以通过请求返还之诉（condictio）而请求返还（例如 G. 3，91；Gai. D. 44，7，5，3；Inst. 3，14，1）。如果法学家们在这种情形下否定了所有权取得，就应该承认原物返还之诉（rei vindicatio）而非请求返还之诉（condictio）。——第二种情形更为困难，它所涉及的不是债务是否获得清偿，而是债务是否可能发生。如果支付金钱是信用原因（credendi causa），就发生消费借贷，如果是以赠与原因（donandi causa）而收受就发生赠与，只有第一种情形才发生偿还义务。这里应当是对所有权移转的原因存在不合意。当然，尤里安可以争辩说，不管是赠与还是消费借贷，都以所有权变动为前提，在不合意中作为最小的共同基础也包含着所有权移转的合意。萨维尼就是从该文本推导出了对抽象交付（traditio）的承认。当然也有另一种可能，就是如同尤里安所承认的，成立了消费借贷。D. 12，1，18 中乌尔比安所引用的尤里安的观点表明，尤里安曾经提到过这一点。尤里安引用了“大中含小”（in maiore minus inest）（Paul. D. 50，17，110 pr.）这条法谚，可能认为赠与意思小于提供消费借贷的意思而包含于其中（反过来不能说赠与中包含消费借贷的意思），因此，借助于信用原因（causa credendi）中的合意成立了所有权移转。——萨维尼根据该文本，萨维尼之后的学说汇纂法学家们根据萨维尼，将其中的抽象所有权让与作为了一种法律发展进步的表现，而该文本对于《德国民法典》采用抽象原则所起的作用绝非无足轻重［参见维·舒伯特（W. Schubert）编，《建议稿》（Vorentwürfe），第 3 卷第 1 册（1982 年），第 760 页；《德国民法典立法理由书》（Motive），第 3 册（1888 年），第 7 页］。——**文献**：弗卢梅，第 54 页；马·舍尔迈尔，“解释和合意确定”（Auslegung und Konsensbestimmung），《萨维尼杂志》，第 115 卷（1998 年），第 254 页；海·霍·雅科布斯（边码 24. 17）；迈塞尔（边码 24. 17）。

（三）如果某物基于买卖而交付于买受人，古代法（除要求买卖有效外）还要求**已经支付买卖价款**或者［诸如以要式口约（stipulatio）］作出了有约束力的允诺［参见瓦罗，《论农业》（Varro de re rust. 2,1,15）］。古典法学家虽然也经常提及这项要求（G. 2,20 并未提及），但又通过将提供担保（fidem sequi）与支付价款同等处理的方式而将其弱化（Pomp. D. 18,1,19；Inst. 2,1,41）。——**文献**：见边码 24.17；泽尔纳（边码 3.16），第 24 页。 13

《十二表法》则要求支付价款或者有约束力的支付价款约定（Inst. 2,1,41），见下文边码 41.26。——所有权保留包含着一项约定，根据这项约定，买卖标的物在完全支付价款前是出租于或者作为容假占有（precarium）转让于买受人的，因此也就不是以买卖为基础的（Paul., Iav. D. 19,2,20,2 至 22 pr.；Ulp. D. 43,26,20），上文边码 19.13。——**文献**：罗·克努特尔，“罗马法中分期付款行为时的买卖和用益租赁”（Kauf und Pacht bei Abzahlungsgeschäften in röm. Recht），《卡泽尔祝贺文集》（Studien Kaser），1973 年，第 33 页；详细内容，下文边码 41.16。

五、后古典的发展

（一）前优士丁尼法并未将所有权让与，在要式买卖（mancipatio）和拟诉弃权（in iure cessio）消亡后，简单地取决于交付（traditio），而是使所有权直接通过**买卖**、**赠与**等移转，这些行为在当时（如同古代法一样地）被认为是（立即实施的）即时行为。买卖和赠与也就不再只是所有权让与的（债法的）原因关系，它本身就成为了物权法的所有权让与行为。关于君士坦丁为土地买卖和赠与而引入的形式规定，上文已经论及（上文边码 7.28）。对于通过**买卖**取得所有权，西罗马和（采用希腊化范本的）东罗马一样，都要求支付价款。 14

此外，交付（traditio）在买卖时变得无足轻重。无论如何，在西罗马，他人支付价款与文书载明的买受人支付一样,物交付给谁,谁就成为所有权人。

15 (二)1. 与此相对,优士丁尼在某种程度上又回归到了古典法的观点,重新使**交付**(**traditio**)转让所有权。买卖、赠与等被重新解释为所有权让与的单纯原因(causa)。所有权取得是否取决于原因(causa)的有效存在,并不明确。

总体看来,"抽象"学说似乎占有优势,根据这种学说,具有所有权转让意思(*animus transferendi dominii)就够了,而这可能是根据 Inst. 2,1,40/41 得出的结论。与此相应,优士丁尼还采用了很多涉及(抽象的)要式买卖(mancipatio)的古典法文本,通过对要式买卖(mancipatio)进行添加而加进了交付(traditio),但并未提及原因(causa)。然而,"抽象物权合同"观念最早出现在 11 世纪拜占庭法中(参见卡泽尔,《罗马私法》,第 2 册,第 283 页,注 72)。

16 2. 对基于买卖的所有权让与,后古典法对支付价款的很多要求得以保留。当然,优士丁尼通过将为价款提供担保和支付价款同等处理而使这项原则失去了价值(上文边码 24.13)。

17 在共同法(ius commune)中,人们坚持认为(生前)所有权传来取得需要通过要因交付来实现;人们详细区分了取得名义(titulus adquirendi 作为取得的可能性基础,尤其是买卖)和取得方式[modus adquirendi,即借以取得所有权的事实,主要是事实交付意义上的交付(traditio)]。《奥地利民法典》就采用这种模式:"没有名义或者没有法律上的取得行为不能取得所有权"(参见第 380 条以及第 423 条以下)。

在自然法中,胡果·格劳修斯(Hugo Grotius)[《自然法与万民法》(De iure naturae et gentium),1625 年,第 2 编,第 12 章,第 15 节]强调,对买卖应当注意,合同缔结的同时,即使没有交付,所有权也可以移转,并且,这应当是最简单的。《法国民法典》的编纂者即以此为出发点;考虑到善意债务人都愿意尽快清偿其债务,《法国民法典》第 1583 条确定,"只要当事人就物和价款达成一致，所有权就应当移转于买受人，即使尚未交付该物或者尚未支付价款亦然”。(所谓的“一体原则”，指向买卖成立的意思中包含着对物的合意)，其中也包含着虚拟性的占有改定(参见边码20.6)。《法国民法典》第1138条一般性地表达了“基本原则”(principe cardinal)的原则：通过法律行为设立交付义务，所有权就立即移转于债权人了(参见《法国民法典》第711条)。

《德国民法典》(第398条、第873条、第925条、第929条至第931条)中作为基础的分离原则和抽象原则，将物权合同与债法的负担义务隔离开，它本身就是最先进的解决方法。胡果和萨维尼对其发展起着决定性作用(参见边码24.12结尾)。除了其他内容，萨维尼针对通行观念提出，合同的概念不应当仅仅限定于“债法”领域，它应当可以涉及私法所有领域，包括物权法，在物权法中人们可称之为“物权合同”，在物权法中应当将交付(traditio)归为真正的合同[《当代罗马法体系》(System des heutigen Röm. Rechts)，第3册，1840年，第312页]。

瑞士最初在很大程度上贯彻了抽象物权合同学说，但1881年和1911年《瑞士债法》却没有包含相应规则。1907年《瑞士民法典》第974条对不动产物权的取得则作出了不同规定：如果登记“没有法律基础或者基于不具有法律约束力的法律行为而实施”，第三人就不能援用这项已经登记的权利。所以，此后的不动产权利适用要因权利取得原则。在1929年的一项判决中，瑞士联邦法院将这项原则适用于动产物权的取得[《瑞士联邦最高法院裁判集》，第55卷(1929年)，第2分卷，第302页；《瑞士联邦最高法院裁判集》第72卷(1946年)第二分卷，第240页；第78卷(1952年)，第2分卷，第210页中得到确认]。因此，有效的基础行为和交付是所有权取得的前提，参见《瑞士民法典》第714条第1款。——《德国民法典》第929条至第931条，《奥地利民法典》第380条、第424条以下，《瑞士民法典》第714条、第922条至第924条，《法国民法典》第1138.条、第1583条。

文献：海·霍·雅科布斯，“存在物权合同吗？”(Gibt es den dinglichen Vertrag?)，《萨维尼杂志》，第119卷(2002年)，第269、302页；此外参见科英，第1册，第302页；第2册，第232、393页；戈登(边码20.1之前)，第97、136、159、172、179页；莱·瓦卡编，《买卖与所有权移转》(Vendita e trasferimento della proprietà)第1册，1999年(涉及罗马法、普通法以及奥地利

法、法国法、德国法、瑞士法、波兰法、西班牙法、荷兰法和英格兰法等不同解决方法)；彼·利维尔(P. Liver),“所有权”(Das Eigentum),载《瑞士私法》(Schweizerisches Privatrecht),第5册之1,1977年,第318页；皮·卡万(P. Cavin),“买卖、互易、赠与”(Kauf, Tausch, Schenkung),同上,第7册之1,1977年,第23页；拉·米夏埃利斯(R. Michaels),《通过买卖合同的物的归属》(Sachzuordnung durch Kaufvertrag),2002年；埃·施拉格(E. Schrage),“可以通过交付和时效取得转让物上所有权但通过简单的约定不能转让物上所有权”(Traditionibus et usucapionibus, non nudis pactis dominia rerum transferuntur),《克·沃·内尔祝贺文集》(Fs. K. W. Nörr),2003年,第913页；此外还有,克·卢伊格(K. Luig),“德国法中支付价款和所有权移转的关系”(Das Verhältnis von Kaufpreiszahlung und Eigentumsübergang nach deutschem Recht)以及马·马罗内(M. Marrone),“物的所有权移转以及价款支付”(Trasferimento della propietà della cosa e pagmento del prezzo),二者分别见于,莱·瓦卡,《买卖》,第1册,第225页；第2册,第483页[《帕尔雷默大学法学研究所年刊》(Apal),第42卷(1992年),第183页有附录]；乌·胡贝尔(U. Huber),“萨维尼和物权法抽象原则”(Savigny und das sachenrechtliche Abstraktionsprinzip),《克·威·卡纳里斯祝贺文集》(Fs. C. – W. Canaris),2007年,第471页；弗-斯·迈塞尔,“尤里安和物权合同的发现”(Julian und die Entdeckung des dinglichen Vertrags),载《法律史案例》(Fälle RG),第62页；托·吕福纳,“普通法中的交付和支付价款”(Traditio und Kaufpreizahlung in Ius Commune und Common Law),载雅各布/恩斯特(边码41.1之前),第233页以下；关于当代法,还可参见海·洪泽尔,《沃·维甘德祝贺文集》(Fs. W. Wiegand),2005年,第349页。

第二十五节 时效取得

(RPr. § § 34,101,243)

1 某人以令人信服的方式取得了某物,却没有成为所有权人,如果他已经长期占有该物,就应当不再需要将它返还于所有权人。所有权人怠于照顾其物,因其消极行为(德意志法上的“缄默”)而失去其权利,并且他较之于善意占有人似乎不太需要保护,而善意占有人也可能随着时间推移已经无法证明其取得的具体情况。在发达的法律中,在这种情形下就使占有人仅因时间经过而成为所有权人并且使原所有权人丧失其权利。

关于这种"时效取得"在罗马法中的实践意义,见边码24.3;27.4;27.6。关于与(取得权利的)时效取得相对的(停止权利的)消灭时效,见边码4.14;25.15;25.18。

一、古代罗马法

(一)《十二表法》(第6表第3条)规定,"(出让人的)使用担保,对土地须经过2年,对其他物须经过1年[Usus auctoritas fundi biennium,ceterarum rerum annuus (esto)]。"由此古典法还推断认为:(不间断)占有土地两年、其他物一年者,因此而取得了独立于原取得基础的所有权。 2

在期间届满之前,通过要式买卖(mancipatio)自他人取得某物的占有人,在原物返还之诉(rei vindicatio)中,还要依赖于其前手的担保(auctoritas)(下文边码27.4)。为证明其所有权,他必须证明他已经通过有效出让而取得该物,必要时还要证明其前手也是通过有效出让而取得该物的。这种情况下,对基于买卖而通过要式买卖(mancipatio)取得某物的人而言,要求出让人受担保约束比较有利。这意味着,如果要式买卖取得人被第三人提起原物返还之诉,出让人对该取得人提供或者应当提供诉讼支持,如果未提供该诉讼支持或者该诉讼支持未成功,出让人对该取得人承担基于权利担保之诉(actio auctoritatis)的责任(上文边码7.7;下文边码41.27)。这项"(以占有为前提的)使用担保"(usus auctoritas),在前引《十二表法》规范中,被限定为一年或者两年。期间届满前,要式买卖(mancipatio)对取得人仅仅提供"相对"保护,因为在此期间,享有更优权利的第三人仍然可以向取得人主张原物返还之诉(上文边码22.4)。相反,占有达两年者,则取得"绝对"受保护的 3

地位（上文边码22.7）。这时，它不需要证明据以取得的行为，同时也不依赖于其前手的担保（auctoritas）。——在前古典时期，使用担保（usus auct.）的规范适用于任何要式物或者略式物（res mancipi 或者 nec mancipi）的（私法上的）所有权取得，并且重新解释为一年或者两年期间届满取得（绝对的）所有权。这就完全将《十二表法》中规范的意义由诉讼法转移到了私法；这项规则也就被理解为通过时效取得的所有权取得了。——**文献**：马·卡泽尔，“古代罗马的所有权和时效取得”（Altrömisches Eigentum und usucapio），《萨维尼杂志》，第105卷（1988年），第122页。

（二）关于使用担保（usus auctoritas）规则存在例外：

4 1. 依照《十二表法》（第3表第7条）：对外国人，担保永远存在［Adversus hostem aeterna auctoritas（esto）］。依照这项规则，期间届满就取得对任何人都有担保的所有权，这对非市民不利。因此，外国人取得依赖于出让人对取得人必须提供的担保（auctoritas）。在要式买卖（mancipatio）的情形，只有与罗马人有通商权（commercium）的外邦人才会享有这项担保。非市民也就不能时效取得了。很明显，人们不让罗马财产被外国人以这种不可撤回的方式取得。这项规范以后逐渐停止使用了。

5 2. 与《十二表法》（第8表第17条）类似的盗窃物规范扩展成了**《阿提尼亚法》（lex Atinia）**［公元前3世纪末或者2世纪初，克劳福德（Crawford），第2册，第745页］：对（秘密）脱离某人之物，担保永远存在（quod subruptum erit, eius rei aeterna auctoritas esto）（Gell. 17,7,1）。对于盗窃物，直至它重返所有权人之手，通过期间届满而取得的绝对受保障的所有权仍然可能会失去，或者用晚近法律的表述方式，它是不能时效取得的。

6 3. 它适用于妇女未经监护人同意（G. 2,47）而出让之物，在其他个别情形中也是如此，如出让附条件释放的自由人（参见 Iul. D. 21,2,39,4）。

二、时效取得

古典法还以《十二表法》中的使用担保(usus auctoritas)规则(和例外规范)为时效取得(usucapio)提供支持根据。它是依照市民法(而不像其他情形那样是依照万民法,边码 26.1)所有权原始取得的一种情形。如果某人自非所有权人取得某物或者仅仅通过交付(自所有权人)取得要式物,时效取得就可以使这个人取得奎里蒂法所有权;G. 2,41;43/44;参见 Inst. 2,6,pr.。关于时效取得(usucapio)的要件,适用比古代罗马法更为严格的规则。如果用古代但非罗马的六音步诗行来概括,这五项前提就是:有时效取得能力的物、取得名义、善意、自主占有和期间届满(res habilis, titulus, fides, possessio, tempus)。 7

(一)**有时效取得能力的**标的,只能是那些可以对其享有奎里蒂法所有权之物。被认为不能时效取得的标的,除依《阿提尼亚法》(lex Atinia)(上文边码 25.5)的盗窃物外,还有依《尤利亚法》和《普劳提亚法》(leges Iulia 和 Plautia)(公元前 1 世纪)的抢劫物;G. 2,45;49 – 51;Inst. 2,6,2。在帝政时期增加了国库财产。——盗窃物一旦回归所有权人之手,即有时效取得能力;Paul. D. 41,3,4,6;Ner. D. 41,3,41;Lab. – Paul. D. 41,3,49。由于盗窃(furtum)的概念较当代盗窃的概念范围更广,例如出卖他人之物也包括在内,因此,为使物可以时效取得就应当避免它被盗窃,这项要求大大限制了动产时效取得适用范围,见 G. 2,50;Inst. 2,6,3 –6。——其他情形,下文边码 25.19。 8

(二)时效取得要求**自主占有**(**possessio**)。这里指的是市民法占有(possessio civilis)(上文边码 19.8),不是依照荣誉法而取得的令状占有。除以自主占有意思行使对物的事实控制之外,还需要**占有的正当原因**(**iusta causa possessionis**):占有必须基于某种依照市民法(ius civile)能够导致所有权取得的基础而取得(上文边码 25.7 所提到的基础在这里并不能导致所有权取得)。这 9

些取得名义包括诸如：作为买受人（pro emptore）、作为受赠人（pro donato）、作为嫁资（pro dore）、作为受遗赠人（pro legato）［即通过原物返还之诉（per vindicationem）］、作为清偿（pro soluto）［例如，基于要式口约或者间接遗赠（legatum per damnationem）］、作为抛弃物（pro derelicto）、作为继承人（pro herede）。

10 然而依照古代法，占有人在《十二表法》规定期间届满的情形，只有当物是（自权利人）被偷走时（上文边码25.5），才必须证明其取得（当然也包括其前手的取得）合法，而现在占有人还需要证明他自己是合法取得（不包括其前手的取得）。——对正当原因（iusta causa）的要求，古典判例在某些例外情形中略有放松，尤其是取得人相信有取得名义但事实上并没有的特定情形中（所谓"误信名义"；当然，对是否承认它尚存争论，参见Ulp. D. 41,4,2,15f.，不同于Cels. – Ulp. D. 41,3,27；又见Herm. D. 41,8,9；不同于Paul. eod. 2）。对于这些情形以及其他个别情形，人们补充了一种名义，即作为自己的（pro suo）。如同交付（traditio）（边码24.12）一样，在时效取得中作为清偿（pro soluto）这种名义具有特殊地位：即使错误地对不存在的债务提供了给付，即清偿原因（solvendi causa），作为必需的取得名义也是适当的（Paul. D. 41,3,48；D. 41,4,2 pr.；Herm. D. 41,3,46），因此只要具备年限等时效取得前提，就可以发生市民法上的所有权取得。——**文献**：特·迈尔－马利，《时效取得的误信名义问题》（Das Putativtitelproblem bei der usucapio），1962年；霍·海·雅科布斯，"错误接受不存在的法律原因"（Error falsae causae），《弗卢梅祝贺文集》，第1册，1978年，第73页；此外，卡·鲍尔（K. Bauer），《古典罗马法中的时效取得和不当得利》（Ersitzung u. Bereicherung im klass. röm. Recht），1988年；弗卢梅，第53页；埃·亨·普尔，《关于取得名义诸名义的一个问题》（Een kwestie van titels），1995年［尤其涉及双重占有原因（causae possessionis），附有德文摘要，相关书评，参见特·迈尔－马利，《法律史杂志》，第64卷（1996年），第411页］。

11 （三）时效取得（usucapio）还受到**善意**（**bona fides**）要求的限制，这项要求可能是在共和早期与正当原因（iusta causa）的要求相关而发展出来。对此,举证责任由对占有人取得所有权存在争议的人负担:如果他证明占有人在其取得之时具有不正当性,就不能时效取得了。

虽然该善意(bona fides)与今天的"善意"(无论是《德国民法典》第932条第2款中的还是第937条第2款中的)并不完全相同,但仍然是后者的原型。恶意(mala fides)主要表现在取得人知悉存在妨碍其所有权取得的情形,例如,其前手是非所有权人。然而,以下情形不属于恶意,诸如自奎里蒂法所有权人仅通过交付而取得要式物(res mancipi)的"裁判官法"所有权人;此外,取得属于[未继承的(ruhenden)]遗产之人,无论他是否知悉自己不属继承人之列(下文边码72.3-4);取得被所有权人抛弃之物的人(下文边码26.4);未采用特定形式重新取得自己已经信托让与之物的人[时效收回(usureceptio),见下文边码31.7-8]。

至少,交付(traditio)时必须具有善意(bona fides)。 12

在买卖中对此却存在争议,相反见解认为,合同订立时和交付时都必须具有善意(Paul. D. 41,4,2pr.,与此相对的是 Ulp. D. 41,3,10 pr. 等)。嗣后恶意不产生损害(mala fides superveniens non nocet),因此,时效取得占有人已经获得了取得地位,而该地位原则上只有所有权人才能破坏。——教会法要求,时效取得完成之前都必须具有善意(bona fides)[嗣后恶意发生损害(mala fides superveniens nocet)]。《德国民法典》第937条第2款包含着介于这两项规则的一种折衷;《奥地利民法典》第1463条、第326条,《瑞士民法典》第728条,《法国民法典》第2269条。——如果不知涉及法律错误,就会排除时效取得(Pomp. D. 22,6,4;41,3,31pr.)。——**文献**:赫·豪斯马宁尔,《古典罗马法中时效取得占有人的善意》(Die bona fides des Ersitzungsbesitzers im klass. röm. Recht),1964年;泽尔纳(边码3.16),第15页、第40页(对此持反对意见者,玛·维·桑松·罗德里格斯,边码3.16);奥·贝伦茨,"论善意的例子!"(Zum Beispiel der gute Glaube!),《胡维勒尔祝贺文集》,2007年,第13页。

13 (四)时效取得期间,依照继续适用的《十二表法》,对土地是2年,对其他标的是1年。占有丧失中断时效取得(usurpatio, Paul. D. 41,32,2),而提起诉讼或者占有人死亡则不能中断时效取得,因为继承人可以加入已经开始的时效取得[占有继承(successio in possessionem);Ner. D. 41,3,40]。与此相反,如果某人仅仅通过个别权利继受,如出让而取得,则必须重新开始时效取得。当然,自后古典皇帝法起,他可以将出让人的占有时间作为自己的占有时间[时间添附(accessio temporis)]。参见Inst. 2,6,12/13。

三、长期时效期间

14 对于行省土地[不适用时效取得(usucapio)],后来(主要为外邦人利益)还有动产,皇帝法自塞维鲁斯时期(2世纪末)起,通过沉默抗辩[长期占有(longae possessionis)或者长期(longi temporis)的抗辩(exceptio)或者时效(praescriptio)]发展出了一种对长期占有的保护。参见布伦茨(Bruns),第87号[第260页=柏林希腊文书汇编(Berl. Griech. Urk.),第1册,第267号],和第192号[第418页=施特拉斯堡纸草汇编(Pap. Straßb.)第22号]。

15 合法开始占有的人,即具备自始正当占有(iustum initium possessionis)者,也就是基于正当原因(ex iusta causa)并且具有善意(bona fide)而占有的人,如果其占有持续特定期间,在有人对行省土地主张可能享有的类所有权的人的类原物返还之诉时(见边码22.10和下文边码27.32),他可以通过这种“长期抗辩”进行抗辩,并可因此而维持占有。如果占有人和所有权人的住所在同一地方(优士丁尼时期是在同一行省)[在场者之间(inter praesentes)],需经过10年;其他情形[不在场者之间(inter absentes)],则经过20年期间届满。随着后古典通俗法中所有权概念的演变,由这种抗辩发展出了一种(取得性的)时效取得(参见迪·内尔,《长期时效期间的形成》(Die Entstehung der longi temporis praescriptio),1969 年版。

四、后古典的发展

(一)在后古典通俗法中,时效取得[usucapio 和长期时效期间(longi temp. praescriptio)]这些流传于后的概念到4世纪时就完全消失了。取而代之的,是40年的时效(praescriptio),后来是30年,该时效除占有外不需要其他要件。该制度在5世纪逐渐融入狄奥多西二世所引入的请求权的消灭时效(上文边码4.12)。 16

(二)1. 优士丁尼回溯到古典法而创造了统一的时效取得制度,使它重新与消灭时效相区别,对动产称为时效取得(usucapio),对不动产称为长期时效期间(longi temporis praescriptio)。它要求,自主占有可时效取得物、正当原因(iusta causa)、善意(bona fides)和期间,对动产而言期间为3年,对土地而言,在场者之间(inter praesentes)期间为10年,不在场者之间(inter absentes)期间为20年(边码25.15);C. 7,31,1;Inst. 2,6 pr.。 17

2. 此外,优士丁尼还将消灭时效期间为30年(有时是40年)的原物返还之诉改造成为一项特别时效取得[最长期时效期间(*longissimi temporis praescriptio)],它虽然要求有善意(bona fides),但却不要求有正当原因(iusta causa),并且还可适用于盗窃物(C. 7,39,8,1)。 18

3. 时效取得在后古典立法中增加很多例外情形,如关于母亲遗产(bona materna)(下文边码60.20)。其他的物也不再适用普通时效取得而只适用特别时效取得,如教会和修道院的物。参见边码4.13。 19

关于后期发展,见边码4.14;科英,第1册,第183页;第2册,第389页。当代关于时效取得的规定(《德国民法典》第900条、第937条以下,《奥地利 20

民法典》第 1452 条、第 1460 条,《瑞士民法典》第 661 条、第 728 条),由于同时还承认了善意取得,只有些微实践意义。它主要包括优士丁尼所引入的特别时效取得的各种情形,并使诸如欠缺正当原因(iusta causa)以及对盗窃物的所有权取得成为可能。与此相对,普通时效取得在罗马所完成的交易保护任务,在当代法中则由善意取得承担(边码 25.1)。在法国,时效取得完成溯及到取得占有之日发生效力,当然,只有占有人才能对此提出主张(《法国民法典》第 2223 条);占有人可以抛弃时效取得(《法国民法典》第 2221 条)。它与消灭时效的联系在这里还是很明显的。

第二十六节　所有权取得的"自然"方式

(RPr. § § 35,102,244)

文献:赫·豪斯马宁尔(边码 20.1 之前),案例 94 – 120;罗·克努特尔,"论浮动的岛屿、迁移的树木、逃逸的动物和隐藏的埋藏物"(Von schwimmenden Inseln, wandernden Bäumen, flüchtenden Tieren und verborgenen Schätzen),载《法律史和私法教义》(RGuPD),第 549 页 =《法国法和外国法的历史杂志》(RH),第 76 卷(1998 年),第 187 页(法语)。

1 对于这里所概括的各项事实构成[此外还有交付(traditio),上文边码 24.10],法学家们追溯到了自然理性(naturalis ratio)和万民法(ius gentium)。因此,它们也适用于外邦人。它涉及了原始权利取得的情形。

一、先占

2 (一)谁强占了其上不存在所有权(无主)的物,谁就通过**先占**(occupatio)而成为该物的所有权人:无主物归先占它的人(res nullius cedit primo occupanti), Gai. D. 41,1,3,pr.; Inst. 2,1,12。显然,这是最古老的所有权取得方式。先占以具有(自然的)自主占有意思并获得事实控制为前提,而且适用于各种物。对于动产(海滩上的珍珠,Flor. D. 1,8,3; Inst. 2,1,18),这没有什么疑问。

但是,对于那些自己能动的物,即野生动物,究竟什么时候才算取得事实控制,则(直到当代各法典之中仍然)存在争论:优士丁尼采用了最严格的学说,认为必须事实上捕获了该动物,“因为经常意外地发生某些事情以致于你没有捕获它们”[quia multa accidere possunt ut eam (sc. bestiam) non capias](Inst. 2,1,13;Gai. D. 41,1,5,1)。如果先占时发生多数人竞争,该物就属于最先将它置于自己控制之下的人,然而,如果他同时不正当地妨碍了他人,就应当通过侵辱之诉(actio iniuriarum)向他人承担责任(Ulp. D. 47,2,13,7)。这种学说综合了物法和债法两个方面,直到今天都被认为比较精当,不管是捕鲸争议、发现埋藏物争议还是关于本垒打所抛弃棒球的争议都是如此,这个棒球将要创造一项新的纪录。——如果野生动物重获自由并且不大有望重新被捕获,如果驯养动物失去了返回特定地点的“意思”(animus revertendi),对它们就会丧失所有权,而对走失家畜则不会丧失所有权,对被狼拖走的猪同样也不会丧失所有权(Pomp. -Ulp. D. 41,1,44)。——G. 2,67 和 68;Gai. D. 41,1,3,2 和 5 pr.;Inst. 2,1,12 和 15。

文献:罗·克努特尔,“先占人之间的赛跑”(Der Wettlauf der Okkupanten),载汉-彼·哈费尔坎普/蒂·雷普根(H. -P. Haferkamp/T. Repgen)编《学说汇纂现代实用:克·卢伊格祝贺文集》(Usus modernus pandectarum, Fs. K. Luig),2007 年,第 75 页;托·芬克瑙尔,“D. 41,1,44:狼口里的猪”(D. 41,1,44:Das Schwein im Wolfsmaul),载《法律史案例》,第 45 页(第 57 页涉及一名渔夫捕到了一名渔夫抓着一条鱼)。

全世界都将海洋中生长出的岛屿(insula in mari nata)作为先占取得原则也可能适用于不动产的例证(Gai. D. 41,1,7,3;Inst. 2,1,22)。很有意思的是对于其他岛屿发展出来的例外(下文边码 26. 12)。——《德国民法典》第 928 条第 2 款、第 958 条、第 960 条,《奥地利民法典》第 381 条至第 384 条,《瑞士民法典》第 656 条、第 658 条、第 718 条、第 719 条。

罗马法不承认为特定狩猎权人或者渔业权人利益(先占权)的保 3

留。——通过先占而取得不受法律保护的敌人的物(上文边码 15.16),即使有统帅的洗劫禁令或者上缴命令也不能排除。如果这些东西又被抢回了,有时可以通过复境(postliminium)(上文边码 15.17)恢复其原来的所有权(Gai. 2,69;Gai. D. 41,1,5,7;Inst. 2,1,17)。

4 (二)对于**抛弃物(res derelictae)**,原所有权人没有将它给与他人而故意[以抛弃意思(animus derelinquendi)]将其占有和所有权抛弃(例如,通过扔掉某物或者彻底离弃不动产),它的所有权大多会由取得其占有(先占)的人取得;在例外情形下需要时效取得(usucapio)。

抛弃物上原所有权,依照普罗库勒学派的学说,随着它被人拿取而消灭,依照萨宾学派和后世法学家们的学说随着抛弃而消灭(Ulp. D. 47,2,43,5;Paul. D. 41,7,2,1)。如果拿取人虽然知道该物是被抛弃的,却不知道是被谁抛弃的(Paul. D. 41,7,4),或者误认抛弃人为所有权人,就需要时效取得(usucapio)。相反,如果拿取人将非抛弃物作为抛弃物,则完全排除其取得(Iul. D. 41,7,6)。某人先占了所有权人抛弃的要式物(res mancipi),为规避要式买卖仪式的障碍,他只能先取得裁判官法所有权,然后再通过时效取得(usucapio)以取得奎里蒂法所有权,这毕竟是可以想到的。——**文献**:莱·瓦卡,《抛弃和取得抛弃物》(Derelictio e acquisto delle res pro derelicto habitae),1984 年[书评,汉·维林格,载《萨维尼杂志》,第 103 卷(1986 年),第 556 页];汉·安库姆,"被抛弃的要式物的先占"(Die occupatio einer res mancipi derelicta),载《萨维尼杂志》,第 103 卷(1986 年),第 248 页;汉·安库姆,"离弃不动产"(Das Verlassen von Liegenschaften),《萨维尼杂志》,第 114 卷(1997 年),第 402 页(对索利多罗·马罗蒂作品的书评);罗·克努特尔,"为先占而抛弃?"(Dereliktion zur Aneignung?),《欧·布赫尔祝贺文集》(FS. E. Bucher),2009,第 351 页(犹太法、罗马法、普鲁士法、阿根廷法和德国法)。

5 (三)**埋藏物**(thesaurus)是有价值的东西,因为长期埋藏(大多是在土地中)以致无法得知其所有权人是谁,大概首先应当属于土地所有权人。哈德良将土地所有权人和发现人作为其共有人,各得一半。优士丁尼则又回归到从前(折中方案但略有不同);Inst. 2,1,39;Tryph. D. 41,1,63;Leo C. 10,15,1(474年)。——分割表明它是一种不偏不倚的折中方案(media sententia):先占原则对发现人有利,因为埋藏物并非土地的组成部分而是独立的物,而(法律命运上)从物从属于主物(accessio cedit principali)的原则有利于土地所有权人。当然,这两项原则在适用时相互矛盾,这些埋藏物不是无主物,确切地说是属于某人而目前还不知道具体是谁,其结果就是事实上无主。在这两种相差不多各有不足的解决方案中,自然就产生了折中方案(media sententia)。对于这种情形,自古就有发现埋藏物各得一半这种到位的说法[参见约·亚·特·金德(J. A. T. Kind),《问题研讨之二》(Quaestiones forenses II),1807年,第82题(Cap. 82),第415页]。

这种解决方案为大多数民法典所采用,例如《德国民法典》第984条,《奥地利民法典》第339条、第401条,《法国民法典》第716条,《西班牙民法典》第351条第2款、《希腊民法典》第1093条,《意大利民法典》第932条第2款,《日本民法典》第241条,《韩国民法典》第254条,《路易斯安那民法典》第3420条,《智利民法典》第626条,《阿根廷民法典》第2556条,《秘鲁民法典》第935条,2002年《巴西民法典》第1264条,以及《瑞士民法典》第723条第3款(最多至其一半价值的适当报酬,被认为是"对交付该财产的认可")。依照《德国民法典》第965条以下、《奥地利民法典》第388条以下、《瑞士民法典》第720条以下等规定,遗失物拾得的类似于事务处理的法律关系(拾得人报酬、所有权取得等),是从德意志法发展而来的,罗马法上并无所本。

古典晚期随着东哥特的兴起,而且是在中世纪鼎盛时期,逐渐发展出埋藏物全部或者部分属于君主这项影响很广的原则,它在英格兰被认为"优先"属于王室。——**文献**：迪·内尔，"关于埋藏物发现中的法学里的伦理学"(Ethik von Jurisprudenz in Sachen Schatzfund)，《维托里奥·夏洛亚罗马法研究所学刊》(Bull.)，第75卷(1972年)，第11页；特·迈尔-马利，"优士丁尼《法学阶梯》中的埋藏物发现"(Der Schatzfund in Justinians Institutionen)，载彼·G.施泰因/安·D.E.刘易斯(P. G. Stein/A. D. E. Lewis)编《优士丁尼〈法学阶梯〉研究：纪念约·安·查·托马斯》(Studies in Justinian's Institutes: Mem. J. A. C. Thomas)，1983年，第109页；克努特尔(边码26.1之前)，第569页；克努特尔，[关于"地里的埋藏物"，载《马太福音》(Matthäus)，第13章第44节]，《法学教育》(JuS)，1986年，第950页。

二、孳息取得

6 自然孳息和其他分离之物归属于所有权人，只要没有其他人处于优先地位即可，特别是在有永佃权人和其他基于正当原因(ex iusta causa)的善意自主占有人的情形下，孳息所有权自原物分离的同时就由他们取得，至于如何分离并不重要。对于善意自主占有人，可以解释为"基于自然理性，他所收取的孳息归他以作为他耕作和照料土地的补偿"(Inst. 2,1,35)，而且这项措施同样有利于所有权人，因为其土地若无人耕作将会变得更差。因此就有了"善意占有人为自己收取孳息"(bonae fidei possessor fructus suos facit)的法律谚语，Iul. D. 22,1,25,1和2；Iul. - Paul. D. 7,4,13；Paul. D. 41,1,48 pr.；参见，边码11.7。——后来对善意占有人取得孳息有一些限制，他们只能最终取得已消费孳息(fructus consumpti)而不负有补偿义务，对于尚存孳息(fructus extantes)则需要交还所有权人，Diocl. C. 3,32,22；Inst. 2,1,35。

关于自主占有人的这项规则，在大多数民法典都得以采用，参见如《德国民法典》第955条，《奥地利民法典》第330条，《瑞士民法典》第938条，《法国民法典》第549条，《西班牙民法典》第451条，《希腊民法典》第1066条，《意大利民法典》第1148条，《日本民法典》第189条，《路易斯安那民法典》第 486 条,《智利民法典》第 907 条,《阿根廷民法典》第 2324 条,2002 年《巴西民法典》第 1214 条。英格兰法对此则不予承认。——**文献**:格·蒂尔曼(G. Thielmann),“生产作为孳息取得的基础”(Produktion als Grundlage des Fruchterwerbs),《萨维尼杂志》,第 94 卷(1977 年),第 76 页;彼·阿帕蒂,“善意占有人对孳息的权利”(Das Recht des redlichen Besitzers an den Früchten),《法学报》(Jur. Bl.),1978 年,第 517 页;里·卡尔迪利(边码 18.16)。

用益承租人和用益权人则只有实际控制了孳息,即自己占有(感知)的同时,才取得了孳息。如果他人收取了孳息,它首先就处于生产孳息的原物所有权人(也可能是永佃权人或者善意自主占有人,边码 26.6)的所有权之下,而该所有权人可能已将该物用益出租或者设定了用益权,他必然[通过承租之诉(actio conducti),确切地讲是用益返还之诉(vindicatio ususfructus)对用益承租人或者用益权人予以追究]。Ulp. D. 39,5,6;Pomp. D. 19,5,16 pr.。——**文献**:马·卡泽尔,“论用益权人的孳息取得”(Zum Fruchterwerb des Usufruktuars),《文集》,第 2 册,1976 年,第 145 页。 7

依照古代法律处理的结果可能不同,对孳息不考虑其所属原物的所有权,而由生产他们(耕种田地、喂养动物等)的人取得(正如德意志法所说的,“谁播种,谁收割”),并且常常以分离为取得时间(参见 Pomp. D. 22,1,45)。这种“生产原则”(可能是自尤里安起)被“实质原则”替代了,根据实质原则,孳息取得仅限于前面提到的非所有权人范围之内,因为只有他们才适宜处于所有权人的地位(domini loco),即他们对孳息的权利来自于所有权人或者在这方面与他地位相同的人。 8

三、附合、混合、加工

对于不同所有权人的物在实体上彼此附合或者液态物质、固态物质相互混合的这些情形,罗马人(不技术地)概括为**添附** 9

(**accessio**)。对于这些情形和加工他人材料的情形,共和晚期法学家和古典法学家给出了规则,其中部分内容受到哲学学说的影响要多于实践观点的影响。

10 (一)如果动产与**土地**附合而形成统一的物(上文边码 18.14),该物的所有权就会融入土地所有权。这里适用地上物从属于土地(superficies solo cedit)的原则。土地所有权人因此而成为其土地之上的建筑物以及建筑物部分的所有权人,即使它是由他人建造也不例外。如果土地所有权人已经占有了建筑物(包括所有已安装他人组成部分),他就该建筑物只能与土地一起提起原物返还之诉(G. 2,73;Gai. D. 41,1,7,10 和 12;Inst. 2,1,29/30)。

尽管已经安装并因此而附合于土地,第三人原则上仍然保有对建筑材料的所有权(明知而将自己的材料安装于他人土地者例外),并且各所有权人可以提起原物返还之诉。然而,《十二表法》(第 6 表第 7 条)对于建筑物维护有特别规范。依照该规范,只要建筑物仍然存在,就禁止所有权人拆除已安装梁木(tignum iunctum)和对此提起原物返还之诉。作为补偿,他可以向土地所有权人提起已安装梁木之诉(actio de tigno iuncto)("已安装梁木"应该理解为包括所有材料),该诉讼是对已安装材料的双倍价值的一种罚金诉讼,它以土地所有权人明知所安装材料不属于他所有这种典型化假定为基础。如果材料所有权人不提起该诉讼,其所有权就处于"睡眠"中,直到该房屋被毁坏或者被拆除,才重新苏醒过来。——《德国民法典》第 94 条、第 946 条、第 923 条,《奥地利民法典》第 417 条至第 421 条,《瑞士民法典》第 671 条、第 678 条。——**文献**:延·彼·迈因克(J. P. Meincke),"地上物从属于土地"(superficies solo cedit),《萨维尼杂志》,第 88 卷(1971 年),第 136 页;弗·穆苏梅奇,"已安装梁木问题的历史"(Vicenda storica del tignum iunctum),《维托里奥·夏洛亚罗马法研究所学刊》,第 81 卷(1978 年),第 201 页;汉·欣克尔(H. Hinker),"已安装梁木"(Tignum iunctum),《萨维尼杂志》,第 108 卷(1991 年),第 94 页;霍·海·雅科布斯(边码 1.25 之前),第 206 页。

种子随着播种而归属于土地所有权人。还有他人的植物和树木,一旦它扎根(* inplantatio),就会包含于土地所有权之中。如果土地相邻时搞不清楚树木处于谁的土地,则大多数情形下不是根据树冠大小而是根据树根分布来进行判断。在这个"疑难案例"中,地上物从属于土地(superficies solo cedit)原则因为树木通过树根从土地吸取力量而受到补偿原则限制,据此,承担不利者,也应当享有利益(参见边码 26. 12)。Gai. 2,74/75;Gai. D. 41,1,7,10 和 13;D. 41,1,9,pr. = Inst. 2,1,29 和 31/32;Paul. D. 41,1,26,1)。 11

同样可以解释的是,河流中生长出的岛屿(insula in flumine nata)不遵从先占原则而遵从补偿原则。根据补偿原则,承担风险的人也应当享有利益(commodum eius esse debet,cuius periculum est),Inst. 3,23,3。由于岸边居民作为所有权人承担着所谓的物的风险,尤其考虑到被水冲刷走的风险,对于逐渐产生的淤积地(alluvio)、冲刷地(* avulsio)这些"长出来的"利益和河流中生长出的岛屿的利益,应当由他们享有。由于河边居民全部都遭受了危险,相应地他们对新出现的岛屿就按照客观分配程式获得了其土地附近的所有权:按照河流中心确定以一条线将该岛屿分配,从两边河岸到河中间的中间线构成土地边界。通过这种方式确定的两块地表由河两岸居民享有部分所有权[可分部分(pars pro diviso),上文边码 23. 23]。G. 2,70 - 72;Gai. D. 41,1,7,1 - 3;Inst. 2,1,20 - 22;Ulp. D. 43,12,1,6。——对于浮动的岛屿则又是另外一种情形,而这种浮动的岛屿在古代并非罕见现象。由于它们在某种程度上是水流的副产品,并且是由水承载的,根据从物从属于主物(accessio cedit principali)(边码 26. 5)的原则,它们归水流的所有权人(而不是第一个先占的人,边码 26. 2)。——如果岛屿已经产生出来,所有的冲积物都将作为其所有权人的添附物(accessio),而不属于岸边居民或者河流所有权人,Proc. D. 41,1,56 pr. 。[同样,《法国民法典》第 556 条就是对该片段的解释,《联邦最高法院民事裁判集》,第 92 卷,第 326 页,1984 年,对此参见贝·库皮施,"摩泽河上的一个岛屿、拿破仑皇帝和罗马法"(Eine Moselinsel,Kaiser Napoleon und das röm. Recht),载《法学家报》(JZ),1987 12

年，第 1017 页，又见 1903 年奥地利最高法院，《格拉泽－翁格尔奥地利最高法院判决新编》，第 2262 号对《奥地利民法典》第 411 条的适用］。——**文献**：克努特尔（边码 26.1 之前），第 550 页；克努特尔，《米克尔祝贺文集》，第 544 页；让－弗·格肯斯（J. －F. Gerkens），“海洋中生长出的岛屿”（Insula quae in mari nascitur），《信义 人性 法》，第 4 册，第 2177 页［关于浮出水面又沉入水下的费迪南德岛（Insel Ferdinandea）］。

13 （二）如果**动产**互相附合而形成**统一的**物，谁的物对形成新物最具实质性贡献，谁就成为所有权人。

对此起决定作用的大部分是令人感觉不切实际的观点，它们更多地关注物的外在形式，较少关注物的价值或者意义。没有主物也就不可能有从物，但对于什么是主物问题，则是以自然观念为基础的。因此，在印染（tinctura）中昂贵的紫红颜色从属于羊毛（Paul. D. 41，1，26，2），在书写中文字从属于羊皮纸。对于绘画所有权，个别萨宾学派法学家（不是盖尤斯）认为属于画板（tabula）所有权人，另外一些人则认为属于画家。优士丁尼采用了后一种观点（Inst. 2，1，34），但其理由却很荒谬：如果阿佩雷斯（Apelles）或者帕拉修斯（Parrhasius）的画作为从物（accessio）而从属于不值钱的画板，这将是非常可笑的。阿佩雷斯（Apelles）（公元前 4 世纪）是古典时期最著名的画家；正像老普林尼（Plinius）在《自然史》（Naturalis historia，第 35 页，第 79 页以下）生动地说过的，“没有一天不动笔”（nulla dies sine linea）和“鞋匠不离鞋模”（ne sutor supra crepidam）这样的谚语都出自他之口。帕拉修斯（Parrhasius）（公元前 5 世纪）是第一个在绘画中使用对称法的人；其人体图达到了最完美的境界。——参见 G. 2，78；Gai. D. 41，1，9，1/2；Paul. D. 6，1，23，3。——**文献**：奥·贝伦茨，“所有权规则下的艺术品”（Das Kunstwerk in der Eigentumsordnung），《约·埃克特纪念文集》（Gs. J. Eckert），2008 年，第 65 页。——《德国民法典》第 947 条、第 950 条第 1 款第 2 句，《奥地利民法典》第 414 条至第 416 条，《瑞士民法典》第 727 条。

（三）附合而形成**合成**物（房屋、船舶），原所有权仍然存在，各所有权人可以向占有整个物的人［通过出示之诉（actio ad exhibendum）］请求使其物得以脱离，并且在此之后可以向其提出原物返还之诉。与之相应，合成物本身也构成了可以统一提出原物返还之诉的整体，参见边码 18.14。 14

例如，雕像通过焊接（adplumbatio）而接上胳膊，其接合很明显；而熔合（ferruminatio）则形成了统一的物；Paul. D. 6,1,23,5；Pomp. D. 41,1,27,2。

（四）液体或者熔化的金属发生**混合（confusio）**时，只要这种混合是不可分离的。例如，甲的葡萄酒与乙的葡萄酒混合或者甲的银块与乙的银块熔化到一起，就发生了按份关系的共有。它既适用于协议混合的情形，也适用于纯粹意外混合的情形，当然这种情形有其特殊性，原所有权被认为在共有份额中继续存在，并且授予未占有方可以向占有方提起按份原物返还之诉（vindicatio pro parte）。——如果因混合而形成新物，例如，由葡萄酒和蜂蜜形成了蜜酒（mulsum），对此大多数人认为，在协议混合时发生共有，在第三人混合时可能构成加工（边码 26.17 – 18，对于因盗窃而混合者不予考虑）。参见 Gai. D. 41,1,7,8 – 9；Inst. 2,1,25 和 27；Pomp. – Ulp. D. 6,1,3,2；Paul. D. 6,1,4。 15

固体之间发生**混合（* commixtio）**，以谷物相混为典型，如果是经过同意而发生的，就会发生共有。相反，如果是意外发生的，由于每粒谷物的本质仍然存在，因此其上的所有权仍然存在（类似情况：不同所有权人的牲畜混合成一群）。由于实际上不可能将各个所有权人的谷物分开，因此就对未占有的所有权人提供了一项按份原物返还之诉（vindicatio pro parte）。它是一项对物之诉，指向与所有权人贡献相适应的混合物份额。法官可能会考虑粮食品质的差异。参见 Pomp. – Ulp. D. 6,1,3,2；D. 6,1,5 pr. ；

Inst. 2,1,28。

依照《奥地利民法典》第 415 条,《德国民法典》第 948 条、第 947 条,《瑞士民法典》第 727 条,《法国民法典》第 573 条、第 574 条,《意大利民法典》第 939 条,《日本民法典》第 245 条,2002 年《巴西民法典》第 1272 条,以及《路易斯安那民法典》第 514 条,在不可分离的混合中,原所有权人之间发生共有。——**文献**:英·克罗默(I. Cromme),《不确定份额原物返还之诉》(Vindicatio incertae partis),1971 年;马·约·舍尔迈尔,《材料》(Materia),1992 年,第 163 页;马·约·舍尔迈尔,"部分原物返还之诉或者分割之诉"(Teilvindikation oder Teilungsklage),《萨维尼杂志》,第 110 卷(1993 年),第 134 页。

16 **金钱**则有些特殊,对于不同所有权人的硬币(有意或者无意)混合而不能区分的,占有人取得单独所有权(Iav. D. 46,3,78)。——**文献**:安·瓦克,"以他人金钱支付"(Die Zahlung mit fremdem Geld),《维托里奥·夏洛亚罗马法研究所学刊》,第 79 卷(1976 年),第 49 页;斯·埃·文纳(S. E. Wunner),"消费他人之物的法律效果"(Rechtsfolgen der Konsumtion fremder Sachen),《孔克尔纪念文集》(Gs. Kunkel),1984 年,第 583 页;克·哈斯勒(K. Hasler),《金钱的本质和价值等的研究》(Studien zu Wesen und Wert des Geldes etc.),1980 年;卡·鲍尔(边码 25.10),第 153 页。

17 (五)**加工(specificatio)**涉及某人以他人材料生产出新物,如用葡萄酿出葡萄酒、用木板建成船舶、用金子制成器皿。物是新物通常表现在它有了自己的名称(transire in nomen proprium)。在名称背后是交易观念,因此,同一性问题应当按照客观标准决定。关于加工的法律效力,形成了三种观点。萨宾学派认为物继续存在,因此它们继续属于材料所有权人。普罗库勒学派则认为加工人取得所有权。古典晚期发展起来的一种折中学说认为,物能否回到初始材料才具有决定性,优士丁尼采用了这种学说。G. 2,79;Gai. D. 41,1,7,7;Inst. 2,1,25;Paul. D. 41,1,24/26 pr.。

萨宾学派的解决办法背后,是将没有性质的基础和性质进行了斯多葛式区别,这项基础的性质只有借助在实体中发挥作用的上帝理性才能提炼出来,而且这种理性决定了它存在的所有阶段。尤其是为了能够成为所有权标的,这项基础才必须有具体化的性质,因此就需要有一定的外形。因而,加工经常只是作为材料的物的一种变形,就像衣服中的羊毛一样。因此,似乎很容易理解,已经形成并且大多具有形成能力的材料进一步改变形态,没有理由让材料所有权人的所有权灭失。它在新物上继续存在。正如盗窃情形一样,法律制度不可能因为加工人单方介入而奖励他取得所有权。与之相对,普罗库勒学派则认为,通过加工已经形成了新物,因此,旧物及其上存在的所有权也应当消灭。新物最初应当是无主的;加工人通过先占(occupatio)而对其取得所有权。 18

第三种学说是折中方案(media sententia)(如同发现埋藏物的情形)一样,基本上是从普罗库勒学派出发的,但却基于原材料应当尽可能长期循环使用这种非常现代的思想而有利于材料所有权人。以他人金子制成器皿者,不能成为所有权人,然而,以橄榄榨成油者却不相同。它背后体现的是"较大力量的决定性原则"(支配性原则)这项基本原则,同时也体现了从物从属于主物(accessio cedit principali)(边码26.5)的规则。较大力量表现在,如果物能变回其初始材料,就决不能忽略材料的力量。所有由金子制成的物都处于其初始材料的力量之下,因为它们在任何时候都可以回到金子并被加工成其他的物。保罗强调,如果物具有总能回到其最初(初始基础)这种本性,就具有初始材料的较大力量,并且,这种力量永远也不会流逝(D. 32,78,4)。因此,新物也就必然属于被加工的物的所有权人。"主物"上的所有权没有改变,因为初始材料在新物中仍然保存着。因此,新物在能够变回初始材料的情形下不是无主的。加工情形的折中方案(media sententia),通过在可以变回初始材料的情形不适用先占(occupatio)原则的方式,以支配性原则对一般先占原则进行了限制。

当然可以批评罗马人的解决方案在法律政策上难以令人满意,因为它们对于劳动消耗通常所带来的价值增加不予考虑,因为变回原来状态使得所有权取得依赖于物的某些偶然性质,还因为变回初始材料使得还要去掉增值部分(卡泽尔,第十六版)。然而,这涉及的是普遍性解决方案,而并非事实上的回归。因此,折中的意见也不完全令人不满意,因为它导致了更加保护所 19

有权人的结果。顺便提及的是,加工应当考虑劳动报酬这种思想是在 18 世纪才出现的。——《德国民法典》第 950 条、第 951 条,《奥地利民法典》第 414 条、第 415 条,《瑞士民法典》第 726 条,《法国民法典》第 570 条、第 571 条。——**文献**:格·蒂尔曼,“论罗马法上通过加工取得所有权”(Zum Eigentumserwerb durch Verarbeitung im röm. Recht),《冯·吕贝托祝贺文集》(Fg. v. Lübtow),1980 年,第 187 页;马·约·舍尔迈尔[边码 26.15,《材料》(Matria)],第 191 页;马·约·舍尔迈尔,“作为罗马法问题的事物本体变化”(An eadem res sit quaeritur. Änderungen der Sachidentität als Problem des röm. Rechts),《塔拉曼卡祝贺文集》(St. Talamanca),第 7 册,第 279 页;奥·贝伦茨,“加工学说”(Die Spezifikationslehre etc.),《萨维尼杂志》,第 112 卷(1995 年),第 195 页;安·普利泽卡(A. Plisecka),“添附和加工的再思考”(Accessio and specification reconsidered),《法律史杂志》,第 74 卷(2006 年),第 45 页;克·克拉夫特(Ch. Kraft),“善意作为加工取得所有权的前提”(Bona fides als Voraussetzung für den Eigentumserwerb durch specificatio),《法律史杂志》,第 74 卷(2006 年),第 289 页;哈·埃尔贝特(H. Elbert),《人文主义、自然法和现代实用中加工的发展》(Die Entwicklung der Spezifikation im Humanismus, Naturrecht und Usus modernus),1969 年。

20　(六)通过附合、混合、加工而丧失其所有权的人,可以得到**价值补偿**;如果他自己占有该物,就可以通过留置,即诈欺抗辩(exceptio doli),对抗原物返还之诉(rei vindicatio)(下文边码 27.21),否则,依照古典法已经可以主张扩用的原物返还之诉(rei vindicatio utilis)。请求返还之诉(condictio)主要是基于盗窃原因(ex causa furtiva)才有,因为另一方当事人在附合等情形下就如同实施了盗窃(furtum)一样。G. 2,76 – 78;Gai. D. 41,1,7,12 和 9 pr. –2;Paul. D. 6,1,5,3;Inst. 2,1,32 – 34;——《德国民法典》第 951 条,《奥地利民法典》第 415 条,《瑞士民法典》第 726 条第 3 款。

第二十七节　所有权保护

（RPr. § § 32，103，104，245；Kaser/Hackl § §14，47 Ⅲ，48）

一、原物返还之诉

（一）原物返还之诉（rei vindicatio）自古以来就用于保护奎里蒂法所有权。在古典法中，它是未占有的奎里蒂法所有权人对占有的非所有权人提起的诉讼，指向双重目标：确认原告的所有权，并且使被告向原告返还该物或者在必要时对被告判罚特定金额。然而，这种古典法律状态早就经历了长期发展，而该制度在此过程中也有很大变化。 1

（二）在模糊不清的早期历史中，所有权追夺与盗窃追夺可能存在联系，此后，我们才对套话程式诉讼，即**对物誓金法定诉讼**（**legis actio sacramento in rem**），有了比较清晰的了解，正如同《十二表法》中对它的描述那样。与其他诉讼相比，它的独特之处在于双方当事人都自称是所有权人（对此，见上文边码 22.4），他们都只想简单地确认谁是所有权人。当然，这项程序最初限定于要式物（res mancipi）（上文边码 25.3）。 2

以下是简要过程（参见 G. 4，16f.）。原告在法庭长官面前当着被告的面对争议物（或者其象征，上文边码 6.1）以规定形式提起原物返还之诉（vindicarer）：他抓住标的物，以杖棒（festuca，vindicta）触碰它，并且说讲出仪式化的所有权主张，“我主张，这个奴隶依照奎里蒂法所有权属于我是符合其法律状态的；正如我所说，看你眼前面，我（对它）放上这根杖棒（或者：是我的所有权；符合其法律状态，我……）”（hunc ego hominem ex iure Quiritium meum esse aio，secundum suam causam，sicut dixi；ecce tibi，vindictam inposui）被告如果想就该物进行辩护（rem defendere），就必须对原告的原物返还之诉（vindicatio）以其原物返还对待之诉（contravindicatio）进行答辩，他进行答辩采用具有相同程式的相同仪式（上文边码 22.4）。司法长官通过和平命令 3

(mittite ambo hominem)禁止继续采取私力,让双方放开奴隶。紧接着,原告根据案件辩护理由提出问题:“我请求你说出,你基于什么提出原物返还之诉。”(postulo, anne dicas, qua ex causa vindicaveris)该问题由于受问之人主张其权利而遭到拒绝:“我在将杖棒置于其上时,就是依照权利行事了。”(ius feci, sicut vindictam inposui)“你无权提出原物返还之诉”(iniuria vindicavisti),原告对他就此进行反驳,但这不再被认为是谴责侵权行为,而被认为是完全否认被告主张的权利。然后是双方权利主张的誓言保证程序,即誓金(sacramentum),并且决定谁的主张正当(详见下文边码 81.2 –3 和 5)。

4 如果原告说明了其所有权主张的基础,被告对物辩护就有很多途径:(1)最好是他能够主张(按照上文第二十六节)原始取得或者 1 年至 2 年的占有,这项占有使他可以依照《十二表法》中的使用担保(usus auctoritas)规则取得不可侵夺的所有权(上文边码 25.3 –4)。(2)如果他基于买卖并且通过要式买卖(mancipatio)而取得某物(前述期限尚未使他受益),他也许可以抓住他的前手了:他向原告说出自己的前手权利人(auctor),并且要求他作为自己的担保人而参加诉讼。如果前手答应了这项请求,他就必须在案件辩护中支持被告,甚至为被告而作为当事人参加诉讼。如果他也是基于买卖并且通过要式买卖而取得该物的,在必要时他也可以向自己的前手提出请求,依此类推。如果被告在案件辩护中成功,这项诉讼就会被驳回;否则,原告就胜诉了。被告失去了该物,但却可以提起权利担保之诉(actio auctoritatis),请求其前手支付他为该物而支付价款的两倍金额(该前手同样可以追究其前手,依此类推,对此见下文边码 41.26 –27。(3)如果被告是以其他方式取得该物[例如,虽然通过要式买卖(manc.),但却是作为赠与、嫁资等而取得,或者通过拟诉弃权(in iure cessio)或者交付(traditio)而取得],他就只能(在不同阶段)就该物独立辩护,即自己提出能够证明其(必要时其前手之前的)所有权的证据。

5 由于在罗马占有人对所有权人就物的返还尚不承担对人责任(上文边码 4.3),如果胜诉方已经没有了该物,为其利益就需要有一项特别规则以使其能够取得该物。为使程序继续,该物并不必须由被告保管,而是由司法长官指派一方当事人临时占有。这方当事人必须向对方当事人提供诉讼保证人(praedes litis et vindiciarum),以便在关于所有权的确认判决有利于非占有一方当事人时使保证人就胜诉方取得该物承担责任。胜诉人就该物向保证人单独主张责任；此外，他还可以向败诉当事人依照《十二表法》（第 12 表第 3 条）基于侵权行为[错误主张（vindicia falsa）]而就其不法收取的孳息主张双倍金额[fructus duplio，对此参见马・卡泽尔，《萨维尼杂志》，第 100 卷（1983 年），第 94 页]。

（三）在古典法中，被确认为奎里蒂法**所有权人**的人作为**原告**会胜诉。他应当证明其所有权，这种证明（因为没有善意取得）经常因其必要性而变得复杂化，他的前手的所有权也应当得到证明，甚至需要证明到时效取得或者以其他“原始”方式取得（上文第二十五节、第二十六节）。当然，在罗马法实践中，这种所有权证明的严格性[在中世纪被认为是“恶魔证明”（probatio diabolica）]因为法官的证据判断自由（下文边码 84.3）而随着时间逐渐得以放松了。 6

不过，原告可以证明他（或者其前手）满足——短期的——时效取得的前提，这样的话，即使事实上他的所有权是通过转让而取得的，也仍然可以满足要求。如果证明所有权显得过于困难，他也可以不提起原物返还之诉（rei vind.），而提起普布里奇之诉（actio Publiciana）（下文边码 27.28）。 7

（四）1. 对**被告**要求的不外乎是他同样主张其所有权，当然，他必须是**令状占有人**或者至少是持有人（参见边码 19.16 – 17）；Ulp. D. 6，1，9。 8

持有人最初不是消极适格的。如果他的持有来自于（作为其使用出租人、出借人等的）原告，有些法学家就认为，他通过使自己成为自主占有人而接受了被告的角色。与此相对，如果他的占有来自于第三人，那就只有该第三人可以提起诉讼（他通常可以更好地说明物的来源，此外，他应当对进行辩护具有更多利益）。当然，人们在古典晚期就已经允许持有人进行辩护，只要这样存在事实上或者法律上的返还可能(facultas restituendi),其前提是,持有人背后的占有人在原物返还之诉中进行了辩护,并且向他提起了所有物返还(D. 6,1,9 末尾)。——在后古典时期,持有人必须说明其上位占有人,而该上位占有人被要求对该诉讼应诉。——**文献**:马·马罗内,《论原物返还之诉中的消极适格》(La legittimazione passiva alla rei vindicatio),1970年[教科书(Corso)];马·卡泽尔,"再论对物之诉中的占有和过错"(Nochmals über Besitz und Verschulden bei den actiones in rem),《萨维尼杂志》,第98卷(1981年),第77、89、95页;又见边码75.3－5;RPr. Ⅱ,第594页(103 A.8)。

9 2. 被告的占有在所有的时期——从古代罗马到优士丁尼时期——都是其消极适格的前提。在古代法中,这项前提通过将该物带到法庭而得以满足。在古典程式诉讼中,放弃了出示物的要求;法官有责任——在争讼程序(litis contestatio)的关键时刻——检验被告占有。

10 当然,古典时期对占有的要求有所放松:普罗库勒学派认为,占有人至少在判决时是占有人就可以了;这项见解贯彻到了与萨宾学派之间的学派争论中(参见 Proc. － Paul. D. 6,1,27,1)。——依照深受《尤文提乌斯元老院决议》(SC Iuventianum)(公元129年)影响而发展出的要求继承之诉(hereditatis petitio;下文边码75.5),还适用"诈欺取代占有"(dolus pro possessione est)的拟制(Paul. D. 50,17,131)。通过这种方式,消极适格就扩张到了特定非占有人,即拟制占有人(ficti possessores),确切说是争讼程序前占有的人、恶意诈欺抛弃占有的人(qui dolo malo desiit possidere),以及从未占有但因诉讼而参与并且不问是否曾经占有的人(qui liti se optulit quasi possideret,见 Paul. D. 6,1,27 pr.)。拟制占有人通常以恶意为标志,这样做大多是为了使实际占有人能够通过时效取得而取得所有权。

关于恶意抛弃占有最重要的渊源是： 11

D. 6,1,27,3(保罗,《论谕令》,第21编)

Sed et is, qui ante litem contestatam dolo desiit rem possidere, tenetur in rem actione: idque ex senatus consulto colligi potest, quo cautum est, ut diximus, ut dolus praeteritus in hereditatis petitionem veniat: cum enim in hereditatis petitione, quae et ipsa in rem est, dolus praeteritus fertur, non est absurdum per consquentias et in speciali in rem actione dolum praeteritum deduci.

但是,争讼程序前恶意抛弃占有的人,通过对物之诉承担责任。这可以从元老院决议中推断出来,正如我们所说的,这项元老院决议规定,要求继承之诉应当考虑事前故意。因为要求继承之诉本身是一项对物之诉,如果在这项诉讼中考虑了事前故意,那么在指向特定物的对物之诉中也应当考虑事前故意,这不无道理。

这里所提到的元老院决议是《尤文提乌斯元老院决议》(SC Iuventianum)。从发展史的角度分析,该渊源意义重大,因为它体现了从追夺物的对物之诉(actio in rem)到直接指向纯粹损害赔偿的诉讼的措施(参见《德国民法典》第990条、《奥地利民法典》第377条、《瑞士民法典》第940条中损害责任》)。直到最近,人们还认为该片段是优士丁尼时期添加的。反对它属于古典法学的理由是,前述发展史的措施背离了对物之诉(actio in rem),与古典观念并不相符,因为对物之诉(actio in rem)在罗马被理解为"抓取某物",因此必须认为是相对人。这种论据无疑不再被认为是循环论证(petitio principii)。——文献:卡泽尔(边码27.8),第110页、第140页。

(五)依照罗马法的观点,占有人对所有权人不(基于"对物请求权"而)负担返还义务(上文边码4.3),因此,所有权人对占有人不能如同债权人在对人之诉中对债务人那样,强制占有人对于对物之诉**应诉**(Fur. Anth. D. 6,1,80起首;Ulp. D. 50,17,156 pr.:不得强迫任何人违背其意愿对某物辩护(invitus nemo rem cogitur 12 defendere)。如果被告不应诉,他就会拒绝协助进行争讼程序(litis contestatio,下文边码 81.18 和 81.22),原物返还之诉(rei vind.)也就不能完成了。然而,裁判官却可以通过其他途径使原告得到该物:对动产通过(对人的)出示之诉(actio ad exhibendum)(下文边码 27.13),对土地是土地令状(interdictum Quem fundum)(下文边码 27.14),并且原告的所有权也就不再需要审查了。——**文献**:马·卡泽尔(边码 27.8),第 86 页。

13 1. 通过出示之诉(actio ad exhibendum)(D. 10,4,1ff.),主张对物之诉、损害之诉、优者占有令状(interd. utrubi)等的人,请求控制标的物的人在裁判官面前出示标的物。如果被告对于对物之诉(actio in rem)等诉讼不应诉,裁判官就会立即审查原告,并让原告保管(大多数已在裁判官面前的)标的物。原告因此仅仅取得占有,而所有权问题尚未解决。这样的话,相对人如果想取回该物,就可以提起原物返还之诉。如果被告未予出示,将判决他支付与他所主张的诉讼[原物返还之诉等(rei vind.)]败诉时相同的金额。如果他恶意抛弃占有,结果也是如此。——**文献**:马·马罗内,"出示之诉"(Actio ad exhibendum),《帕勒默大学法学研究所年刊》,第 26 卷(1958 年),第 177 页。

14 2. (恢复性)土地令状(Quem fundum)[(某人请求你返还的)土地……]指向的是占有或者恶意抛弃原告请求返还的土地的任何人[Ulp. fragm. Vindob. 4,见《前优士丁尼罗马法渊源》,第 2 册,306(FIRA Ⅱ 306)]。他命令被告向原告恢复原状;如果未行恢复原状,就如同原物返还之诉(rei vind.)那样对他以相同金额判罚。

15 3. 在优士丁尼法中,如果被告对于对物之诉(actio in rem)不应诉,不管是涉及动产还是土地,都将会通过警力(manu militari)将物的占有转让给原告(D. 6,1,68,有添加)。土地令状(interd. quem fundum)(因为多余而)被废除了,出示之诉(actio ad exhibendum)则被作为指向出示的一般性诉讼而予以保留(参见《德国民法典》第 809 条、第 810 条)。

16 (六)为**实施**原物返还之诉,在古典时期有通过誓约而请求

（agere per sponsionem）和通过请求返还程式而请求（agere per formulam petitoriam）两种程序可供选择。

1. 在具有预备审誓约的程序中，所有权问题被作为要式口约诉讼的先决问题：原告可以要求被告（由于形式原因）对该物属于原告这种情形允诺一定金额，例如，“如果诉讼所涉及的奴隶根据奎里蒂法是我的，你答应支付 25 塞斯特吗？”（G. 4,92）。如果后来起诉要求该金额，法官判决中也就间接地对原告的所有权问题作出了决定。但由于这项判决只是简单地确认所有权，还应当对（在诉讼中一直保持占有的）被告在败诉情形下向原告返还该物预先做好准备。被告在此也必须对系争物的临时占有（cautio pro praede litis et vindiciarum）以保证方式提供担保而作出允诺，如果他在预备性誓约诉讼程序中败诉，并且不能正常地使该物恢复原状，他应当向原告给付恢复原状的金额。参见 G. 4,89,91 – 95。

2. 在程式诉讼的请求返还之诉的程序中（诉讼程式，见下文边码 83. 18） 17
可以概括出两项目的，对原告的所有权作出裁判和使胜诉原告得以恢复原状。由于古典程式诉讼中任何给付判决总要有确定金额的内容，而原告这样做是想查明案件本身，因此，原物返还之诉（rei vind.）就具有请求返还程式（formula petitoria）而且被设计成为了**仲裁之诉**（**actio arbitraria**）：调查原告所有权的法官为此颁发一项确定性中间裁决（pronuntiatio）并使被告向原告恢复原状（iussum de restituendo），即将物交还，可能还有损害赔偿及其孳息（详细内容，下文边码 27. 18 – 20）。如果被告按照这项要求做了，他在终局判决中将被判开释，否则，他就将受到金钱判罚，而且这项金额在他具有恶意（dolus）时应该是原告在诉讼估价宣誓（iusiurandum in litem）中以誓约估定的恢复原状金额。这项誓约金额大多高于法官估定金额（参见下文边码 83. 18）。法官在此（以及在其他情形）也可以使判罚或者开释取决于他加之于原告或者被告的提供担保（押金）、放弃诉讼或者让与诉讼（例如，Paul. D. 6,1,21）。

（七）被告应当提供给付的**内容**是保证向原告**恢复原状** 18
（**restituere**），即他应当使其达到在争讼程序（litis contestatio）当时

就已经将请求返还的原物予以返还一样(Paul. D. 50,16,35)。当然,不管是古典法还是优士丁尼法,都没有严格贯彻这项原则。具体如下:

19 1. 如果物在争讼程序(litis cont.)前受到**损坏**或者**毁坏**,依照古代法,在作为纯粹追物之诉的原物返还之诉(rei. vind.)中,对这种损害不予考虑,受害人大概可以基于《阿奎利亚法》(lex Aquilia)起诉。在较晚时期的法中,在原物返还之诉(rei vind.)范围内,恶意占有人(malae fidei possesor)应当就其故意(dolus,关于其发展,见边码 27.10)和过失(culpa)负责。——在争讼程序(litis cont.)后发生的损坏或者毁坏,被告至少应为其故意(dolus)或者过失(culpa)负责。如果被告援引嗣后丧失占有,那他就只需要证明他对其发生并无故意(dolus),而原告为作出判罚,就必须证明其发生系由被告过失(culpa)所致。对于偶然事件是否也应当负责,不同法学派之间存在争议,普罗库勒学派持肯定见解,而萨宾学派则予以否定[见 Ulp. 6,1,15,3,关于要求继承之诉(hereditatis petitio),下文边码 75.12]。——**文献**:卡泽尔(27.8),第 102 页;马·维默尔,《占有和原物返还之诉中被告的责任》(Besitz und Haftung des Vindikationsbeklagten),1995 年。

20 2. 争讼程序(lit. cont.)前被告收取并仍然存在的**孳息**,只要属于原告(详细内容,见上文边码 26.6-7),对它就可以与原物一起或者单独地提起原物返还之诉。此外,在较晚时期的法中,恶意占有人还应当对他已经收取或者因其过失(culpa)而疏于收取的所有孳息都要承担责任。——争讼程序(lit. cont.)后,自古典法起,被告就对他已经收取的孳息以及自争讼程序(liti. cont.)起原告就可以收取的孳息承担责任;这是恢复原状(restituere)原则的结果(参见边码 27.18)。——参见 Inst. 4,17,2。

21 3. 如果被告[在争讼程序(lit. cont.)前]对物支出了必要的或者有益的(即增长价值的)**费用**(**impensae**),依照古典法,如果他是善意占有人(bonae fidei possessor),就可以享有一项留置权,该权利可以通过对原物返还之诉(rei vind.)主张诈欺抗辩(exceptio doli)方式行使(Pap. D. 6,1,48;65 pr.;关于遗产诉讼中有利于善意占有人的抛弃诈欺抗辩(exc. doli)和费用补偿,见下文边码 75.11)。——此外,所有的占有人都参照古典法获得了将与诉争物结合在一起的物拆除并**取走**的权利[**去除权**(* **ius tollendi**)],只要取走对他们并非无益。原告可以通过价值补偿以避免行使取走权(Cels. D. 6,1,38,参见边码 4.15)。

(八)如果被告受到金钱判罚,自尤里安起就认为他的地位等同于自原告买受该物的人。占有该物的被告由于这项判决而成为了作为买受人(pro emptore)的时效取得占有人,并且,如果原告是原所有权人,他就成为了裁判官法所有权人。在优士丁尼时期,这种情形下败诉方也取得所有权。参见 Paul. D. 6,1,46,同时参见 Pomp. eod. 70。 22

关于后来的发展,参见科英,第 1 册,第 295 页;第 2 册,第 387、398 页。——《德国民法典》第 985 条以下,《奥地利民法典》第 366 条以下,《瑞士民法典》第 641 条第 2 款以下、第 938 条以下。

二、否认之诉

在奎里蒂法所有权人据以防御被告宣称对物享有役权、用益权或者类似权利从而对物产生影响(例如,侵入的权利,参见边码 23.14)方面,很多诉讼是相同的。由此发展出普遍承认对于未经授权而对物的干涉和过度影响的防御权,例如,“侵害人”在其土地所安装设施或者建筑物伸入相邻土地,或者在其土地上安装设施或者劳动但影响了相邻土地,或者他明显超过了邻居相互谅解的应有标准,如奶酪作坊烟气的侵入(Aristo - Ulp. D. 8,5,8,5)。——这些诉讼有个遗存的共同名称,**否认之诉**(**actio negatoria**),可能古典时期就已经有这个名称了;它可以通过诉讼程式而得到说明:如果被告权利不存在就“否认”被告权利(Si paret N°N° ius non esse ...)。参见 Ulp. D. 7,6,5,6;8,5,2 pr.;Inst. 4,6,2。 23

24 这些诉讼与保护役权、用益权等权利的诉讼完全对应(下文边码 28.20;29.15)。否认之诉具有双重目标:确认免受所主张限制的所有权自由,并且恢复争讼程序时除去这种损害而存在的状态。由于这些诉讼也是对物之诉(actiones in rem),因此,关于这项诉讼的应诉,适用上文边码 27.12 所讲内容。

参见《德国民法典》第 1004 条,《奥地利民法典》第 523 条,《瑞士民法典》第 641 条第 2 款。

三、普布里奇之诉

25 普布里奇之诉(actio Publiciana)是可能创设于公元前最后一个世纪的一项裁判官法诉讼,特定合格占有人在他丧失占有情形下可以向"较差的"占有人(通常也就是对任何第三人)提出主张,从而使他受到如同所有权人在原物返还之诉(rei vindicatio)所受保护一样的保护。这项诉讼可以由时效取得占有人享有,即对具有时效取得能力的物基于正当原因(ex iusta causa)善意取得的合格自主占有人,他对于通过时效取得(usucapio)而取得所有权就只欠缺时效期间届满了。这些时效取得人是:(1)取得某物**"裁判官法所有权"(in bonis)**的人,例如自奎里蒂法所有权人仅仅通过交付而取得要式物(res mancipi)的人(以及与其相同的人,上文边码 26.4 和 27.22);(2)自非权利人善意(bona fide)并基于正当原因(ex iusta causa)而取得可以时效取得之物的人。参见 D. 6,2,1 pr. ff. ;G. 4,36;Inst. 4,6,3 -4。——关于诉讼程式,见边码 83.19。

26 在第一种情形[其实践意义随着要式买卖(mancipatio)消失而丧失]下,裁判官将原告作为"裁判官法"所有权人予以保护,使他甚至可以对抗奎里蒂法所有权人,而第二种情形则并非如此。

如果自奎里蒂法所有权人仅通过交付而接受了要式物(rei mancipi)的人向现在占有的奎里蒂法所有权人提起普布里奇之诉

(actio Publiciana),裁判官针对被诉所有权人的市民法所有权抗辩(exceptio dominii)而给原告以已出卖并已交付物的反抗辩(replicatio rei venditae et traditae)或者恶意反抗辩,这样就使裁判官法所有权人达到了目的。——反之,如果自非权利人以有可能时效取得的方式取得的人对重新取得占有的奎里蒂法所有权人提起普布里奇之诉(actio Publiciana),则裁判官通过市民法所有权抗辩(exc. dominii)(对有利于原告的反抗辩不予考虑,因为所有权人确实没有将该物出卖或者交付于他)对他予以保护。——在优士丁尼时期只有第二类[在要式买卖(mancipatio)被废除后]继续存在。参见 D. 6,2,1 pr. ff.。

为了能使受“绝对”(对抗任何人的)保护的权利(上文边码 22.4;22.7)受到比有权占有人所受“相对”保护更好的保护,在进行这项诉讼时对所有权概念进行了限制,这正如在原物返还之诉(rei vind.)中所包含的那样。这一点在尤里安所对比的两类情形中非常引人注目。 27

D. 6,2,9,4(乌尔比安,《论谕令》,第 16 编)

Si duobus quis separatim vendiderit bona fide ementibus, videamus, quis magis Publiciana uti possit, utrum is cui priori res tradita est an is qui tantum emit. et Iulianus libro septimo digestorum scripsit, ut, si quidem ab eodem non domino emerint, potior sit cui priori res tradita est, quod si a diversis non dominis, melior causa sit possidentis quam petentis. quae sententia vera est.	如果某人相互独立地将同一物出卖给两个善意买受人,则应当考察,谁真正有权提起普布里奇之诉:先交付给的人,还是先买的人。尤里安在其《学说汇纂》第 7 编中写道,如果双方都是自同一非权利人买受,先交付给的人具有更优势的权利。如果他们是自不同非权利人买受,则占有人的情况要比原告的状况好。该观点是正确的。

如果两个人是自不同非权利出让人取得，根据占有人的法律地位较优(melior est causa possidentis)的规则，两人中谁是当前占有人谁的地位就比较有优势。相反，如果他们自同一出让人取得，则适用优先性原则，因此，首先通过交付而取得裁判官法所有权的人，地位就比较有优势。由于第一取得人可以向重新取得占有的出让人提起普布里奇之诉(actio Publiciana)(并且还可以作为占有人成功地对出让人予以防御)，嗣后自该出让人取得的人(对第一取得人)并不能取得较出让人现有地位更有优势的地位。参见Iul. – Pomp. D. 21,3,2；Iul. – Ulp. D. 44,4,4,32；Ulp. D. 6,1,72；Ner. D. 19,1,31,2。

28 普布里奇之诉(actio Publiciana)对真正所有权人也有好处；他可以避免原物返还之诉(rei vindicatio)要求的对其所有权的艰难举证。如果所有权人丧失了对其物的占有，按照法律救济经济的原则，他首先是作为法律上的占有人根据有关令状提起占有性质的诉讼，然后是通过普布里奇之诉(actio Publiciana)提起基于请求返还(Ulp. D. 6,2,7,6)的诉讼，最后才是通过原物返还之诉(rei vindicatio)提起请求返还的诉讼。

29 普布里奇之诉(act. Publ.)有一项拟制程式(formula ficticia)，其中假定时效取得期间已经经过(参见边码83.19)，在其他方面，这项诉讼完全以原物返还之诉(rei vind.)为范本。这项诉讼的应诉、实施及其(内容的)目标全都适用原物返还之诉(rei vind.)中所讲内容。参见当代法中《德国民法典》第1007条，《奥地利民法典》第372条至第374条，《瑞士民法典》第934条至第936条(占有法律诉讼)。——**文献**：彼·阿帕蒂，“通过普布里奇之诉对时效取得占有进行保护?”(Schutz des Ersitzungsbesitzes durch die actio Publiciana?)，《圣菲利波祝贺文集》(St. Sanfilippo)，第1册，1982年，第21页[参见《奥地利民法典》第372条以下；彼·阿帕蒂，《普布里奇之诉》(Die publizianische Klage)，1981年]；泽尔纳(边码3.16)，第10页。

四、已出卖并已交付物抗辩

自奎里蒂法所有权人买受并且仅仅通过交付而接受了要式物(res mancipi)的人,如果出让人向他提起原物返还之诉(rei vindicatio),他就可以通过已出卖并已交付物抗辩(exceptio rei venditae et traditae)而获得保护。这就使得他的裁判官法所有权强于出让人的奎里蒂法所有权(边码27.26)。这项抗辩对权利继受人有利并加重了权利继受人的负担: 30

D. 21,3,3 (赫尔莫杰尼安,《法学摘要》,第6编)

Exceptio rei venditae et traditae non tantum ei cui res tradita est, sed successoribus etiam eius et emptori secundo, etsi res ei non fuerit tradita, proderit: interest enim emptoris primi secundo rem non evinci. 1. Pari ratione venditoris etiam successoribus nocebit, sive in universum ius sive in eam dumtaxat rem successerint.	已出卖并已交付物抗辩,不仅有利于物所交付的人,还有其权利继受人以及第二买受人,即使并未(由第一出卖人)向他交付标的物亦然。第一买受人的利益在于,不能自第二买受人追夺该物。基于同一事由,该抗辩也损害了出卖人的权利继受人,而不论他是概括继受人还是个别继受人。

当然,这项抗辩(exceptio)依照文句并不适合于第二买受人,因为(第一)出卖人确实并未出卖并交付要式物(res mancipi)于他。出卖人自然应当尊重买受人的利益,第二买受人通常不能因为追夺而负担返还双倍价金的义务。如果出卖人成功地提起了原物返还之诉,就会出现一种毫无意义的循环:买受人可以请求其重新交付,然后(只要他不主张追夺)他的买受人再请求他交付。这项抗辩也损害了出卖人的权利继受人,如直接遗赠的受遗赠人,因为可以对奎里蒂法所有权主张裁判官法所有权(参见边码27.26)。——值得注意的是,帝国法院[《帝国法院民事判例集》(RGZ),第105卷,第19页]1922年对于与《德国民法典》第986条主要情形相符的案例援引了上列首条(pr.)作出了相同的判决;对于第1段,《联邦最高法院民事裁判集》(BGHZ),第90卷,第269页[鱼室案(Fischkammer)]则是它在现代法

中的对应物。

31 如果物不是基于出卖而是基于赠与或者其他法律基础而交付的，取代已出卖并已交付物抗辩（exc. rei vend. et trad.）的就是根据具体情况形成的事实抗辩（exceptiones in factum），或者，也可以用一般的诈欺抗辩（exceptio doli）。——在优士丁尼时期，已出卖并已交付物抗辩（exc. rei vend. et trad.）继续存在，但只用于保护自嗣后成为所有权人的非所有权人取得物的人［补正，上文边码 9.5；合乎逻辑的是，如果一定要取得人成为所有权人，他就不再需要（exc.）抗辩了］；Iul. - Pomp. D. 21,3,2；Ulp. D. 6,1,72；44,4,4,32。

32 五、为保护**行省土地**（上文边码 22.10）上类似于所有权的占有权和使用权，出现了模仿原物返还之诉（rei vindicatio）的诉讼。

第三章　限制物权

第二十八节　役　　权

（RPr. §§38 Ⅱ,105,246）

文献：比·比翁迪（B. Biondi），《论罗马法中的地役权》（Le servitù prediali nel diritto romano），第2版（1954年）重印，1969年；朱·格罗索（G. Grosso），《论罗马法中的地役权》（Le servitù prediali nel diritto rom.），1969年；艾·罗杰，《罗马法中的所有权人和邻人》（Owners and Neighbours in Roman Law），1972年；路·卡波格罗索·科洛涅西，《共和时期所有权的结构和地役权的形成》（La Struttura della proprietà e la formazione dei ‚iura praediorum' nell' età repubblicana），1976年；米·赖纳，《古典罗马法中建筑和相邻权的规定》（Bau – und nachbarrechtliche Bestimmungen im klassischen röm. Recht），1987年；玛·弗·库尔西，《通过当事人形成役权》（Modus servitutis），1999年［书评，赫·施蒂格勒（H. Stiegler），《萨维尼杂志》，第121卷（2004年），第600页］。

一、本质、种类和要求

（一）对于物，大多是土地，为权利人利益可以在其上设立负担，使其所有权人容忍权利人对物为特定干涉或者自己不为特定干涉。 1

例：在供水贫乏的意大利中部，人们常常期望，通过对水源丰沛的土地进行法律行为的指示，使它为需要用水的相邻土地的利益而负担一项取水权，这项容忍不限于当前所有权人，还包括供役地将来的任何所有权人。这项权利不仅是为需役地的当前所有权人的利益，而且是为需役地任何所有权人的利益（下文即见）。承认这项土地权利，可以（如果约定有偿）基于买卖，也可以基于赠与或者其他原因关系。

2 古代法和古典法将役权（servitutes）或者地役权（iura praediorum）的概念理解为仅仅是土地上的一种负担，而且是授予另一块土地的所有权人以权利。人们对一块土地为另外一块土地服务（servitus，来自于 servire）这种图景中古已有之的关系使用了一种比喻的方法，直到今天仍然称呼这种权利为**役权**，就来自于需役地和供役地。但由于只有一个权利主体能作为权利人，因此就使之归属于相应的所有权了。

3 优士丁尼（大概是依照古代范本，参见 Marci. D. 8，1，1）将只有特定人才享有的用益权或者类似权利（下文第二十九节）也包括于役权的概念。因此，普通法和现代法典都将役权概念作为**地役权**和**人役权**的上位概念。——《德国民法典》第 1018 条以下、第 1090 条以下，《奥地利民法典》第 472 条、第 473 条以下、第 478 条，《瑞士民法典》第 730 条以下、第 745 条以下、第 781 条。

4 （二）古典时期的学院法学家们根据农业目的和城市目的区分了**乡村地役权（iura praediorum rusticorum）**（土地役权）和**城市地役权（iura praediorum urbanorum）**（建筑物役权）。参见 G. 2，14；Inst. 2，3，pr. -2。

5 1. 属于土地役权的，首先是非常古老的通行权和用水权。根据这些权利，需役地各所有权人可以使用供役地上的道路或者那里的水源；后来又增加了其他事实构成。土地役权是（无体的）要式物(res mancipi),G. 2,17。

最古老的四种土地役权是:个人通行权(iter),驱畜通行权(actus),道路通行权(via),(经过他人土地的)引水权(aquaeductus)。这些权利的范围通过解释设立行为而确定。个人通行权(iter,来自于 ire,行、走)包括了在路上骑马的权利(Mod. D. 8,3,12)或者乘坐轿子的权利,因为在这种情况下"人们说,他是在走,而不是在驾车"(qui lectica vehitur, ire, non agere dicitur, Paul. D. 8,3,7 pr.。对此参见《奥地利民法典》第 492 条、第 493 条)。范围最广的权利是道路通行权,因为它所包括的权利不仅有驾车通行某块土地,尤其是负重运送,还包括在道路上走或者驱赶牲畜或者拖拉重物(木料、石料)(驱畜通行权包括了个人通行权;Paul. 前引文;Inst. 2,3,pr.)。最后是引水权(aquaeductus),即经过他人土地引水的权利(参见 Ulp. D. 8,3,1, pr.)。——这些最古老的权利在古代罗马法中尚未被认为是对他人土地的物权,而被认为是(除遗赠负担人所有权外)对共同使用的道路或者引水管道(上文边码 22.3)的附有功能限制的所有权,后来的土地役权包括诸如汲水权(aquae haustus)、饮水权(servitus pecoris ad aquam appellendi)、放牧权(ius pascendi)等。

2. 建筑物役权起源较晚并且是略式物(res nec mancipi),G. 6
2,14a。

属于其中者,诸如以下权利:允许雨水滴流到邻地的权利,即排水役权(serv. stillicidii),或者允许将雨水引入管道的权利,即流水役权(serv. fluminis);自己房屋的木料嵌入相邻房屋的权利,即搭梁役权(serv. tigni immittendi);自己的建筑物自相邻建筑物建筑设施获得支撑的权利,即支撑役权(serv. oneris ferendi);禁止邻居过高建筑的权利,即禁止过高建筑役权(serv. altius non tollendi);其他还包括眺望权、采光权等。参见 Gai. D. 8,2,2;Inst. 2,3,1。——《德国民法典施行法》第 115 条。

这些事实构成的范围不是封闭的,也可以有非典型役权。优士丁尼还将某些相邻权性质的所有权限制也包括在法定役权中,通过这种方式扩张了其范围(上文边码 23.10)。

7 (三)古典法学家由役权本质推导出了某些一般**要求**,但即使这样,他们也并未因此而谨小慎微僵化不前。供役地应当是对需役地(而不仅仅是所有权人的个人利益,Paul. D. 8,1,8 pr.)有利的(utilitas)。人们由此进一步推断,两块土地必须是相邻的(vicinitas,Paul. D. 8,3,7,1),以便能够根据地役权种类而行使其权利。因此,如果供役地和需役地之间存在一块无负担的他人土地,就不可能有通行权,而禁止过高建筑役权则有所不同(Paul. D. 8,3,7,1;D. 8,4,7,1)。此外,由于役权不可中断,因此这种可能需要具有持续性,而不仅仅是限定时间内可能[永久原因(perpetua causa),例如,用水权要求有持续不断的水;Paul. D. 8,2,28]。——参见《德国民法典》第 1019 条,《奥地利民法典》第 473 条,《瑞士民法典》第 730 条。——**文献**:李镇基(J. K. Lee),"Paul. D. 8,4,7,1:中间土地无负担的情形下役权的设立与存在"(Paul. D. 8,4,7,1:Bestellung und Bestand von Dienstbarkeiten in Fällen unbelasteter Zwischengrundstücke),《萨维尼杂志》,第 117 卷(2000 年),第 216 页。

8 设立役权不允许限定时间。当然,存在这种约定的情形下,裁判官在时间经过后为负担土地的所有权人提供了简约抗辩或者诈欺抗辩(exceptio pacti 或者 doli),Pap. D. 8,1,4 pr.。

9 役权只能存在于**容忍**或者**不作为**之上,不能存在于作为之上:servitus in faciendo consistere nequit, Pomp. D. 8, 1, 15, 1。然而,人们认为支撑役权(servitus oneris ferendi)(见上文边码 28.6)就是达成了这种协议:负担人应当以自己的费用负担支撑建筑物的维持;Ulp. D. 8,5,6,2。——《德国民法典》第 1022 条,《奥地利民法典》第 482 条、第 483 条,《瑞士民法典》第 730 条第 2 款、第 741 条。

10 土地负担中负担土地的各所有权人负担持续不断的给付(支付款项、其他捐税、劳动)义务,这在古典私法和优士丁尼私法中尚不存在,但在后古典实践中却是有的,此外,它在任何时候都存在于公法之中。——参见《德国民法典》第1105条、第1108条。

由所有权的本质可以推导出,任何人不能对自己的土地享有役权[nulli res sua servit,自己的物不能提供(作为役权)服务;Paul. D. 8,2,26]。从与需役地的关系出发,役权不能脱离需役地而独立存在,即不能脱离该土地而出让或者设立负担[D. 33,2,1:役权之上不能设立(次级)役权(servitus servitutis esse non potest)]。它也是不能分割的,并且既不能为共有份额的利益而设立,也不能使共有份额负担义务而设立。 11

如果需役地被分割,役权为各部分利益而继续存在(Paul. D. 8,3,23,3)。如果供役地被分割,分割法官可以将该负担限定到分割后所涉及的各地块(Cels. D. 8,6,6,1 a－c)。优士丁尼使这项原则变得更加宽松了。

二、发生和消灭

(一)1.(1)在意大利土地上**设立**地役权[作为要式物(res mancipi)]采用要式买卖(mancipatio)或者拟诉弃权(in iure cessio),设立其他役权采用拟诉弃权(in iure cessio)。此外,土地出让人还可以采用要式买卖(mancipatio)或者拟诉弃权(in iure cessio)为属于他的其他土地的利益而保留役权[役权保留(deductio servitutis)]:他为其需役地而对已经让与所有权的土地保留了役权。 12

不应当理解为首先转让了全部所有权,然后取得人再为出让人设立役权。毋宁说是存在一个行为整体(unitas actus),两项行为结成一个整体:出让人转让所有权但扣除了役权,将这项权利在自己的权利中保留出来。当代法也是这样处理的[1935年《帝国法院民事裁判集》,第148卷,赠与方式让与动产所有权于未成年人同时保留用益权,第 324 页:"不能将这两个法律过程分开",参见巴伐利亚州最高法院(BayObLG),《德国公证杂志》(DNotZ),1979 年,第 543、547 页;1999 年,第 589 页,第 592 页;联邦最高法院,《新法学周刊》,2005 年,第 415 页。]——**文献**:雷纳托·拉罗萨(R. La Rosa),"简评 D. 8,3,30"(Nota minima su D. 8,3,30),《信义 人性 法》,第 4 册,第 2767 页。

13 役权还可以通过直接遗赠或者分配裁判(adiudicatio)中的法官判决而创设。通过不要式合同协商而设立役权尚未普遍获得承认;当然,裁判官基于这种约定可以向取得人提供抗辩(exceptio)从而对抗供役地所有权人的否认之诉(actio negatoria),也许在具体情形下还可以通过事实之诉(actio in factum)(对该所有权人? 或者甚至对第三人?)提供保护,由此就产生了裁判官法役权的萌芽;参见 Iul. D. 8,5,16。

14 在行省土地上,役权通过简约和要式口约(pactiones et stipulationes),即非特定形式(对物)允诺,而设立,通过设立人允诺而强化,不管是他还是他的继承人,都不能妨碍行使权利;G. 2,31;Paul. D. 45,1,2,5f.;Theoph. D. 2,3,4。——**文献**:拉·巴西莱(R. Basile),"通过简约和要式口约而设立"(Pactionibus et stipulationibus id efficere),《信义 人性 法》,第 1 册,第 335 页。

15 (2)优士丁尼对于在所有种类土地上的役权都通过简约和/或者要式口约(pactiones et/vel stipulationes)而设立,此外,还可以通过让与时的保留而设立[这时通过交付(traditio)而实现,上文边码 24.7;24.15],而且大概是由裁判官法役权的萌芽发展出了通过交付和容忍(traditio et patientia),即通过承认事实上的权利行使和允诺容忍的非特定形式合同而设立役权。

16 2. 通过时效取得(usucapio)的役权**时效取得**,被(共和早期制定的)《斯克里波尼亚法》(lex Scribonia)以确保所有权自由为由废除了(Paul. D. 41,3,4,28)。当然,古典时期结束时,对行省土地的长期取得时效(longi temporis

praescriptio）也转用于役权之上［在场者之间（inter praesentes）10 年以后，不在场者之间（inter absentes）20 年以后，上文边码 25. 15］，优士丁尼将其扩张适用于所有土地（C. 7，33，12，4）。《斯克里波尼亚法》（lex Scribonia）因此也就作废了。——参见《德国民法典》第 900 条第 2 款，《瑞士民法典》第 731 条第3款。

在遥不可忆的时代就已经行使的役权，古典时期认为尽管其发生过程已不再可考，但它是有效设立的，这与时效取得无关（Ulp. D. 8，5，10 pr.；39，3，1，23）。后来，它与长期取得时效（longi temp. praescr.）融合到一起了。——**文献**：路·卡波格罗索·科洛涅西（边码 22. 2 之前），第 91 页 =（路·卡波格罗索·科洛涅西，边码 42. 6），第 139 页［论《斯克里波尼亚法》（lex Scribonia）和无体物的时效取得］。

（二）依照古典法，役权通过依照否认之诉（actio negatoria）的范本形成的拟诉弃权（in iure cessio）而**消灭**，权利人以这种方式对负担人**抛弃**这项权利。供役地所有权人在裁判官面前向权利人表示："我主张，你对我的土地没有在其上走路或者驾车的权利"；权利人对此表示沉默，裁判官表示其同意（上文边码 7. 16－18）。——优士丁尼法中，非特定形式抛弃（concessio）就已经满足了相关条件。Pomp. D. 8，2，21［非特定形式抛弃（concessero）对拟诉弃权（in iure cessio）而言是添加的］。——参见《德国民法典》第 875 条，《奥地利民法典》第 524 条、第 1444 条，《瑞士民法典》第 734 条、第 964 条。 17

原供役地所有权人免受役权负担的自由还可以**时效取得**，更确切地说是经过 2 年。对此，乡村地役权仅需要不行使（non usus），而城市地役权必须有违反役权的状态［例如，违反禁止过高建筑役权（serv. altius non tollendi）的超高建筑］持续一定期间［无负担时效取得（usucapio libertatis）］，Gai. D. 8，2，6；Paul. D. 8，6，18，2。优士丁尼对此仍然要求长期取得时效（longi temporis praescriptio）的 10 年或者 20 年期间。 18

何种情形构成不行使，难以确定者绝非少数。例如，D. 8,6,11 pr. 提到，权利人在路上使用比役权所允许使用的较大运输工具。马尔塞鲁斯（Marcellus）考虑这种情形是否属于他种使用（aliud），即这究竟是不行使还是过度使用（plus），并且认为，过度使用也还是使用。——关于不行使的法律效果（失权的一个种类，依照《奥地利民法典》第 1451 条消灭时效）和免于负担的时效取得之间的详细区别，参见，温德沙伊德/基普（边码 1.57，第 9 版），第 1 册，第 1100 页注 2。——参见《德国民法典》第 901 条、第 1028 条，《奥地利民法典》第 1488 条，又见边码 29.13。

19 此外，役权还可以因为两块土地的所有权混同（confusio）于一人而消灭，因为土地之一退出私法交易而消灭，最后还可以因为“有利性”的消灭而消灭，当然，人们——最初是根据具体情形，优士丁尼时则普遍地——在重新获得有利性的同时，又使役权复活了。——参见《德国民法典》第 889 条，《奥地利民法典》第 526 条，《瑞士民法典》第 735 条。——**文献**：彼·基斯（P. Kieß），《古典罗马法中的混合》（Die confusio im klass. röm. Recht），1995 年，第 36 页。

三、保护

20 役权人依照市民法（ius civile）享有一项对物之诉（actio in rem），即**役权返还之诉**（**vindicatio servitutis**），它在古典时期偶尔也被称为**承认之诉**（**actio confessoria**）[作为否认之诉（actio negatoria）的对立物，是所有权人对不享有役权但宣称享有役权的诉讼，上文边码 27.23－24]。这项诉讼的诉讼程式合乎于役权人的权利：“如果表明，奥卢斯·阿格里乌斯（原告）有权在（所标明的）土地上行走或者驾车……（Si paret A° A° ius esse per eum fundum ire agere...）”Gai. D. 8,5,2 pr. 和 1；Inst. 4,6,2。它最初只是对供役地所有权人（Ulp. D. 8,5,6,3）提出，后来也可以根据需要对该土地的任何占有人提出（Ulp. eod. 10,1）。这项诉讼目的是确认役权，并恢复到权利人自争讼程序开始时就应当达到的状态。——参见《德国民法典》第 1027 条，《奥地利民法典》第 523

条,《瑞士民法典》第737条第1款。

21 实际行使役权内容(例如,使用道路、引水管道)通过一系列禁止性令状而得到保护[例如,关于私人通行权和驱畜通行权(de itinere actuque privato)(D.43,19)的令状,关于日常和夏季的取水权(de aqua cottidiana et aestiva)(D.43,20)的令状]。它们并不以役权存在为前提,非权利人也会受益。它们大多都要求无瑕疵行使[非暴力、非隐蔽、非容假占有(nec vi nec clam nec precario),参见边码21.6],这些令状同时也是在为役权返还之诉(vindicatio servitutis)做准备,就如同占有令状为是在为原物返还之诉(rei vindicatio)(上文边码21.10)做准备一样。学校法学家(从古典时期开始)称权利人行使役权为准占有(quasi possessio)。也许是从古典法学家开始,无论如何优士丁尼时期已经开始将非权利人行使也解释为权利占有(possessio iuris)(上文边码19.19)。——**文献**:路·卡波格罗索·科洛涅西(边码22.2之前),第129页、第239页;温·曼尼诺(V. Mannino),“论权利占有及其他”(Il Possesso dei diritti etc.),《信义 人性 法》,第5册,第3162页。

22 在共同法(ius commune)中,役权人继受的权利具有非常重要的实践意义,因为它被作为很多持续性、能带来利益的权利的范本,这些权利被置于物权(iura in re)这个概念之下,如什一税、主权收入等。由此,役权这个概念还被转用到国际法中,例如,某一区域为了另一区域的利益而承受容忍为该区域招募军人的负担。——**文献**:科英,第1册,第310页;第2册,第404页;格·韦森贝格/贡·韦泽纳,第126页;约·米·赖纳,“论役权的类型强制:从罗马法到《德国民法典》”(Zum Typenzwang der Servituten:Von röm. Recht zum BGB),《安库姆祝贺文集》(Ét. Ankum),第2册,第415页。

第二十九节 用益权和其他专属收益权

(RPr. §§38 Ⅲ,106,247)

一、用益权

文献:朱·格罗索,《罗马法中的用益权和其他相似权利》(Usufrutto e

figure affini nel diritto rom.),第2版,1958年。

1 (一)用益权(ususfructus)(《德国民法典》用“Nießbrauch”;《奥地利民法典》用“Fruchtnießung”;《瑞士民法典》用“Nutznießung”)赋予特定人一项权利,他可以对设定负担之物,无论其所有权人是谁,以不改变其实体的任何方式加以使用并收取其孳息,Paul. D. 7,1,1 = Inst. 2,4,pr.:用益权是使用他人之物而收取孳息并保全其实体的权利(Usus fructus est ius alienis rebus utendi fruendi salva rerum substantia)。用益权只归属于用益权人本人。它具有高度专属性,既不能转让,也不能继承。G. 2,30。——参见《德国民法典》第1030条、第1059条、第1059a条,《奥地利民法典》第507条、第509条,《瑞士民法典》第745条、第755条、第758条,《法国民法典》第582条、第595条(可转让性)。

2 用益权(ususfructus)产生于公元前3世纪前后,也许还要在抛弃农业经济制度之前,其目的是能够供养某些有继承权的家庭成员,如被剥夺继承权并且可以设立用益权遗赠的寡妇或者未结婚的女儿。由这项供养目的也就可以说明其高度专属性了。只有通过这种时间上的限制,负担人的所有权(dominus proprietatis)受到诸如用益权人所获权利这样内容广泛的权利的侵蚀,甚至变成了纯粹的空虚所有权(nuda proprietas),才是可以忍受的。古典法学家没有进行特别的用益权(ususfr.)理论建构,这主要因为是人们显然并未真正将其作为法律上独立的所有权部分[与部分所有权(pars dominii)的比较仅仅意味着一种形象,而没有建构功能]。

3 用益权(ususfructus)和役权之间非常相似,对此古典法学家早就已经认识并注意到了。晚近的法律则将用益权(ususfructus)作为人役权而置于广义役权概念之下(上文边码28.3)。

4 (二)就**标的**而言,用益权(ususfr.)始自于土地这种可以产生孳息的典型的物,而且扩展到了奴隶、有用动物等。共和晚期(西塞罗）就已经将用益权（ususfr.）扩展到全部财产，即包括动产和某些权利在内。用益权还可以存在于建筑物、船舶、酒桶或者衣服之上，它们虽不能产生自然孳息，却可以通过使用出租或者用益出租而给用益权人带来租息［作为所谓（间接）权利孳息］（关于金钱和消耗物上的用益权，见边码 29.17）。用益权可以由多人在同一物上设立，也可以仅在共有份额上设立（Ulp. D. 7,1,13,3；Pomp. eod. 49）。——对已分离孳息的所有权取得只有在取得占有时才会发生（感知，边码 26.7）。

这项权利根据其**内容**而赋予的权限，包括使用和收取孳息，只要这样做不侵害设立用益权时该物所具有的外形并且不改变其本质即可。这种限制在大量具体案例中可以得到说明。 5

如果用益权人行事不超越正直的人行事的范围（见下文边码 29.8），就会改善现有之物（而不是通过完成而创造出另外一个物，Ner. D. 7,1,61，存在争议），例如，在果园里建出一个富饶的葡萄园，在农庄上设置一个采石场或者铁矿，只要这些不影响农业就行了（Ulp. D. 7,1,9,2－3；eod. 13,5）。但是，如果是用于休养或者娱乐的场地则不相同；由于用益权人必须注意所有权的目的规定性，因此他也不能将一个抄写奴隶用于田间劳动，或者将摔跤运动员当作厕所清洁员（Ulp. D. 7,1,13,4；eod. 15,2）。"因为正直的人不会这样使用"，所以用益权人不能出租设立用益权的衣服，但却可以将其作为演出服（eod. 15,4－5）。灭失风险并不妨碍按照物的目的予以使用。因此，用益权人可以让船舶下海，但如果角斗士奴隶不愿意就不能将其送到角斗场；"船舶就（只）是为下海航行而建造的；我们却可以用其他方式使用奴隶"（Ulp. vat. 72,2；D. 7,1,12,1）。如果对奴隶有用益权，也就获得了奴隶通过劳动取得的一切以及奴隶使用用益权人的工具而创造或者取得的一切。使用所有权人的工具而取得者归于所有权人，G. 3,164,165。——**文献**：弗·施图尔姆，"奴隶归属决定所有权取得"（Sklavenkasse entscheidet über Eigentumserwerb），《维林格学术交流会》，第 223 页。——参见《德国民法典》第 1036 条第 2 款、第 1037 条，《奥地利民法典》第 511 条，《瑞士民法典》

第 744 条、第 756 条。

6 用益权人的权利还涉及物的扩张(例如,冲积地),但不包括在河流中生长出的岛屿(边码 26.12)或者所有权人的埋藏物部分(边码 26.5),因为它们是独立的物而且也不是孳息。女奴所生子女(partus ancillae)也不是孳息(边码 18.16),因为自尤尼乌斯·布鲁图斯(Iunius Brutus)(公元前 142 年的裁判官)开始就已经承认,“把人归到孳息,这实在是荒谬,因为所有孳息的本质都是为人而生产的”(Gai. D. 22,1,28,1;Inst. 2,1,37,还有更多渊源)。此外,如果孳息仅仅是为人的利益而生产的物(Iav. D. 33,2,42)或者为他人利益[根据斯多葛学派的学说,西塞罗,《论义务》(Cic. de officiis,1,7,22)]被置于其劳动力之下而收获的物,那么,只有通过劳动力而产生的一切才属于用益权人。参见边码 11.7。——《德国民法典》第 1040 条,《奥地利民法典》第 511 条,《法国民法典》第 596 条、第 598 条。

7 对于物,用益权人是纯粹持有人(上文边码 19.16-17);但裁判官对其使用收益权(uti frui)的行使通过模仿占有令状而形成的特殊令状予以保护(下文边码 19.19;29.15)。

8 用益权人在交付该物之前必须通过**用益权保证**(**cautio usufructuaria**)向所有权人进行三项允诺,即他将根据正直的人的判断使用该物,用益权结束后将返还该物尚存的部分,并且对该物不存在或者表现出恶意,Ulp. D. 7,9,1 pr.(参见边码 41.31)。基于这种(紧急情况下由裁判官强制的)担保允诺,尤其是基于使用种类和方式的第一项条款,法学家们推导出了用益权人对所有权人的义务,直到今天还用它来确定用益权人与所有权人之间的法定债务关系。如果用益权人违反了这些义务之一,例如,开垦了土地、种植了树木或者以自己的费用改善了建筑物的状态(不包括他对于因为老旧或者不可抗力而拆除的建筑物必须予以重建),

所有权人就可以基于对赔偿的要式口约而提起诉讼，如果可能也许是多倍赔偿(Ulp. D. 7,1,7,2－3 和 D. 7,9,1,5－6;Gord. C. 3,33,7)。——关于诈欺(dolus)条款，见上文边码 8. 35。——参见《德国民法典》第 1036 条第 2 款、第 1041 条、第 1051 条，《奥地利民法典》第 513 条(作为善良管理人维修)、第 520 条，《瑞士民法典》第 755 条、第 760 条，《法国民法典》第 601 条以下[以善良家父的态度给予担保(caution de jouir en bon père de famille)]，第 605 条至第 607 条。

相反，如果所有权人超越其权限，他就会基于用益权返还之诉(vindicatio ususfructus)(下文边码 29. 15)或者基于作为用益权设立基础的原因关系[例如，基于间接遗赠而通过基于遗嘱之诉(actio ex testamento)]承担责任，诈欺之诉(actio de dolo)对此有一定帮助(Ulp. D. 7,4,5,3，又见 Paul. D. 8,5,9 pr.)。 9

(三)1. (1)**设立**用益权(ususf.)最常采用的是直接遗赠(参见上文边码 29. 2)；此外，如果出让人通过要式买卖(mancipatio)、拟诉弃权(in iure cessio)或者直接遗赠而让与某物但存在用益权保留(deducto usu fructu)(参见边码 28. 12)，也可以采用拟诉弃权(in iure cessio)(G. 2,30)或者出让人保留方式；最后，还可以采用分配裁判(adiudicatio)，即分割诉讼中的法官裁决。参见 Paul. vat. 47/47a。关于用益权(ususfr.)的不要式协议，就如同役权可能存在的情况那样(上文边码 28. 13)，通过事实抗辩(exceptio in factum)或者事实之诉(actio in factum)而主张裁判官法保护(Gai. D. 7,1,3 pr. ;Ulp. D. 7,1,25,7;D. 7,9,9,1)。 10

行省土地上的用益权(ususf.)，如同役权一样，通过简约和要式口约(pactiones et stipulationes)设立，G. 2,31。 11

(2)优士丁尼允许的设立方式包括遗赠、出让保留、分配裁判

(adiudicatio)、简约和要式口约(pactiones et stipulationes),最后还包括交付和容忍(traditio et patientia)(上文边码 28.15)。参见 Inst. 2,4,1。

12 2. 只要对无体物(上文边码 18.3)还不存在占有,似乎就不能通过时效取得(usucapio)而**时效取得**该物。如同对"其他"役权(上文边码 28.16)那样,优士丁尼允许 10 年或者 20 年的长期时效期间(longi temporis praescriptio)。——参见《德国民法典》第 1033 条,《奥地利民法典》第 480 条("消灭时效"),参见《法国民法典》第 2228 条。——文献:贡·韦泽纳,"论用益权的可时效取得性问题"(Zur Frage der Ersitzbarkeit des ususfructus),《格罗索祝贺文集》(St. Grosso),第 1 册,1968 年,第 201 页。

13 (四)**消灭**用益权,可以采用抛弃性拟诉弃权(in iure cessio)(G. 2,30,参见边码 28.17),优士丁尼时期可以采用不要式抛弃[古典时期创设的不要式抛弃只有针对用益权返还之诉(vindicatio ususfructus)的诈欺抗辩(exceptio doli),Ulp. D. 44,4,4,12],此外,用益权可以因为丧失自由或者市民权而消灭,依照古典法还可以因为人格最小减等(capitis deminutio minima,见边码 13.3)而消灭,最后,用益权因为与所有权混同(consolidatio)于一人而消灭。与用益权最初的供养目的相符,权利人死亡也可以使这项权利消灭(如果城镇是用益权人,经过 100 年,Gai. D. 7,1,56;参见边码 4.13,与 Pap. D. 31,66,7 不同)。此外,用益权也会由于不行使(non usus)而导致其消灭(参见边码 28.18),更确切地说,土地是 2 年后,其他标的物是 1 年后;优士丁尼时期是在所有权时效取得适用的期间之内(上文边码 25.17)。然而,为保护用益权人,作为时效取得障碍的用益权行使主张只要略有事实就可以获得支持。例如,(毫无意义地)翻耕不毛之地,Ulp. D. 7,1,12,3。——在消灭情形下出于预防目的而重新设立,见罗·克努特尔,"用益权的两项条款"(Zwei Klauseln aus dem Nießbrauchsrecht),

《萨维尼杂志》第119卷(2002年),第354页。

参见,(关于死亡和混同)《德国民法典》第1061条、第1063条,《奥地利民法典》第529条、第526条,《瑞士民法典》第749条,《法国民法典》第617条。在所有权无负担(此外即无用益权负担)(随所有权时效取得而发生的)非独立时效取得之外,《德国民法典》第945条,所有权人无负担独立时效取得也被承认是不言而喻的,不过,它只被作为一种(即具备时效取得前提时的)无负担时效取得(usucapio libertatis),而不是仅仅因为权利人不行使就产生了这种效果。还可参见边码28.18。

最后,负担之物灭失或者变成其他的物(例如,池塘干涸而成为耕地, 14
Ulp. D. 7,4,10,3),就会发生用益权消灭的效果。如果在用益土地上建筑房屋,用益权就会消灭,当然,如果在时效取得期间内拆除,用益权就会复活(Marcell. D. 7,1,71;Iul. D. 7,4,7)。反过来,如果建筑于用益土地上的房屋毁坏,用益权就会消灭,确切地说还包括土地上的用益权,它不会因为重建而重新发生(Iul. - Afr. D. 7,1,36 pr.;Ulp. D. 7,4,5,2;eod. 10,1 和 10,7),因为随着毁坏"房地"在实体上的整体也就消失了。——《奥地利民法典》第525条、《瑞士民法典》第750条第2款中重建的情形则不同,联邦最高院(由于《德国民法典》第946条、第94条),《法学家报》(JZ),1964年,第369页的做法比较适当:战后关于对物居住权经常发生问题(《德国民法典》第1093条),然而,在惯常司法判例中是按照罗马法的解决方案作出裁判的[《联邦最高法院民事裁判集》(BGHZ),第7卷,第268页,直到联邦最高法院(BGH),《新法学周刊》(NJW),1980年,第179页及下页]。又见《法国民法典》第623条、第624条。

(五)为**保护**用益权,可以采用**用益权返还之诉**(**vindicatio** 15
ususfructus),它与役权诉讼(上文边码28.20)相近,而且如同这项诉讼一样也称为**承认之诉**(**actio confessoria**)。它最初仅仅指向所有权人,在古典法中就已经可以指向任何占有人了(Ulp. D. 7,6,5,1),针对的是确认用益权并且恢复与这项权利相应的状态。应诉可以通过用益权令状(Quem usumfructum)[(某人请求你返还的)用益权……]而予以强制(vat. 92),它模仿土地令状(Quem fundum)(边码 27. 14)而成。——参见《德国民法典》第1065 条,《奥地利民法典》第 523 条,《瑞士民法典》第 755 条。

16 如果使用和收益(uti frui)的实际行使是非暴力、非隐蔽、非容假占有(nec vi nec clam nec precario)(边码 21.6)的,就可以通过禁止性的扩用现状占有令状(interd. uti possidetis utile)(vat. 90)获得保护,此外,还可以通过恢复性[与制止暴力剥夺(unde vi)令状相符]的宣称禁止使用和收益令状(int. si uti frui prohibitus esse dicetur)(vat. 91)(参见上文边码 21. 7 和 21. 13)。——后来,至少优士丁尼时期,都将实际使用和收益(uti frui)的人视为权利占有人(iuris possessor)(参见边码 28. 21)。

17 (六)**金钱**或者其他消耗物上的用益权是一种特殊情形,古典法学家将其追溯至一项公元 33 年之前的元老院决议,它使用益权可以设立于所有财产(Ulp. D. 7,5,1)。用益权人对金钱或者其他消耗物享有完全所有权,向遗赠负担人负担返还同样金额或者相同数量的同种类物责任,而且是从用益权保证(上文边码 29. 8)中返还。不给付保证(cautio)时就会产生请求返还之诉(condictio)(Ulp. D. 7,5,5,1;7,9,7 pr.)。通过该元老院决议,正如盖尤斯强调的,"当然不能使得在金钱上存在一项真正用益权,因为事物本质不会因元老院的权威而改变"(nec enim naturalis ratio auctoritate senatus commutari potuit),确切地说人们从此有了一项**准用益权**(quasi ususfructus)(D. 7,5,2,1;Inst. 2,4,2),一项**不真正用益权**。这项权利不是任何对他人之物的限制物权,而只是一种信用关系。

严格地讲,权利上的用益权[例如,债权上的用益权,权利人可以由它而收取租金;参见 Ulp. D. 7,5,3(将债权用益权遗赠于债务人);Pap. D. 33,2,24 pr.]不是物权;后来人们将它也包括于准用益权(quasi usus fructus)。——参见《德国民法典》第 1067 条、第 1068 条以下,《奥地利民法典》第 510 条,《瑞士民法典》第 772 条、第 745 条、第 773 条,《法国民法典》第 587 条。——**文献**:朱·克里福(G. Crifò),《准用益权研究》(Studi sul quasi usufrutto),1969 年;内尔松/孟文理,第 3 编之 3,第 298 页。

(七)在**后古典通俗法**中,用益权(ususfructus)是一种内容受限制的所有权逐渐融入这个时期广义所有权概念中(上文边码 22.11)。可以算是这种限制性收益权的,[除了法律行为设立的用益权(ususfructus)外]还有各种各样的依照法律发生的家庭法用益权,尤其是家父(paterfamilias)对母亲遗产(bona materna)的用益权(下文边码 60.20)。 18

优士丁尼则又回归到了所有权和用益权的对立中,并且将家庭法收益权(个别有些不同)归入了用益权之中。

(八)从共同法(ius commune)到法典化,用益权的基本特征和许多细节都在相当程度上得以维持。——**文献**:科英,第 1 册,第 311 页;马·黑格尔(M. Heger),《现代实用和自然法中的用益权》(Der Nießbrauch in usus modernus und Naturrecht),2004 年。 19

二、使用权和其他专属收益权

虽然**使用权**(**usus**)只是由用益权(ususfructus)分离而来的,但依照存在争议的古典法个案,其中包含了为权利人(使用人)自己需要而"适度"收取孳息;参见 Ulp. D. 7,8,2,1;eod. 12,1f.;Paul. eod. 15;Inst. 2,5 pr. –4。使用权(usus)在其他方面都以用益权为范本并予以遵从。 20

如果向某人遗赠一项对物**居住权**(**habitatio**)或者对**奴隶劳务或者牲畜劳动力**(**operae servorum vel animalium**)的对物权利,在古典法中对于这项权利应当认为是用益权(ususfructus)还是使用权(usus)存在争议(Ulp. D. 7,8,10 pr. ff.)。优士丁尼使它成为了独立的人役权,C. 3,33,13。是否允许设立具有地役权内容的专属权利(所谓非常人役权),存在争论。 21

第三十节 永佃 地上权

(RPr. § §107,248,249)

一、永佃

文献:路·米泰斯,《论古代永佃的历史》(Zur Geschichte der Erbpacht im Altertum),1901 年;米·罗斯托采夫(M. Rostowzew),《罗马殖民地历史研究》(Studien zur Geschichte des röm. Kolonates),1910 年,1970 年重印,第 390 页;迪·西蒙,"拜占庭早期的永佃权"(Das frühbyzantinische Emphyteuserecht),《1977 年学术交流会》(Symposium 1977)(1982 年),第 365 页。

1 (一)租税地(ager vectigalis)是罗马国家或者社区所有的农耕地,在元首制时期还包括荒地,为收取租税(vectigal)而将这些土地用于永佃。

用益租赁由监察官为罗马国家而订立,并且具有特定或者不特定的时间限制,当然它也可以延长而超过特定的时间。不过,罗马国家用益出租的土地可以随时收回。参见边码 19.7。

2 永佃人取得了(可继承的)令状占有(边码 19.12)。他对该物不能时效取得,但根据已知观点却可以将它出让或者设质。显然,谕令中已经规定了以原物返还之诉为范本而就返还原物对无权占有人的裁判官法对物之诉(actio in rem)(Pap. D. 21,2,66 pr.;Ulp. D. 6,3,1,1;30,71,5/6)。

3 (二)自公元 3 世纪起,新的持续用益租赁关系发展起来了,旨在使有效率的经营者能够大量取得撂荒的公共土地。除这种有期限用益租赁(locatio conductio)外,在作为皇帝私产的土地

(fundi patrimoniales)上,出现了**永佃权(emphyteusis)**这种长期用益租赁关系,在受皇帝职责约束的所谓“王室财产”的土地(fundi rei privatae)上,出现了**永久权(ius perpetuum)**这种未附期限并且国家只在例外情形才能撤回的用益租赁关系,它在4世纪为永佃权所取代。这些关系也为通俗法中宽泛不清的所有权概念所覆盖了。

然而在西部,永佃权(emphyteusis)的名称消亡了,租税所有权最终并入了通俗法所有权中,与此同时,在东部,芝诺皇帝(5世纪后半叶)在关于永佃合同(contractus emphyteuticarius)的一部法律中将**永佃权(ius emphyteuticarium)**作为了一项不同于所有权和用益租赁的权利,它可以出让,可以设质,并且受到以原物返还之诉为范本的对物之诉(actio in rem)的保护(参见C.4,66,1;Inst.3,24,3)。永佃人承担物上负担并且应当向所有权人缴纳约定年租(canon, vectigal)。 4

出让需要所有权人同意,如果所有权人授予同意,可以因此而请求支付过佃许可金,最高为买卖价款或者永佃租价的2%。在出卖时,所有权人享有一项先买权(参见边码23.9)。如果行使该项权利,他就应当在永佃权人(emphyteuta)按照义务通知他将要进行买卖之日起2个月内作出表示。如果拖欠应付地租或者公共捐税达3年或者出卖时未履行通知义务,永佃权人就会丧失其权利。参见Just. C.4,66,2-4。——**文献**:安·博蒂列里(A. Bottiglieri),《罗马法的永佃概念》(La nozione romana di enfiteusi),1994年;玛·富恩特塞卡·德格内夫(M. Fuenteseca Degeneffe),《论永佃权》(De emphyteutico iure),2003年。 5

二、地上权

(一)很早就授予私人(可继承但最初不能出让的)权限,使他可以对城市土地支付土地租税(vectigal)而保有建筑物。这种关系被理解为(公共的)用益租赁(locatio)。在古典时期,这些保留 6

建筑物的权利也可以设立于私人土地之上，租金就叫作地租[solarium，来自于“土地”(solum)]，建筑物(而不是其上的权利)称为**地上物**(**superficies**)。地上权人虽然不是令状占有人，但按照合同对该建筑物则享有用益(uti frui)并且受到特别的地上物令状(interdictum de superficiebus)[以现状占有(uti possidetis)令状为范本]保护(D. 43,18,1 pr.)。对于地上权人的地位是否能够时效取得、出让或者设质，则存在争议。通过以原物返还之诉(rei vindicatio)为范本的对物之诉(actio in rem)进行保护，显然只在某些具体情形[通过事实之诉(actio in factum)]才能予以提供(D. 43,18,1 pr.，结尾，添加的)。

7 (二)在后古典时期，在公共土地上进行建筑并且支付租金的人取得了通俗法所有权。在私人土地上经土地所有权人同意而建筑的人，可以依照西部通俗法成为建筑物的所有权人[与古典法中地上物从属于土地(superficies solo cedit)的规则相反，上文边码 26. 10]。

优士丁尼有时将对于建筑物的权利作为独立权利种类，有时将其作为役权，有时将其作为永佃权。这项权利可以出让，可以继承并且可以设立负担，而且受对物之诉(actio in rem)保护。

文献：弗·西齐亚，《优士丁尼时期的地上权研究》(Studi sulla superficie in epoca giustinianea)，1979 年；弗·帕斯托里，《从历史角度看法律体系中的地上权制度》(Prospettiva storica della superficie nel sistema dei diritti)，1988 年(教程)(Corso)。

第三十一节　质押关系

(RPr. § §38 IV，108 - 111，250 - 252)

文献：海·德恩堡，《当代罗马法基本原则下的质权》(Das Pfandrecht nach den Grundsätzen des heutigen röm. Rechts)，第 2 册，1860 年/1864 年；马·卡泽尔，“罗马法质权研究”(Studien zum röm. Pfandrecht)，1982 年[参

见《法律史杂志》,第 44 卷(1976 年),第 233 ~ 289 页;《法律史杂志》,第 47 卷(1979 年),第 195 ~ 234 页,第 319 ~ 345 页;《历史与法的研究与文献》,第 45 卷(1979 年),第 1 ~ 92 页;《萨维尼杂志》,第 99 卷(1982 年),第 249 ~ 277 页附有附录和补充];豪斯马宁尔(边码 20.1 之前),案例 155 - 185。

一、本质和种类

(一)为使债权人就其债权将受清偿获得担保,罗马法如同其他法一样主要有两种手段可供采用:债务人的(人的)责任可以通过其他的人的责任而强化,具体方式是为其提供保证;或者是通过物的责任而强化,具体方式是设立质押。与当代不同,罗马人直到帝政时期都将提供保证的"人的信用"优先于"物的信用"。然而,质权在元首制时期迅速获得其经济意义和法律上的精密结构,并且在 2 世纪成为信用担保的重要制度。 1

人们更愿选择人的信用体现在很多信赖关系和友情关系中,这些关系在罗马社会现实里,尤其是共和时期,发挥着非常重要的作用,同样还体现在强制执行程序的严格性和刑罚性中,它指向人并且包括了债务人的身体,后来(根据破产种类)通常还包括其一般财产。执行个别财产标的在元首制时期尚属少有的例外情形,而且它只是到最后一个时期才成为惯例。 2

(二)古代的以及古典的制度中为实现质押目的,承认了两种权利类型:作为担保性让与[与债权人订立的(cum creditore contracta)]的**信托(fiducia)**和真正意义上的**质押(pignus)**,在后者权利人取得了一项对他人之物的限制物权。 3

历史起源,在罗马法中如同在希腊法和日耳曼法中一样,可能存在于纯粹物的责任中。它尚不以任何债权为前提,只是承认了一项可回赎所有权,而债务人对债权承担人的责任,并且债权人因质押还可以取得一项补充责 4

任。这样就可以认为，在**信托**（**fiducia**）中物是因为价款而被要式买卖的，这项价款支付系提供信用，但金钱受领人并不承担人的责任。信托约定的内容就是，金钱受领人有权在偿付金额时回赎已经移转的物，因此也就是一种买回保留，物的取得人因此有义务在受领已付金额（必要时还可能加价以作利息总额）时将物要式回卖。

5 在**质押**（**pignus**）的情形，人们也可以设想一个类似的过程，只不过这里的物大多是略式物（res nec mancipi），可以不要式移转并且不要式回赎。在质押（pignus）中逐渐产生的原则是，它以一项被担保债权为前提，质权的存在和内容都取决于债权（从属性，下文边码 31.21）。它表现在流质原则，据此，如果未行回赎，质物就取代债务金额而归债权人所有（下文边码 31.33）。

6 除私法的质押外，自古以来就有多种多样的公法的质押，它们并不遵从私法规则，尤其是不发生可以通过民事诉讼而实施的质押之诉（下文边码 31.39）。属于这种情形的，首先是非常古老的长官扣押质物（pignoris capio），它被认为是强制服从的惩戒措施，此外还有向国家作的（非占有的）土地质押（praediatura）。关于裁判质权，见下文边码 31.25。

二、信托

文献：卡泽尔（边码 31.1 之前），《法律史杂志》，第 47 卷，第 327 页；贝・努尔德拉温（B. Noordraven），《罗马法中的信托》（Die Fiduzia im röm. Recht），1999 年。

7 （一）在与债权人订立的信托（fiducia cum creditore contracta）（上文边码 7.10，24.8）中，担保人（委托人，大多是债务人自己，也可以是第三人）将要式物（res mancipi）以要式买卖（mancipatio）或者拟诉弃权（in iure cessio）方式移转于债权人（受托人），并且，在因此而达成的有约束力的信托简约（pactum fiduciae）中，如果被担保债权受清偿或者因其他事由而消灭，受托人就应当将该物以要式回卖（remancipatio）或者拟诉弃权（in iure cessio）方式回复让与。

由于委托人只能将物要式让与一名债权人,因此不可能对不同债权人多次担保性让与[因为要式买卖(manc.)和拟诉弃权(i. i. cessio)不得附条件,当然也就不能附停止条件]。——信托(fiducia)常常"非占有"设立,也就是不需要将占有转移于债权人。基于信托**时效收回**(**usureceptio** ex fiducia)方便了占有信托物的委托人:如果债务获得清偿,他就在一年之内重新取得所有权,而且不需要任何名义,即使明知他没有所有权也不例外;甚至债务尚未获得清偿的情况下,只要他不仅仅作为使用承租人(用益承租人)或者容假占有人而从债权人那里取得其事实控制,同样也可以重新取回所有权;G. 2,59/60。——**文献**:朱·马·奥利维耶罗(G. M. Oliviero),"时效收回的文本问题和术语问题"(Questioni testuali e terminologiche in tema di usureceptio),《信义 人性 法》,第5册,第3891页。 8

与债权人订立的信托(fiducia cum creditore contracta)与质押(pignus)具有共同的任务,都是用于质押行为;这两项行为因此而在古典时期很大程度上就已经同化了。在古典末期信托(fiducia)消失了,优士丁尼通过添加将其由古典渊源清除出去,取而代之的是质押(pignus)。 9

(二)如果债务没有获得清偿,债权人就可以由该物获得清偿。依照古代法,该物就直接**流质**于债权人。这种"流质"有时少于债权人自债权应当得到者,然而大多数情况要多于其应得者。在共和晚期,它面临着**出卖**约定(pactum, ut vendere liceat; pactum de distrahendo)的压力。根据这种约定,债权人应当将物出卖,并且可以自变价所得保留与其债权相应的金额。这种约定逐渐发展成为质押合同的常备条款,但显然古典时期尚未认为将该条款是默示约定的。参见 Pomp. D. 13,7,6 pr. 和 8,4 f. [最初是关于信托(fiducia)的?];布伦斯,码 135。 10

受托人通常保留可以出卖该物,但并不对买受人承担权利瑕疵担保(下 11

文边码41.25－33)(这就经常会降低要价)。如果买卖价款低于债权,[对差额部分(residuum)的]差额债权仍然存在。如果买卖价款高于债权,余额(superfluum)应当归于委托人(下文边码31.12)。如果找不着买受人,受托人可以通过皇帝赦免行为而获得授权,最终留置该物以代替清偿(又见下文边码31.34)。——**文献**:马·卡泽尔(边码31.1之前),《法律史杂志》,第44卷,第244页;第47卷,第208页。

12 (三)担保人对被担保人享有**信托之诉(actio fiduciae)**,它最初仅以信义(fides)(作为守信的义务)为根据。在古典法中,它属于诚信审判(bonae fidei iudicia)(下文边码33.12),因此也属于市民法(ius civile)。基于信义(fides),债权人有义务作为纯粹受托人处理转让于他的所有权,也就是(如果他占有)保护该物免受损害,并且决不将其继续出让或者对其设立负担。如果债务获得清偿[或者设立其他担保而取代了信托(fiducia)或者被担保人陷于受领迟延],就可以通过这项诉讼请求返还让与。如果债务未获清偿并且要出卖物,这项诉讼针对的就是返还前述余额,PS 2,13,1。如果受托人不能回复让与原物,又或者只能以较差状况回复让与原物,或者出卖物时行事违反义务,就应当对其恶意(dolus)负责(下文边码36.14)。信托之诉(actio fiduciae)的判罚会导致不名誉(上文边码13.13)。

13 为补偿他对原物支出的费用,也是为其他请求权(如因委托人所致损害而发生者),被担保人对担保人享有一项对待之诉[即**信托对待之诉(actio fiduciae contraria)**],它同样也是作为诚信审判(bonae fidei iudicium)而形成的,PS 2,13,7。

(关于担保性让与)参见《德国民法典》第216条第2款、第930条,《奥地利破产法》第10条第3款,还有《瑞士民法典》第717条。

三、质押

文献:马·卡泽尔(边码 31.1 之前),《法律史杂志》,第 44 卷,第 237 页;《历史与法的研究与文献》,第 45 卷(1979 年),第 1 页;米·布劳克曼(M. Braukmann),《质押》(Pignus),2008 年。

(一)**质押(pignus)**,在物上作为独立的限制物权而设立,在古典法中如同在优士丁尼法中一样是统一的法律制度,至于设立时是否已经将物交付债权人占有[占有质(pignus datum)]或者仍由出质人占有[非占有质(pignus obligatum),这个拉丁语表达方式并非技术术语]并无不同。对于非占有质,在古典时期还产生了**抵押(hypotheca)**这个名称。——应当区别的是,作为质权客体而在其上存在物权(《学说汇纂》第 20 编即讨论该问题)的质押(pignus)和作为出质人与质权人之间的债务法质押关系的质押(pignus)(它在《学说汇纂》第 13 编第 7 章中涉及),它在占有质的情形被归入要物合同(下文边码 39.22)——可与之比较的是,用益权和通过用益权保证(边码 29.8)而在所有权人与用益权人之间设立的债务关系。 14

有一种不正确的法律家词源学分析认为,质押(pignus)一词来自于拳头(pugnus)(Gai. D. 50,16,238,2),由此产生了我们的"占有质"(Faustpfand)一词。比较正确的是,将"质押"(pignus)与"固定、巩固"(pangere)相互联系。关于抵押(hypotheca),参见 Ulp. D. 13,7,9,2;Inst. 4,6,7 末尾,然而还有 Marci. D. 20,1,5,1:质押与抵押之间只是名称不同(Inter pignus autem et hypothecam tantum nominis sonus differt)。使用"抵押"(hypotheca)据信始自尤里安,当然他模仿了东方行省的文书实践。然而,罗马法的非占有质押与希腊的"抵押"(ύποθ ήκη,hypotheca)(一种纯粹物的责任关系,上文边码 31.4－5)是有所区别的。罗马法学家将它理解为一种占有质,是债权人作为容假占有(precarium)或者租赁(locatio conductio)而 15

转让给出质人的。希腊语表达方式的使用，诸如“抵押”（hypotheca）、[对余额（superfluum）的]“抵押”（hyperocha）、“用益质”（antichresis）（下文边码31.32）等，可以说明是以希腊化的法为范本，但它只是偶尔才为罗马人所遵守。

16 （二）（私的）质权**发生**的规则是随着合同质押而形成的，后来才被转用于法定质押和裁判质押。

1. 对物设质，不管是要式物（res mancipi）还是略式物（res nec mancipi），在古典法中需要三方面：（1）在设质时出质人应当对物有裁判官法所有权（in bonis），这里应当理解为包括市民法所有权或者裁判官法所有权（上文边码22.9）；（2）当事人双方就设质以不要式合同达成一致；并且（3）存在由质押担保的债权。

17 关于（1）：如果出质人在设质后才取得对质物的权利，债权人就取得了作为扩用之诉（actio utilis）的对物质押之诉（见下文边码31.40）（Diocl. C. 8,15,5）。之所以是扩用之诉，是因为在设质时出质人对该物尚无裁判官法所有权（in bonis）。如果以可以产生孳息的物设质，依照古典晚期和优士丁尼时期的法，孳息被视为“默示”共同质押了（Alex. C. 8,14,3；不同意见，PS 2,5,2）。——如果出质人连时效取得占有人都不是，虽然可以在出质人和债权人之间发生债务法质押关系[质押之诉（actio pigneraticia），下文边码31.36；39.22]，但债权人不能获得任何物的保护。——**文献**：迪·尚巴赫尔（D. Schanbacher），《古典罗马法中质权的补正》（Die Konvaleszenz von Pfandrechten im klass. röm. Recht），1987年；安·瓦克，“质权的补正”（Die Konvaleszenz von Pfandrechten），《萨维尼杂志》，第115卷（1998年），第438页。

18 关于（2）：根据优势观点，（私的）质押起初总是占有质，即物在缔约时就已经通过令状占有（上文边码19.14）而交付于债权人了。这是有可能的，然而渊源中缺乏相关内容。遗存的渊源至少承认，自共和早期起较为普遍的是，庄园的用益承租人随带进入庄园的农具［根据一项纠纷预防实践条款包括所谓行驶、搬抬、运载（invecta，inlata，inportata）到那里并且旨在留放在那里］，以及那里收取的孳息都作为对用益租金等债权的担保而为用益出租人设质，［参见加图，《论农业》（Cato，De agri cultura，146，5；149，7；158，2）］。用盖承租人仍然是占有人。Lab. D. 20，6，14；Afr. D. 47，2，62，8（起首）。用益出租人（＝质权人）对质物没有取得占有，因为用益承租人基于其经济的或者个人的目的不能没有质物。质押约定成为了用益租赁合同的固定条款。

人们习惯于在租赁住房时约定，对随带进入住房或者在那里生产的物 19
可以享有类似的非占有质权。然而，最晚在公元 2 世纪初期，人们就已经承认对此不再需要明示约定，参见 Ner. D. 20，2，4，pr. ："在我们的现行法中，对于随带进入城市土地的物，视为已经对其设质，视为人们对此已经默示约定；对于农村土地则采取相反观点。"这项默示设质意思并非因为与使用承租人的心愿相符而产生，而是因为罗马在帝政时期人口过多，没有哪个所有权人在出租房屋时愿意没有这项担保而出租。优士丁尼在 532 年将这项在罗马和君士坦丁堡（因为是"新罗马"而）施行的法律扩张适用于行省，C. 8，14，7。又见边码 31. 38。——这里可以清楚地看出来，个别合同约定如何根据一般交易条件种类而成为典型合同条款，然后获得习惯法效力，再后来又被法律固定下来。——对于农村土地的用益出租人，法律则发展为将土地产出的孳息视为默示设质于他，Pomp. D. 20，2，7 pr.，参见 Afr. D. 47，2，62，8。——《德国民法典》第 562 条、第 583 条、第 592 条、第 704 条，《奥地利民法典》第 1101 条、第 970c 条，《瑞士债法》第 272 条、第 286 条第 3 款、第 491 条（留置权），《瑞士民法典》第 895 条第 1 款、第 898 条。——**文献**：罗·门克萨卡（R. Mentxaka），《论古典罗马法中对集合物的质押》（La pignoración de colectividades en el derecho rom. clásico），1986 年；对此参见，赫·瓦格纳（H. Wagner），"集合物设质的基本问题"（Grundfragen der Verpfändung von Sachmehrheiten），《维托里奥·夏洛亚罗马法研究所学刊》，第 89 卷（1986 年），第 491 页。

20 “纯粹的合同质押”不需要交付占有或者缴付质物,通过扩张适用塞尔维之诉(actio Serviana)(下文边码 31.39 – 40)就可以获得物的保护,它大概在公元前 1 世纪就已经存在了[参见加图,《论农业》(Cato,De agri.,146,5;149,7);Serv.(?) – Alf. – Paul. D. 13,7,30 以及(公元 1 世纪的)Cass. – Paul. D. 13,7,18,3 和(公元 37 年)TPSulp. 51,52 和 45]。与此相反,缺乏充分证据的(由孔克尔发展而来的)假设认为,非占有合同质押以受物的保护的补偿质押[估价(aestimatum)]为其前身,有这种质押时债权人才允许债务人代替所欠金额而给付某物,至于该物的价值则由双方当事人通过估价确定。这种质权的过渡阶段的假设,根据的是驳斥苏尔皮奇家族的庞贝蜡板(TPSulp.)的推测,在元首制早期尚不存在这种非占有质权。——**文献**:卡泽尔(边码 31.1 之前),《法律史杂志》,第 44 卷,第 237、250 页;《历史与法的研究与文献》,第 45 卷(1979 年),第 7 页,第 10 页;沃·孔克尔,“关于罗马法质权的假设”(Hypothesen zur Geschichte des röm. Pfandrechts),《萨维尼杂志》,第 90 卷(1973 年),第 150 页;格·克莱默(G. Krämer),《罗马法中的非占有质权:罗马共和时期和元首制早期的发展》[Das Besitzlose Pfandrecht (Entwicklungen in der röm. Republik und im frühen Prinzipat),2007 年];迪·尚巴赫尔,“罗马法中质权的起源和发展”(Zu Ursprung und Entwicklung des röm. Pfandrechts),《萨维尼杂志》,第 123 卷(2006 年)(来源是希腊法中的合同质押,作为其设立的结果同时还设立了债权人的令状占有和质权);迪·尚巴赫尔,“设质实践和质权”(Verpfändungspraxis und Pfandrecht),《如古代般适用罗马法》(UAJR),第 191 页。

21 关于(3):质权自古就具有从属性,即与被担保债权的存在相联系。没有债权就不发生质权,如果债权消灭,质权也消灭。

它表现在以下方面:通过代物清偿(datio in solutum)而流质(下文边码 31.33)以有效债权为前提。债权可以是对出质人的,也可以是对第三人的,它必须指向金钱或者与金钱价值相联系的给付(Marci. D. 20,1,5 pr./2)。家子或者奴隶的自然之债如同附条件的债一样可以满足要求。为附条件债权设质只有在债务人受拘束后才发生效力,而条件成就并不取决于其意思

(Iul. – Afr. D. 20,4,9 pr. –1)。如果部分清偿债务,对于剩余债务通常仍然保留着全部质物的责任或者数个设质标的责任[Pap. D. 21,2,65:因为质押未分割的法律状态(propter indivisam pignoris causam),即其责任是对被担保债权所有未获清偿部分的责任]。——**文献**:安·瓦克,“未分割的质押责任”(Ungeteilte Pfandhaftung),《索引》,第3卷(1972年),第454页;何·路·阿隆索(J. L. Alonso),“论质押的从属性”(Sull' accessorietà del pegno),《信义 人性 法》,第1册,第77页。

除物之外,债权(nomina)以及用益权(ususfructus)、地役权、永佃权等也可以设质;还有质物[质权质、转质(pignus pignoris, *subpignus),而不是质权本身]也可以设质,此外,还可将全部财产作为“概括质押”而设质(Ulp. D. 20,1,6,见下文边码31.24)。 22

基于债权质押,质权人被授予一项模仿质押之诉[塞尔维之诉(actio Serviana),下文边码31.39]而形成的诉讼。如果他基于设质债权得到了金钱,他因此(以其自己的债权为最高限)就获得了清偿;如果他得到其他物,这些物对他就继续以物的质押承担责任,参见Paul. D. 13,7,18 pr.。在转质(subpignus)时,如果设质债权的债务人欠的是金钱,质权人的债权人就可以收取该债权,并且可以以其债权对债权人主张抵销;如果基于设质债权欠的是物,在债务人给付时,该物对第二债权人而言就代替质物而参加了进来,Pomp. – Marci. D. 20,1,13,2。

2. 自古典晚期起依照皇帝法存在基于法律规范的质权(所谓的**法定**质权)。 23

它的某些部分是由特定债权人在强制执行中的优先权发展而来的。例如,为建筑贷款而对建筑物享有质权(马可·奥勒留时期的元老院决议,Pap. D. 20,2,1);为被监护人的债权而对用被监护人的金钱买受的物享有质权[塞维鲁斯(Severus)和安东尼努斯(Antoninus)时期的元老院决议,Ulp. D.

27,9,3 pr.];自优士丁尼起还有其他情形。

24 在后古典时期,对全部财产的法定**概括抵押权**变得更为重要了;它大大降低了信用能力。

其根源部分存在于古典时期已经出现的对全部财产的合同设质,部分存在于希腊化渊源的范本,其中包括与质押相同或者相近的抓取权,塞维鲁斯时期就是通过这项权利而以国库债务人的概括财产负担了全部的国家税收债权或者合同债权。——例如,法定概括抵押权:自君士坦丁时期起为所有被监护人对监护人的请求权而对其财产的抵押权;自优士丁尼时期起为受遗赠人而对遗赠负担人基于遗赠而从遗产取得的一切的抵押权;为妇女因其嫁资、婚姻赠与和嫁资外财物(parapherna)的返还请求权而对丈夫财产的抵押权;为丈夫而对允诺给其嫁资之人财产的抵押权。——**文献**:赫·瓦格纳,《罗马法中对债务人财产的法定抵押权的发展》(Die Entwicklung der Legalhypotheken am Schuldnervermögen im röm. Recht.),1974 年。

25 3. 由**法官**设立的质权是由古典公职审判程序的萌芽发展而来的,其出发点是强制执行个别标的(取代了此前处于统治地位的破产程序)。这种经由法官扣押实现追夺的质押(pignus in causa iudicati captum,扣押质权)在后古典时期得以进一步定形(下文边码 87.12)。扣押质权的根源就在这里。——《德国民事诉讼法》第 804 条、第 930 条,《奥地利强制执行法》第 87 条以下、第 249 条以下,《瑞士债务申请与破产联邦法》第 89 条以下。

26 (三)根据未经回赎的质物归债权人所有的原则(边码 31.5;31.33),不可能对同一物**重复**设质,因为对于物只能授予一项这种权利。在古典时期,有利于第二债权人的后顺位设质只有在以第一顺位质权消灭为停止条件时才能获得承认(Afr. D. 20,4,9,3;Gai. D. 20,1,15,2)。

D. 20,1,15,2（盖尤斯,《论质押之诉》单编本）

Qui res suas iam obligaverint et alii secundo obligant creditori, ut effugiant periculum, quod solent pati qui saepius easdem res obligant, praedicere solent alii nulli rem obligatam esse quam forte Lucio Titio, ut in id quod excedit priorem obligationem res sit obligata, ut sit pignori hypothecaeve id quod pluris est: aut solidum, cum primo debito liberata res fuerit. de quo videndum est, utrum hoc ita se habeat, si et conveniat, an et si simpliciter convenerit de eo quod excedit ut sit hypothecae? et solida res inesse conventioni videtur, cum a primo creditore fuerit liberata, an adhuc pars? sed illud magis est, quod prius diximus.

某人已经将他的物为债权人设质,后来又将它为第二债权人设质,如果要避免将该物重复设质可能面临的风险,通常就会预先声明,该物除了诸如卢奇乌斯·提提乌斯以外没有为其他人设质,并且该物在（据其价值）超过债权时就在债权范围内承担责任,因而它也就是对于超额部分的占有质或者非占有质、抵押,或者,在该物免于对第一债权承担责任后以（物的）全部承担责任。对此应当考虑的是,是否仅仅是在已有约定的情形中是这样的,或者是否只要简单约定仅以超额部分设质就可以了;此外,只要对第一债权人不再承担责任,是否就应当认为质押约定包括了物的全部,或者仍然只包括物的部分?前面的说法更值得赞同。

这个在发展史上非常有趣的文本首先表明,非占有质权因为缺乏公示（愿意以质押担保为他人提供信用者,可能还不知道该物是否已经用其他方式为他人设质）而具有的风险在罗马的实践中可能还不算过分:对于诡诈行为（stellionatus,参见 Ulp. D. 47,20,3,1）的严厉惩罚,对下层人甚至送到矿山强制劳动（opus metalli）,对上层人甚至流放,可以产生威吓的效果。对于重复设质,盖尤斯讨论了约定的两种可能性:第一种可能性是在物的价值超过第一债权的余额价值范围内以物设质,第二种可能性是对整个物附停止条件地设质。法学家认为,如果仅就第一个条款协商成功,它同时也就默示了第二项条款约定的第一债权人(通常是由债务人)获得清偿的情形,这样第二债权人就获得了对整个质物的质权。第二债权人为第一债权人进行支付,它同样适用;第二债权人基于他自己的债权而对整个物享有质权,而基于他对第一债权人的支付(因为法定让与正如让与一样未被承认)却不能享有质权,但可以享有一项权限,可以用与第一顺序相同的方式由变价获得清偿,正如获得清偿的第一债权人能够做的那样。——第一项条款尚未对物设立任何质权(参见边码 23.23,对物的部分没有特别权利),而只对出卖质物时实现的余额存在质权。第二项条款才为第二债权人设立了对物质权的期待权。

这个过渡阶段之后就是下一个发展阶段,后顺位债权人因设质而立即取得了不附条件的质权,并因此取得了对物的质押之诉(Marcell. D. 44,2,19)。这项质权由于其他顺序较优债权人的"老质权抗辩"(* exceptio rei sibi ante pigneratae, Marci. D. 20,4,12 pr.)而落空。如果第一质权消灭,(根据古代观点的影响)第二债权人就前移至第一**顺位**,第三顺位前移至第二顺位,依此类推。顺位在质权发生的整个顺序中是必须的(优先性原则)。安东尼乌斯(卡拉卡拉)皇帝敕令 C. 8,17,3 中所说的话是众所周知的:如果你为质押而得到土地,而此前它已经为城市设质,你时间越在先,权利就越强(Si fundum pignori accepisti, antequam rei publicae obligaretur, sicut prior es tempore, ita potior iure)。——**文献**:马·卡泽尔,"论罗马法中的重复设质"(Über mehrfache Verfändung im röm. Recht),《作品集》(Schr.),第 2 册,第 427 页。

27 对于质物出卖,始终只是第一质权人才享有的权利。然而,任何后位债权人都可以向第一质权人清偿其债务,他由于清偿(或者提存,下文边码 53.16)而加入第一质权人的顺位,并因此而取得出卖权(这样他就可以尽力取得可以满足其后顺位债权的变价)以及按照(他所清偿的)第一债权的金额和顺位而自变价获得清偿的权利[清偿权和代位权(* ius offerendi et succedendi),

Marci. D. 20,5,5 pr.]。

由于质物出卖消灭了该物上的所有质权,因此,在后顺位设质时人们经常约定,以质物出卖所得余额为后顺位质权人设质(Gai. D. 20,1,15,2,边码31.26)。如果第一债权人将质物出卖,第二债权人、第三债权人等就可以向他要求余额(superfluum)的应得部分,更确切地说是通过进行相应调整的塞尔维之诉(actio Serviana)(下文边码 31.39)提出主张。 28

按照质权发生时间确定的顺位关系因为——有害于信用的——**顺位优先权**而被打破,而顺位优先权在后古典时期大为增加。 29

如果所借金钱用于对质物支出费用,包括用于质物出卖或者清偿第一顺位质押所担保的债权等,那么,担保消费借贷债权的质权就享有这项优先权。此外,由破产优先权发展出的法定质权具有优先地位(上文边码 31.23),与之类似的还有为做成公共证书的债务而提供的优先权(自利奥皇帝起,C. 8,17,11,1;公元 472 年)。妻子因其嫁资债权而享有的法定概括抵押权在法定概括抵押权中具有优先性。——在特定情形下还可能发生嗣后顺位变化。

(四)质权**消灭**的事由包括:物的灭失;基于从属性在所担保债权消灭或者另行提供了担保或者债权人迟延等情形;债务人提存(Diocl. C. 8,13,20);此外还有质物出卖(上文边码 31.27-28);质权与所有权同归于一人[混同(confusio),当然对此存在限制,参见 Alex. C. 8,19,1,1]等情形 。债权人非特定形式抛弃仅仅发生一项[恶意(doli)或者简约(pacti)]抗辩(exceptio, Gai. D. 20,6,7,2)。此外,如果出质人经债权人同意而将质物出让,只要债权人没有对质权继续存在予以保留,质权也就消灭了(Marci. D. 20,6,8,6 ff.)。无质押的时效取得是优士丁尼时期从古典行省法的长期取得时效(longi temporis praescriptio)发展出来并逐渐 30

成为一般制度的(C. 7,39,8,参见边码 25. 14 – 15)。——**文献**:迪 · 尚巴赫尔,“《吕西亚斯》第八章第十节:质押关系中的风险承担”(Gefahrtragung im Pfandverhältnis:Lysias VIII 10),《法律史杂志》,第 74 卷(2006 年),第 319 页;汉 · 安库姆,“古典罗马法中质押因混同而消灭的后果”(Consequences of a Pledge Extinguished by Merger in Classical Roman Law),《普尔祝贺文集》,第 1 页;汉 · 安库姆,“质押和混同(D. 36,1,61 pr.)”[Pignus et confusio(D. 36,1,61 pr.)],《信义 人性 法》,第 1 册,第 151 页。

31 (五)1. 按照其**内容**,质权使债权人在债权到期前享有一项(受物的保护的)担保,到期后享有一项由该物获得清偿的权利。

债权人在设质时是否取得质物占有,如前所述,取决于这项质押是占有质押还是“非占有”质押。债权到期后,即使是非占有债权人也可以请求让与占有,之所以允许他这样做,旨在使他由质物获得清偿。

32 只有经出质人允许,债权人才可以使用质物,也只有经出质人同意,质权人才可以收取孳息。这就是在希腊化区域广为流传并且由此输入的**收益质押**(**antíchresis**)(参见,当代法中,《德国民法典》第 1213 条,《奥地利民法典》第 459 条、第 1372 条严格限制,《瑞士民法典》第 892 条第 2 款,《瑞士民法典》尾章第 45 条)。对此大多约定,债权人应当将孳息价值首先用于清偿利息,然后用于清偿主债权(所谓的“死亡规则”,分期清偿,与“永久规则”相对,如果不发生抵销),出质人只能请求返还余额。还可以约定,债权人虽然可以孳息代替利息,但对交付于他的物并不享有质权(因此也不享有质物变价),而只是取得了留置权;参见 Marci. D. 20,1,11,1;Marci. D. 13,7,33 不同。——**文献**:卡泽尔(边码 31. 1 之前),《历史与法的研究与文献》,第 45 卷,第 80 页;亨 · 库皮采夫斯基(H. Kupiszewski,),“纸草中的收益质押”(Antichrese und Nutzpfand in den Papyri),《卡泽尔祝贺文集》,1986 年,第 133 页。

2.(1)如果债务未获清偿并且未以其他方式而消灭，债权人 33
可以在到期后由质物获得清偿。质物变价自古以来[如同信托(fiducia)一样]是通过**流质**实现的，这种方式在古典法中(以变种形式)仍然存在(边码31.5)。

在这个时期，对于债务未获清偿的情形，在设质时可以有一项从约定，根据该约定，债权人可以将质物用于代物清偿(datio in solutum，下文边码53.11)(Diocl. C. 8,13,13)，也可以视为将质物出卖于他并以卖价清偿债务(Pap. vat. 9)。

在后古典时期的信用危机中，以暴利剥削方式滥用的情形日渐增多，即将价值远超过债权的物作为流质而交给债权人，以便在债务人不能支付时债权人能由质物得利。公元320年君士坦丁的一项法律禁止了流质约定(lex commissoria，lex contractus = 合同条款)，优士丁尼保留了这项法律(CTh. 3,2,1 = C. 8,34,3；当代法参见《德国民法典》第1149条、第1229条，《奥地利民法典》第1371条，《瑞士民法典》第816条第2款、第894条)。——**文献**：马泽尔(边码31.1之前)，《法律史杂志》，第44卷，第244页；第47卷，第208页；弗·彼得斯，"古典罗马法和后古典法中通过质权人取得质物"(Der Erwerb des Pfandes durch den Pfandgläubiger im klassischen und nachklassischen Recht)，《卡泽尔祝贺文集》，1973年，第137页；安·瓦克，"马·卡泽尔关于罗马法质权的起源和本质的学说"(M. Kasers Lehren zum Ursprung und Wesen des röm. Pfandrechts)，《萨维尼杂志》，第115卷(1998年)，第169页。

(2)自共和早期起通常就已经约定，债权人应当通过**质物出** 34
卖而获得清偿。即使没有明示约定，也认为这项出卖简约(pactum de vendendo)是默示附加的合同内容；Ulp. D. 13,7,4(结尾，添加的)；Pomp. eod. 5。

计划出卖时，必须通知债务人，后古典时期要求这项通知(denuntiatio)进行三次(PS 2,5,1；2,13,5)。——所有权人自己不能有效地买受该物(Pap.

D. 13,7,40 pr.）。如同在信托（fiducia）的情形（上文边码 31.11）一样，买受人普遍抛弃了出卖人对权利瑕疵担保而产生的权利（Alex. Gord. C. 8,45,1 f.）。当然，如果出卖人受有不利，就可以［通过一项扩用之诉（actio utilis）］要求已经免责的债务人承担责任（Ulp. D. 13,7,24 pr.；Tryph. D. 20,5,12,1）。大概依照古典法就已经可以在质物出卖时为债务人保留补偿出卖价款而取得该物的权利（Ulp. D. 13,7,13）。——如果没有为质物找到买受人，就将通过皇帝恩惠而授予债权人［如同在信托（fiducia）的情形一样］质物所有权（impetratio dominii, Alex. C. 8,33,1）。

35 质权人作为非权利人出让质物的，如果是由所有权人设质，从中就可以看出他同意嗣后出让（上文边码 11.15），这就可以使质物买受人对略式物（res nec mancipi）取得奎里蒂法所有权，对要式物（res mancipi）取得裁判官法所有权（G. 2,64）。价款支付的同时，债务被认为在支付金额以内获得清偿，但未付清的差额债权（residuum）继续存在。

36 3. 如果质权消灭，尤其是因债务清偿而消灭，债权人就应当将质物返还出质人。**质押之诉（actio pigneraticia）**就用以实现这项请求权。它是一项债法诉讼，以质押合同为基础（详见下文边码 39.22－23）。在质物出卖的情形，这项诉讼可以用于出质人请求债权人返还质物变价超过所担保债权金额的余额［superfluum（希腊语 hypérocha）］。

37 （六）为**保护**质权，自共和早期起就已经采用了裁判官法的法律救济；质权人只有在质押合同允许的情形下才可以自力扣押质物（pignoris capio）。

1. 在“非占有”质权的可能是最古老的情形，即用益承租人为担保用益承租债权而将其农具设质于用益出租人的情形（上文边码 31.18），裁判官为用益承租人请求占有提供了（禁止性的）**萨尔维令状（interdictum Salvianum）**。它最初仅针对用益承租人，后来可以针对任何占有人［Iul. D. 43,33,1 pr./1，属于萨尔维令状

(int. Salv.)]。

2. 住房使用租赁的关系则相反:如果使用出租人的租金债权未获清偿,他可以自力搬走设质家具并且将它们锁押起来(percludere)。如果使用承租人履行了其义务,但从自己承租房屋中搬走东西时受到使用出租人妨碍,就可以取得**搬离令状**(**interdictum de migrando**),Ulp. D. 43,32,1 pr. 。——**文献**:罗·克努特尔,"从使用出租人质权的起源出发"(Aus den Anfängen des Vermieterpfandrechts),《瓦·格哈特祝贺文集》(Fs. W. Gerhardt),2004 年,第 457 页。 38

3. **塞尔维之诉**(**actio Serviana**)[同样是裁判官法诉讼,大概可以回溯到法学家塞尔维乌斯·苏尔皮奇乌斯·鲁弗斯(Servius Sulpicius Rufus)(逝于公元前 43 年)]是为质权人而提供的一般性对物之诉,最初同样仅限适用于用益出租人质权,Inst. 4,6,7。与萨尔维令状相比,这项诉讼具有的优点(除程序上的优点外)是,它不仅适用于初次获得占有,还可以适用于恢复已经丧失的占有。在古典盛期,它作为**质物返还之诉**(**vindicatio pignoris**)可以由任何质权人享有,并且指向从任何占有人取得占有或者恢复占有。 39

这种一般性诉讼还有其他名称,如(对物的)质押之诉[actio pigneraticia (in rem)]、抵押之诉(actio hypothecaria)、准塞尔维之诉(actio quasi Serviana)等。它要求原告对物有一项有效质权,设质时出质人对物有裁判官法所有权(in bonis)[Gai. D. 20,1,15,1;关于作为扩用之诉(actio utilis)的扩张,见上文边码 31.17],此外,还要求债权未获清偿或者未以其他方式担保以及债权人陷于受领迟延(Ulp. D. 20,6,6)。另外,该诉讼在强制应诉、恢复原状程序、内容和发生效力等方面,都以原物返还之诉(rei vindicatio)为范本。依照 Ulp. D. 20,1,21,3,如果占有债务人被判罚,债权人只能从他那里取得其债权金额,而对于第三占有人,则可以取得物的全部价值,因为债权人 40

可以就余额(superfluum)对出质人主张责任(不同意见,见 Marci. eod. 16 § § 3,4,6,显然是关于非占有质)。优士丁尼将这项被动适格扩张到拟制占有人(ficti possessores)(上文边码 27.10,参见,Marci. D. 20,1,16,3;部分添加的)。——如果对债务人以外的其他人提起该诉讼,被告依照优士丁尼法(Nov. 4)可以向债权人主张首先向债务人或者至多向共同承担责任的保证人寻求获得清偿抗辩(对人先诉的法律利益,* beneficium excussionis personalis)。——《德国民法典》第 1227 条。——**文献**:(边码 31.37 -40);卡泽尔(边码 31.1 之前),《法律史杂志》,第 44 卷,第 239 页;《历史与法的研究与文献》,第 45 卷,第 11、62 页;卡泽尔,“在市民法与裁判官法之间的质物返还之诉”(Die vindicatio pignoris zwischen ius civile und ius praetorium),《海·许布纳祝贺文集》,1984 年,第 63 页;费·武布(F. Wubbe),“塞尔维之诉的争论价值”(Der Streitwert bei der actio Serviana),《卡泽尔祝贺文集》,1976 年,第 179 页。

41 在中世纪盛期和晚期的德意志法中,动产质权通常是占有质,交付经常可以由在法庭登记簿登记所替代,特别是在集合物的情形。在近代,随着继受罗马法,非占有质取得了优势。由于不动产抵押贷款的动荡,导致 18 世纪某些地区性立法中重新又流行起区分不动产质权(典型是普鲁士,自 1722 年起土地登记簿和抵押权登记簿)和动产质权。为此人们又回归到了占有质原则,它在 19 世纪完全得以实现,并且在 1877 年的《破产法》中以帝国法律的方式规定了别除权。——《德国民法典》第 1113 条、第 1204 条,《奥地利民法典》第 447 条,《奥地利普通土地登记簿法》第 13 条,《瑞士民法典》第 793 条、第 824 条、第 884 条。——**文献**:科英,第 1 册,第 319 页;第 2 册,第 207、215、414、417 页;沃·赫罗马德卡(W. Hromadka),《18 世纪和 19 世纪占有质原则的发展》(Die Entwicklung des Faustpfandprinzips im 18. u. 19. Jh.),1971 年。

第四编

债法

第一章　债的本质、种类和内容

第三十二节　债的本质和历史

（RPr. § § 39,40,112,113 Ⅰ,Ⅲ,Ⅳ,253,254）

一、债的概念

古典法和优士丁尼法的“债”(obligatio)，其名称来自“捆绑、约束”(ligare)，如同当代的债务关系一样，是一项法律关系，使债务人(debitor)向他的债权人(creditor)对于给付负担了义务。基于这项关系，债权人在未按要求提供给付时可以向债务人提起对人之诉(actio in personam)，并且可以基于判决而对他予以执行。债权人对债务人基于债享有债权(一项独立的请求权，见上文边码4.5)。 1

例：某人将一定金额作为消费借贷而给予他人，基于这项合同对消费借用人就返还所受领金额享有一项债权；某人的物被他人违法并且过失地毁损，基于这项侵权行为[私犯(delictum)]对行为人享有一项债权，而且(在罗马)指向的是支付罚金，通常将损害赔偿包含在内。——Inst. 3,13,pr. 中关于债的性质的著名定义：债是法锁，通过它我们被强制依照城邦法律清偿某项债务(更准确些：调整使之负担义务的事件)(Obligatio est iuris vinculum, quo necessitate adstringimur alicuius solvendae rei secundum nostrae civitatis iura)。它几乎不能(如同很大程度上已经为人所接受的那样)说是后古典时期的学院产物,因为它的确是受到了更早时代的影响,那时,债还含有债务人处于债权人控制之下的意思("rem solvere"具有调整某事件,尤其是经济事件的特别含义)。注释法学派则联系以下话语进行说明:就像牛通过绳索而受约束,人通过语言受精神约束(ut enim boves funibus visualiter ligantur, sic homines verbis ligantur intellectualiter)。——**文献**:安·瓜里诺(A. Guarino),"债是法锁"(Obligatio est iuris vinculum),《塔拉曼卡祝贺文集》,第4册,2001年,第343页;让·戈德梅(J. Gaudemet),"债的概念的产生"(Naissance de la notion d'obligation),同上,第135页;齐默尔曼,第1页;朱·法尔考,《债是法锁》(Obligatio est iuris vinculum),2003年。

二、历史

2 古典的债的概念已经是先进的产物了,也经历了长期的发展,而追述这个过程几乎不可能超越一般的推测。首先要说的是,应当区分清楚两个问题。第一个问题是,侵权行为与合法行为,如要式允诺,最初究竟是否是作为法律上相关的事实而被概括到一起的。另一个问题争论颇多,即债的法律形制最初是随着私犯还是随着合同而发展出来的。当然,很多人(对第一个问题)都认为,私犯引起法律效果要比合同更早些。这种法律效果并不导致行为人对受害人"有义务"。毋宁说是行为人开始遭受到受害人的复仇或者同态复仇(见边码32.4-5)。就是《十二表法》也只包含了私犯之债的萌芽。然而,对于誓约-要式口约(sponsio-stipulatio)这种原始的宣誓性要式允诺,就其已经获得承认的内容而言,《十二表法》之前就已经包含了直接给付允诺,并且这项约定很可能在对人誓金法定诉讼(legis actio sacramento in personam)这种最古老的程序中就可以如同私犯责任那样提出主张了。因此,正如大多数人所认为的,债是由这种允诺发展而来的概率不低于起源于私犯。

文献：沃·瓦尔德施泰因，"责任和有义务给"（Haftung und dare oportere），《韦泽纳祝贺文集》（Fs. Wesener），1992年，第519页；马·塔拉曼卡，"罗马债法（的历史）"［Obbligazioni（storia），Diritto rom.］，《法学百科全书》，第29册，1979年，第1页；安·马格德兰（A. Magdelain），"古代罗马民事诉法中的仲裁内容"（Aspects arbitraux de la justice civile archaïque à Rome），《古代法国际杂志》（RIDA），第27卷（1980年），第205、217页。

（一）最早的渊源存在于**人的责任**中，即某人处于他人受特定目的的限制的抓取权之下。与这些责任性控制相联系的最古老的目的，允许就某人对他人实施的**私犯**（**delictum**）进行和解。罗马人区分了对公众（人民、公共团体）实施的犯罪行为［公犯（crimina publica），下文边码50.1］和对个人及其家庭或者财产进行的侵害［私犯（delicta privata）］。只有这些对个人的不法行为才属于私法，而且可以由受害人在民事诉讼中予以追究。即使是对违反多项事实构成的公共的刑事诉讼，也不是由国家机关基于职权提起的，而是由受害人或者对此有特殊利益的人提起的。 3

依照古代法，谁实施了私的不法行为，谁就要因为其行为而承受受害人的复仇。受害人基于不法行为对行为人身体享有一项抓取权，一项支配权，其内容仅限于实施复仇的范围，即私力实施报复。这种复仇的目标在古代甚至包含了杀害对方。但是很明显，这种过于严酷的行为后果不应当予以坚持。因此，人们削弱了受害人的权限，此外还为行为人免受不当追究提供了保障。 4

（二）1. 受害人的生杀权主要因为对特定行为，如最严重的身体伤害［毁伤肢体（membrum ruptum）］等可以通过**同态复仇**（talion，可能来自于"talis"，意思是"同样的状态"）补偿而得以减弱：为赎罪而对行为人所施身体伤害不允许超过他本人所造成的身体伤害（下文边码51.19）。 5

6 2. 首先,受害人的复仇权很早就是**可以解脱的**,他可以而且应当在受领赎罪金后放弃对行为人身体的复仇权。为解救行为人,其亲属和宗族成员通常会为赎罪而向受害人提供给付,这可能会使受害人转而考虑放弃复仇。至于受害人是否愿意为这笔赎金而允许他人买下其复仇权以及具体价格如何,完全由他决定。如同《十二表法》所表明的那样,国家通常会基于公众利益而鼓励受害人放弃复仇。它为不法行为定下了具体数额或者按照一定标准计算的罚金规则,至于其金额可能是根据实践做法而确定的。

赎罪金最初可能是用牲畜数目表示,后来(至少在《十二表法》时期)才用**金钱**表示。金钱(pecunia)(来自于"pecus",即"牲畜")这个词还能让人想起这种联系。"牲畜钱"虽然可以很好地说明这种金钱给付,但很难作为一般交换手段。

7 如果向受害人提供符合法律要求的**罚金**(**poena**),长官就会对他予以强制而使其满意,因为如果受害人拒绝受领该罚金,长官就会拒绝在执行中抓取加害人的人身(下文即见)。为赎罪而杀害行为人在《十二表法》时期仍然处于执行程序的最后,只有所有解脱努力全部落空后才会采取。

作为例外,在严重不法行为的情形,早期法的严酷性仍然存在:对于现行盗窃(furtum manifestum),《十二表法》仍然规定了生杀权,但没有规定可以解脱(下文边码 51.2);对于毁伤肢体(membrum ruptum),同态复仇式惩罚虽然可以解脱,但罚金数额仍然允许自由协商确定(下文边码 51.19)。

8 3. 这种不法行为责任在最古老的罗马审理程序中要通过司法主张,即**对人誓金法定诉讼**(**legis actio sacramento in personam**)[下文边码 81.4,还可参见边码 27.2-4 关于对物誓金法定诉讼(l. a. sacramento in rem)的论述]。原告根据要求主张被告实施了符合要求而应受否定的行为[“我主张你从我这里偷了……”“我对我从你那里偷了……表示异议”(,aio te mihi furtum ... fecisse‘;,nego me tibi furtum ... fecisse‘)]。通过就谁经过宣誓的主张正确(下文边码82.5)作出判决,可以最终决定被告对于该行为是“有过失”还是“无过失”的问题。债务人在必要时可以支付罚金以获得解脱,而该罚金就是直接由法律规定的,大多是由《十二表法》规定的。如果对罚金金额发生争议,可以通过诉讼标的估价裁决[arbitrium liti(s) aestimandae]确定。

4. 作为私犯责任的原始复仇权在大多数情形下可以通过支付罚金而解脱,这就使得复仇思想退居次要地位了。责任在这时只意味着,某人将其人身置于他人可以通过司法执行的抓取权力之下,但他可以因为解脱而免责。支付赎金金额对于责任人而言首先不是一项义务的标的,而是一项纯粹“负担”的标的,也就是可以用来对所面临的抓取进行防御的一项措施。 9

(三)1. 这项可解脱的质押性抓取权力可以通过**责任行为**而人为地确立。如果某人承担提供某项给付的义务,在不提供该给付的情形下,他就处于应当得到该给付之人的抓取之下,因此抓取权力可以通过给付而解脱。然而,如果没有提供给付,就可以采取与私法责任类似的方式通过法庭执行对人责任。关于这种责任行为,古代罗马法最初仅仅承认很少几种:**债务口约**(**nexum**)(下文边码32.15;39.1-2)这项旨在消费借贷或者具有其他目的的秤式行为,**间接遗赠**(**legatum per damnationem**)(下文边码76.5)这项秤式遗赠行为,此外还有在土地要式买卖时(下文边码41.36)对特定**土地面积**(**modus agri**)的保证,而责任人还可以经由抓取了免责人的人而免责[**铜与秤式清偿**(**solutio per aes et libram**),下文边码52.5-7;57.20]。 10

2. 对于**誓约-要式口约**(**sponsio-stipulatio**)这种单方允诺,则缺乏充分根据可以说明受允诺人基于该行为在不给付情形下可 11

以进行责任抓取的假设(参见边码32.2)。如果基于该誓约-要式口约(sponsio - stipulatio)提起诉讼,允诺人被判败诉并且已经开始强制执行,就会产生债权人的抓取(边码32.12),那就是另外一回事了。

12 (四)抓取责任人的人身(通常情形下)在早期受到了仪式性形式的约束。它以**拘禁**(**manus iniectio**)方式实施,需要采取特定形式,讲说言词程式的同时将他的手放在责任人身上,以此象征实施了人身抓取这项法律所允许的私力。这项对人执行的行为很快就受到了国家监督,要求它在司法主官(裁判官)面前实施[作为拘禁法定诉讼(legis actio per manus iniectionem),下文边码81.10],并且需要获得司法主官作出的官方判决(addictio),也就是需要他予以确认。

13 这种确认只有在满足以下三个前提时才能授予:1. 首先,追夺人抓取的权利已经**无可争议**。以下情形被认为具备了无可争议性:

(1)如同规则一样,抓取权在解决争议的诉讼程序中通过**判决**确认。为此目的,人们在古代采用了对人誓金法定诉讼(legis actio sacramento in personam)的程序,在《十二表法》时代以及此后还采用了其他形式(见下文边码81.6和8),或者

14 (2)责任人在裁判官面前**当庭承认**(confessio in iure)追夺人的权利,或者

15 (3)发生抓取权的事实**显而易见**,即不需要再行举证就可以无争议地确定:这种情形下进入直接执行,而不需要诉讼和判决。

这些可以"直接执行"的情形应当具备特定事实构成,其中由指定审判员举证和判决是可有可无的,因为裁判官本身就有能力确认是否存在责任并对争议作出最终裁判。他可能以代替判决的拘禁(manus iniectio pro iudicato,下文边码81.11)许可实施对人执行。它首先就涉及由用铜和秤(per aes et libram)方式实施的行为(边码7.2;7.14)而产生的责任,需要至

少5名形式证人参与,裁判官本人可以亲自审问(in iure)。这些行为包括债务口约(nexum)、间接遗赠、称量(depensum)(见下文边码57.20);关于最初是否有对土地面积(modus agri)的承诺,存有疑问。此外还有一些其他法律规制的情形。——随着时间推移,当然也是为了使法官能够详细考察这些请求权,人们对这些请求权也引入一种诉讼,它们将通过判决而获得裁决。例如,基于创设责任的秤式行为[除了后来消失了的债务口约(nexum)外]而发生的诉讼包括基于遗嘱之诉、保证人追偿之诉、土地面积之诉(actiones ex testamento, depensi, de modo agri)。——**文献**:马·卡泽尔,"直接执行和保证人追索"(Unmittelbare Vollstreckbarkeit und Bürgenregreß),《萨维尼杂志》,第100卷(1983年),第80页。

2. 其次,只有赎金金额也以数字形式确定时,才允许实施拘禁(manus iniectio),而支付这笔金额就能使责任人解脱。否则,也就是需要根据实际价值计算罚金数额的情形或者基于法律行为而承担向他人为金钱给付责任的情形,拘禁(manus iniectio)之前还需要一项估价程序,在该程序中并不决定是否需要支付,而是决定需要支付多少。 16

3. 第三,必须是30天的判决履行期限(dies iusti,《十二表法》第3表第1条)经过而未履行。该期限旨在通过支付、和解或者免除等以避免实施拘禁(manus iniectio)。 17

已经实施拘禁(manus iniectio)的,责任人就不能再对此予以反抗。只有第三人才可以作为**推迟应诉保证人**(**vindex**),即在执行程序中提供保护的介入者而进行干预,并且仪式性地拨打开放在上面的手(manum depellere)。这样,他就与追夺人发生了法律争议,需要通过判决就追夺人对被抓取人的抓取权进行裁决。如果推迟应诉保证人(vindex)胜诉,被抓取人就获得自由。如果推迟应诉保证人(vindex)败诉,赎金金额就会翻倍:异议使诉讼标的翻倍(infitiando lis crescit in duplum)(所谓的"**诉讼增加**")。对于土地占有人(adsiduus)担任推迟应诉保证人(vindex)者不能是非土地占有人(proletarius)(《十二表法》第1表第4条)。在共和早期,被抓取人有时也可 18

以自己将放在身上的手打开,这时他在一定程度上就不再需要推迟应诉保证人(vindex)帮助了。诉讼增加在古典法中也存在,尤其是对经过判决确定的债务提出异议[已决案之诉(actio iudicati),边码 85. 3,4];后来偶尔存在于债务未经当庭承认(confessio in iure)的情形[参见阿奎利亚法之诉(actio legis Aquiliae),下文边码 51. 13];此外还有前文刚刚提到的古代法中(不需要诉讼和判决)"直接执行"的情形(G. 4,9 和 171)。在优士丁尼法中,诉讼增加得以扩张,并且被称为轻率诉讼罚金(poena temere litigantium)(Inst. 4,6,26;4,16,1)。

19 如果未支付赎金金额,也没有人作为推迟应诉保证人(vindex)而出现,执行程序就会开始了。关于拘禁法定诉讼(legis actio per manus iniectionem)的详细内容,见下文边码 81. 10 – 12。在《十二表法》中就已经对这个程序阶段规定了相关预防措施,即有利于责任人消除责任的规则,从而使他避免了发生对人执行的最终结果,即死亡或者沦为奴隶。《十二表法》之后不久,就采用了一种做法,将[诸如以一文铜币(nummo uno)缔结债务口约(nexum)的]责任人作为追夺人的债务奴隶通过做工而支付赎金金额。

20 (五)如上所述,支付赎金金额首先并不是法律义务的标的,而只是防止承担责任的手段("负担"的标的)。在**责任**表明屈从于抓取权下的状态的同时,很早就出现了**债务**的观念,也就是给付当为的观念:责任人不能只通过解脱而得以解脱,他应当自己解脱自己,他对给付负有义务,而对方则对此享有权利。特别是对于旨在设定所欲给付的行为责任(边码 32. 10),"给付当为"才受到重视,而责任、强制对方的权利,只有在未给付或者未按照要求给付时才具有实践意义。而对于不法行为责任,行为人"有义务"支付罚金的概念逐渐压倒了最初的复仇观念。

21 (六)随着承认给付义务,最迟在共和早期,出现了**债(obligatio)**这个更加宽泛的概念。如同这个概念可以理解为责任的同时还可以理解为"债务"一样,**"债务"(debitum)**这个(含混的)表达方式在包含"债务"的含义外还包含责任的含义。"负担债务"

(obligari)的表达方式虽然是从市民法(ius civile)债务出发的,但在古典时期就已经适用于荣誉法(ius honorarium)债务了。

三、**责任**通常是无限制的。当然,在例外情形下仅仅判罚被诉债务人给付其力所能及者(**id quod facere potest**),即判决当时其所有财产的价值,这样他就能支付(据此算定的)判决金额(参见 Ulp. 等 D. 42,1,16 ff.)。他这样就可以避免对其人身和其财产的执行以及与此相联系的丧失名誉和其他不利益。可能在古典时期就已经允许债务人保留其必要扶养费用所需钱款了(Paul. Pomp. eod. 19,1 和 30),这项优惠自 16 世纪起被称为**生活费保留的法律利益**(* **beneficium competentiae**)。它保护了近亲属、合伙人之间和作出赠与允诺的人(安东尼努斯·皮乌斯的敕答,Ulp. D. 23,3,33 = D. 50,17,28)。 22

较为古老的普通法实务家中有一种观点认为,赠与人对已经实施的赠与可以在生计困难时提出主张。因此,基于这项理由,可能使人很不可想象的是,如果受赠人没有支持帮助限于困境的赠与人,穷困的赠与人就必须由受赠人扶养,如果拒绝提供这项扶养,赠与人就可以撤回赠与。《普鲁士一般邦法》采用了这项规则,一方面规定了穷困的赠与人每年就赠与价值的 6% 享有请求权,另一方面规定在赠与物或者其价值尚存的情形下请求受赠人返还"对赠与人的扶养"的权利(第 1123 条、第 1126 条第 1 款第 11 项)。(在立法行将结束时才被法律采用的)赠与人因穷困而享有的返还请求权(《德国民法典》第 528 条)可以回归到这里,它在当代主要是对社会救助承担人的追偿具有意义。——《德国民法典》第 519 条,《奥地利民法典》第 947 条,《瑞士债法》第 250 条(抗辩,但未规定返还),《法国民法典》第 955 条,《意大利民法典》第 801 条、第 437 条。 23

四、关于后来的发展,参见科英,第 1 册,第 393 页;第 2 册,第 430 页;齐默尔曼,第 1 页;弗·维亚克尔,"晚期经院哲学和启蒙之间自然法中的合同和债"(Contractus und obligatio im Naturrecht zwischen Spätscholastik und Aufklärung),《现代私法形成中的第二经院哲学》(La seconda scolastica nella formazione del diritto privato moderno),1973 年,第 223 页;《德国民法典历史批评注释书》,多恩执笔,第 241 条,边码 6 – 30。 24

第三十三节　债和诉　债的种类

(RPr. § § 113 II,114,254 I,255;Kaser/Hackl § 22 Ⅱ 1)

一、债和诉

1 (一)古代法和古典法的债首先通过诉(actiones)得以特定化,而诉也恰可用于债的实现(上文边码4.6)。尽管诉(actio)只是一种旨在于发生争议时实现私权的诉讼措施,罗马人仍然精确地区分了负担义务关系和为各种诉(actio)而确定的诉讼程式(formulae)(下文第八十三节),由这些精心设计的程式很大程度上就能发现债的基础与内容。任何债(obligatio)均有其特定的诉(actio),其诉讼程式中或多或少地详细规定了判罚前提并因此也规定了私法的事实构成要素。这些要素中最为突出的是**原因**(**causa**),即负担基础[如买卖、要式口约、遗嘱、盗窃(furtum)],它赋予债(obligatio)如同诉(actio)一样的名称。

2 (二)由于诉(actiones)的范本程式规定在裁判官和市政官的谕令中,而获得承认的诉的范围几乎完全是封闭的,因此,在罗马债法中(作为规则)存在**类型限制**或者类型强制:当事人一般不能创设诉(actio)所预定的债之外的债。就此而言,可以说古典债法中并不存在合同自由(按照当代的理解,当事人无疑可以创设受诉保护的新合同类型)。当然,这种命题已基本消失了。在罗马的日常实务中,在许可条件下就可以对完全遵守要式口约形式而允诺的合法给付提起诉讼(边码7.22)。此外,裁判官可以超越谕令规定类型的范围而允许对具体情形提起诉讼[**事实之诉**(**actiones in factum**)],这样也就放宽了类型限制。事实之诉主要适用于不能明确归入任何一种被承认的合同类型的互易合同的情形(无名合同,见下文边码45.1和7)。由于受到教会法和自然法的决定性影响,债法上的类型强制才得以消除(下文边码38.18)。由于显然存在当事人自由、成立自由和(在获得承认类型的范围内的）内容自由，因此可以说罗马债法存在**合同自由**。由于充分利用了这些自由，在实务中形成了各种各样的具体合同，发展出与合同种类和当事人利益相适应的合同程式和合同条款，其中很多类型在我们这个时代仍然存在甚至于进入了法律之中（例如，试用买卖、买回、出租人质权，边码 41.49，51；31.39）。甚为精细的程式出现在要式口约法中，例如 Paul. D. 12，1，40（参见边码 7.22；40.3，9）或者 Scaev. D. 32，37，3［对此参见罗·克努特尔，“谨慎的赠与人”（Ein vorsichtiger Schenker），《马德里大学罗马法研究》（SCDR），第 20/21 卷（2007/2008 年），第 257 页］。

如果看看除此以外获得广泛承认的遗嘱自由（边码 65.9，10，当然还有边码 58，25；71.11）、所有权自由（边码 22.1；23.1，9）和家庭法上的形成自由（例如边码 60.32，收养），当然尚未承认同性“婚姻”，就可以发现，共和时期和元首制时期法律制度为罗马市民保留的自由空间使得私人自治的形成具有了各种可能性，但同时也存在风险（例如，边码 42.12，19）。与当代市民由于消费者保护规则和 2006 年《反歧视法》而受到威胁的形成空间相比，这种风险在某种程度上更大。此外，这还让人想起了古代晚期的强制国家（边码 1.15，16）中关系完全颠倒的情形。

文献：特·迈尔－马利，“学说汇纂法中的私人自治和合同伦理”（Privatautonomie und Vertragsethik im Digestenrecht），《罗马法和古代法国际杂志》，第 6 卷（1955 年），第 128 页；特·迈尔—马利，“私人自治和自己负责”（Privatautonomie und Selbstverantwortung），《法社会学和法理论年刊》（Jahrb. f. Rechtssoziologie u. Rechtstheorie），第 14 卷（1989 年），第 268 页；马·卡泽尔，“罗马的法律渊源学说中的私法行为”（Der Privatrechtsakt in der röm. Rechtsquellenlehre），《罗马法渊源和所用的法学家方法》，第 65 页；还可参见，乌·冯·吕布托（U. v. Lübtow），《法律史研究》（Studien zur Rechtsgeschichte），第 1 册，1997 年，第 78 页（自由，作为罗马繁荣和衰亡的例子而论述）；维·舍雷尔（W. Scherrer），《合同自由原则的历史发展》（Die geschichtliche Entwicklung des Prinzips der Vertragsfreiheit），1948 年；埃·雅各布，“罗马帝国的合同程式”（Vertragsformulare im Imperium Romanum），

《萨维尼杂志》,第123卷(2006年),第71页。

3 (三)在后古典时期,随着程式诉讼的消失和谕令约束的终止,债的体系的封闭性也消失了。在通俗法实现完全的类型自由的同时,优士丁尼却力求回归到古典的诉的模式中。他将这种诉的模式理解为只是一种请求权[私法意义的诉(actiones)]的松散范畴,诉的性质(natura actionis)由合同性质(natura contractus)决定。

文献:科英,第1册,第398页;第2册,第434页;布·施米德林,"罗马和现代合同见解之间的对立:类型限制和形成自由"(Zum Gegensatz zwischen röm. und moderner Vertragsauffassung: Typengebundenheit und Gestaltungsfreiheit),埃·斯普鲁特(编),《年满25周岁》(Maior vigintiquinque annis),1979,第111页;玛·特·弗根(M. T. Fögen),"以要物合同为例论罗马法的'类型强制'"(Vom, Typenzwang' des röm. Rechts am Beispiel des Realvertrages),《胡维勒尔祝贺文集》,2007年,第249页;赫·迪尔歇尔(H. Dilcher),"中世纪合同法中的类型强制"(Der Typenzwang im mittelalterlichen Vertragsrecht),《萨维尼杂志》,第77卷(1960年),第270页。

二、市民法之债和荣誉法之债

4 (一)基于**市民法**(**ius civile**)而发生并赋予市民法之诉(actio civilis)的债最为重要。多数还是可以回溯到古代法中。与此相对,基于信义诚实(ex fide bona)可以提起诉讼的债(边码33.11-12),直到共和时期才获得承认。由此而发生的诉讼经证实在古典早期就是市民法之诉(actiones civiles)了。诉讼程式要求法官作出裁决,被告对原告是否有义务给付和应当给付多少,而且为表达是依照市民法(ius civile)负担义务,使用了"义务"(oportere)这个表达方式。——**文献**:马·卡泽尔,"义务和市民法"(Oportere und ius civile),《萨维尼杂志》,第83卷(1966年),第1页。

5 (二)可以在**裁判官**或者**市政官**面前主张的债通过荣誉法之诉(actiones honorariae)而实现,其程式或者是明确列举全部事实构成要素(formulae in factum conceptae,下文边码83.14),或者是依据市民法之诉的程式，具体方式是由法官对于依照市民法(ius civile)需要而裁判官则不需要的因素进行拟制[拟制程式(formulae ficticiae)，下文边码 83.19]。

三、自然之债

6 "自然"(这里即"不真正")债务被法学家们，尤其是自尤里安起，用以表示某些负担义务，基于以它们不能提起诉讼或者至少不能予以执行，但它们在其他方面确实又具有法律效力。

"自然的"(naturalis)与"市民法的"(civilis)相对[与自然占有(naturalis possessio)相同，上文边码 19.16]，意指某些东西事实上看起来如同债务一样，但在法律上却不是债务。自然之债(nat. obl.)的概念可能是从哲学学说出发的，按照这些哲学学说，所有的人都生而自由(上文边码 3.17)，"自然地"不仅奴隶可以对其主人负担债务(Gai. 3,119a 末尾)，而且主人也可以对其奴隶负担债务(natura debere, Lab. – Iav. D. 35,1,40,3; Tryph. D. 12,6,64)。

7 奴隶的营业债务和部分情形下家子的营业债务是基本情形。奴隶[依照市民法(ius civile)]不承担责任，因此也不能对其提起诉讼。对处于买主权下(in mancipio)(边码 7.6;16.17)的家女和家子同样如此。当然，这些他权人的债务可以通过保证人或者质物而得到担保。为其清偿而提供的给付不能作为没有基础的给付而请求返还，该债务可以更新，可以与之抵销[尤见下文边码 49.5 – 7 关于特有产之诉(actio de peculio)的论述]。

8 参见 Ulp. D. 44,7,14; G. 3,119a; Iul. D. 46,1,16,3 f.; Paul. D. 12,6,13 pr.; Ulp. D. 46,2,1 pr./1; D. 16,2,6。家儿虽然可以被起诉，但只要他们自己没有财产，就不能对其予以执行。他与其家父(paterfamilias)之间在法庭上不能追究的债权和债务被认为只是一种自然之债(nat. obl.)(Afr. D. 12,6,38 pr./1; 见下文边码 49.6)。自然之债在脱离父权(emancipatio)后仍然

继续存在。此外,自然之债还包括所提到的奴隶对其主人的债权(下文边码49.6);当然也包括奴隶对第三人的债权(Ulp. D. 44,7,14)。——通行古典学说对此则有所超越,将被监护人未经监护人同意而承担的债务也归入自然之债(nat. obl.)(Pomp. D. 46,1,2;Paul. D. 12,6,13,不同见解,Lic. Ruf. D. 44,7,58)。当然人们在古典时期继续增加自然之债(nat. obl.)的事实构成,例如,对于以违反《马其顿元老院决议》(SC Macedonianum)给予消费借贷(Paul. D. 14,6,10)或者不要式利息允诺(Ulp. D. 46,3,5,2)为基础而负担的义务;因此,正如后例所示,自然之债还包括当事人并无人的缺陷但负担基础存在缺陷的情形。对于纯粹道义上的负担义务(例如,对赠与的回报或者对特留份的给与)自后古典时期起也被解释为一种自然之债(nat. obl.)。——《意大利民法典》第2034条,《葡萄牙民法典》第402条至第404条,《荷兰新民法典》第6.1.1.3-5条。——**文献**:布蒂(边码15.8),第223页;齐默尔曼,第7页;海·洪泽尔,"自然之债"(Naturalis obligatio),《塔拉曼卡祝贺文集》(St. Talamanca),第4册,2001年,第365页;萨·隆哥(S. Longo),《家子可以负担债务吗?》(Filius familias se obligat?),2003年;萨·隆哥,"D. 46,1,16,3-4(e D. 44,7,10)等","D. 46,1,16,3-4(e D. 44,7,10))",《信义 人性 法》,第5册,第2933页。

四、严格法之债和自由法之债　诚信审判　诈欺抗辩

9 (一)根据赋予法官自由裁量空间的大小,区别了严格法诉讼和自由法诉讼,并据此区别了严格判断的债务关系和自由判断的债务关系。古典法学家总体上对各项诉(actio)进行个别判断,而优士丁尼则遵循了东罗马的学校的做法,通过将按照公正判断的诚信审判(bonae fidei iudicia)和严格法审判(iudicia stricti iuris)相互对立的方法,严格地将诉概括为几类。

10 (二)在古典法中被认为是**严格法**诉讼的,主要是基于要式口约和间接遗赠(边码40.2和3,76.5和6)而产生的诉讼,因为它们基于受形式约束的行为而产生,在解释时要适用严格的原则(上文边码8.7);此外还有请求返还之诉(condictio),通过这项诉

讼(一般)所能请求返还者只能与所获得利益的数量完全一样。

(三)赋予法官裁量的空间**最大者**就是由法官判断"被告基于信义诚实有义务向原告给付者"(quidquid ... dare facere oportet ex fide bona)的诉讼,用现代语言说就是"基于诚实信用"的诉讼。**诚信审判**(bonae fidei iudicia)非常重要,位于法律生活中心,其渊源部分在于罗马市民彼此之间的关系,部分在于与外邦人的法律交往(上文边码3.12-16),因为信义(fides),即守信的义务,构成了不同民族所有人之间法律约束的基础。罗马人承认市民之间以及与外邦人基于信义诚实(ex fide bona)而不要式成立的买卖可以提起诉讼时,就回溯到了上列两个渊源。基于信义(fides)而受保护的其他债却显然只具有罗马内部的渊源。最明显的情形是存在于交易法之外者[监护(tutela)]或者根本不适用于非市民者[信托(fiducia)]。——**文献:**上文边码3.16。 11

赋予诚信审判(bonae fidei iudicia)的债在共和晚期[西塞罗,《论义务》(de off. 3,70)]包括买卖、使用租赁(包括用益租赁、雇佣和承揽合同)、合伙、委托、信托(fiducia)、监护、无因管理,还有保管、嫁资返还之诉(actio rei uxoriae)和基于无名合同的前身而产生的诉讼(下文边码45.4)。基于借用和设质的诉讼以及分割诉讼在裁判官谕令中并不属于"论诚信审判"(De bonae fidei iudiciis)[见,奥·莱纳尔,《永久谕令》(边码2.16),第288页至第302页]的范畴。由于这些诉讼确实也赋予法官很大的裁量空间,法学家们就将它们与诚信审判(bonae fidei iudicia)同样对待了,在古典晚期实务中可能有了基于信义诚实(ex fide bona)的程式补充,但哈德良敕谕中大概没有。在优士丁尼时期,属于其中的还有要式口约之诉,但只有当它用于嫁资诉讼时才符合要求,此外还有要求继承之诉(hereditatis petitio)。对此主要参见Gai. 4,62和Inst. 4,6,28。 12

大概在共和初期,人们将诚信审判(bonae fidei iudicia)也归入了属于市民法(ius civile)的法律(lex),因为诚实信用也会像法 13

律(lex)一样发生约束力。因此,诚实信用(bona fides)的功能就发生了变化:它不仅不再需要独立的负担基础,而且还提供了法官据以判断法律关系的标准。这时被认为是债务关系内容的,包括当事人自己就负担基础和内容非要式达成协议的一切,还包括没有这种约定但根据具体情况并且考虑地方习俗和一般交易习惯而被认为负担债务的情形。

14 法官可以并且应当据以作出判断的因素取决于具体情形,不可能逐一列举。其典型者如下:(1)从给付,诸如利息、孳息等,在很大范围内可以包括在严格法诉讼中。(2)非特定形式的**附加简约**(* **pacta adiecta**),当事人在其中保留或者设定了特别权限(尤其是在买卖中,见边码 41.50),被视为合同内容并应当在合同之诉时予以考虑,当然需要它与主合同同时(in continenti)缔结而非成立一段时间以后(ex intervallo)才缔结。因为缔结合同时涉及的约定就被认为是合同内容。合同一旦缔结,事后约定就意味着对该合同的变更。这一点尚未得到公认,因为这样做会违反"无定式简约不产生债(和诉讼),而只产生抗辩"(nuda pactio obligationem non parit, sed parit exceptionem)的规则(Ulp. D. 2, 14,7,4 -5,参见 Pap. D. 18,1,72 pr.)。因此,当事人作为被告时可以援引事后约定,因为该约定产生了一项抗辩,它在诚信审判(bonae fidei iudicia)中依法官职责应当予以考虑(见下文边码 33.16)。

15 (3)如果债务人违反了他在债务关系中负担的从义务,尤其是保护义务和忠实义务,债权人就可以向其请求损害赔偿(参见下文边码 37.6)。

16 (4)恶意诈欺(dolus malus)和不法胁迫(vis metusve),不管是由债权人还是由债务人实施的,法官都应当毫不迟疑地予以考虑。**缔约诈欺**[**dolus in contrahendo**,而不仅仅是过失(culpa)]发生损害赔偿义务,它也包括在诚信审判(bonae fidei iudicium)中

（Ulp. D. 19,1,1,1;eod. 13,14,参见边码 41.18），而其他合同本身有诈欺时则可以单独提起诈欺之诉（actio de dolo）（Paul. D. 4,3,18,3）。在债权人具有诈骗或者胁迫的情形下，除认为发生诈欺抗辩和胁迫抗辩外，无疑还会被认为包含于诚信审判（bonae fidei iudicia）中（是其"固有的"），因此也没有加到其程式中（Ulp. D. 24,3,21）。同样，非特定形式免除约定或者延期清偿约定也会产生简约抗辩（exceptio pacti）（Ulp. D. 2,14,7,5f.）。——基于同一债务关系而发生的对待债权可能还会考虑到抵销等内容（下文边码 53.27）。

如同我们当代所说的那样，许可诚实信用的要求（《德国民法典》第 157 条、第 242 条，《瑞士民法典》第 2 条），当然对此也有深思熟虑后的限制，这其中有着前古典法学家和古典法学家最具意义并且对后世发展影响最大的贡献。他们也因此为法律生活中包罗万象的部分创造出了适当的、精准并且具有适应能力的制度，它直到今天仍然在很大程度上与我们的法律意识相一致。 17

（四）此外，**诈欺抗辩（exceptio doli）**还使法官的裁量得以显著扩张。从文句看，"如果被告没有恶意诈欺该案就不会发生"（si in ea re nihil dolo malo Auli Agerii factum sit neque fiat）（G. 4,119;参见下文边码 83.26）包含两项事实构成：首先是诉讼前的诈欺[dolus（factum sit）]，它考虑到了债务人对债权人的现实恶意，尤其是缔约诈欺；其次，现在时选项（fiat）则可以认为是提起诉讼时具有违反诚信这种广义诈欺，并因此赋予法官在严格法诉讼中判断原告行为时享有与其在诚信审判（bonae fidei iudicia）中判断当事人双方行为时所享有的裁量空间相同的裁量空间。 18

对于因其他理由而应予返还者提出请求，是恶意而为（dolo facit, qui petit quod redditurus est）（Paulus D. 44,4,8 pr. = 50,17,173,3）。——第一 19

个(采用完成时的)选项称为“(特定的)过去诈欺抗辩”[* exc. doli praeteriti(specialis)],第二个(采用现在时的)选项称为“(一般的)现时诈欺抗辩”[* exc. doli praesentis(generalis)]。在当代人们将第二个选项扩张成为“不法权利行使抗辩”,(通常)应当依职责考察。——直到中世纪才有了成因诈欺(dolus causam dans)和附带诈欺(dolus incidens)的区别。基于成因诈欺(dolus causam dans),另一方当事人才成立合同的,只要对此能够予以证明,该合同即为无效。没有附带诈欺(dolus incidens)另一方当事人虽然仍然会成立合同,但会成立另一项合同的,受诈欺人对此可以通过诈欺抗辩(exceptio doli)而受保护。关于这种区别及其发展,见上文边码 8.37。

文献:路·加罗法洛(L. Garofalo)(编),《一般诈欺抗辩:罗马法和罗马法传统》(L'eccezione di dolo generale. Diritto romano e tradizione romanistica),这部文集中有 18 篇论文可供参考。

第三十四节　债的内容

(RPr. § § 43 II 4,115 – 117,256,257;Kaser/Hackl § 46 II)

一、给付内容　一般要求

1 **文献**:朱·格罗索,《债》(Obbligazioni),第 3 版,1966 年;齐默尔曼(依照索引)。

(一)债务人负担义务的给付的内容,可以是很大范围内的任何种类的行为或者不作为。

在法律和诉讼程式中,给付内容被称为**“给予”(dare)**、**“行为”(facere)**和**“供给”(praestare)**。“给予”(dare)在技术意义上是指取得奎里蒂法所有权(详细内容,见下文边码 34.10);“行为”(facere)意指任何作为或者行为,“不行为”(non facere)意指不作为;指向行为(facere)的严格法债务(尤其是基于要式口约者)具有(被动)可继承性(被告资格可以继承),并且显然原则上排除了第三人给付。“供给”(praestare)最初是“作为保证人”(prae stare)的意思,并且经常用以指提供担保,即对于假定状态或者期待状态存在或者发生作保[例如,古代有保证人(praedes)交验保证(边码7.21)、后来有对买卖标的物无瑕疵担保或者特定性质担保]。在古典语言用法中,“供给”(praestare)还因为偏好而经常用以指违反债务人义务时的补偿义务或者赔偿义务以外的担保(dolum,culpam,diligentiam praestare 等)。最后,该词与当代“提供担保”(gewähren)或者“给付”的含义基本相同但稍有变化,可以是针对任何种类的给付。——**文献**:胡·贝基歇尔(H. Beikircher),“论‘praestare’的词源及其含义的发展”(Zur Etymologie und Bedeutungsentwicklung von praestare),《语言》(Glotta),第70卷(1992年),第88页;里·卡尔迪利,《论供给债务和合同责任》(L'obbligazione di praestare e la responsibilità contrattuale),1995年,第109页[书评,路·卡波格罗索·科洛涅西,《萨维尼杂志》,第115卷(1998年),第527页];埃蒙茨(边码53.4),第295页。

(二)关于许可的给付内容发展形成了某些一般要求。 2

1. 给付必须**可能**,对不能没有任何债(impossibilium nulla obligatio est)(Cels. D. 50,17,185)。合同订立时,如果给付事实不能(例如,物已灭失或者是不存在的东西,如人头马怪)或者法律不能[例如,约定转移非交易物(extra commercium)或者已经属于债权人之物],无效。参见 Paul. D. 18,1,15,pr.;G. 3,97 – 99;Inst. 3,19,1 – 2;Ulp. D. 50,17,45 pr.。

当然,在出卖非交易物或者将自由人作为奴隶而出卖时,个别古典法学家认为善意买受人应当享有事实之诉(actio in factum),其他古典法学家可能认为对订立合同时存在恶意的情形应当就其损害赔偿享有买受之诉(actio empti),因为他对合同的有效存在信赖。参见 Ulp. D. 11,7,8,1;Iav.,Paul. D. 18,4,8 f.;Mod. D. 18,1,62,1。

如果给付客观上是可能的,只是债务人(主观)不能(给付不能)或者使其陷于困难,债务人仍然可以对该给付负担债务。

D. 45,1,137,5(维努雷乌斯,《论要式口约》,第 1 编)

Si ab eo stipulatus sim, qui efficere non possit, cum alio possibile sit, iure factam obligationem Sabinus scribit.	萨宾写道,如果我自他人获得允诺,此人不能实现该给付但其他人可以实现,债仍然发生法律效力。

《德国民法典》旧文本第 306 条(不同于新文本第 311a 条),《奥地利民法典》第 878 条、第 880 条,《瑞士债法》第 20 条。——**文献**:克·沃尔施莱格(Chr. Wollschläger),《不能学说的确立》(Die Entstehung der Unmöglichkeitslehre),1970 年;托·阿尔普(T. Arp),《自始不能》(Anfängliche Unmöglichkeit),1988 年;迪·梅迪库斯(D. Medicus),"罗马法中给付不能的功能"(Zur Funktion der Leistungsunmöglichkeit im röm. Recht),《萨维尼杂志》,第 86 卷(1969 年),第 67 页;齐默尔曼,第 686 页;马·佩恩尼茨,"买卖法中的自始(部分)不能还是风险承担"[Anfängliche (Teil-)Unmöglichkeit oder Gefahrtragung im Kaufrecht?],《塔拉曼卡祝贺文集》,第 6 册,第 199 页;扬·迪·哈尔克,"一时不能"(Vorübergehende Unmöglichkeit),《萨维尼杂志》,第 123 卷(2006 年),第 102 页。

3 2. 给付不得**违反禁止性规定**或者**背俗**(上文边码 9.7-10)。——《德国民法典》第 134 条、第 138 条,《奥地利民法典》第 879 条,《瑞士债法》第 20 条。

4 3. 给付不得完全**不确定**,至少应当可以确定。

根据非常透彻的古典法学家的意见,确定给付可以交由作为正直的人的第三人公正(而非任意)裁决(arbitrium boni viri);必要时甚至可以由债权人或者债务人合理确定执行标准。参见 G. 3,140/143;Proc. D. 17,2,76ff.;Pomp. eod. 6)。

5 4. 依照古典程式诉讼也适用的原则,任何给付判决都应当有确定金额的内容[钱款判罚(condemnatio pecuniaria),下文边码 35.3],给付应当可以**用金钱估定**(参见 Ulp. D. 40,7,9,2)。

然而,为使不具有金钱价值的给付能够强制执行,可以通过要式口约形式对给付未发生的情形允诺确定金额(不真正违约金,下文边码 40.11)。——在钱款判罚(condemnatio pecuniaria)时,显然会根据具体情形考虑精神利益或者个人感情利益(收藏价值);Pap. D. 17,1,54 pr.:在权威法学家看来,在诚信审判时必须考虑感情利益(placuit enim prudentioribus affectus rationem in bonae fidei iudiciis habendam)。

5.(真正)**利益第三人合同**能够使第三人取得权利,但它未获承认。古代的债(obligatio)只发生有利于特定权利人的人身约束;并且,正如该权利不能转让(下文边码 55.1)一样,它同样不能经由(自权人或者家外人)其他人取得(见关于代理的内容,上文边码 11.5)。当然,古典晚期的皇帝法承认某种例外,其中可以为对第三人公平而赋其以诉讼。优士丁尼将这种例外予以扩张。 6

参见 Diocl. vat. 286(上文边码 10.21);C. 3,42,8;C. 4,32,19,4;Paul. D. 24,3,45[嫁资优先(favor dotis),见,施塔格尔(边码 59.9),第十一节]。基于合同,不是第三人本人而只能是合同当事人一方可以向另一方请求另一方向第三人给付的合同(所谓"不真正利益第三人合同"),如果有诉权的一方当事人本身对于向第三人给付享有可以金钱估定的利益,并且该诉讼指向不特定给付标的,该合同就可以获得承认(下文边码 34.14 – 15);参见 Ulp. D. 45,1,38,20 f.;Pap. D. 39,5,28。与此相反,不能通过给付确定标的(certum)之诉而就向第三人负担的给付提起诉讼;"任何人不能为他人利益允诺"[alteri (dari) stipulari nemo potest]的规则曾经提到这一点,Ulp. D. 45,1,38,17;Inst. 3,19,4;3,19,19。

参见《德国民法典》第 328 条、第 329 条,《奥地利民法典》第 881 条,《瑞士债法》第 112 条。——**文献**:格·韦森贝格,《利益第三人合同》(Verträge zugunsten Dritter),1949 年;马·卡泽尔,"论所谓'不真正利益第三人合同'中的利益确定"(Zur Interessebestimmung bei den sog. unechten Verträgen zugunsten Dritter),《塞德尔祝贺文集》(Fs. Seidl),1975 年,第 75 页;彼·阿

帕蒂,“论利益第三人简约基础上的简约抗辩”(Zur exceptio pacti aufgrund eines pactum in favorem tertii),《萨维尼杂志》,第93卷(1976年),第97页;奥·贝伦茨,“对罗马私法中利益第三人合同的思考”(Überlegungen zum Vertrag zugunsten Dritter im röm. Privatrecht),《圣菲利波祝贺文集》,第5册,1984年,第1页=贝伦茨,《制度和原则:论文选集》,第2册,第839页;赫·朗格,“法学家和教会法学家论任何人不能为第三人利益允诺”(Alteri stipulari nemo potest bei Legisten und Kanonisten),《萨维尼杂志》,第73卷(1956年),第279页;芬克瑙尔(边码11.1之前),第492页;科英,第1册,第423页;第2册,第452页;齐默尔曼,第34页;哈·东多普(H. Dondorp)“Inst. 3,19,19在法国的继受”(The Reception of Institutes 3,19,19 in France),《普尔祝贺文集》,第59页;《德国民法典历史批评注释书》,福格瑙尔执笔,第328条至第335条,边码5-57,此外参见,埃·约·希·施拉格(E. J. H. Schrage),《由第三人获得的权利》(Ius quaesitum tertio),2008年(自中世纪盛期起的发展)。

7 6. 依照古典法,向继承人给付的要式口约或者完全是在债权人或者债务人**死后**(**post mortem**)而给付的要式口约,按照“人们一般认为对继承人本人不能发生一项债务”(generaliter placuit ab heredis persona incipere obligationem non posse)的规则,不发生效力,G. 3,100;158;又见下文边码44.5关于委托的论述。优士丁尼废止了这项限制,C. 8,37,11;C. 4,11,1;Inst. 3,19,13。

二、确定债务　不确定债务

8 按照为债(obligatio)提供的诉讼类型,在确定给付范围时也为法官保留了不同的自由裁量空间。这项原则在法官受诉讼程式文句约束的程式诉讼中还能够严格遵守。但到古典时期,特别是后古典时期,在废除程式诉讼后,这项原则就有所松动或者被放弃了。

9 (一)对负担义务最狭窄地确定,就是指向支付**确定金额**(**certa pecunia**)的情形。程式使法官只能就固定明确的金额选择判罚或者开释。

属于这种情形的，例如基于确定金额(certa pecunia)要式口约之诉(关于诉讼类型，见，下文边码 40.2)、基于(确定金额)遗嘱之诉[actio (certae pecuniae) ex testamento]和确定金额请求返还之诉(condictio certae pecuniae)(程式，下文边码 83.12)。——虽然被告负债，但其金额低于被诉金额，法官就必须将其开释；再次提起诉讼则因诉讼消耗而落空(下文边码 82.25)。**过分请求(pluris petitio)**所发生的这种结果表明，对程式严格解释显然十分苛刻而且构成了一种诉讼惩罚，它迫使原告不得不谨慎小心地界定其请求。在后古典时期，过分请求(pluris petitio)不再妨碍法官对被告实际所欠金额作出判罚；而对于过分请求(pluris petitio)仅仅是作为诉讼轻罪而予以处罚。参见 G. 4,53ff.；同时参见 Inst. 4,6,33ff.；Inst. 4,13,10)。——**文献**：朱·萨科尼(G. Sacconi)，《论程式诉讼中的过分请求》(La pluris petitio nel processo formulare)，1977 年；沃·维甘德(W. Wiegand)，《过分请求》(Plus Petitio)，1973 年(论及罗马法之后的发展)。

(二)人们认为属于(金钱之外)其他的**给予确定标的(certum dari)**包括：转移特定物所有权或者(在种类债务)转移确定数量可替代物所有权；可能还有提供用益权。法官在这种情形下只能选择，或者在所欠确系被诉确定标的(certum)时判罚其金额，或者在其他情形时开释。法官不能对案件本身判罚，这同样是遵循了前述钱款判罚(condemnatio pecuniaria)原则(边码 34.5；35.3－5)。 10

属于其中的诉讼可以列举出基于特定物(certa res)要式口约的诉讼、基于(特定物)遗嘱之诉[actio (certae rei) ex testamento]，此外还有请求返还特定物之诉(condictio certae rei)、劳务之诉(actio operarum)(上文边码 16.15)，因为劳务(operae)也可以视为确定标的(certum)。如果所欠者少于被诉者，同样会面临过分请求(pluris petitio)的风险，上文边码 34.9。

11 （三）如果诉讼指向**返还**（特定）物[（**certam**） **rem reddere**]（如保管、借用、质押的情形），就可以自由确定给付范围：除返还物本身之外，还应当返还自该物收取的孳息等（参见 Paul. D. 22, 1, 38, 10）。

12 如果要求负担义务的人**恢复原状**（restituere），债权人——至少原则上——就应当达到与此前特定时间已向他提供了该给付相同的状态[参见原物返还之诉（rei vindicatio），上文边码 27.20]或者达到与没有发生侵权行为相同的状态（例如 Ulp. D. 4, 2, 12, pr.）。当然，人们从未严格遵守过该原则，而是通过在恢复原状（restituere）或者返还（reddere）时保留确定给付范围的司法裁量自由这种方式来满足该项原则。

13 **仲裁程式**（**formula arbitraria**）不仅会使原告取得对被告的金钱判罚，还会使其以自然状态（in natura）受偿，只要这些诉讼中有仲裁程式，法官就会在终局判决之前使被告进行恢复原状。被告如果恢复原状了，就会被开释，否则会根据原告的诉讼估价宣誓（iusiurandum in litem）而受到金钱判罚（边码 27.17）。属于这种情形的，除了对物之诉外，还有出示之诉、恶意之诉、"胁迫"之诉、基于令状的后续程序等。

此外，某些并不指向恢复原状的（罚金的或者非罚金的）诉讼在确定给付标的方面有更大的裁量空间。这些诉讼程式为法官预先规定了**诉讼标的所值价值**（**quanti ea res erit**）或者明示标出**（原告）利益总值**[**quanti**（**actoris**） **interest**]，法官应当据此判罚（下文边码 35.9）。

14 （四）1. **不确定程式**（**formula incerta**），即具有不确定给付标的的诉讼程式，如果提交给法官的是这种程式，在技术上就意味着应当判罚"被告有义务向原告给付的全部"（quidquid ... dare facere oportet）。这里的请求标的完全没有限定，而是交由司法调查；这种情形下就被排除了过分请求（pluris petitio）（G. 4, 54）。

2. 不确定程式(formula incerta)的文句,如果是基于诸如要式口约或者债法遗赠等发生严格法之债而所欠系不确定标的(incertum),就简单地表述为"被告对原告所欠",这样,司法裁量就只涉及给付标的及其估定,而不涉及应按严格法标准判断的负担基础。相反,如果需要对债务基础进行判断并且因此需要对整个债务关系进行自由判断,则还需要其他**基于信义诚实**(**ex fide bona**)的附加内容(上文边码 33. 11)。 15

如果诉讼中提交给法官的程式要求法官判断对他而言什么是**善良公正**(**bonum et aequum**),或者更加善良公正(melius aequius),法官就享有了与程式中有这项附加内容相类似的裁量自由。属于这种情形的,如(非罚金的)返还嫁资之诉和(罚金的)侵辱之诉。

三、选择债务　种类债务

(一)1. 在**选择债务**(* obligatio alternativa)中,债务人欠的是两项或者多项给付,而债权人只能得到一项给付:债的标的有两项,清偿标的只有一项(duae in obligatione, una in solutione)。参见 Ven. D. 45,1,138,1;Paul. D. 18,1,34,6。 16

如果未附其他条件,选择权限归债务人。这一点可以(依照)疑义规则(边码 8. 12)而得以说明,因为选择债务大多是通过要式口约设定的。选择权的详细内容及其存续将根据具体案例来确定。

2. 如果某项给付自始不能,或者嗣后不能而债务人对此并无过错(下文边码 36. 13 - 18),则其债务通常限制在其他可能尚存的给付上(Paul. D. 18,1,34,6;45,1,128,下文即见边码 34. 20)。 17

文献:古·佩斯卡托雷(G. Pescatore),《选择债务关系》(Das Wahlschuldverhältnisse),1905 年(罗马法、比较法和《德国民法典》);朱·格

罗索(边码 34.1 之前);葆・齐廖托(P. Ziliotto),《罗马法中选择债务研究》(Studi sulle obbligazioni alternative nel diritto rom.),2004 年。

18 3. 与此不同的是**代替权**(*facultas alternativa),这种情形下所欠的只有一项给付,但债务人可以通过确定他项给付而完成清偿。债务人在所欠给付不能时(如果他对该不能并未担保,下文边码 36.13 – 18)免责。参见 Ulp. D. 33,9,1;Iul. D. 36,2. 19 pr.。

19 (二)在**种类债务**,所欠标的不是个别的**特定物**(**species**),而只能按照**种类**(**genus**)确定,因此,可以给付属于该种类的任何特定物而使债务人免责。它们通常适用于所欠者系诸如油、粮食、砖瓦(上文边码 18.12)等可代替物的情形。

20 在种类债务,只要种类尚未消灭,就不存在给付不能;债务人预定给付之物灭失的,即使他对此没有过失,必须给付同种类的其他物。因此很明显,种类债务、选择债务与特定债务的区别对于风险承担具有重要意义,尤其是对所谓"给付风险"而言。这里所涉及的问题是,在债务人因意外事故而不能给付时,债权人是否丧失其请求权,或者,就债务人的角度而言,债务人为清偿而确定之物因意外事故灭失时是否需要给付他物。对于特定债务,适用由中世纪法学家所形成的规则:特定物灭失归债权人(species perit creditori),即(特定债务中)特定物灭失的不利后果由债权人承担,而债务人免责。但是,对于种类债务,适用的规则却是:种类物不灭失(genus perire non censetur),即只要该种类还有一物尚存,债务人就仍然应当承担风险(直到风险转移于债权人)。选择债务介于二者之间。在选择债务中,债务人承担各种可选择的所欠特定物的风险,直到仅剩一物。由于选择债务随倒数第二物的灭失变成了特定债务,债权人就要对最后一个物承担风险了,因此,根据 Paul. D. 18,1,34,6 对选择债务可以这样说:第一物的风险由债务人承担,第二物的风险由债权人承担(prioris periculum ad

debitorem,posterioris ad creditorem respicit)。——关于物的风险、价金风险或者对待给付风险,见下文边码41.20。

21 由风险承担可以解释关于选择债务的最著名模式:甲通过要式口约对乙负担根据乙的选择而给付甲物或者乙物的义务。甲物因甲的过错而毁损,后乙物因意外事件而灭失。债的关系因甲物毁损而限定于乙物之上,因此,甲因乙物灭失不可归责于他而免责,因为乙就此承担给付风险。当然,帕比尼安在D.46,3,95,1中认为,甲基于诈欺之诉(actio de dolo)(因为要式口约所生债务消灭)而向乙就价款负责(可能最高至乙的价款金额)。这种模式可以通过下例而得以说明:甲因为甲物毁损而使乙承担受让取得甲物给付风险的不利后果。如果后来真的发生这种风险,也不能使其获得免责的利益。这种处理为很多法典所接受(例如,《法国民法典》第1193条第2款,《希腊民法典》第311条,《意大利民法典》第1290条,《西班牙民法典》第1135条,《新荷兰民法典》第6.1.4.4条,《阿根廷民法典》第639条,《2002年巴西民法典》第254条),《德国民法典》第265条也采取了这种处理模式[通说,见罗·克努特尔(边码1.35之前,《欧洲私法杂志》),第265页]。

22 有时给付虽然也按照种类确定,但仅限于提供存货(所谓的"限定种类债务")。存货中某物灭失,债务人必须另行给付他物,但如果非因其过失而存货全部灭失,债务人即可免责。参见Scaev. D.33,5,22;34,2,38;又见下文边码41.8。

23 关于种类债务的构造,古典法学家之间存在分歧。一种见解,尤其是帕比尼安,可能还有尤里安,认为,种类债务是一种对于种类之下所有物的扩张的选择债务,因此,对于该种类之下任何一物都存在有债。另一种见解,主要是马尔塞鲁斯(Marcellus),认为,种类债务是选择债务以外一种独立的债的类型,在种类债务中只是听任债务人向债权人给付属于该种类的标的而已。第一种见解可能较为古老,根据该见解,种类债务的债务人,例如欠了实物,不能以缔约时属于债权人的物或者缔约人后来取得的物进行清偿。债务约定可能因为自始法律不能而不能就已经属于债权人的某物设定债务,也不能就债权人后来取得的物设定债务,就某物设定的债务可能因为不同事由而消灭,例如,(债务人给付的情形)通过清偿、因为(第三人为自己所负担义务而向债权人给付)嗣后不能。第二种见解较为先进,根据该种见解不会发生上列问题。Pap. D. 31,66,1 –3;Marcell. D. 46,3,72,4;eod. 67;参见 Paul. D. 45,1,128;Pomp. D. 45,1,116 pr. 。——**文献**:罗·克努特尔,“种类债务中义务标的是什么?”(In obligatione generis quid est in obligatione?),《圣菲利波祝贺文集》,第 3 册,1983 年,第 351 页。

24 种类债务的债务人可以通过给付同种类中最不理想的无瑕疵的物而免责(Iav. D. 17,1,52;Marcell. D. 46,3,72,5),只要不能通过解释表明其他内容就可以了,如消费借贷(Pomp. D. 12,1,3:与所交之物种类和品质相同)或者遗赠[Ulp. D. 30,37 pr. :既不是最好的也不是最差的(奴隶)(ne optimus vel pessimus);Afr. eod. 110]。优士丁尼代之以应当给付中等品质之物的规则,C. 6,33,3,1b;C. 8,53,35,1 –2。

《德国民法典》第 243 条、第 262 条至第 265 条、旧文本第 279 条、新文本第 276 条、第 2155 条,《奥地利民法典》第 656 条以下、第 906 条、第 907 条,《瑞士债法》第 71 条、第 72 条,《法国民法典》第 1022 条、第 1189 条以下、第 1246 条。——**文献**:格罗索(边码 34.1 之前),第 231 页;关于种类买卖,见下文边码 41.9。

四、金钱债务

25 正如秤式行为和各钱币名称源自于重量[如都庞第(dupondius)由“2”(duo)和“重量”(pondus)组成,也就是 2 阿司(asses)]所表明的,金钱最初是要称量重量的,参见 G. 1,122。磅是基准计量单位,大约自公元前 4 世纪起,它经过了十二等分[盎司(unciae)]就成为了阿司(as),而阿司成为按照重量铸成的铜币的名称,它就是所谓重铜(aes grave)的表面价值。与此同时,仿照希腊钱币铸成的银币则以德拉克马为基本单位。然而,前两次布匿战争明显降低了这两种钱币的金属含量,并且最终在第二次战争中间大约公元前 211 年引入了一种新的所谓“狄纳里体系”，其基准面值狄纳里（denarius）[也就是文（nummus），即 1/10 币，]是银币。开始时，它相当于 10 阿司，大约自公元前 141 年起，相当于 16 阿司；奎纳里（quinarius）相当于 1/2 狄纳里，塞斯特（sestertius）相当于 1/4 狄纳里。奥古斯都时期重新改革币制，最终影响了元首制时期的币制。最大币值钱币是奥雷（aureus）[也就是文（nummus）]，这种金币相当于 25 狄纳里（denarii）。原有狄纳里分币被黄铜阿司的 4 倍，也就是 2 倍阿司的都庞第和 4 倍阿司的塞斯特（sestertius）所取代。阿司再度被——并且作为最小币值钱币——夸德伦（quadrans），也就是 1/4 阿司所取代，而夸德伦是由铜做成的。

金钱自共和时期起就不再称量了，而是点数了[因此有了钱数（pecunia numerata）这种名称]，并且相应地就属于由重量、数量或者度量决定的物（res quae pondere numero mensura constant）（上文边码 18.12），Gai. 3，90，所以任何金钱债务都可以通过支付任意钱币而清偿。因此，这里相互可以交换的不仅仅是相同面值的钱币，而是罗马货币制度所有面值之间的确定价值关系。甚至于在要式口约中，被认为具有决定性的也并不是所说出的钱币形式而是金钱价值，因此，如果问的是支付确定数额的狄纳里（denarii），但答的是允诺给付相同价值的奥雷（aurei），这种通过要式口约而作出的支付允诺也是有效的（参见 Flor. D. 45，1，65，1）。

罗马帝国的法律交往有很多困难，因为价值关系不稳定、罗马帝国钱币流通范围各异、各行省钱币不尽相同。通过合同确定钱币种类或者对应种类的情形显然非常频繁。

中世纪铸币业分散，与此相应，在确定金钱债务的标的时，就不再以债权表面价值为准，而是以所欠钱币地点的金属含量为准。金钱债务就成为了指向给付特定数量贵金属的债务，直到 19 世纪才最终回归到表面价值原则。——**文献**：赖·沃尔特斯(R. Wolters),《面额标记:罗马钱币铸造和货币经济研究》(Nummi signati. Untersuchungen zur römischen Münzprägung und Geldwirtschaft),1999 年;沃·恩斯特,"D. 46,3,99 的合理性"(Rationalia ad D. 46,3,99),《胡维勒尔祝贺文集》,2007 年,第 233 页;《德国民法典历史批评注释书》,多恩执笔,第 244 条、第 245 条,边码 14–15(还论及继续发展)。

五、利息

文献:古·比勒特尔(G. Billeter),《古代希腊罗马的利率史》(Geschichte des Zinsfußes im griech. –röm. Altertum),1898 年,1970 年重印;塞·塔法罗(编),《今昔利息》(L'usura ieri ed oggi),1997 年;斯坦·姆罗策克(St. Mrozek),《利息:元首制时期利息问题研究》(Faenus. Studien zu Zinsproblemen zur Zeit des Prinzipats),2001 年;肯·韦博旺(K. Verboven),"部丢利的苏尔皮奇家族蜡板和早期罗马帝国的利率"(The Sulpicii from Puteoli and Usury in the Early Roman Empire),《法律史杂志》,第 71 卷(2003 年),第 7 页;安·皮库尔斯卡(A. Pikulska),"罗马共和时期的利率控制"(Répression de l'usure à Rome Républicaine),《信义 人性 法》,第 6 册,第 4295 页。

26 (一)利息(fenus,usurae,来自于 uti,意思是"使用")和当代一样是使用他人本金(sors,caput)的补偿,大多是金钱,例外情形也可以是其他可替代物。利息是在本金之外而欠人的,其数额一般是根据本金多少、所欠本金的期间和利率而计算出的本金的一部分。利息约定在古代罗马时期的消费借贷中就已经存在了(下文边码 34.30;39.1;39.6)。《十二表法》(第 8 表第 18 条)规定十二分之一息(fenus unciarium)为最高利息,对于超过该标准者可施以违法收取数额 4 倍的罚金。

十二分之一息(fenus unciarium)意指1阿司(As)的利息为1盎司,即本金的十二分之一,即年利率为$8^1/_3\%$。如果(如某些人所认为的)认其为月息,那么本金数额一年就会增加一倍,这在当代被认为是产生暴利的利率,对此也许在原始的自然经济和对早期历史的怀疑中可能找到解释。在公元前4世纪,利率至少降低了一半左右[半十二分之一息(fenus semiunciarium)]。后来(342年)《格努齐亚法》(lex Genucia)采取了普遍的利息禁令,(如果真的通过了这部法律)它在共和晚期逐渐被废弃了。——**文献**:马·卡泽尔(边码9.7之前),第35页。 27

(二)自共和初期起,即在金钱往来发达时期,采用了百分之一息(centesimae usurae)为最高利息,即月息1%,年息12%。只要不背离地方习惯,这种利率还可以适用于不是通过法律行为而确定利息的情形。 28

在航海借款(fenus nauticum,下文边码39.8)中,利息被作为风险酬金而不限制其数额。——对复利(usurae usurarum,anatocismus)不能提出请求,同样也不能对高过本金数额的未结清利息提出请求(参见Ulp. D. 12,6,26,1)。然而,复利禁令遇到了破坏,因为将增加后的总额多少计算利息后再将该利息作为本金(古代全都是短期的)贷款,就又可计利了。变更行为(versuram facere)这个含混不清的表达特别用以指,通过变更债权人而发生的债务更新,在这个行为中,债务人对新债权人承担了一项消费借贷,因此使得他对原债权人的债务得到清偿。在后古典时期,如果所支付利息数额达到本金数额,就不再允许计息了,当然,这样做意义并不大。——**文献**:克·维勒(K. Wille),《贷款利息变更》(Die Versur),1984年;汉-彼·贝内尔,"贷款利息变更"(Versura),《萨维尼杂志》,第107卷(1990年),第216页。 29

利息之债可以基于以下事由产生:(1)法律行为,尤其是合同。对于可以之为基础而通过诚信审判(bonae fidei iudicium)提起诉讼的合同,只要有不要式利息约定即可。对于其他合同,尤其是对消费借贷(mutuum),要求采用要式口约形式的利息约定 30

(Afr. D. 19,5,24)。如果基于非特定形式约定而支付了利息,也不能请求返还(Scaev. C. 4,32,3;上文边码 33.8;下文边码 39.6)。如果不要式约定的利息债权有质物担保,利息到期时就可以对该质物变价(Ulp. D. 13,7,11,3)。——基于间接遗赠和信托也可以发生利息债务。

31 (2)在个别情形中,本金债务直接基于法律条文而未经约定就产生(在前述数额之内)利息(所谓"法定"利息并不准确)。

这些情形包括:(1)基于诚实信用(bona fides),交付买卖标的物后对买卖价款的请求权(Pap. vat. 2,下文边码 41.19)以及特定事务执行人就其垫付金钱的补偿请求权和反过来对于监护人或者受托人为自己利益而使用他人本金的返还请求权(Ulp. D. 26,7,7,10;D. 17,1,10,3);(2)所有可以用不确定程式(formula incerta)提起诉讼(以及信托所生)的债权发生的迟延利息(下文边码 37.9);(3)例外情形,争讼程序(litis contestatio)所确定的债务以及公职审判诉讼中判决所确定的债务。

32 (三)后古典时期引入了很多特别利率。优士丁尼受到反对收取利息的基督教学说影响,虽然没有废除利息,但却降低了利率(C. 4,32,26,2):通常情形的最高利率为 6%,对于上等阶层成员的利率为 4%,对于商人和银行家的利率为 8%,对于海事借贷的利率为 12%。此外还有其他特别利率。

33 (四)在中世纪,较之于传统原则,教会法的利息禁令最初取得了优势[其依据包括《出埃及记》(Exodus 22,24),《利未记》(Leviticus 25,36),《申命记》(Deuteronomium 23,20),《诗篇》(Psalm 15,5),《路加福音》(Lukas 6,35)],并且自注释法学派起逐渐获得世界范围内法律的承认。作为超越其适用范围的一种例外,犹太法中只有几种确定的特别情形,如迟延利息,但它们不是真正的利息,而被认为是一项概括性损害赔偿。然而,应当注意的是,自 16 世纪起,这项禁令在学者法中越来越软化。此外,在三十年战争的经济后果影响下，在 1654 年《帝国决议》(Reichsabschied)(第 174 条)允许对借款征收每年百分之五的利息。尽管也会采用部分地经过调整的方式，与利息禁令相对的罗马原则得以连续不断，当然，在《德国民法典》立法中存在争议(《德国民法典》第 248 条，而《奥地利民法典》第 1000 条第 2 款则不同)。未结清的利息达到计息本金数额时结束计息，这项规则在德国直到《德国民法典》生效才最终被清除出去(《奥地利民法典》第 1335 条仍然不同)。**文献**：威·恩德曼(W. Endemann)，《17 世纪末叶罗马－教会经济学说和法律学说研究》(Studien in der romanisch-kanonistischen Wirtschafts-und Rechtslehre bis gegen Ende des 17. Jh.)，第 1 册，1874 年(1962 年重印)；哈·西姆斯(H. Siems)，《中世纪早期法律渊源中的贸易和暴利》(Handel und Wucher im Spiegel frühmittelalterlicher Rechtsquellen)，1992 年，第 500 页；法·维特雷克(F. Wittrek)，《金钱作为正义的工具》(Geld als Instrument der Gerechtigkeit)，2002 年，第 111 页；保·卢·内夫/E. 克·科庞(P. L. Nève /E. C. Coppens)，"论利率和罗马教皇"(L'usure et le Pape)，《普尔祝贺文集》，第 244 页；《德国民法典历史批评注释书》，多恩执笔，第 246 条至第 248 条，边码 10－34；《德国民法典历史批评注释书》，罗士安执笔，第 286 条至第 292 条，边码 22，29－30，44。

第三十五节　损害赔偿和罚金

(RPr. § § 117，257)

一、损害赔偿

(一)现代法在给付标的中还列举出了损害赔偿。某人所受的不利益可以通过除去损害结果的自然给付而消除。自然给付不可能或者不可行的，就应当向受害人支付金钱，以使其能达到如同 1

损害结果未曾发生的状态。这里主要考虑了财产损害,因为精神利益损害不能或者只有例外情形下才能通过金钱弥补。对于诸如违法并且应当归责的损害而负担的一般性损害赔偿义务,即使现代民事立法中也只是在符合特定限制的情形中才予以承认。

2 对罗马人而言,损害赔偿的一般概念如同一般损害赔偿义务一样都是陌生的。他们所了解的只是个别的、需要分别判断的损害事实构成,其法律后果虽然通常是损害补偿,但并不总是如此,而是需要根据受害人所受损害的具体情形进行衡量。给付内容的确定还特别取决于所能主张诉讼(actio)的类型。

3 (二)首先,自然给付与金钱给付之间的所形成的关系与当代不同。我们已经看到,在罗马,程式诉讼的全部适用领域都适用**钱款判罚(condemnatio pecuniaria)**原则,根据这项原则,任何一项给付判决都必须给出确定金额(G. 4,48)。这项规则的历史性解释是,给付最初是一种责任解脱(上文边码 32.6),即债务人旨在免受对人执行之苦。这笔解脱数额通过估计而确定下来,如果谁有了这笔解脱数额,就有可能使责任人免责。

4 通过金钱判决——也正是由此才开始,而不是在此之前——指向其他给付的原生之债全部转化成为金钱债务。次生金钱给付,如当代那样,不仅在原给付变为不能时代替原给付而发生,而且还可以在原给付仍然可能但债权人希望如此时发生。就此而言,次生金钱给付与真正损害赔偿并不一致。

5 对于公职审判诉讼,不再适用钱款判罚(condemnatio pecuniaria)原则,判决内容可以是金钱给付之外的其他给付,而这些给付可以直接通过强制执行得以实现。——在后古典时期的几个世纪里,货币贬值所导致的结果,首先就是自然给付变成了可以选择的,甚至可以被代之以某些金钱给付(例如,在赔偿给付或者罚金给付中,对于已不存在的奴隶可代之以给付价值基本相等的奴隶,或者作为私犯罚金而代之以给付两倍价值的奴隶)。与此相反，优士丁尼在多数情形下坚持（和当代一样）的规则是，如果自然给付是原生的并且该给付仍然是可能的，就只能判决和执行该给付，参见 Inst. 4,6,32；Iust. C. 7,4,17；D. 6,1,68。——中世纪法学家赞同强制实际履行指向给予（dare）的债，对此主要通过合同信赖而予以正当化，然而，对于行为之债（obligationes faciendi）则赞同不能判罚物的给付的原则（nemo potest praecise cogi ad factum）。此后，最迟从自然法学派开始，人们赞同普遍性强制实际履行，不过它仍然是个诉讼问题。在 19 世纪，实体法上从履行请求权到损害赔偿请求权的转变问题，是随着萨维尼提出赋予债权人在给付不能时请求损害赔偿以代替履行的选择空间的构想而提出的（参见边码 37.6）。——**文献**：马·佩恩尼茨（上文边码 23.6），第 249 页，关于继续发展，参见，赫·迪尔歇尔，“中世纪理论中的钱款判罚和实物判罚”（Die Geldkondemnation und die Sachkondemnation in der mittelalterl. Rechtstheorie），《萨维尼杂志》，第 78 卷（1961 年），第 277 页；蒂·雷普根，《中世纪法学中的合同忠实和履行强制》（Vertragstreue und Erfüllungszwang in der mittelalterl. Rechtswissenschaft），1994 年；蒂·雷普根，“债的框架中的买卖和实际履行义务”（Der Kauf im Schema der Obligationen und die Verpflichtung zu präziser Erfüllung etc.），载雅各布/恩斯特（边码 41.1 之前），第 203 页；齐默尔曼，第 770 页；《德国民法典历史批评注释书》，雷普根执笔，第 362 条至第 371 条，边码 5－13；《德国民法典历史批评注释书》，舍尔迈尔执笔，第 275 条，边码 31－35。

然而，《德国民法典》第 249 条中的**自然恢复原状**原则则主要可以溯源到教会法，它将忏悔学说中的自然恢复原状提升为一种要求，并且规定在《敕令六编》第五编第十二章法律规则之四（regula iuris 4 im Liber Sextus V 12）（1298 年）（参见，弗里德贝格，《教会法大全》，第 2 册，第 1122 页）：如果没有归还被盗的东西，罪过就得不到宽恕（Peccatum non dimittitur, nisi restituatur ablatum）（这就重新回归到了奥古斯都时的通说）。——《奥地利民法典》第 1323 条，《瑞士债法》第 43 条。——**文献**：乌·沃尔特（U. Wolter），《〈德国民法典〉第 249 条中的自然恢复原状原则》（Das Prinzip der Naturalrestitution in § 249 BGB），1985 年；《德国民法典历史批评注释书》，扬森（Jansen）执笔，第 249 条至第 253 条，第 255 条，边码 16－30。 6

7 （三）在程式诉讼中据以明确通过**诉讼标的估价**（**litis aestimatio**）的方式所确定的判决里应当列明金额的**标准**，主要取决于程式。

1. 如果诉讼指向**确定标的**（**certum**），则根据应当给付标的的客观价值就可以计算出这项金额，也就是该物对该所有权人的价值。相反，在估价标的标明“将来价值”（quanti ea res erit）的情形中，就不能将其列入确定标的（certum），因此古典法学家就已经表现出了计算具体权利人所受损害的倾向。

8 应当估价的只有主物抑或诸如孳息等从给付，应当根据诉讼进行判断［上文边码34.11–12，返还（reddere），恢复原状（restituere）］。如果要对被继承人指定为继承人的奴隶进行估价，遗产价值也属于对该奴隶所估价值之中，因为该奴隶的任何所有权人都可以通过该奴隶而取得该项给与（Paul. D. 13,1,3）。——作为估价的基础，在有“诉讼标的现在价值”（quanti ea res est）条款的程式中通常是争讼程序时的价值，而在有“诉讼标的将来价值”（quanti ea res erit）条款的程式中则是判决作出时的价值。

9 2. 如果诉讼指向**不确定标的**（**incertum**）［有无“基于信义诚实”（ex fide bona）的附加内容在此并无不同；参见上文边码34.15］，就会给债权人以其**所失应得利益总值**［**quod（quanti）interest**］。这时所考虑的，除实际价值外，还包括特定情形下债权人所受的损害，也没有完全脱离估价基础。

当然，这时在罗马也会考虑**所失利益**（* lucrum cessans）（Afr. D. 19,2,33结尾；Paul. D. 46,8,13 pr.）或者结果损害，例如，债权人因为未予给付而应当向第三人支付的违约金（Ulp. D. 12,3,3；D. 13,4,2,8）。

D. 19,1,1 pr.(乌尔比安,《论萨宾》,第 28 编)

Si res vendita non tradatur, in id quod interest agitur, hoc est quod rem habere interest emptoris: hoc autem interdum pretium egreditur, si pluris interest, quam res valet vel empta est.

如果出卖之物未交付,可以提起诉讼的利益总值,就是买受人享有的(其占有的)该物本身的利益。该利益有时就会超过该物的价值或者其价款,例如,利益超过该物所值金额或者买受该物的价款。

因此,这项利益不应当认为是在《德国民法典》第 249 条中作为基础的所谓“差额说”,而这种学说可以溯源自弗里德里希·莫姆森(Friedrich Mommsen)(1855 年)。因此,不能通过比较假设履行时债权人的财产状况和不履行时债权人的财产状况的差异而得出该利益的大小。——顺便提一下,“Quod mea interest”(我的利益)是“quod in re mea interest (id est in utilitate mea)”[在我物上的利益(我的利益涉及者)]的缩略写法,这一点正如语法学家普里斯奇安(Priscian)所说的那样[海·凯尔(H. Keil),《拉丁语法》(Grammatici latini),第 3 册,1859 年,第 159 页]。——《德国民法典》第 249 条至第 252 条,《奥地利民法典》第 1293 条、第 1323 条和第 1331 条,《瑞士债法》第 42 条第 2 款、第 97 条、第 98 条、第 99 条第 3 款。——**文献**:迪·梅迪库斯,《利益总值》(Id quod interest),1962 年;海·洪泽尔,《诚信审判中的利益总值》(Quod interest im bonae fidei - iudicium),1969 年;迪·梅迪库斯,“恢复原状:诉讼标的现在价值 - 利益总值”(Restituere - quanti ea res est - id quod interest),《萨维尼杂志》,第 115 卷(1998 年),第 66 页。

3. 优士丁尼使程式所划定的界限变得模糊了。他推动了利益的计算, 10
认为所受损害(damnum emergens)和所失利益(lucrum cessans)作为损害的部分同样可以赔偿,另外,他又规定计算利益不能超过给付总价的两倍,从而又为计算利益设定了一项限制,C. 7,47,1(上文边码 1. 39)。

注释法学派和评论法学派后来努力使不同渊源能够相互一致。为此,他们将 Paul. D. 19,1,21,3 中提到的物的利益(interesse circa rem)和物外利益(interesse extra rem)的区别联系起来,并且将所失利益(lucrum)作为了物外利益的一部分。另一方面,这些利益只有在不完全给付时才可以赔偿,而在诸如不给付等被认为可非难性较低的情形中则不予赔偿,此外,对于私犯或者恶意行为也应当赔偿。在计算据此应当赔偿利益的相应价值时,他们根据利益是否取决于通常性、特定人身性或者约定性等标准,区分了通常利益(interesse commune)、特别利益(interesse singulare)和协议利益(interesse conventum)。这些差异就像根据损害可能性和过错等级区分责任轻重的思想一样在后来继续发生着作用。此外,自然法学派也由于西班牙晚期经院哲学家的恢复原状学说而出现了具有重要意义的创新,对全部赔偿表示支持,但并未因此而承认传统的学说。这些不同差异随着弗·莫姆森提出"差额说"逐渐失去了意义。——**文献**:《德国民法典历史批评注释书》,扬森执笔,第249条至第253条,第255条,边码6-30;《德国民法典历史批评注释书》,舍尔迈尔执笔,第280条至第285条,边码45-63。

二、追物之诉和罚金之诉

11 (一)在"一"中所述原则只适用于补偿财产损害的诉讼;既可能因为合同或者类合同关系的债务人以应当承担责任的方式违反其义务而发生,也可能因为弥补仅仅造成财产损害的侵权行为而产生。但是,基于侵权行为而就**罚金**(**poena**)提起诉讼的情形则与此不同。罚金最初是用于自受害人的抓取权解脱出来的金钱数额(上文边码32.6),而且古典法将它作为对不法行为进行赔偿的罚金给付而规定由行为人向受害人给付。

12 盖尤斯(G. 4,6-9)根据这些诉讼目的将诉讼相应区分为:据以获得物(rem tantum)的诉讼(所谓**追物**之诉),或者据以获得罚金(poenam tantum)的诉讼(**纯粹罚金**之诉),或者据以获得物和罚金(rem et poenam)的诉讼(所谓**混合**之诉)。例如,对于盗窃,可以提起属于纯粹追物之诉的(基于盗窃原因)请求返还之诉[condictio(ex causa furtiva)]或者原物返还之诉(rei vindicatio),此外,还可以提起属于纯粹罚金之诉的盗窃之诉(actio furti)。由于纯粹追物之诉和纯粹"罚金"之诉的目的并不重合,因此这两项诉讼可以同时提起。"混合"之诉同样可以就罚金提出主张,而在这里可以发现通过支付罚金也就涵盖了财产损害,因此不允许在这项诉讼之外再提起追物之诉(下文边码 50.11)。

在后古典法中,随着国家刑法的扩张[犯罪(crimina),上文边码 32.3], 13
纯粹罚金之诉逐渐消失了,与此同时,混合之诉中的赔偿之诉则发生了改变或者被人重新作了解释(下文边码 50.5)。——优士丁尼则回归到了区别追物之诉和罚金之诉的状态。在混合诉讼(actiones mixtae)中,他将请求权分解为对[自然的(in natura)或者金钱的]损害赔偿的请求权和超出该部分的请求权,后者仅涉及罚金请求权。参见 Inst. 4,6,16 - 19。关于它在古典法中的发端,参见 Paul. D. 44,7,34,2(下文边码 51.12)。——**文献**:帕·沃奇,"罚金之诉和混合之诉"(Azioni penali e azioni miste),《历史与法的研究与文献》,第 64 卷(1998 年),第 1 页 =《罗马法新论》(边码 36.6),第 193 页。

(二)罚金计算的标准与罚金目的相应,而纯粹赔偿之诉则不 14
同。罚金可以用数字明确(《十二表法》重复了这种做法)或者完全交由法官进行公平裁断[善良公正(bonum et aequum),正如在侵辱之诉(actio iniuriarum)中那样];但在大多数情形下,尤其是财产侵权时,人们会从涉案财物价值出发,按照估价的一倍、两倍、三倍或者四倍计算罚金数额。诉讼标的(过去、将来或)现在价值[quanti ea res est (fuit,erit)]在罚金之诉起初是按照客观的物的价值确定的,后来,尤其是在混合罚金之诉中,是按照利益总额(quod interest)确定的(上文边码 35.7 - 9)。

第三十六节 因果关系和过错

(RPr. § § 41 I,54 II,118,198 II ,258)

一、概说 因果关系

(一)现代民法学说经常对损害赔偿义务提出两项一般性要 1
求:行为人应当因其行为而引起损害,并且——根据一项无疑可以有重要的例外情形的规则——他必须有过错。这项“过错原则”可以溯源于罗马法。对此，人们根据过错**等级**将责任分为不同层次并且将故意和过失作为其主要形式。因果关系（和违法性，见下文边码36.11）构成“客观的”事实构成，而“过错”构成“主观的”事实构成。

我们认为，这些要求的发展既适用于私犯性质的不法行为的情形，也适用于侵害债权的情形，也就是债务人对于他（主要基于合同或者类合同关系）所负担的债务不履行或者不正确履行的事实构成。又见下文，第三十七节。

2 私犯（《德国民法典》称为“unerlaubten Handlungen”，见下文边码38.1－3，参见《德国民法典》第823条以下，《瑞士债法》第41条以下）和债的违反（下文，第三十七节，参见《德国民法典》第264条、第265条、第275条以下、第311a条、第323条以下，《瑞士债法》第97条以下）之间的区别，在《奥地利民法典》并不存在，它将这两类事实构成统一在“损害赔偿”标题下进行处理，第1293条以下。

3 （二）行为人应当**造成**了损害，即，如果没有行为人的行为，损害就不会发生。对于这种因果关系的要求，罗马人虽然已经认识到了，但理论上还不是很完善。法学家们考察因果关系问题时，将其与过错（culpa）问题密切联系在一起，而过错（culpa）是《阿奎利亚法》（lex Aquilia）要求的物件损害私犯和奴隶损害私犯的事实构成要素。由此可见，首先，这就意味着要求行为人有身体上的活动（纯粹不作为，例如听任奴隶饿死，是不够的，Ner. － Ulp. D. 9,2,9,2），并且是一项作为，它直接导致了损害，而不仅仅是产生中间作用（例如，如果割断用来固定船只的缆绳而使船只被水冲走触礁撞碎，Ulp. D. 19,2,29,5，或者，剥夺奴隶的衣服而使其冻死，Ulp. D. 19,5,14,1）。然而，古典法学家就已经通过提供一项类推之诉以克服这些限制(对此参见下文边码 36.9;51.14－15)。在合同之债等情形,人们对因果关系的要求不太严格,而且认为(违反义务的)不作为时也可以构成因果关系。

4 至少法学家们已经非常明显地强调了因果关系问题,西塞罗[《论题学》(Topica,17,65)]就是例子,他将因果关系问题作为一个修辞问题和哲学问题进行了详细讨论。例如,对于选择性因果关系,当数人殴打同一奴隶但不知何人一击致其毙命时,打人的所有人都要承担责任(Iul. － Ulp. D. 9,2,11,2;eod. 51,1——《德国民法典》第 830 条第 1 款第 2 句即可溯源于此;参见《奥地利民法典》第 1302 类似,《瑞士联邦最高法院裁判集》25,II,823 以下)。

对于所谓修正因果关系,这部"不朽的法律"直到今天仍然被作为标准例证。

D. 14,2,10,1(拉贝奥,保罗选编《似真法律规范》,第 1 编)

Si ea condicione navem conduxisti, ut ea merces tuae portarentur easque merces nulla nauta necessitate coactus in navem deteriorem, cum id sciret te fieri nolle, transtulit et merces tuae cum ea nave perierunt, in qua novissime vectae sunt, habes ex conducto locato cum priore nauta actionem. Paulus: immo contra, si modo ea navigatione utraque navis periit, cum id sine dolo et culpa nautarum factum esset...	如果你租了一条船,用它运你的货物,而船长在没有紧急情况下将这些货物转装到一条较差的船上,虽然他明白,如果你知道就不会同意他这样做,如果货物和最终运载它的船一起沉没了,你对第一条船的船长就享有基于船舶租赁的诉讼。保罗:事实上相反,只要两艘船在本次航行中都沉没了,并且这不是船员故意或者过失所导致的……

拉贝奥肯定了船长(作为合同当事人)的合同责任,这显然是基于中世纪法律谚语"私犯行为发生的一切后果都应当由侵权人承担"(versanti in re illicita omnia imputantur quae sequuntur ex delicto)——即使完全是由意外事件引起的结果也不例外——中所表达的思想。有过错地违反根本性合同义务,例如这里所提到的违反合同将货物转装到较差的船上,(和迟延时一样,边码 37.8)导致了事变责任。拉贝奥认为,严格的事变责任一经发生就不能再通过后来发生的事件排除(只要装运的货物没有再被转装到合同约定的特定船舶上)。而比他晚大约 150 年的保罗则反对假设因果关系:如果债务人实施了符合合同的行为,而债权人基于因果链条仍然遭受了损失(并且对第三人没有请求权),这时让债务人承担责任是不公平的。法官应当而且必须在诚信审判(bonae fidei iudicium)(上文边码 33.11)中基于他所享有的广泛裁量权避免这种不公平(关于术语:装运到合同确定的船只可以结束已经开始的因果进程,因此由于转装而开始的因果链条就被“修正”了。然而,修正因果关系这种法律形制的目的在于为第一个因果进程中断者提供免于承担责任的理由,然而该进程并未产生责任,因此也就不需要免于承担责任了)。

对于转装的案例,人们直到今天仍然坚持这种见解。D. 14,2,10,1(与 Ulp. D. 19,2,13,1)构成了《德国商法典》第 565 条第 1 款(和《德国内河航运法》第 44 条)中转装禁令的蓝本,根据这些规定,即使“货物没有装到另一条船只上损害仍会发生并且托运人仍然应当承担费用的”情形,同样排除承运人的责任。在现代海上运输中,承租船只与古代并没有什么区别,不过转装禁止却被废止了。——**文献**:迪·内尔,“古典罗马法中的因果关系问题”(Kausalitätsprobleme im klass. röm. Recht),《维亚克尔祝贺文集》(Fs. Wieacker),1978 年,第 115 页;迪·内尔,《死因》(Causa mortis),1986 年;赖·威尔冯塞德,《罗马法学家对于“如果没有条件”思维模式的适用》(Die Verwendung der Denkfigur der condicio sine qua non bei den röm. Juristen),1984 年;让-弗·格肯斯,《如果房屋也灭失了》(Aeque perituris),1997 年[书评,赖·维尔冯塞德,《萨维尼杂志》,第 123 卷(2006 年),第 427 页];瓦·泽尔博,“因果关系的教义史思考”(Kausalität in der dogmengeschichtlichen Betrachtung),《赫德利茨卡祝贺文集》(Fg. Herdlitczka),1972 年,第 215 页;齐默尔曼,第 976、988 页。

5 关于受害人与有过错或者混合过错的问题,罗马法学家并没有这样考虑。他们解决问题时采取了选择性单独过错的处理方法,将具有过错的行为人视为单独行为人,即谁的过错比较大,就认为谁是单独行为人。

按照这种处理方法,奴隶在标枪运动员练习投掷标枪时因为冲过运动场而被标枪伤到时,按照单独责任处理[Ulp. D. 9,2,9,4;Inst. 4,3,4;拉姆诺斯的安提丰(Antiphon v. Ramnos),公元前5世纪,已经讨论过该案例]。——理发师在运动场边为奴隶理发时,不幸被一只大力击出的球打在手背上,剃刀割断了奴隶的咽喉。梅拉(Mela)认为,依照《阿奎利亚法》(lex Aquilia),应当由有过错的人承担责任。普罗库卢斯(Proculus)认为这时过错在理发师,而乌尔比安则认为,奴隶既然信任把凳子放在这么危险的地方的理发师,就应该归咎于他自己,这种观点"不无道理",Ulp. D. 9,2,11 pr.。

有一项规则广为人知:因为自己过错而受损害的,不认为是受到损害(quod quis ex culpa sua damnum sentit, non intellegitur damnum sentire),Pomp. D. 50,17,203。与此相关,由对其进行注释开始,到后来发展出了普通法中的通说:受害人与有过错的,只要行为人不是故意行事,即排除受害人的损害赔偿请求权(所谓的"过错相抵")。现代的解决方案最终根据因果关系程度和过错程度而将损害在加害人和受害人之间进行分配,它来自于克里斯蒂安·沃尔夫(Christian Wolff)的启蒙哲学,并且通过《奥地利民法典》第1304条、1881年《瑞士债法》第51条第2款、1911年《瑞士债法》第44条和《德国民法典》第254条而为法律采用。——**文献**:特·迈尔-马利,"自我负责,对己义务和对己过错"(De se queri debere, officia erga se und Verschulden gegen sich selbst),《卡泽尔祝贺文集》,1976年,第229页;克·沃尔施莱格,"罗马法中受害人的自己过错"(Das eigene Verschulden des Verletzten im röm. Recht),《萨维尼杂志》,第93卷(1976年),第115页;克·卢伊格,"处于优势的与有过错"(Überwiegendes Mitverschulden),《共同法》(Ius commune),第2卷(1969年),第187页;托·洪泽尔(Th. Honsell),《损害赔偿法中的份额划分》(Die Quotenteilung im Schadensersatzrecht),1977年;齐默尔曼,第1010页。还可参见罗·克努特尔,"卡尔五世刑事法庭规则的比喻"(Zu den Gleichnissen des Art. 146 der Peinlichen GerichtsO

Kaiser Karls V.),《克莱因海尔祝贺文集》(Fs. Kleinheyer),2001 年,第 353 页;卡斯特雷萨纳(边码 51. 10 之前),第 74 页;《德国民法典历史批评注释书》,扬森执笔,第 254 条,边码 2 - 23。

二、私犯的过错 违法性

6 (一)早期所有民族都认为外部能看见的过程就是行为,并且将行为归咎于造成结果的人。自古以来各地的人们根据其经验都发现,实施某些典型损害行为的人绝大多数都愿意这样做,因此,早期的结果责任实际上是一种典型的过错责任。随着时间推移,人们才在具体情形下根据具体行为人的个人意思对过错问题做出判断。——**文献**:马·卡泽尔,“古代罗马法中类型化的故意”(Typisierter dolus im altröm. Recht),《维托里奥·夏洛亚罗马法研究所学刊》,第 65 卷(1962 年),第 79 页;帕·沃奇,“注意、照管、过错基本问题研究”(Diligentia, custodia, culpa. I dati fondamentali),《历史与法的研究与文献》,第 56 卷(1990 年),第 29 页 = 帕·沃奇,《罗马法最新研究》(Ultimi studi di diritto romano),里·阿斯托尔菲(R. Astolfi)编,2007 年,第 73 页。

7 (二)古代法只区分了故意行为和非故意行为。杀害自由的人构成杀人罪(parricidium),如果行为是明知并且想要这样做而做的,就应当以行为人的死亡来赎罪。

努玛(Numa)国王时期就曾经规定:如果某人明知并且希望致使自由的人死亡,他就是谋杀犯(Si qui hominem liberum **dolo sciens** morti duit, **paricidas** esto)。相反,如果行为人武器脱手但却不是他投掷出去的(si telum manu fugit magis quam iecit),依照《十二表法》(第 8 表第 24a 条),他可以通过向对方的族亲奉献公羊(“替罪羊”)而免除责任。债务的类型化在这里是很明显的。与之类似,《十二表法》(第 8 表第 10 条)区分了关于有意纵火行为和无意失火行为。——“dolus malus”的字面意思是“恶意诈欺”,但其含义随着时间推移而有所扩张,参见上文边码 33. 18 关于诈欺抗辩

(exceptio doli)的内容。

古代法中处以罚金的其他行为的事实构成,如盗窃(furtum)、侵辱(iniuria)等,也以抽象地明知侵害他人权利领域为前提。同样,依照《阿奎利亚法》(lex Aquilia)(公元前286年,下文边码51.11),对于杀害他人奴隶、牲畜或者其他侵害他人财产的行为,只有在具备明知侵害他人权利意义上的不法(iniuria)而实施时,才对其予以惩罚制裁。 8

(三)从解释《阿奎利亚法》(lex Aquilia)出发,还有更详细的区分。前古典法学家在阿奎利亚法的不法(iniuria)中将**过错**(**culpa**)包括在内(Alf. D. 9,2,52,3 f.;Lab. – Iav. eod. 57)。他们认为,除故意外还有过失,而且过失与行为的联系更加密切:只有那些有过错地直接造成(法律规定的)杀害(occidere)或者烧毁、打碎、损伤(urere frangere rumpere)的损害,才符合私犯的事实构成。间接原因和不作为并不包含在阿奎利亚法的过错(culpa)中,这些情形中因果关系和过错是彼此交织的(上文边码36.3)。直到古典法学出现对因果关系的要求才有所放松,而且只要能确定死亡原因(causam mortis praestare)就可以了,这些事实构成通过赋予扩用之诉而得以扩张(对此参见下文边码51.14;Cels. – Ulp. D. 9,2,7,6;G. 3,219;Inst. 4,3,16)。 9

(四)通过解释《阿奎利亚法》(lex Aquilia),得出了故意(dolus)责任和最初需有积极行为的过错(culpa)责任的标准。这项标准在前古典法和古典法中的适用范围超出了私犯责任,还可以适用于某些其他事实构成,即典型合同责任之外的事实构成。这些情形的共同之处是,某人损害了某物,但他在行为之时尚不清楚是否必须将该物返还于他人。 10

其中包括丈夫对于返还嫁资的责任[妻物之诉(actio rei uxoriae),参见

Iav. D. 24,3,66 pr. 论及盖·格拉古(C. Gracchus)的婚姻],此外还包括被告在争讼程序(litis contestatio)和判决之间的责任,尤其是在对物之诉(actiones in rem)的情形(上文边码 27. 19)中,最后是共有人在分割之诉中的责任(Ulp. D. 10,2,16,4;eod. 25,16)。关于合伙,参见下文边码 43. 12。

11 (五)通过将过错从《阿奎利亚法》的"不法"(iniuria)中分离出来,"不法"(iniuria)在该范围内通常仅仅意味着**违法性**(边码 51. 11)。侵害他人权利(如同当代一样)始终都是违法的,除非是具有正当理由的例外情形。罗马人认为,以下情形就具有正当理由:对违法攻击采取的必要防卫[**正当防卫**;以暴制暴是允许的(vim vi repellere licet),Cass. – Ulp. D. 43,16,1,27;Ulp. D. 9,2,5 pr.;Inst. 4,3,2];特定紧急状态(**防御性紧急避险**,这种情形下"攻击"来自于物,参见 Lab. – Ulp. D. 9,2,29,3;Cels. – Ulp. D. 43,24,7,4)下可以采取的自救;最后是特定情形下可以通过("攻击性")**自助**而实施的自力权利追夺。正当防卫权来源于自然法(ius naturale)和万民法(Flor. D. 1,1,3;Gai. D. 9,2,4 pr.;Paul. eod. 45,4;Ulp. D. 43,16,1,27)。即使法律没有规定正当防卫的权利,它也是理所当然地存在的(正如《德国民法典》第 227 条,《德国刑法典》第 32 条,《奥地利民法典》第 19 条,《奥地利刑法典》第 3 条,《瑞士债法》第 52 条第 1 款,《瑞士刑法典》第 33 条一样),当代法律仍然如此。

正当防卫限制体现在防御措施和攻击措施的手段相当性[Ulp. D. 43,16,3,9:对于持有武器的人,我们可以用武器反击(eum qui cum armis venit, possumus armis repellere)]和比例原则的要求。在 C. 8,4,1 中,公元 290 年的《戴克里先敕令》称,"合法占有人为对其无瑕疵占有予以防御,可以在适当范围内采取无可非议的自我保护从而反击对所受暴力"(Recte possidenti ad defendendam possessionem, quam sine vitio tenebat, inculpatae tutelae moderatione illatam vim propulsare licet)。显然,这里是由合法取得并且占有该物的人用暴力方式重新获得某物(“占有取回”,参见《德国民法典》第 859 条第 2 款、第 3 款,《奥地利民法典》第 344 条,《瑞士民法典》第 926 条第 2 款)。依照通行看法,自优士丁尼起确立了“过当防卫不合法”的原则;“inculpatae tutelae moderatione”这句话应当是添加的。——**文献**:安·瓦克,“阿奎利亚法责任中的正当防卫和紧急避险”(Notwehr und Notstand bei der aquilischen Haftung),《萨维尼杂志》,第 106 卷(1989 年),第 469 页;奥·贝伦茨,“自己主张和复仇和古典罗马法所确立的市民法中的暴力禁止”(Selbstbehauptung und Vergeltung und das Gewaltverbot im geordneten bürgerlichen Zustand nach klass. röm. Recht),《萨维尼杂志》,第 119 卷(2002 年),第 44 页;齐默尔曼,第 999 页;赫·迪尔歇尔,“对于《德国民法典》第 227 条中的正当防卫是否存在比例要求或者过错要求?”(Besteht für die Notwehr nach §227 BGB das Gebot der Verhältnismäßigkeit oder ein Verschuldenserfordernis?),《许布纳祝贺文集》,1984 年,第 443 页。

被允许的自力在古代诉讼中具有重要意义,与后世法律相比,古代诉讼在权利追夺及实施上为当事人自己的主动性留下了更大空间(参见下文边码 80.6)。——在古典法中,只有在共有人之间和其他少数情形下才允许自助。相反,**《神圣马可敕裁》**(**decretum divi Marci**)(Call. D. 4,2,13 = D. 48,7,7,马可·奥勒留,公元 2 世纪)就已经禁止债权人自力抓取债务人(所欠或者非所欠)的物,并以丧失债权作罚;这在克服和压制自助方面意味着前进了一大步。此外,也有可能因为暴力犯罪(crimen vis)而发生刑事处罚。后古典时期的皇帝为确保和强化国家权力而对自助禁止予以加强,尤其是对自力取得占有严加刑罚。债权人既不能自力扣押也不能自力取走通过合同设质的物;当然,对于逃逸的债务人则允许扣押,Ulp. D. 42,8,13,16。即使紧急状态下的“防御性”自助也受到了限制。——**文献**:贡·韦泽纳,“古典罗马法中的攻击性自助”(Offensive Selbsthilfe im klass. röm. Recht),《施泰因文特尔祝贺文集》(Fs. Steinwenter),1958 年,第 100 页;阿·比格,“合同和人身依附等”(Vertrag und personale Abhängigkeiten etc.),《萨维尼杂志》,第 97 卷(1980 年),第 107 页;阿·比格,“自力和法律之间:论《关于私人暴力的尤利亚法》在从塞内卡到马可·奥勒留的实践”[Zwischen Eigenmacht und Recht:Zur Praxis der lex Iulia de vi (privata) von Seneca bis Mark Aurel],《迈尔－马利祝贺文集》,2002 年,第 65 页;德·利布斯,《在罗马法官面前》(Vor 12 den Richtern Roms),2007 年,第 141 页。

三、合同责任和类合同事实构成责任

13 (一)合同(和准合同)责任的主观标准根据利益状态表现出较大差别。这符合罗马人从具体案例出发的法律思想,法律效果不仅仅根据诉讼(actiones)有所变化,而且在同一诉讼(actio)内部还可以根据更具体的案例类型而变化。

将合同的不法行为的责任包括在合同之诉中,大概是从诚信审判(bonae fidei iudicia)开始的(边码 33. 11),在此我们可以将基于某些类合同关系而发生的合同责任同样对待。信义(fide)对债务人的要求,不仅是他提供所欠给付,还要他做实现债务目的而需要做的和债权人可能期待的其他一切行为,而且他还不能做与此相背的任何行为。当然,在诚信审判(bona fidei iudicia)内部也表明有不同标准。——**文献**:卡尔迪利(边码 34. 1);沃奇(边码 36. 6),第 33 页 = 77[注意(diligentia)];马·舍尔迈尔,"罗马法中给付义务的界限的思考"(Überlegungen zu den Grenzen der Leistungspflicht im röm. Recht),《信义 人性 法》,第 7 册,第 5081 页。

14 (二)在可以通过诚信审判(bonae fidei iudicium)提起诉讼的各种关系中,债务人只对**恶意诈欺(dolus malus)**负责。对此应从广义上理解,认为所有故意背信行为都违反了诚信(bona fides)。恶意诈欺(dolus malus)在这里表现为诚信(bona fides)的对立概念,类似于在(现时)诈欺抗辩[exceptio doli(* praesentis)]中的情形(参见上文边码 33. 18 – 19)。

这种情形还包括将会判决债务人不名誉(infamis)的债务关系:合伙、委托、信托和监护。故意背信大概也曾经被认为是私犯,而由此所生不名誉的效果就是其残余之一。——自共和晚期起,就已经通过将严重疏忽包括于背信之中并将其置于或者等同于故意(dolus)的方法,使这种故意(dolus)责任得以松动[参见西塞罗,《为罗斯修斯辩护》(p. Rosc. Am. 111);Cels. D. 16,3,32,对此即见下文边码36.21]。在古典晚期,主要是在监护之诉(actio tutelae)时才在列明故意(dolus)之外还明确列明过错(culpa)。——**文献:**迪·内尔,"《伊尔尼塔那法》第84章第9节第2条第9款至第10款"(Lex Irnitana c. 84 IX B 9－10),《萨维尼杂志》,第124卷(2007年),第1页。

(三)在特定情形下,债务人为自己利益掌握了债权人财产中的物,而他以后应当将这些物返还于债权人,就需要对**照管**(custodia)承担责任。这意味着,他应当照管该物并且对因他明显照管不周而致该物丧失及其所受其他损害承担责任。他只有在具有特定典型免责事由时才能免责,而这些免责事由在后古典时期被概括为**不可抗力**(**vis maior**,边码36.26)。照管(custodia)责任所包括的主要是对简单的盗窃的责任,即使债务人没有过错也是如此。参见G. 3,205－207 = Inst. 4,1,15－17(16是优士丁尼扩展到的);Ulp. D. 13,6,5,5。 15

在照管(custodia)责任中,典型化的过错责任的古代思想(上文边码36.6)可能仍然起着作用:这里所考虑的损害,根据经验大多是由于不当照管造成的,也就是由于疏忽造成的。只有某些典型的无过错事实构成是例外,它们被称为"不可抗力"(边码36.26)。对于无过错致人损害中所包括的照管(custodia)责任,古典法学家在照管结果(明示或者默示承担的)担保中发现了其正当性。——照管(custodia)责任中包括了对于故意(dolus)的责任和对于过错(culpa)的责任。这种责任超越并包含了人们[在与不可抗力(vis maior)相对的意义上]所谓的"轻微事变"(下文边码36.26)。 16

承担照管(custodia)责任的关系的范围,无疑包括借用人,此外还包括下列承揽人:诸如洗衣匠(fullo)和缝补匠(sarcinator)等加工物品的人,船主、旅店主和客栈主(nauta, caupo, stabularius,下文边码46.6－8),仓库出租人(Lab. －Iav. D. 19,2,60,9),(为自己利益而)收到待检验物品的检验人(Ulp. D. 13,6,10,1),(根据个别法学家)可能还包括交付之前的出卖人和(古典晚期的)占有质权人,此外还有物的使用承租人(Diocl. C. 4,65,28; 17

Inst. 3,24,5),最后是应当加工其他合伙人物品的合伙人(Ulp. D. 17,2,52,3)。照管(custodia)责任中还包括对于动物致人损害的责任(Paul. D. 9,1,2 pr.)和对于因为逃跑而需要照管的奴隶的责任(Ulp. D. 13,6,5,6)。对于同样处理第三人所致物的损害的责任,古典法学家之间存在争议(参见 Ulp. D. 19,2,41 和 Iul. D. 13,6,19)。债务人按照合同将物置于危险境地(例如,海上运输)的,排除照管(custodia)责任。——**文献**:马·卡泽尔,"出卖人的盗窃之诉"(Die actio furti des Verkäufers),《萨维尼杂志》,第 96 卷(1979 年),第 99 页,第 105 页;马·卡泽尔,"质物盗窃和信托物盗窃"(Furtum pignoris und furtum fiduciae),《萨维尼杂志》,第 99 卷(1982 年),第 252、255 页;齐默尔曼,第 193、397、933 页等;沃奇(边码 36.6),第 62 页 = 第 103 页;内尔松/孟文理,第 3 编之 3,第 196、309、312 页。

18 (四)在**严格法**的市民法之诉中,诸如基于要式口约之诉、基于遗嘱之诉(actiones ex stipulatu, ex testamento)和请求返还之诉(condictio)等,如果债务人对于没有给付或者没有按照要求给付有"**过错**"(quotiens **culpa** intervenit, Paul. D. 45,1,91,3),根据共和晚期法学家的规则,他就应当承担责任。古典法学家普遍使用了"如果由于他没有给付而发生"(si per eum stat, quo minus det)的表达方式,但并未明确表达出必然要求债务人过错,而只表明他应当承担不给付的不利后果。古典法学家确实也说过债务人的过错(culpa)是故意违反义务的行为或者其行为(facere),当然它可能也包括了明知违反义务的不作为。这种违反义务的明知,有时也称为(恶意)**诈欺**[**dolus**(malus)],它在这里与过错(culpa)并未完全对立。——**文献**:马·卡泽尔,"债的继续"(Perpetuari obligationem),《历史与法的研究与文献》,第 46 卷(1980 年),第 87 页;沃奇(边码 36.6),第 40 页 = 第 83 页。

19 (五)古典法学家在具体运用时非常灵活而且有很多变化,他们最初认为合同(和准合同)责任只能是在故意(dolus)责任(上文边码 36.14 和 18)和照管(custodia)责任(上文边码 36.15)之间选择其一。故意(dolus)责任是从诚信审判(bonae fidei iudicia)发展而来的,它在古典时期就表现出由狭义**过错(culpa)**即疏忽到逐渐放宽的趋势。我们已经看到,照管(custodia)责任包括了过错(culpa)的情形在内。因此,这种发展就产生了一种规则,即只要不发生严格责任[例如照管(custodia)的情形]或者稍微轻点[仅对故意(dolus)]的责任,就应该对**故意(dolus)**和**过错(culpa)**承担责任。因此,在共和时期就已经成为个案所要求注意(diligentia)标准的,是勤谨家父(diligens paterfamilias)或者正直注意之人能够注意到的标准(Serv. – Alf. D. 18,6,12;Gai. D. 13,6,18 pr.;Ulp. D. 13,7,22,4)。

(六)上述规则在古典时期又基于补充评价而进行了调整并 20
且得以具体化。

1. 人们尝试以当事人通过合同所表现出的利益(utilitas)为基础对责任体系的差异予以正当化(所谓的**利益原则**)。据此,就合同典型性而言,对合同具有较小利益的当事人仅对故意(dolus)承担责任,而对合同具有较大利益的一方当事人则对过错(culpa)也应当承担责任。这种解释可以得到以下例证的支持:基于保管合同(depositum,下文边码 39. 17)中服务于寄存人利益的无偿返还合同,对保管人只发生故意(dolus)责任,而使用借贷(commodatum,边码 39. 11)则对借用人有利,他就承担照管(custodia)责任和过错(culpa)责任(Ulp. D. 13,6,5,2 – 3;Mod. coll. 10,2,1 – 3)。然而,无偿事务处理则放弃了这项原则,因为受托人、无因管理的事务处理人和监护人的责任都扩张到了对过错承担责任。不过,这并没有妨碍古典法学家(另外,总体上他们比我们较少考虑其原则)考虑到利益思想,以便能在疑难情形确定责任标准,如检验合同,参见 Ulp. – Paul. D. 13,6,10 – 12。——《瑞士债法》第 99 条第 2 款。——**文献**:迪·内尔,"罗马责任法中利益思想的发展"(Die Entwicklung des Utilitätsgedankens im röm. Haftungsrecht),《萨维尼杂志》,第 73 卷(1956 年),第 68 页;齐默尔曼,第 198、205 页;沃奇(边码 36. 6),第 138 页 = 第 174 页。

21 2. 有些情况下，确定责任并不是根据勤谨家父的抽象标准，而是根据债务人**对待自己事务的注意**[**diligentia quam in suis rebus adhibere solet(sc. debitor)**]，即具体过错(*culpa in concreto)这项具体标准。这项标准由于扩大故意(dolus)责任的努力而得以发展。原始文本如下：

D. 16,3,32（克尔苏斯，《学说汇纂》，第 11 编）

Quod Nerva diceret latiorem culpam dolum esse, Proculo displicebat, mihi verissimum videtur. nam et si quis non ad eum modum quem hominum natura desiderat diligens est, nisi tamen ad suum modum curam in deposito praestat, fraude non caret: nec enim salva fide minorem is quam suis rebus diligentiam praestabit.	(老)内尔瓦经常说诈欺是重过失，虽然普罗库卢斯不赞同，我却认为这种说法非常中肯。如果没有尽到人类本质所要求的注意，例如对于交给他保管的物没有尽到对自己至少应有的注意，他就不能免于承担诈欺责任，除非对保管之物是按照自己的方式保管的。如果他对保管的物的注意低于对自己的物的注意，他就损害了合同信赖。

出发点是无偿保管人对故意(dolus)承担责任，即只有他故意背信违反自己所承担的保护义务时才承担责任(边码 33. 18)。克尔苏斯(Celsus)中肯地强调，如果某人对于交给他保管的物不如对自己的物那样注意，就属于这种情形。寄存人之所以找保管人保管某物，就是因为考虑到保管人会如同对待自己的物那样注意。如果保管人对待自己的东西也不那么认真，寄存人因此就会知道保管人对于交给他保管的物至少会有较弱的注意。如果他没有这样做，就具有非常的，甚至是过分的重大过失，因此也就构成了背信。重过失(culpa latior)在这里也就不应该理解为“比较大的过失”的意思，即特别严重的重大过失——古典法学家并不熟悉重过失(culpa lata)这种比较强的责任标准(下文即见)——而应当理解为极端或者极其巨大的过失(最高级意义上的)。

对待自己事务的注意(diligentia quam in suis)的思想在这种情形加重了责任,而在其他情形的结果却是减轻了责任:谁选择那些对待自己事务缺乏最高注意的人作为合伙人(socius),而他在合伙事务中的注意也比较低,谁就应该责怪自己(Gai. D. 17,2,72 = Inst. 3,25,9)。丈夫对嫁资物的责任同样也要考虑在内(Paul. D. 23,3,17 pr.)。此外,有些人未经其同意就可能发生或者预期发生与他人的法律关系,为了这些人的利益也可以采用这种思想,例如,Paul. D. 10,2,25,16(因为继承而产生的共有),Ulp. D. 27,3,1 pr.(监护,不同于 Call. D. 26,7,33 pr.)。

在欧洲大陆,对待自己事务的注意(diligentia quam in suis)在它所具有的减轻责任的功能方面找到了进入法典之中的途径(《德国民法典》第 277 条、第 708 条、第 1359 条等,《〈奥地利商法典〉第 4 施行条例》第 7 条第 3 项和第 23 项之 2 的第 3 句,《瑞士民法典》第 332 条第 3 款,《瑞士债法》第 538 条)。与此相反,它在英格兰则表现出了扩张责任的功能。——**文献**:赫·豪斯马宁尔,"对待自己事务的注意"(Diligentia quam in suis),《卡泽尔祝贺文集》,1976 年,第 265 页;赫·豪斯马宁尔,"关于对待自己事务的注意的比较法笔记"(Rechtsvergleichende Notizen zur diligentia quam in suis),《巴尔特勒祝贺文集》(Fs. Baltl),1978 年,第 283 页;齐默尔曼,第 210 页;沃奇(边码 36.6),第 100 页 = 第 138 页;费·梅尔科利亚诺,"古典罗马法家眼中的对待自己事务的注意"(Diligentia quam in suis per i giuristi romani class.),载《索引》,第 19 卷(1991 年),第 379 页;劳·马甘扎尼,《论保管人对待自己事务的注意及其他》(La diligentia quam in suis del depositario etc.),2006 年(附有教义史,书评参见,科·默勒(C. Möller),《萨维尼杂志》,第 125 卷(2008 年),第 814 页);阿·弗尔克尔(A. Völkl),"论保管人对待自己事务的注意"(Zur diligentia quam in suis des Verwahrers),《赫·豪斯马宁尔祝贺文集》,2006 年,第 293 页。

3. 重过失(culpa lata)责任还可以溯源至古典法萌芽中。

它和具体过失(culpa in concreto)一样,是由故意(dolus)责任发展而来 22
的。因为在故意(dolus)责任的情形下,债务人严重疏忽以至于使人不得不猜测他可能是故意为之,但对此又不能证明(例如,Ulp. D. 47,4,1,2),具体过失可能就是为克服这种现实困难而采取的努力措施。此外,在其他一些情形下,债务人显然违反合同上的信赖义务但他可能并非故意为之,由此也可以得到说明,参见 Ulp. D. 17,1,8,10(某人接受委托去买进特定奴隶,但为帮别人忙而让别人买走了他);Ulp. D. 16,3,7 pr.(保管人出于同情而打开了套在可能逃亡的奴隶上的镣铐);Gai. D. 44,7,1,5(对保管物严重疏忽),等等。在这种关联中就可以解释一些说法了,例如,非常接近于故意的过失(culpa dolo proxima)(Ulp. D. 2,13,8 pr.;D. 16,3,7 pr.),或者重过失等同于故意(culpa lata dolo comparatur)(Ulp. D. 11,6,1,1)等类似表述。这些表述适应了故意(dolus)概念的一般性发展,而故意(dolus)概念在古典时期随着具体合同的要求而有所扩大和调整。至于形成独立的重过失的过错标准,如同我们今天所认识的那样,古典法学家虽然有些一般性说法(Ulp. D. 50,16,213,2;Paul. eod. 226),但最终也没有实现。

23 4. 此外,过错责任(culpa)可以通过以下说明而得到准确阐明:诸如承揽人等承担某项以特定能力为前提的任务的人,对于他具备这项能力承担责任。由于他作为专家而承担合同给付,因此,将其表示解释为提供相应担保也就具有了正当性。克尔苏斯用法律谚语方式对此进行了概括:没有经验应当归于过错[imperitia culpae adnumeranda (est)],Ulp. D. 19,2,9,5;eod. 13,5;D. 17,2,52,2;Gai. D. 50,17,132。它也适用于私犯法。这里当然排除了提供担保的解释,但这项规则却可以通过"承担性过错"而正当化,Gai. D. 9,2,8,1:驾骡人由于没有经验或者没有力气不能控制骡子而践踏到他人奴隶,他应当承担责任,"因为在承认或者必须承认没有力气但对他人具有危险的情形下,谁都不应该承担这项任务"。在这里可以发现民法中所适用的"客观或者典型过失标准"的出发点,而这项标准正是据以判断普通商人、事务执行人、破产管理人、医生、司机等人注意的根据——《德国民法典》新文本第 276 条第 2 款,《德国商法典》第 347 条,《德国股份法》第 93

条第1款,《德国有限责任公司法》第43条,《德国支付不能法》第60条第1款第2项,《奥地利民法典》第1299条,《奥地利破产法》第811条,《瑞士债法》第321e条第2款、第398条第1款、第538条第2款。——**文献:**齐默尔曼,第386页、第464页、第1009页和第334页。

四、后古典法的责任学说和继续发展

20世纪的法学认为,应当认识到古典法学家的过错学说和后古典时期(尤其是东罗马的学校)的过错学说之间有显著区别。古典法学家对故意(dolus)和过错(culpa)的概念根据客观标准进行判断和类型化概括,而后古典法学家则引入了个人可非难性意义上的责任标准的主观化理解。究其原因,可能是由于受到希腊哲学和基督教思想影响而产生了所有责任都应当以过错为基础的倾向。 24

然而,这种鲜明的对比可能只有广泛接受添加才能得以"实现",而这些添加直到当代在文献中仍然具有多方面影响。同样还应当接受其他一些内容,例如,"注意"(diligentia)[以及由此产生的勤谨家父的注意(diligens paterfamilias)这种理想标准]及其对应概念"疏忽"(neglegentia)总体而言是由后古典法律学说引入到渊源中并且被优士丁尼采用的。当然,这并不能说明应当继续坚持它们。

后古典法学家并没有由《民法大全》(Corpus iuris)的文本重新构建出贯通的责任体系。东罗马的法学教师们具有体系化倾向(边码1.19),同时受哲学与神学影响而努力主张强化意思原则(当然对此不应高估),这使得有时可能会进行一些普遍化的添加,也有可能将照管(custodia)责任改造成为一种照管中的注意(diligentia in custodiendo)的责任。当然,也不能因此就指望后古典法学家能够在责任学说方面进行实质性创新。——**文献:**帕·沃奇(边码36.6),第29页=第73页;卡·坎纳塔(C. Cannata),"论罗马私法中的责任问题"(Sul problema della responsabilità nel diritto priv. rom.),《罗马法和古代法国际杂志》,第 43 卷(1992 年),第 1 页(第 78 页有大量文献),第 44 卷(1993 年),第 1 页;齐默尔曼,第 192 页。

无论如何,在自中世纪以来过错标准的继续发展中,可以感觉到道德神学上意思理论的影响。违法行为,不论是对民事责任问题还是对刑事责任问题,都要经过罪过立场的考虑。确定过错(culpa)的核心标准,考虑违反注意比较少,考虑行为背后的意思则更多一些,而这项意思为意定债务奠定了基础。当然,人们也对故意(dolus)和过错(culpa)加以区分,认为故意(dolus)以明知或者有意行为为前提,而过错所根据的则是疏忽,不过,人们也认为这种疏忽本身就是一种意思瑕疵。这项关于意定债务的见解在自然法学中继续存在,并且,经由康德在其权利学说中明确区分意思和义务以及过错和违法性,随着违法性和过错的区别而贯彻到了学说汇纂法学。——**文献**:施·库特纳(St. Kuttner),《从格拉蒂安到格雷高里九世裁决中教会的过错学说》(Kanonisitische Schuldlehre von Gratian bis auf die Decretalen Gregors IX),1935 年;汉·约·霍夫曼(H. J. Hoffmann),《法律史中过失的分层》(Die Abstufung der Fahrlässigkeit in der Rechtsgeschichte),1968 年;科英,第 1 册,第 434 页;第 2 册,第 462 页;《德国民法典历史批评注释书》,舍尔迈尔执笔,第 276 条至第 278 条,边码 26 – 75。

五、辅助人责任

25 关于某人对于作为其辅助人的他人过错的一般责任,在罗马法中没有发展出来。古典法学家的(也是当代的)出发点是,(对于什么都没做的人)他人行为不发生损害[factum alterius non nocet (ei qui nihil fecit)]这项原则,Ulp. D. 39,1,5,5。因此,原则上只有本人具有自己过错时才考虑责任,而这种过错可能是选择辅助人的过错[*选任过错(*culpa in eligendo)]或者是监督辅助人的过错,也可能是因为违反合同选任辅助人[这就使他处于原因不法(in causa illicita)之中,边码 36.4]。照管(custodia)则构成另外一类,在这种情形下对于自己的辅助人所实施的盗窃也会产生责任(边码 36.15)。此外,对于实务上较为重要的某些情形,谕令中也规定有责任,其中包含了对于辅助人的赔偿义务,尤其是在所谓附加之诉(下文边码 49.2)和承保(receptum)(下文边码 46.9)责任中。在所有这些范围内可以发现由本人责任向辅助人扩张的趋势。

对此还附加有损害责任,家父据此对处于其下的他权人的私犯行为承担责任,可以通过交出加害人的方式而得以脱身(边码 50.12)。普罗库勒学派使这种模式包括了合同责任,并且因此使(无过错的)承租人应当对其奴隶过失引起租赁房屋着火被焚而承担责任,但也可能将奴隶交给出租人以代损害赔偿(Ulp. D. 9,2,27,9 和 11 = coll. 12,7,7 和 9)。不管是这里还是与辅助人责任有关的其他情形,"有利无利"思想作为附加评价标准显然具有重要意义。在以下法律规则中可以发现这一点:"谁经由他人获得利益,谁就必须对他人行为负责"(ex qua persona quis lucrum capit, eius factum praestare debet)(Ulp. D. 50,17,149)。在近代说明辅助人责任时经常追溯到这里,尤其是对于《法国民法典》第 1384 条的说明。

辅助人责任问题在 19 世纪是"争论最多"的一个问题(《德国民法典立法理由书》,第 2 卷,第 29 页),关于该问题最著名的片段就是圆柱运输案:

D. 19,2,25,7(盖尤斯,《论行省谕令》,第 10 编)

Qui columnam transportandam conduxit, si ea, dum tollitur aut portatur aut reponitur, fracta sit, ita id periculum praestat, si qua ipsius eorumque, quorum opera uteretur, culpa acciderit: culpa autem abest, si omnia facta sunt, quae diligentissimus quisque observaturus fuisset. idem scilicet intellegemus et si dolia vel tignum transportandum aliquis conduxerit: idemque etiam ad ceteras res transferri potest.

承担圆柱运输工作的人,必须对于圆柱装卸、运输和安装中的损害承担责任,其前提是他和/或其辅助人对损害发生具有过错。如果是按照最勤谨第三人那样去做的,就不存在过错。因此,某人运输圆桶或者木料时,自然也应当适用该规则。同样,它也适用于运输其他物品。

承揽合同适用过错(culpa)责任,注意要求的标准在这里是最勤谨第三人(diligentissimus quisque),不过通过合同解释把它提到了很高,因为圆柱非常名贵。直到今天仍然在讨论主要争议点是,“que”(“eorum”的小品词)究竟应当理解为并立性的(“和”)还是选择性的(“或者”)。根据第一种解释,除需要工人过错外还需要承揽人过错;而根据第二种解释,则只需要辅助人过错。第二种观点更令人信服,在19世纪占了上风,在立法过程中也是如此,《德国民法典》第278条(参见《奥地利民法典》第1313a条、《瑞士债法》第101条)的措辞也许就是根据了D.19,2,25,7这一片段。——辅助人既可以服务于债务人履行债务(上文可见),也可以由本人在受害人之外为履行完成事务的债务而设定,对于他们之间的区别(参见《德国民法典》第831条、《奥地利民法典》第1315条、《瑞士债法》第55条),罗马法学家是了解的,但并未予以体系化。——**文献**:罗·克努特尔,“罗马法中的辅助人责任”(Die Haftung für Hilfspersonen im röm. Recht),《萨维尼杂志》,第100卷(1983年),第340页;齐默尔曼,第376、399、1118页;沃奇(36.6),第104页=第142页[选任过错(culpa in eligendo)];哈·威克(H. Wicke),《上级负责》(Respondeat Superior),2000年;里·费尔恰(R. Fercia),《辅助人责任的标准》(Criteri di responsabilità dell'exercitor),2002年;《德国民法典历史批评注释书》,舍尔迈尔执笔,第276条至第278条,边码23-25,39,46-47,51-52,57,71-85。

六、事变

26 只要没有过错,人们就会说到**事变**(casus),对此通常不承担责任:事变不应归于任何人(casus a nullo praestantur),Ulp. D.50,17,23末尾。事变分为两种类型,即轻微事变[事变或者轻微事变(*casus minor)]和重大事变[重大事变(casus maior)或者意外事变(casus fortuitus)],它是由不可抗力(vis maior)产生的。重大事变主要是地震、海啸[365年7月31日在东地中海发生了一次毁灭性海啸,大船都被抛到了亚历山大城的房屋上,阿米安(Ammian)曾经记载过这件事情,《历史记》(res gestae 26,10,15-19)],洪水、火灾、沉船、骚乱、盗匪侵袭、敌方袭击、奴隶或者动物的自然死亡以及无需监视的奴隶逃亡(Ulp. D. 50,17,23;Gai. D. 13,6,18 pr. ;Inst. 3,14,2)。轻微事变主要是因遭窃而丧失,此外还包括需要照管的奴隶逃跑以及自己照管的动物所致损害。

在照管(custodia)责任中,债务人对于“轻微事变”也应当承担责任(上文边码 36.15 – 16)。对于不可抗力,债务人在迟延(边码 37.8)时应当承担责任,可与之相比的是处于不法范围(versari in re illicita)的情形(上文边码 36.4)以及承担担保的情形,尤其是在承保(receptum)责任(边码 46.6)最初时所表现出的情形。

此外,在“事变由所有权人承受”(casum sentit dominus)这句法律谚语中,重大事变和轻微事变都是一样的。如果没有人对物的灭失或者毁损承担责任或者找不到行为人,所有权人就必须承受该损失(所谓物的风险)。——《德国民法典》第 678 条、第 848 条、第 644 条第 1 款第 3 项、第 723 条第 2 句,《奥地利民法典》第 978 条、第 979 条、第 965 条、第 1168a 条第 2 句、第 1311 条,《瑞士债法》第 306 条第 3 款、第 474 条第 2 款,《法国民法典》第 1881 条,《意大利民法典》第 1805 条。——**文献**:安·瓦克,“风险增加作为占有人过错”(Gefahrerhöhung als Besitzerverschulden),《许布纳祝贺文集》,1984 年,第 669、681、689 页;沃奇(36.6),第 125 页 = 第 162 页;罗·克努特尔,“论《德国民法典》第 287 条第 2 句中的事变”(Zum Zufall in §287 S. 2 BGB),《新法学周刊》,1993 年,第 900 页;沃·恩斯特,“罗马法学发展中的不可抗力概念的变化”(Wandlungen des vis maior – Begriffes in der Entwicklung der röm. Rechtswissenschaft),《索引》,第 22 卷(1994 年),第 293 页;让 – 弗·格肯斯,“不可抗力和不能抗拒之力”(Vis maior and vis cui resisti non potest),《普尔祝贺文集》,第 109 页。

第三十七节 债的违反

(RPr. § § 119,259)

一、债务人侵害债权

如果债务人违反了他向债权人负担的义务,并且为此应当根 1

据第三十六节对不同债务关系所述责任标准承担责任,这时他就因为侵害债权而承担责任了(参见上文边码 36.1 末尾)。对事实构成的判断如同对结果的判断一样主要取决于是依照严格法诉讼还是自由法诉讼进行判断。

2 (一)在严格法诉讼的情形,如基于要式口约之诉、基于遗嘱之诉、请求返还之诉(condictio),所指向的是对**确定金额**(**certa pecunia**)或者按照种类确定的特定物(certae res)取得所有权[“给予”(dare)],几乎不可能发生符合事实构成而法律上重要的债的违反。给付在客观上仍然始终可能,并且通过这种严格限定的诉讼也不能主张迟延损害的赔偿。

3 (二)在严格法之债指向对**个别特定物**(**certa res**)取得所有权[给予(dare)]或者返还(reddere)时(边码 34.10 - 11),债务人由于物的灭失而免责是符合逻辑的,因为取得所有权的市民法义务的诉讼程式是“有义务给予”(dare oportere),而它以应交付之物作为可以金钱估价者仍然存在为前提。自共和晚期的法学家们起开始采用了**“债的继续”**(**perpetuatio obligationis**)这项拟制,而它在这里发生作用了:如果债务人对于物的灭失或者给付迟延(下文边码 37.8)存在“过失”(上文边码 36.18),应当采取的做法就是如同该物在争讼程序(litis contestatio)中仍然存在一样,所以这时就应当肯定符合了“有义务给予”(dare oportere)的程式要求。合乎逻辑的结果是就物的价值对债务人判罚(参见上文边码 35.7)。参见 PS 5,7,4(起首);Paul. D. 45,1,91,3。

4 这种“债的继续”对于债的违反只要求两项事实构成:可归责于债务人的嗣后客观不能(纯粹主观性的债务人“主观不能”不予考虑)和债务人迟延后的(有过失或者无过失的)嗣后不能。债务人迟延时,如果物按时给付给债权人仍不免灭失的,债务人不承担责任,这一点可能只是例外地得到承认(Ulp. D. 30,47,6,即见边码 37.8)。——该诉讼没有给损害赔偿留下空间。

虽然所欠标的已经给付,但其状况较差,自尤里安起就允许通过严格法诉讼主张要“给予”(dare)其价值差额(不完全给付时同样);早先的法学家以恶意为由拒绝给以该诉讼(参见 Lab. – Ulp. D. 4,3,7,3,不同于 Iul. D. 30,84,4;46,3,33,1)。——对于这些情形下返还(reddere)诉讼的正当性,人们通过这种拟制进行了说明:返还损坏的物不是返还(res deterior reddita non est reddita)(Ulp. D. 13,6,3,1;16,3,1,16)。——**文献**:马·卡泽尔,“债的继续”(Perpetuari obligationem),《历史与法的研究与文献》,第 46 卷(1980 年),第 87 页。

(三)1. 在具有**不确定程式(formula incerta)**的诉讼(边码 34.14)——附有或者未附有基于信义诚实(ex fide bona)的附加内容——并不需要“债的继续”的拟制,因为最初所欠标的灭失并不能消灭债。如果债务人处于依照责任标准需要承担责任的状态但并未按照要求履行义务,尤其是损毁或者损害了所欠标的,他对债权人就应当承担赔偿该利益的责任。参见 Proc. D. 45,1,113,1;Ulp. eod. 114。这些诉讼中无疑也包括了部分清偿或者不良清偿的损害赔偿责任。 5

2. 在诚信审判(bonae fidei iudicia)中,债权人可以就其因此所受的损害获得赔偿,也可以就因为债务人违反具体债务关系中对其具有约束力的忠实义务和注意义务所受的全部损害要求赔偿(参见 Ulp. D. 17,2,52,11;19,2,13,6),此外还可以就债权人在缔约中因受恶意欺诈所受的损害要求赔偿(上文边码 33.15 – 16)。

(四)后古典时期不再承认程式具有严格的约束力,因此债的继续(perpetuatio obligationis)也就不再需要了。此后,只要债权侵害应当归责于债务人,他就对损害赔偿承担责任。因此,在所有诉讼中具有决定性的就是区分免责的事变(casus)和债法责任的不同标准了(见上文边码 36.24)。此外,这个问题在中世纪法学中虽然继续存在,却发展出了无名合同中债权人解除权这项辅助性救济措施。至于给付不能发展成为给付障碍法的主要事实构 6

成,则要等到进入19世纪了。到那时为止,虽然偶尔发生给付不能,它也只是诸多免除给付事由之一。萨维尼将给付不能用于应当归责的情形,旨在对从实物给付义务到利益补偿的转变提供实体法说明。与之相反,弗里德里希·莫姆森则有所变化,将"真正的"、偶然的给付不能认为是免除给付的主要事实构成。《德国民法典》立法者的观点也认为,可归责的嗣后给付不能没有以损害赔偿请求权代替实物给付请求权,毋宁说是原有债务关系产生了一项补偿请求权。由于立法者没有相应说明,《德国民法典》生效后获得承认的一种观点认为,可归责的嗣后给付不能应该是一项独立的责任基础(《德国民法典》旧文本第280条、第325条),因此,《德国民法典》旧文本第275条规定的责任免除应当限定在原给付义务,而对于不可归责的给付不能则应当删除掉《德国民法典》第275条的限制。

与这种见解相同,赫·施陶布(H. Staub)的"积极侵害债权"理论被认为是一项发现,由此而引起的发展作为范例也可以说明,只有借助于早期法律去理解才可以正确把握《德国民法典》。几乎是老生常谈的一种意见认为,《德国民法典》中给付障碍规则所遵循的不是诚信审判(bonae fidei iudicia)之债的规则,而是严格法之债的规则,因此指出所谓"积极违约"是漏洞(本书第16版也是如此),这样做的基础是过于拘泥于文句进行法典解释。法典起草人规定的违反义务的过失(culpa)责任,所针对的不仅仅是给付不能,还有《德国民法典》旧文本第276条第1款第1句中的债务人迟延,它不仅应当是责任标准,还应当是"请求权基础"[参见第425条第2款(过错)和作为对违反由父母照顾所生义务的请求权基础的第1664条的处理]。详细内容参见苏·维特魏因(S. Würthwein),《论19世纪普通法中的违约损害赔偿义务》(Zur Schadensersatzpflicht wegen Vertragsverletzungen im Gemeinen Recht des 19 Jh.),1990年,乌·胡贝尔,《给付障碍》

(Leistungsstörungen),第1册,1999年,第88~92页;《德国民法典历史评注》,舍尔迈尔执笔,第275条之前,边码13-55,边码63-64;第275条边码30;第276条至第278条,边码80-81。

二、债务人迟延

文献:霍·海·雅科布斯,"债务人迟延等情形的过失和催告"(Culpa und interpellatio bei der mora debitoris etc.),《法律史杂志》,第42卷(1974年),第23页;齐默尔曼,第790页;扬·迪·哈尔克,《古典罗马法中的债务人迟延和债权人迟延》(Mora debitoris und mora creditoris im klass. röm. Recht),2005年,第11页;扬·迪·哈尔克,《债务人迟延》(Schuldnerverzug),2006年(教义史)。

在债务人侵害债权的事实构成中,**债务人迟延(mora debitoris)**(给付迟延)[清偿迟延(mora solvendi)]具有特别的前提和效果。 7

(一)作为前提,需要对于仍然可能的给付存在一项可以起诉并且已经到期的义务,而债务人明知但使之陷于迟延[如果他没有履行是他的原因所致(si per eum stat, quo minus solvat), Pomp. D. 12,1,5;见上文边码36.18]。如果债权人已经就债务到期催告债务人,至少对于即时清偿的义务可以认为是明知[催告(interpellatio), Marci. D. 22,1,32 pr.]。

债务人经催告,如果债务仍然存在并且已经到期,就不能以不知为由主张免责。对将于特定期限到期的债务而言,催告是否多余的[*期限代替(债权)人催告(*dies interpellat pro homine)],但需要根据具体情形进行判断。——参见《德国民法典》新文本第286条第2款第1项,《奥地利民法典》第1334条,《瑞士债法》第102条。——在发生侵夺实物的私犯行为时,如盗窃(furtum),行为人作为债务人在行为当时即陷于迟延:窃贼总陷于迟延(fur semper in mora)(Ulp. D. 13,1,8,1;Tryph. eod. 20;参见《德国民法典》

第848条)。——在其他特定情形,基于保护考虑,未经催告即自动发生迟延效果[所谓当然迟延(mora in re)],例如,在信托时遗留给未成年人的金钱支付(扶养! 参见边码61.2),或者在释放信托时,即使是通过信托而授予女奴自由并且释放尚未完成,这名女奴也可以生产出生自由的子女,[自由优先(favor libertatis),Ulp. D. 40,5,26,1;参见Paul. D. 31,87,1;Ulp. D. 34,4,3,2]。

8 (二)1. 只要是在债的继续(perpetuatio obligationis)所及范围之内,债务人迟延就会发生债务人对无过失,即由于事变,所致给付不能承担责任的效力(上文边码37.3-4)。它同样适用于指向不确定标的(incertum)的诉讼。

最著名的文本是

D. 30,47,6(乌尔比安,《论萨宾》,第22编)

Item si fundus chasmate perierit, Labeo ait utique aestimationem non deberi: quod ita verum est, si non post moram factam id evenerit: potuit enim eum acceptum legatarius vendere.	如果(直接)遗赠的土地由于地陷而灭失,拉贝奥说,绝对不发生赔偿。如果发生在继承人迟延之前,这就完全说对了。受遗赠人如果能够(在地陷前)得到土地,通常他就可以将这块土地出卖。

拉贝奥指出了物的灭失无一例外地发生免责的效力;与此相对,乌尔比安(或者萨宾就已经)认为只有迟延之前的灭失才发生免责的效力。迟延之后,债务人(这里是基于遗赠的继承人)即使对于不可抗力也应当承担责任。乌尔比安清楚地说明,当按时向债权人给付仍会发生物的灭失这种损害结果时,即当迟延与债权人所受损害没有因果关系时,并不能使这种责任消失。如果债权人准时收到物就会在损害发生前又将其出卖并因此可以将风险立即(边码41.21)转移给买受人,这种考虑只是提出了一种理由。——债权人/受遗赠人是否具有再行出卖的目的或者这种可能性是否需要证明的问题,在文本里并未予以回答。基于债的继续(perpetuatio obligationis)所具有

的惩罚思想,它可能就并不重要,而出卖这项理由可能主要是用以说明因果关系的考虑在说明力上有所欠缺。在私法史上,16 世纪出现的占优势地位的观点则认为,因为债务人主张例外情况,所以他对于通常存在的出卖机会要举出证据。——这个片段是《德国民法典》第 287 条第 2 句所参考的样本(对此,通说认为,债务人必须证明,债权人到假设的损害结果发生时仍然保有该物且并未在此前将该物出让!),参见《瑞士债法》第 103 条,《奥地利民法典》第 920 条。——此外,参见 Pomp. D. 45,1,23;Paul. D. 24,3,25,2;D. 32,26;Gai. D. 16,3,14,1;Paul. D. 5,3,40 pr. ,Ulp. D. 45,1,82,1;出卖人只要陷于迟延就应当承担风险,这是合乎逻辑的,Gord. , Diocl. C. 4,48,4 和 6。——**文献**:马 · 卡泽尔(边码 37.4),第 139 页。

2. 在指向不确定标的(incertum)的诉讼中,债务人还应当返 9
还迟延期间收取的孳息(Paul. D. 22,1,38,8;G. 2,280)。在金钱债务中,代之以迟延利息(G. 2,280;Marci. D. 22,1,32,2;关于其数额多少,见上文边码 34. 31)。——关于债务人在古典法中是否需要对给付迟延所致损害给付损害赔偿,存在争议。原则上按照对迟延债务人的判罚确定,例如,对出卖人的判罚按照实际价值计算,对商品(根据买受人的选择)按照损害发生时或者争讼程序时价值较高者计算。只有在个别情形下才赔偿结果损害,例如所失利益或者发生违约金或者(买受人因为出卖人迟延而不能向其买受人交付所致的)抵押到期发生的损害,Pomp. D. 19,1,3,3 和 Ner. D. 19,1,31,1;Ulp. D. 12,3,3;Pap. D. 45,1,118,2。——**文献**:海 · 洪泽尔(边码 35. 9),第 3 页,第 18 页;《德国民法典历史评注》,罗士安执笔,第 286 条至第 292 条,边码 10(第 1320 页)还有其他参引。

(三)债务人迟延(除因债务消灭外)由于债务人实施了对他 10
而言的必要行为而结束[* 迟延涤除(* purgatio morae)或者 * 迟延弥补(* emendatio morae);参见 Paul. D. 45,1,91,3]。

如果所负担义务是使对方取得所有权[给予(dare)],债务人就必须按照他所欠的将物交给(offere)债权人;至于债权人是否受领,并不重要。这总体上就会发生债权人迟延的结果(Paul. D. 45,1,73,2;D. 24,3,26;Marcell. D. 46,3,72 pr.)。与此相反,如果所负担义务的内容是债务人可以不经债权人参与而直接实施的一项行为(facere),如建筑房屋,他就必须实施该行为。在这些情形中,通过清偿实现了迟延涤除(Paul. D. 45,1,84;Ven. eod. 137,2 末尾)。如果债务人由于未遵守给付期限而陷于迟延,在债务人嗣后将物转移给债权人但该物却因不可归责于债务人的情形而灭失或者债务人尚在实施行为过程中的情形,裁判官通过恶意抗辩(exceptio doli)为他提供保护;所有这些只有在债权人利益并未因超过期限但受实质性不利影响时才能发生(Paul. D. 13,5,17)。——**文献**:罗·克努特尔,《罚金要式口约》(Stipulatio poenae),1976 年,第 185 页;哈尔克(上文边码 37.7),第 74 页。

11 当代法:《德国民法典》新文本第 280 条第 2 款、第 286 条至第 288 条,《奥地利民法典》第 918 条、第 1333 条、第 1334 条,《瑞士债法》第 102 条。——**文献**(同时包括给付障碍法的发展):赫·迪尔歇尔,《注释法学家、评论法学家和教会法学家中的给付障碍理论》(Die Theorie der Leistungsstörungen bei Glossatoren, Kommentatoren und Kanonisten),1960 年;霍·海·雅科布斯,《不能和不履行》(Unmöglichkeit und Nichterfüllung),1969 年;克·沃尔施莱格,《不能学说的确立》(Die Entstehung der Unmöglichkeitslehre),1970 年;克·沃尔施莱格,"亚里士多德-托马斯的自然法中意思理论的不能学说"(Die willenstheoretische Unmöglichkeitslehre im aristotelisch-thomistischen Naturrecht),载《维亚克尔学术交流会》,1970 年,第 154 页;罗·芬斯特拉,"不能和情事不变条款"(Impossibilitas and Clausula rebus sic stantibus),载艾·沃森(编)《我们的道博》(Daube noster),1974 年,第 77 页;齐默尔曼,第 783 页;科英,第 1 册,第 434 页;第 2 册,第 461 页。

三、债权人迟延

文献:齐默尔曼,第 817 页;彼·阿帕蒂,《受领迟延和损害赔偿》(Mora accipiendi und Schadenersatz),载《萨维尼杂志》,第 101 卷(1984 年),第 190

页;哈尔克[上文边码 37.7 之前,《迟延》(Mora)],第 74 页;马·佩恩尼茨,“论古典罗马法中受领迟延的前提”(Zu den Voraussetzungen der mora accipiendi im klassischen römischen Recht),《萨维尼杂志》,第 123 卷(2006 年),第 152 页。

(一)债权人也会损害自己的债权,具体方式就是由于其个人原因使按照债的要求而提供的给付落空,其中首先就是他不受领给付。**债权人迟延(mora creditoris)**(受领迟延,mora accipiendi)与债务人迟延不同,它并不意味着违反义务:债权人对于受领并没有义务,如果没有受领,原则上债权人对债务人不承担责任。在违背诚信拒绝受领或者不予收取的情形下,债务人则可以就其所受损害主张赔偿,例如,因已出卖奴隶的喂养费用(Cels. D. 19,1,38,1)或者未予收取的石料占用其场地(Pomp. D. 19,1,9)。此外,如果债务人已经做了他应该做的必要行为,就应当对他有所妥协,至于债权人对没有受领是否与有过错则无关紧要。 12

债权人迟延的前提是,已经按照债的要求提出(offerri)给付。 13

对此,必须要视具体情况而定。大多数情形下,如果给付人仅仅表示已经做好准备,这还不够,他必须处于积极状态并且已经准备好提供给付,而在种类债务或者金钱债务,则必须将给付钱物分别出来。如果需要向债权人递交给付(往送债务),债务人必须已经将给付送去了。相反,如果给付时需要债权人协助,例如前去收取给付(往取债务),言辞提出给付即可。如果已经约定了确定给付期限,这些就是多余的了(参见 Cels. D. 19,1,38,1;Pomp. eod. 3,4;Paul. D. 18,6,5)。

此外,给付必须是由于债权人行为而落空(per eum stare, quo minus accipiat)。当然,如果债权人没有过失但在受领或者往取上受到障碍,也会陷于迟延。——《德国民法典》第 293 条至第 299 条,《奥地利民法典》第 1419 条,《瑞士债法》第 91 条、第 96 条。 14

15（二）受领迟延发生的效力是，债务人虽然没有完全免责，但其情况却有所改善：（1）如果债务人先前承担严格责任，现在只能就其故意（dolus）对其提起自由诉讼；如果特定物债务的给付非因其故意（dolus）而不能，他就因此而免责（Pomp. D. 18,6,18 起首；不同于严格法之债，Marcell. D. 46,3,72 pr.）。（2）在种类债务和金钱债务中，如果所提供钱物非因其故意（dolus）而灭失，他会受到恶意抗辩（exceptio doli）保护（Marcell. D. 46,3,72 pr.）。——《德国民法典》第 300 条，《奥地利民法典》第 1419 条。

16（3）债务人可以将已经提供但无结果的货币封存或者向公共机构提存（下文边码 53.16）。他会由于该物非因其故意灭失而免责（后来的法律中偶尔也有未灭失而免责的）。——《德国民法典》第 372 条，《奥地利民法典》第 1425 条，《瑞士债法》第 92 条。

17（4）抛弃所欠钱物并非始终是故意的。

出卖人如果需要酒桶就可以将未取走的葡萄酒倒掉，这大概可以溯源于买卖合同条款对耽误了在收获季节取走新鲜葡萄酒汁情形所确立的习惯，因此，不能将其不加考虑而予以一般化。值得推荐的做法是，出卖人为买受人考虑而将葡萄酒卖掉（Ulp. D. 18,6,1,3；参见，Pomp. D. 33,6,8）。——《德国民法典》第 303 条、第 308 条，《瑞士债法》第 93 条。——**文献**：埃·雅各布，“倒掉葡萄酒等”（Vinum effundere etc.），载《萨维尼杂志》，第 116 卷（1999 年），第 71 页。

18（5）有的法学家认为，债权人迟延，则停止计算迟延利息；至于其他利息，一旦提存即告停止（参见 Marcell. D. 26,7,28,1；Pap. D. 22,1,7）。（6）债务人因迟延所受损害（例如保存时间延长增加费用所致损害）的赔偿，只能通过在补偿费用之前他仍保留该给付而实现（留置权，通常是通过恶意抗辩（exceptio doli）主张，下文边码 38.22）。——《德国民法典》第 301 条、第 304 条。

四、诉讼系属

随着争讼程序(litis contestatio,下文边码 82.19 和 27)进行,债务人的责任在必要时(如果先前比较轻的话)还可以加重:被告应当使原告**恢复原状(restituere)**,这意味着使原告恢复到如同给付在争讼程序当时已经实现一样的状态(上文边码 27.18);在因私犯而提起诉讼时,就应当回复到如同私犯行为没有发生一样(上文边码 34.12)。 19

当然,这种处理一般只适用于指向不确定标的(incertum)的诉讼和仲裁之诉(actiones arbitrariae),对于指向给予(dare)或者返还(reddere)的严格法诉讼则根据萨宾学派占优势的学说处理,而普罗库勒学派却将给付限定在争讼程序(lit. cont.)时所欠给付。恢复原状(restituere)的结果首先是原告获得所欠之物的孳息(Paul. D. 22,1,38,7,金钱债务的利息只是特殊情形)。人们从恢复原状(restituere)还得出结论认为,债务人通过争讼程序后的清偿而免责(这就暗示了萨宾学派"所有审判都是可开释的"(omina iudicia absolutoria esse)的规则,即如果原告在宣布判决前已得到满足即驳回诉讼,Gai. 4,114;Inst. 4,12,2)。但人们在恢复原状(restituere)上适用责任标准并未一以贯之。被告通常只对故意(dolus)和过失(culpa)承担责任;相反,如果准时给付标的物就不会灭失或者不会发生损害时,他就要对该灭失或者损害承担责任,除非他在争讼程序(lit. cont.)进行的时候故意阻碍或者拖延给付。 20

第二章　发生事由　各种之债

第三十八节　债的划分

（RPr. § §121－123,260,261）

一、合同之债和私犯之债　其他种类

文献：卡泽尔，《罗马法渊源和所使用的法学方法》（RRQ），第 155 页（又见，边码 38.6－11），对此参见内尔森/孟文理，《盖尤斯法学阶梯》，第 3 编之 2，第 466 页。

1 （一）盖尤斯《法学阶梯》（3,88，参见 Inst. 3,13,1）称合同之债（obligationes ex contractu）和私犯（ex delicto）之债是“最高级的分类”。**“缔约”（contrahere）**在这种两分法中并不限于合同，而主要意味着任何设定责任的行为或者是——当它被用于与私犯行为相对的情形时——任何被允许的行为。缔约（contrahere）在个别情形甚至与私犯（delictum）和犯罪（crimen）相联系，至少与无因管理、监护和无法律基础的支付等债务合同之外的行为相联系。然而，早在古典时期，人们就已经在名词“合同”（contractus）中加入了合同的合意这项因素，并因此而产生出债务合同意义上的狭义的、

技术性的合同概念，基于该合同可以提起市民法（ius civile）之诉（actio）。

这项合同的合意不仅仅应当认为是外部的合作，还应当认为合同目的所指向的意思一致，这一点在以下片段中非常明显： 2

D. 2,14,1,3（保罗，《论谕令》，第4编）

Conventionis verbum generale est ad omnia pertinens, de quibus negotii contrahendi transigendique causa consentiunt qui inter se agunt: nam sicuti convenire dicuntur qui ex diversis locis in unum locum colliguntur et veniunt, ita et qui ex diversis animi motibus in unum consentiunt, id est in unam sententiam decurrunt. adeo autem conventionis nomen generale est, ut eleganter dicat Pedius nullum esse contractum, nullam obligationem, quae non habeat in se conventionem, sive re sive verbis fiat: nam et stipulatio, quae verbis fit, nisi habeat consensum, nulla est.	“协议”这个词是一般性的，包括为缔结或者进行交易而在当事人之间达成一致的所有事项。就像我们说“汇合”是指那些来自不同地方者在同一个地点聚集一样，“汇合”的另外一个意义是指不同意思最终变为相同意思，即达成一致。“协议”的概念是广义的，正如佩迪乌斯非常到位地讲到的那样：不管是使用言词还是使用交物，如果不包含一项协议，就既没有合同也没有债。因此，采用言词订立的要式口约，如果不包括合意，就是无效的。

在佩迪乌斯（公元1－2世纪）的认识中，没有意思一致这项内在因素就不会成立合同，其中包含着十分重要的进步，尤其是对于古典法学家的解释学说和错误学说以及对法律行为形式的理解都发生了重要作用（参见，边码8.1；8.6－7；8,21－25；6.2）。——**文献**：斯·埃·文纳，《合同》（Contractus），1964年；内尔森/孟文理，《盖尤斯法学阶梯》，第2编之2，第73、444、456、469页；齐默尔曼，第561页；卡·奥·坎纳塔，“古典时期罗马法学中合同作为市民法的债的基础”（Der Vertrag als zivilrechtlicher

Obligierungsgrund in der röm. Jurisprudenz der klassischen Zeit),《安库姆祝贺文集》(Ét Ankum),第 1 册,1995 年,第 59 页;阿·布尔代塞(A. Burdese)(编),《罗马法中的合同学说》(Le dottrine del contratto etc.),2006 年;阿·布尔代塞,"罗马法学中合同学说概览"(Panoramica sul contratto nelle dottrine della giurisprudenza romana),《信义 人性 法》,第 1 册,第 565 页;罗·菲奥里(R. Fiori),"昆·穆奇奥·斯凯沃拉论缔约和清偿"(Contrahere e solvere in Q. Mucio Scevola),《信义 人性 法》,第 3 册,第 1955 页。

3 (二)自从合同之债限定于[可以依照市民法(ius civile)提起诉讼的]债务合同,所谓的两分法就不能再涵盖所有的债。在以盖尤斯的名义下流传而来并且也归于其名下作品《日常事务》(res cottidianae sive aurea)中,添加了基于不同发生事由的第三种债务关系(obligationes ex variis causarum figuris),D. 44,7,1 pr.。这种债务关系可以继续划分为**准合同(quasi ex contractu)**之债和**准私犯(quasi ex delicto)**之债(参见,Gai. D. 44,7,5 pr. -6)。——由此产生了合同之债、准合同之债、私犯之债和准私犯之债这种债务关系四分法,而且优士丁尼《法学阶梯》也将其作为了基础(Inst. 3,23,2;3,27;4,1-4;4,5)。

4 **在准合同(Quasikontrakte)**中,人们将虽然不成立合同但与合同一样都具有被允许的事务(negotium)归入其中,如无因管理、监护、共同关系、债务性遗赠以及[作为请求返还之诉(condictio)事实构成的]无原因给与。

5 **准私犯(Quasidelikte)**特别限定在某人因为过失致人损害而应当承担责任的情形中,大多是由于对造成损害的第三人的缺乏监督而发生的(下文边码 51.28)。

二、要物合同之债 口头合同之债 文书合同之债 合意合同之债

6 (一)盖尤斯(Gaius. 3,89,参见 Inst. 3,13,2)大概根据先前的

划分方法，将合同之债区分为通过给付实物（re）而成立者、通过言词（verbis）而成立者、通过文书（litteris）而成立者和通过合意（consensu）而成立者。

1. 要物合同（re contrahi），首先很容易就能发现的是受领人负担返还义务的某种金钱支付。因此，对于盖尤斯（Gaius. 3,90 f. = Inst. 3,14 pr.）而言，消费借贷是**要物合同**；当然，他将消费借贷等同于错误地非债清偿（indebitum solutum），因为由此可以如同基于消费借贷的情形一样就返还支付提起请求返还之诉（condictio）（G. 3,91 = Inst. 3,14,1；下文边码 48.3）。与此相对，前述《日常事务》（res cottidianae）（上文边码 38.3）归入要物合同之中的，还有使用借贷、保管和设质（占有质），因为这些合同除需要合同的合意外，还需要物的交付，才能使受领人负担返还标的物义务，（D. 44,7,1,2 –6）。 7

在消费借贷（mutuum）时，金钱（通常）转让至借用人的所有权，返还支付借贷金额时，可以返还与已经交付的金钱不同的金钱；而在物的保管和借用时，所交出的只是持有，在占有质时，所交出的是令状占有，基于这三种合同所生的请求权指向返还所交出的物本身。——关于无名合同，参见下文边码，45.1 和 7。 8

2. 在**口头合同**中，尤其是要式口约（stipulatio）［盖尤斯还提到了嫁资承诺（dotis dictio）和被释放人的劳务承诺（operarum promissio）］（上文边码 16.15）中，较早的观点认为，负担义务的基础完全在于仪式性词语形式中，即使负担义务非其所愿，也会产生使人受拘束的效力（上文边码 8.5）。当然，最晚是古典法学家们在此之外还要求有合意（参见 G. 3,92 –96；Inst. 3,15）。 9

3. 同样，在**文书合同**（下文边码 40.14 –15）中，最初也是将虚构借款金额的要式记账行为视为负担义务的基础，但不久以后也 10

认为这里存在合意了。

11 4. 只有在**合意合同**中，仅仅具备不要式表示出的合意(consensus)就可以了，并不需要物的给付或者形式行为以证明负担义务(G. 3, 135 f.)。被承认是合意合同的，只有买卖(emptio venditio)、租赁(locatio conductio，包括了用益租赁、雇用合同和承揽合同)、合伙(societas)和委托(mandatum)。这些合同都可以基于诚实信用(ex fide bona)而提起诉讼。

在这四种不要式成立的合同的可诉讼性问题上，罗马人做出了对后世发展影响最为深远的重大法律贡献。希腊法和日耳曼法都没有强调以非特定形式表示出的合意所具有的拘束力，而是或者要求先予给付[至少在形式上要有“定金”，关于定金(arra)，参见下文边码 41.7]或者要求要式责任行为。在罗马获得承认的具有约束力的合意，有些是与外邦人发生的法律上的关系，还有一些是罗马人之间的法律交往(上文边码 2.13；3.16；33.11－13)。最晚在古典早期，合意合同被归入到市民法(ius civile)之中。——**文献**：科·卡肖内(C. Cascione)，《合意》(Consensus)，2003 年，第 215、351、399 页[书评，帕·皮绍纳茨，《萨维尼杂志》，第 124 卷(2007 年)，第 504 页]。

12 (二)在**后古典时期**，边码 38.6－11 所述合同划分在通俗法中逐渐丧失其意义。然而，东罗马学派则对其予以保留，并且通过将合意作为合同发生拘束力的唯一基础而赋予其重要意义。如果某项合同要求物的给付(res)或者书面作出意思表示[这意味着言词(verba)]，就会解释认为它仅仅是合同成立的形式。

三、简约

13 (一)简约(pacta)，可以附加或者不附加“协议”(conventa)，在法律语言中主要(尽管非技术地)是指不能依照市民法提起诉讼的债务合同。对于其中某些合同，裁判官使其可以提起诉讼[裁判官法简约(*pacta praetoria)，下文边码 38.14]；而对于另外一些，则直到后古典时期皇帝立法之后才可以提起诉讼[法定简约(* pacta legitima),下文边码 38. 16]。

1. 简约("pactum"来自于"pax",意思是"和平")在古代罗马法中是指关于责任解脱的不要式协议。它在古典法中仍然存在,具体表现是非特定形式地免除特别私犯罚金而依照市民法(ius civile)发生免责效力(下文边码 53.20)。

2. 此外,简约(pactum)还意味着裁判官法上基于简约抗辩(exceptio pacti)而发生效力的免除简约或者延期清偿协议(下文边码 53.21)。这里涉及裁判官在其告示中"我将承认……简约"(pacta conventa ... servabo)的预言(D. 2,14,7,7),他将保护所有(得到许可的)简约。法学家们将诚信审判(bonae fidei iudicia)(上文边码 33. 14)范围内的附加简约(* pacta adiecta)也置于这句话之下。

3. 在某种非技术的意义上,简约(pacta)或者协议(conventiones)是指与合同(contractus)相对的、根本不能(或者不能独立)提起诉讼的约定(裸体简约[* pacta nuda)]。

(二)关于裁判官法之诉[具有列举事实的诉讼程式(formula in factum concepta),参见下文边码 83. 14],其事实构成因素中包括了合同的合意,其中有些内容可以追溯至私犯(罚金性)的根源。某些可以提起裁判官法之诉的债务简约(例如,借用、保管和质押关系)后来被吸收到了合同体系之中(作为要物合同,上文边码 38.7)。其余的[债务协议(constitutum debiti)、承保(recepta)]则被认为是**裁判官法简约(* pacta praetoria)**,对此,见下文第四十六节。 14

(三)在其他情形,裁判官为填补提供给付时约定提供对待(或者返还)给付这种特定情形下合同体系的漏洞,以诚信审判(bonae fidei iudicia)为范本创造了事实之诉(actiones in factum),却没有将它收入自己的谕令中(行纪合同例外,边码 45. 2)。大概是在后古典时期,人们对这些情形系统地予以总结,并将它作为要 15

物合同中一种**无名合同**而置于体系之内(下文边码45.7)。

16 (四)互易合同总体上被置于无名合同而非合意合同中,与此同时,优士丁尼却将无偿给付允诺,即赠与和嫁资的给付允诺,与要式口约(stipulatio)[或者嫁资宣许(dotis dictio)]的表达分开了,并且将它作为了独立的债法合同,即所谓**法定简约**(* **pacta legitima**)(参见 Iust. C. 4,21,17 pr.)。

17 合同(contractus)与简约(pactum)的对立在后古典通俗法时期被优士丁尼搞得不甚清楚了,因为上文边码38.15所述合同体系的扩展,同时也主要是要式口约的形式要求(边码7.23)大为放松,这就使任何(内容获得许可的)债法合同都具有了提起诉讼的可能。

18 (五)“简约应当遵守”(pacta sunt servanda)这项基本法律原则最早不是由罗马法而是由教会法发展而来的。正当全世界的法学家们,也就是所谓“精通法律的人们”,坚持着罗马法的合同体系的时候,教会法学家们却说明了原则上所有合同都可以提起诉讼。格雷高利九世(Gregors IX)对348年迦太基宗教会议决议的一项裁决(c. 1 X de pactis 35,1;弗里德贝格《教会法大全》,第2册,第203页)使这项法律基础得以流传下来:和平应当维护,简约应当遵守(pax servetur, pacta custodiantur)。其内在正当性是违反简单的非特定形式允诺在道德上应当受到谴责这种思想。因此,裸体简约(pactum nudum)也和(经过变形的)要式口约一样具有约束力,并且,在任何允诺都有约束力的基础上,逐渐发展出以非特定形式合意为基础的一般合同学说。由于(16/17世纪)法国杰出法学家的反对,这项原则直到17世纪才得以在世界法中获得承认。对此最为重要的是胡果·格劳修斯(Hugo Grotius)[《战争与和平法三卷》(De iure belli ac pacis libri III),1625年,第2卷之11]发展出来的允诺学说以及以此为基础发展出来的自然法合同学说。——**文献**:朱·鲁西耶(J. Roussier),《古典教会法中合同之债的基础》(Le fondement de l'obligation contractuelle dans le droit classique de l'Église),1933年;马·迪塞尔霍斯特(M. Dießelhorst),《胡果·格劳修斯的允诺学说》(Die Lehre des Hugo Grotius vom Versprechen),1959年;克·南茨(K. Nanz),《16世纪到18世纪一般合同概念的发展》(Die Entwicklung des allg. Vertragsbegriffs im 16.

bis 18. Jh.),1985 年;特·迈尔-马利,"合意作为合同的基础"(Der Konsens als Grundlage des Vertrages),《塞德尔祝贺文集》(Fs. Seidl),1975 年,第 118 页;特·迈尔-马利,"合意的私法史意义"(Die Bedeutung des Konsenses in privatrechtsgeschichtl. Sicht),京·雅科布斯(G. Jakobs)(主编),《法律效力与合意》(Rechtsgeltung und Konsens),1976 年,第 91 页;詹·戈德雷(J. Gordley),《现代合同学说的哲学起源》(The Philosophical Origins of Modern Contract Doctrine),1991 年;罗·芬斯特拉(R. Feenstra),"裸体简约的可诉性"(Die Klagbarkeit der pacta nuda),罗·芬斯特拉/赖·齐默尔曼,《罗马—荷兰法》(Das röm. -holländ. Recht),1992 年,第 123 页;科英,第 1 册,第 396、399 页;第 2 册,第 434、491 页;齐默尔曼,第 508、537、542、576 页。

四、单务之债和多务之债

合同之债和准合同之债可以按照单务性还是多务性进行划 19
分,当然,这种划分在罗马人那里尚不完善。

(一)基于严格要式行为,如要式口约(stipulatio)和间接遗赠(legatum per damnationem)、基于消费借贷以及请求返还之诉(condictio)的其他严格法事实构成以及其他一些情形,只能产生**单方的**义务:债权人对债务人的债权。

(二)1. 还有一些关系是**不完全双务的**。基于这些关系产生 20
了主请求权[非技术地称为"直接之诉"(actio directa)],也正是为此才发生了这些关系(例如,委托中委托人实施所承担事务的请求权)。然而,对待请求权(如借用人或者受托人的补偿垫款请求权)只是在特定前提下(当这些人确实支出了他应当偿还的垫款时)产生的一种对待请求权。这些不完全双务合同主要出现在返还合同(如借用、保管和质押)和事务处理中(如委托、无因管理和监护)。对于返还义务的对待请求权或者事务处理人的对待请求权,指向补偿该人因交付之物而受到的损失或者因处理委托事务而受到的损失,指向补偿因该物或者该事而支出的特定费用。对于这些对待请求权的诉讼被称为对待审判(contraria iudicia)[**对**

待之诉(actiones contrariae)]。

21 对待审判(contrarium iudicium)也许曾经就是一项“反诉”,它需要与主请求权在同一程序中共同主张;然而,古典时期的对待之诉早就已经与主债权及主张主债权相互独立了。(1)对基于返还合同的对待之诉,裁判官会赋予一项列举事实的程式(formulae in factum conceptae)。同时,应该可以想到,它是附有列举权利的程式(formulae in ius conceptae)的诚信诉讼,而这种程式在信托对待之诉(actio fiduciae contraria)中也可以采用。(2)在事务处理(委托和无因管理,看来同样还有监护)时,对于主请求权和对待请求权都采用了诚信(bona fides)程式(参见,边码83.16)。因此,法官需要通过抵销而清算事务处理关系以得出对待债权(下文边码53.27),所以无论哪方提起该诉讼,都发生抵销并且对被告只会判罚能够体现原告利益的差额(参见,下文边码44.7和19)。

22 2. 债务人基于负担债务的事实构成本身而享有到期对待债权的,可以不提起对待之诉而代之以行使**留置权(retentio)**,在对待给付提供之前拒绝提供自己的给付(参见Iul. D. 47,2,60;Paul. eod. 15,2)。为此,他还可以利用恶意抗辩(exceptio doli),而在诚信审判(bonae fidei iudicia)时则不需要这些抗辩(上文边码33.16)。

关于原物返还之诉(rei vindicatio)中对费用(impensae)的留置权,见上文边码27.21;针对要求继承之诉(hereditatis petitio)的留置权,见下文边码75.11;关于嫁资留置权(retentiones ex dote),见下文边码59.22。——优士丁尼经常放弃使用抗辩(exceptio)。此外,在古典时期萌芽继续成长的过程中[例如,通过无因管理对待之诉(actio negotiorum gestorum contraria)或者共同财产分割之诉(actio communi dividundo)],他还赋予了一项独立的费用补偿请求权。——**文献**:阿·比格,《罗马物法和债法中的留置权》(Retentio im röm. Sachen – und Obligationenrecht),1979年。

（三）就**互易合同**（完全双务合同）而言，最基本的是发生双务对待请求权：任何一方当事人对相对人而言都同时是主请求权的债权人和债务人。诸如买卖（emptio venditio）和租赁（locatio conductio）（包括用益租赁、雇用合同和承揽合同）等有偿合同均属其中，它们名称由两部分组成就可以表达出其中的互易关系了（参见 G. 3,137）。 23

这些通常称为“双务的”合同在渊源中没有任何根据。“συνάλλαγμα”（Ulp. D. 2,14,7,2;50.16;19）在字面上说的也不再是“合同”，尤其是不要式订立的债务合同。“合伙”（societas）更接近于边码 38.21 中提到的事务处理关系而不是这种互易合同，因为合伙人之诉（actio pro socio）是在特定合伙人之间进行结算（下文边码 43.12）。——**文献**：汉－彼·贝内尔，《古典罗马法合意合同中所谓的双务》（Das sog. Synallagma in den Konsensualkontrakten des klass. röm. Rechts），1965 年；达拉·马萨拉（边码 45.5），第 77、91、293 页及多处；此外参见，边码 45.5 所附文献。 24

一般认为，在互易合同中相互对待的两项请求权应当是相互联系的，任何一方只要未处于应当先行给付的情形，就可以在向他提供对待给付之前保留自己的给付；这项留置权（retentio）的根据是诚实信用（bona fides）（参见 Ulp. D. 19,1,13,8;21,2,31,8）。然而，这种观点颇值怀疑，因为对出卖人而言，在完全付款后但买受人不能要求返还该笔款项的场合［例如出卖于被监护人（pupillus）（边码 14.5）或者奴隶］行使留置权，目的就在于保障他的请求得以实现。再者，不管是对买受人还是对使用租赁当事人、雇用当事人或者承揽当事人，全都没有流传下这种留置权。因此，买卖标的物的留置基础可能更主要是买卖标的物的占有，而不是出卖人权利和义务的关联性。Iul. D. 19,1,25 和 Paul. D. 44,4,5,4 中涉及的可能是银行主基于买卖价款要式口约提起的诉讼。 25

26 在共同法中,留置权作为未履约抗辩(* exceptio non adimpleti contractus)而独立存在。这项抗辩与留置权抗辩的基础都是否定性事实(相对人未履行),在举证责任上也都例外地不是由被告而是由原告承担(他一般可以通过收据、证人等证明已经提供给付,这比起被告证明未履行要更容易些)。——《德国民法典》第 320 条,《奥地利民法典》第 1052 条、第 1062 条,《瑞士债法》第 82 条。——**文献**:贝内尔(边码 38.24);沃·恩斯特,"未履约抗辩的来历"(Die Vorgeschichte der exceptio non adimpleti contractus),《弗卢梅祝贺文集》(Fg. Flume),1998 年,第 1 页;沃·恩斯特,《不履行合同的抗辩》(Die Einrede des nichterfüllten Vertrages),2000 年(附有教义史)。

第三十九节　消费借贷　使用借贷　保管　设质

(RPr. § § 43 II,44 I,124 – 127,262)

一、消费借贷

1 (一)争议颇多的古代罗马的**债务口约**(**nexum**)可以认为是以取得消费借贷为目的而通过用铜和秤(per aes et libram)的行为(上文边码 7.14)实施的自己设质。出钱人把金钱[在证人和司秤(libripens)面前]称量给拿钱人,并因此而在拿钱人未因本人(按期)返还该金额(可能还有利息)或者第三人清偿而解脱时,对相对人的人身取得了类似于质权的抓取权。

2 我们在此还是先停留在"纯粹质物责任"上:返还支付不是"债务性的",而只是责任解脱的一种手段(上文边码 32.10;32.20)。设定责任的秤式行为——同样也可以通过铜和秤式清偿(solutio per aes et libram)返还(边码 7.14;52.5 – 7)——在裁判官面前应当可以获得证明,它本身就可以确定责任并据以实施拘禁(manus iniectio),而且不需要经过诉讼和判决(上文边码 32.12)。这种消费借贷性债务口约的流传情况不太确定,然而我们却可以看看债务口约(nexi)解除的情况:在债权人拘禁(manus iniectio)之后受到裁判官判罚但支付不能的债务人,为避免《十二表法》规定的强制执行结果,通过受债权人拘束(nectere)而成为其债务奴隶(对此参见,边码81.12)。对这种委身于人的行为,可以采用秤式行为中一文铜币(nummo uno)这种变形后的债务口约(nexum),这样债权人在实施拘禁(manus iniectio)同时就可以立即实施债务口约(nexum)了。《波特利亚法》(lex Poetelia)(公元前326年?)限制了这种债务奴隶设定,然而却没有完全废止它。不管怎样,消费借贷性债务口约到共和初期就已经消失了。——**文献**:马·卡泽尔,《古代罗马法》(AJ),第119、232、332页;奥·贝伦茨,"要式买卖法中债务口约,或者,秤式消费借贷的非历史性"(Das nexum im Manzipationsrecht oder die Ungeschichtlichkeit des Libraldarlehens),《古代法国际杂志》,第21卷(1974年),第137页 = 贝伦茨,《制度和原则:论文选集》,第2册,第563页;马·塔拉曼卡,"罗马债法的历史"[Obbligazioni(storia),Diritto rom.],《法的百科全书》(ED),第29卷,1979年,第4页;安·马格德兰,"铜和秤式行为和合法性保证"(L'acte per aes et libram et l'auctoritas),《古代法国际杂志》,第28卷(1981年),第127页;莱·佩佩,《对人执行之研究》(Studi sull'esecuzione personale),第1册,1981年,第224页;贝·阿尔巴内塞,"罗马法简明研究"(Brevi studi di diritto rom.),《巴勒莫大学法学研究所年刊》(Apal.),第42卷(1992年),第50页。

(二)自古以来,不要式**消费借贷**(**mutuum**)(mutui datio)就被用以进行消费借贷,首先,它只是仪式性债务口约(nexum)之外日常生活中不支付利息的日常行为("友情消费借贷"),而在债务口约(nexum)消失后,它就成为了一般性消费借贷行为。消费借贷(mutuum)是某人将一定本金托付(credere)他人使用的信用行为的基本类型。作为要物合同,其内容是某人将一定金额(或者,货币贬值时的其他可替代物)转交至接受人所有权之中,同时约定返还相同数额或者相同种类相同数量的可替代物(参见 G. 3,90 = Inst. 3,14 pr.;Paul. D. 12,1,2 pr.;Pomp. eod. 3)。——相反,为使用借贷而转移使用的情况也不少见(Gai. D. 13,6,4:为了使支付能成为表面现象),因此应该返还 3

所受领的钱币本身。

文献:温·朱弗雷(V. Giuffrè),《论消费借贷》(La datio mutui),1989年;齐默尔曼,第153页;内尔森/孟文理,第3编之2,第80页;赫·豪斯马宁尔,《罗马合同法案例书》(Casebook zum röm. Vertragsrecht),2002年第6版,案例1-10;玛·萨拉萨尔·雷韦尔塔(M. Salazar Revuelta),《论罗马法中消费借贷的无偿性》(La gratuidad del mutuum en el derecho rom.),1999年[书评,格勒施勒(Gröschler),《萨维尼杂志》,第120卷(2003年),第274页]。

4 由给予人向接受人让与所有权的要求逐渐变宽松了,例如,第三人以给予人名义或者受给予人指示而支付就符合要求(参见Ulp. D. 12,1,9,8;eod. 15;Afr. D. 17,1,34 pr.);同样,如果接受人善意消费了第三人的货币,也符合要求[给予人取得了请求返还善意消费之诉(* condictio de bene depensis),Pap. - Ulp. D. 12,1,13 pr.,1;Iul. eod. 19,1末尾;Paul. D. 46,1,56,2;关于善意消费,又见下文边码48.6]。如果发生金钱债权并且有约定的债权人和债务人,这项金额就被认为是因消费借贷而欠的,这样古典晚期法学家就承认了这项“合意消费借贷”(参见Ulp. D. 12,1,5,不同于Afr. D. 17,1,34 pr.;《德国民法典》旧文本第607条第2款)。同样,在消费借贷买卖合同(* contractus mohatrae)中,需要借款的人得到了某物,它可以出卖该物并将其变价款作为消费借贷(Ulp. D. 12,1,11 pr.)。——在给予之前没有任何义务,而将来提供消费借贷的简约(* pactum de mutuo dando)是不可诉合同。当然,这项允诺可以通过要式口约的方式表达从而具有可诉性,Paul. D. 45,1,68。

5 基于消费借贷,债权人取得了**请求返还之诉(condictio)**,它在金钱消费借贷时与**确定金额消费借贷之诉(actio certa creditae pecuniae)**是一致的。请求返还之诉(condictio)是一种抽象诉讼,指向的是那些没有说明负担基础而不法保留的财产,此外还可用于其他目的,详见下文边码48.3。外邦人也可以提起这项诉讼。由于这项诉讼指向确定标的(certum),也就是不能多于借用人所受领者，因此其中不包括利息。对于利息，必须有专门的要式口约担保才可以提出主张。

消费借贷债务经常通过要式口约的方式予以确认，这对有期限约定的债务是必不可少的。由于（抽象）请求返还之诉（condictio）也可以基于确定要式口约（stipulatio lerti）而发生（下文边码 40.2），接受人因此而承担的责任与受领金钱时承担的责任是一样的，然而，仅仅发生了对于一次给付的请求权。——如果对利息进行了要式口约，对利息起诉就应当采用（不确定）要式口约之诉[actio（incerti）ex stipulatu]（上文边码 34.30；参见 Paul. D. 2,14,4,3;12,1,40）。——**文献**：马·卡泽尔，“消费借贷和要式口约”（Mutuum und stipulatio），《马里达基斯祝贺文集》（Eranion Maridakis），第 1 册，1963 年，第 155 页；彼·格勒施勒（P. Gröschler）“通过要式口约为消费借贷的方案”（Die Konzeption des mutuum cum stipulatione），《法律史评论》，第 74 卷（2006 年），第 261 页。 6

《马其顿元老院决议》（SC Macedoniaum）[维斯帕西安（Vespasian）在位时，公元 1 世纪后半叶]禁止向家子提供金钱消费借贷（D. 14,6,1pr.）。据说家子马其顿受到他的债权人威胁而谋害自己的父亲。裁判官拒绝基于这种消费借贷而提供一项诉讼，或者赋予了马其顿元老院决议抗辩（exceptio SCti Macedoniani）。当然，即使自愿付款也不能请求返还，因为它被认为是一种自然债务（naturalis obligatio）（上文边码 33.8）。家子以学习为目的而居留外国构成例外，家父通常愿意提供范围之内的消费借贷（Ulp. D. 14,6,7,12;Alex. C. 4,28,5 pr.）也构成例外。此外，对于作为士兵而享有军营特有产（peculium castrense）可供支配的家子，在接受消费借贷时不超过特有产金额的情形，也构成例外（Ulp. D. 14,6,1,3;eod. 2），但如果家子已经担任公职或者成为诸如顾问，则不构成例外（Ulp. eod. 1,3）。——**文献**：弗·卢克雷齐（F. Lucrezi），《马其顿元老院决议》（Senatus consultum Macedonianum），1992 年；安·瓦克，“向家子提供消费借贷禁令等”（Das Verbot der Darlehensgewährung an Hauskinder etc.），《萨维尼杂志》，第 112 卷（1995 年），第 239 页；萨·隆哥（上文边码 33.8）第 191 页。 7

8 （三）在为海运提供消费借贷（**航海借款**，fenus nauticum，pecunia traiecticia）时，采用希腊化的做法，由出钱人承担风险：如果船载货物灭失（希腊法认为这时应当单独承担责任），借钱人就免除责任了；Mod. D. 22，2，1 和 3。作为这种风险的补偿，出钱人要收取较高的利息（上文边码 34. 29；34. 32）。**文献**：阿・卡斯特雷萨纳・埃雷罗（A. Castresana Herrero），《希腊的航海借款和罗马的航海借款》（El prestamo maritimo griego y la pecunia traiecticia romana），1982 年；施・舒斯特（St. Schuster），《德谟斯蒂尼法庭演讲中的航海借款兼及相关法律制度的历史发展：dάneion nautikón，fenus nauticum 和 Bodmerei》（Das Seedarlehen in den Gerichtsreden des Demosthenes mit einem Ausblick auf die weitere historische Entwicklung des Rechtsinstituts：dάneion nautikón，fenus nauticum und Bodmerei），2005 年。

9 （四）要物合同法律制度保持到共同法（ius commune）之中，而其效力基础乃是当事人的合意则已经比较清楚了。关于消费借贷的主要问题是货币变更和教会法上的利息禁止。合同条款中常常约定在消费借贷时应当返还有具体固定金属含量的特定货币，而且基本上都得到了承认。自 19 世纪早期起，立法才开始承认面值原则（《法国民法典》第 1895 条）。在实践中几乎不能贯彻的利息禁止和暴利禁止早就由于诸如迟延利息例外情形而受到了限制，并且，自 16 世纪新教的商店主那里起，它们逐渐被法定最高利息的规定所替代[依照 1654 年《最新帝国法令》（Jüngster Reichsabschied）第 174 条是 5%]。——《德国民法典》第 488 条以下、第 607 条以下，《奥地利民法典》第 983 条以下，《瑞士债法》第 312 条以下。——**文献**：科英，第 1 册，第 470 页；第 2 册，第 491 页；还可参见，哈・西姆斯，《中世纪早期法律渊源镜鉴中的交易和暴利》（Handel und Wucher im Spiegel frühmittelalterl. Rechtsquellen），1992 年。

二、使用借贷

文献：齐默尔曼，第 188 页；豪斯马宁尔（边码 39. 3），案例 23 – 32。

使用借贷是将其物无偿转交他人以供使用(Ulp. D. 13,6,1 pr. /1;Inst. 3,14,2)。 10

它是具有法律约束力的日常行为,与之相对的,一方面是与朋友订立的[对于贵重的要式物(res mancipi)]的信托(fiducia cum amico contracta),另一方面是不具有约束力的容假占有(precarium)。出借人受到约束,只有使用结束或者约定期限届至后才可以请求返还借用物。在后古典通俗法中,使用借贷和消费借贷之间的界限变模糊了,但它在优士丁尼时却又恢复了。

借用人在经济上通常是较弱一方,作为物的纯粹持有人(边码 19.16 -17),对出借人就其过错乃至照管(custodia)承担责任, 11
因此,在由于盗窃而无过错丧失该物时也要承担责任(Gai. 3,206;Ulp. D. 13,6,5,2 以下;Inst. 3,14,2;4,1,16)。在使用越权的情形中,借用人对意外事件,甚至是不可抗力也要承担责任(例如,Gai. D. 13,6,18 pr. :某人借用了银餐具,旨在邀请朋友吃饭,他却带着这些东西去旅游并且因为船只沉没而将其丢失了,参见,边码 36.4;36.26;《奥地利民法典》第 979 条,《瑞士债法》第 306 条第 3 款,《法国民法典》第 1881 条)。如果借用人在借用结束后没有正常返还借用物,出借人就获得了**使用借贷之诉(actio commodati)**。

基于裁判官在诉讼程式[列举事实的程式(formula in factum 12
concepta)]中所写的“如果证明没有返还借用物”(si paret rem commodatam redditam non esse),被告(通常)会被判罚该物价值或者由该物所得价值。大概自古典盛期起,在此之外新增了列举(市民法)权利的程式[formula in ius (civile) concepta](G. 4,47 末尾),它是一种指向赔偿所受损失的不确定程式(formula incerta)。它可能有基于诚信(ex fide bona)的条款。——**文献**:卡泽尔(上文边码 31.1),《法律史杂志》,第 47 卷,第 230、232 页。

使用借贷对待之诉(actio commodati contraria)使借用人在出 13

借人明知存在瑕疵而提交该物时可以主张赔偿特定费用（但不是饭食费用，coll. 10，2，5，参见 Gai. D. 13，6，18，2）以及损害赔偿；参见 Paul. D. 13，6，17，3 －5；eod. 22；Gai. eod. 18，2 －4。——《德国民法典》第 598 条以下，《奥地利民法典》第 971 条以下，《瑞士债法》第 305 条以下。

三、保管

文献：朱·甘多尔菲（G. Gandolfi），《罗马法学中的保管问题》（Il deposito nella problematica della giurisprudenza rom.），1976 年；齐默尔曼，第 205 页；豪斯马宁尔（边码 39.3），案例 11 －22a。

14 （一）1. 在保管（提存）（depositum）中，寄存人（提存人）将某动产交付给保管人（保存人）无偿保管，并应寄存人请求将该物返还。保管人通常承担返还责任，寄存人对此可以通过**保管之诉**（**actio depositi**）而主张，该责任由一种私犯责任发展成为合同责任。——如果保管有偿进行，对于报酬就必须用要式口约进行允诺，因此需要一项附加合同。

15 2. 关于保管，《十二表法》（第 8 表第 19 条；coll. 10，7，11）基于保管对侵占提供了双倍金额的罚金之诉。对于恶意不返还保管物（rem dolo malo redditam non esse），谕令中规定了具有列举事实的程式（formula in factum concepta）的裁判官法之诉，具体来说，在普通保管时是 1 倍（边码 83.14），在由于诸如暴风雨、火灾、建筑物倒塌、船只沉没等不可抗力（上文边码 36.26）而紧急保管（* depositum miserabile）时，对保管人本人是 2 倍，对保管人的继承人就其自己的恶意是 2 倍，就保管人的恶意是 1 倍；参见 D. 16，3，1，1。这样区别的理由在于，在通常情形下，即在简单保管中，寄存人可以或者至少有可能根据可靠性寻找保管其物的人。而在紧急保管中却是另一种情形，确切地说是市民整体面对共同风险，每个人都只能信任自己的同伴。因此，在紧急时刻违反信任就变得更加严重，应当被判罚双倍（D. 16，3，1，4；Inst. 3，14，3）。

在共和晚期或者古典早期,除此之外产生了属于诚信审判(bonae fidei iudicium)的列举权利的程式(formula in ius concepta)(G. 4,47);因此,保管责任被承认是合同责任(程式,下文边码 83. 15)。在它们以外,裁判官程式继续存在;当然,在请求 1 倍的诉讼中,逐渐摆脱了罚金之诉的特征。 16

3. 保管人只对故意(dolus)承担责任;后来也对特定过失(culpa),即对待自己事务的注意(diligentia quam in suis)承担责任(详细内容,见上文边码 36. 21;Cels. D. 16,3,32;Inst. 3,14,3)。判罚发生不名誉的效果。保管人对物只是单纯持有人,没有使用该物的权限。 17

4. 保管人对寄存人可以获得保管对待之诉(actio depositi contraria),以补偿他因保管物而支出的费用或者受到的损失;Ulp. D. 16,3,5 pr. ;Mod. eod. 23。 18

5. 关于保管,最值得注意的片段是 Tryph. D. 16,3,31,1:强盗甲自所有权人乙抢得某物并将该物交丙保管。后来丙得知该物系抢劫而来。他应当维护合同信赖还是应当将该物返还给乙?特里菲尼(Tryphonin)认为,真正公正的是,保护每个人的应有权利(suum cuique,参见 Ulp. D. 1,1,10 pr. ;Inst. 1,1 pr.),任何一方当事人都不能影响公正的返还请求权;因此他赋予所有权人的公正请求以优先地位。在应有权利(suum cuique)上,从亚里士多德开始就已经区分了分配正义(iustitia distributiva)和矫正正义(iustitia correctiva 或者 commutativa),前者构成了个人尊严的标准,后者旨在调整不当所得。如果保管人不向寄存人返还,这就是不当所得;特里波尼确实是赋予所有权人的权利以优先地位。这种认为所有权保护高于[在古代保管,尤其是基督教时期(3. Mos. 5,21)尤为重要的]合同忠实的价值判断,使得该处理结果在私法历史上变得著名,并且为很多法典所采用(例如,《法国民法典》第 1938 条,《西班牙民法典》第 1771 条,《意大利民法典》第 1778 条,《阿根廷民法典》第 2215 条,《墨西哥民法典》第 2523 条)。与之相反,《联邦最高法院民事裁判集》第 73 卷,第 317 页,却(依照《德国民法典》第 1223 条)否认所有物返还请求权较之于非权利人作为出质人的返还请求权所具有的 19

优先地位。——**文献**:罗·克努特尔,“论保管人的义务冲突”(Zum Pflichtenkonflikt des Verwahrers),《施图尔姆祝贺文集》(Mél. F. Sturm),第1册,1999年,第239页。

20 (二)金钱经常放在小口袋或者其他封闭起来的容器中保管。当然,保管也可以这样,即保管人成为了这些钱的所有权人,而且可以为了自己利益而使用它(**非常保管**,* depositum irregulare)。古典法学家对此适用消费借贷的规则,即赋予寄存人对本金的请求返还之诉(condictio),但只有基于特定要式口约才可以对利息提起这项诉讼(Ulp. D. 12,1,9,9;eod. 10)。

与此相对,希腊化法则区别了这项行为与消费借贷,因为这项行为是为出钱人而非拿钱人的利益而实施的。在此影响下,古典晚期法,最晚东部后古典法,承认了一种特殊类型的保管合同,其中保管人可以为自己利益而使用所保管的金钱。作为报酬,对此可以——在根据诚信(bona fides)判决的保管之诉(actio depositi)的范围内,这样也就不需要要式口约——请求支付利息。参见 Pap. D. 16,3,24;eod. 25,1;Paul. eod. 29,1;coll. 10,7,9。——《德国民法典》第700条,《奥地利民法典》第959条,《瑞士债法》第481条。——**文献**:汉·塔·克拉米(H. T. Klami),《应当认为金钱的消费借贷而非保管:罗马法学家思想中的货币保管》(Mutua magis videtur quam deposita. Über die Geldverwahrung im Denken der röm. Juristen),1969年;威·莫·戈登(W. M. Gordon),“非常寄存研究”(Observations on depositum irregulare),《比斯卡尔迪祝贺文集》(Studi Biscardi),第3册,1982年,第363页;阿·比格,“罗马银行业”(Röm. Bankwesen),《萨维尼杂志》,第104卷(1987年),第536页;阿·贝特鲁奇(A. Petrucci),《票据银行经营的货币兑换业务》(Mensam exercere: Studi sull' impresa finanziaria rom.),1991年[书评,琼·安德鲁(J. Andreau),《拉贝奥罗马法杂志》,第42卷(1996年),第267页]。关于罗马的银行业和金融经济,见,琼·安德鲁,《财产、互易和货币信贷:罗马的经济》(Patrimoines, échanges et prêts d' argent: l' économie romaine),1997年,此外,相关论文还可参见,《君士坦丁罗马法研究院材料汇编》

(AARC),第12册(1998年),和,埃·洛卡肖(E. Lo Cascio)(编),《罗马世界的信贷和货币》(Credito e moneta nel mondo rom.),2003年;埃·雅各布,“苏尔皮奇家族的蜡板之48和49:部丢利的合同和银行交易”(TP Sulp. 48 e 49:contratti e operazioni bancarie a Puteoli),《信义 人性 法》,第4册,第2595页。

(三)争议双方当事人将物交付给扣押保管人保管(关于其令状占有,见上文边码19.15),只有胜诉当事人可以根据诉讼裁判请求扣押保管人返还,并且要提起专门的扣押保管(保管)之诉[actio (depositi) sequestraria]。参见Paul. D. 16,3,6。——《德国非诉事件法》第165条(参见《德国民法典》第432条、第1217条、第1281条、第2039条),《德国民事诉讼法》第848条、第855条,《奥地利民法典》第968条,《瑞士债法》第480条。——**文献**:维·利特维斯基(W. Litewski),《罗马法中保管之研究》(Studien zur Verwahrung im röm. Recht),1978年,第47页。 21

四、设质(质押)

(一)如果某物在设质时作为占有质物而被交付,在被认为盖尤斯流传下来的作品《日常事务》(res cottidianae)中,这项因为交付而成立的债务法质押关系就会被归入到“要物合同”中(上文边码31.14;38.7;Gai. D. 44,7,1,6;Inst. 3,14,4)。如果质物所担保的债权消灭(或者发生了效果与消灭相同的情况),出质人就取得了一项债法上的**质押之诉(actio pigneraticia)**,可以对债权人主张返还质物。此外,如果(未受清偿的)债权人按照通常做法将质物出卖,出质人就可以通过该项诉讼请求返还所得卖价超过被担保债权的余额(superfluum)。质权人对出质人就其故意(dolus)或者过失(culpa)承担责任,根据晚期古典法学家的意见就其照管(custodia)也要承担责任(见Ulp. D. 13,7,13,1;上文边码36.17)。——《德国民法典》第1215条以下、第1223条,《奥地利民法典》第459条、第460条、第469条,《瑞士民法典》第889条、第890条。——**文献**:齐默尔曼,第220页和上文边码31.41。 22

23 质押之诉(actio pigneraticia)在"未将该物返还的事实中"(rem redditam non esse)包含着裁判官法的列举事实的程式(formula in factum concepta)(参见边码83.14)。根据程式范本,其前提是为某债权而提交质物,此外还要求尚未返还质物,当然还需要该债权既未获清偿,也未得到其他担保(或者实现)或者债权人陷于受领迟延(Ulp. D. 13,7,9,3;Paul. eod. 20,2)。除该程式外,基于信义诚实(ex fide bona)条款还有一项列举权利的程式(formula in ius concepta),当然裁判官谕令中可能没有这项程式。根据该项诉讼,可以对余额(superfluum)主张请求权,当然还可以主张其他从请求权。它也说明了将质押(pignus)作为要物合同的正当理由了。——文献:卡泽尔(边码31.1之前),《法律史杂志》,第47卷,第197页,第214页。

24 (二)对于因为相对人诈欺而受到的损害予以补偿,质权人最初只能向出质人主张诈欺之诉(actio de dolo);当然,对于这种情形和损害赔偿其他情形以及补偿费用等情形,古典法就已经赋予了质押对待之诉(actio pigneraticia contraria);Ulp. D. 13,7,3;eod. 36 pr./1。——文献:卡泽尔(边码39.23),第222页。

25 (三)如果债务人根据质押之诉(actio pigneraticia)主张返还质物,高尔迪安(Gordian)皇帝(公元3世纪)在债权人对债务人享有其他债权时赋予债权人以诈欺抗辩(exceptio doli),C. 8,26,1,2 f.。这种受到希腊化影响的高尔迪安质押(*pignus Gordianum)产生了妨碍信用的效果,这点类似于概括抵押权。——**文献**:迪·尚巴赫尔,"对所谓高尔迪安质押的观察"(Beobachtungen zum sog. pignus Gordianum),《萨维尼杂志》,第114卷(1997年),第233页。

26 (四)盖尤斯的《日常事务》(res cottidianae)最终将(为担保或者其他目的)**信托**(**fiducia**)列于要物合同之下,但优士丁尼在清理渊源时则将它由此删除了,这是有可能的,尽管(文书形式的)合同只是被称为信托简约(pactum fiduciae)。

第四十节 要式口约 文书合同

(RPr. § § 120,128,129,263 I,II)

一、要式口约

文献:比·比翁迪,《合同和要式口约》(Contratto e stipulatio),1953 年;朱·萨科尼,《要式口约研究》(Ricerche sulla stipulatio),1989 年;弗·帕斯托里(边码 7.20 之前),第 195 页;齐默尔曼,第 68 页;内尔松/孟文理,第 3 编之 2,第 94 页,第 103 页(关于 G. 3,92 – 127),第 468 页;豪斯马宁尔(边码 39.3),案例 35 – 51j;托·芬克瑙尔(边码 11.1 之前),第 440 页;托·芬克瑙尔,《古典罗马法中要式口约的可继承性和第三人效力》(Vererblichkeit und Drittwirkungen der Stipulation im klassischen röm. Recht),2010 年。

(一)要式口约(stipulatio)是古典法中口头的、受特定问题和回答形式约束的给付允诺。关于其形式和历史等方面,我们在要式行为部分(上文边码 7.20 – 24)已经讨论过了。这里仅涉及其效力和适用范围。 1

盖尤斯(G. 3,29)将它归为口头合同,上文边码 38.9。外邦人的适用受到限制,对此参见上文边码 7.20。在后古典时期,它合并到了采用文书形式的给付允诺中,对此参见上文边码 7.23。

(二)要式口约(stipulatio)是单方负担义务的合同,如果是就**不确定标的**(**incertum**)予以允诺,债权人基于该要式口约对债务人就享有**基于要式口约之诉**(**actio ex stipulatu**),这项诉讼包含一项不确定程式(formula incerta)(上文边码 34.15)(关于该程式,见下文边码 83.17)。如果就**确定标的**(**certum**)以要式口约予以允诺,就可以通过**请求返还之诉**(**condictio**)提起诉讼。古代法中 2

所提供的基于确定金额要式口约之诉(actio certi ex stipulatio)(下文边码 81.6-7),并未能流传到古典法中,而仅表现为请求返还之诉程式中"诉讼所涉及的是誓约"(ea res agatur de sponsione)的诉讼前书(praescriptio),下文边码 83.27。关于要式口约债务人的责任标准,已经讲过(上文边码 36.18)。

3 (三)对于要式口约的解释,最初适用严格的、根据受形式约束的字句而确定的原则(上文边码 8.7-10)。自佩迪乌斯的认识(Ulp. D. 2,14,1,3,上文边码 38.2)开始,越来越多地考虑到语句中未表明的具体情况。

从古典晚期流传下来"可以认为随要式口约成立而达成的简约就是要式口约的内容"(pacta in continenti facta stipulationi inesse creduntur)的话,Paul. D. 12,1,40。这句话应当认为是解释规则:不清楚或者不完整的要式口约字句应当参照附加约定进行解释,参见 Marcell. D. 45,1,94;Paul. D. 34,5,21。对于确定哪些情况是不清楚之处,人们非常谨慎;它所产生的结果就是现行法中通行的"暗示理论",即必须根据符合形式要求的文本中至少已经暗示表达的内容进行解释。在其他具体环境中,对要式口约(stipulatio)的意思考虑得更多些[例如,边码 8.16:错误称谓(falsa demonstratio)]。——**文献**:罗·克努特尔,"要式口约和简约"(Stipulatio und pacta),《卡泽尔祝贺文集》,1976 年,第 201 页;罗·克努特尔,"论要式口约的解释和发展"(Zur Auslegung und Entwicklung der Stipulation),《奥·贝伦茨祝贺文集》(Fs. O. Behrends),2009 年,第 223 页。

4 1. 如果要式口约没有说明**"原因"**(**causa**),即据以成立要式口约的实质目的(例如,支付价款、赠与、设定嫁资、提供消费借贷),它就是**抽象**订立的,例如,只说"你发誓,你愿意给我 100 000 塞斯特吗?"(centum milia sestertium mihi dari spondesne?)就可以发生对 100 000 塞斯特的债,即使确定目的未能有效成立或者被取消了或者未能实现,这项债也仍然发生。债务人就该瑕疵只能对要式口约之诉主张**诈欺抗辩（exceptio doli）**：如果债权人基于没有原因（sine causa）的要式口约提起诉讼，他就是在实施背信行为了。参见 G. 4,116 = Inst. 4,13 pr. 和 2；Iul. D. 46,1,15 pr.；Ulp. D. 44,4,2,3。诈欺抗辩（exc. doli）在此发生的效力，类似于当代对于《德国民法典》第 780 条债务允诺所生请求权的不当得利抗辩权。

如果银行主促成一项买卖合同并且（由于他已经预先支付给了出卖人，因此通常）允许买受人以要式口约就价款作出允诺，那么买受人对其要式口约之诉就可以通过（谕令中的）未交货抗辩（exc. mercis non traditae）予以反驳（G. 4,126a，参见 Iul. D. 19,1,25）。

2. 相反，如果要式口约**要因**（指名）订立的，即附加了“赠与原 5
因”（donationis causa）、“嫁资原因”（dotis causa）或者明示该允诺是基于其他法律关系而为的，例如，“你发誓，向我给付你基于买卖应当给我的那些吗？”（quod ex empto mihi debes, dari spondesne？）那么，如果不存在有效原因关系或者基于买卖并无所欠，基于要式口约也就无所欠，要式口约之诉这时就应当被驳回，而不再需要抗辩（exceptio）。

要式口约是抽象订立还是要因订立之间的区别无疑不完全具有决定性。例如，被纯粹抽象订立的要式口约，如果是以设定嫁资为目的而做出的，在没有结婚时就不生效力［Paul. D. 2,14,4,2；D. 23,3,41,1；Ulp. eod. 21；默示条件（condicio tacita）］。附条件允诺和它也存在区别：某人允诺，如果提提乌斯能胜利离开角斗场就支付金钱，如果涉及比赛（田径运动、摔跤、拳击），这项允诺就是有效的，而涉及斗兽时则相反。为金钱而赌博是被禁止的，所以，关于赌博所赢金额的要式口约也是无效的（D. 11,5,2,1）。请求返还在不被许可的赌博中所输金额是有可能的（只要原告本身没有共同过失），尤其是家父/所有权人在家子或者奴隶赌钱时（Paul. D. 11,5,4,1；优士丁尼放宽了这项禁令，并且普遍允许请求返还，C. 3,43,1，于 529 年）。——至于在当代法中,赌博和打赌是否至少可以发生自然之债(边码 33.6–8),存在争论;《德国民法典》第 762 条,《奥地利民法典》第 1272 条、第 1273 条,《瑞士债法》第 513 条、第 514 条。——**文献**:约·格·沃尔夫,《要式口约的原因》(Causa stipulationis),1970 年,对此参见,安·瓦克,"论要式口约的原因"(Zur causa der stipulation),《法律史杂志》,第 40 卷(1972 年),第 231 页;还可参见,马·库雷洛维奇(M. Kuryłowicz),"罗马法中的赌博"(Das Glücksspiel im röm. Recht),《萨维尼杂志》,第 102 卷(1985 年),第 185 页。

6 在后古典时期,这时(几乎)总是采用文书化形式的要式口约与原因(causa)的联系更加紧密。基于未说明原因的债据,债权人虽然可以提起诉讼,而且不必证明该项债权,但原因(causa)瑕疵这时却可以发生使债权无效的效力(参见上文边码 4.10),它既可以由债务人提出来,也可以由裁判官依职权进行审查。在东部后来则有所不同:对于未说明原因的债据(cautio, quae indiscrete loquitur),债权人必须证明(作为基础的)债务存在(D. 22,3,25,4,添加的;Iust. C. 4,30,13)。

7 罗马式的要式口约在中世纪和近代的法律中并未被采用。但是,立法者却将其作为特殊合同类型予以处理;在"简约应当遵守"(pacta sunt servanda)原则得以实施时(上文边码 38.18),它就受到了没有特定形式协议的排挤。关于要式口约的效力,无疑需要有广义理解的理性动机意义上的原因(causa)(在《法国民法典》第 1108 条、第 1131 条以下可以找到)。这种学说直到学说汇纂法学派于 19 世纪后半叶承认抽象负担才被放弃。《德国民法典》第 780 条、第 781 条中(必要抽象的)债务允诺和债务承认是新创造,是由奥·贝尔(O. Bähr)[《承认作为负担基础》(Die Anerkennung als Verpflichtungsgrund),1855 年,1894 年第 3 版]提出的。参见《瑞士债法》第 17 条。——**文献**:科英,第 1 册,第 480 页;第 2 册,第 434 页。

8 3. 以古典晚期的皇帝敕答为根据,在公职审判程序中由诈欺抗辩(exceptio doli)分离出了**未付款抗辩(exceptio non numeratae pecuniae)**:如果需信人在出资人提供消费借贷之前已就返还通过要式口约作出允诺,对于要式口约之诉,他就可以实际并未收到消费借贷为由进行反驳,因为这项(后来附期限的)抗辩产生的结果是,原告在这种特殊情形下应当证明已经交付消费借贷,而不是(如通常情形)主张该项抗辩的被告证明(难以证明的)没有受领金钱。在古典晚期和后古典时期皇帝所颁布的文件中,这项权利得以继续完善;未付款抗告(querela non num. pec.)不但可以通过撤销要式口约的方式主张,还可以通过诉讼方式主张[详细内容,见 C. 4,30;关于附期限(自戴克里先起是5年,自优士丁尼起是2年),详见 eod. 14 pr.]。——在19世纪,人们认为这项抗辩并不合适,"为使无良债权人不能强迫债务人返还未受领的消费借贷,需要确立一项债权人可以扣留无良债务人实际受领的消费借贷的制度。如果在具体情形下难以避免这种不公平的风险,那么,没有证据的当事人承担风险比有证据的当事人承担风险更公平些"。[温德沙伊德-基普,《学说汇纂教科书》(Pandekten),第2册,第9版,1906年,第372节注15]。——《德国民法典》第1139条将其规定在登记抵押权中。——**文献**:维·利特维斯基,"古典罗马法中的未付款"(Non numerata pecunia im klassischen röm. Recht),《历史与法的研究与文献》,第60卷(1994年),第405页。

(四)1. 要式口约的适用范围因其颇具弹性的形态而格外广泛(边码7.22)。 9

例:确认消费借贷之债(上文边码39.6)或者买卖价款之债;此外还有,赠与允诺和嫁资允诺;预约;通过更新而嗣后变更债务关系(下文边码54.1),尤其是债权人变更或者债务人变更(债权让与、债务承担);副要式口约(adstipulatio)和保证;私法和诉讼法的大量的押金(cautiones);关于裁判官法的要式口约(参见下文边码86.11)。——罗马法学家通过要式口约说明了生前行为基本问题和一般债法基本问题,对此已经特别强调(边码7.22);这些材料因要式口约的适用范围广泛而散落在《民法大全》(corpus Iuris)各个部分(边码7.22);重点是 D. 45 和 46,Inst. 3,15-20,C. 8,37-42,此外还可参见 G. 3,92-127。

2. 作为重要的适用情形,**罚金要式口约**(stipulatio poenae)应当予以强调。它有两种表现形式: 10

(1)对于未履行或者未按照要求(尤其是未按时)履行已发生债务的情形,可以允诺这种罚金,通常表现为支付金钱(所谓真正违约金或者不独立违约金)。

例:“你发誓,你(向我)转移(奴隶)帕姆菲卢斯的所有权转移吗? 你发誓,如果你没有转移其所有权,就将向我支付我1百(1千塞斯特)吗?”“我发誓。”(,Pamphilum dari spondesne? si non dederis, centum dari spondesne?‘,,Spondeo‘)Sab. – Paul. D. 45,1,115,2(第2部分)。在此,罚金允诺用于担保履行移转奴隶所有权的义务,因为他面临着可能被课以罚金的压力,这就意味着,如果罚金允诺发生效力就会促使债务人提供给付(所谓屈服功能)。同时,违约金使债权人免于证明难以证明的因不履行或者不完全履行而受的损害,并且使他取得了代替物的价值或者利益的确定金额货币(补偿功能)。如果该罚金是对不履行而约定的,在基于基础债权提起诉讼时,对基于罚金要式口约而提起的第二项诉讼就可以用诈欺抗辩(exceptio doli)来反驳,Ulp. D. 44,4,4,7。相反,如果该罚金是对迟延或者不完全履行而约定的,那么,就可以在这两项请求权之间自主决定,Pomp. D. 45,1,90,还可参见相关文书,TPN 59 = TPSulp. 68。

11 (2)这种罚金给付也可以是为强制实施不欠的行为或者不作为而约定的(所谓不真正违约金或者独立违约金)。如果没有实施所欲行为或者违反所欲不作为,就应当支付罚金金额。

例:如果不欠土地(fundus),“你发誓,如果你没有向我转移土地所有权,就向我支付1百(1千塞斯特)吗?”(Si fundum non dederis, centum dari spondesne)(Paul. D. 44,7,44,5)。通过这种途径,就能使本不属于可诉债务的标的成为了可以强制的,尤其是那些对受领人没有财产价值的给付。

12 (3)这两种表现形式的共同之处在于:如果为担保不作为义务而约定违约金,有违背行为时就应当承担违约金(应当支付违约金)(Paul. D. 19,2,54,1)。如果它是为担保作为义务而约定并且为它确定了期限,在该期限届至时就应当承担违约金。如果没有确定期限,这项约定就会引起争议(具有可能性时就承担违约金? 还是嗣后不能时才承担? 参见D. 45,1,115,2所引内容)。违约金债务人最初承担客观责任,在诸如双倍要式口约(stipulatio duplae)(边码41.29)等个别情形中,仍然如此。对于重要的适用领域,诸如在仲裁合同罚金约定(poena compromissi)和海事消费借贷罚金约定时,萨宾学派则提出了由于债务人原因而未给付时才应当承担罚金的观点。这种观点大概是在古典盛期成为了通说(萨宾,见 Pap. D. 45,1,115,2;Iul. – Afr. D. 44,7,23;Cels. – Ulp. D. 4,8,23,1 – 2)。当然,债务人没有过错的情形有时可以对指向罚金的诉讼以诈欺抗辩反驳,Pomp. – Ulp. D. 44,4,4,2。

在某些独特的要式口约中可能涉及多项规则。例如,在某碑铭中流传下来的西恩特洛菲赠与(donatio Syntrophi)[公元 2 世纪或者 3 世纪;《前优士丁尼罗马法渊源》,第 3 卷之 94(FIRA III n. 94)]中,包含着一项以要式口约做出的独立罚金约定,然后是土地要式买卖。在罚金约定中,赠与人西恩特洛菲(Syntrophus)释放埃塔勒斯(Aithales)而使其成为释放自由人,这点可以在当代印刷页中顺利找到,他指示埃塔勒斯对某块土地取得与其他同时释放自由人一样份额的共同所有权,并以具体方式确定,埃塔勒斯和其他同时获释的释放自由人将来如何处理土地。他通过违约金担保这项义务:如果违反这些规定(si adversus ea factum erit),就应当给付损害赔偿,并且还应当支付 50000 塞斯特的罚金,正如西恩特洛菲所允诺和埃塔勒斯所宣誓的那样。这些具体规定也就是条件,它们成就时就可以请求支付违约金了。——在共和时期,合同内容就已经比较多了,人们会将协议内容以书面固定,然后允诺或者相互允诺,“以上书面所记,内容是否如此并且应当如此发生并且不应当违反协议？如果事实上内容并非如此或者所发生情况并非如此,你就应当支付 20000,你发誓吗?”“我发誓。”(Paul. D. 17,2,71 pr.:两位语法老师为开设读写课程而成立合伙的相互要式口约;又见 Paul. D. 45,1,140 pr.;关于后古典时期的要式口约条款,见上文边码 7.23)。对应于这些要式口约而产生的诉讼不只是一项而是多项诉讼,它们可能会因为诉讼消耗而变得非常复杂(边码 82.24 – 25),由于人们适用“标的是多少就对多少成立要式口约”(tot stipulationes quot res)的规则,因此就可以发现,只要对各个物或者规定独立允诺,就可以独立起诉。要式口约的适用范围因此很广而且很容易实施。——《德国民法典》第 339 条以下,《奥地利民法典》第 1336 条,《瑞士债法》第 160 条以下。——**文献**:罗·克努特尔,《罚金要式口约》(Stipulatio poenae),1976 年;马·塔拉曼卡,《法学百科全书》,第 32 册,1982 年,第 712 页,见“(罗马法)罚金”(Pena)之二;齐默尔曼,第 95 页;阿·西卡里(A. Sicari),《罚金协议和责任》(Pena convenzionale e responsabilitā),2001 年。还可参见,约·比安卡拉纳(J. Biancalana),“13 世纪英格兰的违约金条款” 13

(Monetary penalty clauses in thirteenth – century England),《法律史杂志》,第73卷(2005年),第231页(也涉及意大利和法国)。

二、文书合同

文献:内尔松/孟文理,第3编之1,第196、496页;拉·米·蒂洛(R. M. Thilo),《罗马法中的收支簿》(Der Codex accepti et expensi in Röm. Recht),1980年;彼·格勒施勒,《庞贝和赫库兰尼姆文书发现中的表板文书》(Die tabellae – Urkunden aus den pompejan. und herkulanens. Urkundenfunden),1997年,第246页;奥·贝伦茨,"文书合同"(Der Litteralvertrag),《维·沃洛德凯维奇祝贺文集》(Mél. W. Wołodkiewicz),第2册,2000年,第57页。

14 (一)罗马的文书合同与收支簿(codex accepti et expensi)有密切联系,而收支簿自共和初期起(根据希腊化范本)通常由家父(paterfamilias)掌管并作为家庭全部财产目录。

按照在该收支簿上记载的实际支付过程,例如实际已经支付的消费借贷,这种记账并不发生文书合同,但是它能作为纯粹现金债权书面证明,债权记账(nomina arcaria),G. 3,131 f.。

15 (真正)文书合同可以在支出(expensilatio)时成立,即记入借方(expensum ferre),也就是债权人如同他已经作为消费借贷向债务人支付了记载金额那样在收支簿中(经债务人同意)加以记载。

通过这种未经支付的记账就产生了应收债权,债权誊账(nomina transscripticia),G. 3,128;133。在债务人家庭收支簿上的对消记账显然并不重要。——关于记账过程(当然也包括债务人同意)需要通过证据文书证明。

16 由于文书合同被认为是拟制支付,因此基于它而提起的诉讼与基于消费借贷而提起的诉讼一样,是(请求返还)确定金额消费借贷之诉[actio certae creditae pecuniae(condictio)]。

17 文书合同仅适用于将已发生金钱债权转换为新债权,可能是相同当事人之间[记物于人的债权誊账(transscriptio a re in personam)],也可能是新债务人加入[记人于人的债权誊账(transscriptio a persona in personam)],G. 3,129 f.。对于第一种情形,萨宾学派认为是万民法(iuris gentium)行为,外邦人也可以适用,而第二种情形则是为罗马市民保留的[市民法(iuris civilis)],普罗库勒学派则认为这两种情形都是市民法行为(G. 3,133)。——负担基础(也就是旧债务,例如基于买卖而生)应当在记账时补注,而这项补注使文书合同显然要取决于旧债存在。

18 文书合同可以通过在赫库兰尼姆新近发现的表板(79 年维苏火山爆发之前)得到证实,然而它(连同家庭收支簿)在共和末期就已经消失了。(在 Inst. 3,21 中)优士丁尼并未真正使之重新复活,盖尤斯(G. 3,128 – 133)因此就是我们最重要的渊源了。

19 (二)非罗马的文书合同通过做成债据[亲笔字据(chirographum),意思是自己做成的债权文书,契据(syngrapha),意思是合同文书]而成立,没有采用要式口约,按照罗马的观点认为它是保留给外邦人的(G. 3,134)。自古典晚期起,它就逐渐与通常需要做成文书的要式口约(stipulatio)相互融合了。——**文献**:内尔松/孟文理,第 3 编之 2,第 215、516 页。

第四十一节　买　　卖

(RPr. § § 33 Ⅰ,130,131,261 Ⅴ,264)

一、本质和发展

文献:奥·贝希曼(A. Bechmann),《普通法中的买卖》(Der Kauf nach

gemeinem Recht),3 册,1876 年,1884 年,1905/1908 年,1965 年重印;温·阿兰焦-鲁伊斯(V. Arangio-Ruiz),《罗马法中的买卖》(La compravendita in diritto rom.),2 册,1954 年,1961 年重印;齐默尔曼,第 230、271、293 页;马·塔拉曼卡,《法学百科全书》,第 46 册,1993 年,第 303 页,见"(罗马法中的)买卖"[Vendita (diritto rom.)];内尔松/孟文理,第 3 编之 2,第 246 页(关于 G. 3,139-141,实质上也是 Inst. 3,23 pr. -2);豪斯马宁尔(边码39.3),案例 52-143;约·格·沃尔夫,"论买卖的历史:现金支付而取得是罗马法中买卖的背景?"(Per una storia della emptio venditio: l'acquisto in contanti quale sfondo della compravendita rom.),《罗马法和古代法国际杂志》,第 52 卷(2001 年),第 29 页;沃·恩斯特,"盖尤斯《法学阶梯》中的买卖法"(Das Kaufrecht in den Institutionen des Gaius),《迈尔-马利祝贺文集》,2002 年,第 159 页;埃·雅各布/沃·恩斯特(编),《罗马法中的买卖》(Kaufen nach Röm. Recht),2008 年。

1 (一)买卖是相互负担义务(双务)的合同,指向商品(merx),大多是物,和以金钱表示的价款(pretium)的交换。买卖开始时在罗马可能全都是**现金买卖**(现物买卖),在缔约和履行时双方给付义务同时发生。要式买卖(mancipatio)同样也是如此,最初它也是以取得要式物(res mancipi)和称量过的实际价款之间进行的交换(上文边码 7.3)。现金买卖则是不要式买卖,在罗马有双重根源:一方面,自古以来就存在于罗马市民之间非要式物(res nec mancipi)和货币的流转中;另一方面,也存在于与外邦人交往中对各种物,包括要式物(res mancipi)的买卖中。

2 (二)现物交换首先通过可以延期支付价款而变得宽松一些。要式买卖(mancipatio)考虑到了这种延期付款,在《十二表法》中就已经通过责任行为而为此提供担保(下文边码 41.26)。给付商品也逐渐——经过多个难以觉察的预备阶段——与订立买卖分离开。买卖这才成为了发生债法效力的行为,出卖人才负担了给付义务。这种约束力以信义(fides)为基础,最晚在公元前 2 世纪获得了承认。买卖在市民之间以及与非市民之间的法律交往中历来都同样获得承认。与之相应,买卖被认为是统一行为,而不论是现金买卖还是远期买卖、是罗马市民之间还是与非市民之间的买卖、是要式物(res mancipi)买卖还是非要式物(res nec mancipi)买卖。

如果出卖要式物(res mancipi),那么只能使用一文铜币(nummo uno)进行交易的要式买卖(mancipatio)就不再是一种买卖,而只是[与拟诉弃权(in iure cessio)一样的]履行合意买卖所产生的出卖人义务了(参见边码 7.2;7.8)。古代现金买卖对古典合意买卖的结构继续产生影响,构成了实践中,也就是日常交易中,最常发生的规则类型。由现金买卖的思想应该可以说明:特定物买卖的限制、买卖合同成立后的风险转移,出卖人的照管(custodia)责任、交付和时效取得中出卖原因(causa emptionis)和清偿原因(causa solvendi)的区分、通过交付取得所有权对于支付价款具有不独立性(这一点在古典时期削弱了很多)(上文边码 24.13)。参见沃尔夫(边码 41.1 之前)。 3

(三)在后古典时期,经济衰退带来了普遍不信任,这使现金交易重新增多。这种现象不仅发生在西部,同样也发生东部,而且在东部它符合了希腊化法的要求。对于所有重要标的,在订立买卖合同时都要求予以文书化,君士坦丁对土地买卖还规定了远远超过这种做法的形式要求(上文边码 7.28)。随着订立买卖合同和支付价款,买受人就成为了所有权人(上文边码 24.14)。 4

买受人在此不再需要基于买卖产生的任何履行请求权,如果买卖标的物所有权没有转移于他,他立刻就可以对该物主张原物返还之诉。如果在例外情形下价款迟延支付,就需要与变化后的要式口约(stipulatio)相符的债据。远期买卖这时被认为类似于与消费借贷相关的现金买卖。

(四)优士丁尼提供了一种典型的折中方案。他采用了古典 5

法的不要式合意买卖,同时允许选择书面买卖。不管是土地还是动产,都可采用这两种形式。如果当事人选择书面类型,合同就自文书化完成之时起具有约束力。在任何情形下,买卖都只使当事人负担义务,所有权转移再次与买卖分离了,Iust. C. 4,21,17; Inst. 3,23 pr. 。

二、订立和标的

6 (一)作为合意合同,买卖可以通过口头或者书面,必要时也可能通过传达人,所表示的意思一致[合意(consensus)]而成立,即通过当事人对买卖标的物和买卖价款达成合意而成立;G. 3, 139 = Inst. 3,23 pr. 。关于拍卖(auctio,licitatio),见下文边码85.6。

7 **定金(arra)**(arrha,arrabo),正如希腊法依照闪米特范本而承认的那样,于是——至少在发达的罗马法中——就变成了多余的。古代法是否在不要式合意具有可诉性之前曾经将定金作为给予定金的人以人身为质而作为承担债务的手段,尚未得而知之。在前古典法和古典法中,曾经有过买受人向出卖人交付戒指(下文边码58.12)或者一定金额以确认缔约[确认定金(*arra confirmatoria)]。合同履行之后,戒指可以通过买受之诉(actio empti)或者请求返还之诉(condictio)而请求返还,而所支付金额则可以计入买卖价款(Ulp. D. 19,1,11,6)。在优士丁尼时期,定金(arra)依照希腊化范本在当事人决定书面订立合同时担保的是将来订立买卖(上文边码41.5)。定金交付之后,宣布放弃(预约性质的)将来缔约约定的当事人将承担法律的不利后果:给予定金之人丧失定金而使它归于接受定金之人;接受定金之人则必须向对方双倍返还。如果定金(arra)是在(书面或者非书面地)完成订立买卖合同时交付的,那么只要当事人宣布放弃合同的一部分,就会发生相同的结果。参见C. 4,21,17,2;Inst. 3,23 pr. 。在普通法中,称第一种情形为违约定金(* arra poenalis),称第二种情形为解约定金(* arra poenitentialis)。——参见《德国民法典》第336条至第338条,《奥地利民法典》第908条至第911条,《瑞士债法》第158条,《法国民法典》第1590条。

（二）买卖的**标的**可以是绝大多数的物，此外还可以是财产（如遗产）、债权和某些物权，如役权或者（由出卖人设定的）用益权等。根据现金买卖的思想，买卖必须涉及具体买卖标的，它在缔约时就已经归属于买受人财产了（下文边码 41.21）。“纯粹”种类买卖，即只说明买卖标的物的种类或者数量的买卖，因此并未获得承认。种类买卖得以具体化、特定化或者分离出的前提，最早是由中世纪法学家们发展出来的。纯粹种类买卖的经济功能通过替代形式得以实现，例如以要式口约形式（参见 Marcell. D. 45，1，94；关于小麦的要式口约）（作为补偿而）作出的给付允诺。存货买卖，即从存货中交付符合种类要求的特定物的合同（例如，买卖特定酒窖中的葡萄酒，Gai. D. 18，1，35，7），却获得承认（参见上文边码 34.22）。对此，显然是认为，只有并且直到实际分离出的数量才是被出卖的，相反并不是随着缔约就应当给付存货中有待特定化的部分了。因此，如果全部存货意外灭失，买受人不承担任何风险，也不需要按比例承担风险，直到计量之后，风险才相应地转移至买受人（Gai. D. 18，1，35，7）。 8

《德国民法典》新文本第 437 条第 1 款第 1 项、第 439 条第 1 款，《德国商法典》第 360 条，《瑞士债法》第 185 条第 2 款、第 206 条第 2 款。——**文献**：沃·恩斯特，“罗马法中的种类买卖和交货买卖”（Gattungskauf und Lieferungskauf im röm. Recht），《萨维尼杂志》，第 114 卷（1997 年），第 272 页；沃·恩斯特，“种类买卖简史”（Kurze Rechtsgeschichte des Gattungskaufs），《欧洲私法杂志》，第 7 卷（1999 年），第 583 页；沃·恩斯特，“种类买卖学说中的具体化”（Die Konkretisierung in der Lehre vom Gattungskauf），《希·克诺贝－科伊克纪念文集》（Gs. B. Knobbe－Keuk），1997 年，第 49 页。

关于买卖标的物的扩大： 9

D. 18,1,8(彭波尼,《论萨宾》,第9编)

Nec emptio nec venditio sine re quae veneat potest intellegi. et tamen fructus et partus futuri recte emuntur, ut, cum editus esset partus, iam tunc, cum contractum esset negotium, venditio facta intellegatur: sed si id egerit venditor, ne nascatur aut fiant, ex empto agi posse. 1. Aliquando tamen et sine re venditio intellegitur, veluti cum quasi alea emitur. quod fit, cum captum piscium vel avium vel missilium emitur: emptio enim contrahitur etiam si nihil inciderit, quia spei emptio est: et quod missilium nomine eo casu captum est si evictum fuerit, nulla eo nomine ex empto obligatio contrahitur, quia id actum intellegitur.

如果没有被出卖的标的物,不管是买还是卖都很难理解。然而,买卖未来的孳息或者未来的奴隶子女是有效的,具体来说,如果子女出生,就认为买卖在交易成立时就已发生了。但如果因出卖人阻止而什么都没有出生或者什么孳息都没有,就可以提起买受之诉。1. 然而,有些情形即使没有物也理解为买卖,如射幸(机会)买卖。这种情形还包括,如买卖可能捕获的鱼或者鸟,或者买卖可能得到的抛撒物。这种情形通常会成立有效的买卖,即使没有捕获任何鱼或者鸟,因为这里买的是一种希望。如果所得到的抛撒物被追夺,也不会由此发生买卖债务,因为这正是双方约定的内容。

将来物买卖(* emptio rei speratae)只有在该物形成时才能成立,否则其效力就处于待定状态。在标的物形成时就应当认为合同已经成立,如同特定买卖在合意时就已经成立。彭波尼在文献首条末句关于阻止条件成就的规则中说明了古代法学家的意见(参见上文边码10.5);对此,显然应当认为,买卖合同的订立是附条件的(上文边码10.1)。

在希望买卖(emptio spei,第1条)时,买卖未附条件而订立,因此,即使什么都没有得到,仍然应当支付价款。这样,没有标的物(res)就没有买卖的规则被突破了。显然,法律上承认将来物买卖并不涉及希望买卖,当然某些具体情形下很难区分二者。——凯旋队伍抛撒的赠物(missilia),尤其是皇帝、统帅、执政官等所抛撒的赠物(missilia),可能非常贵重,如衣服、金子、银子、宝石、珍珠、画作、奴隶、役畜、驯养的（野生）动物，甚至还可能是舟船、出租的房屋、田地（苏维托尼乌斯，尼禄第 11 节之 2），当然在物体较大时抛撒其价值标记以代实物。由于十分拥挤甚至可能危及生命，许多富裕的市民忽然想出了解决办法，竟然敢预先买下那些人在喧闹中可能得到的物品。它涉及的就是符合罗马实际而免除追夺占有责任的现实例证。——《奥地利民法典》第 1065 条、第 1267 条至第 1269 条、第 1275 条至第 1276 条，《法国民法典》第 1104 条，《西班牙民法典》第 1790 条，《意大利民法典》第 1469 条、第 1472 条；捕鱼的例子延伸到了《路易斯安那民法典》第 2451 条（“买受人对于网中捕获的所有东西都享有权利”）。——**文献**：罗·克努特尔，“希望买卖和追夺占有责任”（Hoffnungskauf und Eviktionshaftung），《萨维尼杂志》，第 117 卷（2000 年），第 445 页；马·佩恩尼茨，《物的出卖中的风险》（Das periculum rei venditae），2000 年，第 204 页。

10 萨宾认为，出卖人应当用自己的材料生产标的物（定作合同），但普罗库勒学派则认为它不同于其他买卖而是承揽合同，卡修斯（Cassius）则认为它是一项（买卖和承揽租赁的）混合合同（G. 3，147 = Inst. 3，24，4）。

11 关于买卖出卖人自己的物或者非交易物，见上文边码 34. 2。——**文献**：马·齐默尔曼（M. Zimmermann），《对自己物的权利取得》（Der Rechtserwerb hinsichtlich eigener Sachen），2001 年；彼·阿帕蒂，“自己物买卖：《奥地利民法典》第 878 条”（Emptio suae rei – §878 ABGB），《迈尔－马利祝贺文集》，2002 年，第 11 页。

12 （三）**价款**（pretium）必须是金钱。

萨宾学派则违反该点，认为价款也可以是其他标的，这就将**互易**（permutatio）包括在买卖之中（因为早期尚无货币，互易就是买卖的前身），但这种主张并未成功（G. 3，141；Paul. D. 18，1，1 pr. /1；Inst. 3，23，2）。这个争议问题是有意义的，因为对于保护买卖提供有诉讼程式而对于互易则没有或者直到较晚才有相应的保护程式(见下文边码 45.1)。在后古典通俗法中,将互易作为了买卖,而优士丁尼又将二者分别处理,参见前引保罗的片段。——**文献**:内尔松/孟文理,第 3 编之 2,第 525 页;奥·贝伦茨,“格劳科斯和狄俄墨得斯间不对等的互易和罗马法学派间的买卖互易之争”(Der ungleiche Tausch zwischen Glaukos und Diomedes und die Kauf – Tausch – Kontroverse der röm. Rechtsschulen),《历史人类学》(Histor. Anthropologie),第 10 卷(2002 年),第 245 页 = 贝伦茨,《制度和原则:论文选集》,第 2 册,第 629 页;彼·布拉霍(P. Blaho),“《荷马史诗》中买卖和互易的界定”(Abgrenzung zwischen Kauf und Tausch in der Dichtung des Homer),雅各布/恩斯特(边码 41.1 之前),第 53 页。

13 价款数额听任自由竞争[Ulp. D. 4,4,16,4:彭波尼说,协商价款时,自然应当允许缔约人虚夸以占取对方便宜(se invicem circumscribere);Paul. D. 19,2,22,3]。价款在古典时期并不需要公正(iustum),但必须真实并且确定(verum et certum)。

第一项要求主要是由 Ulp. D. 18,1,36 得出来的。根据该片段,如果某人出卖某物时确定了一个价格,但却具有赠与对方而不予请求的意图,这就不存在买卖了(参见上文边码 8.28)。第二项要求(G. 3,140)表达的是给付至少可以确定的原则(上文边码 34.4),同时并不因此意味着必须说明具体金额。因此,如果采用“以你当时买的价格”或者“用我钱箱中所有钱”的方式,这项买卖也是有效的。虽然缔约时还不知道花多少钱来买,但实际上价款并非不确定(Ulp. D. 18,1,7,1)。采用“100 再加上我将来卖得更高部分”来确定价款的买卖也获得承认(Ulp. D. 18,1,7,2)。但是,对于价款确定是否可以由(正直的)第三人裁决,则存在争议(上文边码 34.4)。优士丁尼决定,对此应当予以承认:这项买卖是以第三人确定价款为条件的(C. 4,38,15;Inst. 3,23,1)。由此出发,现代法的发展趋势是采取较为宽松的规则。——《德国民法典》第 315 条至第 319 条,《奥地利民法典》第 1054 条、第 1056 条至第 1058 条,《瑞士债法》第 184 条第 3 款。——**文献**:约·赫尔曼(J. Hermann),《法律史短文集》(Kl. Schriften zur Rechtsgeschichte),1990 年,第 384 页[古代公正价格(iustum pretium)思想];温·特鲁森(W. Trusen),"等价原则和中世纪晚期的公正价格"(Äquivalenzprinzip und gerechter Preis im späten Mittelalter),《屈兴霍夫祝贺文集》(Fg. Küchenhoff),1967年,第247页。

随着货币贬值在公元3世纪不断加剧,自由形成价款越来越难以令人接受。为在紧急变卖价款过低的情形向出卖人提供保护,戴克里先时期就已经引入了因受**非常损失**(* **laesio enormis**)(减少过半)而撤销:如果这项价款不足买卖标的物价值的一半,出卖人可以解除合同并且请求返还买卖标的物而他自己则返还价款。 14

参见Diocl. C.4,44,2和8。买受人可以通过补交标的物全部价值的方式保持买卖。古典时期就已经产生了任何商品都有其"公正价格"(iustum pretium)的思想。由于这种思想得到了伦理学学说和神学学说的支持,优士丁尼再次考虑到了它(参见C.4,46,2,对Diocl. vat. 22有所添加),恢复了在4世纪就已经废止的非常损失(laesio enormis)禁令(CTh. 3,1,1;3,1,4;3,1,7)。直到中世纪盛期,非常损失(laesio enormis)所致合同终止才因受教会法重要影响而得到普遍承认,但其目的则在于保护支付了超过标的物价值双倍价款的买受人的利益。颇具争议的是《法国民法典》中采用了非常损失(laesio enormis),允许土地买卖的出卖人在低于价值的5/12时撤销合同(《法国民法典》第1674条至第1685条)。对此,拿破仑的立场具有决定性,因为他强调保护土地所有权人的必要性,而这些人在革命风潮中陷于了困境。此外参见《奥地利民法典》第934条、第935条。其他法律则只有关于暴利的规定,《德国民法典》第138条第2款,《瑞士债法》第21条。——**文献**:乌·沃尔特,《市民法中的教会法》(Ius canonicum in iure civili),1975年,第114页;卡·哈克尔,"论非常损失所致撤销的根源"(Zu den Wurzeln der Anfechtung wegen laesio enormis),《萨维尼杂志》,第98卷(1981年)第147页;特·迈尔-马利,"非常损失的复兴?"(Renaissance der laesio enormis?),《拉伦茨重祝文集》(2. Fs. Larenz),1983年,第395页;特·迈尔—马利,"所谓'蛮族法'中的简约、互易和非常损失"(Pactum, Tausch und laesio enormis in den sog. leges Barbarorum),《萨维尼杂志》,第108卷(1991年),

第213、225页；克·贝克尔（Chr. Becker），《非常损失学说》（Die Lehre von der laesio enormis etc.），1990年；齐默尔曼，第259页；马·佩恩尼茨，"论罗马法中非常损失所致撤销"（Zur Anfechtung wegen laesio enormis im röm. Recht），《迈尔－马利祝贺文集》，2002年，第575页；多·雷·格特利歇尔（D. R. Göttlicher），《寻找公正价格：合同公正和人性作为罗马法的永恒使命》（Auf der Suche nach dem gerechten Preis. Vertragsgerechtigkeit und humanitas als Daueraufgabe des röm. Rechts），2004年；扬·迪·哈尔克，"非常损失作为交易错误"（Laesio enormis als error in negotio），《萨维尼杂志》，第122卷（2005年），第91页。

15 为保护买受人免受货币贬值所带来的不利后果，戴克里先于301年颁布内容丰富的**最高限价敕谕**（edictum de pretiis rerum venalium），规定各种给付的最高限价，对超过最高限价者施以严厉刑罚，然而在实践中并没有取得什么效果。——**文献**：西·劳费尔（S. Lauffer），《戴克里先限价敕谕》（Diokletians Preisedikt），1971年。

16 价款支付可以分期。分期付款买卖的通常做法是，在全部支付价款前，买受人只是作为使用承租人、用益承租人或者容假占有人而接受买卖标的物，即最初并不是基于买卖（pro emptore）而占有，因此也就没有取得独立的法律地位。买卖因这种推论而在风险转移和责任方面都受到租赁（locatio conductio）支配下的合同的重要影响，出卖人只是出卖人，而买受人则同时作为使用承租人或者用益承租人负担义务[Paul. D. 19,2,20,2：出租人不负担义务，承租人负担义务（locator non obligatur, conductor obligatur）；D. 19,2,22 pr.]。——值得注意的是，古典晚期法学家乌尔比安认为出卖人在买受人支付全部价款之前对于买卖标的物只是容假占有（precarium），即可以被无偿任意撤回。只要买受人支付或者对支付迟延不可归责，原则上就不承认在此期间[对容假占有令状（interdictum de precario）]存在可以行使的取回权（D. 43,26,20）。这其中就有所有权保留买受人"期待权"的萌芽。参见上文边码19.13；24.13及文献，对此还可参见，戈·席曼，"论受领期间所有权保留简约的功能"（Über die Funktion des pactum reservati dominii während der Rezeption etc.），《萨维尼杂志》，第93卷（1976年），第161页；安·迈因哈特（A. Meinhart），"所有权保留的教义史和教义研究"（Dogmengeschichtliches und Dogmatisches zum Eigentumsvorbehalt），《萨维尼杂志》，第105卷（1988

年),第729页;马·于·马斯(M. J. Maaß),《所有权保留的历史,尤其是18世纪和19世纪》(Die Geschichte des Eigentumsvorbehalts, insbes. im 18. und 19. Jh.),2000年。还可参见边码24.13。

三、买卖之诉 各项义务

买受人的买受之诉(actio empti)和出卖人的出卖之诉(actio venditi),就我们现有的渊源而言,是诚信审判(iudicia bonae fidei)(其程式,见下文边码83.16)。 17

(一)**买受之诉(actio empti)**最初针对的是给付买卖标的。如果出卖的是要式物(res mancipi),买受人就可以请求实施要式买卖(mancipatio)[或者拟诉弃权(in iure cessio)],G. 4,131 a;PS 1,13a,4。此外,出卖人应当将各种物转移给买受人占有,并且使他免受出卖人自己或者第三人的事实上或者法律上的追夺[腾退交付(vacuam possessionem tradi)],以便买受人取得不受干扰的占有并且可以享有该物(**habere licere**,有时使用更为详尽的"uti frui habere possidereque licere")。他应当"行为"(facere),而非"给予"(dare)(上文边码34.1;34.10)。参见Ulp. D. 19,1,11 pr. -2。

如果出卖人是所有权人,买受人就会取得所有权,对要式物(res mancipi)而言自出卖人通过要式买卖(mancipatio)[或者拟诉弃权(in iure cessio)]而取得所有权。在其他情形中,买卖只能作为交付原因(causa traditionis)并随实施交付(traditio)而使买受人自出卖该物的所有权人处取得所有权,更确切地说,对非要式物(res nec mancipi)取得奎里蒂法所有权,对要式物(res mancipi)取得裁判官法所有权。——除此之外,买受人没有"取得"所有权的请求权(Ulp. D. 18,1,25,1)。买卖因为作为交付原因(causa traditionis)在纯粹交付时发生了所有权让与的物权法效果而消灭,这并不能说明为何缺乏这项请求权。其原因也许在于,出卖物占有(habere licere)责任原则上不同于当代瑕疵权利取得的责任制度(也不是其预备阶段,而20世纪大多数这样认为)。只要尚未取得不受侵扰的占有,买受人就不能因此而对出卖人采取任何法律措施,因为他还不是所有权人。如果第三人基于更优权利就该物对他追夺占有,即通过诉讼途径否定其占有,买受人就会丧失占有而第三人则会取得占有,这时他就可以找出卖人了(下文边码,41.26 - 29)。因此,追夺占有责任是对存在出卖物占有(habere licere)的责任,而不是对存在无权利瑕疵的所有权的责任。罗马买卖法这种特殊性的根本基础在于,买卖是一种[市民法(ius civile)合同,并且同时也是]万民法合同(Paul. D. 18,1,1,2;19,2,1),既可以与非罗马市民订立,也可以在非罗马市民之间订立,但却不能让与要式物(res mancipi)所有权。对于通常以要式口约设定的给予债务(obligatio dandi),即所有权让与义务,罗马人则通过权利取得原则而实施:要式口约债务人只有使债权人取得没有权利瑕疵的所有权才能免责。

D. 12,4,16[克尔苏斯,《学说汇纂》,第3(8?)编]

Dedi tibi pecuniam, ut mihi Stichum dares: utrum id contractus genus pro portione emptionis et venditionis est, an nulla hic alia obligatio est quam ob rem dati re non secuta? in quod proclivior sum: et ideo, si mortuus est Stichus, repetere possum quod ideo tibi dedi, ut mihi Stichum dares. finge alienum esse Stichum, sed te tamen eum tradidisse: repetere a te pecuniam potero, quia hominem accipientis non feceris...	我给你货币,为的是使你将斯提库斯给予我。这种交换行为是成立一项买卖呢,还是除交给你某物而目的未达时发生返还义务外不发生其他义务?我倾向于后者。如果斯提库斯死了,我可以请求你返还为给予斯提库斯而交给你的一切。如果斯提库斯是别人的,你就不能将他给予我:我可以请求你返还货币,因为你没有使(我作为)受领人取得这个奴隶的所有权……

当然会发生"物和金钱"的交换。由于买卖指向的只是取得对物的不受侵扰的占有和享有,而出钱人当然想取得所有权,所以古典盛期法学家克尔苏斯反对将它归于买卖中而认为它提供了一项目的不达的请求返还之诉(condictio ob rem)。因此适用取得原则而非追夺原则,而买卖法上的风险承担(下文边码4.1.21)也无适用之地。还可参见 Paul. D. 19,5,5,1:我给你金

钱,目的是得到物(ut rem accipiam):买卖。

关于"取得原则",当代法参见《德国民法典》第 433 条第 1 款、第 435 条、第 437 条,《奥地利民法典》第 923 条、第 931 条、第 1061 条同时联系第 1047 条(当然这里还说"转移自由占有"),《瑞士债法》第 184 条、第 192 条至第 196 条。——**文献**:弗·彼得斯,"通过出卖人取得所有权"(Die Verschaffung des Eigentums durch den Verkäufer),《萨维尼杂志》,第 96 卷(1979 年),第 173 页;沃·恩斯特,《权利瑕疵责任》(Rechtsmängelhaftung),1995 年;萨·安·克里斯塔尔迪(S. A. Cristaldi),《出卖人义务的内容》(Il contenuto dell' obbligazione del venditore etc.),2007 年,第 77 页。

出卖人对买受人在买受之诉(actio empti)中一般仅就故意承担责任,尤其是在缔约时,但偶尔也对过失(culpa)承担责任,然而对此可能并未形成固定模式。如果买卖合同订立后买卖标的物在他那里灭失,他就应当对照管(custodia)承担责任。 18

在优士丁尼时期,这种责任与故意(dolus)责任和过失(culpa)责任等同了。古典法规则的痕迹体现在诸如,Serv. – Alf. D. 18,6,12;Proc. D. 18,1,68 pr.;Ner. D. 19,1,31 pr.;Paul. eod. 36。

(二)出卖人通过**出卖之诉(actio venditi)**请求支付买卖价款,即取得买卖价款的所有权,还可以通过该诉讼请求自交付买卖标的物时起的买卖价款利息(关于数额,上文边码 34. 28)。这项诉讼大概可以追溯到帕比尼安(vat. 2;D. 22,1,18,1),在当事人累计两项给付的收益时,不以迟延为要件(!)的收益利息所根据的是与这种双务合同的正当性相反的思想(Ulp. D. 19,1,13,20,还可参见 Lab. D. 19,1,50)。 19

vat. 2（帕比尼安,《法律解答》,第 3 编）

Usurae venditori post traditam possessionem arbitrio iudicis praestantur; ante traditam autem possessionem emptori quoque fructus rei vice mutua praeberi necesse est;in neutro mora considerabitur.

占有交付之后应当向出卖人缴纳法官裁定的利息；占有交付之前（买卖标的物）所生孳息应当提供给买受人一方。这两种情形都不应当根据迟延而确定。

虽然自订立买卖时起收益就已经归于买受人,但这首先是对他承担风险的补偿（下文即见）。因此,买受人方面的累积是自交付时起才开始计算,出卖人由于交付而清偿了债务（上文边码 41. 17）并因此结束了承担风险的阶段。通过收益利息,出卖人就扣除了买受人的买卖价款收益价值。与之相对,出卖人方面则不能进行这种累积,因为它从订立买卖时起就将所得收益转移给了承担风险的买受人。作为金钱债权的债权人,除此之外他不承担任何（法律的）风险。——收益利息经过修正后为大多数法典所采用,例如,《法国民法典》第 1652 条［理由是:“没有比这更公平的了”（rien de plus juste）］,《瑞士债法》第 213 条第 2 款,《西班牙民法典》第 1501 条,《意大利民法典》第 1499 条,《希腊民法典》第 529 条,《日本民法典》第 575 条以及《德国民法典》旧文本第 452 条。——依照《欧共体支付迟延指令》（2000/35/EG）第 3 条第 1 款第 2 项的规定,金钱债务人自收到发票之日起至迟 30 天才陷于支付迟延（参见《德国民法典》旧文本第 286 条第 3 款）,这就使得现实中不再需要收益利息了。——**文献**:罗 · 克努特尔,“论收益利息”（Zum Nutzungszins）,《萨维尼杂志》,第 105 卷（1988 年）,第 514 页;不同意见,见,哈尔克（上文边码 37. 7）,第 40 页。

四、风险转移

20 （一）通常认为,对于物的意外灭失或者意外毁损承担风险（periculum）的人,就是在他没有过失并且无人对此向他承担责任时,其财产会因物的灭失或者贬值而减少的人。这就是所谓物的风险。谚语有云,“事变由所有权人承担”（* casum sentit dominus）或者“物的灭失归所有权人”（* res perit domino,参见 Diocl. C. 4,24,

9;当代法参见《奥地利民法典》第1311条)。应当与此相区别的是,给付风险原则上由债权人承担[特定物灭失使所欠债务消灭(* species perit ei cui debetur),上文边码34.20]。给付风险这项原则可以认为是物的风险原则在债权领域的表述(例如:Inst. 2,20,16,案例1)。在交换合同中,存在第三种风险。它涉及提供对待给付义务,即价酬,而在买卖时也就是价款。它被称为价款风险(也被称为价酬风险或者对待给付风险)。依照通行观念,在买卖时相关问题是:买卖标的物由于任何一方当事人都不需要向另一方当事人负责的事由而灭失或者毁损的,价款是否必须要支付?如果仍由出卖人承担该风险,他在标的物灭失时就不能得到价款,在毁损时就只能得到减价后的买卖价款。相反,该风险一旦转移到买受人,他即使没有收到货物或者仅仅收到价值降低后的货物,也必须支付全部价款。

(二)1. 罗马人让价款风险在买卖完成时就已经转移到买受人。它适用的规则是:(买卖完成即由)买受人承担风险[(perfecta emptione) periculum est emptoris];Paul. D. 18,6,8 pr.(下文即见);Inst. 3,23,3。 21

对于这项规则的古典性争议已久,应当解释认为它受到了现金买卖思想的影响。它导致的后果是,有人(正如温德沙伊德所推测的)就将出卖人表示理解为出让表示,从而不再是出卖人负担交出标的物的义务,而是他已经交出了标的物。按照这种观点,出卖的物即使所有权依旧属于出卖人,也仍然认为自出卖人和买受人之间买卖生效时起它就已经从出卖人财产取出并转移到了买受人财产之中。与此相应,出卖人自订立买卖时起就对照管(custodia)承担责任,完全就像从这时起他已经自买受人那里将该物借用过来一样(上文边码36.17;39.11;参见Paul. D. 18,6,3);这时买受人承担的风险通常只涉及不可抗力的情形。——最近,佩恩尼茨[《物的出卖中的风险》(Das Periculum rei uenditae),2000年]将罗马法中买卖的风险承担规则从所谓罗马人"诉讼法思想"进行了解释:订立买卖时确立了出卖人的出卖之诉(actio venditi),它指向价款支付而并不涉及买卖标的物因(不可抗的)意外事件灭失,因为这只能使出卖人免除责任。——其他**文献**:埃·泽克尔,"买卖中的风险承担"(Die Gefahrtragung beim Kaufe),《萨维尼杂志》,第123卷(2006年),第365页(完成于1917年);沃·恩斯特,"买受人承担风险"(Periculum est emptoris),《萨维尼杂志》,第99卷(1982年),第216页;艾·罗杰,"再论买卖完成时"(Emptio perfecta revisited etc.),《法律史杂志》,第50卷(1982年),第337页;弗·彼得斯,"买受人承担风险"(Periculum est emptoris),《卡泽尔祝贺文集》,1986年,第221页;格·蒂尔曼,"交付和风险转移"(Traditio und Gefahrübergang),《萨维尼杂志》,第106卷(1989年),第292页;马·佩恩尼茨,"古典罗马法中出卖葡萄酒时的风险承担"(Die Gefahrtragung beim Weinkauf im klass. röm. Recht),《法律史杂志》,第62卷(1994年),第251页;马·鲍尔(M. Bauer),《买受人的风险:教义史研究》(Periculum emptoris. Eine dogmengeschichtl. Untersuchung etc.),1998年;齐默尔曼,第281页;埃·雅各布,"风险与实务:出卖葡萄酒时的合同约定"(Periculum und Praxis:Vertragliche Abreden beim Verkauf von Wein),《萨维尼杂志》,第121卷(2004年),第189页;埃·雅各布,"出卖葡萄酒"(Aversione venire),《如古代般适用罗马法》,第87页;克·克兰佩,"市政官毁坏了床:Paul./Alf. D. 18,6,13/15"(Aedilis lectos concidit. Paul./Alf. D. 18,6,13/15),《信义 人性 法》,第4册,第2695页;帕·拉索(P. Lazo),"罗马法中出卖葡萄酒的风险"(El riesgo en la compraventa de vino en el derecho romano),《历史与法学研究杂志》(REHJ),第27卷(2005年),第83页;帕·拉索,"征收和物的出卖中的风险"(Publicatio y periculum rei venditae),《历史与法学研究杂志》,第29卷(2007年),第245页(关于D. 19,2,33);关于一物二卖时的风险承担(和其他问题),见,西·塞拉-戈伊森(S. Sella-Geusen),《一物二卖:中世纪学者法中第一买受人的法律地位》(Doppelverkauf. Zur Rechtsstellung des ersten Käufers im gelehrten Recht des Mittelalters),1999年,第39页等多处;沃·恩斯特,雅各布/恩斯特(边码42.1之前),第83、100页。

22 2. 在以下情形中,买卖尚未完成:货物尚需从存货中分出来,货物尚待买受人承认,价款需要计算等才能确定(Gai. D. 18,1,35,5-7),尤其是买卖附停止条件或者附停止期限。最重要的文本是以下这个疑难片段:

D. 18,6,8 pr.（保罗,《论谕令》,第 33 编）

Necessario sciendum est, quando perfecta sit emptio: tunc enim sciemus, cuius periculum sit: nam perfecta emptione periculum ad emptorem respiciet. et si id quod venierit appareat quid quale quantum sit, sit et pretium, et pure venit, perfecta est emptio: quod si sub condicione res venierit, si quidem defecerit condicio, nulla est emptio, sicuti nec stipulatio: quod si exstiterit, Proculus et Octavenus emptoris esse periculum aiunt: idem Pomponius libro nono probat. quod si pendente condicione emptor vel venditor decesserit, constat, si exstiterit condicio, heredes quoque obligatos esse quasi iam contracta emptione in praeteritum. quod si pendente condicione res tradita sit, emptor non poterit eam usucapere pro emptore. et quod pretii solutum est repetetur et fructus medii temporis venditoris sunt (sicuti stipulationes et legata condicionalia peremuntur), si pendente condicione res exstincta fuerit: sane si exstet res, licet deterior effecta, potest dici esse damnum emptoris.

我们必须知道,买卖合同何时“完成”,因为这样我们就能知道,谁承担风险。风险通常随买卖合同的完成而由买受人承担。如果出卖的标的物可以根据性质、数量确定,价款也已经协商确定,并且买卖合同未附条件,买卖合同就完成了。附条件出卖某物时,如果条件不成就则买卖合同无效,正如要式口约因之无效一样。相反,如果条件成就,正如普罗库卢斯和奥克塔维努斯所说的,买受人(自这时起)承担风险;彭波尼在(其《论萨宾》)第 9 编中赞同该观点。但是,如果在条件尚未成就时买受人或者出卖人死亡,一旦条件成就,继承人就应当负担义务,就如同买卖合同过去已经成立了。如果在条件尚未成就期间已经交付该物,买受人对该物就不能“作为买受人”而时效取得。如果在条件尚未成就期间该物灭失,就可以请求返还所支付的价款,其间所生孳息归出卖人(正如附条件的要式口约和遗赠也归于消灭一样)。如果该物仍然存在,则无论其毁损如何,应该说,该损害都应由买受人承担。

在结尾部分清楚表明了保罗对附条件买卖的观点:如果在标的物灭失后条件成就,合同根本就没有成立;对先予受领者应当返还。保罗的观点的出发点应该是订立买卖时必须要买卖标的物存在(上文边码 10.1)的思想,因此才认为买卖中附条件的是法律上的行为(因此直到条件成就其事实构成才告成立),而不仅仅(正如在当代法中经常可以看到的)是其法律效果。因此,仅仅是物的毁损并不影响买卖合同成立,因为买卖标的物毕竟仍然存在。但是,如果买卖是在标的物毁损的情形下成立的,买受人在多大程度上应当承担风险则并不很明确。保罗的表达[“应该说”(potest dici)]比较谨慎,这就表明它是对普罗库卢斯、奥克塔维努斯和彭波尼等人学说的一种妥协,他们认为,附条件订立的买卖在条件成就时溯及既往地发生效力,因此,效力待定期间标的物灭失或者毁损的风险应当由买受人承担。——此外,令人怀疑之处还在于,这里的“风险”(periculum)到底是在什么意义上使用。从开始部分可以推导出,买卖完成之前出卖人承担风险,因此与物的风险是一致的。如果把这些认识用到订立买卖之后,“买受人承担风险”(periculum est emptoris)就意味着很难证明该物属于买受人财产,买受人承担物的风险(弗卢梅,第 111 页;参见 Paul. D. 18,1,34,6)。结果,这些人当然也不会变成买受人必须付款,因此,应当认为买受人风险(periculun emptoris)的规则在价款风险中还是具有意义的。

23 3. 直到今天,仍然有些国家遵从罗马法的风险承担原则,如瑞士[《瑞士债法》第 185 条,2002 年 3 月 12 日《瑞士联邦最高法院裁判集》,第 128 卷之 3,第 370 页(BGE 128 III 370 v. 12.3.2002)其解释体现了罗马法的影响]和智利(《智利民法典》第 1820 条),还可参见《德国民法典》第 2380 条(遗产买卖)和《德国强制保险法》第 56 条。除此之外,从自然法开始还发展出其他两个模式。按照可以溯源至格劳修斯的法国模式(《法国民法典》第 1624 条、第 1138 条、第 1583 条、第 711 条,英国法类似),所有权随着订立买卖合同就已经转移于买受人,物的风险也随之转移。这是因为要在这种情形下实现“物的灭失归所有权人”(res perit domino)的原则。它与罗马法风险分配的区别表现在所有权转移附停止条件的情形:依照罗马法,买受人在这时自然应当承担风险,而依照法国法,则由作为所有权人的出卖人承担风险。——与此相对,1794 年《普鲁士一般邦法》(第 95 条、第 100 条第 1 款第

11 项、第 364 条、第 365 条第 1 款第 5 项）在近代法典编纂中首次对风险转移通过交付进行说明，这与罗马法上早期风险转移中“事变由所有权人承受”（casum sentit dominus）的规则相冲突，与买卖的双务性质并不一致而且有失公正，因为买受人欠缺占有不能为保护标的物采取措施但却由他承担风险。《奥地利民法典》第 1064 条、第 1048 条、第 1049 条都遵从了这种规则，主要是为了弥补买受人的举证困难，并且对出卖人通过风险转移提出了勤谨照管的要求，《德国民法典》第 446 条、第 447 条。——**文献**：帕 · 皮绍纳茨，雅各布/恩斯特（边码 41.1 之前），第 183 页。

（三）与风险转移相应的是买受人享受买卖标的物收益[Pap. vat. 2（上文边码 41.19）；PS 2,17,7]和物所附加的其他利益，即所谓添附（accessio，包括从物、添附物和附属物），Alex. C. 9,48,11 [任何利益和任何损失（omne commodum et incommodum）]。关于其理由，Inst. 3,23,3 末尾写道：因为承担风险的人也应当享有利益（nam et commodum eius esse debet，cuius periculum est）。 24

关于补偿原则，还可参见 Paul. D. 50,17,10[与自然的正义感相符合的是，享受物的利益的人承担物的不利益（secundum naturam est commoda cuiusque rei eum sequi，quem sequentur incommoda）]；Pap. – Iust. C. 6,2,22,3a。——只要涉及添附，例如，淤积（又见上文边码 26.12）和（如果在交付买卖标的物之前发现埋藏物）所有权人应当分得的埋藏物部分，人们就称之为“添附利益（commodum）”。补偿原则的内容（受严格法诉讼限制）还包括所谓“代替利益”，即在不可归责于出卖人的情形下给付成为主观不能或者客观不能时代替给付的利益，此处是买卖标的物。因此，出卖人在勤谨照管（custodia）但买卖标的物仍然被盗时应当将原物返还之诉和基于盗窃的请求返还之诉转移给买受人（Gai. D. 18,1,35,4）。交易利益（commodum ex negotiatione），即出卖于第三人的价款，则不被认为属于代替利益，因为出卖人将买卖标的物出卖后仍然负担给付义务（Paul. D. 18,4,21）。——关于当代法律，见《瑞士债法》第 185 条和第 191 条，《德国民法典》第 2380 条以及（按照交付原则修正的）《奥地利民法典》第 1050 条、第 1051 条、第 1064 条，

《德国民法典》新文本第446条第1款第2项和第285条[包括了因可归责的给付不能所产生的利益(commodum)]。——**文献**:曼·哈德,“谁必须享受利益”(Commodum eius esse debet etc.),《卡泽尔祝贺文集》,1976年,第351页;英·赖夏德,《古典罗马法中第三人损害的赔偿问题》(Die Frage des Drittschadensersatzes im klass röm. Recht),1993年,第102页;西·塞拉-戈伊森(边码41.21),第36页;雅·福·施塔格尔,“利益和不利相互补偿作为古典时期衡平的内容”(Der Ausgleich von Vorteil und Nachteil als Inhalt klassischer aequitas),达·曼托瓦尼/阿·斯基亚沃内(D. Mantovani/A. Schiavone)(编),《罗马自然法学说的文本和问题》(Testi e problemi del giusnaturalismo romano),2007年,第675页;沃·恩斯特(边码41.21),第101页。

五、权利瑕疵担保

文献:恩·拉贝尔,《出卖人的权利瑕疵责任》(Die Haftung des Verkäufers wegen Mangels im Recht),第1册,1902年;沃·恩斯特,《权利瑕疵责任》(Rechtsmängelhaftung),1995年;迪·内尔,“古典罗马法中的追夺占有责任问题”(Probleme der Eviktionshaftung im klass. röm. Recht),《萨维尼杂志》,第121卷(2004年),第152页。还可参见边码41.1之前的文献。

25 正如已经强调的(边码41.17),出卖人对于**追夺占有**(来自于“entwehren”,即中止占有,而非来自于“entwähren”,即不给付)承担责任。这项责任的前提是,第三人(或者出卖人自己)因为其所有权或者其他对物权而使买受人处于关于该物的诉讼中并且发生了争议,而这使得他丧失对物的“拥有”或者因此受有不利益。很多具体现象逐渐结合形成了统一的权利瑕疵担保,当然,在古代实践中也承认很多变种形式和结合形式。

26 (一)基于要式买卖(mancipatio),取得人即使在第三人对其主张原物返还之诉(vindicatio)时仍然取得了一项权利,可以请求出让人作为其前手权利人(auctor)提供诉讼援助,以便就该物针对原物返还之诉进行辩护(上文边码27.4)。前手权利人(auctor)拒绝提供救济性给付或者最终徒劳无果的,则原物返还请求人胜诉,而出让人应当基于**权利担保之诉(actio auctoritatis)**就双倍买卖价款(PS 2,17,1 和3;关于对双倍相应价款份额的部分追夺,参见边码7.7)向取得人承担责任。这项责任的前提是已经支付了买卖价款;《十二表法》显然将支付等同于在责任行为中作出允诺[债务承担(expromittere),采用要式口约(stipulatio)]了(Inst. 2,1,41);关于这种信用买卖,见上文边码7.8;24.13,17,参见边码41.2。

27 权利担保之诉(actio auctoritatis)针对双倍买卖价款而提起,对此,可以通过与指向双倍金额的盗窃罚金这项广为人知的学说相联系而从侵权法进行解释:出卖人出卖他人之物的,使买受人丧失了其金钱(当然是因为不承认善意取得)。它从不适用于出让人善意的情形,如果主张不知道没有权利,这恐怕不能让人相信。在出让要式物(res mancipi)时,这种观点也毫无根据。当然可能应该注意到,实施要式买卖同时也就包含了出卖人的担保。权利担保之诉(actio auctoritatis)中的双倍(duplum)表明了它是一次性总额损害赔偿。——在古典程式诉讼中,诉讼援助通常这样做:原物返还之诉中被诉的买受人指定出卖人作为其诉讼代理人[诉讼代理人(cognitor)、代理人(procurator),下文边码82.30-31]。——**文献**:汉·安库姆,"为通过要式买卖取得的买受人提供保证人之诉"(L'actio auctoritatis appartenant à l'acheteur mancipio accipiens a-t-elle existé?),《君士坦丁罗马法研究院第三次会议材料汇编》(AARC III. Convegno),1979年,第3页。

28 "符合要式买卖担保"(satisdatio secundum mancipium)在谕令中可能是针对代理人(procurator)出卖要式物(res mancipi)的情形而作出的规定。物的所有权人不能通过代理人(procurator)进行要式买卖,如果他要想转移物的所有权,在所有权人对代理人的行为不予追认并且请求返还买卖标的物时,就只能由裁判官强制他提供这项担保给付,买受人通过这项给付就能如同在担保责任的情形一样获得保护。——**文献**:汉·安库姆,"对未附或者附有保证的要式买卖责任的允诺之研究"(Alla ricerca della repromissio e

della satisdatio sec. mancipium),《君士坦丁罗马法研究院第四次会议材料汇编》(AARC,IV. Convegno),1981年,第739页。

29 (二)权利担保责任以要式买卖(mancipatio)为前提,因此,在合意买卖中,只有在出卖人将要式物(以一文铜钱)[res mancipi (nummo uno)]通过要式买卖方式转移于买受人时,它才会发生。然而,对于其他情形,人们则通过合同模仿这种责任,具体说就是采取了**双倍要式口约(stipulatio duplae)**这种违约金的特殊形式。出卖人在其中允诺,对于将来出现追夺占有的情形,即第三人对买受人或者其特定权利继受人提起对物之诉(actio in rem)时,不管买受人是否(通过诉讼告知)要求出卖人对该物进行辩护,都将向买受人支付买卖价款的双倍金额[dupla (pecunia)]。

双倍要式口约(stip. duplae)可能是由与异邦人交往中的买卖要式物(res mancipi)发展而来的,却可以——根据合同自由——适用于买卖的其他情形,即非要式物(res nec mancipi)买卖和以拟诉弃权(in iure cessio)或者交付(traditio)完成的出让。如果当事人愿意,也可以不就买卖价款的双倍进行允诺,而是就买卖价款的三倍或者四倍进行允诺。

关于奴隶买卖,在谕令中市政官对这种要式口约规定了一种程式范本。这种要式口约与担保不存在特定物的瑕疵(下文边码41.37)相联系,其内容是对追夺占有的担保(参见布伦斯,码130－133;《前优士丁尼罗马法渊源》,第3卷,码87－90):

... et si quis eum hominem partemve ex eo quis evicerit quominus me eumve ad quem ea res pertinebit habere recte liceat, qua de re lis tibi recte denuntiata erit, tum quanti is homo emptus est, tantam pecuniam duplam partemve eius duplam mihi dari spondesne?	……还有,如果某人追夺该奴隶或者某人追夺其某部分,结果使我或者该物所属之人不再享有不受侵扰的占有,还有,如果是在你通常被告知诉讼的范围内,你发誓在这种情形下向我支付买受该奴隶所支付价款的双倍或者支付对其份额的双倍吗?

与双倍要式口约（stip. duplae）相区别的是**合法拥有要式口约（stip. habere licere）**，出卖人基于这项要式口约就买受人对保有买卖标的物的单倍利益承担责任。它是由买卖非要式物（res nec mancipi）而产生的，在古典晚期进行解释时有所限制，从而出卖人通过该要式口约只允诺容忍对买受人财产的自己（及其继承人）干扰，而不是就第三人侵害时所生责任的进行允诺（Ulp. D. 45,1,38 pr. –2）。因为有买受之诉（actio empti），后来它逐渐显得多余了，在后古典时期逐渐融入到了买受之诉或者（单倍）双倍要式口约［stip. duplae（simplae）］中。 30

（三）1. **买受之诉（actio empti）**对于瑕疵担保最初只适用于出卖人诈欺（dolus）的情形，即他（只要对此未获授权，上文边码11. 15）明知是他人（或者其上负担了物权）的物仍然将其出卖。这种解释得到了以下事实的支持甚至是由其所引发的：很多买卖文书都包含诈欺（dolus）条款，出卖人在其中表示他没有也不会有恶意诈欺（dolum malum abesse afuturumque esse）。基于该条款，出卖人即使没有对追夺占有进行担保也要承担责任，甚至于所出卖奴隶在追夺占有前死亡的也要承担责任。随着时间推移，人们将由买受之诉（actio empti）的诚信（bona fides）条款直接得出的这项结论和恶意欺诈（dolus malus）这个稍嫌严苛概念以更为宽松的诚信（bona fides）取代［内尔（边码 41. 25 之前），第 173、176 页］。此外，如果出卖人没有遵守他对无权利瑕疵的保证（dicta），就应当基于买受之诉承担责任。这时买受人可以在追夺占有之前提起诉讼并就其利益获得补偿。参见 Iul. – Ulp. D. 19,1,11,15；Iul. – Afr. D. 19,1,30,1；Paul. eod. 45,1。 31

2. 在古典时期，买受人对于贵重物品［而不仅仅是要式物（res mancipi）］通过买受之诉（actio empti）可以强制订立双倍要式口约（stip. duplae）（Ner. – Ulp. D. 21,2,37,1f.）。如果没有订立这项要式口约，买受人可以就其根据该要式口约可能得到的金额提起 32

买受之诉(actio empti)。

33 3. 自尤里安(D. 21,2,8,参见 Ulp. D. 19,1,11,18)起,买受之诉(actio empti)最终可以适用于各种追夺占有的情形,并且是就买受人利益而提起。它不取决于(可能与它同时存在的)双倍要式口约(stip. duplae)的强制要求。此外,尤里安认为,在发生追夺占有的情形时,如果通过合同全部或者部分排除追夺占有责任,买受人就可以通过买受之诉(actio empti)而至少就买卖价款请求返还,"因为根据诚信,合同(例如买卖)不能容忍买受人丧失标的物而出卖人保留买卖价款的内容"(尤里安,见 Ulp. D. 19,1,11,18,只要如同人们可以限定的那样,当事人不想要实施风险行为)。它导致了买卖合同的终止,而且可以被认为是"消费者保护"的例子,通过这种方式,买受人尽管在合同条款中承担追夺占有的风险,但它仍然是由出卖人承担的。这种解决方案可能没有得到大多数古典晚期法学家的同意。然而,它却为《法国民法典》第 1629 条,《西班牙民法典》第 1477 条,《意大利民法典》第 1488 条所采用,2002 年《德国民法典》的所谓"消费品买卖"与之相似[第 435 条、第 475 条第 1 款,与此相对,责任免除在普通买卖法中只有出卖人恶意隐瞒时才不生效力,《德国民法典》第 444 条(旧文本第 443 条),《瑞士债法》第 192 条第 3 款以及《奥地利民法典》第 929 条]。

文献:马·卡泽尔,"从追夺占有看买受之诉的目的"(Das Ziel der actio empti nach Eviktion),《萨维尼杂志》,第 54 卷(1934 年),第 162 页;梅迪库斯(边码 35.9),第 51 页;洪泽尔(边码 35.9),第 20 页;汉·安库姆,"从追夺占有看买受之诉的目的"(Das Ziel der actio empti nach Eviktion),《友谊:瓜里诺的祝贺文集》(Sodalitas),第 7 册,1984 年,第 3215 页;齐默尔曼,第 293 页、第 296 页;莱·瓦卡,"追夺占有情形下出卖人基于出卖应当承担的责任"(Sulla responsabilità,ex empto' del venditore nel caso di evizione etc.),《马德里大学罗马法研究》,第 7 卷(1995 年),第 297 页;内尔(边码 41.25 之

前)，第 159 页。

(四)在后古典法中，普遍承认双倍价款请求权是追夺占有的后果，而无论是否以要式口约作出的允诺。——优士丁尼将要式买卖(mancipatio)自渊源中清除，从而也就将担保之诉(actio auctoritatis)和符合要式买卖担保(satisdatio secundum mancipium)自渊源中清除了。指向利益和(贵重物品强制要求的)双倍要式口约(stip. duplae)的买受之诉(actio empti)仍然继续存在。 34

(五)在出卖**债权**时，如无其他约定，权利瑕疵担保只包括对于债权存在的责任[债务真实性(debitorem esse)]，而不包括对于债务人的支付能力[债务偿付能力(locupletem esse debitorem)]的责任；Cels. – Ulp. D. 18,4,4；Herm. D. 21,2,74,3[依此而行的是《奥地利民法典》第 1397 条至第 1398 条，《瑞士债法》第 171 条，此前的《德国民法典》旧文本第 437 条(现在是过错责任，第 453 条、第 275 条、第 280 条、第 283 条，大多是担保，第 276 条)和《德国民法典》旧文本第 438 条(其内容继续适用)]。 35

六、物的瑕疵担保

出卖人物的瑕疵担保也是从多个根源成长而来的。 36

(一)古代罗马法只承认在特殊情形下存在这种责任：出卖人在要式买卖(mancipatio)附加表示(lex mancipio dicta)中所表明的出卖土地面积大于其实际面积的，如果价款是按照土地面积计算，他就应当通过**土地面积之诉(actio de modo agri)**承担补偿多支付价款的责任，并且是补偿(基于私犯行为)双倍价款(PS 2,17,4)。在后古典法中，这种诉讼随着要式买卖(mancipatio)一起消失了。

(二)对于标的物不存在特定瑕疵或者具有特定性质的担保，自古以来就可以通过**要式口约**而承担。由此，允诺人就买受人对该承诺(promissa)正确性的利益承担责任。 37

Ulp. D. 21,2,31。这种担保经常(还存在于关于奴隶买卖的市政官谕令的程式范本中)与双倍要式口约(或者合法拥有要式口约)[stip. duplae(或者habere licere)]包含在一项合同中;参见瓦罗《论农业》(Varro de re rust.),2,2,5;2,3,5;2,4,4;2,5,10;2,10,5;布伦斯,码 130－132;《前优士丁尼罗马法渊源》,第 3 册,第 87 页至第 89 页。

38 (三)在作为市场管理机关的**贵族市政官**(**aediles curules**)颁布的一项谕令中,包含了关于奴隶买卖和役畜(iumenta)买卖的特别法。在这个有限范围内,明示担保或者默示担保的责任都获得了支持,它也因此而不需要出卖人的过错。此外,其中还包含"退货"或者"减价"这两种根据实际需要进行调整的特殊法律效果。

(自公元前 367 年起)四名市政官[最初含义是神庙骑士,来自于"庙"(aedes)]是长官,其职责包括监管公共广场、道路和建筑物,此外还要监督公共商业交易并帮助在交易中使用正确的度量衡,监督奴隶市场和牲畜市场以及粮食市场(包括确保粮食供应和控制粮食价格),还包括举办常规公共演出。在市场监管范围内,两名贵族市政官[得名于他们的象牙座凳(sella curulis),区别于平民市政官]对市场争议享有一定的管辖权。

39 1. 对于奴隶买卖的情形,市政官在一项颁布于公元前 2 世纪,甚至可能是公元前 3 世纪的谕令中为买受人提供了两种法律救济手段供其选择:**退货之诉**(**actio redhibitoria**)[包含仲裁程式(formula arbitraria),上文边码 34.13],据此可以在六个月内主张偿还买卖价款并要求返还奴隶(Ulp. D. 21,1,23,9;eod. 25,8 f.);**减价之诉**(**actio quanti minoris**),据此(如果买受人愿意留下奴隶)可以在一年内主张退还比奴隶无瑕疵状态时少的金额(quanti ob id vitium minoris fuerit,参见 Iul. D. 44,2,25,1)。

(1)乌尔比安对该谕令进行了如下描述(D. 21,1,1,1,为使其简单些而划分了段落）：

①出卖奴隶的人，必须向买受人说明，每名奴隶都有什么疾病或者缺点，谁更可能逃亡、游手好闲或者尚未清偿损害赔偿。如果要出卖这些奴隶，他必须公开并且如实说明所有这些情况。

②如果出卖奴隶违反这些规定或者违反出卖时的说明或者承诺（dictum promissumve），倘若必须要说，他就应当对此（所说明或者承诺的内容）承担责任，我们将赋予买受人或者（作为权利继受人而涉及的）所有利害关系人一项返还该奴隶的诉讼。

③但是，如果奴隶在出卖和交付之后由于买受人、其奴隶（和他权人）或者管理人的行为而受到伤害，或者出卖之后生了孩子或（通过该奴隶）取得某物，特别是出卖奴隶时额外得到作为奴隶的从物的其他东西或者买受人自该物取得了孳息，买受人必须对所有这些进行补偿并予以返还。

④另外，买受人方面如果（对于买卖价款）有额外给付，也必须予以偿还。

⑤如果奴隶另外犯有死罪或者从事过应当将他处死的其他行为，或者将送他到竞技场斗兽时，出卖人对所有这些都应当在出卖时予以说明。因为针对这些情形我们将赋予一项诉讼。

⑥除此之外，如果得到报告称某人主张故意或者恶意违反这些规定，我们将赋予一项诉讼。

（2）退货之诉的前提与（其他谕令中规定的）减价之诉的前提相同，即出卖人要么（见上文①⑤）故意或者无意地未说明谕令中所列的应当说明的瑕疵，要么（见上文②）明确地说（dictum）或者以要式口约承诺（promissum）奴隶没有其他瑕疵或者具有特别性质，要么（见⑥）出卖人行事时具有其他某种恶意。——退货之诉是一项有仲裁条款的诉讼（上文边码 34.13；有争议），其特殊性在于，例外地要求原告先予返还（见谕令③），主要是返还买卖标的物。只要买受人尚未返还，并且尚未补偿可归责于他的恶化情况或者所买奴隶逃亡但已提供担保的情形，法官就不能判决出卖人偿还。 40

文献:洛·曼纳(L. Manna),《关于待售奴隶的谕令中的退货之诉和物的瑕疵责任》(Actio redhibitoria e responsabilità per i vizi della cosa nell' editto de mancipiis vendundis),1994 年;路·加罗法洛,《退货之诉研究》(Studi sull' azione redibitoria),2000 年;农·多纳迪奥,《市政官之诉和买受之诉之间的买受人保护》(La tutela del compratore tra actiones aediliciae e actio empti),2004 年;农·多纳迪奥,"瑕疵担保和合同责任"(Garanzia per i vizi della cosa e responsabilità contrattuale),雅各布/恩斯特(边码 41.1 之前),第 61 页;曼弗雷迪尼(边码 68.13),第 3113 页。

41 (3)关于奴隶出卖人,谕令规定,他应当向买受人公开说明奴隶的疾病、残疾、特定的性格瑕疵(逃亡倾向等)以及负担损害责任等事项。与之相应,待卖奴隶大多在颈项戴上一个牌子,上面写明其姓名、民族、年龄以及疾病和瑕疵。——对于疾病(morbus)包括什么,讨论之详尽令人吃惊。诸如口吃、斜视、遗尿(醉酒、睡意朦胧或懒惰所致者均可,但膀胱缺陷所致者则不同)、左撇子、不同寻常的大下巴或者怀孕等都算是疾病,但缺少牙齿不算疾病,因为否则的话,按照拉贝奥反对塞尔维乌斯的荒谬理由,所有人出生时都有病了(Gell. 4,2,12),而且也没有哪位白发老人健康了(Paul. D. 21,1,12)。与之相反,四肢缺陷(只要受影响即可)、癫痫、肺结核、哑巴、近视、扁桃腺肿大、阉割等则被归入疾病之中。拉贝奥的定义"疾病是身体的一种非自然状态,这时不能正常使用其身体"(morbus est habitus cuiusque corporis contra naturam, qui eius usum facit deteriorem)被当作了准则(Lab. – Sab.,见 Gell. 4,2,3;Sab. – Ulp. D. 21,1,1,7)。

42 在现代来说,这项谕令服务于**消费者保护**。乌尔比安强调,之所以颁布这项谕令,其理由在于预防出卖人的欺骗行为并为所有受到出卖人欺骗的买受人提供救济,在此我们必须明白,出卖人即使不知道应当为此按照市政官的规定而提供担保,也仍然必须承担责任。这也并非不公平:为什么买受人的希望落空,是因为出卖人不知所致还是因为其诡计所致,这些都是出卖人应该能够知道的,并且这对出卖人而言也没有什么差别(D. 21,1,1,2)。——为破坏这种买受人保护而实施的规避尝试也并不少见。将奴隶作为价值不高的物的从物而出卖,就属于这种尝试。市政官对此颁布了一项特别谕令条款,从而使出卖人在这种情形下承担与普通奴隶买卖相同的说明义务。按照佩迪乌斯的说法,这项规定涉及人类尊严(propter dignitatem hominum)(Paul. D. 21,1,44 pr.,参见Gai. D. 21,1,32)。——**文献**:安·瓦克,“奴隶的人类尊严”(Die Menschenwürde von Sklaven etc.),《迈尔-马利祝贺文集》,2002年,第811页。

(4)担保要式口约的程式范本同样也规定在谕令中(上文边码41.37),关于这项要式口约涉及的退货之诉和减价之诉的关系,形成了不同观点。这些观点主要体现在: 43

D. 21,1,28(盖尤斯,《论贵族市政官谕令》,第1编)

Si venditor de his quae edicto aedilium continentur non caveat, pollicentur adversus eum redhibendi iudicium intra duos menses vel quanti emptoris intersit intra sex menses.	对于出卖人援引市政官谕令中包含的内容而未以要式口约提供担保的情形,市政官答应对他可以在两个月之内提起退货之诉或者在六个月之内提起买受人利益之诉。

根据传统学说,物的瑕疵的谕令提供了双重保护:其一,如果出卖人没有说明他必须要说明的瑕疵,买受人可以向市政官提起退货之诉或者减价之诉(上文边码41.39-41)。其二,市政官赋予买受人一项权利,可以在订立买卖合同时要求出卖人提供担保要式口约,在其中为缺乏谕令规定的瑕疵而提供担保,这样买受人就可以基于该要式口约而以基于要式口约之诉(actio ex stipulatu)向裁判官就其利益提起诉讼。如果出卖人拒绝提供这种要式口约担保,正如D. 21,1,28所表明的,买受人可以在两个月之内就退货或者在六个月之内就订立要式口约时可以诉请的利益向市政官提起诉讼,这就是对出卖人的制裁。

与之相对,埃·雅卡布在与通行意见的原则性辩论中发展出了一种观点,认为市政官虽然规定了出卖人负担订立“市政官要式口约”的义务,但却并非为使买受人可以在退货之诉或者减价之诉以外向裁判官提起(另外一项)市民法之诉。其实,这项要式口约只是在出卖人违反其市政官法义务时实现退货或者减价这种出卖人责任的一种诉讼手段。如果买受人因为某项瑕疵而想提起诉讼,市政官就会责成出卖人订立诉讼要式口约,以便能够开始程序,因为开始诉讼,即为此确定判决法院,最初时无论如何不属于其职权范围。如果出卖人拒绝提供这项必要的要式口约,正如 D. 21,1,28 中所表明的那样,市政官就会对此予以惩罚,基于拟制的市政官要式口约而赋予一项可以在两个月或者六个月这种缩短后的期间内提起的退货之诉或者减价之诉,并且认为买受人所主张的瑕疵存在于其中。

当然,正如贝·库皮施新近使用颇为引人注意的施特凡诺斯 - 朔林斯(Stephanos - Scholion)(Bas. 18,6,2 之 19)以后清楚描述的那样,D. 21,1,28 并不是为了制裁“不听话的”出卖人,而是为了在出卖人出卖某物但却未提供要式口约担保(根据经验这时价款也会相对较低)时适用较短的瑕疵担保期间。不管在实体法上还是在程序法上,出卖人都有义务为买受人提供担保要式口约。确切地说,可以在三种可能性之中进行选择:当事人可以(在价款也受相应影响时)完全排除物的瑕疵责任[简单买卖(simplaria venditio), Pomp. D. 21,1,48,8]。——这一点尤其体现在战俘买卖时,他们在被出卖时要戴着帽子或者花冠[戴冠出卖(sub corona vendere),这是无担保买卖的专业表达方式,Gellius 6,4,3 - 4;Caesar, bell. Gall. 3,16,4]。——另外,在没有对物的瑕疵提供要式口约时,可以对当事人就这样算了,或者当事人可以像市政官建议的那样通过订立要式口约而强化这项责任,从而使买受人在瑕疵的情形取得损害赔偿请求权。

文献:海·洪泽尔,“从市政官法律救济到现代的物的瑕疵法”(Von den aedilizischen Rechtsbehelfen zum modernen Sachmängelrecht),《孔克尔纪念文集》,1984 年,第 53 页;埃·雅各布,《市场买卖中的预先说明和担保》(Praedicere und cavere beim Marktkauf),1997 年;对此,沃·恩斯特,“基于市政官谕令的物的瑕疵责任新论”(Neues zur Sachmängelhaftung aufgrund des Ädilenedikts),《萨维尼杂志》,第 116 卷(1999 年),第 208 页(表示同意并且有明确表达);贝·库皮施,“罗马法的物的瑕疵责任:法的经济分析的一个例证?”(Römische Sachmängelhaftung:Ein Beispiel für die ökonom. Analyse des Rechts?),《法律史杂志》,第70卷(2002年),第21页;多纳迪奥(边码41.40,《保护》),第81页;埃·雅各布,“担保和物的瑕疵责任:反对贝特霍尔德·库皮施的十个理由”(Cavere und Haftung für Sachmängel. Zehn Argumente gegen Berthold Kupisch),雅各布/恩斯特(边码41.1之前),第123页。

2. 关于出卖役畜,这项谕令规定,出卖人同样应当向买受人说明特定瑕疵,而且,对于未说明瑕疵提供了可以选择在六个月之内提起退货之诉(actio redhibitoria)或者在一年之内提起减价之诉(actio quanti minoris),D. 21,1,38 pr./5(谕令)。 44

(四)在**买受之诉**(**actio empti**)中,出卖人首先只是对违反信任,即恶意诈欺(dolo malo)隐瞒他已知的瑕疵以及[在出卖时或者要式买卖(mancipatio)时]担保(dictum)该物没有瑕疵或者特定性质时,才对物的瑕疵承担责任(Ulp. D. 19,1,13,14;eod. 6,4;PS 2,17,6)。出卖人对物的性质没有充分了解而“胡乱”担保的情形,等同于恶意,Ulp. D. 19,1,13,3。——这项诉讼还可以就所失应得利益(quod interest)而提起,而且不仅包括对物减少价值的补偿,还包括对某些间接所致损失(结果损害)的赔偿。 45

根据渊源,如果买受人了解真实情况就可能更便宜地买受某物时,他可以提起买受之诉(actio empti)而主张退还多支付的价款(减价),如果买受人了解真实情况根本就不买受该物时,可以主张退还全部价款并交还所买之物(退货)。此外,尤里安的要求显然不限于此,即使正直的的出卖人并未担保标的物没有瑕疵,也仍然要对减价承担责任。协调买受之诉(actio empti)与市政官之诉(边码41.39)总体上是古典时期的内容(参见Iul. - Ulp. D. 19,1,13 pr. - 2;Marci. D. 18,1,45;Ulp. D. 19,1,11,3/5)。——**文献**:莱·瓦卡,“再论古典时期买受之诉适用范围的扩张”(Ancora sull'estensione dell'ambito di applicazione dell'actio empti in età classica),《罗马法和古代法国际杂志》,第45卷(1994年),第59、64页;多纳迪奥(边码41.40),尤其参见第 46

79、141、203 页;多纳迪奥,"出卖人对出卖物的瑕疵的责任(D. 19,1,13,1)"[Responsabilità del venditore per i vizi della res empta (D. 19,1,13,1)],《索引》,第 33 卷(2005 年),第 483 页;劳·索利多罗·马罗蒂,"如果明知而隐瞒瑕疵等(D. 19,1,13,1 pr.)"(Si vero sciens reticuit etc. (D. 19,1,13 pr.)),《信义 人性 法》,第 8 册,第 5269 页。

47 尤里安和乌尔比安对于恶意时就全部履行利益的请求权予以肯定,具体表现在以下片段:

D. 19,1,13 pr.(乌尔比安,《论谕令》,第 32 编)

Iulianus libro quinto decimo inter eum, qui sciens quid aut ignorans vendidit, differentiam facit in condemnatione ex empto: ait enim, qui pecus morbosum aut tignum vitiosum vendidit, si quidem ignorans fecit, id tantum ex empto actione praestaturum, quanto minoris essem empturus, si id ita esse scissem: si vero sciens reticuit et emptorem decepit, omnia detrimenta, quae ex ea emptione emptor traxerit, praestaturum ei: sive igitur aedes vitio tigni corruerunt, aedium aestimationem, sive pecora contagione morbosi pecoris perierunt, quod interfuit [idonea venisse] <id non evenisse> erit praestandum.	尤里安在(其《学说汇纂》)第 15 编,对已知或者不知(标的物瑕疵)而出卖的出卖人在基于买卖的判罚中进行了区分。他说,出卖病畜或者瑕疵木料的人,假如不知这项瑕疵而将其出卖,基于买受之诉通常只需要给付低于我知道该物情况时愿意支付金额的部分。然而,如果他故意隐瞒该瑕疵而欺骗买受人,就必须要赔偿买受人因此所受的全部损失。如果建筑物因木料瑕疵而倒塌,就是房屋价值,如果其他牲畜被病畜感染,就应当向买受人给付到就像没有发生这件事一样。

尤里安让恶意出卖人承担包括瑕疵结果损害在内的全部履行利益。《德国民法典》旧文本第 462 条第 2 句(参见《德国民法典》第 524 条第 1 款,《奥地利民法典》第 923 条第 1 款第 2 项)所遵循的就是这项见解。依照该规

定,如果出卖人恶意隐瞒瑕疵,他就应当承担不履行的损害赔偿责任。有人认为,《德国民法典》旧文本第463条第2句规定了不履行的损害赔偿(必然涉及瑕疵),这项规则以对D. 19,1,13 pr. 的误解为基础,而该片段应当仅仅涉及瑕疵结果损害的赔偿,而且这种误解不合常理,因为合同谈判中的恶意通常只发生对于信赖利益的责任,而不发生对于履行利益的责任。然而,瑕疵损害和瑕疵结果损害的区分在20世纪重新又成为一种现实区分,而这种区分在中世纪和近代早期也得到了人们的遵循,在其中突出了物没有瑕疵(citra rem)的利益和物之外(extra rem)的利益。尤里安则并未坚持这种区分,《德国民法典》的立法者同样也没有坚持这种区分而是超越了这种区分,并且认为不履行的损害赔偿显然包括了瑕疵结果损害(依照新债法,按照《德国民法典》新文本第280条、第437条赔偿瑕疵结果损害)。——**文献**:梅迪库斯(边码35.9),第109、125页;洪泽尔(边码35.9),第62、79页;霍·海·雅科布斯,《给付障碍法的立法》(Gesetzgebung im Leistungsstörungsrecht),1985年,第110页;齐默尔曼,第305、319页;克·巴尔杜斯(Chr. Baldus),"必须只能就一项诉讼起诉吗?论罗马买卖法中物的瑕疵中的诉讼竞合"(Una actione experiri debet? Zur Klagenkonkurrenz bei Sachmängeln im röm. Kaufrecht),《世界罗马法》,第5卷(1999年),第20页。

(五)物的瑕疵担保的范围在后古典时期的实践中(除了奴隶 48
买卖外)缩小了很多,与此同时,优士丁尼将关于奴隶和役畜买卖的市政官责任扩张适用到所有的物的买卖(D. 21,1,1 pr. 和63,有添加)。此外,买受之诉(actio empti)在经过上文边码41.45所述的扩张后仍然继续存在。由于它同样可以用于退货或者减价,退货之诉(actio redhibitoria)和减价之诉(actio quanti minoris)与其同时存在就显得多余了,因此它们也就只能在传统中保留了。

七、解除权保留

在买卖时有三项提供解除权保留的附加简约具有典型性,其 49
中两项有利于出卖人。它们分别是:出卖人在特定期间内找到更好的买受人时的**择优解除简约**(**in diem addictio**)(Paul. D. 18,2,

1,主要是愿意支付更高价款者),以及未按时支付价款时的**解除保留条款(lex commissoria**,失权条款)[Paul. D. 41,4,2,3(文本,边码 10.13);Pomp. D. 18,3,2(文本,边码 8.10)]。有利于买受人的是不中意简约(* pactum displicentiae,**试用买卖**),它适用的情形是,买受人在特定期间不同意买受该物就可以放弃买卖(Ulp. D. 18,1,3;参见 Inst. 3,23,4)。

50 这些简约属于所谓"附加简约"(pacta adiecta),随买卖合同订立而同时订立(上文边码 33.14)。各项简约是否应当认为是即将生效的买卖所附的停止条件或者附停止条件的终止简约,这要取决于协议,Paul. D. 41,4,2,3(上文边码 10.13)。对于行使解除权保留后根据哪项诉讼请求返还已经提供的给付的问题,并无统一答案。普罗库勒学派对此倾向于赋予事实之诉(actiones in factum),而萨宾和其他人则认为,买卖之诉也可用以返还,这才与诚信(bona fides)相符。对于解除保留条款(lex commissoria),彭波尼非常清楚地表示(具体文句见 D. 18,3,2,上文边码 8.10):"如果到特定期限买卖价款尚未支付,正如所承认的那样,出卖人就可以因此提起出卖之诉。我们不能被人们所说的提供一项出卖之诉讼而不管土地出卖终止与否的话所误导。买卖时通常应当遵循的是实际所指而不是言语所表明者,如果在合同约定中有类似(将不出卖土地)的表达,因为其内容非常清楚,即倘若到特定时间尚未支付金钱,出卖人对买受人就不再负担(给付土地的)义务,但(即使返还也同样)绝不意味着对双方当事人终止全部债务关系"[D. 18,1,6,1;此外参见 Proc. D. 19,5,12(论买回);Ner. D. 18,3,5;Sab. – Paul. D. 18,5,6;Iul. – Paul. D. 18,2,4,4 末尾]。——参见《奥地利民法典》第 1083 条至第 1085 条,《奥地利强制执行法》第 195 条,《德国民法典》新文本第 354 条,《奥地利民法典》第 919 条,《瑞士债法》第 108 条第 3 项,《德国民法典》新文本第 454 条至第 455 条,《奥地利民法典》第 1090 条至第 1082 条;——**文献**:弗·彼得斯,《罗马买卖法的解除权保留》(Die Rücktrittsvorbehalte des röm. Kaufrechts),1973 年;维·弗卢梅,"根据罗马古典法学家的学说买卖中的终止简约——解除保留条款,择优解除简约和所谓不中意简约——和条件"(Die Aufhebungsabreden beim Kauf – lex commissoria, in diem addictio und

sog. pactum displicentiae – und die Bedingung nach der Lehre der röm. Klassiker),《卡泽尔祝贺文集》,1976 年,第 309 页 = 弗卢梅,《作品全集》(Ges. Schr.),第 1 册,1988 年,第 229 页;此外,弗卢梅,第 147 页;卡·米泽拉,"古典罗马法中的试用买卖"(Der Kauf auf Probe im klass. röm. Recht),《罗马世界的兴衰》,第 2 册之 14,1982 年,第 524 页;埃·罗德里格斯·迪亚茨(E. Rodriguez Diaz),《从罗马法中的合同概念到退货简约》(De la noción de Contrato al Pactum Displicentiae en Derecho rom.),1998 年,第 151 页;葆·齐廖托,"附有解约条款或者附有择优解除简约的买卖:'未买物'表达的影响"(Vendita con lex commissoria o in diem addictio: la portata dell' espressione ,res inempta'),《历史与法的研究与文献》,第 69 卷(2003 年),第 335 页。

其他特别简约包括买回[附回买保留的出卖,即回买简约(* pactum de retroemendo),Alex.,Diocl. C. 4,54,2 和 7]和先买(* ius protimiseos),根据该简约,某人在买受某物时负担一项义务,不再将标的物出卖于合同相对人,即出卖人之外的任何其他人(Paul. D. 19,1,21,5;Herm. D. 18,1,75;还可参见边码 16.10)。 51

第四十二节 使用租赁和用益租赁 雇佣合同 承揽合同

(RPr. § § 132,266)

一、本质和统一性

文献:特·迈尔–马利,《租赁》(Locatio conductio),1956 年;霍·考夫曼(H. Kaufmann),《古代罗马的使用租赁》(Die altröm. Miete),1964 年;布·伍·弗里尔(B. W. Frier),《罗马帝国的地主和佃农》(Landlords and Tenants in Imperial Rome),1980 年;罗·菲奥里,《租赁的定义》(La definizione della locatio conductio),1999 年;齐默尔曼,第 338、384、393 页;内尔松/孟文理,第 3 编之 2,第 273 页;豪斯马宁尔(边码 39.3),案例 144–172。

1 （一）租赁（locatio conductio）包含了我们当代划分为使用租赁和用益租赁、雇佣合同和承揽合同的内容，是一种内容广泛的合同类型，其中主要包括诸如雇佣劳动、住房租赁和土地收益承租等社会疑难度比较高的关系。当然，合同内容［在诚实信用（bona fides）框架内］很大程度上是交由法学家们决定的，而整体上来说他们为有效保护经济弱者或者社会弱者而做的事情却显得比较少。

2 租赁的由来不详。它也许可以追寻到门客（clientes）（上文边码 16.12）：自由短工如同释放自由人一样依赖庇主提供住房，他们向庇主提供类似奴隶的劳役，从庇主那里取得对房屋的容假占有（precarium）（上文边码 19.13；可能还要支付租金）。庇主基于信义（fides）对其负担义务。随着这些自由雇工在社会上日渐独立自主，这种关系可能也就逐渐发展成为一种受诚信（bona fides）约束的合意合同了。此外，还应当考虑到买卖法的影响，因为在非法学家看来，出卖和用益出租并无严格区别，在国家按照时间分配土地时尤其如此。

3 （二）租赁（loc. cond.）在罗马人眼中是一种**统一的**合同。尽管其中包含着多种关系而且内容也不尽相同，但他们仍然坚持这种见解。当然，这些多种多样的具体关系在表面上只是通过“出租”（locare）和“承租”（conducere）这两个词结合起来，而基于这些合同提起的两项诉讼（弹性很大）的诚信（bona fides）程式所根据的恰恰是这两个词（具体文句见下文边码 83.16）。这些诉讼与这些合同指向交换的本质相适应，分别是出租人的**出租之诉**（**actio locati**）（即使用出租人之诉、用益出租人之诉、受雇人之诉或者定作人之诉）和承租人的**承租之诉**（**actio conducti**）（即使用承租人之诉、用益承租人之诉、雇佣人之诉和承揽人之诉）。

4 **出租人**（**locator**），即将某物“置于某处”的人，尤其是指“允许”某人对该物行使事实上的处分权力的人。在使用租赁中，他托付于他人的是物的使用，而在用益租赁中则还有收益（有时用“fruendum locare”表述）。在雇佣合同中，他将其人身或者其劳动力听由他人处分（se locare，operas suas locare）。在承揽合同中，他所出让的则是以特定方式工作而得到的其他标的（opus faciendum locare）。

相反，**承租人**（**conductor**）主要就是将所出让客体“取走”的的人或者对使用出租（用益出租）的物、有义务提供劳动的人或者（由承揽人）加工、运送标的取得了事实处分权力的人。

由此可见，在使用租赁（用益租赁）和雇佣合同中，承租人（conductor）是应当支付报酬的人，而在承揽合同中，承租人则取得报酬。

虽然罗马人坚持了租赁（loc. cond.）的统一性，但依照程式 5
要求对不同出租（locare）和承租（conducere）标的（物的使用、人的使用，加工）作出了相应的不同规定，这是普通法和当代法律中所采用的三分法的萌芽，即使用租赁和用益租赁[物的租赁（loc. cond. * **rei**）]，雇佣合同或者劳动合同[劳务租赁（loc. cond. * **operarum**）]和承揽合同[劳务成果租赁（loc. cond. * **operis**）]。

二、使用租赁 用益租赁

（一）如果对某物有偿地将“收益”（fruendum）交给他人，它就 6
取决于交付该物只是为其使用还是为其使用和收益的约定了。第一种情形，我们称之为“使用租赁”；第二种情形，我们称之为“用益租赁”[《奥地利民法典》则将这两者概括称为“租赁合同”（Bestandvertrag）]。对罗马人而言，与此相应的主要就是房客（inquilinus）和隶农（colonus）之间的区别了。

作为物的租赁（loc. cond. rei）的标的，可以列举出诸如庄园、房屋、住宅、奴隶、动物和其他动产。关于用益承租人的孳息收取，参见上文边码 26.7（感知）。——**文献**：路·卡波格罗索·科洛涅西，《简论土地所有权》（Ai margini della proprietà fondiaria），第 2 版，1996 年（既涉及经济史又涉及庄园经营）；扬·迪·哈尔克，《租赁，隶农，用益租赁和土地用益租赁》（Locatio conductio, Kolonat, Pacht, Landpacht），2005 年。

7 报酬，即租金（merces，有时用"pretium"），必须采取货币形式；当然个别古典法学家就已经承认有例外了。

关于争议问题，见 G. 3, 143/144; Inst. 3, 24, 1/2。——部分用益租赁（* colonia partiaria）中，庄园用益承租人将部分孳息交给用益出租人（参见 Gai. D. 19, 2, 25, 6; Diocl. C. 4, 65, 21），这源自于行省的实践，尽管与合伙相似但却被归入租赁（loc. cond.）之中。

8 （二）**出租人**的义务是在合同期间将租赁物，必要时可能还包括收益，交给相对人使用并使其保持相应状态。如果使用出租人（用益出租人）因其过错而违反该项义务，就应当对因此所致的损害承担责任（Alf. D. 19, 2, 30 pr. 末尾）。如果他明示地或者默示地做出担保，例如对租赁物状态做出担保，则同样应当承担责任（Lab. eod. 60, 7; Ulp. eod. 19, 1），同样他还应当担保租赁物不存在权利瑕疵（Paul., Tryph. eod. 7 f.）。

9 除这些情形外，人们还进行了区分：如果使用或者收益因为不可抗力（vis cui resisti non potest）而不能实现，就由出租人（locator）承担风险（periculum），只要承租人（conductor）丧失使用，出租人就不再享有租金请求权（已经支付者应当偿还，对于其他损害赔偿则不必给付）。相反，其他意外风险则由承租人（conductor）承担。他必须支付租金，而不论是否已经丧失收益。参见 Afr. D. 19, 2, 33 和

D. 19,2,15,2(乌尔比安,《论谕令》,第32编)

Si vis tempestatis calamitosae contigerit, an locator conductori aliquid praestare debeat, videamus. Servius omnem vim, cui resisti non potest, dominum colono praestare debere ait, ut puta fluminum graculorum sturnorum et si quid simile acciderit, aut si incursus hostium fiat: si qua tamen vitia ex ipsa re oriantur, haec damno coloni esse, veluti si vinum coacuerit, si raucis aut herbis segetes corruptae sint …

我们应当考察,用益出租人是否必须对用益承租人就毁灭性暴雨所引生损害承担责任的问题。塞尔维乌斯说,所有权人必须对用益承租人就不可抗力提供担保,如河水(漫过堤防的)、乌鸦或者椋鸟所致的灾害以及可能发生的其他类似事件或者敌人入侵等。如果是由于物本身存在的缺陷,该损失就应当归于用益承租人,例如,葡萄酒变酸或者农作物遭受虫灾或者草害等情形……

按照乌尔比安所采用的塞尔维乌斯(Servius)的学说,如果因为不可抗力致使用益承租人未能获得基于合同享有的土地收益可能性,用益出租人就应当承担这项负担(关于使用租赁,参见Alf. D. 19,2,27 pr.);注定不能避免的事件由作为所有权人(或者承担所有权人风险的人)的用益出租人承受。物的瑕疵则由使用承租人承受,因为他经营这块土地,所以也应该承担通常的收成风险。因此,种植时所致典型损害应当由他承担。——参见《德国民法典》第586条,《奥地利民法典》第1096条,《瑞士债法》第279条、第284条,《瑞士农地用益租赁法》(SchwLPG)第22条。——**文献**:马·卡泽尔,"出租人风险"(Periculum locatoris),《萨维尼杂志》,第74卷(1957年),第155、169页;伊·莫尔纳(I. Molnár),"租赁中的归责与风险承担"(Verantwortung und Gefahrtragung bei der locatio conductio),《罗马世界的兴衰》,第2册之14,1982年,第640页;齐默尔曼,第369页;沃·恩斯特,"用益租赁中的收益风险"(Das Nutzungsrisiko bei der Pacht),《萨维尼杂志》,第105卷(1988年),第541页;沃·恩斯特,"承租人风险"(Periculum conductoris),《朗格祝贺文集》,1992年,第59页;费奥里(边码42.1之前),第80、98、109页;弗·西齐亚,"D. 19,2,15,2:不可抗力和物本身致害"(D.

19,2,15,2:vis maior e vitia ex ipsa re),《信义 人性 法》,第7册,第5211页。

10 作为对个别情形的优惠,塞维鲁王朝的皇帝们对土地用益承租人在歉收时所减免租金(remissio mercedis)远超过这项标准。当然,这项给付在后来收成较好的年头中还可以补上;Ulp. D. 19,2,15,3 -7。——参见《德国民法典》第593条,《奥地利民法典》第1104条至第1106条,《瑞士农地用益租赁法》第11条。——**文献**:汉·安库姆,"减免租金"(Remissio mercedis),《古代法国际杂志》,第19卷(1972年),第237页;布·伍·弗里尔,"关于农场的法律、经济和灾难"(Law, Economics, and Disasters down on the Farm),《维托里奥·夏洛亚罗马法研究所学刊》,第92/93卷(1989/1990年),第237页以及(关于其私法史)恩斯特(边码42.9),第567页;保·J.杜普莱西斯(P. J. du Plessis),《减免租金及相关法律制度的历史》(A history of remissio mercedis and related legal institutions),2003年;路·卡波格罗索·科洛涅西,《减免租金》(Remissio mercedis)2005年(含其教义史);路·卡波格罗索·科洛涅西(边码42.6),第169页;弗·西齐亚,"分期减免租金?"(Remissio pro rata?),《乔·尼克西亚纪念文集》(St. G. Nicosia),第7册,2007年,第445页。

11 租赁物的必要费用由出租人(locator)承担(Ulp. eod. 19,4)。

12 (三)**承租人(conductor)**应当支付租金。如果没有其他约定,究竟在租期届满之前还是之后支付,并不明确。在土地用益租赁的情形,承租人有义务经营土地,以防止土地抛荒。通常,这项耕作义务是由使用出租人通过承租条款(lex locationis),即采用一般交易条件方式的合同条款,而让使用承租人负担的(Iul. D. 19,2,32;Gai. eod. 25,3;Paul. eod. 24,2)。生活在城市的用益出租人大多会担心,用益承租人在合同存续期间会跑掉从而致其土地荒芜,因此,他们千方百计地通过不同方式对此进行保护,例如,采用违约金(Paul. D. 19,2,54,1;Val. C. 4,65,15)的方式,尤其是采用"协议"使用益承租人负担留在庄园的义务,即使合同期间届满后仍然需要留在那里。当然,皇帝和法学家们对这种实践都进行了限制，并且努力使用益承租人在合同期间届满后取得迁徙权（ius emigrandi）。——例如，哈德良在一份敕答中强调指出，“如果用益承租人（在用益租赁期间届满后）不能以相同租金承租，至少是因为很容易找到用益承租人，这时将用益承租人限定在关内或者庄园里就是一种非常不人道的习惯，如果他在五年之后愿意迁徙，就不应该强留他在这里”（Call. D. 49，14，3，6，还可参见 Gord. C. 4，65，11；Paul. D. 39，4，9，1，此外还有 eod. 11，5）。——当然，它在古代晚期殖民地（上文边码 16. 18）没有能够继续发展下去。

使用租赁或者用益租赁关系结束后，使用承租人或者用益承租人应当返还租赁标的物。他就过失（culpa）和照管（custodia）承担责任（Inst. 3，24，5，部分添加；Diocl. C. 4，65，28）。——原则上允许承租人进行转租（Alex. C. 4，65，6），而收益归转租人（Lab. - Paul. D. 19，1，53 pr.；Paul. D. 19，2，7；Tryph. eod. 8）。

（四）使用承租人和用益承租人的不利社会地位曾经表现在 13
不给他们以令状占有；他们是纯粹持有人（上文边码 19. 16 - 17）。此外，他们对第三人不能采取任何保护措施：如果出租人（locator）将租赁物所有权让与第三人或者为其设定用益权或者质权，承租人（conductor）就必须对第三人的物权予以让步，而只能基于合同对出租人（locator）主张赔偿请求权。参见 Gai. D. 19，2，25，1；Iul. D. 19，2，32；Ulp. vat. 44 = D. 30，120，2；C. 4，65，9。

然而，基于合同而面临的要求通常会使出租人（locator）考虑到，在出卖 14
（质押等）时合同相对人会要求他对于允许承租人享用租赁物直至租期届满提供担保。如果买受人坚持要使用承租人腾退租赁物并且这会让使用出租人承担责任，因为就他而言基于担保可以向买受人主张返还。当然，为出卖人也提供了有效措施。他在因要式买卖而让与所有权时可以采用单方要式买卖附加声明（lex mancipio dicta）（上文边码 7. 9）而表示为使用承租人保留约定合同期间内具有对物效力的居住权，或者为用益承租人保留约定合同期间内具有对物效力的收益权，或者为他自己保留在使用租赁期间或者用益租赁期间内对买卖标的物的占有(possessio)。出卖人这种担保有利于使用承租人或者用益承租人,但它在后来却消失了,因为编辑者将要式买卖从渊源中删除出去了。——为使用承租人相对于第三人提供的保护有所不足,**买卖击破租赁**(emptio tollit locatum)这项普通法规则也没有完全将它表达出来:不是出卖,而是物权行为,损害了使用承租人,而使用承租人至少还对使用出租人享有补偿请求权。关于当代法中的土地使用租赁和用益租赁的不一致之处,参见《德国民法典》第566条、第581条第3款、第593a条和第593b条,《法国民法典》第1743条,《瑞士债法》第261条,不同的还有(土地物权)《奥地利民法典》第1095条,当然还可参见第1120条。——**文献**:拉·费斯特根(R. Verstegen),"谁出租土地"(Qui fundum locavit etc.),《武布祝贺文集》,1993年,第483页;拉·费斯特根,"庄园买受人不必留下用益承租人"(Emptori quidem fundi necesse non est stare colonum),《安库姆祝贺文集》(Ét. Ankum),第2册,第567页;关于其进一步发展,参见克·格尼乌斯(K. Genius),《从历史发展到自然法法典编纂中租赁关系的租赁保护》(Der Bestandsschutz des Mietverhältnisses in seiner historischen Entwicklung bis zu den Naturrechtskodifikationen),1972年;埃·约·希·施拉格,"论'买卖不破租赁'原则的中世纪历史"(Zur mittelalterl. Geschichte des Grundsatzes ‚Kauf bricht nicht Miete'),埃·约·希·施拉格(编),《中世纪罗马法》(Das röm. Recht im Mittelalter),1987年,第283页;齐默尔曼,第378页;汉·维林格,"从罗马法到现代法典化中使用租赁的物权化"(Die Verdinglichung der Miete vom röm. Recht bis zu den modernen Kodifikationen),《加罗祝贺文集》(St. Gallo),第3册,1997年,第667页。

15 (五)使用租赁和用益租赁的期限依照合同确定,通过一般规则补充。

当然,任何合同当事人都可以随时单方废止该关系,即使已经对确定期限另有约定亦然,并且(不是通过作为法律行为的通知终止,而)是通过事实终止而结束:使用出租人取回租赁物[将使用承租人"逐出"(expellere)],使用承租人交回租赁物,如腾空房屋(relinquere, migrare)。

租金支付义务随合同废止而终止。当然,不正当废止合同时,过失一方当事人应当向对方当事人负担补偿义务。这时,使用出租人所受损害就是剩余租期所失租金。

如果合同废止是正当的,就不发生补偿义务:如果订立合同时约定了确定期限(土地用益租赁大多为5年),出租人(locator)可以在期限届满之前将标的物自承租人(conductor)收回,其理由可能是承租人未支付租金或者疏于耕种,可能是滥用租赁物,也可能是重大修理或者个人必需等。如果租赁物不能继续使用或者继续使用具有某种危险时,承租人可以单方终止该关系。如果承租人(conductor)在租赁关系结束后继续享用租赁物,原租金义务就继续计算(* relocatio tacita, Ulp. D. 19,2,13,11,当代法,参见《奥地利民法典》第1114条,《德国民法典》第545条、第594条)。——永久用益租赁(locatio perpetua)逐渐发展成为一项物权,对此参见上文边码30.3。 16

(六)在后古典时期,使用租赁和用益租赁在东部仍然普遍得以保持。在西部则有所不同,土地用益租赁为大的永佃权人发展出了一项物权,它并入了这个时期的广义所有权的概念中(上文边码30.3-4)。普通人的有期限用益租赁则沦为与用益承租人有强烈人身依附关系的仆役关系,更接近于没有人身自由的人了。租赁(loc. cond.)这时偶尔与容假占有(precarium)相互联系,用益租赁因此也就不再能够自由撤回了。 17

优士丁尼重新恢复了租赁(loc. cond.)[和古典意义上的容假占有(precarium)]制度,当然也承认了具有依附性的土地用益租赁关系,而这种关系也限制了自由的租赁(loc. cond.)的适用范围(见上文边码16.18关于隶农的论述)。 18

三、雇佣合同

(一)租赁作为“雇佣合同”时,出租人(locator)是以自己及其劳务而受雇于人,它虽然不同于很大程度上满足了大规模劳动和精细劳动的要求的奴隶经济,但其意义也不同于今天。当然,自由雇工的活动在罗马也绝对不能被低估。共和晚期,在成千上万的小作坊和市场小店里,出生自由人和释放自由人供养着他们的家庭成员、自由帮工和奴隶。根据苏维托尼乌斯的记载(Iul. Caesar 19

41.3),公元前1世纪中叶,恺撒安置在罗马的居民人数为70万到100万,其中奴隶为10万到20万,推测认为,大概有10万多自由人是靠做日工或者临时工为生的。

特别劳动法中有保护劳动者的强制性规定,如解雇保障,而它在古代并不存在。订立劳动合同显然全部都附有特定期限,而且绝大多数是以天来计的[或者是以夜来计,参见 PS 21,18,1;塞内卡,《论美善》(Seneca, de beneficiis,6,17,1)]。特兰西瓦尼亚的蜡板上流传下来一份164年的矿工劳动合同,就是从5月20日到11月13日(70狄纳里而且包伙食,布伦斯,n. 165,1 = FIRA III,n. 150a)。对于专门劳动,合同期限合计可以达到1年,例如,Ulp. D. 19,2,19,9中的抄写员(exceptor)合同大概就是如此。——**文献**:阿・比格,"雇工和雇佣劳动"(Der mercennarius und die Lohnarbeit),《萨维尼杂志》,第107卷(1990年),第80页;科・默勒,"罗马劳动世界中的雇工"(Die mercennarii in der röm. Arbeitswelt),《萨维尼杂志》,第110卷(1993年),第296页;贝伦茨,《制度和原则:论文选集》,第2册,第723页,"罗马法中的劳动。关于其法律归类和道德评价"(Die Arbeit im röm. Recht. Zur Frage ihrer rechtlichen Einordnung und moralischen Bewertung);贝伦茨,《制度和原则:论文选集》,第2册,第771页,"他人决定和自己负责的劳动。罗马法中劳动合同和委托的法律理论基础和法律伦理基础"(Fremdbestimmte und eigenverantwortliche Arbeit. Die rechtstheoretischen und rechtsethischen Grundlagen des Arbeitsvertrags und des Auftrags im röm. Recht) =《迈尔-马利祝贺文集》,2002年,第21页;此外(关于社会史)参见斯・姆罗策克,《古典时期的雇佣劳动》(Lohnarbeit im klassischen Altertum),1989年;伊・赫尔曼-奥托(主编),《从古代到当代的不自由劳动和生活关系》(Unfreie Arbeit und Lebensverhältnisse von der Antike bis in die Gegenwart),2005年。

20 (二)如果不考虑奴隶的劳动,他们经过主人同意无疑同样可以订立劳动合同(参见边码15.9),为他人劳动除雇佣合同和劳动合同之外主要涉及以下两种情形。

1. 第一种情形是比较高级的劳务，如自由艺术（artes liberales）的教师、医生、法庭辅助人员、土地测量员等所提供的劳务，租赁（loc. cond）最初并未将它们排除在外。最高等级的成员在租赁（loc. cond）中有偿提供服务被认为有背善良风俗。这方面比较著名的是受哲学[帕奈提奥斯（Panaitios）]影响而对有偿行为的贬损性评价[参见西塞罗，《论义务》（de officiis，1，42，150－151）]。这个阶层的成员为他人提供服务，一般是无偿的，最多也就是受其（无偿）委托。当然，对于这些帮助，受领人通常在道德上负有向另一方支付报酬（honorarium，salarium）的义务。直到古典晚期，这种报酬才被认为是法律上的对待给付，然而对此不能[基于出租人之诉（actio locati）]在正式诉讼中提起，而只能在非常公职审判（extraordinaria cognitio）中提起诉讼（Ulp. D. 50，13，1 pr. ff.）。

2. 第二种情形是释放自由人基于其誓言或者其允诺而对庇主负担按照其要求（indictio）提供他所答应的劳务（operae，上文边码 16.15）的义务。这种"日工"在渊源中从 1 个到 1 千个都有（Cels. －Ulp. D. 38，1，15，1），只有很少情形超过了这个范围。释放奴隶的规模（上文边码 16.1）就可以清楚地表明劳务（operae）是罗马经济生活中具有重要意义的因素。 21

（三）由于完成这种日工通常需要几年（平均大概三年或者更长），庇主和释放自由人之间的关系在某些方面就可以与劳动关系相互比较了。因此，值得注意的是，罗马法学家为保护释放自由人发展出某些受保护的权利，而在当代劳动法中救济义务具体化方面可以找到与它们类似的内容。如果某项劳务损害释放自由人的尊严、违背善良风俗或者甚至有生命危险、因年龄过高或者身体虚弱而超出其承受能力，释放人就不能要求释放自由人提供该项劳务。如果释放自由人由于疾病而未能提供按照要求（indictio）到期的日工，就由庇主负担它了，而且不需要事后补上（Pomp. D. 22

38,1,34;Ulp. D. eod. 15 pr.)。庇主应当在劳动工作期间提供足够的时间让释放自由人吃饭、休息和做个人卫生(cura corporis)(Ner. D. 38,1,50,1)。如果他要求在其经常居住地以外的其他地点工作,就必须要补偿释放自由人的旅费、在途日计入工作日(Paul. D. 38,1,20,1;Iav. eod. 21)。此外,值得注意的是,彭波尼(Pomponius D. 41,1,54,2)认为,表见奴隶(bona fide serviens)(边码 11.6)就其所致物的毁损仅对重大过失(gravior culpa)而向其表见所有权人承担责任,而不像医生那样对轻过失(levis culpa)也要承担责任。这就产生了有限的劳动者责任的思想。因为上述内容,关于劳动的法律理解的萌芽就很明显了。

文献:沃·瓦尔德施泰因(上文边码 16.15);沃·瓦尔德施泰因,"罗马法中受社会保护的权利"(Soziale Schutzrechte im klassischen röm. Recht),《尼德兰德尔祝贺文集》(FS. Niederländer),1991 年,第 181 页;此外,安·瓦克,"罗马法中的事实劳动关系?"(Faktische Arbeitsverhältnisse im röm. Recht?),《萨维尼杂志》,第 108 卷(1991 年),第 123 页。

23 (四)1. 雇佣合同所发生的义务遵循的原则类似于使用租赁遵循的原则,尤其是奴隶租赁时的原则。相应地,雇佣人的承租之诉(actio conducti)指向提供劳务,而受雇人的出租之诉(actio locati)则指向酬金(merces)。

24 2. "酬金风险"意味着:如果不是由于受雇人的原因而未提供劳务,受雇人可以请求全部合同期间的酬金(si per eum non stetit, quo minus operas praestet)(Paul. D. 19,2,38 pr.)。与此相应,抄写员在其雇主死亡时可以向其继承人请求全年报酬,因为不能向被继承人及其继承人给付劳务并不是由于他的原因而致——塞普提米乌斯·塞维鲁斯(Septimius Severus)皇帝和安东尼努斯(卡拉卡拉)皇帝的敕答(Ulp. D. 19,2,19,9,上文边码 42.19)就是这种意见，但同时也有所限制：他在当年不能从其他任何人处取得报酬，这项报酬大概具有可抵充性（当代法，参见《德国民法典》第616条，《瑞士债法》第323条，第324a条）。在对此进行一般化后可以说，雇主承担不能有效实施约定工作的风险，这就是承租人（periculum conductoris）风险。

当然也可以有不同约定，例如特兰西瓦尼亚的劳动合同（上文边码42.19）约定，矿工报酬在透水时要按比例缩减。——**文献**：约·安·查·托马斯，“工人及其工资”（The Worker and his Wage），《从权利出发：彼·雅·费尔丹祝贺文集》[Uit het recht (Fs. P. J. Verdam)]，1971年，第201页；还有（边码42.9全部文献），卡泽尔，第194页；莫尔纳，第640页；齐默尔曼，第384页；恩斯特，第84页。

关于劳动法后来的发展、关于共同法（ius commune）中个人劳动合同所涉及的具体问题以及20世纪早期开始的工业化在不同规范领域的决定性推动作用（禁止使用童工的工厂法、营业法、劳动合同法、雇工法、劳动法、结社法等）的详细研究，参见，特·迈尔-马利，“劳动法”（Arbeitsrecht），赫·科英（编），《近代欧洲私法史渊源和文献指南》（Handbuch der Quellen）（边码1.62），第3册之3，1986年，第3635页；此外，科英，第1册，第458页；第2册，第185页，第194页。 25

四、承揽合同

（一）如果租赁合同（loc. cond.）是作为“承揽合同”而订立的，那么，承租人（conductor）（当代法称为“承揽人”）所负担的义务就是，对于某人或者出租人（locator）（“定作人”）转交他的物，经过他的工作而完成特定工作成果。 26

例：以交付的材料制作物品、清洗或者修理物品、由奴隶传授知识、运送人或者物、建筑房屋等。所负担的债务就是完成工作结果（成果），而不像雇佣合同那样是提供劳务（劳动）。

27 （二）承租人（conductor）就过失（culpa）承担责任外，还承担一项担保责任：他对交付于他的材料就照管（custodia）承担责任，此外还就没有经验（imperitia）承担责任，即对于因欠缺完成工作所必需的能力而发生的损害承担责任（G. 3，205；Cels. – Ulp. D. 19，2，9，5，见边码 36. 23）。关于辅助人责任，见边码 36. 25。

28 （三）出租人（locator）负担的义务是支付承揽报酬（merces，pretium），这项报酬通常体现为金钱。

报酬风险所涉及的问题是，已完成工作验收（adprobatio operis）前因不可归责的事由而全部或者部分灭失的，如已经加工的标的物灭失时，承租人（conductor）是否应当获得报酬。如果承揽人向定作人证明已经按照通常要求完成工作成果，就认为已经“验收”了这项工作成果，而验收工作成果（adprobatio）并不以定作人承认为内容。拉贝奥让承租人承担报酬风险：如果工作因为意外事件而不能完成或者工作成果灭失而他（有或者）没有过失，他就不能获得任何报酬（D. 14，2，10 pr.；19. 2，62）。大多数人认为，后来的法学家们（自萨宾起）采用了一种“领域理论”：由于承揽人原因而发生的损失，就如同完成时一样由承揽人承担；由于定作人原因而发生的损失，甚至由于不可抗力而发生的损失，都不影响报酬请求权（Iav. D. 19，2，59；eod. 37）。然而，很多人认为，古典法学家原则上坚持出租人风险（periculum locatoris），但同时也对它通过限制而予以调整。

29 以下的早期片段颇值怀疑但很有代表性：

D. 19,2,36(佛罗伦汀,《法学阶梯》,第 7 编)

Opus quod aversione locatum est donec adprobetur, conductoris periculo est: quod vero ita conductum sit, ut in pedes mensurasve praestetur, eatenus conductoris periculo est, quatenus admensum non sit: et in utraque causa nociturum locatori, si per eum steterit, quo minus opus adprobetur vel admetiatur. si tamen vi maiore opus prius interciderit quam adprobaretur, locatoris periculo est, nisi si aliud actum sit: non enim amplius praestari locatori oporteat, quam quod sua cura atque opera consecutus esset.

作为整体而被委托的工作成果,验收之前由承租人承担风险。如果是按照尺寸或者大小而委托的,承租人就只在尚未测量前(按照施工阶段)承担风险。在这两种情形中,如果工作成果由于出租人原因而未验收或者未测量,出租人都应当承担不利后果。如果工作成果因不可抗力而毁损,验收之前由出租人承担风险,除非当事人另有约定。因为对出租人所承担的责任不应超过他自己辛劳工作所能得到的。

它涉及建筑合同并且只涉及是否欠承揽报酬问题。根据合同类型,承揽人承担风险到完全验收或者到测量分阶段完成的成果。这两项原则性见解都有限制,即在验收或者测量前风险就已经转移到定作人,如果由于他的原因而没有验收或者测量,他就必须支付报酬。这样处理符合实际。迟延可归责于定作人时,迟延期间工作成果灭失或者减损的,不能使他获得利益[参见《德国民法典》第 644 条第 1 款第 2 句,《奥地利民法典》第 1168a 条(比较第 1419 条),《瑞士债法》第 376 条第 1 款]。在末尾部分还有了一项附加限制:如果不是由于定作人原因而未能验收或者测量,他仍要承担不可抗力的风险。这种限制可以借助于假设因果过程得以说明:如果是定作人自己建造,也不能使土地处于安全之中,因此也就不能逃脱不可抗力(vis maior)的厄运。因此,如果要由承揽人承受该项损失,那就对定作人过于有利了。——**文献**:见边码 42.9 的文献:卡泽尔,第 186 页;莫尔纳,第 651 页;齐默尔曼,第 401 页;恩斯特,第 60 页;约·米·赖纳,"建筑合同"(Bauvertrag),《萨维尼杂志》,第 109 卷(1992 年),第 513 页;罗·克努特尔,"关系问题"(Beziehungsprobleme),《施普鲁特祝贺文集》(Fs. Spruit),2002

年,第 246 页;雅各布(边码 41.21),第 96 页;巴比西奥(边码 8.10),第 223 页。

30 (四)在特别情形下则有所不同,承租人(conductor)成为交付给他的物的所有权人,而他有义务以其他同种类等价值的材料完成工作成果。例:集中运输多位托运人的粮食,而这些粮食都要装进船里,到目的地后再从中各自取出交运的数量(而不是交运的谷物本身)(Alf. D. 19,2,31)。在这种所谓"不真正"承揽合同(不真正劳务租赁,* loc. cond. operis irregularis)中,承揽人总是承担全部风险。普通法根据这种思想设计了诸如邮政汇款合同等制度。——**文献**:尼·本克,"论不真正承揽合同中承揽人取得所有权"(Zum Eigentumserwerb des Unternehmers bei der locatio conductio irregularis),《萨维尼杂志》,第 104 卷(1987 年),第 156 页;阿·比格,"古代海运中的关键"(Der Witz im antiken Seefrachtvertrag),《索引》,第 22 卷(1994 年),第 389、399 页;彼·格勒施勒,"承揽合同中的所有权归属"(Die Eigentumszuordnung beim Werkvertrag),《如古代般适用罗马法》,第 59 页。

31 (五)关于海上运输,按照习惯采纳了在希腊化地区流行的**《关于抛弃的罗迪亚法》(lex Rhodia de iactu)**,尊重其中以风险共同体为基础并且在出租人之诉和承租人之诉(actiones locati et conducti)中考虑诚信(bona fides)范围的规则。如果船长在海难中牺牲了某位托运人的货物而将其抛入海中(所谓"共同海损"),如果船只最终到岸,他就应当[基于出租之诉(actio locati)]向该托运人补偿其他(未受损害的)托运人货物价值应当承担的相应份额,他对后者可以[基于承租之诉(actio conducti)]获得偿还。参见 Paul. D. 14,2,1;2 pr.。——《德国商法典》第 700 条以下,《德国内河航运法》第 78 条以下,《奥地利民法典》第 1043 条。——**文献**:贡·韦泽纳,"从《关于抛弃的罗迪亚法》到《奥地利民法典》第 1043 条"(Von der Lex Rhodia de iactu zum §1043 ABGB),《贝尔曼祝贺文集》(Fs. Bärmann),1975 年,第 31 页;海·洪泽尔,"损失应当全体分担"(Ut omnium contributione sarciatur etc.),《瓦尔德施泰因祝贺文集》,1993 年,第 141 页;埃·舍弗罗(E. Chevreau),"《关于抛弃的罗迪亚法》:罗马法中外国制度的一个例证"(La lex Rhodia de iactu: un exemple de la réception d'une institution étrangère dans le droit romain),《法律史杂志》,第 73 卷(2005 年),第 67 页;迪·尚巴赫尔,"论关于抛弃的罗迪亚法在罗马的继受和发展"(Zur Rezeption u. Entwicklung des

rhod. Seewurfrechts in Rom),《劳夫斯祝贺文集》(Fs. Laufs),2006 年,第 257 页;科英,第 1 册,第 554 页;第 2 册,第 591 页。

第四十三节　合伙和共同关系

(RPr. § § 24 IV,133,138,267)

一、合伙

文献:温·阿兰焦－鲁伊斯,《罗马法中的合伙》(La società in diritto romano),1950 年,1965 年重印;弗·维亚克尔,"古典法中的合伙关系"(Das Gesellschaftsverhältnis des klassischen Rechts),《萨维尼杂志》,第 69 卷(1952 年),第 302 页;费·博纳(F. Bona),《罗马法中合伙合意的研究》(Studi sulla società consensuale in diritto rom.),1973 年;安·瓜里诺,《罗马法中的合伙》(La società in diritto romano)(专题研究汇编,尤其是关于合伙合意合同的内容,1972 年)1988 年;马·卡泽尔,"关于合伙的新文献"(Neue Literatur zur societas),《历史与法的研究与文献》,第 41 卷(1975 年),第 278 页;马·塔拉曼卡,"(罗马法中的)合伙"[Società (dir. rom.)],《法学百科全书》,第 42 册,1990 年,第 817 页;齐默尔曼,第 451 页;内尔松/孟文理,第 3 编之 1,第 304 页;豪斯马宁尔(边码 39.3),案例 188－201;弗－施·迈塞尔,《合伙:罗马合伙合同的结构和类型多样性》(Societas. Struktur und Typenvielfalt des röm. Gesellschaftsvertrages),2004 年;弗—施·迈塞尔,"罗马法合伙合同中的当事人约定者"(Id quod actum est beim röm. Gesellschaftsvertag),《赫·豪斯马宁尔祝贺文集》,2006 年,第 177 页;扬·迪·哈尔克,"作为事务执行的合伙和罗马法的债的制度"(Societas als Geschäftsführung u. das röm. Obligationensystem),《法律史杂志》,第 73 卷(2005 年),第 43 页;阿·比格,"罗马集市组织背景下的购物合伙"(Die societas ad emendum im Lichte der Organisation von nundinae),《萨维尼杂志》,第 125 卷(2008 年),第 425 页。

(一) 古典法的合伙合同(societas)是两人或者多人的联合,旨在通过共同手段实现共同目的。这种合同构造在历史上可以回 1

溯到两个渊源,即古代罗马法的继承人共同体(consortium)和资合性的取得合伙。

2 1. 依照古代罗马法,家父(paterfamilias)死亡后,作为继续存在的家庭共同体的数名自家继承人(sui heredes)之间的法律关系,也可以通过法律上的行为而人为创设。关于**继承人共同体**(**consortium**)这种不分割的(ercto non cito)权利共同关系,将在继承法中讨论(下文边码 73.1 -2)。这种关系可以通过法律上的行为而模仿形成,而基于这项法律上的行为可以提起具有特定形式的法定诉讼(legis actio),它产生的效果不仅仅是成员共同财产的共同体化,就像作为共同继承人的自家继承人(sui heredes)之间发生的情形那样,还会产生家庭法的结义兄弟关系,这项结义兄弟关系赋予各成员以家庭法的平等地位,就像处于相同家父(paterfamilias)之下的(父系的)兄弟姐妹在他死亡后形成的关系那样。——参见 G. 3,154a/b(上文边码 23.21)。

3 自家继承人(sui heredes)是在家父(paterfamilias)死亡时处于其家父权之下的人。他们随家父死亡而取得财产能力,并且应当归属于他们的遗产暂时就是他们唯一的财产,而这些财产又是作为未分割共同财产而属于他们的。因此,尽管它如同各继承人的特别财产形成共同继承关系一样都是逐渐获得承认的,也只有承认人为的结义兄弟关系各成员的全部财产形成共同关系才符合逻辑。这种共同关系因为成员死亡(或者身份变化)以及对成员采取对人强制执行而终止。当然,任何成员随时都可以提起遗产分割之诉(actio familiae erciscundae)以分割财产而终止这种共同关系。结义兄弟关系的目的可能在于,因为这种情形而终止的共同继承关系在其他成员之间恢复,当然,在其他情形下也有可能形成结义兄弟关系。

4 这种模仿结义兄弟关系在古典时期就已不复存在了。它虽然继续存在于概括财产合伙(societas omnium bonorum)中,但这种合伙却可以通过不要式合意而设立,从古代继承人共同体(consortium)继受的某些原则现在通过其他方式而得以实现。对它同样适用某些规则,例如,合伙人(socii)的物成为共同财产，当然，如果合伙人（socii）之间没有通过要式买卖（mancipatio）或者拟诉弃权（in iure cessio）转让份额，就需要（当然可能默示的）合伙人共同占有的交付，既可以是加入合伙时属于他的全部财产，也可以是他事后取得的全部财产（Paul. D. 17,2,1,1）。概括财产合伙（societas omnium bonorum）和其他古代共同关系一样可以基于（前述）相同理由而终止，这一点继续适用（见下文边码 43.10）。

2. 此外，在共和早期资本家为共同经营商业而通过不要式联合发展出一种**取得合伙**。它以信义（fides）为基础，并且不限于罗马市民（G. 3,154）。它的规则也遵从了前述概括财产合伙（societas omnium bonorum）的规则。此外，还有为特定目的而形成的临时合伙（G. 3,148 = Inst. 3,25 pr.；Ulp. D. 17,2,7f.；布伦斯，码 171 =《前优士丁尼罗马法渊源》，第 3 册，码 157）。 5

（二）古典的合伙（societas）通过不要式表示的合意（consensus）设立，合伙人（socii）通过合意建立起他们的合作。此外，我们今天“结成合伙”这种表达方式（例如，《德国民法典》第 723 条、第 724 条），就是模仿拉丁语“结成合伙”（societatem coire）的表达方式而形成的。——合伙以**继续性合意**为基础，只有全部合伙人都坚持达成一致的意思时才能存续（G. 3,151 = Inst. 3,25,4）。即使只有一名合伙人表示或者证明其脱离合伙的意思，整个合伙也会因此而解散（下文边码 43.10）。 6

古典的合伙（societas）仅在合伙人之间产生权利和义务，而不对外产生代理权。它不形成任何团体性集合（上文边码 17.4 和 9），确切地说完全就是内部合伙。各合伙人对外部人员以及外部人员对各合伙人所为的法律上的行为，只能对该合伙人发生效力，而不能对合伙人（socii）整体发生效力，因为该整体并不构成一个集合。如果所得钱财归于共同财产，则其他合伙人基于任一合伙人（socius）对第三人的行为（以“附加之诉”为范本）都可能承担责 7

任,根据 Pap. D. 17,2,82[转化物(in rem versum)]可以知道,古典时期就已经这样处理了。

8 (三)合伙人的**出资**大多是财物,有时也可以是劳务。如果没有其他约定,共同经营的收益和损失的份额就是相同的。参见 G. 3,149 f.;Inst. 3,25,1 –3;Ulp. D. 17,2,29 pr. –1。

在古典法中就已经承认,共同权利份额可以不同,在收益和损失上也可以有不同份额。只有狮子合伙(societas leonina)未获承认,它为某个合伙人提供“狮子份额”,而其他合伙人则只分担损失但不分享收益[根据费德鲁斯(Phädrus)的寓言命名:在这个寓言中,奶牛、山羊、绵羊和狮子为搞到食物而组成合伙(societas),狮子独自吃光了全部猎物];Cels. –Ulp. D. 17,2,29,2。

文献:詹·圣图奇(G. Santucci),《论罗马法中的劳务合伙人:出资和责任》[Il socio d' opera in diritto rom. (Conferimenti e responsabilità)],1997 年[书评,弗-施·迈塞尔,《萨维尼杂志》,第 117 卷(2000 年),第 554 页]。

9 合伙**财产**按照份额属于合伙人(socii)共有,虽然实质上[以继承人共同体(consortium)为范本]是一种概括财产合伙,但其构造却符合经验上的取得合伙。存在这种合伙的情形下,要(不同于将合伙财产作为共同共有财产的当代法)根据共同关系(communio)的一般原则进行判断(下文“二”)。不言而喻的是,风险负担并不取决于它:如果某位合伙人为买进货物而提供了货币但该货币却灭失了,这项损失就应当(按比例)由全体合伙人共同承担。即使不存在物权共同关系,也存在一个风险共同体,Cels. –Ulp. D. 17,2,52,4;eod. 58,1。——**文献**:卡·米泽拉,“罗马合伙中的风险承担”(Zur Gefahrtragung bei der röm. societas),《卡泽尔祝贺文集》,1986 年,第 201 页。

10 (四)合伙关系[如同古代的继承人共同体(consortium)一样]由于合伙人之一死亡而结束,因为设立合伙的人同时也在挑选特定的人(G. 3,152 = Inst. 3,25,5),所以合伙人人格减等(capitis

deminutio)或者破产也能发生这种结果。此外，合伙人(socius)表明其退出合伙的意思也会发生这种结果。这种意思可以明示，也可以通过提起合伙人之诉(actio pro socio)而表达。参见 G. 3, 152 – 154; Paul. D. 17, 2, 65 pr.。

由于合伙(societas)只能与继续性合意同时存在，因此，通知终止，也就是退伙(renuntiatio)(无疑不能将其作为独立的法律行为，而只能认为它表达了已经发生的终止，参见边码 42.15)，可以由任何合伙人(socius)随时提出，但他对已经发生的合同义务仍然需要履行。其他合伙人(socii)如果愿意，还可以继续该合伙。事先约定合伙人之一将来死亡后合伙(societas)继续存在，可能在古典时期就已经有了; Paul. D. 17, 2, 65, 9; Inst. 3, 25, 5。

(五)1. 合伙存续需要使合伙人之间基于信义(fides)发生**义务**，而这种义务虽然应当履行，但通常不具有法律强制性。 11

虽然古典时期就已经有维持合伙的合伙之诉(actio pro socio manente societate)，但却将其限定于例外情形(Paul. D. 17, 2, 65, 15)。——法律制度很少干涉既有联合，正如它对待共同关系(communio)、家庭团体和其他团体一样。与之相应，对于合伙人(socii)的内部关系也绝对没有法律规则，而事务处理则主要靠他们之间形成一致。如果它受到干扰，任何合伙人(socius)都可以消灭这项关系。然而，内部关系在合伙(societas)存续期间并非“不具有可诉性”。法学家们转而主张，在合伙存续期间可以根据具体情况主张其他诉讼，例如，为补偿维持合伙(manente societate)的费用可以主张无因管理之诉(Paul. D. 10, 3, 19, 2，其他例如，Gai. D. 39, 2, 32)。此外，有经验的合伙人(socii)会采用相互约定违约金的方式为履行合伙人义务进行担保，Alf. – Paul. D. 17, 2, 71 pr.(见边码 40.13)。——**文献**：卡·米泽拉，“维持合伙之诉”(Klagen manente societate)，《尼尔克祝贺文集》(Fs. Nirk)，1992 年，第 697 页 =《历史与法的研究与文献》，第 60 卷(1994 年)，第 395 页；德罗斯多夫斯基(下文边码 43.18)，第 90、106、158 页。

12 2. 合伙(societas)结束后基于合伙可以提起**合伙之诉**(**actio pro socio**)(字面意思是"作为合伙人的诉讼"),它是一种诚信审判(bona fidei iudicium)。它[与委托之诉、事务管理(negotiorum gestio)之诉和监护之诉一样]指向的是结算,通常(上文边码 38.21)总是两个前合伙人之间基于合伙关系所生的债权和债务结算后有利于原告但尚未向其付清的余额。具体而言,这项诉讼可以请求的收益分配债权或者支出补偿债权主要是基于以下事由而发生:没有履行出资义务、(诸如补偿损失等)合伙的必要费用、原告为实现合伙目的(Ulp. D. 17,2,52,4;Pomp. eod. 60,1)或者因被告背信行为(Paul. D. 17,2,65,4 –5)而受到的损害。合伙人相互之间就故意(dolus)承担责任,此外,自古典时期起对过失(culpa)也承担责任。例如,合伙人(socius)对作为出资而允诺的劳务(没有意识到)缺乏必要能力或者他损害了共同所有的物(Cels. – Ulp. D. 17,2,52,2)。自古典盛期起,过失(culpa)责任就以对待自己事务的注意(diligentia quam in suis)[上文边码 36.21;参见《德国民法典》第 708 条,《奥地利商法典第四施行条例》(4. EVHGB)第 7 条第 3 项(2007 年 1 月 1 日起被《奥地利企业法》(UGB)第 347 条排除),《瑞士债法》第 538 条]为标准进行判断。——合伙之诉(actio pro socio)只要是基于被判罚者的恶意(dolus)作出判罚,就会导致不名誉。对于概括财产合伙人只就他有能力给付者作出判罚(边码 32.22);古代的结义兄弟关系在其中仍然产生着影响(边码 43.4)。

文献:拉 · 巴克豪斯,"共同经营中的风险承担"(Die Gefahrtragung bei gemeinsamen Unternehmungen etc.),《萨维尼杂志》,第 121 卷(2004 年),第 233 页;迪 · 内尔(边码 36.14),第 8 页。

13 作为不稳定的内部合伙,罗马的合伙(societas)在继受时期并未满足商业活动的需要,然而,它由于规则灵活才具有了其他形式。受到独立于合伙

(societas)而发展起来的商事合伙(commenda)影响,合伙在共同法(ius commune)中获得更大的存续稳定性[有可能主张维持合伙(manente societate)的合伙之诉,不需要继续性合意等],并由此发展出了对于内部关系的规则以及对于外部关系中代理和责任的规则。关于《德国民法典》的规则,第一委员会明显是以合伙(societas)为根据(参见《德国民法典立法理由书》,第2卷,第591页:"在与第三人的交易中,合伙关系没有任何意义。"),第二委员会将合伙财产作为共同财产,但没有清楚说明共同关系的本质。直到2001年,联邦最高法院才承认了(外部)合伙的权利能力,它可以通过参与法律交往而为自己设立权利和义务(《联邦最高法院民事裁判集》第146卷,第341页,以弗卢梅的意见为其根据)。——团体性构造的资合公司的发展独立于合伙(societas),1807年《法国商法典》(Code de commerce)(1843年普鲁士的法律)是股份公司的重要开端,而有限责任公司的重要开端则是1892年《有限公司法》。——《德国民法典》第705条以下,《奥地利民法典》第1175条以下,《瑞士债法》第530条以下。——**文献**:科英,第1册,第464页;第2册,第95、354页。

二、共同关系

(一)1. 共同关系(communio)是共有人按照份额而形成的法律关系,即在按份共有(communio pro indiviso)时形成的关系。如果(合意)合伙(societas)形成了合伙财产(上文边码43.9),就发生了这种按份共同关系,此外(在发达的法律中)还有继承人共同体(下文边码73.5),偶尔还有其他特别情形(参见,混合,上文边码26.15)。 14

2. 在古典时期,已经成立的共同关系在共同关系人之间还没有普遍的法律强制,因此他们之间的关系全靠他们之间的一致意见。当然,如同合伙(societas)一样,任何共同关系人随时可以主张终止共同关系:任何人均不应违背其意思而被迫与他人形成共同关系(Nemo invitus compellitur ad communionem)(Ulp. D. 12, 6,26,4)。最多可能暂时排除这种权利,只要这样做有利于共有 15

物,Pap. D. 10,3,14,2;当然,在特定情形下也可以有例外(Paul. D. 10,3,19,1:共同并且唯一的房门;《德国民法典》第922条第3句即由此而起)。如果不是基于自愿而终止,就可以发生分割之诉,即**共有物分割之诉**(**actio communi dividundo**,字面意思:旨在分割共有物的诉讼),特定情形下还有遗产分割之诉(actio familiae erciscundae)(对此见下文边码73.5)。这两项诉讼与地界调整之诉(actio finium regundorum,上文边码23.20)相近(但不以共有为前提)。关于这些诉讼在物权法方面的目标,即终止共同关系,上文边码23.28已经讲过了。

16 3. 在债法上,这些诉讼还具有对共同关系结束时互负债务进行结算的目的,但与合伙之诉(actio pro socio)不同的是它不仅局限于争议双方,而是涉及对共同关系所有成员之间的清算。为此目的,这项诉讼被赋予了"对一方应当向他方给付的"(quidquid... alterum alteri praestare oportet)这种不确定程式(formula incerta),并且应当[附有或者未附有基于信义诚实(ex fide bona)的附书]与诚信审判(bonae fidei iudicia)同样对待(Iul. D. 10,3,24 pr.;关于该程式,参见下文边码83.24)。

17 (二)这里应当注意的义务包括了分割不可分物时必须要支付补偿(上文边码23.29),此外还有共有物收益的给付义务、损失补偿义务以及对费用和因恶意(dolus)或者过失(culpa)而致其他合伙人(socius)所受损害的赔偿义务。关于过失(culpa)标准,这里仍然适用古典法所适用的对待自己事务的注意(diligentia quam in suis)(Paul. D. 10,2,26,16,参见上文边码36.12)。参见Ulp. D. 10,3,3 pr.;eod. 4,3。在《法学阶梯》中,这些创设请求权和义务的法律关系被归入准合同(Inst. 3,27,3)。这可能追溯到了盖尤斯,据传最早是他提出了这个分类(参见Gai. D. 44,7,5,1和3)。——《德国民法典》第741条以下,《奥地利民法典》第825条以下,《瑞士民法典》第647条以下。

（三）合伙人有共有财产的合伙分割共同财产时，有关诉讼的问题就会表现出来了：一方面，共有物分割之诉（actio communi dividundo）在物权上终止共同关系并且因此作出支付补偿的判罚；另一方面，对于不涉及对物共同关系的债权则只能通过合伙之诉（actio pro socio）主张。当然，既有合伙（societas）为根源又有共同关系（communio）为根源的请求权也存在交集，例如，合伙人毁损共有物所生请求权、对共有物支出费用所生请求权、共有物收益所生请求权等。对此，提起一项诉讼原则上就会“消耗”他项诉讼，然而，提起分割之诉不能主张的费用则可以通过合伙之诉另行主张，Paul. D. 17,2,38,1；Ulp. D. 17,2,43（参见下文边码 83.25－26）。——**文献**：托·德罗斯多夫斯基（Th. Drosdowski），《合伙人之诉与共有物分割之诉的关系》（Das Verhältnis von actio pro socio und actio communi dividundo etc.），1998 年，第 162 页。 18

第四十四节　委托和无因管理

（RPr. § § 134,137,268）

一、委托

文献：温·阿兰焦－鲁伊斯，《罗马法中的委托》（Il mandato in diritto romano），1949 年，1965 年重印；艾·沃森，《罗马法中的委托合同》（Contract of Mandate in Roman Law），1961 年，1984 年重印；迪·内尔/西村重雄（编），《委托和类似制度》（Mandatum und Verwandtes），1993 年［1991 年福冈（Fukuoka）国际会议论文＝MuV；相关书评，参见，安·瓦克，《马德里大学罗马法研究》，第 1992～1993 卷（1994 年），第 100 页］；齐默尔曼，第 413 页；内尔松/孟文理，第 3 编之 2，第 339 页（关于 G. 155－162 ＝ 很大程度上参见 Inst. 3,26 pr. －13）；豪斯马宁尔（边码 39.3），案例 173－187。

1 (一)委托是以合同承担无偿处理他人事务:

D. 17,1,1,4(保罗,《论谕令》,第32编)

Mandatum nisi gratuitum nullum est: nam originem ex officio atque amicitia trahit, contrarium vero est officio merces: interveniente enim pecunia res ad locationem et conductionem potius respicit.

如果不是无偿的就不是委托:因为委托源于义务感和友谊。义务和报酬相冲突:如果涉及金钱,这项法律关系就是租赁合同了。

委托在历史上可以追溯到为他人利益而从事工作的诸多道德义务,这些义务是罗马社会制度加之于个人的;与此相应,基于委托而负担的义务是以信义(fides)为基础的;由于信义(fides)并不局限于罗马市民,因此,与外邦人订立的委托也具有法律约束力。比较高的阶层在传统上不能通过合同约定以有偿为条件[即参与到租赁(locatio conductio)]而负担给付(上文边码42.20),但这种给付仍然可以作为委托标的(参见 G. 3,162;Inst. 3,23,13)。人们坚持认为无偿接受帮助是委托的特征,尽管它被规定为一项很强的社会义务,但对这种帮助却可以用报酬(honorarium)相答,而且这种报酬在古典晚期皇帝法的公职审判程序中甚至能够以诉主张(参见上文边码42.20)。关于委托(mandatum)的名称,伊西道尔的《语源学》(Isidor, Etymologiae,5,24,20)追溯到了很久以前参与某事的人把手交到他人手里(quod ... alter alteri manum dabat)。不过,委托(mandare)表达了"交到手里"(in manum dare)的意思,因此本意上具有"交付"和"转让"的意思。——**文献**:迪·内尔,"委托、信义、友谊"(Mandatum, fides, amicitia),《委托和类似制度》,第13页 =《古代法的历史:研究文集》(HIA),第3册,第1933页;迪·内尔,"论罗马法中委托的特殊性"(Sulla specificità del mandato romano),《历史与法的研究与文献》,第60卷(1994年),第367页 =《古代法的历史》,第3册,第2121页;阿·比格,"委托中的薪酬和类似报酬"(Salarium und ähnliche Leistungsentgelte beim mandatum),《委托和类似制度》,第319页;贝伦茨,《制度和原则:论文选集》,第2册,第771页(边码42.19);贝伦茨,《制度和原则:论文选集》,第 2 册,第 806 页["委托中的诚实信用:古典合意合同委托的前古典基础"(Die bona fides im mandatum. Die vorklass. Grundlagen des klass. Konsensualvertrags Auftrag)],《瓦尔德施泰因祝贺文集》,1993 年,第 33 页。

委托通过明示或者默示表达出的合意而订立。古典晚期认为,某人明知但容忍他人处理自己事务即可成立委托;Ulp. D. 17,1,6,2;Pap. eod. 53。 2

(二)委托的标的可以是各种工作,不管是法律上的工作还是事实上的工作,只要是允许做的并且能够按照内容和范围确定即可。所承担事务可以是为委托人(mandator)或者第三人的利益,但不允许是为受托人的利益。这种为你的利益的委托(mandatum tua gratia)完全是一种建议(consilium),对受领人没有约束力,在法律上没有意义。参见 G. 3,155 f.;Gai. D. 17,1,2 pr. ff. = Inst. 3,26 pr. -6。 3

向第三人提供消费借贷的委托,(自萨宾起)被认为是有约束力的,这就使得委托人对于受托人因消费借贷未获返还而受到的损失承担责任,G. 3,156;Inst. 3,26,6。因此,这种信用委托就成为了一种类似于保证的行为(详细内容,见下文边码 57.24)。 4

(三)委托是一种人身信赖关系,如果当事人一方解除委托[委托人撤销(revocare)、受托人辞职(renuntiare)]或者死亡,则只要事务处理仍然可能但属尚未处理之事(re integra),委托即告消灭。 5

当然,如果撤销时间不适当(Paul. D. 17,1,22,11;Gai. eod. 27,2;Inst. 3,26,11)或者明知委托人死亡仍然继续进行事务处理的(G. 3,160 = Inst. 3,26,10;信赖保护),责任仍然继续存在。——委托可以是为委托人死后(post mortem)时间而授予的,这一点在古典时期时并未得到证实(G.3,158),而优士丁尼则对此予以肯定(上文边码34.7)。

6 (四)委托的效力仅限于在双方当事人之间发生义务,并不发生对外效力(对第三人的代理权)。

无论如何,受托人大多有权作为委托人授权的人而行事,即虽然用自己的名义(而不是他人的名义,因为这里并不存在直接代理,上文第十一节),但却是为委托人的利益,而该行为符合委托人的意思并对其发生效力。这种"授权"技术性地称为"iubere"(下文边码49.11)。如果委托以处分委托人的物为标的,就会推断认为受托人享有处分授权(iussum),参见Ulp. D. 15,4,1,3。

7 **委托之诉(actio mandati)**是一项诚信审判(bonae fidei iudicium),关于委托人对受托人的主请求权和受托人对委托人的对待请求权,各有一项(经过主体换位的)程式(参见上文边码38.20-21,关于程式文句,参见下文边码83.16)。在这两种情形,诉讼目标都在于结算,在扣除被告对待请求权后,对被告也就仅就余额判罚了。

8 1. 委托直接之诉(actio mandati directa),针对的是按照合同处理委托事务并将受托人为履行委托或者在处理委托事务中自委托人或者第三人所取得的一切予以返还。受托人就其故意(dolus)负责(Mod. coll. 10,2,3),其中包括被认为违背信任的严重懈怠(上文边码36.14,例如,Ulp. D. 17,1,29,3;eod. 44);在具体情况下,正如《伊尔尼塔纳法》(lex Irnitana)[第84章,第9表第2栏第9-10行(c. 84 IX B 9-10)]所表明的那样,当然要早于人们此前的认识,还要就过失(culpa)负责[参见Diocl. C. 4,35,11和13中关于代理人(procurator)的内容];在优士丁尼时无论如何需要对过失(culpa)负责[重过失(culpa lata)?或者(轻过失

(culpa levis)？参见 D. 17,1,8,10;eod. 29 pr. ;50,17,23]。判罚的效果是不名誉(边码 13. 13);但是,大概只有基于故意(dolus)而判罚时才会如此。

文献:汉·塔·克拉米,《我对委托承担责任》(Teneor mandati),1976 年;维·利特维斯基,“论受托人的责任”(La responsabilité du mandataire),《索引》,第 12 卷(1983 年/1984 年),第 106 页;萨·兰达佐,《委托》(Mandare),2005 年;托·伦德尔(T. Rundel),《功利和友谊之间的委托:受托人责任的观察》(Mandatum zwischen utilitas und amicitia. Perspektiven zur Mandatarhaftung etc.),2005 年;迪·内尔(边码 36. 14),第 11 页。

受托人通常可以实施转委托(Ulp. D. 17,1,8,3),但不得超越委托范围。 9
例如,受托买进某物的人高于委托价格买进了某物,如果他用自己口袋里的钱承担了差价,普罗库勒学派为他向委托人就补偿受托人支付价款金额提供了一项对待之诉(下文边码 44. 10),而萨宾学派则未提供这项诉讼。后世采用了萨宾学派的意见,而优士丁尼则重新采用了普罗库勒学派的意见。参见 G. 3,161;Inst. 3,26,8;Paul. D. 17,1,3,2;Gai. eod. 4。——**文献**:奥·贝伦茨,“委托中的诚实信用”(Die bona fides im mandatum),《瓦尔德施泰因祝贺文集》,1993 年,第 33 页;崔秉祚(B. J. Choe),“关于超越委托的学派争论”(Die Schulkontroverse bei Überschreitung des Auftrags),《委托和类似制度》,第 119 页;迪·内尔,“保罗 D. 17,1,3;5:关于超越委托的论文”(Paulus D. 17,1,3;5:ein Traktat zum Mandatexzeß),《武布祝贺文集》(Mél . Wubbe),1993 年,第 355 页 =《古代法的历史》,第 3 册,第 1899 页。

2. 受托人享有委托对待之诉(actio mandati contraria),基于这 10
项诉讼他可以向委托人请求补偿处理委托事务中支出的必要费用并赔偿他因此所受损失。参见 Ulp. D. 17,1,12,7/9;Paul. D. eod. 26,6(只要损害未超过委托的通常风险)和 26,7(受托人被他按照委托而购买的奴隶偷了)。

文献：海·洪泽尔，"本人的风险责任"（Die Risikohaftung des Geschäftsherrn），《冯·吕布托祝贺文集》，1980 年，第 485 页；特·希门尼斯－坎德拉，"委托和保证人的追偿"（Mandatum und Bürgenregreß），《委托和类似制度》，第 169 页［书评，瓦克（边码 44.1 之前），第 107 页］；野田隆一（R. Noda），"委托人对受托人所受损害的责任"（Die Haftung des Auftraggebers für Schäden des Beauftragten），《委托和类似制度》，第 207 页（有其教义史）。

11 与其他法律制度相比，《德国民法典》的委托（第 662 条至第 674 条）与罗马法的联系更加密切，还可参见《奥地利民法典》第 1002 条以下，《瑞士债法》第 394 条至第 406 条。其他法典都不像《德国民法典》和《希腊民法典》（第 713 条）那样坚持委托的无偿性，见《奥地利民法典》第 1004 条，《瑞士债法》第 394 条第 3 款，《法国民法典》第 1986 条，《意大利民法典》第 1709 条（无偿性推定）。——意定代理由委托发展而来，而委托被认为是它的基础。《奥地利民法典》因此称为"授权合同"。《德国民法典》以委托和授权的严格分离为基础，这主要是受到了保罗·拉班德（Paul Laband）［《综合商法与经济法杂志》（ZHR）第 10 卷（1867 年），第 183 页］的影响，但很早就已经获得承认了，参见 1863 年《萨克森民法典》第 788 条、第 1317 条，参见欧·布赫尔（E. Bucher），"拉丁美洲也属于欧洲！"（Zu Europa gehört auch Lateinamerika），《欧洲私法杂志》，第 12 卷（2004 年），第 542 页。——文献：科英，第 1 册，第 462 页；第 2 册，第 487 页。

二、无因管理

文献：汉·赫·塞勒，《罗马法中无因管理的事实构成》（Der Tatbestand der negotiorum gestio im röm. Recht），1968 年；汉·赫·塞勒，"论罗马法中未受委托的管理人的责任"（Zur Haftung des auftraglosen Geschäftsführers im röm. Recht），《卡泽尔祝贺文集》，1973 年，第 195 页；汉·赫·塞勒，"得利和无因管理"（Bereicherung und negotiorum gestio），《卡泽尔祝贺文集》，1986 年，第 245 页；特·迈尔－马利，"无因管理问题"（Probleme der negotiorum gestio），《萨维尼杂志》，第 86 卷（1969 年），第 416 页；乔·菲纳齐，《无因管

理研究》(Ricerche in tema di negotiorum gestio),第 1 册(裁判官之诉和市民法之诉)(Azione pretoria ed azione civile),1999 年,第 2 册之 1(无因管理之诉的要件)(Requisiti delle actiones negotiorum gestorum),2003 年,第 2 册之 2(无因管理的债务)(obbligazioni gravanti sul gestore etc.),2006 年;奥·贝伦茨,"古典罗马市民法的代理人"(Die Prokuratur des klass. röm. Zivilrechts),《萨维尼杂志》,第 88 卷(1971 年),第 215 页[参见《萨维尼杂志》,第 95 卷(1978 年),第 196 页注 18];马·卡泽尔,"代理和'必要无偿'"(Stellvertretung und ,notwendige Entgeltlichkeit'),《萨维尼杂志》,第 91 卷(1974 年),第 186 页;齐默尔曼,第 433 页;豪斯马宁尔(边码 39.3),案例 173－187;法·克林克,"论古典法渊源中'procurator'的词义"(Zur Bedeutung des Wortes procurator in den Quellen des klass. Rechts),《萨维尼杂志》,第 124 卷(2007 年),第 25 页。

(一)无因管理(* negotiorum gestio)(罗马的"negotia gesta")的名称包含了各种各样的处理(他人)事务,在前古典法和古典法中包括了非基于特别法律关系,尤其是委托和监护(tutela),而实施的所有事务处理。 12

按照它在裁判官谕令中的地位,无因管理(neg. gestio)是由[诉讼代理人(cognitor)或者代理人(procutator)的,下文边码 82.30－31]诉讼代理发展而来的。它还包括:(1)由法律规定或者长官指定的**保佐人(curator)**与其被保佐人的关系(下文第六十四节)。(2)**代理人(procurator)**与本人的关系。代理人(proc.)是一种财产管理人,正如罗马富人通常认为的那样,并且,在古代常常是自己的释放自由人,而这些释放自由人最初被认为是直接处于庇主权力之下的(上文边码 11.5;16.15)。随着时间推移,这种依附性松弛了,代理人(proc.)也取得了人身独立,这样在他与本人之间就能够存在可以相互起诉的请求权了。由于代理人(proc.)仍然是[通过命令(iubere)]由单方指定的,所以,人们最初就将这种关系归入无因管理(neg. gestio)了,后来才将以合同指定代理人归入了委托。而自共和晚期起才有的独立代理人,则享有较高的社会地位,他们自始就被认为是受托人。委托的内容根据协议确 13

定,它可以包括个人全部财产事务(概括委托),当然也可以对它进行限制解释而使其只涉及当前事务,所以也可以存在特别委托。同时,代理人还可以为实施个别事务而设定[所谓个别代理人(*proc. unius rei)],尤其是为了进行诉讼[所谓"诉讼代理人"(*proc. ad litem),下文边码 82.31]。代理人的无因管理之诉(actio negotiorum gestorum)逐渐限制在(未受委托)自愿为他人服务。

14 (3)自共和早期起,纯粹由于助人为乐而为他人服务者越来越多,这些情形被认为是对他人的无因管理(neg. gestor),而这种现象背后则是罗马社会制度中强大的道德义务。管理人的义务,与委托所产生的义务一样,是以信义(fides)为基础的。——着重强调无因管理(neg. gestio)所负担的这种使命者,参见,约·科勒(J. Kohler),"私法中的人类互助"(Die Menschenhülfe im Privatrecht),《耶林年刊》,第 25 卷(1887 年),第 42 页。

15 优士丁尼依照更古老的范本(上文边码 38.3)将无因管理(neg. gestio)解释为准合同(Inst. 3,27,1)。对于保佐人(curator)和表见监护人(protutor)等情形,他则使它们从无因管理(neg. gestio)中独立出来。

16 (二)管理人(gestor)处理的事务,(如同委托一样)可以是各种法律上的或者事实上的事务。这项事务对管理人(gestor)而言必须是他人事务(negotium alterius, Ulp. D. 3,5,3pr.)。因此,管理人(gestor)可以主张补偿费用(下文边码 44.21),并且提出该主张者应当是明知该事务系他人事务或者具有将该事务作为他人事务的意思(animus, contemplatio)而处理该事务的人。当然,人们并未清楚地将客观他人事务和明知他人事务作为独立要求。

通常可以由事务内容推断出它属于哪个范围(这里对于本人的人的错误并不重要,Ulp. D,3,5,5,1)。然而,如果对事务内容有争议,人们就会根据管理人所用方式及其所表示意思进行推断,说明该事务应当是本人事务还是他人事务(Afr. D. 3,5,4 pr. 提供了例证)。

17 如果某人明知是他人事务而将其作为自己事务处理(《德国民法典》第 687 条第 2 款),则将它归入无因管理(neg. gestio)显然就存在争议。至于他应当享有的费用补偿请求权(以本人得利为其最高限),古典时期就已经承认了,参见 Lab. – Ulp. D. 3,5,5,5。

处理事务必须是为本人利益[有益管理(utiliter gestum)];如果处理事务开始时是适当的[起始有益(utiliter coeptum)],即使没有产生相应后果,同样也符合要求(Ulp. D. 3,5,9,1:管理人加固了出租的房屋,但它在房主回来前被烧毁了)。正如保佐人(curator)所表明的那样,并非任何情形下处理事务都是出于自愿的。——**文献**:汉·安库姆,“有益管理”(Utiliter Gestum),《世界罗马法》,第1卷(1995年),第19页。 18

(三)基于无因管理(negotiorum gestio)相应发生的诉讼是**无因管理之诉(actio negotiorum gestorum)**。 19

显然,裁判官谕令规定了两类诉讼,即对自愿为失踪人或者死亡人管理事务而发生的对待请求权规定的具有列举事实的程式(formulae in factum conceptae)的裁判官法之诉(参见 D. 3,5,3 pr. 中的谕令),此外还有普通诚信审判(bonae fidei iudicia)。这些程式可能晚近一些。

诚信审判(bonae fidei iudicium)显然与委托所生的诚信审判一样,对于本人(dominus negotii)的主请求权和事务处理人的对待请求权各有一项(仅仅是经过主体换位的)程式。如同委托一样,这两种情形下的诉讼针对的都是对两项对待存在的请求权进行结算。参见 Gai. D. 3,5,2。

1. 本人的诉讼[直接之诉(actio directa)]指向返还事务管理人因管理事务所取得者,在事务管理违反义务时指向损害赔偿。同时,管理人对恶意(dolus)负责,其中显然也包括了过失的情形。在个别情形下,甚至可能发生意外责任,尤其是事务管理人违反禁令或者仅仅违反本人习惯而管理事务时(Proc. – Pomp. D. 3,5, 20

10:管理人开始进行了奴隶贸易,而本人通常并不从事该事务;利润应当由本人获得,但损失由管理人承担)。这也是适用“不法行为人承担损失”(versari in re illicita)的具体情形(参见上文边码36.4;《德国民法典》第678条,《奥地利民法典》第1035条、第1040条,《瑞士债法》第420条第3款均可溯源于此)。

21 2. 只要事务管理人是为本人利益行事,就可以就垫费补偿和损害赔偿获得无因管理对待之诉(actio negotiorum gestorum contraria)。事务管理人在管理中有嗣后请求补偿费用的意思[偿还意思(animus recipiendi),参见 Alex. C. 2,18,11f.;Gord. eod. 15],使得无因管理(neg. gestio)区别于赠与。

22 (四)关于无因管理,罗马法的规则自继受时起到法典化基本上得到了坚持。这项法律制度有两个目标:一方面是支持无私帮助(参见边码44.14),另一方面是防止未经同意而干涉他人事务。在后来的启蒙运动中,特别强调了第二个目标,《普鲁士一般邦法》第228条第1款第13项和《奥地利民法典》第1035条原则上就禁止这种干涉。——《德国民法典》第677条至第687条,《奥地利民法典》第1035条至第1043条,《瑞士债法》第419条至第423条,《法国民法典》第1372条至第1375条,《西班牙民法典》第1888条至第1894条,《意大利民法典》第2028条至第2032条。——**文献**:科英,第2册,第509页。

第四十五节 无名合同

(RPr. § § 135,269)

一、古典法前身:事实之诉

1 (一)裁判官谕令中所包含的基于债务合同的诉讼的封闭范围,在买卖和租赁(locatio conductio)以外给付和对待给付相互交换的情形,就显得不够充分了。例如,在已经提供了一项给付却没有提供约定的对待给付的情形,对于已经提供的给付当然可以通过(给予目的不达)请求返还之诉[condictio (ob causam datorum)]主张返还(下文边码 48.16);但最初对旨在获得的对待给付并未提供一项诉讼。

在这些情形,裁判官补充性地进行了干预,在谕令之诉以外根据具体情况提供了**事实之诉(actiones in factum)**,而这些事实之诉是针对个案事实设置的。当然,只有在一方已经提供了给付时,他才可以提起这些(可能参照了希腊化范本的)诉讼。虽然肯定已经订立但究竟是哪种合同尚不确定的那些合同就可以归入其中了。例如,**互易**(permutatio),对其归类就存在争议(上文边码 41.12)。此外,还有“混合”合同,例如将买卖和用益租赁的因素或者将用益租赁和承揽合同的因素集于一体的合同。这时已经提供给付一方所享有的给付请求就不会因为法律上的归入困难而落空了。参见 Paul. D. 19,4,1,2 –4;Lab. – Pap. D. 19,5,1,1。

行纪合同(aestimatum)也是这样的合同,它可能作为这类合同中单独类型而在谕令中规定有程式。在这类合同中,某物被交给受领人以便于出卖它,并且同时约定,一旦该物卖出了,受领人就会向物的交出人支付确定金额(= aestimatum)(可能低于买卖价款,这样受领人就可以因为付出辛苦而留下溢价部分);如果没有卖出,受领人就应当交还该物。这项合同包含了买卖合同和承揽合同的因素,参见 Ulp. D. 19,3,1 pr.;19,5,13 pr.(还可参见《奥地利民法典》第 1086 条至第 1089 条:“出卖委托”)。 2

这里还可列举另一种情形,在这种情形下甚至对于是否打算订立合同都存在争议。 3

例:救生合同(参见 Ulp. D. 4,2,9,1)或者 Lab. – Ulp. D. 19,5,20 pr. 中所列情形:待卖的马交给买马人试用 3 天,受领人在此期间凭借这匹马作为骑手赢得了比赛奖品,后来他却拒绝买受这匹马。这时,对于是存在买卖还是仅仅存在一项没有约束力的约定,并不能予以肯定。——**文献**:奥·贝伦茨,“对卡恩的书评”(Rez. Kahn),《萨维尼杂志》,第96卷(1979年),第354页;安·瓦克,“以他人之马赢得的比赛奖品”(Ein Siegespreis auf fremden Pferden),《萨维尼杂志》,第119卷(2002年),第359页。

4 (二)在裁判官根据具体情形提供的事实之诉(actiones in factum)中,只要这些诉讼能够以谕令中的合同之诉作为其范本,裁判官就会依照它进行处理。裁判官大概在程式的请求原因(demonstratio)中描述了个案事实(factum)(下文边码83.8)并且还授权附加上诚信(bona fides)程式的通常条款:“被告基于信义诚实有义务向原告给付的全部”(quidquid... dare facere oportet ex fide bona)(边码34.14)。这种处理说明了这些诉讼之所以被称为**市民法事实之诉**(**actio in factum civilis**)和**市民法不确定之诉**(**actio incerti civilis**)的合理性。参见D.19,5,1,1 f.;eod.6。在古典时期可能就已经有人非技术地说**“依前书文句”**(**agere praescriptis verbis**)了;参见Alex. C.2,4,6,1;C.5,12,6。

5 至少谕令中对行纪之诉(actio de aestimato,上文边码45.2)还有这样一项程式,对裁判官来说也就可以将它用作其他情形的范本了。此外,见Ulp. D.2,14,7,1 f.。“依前书文句”(agere praescriptis verbis)的表达显然暗示着在其请求原因(demonstratio)规定(这里文句总是相同的)“被告有义务……”(quidquid...)的诉讼程式(下文边码83.8和27);因此,它应当是源于程式诉讼时期(参见下文边码87.2)。

文献:亚·克拉尼茨(J. Kranjc),“依前书文句之诉的程式构造问题”(Die actio praescriptis verbis als Formelaufbauproblem),《萨维尼杂志》,第106卷(1989年),第434页;菲·加洛(F. Gallo),《合同中的双务性和合意》(Synallagma e conventio nel contratto),第1册,1992年,第2册,1995年;齐默尔曼,第532页;马·塔拉曼卡,“论拉贝奥之前合意和要式口约之间的罗马法合同的典型性”(La tipicita dei contratti romani fra conventio e stipulatio fino a Labeone),弗·米拉佐(F. Milazzo)(编),《合同和简约:1988 年科潘内罗会议文集》[Contractus e pactum(Atti Copanello 1988)],1990 年,第 35 页;莱·瓦卡(编),《历史和比较视野中的原因和合同》(Causa e contratto nella prospettiva storico – comparatistica),1997 年,其中载有杰·布罗吉尼(G. Broggini)["原因和合同"(Causa e contratto),第 8 页]、卡·奥·坎纳塔["罗马法的合同和原因"(Contratto e causa del diritto rom.),第 35 页]、菲·加洛["双务性从债务层面到履行层面变迁之探源"(Ai primordi del passaggio della sinallagmaticità dal piano delle obbligazioni a quello delle prestazioni),第 63 页]、雷·桑托罗(R. Santoro)["论非典型合意中的原因"(La causa delle convenzioni atipiche),第 85 页]、罗·克努特尔["论简约学说中的原因"(La causa nella dottrina dei patti),第 131 页]、曼·萨尔真蒂(M. Sargenti)["从拉贝奥到阿里斯托:一致还是矛盾?"(Da Labeone ad Aristone. Continuità o antitesi),第 145 页]、伊·比罗基(I. Birocchi)["16 世纪学说的原因和合同概念"(Causa e definizione del contratto nella dottrina del Cinquecento),第 189 页]、克·卢伊格["自然法时期合同学说中的原因和无名合同"(Causa und Innominatvertrag in der Vertragslehre zur Zeit des Naturrechts),第 217 页]等人的论文;亚·古斯曼·布里托(A. Guzmán Brito),"罗马、中世纪和现代法学家教义以及欧洲、美洲立法中的合同原因和债的原因"(Causa del contrato y causa de la obligación en la dogmática de los juristas romanos, medievales y modernos y en la codificatión Europea y Americana),《罗马和美洲:综合罗马法——欧洲和拉丁美洲法律补充与法律一体化杂志》(ReA),第 12 卷(2001 年),第 167 页;内尔松/孟文理,第 3 编之 1,第 263、290 页;米·阿特纳(M. Artner),《依前书文句》(Agere praescriptis verbis),2002 年;格勒施勒(上文边码 82. 4);托·达拉·马萨拉(T. Dalla Massara),《论合同原因的起源》(Alle origini della causa del contratto),2004 年;格·克林根贝格(边码 48. 16);布·施米德林,"有名原则及其通过依前书文句之诉的扩张"(Das Nominatprinzip und seine Erweiterung durch die actio praescriptis verbis),《萨维尼杂志》,第 124 卷(2007 年),第 53 页。

二、后古典法

6 (一)在后古典时期,该萌芽仍然继续发展。**依前书文句之诉**(**actio praescriptis verbis**)这个名称对基于这些关系的诉讼而言毋宁说是技术性的了。它属于诚信审判(bonae fidei iudicia)(Inst. 4,6,28),债务人对故意(dolus)和过失(culpa)负责(Ulp. D. 19,5,17,1)。

7 (二)随着这种诉讼的形成,产生了一种可诉债务合同的新类型。它们因其不同于以名称表明类型的已有合同(如买卖、合伙等,参见 Ulp. D,2,14,7,1)而被称为无名合同。由于必须已经提供了给付才可以就对待给付提起诉讼,所以这类合同被归入到要物合同。除就对待给付的诉讼之外,仍然还有(给予目的不达)请求返还之诉[condictio(ob causam datorum)],因此,已经给付的一方当事人可以选择要求提供对待给付或者返还已经提供的给付。根据通行观点,无名合同的形成可以回溯到东罗马的法律学校,从《巴西尔法典注疏》(Basiliken - Scholien)可以很好地看出他们对这些问题的兴趣(见 RPr. II,第 419 页)。与这种观点相联系的,可能是古典晚期就已经比较先进而且迄今仍为人接受的某种发展[参见边码 38.15;现在还可参见,施米德林(边码 45.5)]。

8 在普遍认为很可能经过添加的文本 Paul. D. 19,5,5pr. 中,关于给付和对待给付的债务被分为四种模式加以论述(详细讨论,fr. 5,1 -5):我给予为了你给予(do tibi ut des),我给予为了你行为(do ut facias),我行为为了你给予(facio ut des),我行为为了你行为(facio ut facias)。"给予"(dare)意指获取所有权,"行为"(facere)意指任何给付行为(上文边码 34.1)。这种著名模式无疑并没有穷尽所有情形,因为依前书文句之诉(actio praescriptis verbis)还可以适用于某些不请求对待给付而请求返还已经提供的给付的情形,如容假占有(precarium),Ulp. D. 43,26,2,2;Iul. eod. 19,2;(参见上文边码 19.13)。它是否可以被认为是突破制度的固有类型约束的尝试(参见边码33.2－3)，古典晚期是否也并不比4世纪和5世纪的东罗马的法律学校(拜里特、君士坦丁堡)更好些，都需要重新考虑。——关于直到后来才普遍承认所有协议的可诉性，见边码38.18。

第四十六节 裁判官法可诉合同

(RPr. § § 136,263III,266III)

一、概说

某些裁判官法之诉是以给付允诺或者责任承担为基础的[上文边码38.14，裁判官法简约(*pacta praetoria)]，其中合同的合意仅仅被作为诸多事实构成要素之一，而且还并非总被认为是最重要的。对这些行为而言，共同之处在于设定行为的形式自由，此外还在于这些诉讼的罚金之诉的渊源，然而这项渊源在古典时期又叠加上了“追物的”功能。 1

二、(债务)清偿允诺

清偿允诺(constitutum)是特定给付日期的“确定”，并且因此也是一种形式自由的允诺，即，将在确定的某日履行给付特定金额(或者特定数量其他可替代物)的已存债务，或者是为这项履行设定担保(Ulp. D. 13,5,14 pr. －2)。由此而产生的诉讼，即**第三人清偿允诺之诉(actio de pecunia constituta)**，是模仿消费借贷之诉[请求返还之诉(condictio)]而形成的，它使原告取得了(客观计算的)时间利益，也考虑到了原告因此而受到的不利方面，即他不能在规定时间内取得给付。 2

原债务并未因清偿允诺得以更新，而是继续存在。基于清偿允诺的诉讼是否消耗了原债权，是一个“古老的争议问题”的内容，Ulp. D. 13,5,18,3。——按照一般观点，基于清偿允诺的责任非常严格，因为人们认为Ulp. D. 13,5,16,3的结论并不真实：“如果不是由于原告，即使他(被告)因不可抗力而受妨碍,这项诉讼也是有根据的;当然,(这种情形下)更应当说,被告必须获得帮助。”

3 如果通过清偿允诺答应清偿他人债务[他人债务清偿允诺(*constitutum debiti alieni),Ulp. D. 13,5,5,2-3],就具有了类似于保证的效力(下文边码57.26)。优士丁尼将这种清偿允诺适用于任何可以通过要式口约进行约定的给付[包括不确定标的(incertum)给付],并且将其置于要式口约保证的规则之下,C. 4,18,2;Nov. 4,1。基于清偿允诺或者要式口约保证是否可以负担债务,只有意思(animus)才能决定。

三、承保

4 承保(receptum)意指(显然受到希腊化影响)形式自由地对特定结果“承担”担保。这里包括了三种完全不同的现象。

(一)**仲裁人承职(receptum arbitri)**:如果争议当事人彼此之间订立了**仲裁合同(compromissum)**,并且由他们约定的仲裁员(arbiter)“承担”作出仲裁裁决,裁判官就可以采用强制手段[例如,以罚金(multa)威胁]对其予以强制,而不提供诉讼和判决;Ulp. D. 4,8,3,2;eod. 15。

之所以称为仲裁合同(compromissum),是因为它经常采用罚金要式口约(因此通过相互允诺)在仲裁当事人之间就不服从仲裁裁决的情形提供担保。优士丁尼时期,只要有书面仲裁合同就可以了,即使其中没有要式口约条款也不例外;C. 2,55,4。——**文献**:卡-海·齐格勒,《古代罗马法中的私人仲裁法庭》(Das private Schiedsgericht im antiken röm. Recht),1971年;卡-海·齐格勒,《法律史和私法教义》,第669页;克努特尔(边码40.13),第36页;何·路·利纳雷斯(J. L. Linares),“对仲裁合同的结构的反思”(Reflexión sobre la estructura del compromissum),《米克尔祝贺文集》,第565页(第600页注148有新文献)。——关于进一步发展,见科英,第1册,第487页。

5 (二)通过**银行主承保(receptum argentarii)**,银行主非特定

形式地“承担”了设法使对方当事人由他或者第三人获得支付的责任。债权人获得一项承保之诉(actio recepticia)。

这项行为避免了要式口约的形式，接近于清偿允诺(constitutum)，但不以已经存在的债权为前提。优士丁尼废除了它，将其并入了清偿允诺中；Inst. 4,6,8;C. 4,18,2。——**文献**：阿·比格，“罗马银行业的社会结构和法律结构”(Soziale und rechtliche Strukturen des röm. Bankwesens)，《萨维尼杂志》，第104卷(1987年)，第527页；阿·贝特鲁奇，“优士丁尼关于银行主承保立法的评论”(Osservazioni in tema di legislazione giustinianea sul receptum argentarii)，《信义 人性 法》，第6册，第4219页。

（三）1. 基于**船主、旅店主或者客栈主承保**(**receptum nautarum, cauponum, stabulariorum**)，船主(nautae)、旅店主(caupones)和客栈主(stabularii)——独立于他们和乘客、旅客之间的租赁(locatio conductio)——通过裁判官法之诉[非技术地称为承保之诉(actio de recepto)]对旅客携带之物负责(谕令，D. 4,9,1 pr.；Ulp. eod. 3,5)。最初“使之不受伤害”(salvum fore recipere)和其他承保(recepta)一样都是由上列业主通过明示承担担保而作出的，后来，对于所携带物品的实际“经营者”也可以发生这项诉讼。这种责任最初是一种对该物所生任何损失和损害的“绝对”责任；当然，拉贝奥对此提出过一种抗辩(exceptio)，即如果损害是由沉船或者海盗(也就是“不可抗力”的情形)所引起的，古典法学家在这里合乎逻辑的就提及了“照管”(custodia)(参见上文边码36.15和17)。参见Lab. – Ulp. 4,9,3,1末尾；Gai. eod. 5 pr.。——参见《德国民法典》第701条，《奥地利民法典》第970条，《瑞士债法》第487条。 6

因船主(nautae)、旅店主(caupones)、客栈主(stabularii)不可信赖而对其采加重责任是有其道理的(Ulp. D. 4,9,1,1;3,1)。承揽人或者使用出租 7

人基于租赁(locatio conductio)并不就照管(custodia)负责,因为这里的物是基于相对人意思而处于盗窃风险中或者受损害的。随着风险增大,船主(nautae)通常会收取较高报酬。这种责任可以通过约定[例如通过船主(nauta)事先声明(praedicere)和客人同意(consentire)]排除(Ulp. D. 4,9,7 pr.)。

8 2. 对于客人因船主、旅店主、客栈主的(nautae, caupones, stabularii)辅助人的盗窃或者财产损害所受损失,经营者基于专门的裁判官法侵权之诉承担责任(Paul. D. 4,9,6,1ff.;D. 47,5,1 pr. ff.)。法学家们由经营者选任辅助人时的过错推导出这项责任(上文边码 36. 25),并将该事实构成列入准私犯之中(Gai. D. 44,7,5,6 = Inst. 4,5,3)。

9 3. 承保(receptum)责任启发了《普鲁士铁路企业法》,该法第 25 条将铁路责任规定为危险责任。这项规定是由萨维尼推动的,成为了现代危险责任的出发点。——**文献**:雷·奥戈雷克(R. Ogorek),《19 世纪危险责任发展研究》(Untersuchungen zur Entwicklung der Gefährdungshaftung im 19. Jh.),1975 年;汉-彼·贝内尔,"普通法中的合同外责任"(Zur außervertraglichen Haftung im gemeinen Recht),《卡泽尔祝贺文集》,1976 年;特·鲍姆斯(Th. Baums),"萨维尼对于危险责任的引入"(Die Einführung der Gefährdungshaftung durch C. F. von Savigny),《萨维尼杂志:日耳曼法》[SZ (germ. Abt.)],第 104 卷(1987 年),第 277 页。——此外,参见,齐默尔曼,第 514 页。

第四十七节　赠　与

(RPr. §§140,265)

一、本质和作用

文献:吉·瓜·阿尔基(G. G. Archi),《论赠与》(La donazione),1960 年;雅-亨·米歇尔(J. -H. Michel),《罗马法中的无偿性》(Gratuité en droit romain),1962 年;齐默尔曼,第 477 页;安·瓦克,"欧洲关于赠与的格言"(Europäische Spruchweisheiten über das Schenken etc.),《法律史和私法教

义》,第 325 页。

（一）赠与(donatio)是一项无偿给与,即给予人并不期待对此有金钱价值的或者其他对待给付的一项给与。给与可以是物权的行为,如物的所有权让与或者限制物权的设定、废止,也可以是债法的行为,如通过以要式口约做出的给付允诺或者债权让与、他人债务承担或者债务免除,最后,它还可以不是法律行为而是纯粹的事实上的行为。赠与作为无偿给与,应当与通过要式口约而授予的赠与允诺严格区别(上文边码 40.9)。 1

赠与通常要求赠与人和受赠人就无偿达成合意(有争议的例外情形,上文边码 24.12)。然而,赠与人的意思起着决定作用,古典法渊源中称之为**"赠与意思"**(**animus donandi**)。 2

参见 Paul. D. 39,5,34 pr. ;Sev. Ant. C. 5,3,1。古典时期的法学家们在某行为中包含慷慨大方(liberalitas)时就已经使用了赠与意思(animus donandi),偶尔还用在基于赠与原因(causa donandi)之外的其他原因(causa)而实施的行为中。其具体情形,如买卖、保证、副要式口约(adstipulatio)、事务处理、嫁资设定,此外还有指定继承、遗赠、释放奴隶等。优士丁尼在基督教的影响下推动赠与的概念不断宽泛化,而实践则对此较为谨慎。见上文边码 8.19。

（二）古典法的赠与还不是独立的债的基础,完全不是一种特别的行为类型,而仅仅是一项权利基础,**赠与原因**(**causa donandi**),如同当代的现物赠与(《德国民法典》第 516 条)一样,使相应的给与正当化。通过清偿以要式口约方式作出的赠与允诺而实施的赠与,这时提供给付则是为了清偿原因(solvendi causa)。 3

只有赠与(donatio)本身(而没有物权法的让与行为)并不转移所有权,只有赠与允诺本身(而没有以要式口约方式表达)也不具有约束力。因此,将赠与置于体系何处颇成问题。直到今天,《德国民法典》和《瑞士债法》将其置于买卖之后,《奥地利民法典》将其置于合同法总则和债法分则之间,而罗马法系则将其(作为无偿取得)与继承法为邻。——关于现物赠与,参见《德国民法典》第 516 条,《奥地利民法典》第 938 条、第 943 条,《瑞士债法》第 239 条、第 242 条,关于赠与允诺(下文边码 47.5 即见),《德国民法典》第 518 条第 1 款,《奥地利民法典》第 943 条与《奥地利某些法律行为需要采用公证方式成立法》第 1 条第 1 款 d 项相联系,《瑞士债法》第 243 条。

4 (三)直到君士坦丁的法律,才对物的赠与规定了一种新的、独立的形式(vat. 249,见上文边码 7.28),从而使赠与成为了一种独立的行为类型。这种形式规定除要求物体的交付之外,还要求文书化并且在官方登记的申请[登记(insinuatio),上文边码 7.36]。符合形式要求的赠与,在后古典通俗法中——如同经常与之相比较的买卖一样——使所有权直接移转于受赠人(上文边码24.14)。除物的现实赠与,后古典通俗法似乎完全不了解其他赠与。——**文献**:迪 · V. 西蒙,《君士坦丁的皇帝法》(Konstantinisches Kaiserrecht),1977 年,第 51 页,第 84 页。

5 (四)优士丁尼致力于(就如同对买卖那样)使古典解决方案与后古典解决方案相互融合。他不仅将赠与认为是一种取得原因(causa),还将其与所有权让与区分开了。赠与还被认为是具有约束力的纯粹允诺(上文边码 40.9),并且脱离了要式口约(stipulatio)的(现在是书面的)形式。参见 C. 8,53,35,5b/c;Inst. 2,7,2。因此,赠与允诺就成了一项独立的、债法的、通过合意设定的合同(contractus)[法定简约(*pactum legitimum)]。

与此同时,优士丁尼还采用了君士坦丁引入的登记义务并将其扩展到赠与允诺。当然,他把低于 300 索里第(solidi),后来提高到低于 500 索里第(solidi)的(各种形式的)赠与作为例外,某些特定情况下未超过最高额的不受限制。参见 C. 8,53,36,3;Inst. 2,7,2。在普通法各邦,赠与人登记申请义务存续直至《德国民法典》施行;500 索里第被与之相等的 4666.67 马克所代替。

(五)在后古典时期,出于家庭利益而实施的赠与受到了重视,它与死因给与中的赠与,即指定继承人和遗赠,逐渐相互接近。有时,赠与首先就是遗嘱给与。这也就表明,在这个时期某些法律上的优惠,但主要是禁止性规定,同样地适用于赠与和遗嘱给与。——此外,赠与和遗嘱给与所发挥的重要实践意义,除表现为在教堂中、在修道院里、在救世主、先圣和殉教者前保护灵魂得救之外,还表现为救济贫困、赎回俘虏等诸多方面。 6

二、限制

关于赠与发展出来的实定法原则一般对赠与并非有利。罗马唯理论认为,财产价值常常出于非理性动机转让而无实质性对待给付,对此应当予以怀疑。当然,出于可以赞同的动机而实施的赠与(上文边码 47.6)作为例外被排除在限制之外。 7

(一)《关于馈赠的**钦齐亚法**》(**lex Cincia** de donis et muneribus),公元前 204 年的一项平民会议决议,禁止接受超过特定(具体数目不详)最高限额的赠与。只有较为亲近的人(例如,亲属等)作为取得人的赠与,才免受这项禁令约束。 8

这部法律是不完全法律(lex imperfecta)(上文边码 9.7),违反它既不会导致无效,也不会被处以罚金,而只是赋予裁判官以中止该行为的预防措施。与此相应,超过标准的赠与仍然作为有效处理,但如果赠与尚未完成(perfecta),对(基于采用要式口约的赠与允诺的)给付赠与物之诉就会产生钦齐亚法抗辩(exceptio legis Cinciae)。这种处理同样还适用于诸如物已经要式买卖但尚未交付等情形,受赠人的原物返还之诉(rei vindicatio)就会遇到前述抗辩(exceptio)。如果受赠人不再提出请求,这项赠与就是完成的、正当的,因为《钦齐亚法》(lex Cincia)对此并未规定返还请求权。参见 Paul. vat. 310,311。——对于不知法律限制为履行赠与要式口约而已经给付者,可以主张请求返还之诉(Ulp. vat. 266)。——这部法律的目的体现在同奢侈和勒索他人的阴谋诡计的斗争中,那些有权的人、有钱的人通过这种方式接受了社会或者经济上的弱者为所受帮助表示感谢而提供的过度赠与。还是为保护这个颇有影响的圈子,人们排除了对通过这种方式已经给付的赠与的返还请求。——**文献**:卡泽尔(边码9.7之前),第20页。

9 在古典晚期,违法赠与由于赠与人死亡而得以补正[死亡排除适用《钦齐亚法》(morte Cincia removetur);Pap. vat. 259末尾;Ulp. vat. 266],其继承人不享有钦齐亚法抗辩(exc. leg. Cinc.)。古典法末期以后,该法就不再适用了,优士丁尼将其从渊源中删除了出去。

被视为因赠与人死亡而可以补正的,除出于继续性赠与目的的思想之外,还有家父(paterfamilias)对其家子的(无效)赠与。

10 (二)**配偶间**赠与无效,对此参见下文边码59.4–5。

11 (三)在3世纪时庇主对释放自由人获得了**撤回**赠与的权利,而且显然是因为他忘恩负义才获得的(Phil. vat. 272 = C. 8,55,1)。君士坦丁承认父亲在子女忘恩负义的特定情形下享有同样的权利(vat. 248)。后来,这项权利扩及于母亲和其他长辈(CTh. 8,13,1;公元349年)。优士丁尼则承认所有赠与人都享有这项权利,即使与受赠与人没有亲属关系者亦然,只要受赠人有特定的严重过错并且可以从中发现有忘恩负义(C. 8,55,10;Inst. 2,7,2)。关于近代法中才有的因穷困而撤回,见上文边码32.22;关于因严重忘恩负义而撤回释放,见上文边码16.13。

12 三、与赠与不同的,首先就是**单方允诺**(**pollicitatio**),即单方、非特定形式地允诺完成工作(opus,如建筑),通常是社区的市民为竞选职位而向官署或者神职人员作出的。后来人们把其他情形也包括在内,如金钱给付,其中还包括基于其他理由的给付。这项制度具有公法特点,源自于皇帝法,只有在非常公职审判(extraordinaria cognitio)中才具有可诉性。参见Ulp. D. 50,12,1 pr.;eod. 6,1。优士丁尼将其置于其广义赠与概念中。——**文献**:保·莱波雷(P. Lepore),《向公众担保》(Rei publicae polliceri),第2册,2005年;

瓦·卡罗(V. Carro),“从单方允诺到《意大利民法典》第1987条”(Dalla pollicitatio all'art. 1987 c. c.),《信义 人性 法》,第2册,第791页。

第四十八节　无法律基础扣留和得利

(RPr. § § 139,270;Kaser/Hackl § § 16,47a. E.)

一、概说　请求返还之诉

文献:弗·施瓦茨(F. Schwarz),《古典罗马法中请求返还之诉的基础》(Die Grundlage der condictio im klassischen röm. Recht),1975年;贝·库皮施,《不当得利:历史发展》(Ungerechtfertigte Bereicherung. Geschichtliche Entwicklung),1987年;齐默尔曼,第834页;安·萨科乔(A. Saccocio),《请求返还确定标的时。从古代法学家的请求返还之诉到优士丁尼的请求返还之诉》(Si certum petetur. Dalla condictio dei veteres alle condictiones giustinianee),2002年[书评,弗·施图尔姆,《萨维尼杂志》,第124卷(2007年),第513页];豪斯马宁尔(边码39.3),案例229－240。

(一)如果某财产价值没有法律承认的基础而归入他人财产, 1
例如,某人相信自己对他人负债而对非债予以支付,那么,法律制度就应当帮助他重新得到其财产。对此,如果他还是所有权人,显然就享有原物返还之诉(rei vindicatio)。但是,如果受领人已经成为所有权人,就要求有特别的请求返还之诉,从而使他能够据以对不当扣留他人财产价值请求返还。这种补偿请求权是罗马人具有独创性和重要意义的创造,并且以更加专门的形式仍然继续存在于当代法律之中。

(二)罗马人将这些请求权与**请求返还之诉(condictio)**相联 2
系,而请求返还之诉(condictio)是严格法诉讼的典范,罗马人因此就为它们设定了严格的界限。

请求返还之诉虽然被作为了现代法中基于不当得利的请求权的范本，但却与它有所区别，并不像现代法中的请求权那样原则上只能请求得利人现时的尚存得利，而是可以请求受领当时的财产价值；见下文边码 48.18（参见《德国民法典》第 818 条第 3 款，《瑞士债法》第 64 条，《奥地利民法典》第 1041 条）。

3 请求返还之诉（condictio）是对**给予确定金额（certam pecuniam dari）**或者**给予其他特定物（aliam certam rem dari）**（上文边码 34.9 – 10）的严格法对人之诉，其请求（intentio）是抽象概括的，即并未说明负担义务的基础。据此，它可适用于所有可以请求保有其所得没有（或者不再有）正当基础的人偿还他自其财产而取得的确定标的（certum）的情形。具体包括：（1）偿还到期的已受领消费借贷；（2）偿还消费借贷（上文边码 39.6）或者以要式口约（stipulatio）允诺的其他确定标的（certum）给付（上文边码 40.2）；（3）金钱作为消费借贷而给予，但受领人误以为是赠与而受领（更多同类无正当基础的保有，见下文“二”）；（4）给予人尚未支付消费借贷，而受领人却以文书合同予以记载（拟制消费借贷，上文边码 40.16）；（5）某人盗窃他人确定标的（certum）（而未予归还）［基于盗窃原因请求返还之诉（condictio ex causa furtiva），下文边码 51.7］。——所有这些请求返还之诉请求权的基础，都不应当在侵权行为法中寻找，而应当在希腊哲学（斯多葛学派）发展出来的衡平规则去寻找。根据这项规则，它符合自然衡平（naturalis aequitas），即任何人不应从他人不利中得利［neminem cum alterius detrimento fieri locupletiorem，Pomp. D. 12，6，14；50，17，206，参见西塞罗，《论义务》（de off. ）3，21］。帕比尼安也强调，“这项”（非债清偿?）请求返还之诉（condictio indebiti?）是根据公正和衡平（ex bonae et aequo）原则而引入的，D. 12，6，66 pr. 。这种评价同时也有助于诚实信用要求的具体化

Ulp. D. 17,1,10,3;"因为根据诚实信用,他不能自他人财产获得利益"(quia bonae fidei hoc congruit, ne de alieno lucrum sentiat)。

文献:克·沃尔施莱格,"罗马法学中斯多葛学派的得利禁止"(Das stoische Bereicherungsverbot in der röm. Rechtswissenschaft),载奥·贝伦茨/马·迪塞尔霍斯特/武·埃·福斯(O. Behrends/M. Dießelhorst/W. E. Voß),《欧洲传统中的罗马法》(Röm. Recht in der europäischen Tradition)(维亚克尔学术交流会),1985年,第41页;德·利布斯,"优士丁尼之前罗马法中请求返还之诉的历史"(The History of the Roman Condictio up to Justinian),载尼·麦考密克/彼·伯克斯(N. MacCormick/P. Birks),《法律思想:奥诺雷祝贺文集》(The Legal Mind. Ess. Honoré),1986年,第163页;苏·黑恩兴(S. Hähnchen),《请求返还之诉的原因》(Die causa condictionis),2003年。

请求返还之诉(condictio)的起源模糊不清。最初形态显然存在于消费借贷之中,当然还要与其他事实构成相联系。对于市民之间的诉讼程序,(通过对誓金诉讼简便化)专门设立了一项请求返还法定诉讼(legis actio per condictionem),由此产生了请求返还之诉(condictio)的名称;下文边码81.8-9。然而,这项诉讼早就也可以适用于外邦人了,可能是在程式诉讼时期或者作为其前身的更早但我们还不清楚的时期。 4

古典法的请求返还之诉(condictio)虽然适用于很多方面,但却是一种统一的诉讼,相应地附有对确定金额(certa pecunia)和其他确定物(aliae certae res)的统一程式;至于其文句,见下文边码83.12-13。关于扩展及于不确定标的(incertum)的情况,见下文边码48.20。 5

二、前提和内容　古典法

(一)这里将要讨论基于无正当基础扣留所产生请求返还之诉的事实构成(上文边码48.3),其中包括: 6

1. 一项给与,通过**给予**(**datio**)而实现,即通过取得奎里蒂法所有权而实现。但正如消费借贷(上文边码 39.4)那样,人们在很多方面放宽了这项要求。

例:最初没有完成的给予(datio)嗣后完成就符合要求,因此,受领人对已经交付的物,因为该物属于第三人所有而不能由作为非权利人的给予人让与所有权(见上文边码 24.3),却可以通过时效取得所有权(见 Iul. D. 39,6,13 pr. ;Paul. eod. 33;Paul. D. 12,6,15,1 末尾)。将间接的所有权取得归于得到时效取得机会的给付人,这种情况不仅见之于请求返还之诉(condictio),同样也见之于履行法:债务人以清偿债务为目的而将他人之物给付于债权人,在债权人时效取得后就会免责;见下文边码 53.2 和 Pomp. D. 17,1,47,1;Paul. D. 46,3,60。此外,如果受领人善意消费了属于第三人所有的货币,给予(datio)即告完成。这些可以由渊源中以他人货币支付消费借贷或者对既存债务为给付而得以证明(见上文边码 39.4 关于债权人善意消费给付于他的他人货币时关于消费借贷以及清偿发生效果的说明,Iul. D. 12,1,19,1 末尾;Pomp. D. 46,3,17;Pap. eod. 94,2)。消费货币(consumptio nummorum)并非指所有支出货币的行为,而只能理解为其中"适格"支出货币的行为,他人货币的受领人由于该行为而丧失了货币流通中个别化的可能。因为如果受领人继续以可以辨别货币的方式支出货币并因此可以由现所有权人主张所有物返还时,在与给付人和受领人以及受领人和第二受领人的关系上一样,给予(datio)都已经完成。除适格支出之外,消费货币(consumptio nummorum)可能还有另一种适用情形,即他人货币与受领人自己的货币混合而不能区分,肯定就是与所讨论案件事实类似的案件事实。由于混合,受领人取得了货币的单独所有权(见 Iav. D. 46,3,78 和上文边码 26.16);给予(datio)在受领人善意的情形下可以完成——而在其恶意时则原所有权人的诉讼中止。——**文献**:安·瓦克(边码 26.16),第 49、124 页。

7 此外,第三人依指示支付等同于本人支付(Ulp. D. 16,1,8,3);甚至于正式债务免除也等同于给予(datio),Iav. D. 12,4,10["因为货币是没有正当基础而支付于他(债务人)还是通过正式免除而使他获得并无区别"]。设立用益权(usufructus)或者居住权(habitatio)、提供劳务(operae)是否应当等同于给予(datio),则存在争议(Paul. D. 12,6,12;eod. 65,7)。

给与至少应当是通过合同行为(negotium contractum)而实现的,即通过有效的效果意思所承载并被许可的共同参与才得以实现。这显然是对个案做出的判断,例如,对在他人土地上错误建筑予以否定(Iul. D. 12,6,33),对被监护人未经监护人同意(auctoritas tutoris)而受领非债支付(G. 3,91;Pomp. D. 46,3,66)同样予以否定;反之,对被监护人未经同意自己支付或者精神病人支付但受领人认为他健全而接受则予以肯定(Iul. D. 12,1,19,1;Iul. – Pomp. eod. 12)。 8

按照对给予(datio)的传统要求,部分古典法学家认为,物的非所有权人无正当基础而给付的只是占有,不能向受领人主张请求返还之诉,见 Pomp. D. 12,6,19,2;还可参见 Pomp. – Paul. D. 46,1,56,2;Pap. – Ulp. D. 12,1,13,1。当然,在 Paul. D. 12,6,15,1 中也承认了一项请求返还占有之诉(* condictio possessionis),又见 Iul. – Ulp. D. 5,3,16,7。非所有权人对占有人在法律行为领域内的请求返还之诉有其对应情况,即赋予非所有权人对实施私犯行为的占有人以请求返还之诉:克尔苏斯(Celsus)在 Ulp. D. 13,3,2 中表示了肯定,被赶出土地的非所有权人可以对占有(possessio)主张请求返还之诉(对此没有反对意见,而 Celsus. – Ulp. D. 47,2,25,1 对此反而有一项证明)。在 Arist. – Ner. – Ulp. D. 13,1,12,2 中可以找到质权人对窃贼的请求返还之诉(condictio)。代理人(procurator)或者事务处理人以本人财产中的货币向受领人给付的情形,受领人因此明知非债仍然接受的[并因此而构成盗窃(furtum),见下文边码 51.1],本人对受领人享有请求返还之诉(condictio);Pomp. – Scaev. D. 13,1,18;Pap. D. 47,2,81,7:非所有权人对货币占有人的请求返还之诉(condictio),对于请求返还之诉的债权人对代理人(procurator)或者事务处理人,即货币所有权人,就偿还而承担的责任,构成了一种补偿。此外,请求返还占有之诉(condictio possessionis)可以由请求返还之诉的债权人用以追求实现自己对物占有的利益。至少,在非所有权人追求自己的占有利益的情形下,可以采用请求返还不确定标的之诉(condictio incerti),见 D. 13,1,12,2[提起请求返还不确定标的之诉(incerti condictione acturum)以及 D. 13,3,2 提起返还占有之诉(possessionem condicere)],关于请求返还不确定标的之诉(condictio incerti),见下文边码 48.20。——**文献:** 马·米勒 – 埃伦(M. Müller – Ehlen),《要求继承之诉》(Hereditatis petitio),1998 年,第 89 页。 9

10 罗马法并未承认一般性“侵害权益不当得利”(参见《德国民法典》第 812 条第 1 款第 1 句第 2 种选择中“以其他方式”)。以下只是个别意见:

D. 12,1,23(阿弗里卡努斯,《法律问题》,第 2 编)

Si eum servum, qui tibi legatus sit, quasi mihi legatum possederim et vendiderim, mortuo eo posse te mihi pretium condicere Iulianus ait, quasi ex re tua locupletior factus sim.	如果我将遗赠给你的奴隶作为遗赠给我的而占有并且将他出卖,假如他死了,按照尤里安的意见,你可以向我就买卖价款主张请求返还之诉,因为我由你的财产得利了。

关于遗赠涉及发生对物效力的直接遗赠(下文边码 76.4)。主张请求返还之诉的“你”(Tu)在非权利人“我”(Ego)处分当时是奴隶的所有权人。如果这名奴隶仍然活着,“你”(Tu)就应该向买受人主张原物返还之诉。然而,由于未考虑这种解决方案,尤里安就为“你”(Tu)提供了一项请求返还之诉(condictio),从而在非权利人先处分后收回买卖价款[参见下文边码 48.19 关于请求返还价款之诉(condictio pretii),又见《德国民法典》第 816 条第 1 款第 1 句]。

11 2. 此外还需要,某人通过给予(datio)(或者等同于它的其他方式)而有所得,但对相对人而言**没有原因(sine causa)**保留该所得。谁向他人有所给与,通常与他就给付目的达成一致,只要该目的在法律上获得承认,就可以使取得人保留其所受领者正当化。例如,某人转让所有权,他之所以这么做,目的可能在于实施出卖、赠与或者嫁资设定,在于清偿已经存在之债或者设定新债(如消费借贷)等。现在如果这种目的约定并未实际成立(关于买卖价款存在瑕疵合意时,上文边码 8.21 –22,)或者经证实给付人实施该项给与所欲实现的目的并未实现(例如,错误支付不欠金额,或者，误认为将要结婚而设定嫁资），这时就不应当允许受领人保留无基础而取得者。

此外，这种目的欠缺可能会以多种形式表现出来：可能受领人所取得者在给与时就无基础；可能正当基础最初处于待定状态但后来的确定状态不利于受领人（例如，附条件赠与中条件欠缺，参见 Paul. D. 12,4,9 pr.）；最后，可能自始存在的正当基础嗣后消失了［目的嗣后消灭请求返还之诉（condictio ob causam finitam），例如，债据在支付以后失效，Diocl. C. 4,9,2］。 12

原因（causa），其欠缺使请求返还之诉（condictio）具有正当性，应当与所有权让与中的交付原因（causa traditionis）严格区分。如果原因虽然足以说明所有权取得的正当性，但不足以说明保留该物的正当性［例如，由于不道德的原因（causa）而交付某物］，就足以产生请求返还之诉（condictio）。此外，请求返还之诉（condictio）主要发生在无基础取得的情形，而在这种情形，取得人基于“抽象”发生效力的给与［例如，要式买卖（mancipatio）、拟诉弃权（in iure cessio）］而成为所有权人，或者通过消费所取得金钱或者将其与自己之物混合或者已经时效取得该物。——**文献**：苏·黑恩兴（边码 48.3）；贝·库皮施，“自然法对自然法：论原因关系无效时的返还请求权”（Naturrecht versus Naturrecht oder: Zum Rückgewähranspruch bei nichtigem Kausalverhältnis），《信义 人性 法》，第 4 册，第 2701 页。 13

（二）某些**事实构成**中，某人没有正当基础但扣留他人财物并因此可以对他提起请求返还之诉（condictio），古典法学家将其作为典型而加以强调。 14

1. 如果某人错误提供了非债给付［**非债清偿**（**indebitum solutum**）］，就可以请求返还所给付者。给付目的在于消灭特定之债，如果该债根本不存在或者虽然存在但并非如给付人所认为的那样，给付目的就没有实现。对此，需要具有善意的，不仅仅是受领人［明知非债而受领者构成盗窃（furtum）；关于当代法中的责任加重，参见《德国民法典》第 819 条第 1 款，《奥地利民法典》第

1437 条,还可参见《瑞士债法》第 64 条],而且还包括给予人。参见 Ulp. D. 12,6,1 pr. /1,又见 eod. 26,3(= vat. 26):“我们认为是非债给付的情形,不仅仅是根本不欠债的情形,还包括债务因为持续性抗辩而不能被诉的情形。因此,对此仍然可以主张返还,除非某人明知自己受抗辩保护而提供给付”(参见《德国民法典》第 813 条、第 814 条,《奥地利民法典》第 1432 条,《瑞士债法》第 63 条第 1 款)。

如果在三人关系中提供了非债给付,如经由被指示人、代理人、监护人或者保证人等,非债请求返还之诉(condictio indebiti)通常不提供给支付人[清偿人(solvens)],而是提供给误信存在债务的债务人(例如,Iul. – Paul. D. 12,6,6,3)。——**文献**:约·法尔尼奥利(I. Fargnoli),《对他人清偿提出请求返还之诉:非债清偿请求返还之诉之研究》[Alius solvit alius repetit(Studi in tema di indebitum condicere)],2001 年[书评,格·克林根贝格,《萨维尼杂志》,第 120 卷(2003 年),第 277 页]。

15 2. 如同情形 1 中的清偿原因(causa solutionis)一样,作为保留基础的其他原因(causa)也有可能欠缺。例如,因为给付人错误地认为对(出卖、赠与等)原因[causa(emptionis、donandi usw.)]已经达成合意,或者因为目的实现存在其他障碍(如禁令)。

16 3. 此外,当事人在给付目的约定时还可能约定受领人将来应当为某作为或者不作为,受领人对此并非已经负担了义务,或者可能约定出现特定预期情形或者结果。这就是**为结果(为原因)给予[datio ob rem(ob causam)]**,有结果(原因)给予[datio, ut res(causa) sequatur]。如果受领人的预期行为或者预期情形并未发生,就表明约定的给付目的没有实现,因此,受领人保持给付就欠缺正当性;Ulp. D. 12,4,1 pr. 。

属于其中的,例如:预期对待给付的给付(上文边码 45.1),预期将来结婚的嫁资设定,死因赠与(donatio mortis causa)(下文边码79.1)情形交付赠与物时预期受赠人活过赠与人。属于其中的还有基于反悔的请求返还之诉(*condictio ex paenitentia),它涉及的情形主要是,将一名奴隶的所有权让与受领人以使其将该奴隶释放,或者将货币交给受领人以使其取得奴隶并将其释放。给予人在这些情形下被赋予反悔权,显然也没有明示约定。该行为与委托相近,但对委托却可以予以否认,因为[在为你的利益的委托(mandatum tua gratia,上文边码44.3)中]受领人不应当也不可能受约束。对于请求返还之诉(condictio)因此可以在委托法上进行说明,反悔权可以与委托人的撤回权相比较,返还义务按照费用偿还规则调整(例如,Ulp. D. 12,4,5,3)。怀疑这项请求返还之诉是非古典法的,非常难以坚持(本书第16版同样)。参见Ulp. D. 12,4,3,2 –3;eod. 5 pr. –4。——**文献**:利布斯(边码48.3),第172页;奥·贝伦茨,"给予预设前提未实现请求返还之诉"(Die condictio causa data causa non secuta),《安·瓦克祝贺文集》,2001年,第15页;沃·恩斯特,"'为特定目的而给予'作为交换行为"(Die ,datio ob rem' als Austauschgeschäft),《如古代般适用罗马法》,第29页;格·克林根贝格,"对奴隶的非典型交易的风险承担问题"(Gefahrtragungsproblme bei atypischen Geschäften über Sklaven),《赫·豪斯马宁尔祝贺文集》,2006年,第119页。

4. 背俗的目的约定没有效力,因此,受领人不应当保留因为**污秽原因(ob turpem causam)**而取得者(Paul. D. 12,5,1 pr. ff.;C. 4,7)。如果给予人有秽名(turpitudo),他就丧失了返还请求权,其请求返还之诉(condictio)也就被否定了(Ulp. D. 3,6,5,1;Paul. D. 12,5,8),据此就有了格言:在同样背俗时占有人的法律地位较优(in pari turpitudine melior est causa possidentis),参见《德国民法典》第817条,《奥地利民法典》第1174条,《瑞士债法》第66条。在给与不被允许的个别情形对**不法原因(ob iniustam causam)**所得提供了请求返还之诉(condictio)(参见Gai. D. 24,1,6关于配偶间赠与无效)。 17

文献：海·洪泽尔，《背俗行为或者违法行为的恢复原状》(Die Rückabwicklung sittenwidriger oder verbotener Geschäfte)，1974 年，第 70 页；苏·黑恩兴，"Sab. – Ulp. D. 12,5,6 和基于不法原因的请求返还之诉"(Sab. – Ulp. D. 12,5,6 und die condictio ex iniusta causa)，《萨维尼杂志》，第 121 卷(2004 年)，第 385 页。

5. 关于基于和解目的而给与(datio ob transactionem)或者为实现条件(condicionis implendae causa)而给与这些特别情形，尤其参见 Paul. D. 12,6,65 pr.,1 和 3。——**文献**：弗·施图尔姆，"论基于和解目的的请求返还之诉"(La condictio ob transactionem)，《圣菲利波祝贺文集》，第 3 册，1983 年，第 627 页；路·佩莱奇(L. Pellecchi)，"Paul. D. 12,6,65 等中的返还之诉和'给与'的分类"(L'azione in ripetizione e le qualificazioni del, dare' in Paul. D. 12,6,65 etc.)，《历史与法的研究与文献》，第 64 卷(1998 年)，第 68 页。

18 (三)1. 请求返还之诉(condictio)的**标的**不是尚存得利，而是所受领的特定物(certa res)或者货币(pecunia)(上文边码 48.3)。如果该物灭失，并且是得利人应当负责任的基础所致(见上文边码 36.18)，则该项诉讼由于"债的继续"(上文边码 37.3)而可以对该物本身仍然存在。

此处与《德国民法典》第 818 条第 3 款和《瑞士债法》第 64 条之间存在重要的原则性区别，依照这两项规定，善意的不当得利债务人仅在其尚存得利范围内负责；如果其所得已经被浪费或者灭失，他就可以援引得利灭失。当然，古典法中并非没有以尚存得利为限这种责任限制，而是仅存在于个别情形，例如，为受赠人的利益，在配偶间赠与无效的情形通过请求返还之诉(condictio)主张返还(见下文边码 48.20)时限定在某人因赠与而能对基于嫁资返还之诉提出异议的范围(retentio ex dote propter res donatas)[见下文边码 59.22 关于(1)]；此外，为善意遗产占有人的利益，根据晚期古典法学家的意见，对于真正继承人提出的要求继承之诉(hereditatis petitio)，善意遗产占有人仅在诉讼开始时尚存得利范围内负责(参见下文边码 75.9 以及《德国民法典》第 2021 条)。——由于《德国民法典》第 818 条第 3 款的主要适用范围是无效双务合同恢复原状的情形，但因当代的差额理论在很大程度上已经不再适用了，因此，古典的请求返还之诉（condictio）与现代法上的不当得利返还请求权之间在请求权内容上存在根本区别。——**文献**：维·弗卢梅，“得利丧失从罗马法到现行法的发展”（Der Wegfall der Bereicherung in der Entwicklung vom röm. zum geltenden Recht），《尼德迈尔祝贺文集》（Fs. Niedermeyer），1953年，第103、165页 =《文集》，第2册，1988年，第247页。

2. 古典法的请求返还之诉（condictio）承认，如果请求返还之诉的债务人出卖了无正当基础而让与所有权于他的物，还存在另外一项请求权内容：请求返还价款之诉（condictio pretii），它可能涉及尤里安的创新；见 Iul. D. 39,6,19 和 eod. 37,1；此外，Iul. - Afr. D. 12,1,23（上文边码 48.10）。 19

3. 如果某人无正当基础而扣留他人只能以不确定标的（incertum）[适用“被告……全部”（quidquid）程式，上文边码 34.14] 提起诉讼的给付，在古典法中就已经承认了一项**请求返还不确定标的之诉（condictio incerti）**，而它始自于根据具体情况而提供的事实之诉（actiones in factum）。在这项诉讼中，（抽象概括的）程式通过列明具体情形的前书（praescriptio）（下文边码 83.27）而具体化。 20

文献：沃尔夫（边码 40.5），第156页；马·卡泽尔，“不确定标的请求”（Intentio incerta），《拉贝奥罗马法杂志》，第22卷（1976年），第18、24页；其他文献参见，卡泽尔/哈克尔，第312页注8a，还可参见迪·内尔，“关于《伊比里亚河流法》的诉讼法问题（及其他）”[Prozessuales（und mehr）zu lex rivi Hiberiensis]，《萨维尼杂志》，第125卷（2008年），第108、133、139页 =《文集》，第605页[制定于哈德良时期；关于其版本和评论：弗·贝尔特兰·利奥里斯（F. Beltrán Lloris），“罗马时期西班牙的一部灌溉法”（An Irrigation Decree from Roman Spain），《罗马研究》（JRS），第46卷（2006年），第147页]。

有些片段为无效配偶间赠与提供请求返还之诉旨在使已经提供的给付恢复原状，对它们也应当在这种意义上加以说明，见 Ulp. – Gai. D. 24,1,5,18 和 eod. 6；Ulp. eod. 33,1；Paul. eod. 55。因为指向确定标的（certum）的请求返还之诉（condictio）强制原告将其主张限制在尚存得利的金额以内，而他通常并不准确知道该金额。——**文献**：卡·米泽拉，《配偶间赠与的得利思想》（Der Bereicherungsgedanke bei der Schenkung unter Ehegatten），1974 年，第 84、226 页。

21 此外，如果某人无正当基础而通过（抽象）要式口约允诺了一项给付，他可以诉请免责［请求返还自由之诉（condictio liberationis），Iul. D. 12,7,3；后来重新解释成为了请求返还债据之诉］。

22 如果某人已经给付而且未能要求受领人提供保证（cautio）（例如，用益权保证，上文边码 29.8）或者未能就费用行使留置权，这种情形下对已经提供的给付是否可以主张请求返还之诉，在古典法学家之间存在争论［见，关于请求返还保证之诉（condictio cautionis），Iul. D. 7,5,5,1；35,3,3,10，此外还有 Pap. D. 33,4,7,4；Gai. D. 5,3,17 以及请求返还费用之诉（condictio impensarum），Iul. D. 30,60 和与之相对的 Pomp. D. 12,6,51（涉及费用）］。争议内容是，受领人是否可以通过请求返还不确定标的之诉（condictio incerti）请求返还已经取得的财产增值，或者他是否不再作为所欠而占有，因为请求返还保证（cautio）的权限或者行使留置权的权限最终是防御性质的。此外，关于请求返还之诉的标的还涉及的情况是，尽管对于请求返还不确定标的之诉（condictio incerti）多少有些争议，却可以将其提供给错误地全部给付而未主张因役权保留权而可以使用的人（见 Pomp. D. 12,6,22,1）。——**文献**：米勒－埃伦（上文边码 48.9），第 402 页；此外，萨科乔（边码 48.1 之前），第 180 页。

三、优士丁尼法

23 （一）优士丁尼不再受古典法诉讼模式和古典法诉讼程式严格解释原则的约束，认为衡平的主导思想是不当得利请求返还之诉的基础（上文边码 48.3）［参见，沃尔施莱格（边码 48.3），第 84 页］。

（二）如果说古典法因为［对确定金额和其他特定物（alia certares）的］两个诉讼程式在其所有适用情形下始终相同而将请求返还之诉（condictio）理解为整体，那么，东罗马的学说则将请求返还之诉（condictio）转化为了一组独立的请求权。这样，古典法学家已经承认的具有独立名称的很多诉讼的事实构成类型就得到了进一步发展（参见 D. 12,4 至 13,2 和 C. 4,5－9 中的类别）：（1）**请求返还非债清偿之诉（condictio indebiti）**，旨在返还对非债的错误给付（上文边码 48. 14）；（2）**污秽（或者不法）原因请求返还之诉［cond. ob turpem（vel iniustam）causam］**，旨在返还背俗（或者违法）基础的给付（上文边码 48. 17）；（3）**给予对待结果未发生（目的不达）（或者给予预设前提未实现）请求返还之诉［cond. ob causam（rem）dati**（或者 **causa data causa non secuta**）］，旨在给付所期待的结果未发生时请求返还给付已经提供的给付（上文边码 48. 16）。给予预设前提未实现（causa data causa non secuta）意味着“预设了一项前提，但未实现”。 24

文献：奥·贝伦茨，“给予预设前提未实现请求返还之诉：在古典不当得利体系中它的家庭法事实构成”（Die condictio causa data causa non secuta. Ihr familienrechtlicher Tatbestand im klass. Bereicherungssystem etc.），《安·瓦克祝贺文集》，2001 年，第 15 页 = 贝伦茨，《制度和原则：论文选集》，第 2 册，第 879 页。

（4）**无原因请求返还之诉（cond. sine causa）**（D. 12,7）包括了其他事实构成［例如，原因嗣后消灭请求返还之诉（cond. ob causam finitam）的事实构成，上文边码 48. 12］。（5）对于窃贼（下文边码 51. 7）有**请求返还盗赃物之诉（cond. furtiva）**。优士丁尼补充了另外两种请求返还之诉。（6）**法定请求返还之诉（cond. ex lege）**，针对通过新的法律（nova lex）引入了债但法律却未明确 25

负担基础的情形(D. 13,2)。最近在(哈德良时代制定的)《伊比里亚河流法》(lex rivi Hiberiensis)第15条中确实就发现了这样一项诉讼,它应当被归之于法定请求返还(不特定标的)之诉[condictio (incerti) ex lege][对此参见内尔(边码48.20),第133页、第139页、第144页、第185页]。(7)最后是**一般请求返还之诉(cond. * generalis)**,针对基于任何合同、准合同或者私犯而欠确定标的(certum)的情形(Ulp. D. 12,1,9 pr. -3),它因其近于一般化而被认为是优士丁尼的创造。不过,很有可能文本涉及了乌尔比安一段基本真实的描述,在名为《论信用》(De rebus creditis)的谕令评论开始时,他可能就已经对请求返还之诉(condictio)在他所处时代所适用的广泛范围,包括已经无足轻重的情形,都进行了概述。因此,人们认为,请求返还确定标的之诉(condictio certi)就是一项可以据之请求确定标的的诉讼,应当能够认为该文本对此不愿意再加说明,这样,优士丁尼在此创造了一项独立的一般请求返还之诉(cond. generalis)的看法就没有基础了[萨科乔(上文边码48.1),第54、593页,引用了德恩堡]。

26 (三)这项请求权现在也应当适用于不确定标的(incertum),**请求返还不确定标的之诉(condictio incerti)**也应当被认为是一个类型。请求返还之诉确实经常(一般如此,见上文边码48.18和48.20)指向受领补偿而不仅是受领人尚存得利(参见Ulp. D. 12,6,26,12)。

27 (四)请求返还之诉在体系上被归入准合同,与此相关的是古典时期就已经获得承认的非债清偿(indebitum solutum)和消费借贷中的给予(mutuum datum)之间的类似情况(参见上文边码38.7);Inst. 3,27,6。

28 **四、**人们习惯于将请求返还之诉(condictio)以外的某些情形概括为**裁判官法得利之诉**,在这种诉讼中,裁判官在某财产价值没有正当基础而归属于他人财产的情形会提供某种补偿。这里特别包括某些被动(被告资格)不能继承并且有期限的罚金之诉的情形:对行为人的继承人(下文边码 50.7,参见 Paul. D. 44,7,35 pr.)或者经过 1 年起诉期间(下文边码 50.15)就不再需要对私犯性质的不法行为予以赎罪;裁判官仍然可以提供对其他所得[in id quod ad eos (eum) pervenit]的诉讼。对于未经监护人授权(auctoritas tutoris)而成立行为的被监护人(下文边码 62.21),可以就其得利(quanto locupletior factus est)提起裁判官法之诉,这项诉讼援引的是神圣皮乌斯(安东尼努斯·皮乌斯)的一项敕答[rescriptum divi Pii(Antoninus Pius)]。与此同时,还存在其他事实构成。例如,对补偿丧葬费用的丧葬之诉(actio funeraria),Ulp. D. 11,7,12,2。为保护未经监护人授权(auctoritas tutoris)而行事的被监护人的利益,得利嗣后灭失应当予以考虑,Ulp. D. 26,8,5 pr.; Marci. D. 46,3,47 pr. –1。(没有归责能力的人仅就尚存得利负责这种思想,在现代对《德国民法典》第 818 条第 3 款的讨论中也有:不完全行为能力人可以不加限制地适用第 818 条第 3 款规定的双务合同的得利法性质恢复原状,这是非常正确的。)这些裁判官法的得利诉讼通常并不指向争讼程序(litis contestatio)时的尚存得利,而是指向曾经受领者。——**文献**:菲·J. 托马斯(Ph. J. Thomas),“丧葬之诉”(The actio funeraria),《普尔祝贺文集》,第 321 页。

五、关于进一步发展,见边码 48.1 之前所列文献;科英,第 1 册,第 492 页,第 2 册,第 499 页,第 506 页;埃·约·希·施拉格埃(编),《不当得利:恢复原状法的比较法律史》(Unjust Enrichment, The Comparative Legal History of the Law of Restitution),1995 年;尼·扬森,“无基础财产变动的修正作为恢复原状?”(Die Korrektur grundloser Vermögensverschiebungen als Restitution?),《萨维尼杂志》,第 120 卷(2003 年),第 106 页。 29

第四十九节　他权人和经理人实施行为的责任

(RPr. § § 141,204 Ⅱ,Ⅲ;Kaser/Hackl § 49 Ⅰ)

一、概说

家子和奴隶虽然通常在相同前提下如同自权人一样有行为能 1

力，然而，他们的负担行为却部分无效，部分对他们自己根本不能或者只能在严格限制的范围内才能实施。

家儿可以通过法律行为负担义务并且被诉，但能立即执行的只有其军营特有产(peculium castrense)。此外，在他成为自权人时，就可以对他予以执行。家女和归顺夫权的妻子则完全没有负担义务的能力，也不能被诉。同样，奴隶既不能负担义务，(一般)也不能作为诉讼当事人。关于家子和奴隶在某些情况下承担的自然债务(naturalis obligatio)，见上文边码33.7－8。

2 同样是为满足经济需要，使家儿和奴隶能够独立参与经济工作，裁判官促成引进了基于他权人的负担行为而对其家父(paterfamilias)的某些诉讼。这些诉讼不是以(在一定程度上尚不为人所知的)直接代理的思想为基础，而是(在他权人已有的“自然之债”之外)创造了一种补充责任[因此依照 Paul. D. 14,1,5,1 称之为**附加之诉**(* **actiones adiecticiae qualitatis**)，即具有附加性质的诉讼；还可参见上文边码11.8]。——**文献**：安·瓦克，“附加之诉概论”(Die adjektizischen Klagen im Überblick)，《萨维尼杂志》，第111卷(1994年)，第280页；玛·米切利(M. Miceli)，《论附加之诉的程式结构》(Sulla struttura formulare delle ‚actiones adiecticiae qualitatis‘)，2001年。

3 在这类诉讼的两项诉讼中，即船主之诉(边码49.12)和经理人之诉(边码49.13)中，不仅家父对他的他权人行为负责，经营者还应对那些以这类诉讼所假定的方式那样担任其经理人的自由人或者他人奴隶的行为负责。但是，如果这些人从这些行为中有所取得(例如对待给付或者由此而生的请求权)，那么，这些所得并不如同他自己的家子或者奴隶有所取得的情形那样直接归属于经营者(上文边码11.4)，而是归属于该自权人本身或者他人奴隶的所有权人(dominus)，经营者可以基于委托或者无因管理(negotiorum gestio)而对此提出主张。当然，裁判官(基于信托思想)也为经营者直接针对那些对经理人负担义务的第三人提供了诉讼(上文边码 11.12)。参见 Ulp.,Gai. D. 14,3,1 f.。

所有“附加之诉”的共同之处在于,都存在一项事务处理(negotium gestum),他权人或者经理人因此而对第三人负担义务。所有这些诉讼都是基于合同关系或者准合同关系而生的正常诉讼的相应的简单转换,并且在诉讼程式上,在表示事务处理人时称为依附人,在表示由此应受判罚的人时称为家父(经营者)。 4

所有合同之诉或者准合同之诉都可以通过这种主体变更(所谓“主体转换”)而形成附加之诉的程式(参见下文边码 83.22 程式范例)。与此相反,在他权人实施私犯行为而发生的纯粹“追物”之诉中,家父就要给该人以他权人所取得的财产[参见 Ulp. D. 13,1,4 起首关于基于盗窃原因请求返还之诉(condictio ex causa furtiva)的内容]。

二、各项诉讼

(一)**特有产或者转化物之诉(actio de peculio vel de in rem verso)**具有统一的程式,但在其中概括了两项相互独立的事实构成。 5

1. **特有产之诉(actio de peculio)**的前提是,家父为其家子或者奴隶设定了特有产(peculium)(边码 15.7;60.16;83.23),以供其独立经营管理。家父对他权人的所有营业债务都承担责任,至于该责任是否与特有产(peculium)有关并无差别,所承担责任以判罚时的特有产价值(dumtaxat de peculio)为限。参见 G. 4,72a－74a;Ulp. D. 15,1,1 pr. ff.;Inst. 4,7,4 和 4b。

因此,这项责任在计算上是受有限制的。它不限于特有产的标的,而是以家父全部财产承担,特有产价值只是应当承担的最高限额。

6 同时，家父为恶意损害债权人而从特有产中取出的财产应当附加计为特有产（Ulp. D. 15，1，21 pr.）；此外，他自己欠特有产的债务相反则应当从家父对特有产的债权中扣除（G. 4，73 = Inst. 4，7，4c）。

由于同一家庭内部的人们之间不可能成立真正的债务，因此，这里“债权”和“债务”仅涉及对该诉讼计算特有产时的附加项目和扣除项目。它们源自于在内部关系上认为特有产是事实上与家父其他财产相分离的财产，因此，他权人可以用特有产为家父借贷，反过来也可以。自古典盛期起，这种相互的“义务”也被认为是自然之债（naturales obligationes）（边码 33. 8）。参见 Afr. D. 12，6，38 pr. /1；Ulp. D. 15，1，41。

7 债权人可以主张其特有产之诉（actiones de peculio），直到特有产的价值用尽。债权人按照主张其到期债权的顺序受偿。

如果债务超过特有产，不是（如同破产中一样）按照比例受偿；确切地说，谁在特有产用尽后才向他主张其债权，谁的债权就会落空（Gai. D. 15，1，10）。

8 在后古典时期，特有产责任退居次要位置了，因为这时他权人也取得了限制财产能力，这样就可以追究他本人的责任了。在优士丁尼时期，这项诉讼对于家子仍然存在（下文边码 60. 17），但对于奴隶则不复存在了（上文边码 15. 11）。主要因为这种缘故，古典的特有产之诉（actio de peculio）才能基本得以继续下去。

9 2. **转化物之诉（actio de in rem verso）**的基础是，他权人将他基于其负担行为的所得使用于其家父财产的得利。例如，奴隶用借来的货币支付了主人的债务或者为其家庭生活买受了必需品。判决时的得利价值在此也就说明了计算该责任时的最高限额（G. 4，72a；Ulp. D. 15，3，1，1；Inst. 4，7，4a – b）。

优士丁尼将该诉讼扩展到本人基于自权人行为的责任(C. 4,26,7,3 末尾,添加的)。这样他就为一般性“费用请求权”奠定了基础,正如普通法所熟悉的相关内容一样,例如(1794 年)《普鲁士一般邦法》第 262 条第 1 款第 13 项和《奥地利民法典》第 1041 条(当代对该条进行了限制性解释)。《德国民法典》没有采用这种形制,得利请求权对于补偿需要而言只是一种不充分考虑,在三人关系中双重缺陷的情形也是如此。——**文献**:贝·库皮施,《转化物之诉》(Die Versionsklage),1965 年;杰·麦科马克(G. MacCormack),“转化物之诉的早期历史”(The Early History of the actio de in rem verso),《比斯卡尔迪祝贺文集》(St. Biscardi),第 2 册,1982 年,第 319 页;杰·麦科马克,“转化物之诉的近代历史”(The Later History of the a. d. i. r. v.),《历史与法的研究与文献》,第 48 卷(1982 年),第 318 页;齐默尔曼,第 878 页;蒂·基乌西(T. Chiusi),《罗马法中的转化物之诉》(Die actio de in rem verso in röm. Recht),2001 年。 10

(二)**受命之诉(actio quod iussu)**是基于他权人经家父授权(iussum)成立的行为而提供的。他因此而承担的责任是无限的[整体的(in solidum)]。参见 G. 4,70 = Inst. 4,7,1;Ulp. D. 15,4,1 pr. ff. 。 11

授权应当(形式自由地)向第三人表示并且表明,家父承认该行为对他发生效力。嗣后同意(ratum haberi)也可以。在后古典时期,这项对家子和奴隶的责任扩展到了其他依附关系。优士丁尼(当然是以古典法为基础,见上文边码 43.7)认为在很多情形下家父本人就是合同当事人,并因此为债权人提供了这项通常的合同之诉。——**文献**:安·瓦克,“偿还保证 = 授权?为自己的他权人或者家父提供保证”(Fideiussio = iussum? Bürgschaften für den eigenen Gewaltunterworfenen oder Gewalthaber),《索引》,第 27 卷(1999 年),第 523 页;安·瓦克(边码 49.2),第 293 页,第 346 页;卢·德利赫特(L. de Ligt),“D. 15,1,1,1 和受命之诉的早期历史”(D. 15,1,1,1 and the Early History of the actio quod iussu),《斯普鲁特祝贺文集》(Fs. Spruit),2002

年,第197页。

12 (三)**船东之诉(actio exercitoria)**是对船东(exercitor navis)就其所指定船长(magister navis)以该身份发生的营业债务而提起的诉讼,该船长可能是船东的他权人,也可能是第三人,还可能是自权人。这项诉讼也是整体的(in solidum)。参见 G. 4,71;Inst. 4,7,2 – 2a;Ulp. D. 14,1,1 pr. ff.。——**文献:**见边码49.14;基乌西(边码19.15,《萨维尼杂志》)。

13 (四)**经理人之诉(actio institoria)**与之类似。通过这项诉讼,可以对经营者就其经理人(institor)作为商店(taberna)或者其他工商营业(negotiatio)的负责人而发生的营业债务整体(in solidum)起诉,至于该经理人是他权人还是自权人都一样。参见 G. 4,71;Inst. 4,7,2 – 2a;Ulp. D. 14,3,5 pr. ff.;eod. 7,1。

14 帕比尼安扩展出了一项仿经理人之诉(actio ad exemplum institoriae actionis),它适用于**财产管理人(procurator)**而非经理人(institor)在业务活动过程中发生的营业债务;D. 14,3,19 pr.;Ulp. D. 19,1,13,25。通过其行为而使他人能够对第三人负担义务的自权人的范围得以扩展,而这种扩展推动了代理的思想。参见边码11.8。——**文献:**尼·本克,"论帕比尼安的仿经理人之诉"(Zu Papinians actio ad exemplum institoriae actionis),《萨维尼杂志》,第105卷(1988年),第592页;克劳斯(边码11.1之前),第64页;蒂·基乌西,"农业活动和经理人之诉"(Landwirtschaftliche Tätigkeit und actio institoria),《萨维尼杂志》,第108卷(1991年),第155页;琼–雅·奥伯特(J. – J. Aubert),《古代罗马的商业经理人》(Business Managers in Ancient Rome),1994年;瓦克(边码49.2),第298、311页;维林格(边码11.1之前),第246页;威·西姆斯霍伊泽,"帕比尼安在说明古典罗马法中法律表象责任的根据方面的贡献"(Papinians Beitrag zur Begründung einer Rechtsscheinhaftung im klassischen röm. Recht),《塔拉曼卡祝贺文集》,第7册,第487页。

15 (五)**分配之诉(actio tributoria)**的出发点是,他权人的特有产中有一项是商品（特有产商品，merx peculiaris）甚至多项是商品，如两个商店（tabernae）（Ulp. D. 14,4,5,15），他在家父明知的情形下经营这些财产；经过解释，它还包括了那些已经超出商品交易的情形，如裁缝店、织造场、洗衣店等（Ped. – Ulp. D. 14,4,1,1）。根据通说，裁判官在债务超出这些"营业"的情形就可以命令，将其中的财产按比例分配给债权人，这些私人的特别破产清算交由家父处理，而家父这时可以考虑将其自然债权和自然债务也按比例分配。如果家父在进行这种分配时恶意（dolo malo）损害某债权人，该债权人对家父就可以提起分配之诉（actio tributoria），要求支付他在平均分配时可以获得数额的差额。因此，分配之诉不是附加之诉。大概在债务超过特有产时，"营业债权人"就可以向家父主张实施特别破产，并且就债权人应分配比例的给付提起分配之诉（actio tributoria），而由家父实施的明知损害并非该诉讼的前提，只是在确定判决金额时才应当考虑。对债权人而言优点在于，与特有产之诉（actio de peculio）不同，家父不能就其债权预先从特有产全额扣除，他对特有产商品（merx peculiaris）的债权在分配时只能与其他债权人的债权同样处理。Ulp. D. 14,4,1；eod. 4,5 – 6；Paul. eod. 6；G. 4,72；Inst. 4,7,3。——**文献**：蒂·基乌西，"关于分配之诉的谕令的研究"（Contributo allo studio dell'editto De tributoria actione），《林琴研究院论文集：道德科学部纪念文集》（Atti Acc. Lincei，Classe scienze morali，Memorie），第6系列，第3册之4，1993年，第275页；蒂·基乌西，"罗马商事交往中责任和机构的相互协调"（Zum Zusammenspiel von Haftung und Organisation im röm. Handelsverkehr），《萨维尼杂志》，第124卷（2007年），第94页。

第五十节　私犯之债　概说

（RPr. § § 42,142,147,271；Kaser/Hackl § 49II）

一、私犯　私犯之债

（一）1. 私犯[delictum（privatum）]，正如我们已经看到的（上 1
文边码32.3），是指一种侵害个人，包括其人格、其家庭或者其财产的不法行为。只有这些私犯才属于私法。与此相对，公犯（crimina）则属于刑法，它是一种公共犯罪行为，使公众遭受了严重不法(诸如内乱、叛国、谋杀等),因此应当通过更加严格的国家刑事诉讼而予以追究(当然经常由私人告发)。

私犯还包括那些因侵害个人利益同时也侵害公众利益而授予市民(cuivis ex populo)(任何人,但通常只是一人)以诉讼的行为。这种**民众之诉**(**actiones populares**)通过民事诉讼而主张。例:D. 47,12,3 pr. [盗毁坟墓之诉(actio de sepulchro violato)]。

2 所有私犯的共同之处在于,它们以侵害的**违法性**(上文边码36.11)和行为人的**过错**为前提;不管是起初还是后来,通常都要求其恶意诈欺(dolus malus)。自古典时期起(合乎条件的)过失(culpa)也仅仅例外地才符合要求(上文边码36.9),如《阿奎利亚法》(lex Aquilia)规定的事实构成(下文边码51.11)和失火(Gai. D. 47,9,9)的情形。详细内容,见下文边码51.28。

3 2. 私犯的私法效果超越了当代"侵权行为"的效果,在民事诉讼中不仅——而且并非主要是——可以请求赔偿所受财产损害,还可以请求科以刑罚,即对过失行为人的恶行施以惩罚,从而使之为其不法行为付出代价并使受害人获得慰抚。在古代,这种刑罚包含在复仇中,而复仇可以由受害人直接施加于行为人的身体(作为同态复仇而杀死或者损伤其身体)。此外,还发展出了**罚金**(**poena**),它取代了古代的复仇权,最初是自愿的,后来则由国家予以强制。在古典法中,罚金作为私法规定的惩罚的唯一表现形式而继续存在,这时它成了施加于行为人的债务约束的标的了(对此参见上文边码32.6-7)。

罚金(poena)作为私罚最容易与当代的慰抚金[《德国民法典》第253条第2款,《奥地利民法典》第1325条,《瑞士债法》第47条"慰抚金"(Genugtuung)]相比较。当然,与当代法中对物质损害予以赔偿的目的相比较,它更凸显了赎罪目的。

债(obligatio)的概念是从通过法律行为而以人为质和以物为质出发的，后来才逐渐扩展到了私犯责任。盖尤斯仍然将私犯之债(obligationes ex delicto)作为合同(ex contractu)之债的补充。债法的基本原则是为通过法律行为创设的债务关系设置的，只能有所限制地适用于私犯之债。 4

(二)私犯之债有些根据市民法(ius civile)而发生，有些根据荣誉法(ius honorarium)而发生。 5

早在古典时期，私犯的范围就受到了皇帝法的限制，而不法行为的事实构成也不是自始就有准确限定的，常与私犯的事实构成相互重合，可以通过非常公职审判(cognitio extra ordinem)而追诉。在该程序中，虽然应受害人申请而对不法行为予以追诉，却是在公职法官前进行，并且目标也不在于向受害人支付罚金，而在于由国家科以刑罚。因此，该程序属于刑法制度。在后古典法中，私犯(delicta)和公犯(crimina)的对立进一步消融，公力追诉的范围不断扩张及于原有的私犯范围。这时由私犯而生的请求权也通过民事诉讼予以追究，但其目标越来越不在于科以刑罚而更主要在于(特定的)损害赔偿。与此相对，优士丁尼则重新恢复了关于私犯的古典法。尽管如此，对私犯进行刑事追诉的实践意义仍然远远超过了进行私法追诉的实践意义。例如关于盗窃(furtum)，参见 Ulp. D. 47,2,93;coll. 7,4,1 = D. 47,17,1 pr.；关于杀害奴隶，参见 G. 3,213;Inst. 4,3,11。

(三)私犯发生的主要效果是**罚金之诉**(**actiones poenales**)，它指向支付罚金。谈到私犯之债(obligatio ex delicto)的地方，大多意味着罚金债务。 6

如果私犯对受害人造成了财产损害，那么受害人就可以因此而主张追物之诉，确切地说：(1)或者是“纯粹”罚金之诉，仅仅指向赎罪，与此同时还可以存在一项追物之诉；(2)或者是“混合”罚金之诉，同时具有追物功能，这样支付罚金也就涵盖了财产损害，从而也就不再需要同时存在的追物之诉了(详见上文边码

35.12)。

二、罚金之诉的共同特征

7 某些原则表现出了罚金之诉所具有的赎罪目的,是与纯粹追物之诉相对的诉讼类型所特有的。

(一)1. 所有的罚金之诉都是**消极(被告资格)不能继承的**,因为赎罪而负担义务的只有行为人自己。参见 G. 4,112 = Inst. 4,12,1。

但如果已经提起了罚金之诉,诉讼之债就移转于行为人的继承人(Gai. D,50,17,139 pr.);同样,基于判决的判决之债也是如此(Ulp. D. 42,1,6,3)。关于对继承人的“裁判官法得利之诉”,见上文边码,48.28。

8 2. 积极(原告资格)不能继承的[当事人报复之诉(* actiones vindictam spirantes)],只有基于主要指向人身而非财产的私犯[如侵辱(iniuria)](G. 4,112 末尾)而发生的个别罚金之诉。

9 (二)罚金之诉,以及同样可以用于追物的某些诉讼,对**共同行为人**可以不加限制地合并,存在“并存的诉的竞合”。参见 Ulp. D. 9,2,11 pr. ff.,尤其是第 2 条。

如果多数人(诸如通过教唆、帮助、包庇等)参与同一行为,受害人就可以对任何一人主张全部罚金,如同该人单独实施该行为一样。任何对该行为的参与都会发生全部赎罪义务。在其他“混合”罚金之诉中,只要受害人获得(包括损害赔偿在内的)罚金金额,所有共同行为人就可以免责(“清偿竞合”,关于该概念,见下文边码 56.9)。参见诸如 Ulp. D. 11,6,3 pr.。

10 (三)1. **纯粹**罚金之诉,如上所述,可以与(纯粹)追物之诉合并。参见诸如 Ulp. D. 13,1,7,1。

据此,被盗人可以通过非现行盗窃之诉(actio furti nec manifesti)获得双倍物的价值作为赎罪金，同时，还可以通过基于盗窃原因请求返还之诉（condictio ex causa furtiva）或者原物返还之诉（rei vindicatio）获得物本身或者物的单倍价值以作为其所受财产损害的补偿。

2. 与此相对，**混合**罚金之诉同样具有追物功能，因此主张单倍价值或者多倍价值无关紧要，不管同时主张其他罚金之诉还是其他追物之诉均可，对此适用“选择性诉的竞合”。 11

在后诉讼会被裁判官或者审判员阻断；参见诸如 Ulp. D. 6,1,13；Gai. D. 13,6,18,1。当然，在具体情况下也可能允许在后诉讼，只要它能够比第一项诉讼使原告得到更多。优士丁尼使这类情形有所增加。

（四）1. 所有（纯粹或者混合）罚金之诉，在由他权人（家子或者奴隶）实施行为时，都可以对家父提起**损害之诉**（**actiones noxales**）。这项非常古老的“损害责任”使家父面临一项选择，要么损害投偿（noxae deditio）移交加害人于受害人，要么就如同自己实施私犯行为一样支付罚金（关于程式，参见下文边码 83. 21）参见 G. 4,75 – 79；Inst. 4,8,pr. – 7；Gai. D. 9,4,1。在古典法中，对这项损害责任的正当性说明是，如果家子或者奴隶的不良行为使家父或者所有权人遭受超过其身体价值的损失，这是不公正的，G. 4,75；Inst. 4,8,2；Paul. D. 2,10,2；Ulp. D. 9,4,2 pr.。 12

家父承担对人责任，因此，损害之诉处于对人之诉（actiones in personam）的应诉强制之下（下文边码 82. 12）。但是，该责任只存在于他是家父的情形：如果他转让了家父权，责任也就移转于取得人；如果行为人是自权人，他就要自己负责；如果行为人死亡，责任也就消灭了。这种责任限制于人包含着**损害责任追随行为人**（**noxa caput sequitur**）的规则，G. 4,77 = Inst. 4,8,5。损害投偿（noxae deditio）的目的最初是为复仇而将加害人弃之于受害人，后来则是取得交出物的财产价值而以此赎罪。对于家子，需要采 13

用要式口约(mancipatio),并且使取得人取得类似奴隶的买主权(mancipium),而对于奴隶则需要移转所有权。这种转让(根据 Pap. coll. 2,3,1)仅仅是信托性质的:对债务支付罚金后,受害人[在非常公职审判(extraordinaria cognitio)中]就会被强制将行为人予以返还。裁判官谕令为损害责任规定了复杂的规则,所考虑的主要是行为人缺席或者被告就对行为人的家父权提出异议的情形。优士丁尼部分调整了该规则。在古典法学家中,主要是普罗库勒学派,对此表示,损害责任的结果在个别情形下不应当包括在非罚金之诉中,或者完全就不应当被包括在非私犯之诉中[参见普罗库卢斯(Proculus),见 D. 9,2,27,11 = Coll. 12,7,9,这里涉及奴隶烧毁了承租的乡村别墅;内拉茨,见 Paul. D. 17,1,26,7 中的主张:如果按照委托而买进的物却在受托人那里被盗走了,就是应该限制委托人责任的情形了]。

对家子的损害责任在公元4世纪逐渐被弃置不用了,并且被优士丁尼废除了(Inst. 4,8,7)。只有对奴隶的损害责任继续存在,但在后古典时期有时会被代替,即为执行刑罚而将行为人交付于法官,法官在执行刑罚后就会将其交还于主人。与此相对,早在古典时期进行基于人身伤害(下文边码51. 20 – 23)的诉讼时,被诉家父根据法官裁量可能被授予将行为人交给受害人体罚而使自己免责的权限(Ulp. D. 47,10,17,4 – 6)。——**文献**:费·德维舍(F. De Visscher),《论罗马法中的损害责任》(Le régime romain de la noxalité),1947 年;吉·路·法尔基(G. L. Falchi),《损害之诉中消极适格之研究》(Ricerche sulla legittimazione passiva alle azioni nossali etc.),1976 年;特·希门尼斯 – 坎德拉,《论损害之诉的替补性裁判官法制度》(El regimen pretorio subsidiario de la acción noxal),1981 年;汉 – 彼·贝内尔,“论对奴隶的私犯的责任”(Zur Haftung für Sklavendelikte),《萨维尼杂志》,第 97 卷(1980 年),第 273 页。

14 2. 以损害责任的基本思想为基础的还有**动物致损**责任。《十二表法》(第 8 表第 6 条)承认了**动物致损之诉**(**actio de pauperie**),它以所有权人义务为基础,或者将致损家畜移交于受害人(in noxam dedere),或者以货币补偿损害(noxiam sarcire)。被认为是行为人的,最初是动物恶魔。该诉讼的前提是,动物违反其自然温和的本性而引起损害。Ulp. D. 9,1,1 pr. /11;Inst. 4,9。

文献:汉・安库姆,“古典罗马法中的动物致损之诉和阿奎利亚法之诉”(L' actio de pauperie et l' actio legis Aquiliae dans le droit rom. classique),《圣菲利波祝贺文集》,第2册,1982年,第11页;马・维・詹格列科・佩西(M. V. Giangrieco Pessi),《动物致损之诉研究》(Ricerche sulla actio de pauperie etc),1996年;齐默尔曼,第1095页;关于“当心恶狗”(Cave canem),见让・马克龙(J. Macqueron),“罗马法学中因狗致损”(Les dommages causés par des chiens dans la jurisprudence rom.),《斯海尔特马祝贺文集》(St. Scheltema),1971年,第133页。

(五)市民法罚金之诉是不附期限的,由它扩展出的荣誉法罚 15
金之诉也是如此。所有其他荣誉法罚金之诉都附期限**一年**:受害人不能报旧仇。参见 G. 4,110 f. ;Inst. 4,12 pr. 。

有些诉讼本来可以主张多倍罚金,但一年后(post annum)只能主张1倍罚金(例如抢劫,下文边码51.25)。在其他情形,一年后(post annum)裁判官法得利之诉继续存在,上文边码48.28。基于附期限的罚金之债的诉讼之债是不附期限的,判决之债同样也是不附期限的(上文边码50.7)。

第五十一节　各种私犯

(RPr. §§ 41,143-146,272,273)

一、盗窃和类似私犯

文献:赫・费・约洛维奇(H. F. Jolowicz),《〈学说汇纂〉第47编第12章论盗窃》(Digest XLVII 2 De furtis),1940年;齐默尔曼,第922页;其德文版,《穆尔加祝贺文集》,第753页;内尔松/孟文理,第3编之3,第121页(关于G. 3,182-209),第277页(“furtum”的词源),第299、301、303、304页。

1 （一）盗窃（furtum，可能来自于“ferre”）是秘密“取走”他人动产。对于私犯的界定有时存在分歧，然而当时它所涉及的范围远比我们当代的盗窃的范围要广。在古典盛期和古典晚期，其事实构成可以这样确定：某人为自己而故意并且秘密取走属于他人之物或者处于他人家父权之下的人。其中包括任何人非法“接触”（contrectare），可以是拿走或者是保留某人管理下的某物（侵占、贪污，Ulp. D. 47，2，52，7），可以是隐匿行为人及其赃物（包庇、窝赃，Ulp. eod. 48，1；Diocl. C. 6，2，14），可以是诈欺利用他人错误［例如，非债（indebitum）错误给付的故意受领，Scaev. D. 13，1，8］。盗窃（furtum）还包括窃用（furtum usus）以及自他人时效占有或者质押占有中取走自己之物，即窃占（furtum possessionis）。

这种定义颇值怀疑：“盗窃”是以获利为目的而诈欺性地接触某物，可以是物本身，也可以是物的使用或者其占有（Furtum est contrectatio rei fraudulosa lucri faciendi gratia vel ipsius rei vel etiam usus eius possessionisve）（Inst. 4，1，1 = Paul. D. 47，2，1，3）。还可参见，萨宾，见格利乌斯的《阿提卡之夜》（Gell. 11，18，20 f.）。Gai. 3，195 - 202，Inst. 4，1，6 - 11 之中有些具体案例。关于盗窃意图（adfectus furandi 或者 animus furandi），见 G. 2，50；3，208 = Inst. 4，1，8，又见 Ped. - Ulp. D. 47，2，50，2。——文献：汉・安库姆，“盗窃质物和盗窃信托物”（Furtum pignoris und furtum fiduciae），《古代法国际杂志》，第 26 卷（1979 年），第 127 页；第 27 卷（1980 年），第 95 页；汉・安库姆，“Ulpian D. 47，2，12，2 的文本中的质物盗窃”（Furtum pignoris dans le texte d' Ulpien D. 47，2，12，2），《维托里奥・夏洛亚罗马法研究所学刊》，第 90 卷（1987 年），第 169 页；马・卡泽尔，“质物盗窃和信托物盗窃”（Furtum pignoris und furtum fiduciae），《萨维尼杂志》，第 99 卷（1982 年），第 249 页；约・法尔尼奥利，“盗窃之研究：论非债的故意受领”（Ricerche in tema di furtum. Qui sciens indebitum accepit），2006 年；彼・阿帕蒂，“使用借贷和盗窃”（Commodatum und furtum），《赫・豪斯马宁尔祝贺文集》，2006 年，第 15

页;鲍·希尔克斯,"D. 47,2,21 和非法窃取"(D. 47,2,21 and contrectatio),《信义 人性 法》,第 7 册,第 5193 页。

(二)现行盗窃和非现行盗窃的区别是原始的。对于现场抓 2
获的**现行盗窃(fur manifestus)**,依照《十二表法》(第 8 表第 14 条),受害人可以采取被认可的私力将其杀死(G. 3,184;189);而且受害人事后可以通过呼唤[endoplorare(implorare)]邻居作为证人并将行为人[未经正式拘禁(manus iniectio)]扭送到裁判官面前,裁判官会将行为人"判归"受害人(addictio;《十二表法》第 8 表第 14 条)。如果行为人通过**端盘裸身搜查(quaestio lance et licio)**而被证明有罪,这种(现行被抓行为之外的)盗窃也是现行盗窃(G. 3,192 – 194)。

依照盖尤斯的意见,搜查人必须裸身,只能身着短裙(licium),手拿钵盘(lanx),这样才能进入房屋。对此有很多解释,大都将该仪式与宗教观念相联系。——**文献**:弗·维亚克尔,"呼唤"(Endoplorare),《文格尔祝贺文集》(Fs. Wenger),第 1 册,1944 年,第 129 页;约·格·沃尔夫,"钵盘和短裙"(Lanx und licium),《维亚克尔学术交流会》(Sympotica Wieacker),1970 年,第 59 页;马·巴尔扎里尼(M. Balzarini),"公罚和私罚之间的现行窃贼"(Il furto manifesto tra pena pubblica e privata),《(1992 年)第 5 次科潘内罗会议文集》[Atti Copanello 5(1992)],第 49 页;安·瓜里诺,《罗马法文集》(Pagine di diritto rom.),第 4 册,1994 年,第 180 页;孟文理,"钵盘和短裙"(Lance et licio),《如古代般适用罗马法》,第 163 页;内尔松/孟文理,第 3 编之 3,第 284 页。

《十二表法》时期以后,杀死行为人被废弃不用了,取而代之 3
的是使行为人成为受害人的债务奴隶。后来,裁判官引入了**现行盗窃之诉(actio furti manifesti)**,这是一种指向被侵夺财产 4 倍价值的(纯粹)罚金之诉(G. 3,189;Inst. 4,1,5)。

如果现行窃贼(fur manifestus)在夜间被捉住或者(包括在白天)用武器反击,可以立即将其杀死。然后,追夺人应当立即呼唤(endoplorare)邻居,从而详细说明杀死该人的合法性(《十二表法》第8表第12条及下条;Gai. D. 9,2,4,1)。

4 除前述端盘裸身搜查(quaestio lance et licio)(边码51.2)之外,还发展出一种证人在场的简单搜查。通过这种方式被证明有罪的人不会被认为是现行窃贼(fur manifestus),而是根据查获盗窃之诉(actio furti concepti)就“查获”财物的3倍金额负责。如果是真正的窃贼将该物暗地里交给他的,他因此就不能免于承担自己的责任(它表明了古代法中的“典型化”故意观念,参见边码36.6;84.3),而他可以通过同样指向3倍金额的转移盗窃之诉(actio furti oblati)向窃贼提出其主张。后来还附加了裁判官法之诉:如果搜查遭到拒绝,就可以提起拒认盗窃之诉(actio furti prohibiti)而主张4倍金额;对于未向法庭提交搜查发现之物的人,可以提起拒交盗窃之诉(actio furti non exhibiti)。优士丁尼废除了搜查以及与之相关的所有诉讼。对此参见G. 3,186–188;191f.;Inst. 4,1,4。

5 (三)如果盗窃(furtum)并非现行,就必须先当着法官面予以证明并且经其判决而确定无疑,《十二表法》就已经提供了**非现行盗窃之诉(actio furti nec manifesti)**,据此可以主张最高2倍价值的罚金,其基础可以是被侵占财物的价值,有时也可以是其所致损害的价值(G. 3,190,参见Inst. 4,1,5;关于具体程式,下文边码83.20)。

盗窃之诉首先可以由所有权人享有,自共和晚期的法学开始,对于维护该物有利益的人(cuius interest rem salvam fore)也可以享有这项诉讼。由此人们大部分推断,这项诉讼也可以由具有支付能力的非所有权人代替所有权人享有,他们对所有权人就照管(custodia)负责,并且因此也就承担了盗窃风险;此外,与照管(cust.)责任无关,基于“自己利益”的某些人也享有该项诉讼:质权人、善意占有人(bonae fidei possessor)、(交付之前的)出卖人等。参见 G. 3,203 – 207 = Inst. 4,1,13 – 17。——**文献**:马·卡泽尔,“出卖人的盗窃之诉”(Die actio furti des Verkäufers),《萨维尼杂志》,第 96 卷(1979 年),第 89 页;安·瓜里诺,“论非现行盗窃”(Il fur nec manifestus),《拉贝奥罗马法杂志》,第 38 卷(1992 年),第 326 页 =《文集》(Pag.),第 4 册,第 183 页。

自古典晚期起,对盗窃(furtum)的刑法追究迫使私人追究退居到次要位置(Ulp. D. 47,2,93)。——**文献**:贝·圣卢恰(B. Santalucia),“窃贼罪”(Crimen furti),《穆尔加祝贺文集》,第 785 页。 6

(四)**基于盗窃原因请求返还之诉**[**condictio ex causa furtiva**,后来是请求返还盗赃物之诉(condictio furtiva)]可以作为纯粹追物之诉而与(至少在发达法律中)纯粹罚金性质的盗窃之诉(actiones furti)合并。它只能由所有权人享有,和所有请求返还之诉一样,指向物的 1 倍价值;G. 4,4 = Inst. 4,6,14;Ulp. D. 13,1,1。 7

这是请求返还之诉(condictio)由所有权人享有的唯一情形。被盗所有权人可以就物向窃贼提起原物返还之诉。原物返还之诉给他的要多于请求返还之诉,因为它指向的是完全回复原状(上文边码 27.18 – 20)。但是,如果提起诉讼之前物已灭失或者以其他方式消失,原物返还之诉即告消灭,而请求返还之诉仍然继续存在,即使窃贼(fur)丧失该物也不例外,因为窃贼总陷于迟延(fur semper moram facere videtur;上文边码 37.7)。——**文献**:德·利布斯,《罗马法中的诉讼竞合》(Die Klagenkonkurrenz im röm. Recht),1972 年,第 87、132 页;沃·皮卡(W. Pika),《古典罗马法中基于盗窃原因的请求返还之诉》(Ex causa furtiva condicere im klass. röm. Recht),1988 年;萨科乔(边码 48.1 之前),第 2、79 页。

(五)配偶之间由于存在生活共同关系而排除了盗窃(furtum)的事实构成,并且由于彼此应当相互尊重(reverentia)而不允许存在盗窃之诉(actio 8 furti)。这种情形下,裁判官在发生物品被盗时提供了一种追物性质的(偶尔被认为是混合罚金性质的)的**妻窃夫物之诉(actio rerum amotarum)**,它指向1倍价值(参见Paul. D. 25,2,1)。它是以妇女在打算或者等待离婚时偷窃(不限于嫁资)丈夫的物品这种情形为出发点的。当然,该诉讼在古典时期就已扩张到配偶之间其他侵夺财产的情形。——**文献**:安·瓦克,《妻窃夫物之诉》(Actio rerum amotarum),1963年。

9 (六)基于与盗窃(furtum)类似的私犯所产生的诉讼,需要特别指出的是已安装木料之诉(actio de tigno iuncto)(上文边码26.10)和侵吞财产之诉(actio rationibus distrahendis)(下文边码62.23)。

二、侵害奴隶或者财物 非法损害

文献:弗·亨·劳森(F. H. Lawson),《罗马法中的过失》(Negligence in the Civil Law),1950年,1955年重印,第180页(法律史和比较法的研究);桑·斯奇巴尼(S. Schipani),《阿奎利亚法责任》(Responsabilità ex lege Aquilia),1969年;乌·冯·吕布托,《〈阿奎利亚法〉中非法损害之研究》(Untersuchungen zur lex Aquilia de damno iniuria dato),1971年;约·安·克鲁克(J. A. Crook),"《阿奎利亚法》"(Lex Aquilia),《雅典娜学刊》(Athenaeum),第62卷(1984年),第67页;迪·内尔,"《阿奎利亚法》的文本"(Texte zur lex Aquilia),《卡泽尔祝贺文集》,1986年,第211页;迪·内尔,《死亡原因》(Causa mortis),1986年;齐默尔曼,第193页;朱·瓦尔迪塔拉(G. Valditara),"非法损害"(Damnum iniuria datum),《穆尔加祝贺文集》,第825页;卡·奥·坎纳塔,"论《阿奎利亚法》的文本及其最初意义"(Sul testo della lex Aquilia e la sua portata originaria),载莱·瓦卡(编),《历史比较中的非法行为责任》(La responsabilità da atto illecito nella prospettiva storico-comparatistica),1995年,第25页;贝·维尼格尔(B. Winiger),《罗马法(对违法损害)的阿奎利亚法责任》[La resposabilité aquilienne romaine (Damnum iniuria datum)],1997年[书评,帕·皮绍纳茨,《萨维尼杂志》,第118卷(2001年),第466页];贝·维尼格尔,《共同法中(对过失损害)的阿奎利亚法责任》[La responsabilité aquilienne en droit commun (Damnum culpa datum)],2002 年[书评,尼·扬森,《萨维尼杂志》,第 122 卷(2005 年),第 325 页];阿·卡斯特雷萨纳,《阿奎利亚法责任新解》(Nuevas lecturas de la responsabilidad Aquiliana),2001 年;赫·豪斯马宁尔,《〈阿奎利亚法〉中的损害赔偿法》(Das Schadensersatzrecht der lex Aquilia),1996 年第 5 版(参见,边码 1.55);亚·科尔比诺(A. Corbino),《法律承认的损害和阿奎利亚法》(Il danno qualificato e la lex Aquilia)(教科书),2005 年;赫·施蒂格勒,"要式口约债权人在债务人迟延发生前杀害了斯提库斯"(Stipulator Stichum ante moram occidit),《赫·豪斯马宁尔祝贺文集》,2006 年,第 269 页;艾·罗杰,"《阿奎利亚法》相关评论的文本还原"(The Palingenesia of the Commentaries Relating to the Lex Aquilia),《萨维尼杂志》,第 124 卷(1927 年),第 145 页;艾·罗杰,"Damnum Iniuria 的真实含义是什么?"(What did Damnum Iniuria Actually Mean?),载安·伯罗斯/艾·罗杰(A. Burrows/A. Rodger),《描绘法律:彼·伯克斯纪念文集》[Mapping the Law (Essays in Memory of P. Birks)],2006 年,第 421 页;内尔松/孟文理,第 3 编之 3,第 205 页。

(一)对于某人因奴隶或者财物被侵害(或者灭失)而受的损害,以《十二表法》为范本,(公元前 286 年左右的)**《阿奎利亚法》**(**lex Aquilia**)规定了基本规则: 10

D. 9,2,2 pr.(盖尤斯,《论行省谕令》,第 7 编)

Lege Aquilia capite primo cavetur:,ut si quis servum servamve alienum alienamve quadrupedem vel pecudem iniuria occiderit, quanti id in eo anno plurimi fuit, tantum aes dare domino damnas esto. '

《阿奎利亚法》第 1 章规定:"如果某人不法杀害他人男奴隶或者女奴隶或者(他人)四足家畜,就应当负担向所有权人支付该物当年内(最高)所值金额的铜币的义务。"

D. 9,2,27,5(乌尔比安,《论谕令》,第18编)

Tertio autem capite ait eadem lex Aquilia:, Ceterarum rerum praeter hominem et pecudem occisos si quis alteri damnum faxit, quod usserit fregerit ruperit iniuria, quanti ea res <fu>erit in diebus triginta proximis, tantum aes domino dare damnas esto. ‘	《阿奎利亚法》第3章还说,“除了杀害奴隶和家畜外,如果某人不法烧毁、打碎、损伤他人其他物而致其损害,就应当负担向所有权人支付该物过去三十日内所值铜币的义务。”

第1章对杀害他人奴隶或者四足家畜处罚以过去一年内的最高价值为金额的罚金(参见 G. 3,210 = Inst. 4,3,pr.),在可能是后来附加的第3章中则增加了一般性损害,它是某人因其物(而不仅仅是奴隶或者四足动物,参见 Ulp. D. 9,29,6 和 8)被烧毁(urere)、打碎(frangere)或者损伤(rumpere)而发生的,并且根据行为之前30日内的最高价值确定罚金(G. 3,218 = Inst. 4,3,15)。此外,所有权人在其奴隶被故意杀害时可以决定是否对行为人依照《阿奎利亚法》(lex Aquilia)就损害赔偿提起民事诉讼并且追究其死罪[边码15. 6;G. 3,213;Ulp. D. 9,2,23,9;Inst. 4,3,11,对此参见马·米列塔(M. Miglietta),“被故意杀害的奴隶”(Servus dolo occisus),2001年[书评,阿·弗尔克尔,《萨维尼杂志》,第122卷(2005年),第314页]。

11 行为必须是**不法**(**iniuria**)发生的。它最初不仅意味着“违法的”,而且还意味着“故意的”。共和晚期的法学家们在不法(iniuria)中加入了过错(culpa),而过错中包含着疏忽(G. 2,211;Inst. 4,3,3,上文边码36. 9)。但在古典时期,过错得以独立了。由于它是从不法(iniuria)分离出去,不法通常就又仅仅是指违法性了(边码36. 11);然而,它仍然主要是指违法有过错的损害,Ulp. D. 47,10,1 pr. 。

按照法学家们的解释,《阿奎利亚法》(lex Aquilia)的前提是,损害应当是由行为人的作为（而不仅仅是由不作为）直接（没有中间原因）加之于对他人标的（damnum corpore * corpori datum；边码36.3；G. 3,219；Inst. 4,3,16）。这种狭义解释使得直接因果关系限定问题成为《阿奎利亚法》（lex Aquilia）讨论中的重点，当然，这取决于基于该法的诉讼是否与此有关或者是否可能授予其他诉讼。因此完全可以预期到扩张阿奎利亚法责任这种发展（下文即见边码51.14）。——关于因果关系以及过错和与有过错的其他问题，见边码36.3－9；关于违法性，见边码36.11。——**文献**：玛·弗·库尔西，《发生损害后果的不法》（Iniuria cum damno），2002年；伊·皮罗，《因身体而发生的损害》（Damnum corpore suo dare etc.），2004年。

倒算至在过去一年内的最高价值可以由以下考虑得以说明。例如，受伤的奴隶在其死亡时已经没有价值了，因此必须回溯到他还有价值的某个时间；G. 3,214；Inst. 4,3,9。第3章中30日的期限也是如此（G. 3,218；Inst. 4,3,14－15；Ulp. D. 9,2,29,8；Paul. D. 44,7,34,2）。——关于《阿奎利亚法》（lex Aquilia）第2章，见下文边码57.1。——**文献**：安库姆（边码50.14），第47页。 12

行为人在法庭上承认其行为的（下文边码82.10），就会给予作为承认之诉（actio confessoria）的**阿奎利亚法之诉**（**actio legis Aquiliae**），目的只在于确定罚金金额。但如果他对行为提出异议，在阿奎利亚法之诉的程序中就必须对事实本身也作出裁决。这种情形下，被证明有罪的行为人因为诉讼增加就将被判罚双倍罚金金额（上文边码32.18）；Ulp. D. 9,2,23,10。阿奎利亚法之诉是具有追物功能的罚金之诉（混合罚金之诉）。罚金在古代通常按照物的客观价值计算，自拉贝奥（见Ulp. D. 9,2,23,4）起也可以根据利益总值（quanti interest）计算。 13

文献：卡·奥·坎纳塔，“论阿奎利亚法之诉的诉讼标的估价”（In tema

di aestimatio rei nell' azione aquiliana),《历史与法的研究与文献》,第58卷(1992年),第392页;朱·瓦尔迪塔拉,《衡量阿奎利亚法的损害时物的价值估算之超越以及对非所有权人的保护》(Superamento della aestimatio rei nella valutazione del danno aquiliano ed estensione della tutela ai non domini),1992年;朱·瓦尔迪塔拉,"从物的价值估算到利益的价值估算"(Dall' aestimatio rei all' id quod interest etc.),载瓦卡(边码51.9),第76页。

14 (二)阿奎利亚法责任在古典时期得以扩张,具体方式是将不作为造成损害的情形,或者虽然行为人有作为但不是直接针对受害客体而是通过其他人或者物才引起受害客体损害的情形包括在内。裁判官为此目的引入了一种采用列举权利(in ius)的程式(下文边码83.15)而形成的诉讼,这种诉讼被称为事实之诉(actiones in factum),后来被称为(以阿奎利亚法之诉为原型的)扩用之诉[actiones utiles(ad exemplum legis Aquiliae)],并且被作为市民法之诉(参见Pomp. D. 19,5,11;关于其界定,见Kaser/Hackl,第238页)。例见诸如Ulp. D. 9,2,9 pr. -3;G. 3,219和202;Inst. 4,3,16;4,1,11。

15 众所周知的是克尔苏斯流传下来的界定:

D. 9,2,7,6(乌尔比安,《论谕令》,第18编)

Latin	中文
Celsus autem multum interesse dicit, occiderit an mortis causam praestiterit, ut qui mortis causam praestitit, non Aquilia, sed in factum actione teneatur. unde adfert eum qui venenum pro medicamento dedit et ait causam mortis praestitisse, quemadmodum eum qui furenti gladium porrexit: nam nec hunc lege Aquilia teneri, sed in factum.	而克尔苏斯说,杀害他人还是提供死亡原因之间有重大区别,仅仅提供死亡原因的人,不应当依照《阿奎利亚法》负责,而只能对他提起事实之诉。对此,他举以毒药代替药物的行为人为例,并且说,这个人就如同递一把剑到精神病人手中的人一样仅仅提供了死亡原因:这时他也不依照《阿奎利亚法》负责,而只能对他提起事实之诉。

这种区别大概是受到了修辞学的启示。某人仅仅是交给了受害人毒药或者剑,而受害人后来用毒药或者剑自杀了,这个人并没有直接杀害他。无疑直接因果关系并不以亲手实施犯罪行为作为其前提:按照命令杀害某人,只要命令人有命令权(ius imperandi),他就是行为人(Iav. D. 9,2,37 pr.;参见 Paul. D. 50,17,169 pr.:某人受他人命令而致人损害,如果某人必须服从命令,他就没有过错)。没有意志而把自己作为工具的人,正如毒药案所表明的那样,不知道究竟有没有。——在当代仍然经常被当作极端情形而加以引用的情形,例如行为人打开"本地唱歌鸟"的笼子,或者他将戒指或金酒杯扔到海里。在第二种情形中,他当然直接对物产生了影响;该物(虽然无法触及了,但)仍然是完好无损的,而在第一个例子中,所讨论的情形是,某人出于同情打开奴隶的脚镣以使之逃跑,由于行为人本身没有接触该物,因此也就不存在以身体实施伤害(damnum corpore corpori datum)。罗马法学家们对这两种情形都提供了事实之诉(actiones in factum)(Serv. – Alf. D. 19,5,23;Pomp. eod. 14,2;Proc. D. 41,1,55;Inst. 4,3,16 末尾),当代民法中也一致肯定了侵权责任(《德国民法典》第 823 条第 1 款)。在刑法方面,通说则否定存在《德国刑法典》第 303 条的物的损坏(类推禁止)。——**文献**:内尔(边码 51. 10 之前,《死亡原因》),第 169 页;罗·克努特尔,"论放飞的鸟等"(Von befreiten Vögeln etc.),《法学教育》2001 年,第 213 页。

此外,阿奎利亚法之诉最初只能由奎里蒂法所有权人享有,作为扩用之诉(actio utilis)扩张到用益权人、使用权人也可以享有,根据存在争议的古典法学家的意见,还可扩张到借用人享有,可能质权人、善意占有人和用益承租人也可以享有。 16

该诉讼在古典时期,最迟在乌尔比安(D. 9,2,13 pr.)时期,就已经可以根据具体情况类推适用于侵害自由人。——**文献**:罗·维特曼(R. Wittmann),《古典罗马法中对自由人的人身伤害》(Die Körperverletzung an Freien im klass. röm. Recht),1972 年。 17

罗马法继受之后,随着 Inst. 4,3,16 末尾得以一般化,阿奎利亚法之诉的适用范围继续扩张,并且成为了现代侵权法的核心。 18

在学说汇纂现代实用(Usus modernus)的实践中,它成为对于损害财产、杀害或者伤害自由人的一般侵权之诉。它将早期的直接之诉(actio directa)、扩用之诉(actiones utiles)和事实之诉(actiones in factum)的范围集于一体,并且因为去掉了其中的罚金内容而成为纯粹赔偿之诉。基于任何过错行为而导致发生损害的,不管是由于作为还是由于不作为,依照自然法都会发生损害赔偿请求权,这种一般性表述是格劳修斯(《论战争与和平》第2编第17章第1节)(De iure belli ac pacis, Ⅱ 17,1)最早提出的。侵权法一般条款可以追溯到自然法法典化,《普鲁士一般邦法》第1编第6章第8条以下,《法国民法典》第1382条、第1383条(《瑞士债法》第41条第1款与之相联系),以及《奥地利民法典》第1295条。与此相对,《德国民法典》(第823条第1款)出于法律安全性考虑(同时也出于对生命、健康等法律利益是否属于主观权利等争议问题的考虑)将基本事实构成的内容予以固定化。

文献:霍·考夫曼,《阿奎利亚法之诉的继受和现代实用》(Rezeption und usus modernus der actio legis Aquiliae),1958年;汉·约·维林格,《中世纪到〈德国民法典〉的利益与私罚》(Interesse und Privatstrafe vom Mittelalter bis zum BGB),1970年;科英,第1册,第508页;齐默尔曼,第1017页;汉·赫·塞勒,"19世纪高级法院判决中的罗马侵权损害赔偿法"(Römisches deliktisches Schadensersatzrecht in der obergerichtlichen Rechtsprechung des 19. Jh.),《赫·朗格祝贺文集》,1992年,第245页;莱·瓦卡(边码51.9)中的论文包括:彼·切拉米(P. Cerami)["合同外责任:从优士丁尼《民法大全》编纂到胡果·格劳修斯"(La responsabilità extracontrattuale dalla compilazione di Giustiniano ad Ugo Grozio),第103页],贝·库皮施["自然法中不法行为的责任"(La responsabiliù da atto illecito nel diritto naturale),第123页]和扬·施罗德["德国学说汇纂现代实用中过失致人损害的民法责任"(Die zivilrechtliche Haftung für schuldhafte Schadenszufügung im deutschen Usus modernus)];此外,汉·哈腾豪尔,《民法基本概念》(Grundbegriffe des

Bürgerl. Rechts),2000 年第 2 版,第 108 页;汉 - 彼 · 贝内尔,"《德国民法典》第 823 条和第 826 条的编辑"(Die Redaktion der § § 823 und 826 BGB),《法律史和私法教义》,第 499 页;库尔西(边码 51. 11),第 29 页。

三、人身伤害 侵辱

文献:弗 · 拉贝尔(F. Raber),《古典法侵辱请求权的基础》(Grundlagen klassischer Injurienansprüche),1969 年;罗 · 维特曼,"古典法侵辱之诉的发展线路"(Die Entwicklungslinien der klass. Injurienklage),《萨维尼杂志》,第 91 卷(1974 年),第 285 页;阿 · 弗尔克尔,《早期罗马法中对身体伤害的追究》(Die Verfolgung der Köperverletzlung im frühen Röm. Recht),1984 年;埃 · 波洛伊(E. Pólay),"古代罗马远古时期侵辱的事实构成"(Iniuria - Tatbestände im archaischen Zeitalter des antiken Rom),《萨维尼杂志》,第 101 卷(1984 年),第 142 页;齐默尔曼,第 1050 页;阿 · 曼弗雷迪尼,《共和时期侵辱之研究》(Contributi allo studio dell'iniuria in età repubblicana),1977 年;阿 · 曼弗雷迪,《罗马法中的口头诽谤:一(共和时期)》[La diffamazione verbale nel diritto rom. I(Età repubblicana)],1979 年;阿 · 曼弗雷迪,"裁判官对侵辱进行估价时遵守哪项谕令"(Quod edictum autem praetorum de aestimandis iniuriis),《(1992 年)第 5 次科潘内罗会议文集》[Atti Copanello 5 (1992)],第 65 页;阿 · 曼弗雷迪,"《十二表法》中的侵辱"(L'iniuria nelle Ⅻ Tavole),《穆尔加祝贺文集》,第 799 页;马 · 哈格曼(M. Hagemann),《侵辱》(Iniuria),1998 年;库尔西(边码 51. 11),第 21、237 页;劳 · 韦尔肯斯(L. Waelkens),"对'Talio esto'的不同认识"(,Talio esto' anders bekeken),《普尔祝贺文集》,第 404 页;扬 · 扎布沃茨基(J. Zabłocki),"论罗马法的同态复仇处罚"(La pena del taglione nel diritto romano),《信义 人性 法》,第 8 册,第 5991 页;亚 · 伊尔达(A. Hirata),"《亚历山大审判法令集》中关于侵辱的一般条款"(Die Generalklausel zur Hybris in den alexandrinischen Dikaiomata),《萨维尼杂志》,第 125 卷(2008 年),第 675 页;内尔松/孟文理,第 3 编之 3,第 234、236、240 页。

19 （一）除念咒语（malum carmen）之外，《十二表法》（第 8 表第 2 条至第 4 条）承认侵害他人人身的三项事实构成：（1）如果某人毁伤（他人）肢体，只要他和受害人没有达成和解，就应当同态复仇（Si membrum rupsit，ni cum eo pacit，talio esto）：对肢体毁伤以同态复仇作为赎罪方式，行为人应当受到与他致人所受损害相同的身体损害。以赎罪简约方式解决纠纷，即支付罚金，并未规定具有约束力；是否允许支付罚金解决纠纷和支付多少均交由受害人裁量。（2）如果某人用手或者棍棒造成他人骨折，如果伤的是自由人，应当支付 300 阿司罚金，如果伤的是奴隶，应当支付 150 阿司罚金（Manu fustive si os fregit，libero CCC，si servo，CL poenae sunto）。（3）如果某人对他人构成“侵辱”，应当支付 25 阿司罚金［Si iniuria（m） alteri faxsit，XXV poenae sunto］。在古代，只有通常的身体伤害才属于这种应当为之支付 25 阿司罚金的“侵辱”。

20 （二）这项古代市民法规则后来被裁判官法规则所替代，后者废除了其中的同态复仇效果和由于货币贬值而不再有意义的固定罚金标准。在格利乌斯的《阿提卡之夜》（Gellius 20，1，13）中，哲学家法沃林（Favorin）引用法学家拉贝奥认为，颁行该谕令是因为卢奇乌斯·韦拉提乌斯（Lucius Veratius）骑士案。这个人行为放肆，以扇迎面所遇之人耳光取乐。紧跟着他的就是他的奴隶，随身携带着装满阿司的钱袋。韦拉提乌斯命令这名奴隶，每扇一个耳光，就立刻支付依照《十二表法》必须支付的 25 阿司罚金。这个金额在后来的世纪里变得非常微不足道。

21 大约公元前 3 世纪和公元前 2 世纪之交时颁布了一项侵辱谕令。在这项谕令中，“侵辱”（iniuria）除了被理解为身体伤害外，还被理解为人格侵害，即任何蓄意无视他人人格和因此（正如希腊语中“Ὕβρις”（hybris）一词最原始的意义“自以为比别人高明”一样）而抬高自身的行为（G. 3，220 – 222 = Inst. 4，4，1 – 3）。这项谕令示中除包含各具体事实构成之外，还包含了一项对（其他）侵辱(iniuria)情形的一般令状。

具体事实构成,如背俗辱骂(convicium),聚众在房前用脏话粗话当众谩骂,此外还有诸如攻击正派妇女或者年轻人的道德名声等(参见 Ulp. D. 47,10,15,2 和 15 f.,25,43)。——总的来说,罗马社会在人格侵害方面似乎变得很敏感了,就像当代社会一样。此外,妨碍先占行为(海中打鱼)、妨碍使用自己的物或者妨碍进入公共浴池都被认为是侵辱(iniuria)(Ulp. D. 47,10,13,7)。 22

对所有这些事实构成有一项共同的诉讼,即**侵辱之诉(actio iniuriarum)**,它指向的是支付罚金,具体金额由法官根据具体情形考虑其作为罚金并且具有慰抚功能而估定(Ulp. D. 47,10,17,2)。该诉讼的原告资格和被告资格均不能继承,并且附期限一年。 23

在学说汇纂现代实用(Usus modernus)中,侵辱之诉(actio iniuriarum)最初被作为最常用诉讼之一而发挥着重要作用。在 18 世纪,德意志地区内部日渐产生了一种与之相对的思考。这种思考是受基督教宽恕义务(例如,《马太福音》第 18 章第 22 节和第 35 节)影响引发的,尤其是正派声望不会因为惹事生非者谩骂而减缩的思想。另外一项理由是,以金钱来补偿荣誉和声望不符合德意志人的感受,通过刑罚来惩罚反倒可能会更好些。因此,《德国民法典》并未将荣誉纳入第 823 条第 1 款受保护的利益中。自 20 世纪 50 年代起,侵辱之诉以《德国民法典》第 823 条第 1 款损害一般人格权所生的损害赔偿请求权的形式得以重生,该请求权主要是由司法裁判依照《德国基本法》第 1 条和第 2 条的保护委任推导出来的(《联邦最高法院民事裁判集》第 13 卷,第 334 页;第 26 卷,第 349 页;《联邦宪法法院裁判集》第 34 卷,第 269 页)。——**文献**:曼·赫尔曼(M. Hermann),《16 至 18 世纪法律学说中的人格保护》(Der Schutz der Persönlichkeit in der Rechtslehre des 16. – 18. Jh.),1968 年;科英,第 1 册,第 513 页;第 2 册,第 293、296 页;齐默尔曼,第 1062、1085 页。 24

四、暴力私犯　抢劫

文献：乌·埃伯特（U. Ebert），《武装冲突人员谕令的历史》（Die Geschichte des Edikts de hominibus armatis coactisve），1968 年；莱·瓦卡，《抢劫之诉之研究》（Ricerche in tema di actio vi bonorum raptorum），1971 年；莱·瓦卡，"卢库卢斯谕令"（L' editto di Lucullo），《（1992 年）第 5 次科潘内罗会议文集》[Atti Copanello 5（1992）]，第 221 页；莱·瓦卡，"抢劫私犯"（Il delitto di rapina），《穆尔加祝贺文集》，第 887 页。——关于共和晚期的暴力和反暴力，见，安·威·林托特（A. W. Lintott），《罗马共和时期的暴力》（Violence in Republican Rome），1968 年；路·拉布鲁纳，"惩罚暴力理念的起源"（Les racines de l' idéologie répressive de la violence），《索引》，第 3 卷（1972 年），第 525 页；内尔松/孟文理，第 3 编之 3，第 202 页。参见边码8.30 – 34，又见边码 1.31。

25　对特定暴力私犯的遏制是由裁判官引入的，可能是为了强化古代市民法责任。有两种主要私犯得以流传下来，但对其历史联系则存在争议：持械结伙恶意暴力**损坏**他人财产（dolo malo vi hominibus armatis coactisve damnum datum）和**抢劫**（bona vi rapta，rapina），即暴力侵夺财物（Ulp. D. 47，8，2 pr.）。基于这两种私犯都发生 4 倍金额的罚金之诉，而一年之后只能主张 1 倍金额。

26　这项诉讼在古典早期可能还具有追物功能，但在古典盛期，受盗窃之诉（actio furti）的影响，**抢劫之诉（actio vi bonorum raptorum）**被解释为纯粹罚金之诉，而且与（基于盗窃原因）请求返还之诉[condictio（ex causa furtiva）]发生合并（G. 3，209；4，8）。在后古典时期，该诉讼却又被作为了"混合"罚金之诉（Inst. 4，6，19）。由于受到对所有暴力犯罪都科处严厉刑事惩罚的影响，这时它的意义小了很多。

五、其他私犯

27　基于胁迫和诈欺（同样具有追物"仲裁"性质）的罚金之诉，即**胁迫之诉**

（**actio quod metus causa**）和**诈欺之诉**（**actio de dolo**），已经论及，上文边码 8.33 和 8.35。——除此之外，还有其他很多裁判官法罚金之诉，罚金金额有的是固定金额，有的是特定财产价值的 4 倍、2 倍或者 1 倍，这里就不再详细列举，因为它们的事实构成的意义非常有限。

六、优士丁尼按照东罗马的学校教义将某些违法侵害的事实构成概括为 28
准私犯，这在古典法中早已有之，但在后古典法中还要求有纯粹过错（culpa）。它包括：履行职务中侵权的审判员（iudex，qui litem suam fecit）；此外还包括，自其住房倒泼或者投掷（deiectum vel effusum）于街道致他人损害的人，某物［堆置物或者悬挂物（positum vel suspensum）］自其建筑物脱落于街道致他人损害的人（Ulp. D. 9，3，5，11）；最后，还包括其辅助人盗窃或者损害客人财物的船主、旅店主、客栈主（nauta，caupo，stabularius）［选任过错（*culpa in eligendo），上文边码 36.25；46.8］。参见 Inst. 4，5（部分等同于 Gai. D. 44，7，5，4－6；D. 50，13，6）。——**文献**：哈·帕里西奥，《准私犯》（Los Cuasidelitos），1987 年；卡·奥·坎纳塔，"准合同和准私犯（历史）"［Quasi Contratti e quasi delitti（storia）］，《法学百科全书》，第 38 册，1987 年，第 25 页；特·希门尼斯－坎德拉，《所谓准私犯》（Los Llamados Cuasidelitos），1990 年；内尔松/孟文理，第 3 编之 2，第 64 页；罗·谢沃拉（R. Scevola），《私人法官的责任》（La responsabilità del iudex privatus），2004 年［书评，贡·韦泽纳，《萨维尼杂志》，第 125 卷（2008 年），第 932 页］。关于其进一步发展，见赖·霍赫施泰因（R. Hochstein），《准私犯之债》（Obligationes quasi ex delicto），1971 年；齐默尔曼，第 1126 页；科英，第 2 册，第 520 页。

第三章 债的消灭

第五十二节 债务消灭 概说

(RPr. § § 45,148)

一、本质和种类

1 如果债务得到清偿,即债权人获得了欠他的,债就消灭了;此外,如果债务人因为其他事由而对其义务免责,债也就消灭了。消灭事由可以发生较强效力或者较弱效力:

2 (一)债务人在特定情形下可以直接**当然**(**ipso iure**)免责,这样法官就必须直接将债作为消灭而处理。这些消灭事由依照市民法(ius civile)或者依照荣誉法(ius honorarium)发生效力,需要视债属于何种法律层面而定。

3 (二)在其他情形,诸如在非特定形式的免除或者抵销等事实构成中,债被认为仍然存在,但是由于裁判官应债务人申请而否定了债权人的诉讼或者(大多情形下)授予债务人以抗辩(exceptio)而丧失效力。**由于抗辩**(**per exceptionem**,* ope exceptionis)而丧失效力是一项裁判官法的措施,但也可以援引法律(lex)或者元老院决议(senatusconsultum)(上文边码4.10)。

二、历史

（一）如同债的概念本身一样，其消灭的过程也有长久历史。由于债的根源存在于人的责任中（上文边码 32.3－4 和 10），所以，对于债的消灭事实构成的历史渊源，我们就应当在**责任解脱**的历史渊源中寻找。这种解脱在较早阶段发生在对私犯责任支付罚金、对法律行为的责任提供给付中，而责任人受到了这些责任的约束。大概这种责任解脱自古就可以是不要式的。 4

形式要求大概仅仅是为责任人利益才提出的，因为他嗣后可能需要证明其给付。但责任人并没有强制手段，以强制相对人注意到要式性。依照古典法，债务人可以通过不具有特定形式的免除简约（pactum）依照市民法（ius civile）而自盗窃（furtum）和侵辱（iniuria）所发生的古代市民法私犯之债的约束中免责（下文边码 53.20）。

（二）关于责任解脱的要式行为，是以**铜和秤式清偿**（**solutio per aes et libram**）或者**债务口约解除**（**nexi liberatio**）为名流传给我们的（G.3,173－175）。如同所有秤式行为（上文边码 7.14）一样，这两种行为在其最初形式上是在至少 5 名证人和司秤（libripens）面前实施的交换行为。在该行为中，基于该责任而有权抓取的人（后来是债权人）获得了经过称量的一定货币，并且为此放弃了他的抓取权。 5

这种要式行为在早期主要用于第三人责任解脱，这时候提交解脱金额的不是责任人自己而是第三人。解脱第三人在此的目的并不在于使责任人完全免责，而是以支付赔偿金作为交换受让取得对责任人的支配，这项支配使得他为偿还其所支付解脱金额而对责任人就其所支付者享有的追偿获得了担保。作为这种解脱第三人的，主要是责任人的亲属或者族人。由于他行使起追偿权来，比那些让与责任人于他的债权人更加温和，这就使得责任人感觉到是一种“释放”（liberatio）或者“解脱”（solutio）了。 6

7 这种解脱行为的发展大概可以分为如下阶段:(1)第三人解脱行为最初可能以"债权人"已经将责任人置于其支配之下为前提,即已经采取了执行上的拘禁(manus iniectio);后来这项前提不复存在。如果第三人对责任人的债务提供了誓约保证并以铜和秤式清偿(solutio per aes et libram)的形式予以支付,就可以立即对获解脱人采取拘禁(manus iniectio)而主张追偿。(公元前4/3世纪)《普布利里亚法》(lex Publilia)将这项执行推迟到免责后6个月,以便获解脱人更容易满足解脱第三人的要求(详细内容,见下文边码57.20)。(2)铜和秤式清偿(solutio per aes et libram)的形式——是否采取拘禁(manus iniectio)都一样——可能自古以来就已经不仅仅适用于第三人解脱的情形,还可适用于债务人自己解脱的情形。当然,以下情形必须具备特定形式:债务可以执行的,即债务人或者已经被判罚或者债务在法律审(in iure)中获得承认,或者因为裁判官本人查明该责任存在,例外情形下没有判决也可以执行(上文边码32.15)。(3)最后,如果事实上提供了所欠给付时,完全就放弃了特定形式要求。如果债务人并未现实给付而债权人免除债务时,这种秤式清偿行为就可以使用"一文铜币"(nummo uno)这种"虚构"形式(下文边码53.18)。——**文献**:卡泽尔(边码32.15),第100页;克努特尔(边码6.4),第73页;内尔松/孟文理,第3编之2,第403页。

8 (三)如果债务是通过要式口约(stipulatio)设立的,消除责任就需要具备特定形式的**正式免除**(**acceptilatio**)。对此,人们采用了与要式口约(stipulatio)本身相同的问答形式。债务人问,"我所允诺的,你得到了吗?"(quod ego tibi promisi,habesne acceptum?),债权人回答,"我得到它了"(habeo)。参见G. 3,169 = Inst. 3,29,1;Mod. D. 46,4,1。

这种形式(作为受领行为)最初还伴随有现实给付,然而后来,在文句中提到的给付实际上没有提供时,也当作为免除(下文边码53.19)。外邦人也可以实施这项行为。

第五十三节　清偿和其他消灭事由

（RPr. § § 149－151，274；Kaser/Hackl　§ § 35 V，38 Ⅱ）

一、清偿　代物清偿　提存

（一）**清偿（solutio）**是给付所欠者，因此似乎是债的自然结束，是实现其存在目的。如果提供的给付与所欠者相符合，它就会使债务人当然（ipso iure）免责（G. 3，168；Ulp. D. 50，16，176；Inst. 3，29 pr.）。 1

它仍然称为清偿（solutio）[来自于“solvere”（解脱）]，尽管人们现在所想象的清偿标的早已不再是负担责任的人及其所受约束而是给付标的了，如货币[货币清偿（pecuniam solvere）等]。

向未经监护人同意（auctoritas tutoris）的被监护人支付而使其成为所有权人，只要被监护人就已支付货币得利，债务人就获得了一项诈欺抗辩（exceptio doli）（G. 2，84）。由未经监护人同意的被监护人支付，如果债权人通过混合、时效等事由成为了所有权人，债务人就可以因此而免责。如果为清偿而提交了他人之物并且债权人因这种取得情形之一而受益，债务人同样免责。参见 Ulp. D. 46，3，14，8；Pomp. eod. 17，此外，Inst. 2，8，2，还可参见上文边码 48.6 和 8。 2

清偿（solutio）的证明在古典法中并不取决于形式规则；收据（ápochae）也需要经过自由的证据判断。优士丁尼有时要求收据（securitas）采用书面形式，可能还要求有证人，并且赋予采用正确形式的收据以较强效力：谁主张实际并未收到他所出具收据上的给付，谁就应该对“债权人”的诉讼提出未付款抗辩（上文边码 40. 8）或者主张收据与法院记录中的未付款抗告（querela non numeratae pecuniae）相冲突，但这二者只能在两年之内行使（Iust. C. 4，30，14；Inst. 3，21；4，13，2）。——**文献**：卡泽尔/哈克尔，第 604 页。 3

（二）有权清偿而发生免责效力者，在给付按照其内容并非约 4

束债务人的人身时,还包括任何第三人,即使这样违背了债务人意思(Inst. 3,29 pr.;Lab. – Paul. D. 46,3,91);在这其中,古代的经由第三人使责任人解脱继续发生着作用(上文边码 52.6)。盖尤斯(D. 3,5,38;D. 46,3,53)给出的理由是:“因为我们在他人不知或者违背其意思的情况下虽然可以改善某人的法律状况但却不能恶化其法律状况,这符合自然理性,同样也符合法律理性。”

文献:克・埃蒙茨(Chr. Emunds),《某人为他人给付而使其免责:免责的第三人给付研究》(Solvendo quisque pro alio liberat eum. Studien zur befreienden Drittleistung),2007 年(内容广泛,第 164 页:为他人债务而为给付,以债务人名义还是以自己名义并不重要);《德国民法典历史批评注释书》,格勒施勒执笔,第 266 条至第 268 条,边码 15 – 18。——参见《德国民法典》第 267 条,《奥地利民法典》第 1422 条、第 1423 条,《瑞士债法》第 68 条。

5 (三)有权受领清偿给付者,除债权人本人外,还包括:

1. 经债权人授权的人,尤其是他的代理人(procurator)。当然,债权人可以随时撤回授权,然而,不知撤回授权而给付的债务人,有时也会受到保护(Ulp. D. 46,3,12 pr./2)。

6 2. 债权人授权债务人向第三人给付的(清偿指示,* delegatio solvendi,下文边码 54.10),债务人可以通过向第三人给付而使自己免责。债务人在没有这种授权时也可以免责,而这需要债权人对债务人向第三人给付予以事后追认(ratihabitio, Ulp. D. 46,3,12,4)。

7 3. 在要式口约(stipulatio)[或者嫁资宣许(dotis dictio)]中,可以在债权人之外指定第三人(如银行主)作为支付受领人,即**支付目的补充人**(**solutionis causa adiectus**)[例如“你发誓,你愿意给我或者提提乌斯吗?”(mihi aut Titio dari spondesne?)](Ulp. D.

46,3,12,3)。第三人虽然有权受领,但对债权并无权利(见边码 34.6),因此不能就该债权提起诉讼,也不能将其让与或者免除。不同于授权受领人的情形(上文边码 53.5),其受领权不因债权人撤回而被收回。

4. 作为享有受领权和诉权的"从债权人",其权利取决于债权人的权利,但他可以设定**副债权人**(**adstipulator**)(对此,见下文边码 57.1)。通过所有这些制度,罗马人满足了对于——他们还不认识的——"真正"利益第三人合同的要求(上文边码 34.6)。 8

(四)给付**标的**必须符合债务。 9

1. 对于部分给付,如果债权人没有例外地(通过法律或者行为)允许债务人这样做,债权人就可以拒绝,而且不会因此而陷入迟延(Iul. D. 12,1,21 起首)。

虽然该规则可能是由对人执行发展而来,但它却不像人们所认为的那样在罗马法中有牢固基础。它进入到了几乎所有民法典之中。——《德国民法典》第 266 条,《奥地利民法典》第 1415 条第 1 句,《瑞士债法》第 69 条,《西班牙民法典》第 1169 条,《希腊民法典》第 316 条,《意大利民法典》第 1181 条,《新荷兰民法典》第 629 条,1985 年《法国民法典》第 1244 - 1I 条。只有 1964 年《波兰民法典》第 450 条有不同规定。——**文献**:罗·克努特尔,"部分清偿增加累赘的情形较为少见"(Particularis enim solutio rarum est ut incommoda sit),《迈尔 - 马利祝贺文集》,2002 年,第 337 页;《德国民法典历史批评注释书》,格勒施勒执笔,第 268 条,边码 11 - 14。

2. 如果债权人对同一债务人有数项相同债权(如货币之债),那么,所提供给付是对哪一项债权的清偿,首先由债务人决定,然后才由债权人决定。如果债务人没有表示,到期的债权优先于未到期债权受偿,数项到期债权之间实现难度较大者优先受偿,实现难度相同的数项债权之间按比例受偿。参见 Paul. D. 46,3,101,1;Pap. eod. 97;Ulp. eod. 3,1;5 pr.;Paul. eod. 8。——《德国民法典》第 366 条,《奥地利民法典》第 1416 条,《瑞士债法》第 86 条、 10

第 87 条。

11 3. 如果向债权人给付他物代替所欠者(aliud pro datio),只有债权人作为清偿而受领时,债务人才能通过这种**代物清偿**(datio in solutum)而免责。普罗库勒学派在这种情形下给债务人以诈欺抗辩(exceptio doli),而占优势的萨宾学派则使之当然(ipso iure)免责;G. 3,168,参见 Inst. 3,39 pr. 。

如果用以清偿(in solutum)而交付的标的(全部或者部分)自债权人处被追夺,人们就认为旧债权继续存在(Marci. D. 46,3,46 pr. /1)。

扩用买受之诉(actio empti utilis),对于受领了作为债务人免责的交换而提交之物的债权人,依照买受人的类推而处理(Ulp. D. 13,7,24 pr. ;Ant. C. 8,44,4),在实践中主要是作为瑕疵担保诉讼(见上文边码 41.33 和 41.45 - 46)。——可能是受到经济衰退和普遍性货币缺乏的影响,优士丁尼在 535 年和 544 年之间(Nov. 4,3 和 120. 6,2)引入了必要代物清偿(datio in solutum necessaria):如果债务人不能搞到支付所必须的货币,但他有土地,债权人就必须将其作为对适当价格的支付而受领。——《德国民法典》第 364 条第 1 款、第 365 条,《奥地利民法典》第 1413 条、第 1414 条、第 922 条,《瑞士债法》只列出了为清偿而提供给付,第 116 条第 2 款,第 172 条。——**文献**:曼·哈德,《代物清偿》(Die Leistung an Erfüllungs Statt),1976 年;齐默尔曼,第 753 页;安·萨科乔,"所谓'必要代物清偿'"(La c. d. datio in solutum necessaria etc.),《罗马和美洲:共同罗马法——欧洲和拉丁美洲法律融合与一体化杂志》,第 14 卷(2002 年),第 17 页(附有学说史);安·萨科乔,"代物清偿:一个术语的历史和教义"(Datio in solutum:storia e dogmatica di una locuzione),《信义 人性 法》,第 7 册,第 4893 页。

12 (五)债务到期的**时间**,是债权人可以主张清偿的时间,也是在必要时可以提起诉讼的时间,依照发生债务行为(合同、遗嘱)

中所确定者确定;必要时还需要根据具体情况,尤其是根据给付性质确定。只要以上事实对时间没有特别要求,就可以立即主张给付(Pomp. D. 50,17,14;Ulp. D. 50,16,213 pr.)。

债务人通常可以在到期之前给付,与此相应,还可能因其到期之前提供给付而使债权人限于迟延:给付时间的确定有利于债务人(diei adiectio pro reo est)(Ulp. D. 45,1,41,1)。这项规则以日常经验为根据:给付提供得越早就越受欢迎[G. 3,113 = Inst. 3,20,5,谚语说"给得快等于双倍给"(bis dat qui cito dat)]。由于这项规则是从关于要式口约的法律发展而来的,因此其中还有些比较模糊的规则。如果债权人对于债务人不提前给付存在利益,情况就会有所不同(Ulp. D. 50,17,17;Pomp. D. 31,43,2)。——在后古典时期的经济困难中,普遍的迟延得到了皇帝允许,优士丁尼时期还得到了债权人允许。——**文献**:弗·法索利诺(F. Fasolino),"论提前清偿"(Note in tema di solutio ante diem),《信义 人性 法》,第3册,第1729页;《德国民法典历史批评注释书》,格勒施勒执笔,第269条至第272条,边码21-24。——《德国民法典》第271条第1款、第2款,《瑞士债法》第75条、第81条第1款,《奥地利民法典》第904条和(略有不同的)第1413条。 13

(六)清偿的**地点**,依照发生债务行为中所确定者确定,必要时还应当根据具体情况确定。补充规则尚未充分得以澄清,它在渊源中的根据有很多区别。无论如何,比较清楚的是,基于合同而负担义务原则上以缔约地点(locus contractus)为清偿地点,因此,在罗马无保留地允诺向斯提库斯给付的人应当在罗马清偿,即使斯提库斯处于以弗所也应如此清偿(Ven. D. 45,1,137,4,此外还可参见 Ulp. D. 5,1,65,都可以从例外中表现出原则:在离婚的情形应当返还嫁资的允诺,其清偿和妇女就其提起诉讼,都必须在男方的婚姻住所地,而不是嫁资允诺地)。 14

种类债务应当在可以起诉债务人的地点清偿,因此就是合同地或者债务人住所地(Iul. D. 12,1,22;Gai. D. 13,3,4;Pomp. D. 33,1,1)。起诉债务人必须在其住所(当代称为一般诉讼管辖,《德国民事诉讼法》第 13 条),对此,可以由任何人在他进行诉讼最为舒适的地点都不能拒绝应诉而得到解释。——给付所欠特定物(certa res)的地点应当是该物所处的地点,这一点适用于遗赠(Lic. D. 5,1,38;Ulp. D. 30,47 pr.;Afr. D. 30,108 pr.)、呈交义务(Ulp. D. 10,4,11,1)和返还已经交付但不必在交付地返还的保管物(Pomp. D. 16,3,12 将其扩张适用于诚信之诉中,颇值怀疑)。——**文献**:弗·阿马雷利(F. Amarelli),《清偿地点》(Locus solutionis),1984 年。

15 如果债权人以指向确定金额(certa pecunia)的请求(intentio)就货币金额在行为所确定清偿地点以外的地点提起诉讼,裁判官就会为此目的而向他提供一项特殊的**须在确定地点给付之诉**(**actio de eo quod certo loco dari oportet**),基于这项诉讼,应当对被告就诉讼地与所欠金额在清偿地的价值等值的金额作出判罚。如果债务人从未到过允诺的给付地,该诉讼即可用以保护应向其提供但未收到给付的债权人(Gai. D. 13,4,1)。在不同利益中,首先只考虑了被告利益,因此,判罚金额可能低于作为其基础的要式口约中的允诺金额,后来也考虑了原告利益,也就可以承认较高金额,尤其是未在清偿地点提供给付致其受到损失的情形(例如,他所提供而未赎回的质物被低于价值出让),Ulp. D. 13,4,2 pr. 和 2,8。

然而,不管是在指向“被告有义务向原告给付的全部……”(quidquid...)的不确定程式(formula incerta)中,还是在指向作为确定金额的其他确定标的(certum)的程式中,应当注意这种“地点利益”用语都没有扩张。

16 (七)在债权人迟延和其他个别情形下,债务人可以将给付标的**提存**。密封(obsignatio)和提存(depositio)通常在神殿、特定公共机构[例如仓库(horrea)]或者银行主那里进行,在基督教时代也可以在合适的教会里进行。提存使债务人变得轻松方便了些。

利息计算将会停止，债权人没有权利变卖质物，保证人提存后可以向主债务人主张追偿等。参见 Pap. D. 22，1，7；Gord. C. 8，27，8；Pap. D. 17，1，56，1）。最早在戴克里先时期，债务人因提存而免责，C. 8，42，9。戴克里先或者优士丁尼为债权人提供了一项对保管人甚至对所提存货币的任何占有人的扩用之诉（actio utilis）；C. 4，32，19，4。——《德国民法典》第 372 条以下，《奥地利民法典》第 1425 条，《瑞士债法》第 92 条以下。——**文献**：曼·尼奇克（M. Nitschke），“所欠给付的提存”（Die Hinterlegung der geschuldeten Leistung），《历史与法的研究与文件》，第 24 卷（1958 年），第 112 页；罗·维涅龙（R. Vigneron），《提供或者提存》（Offerre aut deponere），1979 年。

二、免除

免除是债务人与债权人之间的债务人因债权人抛弃给付而免责的协议。要式免除行为使债务人当然（ipso iure）免责［下文（一）和（二）］。不要式免除大多则只为其提供简约抗辩（exceptio pacti）［详细内容见下文（三）］。 17

（一）**铜和秤式清偿（solutio per aes et libram）**（上文边码 7.14 和 52.5）在古典时期还可以仅仅使用一文铜币（nummo uno），即纯粹的象征性债务清偿，以达到免除目的；G. 3，173 – 175。 18

债务人应当讲说的程式（“因为我可能被判罚向你支付最高……千，我用这块铜和铜秤使我由你那里解脱并免责。我依照国家法律向你支付全部金额。”）中关于全部债务都已经支付的主张，只不过是表象而已。——在古代法影响下［参见上文边码 32.15，52.7 之（二）］，这种行为被限定于间接遗赠所发生的确定标的（certum）的货币债务和种类债务以及（判决确定的）判决债务。——和所有的秤式行为一样，这种行为在古典时期末期也消失了。优士丁尼将其从古典渊源中删除了。

19 （二）**正式免除**（**acceptilatio**）（上文边码 52.8）因其问答形式而成为了要式口约（stipulatio）的对应物，并且仅限于这种形式［和嫁资宣许（dotis dictio）］。它是要式收据，即使没有实际给付也发生债务人免责的效力；G. 3，169 – 172；Inst. 3，29，1。它还适用于外邦人（Ulp. D. 46，4，8，4）。

对于上述债务以外的其他债务，必须首先通过更新［例如，阿奎利要式口约（stip. Aquiliana），下文边码 54.6］转变成为要式口约债务。正式免除（accept.）抽象地发生效力（与当代法中的免除相同，《德国民法典》第 397 条），法律基础（如赠与、嫁资设定或者其他有偿关系）对其效力并不重要，除非程式中明示列出了原因（causa）（Ulp. D. 23，3，43 pr.）；特定情形下原债权人可以对免除主张给付返还之诉。无效正式免除（acceptilatio）可以作为非特定形式的免除简约而得以保留（Ulp. D. 46，4，8 pr.；eod. 19 pr.），见上文边码 9.6。——**文献**：利布斯（边码 6.4），第 131 页；克努特尔（边码 6.4），第 87 页；克·克兰佩，"一项无效正式免除中是否包含一项有效简约"（An inutilis acceptilatio utile habeat pactum quaeritur），《法律史杂志》，第 53 卷（1985 年），第 3 页。

20 （三）1. **不要式**免除合同，如同古代罗马的赎罪和解简约（pactum）一样，在古典法中还会依照市民法（ius civile）发生对基于盗窃（furtum）和侵辱（iniuria）的罚金债务的免责的效力，Ulp. D. 2，14，17，1。

21 2. 在（基于法律行为或者私犯的）所有其他债务中，非特定形式免除，**不请求简约**（* **pactum de non petendo**），只能依照荣誉法（ius honorarium）使债务人获得一项（既定）**简约抗辩**［**exceptio pacti**（conventi）］而免责；见 G. 4，119；126；参见 Inst. 4，14，pr.。

它经常处于需要与诈欺抗辩（exc. doli）进行选择的状态（参见 G. 3，179）。在诚信审判（bonae fidei iudicia）中，该抗辩的介入可有可无（上文边码 33.16)。如果简约(pactum)只是限定特定时间而订立的,就是用于延期清偿了(G. 4,122;Inst. 4,13,10)。——古典法学家就已经区分了对人订立的对人简约(pactum in personam)和不是对人订立的对物简约(pactum in rem),前者仅对债务人本人发生效力,后者则为继承人、保证人、共同债务人等利益而对他们发生效力。参见 Ulp. D. 2,14,7,8;Paul. eod. 17,5;21,5;25,1。

3. 和解(**transactio**)是一种非特定形式协议,旨在通过双方让步结束争议或者权利不明的状态,在古典法中只是免除简约的一种适用情形。 22

和解(transactio)大多表现在就对待给付受领或者允诺而抛弃诉讼(actio),参见 Ulp. D. 2,15,1。在优士丁尼时期,它与简约(pactum)相互分离。关于它被作为无名合同,参见 Alex. C. 2,4,6,1(上文边码 45.4 末尾),又见 Diocl. eod. 33,1。——《德国民法典》第 779 条,《奥地利民法典》第 1380 条以下。

文献:米·安·菲诺(M. A. Fino),《论和解的起源》(L'origine della transactio),2004 年(关于教义史);费·特雷贾里(F. Treggiari),"和解的历史断面"(Profili storici della transazione),《锡耶纳大学法学研究》(Studi Senesi),第 104 卷(1992 年),第 304 页。

4. 基于合意合同而互相发生债务行为,尤其是买卖,只要尚未给付[技术性说法是"尚未处理之事"(res integra)],就可以通过非特定形式废止合同[相反合意(contrarius consensus)]将其清除。从结构上来说,该协议是将互相不请求简约(pacta de non petendo)联结而形成的。如果当事人一方不顾该协议仍然起诉,法官就会立即考虑到它,因为基于合意合同的诉讼是诚信审判(bonae fidei iudicia)(上文边码 9.10;33.14 和 16,所谓的"固有性"),Iul. – Paul. D. 18,5,3。与此相对,其他法学家,尤其是保 23

罗,则认为,相反合意是一种适用对称原则的情形,因而也就是市民法上的废止合同,并且因此认为,它所涉及的不仅是基于该合同所生的义务,而且还有“合同基础”,即合同被全部清除(Pomp. D. 46,3,80;Ulp. D. 50,17,35;Inst. 3,29,4)。

不同见解对诸如以下很多问题都产生了影响:是否可能对(关于买卖的)废止进行废止(Paul. D. 2,14,27,2),受胁迫而为的废止合同是否有效(Paul. D. 4,2,21,4;参见边码 8. 31),保证人在当事人废止买卖时是否当然(ipse iure)免责,或者他是否必须要主张简约抗辩(exceptio pacti)(Paul. D. 18,5,3)。——**文献**:罗·克努特尔,《相反合意》(Contrarius consensus),1968 年;罗·克努特尔,“简约抗辩的固有性”(Die Inhärenz der exceptio pacti),《萨维尼杂志》,第 87 卷(1967 年),第 133 页;罗·菲奥里(边码 38. 2),第 1955 页(论 Pomp. D. 46,3,80)。

三、抵销

文献:海·德恩堡,《抵销的历史和理论》(Geschichte und Theorie der Compensation),1868 年版第 2 版(1965 年重印);齐默尔曼,第 760 页;帕·皮绍纳茨,《论抵销》(La compensation),2001 年(有教义史);让 - 菲·多尔特(J. - Ph. Dolt),“抵销计划的实施”(La mise en œvre de l' operation compensatoire etc.),《法律史杂志》第 71 卷(2003 年),第 155 页(至 19 世纪的发展);《德国民法典历史批评注释书》,齐默尔曼执笔,第 387 条至第 396 条,边码 5 - 17。

24 在抵销(compensatio)中,债务人可以向其债权人以对待债权提出异议,主张债权人对他只能执行扣除对待债权后仍然存在的剩余债权(余额)。古典法学家已经将这种方式的数项事实构成概括为抵销(compensari)。优士丁尼将其一般化和统一化(参见 D. 16,2)。

罗马人只是在纯粹诉讼层面上理解抵销；债权人必须一开始就扣除对待债权，或者法官必须在计算判决金额时考虑它。通过单方形成行为而抵销（如同所有形成行为一样）源自于 19 世纪中期。参见《德国民法典》第 387 条至第 389 条，《瑞士债法》第 120 条、第 124 条（使用“Verrechnung”一词），可以对比《奥地利民法典》第 1438 条。 25

抵销的前提一般要求两项债权是：1. 互负的（在相同的人之间）；2. 同种类的（例如货币债权）；3. 可流通的（对此，见下文边码 53.31），并且，实施抵销的人的债权是；4. 到期的；并且 5. 未因反对权而停止其效力，尤其是未受抗辩（exceptio）阻却（因为抵销人不能以诉讼方式违反相对人意思而执行其尚未到期或者效力停止的债权）。当然，正如下文所示，也存在某些例外。 26

（一）在**诚信审判**（**bonae fidei iudicia**）中，法官可以将基于同一原因（ex eadem causa）发生的（所谓“关联的”）对待债权扣除；参见 G. 4，61－63；Inst. 4，6，30 和 39。 27

该诉讼因此可以用于清算基于这项关系而发生的所有债权，而且无论这些债权自始即为货币债权还是经法官估价后才成为货币债权。如果法官拒绝扣除某项——不能流动的——对待债权（例如因为查明它就将不适当地推迟诉讼），被告可以就它（因为其诉讼系属尚未发生）单独提起诉讼。

（二）**银行主**（**argentarii**）可以就与顾客清算相同种类（通常都是指向货币的）对待债权后的差额单独起诉其顾客。对待债权在此并不需要有“关联的”；参见 G. 4，64；66－68。 28

计算余额是银行家的事情，因为如果他请求过多，就会因为过分请求（pluris petitio）而被驳回。这里（在已经提起的诉讼中包括）发生诉讼系属的包括计算余额的所有的债权和对待债权；此后不能再就它们提起诉讼。——**文献**：帕·皮绍纳茨，“论商业抵销行为”（La compensation commerciale etc.），《法律史杂志》第 71 卷（2003 年），第 29 页。

29　（三）**财产买受人（bonorum emptor）**（下文边码85.6）对属于破产财产的债权只能通过扣除诉讼（agere cum deductione）提出主张，这就是说他必须扣除被告对破产人存在的对待债权。给付标的种类相同和均已到期在此并不重要了。G.4,65–68。

30　（四）除这些情形外，对我们而言古典法中有：(1)［通过免除简约（pactum）的］合意抵销。(2)此外，严格法审判中神圣马可批复（rescriptum divi Marci）（马可·奥勒留，2世纪后半叶）承认可以通过**诈欺抗辩（exceptio doli）**进行抵销；Inst.4,6,30。

程式诉讼在这里存在如下困难：如果被告在指向确定标的（certum）的严格法诉讼中向裁判官提出了一项相同种类且已经到期的对待债权，并且能够立即证明其存在和金额，裁判官就可以要求原告将其请求限定于该差额，并且在原告拒绝时就会驳回（否定）其诉讼请求。如果不能立即证明对待债权并且原告拒绝缩减其诉讼请求，诈欺抗辩（exc. doli）就成为可疑的救济手段了：如果原告怀疑对待债权并认为它不存在，人们就不能毫不迟疑地指责他存在诈欺（dolus）；此外，诈欺抗辩（exc. doli）只能使得完全驳回诉讼，而不仅仅只是导致判罚金额降低。当然，如果对争讼程序（litis contestatio）之后原告的诈欺（dolus）也允许给予诈欺抗辩（exc. doli）的话，法官在确定对待债权的存在及其金额后就可以要求原告在被告支付余额后就使其免责；如果原告对此不予允许，可能就会对被告予以开释。当然还可以考虑其他解释［涉及已决案之诉（actio iudicati）或者公职审判程序］。此外，原告似乎还有权当着审判员的面将其诉讼债权限定于余额，这样就可以避免过分请求（pluris petitio）的结果。——由该批复可能得出如下结论：在诚信审判（bonae fidei iudicia）中，在对待债权是诸如诉讼债权等并非基于同一原因所生债权的情形下，［根据固有的诈欺抗辩（exceptio doli）］也有可能主张抵销。

31　（五）优士丁尼增加了抵销的可能性，因为享有对待债权的债权人不再需要害怕由于过分请求（pluris petitio）而丧失其债权了（上文边码34.9）。这时可以提起诉讼的仍然只有诉讼债权超过被抵销对待债权的余额，而法官必须扣除流通的，即能够立即证明的对待债权，并且只能在余额内进行判罚。当然抵销（ipso iure compensatur）的表达方式就意味着这一点；Inst. 4,6,30；C. 4,31,14。

法官必须要考虑固定的对待债权，同样还要考虑被告是否援引了它。对于这两项债权（在计算利息、对已经给付者主张请求返还之诉时）应当认为它们已经互相清偿而消灭了，即具有溯及力。

四、混同

如同限制物权在它与所有权同归一人时消灭一样（边码 28.19；29.13），如果债权人地位和债务人地位同时混同于一人，债权也归于消灭。 32

这种情形首先发生在一人继承他人的情形中，还有一种特殊情形就是损害之诉，见 G. 4,78。在很多例外情形中，裁判官（通过拟制程式）重新恢复了那些以这种方式而消灭的债权，Iul. D. 36,1,28,11。债权人与主债务人混同，要式保证（fideiussio）也随之消灭（Afr. D. 46,3,38,5）。债权人与保证人混同的，主债务仍然存在，至于保证人的追偿权是否也随之消灭，取决于具体情形（参见 Afr. D. 46,1,21,5，与之相对的是 Pomp. D. 17,1,11）。主债务人和保证人混同的，保证消灭（Ulp. D. 46,1,5，而 Scaev. D. 46,3,93,3 则有所限制）。——**文献**：基斯（边码 28.19），第 60 页；格·韦森贝格，"债法混同的教义史"（Zur Dogmengeschichte der schuldrechtlichen confusio），《陶本施拉格学术交流会》（Symbolae Taubenschlag），第 1 册，1956 年；马·维默尔，"对混同理论的历史说明"（Geschichtliche Anmerkungen zur Theorie der Konfusion），《迈尔－马利祝贺文集》，2002 年，第 889 页。

五、其他消灭事由

（一）如果关于同一物数项取得原因竞合（* concursus causarum），例如 33

要式口约债权人通过买卖、赠与或者遗赠取得所欠之物,古代法总是使债消灭;所有权一经取得就不能再就它欠债。自尤里安起,如果一项原因无偿而其他原因有偿,债权就继续存在,参见 D. 44,7,19。只有两项无偿取得原因竞合(* concursus duarum causarum lucrativarum)时才能使债权消灭,Iul. D. 30,82 pr. /1;Inst. 2,20,6,还有 Ulp. D. 30,34,3。两项有偿取得原因竞合,只有 Pomp. D. 21,2,29 pr. 中涉及过:第一出卖人向甲出卖他人之物并已交付;嗣后甲自所有权人买下该物,显然是要防止被追夺。与内尔瓦(Nerva)不同,克尔苏斯否定了第一出卖人的买卖价款之诉(即使他已经使甲取得了时效取得的占有并且尚不具备形式上的追夺前提)的意见,其根据可能是(固有的)诈欺抗辩。如果甲已经向第一出卖人支付了价款,就可以主张返还,但对此并未提及。——**文献**:保·兰布里尼(P. Lambrini),《论原因竞合问题》(Il problema del concursus causarum),2000 年[书评,埃·邦德(E. Bund),《萨维尼杂志》,第 119 卷(2002 年),第 446 页];沃·恩斯特,《权利瑕疵责任》(Rechtsmängelhaftung),1995 年,第 30 页;苏·普法伊尔(S. Pfeil),《古典罗马法中的两项原因竞合》(Der concursus duarum causarum im klass. röm. Recht),1998 年。

34 (二)其他消灭事由,已经论及:关于嗣后不能(参见上文边码 37. 3),关于全部私犯之债的被动不能继承,即被告资格不能继承,个别私犯之债的主动不能继承,即原告资格不能继承(上文边码 50. 7)。关于解除买卖和单方终止租赁(locatio conductio)、合伙(societas)和委托以及后两者因为当事人死亡而消灭,见债务关系的相应内容。

第五十四节　更新和指示

(RPr. § § 152,275)

一、更新

文献:博·冯·萨尔皮乌斯(B. v. Salpius),《罗马法中的更新和指示》(Novation und Delegation nach Röm. Recht),1864 年;卡·萨尔科夫斯基(C. Salkowski),《论罗马法中的更新学说》(Zur Lehre von der Novation nach

Röm. Recht)1866 年;弗·波尼法乔(F. Bonifacio),《论罗马法中的更新》(La novazione nel diritto rom.),1959 年第 2 版;帕·沃奇,"论更新的历史"(Per la storia della novazione),《维托里奥·夏洛亚罗马法研究所学刊》,第 68 卷(1965 年),第 147 页;马·卡泽尔,"论更新和指示"(Zu Novation und Delegation),《芬斯特拉祝贺文集》(Satura Feenstra),1985 年,第 141 页 =《罗马法渊源和所用法学家方法》,第 300 页;埃·约·希·施拉格,"注释法学派及其更新学说"(Die Glossatoren und ihre Lehre von der Novation),载《法律史杂志》,第 58 卷(1990 年),第 39 页;弗·施图尔姆,"古典罗马法中诚信之债的更新"(La novation des obligations de bonne foi en droit romain classique),《信义 人性 法》,第 8 册,第 5447 页(有些内容涉及更新)。

(一)"更新"(novatio)是债转换为新债,其中旧债被基于要式口约(stipulatio)[或者嫁资宣许(dotis dictio),也可基于文书合同]的新债所取代而消灭。乌尔比安(D. 46,2,1 pr.)的定义是:"'更新'是原债向市民法之债或者自然法之债的转换或者转移,这就是说,如果从原债产生一项新债,旧债就消灭了。'更新'的名称同样来自于'新'(a novo)和'新债务'(a nova obligatione)。"从更新的基本思想来看,它是"新法优于旧法"(lex posterior derogat legi priori,《十二表法》第 12 表第 5 条,Mod. D. 1,4,4)这项法律规则在市民法上的对应物;私人自治而达成的协议是当事人之间的法律(lex)(参见《法国民法典》第 1134 条第 1 款,《西班牙民法典》第 1091 条,《意大利民法典》第 1372 条)。 1

更新在罗马所发挥的作用远比在当代要大,因为债的嗣后变更,也就是债权人或者债务人的人的变更,不是通过简单的变更合同就能实现的,而只能通过更新才可能实现。此外,誓约保证需要以要式口约债务作为主债务,因此,对任何其他主债务提供这种类型的保证,首先就需要通过更新转换为要式口约债务。

2　（二）1. 更新要式口约通常以“指名”方式订立，这样就可以说明以“旧债所欠的”为其内容，例如，[你发誓，给（我）“塞乌斯欠我的”或者“你发誓，给予（我）你基于遗嘱应当给予我的吗？”（quod mihi Seius debet 或者：quod ex testamento mihi dare debes, dari spondesne？]，Ulp. D. 45，1，75，6。如果被更新的债务不存在，基于要式口约所生的债务也就不欠了；对于要式口约之诉不需要抗辩（exceptio）（上文边码 40. 5）。——与此相对，如果要式口约是“抽象”表达的[你发誓，向我支付 100 吗？（centum mihi dari spondesne？）]，对于被更新之债所存在的缺陷，只能主张诈欺抗辩（exceptio doli）（上文边码 40. 4）。

3　在“指名”措辞中旧债是否通过更新而被废止，或者，新债是否可以作为采用了与更新相同表达方式订立的誓约保证（下文边码 57. 5）而附加于旧债之外，取决于（常常以不甚明确的方式所表达的）当事人意思，即**更新意思**（**animus novandi**）（参见上文边码 8. 19）。

2. 在后古典法中，要式口约（stipulatio）抛弃了词句形式（上文边码 7. 23），其更新效力受到更新意思（animus novandi）的约束。由于证明这种债务更新意思经常遇到困难，后古典时期的文书实践中就发展出了一项程式，当事人可以在这项程式中明示表达出他不愿意更新。优士丁尼对其予以修改，反过来要求，只有当事人明示表达出愿意更新才能实现更新。参见 C. 8，41，8；Inst. 3，29，3/3a。——**文献**：彼 · 阿帕蒂，《更新意思》（Animus novandi），1975 年。

4　（三）更新要求新债与旧债相比包含着新要素（novum）。新要素可以是变更当事人（参见下文边码 54. 11），也可以增加或者取消条件或者期限，接受或者放弃誓约保证；至于是否因为货币价值而替换给付标的，则存在争论。参见 G. 3，177 – 179；Pap. D. 46，2，28；Inst. 3，29，3。其他新要素（nova）未获承认。如果两次允诺都没有新要素（novum）而完全相同，则第二项要式口约不生效；

Pomp. D. 45,1,18。

（四）更新发生旧债当然（ipse iure）消灭的效力。 5

为旧债而设定的质权和保证消灭（Paul. D. 46,2,18；Ant. C. 8,40,4），如果想要使它们对新债承担责任，就应当重新设定。利息停止计算，Paul. D. 46,2,18。通过附停止条件的更新，旧债在古典法时期自条件成就时消灭；当然，对由此所生诉讼存在诈欺抗辩（exceptio doli）或者简约抗辩（exceptio pacti），因为人们认为附条件更新中有一项不请求简约（pactum de non petendo）；G. 3,179 = Inst. 3,29,3 末尾。

（五）（广义的）更新还包括由法学家盖·阿奎利乌斯·加卢 6
斯（C. Aquilius Gallus）（公元前 1 世纪）设计形成的**阿奎利要式口约（stipulatio Aquiliana）**，它指向的是“你现在或者将来期日基于任何事由而有义务给予我或者向我行为的一切……”（quidquid te mihi ex quacumque causa dare facere oportet oportebit praesens in diemve……）。它将要式口约债权人对允诺债务人现在或者将来所有可以执行的权利的货币价值概括在同一要式口约中，以使债务能够通过正式免除（acceptilatio）而立即得以消灭（程式：D. 46,4,18,1；Inst. 3,29,2）。

阿奎利要式口约（stip. Aquil.）也包括了尚未到期的请求权，此外还包括了对物请求权和（至少开始时是）罚金请求权。这项包括概括受领在内的双重行为的目的是减轻负担：允诺人应当对要式口约债权人的其他债权做出担保。如果愿意，阿奎利要式口约（stip. Aqu.）也可以用于和解。往来账结算中只能不完全和解，因为只能在允诺人对待债权可以结算的范围内予以扣除。当然，以阿奎利要式口约（stip. Aqu.）为基础的和解通常要将诸如要式口约人的权利等对待权利以货币估价并考虑其余额。如果余额对要式口约人有利，实施阿奎利要式口约（stip. Aqu.）和正式免除（acceptilatio）才有意义，而且还应当根据上列行为支付余额。——**文献**：弗·施图尔姆，《阿奎利要式口约》(Stipulatio Aquiliana),1972 年;马·卡泽尔,"阿奎利要式口约"(Stipulatio Aquiliana),《萨维尼杂志》,第 90 卷(1973 年),第 346 页。

二、诉讼更新

7 某些诉讼过程与更新有一定的相似之处,这导致罗马法学家与它进行了非技术的比较。在法定审判中(iudicium legitimum)[在罗马城范围内向独任法官提起诉讼并且当事人和法官都是罗马市民(下文边码 80.20)],争讼程序(litis contestatio)对于对人之诉(actio in personam)发生效力,使有义务给予(行为)[dare(facere)oportere]的私法请求权消灭(下文边码 82.25)。取而代之的是义务判罚(condemnari oportere),只要法官能够满足(私法和诉讼法的)判罚前提,被告就应当服从于将要作出的判罚。第二次转换过程对当事人也具有约束力,这是因为存在判决,即取代义务判罚(condemnari oportere)的应做判罚之事(iudicatum facere oportere)的判决(下文边码 84.14)。这两个过程与更新的共同之处都在于,新债使旧债消灭(G. 3,180 f.),当然,争讼程序(lit. cont.)之后质权仍然存在。后古典时期的诉讼并不承认这种类似于更新的效力。——**文献**:安·萨洛莫(A. Salome),"更新的必要性和要求"(De necessaria quam vocant novatione),《信义 人性 法》,第 7 册,第 4943 页。

8 大多数法典都包含有关于更新的规则,如《奥地利民法典》第 1376 条以下,《瑞士债法》第 116 条、第 117 条(使用"Neuerung"一词,与旧《瑞士债法》第 142 条、第 143 条有很大变化),《法国民法典》第 1271 条以下,《西班牙民法典》第 1203 条以下,《希腊民法典》第 436 条以下,《意大利民法典》第 1230 条以下,《葡萄牙民法典》第 857 条以下,2002 年《巴西民法典》第 360 条以下。英格兰法也承认更新,而且债务承担原则上只能通过债务更新进行。——《德国民法典》则并未将更新作为一项特殊制度加以规定,因为基于合同自由无疑可以进行债务更新(《德国民法典立法理由书》,第 2 卷,第 78 页)。法律没有明确规定它,之所以这样做是因为罗马法明确承认更新的基本理由已经不复存在,在任何债务关系显著变化中,都可以发现更新的存在,特别是由于承认了债权让与(第 398 条以下)、债务承担(第 414 条以下)

和其他内容变动。

三、指示

文献:见边码 54.1 之前,以及,沃·恩德曼(W. Endemann),《古典罗马法中指示的概念》(Der Begriff der Delegatio im Klass. Röm. Recht),1959 年[参见马·卡泽尔,《萨维尼杂志》,第 77 卷(1960 年),第 464 页];汉·乌·黑贝尔林(H. U. Haeberlin),"指示的原因关系"(Die Kausalbeziehungen bei der delegatio),《萨维尼杂志》,第 74 卷(1957 年),第 100 页;马·塔拉曼卡,"罗马法中的指示"(Delegazione, Dir. romano),《法学百科全书》,第 11 册,1962 年,第 918 页;朱·萨科尼,《罗马法中指示之研究》(Ricerche sulla delegazione in diritto rom.),1971 年;格·蒂尔曼,"指示中不生效的执行关系"(Unwirksame Vollzugsverhältnisse bei der Delegation),《萨维尼杂志》,第 100 卷(1983 年),第 229 页;贝·库皮施,"D. 46,2,12:主体变更作为解释问题"(D. 46,2,12. Zum Subjektwechsel als Auslegungsproblem),《卢克斯祝贺文集》(Fs. Lukes),1989 年,第 743 页;霍·海·雅科布斯,"信托和指示"(Fiducia und Delegation),《萨维尼杂志》,第 110 卷(1993 年),第 370 页(参见维·弗卢梅,同一出处,第 424 页);何·路·阿隆索,《指示研究》(Estudios sobre la delegacion),第 1 卷之 1,2001 年,第 1 卷之 2,2002 年。

9 优士丁尼将**指示**(delegatio)与更新相联系,但它与更新只有部分联系。它是授权(iussum)这种不要式单方表示的适用情形。在这种情形下,某人允许他人行为对自己发生效力,而且有数种具体表现形式。

10 (一)**清偿指示**(* **delegatio solvendi**)是通过指示人授权被指示人向指示受领人给付而实现的。所实现的给付被认为是被指示人向指示人提供的,同时也是指示人向指示受领人提供的。——清偿指示(del. solvendi)可用于债务清偿,例如,债权人向其债务人指示,债务人可以向指示受领人给付而得以免责;或者债务人向第三人指示，以便第三人向其（指示人的）债权人给付而使之获得清偿。

Paul. D. 46，3，56；50，17，180。清偿指示（del. solvendi）也可用于其他目的，如赠与、嫁资设定、提供消费借贷等。

11 （二）在**负债指示**（ * **delegatio obligandi**）中，指示人授权被指示人通过要式口约（stipulatio）［或者嫁资宣许（dotis dictio），当然还有文书合同］向指示受领人负担债务。

1. 已经负担的债务在要式口约中被**指名**，这是更新的一般适用情形。这里总是以存在一项已有债务为前提，而这项债务通过债权人变更或者债务人变更得以更新。

12 （1）**积极**指示，旨在债权人变更，以（所谓"抵偿关系"中）指示人对被指示人的债权为前提，而被更新的也是该债权。例如，指示受领人同意了被指示人的允诺："你欠提提乌斯的（或者固定金额，例如100），你发誓，你将给予我吗？"［quod（centum quae）Titio debes，mihi dari spondesne？］被指示人对指示受领人通常（但非始终）享有被指示人对指示人的抗辩（Ulp. D. 46，2，19起首；44，4，4，21），但不能享有指示人对指示受领人的抗辩。

13 （2）**消极**指示，旨在债务人变更，以（"对价关系"中）指示受领人对指示人的债权为前提，而被更新的也是该债权；指示受领人同意了被指示人的允诺："提提乌斯欠我的（或者固定金额，例如100），你发誓，你将给予我吗？"［quod（centum quae）Titius mihi debet，mihi dari spondesne？］在此，被指示人虽然对指示受领人（通常）不能主张他对指示人的抗辩，但大多可以主张指示人对指示受领人的抗辩（Ulp. D. 16，1，8，2；Paul. D. 46，2，19）。——债务人（指示人）由于消极指示而免责，因为债权人由于新债务承担代替给付而获得清偿。它所包含的规则是：指示其债务人者也已支付（solvit et qui delegat）（Ulp. D. 16，1，8，3；Iul. D. 46，1，18）。

2. 指示采用**抽象**要式口约的，可以通过“你给予我 100”(centum mihi dari)的允诺，或者，通过类似于被指示人将给予指示受领人并且因为指示人授权而对其发生效力的允诺而实现（通说如此；当然，对于抽象作出的要式口约发生的更新效力也应当注意，例如 Cels. D. 12,1,32)。该过程可用于债务清偿[例如清偿指示(del. solvendi)，见上文]，还可用于其他目的，并且采用的是与清偿指示相同的方式（上文边码 54.10)。——**文献**：英·赖夏德，“论更新要式口约的程式：Celsus D. 12,1,32”(Zum Fomular der Delegationsstipulation. Celsus D. 12,1,32)，《信义 人性 法》，第 7 册，第 4725 页。 14

抵偿关系或者对价关系中的瑕疵，只有在要式口约违反禁止性规范时才予以考虑（参见诸如 Ulp. D. 24,1,5,3f.；Paul. D. 46,2,19)。此外，在例外情形也可以授予诈欺抗辩(exceptio doli)，例如，抵偿关系和对价关系中的两项债权都存在瑕疵，而债权人却错误认为完全有效，Iul. D. 39,5,2,3 f.；Ulp. D. 44,4.7 pr. /1。 15

当代法：《德国民法典》第 783 条以下，《奥地利民法典》第 1400 条以下，《瑞士债法》第 466 条。指示最重要的适用情形是汇票，由《汇票法》(WechselG)调整。 16

第四章 债的主体变更和多数主体

第五十五节 债权让与和债务承担

（RPr. § § 153,276）

一、概说

1 对于债权人变更，罗马人并未允许从一人到他人的简单债权转让（同时原债继续存在），因为在罗马，（主体的）权利，至少是基于债权的权利，是与其权利人相联系的，并且不能通过个别继受而移转于他人（参见上文边码 24.1－2）。通过转让单纯债务负担而进行债务人变更的可能性也同样很小。在这其中，人身责任的古代观念可能继续起着作用。同样还是为满足对于债权人变更或者债务人变更的经济需要，人们发现了某些办法，其影响虽然不及当代的“让与”和“债务承担”，但却也满足了实践的需要。

二、让与

文献：瓦·罗兹瓦多夫斯基（W. Rozwadowski），“罗马法中债权转让之研究”（Studi sul trasferimento dei crediti in diritto rom.），《维托里奥·夏洛亚罗马法研究所学刊》，第 76 卷（1973 年），第 11 页；齐默尔曼，第

58 页;安・瓦克,“法锁的可转让性?”(Übertragbarkeit des iuris vinculum?),《塔拉曼卡祝贺文集》,第 8 册,2001 年,第 333 页;扬・迪・哈尔克,“论罗马法的债权转让”(Zum röm. Recht der Forderungsübertragung),《法律史杂志》,第 76 卷(2008 年),第 1 页。

2 (一)债权人变更可以通过**更新**实现,一般通过旧债权人对新债权人的积极指示而发生(上文边码 54.12)。新债随着新债权人和债务人之间的要式口约而成立,债权人变更成功与否取决于债务人是否愿意。参见 G.2,38。

如果债权人变更不涉及债务人的利益,这可能就不实用了。——此外,如果没有重新设定保证和质权,它们就会消灭(上文边码 54.5)。

3 (二)为避免这些不利情况,人们使用了**诉讼代理**(下文边码 82.29 - 31)。出让债权人(让与人)将他愿意给与债权之人(受让人)设定为自己事务诉讼代理人或者自己事务代理人(cognitor 或者 procurator in rem suam),[通过债权人单方“授权”(iussum)而]授权他对让与人的债权(以自己名义)提起诉讼并且保留判决胜诉后应得者,以便取得而归入自己财产(in rem suam)。参见 G.2,39。

这种让与方式虽然不取决于债务人参与,但仍然存在有让与人保留债权人地位的其他不利。

4 只要受让人就该债权尚未发生诉讼系属,让与人就可以撤回其授权(iussum)。他自己还可以就该债权起诉。如果他受领了债务人(或者第三人)的清偿,或者他免除了债务人的债务,或者他与债务人达成和解,受让人就什么也得不到了。当然,人们对此(最初是对买卖包含有债权的遗产,后来也包括债权的个别买卖)曾经采用押金以预先防备。让与人通过要式口约的方式向受让人允诺,他将返还自遗产(或者债权)所得者,并对他将来违反让与结果承担责任(G.2,252末尾)。——此外,授权大多由于双方当事人之一死亡而消灭;当然,人们在古典末期为此授予继承人以扩用之诉(actiones utiles),而且授予了针对继承人的扩用之诉;参见 Gord. C.4,10,1。

5 (三)自安东尼努斯·皮乌斯(2世纪中叶)起开始生效的一部皇帝法使受让人取得了独立于让与人的地位,在特定情形下授予受让人一项独立于诉讼代理的**扩用之诉(actio utilis)**,即将让与人享有的诉讼类推而授予受让人。受让人基于该诉讼而提起诉讼时,就不再只是诉讼代理人(cognitor)或者代理人(procurator)了,而是以自己的权利为基础,并且该权利独立于让与人的撤回和死亡,还可以移转于继承人。

让与人的权利,如果其行使将妨碍让与目的实现,虽然与受让人权利同时存在,它也要像往常那样需要上文所及押金予以担保。

这项扩用之诉(actio utilis)始自于遗产买卖(安东尼努斯·皮乌斯,见Ulp. D.2,14,16 pr.)。它涉及了其他情形,有些是在古典时期就已经如此了:个别债权的买卖(Diocl. C.4,39,8),让与设定为嫁资的债权(Val. Gall. C.4,10,2),遗赠(Diocl. C.6,37,8),为清偿(in solutum)而给予的债权(Diocl. C.4,15,5)。优士丁尼最终增加了赠与债权的情形(C.8,53,33)。

6 (四)1.后古典通俗法没有区分负担行为和处分行为(上文边码24.14),出卖或者赠与债权时立即就可以实现债权移转。

7 2.优士丁尼则重新区分了原因行为和让与,放弃了(以程式诉讼为出发点并因此而过时的)扩用之诉(actio utilis)的概念,同样也实现了真正的债权移转。

受让人这时不再需要以押金提供担保,而是以——可以回溯到古典晚期皇帝法——他对债务人做出的已让与通知(denuntiatio)提供担保,该通知使债务人丧失了向让与人给付而发生清偿效力的可能(Alex. C. 8,16,4;Gord. C. 8,41,3)。——阿纳斯塔修斯(Anastasius)皇帝的一部法律[公元506年《阿纳斯塔修斯法》(lex Anastasiana),C. 4,35,22]规定,债权买受人为该债权支付的价款低于该债权金额的,只能从债务人得到买卖价款的金额。该法律为债务人对抗专门从他人经济窘迫中获利的职业债权买受人提供了保护。

(五)注释法学派法学家大多认为提供扩用之诉(actiones utilis)的情形是例外情形,因此非常强调债权不能转让于他人的原则。他们用法律谚语"债附于骨"(nomina ossibus inhaerent)来说明债权附着于(债权人的)骨头。这种表达的源头显然是君士坦丁皇帝的禁令(C. 9,4,1,2),提起诉讼前应当给被告戴上手铐(锁紧关节)。债权不能以法律行为转让的教义维持了很长时间。从经济角度观察,应当使以债权表现的财产价值具有流通性,这对既有教义构成了一种排挤。在法国的实践中,通过将让与物的所有权时的交付(traditio)类推适用而发展出了债权让与对债务人让与通知[送达(signification)]的要求。在共同法中,在19世纪前半叶还只能转让将他人债权作为自己债权而主张的行使权限,直到后半叶债权本身可以转让的观点才占有了优势(《德国民法典》第398条,《奥地利民法典》第1392条,《瑞士债法》第164条,《法国民法典》第1689条、第1690条)。——**文献**:埃·根茨默尔(E. Genzmer),"债附于骨"(Nomina ossibus inhaerent),《梅兰纪念文集》(Mél. Meylan),第1册,1963年,第159页;克·卢伊格,《论让与学说的历史》(Zur Geschichte der Zessionslehre),1966年;布·胡维勒尔,《理性法以来立法中让与的概念》(Der Begriff der Zession in der Gesetzgebung seit dem Vernunftrecht),1975年;齐默尔曼,第58页;科英,第1册,第445页;第2册,第468页;《德国民法典历史批评注释书》,哈滕豪尔(Hattenhauer)执笔,第398条至第413条,边码7-42。 8

三、债务承担

(一)债务人变更需要债权人参与,任何其他(可能是不可信赖的)债务人都不能将其意思强加于债权人。对此,人们使用了 9

更新:新债务人就旧债务人对债权人所负担的给付向债权人做出允诺,而他之所以做出该允诺通常是基于旧债务人授予他的消极指示[上文边码 54. 13,债务承担(expromissio)]。与债权相联系的质权和保证会消灭,因此需要重新设立。

10 (二)此外还有一种途径,原债务人可以选择将承受人作为**诉讼代理人**,即自己事务诉讼代理人或者自己事务代理人(cognitor 或者 procurator in rem suam),通过向承受人授权的方法,就可以由债权人提起诉讼,而他是用自己的名义的,从而判决和执行也指向了他。参见 vat. 317,331。

这种债务人参加方式与更新相比更不实用,因为原债务人并不能对债权人免责,而债权人又不能强制承受人应诉。如果承受人拒绝应诉,而债权人仍然要去找原债务人,原债务人就只能基于他与承受人之间的合同(所谓内部关系,大多是委托)向承受人追索了。

11 (三)直到 19 世纪才发展出新债务人承受现有债务而不需要更新的可能性,具体方式既可以是与债权人订立合同,也可以是经债权人同意而与原债务人订立合同。——参见《德国民法典》第 414 条、第 415 条以下,《奥地利民法典》第 1405 条、第 1406 条以下,《瑞士债法》第 175 条以下,《意大利民法典》第 1272 条、第 1273 条,与此相对,仍然采用更新方式的是《法国民法典》第 1271 条以下。——**文献**:科英,第 2 册,第 470 页;《德国民法典历史批评注释书》,迈尔 - 普里策尔(Meyer - Pritzl)执笔,第 414 条至第 418 条,边码 3 - 11。

第五十六节　多数债权人和多数债务人 连带之债

(RPr. § § 154,277)

一、概说　分割之债　累积之债

1 (一)债权人方面或者债务人方面是多数人的可能性有很多

种。既可能多数权利人或者义务人之间是地位平等的，如分割之债、累积之债和连带之债的情形，也可能存在主债权人与从债权人、主债务人与从债务人的关系，如副债权人（adstipulator）时的关系、保证时的关系（下文第57节）。

（二）在**分割**之债的情形下，债务划分为多项独立债务，各项独立债务的将来命运互不依赖。在多数债权人的情形下，任何一名债权人只能就其在原来整体（或者被作为整体）给付中分配份额提出请求，在多数债务人的情形下，任何一名债务人只应就其分配份额给付。 2

这种债权和债务的分割，在共同继承人代替债权人或者债务人的地位时，适用债当然是分割的（nomina ipso iure divisa）这项规则（下文边码73.5；74.2）。此外，如果给付标的可分，即在——物理上或者观念上（上文边码23.22）——进行分割而不违背经济要求造成损失的其他情形，也可以存在这种债权和债务的分割。早在古典时期，债务人据以在多数债务人的情形下违背债权人意思请求分割这种分割的法律利益（beneficium divisionis）的适用范围就已经超出共同保证人这种出发情形（下文边码57.16）而扩及于其他情形；关于共同监护，参见Ulp. D. 27,3,1,10 – 12。通过允许在连带债务的情形发生分割责任的方法，优士丁尼在539年Nov. 99中将分割的法律利益（ben. div.）予以普遍化。

（三）债的**累积**通过给付在多数人时成倍增加而实现，具体方法是任何一名债权人均可取得全部给付、任何一名债务人均应提供全部给付。 3

多数人参与同一私犯的行为人中任何一人都应当就全部罚金负责（上文边码50.9。优士丁尼通过将某些私犯之诉作为追物之诉处理而对其予以限制）。对于多数债权人“分别”（disiunctim）间接遗赠的（下文边码76.16），任何一人都可以对全部提出请求。

二、连带债权　连带债务

文献:朱·萨科尼,《罗马法中基于合同的连带之债研究》(Studi sulle obbligazioni solidali da contratto in diritto rom.),1973 年。

4 (一)在连带债权的情形,任何一名债权人都可以主张对**整体**(**in solidum**)给付的债权,而债务人所负担的义务却只是提供一次给付;他所提供的给付(和具有"连带效力"的其他情形,下文边码 56.7)会使他对全部债权人免责。与此相对,在连带债务的情形,债权人就其债权整体(in solidum)可以对任何一名债务人提出主张;一旦给付了所欠者(或者发生具有连带效力的其他情形),所有债务人均将免责。

罗马人在要式口约中说"两名要式口约债权人"(duo rei stipulandi)和"两名要式口约债务人"(duo rei promittendi)(Mod. D. 45,2,1),在其他债的关系中说"两人"(duo rei),偶尔也说"共同"(conreus)(Ulp. D. 34,3,3,3)。连带之债的"连带性"就是由这里来的,此外还可以称为"整体性"。

5 (二)发生连带之债的最初情形是要式口约(也许是共同保证人之间的关系)。

多数债权人问债务人[第一人:"你发誓给予 10 吗?"(decem dari spondesne?),第二人:"你发誓给予同一 10 吗?"(eosdem decem dari spondesne?)等],债务人回答,"我发誓给予你们任何一人"(utrique vestrum dari spondeo)。反过来,债权人问多数债务人,"迈维乌斯,你发誓给予 5 吗?"(Maevi, quinque dari spondesne?),"塞乌斯,你发誓给予同一 5 吗?"(Sei, eosdem quinque dari spondesne?),或者他问两人,"你们发誓……"(... spondetisne?),债务人回答任何一句誓言(spondeo 或者 spondemus)。参见 Pomp. D. 45,2,4;Inst. 3,16 pr.。间接遗赠发生连带之债与此类似,例如,

"我的继承人提提乌斯或者我的继承人迈维乌斯应当给予塞乌斯 10"(Titius heres meus aut Maevius heres meus decem Seio dato),反过来是"我的继承人应当给予提提乌斯或者塞乌斯 10"(Titio aut Seio heres meus decem dato)。参见 Pomp. D. 30,8,1;Cels. D. 31,16。

此外,连带之债在具有多数人的其他特定(优士丁尼时有所增加)情形也可以发生:债务合同(Pap. D. 45,2,9 pr. 起首)的情形;然后可能有多数监护人负责的情形;对共同行为人基于盗窃原因请求返还之诉(condictio ex causa furtiva)中,主要是基于私犯的纯粹追物之诉中;最后是由于存在多数债权人或者多数债务人而给付不可分的一般情形。 6

(三)1. 很多对债发生影响的情形都有**连带**效力,即它们对全部债权人和全部债务人发生效力,如清偿、正式免除(acceptilatio)、给付的意外嗣后不能、更新等;在古典法中还包括争讼程序(litis contestatio)(下文即见边码 56.8)。 7

参见 Ulp. D. 45,2,3,1;Iav. eod. 2;Ven. D. 46,2,31,1,而 Paul. D. 2,14,27 pr. 则不同。关于对物(in rem)订立的不请求简约(pactum de non petendo),见上文边码 53.21。优士丁尼还附加了和解、消灭时效。——参见《德国民法典》第 422 条至第 424 条、第 429 条,《奥地利民法典》第 893 条,《瑞士债法》第 147 条、第 150 条第 2 款。

仅对个别债权人或者债务人发生效力的则是:混同(confusio)(Paul. D. 46,1,71 pr. 末尾)、身份变更[人格减等(capitis deminutio);Pomp. D. 45,2,19]、对人不请求简约(pactum de non petendo in personam)(Paul. D. 2,14,25 pr./1);除此之外,个别债务人给付迟延和应当归责于他的嗣后不能对他自己发生效力。——参见《德国民法典》第 425 条、第 429 条,《奥地利民法典》第 894 条,《瑞士债法》第 145 条、第 146 条。

8 2. **争讼程序(litis contestatio)**的效力需要详细研究。多数债权人或者对多数债务人的诉讼经常被认为是关于同一诉讼标的(de eadem re)的诉讼(actiones)。因此产生的结果是,通过争讼程序(lit. cont.)消耗了其中一项诉讼,并且因此就消灭了其他债权人的其他诉讼或者对于其他债务人的其他诉讼;这些诉讼构成"消耗竞合"(Iav. D. 45,2,2;Scaev. D. 13,1,18)。

[在法定审判(iudicium legitimum)中,上文边码 54.7]请求权是否当然(ipso iure)被消耗了(耗尽了债)或者其他各项诉讼是否都发生已决案或者已审案抗辩(exceptio rei iudicatae vel in iudicium deductae)(上文边码 82.24 - 25),在这点上并无区别。债权人据此(如果不主张分割可分债权)就只能起诉一名它毫无疑问能够挑选出来的连带债务人。连带性于是为债权人就债务人支付能力提供了保证,但这项措施与优士丁尼法(和当代法)相比就显得微不足道了,下文即见。

9 优士丁尼则排除了诉讼系属的消耗效力,并且只在以下情形才使在后诉讼落空:提供给付或者债权人以其他方式获得清偿;这些请求权构成"清偿竞合"(C. 8,40,28,2)。

即使已经追究了连带债务人之一,债权人也仍然可以追究其他任何连带债务人,直至他获得清偿。同样,债务人受到连带债权人之一追究的,对其他连带债权人仍然应当承担责任,直至他提供了整体给付。——这项规则大概在古典时期就已经适用于某些情形了——可能是多数消费借贷委托人的情形以及其他以诚信审判(bonae fidei iudicium)起诉的连带债务的情形(参见 Pap. D. 46,1,52,3;Iul. D. 26,7,18,1)。——**文献**:利布斯(边码 51.7),第 1 页,第 38 页;齐默尔曼,第 125 页;《德国民法典历史批评注释书》,索·迈尔(S. Meier)执笔,第 420 条至第 432 条之一,边码 34 - 51,第 420 条至第 432 条之二,边码 15 - 18。

10 (四)连带之债情形的**追偿(追索)权**发生的效力是:连带债权人中,收取给付者,应当与其共同债权人分割其所受领者;连带债务人中,提供给付者,可以向其共同债务人请求按份额补偿。这种补偿义务最初并非从连带之债本身直接推导出来。连带债权人或者连带债务人之间是否能够请求补偿，主要取决于他们之间所存在的具体关系。

如果连带债权人或者连带债务人是合伙人或者共同继承人，就可以通过一般的分割之诉或者遗产分割之诉而实现按份额补偿（参见，Iul. D. 35，2，62 pr.）。如果连带债务人受他人委托而负担债务，相关诉讼就是委托（对待）之诉［actio mandati（contraria）］；如果没有这种委托，相关诉讼就是无因管理（对待）之诉［actio negotiorum gestorum（contraria）］。关于共同保证人之间的追索，见下文边码 57.21。

在古典晚期，人们认可了——最初是共同监护人之间——连 11
带债务人将其对债权人的给付取决于债权人将其债权让与他，这样受让人才能够就其他债权人应当分担的份额向他们提出主张（Pap. D. 26，7，38，2 起首）。后来，这种让与强制得以扩展，此外，从个别情形出发还承认了独立（于让与）的追偿请求权（Paul. D. 9，3，4；Diocl. C. 8，39，1，1）。

共同监护人之间［监护（tutelae）］的扩用之诉（actio utilis）大概可以回溯到安东尼努斯·皮乌斯，Ulp. D. 27，3，1，13。——参见《德国民法典》第 426 条、第 430 条，《奥地利民法典》第 896 条、第 895 条、第 820 条第 2 句，《瑞士债法》第 148 条、第 50 条第 2 款、第 70 条第 3 款。——**文献**：贡·韦泽纳，“罗马法中追索请求权的实现”（Die Durchsetzung von Regreßansprüchen im röm. Recht），《拉贝奥罗马法杂志》，第 11 卷（1965 年），第 341、350 页；塞勒（边码 44.12 之前），第 175 页；《德国民法典历史批评注释书》，索·迈尔执笔，第 420 条至第 432 条之一，边码 108－119，第 420 条至第 432 条之二，边码 24、31－32。

第五十七节　副要式口约和保证　债务承保

（RPr. § §155,156,278,279）

一、副要式口约

1　副债权人（adstipulator）是主债权人为收回债权作为其受托人而设定的从债权人（G.3,110－114;117）。

副债权人（adstipulator）在订立主要式口约后直接要求同一债务人就给付向他作出允诺："你发誓，给我相同的吗？"（idem dari spondesne?）（主债务人所允诺者）。副债权人请求权涵盖的范围可以小于主债权，但不能大于主债权。它不移转于其继承人。如果他通过正式免除（acceptilatio）而免除债务但不利于主债权人，就应当向债权人承担《阿奎利亚法》（lex Aquilia）第2章规定的罚金责任；在古典法中，这项私犯责任就已经受到了委托之诉（actio mandati）责任的排挤（G.3,215 f.）。公元2世纪时，副要式口约虽然还在适用，但主要是考虑在死因要式口约（stipulatio post mortem）不生效力的情形（上文边码34.7;44.5），为了诸如继承人利益等目的而使从债权人能够在主债权人死亡后就要式口约提起诉讼。古典法将近结束时，副要式口约（adstipulatio）已经逐渐废弃了。——**文献**：内尔松/孟文理，第3编之2，第147页。

二、要式口约保证

文献：齐默尔曼，第114页；内尔松/孟文理，第3编之2，第154、479页。

2　（一）保证的情形，债权获得担保的方式是使从债务人就主债务人所欠的同一给付负担义务。保证在罗马人那里直至帝政时期都是债权担保的最重要方式，它——主要因为对人强制执行的严格程度和打击力度——在实践意义和法律技术完美性方面都超越了质押（见上文边码31.1－2）。

对于典型保证行为，人们自古以来采用的就是要式口约（stipulatio），而要式口约在提供保证这里也能找到其历史根源（上文边码7.21）。——关于其他保证行为，参见下文边码57.24和57.26。 3

古代的“出庭保证人”（vades，praedes）则与此相对，不是对债务人给付予以保证，而是承担了使某人（例如主债务人）或者某物在特定时间处于特定地点（如法庭）的责任。直到这种“出庭保证”和古代（可能源自宣誓的）誓约（sponsio）相互融合，大概才由此产生了“给付保证”。在古典时期，“誓约人”（sponsor）一词还仅仅用以指誓约保证。

（二）要式口约保证［严格地讲是“副承诺”（adpromissio）］在古典法中有三种表现形式：誓约（sponsio）、承保（fidepromissio）和偿还保证（fideiussio）（G. 3，115；117，参见 Inst. 3，20 pr.）。法源中没有这些行为的名称，而只有表示人的词汇：副承诺人（adpromissor）、誓约人（sponsor）、承保人（fidepromissor）、偿还保证人（fideiussor）。 4

1. 古代的誓约保证，即**誓约（sponsio）**，只有罗马市民才有资格提供。它以作为主债务的要式口约债务为前提，并且随其订立而直接设定：“你发誓给予相同者吗”（idem dari spondesne?）（主债务人所允诺者）。该责任并不移转于保证人的继承人。参见G. 3，116；119；120。 5

专为罗马市民保留及其不可继承性似乎可以从誓约（sponsio）作为宣誓允诺的原始本质得以说明，参见边码7.21。——将要式口约债务作为主债的限制，使得其他债务必须事先更新（上文边码54.1）。——弗卢梅认为，誓约（sponsio）和承保（fideipromissio）与要式口约作为法律上的行为，即与纯粹的要式口约订立（与诸如非市民做出誓约允诺或者附条件要式口约条件成就前所欠缺者)相关,而偿还保证(fideiussio)则以生效的实质性主债务为前提,弗卢梅,第29页;弗卢梅(边码57.12),第96页;还可参见边码10.1。

6 共和时期的立法考虑了减轻保证人责任,尤其是共同保证人之间的责任。

多数保证人为同一债务分别承担责任,而且任何一人均为同等份额承担责任;如果其中某人所支付者超过其份额,《阿普雷亚法》(lex Apuleia)授予他对其他人的补偿请求权。(晚近时期,限定于意大利的)《富里亚法》(lex Furia)将誓约责任限定为2年,并且使多数誓约人(sponsores)从开始就只按人均份额承担责任;如果债权人从其中一人处所取得过多,该人即可对债权人因其多得而不经判决直接请求强制执行。为确定份额,《西塞雷亚法》(lex Cicereia)规定,债权人应当公开宣布,他为哪项债权接受了保证以及接受了多少。如果债权人未公开宣布,保证人在30日之内可以就未合法公开宣布提起确认之诉[预备审(praeiudicium)]。如果这样做取得成功,保证人即可免责。尤其参见G.3,121-123。——关于誓约保证人的追索,见下文边码57.20。——**文献**:哈克尔(边码83.25),第257页;卡泽尔(边码9.7之前),第48页,注28;内尔松/孟文理,第3编之2,第164、177页。

7 誓约保证人的责任与连带债务人的责任(上文边码56.4-5)相近,当然也有区别。连带债务人彼此顺序相同,而誓约人(sponsor)仅仅是为主债提供担保,因此人们只是将他作为从债务人对待(上文边码56.1)。在保证中,除"你发誓给予相同者吗"(idem dari spondesne?)的问题外,随后,首先是主债务人说出其誓约(spondeo),而连带债务人则共同说出其誓约(spondeo)或者多项誓约(spondemus),然后是对所有的人进行询问。保证法也只适用于保证人而不适用于连带债务人。

8 2. **承保(fidepromissio)**的程式是"你用名誉允诺给予相同者吗?"(idem dari fidepromittisne?)(G.3,116),是非市民对他们不能采用的誓约(spondere)的一种模仿。它几乎在各方面都遵从了誓约(sponsio)的规则。

3. 大概在公元前1世纪,在上述方式之外又出现了更为先进的**偿还保证**(**fideiussio**):"(对于迈维乌斯欠我的,)你决定真诚地承担它吗?""我决定。"[(quod Maevius mihi debet) id fide tua esse iubesne? iubeo]保证人"安排承担义务","真诚地承担"主债务人的债务。偿还保证(fideiussio)这种方式可以适用于市民和外邦人。它显然很快就排挤掉了另外两种保证。流传下来的文书表明,罗马人和非罗马人在公元1世纪和2世纪几乎全都用偿还保证(fideiussio)进行保证了,誓约保证用得非常少,而承保(fideipromissio)完全见不到了。——偿还保证(fideiussio)并不以作为主债务的要式口约债务为前提,由此而承担的责任可以继承并且未附期限;只要事后无特别约定(下文边码57.16),共同保证人就作为连带债务人而承担责任[《阿普雷亚法》《富里亚法》《西塞雷亚法》(leges Apuleia, Furia, Cicereia)对它均不适用]。参见,G. 3,116;119a = Inst. 3,20,1;G. 3,120;Inst. 3,20,2;Ulp. D. 45,1,75,6。 9

(三)某些规则对于所有的要式口约保证而言都是**共同的**。 10

1. 它虽然可以少于主债务而设立,但却不能多于主债务而设立(G. 3,126;参见 Inst. 3,20,5)。保证人在很大程度上享有主债务人享有的抗辩权,这似乎比较符合逻辑。通说对此用保证对主债务的依附性(**从属性**)来表达。

前后严格一致的保证从属性,就像现行法中规定的从属性那样(《德国民法典》第767条、第768条,《奥地利民法典》第1351条、第1353条、第1363条,《瑞士债法》第499条、第502条),在罗马法中自然是没有的,甚至完全可以怀疑罗马法学家在何种程度上认为偿还保证(fideiussio)——对于誓约(sponsio)和承保(fidepromissio)缺乏足够的渊源基础——是受从属性观念支配的。这三种保证所指向的都只能小于而不能大于主债务,这是由 11

它们是从权利(accessiones)而导致的,但这种从属原则还不是从属性原则。罗马法学家最初并不认为抗辩问题是主债权人抗辩向保证人的扩张;相反,他们通过解释才明确了各项抗辩的事实构成对保证人是否也构成一项抗辩。例如,保证人享有诈欺抗辩(exceptio doli),但这不是因为该抗辩是对主债务人设定的并且保证人可以将这项抗辩作为主债务人的抗辩而予以主张,而是因为债权人对保证人行事时也有诈欺。如果保证人需要这项抗辩,即使保证人不能对主债务人提起诉讼也没有关系:

D. 46,1,49 pr.(帕比尼安,《法律问题》,第27编)

Si testamento liberatum debitorem heres omittat, fideiussorem autem eius conveniat, proderit exceptio doli fideiussori propter improbitatem heredis, quae prodesse reo debuerat, si conveniretur.	如果继承人忽略了在遗嘱中受赠而免责的债务人,他起诉债务人的保证人时,保证人就可以因继承人不诚实而以诈欺抗辩获得救济,该抗辩本来是债务人被诉时享有的。

12 对于每一项抗辩的事实构成具有决定性并且可以通过解释而得以明确的是,该项事实构成对于保证人是否有利,这在简约抗辩(exceptio pacti)中表现得特别清楚,如果解释成对物简约(pacta in rem)就对保证人也有利,而解释成对人简约(pacta in personam)则不同,因为如果是与主债务人达成协议的,对保证人就没有该抗辩(Ulp. D. 34,3,5 pr.,参见边码53.21)。如果关于偿还保证的抗辩问题也通过解释而决定,就应当认为,它与通过誓约(sponsio)或者承保(fideipromissio)设定保证中的问题没有什么不同。——在古典晚期,保证人也享有主债务人的抗辩得以一般化,它与这种原则性归类是一致的(Marci. D. 44,1,19;Ulp. D. 46,1,32,比较能表明其特征的阐述见Paul. D. 44,1,7,1)。——**文献**:罗·芬斯特拉,“不同类型言词保证的从属性”(Le caractère accessoire des différents types de cautionnement verbis etc.),《马克龙祝贺文集》(Études Macqueron),1970年,第301页;马·卡泽尔,“Celsus. D. 12,6,47 和保证的从属性”(Celsus. D. 12,6,47 und die

Akzessorietät der Bürgschaft),《赫德利茨卡祝贺文集》(Fg. Herdlitczka),1972年,第143页 =《作品选集》(Ausgew. Schr.),第2册,1976年,第363页;齐默尔曼,第121页;温·曼尼诺,《古典罗马法中主债务人抗辩对保证人的扩张适用》(L'estensione al garante delle eccezioni del debitore principale nel diritto rom. classico),1992年;维·弗卢梅,"论罗马法中的要式口约保证"(Zu den römischen Bürgschaftsstipulationen),《萨维尼杂志》,第113卷(1996年),第88页;卢·皮罗(L. Piro),"论将来债务的偿还保证"(In tema di fideiussione del debito futuro),《信义 人性 法》,第6册,第4337页;菲·克劳斯贝格尔(Ph. Klausberger),"论未成年人债务的第三人责任"(Zur Haftung Dritter für die Verbindlichkeiten Minderjähriger),《萨维尼杂志》,第124卷(2007年),第342页。

所有这三种保证方式的共同之处在于,尽管有时主债务人不承担责任,保证仍然成立,例如主债务有某种缺陷,而保证恰恰是为此而向债权人提供的担保。这三种方式的要式口约保证人这样承担责任的情形,例如,未经监护人同意(auctoritas tutoris)的妇女、被监护人作为主债务人而负担义务的情形和主债的缺陷存在于债务人本人[G. 3,119,偿还保证人(fideiussor)就此同样适用]的类似情形。 13

保证人毁坏、损害债务标的或者标的在其给付迟延期间灭失的情形,则说明了不同结论:只有誓约人(sponsor)基于其要式口约保证承担责任[Pap. D. 45,1,88,可能涉及誓约人(sponsor)],而对于偿还保证人(fideiussor)则可以通过诈欺之诉(actio de dolo)(Pap. D. 4,3,19,当然还可参见 Pap. D. 46,3,95,1 末尾)或者扩用之诉(actio utilis)(Paul. D. 45,1,49 pr.)提出主张。 14

2. 对于相同当事人之间保证的最高金额限制,《考尔内利亚法》(lex Cornelia)(公元前81年)作出了规定(G. 3,124 f.)。优士丁尼时则对此予以废除。 15

3. 依照一封哈德良的书信(epistula Hadriani),被诉保证人在裁判官面前可以承担部分责任:如果他证明在他之外还有具有支付能力的共同保证人,债权人对他提起诉讼就必须限制在其人均份额内 16

[G. 3,121/121a;**分割的法律利益(* beneficium divisionis)**]。——参见《德国民法典》第 769 条,《奥地利民法典》第 1359 条,《瑞士债法》第 497 条。

主债务人和保证人相互偿还保证(mutua fideiussio, Pap. D. 45,2,11pr.)被认为主要是希腊化的法(ἀλληλεγγύη, Allelengye 即两名以上债务人对债权人进行"相互保证");它与连带债务相似。

17 4. 正如大部分对多数连带债务人的诉讼(上文边码 56.8)一样,对主债务人的诉讼和对保证人的诉讼被认为是同一诉讼标的(de eadem re)的诉讼,因此,只要这两项诉讼中有一项诉讼进入争讼程序(lit. cont.),就会排除另一项诉讼(消耗竞合)。债权人想要起诉的话,就只能在争讼程序之前作出选择;如果他起诉主债务人但没有结果,就不能再向保证人提出主张了,反之亦同。参见 PS. 2,17,6。

只有被诉保证人具有支付能力,对主债务人的支付能力提供担保的保证才能发生效力。在起诉保证人之前先起诉(有支付能力的)主债务人,这是习惯对债权人的要求。债权人起诉保证人而不起诉准备支付的主债务人,这是一种不法(iniuria);Gai. D. 47,10,19。——对此存在的解决方法是,债权人可以受保证人委托而对主债务人提起诉讼。他虽然通过与主债务人的争讼程序丧失了对保证人的诉讼,但只要对债务人有胜诉判决,他就可以基于委托对待之诉(actio mandati contraria)而就所受损害作为费用补偿起诉保证人,参见 Paul. D. 17,1,22,2;eod. 45,8;Inst. 3,26,2。

18 要式口约中也可能只约定了债权人未能从主债务人索回的给付(Pap. D. 45,1,116);这一所谓"短缺(豁免)保证"实际上不是保证,而是担保允诺。——《奥地利民法典》第 1356 条,《瑞士债法》第 495 条第 3 款。——**文献**:罗·克努特尔,"论所谓债权人对于保证人注意义务的问题"(Zur Frage der sog. Diligenzpflichten des Gläubigers gegenüber dem Bürgen),《弗卢梅祝贺文集》,1978 年,第 568 页。

优士丁尼也排除了这种情形的“消耗竞合”,因此,债权人获得清偿时,主债务人和保证人才会免责(C. 8,40,28 pr. 和 § §1,3)。此外,优士丁尼在 535 年 Nov. 4,1 中为保证人提供了一项在债权人起诉主债务人并对其强制执行前享有的抗辩权[**先诉或者顺序的法律利益**(* **beneficium excussionis 或者 ordinis**),今天称为先诉抗辩,参见上文边码 34. 1]。保证人承担责任只是援助性的(“辅助的”)。——《德国民法典》第 771 条,《奥地利民法典》第 1355 条、第 1356 条,《瑞士债法》第 495 条、第 496 条。——**文献:**菲·布里古利奥(F. Briguglio),《人们通常帮助偿还保证人》(Fideiussoribus succurri solet),1999 年,第 93 页[书评,克努特尔,《萨维尼杂志》,第 119 卷(2002 年),第 119 页]。 19

(四)1. 保证人使债权人获得清偿的,如果所提供给付在 6 个月之内未获补偿,保证人对主债务人的**追偿**,在誓约(sponsio)的情形适用**保证人追偿之诉**(**actio depensi**)(G. 3,127;4,22)。 20

它最初要求,誓约人(sponsor)已经通过铜和秤式清偿(solutio per aes et libram)向债权人支付了(“dependere”即“称量”),上文边码 52. 7。由于秤式支付通常需要 5 名形式证人在裁判官面前作证,所以这种追偿责任最初未经诉讼和判决也可强制执行(上文边码 32. 15),而且起初可以立即实施,自《普布利亚法》(lex Publilia)起需要 6 个月后才能开始。后来,人们由“称量”(depensum)出发引入了一项在判决法官面前进行的普通诉讼程序[保证人追偿之诉(actio depensi)],这样就与早已存在的诉讼增加联系起来。在后古典法中,保证人追偿之诉(actio depensi)和誓约(sponsio)都消失了。——**文献:**卡泽尔(边码 32. 15),第 100 页。

2. 除此之外,保证人对主债务人的一般追索就如同连带债务人之间的情形一样很少了。保证人是否享有这项请求权,取决于 21

他们之间的具体关系。保证人大多是受主债务人(明示或者默示)委托而负担义务的;他可以通过委托(对待)之诉[actio mandati(contraria)]而就其所给付者请求予以补偿(G. 3,127; Inst. 3,20,6)。

22 与此同时,古典法学家发现了一种方法:如果债权人向保证人让与了对主债务人的债权,保证人只需要向债权人支付即可:

D. 46,1,17(尤里安,《学说汇纂》,第89编)

Fideiussoribus succurri solet, ut stipulator compellatur ei, qui solidum solvere paratus est, vendere ceterorum nomina.	对保证人通常提供救济,强制债权人向已经准备好支付全部金额的人出卖他对其余金额的债权。

这项救济大概是这样提供的:裁判官为保证人提供一项诈欺抗辩(exceptio doli),它使法官在债权人尚未准备好让与对保证人支付的诉讼时可以驳回债权人的诉讼。保证人支付发生清偿效力,因此,对债务人和可能的共同保证人的债权[哈德良的书信(epistula Hadriani)之前,边码57.16]归于消灭。这个问题通过拟制买卖的手段就得到了解决:保证人是作为买受人而非保证人支付的。

基于所让与的诉讼,保证人可以向主债务人请求对其所给付者予以补偿。优士丁尼为保证人提供了一项请求这项让与的权利,而这项权利当时是一般化的[Nov. 4,1;**诉讼转让的法律利益**(* **beneficium cedendarum actionum**)]。这种发展的最终逻辑结果就是形成了当代法中的法定让与。——参见《德国民法典》第774条,《奥地利民法典》第1358条,《瑞士债法》第507条第1款,《法国民法典》第2029条,《西班牙民法典》第1839条,《意大利民法典》第1916条。

文献:迪·梅迪库斯,“拟制诉讼买卖作为让与追索发展的思维手段”(Der fingierte Klagenkauf als Denkhilfe für die Entwicklung des Zessionsregresses),《卡泽尔祝贺文集》,1976 年,第 391 页;朱·普罗韦拉(G. Provera),“诉讼转让的法律利益反思”(Riflessioni sul beneficium cedendarum actionum),《圣菲利波祝贺文集》(St. Sanfilippo),第 4 册,1983 年,第 609 页;布里古利奥(边码 57.19),第 209、261 页;扬·瓦克(Jan Wacke),“帕比尼安对请求过错和诉讼让与派生追索的意见”(Papinians Gutachten zur culpa in exigendo u. zum derivativen Regreß mittels Klagenzession),《萨维尼杂志》,第 124 卷(2007 年),第 113 页(关于《德国民法典》第 255 条第 2 种情形的罗马法范例);埃蒙茨(边码 53.4),第 68 页(第三人给付的界定),第 202、227 页(关于保证人支付);路·佩莱奇,“质物向保证人的移转及 Pap. D. 20,5,2 中的程序”(Trasferimento del pegno al fideiussore e processo in Pap. D. 20,5,2),《萨维尼杂志》,第 125 卷(2008 年),第 276 页;卢·帕伦蒂(L. Parenti),“论以偿还保证债务人名义的支付”(Sul Pagamento del fideiussore debitoris nomine),《索引》,第 35 卷(2007 年),第 241 页。

(五)誓约(sponsio)和承保(fidepromissio)在古典末期就已经不再使用了,优士丁尼把它们及其所有特殊之处(连同共同保证的法律)都废除了。他所承认的要式口约保证的唯一方式就只是偿还保证(fideiussio)了。——关于其继续发展,见科英,第 1 册,第 484 页;第 2 册,第 494 页;齐默尔曼,第 142 页。 23

三、信用委托

关于信用委托(*mandatum qualificatum),即向第三人提供消费借贷的委托,萨宾反对塞尔维乌斯的意见,承认其约束力(上文边码 44.4)。该行为与保证相近之处在于,受托人除对(作为主债务人的)借用人享有消费借贷之诉外,还对委托人享有委托(对待)之诉[actio mandati(contraria)],通过该诉讼受托人可以就提供给第三人的金额请求(如同由保证人)补偿。由于它们并非同一诉讼标的(eadem res),因此这里不存在消耗竞合的风险(边码 24

57.17;PS 2,17,16)。委托的形式自由使得不在场者也可以订立。古典法学家尚未有计划地对该行为按照要式口约保证的规则进行判断,而优士丁尼则在很大程度上将其置于保证规则之下。

25 委托人(mandator)享有消费借贷债务人的抗辩(D.46,1,32,添加的),多数委托人享有分割的法律利益(beneficium divisionis)(C.4,18,3),而委托人(mandator)的追索则可以得到诉讼转让的法律利益(beneficium cedendarum actionum)(Nov.4;Pap. – Ulp. D.17,1,28;Pap. D.46,3,95,10)的帮助。对消费借贷借用人(或者对多数委托人之一)的诉讼依照古典法可能就已经不再消耗对委托人的(或者对其他委托人的)诉讼了(Diocl. C.8,40,23)。——《德国民法典》第778条,《瑞士债法》第408条以下。——**文献**:安·瓜里诺,《信用委托》(Mandatum credendi),1982年;安·瓜里诺,"信用委托的起源"(Alle origini del mandatum credendi),《穆尔加祝贺文集》,第649页;贝伦茨(边码44.9),第45页;齐默尔曼,第139页;温·朱弗雷,"论委托金钱消费借贷"(Il mandatum pecuniae credendae etc.),《信用 人性 法》,第4册,第2305页。

四、他人债务清偿允诺

26 他人债务清偿允诺(constitutum debiti alieni)与保证相近(上文边码46.3),但直到优士丁尼时期才将其置于保证规则之下。

对此适用分割的法律利益(beneficia divisionis)(C.4,18,3)和先诉(excussionis)的法律利益(Nov.4,1)以及诉讼转让(cedendarum actionum)的法律利益。——在古典法中,银行主承保(receptum argentarii)也起着与保证类似的作用(边码46.5)。

五、债务承担

27 **《维雷乌斯元老院决议》(SC Vellaeanum)**[维雷乌斯(Velleianum),公元1世纪中叶]保护妇女,所用方法是禁止妇女债务承担,即禁止她们采用为第三人利益而负担债务的方式"参与其中"[代表他人利益(pro aliis reas fieri);语自 D. 16,1,2,1]。在元老院决议中作为正当性理由而引用的是,妇女承担男人的使命并受这种义务约束并不适当(下文即见);乌尔比安(eod. 2,2)对此予以赞扬并且强调,元老院为那些因其性别弱点(propter sexus inbecillitatem)为他人作保但对自己没有保护的很多妇女提供了保护。至于元老院决议的目的是否真的在于保护妇女(通说)还是在于通过将妇女排除在特定行为之外而使她们留在家中,存在争议。

禁止妇女从事的行为包括保证、连带债务、设质,以及通过更新使债务 28
人免责,此外还包括妇女纯粹免除第三人债务负担的行为,如为第三人利益而接受消费借贷。妇女的债务承担行为依照市民法有效,但却因维雷乌斯元老院决议抗辩(exceptio Scti. Vellaeani)而失去效力。作为补偿,裁判官为债权人提供了一项对于因妇女加入而免责的债务人的恢复原状之诉(*actio restitutoria),并且,如果妇女自始就是为第三人而加入的,那么,就可以对第三人享有设立之诉(actio institutoria),就如同该行为是对第三人成立一样。这些诉讼显然发生了司法性恢复原状(in integrum restitutio)(上文边码 9.3)。

对妇女的债务承担禁止在优士丁尼时(略微减轻但)仍然存在。在罗马 29
法继受之后,它仍然得以保留,当然由于两项措施而受到限制:妇女可以通过誓言确认而放弃元老院决议的保护;女商人所为的债务承担行为被承认是有效的。这项债务承担禁止在普通法的德意志法域一直适用到 1900 年,而《奥地利民法典》第 1349 条则早就有所不同。直到 1988 年,《瑞士民法典》旧文本第 177 条第 3 款的规定才被废止,依照该规定,妻子只有经过监护机关同意才能为丈夫利益而与第三人成立有效负担。在德国联邦最高法院的司法裁判中,没有财产的家庭成员——大多涉及没有收入的妻子——提供保证是背俗的,这在某种程度上再现了《维雷乌斯元老院决议》(SC Vellaeanum)。由于典型消费者表现出某种意志薄弱(inbecillitas animi)或者意志软弱(infirmitas animi),因此,有些消费者保护法律中也对债务承担进行了限制,如《奥地利消费者保护法》第 25c 条、第 25d 条(债权人的报告义务和法官的调控权)。——**文献**:海·福格特(H. Vogt),《〈维雷乌斯元老院决议〉研究》(Studien zum SC Velleianum),1952 年;迪·梅迪库斯,《论〈维雷乌斯元老院决议〉的历史》(Zur Geschichte des SC Velleianum),1957 年;齐默尔曼,第 145 页;乌·门尼希(U. Mönnich),《风险交易中的妇女保护》(Frauenschutz vor riskanten Geschäften),1999 年;贝·库皮施,"交易生活中的罗马妇女"(Die röm. Frau im Geschäftsleben),《格罗斯费尔德祝贺文集》(Fs. Großfeld),1999 年,第 659 页;沃·恩斯特,"从妇女债务承担禁止到家庭成员保证悖俗性论消费者作为债务承担人的保护"(Vom Verbot der Fraueninterzession über die Sittenwidrigkeit von Angehörigenbürgschaften zum Schutz des Verbrauchers),《法律史和私法教义》,第 395 页;还可参见,佐·韦格(Z. Végh),"女性软弱?"(Imbecillitas feminarum?),《迈尔-马利祝贺文集》,2002 年,第 785 页;弗·泰森(F. Theisen),"《维雷乌斯元老院决议》在中世纪盛期法律实务中的意义"(Die Bedeutung des SC Velleianum in der Rechtspraxis des Hochmittelalters),《萨维尼杂志》,第 122 卷(2005 年),第 103 页。

第五编

家庭法

第一章 婚 姻

第五十八节 婚姻和夫权

(RPr. §§ 17 - 19,73 - 78,215 - 221)

一、婚姻的本质

文献:奥·罗夫莱达(O. Robleda),《论罗马法中的婚姻》(El matrimonio en derecho romano),1970 年;爱·沃尔泰拉,“古典法中的婚姻精解”(Precisazioni in tema di matrimonio classico),《维托里奥·夏洛亚罗马法研究所学刊》,第 78 卷(1975 年),第 245 页;爱·沃尔泰拉,《法学百科全书》,第 25 册,1975 年,第 726 页,“(罗马法)婚姻”[matrimonio(diritto rom.)]词条;爱·沃尔泰拉,“再论古典时期的婚姻结构”(Ancora sulla struttura del matrimonio classico),《冯·吕布托祝贺文集(2)》,1980 年,第 147 页,该作者以上文献同时又见,爱·沃尔泰拉,《法学文集》(Scritti giuridici),第 3 册,1991 年,第 355、223、599 页[在该册以及《法学文集》(Scr. giur.),第 2 册,1991 年,还有沃尔泰拉关于婚姻法和家庭法的很多其他论文];约·胡贝尔(J. Huber),《罗马法中的婚姻合意》(Der Ehekonsens im röm. Recht),1977 年;让·戈德梅,《合伙与婚姻》(Sociétés et mariage),1980 年(论文集);苏·特雷贾里(S. Treggiari),《罗马人的婚姻:从西塞罗时代到乌尔比安时代的合法婚姻》(Roman Marriage: Iusti

Coniuges from the time of Cicero to the time of Ulpian)，1991 年[书评，理·A. 鲍曼(R. A. Baumann)，《萨维尼杂志》，第 110 卷(1993 年)，第 701 页]；里·阿斯托尔菲，《论前古典罗马法中的婚姻》(Il matrimonio nel diritto rom. preclassico)，2002 年第 2 版；里·阿斯托尔菲，《论古典罗马法中的婚姻》(Il matrimonio nel diritto romano classio)[书评，雅·福·施塔格尔，《萨维尼杂志》，第 125 卷(2008 年)，第 897 页]。——此外，婚姻所涉及的问题还可参见边码 14.12 之前的文献。

1 (一)罗马的婚姻观念与近代由基督教原因所决定的婚姻观念之间是根本不同的。

主要在中世纪发展而来的教会婚姻法和随之而生的夕土各国当代法律规则，根据基督教学说信条，使得婚姻及其成立和消灭都以受到严格监督为前提。有效成立婚姻的存续及其消灭，都要经过诉讼程序审查，该程序是监督有效婚姻维持的。婚姻消灭主要通过离婚实现，而且只有符合严格限定的理由时才允许离婚。按照其结构，婚姻是具有特定内容的法律关系，该法律关系——按照先进的个人化的观点——在配偶彼此之间和配偶与第三人之间分配了严格限定的权限，其中既包括人身事务，同样也包括财产事务。男女平等原则很大程度上已经在许多方面得以实现。

2 与此相对，罗马人在其**婚姻(matrimonium)**中看到更多的并非那样一种法律关系而是一种社会事实，这种社会事实无疑引起了广泛的法律效果。人们将罗马的婚姻称为男女之间的“现实生活共同体”(路·米泰斯)，由结婚意愿(affectio maritalis)转变而来，而结婚意愿就是配偶双方将其婚姻作为一种共同体的故意和意识。

Mod. D. 23,2,1：“婚姻是男女的结合和全部生活的共同体，是在神法和人法上结成团体”(Nuptiae sunt coniunctio maris et feminae et consortium omnis vitae, divini et humani iuris communicatio)。参见 Inst. 1,9,1。婚姻意识并非法律行为的意思,完全不是独立的主观事实构成,而是一种"婚姻心意",它在整个婚姻存续期间的配偶彼此之间及其对第三人的全部行为中得以实现。——**文献**:阿·埃尔哈特(A. Ehrhardt),《全部生活的共同体》(Consortium omnis vitae),《萨维尼杂志》第 57 卷(1937 年),第 357 页。

为使该共同体满足婚姻的社会事实构成,必须满足特定前提: 3
婚姻意识必须指向终身的、一夫一妻的、在家庭共同体中实现的生活共同体,最主要的目的是得到完全合法的后代。关于这种目的,西塞罗称婚姻结合(coniugium)为"国家的起源"[(seminarium rei publicae),《论义务》(De officiis 1,17,54);参见柏拉图,《法律篇》(Nomoi 4,721)以及《教会法典》,(can. 1096 §1 Codex Iuris Canonici);《联邦宪法法院裁判》第 6 卷,第 55 页,第 71 页:"任何人类共同体的胚胎细胞。"]。

因为罗马的婚姻最初并非法律关系而是社会事实,所以决定婚姻成立、消灭和保护的原则在很大程度上不是由法律来调整,而是交由习惯来调整。结婚并非法律行为,与法律规范无关,国家也不会主动审查其前提。确认婚姻存在的诉讼不为人知,而建立婚姻生活共同体的诉讼更不为人知。任何一方在任何时间都可以离婚,而且也不需要具备特定离婚事由,不需要任何诉讼程序对此监督。尽管如此,习惯条件仍然持续了几百年,以维持大多数婚姻。

(二)**市民法(ius civile)**婚姻[合法婚姻(matrimonium 4
iustum)]的前提,是配偶双方均为罗马市民或者至少男方为罗马市民并且女方具有通婚权(conubium)(下文边码 58.17)。

只有基于这种婚姻而出生的子女才是罗马市民,才能处于其父亲的父权(patria potestas)之下并且在父亲死亡后成为他的自家继承人(sui heredes);参见 G. 1,55;76;Gai. D. 1,6,3 = Inst. 1,9,pr.。——其他婚姻[无效婚姻

(matrimonia non legitima);万民法婚姻(* matr. iuris gentium)]不是罗马婚姻,但他们可以依照外邦的法律是有效的配偶,并且在一定范围内也可以被罗马人承认。它与罗马婚姻的对立随着罗马市民权的广泛授予而逐渐丧失了重要意义。

5 (三)基督教学说则与此相对,在婚姻中认识到了一种宗教生活的安排,一种具有不可破坏效力的神圣约束,其中已经孕育了10世纪时承认婚姻为圣事的内容。受此影响,后古典时期关于婚姻的见解发生了某种变化,认为婚姻在很多方面(尤其是在解除方面)应当是一种法律关系。当然,人们仍然一如既往地坚持认为,婚姻的基本特征是配偶之间关于"实现的生活共同体"的持续性合意。

文献:关于婚姻法和结婚法发展的"经典作家"是:埃·弗里德贝格(E. Friedberg),《结婚法》(Das Recht der Eheschließung),1865年,1965年重印;鲁·佐姆(R. Sohm),《结婚法》(Das Recht der Eheschließung),1875年,1966年重印。

二、夫权

6 (一)罗马家庭的本质是严格组织起来的人法团体(上文边码12.3-5),这在古代就要求妻子也成为该共同体的成员。作为家子的母亲和家庭成员的女主人,这种地位要求她处于家父(paterfamilias)的权力之下并且参与家庭祭祀。家父对自己的妻子所享有的这项婚姻权力,在技术上使用了**夫权**(**manus**)这个古老的名称。如同罗马家庭权力的所有表现形式一样,夫权是一项法律关系。导致其取得或者消灭的行为是法律上的行为,当然,它在古代与结婚和离婚联系成为了整体行为[关于共食婚(confarreatio)和分食婚(diffarreatio),见下文边码58.34和58.49];然而,这个整体却随着时间推移逐渐消灭了(下文边码58.9)。

如同所有罗马家庭权力一样，家父（paterfamilias）的夫权（manus）是一项完全权力。它包括生死权（ius vitae necisque），也包括对妇女的惩罚权和驱逐权。不过，早期的神法禁止家父滥用这项完全权力，而在共和时期主要受监察官监督的习俗同样也禁止家父滥用这项完全权力。滥用夫权面临着和滥用父权（patria potestas）相同的各种不利后果的威胁（见上文边码 12.5 和下文边码 60.2）。在古典时期，丈夫对妻子的惩罚权差不多就完全消失了。 7

作为“他权人”，归顺夫权的妻子（uxor in manu）和家子一样没有财产能力；她所取得的，都归属于家父。详见上文边码 11.4，下文边码 60.12 – 13。 8

在无遗嘱继承中，家父的归顺夫权的妻子（uxor in manu）处于女儿的地位（filiae loco），（家）子［filius（familias）］的归顺夫权的妻子处于孙女的地位（neptis loco），G. 1，111/114；2，159。如果家父死后丈夫成为自权人，妇女就处于丈夫的夫权（manus）之下。

（二）在古代，婚姻所涉及的结婚和妇女归顺夫权（conventio in manum）不管法律上还是事实上都相互联系［所谓**夫权（manus）婚**］。虽然是惯例，但《十二表法》就已经承认了阻碍丈夫取得夫权的可能［连续三夜（trinoctium），下文边码 58.37 – 38］。这种所谓“**无夫权（manus）婚**”最初只是为满足特殊需要而被允许作为例外的。直到公元前的一个世纪，大多数婚姻仍然是夫权（manus）婚，此后其数量却急剧减少。夫权（manus）婚在古典时期只是偶尔出现，而在古典末期则被无夫权（manus）婚完全排斥了。 9

三、婚约

文献：让 · 戈德梅，“论罗马婚约的独特性”（L’originalité des fiançailles

romaines),《罗马法和古代法国际杂志》,第 6 卷(1955 年),第 47 页 = 让·戈德梅(边码 58.1 之前),第 15 页;亨·库皮采夫斯基,“古代罗马法中的婚约”(Das Verlöbnis im altröm. Recht),《萨维尼杂志》,第 77 卷(1960 年),第 125 页;亨·库皮采夫斯基,“古典罗马法中婚约之研究”(Studien zum Verlöbnis im klass. röm. Recht),《萨维尼杂志》,第 84 卷(1967 年),第 70 页;里·阿斯托尔菲,《论罗马法中的婚约》(Il fidanzamento nel diritto rom.),1994 年第 3 版;罗·克努特尔,“婚约古今”(Verlöbnis einst und heute),《雅伊梅祝贺文集》(Fs. Jayme),第 2 册,2004 年,第 1487 页;安·克·卡尔(A. C. Karl),《朕的时代的纯洁:从共和晚期到 4 世纪结束期间罗马法中妇女的伴侣选择》(Castitas temporum meorum. Die Partnerwahl der Frau im röm. Recht von der späten Republik bis zum Ausgang des 4. Jh. n. Chr.),2004 年(也涉及婚姻、非婚姻关系、离婚和分居)。

10 (一)婚约(sponsalia)是在某个历史时期发生债法效力的婚姻允诺,对这种允诺人们通常会采用誓约(sponsio)[要式口约(stipulatio)]。未婚妻的家父向未婚夫允诺把她给他做妻子;未婚夫(或者他的家父为他)大多也向未婚妻的家父允诺他将娶她。这就涉及关于将要结婚的妇女的一项合同。参见 Ulp. D. 23,1,2; Gell. 4,4。

替代结婚或者置身婚姻的是就货币金额作出允诺,在未结婚的情形下即可就该金额提起诉讼;瓦罗的《论拉丁语》(de ling. Lat. 6,70)[为结婚目的而就货币或者女儿宣誓(spondebatur pecunia aut filia nuptiarum causa)]。

11 (二)在共和初期,婚约脱离了要式口约的形式,同时也丧失了可诉性。婚约(sponsalia)在这时既可以采用口头形式也可以采用书面形式,既可以由在场者作出婚姻允诺也可以由不在场者作出婚姻允诺(Flor. D. 23,1,1)。如果是自权人,就可以自己做出结婚同意,而自权人妇女也可以向裁判官申请强制其监护人予以同意(G. 1,190)。婚姻允诺不能通过违约金[约定违约金违反善良风俗(contra bonos mores),上文边码9.9;Pap. D. 35,1,71,1]予以担保;各方当事人都可以任意通过离婚表示(nuntium remittere)而将其废止(参见 Gai. D. 24,2,2,2)。

通过未婚妻的家父订立婚约时,有些古典法学家要求她本人同意。某些婚姻障碍也妨碍婚约。个别社会保护性规定也适用于婚约。

关于婚约的习惯还包括,订婚人在婚约后从自己左手无名指上摘下戒指并将戒指戴在新娘相同的手指上。这种习惯是从希腊继受而来的,而希腊可能是从埃及得来的,因为根据他们通行的解剖学知识,从左手无名指到心脏之间有一份纤细的神经[格利乌斯,《阿提卡之夜》(Gellius 10,10,2)]。与此相应,塞维利亚的伊西多尔(公元6世纪)表示,无名指上的戒指是心与心相结合的信物[《论教会礼仪》(De eccl. off. 2,20,8)]。戒指最初完全就是某人为他自己食言的情形提供信物的手段。在历史上能够搞清楚的时期,它出现在东地中海地区的婚约中并且被作为买卖定金(arrha)(边码41.7):谁不履行,谁就丧失戒指。 12

(三)在后古典法中,**婚约定金(arra sponsalicia)**使得婚约具有了任意取消性;它是未婚夫给未婚妻的一种礼物,如果没有重要理由而未结婚,就必须要四倍返还,后来要二倍返还。 13

婚约定金(arra sponsalicia)是闪米特人买卖新娘时支付买妻钱的残余,经由(支持婚约约束力的)教会而于4世纪进入罗马皇帝法中。——婚约的约束力从4世纪开始自婚约成立两年后消灭。

四、婚姻前提　婚姻障碍

婚姻的社会事实构成要求必须满足特定的积极要求和消极要 14

求,在这些方面存在瑕疵时,公众的社会意识就不会承认它是婚姻。法学家将这些要求融入固定规则之中。

(一)结婚需要适婚(pubertas,上文边码 14.7)。精神病人(PS 2,19,7)和某些无生育能力人(Ulp. D. 23,3,39,1)不能成立有效婚姻。

15 (二)未婚夫处于父权(patria potestas)之下的,如果得到家父的授权(iussu patris)或者容忍,婚姻就可以由他自己而成立。他权人未婚妻的婚姻由其家父(paterfamilias)订立;当然,在古典时期就已经获得承认的见解显然认为,家父不能违反女儿意思而使其结婚(UE 5,2;Paul. D. 23,2,2)。对于反对女儿结婚的家父(paterfamilias),甚至可以强制其提供协助(Marci. D. 23,2,19)。后古典法要求未婚夫妻合意以及家父同意(而西部的要求则比较宽松);后来,只要子女尚未达到 25 岁,就要求父亲同意,即使他不享有该项权利也需要他同意,或者,万不得已时还要求亲戚们同意。——**文献**:卡尔(边码 58.10),第 75 页。

16 (三)已经有效结婚的人,在第一项婚姻仍然存在的同时,不能再次缔结婚姻;G. 1,63;Inst. 1,10,6-7。

第一项婚姻之外同意第二项婚姻就会解除第一项婚姻,因为它缺乏婚姻合意了。这就会使行为人丧失名誉,但并不会(因为重婚而)受到刑事处罚。在后古典时期,宣布放弃婚姻合意不再会导致第一项婚姻消灭,因为这时既存婚姻就构成了第二项婚姻无效的独立事由。从 3 世纪开始,重婚[如同强奸(stuprum)、通奸(adulterium)一样]将面临死刑处罚,Val. Gall. C. 9,9,18;Theoph. 1,10,6,还可参见 Alex. C. 9,9,9;Diocl. C. 2,4,18。——《德国民法典》第 1306 条,《奥地利婚姻法》(öEheG)第 8 条,《瑞士民法典》第 96 条。——**文献**:爱·沃尔泰拉,"论罗马法中重婚罪的历史"(Per la storia del reato di bigamia in diritto rom.),《拉蒂祝贺文集》(Studi Ratti),1934 年 =《法学文集》(边码 58.1 之前),第 7 册,1999 年,第 209 页;路·圣迪罗科(L. Sandirocco),"重婚与双重婚约"(Binae nuptiae et bina sponsalia),《历史与法的研究与文献》，第 70 卷（2004 年），第 165 页。

（四）罗马人用“相对”婚姻障碍（即对于特定人的婚姻障碍）说明，他们要求任何一方当事人必须享有与对方当事人的**通婚权**（**conubium**），即与该人成立有效婚姻的能力。欠缺通婚权主要存在于法律地位不平等的情形。 17

与奴隶的婚姻或者奴隶之间的婚姻［同居（contubernium），上文边码 15.5］没有法律效力；生来自由人与释放自由人之间的婚姻，最初同样不生效，在共和初期才获得了承认。贵族与平民之间的婚姻，至少有一个时期是被禁止的，到（公元前 445 年）《卡努雷亚法》（lex Canuleia）才被准许。与非市民（拉丁人和其他外邦人）的婚姻，除自古以来就享有与罗马人的通婚权（conubium）的古代拉丁联盟居民以外，需要授予通婚权（conubium）；授予通婚权既可以是为全体居民的利益，也可以是为个人的利益［尤其是在退役军人（veterani）光荣退役时］。参见边码 58.22。见 G. 1,56f.。随着罗马市民资格的扩大，授予通婚权丧失了它的意义。

（五）1. 血亲关系（和族亲关系）使得这些人之间的婚姻无效，他们之间的性关系被认为是乱伦（incestum）而受到刑罚。它在任何时候都适用于直系尊亲属与直系卑亲属之间；在适用于旁系亲属之间时则稍有减弱，但在基督教时期明显又变得更加严格。 18

这项禁令在古典时期适用于三等亲之间（关于亲等，见上文边码 12.7）。因此，兄弟姐妹之间、伯、叔、舅与侄女、外甥女之间、姑、姨与侄子、外甥之间的婚姻存在障碍［因此，为使克劳迪乌斯皇帝能够与其侄女阿格里皮娜（Agrippina）结婚，需要公元 49 年的一项元老院决议；参见 G. 1,59－64］。自狄奥多西一世（4 世纪后半叶）起，这项禁令适用于兄弟姐妹的子女（consobrini，堂表兄弟与堂表姐妹之间，即四等亲），但它在东部又被废止了，见 Inst. 1,40,4。这项禁令在《民法大全》中适用于三等亲之间。——《德国民法典》第 1307 条,《奥地利婚姻法》第 6 条,《瑞士民法典》第 95 条第 1 款。——**文献**:约·莫杰耶夫斯基(J. Modrzejewski),“希腊化实践中和依照罗马法的兄弟姐妹之间的婚姻”(Die Geschwisterehe in der hellenist. Praxis und nach röm. Recht),《萨维尼杂志》,第 81 卷(1964 年),第 56、62 页;扬·托马斯(Y. Thomas),“罗马的族内婚”(Mariages endogamiques à Rome),《法国法和外国法的历史杂志》(RH),第 58 卷(1980 年),第 345 页。

19 2. 通过收养而成立的亲属关系对婚姻的妨碍与血亲影响的范围相同。如果收养关系被废止,旁系亲属之间的收养亲属关系的障碍当然也就消失,G. 1,59 和 61 = Inst. 1. 10. 1 和 2。——《德国民法典》第 1308 条,《奥地利婚姻法》第 10 条,《瑞士民法典》第 95 条第 2 款。

20 3. 姻亲(adfinitas),即某人与其配偶的亲属和其亲属的配偶之间的关系,最初只在直系之间构成婚姻障碍,也就是继父母和继子女之间、公公与儿媳和岳母与女婿之间(G. 1,63);在后古典时期还包括了兄弟姐妹的前配偶。——姻亲之间的结婚禁令(《德国民法典》旧文本第 1310 条,1938 年/1946 年《婚姻法》第 4 条)由于 1997 年《婚姻法》(EheschließungsrechtsG.)自 1998 年 7 月 1 日起生效而被废除了。

21 (六)1. 马可·奥勒留和康茂德(公元 2 世纪后半叶)时期的一项元老院决议禁止监护人与被监护人结婚或者让被监护人与监护人之子结婚[Paul. D. 23,2,59f. ;eod. 66 pr. ;这项禁令后来扩张及于保佐人(curator),此外还及于监护人或者保佐人的孙子、外孙和释放自由人]。这项元老院决议的目的在于,通过这种方式防止监护人逃避其报告义务。——与此相联系的是 1998 年同样废除了缺乏共同财产分割证明这种婚姻障碍(《德国民法典》旧文本第 1314 条,1938 年/1946 年《婚姻法》第 9 条)。

2. 皇帝的敕训拒绝行省官员和行省军官与同行省人员之间的婚姻，旨在防止强迫婚姻。3. 颇具争议的是，为维护纪律而禁止军人（包括军官）服役期间结婚的这些措施的基础、日期、内容和影响范围。至迟于塞普提米乌斯·塞维鲁斯（公元200年左右）时期，这项禁令被废除了。 22

文献：约·海·容（J. H. Jung），“罗马军人的婚姻法”（Das Eherecht der röm. Soldaten），《罗马世界的兴衰》，第2册之14，1982年，第302页；奥·贝伦茨，“军人奖励的法律规制和元首制时期的军人结婚禁令”（Die Rechtsregelungen der Militärdiplome und das die Soldaten des Prinzipats treffende Eheverbot），载维·埃克/哈·沃尔夫（W. Eck/H. Wolff）编，《军队和整合政策》（Heer und Integrationspolitik），1986年，第116页，第150页。

（七）1. 如果寡妇在10个月的丧期（与最长怀孕期间一致，《十二表法》第4表第4条；Ulp. D. 38,16,3,11）内结婚的，根据古代法和古典法，她将受到裁判官法的不名誉的处罚（D. 3,2,1），但其婚姻并不因此而无效。在后古典时期，等待期延长到了1年。它还适用于妇女离婚之后，有时也适用于男子。有过失的一方当事人将受到重大财产法不利益的处罚。Theod. Ⅰ. C. 5,9,2；Theod. Ⅱ. C. 5,17,8,4b。——10个月等待期这项婚姻障碍，在1938年/1946年《婚姻法》第8条中仍然存在（早期还有《奥地利民法典》第120条、第121条，《瑞士民法典》第103条），经由1997年《亲子关系法改革法》（KindschaftsrechtsreformG. v. 1997）被废止。 23

2. 此外，后古典时期由于受到基督教教义影响，再婚（也在等待期外）虽未直接禁止，但要受到不利益，而且，最初只是对再婚妇女而言，后来也包括了男子。 24

这些措施主要只是为保护前婚子女免受后婚配偶或者后婚子女的侵害。

再婚当事人因此丧失了自前婚所得财产(婚姻赠与、其他无偿给与、遗赠)而使之归于前婚所生子女,并且只是为纯粹使用保管而保有该财产(类似于下文边码 60.20－21)。——**文献**:米·安贝尔(M. Humbert),《论罗马的再婚》[Le remariage à Rome),1972 年;延－乌·克劳泽(J. －U. Krause),《第一罗马帝国的寡妇和孤儿(寡居与再婚)》(Witwen und Waisen im Röm. Reich I (Verwitwung und Wiederverheiratung)],1994 年。

25 (八)以**奥古斯都婚姻法**为基础的那些婚姻前提在各项婚姻前提中占有特殊地位。主要法律是公元前 18 年的**《关于市民阶层嫁娶的尤利亚法》**(**lex Iulia de maritandis ordinibus**)和公元 9 年的**《帕皮亚和波帕埃法》**(**lex Papia Poppaea**)。它们如同释放法(上文边码 16.10－11)一样都有人口政策和社会政策方面的目标,旨在保持创建罗马帝国的意大利人口核心部分的健康和强壮,尤其是当时其社会上层面临着不结婚者或者不生育子女者越来越多的威胁。此外,这些法律还具有填充国库的目的,塔西佗(Tacitus)在并非毫无偏见但无疑不具有典型性的补充评论中强调,人们过去因为恶行而受苦难,此后却因为法律而遭祸殃(Annales 3,25;详见边码 71.11)。

它们是罗马历史上最为全面的"一揽子改革",但因其两项特色不同寻常而出了格。它们通过法律深深介入社会传统和伦理传统的领域而影响了罗马市民的自由和所有权,并且(反对奢侈各种措施无法与之相比地)首次尝试通过详细的法律规定实施社会改革。

这两部法律在古典时期就已经被认为是一个整体[《尤利亚和帕皮亚法》(lex Iulia et Papia)]。公元前 17 年的《关于惩治通奸的尤利亚法》(lex Iulia de adulteriis coercendis)(D.48,5)对淫乱(stuprum)和通奸(adulterium)增加了刑罚条款。——**文献**:保·约尔斯(P. Jörs),《尤利亚问题》(Iuliae rogationes)[以下两部作品的重印:《奥古斯都婚姻法》(Die Ehegesetze des

Augustus),1894 年;《论〈尤利亚法〉与〈帕皮亚法〉的关系》(Über das Verhältnis der lex Iulia zur Lex Papia),1882 年],图·斯帕尼奥洛·维戈里塔(T. Spagnuolo Vigorita)的书评,1985 年;约·埃·斯普鲁伊特,《论尤利亚法与帕皮亚和波帕埃法》(De lex Iulia et Papia Poppaea),1969 年;里·阿斯托尔菲,《尤利亚和帕皮亚法》(La Lex Iulia et Papia),1996 年,第 4 版;利·费·拉迪特萨(L. F. Raditsa),"关于婚姻的奥古斯都立法等"(Augustus' Legislation Concerning Marriage etc.),《罗马世界的兴衰》第 2 册之 12,1980 年,第 278 页[书评,迪·内尔,《萨维尼杂志》,第 99 卷(1982 年),第 446 页];迪·内尔,"奥古斯都关于婚姻的立法"(The Matrimonial Legislation of Augustus),《爱尔兰法学家》(The Irish Jurist),第 16 卷(1981 年),第 350 页;《古代法的历史》,第 2 册,第 1369 页;迪·内尔,《古代的计划》(Planung in der Antike),《古代法的历史》,第 2 册,第 1093 页;汉·赫·塞勒,"罗马的婚姻和奥古斯都的婚姻立法"(Ehe und augusteische Ehegesetzgebung),载格·塞弗特(G. Seifert)编,《稳定婚姻的因素》(Ehestabilisierende Faktoren),《约·容尼乌斯科学协会会刊》(Veröffentl. Der J. Jungius – Gesellschaft der Wissenschaften),第 62 卷,1990 年,第 75 页;安·梅特-迪特曼(A. Mette – Dittmann),《奥古斯都婚姻法》(Die Ehegesetze des Augustus),1991 年;克劳福德,第 2 册,第 801 页;图·斯帕尼奥洛·维戈里塔,《风纪纯洁之城》(Casta domus),2002 年第 2 版。

这些法律包含了婚姻禁令和婚姻命令:(1)禁止生来自由的市民与特定不体面妇女之间的婚姻。该禁令对元老及其后代的影响更为广泛。参见 UE 13,1f.。 26

禁止任何人与娼妓、老鸨、女演员等人结婚;禁止元老等人与释放自由人结婚。违法婚姻最初不是无效的,而是因其违反婚姻禁令(见下文)而被认为没有结婚。直到马可·奥勒留和康茂德(2 世纪后半叶)时期的一项元老院决议才宣告这种婚姻无效;Paul. D. 23,2,16 pr.。

(2)25 岁至 60 岁的所有男子和 20 岁至 50 岁的所有妇女全 27

都负有结婚义务。这个年龄段的鳏寡与离异者都必须再次结婚。免受该项义务约束的,只有那些享有(三)**子女权**[**ius(trium)liberorum**]的人,对于生来自由的男子而言至少生育了三个婚生子女,对于生来自由的妇女而言至少生育了三次。对此参见 G. 1, 194;3,44;UE 16,1;PS 4,9,1 ff.。

对于释放自由人要求生育四个子女(四子女权,ius quattuor liberorum)。元老院,后来是皇帝,将三子权作为特权授予给未满足前提的人。

28 法律制裁针对的是未婚者和无子女者,而且主要涉及继承法中的继承能力:一般而言,未婚者(caelibes)完全不能取得他基于继承或者遗赠而应得的财产,而无子女者(orbi)只能取得一半。据此,无人取得者就“落空”(caducum)并且移转于其他遗嘱继承人或者受遗赠人(他应当至少有一个子女),否则就会转移到金库(aerarium),后来转移到国库(fiscus)(详见下文边码 71. 11)。此外,违反法律的人还可能会遭受社会交往上的不利。

29 奥古斯都这些法律显然不受欢迎,而且也未实现其所欲目标,在 4 世纪和 5 世纪逐渐被废止或者消失(但再婚限制除外,上文边码 58. 24)。某些身份高贵的人与出身低微或者身份下流的妇女之间的结婚禁令仍然存在;而优士丁尼则连这一点也废止了。

30 (九)基于基督教信仰的结婚禁令在后古典时期存在于基督徒和犹太教徒之间;它适用于献身于神的少女和寡妇;适用于司祭、助祭、献身于神的副助祭(领受神品之前的婚姻继续存在,之后结婚者则丧失神职)。

31 (十)优士丁尼禁止妇女通奸并对其施以刑罚,而且认定她与通奸者之间、劫掠妇女者与被劫掠妇女之间的婚姻无效。——通奸这种婚姻障碍(《德国民法典》旧文本第 1312 条,1938 年/1946 年《婚姻法》第 6 条)被 1976 年《婚姻家庭法第一改革法》(1. EheRG v. 1976)(自 1977 年起生效)废止了。

五、结婚 归顺夫权

(一)罗马人认为婚姻是一项社会生活的事实构成,由这种观念可以说明,为什么结婚不被认为是法律行为,并且相应地也不构成形式行为。相反,只要双方当事人具有愿意形成生活共同体的明确意识,愿意将其共同体作为婚姻就已经足够了。 32

虽然在习俗上形成了很多关于婚礼(nuptiae)的、部分体现着宗教因素的民间风俗习惯,但婚姻的效力并不取决于是否遵守这些风俗习惯。将妇女娶进男子家中(deductio in domum mariti)被认为是成立婚姻共同体的典型标准(见 Pomp. D. 23,2,5);后来,即在后古典时期,做成婚姻文书或者嫁资文书也被认为是可以证明结婚意思的标志。

然而,在古典盛期就已经出现了一种独立于以上认识的观点,认为是当事人的结婚意思才使婚姻成立并且得以维持,Iul. D. 23,1,11 和 Ulp. D. 50,17,30:婚姻不是由同居而是由(纯粹)合意成立的(Nuptias non concubitus,sed consensus facit)。

纯粹合意成立婚姻(consensus facit nuptias)为教会法所采用。 33
这就使得秘密结婚成为可能,从而产生了重大弊端,尤其是重婚关系发生得格外多。因此,特兰托公会议于 1563 年 11 月 11 日宣布,将来秘密结婚无效,只有经过三次结婚公告后在教堂里当着牧师并且至少有两名证人的面结婚,在将来才被承认有效[关于漫长的发生史,见,弗里德贝格(边码 58.5),第 101 页,佐姆(边码 58.5),第 107、187 页]。

(二)**归顺夫权(conventio in manum)**,即妇女由其原来的家庭团体转入男子的家庭团体中,则与之相对,自古就是一项法律过程,在买卖婚(coemptio)(下文边码 58.35)的情形它应当采用典型的私法形式。 34

文献:爱·沃尔泰拉,"归顺夫权再研究"(Nuove ricerche sulla conventio in manum),《法学文集》(Scritti)(边码 58.1 之前),第 3 册,第 3 页;费·贝内德克(F. Benedek),《罗马法中的归顺夫权和结婚的要式性》(Die conventio in manum und die Förmlichkeiten der Eheschließung im röm. Recht),1978 年;耶·林德斯基(J. Linderski),"时效婚、祭祀婚、买卖婚"(Usu, farreo, coemptione),《萨维尼杂志》,第 101 卷(1984 年),第 301 页;伊·皮罗,《归顺夫权中的时效婚》(Usu in manum convenire),1994 年[书评,欧·彼得(O. Péter),《萨维尼杂志》,第 113 卷(1996 年),第 557 页]。

1. 古老的**共食婚**(**confarreatio**)是一项宗教行为,需要在 10 名证人、朱庇特祭司(flamen Dialis),可能还有大祭司(pontifex maximus),面前进行。这种繁琐仪式(象征夫妻生活全面结合)最精彩的部分是以斯佩尔特麦饼(panis farreus)为共同献祭品向朱庇特神(Iuppiter farreus)献祭。参见 G.1,112。这种行为可能在最初用于结婚,但也有转归夫权(manus)的效果。它是上层或者显贵的特权,后来仅用于(那些规定要用它的)特定神父,并且在古典时期逐渐消失了。

35 2. 取得夫权(manus)通常要经过**买卖婚**(**coëmptio**),它是从要式买卖(mancipatio)分离出来的:妇女的家父(paterfamilias)[或者,如果她是自权人,经其监护人同意(auctoritas)她本人]在五名证人和司秤(libripens)的面前实施秤式行为,以象征性价款一文铜币(nummo uno)将对她的支配转让给她的丈夫。此外,男子应当讲说的程式不是使妇女像奴隶那样处于男子买主权(mancipium)支配之下[就如同在通常的要式买卖(mancipatio)中一样](上文边码 16.17),而是使她获得了归顺夫权的妻子(uxor in manu)的地位。参见 G.1,113;123;上文边码 7.11。

如果买卖婚(coemptio)[如同要式买卖(mancipatio)一样]是为实际买卖价款而实施的,就可以用来买卖未婚妻,正如它在很多早期法律中获得的承认那样。——买卖婚(coemptio)通常与结婚同时发生。在古典时期,买卖婚(coemptio)的形式发生了变化。处于父权之下的妇女也可以仅仅经过父亲同意(auctoritas patris)而实施买卖婚。在古典末期这种行为最终消失了。

文献:吉·路·法尔基,"对古典罗马法中买卖婚的原因的法律性质的思考"(Osservazioni sulla natura della coemptio matrimonii causa nel diritto classico),《历史与法的研究与文献》,第50卷(1984年),第355页;伊·皮罗,《归顺夫权中的时效婚》(Usu in manum convenire),1994年;伊·皮罗,"G.1,113和买卖婚的程式"(G.1,113 ed il formulario della coemptio),《塔拉曼卡祝贺文集》,第6册,第359页;阿斯托尔菲(边码58.1之前),第255页;贝·阿尔巴内塞,"评买卖婚"(Note sulla coemptio),《罗马法和古代法国际杂志》,第52卷(2001年),第1页。还可参见,马·达维德/海·利·威·内尔松(M. David/H. L. W. Nelson),《盖尤斯法学阶梯评论》(Gai. Inst. Comm.)(评论),1954年,第133页(相互的买卖婚?)

3.此外,夫权(manus)还可以通过**时效婚**(**usus**)而取得。这 36
里显然涉及适用《十二表法》中关于使用担保(usus auctoritas)(上文边码25.2)的一般性时效取得规定的情形:如果男子与妇女以有效婚姻共同生活一年,就不能再对他的夫权有效地提出异议;G.1,111。在前古典末期或者在古典早期,通过时效婚(usus)取得夫权也逐渐消失了。

(三)为阻止因时效婚(usus)而归顺夫权(manus),《十二表 37
法》(第6表第4条)就已经承认一项规则:如果妇女**连续三夜**(**trinoctium**)不在丈夫家中,一年期间即告中断;G.1,111。这项规则使得那时维持"无夫权婚姻"成为可能。有一段著名记载表明,计算这项期限时应当准确:

格利乌斯,《阿提卡之夜》,第3编第2章第12节至第13节

Q. quoque Mucium iureconsultum dicere solitum legi non esse usurpatam mulierem, quae, cum Kalendis Ianuariis apud virum matrimonii causa esse coepisset, ante diem IV. Kalendas Ianuarias sequentes usurpatum isset: (13) non enim posse impleri trinoctium, quod abesse a viro usurpandi causa ex duodecim tabulis deberet, quoniam tertiae noctis posteriores sex horae alterius anni essent, qui inciperet es Kalendis.

我也读到过,法学家昆图斯·穆齐乌斯·斯凯沃拉经常说,一名妇女从1月1日起作为妻子而与丈夫生活,如果她为中断夫权的时效取得而在次年1月朔日之前第四天离开丈夫家,这不会中断(丈夫)夫权的时效取得。(13)依照《十二表法》(第6表第5条)规定她必须离开丈夫三(昼)夜的期限也就没有得到满足,因为第三夜最后6个小时已经属于朔日开始的下一年了。

罗马人确定一个月份的日期的具体方法,是自规定日期(朔日、诺奈日、望日)倒数计算,而且将规定日期包括在内。由于朔日是一个月的第一天,因此包括1月1日在内之前四天必然就是12月29日了。将在1月1日结婚的妇女在这一天离开了家,旨在防止丈夫因时效取得而对她取得夫权。(公元前95年的执政官)斯凯沃拉说,这项目的并未实现,因为时效取得的年已经在开始1月1日的那个午夜完成。第三夜的后半夜不再属于婚姻的第一年,因此,她在这一年中不在家的时间并未达到必须的三夜而只有两夜半。该文本同时还表明,从午夜到午夜的日的计算方法不再为人所用,为了有助于权利取得,人们采用了计算起始日(dies a quo computatur)的规则(上文边码10.22;还可参见弗·卡·冯·萨维尼,《体系》,第4册,第1841年,第364页)。

38 引入这种无夫权婚姻的目的可能要到自权人(sui iuris)妇女结婚这种情形去寻找。在这种情形下,妇女处于最近的父系亲属的家族监护之下。如果自权人(sui iuris)妇女结婚而归顺夫权(manus),其全部财产就会立即归属于她的丈夫。只要妇女还是自权人(sui iuris),她的亲属就是其最近顺位继承人,这些人会因她归顺夫权而丧失其继承期待。为防止出现这种情况,他们就只同意该妇女在不归顺丈夫的夫权时才可以结婚。——后来,如前所述,自权人婚姻成了一般情形。随着时效婚(usus)的消失,保持连续三夜

(trinoctium)也就成为多余的了。

文献:皮罗,《时效婚》(Usu);阿斯托尔菲,第 220 页(二者均见边码 58.35);琼蒂(Giunti)(边码 58.43 之前),第 226、235、419 页。

六、婚姻的效力

(一)罗马婚姻发生的效力,与归顺夫权(conventio in manum)相独立的,首先是妇女获得婚姻待遇(honor matrimonii)并因此而获得了社会承认的符合妻子身份的社会地位,其次是该婚姻中所生的子女被认为是能够延续父亲家庭的婚生后裔;G. 1,55 – 56;Inst. 1,9 pr. 和 2 – 3。 39

婚姻的忠实义务基本只约束妇女,直到基督教时期才有所强化而且同时也约束男子了。对通奸的惩罚主要是存在于刑法领域[关于嫁资留置(retentio ex dote),见下文边码 59.20]。男子可以杀死通奸被捉的妇女(和与其通奸的人)而免受刑罚。此外,妇女的丈夫和家父(paterfamilias)依照(公元前 17 年的)《关于惩治通奸的尤利亚法》(lex Iulia ad adulteriis coercendis)还享有控告有罪之人的优先权。——此外还产生了配偶间的"尊重义务",但它主要属于一种习惯而非法律领域的内容[参见被窃物之诉(actio rerum amotarum),上文边码 51.8;关于生活费保留的法律利益(beneficium competentiae),配偶之间最初只是在妻物之诉(actio rei uxoriae)时予以承认,后来才得到普遍承认,上文边码 32.22,参见 Mod. D. 42,1,20 末尾,添加的]。——关于配偶之间对扶养给付的法律义务,优士丁尼只在例外情形才予以承认(参见 528 年 C. 5,12,29)。——未婚的人在他们搬到一起住的情形下书面允诺的终身养老金(salarium),仅在发生特定情况时才可以提起诉讼,Scaev. D. 44,7,61,1("情书"),对此的最新研究,参见韦·蒂·哈尔布瓦克斯,"基于爱情的负担?"(Verpflichtung aus Liebe?),《赫·豪斯马宁尔祝贺文集》,2006 年,第 109 页。 40

(二)关于夫权(manus)的效力,见上文边码 58.7 – 8 和下文边码 59.2 – 3。——在自权人婚姻的情形中,妇女在婚姻存续 41

期间仍然继续留在家父(paterfamilias)的父权(patria potestas)之下,他可以[行使其所有物返还请求权(vindicatio)或者通过令状,下文边码60.8-9]将妇女接回自己家中从而使婚姻消灭。当然,在古典时期,如果婚姻幸福,就不再允许他这样任意干涉女儿婚姻了。

如果某项婚姻是真正和谐的婚姻(matrimonium bene concordans),安东尼努斯·皮乌斯就会延缓父亲对丈夫的出示或者带走子女令状(interdictum de liberis exhibendis 或者 ducendis),PS 5,6,15;Ulp. D. 43,30,1,5。在戴克里先时期,丈夫享有出示和带走妻子(de uxore exhibenda et ducenda)令状,从而接回被扣留的妻子;C. 5,4,11;Herm. D. 43,30,2。

42 (三)关于婚姻对财产的效力,见下文第五十九节。

七、婚姻的消灭,尤其是离婚

文献:恩·李维,《罗马离婚的过程》(Der Hergang der röm. Ehescheidung),1925年;罗夫莱达(边码58.1之前),第255页;罗夫莱达,“论君士坦丁之前罗马的离婚”(Il divorzio in Roma prima di Costantino),《罗马世界的兴衰》,第2册之14,1982年,第347页;帕·琼蒂(P. Giunti),《生活伴侣:古代罗马的婚姻和休弃》(Consors vitae. Matrimonio e ripudio in Roma antica),2004年。

43 (一)如同发生一样,婚姻的结束也应当与夫权(manus)的结束相互分离。婚姻由于死亡、丧失婚姻能力或者离婚而消灭。

1. 失踪不能毫无区别地完全等同于死亡。

然而,如果配偶一方长期没有配偶另一方下落,以至于他认为另一方已经死亡了,婚姻就会因此而消灭,因为实际关系已经结束了以婚姻为基础的生活共同体。参见 Pap. D. 48,5,12,12。

2. 对于丧失婚姻能力应当区别对待:(1)丧失自由就结束了婚姻和夫权(manus);战争中被俘[未复境(postliminium),上文边码15.17]也会使婚姻解散;战俘回来后为恢复婚姻关系就需要重新结婚。(2)丧失市民资格(例如被驱逐出境)后,婚姻可以依照外邦人的法继续存在。依照罗马人的法,至少个别婚姻效力继续存在是逐渐获得承认的。(3)现有家庭身份变更(上文边码13.3)虽然影响夫权(manus),但(通常)不涉及婚姻。 44

3. 后古典时期的皇帝受基督教影响进一步限制了婚姻消灭的情形并且使再婚更加困难,尤其是在战争中失踪或者被俘时。 45

(二)1. **离婚**[**divortium**,来自"divertere",意思是离去、脱离、分离。之所以称为divortium,"因为结束婚姻的人走在相互分离的路上"(quia in diversas partes eunt, qui distrahunt matrimonium)(Gai. D. 24,2,2pr.;Paul. D. 50,16,191)]与罗马婚姻被作为社会事实的本质相应,离婚与结婚一样不是法律行为,而是一项事实上的、私人的事情,既不受固定基础约束,也不在司法控制之下。罗马离婚就在于配偶一方或者双方所表示出废止婚姻生活共同体从而终止婚姻的意识。 46

离婚自由到古典时期结束时被认为是不容侵害的、婚姻本质必然要求的原则:婚姻自由是自古就被承认的(libera matrimonia esse antiquitus placuit),Alex. C. 8,38,2。排除离婚或者约定违约金使得难以离婚(上文边码9.9)的合同无效(Alex. C. 8,38,2)。限制这种离婚自由,首先是对于滥用离婚自由的情形通过神法上的刑罚进行威吓;其次是可通过监察官的习俗监管予以限制;除此之外,还可以通过经济利益而使其受到限制,因为这种情形下男子必须将嫁资返还(详见下文边码59.19)。

47 离婚法的出发点是男子在妇女通奸或者实施具有其他严重过错行为的情形下对她的单方**休弃**（**repudium**）。这一点表现在民间风俗习惯中发展形成的离婚时的惯用套话，甚至在《十二表法》（第 4 表第 3 条）中都有所表现：马上走人！（baete foras！）收拾你的东西！（tuas res tibi habeto！）拿走钥匙。关于无过错妇女的离婚，流传下来最早的是在公元前 3 世纪（因为无子女；参见 Gell. 4，3，1 f.）。由妇女提出离婚还是比较晚近的事情。配偶家父（paterfamilias）或者妇女监护人的同意，从很早很早的时候就已经不再需要了。——**文献**：卡尔（边码 58. 10 之前），第 227 页。

48 古典时期尚无对休弃（repudium）的形式要求。通常会派出离婚信使（nuntium remittere），但这却并非规定的要求。——根据《关于通奸的尤利亚法》（lex Iulia de adult.）（Paul. D. 24，2，9）而邀请 7 名证人仅仅涉及因通奸而离婚的情形，并且这时是具有特定理由的。——**文献**：恩·李维（边码 58. 43 之前），第 4 页。

49 2. 妇女处于**夫权**（**manus**）之下的，除离婚外还需要**废止**这项权力。为此——肯定是《十二表法》之后的时代才——发展形成了作为复合要式行为的**要式退买**（**remancipatio**）：丈夫（或者其家父）通过信托性质的要式买卖将妇女转让于其先前的家父或者受托人，该人通过释放（manumissio）而使其获得自由；G. 1，115；137。

要式买卖（mancipatio）使她处于取得人的买主权（mancipium）支配之下；通过释放她将成为自权人（sui iuris），而取得人将成为其庇主和法定监护人。——在这项双重行为实施之前，夫权婚尚不能离婚。对于通过共食婚（confarreatio）而成立的婚姻，流传下来的相反行为是**分食婚**（**diffarreatio**）（当然随之而来的是排除在丈夫家神祭祀之外）。——在元首制时期，如果丈夫拒绝离婚，妻子在公职审判程序中可以强制丈夫实施要式退买（remancipatio）；G. 1，137a。

3. 在后古典时期，罗马人离婚的图景由于受到基督教中婚姻不可解除的教义影响而有所改变，然而皇帝法绝对没有走得如同基督教神学家那样远，这些人表示婚姻完全是不能离婚的。君士坦丁以后的立法(除有个别反复摇摆外)只允许具备特定理由(大多是对方当事人有严重过错时)才可以离婚，并且对无理由离婚施以主要是嫁资和婚姻赠与方面的处罚，此外，还使再婚变得更加困难。优士丁尼《新律》还对没有理由而表示离婚的妇女施以终身放逐于修道院的处罚，并且使其丧失财产而归于子女、父母或者归于修道院。后来，无理由离婚这些结果也被用以威胁丈夫。与此相对，(一般)可以相互同意离婚，而且这也不会面临处罚威胁。 50

然而，单方无理由表示离婚是有效的；离婚无效最早出现在(556 年)《新律》第 134(Nov. 134)。——对于离婚表示，后古典时期依照希腊化范本移植了休弃通知(libellus repudii)这种形式；西部还可以在证人面前进行表示。——**文献**：李维(边码 58.43)，第 96 页；弗·德·马尔蒂诺(F. De Martino)，“罗马时代教会和国家对离婚的立场”(Chiesa e Stato di fronte al divorzio nell'età romana)，《弗卢梅祝贺文集》，第 1 册，1978 年，第 137 页；让·戈德梅，《对第一个千年中基督教婚姻的不可解除原则的解释》(L'interpretation du principe d'indissolubilité du mariage chrétien au cours du premier millénaire)(边码 58.1 之前)，第 230 页；奥·富尔齐里·万努基(O. Forzieri Vannucchi)，“4 世纪和 5 世纪关于离婚的皇帝法”(La legislazione imperiale del IV – V secolo in tema di divorzio)，《历史与法的研究与文献》，第 48 卷(1982 年)，第 289 页(评论，见，爱·沃尔泰拉，《法学文集》，第 4 册，1994 年，第 521 页)；米·梅默(M. Memmer)，“公元 4 世纪到 5 世纪的离婚”(Die Ehescheidung im 4. und 5. Jh. n. Chr.)，《迈尔－马利祝贺文集》，2002 年，第 489 页；雅·乌尔巴尼克(J. Urbanik)，“论君士坦丁对离婚的抑制”(La repressione costantiniana dei divorzi)，《信义 人性 法》，第 8 册，第 5705 页。

八、姘合

文献：让 · 戈德梅，“罗马帝国的自由结合和婚姻”（Union libre et mariage dans la Rome impériale），《罗马法和古代法国际杂志》，第40卷（1989年），第1页；雷 · 弗里德尔（R. Friedl），《皇帝时期罗马的姘合》（Der Konkubinat im kaiserzeitlichen Rom），1996年。

（一）姘合（concubinatus）是不被承认为婚姻的男女之间持续的生活共同体和性共同体。它在特定范围内为人所容忍，而且在元首制时期不可能存在婚姻的情形下取得了实践意义（参见D. 25，7；C. 5，26）。

51 它特别切合奥古斯都婚姻禁令的实际（上文边码58.26），这些禁令似乎容忍与释放自由的妇女以及出生自由但所处社会地位不体面的妇女之间的姘合；此外，还适用于对特定官员和军官以及军人存在婚姻禁令的情形（上文边码58.22）。然而，姘合并无任何婚姻效力，尤其是子女并非婚生。

52 （二）在后古典时期贯彻的观点则与此相反，认为男女之间的生活共同体满足了基督教对于婚姻要求的，即使欠缺国家所要求的婚姻前提，也可以由国家机关予以承认。这种姘合被认为是一种“次等婚姻”（inaequale coniugium），与古典法不同之处在于严格受到前提约束：它与婚姻相比是不被允许的，而且只能与一名他有可能与之[除上文“（一）”中所提到的障碍外]成立婚姻的妇女存在持续性联系。姘合大多成立于不同等级之间，它与婚姻的不同之处只是欠缺有意识婚姻所具有的社会承认（dignitas）。姘合所生子女虽然始终是非婚生的，但可以通过认领而取得婚生资格（下文边码61.6－8）。

53 姘妇以及他们的子女可以要求男子将其财产的特定份额相赠与或者以

遗嘱相留。优士丁尼 Nov. 18,5 甚至规定,如果既没有作为婚生子女而有权继承又没有作为妻子而有权继承者,甚至于可以主张最高六分之一的法定继承权。

第五十九节 婚姻财产法 嫁资 婚前赠与和婚姻赠与

(RPr. § § 18 Ⅴ,79 - 81,222 - 225)

一、概说

(一)**结婚**本身并未改变男女双方财产归属及其对财产的处分权。任何一方配偶(或者其家父)都保留着对其财产的支配,并且只对其自己债务承担责任。这种权利状态肯定适用于"自权人"婚姻,他们成立的是"分别财产制"。 1

与此相应,按照道德义务的要求,妇女的丈夫为家庭全体成员提供生活费用,用于家庭全体成员的物由配偶双方共同使用,丈夫可以为家庭全体成员生活支出而使用嫁资收益。如果妻子像通常一样将其财产交由丈夫管理,对此就适用与财产管理相同的法律规则[主要是委托的规则,参见 Ulp. D. 23,3,9,3;关于嫁资外财产(parapherna),见下文边码 59. 32]。

(二)在**归顺夫权**(**conventio in manum**)时则应当区别不同情形: 2

1. 妇女此前是家女(filiafamilias)的,就是无财产能力的,即使她成为归顺夫权的妻子(uxor in manu)也同样如此。她变更了家父,但未取得任何财产能力。不过,她在婚姻存续期间毕竟可以有一份特有产(peculium)(参见 Diocl. C. 5,18,7;Pap. D. 6,1,65,1;D. 39,5,31,1 = vat. 254)。

2. 然而,如果她此前是自权人(sui iuris),就会丧失其财产能 3

力,她的全部财产就会归于她的丈夫(或者其家父)。

她的债务(但新家父承担继承人责任而继承者例外)依照市民法(ius civile)消灭。然而,为使债权人不至于一无所获,裁判官为其提供了一项恢复原状(in integrum restitutio):他们就可以如同这名妇女现在是自权人一样对她提起诉讼,并且可以(在破产中)强制执行这名妇女如果现在是自权人时所享有的财产(G. 3,83 f. ;4,38,参见 Ed. D. 4,5,2,1)。

4 (三)1. 夫妻财产权所涉及的具体规则中,最重要的是**配偶间的赠与**无效。

这种限制只能对自权人婚姻而设立。它显然非常古老,并且可以回溯到婚姻不应使男女双方家庭发生经济上不正当的财产转移这种思想。对此流传下来的正当性理由是,赠与物违反婚姻的本质,而在婚姻中男女应当共同享有全部财产。谁接受了赠与物,谁就学会了把未赠与的其他物看作别人的:只要稍微给他人一点,就会因此而剥夺他的其余一切[见,普鲁塔克(Plutarch),《罗马问题》(Quaestiones Romanae,7 和 8)]。然而,法律渊源中提到的动机主要是,防止配偶因为爱情而相互间过分赠与以致被相互剥夺(ne mutuo amore invicem spoliarentur donationibus non temperantes... Ulp. D. 24,1,1)。——在奥古斯都婚姻法时期附加了一项内容:如果配偶双方的婚姻被禁止或者无子女,不能由于赠与而规避他们在继承法上所受的取得限制。这项无效规范最初依照的是古代习惯法,后来才因为在习俗上受到非难而得以确立。关于其理由,见 Ulp. Paul. D. 24,1,1 – 3 pr. 。

5 该规范可以防止某个家庭由其他家庭承担费用而得利,因此不仅适用于配偶本人之间,而且适用于这两个家庭团体所有的人之间。赠与行为无效,物的赠与人仍然是所有权人并可以就赠与物主张原物返还之诉,在该物被消费等情形可以主张请求返还之诉。古典法学家和后来者通过例外对该规范进行限制,并且有时也允许对不生效力予以补正。

获得许可的赠与,例如,为扶养或者其他礼节性义务而赠与,此外还有死亡、离婚或者其他婚姻解体情形下的赠与,这样赠与就只有在婚姻结束之后才发生效力。如果赠与人先于受赠人死亡,受赠人可以通过信托而证明赠与。公元206年的**《塞维鲁斯诏书》**(**oratio Severi**)使得未撤回赠与无需信托而于赠与人死亡时生效(Ulp. D. 24,1,32 pr./2)。它在后来放得更为宽松了。——配偶间赠与禁止在德国法、奥地利法和瑞士法中并不存在,但它在罗马法域的法律中继续存在(参见《法国民法典》第1091条、第1096条、第1099条,《意大利民法典》第781条,当然后者于1973年被意大利宪法法院废止)。——**文献**:卡·米泽拉,《配偶间赠与的得利思想》(Der Bereicherungsgedanke bei der Schenkung unter Ehegatten),1974年;卡·米泽拉,“配偶间赠与禁止理由的证明”(Die Zeugnisse zum Grund des Schenkungsverbots unter Ehegatten),《卡泽尔祝贺文集》,1976年,第407页;卡·米泽拉,“配偶间赠与禁止的第三人效力”(Die Drittwirkung des Schenkungsverbots unter Ehegatten),《萨维尼杂志》,第93卷(1976年),第33页;安·曼佐(A. Manzo),“论配偶间赠与禁止的起源”(Sull'origine del divieto di donazioni tra coniugi),《拉贝奥罗马法杂志》,第37卷(1991年),第342页;亨·施莱(H. Schlei),《配偶间赠与》(Schenkungen unter Ehegatten),1993年(书评,克·克兰佩,《法律史杂志》,第64卷(1996年),第260页),又见,卡泽尔(边码9.7之前),第114页;贡·迪·加德(G. D. Gade),《配偶间赠与》(Donationes inter virum et uxorem),2001年[书评,弗·施图尔姆,《萨维尼杂志》,第122卷(2005年),第291页]。

2. 根据**穆齐推定**(* **praesumptio Muciana**)(Q. Mucius Scaevola,参见 Pomponius D. 24,1,51),对妻子自何处取得存在争议时,如果没有反证,就应当推定她自丈夫那里取得。这项证据规则显然是为遗赠而设定的,在遗赠中丈夫将归顺夫权的妻子(uxor in manu)在婚姻存续期间从自己处得到的一切都遗赠给了她(关于权利推定,见下文边码84.5)。——《德国民法典》第1362条(《奥地利民法典》第1237条第2款已经废止;《瑞士民法典》第200条有所改变)。——**文献**:马·卡泽尔,“穆齐推定”(Praesumptio Muciana), 6

《德·弗兰斯奇祝贺文集》,第 1 册,1956 年,第 215 页 =《文集》,第 1 册,第 1976 年,第 311 页;玛·格·斯卡凯蒂(M. G. Scacchetti),《论穆齐推定》(La presunzione muciana),2002 年。

二、嫁资

文献:奥·贝希曼,《罗马嫁资法》(Das röm. Dotalrecht),第 1 册,1863 年,第 2 册,1867 年;卡·奇拉茨(K. Czyhlarz),《罗马嫁资法》(Das röm. Dotalrecht),1870 年;马·劳里亚(M. Lauria),《罗马法中的婚姻和嫁资》(Matrimonio – Dote in diritto rom.),1952 年;阿·泽尔纳,《论妻物之诉的史前史和功能》(Zur Vorgeschichte und Funktion der actio rei uxoriae),1969 年;卡·路·施特赖歇尔(K. L. Streicher),《嫁资风险》(Periculum dotis),1973 年;安·瓦克,"论罗马法嫁资的功能和风险承担"(Zur Funktion und Gefahrtragung bei der röm. Mitgift),《法律史杂志》,第 43 卷(1975 年),第 241 页;玛·马加尼亚(M. Magagna),《古典时期法学家思想中的嫁资约定》(I patti dotali nel pensiero dei giuristi classici),2002 年。

7 (一)正如我们看到的,结婚对配偶之间的财产关系并无直接法律效力,同样,归顺夫权(conventio in manum)如果不涉及自权人(sui iuris)妇女对它也同样无法律效力(上文边码 59.3)。如果不考虑后一种情形(至少它不经常发生,参见上文边码 58.37 – 38),自古以来风俗习惯就要求,妇女的家父(paterfamilias)在结婚时给与丈夫一笔财产以作为**嫁资(dos)**。这笔嫁资(dos)属于男子,他对嫁资物取得了自由的所有权。正因如此,他同时当然就应该改善妇女的状况,因为男子在任何——也包括自权的——婚姻中都有义务为妇女提供扶养并且允许妇女分享其生活水平。

8 除男子应当将嫁资用于承担"婚姻负担"(onera matrimonii)(Paul. D. 23,3,56,1)这项初始目的外,自共和早期起,嫁资就具备了第二项功能:嫁资应当保障婚姻结束后为妇女提供供养,而且同时应当使她保持有与相应等级的人再婚的机会。为此目的，法律和法学家们对于男子自由支配嫁资财产进行了限制；当然，古典法学家们仍然坚持嫁资属于男子的原则。优士丁尼则认为其他一切都要取决于这项供养目的，因此（受希腊化影响）弱化了男子的所有权，使其内容几乎没有超过用益权的范围（C. 5,12,30）。——由丈夫在离婚时应当交还嫁资可以推导出嫁资（dos）的另一项功能是稳定婚姻：如果嫁资（dos）颇丰，男子就会考虑，他是否（原则上任何时候都可以，上文边码58.46）提出离婚。

在罗马的法律现实中，嫁资起着重要作用。Pomponius D. 24, 9
3,1 强调，“嫁资的法律关系一直都格外重要。妇女应当确保嫁资也是公共利益之所在，因为对于生育后代和为社会抚养子女而言，将嫁资交给妇女就是必要的。”由于嫁资的重要性，法学家们在解释时遵循了尽可能有利于成立、保障和维持嫁资的原则[嫁资优先（favor dotis），边码8.13]。因此，正如优士丁尼也曾强调的那样（C. 4,29,25,1），在一般原则之外对于嫁资存在大量例外，例如，Paul. D. 23,3,55（在嫁资允诺更新时保证责任继续存在，参见边码54.5），Paul. D. 12,4,9,1（对于指示要式口约之诉不能基于被指示人对指示人的关系所生任何抗辩提出任何异议，参见边码54.13－14），此外还有边码34.6等。

文献：安·瓦克（边码10.10），第651、665页；雅·福·施塔格尔，《嫁资优先：论古典罗马法体系中嫁资的特别地位》（Favor dotis. Über die Sonderstellung der Mitgift im System des klassischen röm. Rechts），2009年[讨论了为嫁资优先（favor dotis）而制定的特别法]。

（二）1. 嫁资的**设立人**大多是妇女的家父（paterfamilias）；如果 10
她是自权人，设立人就是她本人。当然，任何第三人均可为其利益而设立嫁资(dos)。

父予嫁资(dos profecticia)是指由妇女的家父(paterfamilias)(后来也包括不是她的家父的父亲)设立的嫁资;外来嫁资(dos adventicia)是由其他人设立的嫁资;回复嫁资(dos recepticia)是设立人保留其返还请求权的嫁资(下文边码59.21)。参见UE 6,3－5;Ulp. D. 23,3,5 pr. ff.。

11 2. 设立嫁资的**义务**在古典时期对于妇女的家父、她本人及其近亲属只具有很强的道德约束。由此而使家父(paterfamilias),主要是妇女的父亲(例外情形也可是她的母亲),负担一项法律义务,则始自于优士丁尼(C. 5,11,7)。

12 (三)1. 嫁资(dos)的**标的**可以是具有财产价值的一切:有体物、限制物权、债权、债务免除,等等。

13 2. **设立**方式也视其标的而定。设立方式可以分为三种:嫁资或者通过给予标的或者通过保证或者通过允诺而设立(Dos aut datur aut dicitur aut promittitur),UE 6,1。(1)**嫁资给付(dotis datio)**是一种现金行为,例如,通过要式买卖(mancipatio)、拟诉弃权(in iure cessio)、交付(traditio)而让与嫁资物所有权。(2)嫁资允诺可以采用要式口约[**嫁资承诺(dotis promissio)**],也可以在遗嘱中以间接遗赠而做出;还可以(代替要式口约而)采用特殊行为,即**嫁资宣许(dotis dictio)**,而以生前行为做出。

嫁资宣许(dotis dictio),G. 3,95a将其置于言词合同中,虽然是一种合同性质的约定,但在类型上却是用"你将拥有100作为我女儿的嫁资"(doti filiae meae tibi erunt centum)作出的单方、口头承诺。它常常与婚约相联系,并且只能由妇女的家父(paterfamilias)、妇女本人或者受其委托的债务人采用。为实现嫁资宣许,可能有专门的诉讼。

14 父亲仅仅采用允诺(或者嫁资保证)方式设立嫁资的,常常同时与丈夫约定延期清偿并且对待承担妇女的扶养费,参见Scaev. D. 15,3,20和21;

Tryph. D. 23,4,30。妇女这样就得到了一份嫁资,不过在解除婚姻时应当将其支付给男子,从而使他处于如同他未返还嫁资一样的状态(参见下文边码 59. 20 – 21)。如果是妻子本人对嫁资作出允诺,就不要任何延期清偿约定,因为男子不能就该允诺对其提出诉讼(Iav. D. 24,3,66,7)。

3. (1)它在**后古典**时期被认为是现金行为,在通俗法中(买卖和赠与都一样)嫁资设立(经常采用书面形式)与所有权让与汇合到一起(上文边码 24. 14)。优士丁尼却认为嫁资设立是所有权让与的纯粹原因(causa),而现在它与交付(traditio)一起实施。此外,他还废止了嫁资设立的形式约束力。 15

(2)为嫁资允诺普遍采用了设定文书[嫁资文书(instrumenta dotalia)]的方式。它取代了要式口约(stipulatio)和嫁资宣许(dotis dictio)。优士丁尼将嫁资宣许(dotis dictio)从渊源中删除。对于嫁资允诺,他除了许可采用书面形式外还许可采用口头形式,从而最终使之与要式口约(stipulatio)相脱离[C. 5,11,6,添加的;法定简约(* pactum legitimum),上文边码 38. 16]。对于嫁资设立的请求权由于设立人财产的法定概括抵押权而得到了担保(C. 5,13,1,1b)。 16

(四)嫁资(dos)以市民法(ius civile)承认的婚姻为前提。 17

结婚之前,嫁资(dos)或者是以将来结婚为条件而给予,从而男子只有在结婚时才成为嫁资标的的所有权人;或者是无条件给予,男子虽然立即成为所有权人,但如果婚姻不成立,给予人则享有(给付目的不达的)给付返还之诉[condictio(ob rem dati),上文边码 48. 16]参见 Ulp. ,Call. D. 23,3,7,3 至 9pr. 。——如果嫁资未附条件并且是以抽象要式口约允诺(参见边码 54. 2)方式设立的,那么,只有结婚后才可以对此提起诉讼。嫁资允诺中包含着“假如结婚”这种默示条件的结果是法学家们通过显而易见的解释才实现的(参见上文边码 10. 8)。

18 （五）婚姻存续期间，男子虽然是嫁资（dos）的所有权人（而不只是受托人），但他必须注意到，他在婚姻结束后承担返还嫁资的责任（下文即见）。此外，奥古斯都的**《尤利亚法》**（**lex Iulia**）还禁止他未经妇女同意而出让（意大利的）嫁资土地（G. 2，63；D. 23，5）。这项禁令可能在古典时期就已经扩展到适用于所有土地，而优士丁尼则将其扩展到以土地设质（C. 5，13，1，15 b；Inst. 2，8 pr.）。违反这项禁令的行为无效。

19 （六）1. 在共和时期，更加强调嫁资（dos）在婚姻结束后供养妇女的任务。自此以后，妇女通过**妻物之诉**（**actio rei uxoriae**）获得了对前夫（或者其继承人）的返还请求权。该诉讼指向的是"对其更加善良公正"（quod eius melius aequius erit）（对此，上文边码34. 15），它为法官确定给付范围，在古典时期还包括判断诉讼基础，提供了较大的裁量空间。

妻物（res uxoria）意指嫁资（dos）。尽管男子通常是所有权人，但由于嫁资是为妇女的利益而设立的，所以，一旦婚姻结束，妇女就可以请求返还它。（起源存在争议的）妻物之诉（actio rei uxoriae）虽然在开始时是裁判官之诉，但在古典时期就已经形成了它的市民法［in ius（civile）］程式。盖尤斯（G. 4，62）和后来的古典法学家们将其归于诚信审判（bonae fidei iudicia）。参见 Inst. 4，6，29。——**文献**：马·卡泽尔，"妻物之诉的权利基础"（Die Rechtsgrundlage der actio rei uxoriae），《古代法国际杂志》，第 2 卷（1949 年），第 511 页 =《文集》，第 1 册，1976 年，第 343 页，有所增补；马·卡泽尔，《萨维尼杂志》，第 83 卷（1966 年），第 33 页；泽尔纳（边码 59. 7 之前），第 135 页；哈·帕里西奥，"论妻物之诉的程式"（Sobre la fómula de la actio rei uxoriae），《安·瓦克祝贺文集》，2001 年，第 365 页。

20 2. 如果婚姻因离婚或者男子死亡而消灭，妇女就应当享有返还嫁资这项诉讼。

在离婚的情形下，男子享有扣除权：（1）因子女留置（retentio propter liberos）：婚姻所生子女每人六分之一，但最多不超过嫁资的二分之一；（2）因伤风败俗留置（retentio propter mores）：如果因妇女通奸而致离婚［严重伤风败俗（mores graviores）］，男子可以再扣除六分之一，如果因轻微伤风败俗（mores leviores）而致离婚，就可以扣除八分之一。这种留置在《关于通奸的尤利亚法》（lex Iulia de adulteriis）中可能有详细规定。参见 UE 6，9－13。

3. 妇女死亡后，嫁资（dos）通常遗留给男子；当然也有例外。 21

妇女死亡后，如果设立人保留嫁资返还权，他就享有该项权利（上文边码 59.10）。如果父予嫁资（dos profecticia）（同上）的设立人在妇女死亡后仍然活着，他就享有妻物之诉（actio rei uxoriae）。当然，男子可以为基于该婚姻而生的每一名子女保留五分之一（UE 6，4；在有五个或者更多子女时，可以保留全部）。

4. 对于嫁资（dos）返还，适用法学家们在程式解释实践中得出的某些一般规则。 22

不可替代嫁资标的在婚姻结束后应当立即返还，可替代物应当分三年（annua bima trima die，UE 6，8）返还，当然还要考虑各年收成。如果男子对婚姻不忠，该期限将立即届至或者缩短。嫁资孳息遗留给男子。妻物之诉（actio rei uxoriae）在所有返还情形都可能遇到（除上文所及以外的）以下留置权而且没有抗辩（exceptio）：（1）因赠与物（propter res donatas）（留置），它以妇女基于男子的无效赠与而得利金额为最高限额（参见配偶间赠与禁止，上文边码 59.4－5）；（2）因被窃物（propter res amotas）（留置），它的最高限额是妇女为保障她因离婚（divortii causa）而对男子的嫁资请求权所支出的物的价值［参见上文边码 51.8 关于妻窃夫物之诉（actio rerum amotarum）的内容］；（3）因支出费用（propter impensas）（留置），男子为维护嫁资标的而支出必要费用（impensae necessariae）或者提高其价值的有益费用（imp. utiles），可以正当地从嫁资（dos）中扣除，其他费用［奢侈费用（imp. voluptuosae）］则不能得到赔偿（参见 UE 6,14－17）。“必要费用（和有益费用）当然直接减少嫁资”［impensae necessariae（utiles）dotem ipso iure minuunt］（Ulp. D. 25,1,5 pr. ff.）的规则表明，主张该费用并不需要抗辩（exceptio）。

23 5. 男子在嫁资标的损坏或者丧失时就其故意（dolus）和过失（culpa）负责，至于在古典时期是否将其理解为自己通常的注意（边码 36.10 和 21；Paul. D. 23,3,17 pr.），则存在争议。然而，如果男子可以接受嫁资（dos）的估计价值，在婚姻消灭后就应当返还该金额以代返还嫁资标的（res aestimata in dotem data）。此外，男子还应当承担该物的风险，即他对该物的意外灭失也应当承担责任。——在物的时效取得和追夺责任方面，更多是依照买卖法来判断。参见 Ulp.，Pomp. D. 23,3,14－16。

24 （七）在**后古典**时期，讨论返还请求权时，嫁资（dos）作为妇女在婚姻结束后生存基础的目的规定性问题逐渐显现出来。此外，还逐渐产生了一种观点，即认为嫁资（dos）可以由子女获得。

25 1. 优士丁尼，在某种程度是以古代的做法为蓝本，决定了嫁资（dos）的命运：男子死亡或者由于不可归责于妇女的原因而离婚时，它归属于妇女。（自权）妇女死亡时，嫁资（dos）所有权属于子女，男子对它获得了一项“用益权”（ususfructus）。这项权利在后古典通俗法中并入了广义所有权的概念中（上文边码 22.11），而优士丁尼则将它解释为一项合格的用益权（上文边码 29.18）。只有在妇女对离婚有过错（CTh. 3,16,1 和 2）或者没有理由而与其离婚时，男子才能保留嫁资（dos）。此外，如果有协议，男子也可以保留嫁资。

26 2. 优士丁尼用**基于要式口约之诉（actio ex stipulatu）**这种混合制度代替了妻物之诉（actio rei uxoriae）。基于要式口约之诉所根据的并不是要式口约实际成立，而仅仅是假定其成立。该诉讼——不同于要式口约之诉的其他适用——不是严格法诉讼，而是被作为诚信审判(bonae fidei iudicium)(C. 5,13,1 pr. –2;Inst. 4,6,29)。《学说汇纂》称为**“返还嫁资之诉”**[**actio dotis**(或者 de dote)]。(所有物返还)对物之诉[actio in rem (rei vindicatio)]与它发生竞合,因为这时妇女还在婚姻存续期间就已经对嫁资(dos)享有了“自然的”所有权并且男子随着婚姻解体而丧失了有时间限制的所有权(C. 5,12,30,1)。

嫁资(dos)返还的原则随着妇女利益的变化而改变。期限是可以改变的:对于土地应当立即返还,而对于其他标的(也是不代替物)则应当在一年之内返还;在此期间的收益归于妇女。如果男子没有支付能力,婚姻存续期间就可以对他(或者对占有嫁资物的第三人)主张嫁资(dos)返还。男子的留置权将被排除。在费用(impensae)中,只有必要费用(necessariae)可以从嫁资中扣除;对于有益费用(utiles),男子可以主张委托或者无因管理(negotiorum gestio)所生的请求权;对于奢侈费用(voluptariae)可以参照去除权(ius tollendi)处理。参见 C. 5,13,1 第 5 条至第 5f 条;第 7 条至第 7b 条。 27

3. 为担保她对嫁资(dos)的请求权,妇女(除让与禁止和设质禁止外,上文边码 59. 18)在希腊化影响之下还对男子财产(优先于所有其他质权而)获取了优先性概括抵押权,C. 5,12,30 pr. /1;C. 8,17,12,4。 28

三、婚姻(前)赠与

文献:路·米泰斯,《罗马帝国东部行省的帝国法和民族法》(Reichsrecht und Volksrecht in den östl. Provinzen des röm. Kaiserreichs),1891 年,第 256 页。

(一)所谓“婚姻赠与”是男子对妇女的一种无偿给与,其法律存在很大程度上是与婚姻的成立及其后来的命运相联系的。作为赠与的一种特殊类型,它尚未见之于古典法,最早出现于后古典时 29

期东部行省的民族法中，而且在其中有很多表现形式，后来才进入到罗马法中。优士丁尼时它被作为嫁资（dos）的对立物，而在西部晚期法中它则与嫁资（dos）合为一体了。

30 依照前优士丁尼法，“婚姻赠与”由于配偶间赠与禁止（上文边码 59.4－5）而必须在结婚**之前**实施，因此也称为**“婚前赠与”**（**donatio ante nuptias**）［或者“婚约赠与”（largitas sponsalicia）］。在 4 世纪晚期，该行为作为男子对妇女的给与的特殊类型而得以巩固，但只有婚姻结束后才具有与嫁资被赋予的意义相同的意义，即供养妇女但也能使子女受益。

男子死亡和（无过失）离婚时，婚姻赠与（通常）归妇女。如果有子女，她大多就只享有“使用权”，该项权利被称为“用益权”（ususfructus），而“所有权”则归子女。如果妇女死亡，就适用有利于男子和子女的类似规则。——**文献**：保·费雷迪（P. Ferretti），《罗马法中订婚人之间的赠与》（Le donazioni tra fidanzati nel diritto rom.），2000 年。

31 （二）优士丁尼允许在结婚**之后**也可以实施婚姻赠与，并且将其称为**婚姻赠与**（**donatio propter nuptias**）而独立于其余那些仍然适用配偶间赠与禁止的赠与。为在其婚姻结束后对妇女提供扶养，婚姻赠与被作为一种“对待嫁资”，而且很多规则都与嫁资的规则相同。参见 C. 5，3，20；Inst. 2，7，3。

如同妇女的父亲设立嫁资一样，男子的父亲在法律上也负有设立婚姻赠与的义务。对于设立婚姻赠与，优士丁尼（普遍地）放弃了设立嫁资（dos）时的要求，不再要求具备任何形式，也不再要求对其他赠与规定要求的登记（insinuatio）。对于婚姻赠与在婚姻解体之后的命运，很大程度上适用现有规则。妇女据以主张嫁资的担保转变为（通常由男子掌管的）婚姻赠与，尤其是对土地出让或者设质的禁止，以及对男子财产的法定概括抵押权（当然没有顺位优先性）。

四、嫁资外财产［paraphernа（－orum）］，依照可追溯到希腊化蓝本的古典法先驱（Ulp. D. 23,3,9,3），意指妇女在嫁资（dos）之外带到婚姻中的财产，通常是个人物品（衣服、首饰）。它的所有权归妇女，但由男子管理并且在婚姻结束之后应当将其返还，见 Iust. C. 5,14,11。具体情形下，嫁资外财产（paraphernа）也可指嫁资（dos）之外妇女的所有财产，如其特有产（peculium）（上文边码 59.2）。——**文献**：埃·格尔纳（E. Gerner），《论嫁资外财产》（Beiträge zum Recht der Paraphernа），1954 年；汉·尤·沃尔夫，“论嫁资外财产的历史”（Zur Geschichte der Paraphernа），《萨维尼杂志》，第 72 卷（1955 年），第 335 页；约·莫杰耶夫斯基，“埃及在希腊时期和罗马时期的希腊化婚姻财产法”（Zum hellenistischen Ehegüterrecht im griech. und röm. Ägypten），《萨维尼杂志》，第 87 卷（1970 年），第 50 页。 32

第二章　父权和亲属关系

第六十节　父　　权
(RPr. §§ 14,15,16,27,82,226－229)

一、本质和内容

文献:阿·莫·拉贝洛(A. M. Rabello),《父权的对人效力》(Effetti personali della patria potestas),第 1 册[从起源到安东尼努斯王朝(Dalle origini al periodo degli Antonini)],1979 年;帕·沃奇,“奥古斯都到戴克里先时期父权的历史”(Storia della patria potestas da Augusto a Diocleziano),《罗马法和古代法国际杂志》,第 31 卷(1980 年),第 37 页;帕·沃奇,“君士坦丁到优士丁尼时期的父权”(La patria potestas da Costantino a Giustiniao),《历史与法的研究与文献》,第 51 卷(1981 年),第 1 页;二者均收于,沃奇,《罗马法研究》(Studi di diritto rom.),第 2 册,1985 年,第 397、465 页;卡·费·阿米纳特吉·佩雷略(C. F. Amunátegui Perelló),“家父权的起源(一):家父和家父权”(El origen de los poderes del paterfamilias I:El paterfamilias y la patria potestas),《历史与法学研究杂志》(REHJ),第 28 卷(2006 年),第 37 页;“家父权的起源(二):家父和夫权”(II:El paterfamilias y la manus),《历史与法学研究杂志》,第 29 卷(2007 年),第 51 页。

(一)**父权(patria potestas)**在支配权中最为重要,而且也最能说明罗马制度的特点。通过支配权的概念,罗马人详细说明了以专制统治方式组织起来的封闭性家庭团体中家父(paterfamilias)的完全权力(上文边码 12.4)。它使家子和家女(filii,filiae familias)屈从于其家父在古代几乎不受限制的支配之下,而这种支配主要通过私法之外的约束、神法和习俗而得以调整,并且自元首制起还受到私法规范和刑法规范的调整。只要没有被特定过程结束这种完全支配(边码 60.36),它就会使家子在家父死亡之前一律不分年龄地屈从于他。因此,不同于希腊法和日耳曼法,甚至对于已经成年的成年家子仍然存在这种完全支配。 1

(二)父权(patria potestas)为家父(paterfamilias)提供了一项完全权力,正如对自家妻子的夫权(manus)一样。如前所述,这项权力在古代罗马时期所受的约束主要来自神法和受监察官监督的习俗。 2

在个别情形下,我们认为是作为君王法(leges regiae)而遗存的早期的神法规范对严重滥用家父权将处以神法的惩罚;大多是将行为人献祭于神(sacer),即他应当受到特定神的报复,在现实中大多不受法律保护(剥夺和平),以平息受到冒犯的神,因此,任何人都可以并且应当杀死他而不受刑罚。——监察官在每五年举行一次的市民会议上进行习俗监管(regimen morum),这就使监察官有权对(以各种表现形式)滥用家父权的家父处以政治的或者经济的处罚(上文边码 3.3)。监察官不受任何固定事实构成的限制,当然,我们也可以列举出对子女滥用生杀权、过分严苛粗暴等监察官进行干预的情形作为例证。在家父对归顺夫权的妻子(uxor in manu)或者家子采取严格的管教措施之前,应当就罪过问题召开一次家庭审判(* iudicium domesticum),在家庭审判中将债务问题交由亲友裁判。——在公元前 1 世纪,监察官的习俗控制消灭了。在元首制时期,父权限制部分采用到法律之中,而且成为了皇帝法渊源中的禁止性规则。参见 Ulp. D. 48,8,2;Marci. D.

48,9,5。——**文献**:沃·孔克尔,“家庭审判中的共同裁判”(Konsilium im Hausgericht),《萨维尼杂志》,第83卷(1966年)第219页=《小型文集》(Kl. Schr.),1974年,第117页;罗·菲奥里,《献祭于神之人》(Homo Sacer),1996年,第190页。

3 (三)父权(patria potestas)包含的具体权限如下:

1. **生死权(ius vitae necisque)**,它表明了家父惩戒权的最极端范围(参见边码60.25)。当然,《十二表法》可能就已经禁止行使生死权而未经家庭法庭作出有罪判决。在君士坦丁时,杀死权已经不复存在(CTh. 4,8,6 pr.,参见C. 8,46,10),杀死子女(和杀死其他近亲属一样)被认为符合杀人的要求而应受死刑处罚(CTh. 9,15,1)。

4 遗弃新生儿不受该禁令限制。遗弃畸形儿在《十二表法》(第4表第1条)已有规定。在后古典时期,遗弃仍然是可以容忍的。抚养弃婴的人,根据他将弃婴作为其子女还是作为其奴隶,相应取得父权或者所有权;遗弃人的权力消灭(Const. CTh. 5,9,1 f.)。优士丁尼赋予被抚养子女以生来自由子女的地位(C. 1,4,24)。——**文献**:乔·普列塞(G. Pugliese),“罗马法中遗弃的评注”(Note sull’expositio in diritto rom),《圣菲利波祝贺文集》,第6册,1985年,第629页;威·弗·哈里斯(W. V. Harris),“罗马帝国的弃婴”(Child - Exposure in the Roman Empire),《罗马研究》,第84卷(1994年),第1页。

5 2. 家父可以将子女**出让**。家子在要式买卖(mancipatio)中处于类似于取得人的奴隶的地位,被称为“处于买主权下”(in mancipio esse)[买主权(mancipium)]。家子在人法上是自由的,但只有通过释放(manumissio)才能摆脱取得人的支配权(上文边码16.17),而他因此重新又处于家父的家父权之下了。参见G. 1,138-141。

《十二表法》(第 4 表第 2 条)规定,“如果父亲出卖儿子三次,儿子就从父亲那里获得了自由”(si pater filium ter venum duit, filius a patre liber esto)。——父亲的权力因此而最终消灭。如果这时儿子被释放了,父亲的权力也不会恢复。 6

这项规则最初可能是作为惩罚措施而施之于冷酷的父亲的,然而经过不长时间就因为要实现由父权(patria potestas)摆脱的目的而对它予以重新解释。在后来的实务中,这项规则专门适用于收养(adoptio)、脱离父权(emancipatio)和损害投偿(noxae deditio)。

3. 在 4 世纪的经济危机中,确实发生了**出卖**新生儿现象,而君士坦丁对此予以容忍,以使这些婴儿免遭遗弃。父亲则获得了支付货币或者交出奴隶而赎回孩子的权利;Const. vat. 33 和 34;CTh. 5, 10,1。 7

依照不甚稳定且受教会禁止出卖子女影响的立法,优士丁尼只允许因贫困窘迫而出卖婴儿,并且赋予他人以支付赎金或者交出替代奴隶而主张返还子女以使其自由的权利。参见 C. 4,43,2(CTh. 5,10,1 的添加)。详见上文边码 15. 18。——**文献**:特 · 迈尔 – 马利,“家父的紧急出卖权”(Das Notverkaufsrecht des Hausvaters),《萨维尼杂志》,第 75 卷(1958 年),第 116 页;西蒙(边码 47. 4),第 35 页;马 · 比安基 · 福萨蒂 · 万泽蒂(M. Bianchi Fossati Vanzetti),“君士坦丁到优士丁尼时期子女的出卖和遗弃”(Vendita ed esposizione degli infanti da Costantino a Giustiniano),《历史与法的研究与文献》,第 49 卷(1983 年),第 179 页;多 · 纳尔迪(D. Nardi),“再论君士坦丁法律中家父的出卖权”(Ancora sul ius vendendi del pater familias nella legislazione di Costantino),《瓜里诺祝贺文集》(St. Guarino),第 5 册,1984 年,第 2287 页;卡 · 洛伦齐(C. Lorenzi),《古代晚期买受新生儿(以子女作为交易标的)》[Si quis a sanguine infantem... conparaverit(Sul commercio di figli nel tardo impero)],2003 年。

8 （四）为保护**父权**（**patria potestas**），在古代法中采用了**原物返还之诉**（**vindicatio**）。家父（paterfamilias）通过这项诉讼［正如对物的原物返还之诉（rei vindicatio）一样］可以对任何扣留其子女的人提出主张。在古典法中取而代之的是就利害关系人是不是原告子女进行的裁判官法的确认之诉［预备审（praeiudicium）］，此外还有**令状**（Ulp. D. 43,30,1 pr.；3 pr.）。——参见《德国民法典》第1632条。

9 **出示子女**（**de liberis exhibendis**）这种出示性令状指向的是在法庭上出示以便鉴定；**带走子女**（**de liberis ducendis**）这种禁止性令状指向的则是容忍其带回家。此外，依照古代法还可以通过要式拘禁（manus iniectio）逮捕并带走只能以原物返还之诉（vindicatio）提出主张的他权人。

二、家子的法律地位

10 （一）家子在人法上是自由的，可以成立有效婚姻并且有婚生子女。

神法和刑法将家子作为自由人和完全负责的人。在国家法中，家子肯定很早就已经取得了政治的完全权力，如担任长官的能力。

11 （二）在法定诉讼（legis actiones）这种古代民事诉讼中，家子不能作为当事人。对于程式诉讼，很多情形家儿都可以参与，但家女［和归顺夫权的妻子（uxor in manu）］则不可以参与。由于被排除在法定诉讼以外，所以家子不能实施拟诉弃权（in iure cessio）；G. 2,96；Paul. vat. 51。

12 （三）1. 家子自古以来就**无财产能力**。财产权的权利人只能是自权人（sui iuris）。

家庭团体中的所有财产属于家父(paterfamilias)。古典时期的渊源虽然也认为家子在家长生前"在一定意义上被认为是家长"(quodammodo domini),其权利在此期间尚处于休眠状态,但随着家父死亡,只要他是家长的自家继承人(sui heredes),其权利就会释放出来(G. 2,157;Paul. D. 28,2,11)。因此,人们试图解释认为,自家继承人(sui heredes)随着家父(paterfamilias)死亡而立即加入财产权之中,而不需要他实施什么抓取行为(下文边码71.2)。

2. 与家子无财产能力相应的是,他们通过要式和不要式法律行为或者事实过程而取得的一切,都必然属于家父(paterfamilias)(上文边码11.4)。 13

3. 基于负担行为,家子依照市民法(ius civile)受约束。家儿(而非家女)可以被家外人起诉并受判决,当然,对他强制执行则由于父权(patria potestas)而落空。由于家女的营业债务毕竟可以自愿履行,因此自尤里安起就将它作为自然之债了(上文边码33.7)。此外,裁判官对家子的负担行为在特定前提下提供了对于家父的**附加**之诉(详见上文第四十九节)。 14

对于家子的处分行为适用一般规则,上文边码11.15。家子经家父同意可以实施形式自由的处分行为;而对于要式行为则只能实施诉请释放(manumissio vindicta)。

4. 基于家子的私犯行为,家父因**损害之诉**(**actiones noxales**)而承担责任,在该诉讼中他可以选择支付罚金或者交出行为人(上文边码50.12-13)。在后古典时期,逐渐废止了对于家子的损害投偿(noxae deditio)(Inst. 4,8,7)。 15

5. 家父(paterfamilias)常常为其家儿(如同为奴隶一样)设定**特有产**(**peculium**)。特有产虽然还在家父财产中,却由家子独立经营管理,而且家子可以为自己而使用其收益。尽管家父可以随 16

时收回全部或者部分特有产(peculium),但按照习俗无理由地收回特有产会受到谴责。对此,一般观点认为特有产(peculium)是儿子的“自己的财产”,它使其享有了很大的经济独立性。——关于其处分,见边码11.15。

特有产之诉(actio de peculio)将特有产作为与家父(paterfamilias)其他财产在计算上相互独立的财产,见上文边码49.6。在后古典时期,特有产(peculium)在更大程度上被认为是家子自己的财产;优士丁尼重新授予了不同于父亲所授予的特有产(peculium)。——**文献**:玛·安·利焦斯(M. A. Ligios),“损失金钱和默示撤回遗赠(D. 34,4,31,3)”[Ademptio peculii e revoca implicita del legato(D. 34,4,31,3)],《索引》,第34卷(2006年),第501页。

17 (四)由特有产(peculium)出发,在古典时期,特别是在后古典时期,逐渐形成了家子对特定财产的**限制财产能力**。然而,家子对全部财产的完全财产能力即使到古典晚期也没有实现。

18 1. 奥古斯都和以后的皇帝们赋予了军人阶层的家儿,最初根据具体情形,一项对于服兵役期间取得的财产(军饷、分得的战利品)通过遗嘱进行处分的权利[**军营特有产(peculium castrense)**]。法学家们和皇帝们将这项特别权利扩张至老兵和其他所得,尤其是允许他们生前处分,因此就使这些财产成为家子的自由财产,而且在他无遗嘱死亡时只能复归其家父(paterfamilias)。参见UE 20,10;Inst. 2,12 pr.(优士丁尼时期主要是复归其子女和兄弟姐妹)。

文献:布·莱曼(B. Lehmann),“父权之下罗马士兵的自己财产”(Das Eigenvermögen der röm. Soldaten unter väterlicher Gewalt),《罗马世界的兴衰》,第2册之14,1982年,第183页;约·海·容,“罗马军人的法律地位”(Die Rechtsstellung der röm. Soldaten),《罗马世界的兴衰》,第2册之14,

1982 年,第 882、914 页。

2. 在后古典皇帝法中,这种特别权利扩张至某些民政官员和神职人员的财产以及皇帝或者皇后的赠与。优士丁尼将这些情形概括为**准军营特有产**(**peculium quasi castrense**),C. 3,28,37。 19

3. 自君士坦丁起为继承传给母亲的遗产[**母亲遗产**(**bona materna**)]而设计的规则采用了完全不同的方式。就这些财产而言,所有权用一种符合通俗法观点的方式(上文边码 22. 11)按照功能进行了分割:家父(paterfamilias)取得收益和管理所有权[用益权(ususfruchtus)],家子取得了限于对其他功能的所有权。参见 Const. CTh. 8,18,1 f. 。 20

家父(paterfamilias)对家子就谨慎管理承担责任,他(通常)不能将财产标的出让或者设质,也不能时效取得。当然,家子既不能对它设立遗嘱,也不能未经家父(paterfamilias)同意而将它出让或者设质。家父死亡后,该财产不属于其遗产,而是直接归于家子。如果家子死亡,就会发生(特别规定的)无遗嘱(ab intestato)亲属继承。——这项规则在后古典时期逐渐扩张适用于所有通过赠与或者死因行为而自母系尊亲取得者,CTh. 8,18,7(公元 395 年) = C. 6,60,2,还适用于家子自其配偶所得者。此外,在婚姻消灭后还适用于嫁资(dos)所得或者婚姻赠与所得,CTh. 8,19,1(公元 426 年) = C. 6,61,1。

优士丁尼将这些原则扩张至家子自父亲财产以外的其他方面所取得的一切[**家外财产**(* **bona adventicia**)];C. 6,61,6,1;eod. 8 pr. ;Inst. 2,9,1。由于优士丁尼反对(古典法中尚不存在的)分割所有权,因此他将家子对该财产的权利理解为所有权,而将家父的权利理解为合格的用益权(ususfructus);C. 6,60,1(添加自 CTh. 8,18,1)。——**文献**:贡·韦泽纳,"后古典罗马法中的特别财产和特别继承(母亲遗产、父亲遗产和婚姻财产)" 21

[Sondervermögen und Sondererbfolge im nachklass. röm. Recht (bona materna, bona paterna und bona nuptialia)],《卡泽尔祝贺文集》,1986 年,第 331 页。

三、父权的发生

22 (一)子女因**婚生**而处于父权之下,如果:(1)出生于有效婚姻中,并且(2)父亲和子女均属于罗马市民阶层。

关于(1):子女是**婚生**的,这就是说,如果最早在结婚后第 7 个月并且最晚在婚姻结束后第 10 个月出生,更准确些说是出生于结婚后第 182 天以后和婚姻结束后第 300 天以前这个期间,就被认为是婚生的。"182 天"这个时间可以回溯至希波克拉底(Paul. D. 1,5,12;Ulp. D. 38,16,3,12),而"300 天"这个时间在《十二表法》(第 4 表第 4 条)中就已经被规定了(Ulp. D. 38,16,3,11;Gell. 3,16,12)。——自 1998 年起《德国民法典》第 1593 条、第 1600d 条第 3 款重新规定为第 300 天以前(与《法国民法典》第 313 条、第 315 条,《奥地利民法典》第 138 条、第 155 条,《瑞士民法典》)第 262 条、第 265a 条一样)。1900 年《德国民法典》曾经规定为第 302 天以前,它可以回溯至《普鲁士一般邦法》以前约·冯·布赫(Joh. v. Buch)对《萨克森法鉴》(Sachsenspiegel)的注释(14 世纪前叶),而他受到了对"真本"(Authenticum)注释(边码 1.22,今天的 Nov. 39,2)的启示。

"父亲是婚姻所显示的人"(pater est quem nuptiae demonstrant)[Paul. D. 2,4,5;对此还有句话说"母亲始终是确定的"(mater semper certa est)]这句话包含的只是一项(对传唤禁止谕令中"parens"一词的)解释规则(D. 2,4,4,1)。当然,它在罗马诉讼实践中也被认为是证据规则,可以有反证。某些古典法学家在可以证明孩子不是丈夫所生时就是以真实的案件事实为准的,Ulp. D. 1,6,6。——父亲抱举新生儿(tollere liberum)的古代习俗,并不能导致取得父权(patria potestas),因为在出生时父权就已经发生了(Scaev. D. 40,4,29),它只是象征着他将这个孩子作为自己的孩子扶养而且不将其遗弃的意思(边码 60.4)。如果男子拒绝承认,裁判官就提供了一项关于父亲身份的确认之诉。促使母亲的丈夫尽快发表意见,《普兰苏斯元老院决议》(SC Plancianum)规定了相关程序,(维斯帕西安,公元 1 世纪;Ulp. D. 25,3,1 pr.

ff. ,第 16 条;eod. 3 pr. /1)。

关于(2):父母亲双方必须都是罗马市民,或者父亲是罗马市民(civis Romanus)而母亲有通婚权(conubium);此外,婚姻必须是依照市民法(ius civile)有效的(G. 1,55 f. ;Inst. 1,9 pr.),否则,孩子虽然依照外邦人法是婚生的,却并不处于罗马的父权(patria potestas)之下(G. 1,88)。 23

文献:法・兰弗兰基(F. Lanfranchi),《罗马法中关于出身的身份诉讼之研究》(Ricerche sulle azioni di stato nella filiazione in diritto rom.),第 2 册,1964 年[书评,马・卡泽尔,《萨维尼杂志》,第 82 卷(1965 年),第 381 页];卡・哈克尔,"父亲身份和父权的确认"(Die Feststellung der Vaterschaft und der väterlichen Gewalt),《萨维尼杂志》,第 90 卷(1973 年),第 105 页;卡・哈克尔,《古典罗马法中的预备审》(Praeiudicium im klassischen röm. Recht),1976 年,第 235 页;尼・桑托罗(N. Santoro),"论抱举新生儿"(Sul tollere liberos),《索引》,第 28 卷(2000 年),第 273 页;阿・比格,"一个世纪的法律一体化:302 天的法定受孕时间"(Rechtsvereinheitlichung im Laufe der Jahrhunderte:Die gesetzliche Empfängniszeit von 302 Tagen),《法学教育》(Jus),第 43 卷(2003 年),第 425 页。——《德国民法典》第 1591 条、第 1592 条第 1 项和第 2 项、第 1593 条以下,《奥地利民法典》第 137b 条、第 138 条、第 156 条以下,《瑞士民法典》第 252 条、第 255 条、第 256 条以下。

(二)**收养子女**在罗马对于维持家庭团体和家庭姓氏以及延绵家神祭祀等方面所起的作用比当代重要得多。 24

1. **自权人(sui iuris)**,只要已经适婚,可以通过**自权人收养(adrogatio)**而被自权人收养(G. 1,99 - 107)。自权人收养在古代法中需要进行民众大会上的询问(rogatio),甚至是库里亚民众会议(comitia curiata)上的询问。

程式文句是:"你们希望并且命令,卢奇乌斯・瓦勒里乌斯根据正义和法律应当作为卢奇乌斯・提提乌斯的儿子,就如同他是由作为家父的他和作为家母的他的妻子所生育的,他对他享有生死权,就如同父亲对儿子所享有的权力。对我刚才所说的这些,我询问你们,奎里蒂人。"(Velitis iubeatis, uti 25

L. Valerius L. Titio tam iure legeque filius siet, quam si ex eo patre matreque familias eius natus esset, utique ei vitae necisque in eum potestas siet, uti patri endo filio est. haec ita ut dixi, ita vos Quirites rogo)(Gellius 5,19,9)。最初,民众大会对此所做出的结论对具体案件意味着是一项法律[法语由此引申出“arrogant”(傲慢的、狂妄自大的)这个词,因为某人“附问”他人,就已经自以为比对方高明了]。做出该决定之前还需要做的另一项行为是,被收养人应当在大会之前郑重宣布脱离他原来的家庭圣所(detestatio sacrorum)。——在共和早期,法律决定通过象征性召集30个侍从官作为30个库里亚的象征,因为最古老的民众大会就是分成30个库里亚的。——戴克里先通过元首敕答(per rescriptum principis)为行省引入了新的形式,它很快就作为通行(per populum)形式而适用于罗马了(C. 8,47,2,1;eod. 6)。

26 自权人收养最初只能收养自权(sui iuris)男子(至于他是否有他权人都一样),因为只有他才能延续族亲家庭。

在共和早期,人们就开始注意到,自权人收养主要目的在于严肃认真地模仿自然亲子关系;收养是模仿自然(adoptio naturam imitatur),Inst. 1,11,4。收养人应当没有亲生子或者养子,也不再可以期望有亲生后代。元首制时期则与此相反,对未适婚人(自安东尼努斯·皮乌斯起,G. 1,102)以及妇女和释放自由人均不能实施自权人收养。在戴克里先时期,妇女自己可以实施自权人收养;由于她对养子不能取得任何家父权,因此该行为只能产生一种亲属关系;C. 8,47,5。——**文献**:达·达拉(D. Dalla),“优士丁尼收养制度中未适婚人的自权人收养”(L'arrogazione degli impuberi nel sistema dell'adozione giustinianea),《信义 人性 法》,第2册,第1273页。

27 自权人被收养的,自古以来就会成为收养人的家子,而他的他权人就如同他的财产那样归属于新的家父,一般会成为他的孙子女(Mod. D. 1,7,40 pr.;Ulp. D. 1,7,15 pr.)。他的债务消灭了,而裁判官为其债权人提供了一项恢复原状(in intergrum

restitutio），正如同自权人（sui iuris）妇女归顺夫权（conventio in manum）的类似情形中那样（参见上文边码 59.3）；G. 1，107；3，83 f.；4，38。

优士丁尼让自权被收养人保留其财产并且仅仅给自权收养人对该财产以用益权；Inst. 3，10，2。 28

2. **会前遗嘱**（**testamentum calatis comitiis**）（“在召集的民众会议之前”，并且是库里亚民众会议之前）也许只是从自权人收养分离出来的一种行为。在这项行为中，某人直至其死亡时才授予另一人作为他的儿子和继承人这种地位。这也就是“死因自权人收养”，它的效力推迟发生，因为它以继承人活过被继承人为所附条件（G. 2，101 – 103）。当然，这项行为后来可能也用于其他指定继承中（下文边码 67.2）。它在前古典时期就已经消失了。 29

3. **战前遗嘱**（**testamentum in procinctu**）（“在备战军队队列之前”穿着“撩起的”托加袍）可能只是会前遗嘱的一种特殊形式，其中军队队列代替了民众会议（G. 2，101；103）。它最晚在公元前 1 世纪就消失了。——**文献**：卢·米涅里（L. Minieri），“论战前遗嘱”（Il testamentum in procinctu），《历史与法的研究与文献》，第 64 卷（1998 年），第 253 页。 30

4. **遗嘱**收养得以流传给我们，不是在法学家的渊源中，而是在文学渊源中，当然它们可以回溯到希腊的蓝本。在罗马，对遗嘱指定的继承人只能赋之以说明遗嘱人姓名的道德义务。最著名的例子是恺撒收养了屋大维（后来成为奥古斯都），后来人们在奥古斯都推动下通过会前遗嘱来证明遗嘱，以便说明其中自权人收养的特征。——**文献**：莱·舒马赫，“屋大维和恺撒的遗嘱”（Oktavian und das Testament Caesars），《萨维尼杂志》，第 116 卷（1999 年），第 49 页；米廖里尼（边码 60.32），第 364 页。 31

（三）1. 通过（狭义的）**收养**（**adoptio**）可以使**他权人**（**alieni iuris**）成为养子。对此，人们以《十二表法》中儿子若被父亲出卖三次即可自其权力获得自由的规定（上文边码 60.6）为根据，形成了一项复合行为：父亲将儿子以信托原因（fiduciae causa）要式买卖给将来的收养人（或者第三人）三次；取得人在第一次、第二次 32

要式买卖之后通过诉请释放(manumissio vindicta)将其释放,从而使他每次都能重新归于生父的父权(patria potestas)之下。第三次要式买卖结束,依照前述规则,父权(patria potestas)即告终止。对于女儿和孙子女,依照对《十二表法》规则的限缩解释,只需要一次要式买卖即可。如果父权以这种方式消灭,就发生了对(原)家父的要式回买(remancipatio),而且在此之后就是收养的真正过程,它以旨在取得父权(patria potestas)的拟诉弃权(in iure cessio)为其内容:收养人在裁判官之前主张孩子是他的,相对人放弃反对主张,长官通过官方判决(addictio)将孩子判给养父。参见 G. 1,134;又见 101 ff.。

三次要式买卖以排除生父的父权(patria potestas)是必要的,这样在养父死亡或者身份变更后就不能再重新恢复父权了。——除收养养子以外,还可以通过收养或者自权人收养而收养养孙(Ulp. D. 1,7,15,1;Paul. D. 1,7,10 和 11;Pomp. eod. 43)。——在古代,不仅家儿和家女可以被收养,奴隶也可以被收养[同时还需要诉请释放(manumissio vindicta)]。——在后古典时期(也许更早些),古代的形式逐渐荒废,而其过程仍然还是要予以文书化。——**文献**:马·库雷洛维奇,《古典罗马法中的收养》(Die adoptio im klassischen röm. Recht),1981 年;卡·鲁索·鲁杰里(C. Russo Ruggieri),《收养中的交出》(La datio in adoptionem),第 1 册(起源、法律规则和政治社会影响)(Origine, regime giuridico e riflessi politico sociali etc.),1990 年;第 2 册(优士丁尼改革前希腊化的、基督教的影响)(Dalla pretesa influenza elleno—cristiana alla riforma giustinianea),1995 年;克努特尔(边码 14.7),第 249 页 =“论罗马法中的收养”(Zur Adoption im röm. Recht),载汉·弗·高尔(H. F. Gaul)编,《历史与当代的家庭法》(Familienrecht in Geschichte und Gegenwart),1992 年,第 3 页;马·米廖里尼(M. Migliorini),《依照皇帝立法文献在晚期罗马帝国收养的另一方面》(L'adozione tra prassi documentale e legislazione imperiale nel diritto del tardo impero romano),2001 年;克·孔斯特(Chr. Kunst),《罗马的收养》(Röm. Adoption),2005 年(古代历史的;关于事实的材料);克·诺伊基兴(Chr. Neukirchen),《收养的法律历史发展》(Die rechtshistorische Entwicklung der Adoption),2005 年。

优士丁尼废除了古代的形式。他要求原来的家父(paterfamilias)当着(他所同意的)孩子的面就主管官署的材料作出表示,此外还要求收养人作出表示。参见 C. 8,47,10;Inst. 1,11,2。 33

2. 依照古代法和古典法,收养发生的效力是使被收养人完全从其原来的家庭团体脱离出来并且作为收养人的子女(或者孙子女)而加入收养家庭(Inst. 1,11,5)。——优士丁尼时期,只有在子女是由母亲或者祖母的直系尊亲属收养或者子女脱离父权后由祖父收养时,才允许发生这种**完全收养**(* **adoptio plena**)的效力。在所有其他情形下,收养的效力(以东部实践为范本)大为削弱:子女仍然留在己身所出家庭中并且只能(在该项权利之外)获得收养人(不包括其亲属)死亡后法定继承权;**不完全收养**(* **adoptio minus plena**)(C. 8,47,10,1a-g)。 34

在继受罗马法之后,收养很少发生。在 19 世纪立法基础上,收养才又重新获得其重要意义,因为它满足了无子女者的愿望,而且使父母子女关系成为可能,当然还需要满足比较严格的前提[收养人无子女并且达到最低年龄,大多数是 50 岁,至少 18 岁的固定年龄差距(以 Mod. D. 1,7,40,1;Inst. 1,11,4 起点,对于年龄差距的说明是古代适婚年龄和结婚年龄 17 岁加上怀孕期间 1 年,参见边码 14.7 以及《奥地利民法典》第 180 条第 2 款,依照《瑞士民法典》第 265 条第 1 款是 16 岁,《德国民法典》从 1962 年起废除了固定年龄差距,参见第 1741 条、第 1743 条)等]。收养通过收养人和待被收养人之间须经确认的合同而实施,而且大多发生类似于不完全收养(adoptio minus plena)的效力:它对收养人家庭仅仅发生受到限制的关系而且维持着被收养人与其原来家庭的部分重叠关系(参见 1900 年《德国民法典》第 1741 条以下)。在 20 世纪的发展中最为显著者,首先就是国家参与得到根本性加强,尤其是发生了从合同制度到所谓裁决制度的转化(通过法庭裁决而收养, 35

《德国民法典》第 1752 条),其次是使养子女完全脱离其身所出家庭而完全进入收养家庭并且尽可能地模仿自然父母子女关系。这种所谓的完全收养(adoptio plena)是为收养未成年人而规定的,而对于成年人收养所规定的效力则大多仅限于收养人和被收养人之间。——《德国民法典》第 1741 条以下、第 1767 条以下,《奥地利民法典》第 179 条以下,《奥地利涉外争议法》(AußStrG)第 257 条至第 260 条,《瑞士民法典》第 264 条及下条、第 266 条以下,《法国民法典》第 343 条以下、第 360 条以下。

四、父权的结束

36 (一)父权随着家父死亡、丧失其自由或者市民资格、他被自权人收养(边码 60. 27)而结束;对个别家子的父权随着将他送养或者(女儿)归顺夫权(manus)而结束(G. 1,127 ff.)。关于通过脱离父权(emancipatio)而自父权脱离,下文即见。

如果家儿成为神的祭司(flamen Dialis),家女成为贞女(virgo Vestalis),父权将"未经人格减等"(capitis deminutio)而结束。——优士丁尼使得家父权在家儿担任国家要职或者教会要职时归于消灭(C. 12,3,5;Inst. 1,12,4)。此外,后古典时期的法律在很多情形下都将丧失父权(patria potestas)作为对父亲的一种惩罚。

37 (二)1. 家子脱离父权即使之成为自权人(sui iuris),是通过**脱离父权(emancipatio)**而实现的。《十二表法》中父亲三次出卖儿子就结束其家父权的规则,对此也可使用(上文边码 60. 6)。父亲将儿子三次信托性地要式买卖给表见父亲(pater fiduciarius),而表见父亲在第一次要式买卖和第二次要式买卖后通过诉请释放(manumissio vindicta)使儿子获得自由,这样使得父权(patria potestas)在这两次要式买卖之后都复活了。但是,随着第三次要式买卖,父权就消灭了。这时表见父亲可以继续通过释放(manumissio)而使儿子获得释放,这样他就成为自权人了。由于他处于(释放他的)表见父亲的庇主权之下,因此,表见父亲(作为庇主)将是其子女的监护人,而且(在无子女时)将成为其未来的法定继承人,此外,还可以对已经完成释放(manumissio)的生父实施要式回买(remancipatio)。这样,庇主权虽然已经发生,但却归于生父(释放父亲,parens manumissor)。对于女儿或者孙子,和收养(adoptio)一样,要式买卖(mancipatio)和释放(manumissio)一次就够了;此外,这种情形通常要式回买子女并且使他从原来家父那里获得释放。参见 G. 1,132 f. 。在文献中遗留下来的材料中,需要指出的是莎草纸残片 Papyrus Lips Inv 136 中的[通过三次(!)要式买卖家女]家女脱离父权(emancipatio puellae)(《前优士丁尼罗马法渊源》,第 3 册,第 31 页)[对此参见,瓦·埃尔贝(W. Erbe),《罗马法中的信托》(Die Fiduzia im röm. Recht),1940 年,第 201 页]。

在个别情形(后来有所增加),家子对于向他允诺的脱离父权 38
(emanc.)可以在非常公职审判(extraordinaria cognitio)的皇帝法程序中要求强制实施;Pap. D. 37,12,5。——脱离父权(emanc.)冗长而老旧的形式最终消失在了后古典时期。阿纳斯塔修斯皇帝采用了应家父申请通过皇帝赏赐行为而实施的脱离父权[C. 8,48,5;阿纳斯塔修斯式脱离父权(*emancipatio Anastasiana)]。优士丁尼还允许未经皇帝敕答而在主管官署前(经子女同意)作出自父权脱离的表示[C. eod. 6;Inst. 1,12,6;优士丁尼式脱离父权(*emancipatio Iustiniana)]。

2. 脱离父权人成为自权人并因此具有财产能力。通常,他所 39
摆脱的家父会为他提供一定财产[例如原来的特有产(peculium)]。

实施脱离父权旨在使多余的家儿独立(德国法用的是“分割”):为防止(不经济地)分割农庄,**家父(paterfamilias)**只会让一个儿子作为其单独继承人而留在其支配权之下,并且对其他儿子会以其他方式予以供养(详见下文边码65.6)。他为此而可以采取的各种可能之中,就包括了脱离其支配权而创设独立的经济存在。

40 在后古典时期,随着家子在财产法上不断独立(上文边码60.17-19),脱离父权(emanc.)的意义有所降低。君士坦丁对实施了脱离父权的家父奖励给母亲遗产(bona materna)的三分之一(CTh. 8,18,1,2;eod. 2),优士丁尼则奖励给对于子女财产一半的用益权(C. 6,61,6,3/3a;Inst. 2,9,2)。——从君士坦丁开始,脱离父权(emanc.)可以由于严重忘恩负义而被撤回(vat. 248)。

41 (三)为惩罚家子而将其**驱逐**,在罗马法中尚不存在。在家庭惩戒范围内非特定形式地逐出家庭(relegatio, abdicatio)并不导致废止父权。依照希腊法在司法程序中实施驱逐(ἀποκήρυξιζ, Apokeryxis),会使子女脱离家庭并且因此而剥夺其法定继承权,罗马人拒绝了它(Diocl. C. 8,46,6),而在东部行省它则作为民族法继续存在(边码1.14)并经常通过附加的剥夺继承权而得到保障。

42 (四)父母离婚并不结束家父/丈夫的父权(patria potestas),然而妇女可以经判决享有照顾权。

第六十一节 亲属关系

(RPr. §§84,226 Ⅰ,Ⅲ,230)

一、概说

1 (一)由于关系密切,家庭团结成为在家父(paterfamilias)专制领导下牢固的法律团体,然而,自共和时期起,尤其是在帝政早期,这种密切关系变得越来越松散了(上文边码12.11-12),以家庭团体成员为基础的族亲关系也逐渐淡薄了(上文边码12.7)。取而代之的是**血亲(cognatio)**关系,它不受团体关系影响,但其意义却越来越重要了。

这种亲属关系脱离了支配关系，表现出很多忠实义务和保护义务。例如，根据这种义务，父母（通常）不能被子女传唤到法庭，子女和父母不允许互为证人。在后古典时期，这些限制由于基督教的原因而有所增加。——关于亲属的规定，见上文边码 12.7。

（二）在皇帝法（自安东尼努斯·皮乌斯起？C. 5,25,1）承认所有婚生的尊卑血亲以及兄弟姐妹之间存在相互**扶养义务**时，就意味着完全突破了家父权。这项请求权属于执政官的管辖权，执政官将根据具体案件实际情况在非常公职审判（extraordinaria cognitio）中对扶养需求、尊严等问题作出裁决。参见 Ulp. D. 25,3,5 pr. ff.；C. 5,25,2 -4。 2

将父母的教育义务作为法律义务，古典法尚未如此。在个别情形下，安东尼努斯·皮乌斯赋予母亲一项以教育为目的而对子女的留置权，从而可以对抗对父亲的返还请求权（Ulp. D. 43,30,1,3；eod. 3,5）。 3

二、非婚生子女

（一）非婚生子女（spurii，vulgo quaesiti）出生就是自权人（sui iuris）。他们与其生父之间既不是族亲关系也不是（除亲属关系的婚姻障碍外）血亲关系。他们与母亲之间是血亲关系；然而，妇女既没有能力享有也不能导致形成家父权，因此他们也不处于外祖父支配权下。非婚生子女和母亲（及其长辈）之间基于皇帝法如同婚生子女一样也发生了一项相互之间的扶养义务（上文边码 61.2；Ulp. D. 25,3,5,4 ff.）。 4

非婚生子女与其母亲（及其亲属）之间成立裁判官法上血亲（unde cognati）顺序的无遗嘱继承权，见下文边码 66.15。

（二）1. 在后古典时期，**姘合**所生子女在非婚生子女中具有 5

特殊地位(上文边码 58. 52);他们称为非婚生子女(liberi naturales)。

生父可以将其财产的特定比例通过赠与或者遗嘱而给与他们,同样也可以给与其姘妇。如果生父死亡但既没有妻子也没有婚生子女享有权利,优士丁尼就赋予他们(及其母亲)以法定继承权,最高可以继承遗产的六分之一。此外,姘合所生子女对婚生子女和父亲甚至享有一项扶养请求权。参见 Nov. 18,5;89,12 f.)。

6 2. 姘合所生子女(而非其他非婚生子女)可以通过三种途径取得婚生子女(legitimi)的地位[**认领(* legitimatio)**]:

(1)可以回溯至君士坦丁(和后来有些左右摇摆的法律)的是通过嗣后婚姻认领(* legitimatio per subsequens matrimonium):如果生父与姘妇结婚,孩子就可以获得完全婚生地位(C. 5,27,5 ff.)。其前提是姘合存在于没有婚生子女的未婚男子和出生自由妇女之间。优士丁尼还要求有子女的同意。

7 (2)实施认领也可以采用如下方式:生父将其财产给与儿子并且同意儿子担任市政会议员(curialis)。这是后古典时期皇帝们采取的一项非常措施,旨在使那些由于对税收收入和其他负担承担着较重个人责任而不受欢迎的职位变得受人欢迎[通过担任市政会议员认领(* leg. per oblationem curiae);C. 5,27,3 f.]。

如果女儿被给与了财产并且与市政会议员(curialis)结婚,就得到了这项优惠。

8 (3)优士丁尼(538 年的)Nov. 74 引入了一项通过皇帝恩赐行为而实施的认领,只要没有婚生子女、母亲是自由人并且不可能有婚姻即可。这种通过元首敕答认领(* leg. per rescriptum principis)赋予了婚生子女的完全地位。

文献:乔·卢凯蒂(G. Luchetti),《帝政晚期和优士丁尼时期的渊源中非婚生子女的认领》(La legittimazione dei figli naturali nelle fonti tardo imperiali e giustinianee),1990年[书评,赫·施蒂格勒,《萨维尼杂志》,第115卷(1998年),第569页]。

第三章　监护和保佐

第六十二节　未适婚人监护

(RPr. §§ 21,85－88,231－234)

一、本质和发展

文献:阿·弗·鲁多夫(A. F. Rudorff),《由德国普通适用的法发展而来的监护法》(Das Recht der Vormundschaft aus den gemeinen in Deutschland geltenden Rechten entwickelt),第1册至第3册,1832年至1834年;埃·萨克斯(E. Sachers),“监护”(Tutela),《保吕氏古典学百科全书》(RE),第2系列第7卷,第1497栏;贝·阿尔巴内塞,《论罗马私法中的人》(Le persone nel diritto privato rom.),1979年,第429页。

1 (一)D. 26,1,1 pr.(保罗,《论谕令》,第38编)= Inst. 1,13,1

Tutela est, ut Servius definit, vis ac potestas in capite libero ad tuendum eum, qui propter aetatem sua sponte se defendere nequit, iure civili data ac permissa.	监护,如同塞尔维乌斯定义的,是对因为年龄而不能按照自己意思保护自己的自由人的力量和权力,由市民法所赋予和允许。

未适婚人（impuberes，上文边码 14.2）和妇女，如果他们是自权人（sui iuris），就处于监护（tutela）之下。**监护人**（**tutor**，来自于"tueri"，即"保护"）对他们及其财产享有保护权，这种权力虽然和家父（paterfamilias）的家父权［父权（patria potestas）、夫权（manus）］一样也是支配权，但因为保护被监护人（pupillus）的目的而有所弱化。

2 （二）古代罗马的监护同时既是他利的又是自利的。监护人对此有自己的利益，因为被监护人在监护存续期间死亡时，被任命的监护人就会成为被监护人的第一顺序继承人。因此，监护人保管被监护人的财产，首先是为被监护人，但也可能是为他自己。

乌尔比安（D. 26,4,1 pr.）对此解释认为，"担任法定监护的，依照《十二表法》（第 5 表第 6 条）规定，是父系亲属以及具有父系血缘的兄弟，同样还有释放人，也就是作为法定继承人的人。这样做考虑得颇为周到，因为由将来可能成为继承人的人管理财产，这样财产就不会被挥霍掉"。——在遗嘱中也可以将（作为遗嘱指定的被监护人补充继承人而）可能成为其继承人的人设定为未适婚子女的监护人。

3 在共和时期，随着个体化不断加深，自利性退居次要地位。监护被认为是一项义务，并且在帝政晚期越来越被认为是承载公法利益的强制性职位（munus）。当然，监护人仍然是私人；国家的职能限制在随时——当然是不断加强的——对监护人进行监督。

4 （三）监护人对被监护人及其财产的权力在古代法中是信托性的，其力量和权力（vis ac potestas）因**信义**（**fides**）而有所减弱，而信义历来都会发生神法约束力，并且违反信义在后来还会受到监察官习俗监管的制裁。监护权限制逐渐固定化而成为私法上监护人承担特定法律义务的固定规则。当然，信托思想在后来仍然继续发挥着作用（上文边码 11.10－13）。

二、种类　监护的任命

5 未适婚人监护（tutela impuberum）与其三项成立基础相对应地有三种表现形式，而这些表现形式在法律上的处理虽然有所区别，但早在古典时期它们彼此就已经很接近了。

6 （一）1. **法定监护人（tutor legitimus）**，《十二表法》（第 5 表第 6 条）任命的是亲等最近的族亲，即首先是被监护人的兄弟，其次是他的叔伯，最后是他的侄子等；如果没有族亲，则是宗亲。参见 G. 1,155 f.；164 = Inst. 1. 15 pr. 和 1；1,16,7。

这项任命与无遗嘱继承人任命相互重合（下文边码 66.9）。妇女虽然可以继承，却不能成为监护人。亲等相同的族亲有数人的，共同进行监护。如果族亲自己仍然还是未适婚人，其监护人地位就会停止，直至他达到适婚年龄。宗亲（gens）则不能集体进行监护，而只能转由其中一名成员实施。宗亲监护在共和早期消失了。——在后古典时期，血亲取代了族亲。

7 2. 对于未适婚释放自由人（因释放而取得了权利能力，并且因此不可能有族亲）和释放自由人的子女，法定监护人由庇主担任，如果庇主死亡，由其族亲后代担任（G. 1,165 = Inst. 1,17，又见 Inst. 1,19）。这是以法律解释为根据的：《十二表法》使无遗嘱死亡的释放自由人的遗产归属于释放人或者其子女（边码 66.10），古代法学家因此认为，根据法律的意思，监护也应当归属于释放人，因为法律同时也将有资格取得遗产的男系亲属规定为监护人，这是由于“遗产利益之所在，原则上也是监护负担之所在”（Inst. 1,17）。与此相应，家父（paterfamilias）使其未适婚后代脱离父权（并因此而将其释放）的，作为释放父亲而成为其（信托）监护人［parens manumissor（tutor fiduciarius, G. 1,166－167；Inst. 1,18）］。

8 3. 只要未适婚人成为自权人（sui iuris）但还没有监护人，法定监护即根据法律而直接成立，并不需要任何任命。法定监护对人身有严格约束(因此对监护人而言并不受喜爱)。

法定监护人不能拒绝(abdicare)任职。因此,很可能在古典时期他就已经可以获得豁免了(se excusare,见下文边码 62.13)。——当然,在古典法时期他可能因为被怀疑不忠实或者无能力而被撤换。

(二)家父(paterfamilias)可以在其遗嘱中为那些在其死亡时成为自权人(sui iuris)的人任命**遗嘱**(或者指定)**监护人**[**tutor testamentarius**(或者 dativus)]。这种遗嘱监护也可以回溯到《十二表法》(第 5 表第 3 条)。在共和时期,它连同遗嘱设立普遍变得常见起来。它要求采用命令式:"我以卢奇乌斯·提提乌斯为我的孩子们(或者'我的儿子盖尤斯')的监护人"[Lucium Titium liberis meis(或者 Gaio filio meo)tutorem do](G. 1,149;2,289);后来则放弃了使用特定言词形式的要求。 9

法学家们和皇帝们扩大了遗嘱监护的适用范围[例如,对于遗腹子(postumi),见下文边码 68.16,对于被剥夺继承权的人],同样还扩大了可以在其遗嘱中被任命为监护人的人的范围(母亲、其他亲属、庇主),当然这种任命(依照长官监护设定的范本,下文边码 62.12)还需要长官的确认(**confirmatio**)。通过这种确认(confirmatio)还可以补正形式缺陷。参见 Mod. D. 26,2,4;Iul. D. 26,3,3。可以被设定遗嘱监护人的人,还有拉丁人、释放自由的奴隶、家子(鉴于以后也是自权人)等。——**文献**:卢·德桑蒂(L. Desanti),《论监护人和保佐人的确认》(De confirmando tutore vel curatore),1995 年[书评,汉-格·克诺特,《法律史杂志》,第 65 卷(1997 年),第 123 页]。

遗嘱监护人随着遗嘱生效[指定自家继承人(suus heres)者是被继承人死亡之时,指定家外继承人(extraneus)者通常是继承遗产时]而立即获得其职能;需要确认(confirmatio)的,是在确认当时。 10

11 遗嘱[有时称“指定的”(dativus)]监护人(tutor testamentarius)有一项荣誉职位,该职位因被继承人信任而发生,而且因此也不得转让,但是可以拒绝(abdicare)。然而,从克劳迪乌斯皇帝(公元1世纪)开始,监护人是可以强制担任的。只有在具备特定豁免事由(excusationes,下文即见边码62.13)而请求不担任该职位时,他才能免责(G.1,182)。

12 (三)**长官**监护设定可以回溯到**《阿提利亚法》(lex Atilia)**,该法(根据李维不太可靠的记录)很可能制订于公元前210年。某人需要设定监护人但没有设定,就需要这种监护人设定了[只有在个别情形才称为“指定的”(dativus)]。此外还有一种情形也需要设定这种监护人,即不清楚是否存在(必要的)监护人的情形。这种设定根据申请而发生,有权提出这种申请的是特定近亲属,尤其是母亲,否则就应当受到刑罚处罚(Sev. – Mod. D.26,6,2,2)。

依照《阿提利亚法》(lex Atilia),在罗马设定监护人需要城市裁判官(praetor urbanus)的决议和平民保民官的多数决议。依照《尤利亚和提提亚法》(ex lege Iulia et Titia)(公元前1世纪的两部法律)在行省由行省总督管辖(G.1,185 = Inst.1,20 pr.)。在罗马,自克劳迪乌斯起(除前述者外)由执政官任命监护人,自马可·奥勒留起由特定监护裁判官(praetor tutelarius)(后来用“tutelaris”)任命监护人。在后古典时期,(通常)由城市行政长官(praefectus urbi)延请10名元老院元老和监护裁判官(praetor tutelaris)任命。——**文献**:迪·内尔,“罗马监护法的文本复原”(Zur Palingenesie der röm. Vormundschaftsgesetze),《萨维尼杂志》,第118卷(2001年),第1页。

13 官方任命的监护人被认为是公共职位(munus),与通过其他方式任命的监护人相比,前者更加突出了义务思想。监护人在这里既不能将监护让与他人,也不能拒绝担任,而且可以用长官惩戒方式强制其履行职务。作为相应的补偿,对这种监护人发展出**豁免权**,后来它也转用于其他监护人。被任命的监护人可以因为个人的或者公共的特定豁免事由而请求免除担任监护职务。自马可·奥勒留起,由监护裁判官(praetor tutelarius)对此作出裁决。参见 vat. 123 ff. ;Inst. 1,25 pr. –15。

豁免事由诸如年老、残疾、远离住所、担任其他监护人、子女过多、担任公职、服军役等。长官任命或者确认的监护人在古典晚期可以取代这些豁免事由(excusatio)而提出**择优推荐**(**potioris nominatio**),即提出更合适的人;Ulp. vat. 149;206 ff. 。优士丁尼废除了这项权利。——对此参见,今天所谓的"拒绝事由",载《德国民法典》第 1786 条,《瑞士民法典》第 383 条,《奥地利民法典》第 189 条。——**文献**:格·维亚伦戈(G. Viarengo),《元首制时期监护的豁免事由》(L'excusatio tutelae nell'età del Principato),1996 年;埃·杰尔米诺(E. Germino),"(D. 27,1,6 中的)一项监护豁免事由"[Una causa di excusatio tutelae(in D. 27,1,6)],《信义 人性 法》,第 4 册,第 2189 页。

(四)除长官监护设定的这些通常情形外,早就可以因其他理由而任命 14
监护人。例如,为监护人和被监护人之间的诉讼设定裁判官监护人(tutor praetorius),此外,还包括监护人有精神残疾或者身体残疾时或者他本人存在某种法律障碍时(参见 G. 1,184;186 f. ;Paul. D. 26,1,12;eod. 17;Inst. 1,21,3)设定监护人。这项长官任命需要在法律、元老院决议或者皇帝敕谕中具有法律基础。优士丁尼时期,这种监护人(tutores)有时可以由保佐人(curatores)代替。

(五)关于监护能力,最初各种任命方式均适用特别规则,但 15
这些规则逐渐变得相同了。在后古典时期,无能力事由与豁免事由在某些部分融合到了一起。

在古典时期,监护人的性别统一为男性——妇女本身就处于被监护状态,而后古典时期立法则仿照希腊化的范本,允许特定妇女担任女监护人。

首先是母亲,如果她是寡妇,就有义务不再结婚(CTh. 3,17,4 = C. 5,35,2;公元 390 年)。优士丁尼任命母亲,可能还有祖母优先于旁系亲属甚至于担任法定监护人(Nov. 118,5)。——文献:蒂 · 基乌西,“论母亲监护”(Zur Vormundschaft der Mutter),《萨维尼杂志》,第 111 卷(1994 年),第 155 页。

三、监护人的任务

16 (一)对被监护人的**人身**的权力早就已经消失了。取而代之的是负责抚养和教育被监护人的义务,而且主要是通过提供必要资金来实现。教育本身通常交由母亲完成。

17 (二)对被监护人的**财产**,监护人享有一项信托权力,使他能处于所有权人的地位(domini loco)而对其予以处分。

在古代法中,所有权可能在监护人和被监护人之间按照功能进行区分,但在前古典法中就已经认为只有被监护人才是所有权人了。然而,监护人是占有人(possessor),有权实施处分行为并且(自古典时期就已经)可以为被监护人而取得占有和所有权(上文边码 11. 11 – 12 和 11. 15)。关于其他权利的取得,可以采取如下方式,如可以允诺给付被监护奴隶,或者监护人先自己取得然后将其所得在事实上或者(必要时在监护结束后)同时在法律上(在“间接代理”的意义上)给与被监护人。监护人(在程式诉讼中)以被监护人名义进行诉讼,必须和诉讼代理人一样提供押金。监护人只能为自己负担义务,但裁判官则在很多情形下都是基于监护人行为而使被监护人负担义务,并且在监护结束时赋予他对被监护人的扩用之诉(actiones utiles)(上文边码 11. 12 – 13)。

18 (三)关于**管理**被监护人财产和监护人因此而受的限制,法学家们以主要源于诚实信用(bona fides)的固定原则作为指导原则发展出了监护之诉(actio tutelae)(下文边码 62. 26 – 29)。从马可 · 奥勒留(2 世纪下半叶)起,增加了监护裁判官(praetor tutelarius)实施的国家监护。参见 Ulp. D. 26,7,1 pr. ff. ;5 pr. ff. ;

7 pr. ff.。

监护人应当使被监护人的资本尽量保持在地产的形式或者至少能够产生利息,出让易腐败变质或者多余的物,立即清偿债务,收回不确定的债权。在后古典时期,这些规定(主要由于货币贬值和普遍不安全)得以强化。设立财产清单(inventarium),原来只是推荐这样做,鉴于监护结束时需要清算而规定为必须设立了。依照古典法(除社会和习惯所禁止者外),监护人不能以被监护人财产实施赠与,也不能经同意而实施该行为。

19 **《塞维鲁斯诏书》(oratio Severi)**(塞普提米乌斯·塞维鲁斯,公元 195 年)禁止(除某些例外情形)将农村土地或者城郊土地出让或者设质。违反这项禁止的行为无效(Ulp. D. 27,9,1,2)。君士坦丁将这项禁止扩大到全部土地和价值较大的动产以及作为嫁资而将这些物交出。当然,[君士坦丁时期就已经可以,而且也是《塞维鲁斯诏书》(oratio Severi)所承认例外的扩张]基于强制性理由可以由法院决定免受这项禁止的限制。参见 C. 5,37,2。优士丁尼对于收取债权也要求需要有官署许可(C. 5,37,25;Inst. 2,8,2)。——**文献**:阿·比斯卡尔迪(A. Biscardi),"论《塞维鲁斯诏书》和债的缔结"(L'oratio Severi e il divieto di „obligare"),《格罗索祝贺文集》,第 3 册,1968 年,第 245 页。

20 (四)未适婚大幼儿(impubes infantia maior)实施法律行为可以使他负担义务、抛弃权利或者对权利设定负担,而该法律行为只有经过**监护人同意(auctoritas tutoris)**时(上文边码 14.4)才发生效力,即监护人对尚未完成因此尚不生效力的法律行为予以承认而使其得以补充并完全发生效力。

同意(auctoritas)在古代可能需要以特定形式[说"我同意"(auctor fio)或者类似的话]表示。在古典法中,不要式表示就可以了,当然还要求成立法律行为时在场的监护人明示作出参见 Paul. D. 26,8,3;Gai. eod. 9,5。

21 被监护人未经监护人同意(auctoritas tutoris)作为清偿而受领给付并且他事后仍然就该债权提起诉讼的,如果被监护人获有得利,债务人就获得一项诈欺抗辩(exceptio doli)(G. 2,84;Inst. 2,8,2)。此外,被监护人通过未经监护人同意(auctoritas tutoris)而成立的行为有所得利的,基于**神圣皮乌斯敕答**(**rescriptum divi Pii**)(安东尼努斯·皮乌斯,2世纪中叶)通过一项指向返还得利的扩用之诉(actio utilis)承担责任(Ulp. D. 26,8,1 pr./1;上文边码14.5)。

22 (五)监护人在以下情形就可以是**多数**:数名相同亲等的族亲被依法任命为监护人,或者被继承人在遗嘱中指定数名监护人,或者长官指定数名监护人。事务执行通常由所有监护人共同负责,当然被继承人或者长官也可以按照其标的而分配事务,事务执行也可以归于一人但他受其他人监督并且其他人共同负责。参见 Ulp. D. 26,7,3,1 ff.;——**文献**:塞勒(边码44.12之前),第175页;帕·沃奇,“论自治市长官的责任”(La responsabilità dei contutori e dei magistrati municipali),《罗马法和古代法国际杂志》,第21卷(1970年),第71页=沃奇,《罗马法研究》(Studi di diritto rom.),第1册,1985年,第479页;费·费尔南德斯·德·布汉(F. Fernández de Buján),《罗马法中以遗嘱为多数人设定监护之研究》(Contribución al estudio de la tutela testamentaria plural en derecho rom.),1995年;卡·温图里尼,“论共同监护”(In tema di contutela),《拉贝奥罗马法杂志》,第45卷(1999年),第110页。

四、被监护人的法律保护

23 针对滥用监护权而为被监护人提供保护的法律救济,最初是针对各监护类型——取决于各种监护任命基础(上文边码62.5-14)——分别发展出来的,但随着时间推移却涵盖了所有的监护种类。

(一)对于**法定**监护人(tutor **legitimus**),《十二表法》(第8表第20b条)就已经针对侵吞被监护人财产而规定了被监护人的**侵吞财产之诉**(**actio rationibus distrahendis**),指向最高额为被侵吞之物两倍价值的罚金。参见 Tryph. D. 26,7,55,1;Ulp. D. 27,3,1,24。

这项诉讼(字面意思是“审查账目”,即监护人自己的账目和为被监护人所设的账目)的基础是类似于盗窃(furtum)的私犯行为。只有监护结束后才可以主张这项诉讼。它也具有追物功能,而古典法学家可能对此还有争议。关于它涵盖所有监护人类型,参见 Ulp. D. 27,3,1,19。——**文献**:帕・沃奇,“侵吞财产之诉”(Actio rationibus distrahendis),《阿雷纳祝贺文集》(St. Arena),1981 年,第 2823 页 = 沃奇,《罗马法研究》(上文边码 62.22),第 649 页。

(二)对于违背信义的监护人进行控告,即**控告嫌疑监护人之诉**[**accusatio**(postulatio)**suspecti tutoris**],同样可以追溯到《十二表法》(第 8 表第 20a 条;Ulp. D. 26,10,1,1),这显然是对被怀疑犯罪(crimen)的遗嘱监护人进行的公共刑事程序。任何人都可以提出申请,而程序将以公职审判方式实施。它的基础是谴责背信(fraus)行为,而这种背信可能存在于恶意(dolus),也可能存在严重违反义务,最终表现是监护人背信的确认判决(suspectum pronuntiare)。如果以故意违反义务为基础,就会发生不名誉的效力(Diocl. C. 5,43,9;Inst. 1,26,6)。长官在古代法中也许对其施以公共刑罚,而在古典时期则只是将监护人免职(remotio)并且可能(依照元老院决议)任命新监护人。 24

控告嫌疑人之诉(accusatio suspecti)是否在古典时期就已经被适用于其他种类的监护,尚不明确(Ulp. D. 26,10,1,5)。将并非不忠实却不合适的监护人简单地免职(remotio)——而未予追诉(accusatio)并且没有不名誉的后果——可能是来自长官指定监护人,并且自古以来就可以将他任意免职。这种效果后来还涉及监护人的所有种类。

(三)对于正常看管被监护人财产这项一般义务,监护人可以通过要式口约提供保证,此即**保护被监护人财产担保(押金)**[**satisdatio**(cautio)**rem pupilli salvam fore**]。担保应当在监护开始时提供,它所担保的是基于监护而基于信义诚实有义务给予 25

和行为的一切(quod ex tutela dari fieri oportet ex fide bona)(Ner. D. 46,6,11),而且只有监护结束后才能起诉。

担保给付大概有两项来源:(1)被任命为数名遗嘱监护人中的某人处理事务了;(2)此外,他可能被强制任命为法定监护人并且被城市长官强制任命为监护人,因为这些监护人既不是(像遗嘱监护人那样)因受被继承人信任而被任命的,也不是根据较高级别长官选择和调查后被任命的(G. 1,199)。——**文献**:亚·古斯曼(A. Guzmán),《罗马法中的监护人担保》(Caución tutelar en derecho rom.),1974年。

26 (四)1. 自共和早期起,被监护人在监护结束后就获得了**监护之诉(actio tutelae)**,这是一项普遍而且富有弹性的法律救济措施。它是一项诚信审判(bonae fidei iudicium),而且以监护人处理监护事务(tutelam gerere)应当遵守的忠实义务为基础。这项诉讼指向监护人和被监护人双方请求权的结算,还可指向返还因此而剩余的被监护人财产,必要时还可以指向损害赔偿。

与此相应,监护之诉(actio tutelae)与(基于委托或者无因管理的)其他事务处理之诉较为接近。关于诉讼程式,参见边码83.16。义务思想表现得比较明显的,主要是阿提利亚监护和遗嘱监护的情形;监护之诉(actio tutelae)显然在古典时期就已经涉及监护的所有种类。至于他们是否将保护被监护人财产担保(satisdatio rem pupilli salvam fore)作为范本或者相反,则是尚未解决的问题。——监护关系被归入准合同关系,Inst. 3,27,2,上文边码38.3-4。

27 监护人在监护之诉(actio tutelae)中对恶意(dolus malus)负责,判罚使其名誉减等。然而,人们逐渐也将特定的背信过失包括在内(上文边码36.14)。在古典晚期和后古典时期的渊源中,该责任被明示扩张到对“过失”(culpa)负责,包括在对待自己事务的注意

(diligentia quam in suis)中,Pap. D. 26,7,39 之 2、3、7,12 – 14;Mod. coll. 10,2,3,上文边码 36.21。

关于监护风险(periculum tutoris),人们认为监护人对其不利管理措施应当根据不同种类的过失负责。——监护人的继承人(除对自己过失外)仅对被继承人的故意(dolus)负责;优士丁尼时期则还要对其重过失(culpa lata)负责(D. 26,7,39,6;C. 5,54,1,二者都是添加的)。

28 监护人不履行职责(tutor cessans)的,由于古典程式以处理监护事务(tutelam gerere)为前提,所以就提供了一项扩用监护之诉(actio tutelae utilis)(Pap. D. 26,7,39,11);此外,特定范围的监护人还可能直接由长官予以强制。——多数监护人(如果他们没有将任务实际分割)通常对全部给付(in solidum)负责;然而有时也可以提供分割照顾(beneficium divisionis)(上文边码 56.2,又见边码 56.11 关于追偿的内容)。——执行监护事务而并非监护人的人,在古典时期基于《以监护人名义执行监护事务谕令》(De eo qui pro tutore negotia gessit)所发生的特定诉讼承担责任。对此,优士丁尼称为表见监护人之诉(actio protutelae)(D. 27,5,1 pr.,添加的)。此外,原被监护人就监护人对被监护人进行不当诉讼可以主张恢复原状(in integrum restitutio)(Ulp. D. 27,6,1,1/6)。——**文献**:塞勒,《事实构成》(边码 44.12 之前),第 208 页(表见监护人)。

29 2. 监护人为被监护人的正当利益而支出费用的,他对被监护人就享有**监护对待之诉**(**actio tutelae contraria**)(Ulp. D. 27,4,1 pr. ff.),该诉讼也可以根据监护人对被监护人承担的责任而通过让与对债务人的诉讼的方式进行,因为监护人对债务人没有适时提起诉讼(Pap. D. 46,3,95,10)。——**文献**:塞勒(边码 44.12 之前),第 149 页。

30 (五)自君士坦丁时期起,为担保被监护人基于监护而享有的债权,依照希腊化范本,被监护人对监护人的全部财产享有了一项概括抵押权,CTh. 3,30,1 = C. 5,37,20。

第六十三节　妇女监护

（RPr. § § 21,89,231 Ⅱ）

文献：皮·赞尼尼（P. Zannini），《妇女监护研究》（Studi sulla tutela mulierum），2 册，1976 年、1979 年[书评，赫·施蒂格勒，《萨维尼杂志》，第 99 卷（1982 年），第 454 页]；内尔松/孟文理，第 3 编之 2，第 144 页；恩·霍尔特赫费尔，“性别监护：从古代到 19 世纪概览”（Die Geschlechtsvormundschaft. Ein Überblick von der Antike bis ins 19. Jh.），《法的历史中的妇女》（Frauen in der Geschichte des Rechts）（边码 14.12 之前），第 390 页。

1　（一）妇女依照古代法没有完全行为能力，依照古典法有时也没有完全行为能力（上文边码 14.12）。因此，自权人（sui iuris）妇女即使已经成年也仍然处于**监护人（tutor）**之下。然而，随着妇女在社会生活中不断独立，妇女监护（tutela mulierum）也逐渐消失了。在古典时期它就只有些微残存了。G. 1,190 可以说明它：

Feminas vero perfectae aetatis in tutela esse fere nulla pretiosa ratio suasisse videtur: nam quae vulgo creditur, quia levitate animi plerumque decipiuntur et aequum erat eas tutorum auctoritate regi, magis speciosa videtur quam vera; mulieres enim quae perfectae aetatis sunt, ipsae sibi negotia tractant et in quibusdam causis dicis gratia tutor interponit auctoritatem suam; saepe etiam invitus auctor fieri a praetore cogitur.

对于成年妇女处于监护之下，几乎没有清楚的理由予以说明：通常认为她们由于优柔寡断而经常很容易被欺骗，因此由给他们以同意的监护人指导她们就是公平的，这更多的是表象而不是现实。成年妇女自己处理自己的事务，并且在很多情形下监护人给以同意只是一种形式，他经常受裁判官强制而违背他的意思给以同意。

必须经过监护人同意的，主要是出让要式物（res mancipi）、拟诉弃权（in iure cessio）、正式免除（acceptilatio）、释放、继承遗产、设立遗嘱、设立嫁资以及承担债务和提起诉讼。

从意志上优柔寡断或者不坚定（infirmitas）进行正当化说明，在古典时期作家的作品中比较常见，尤其是西塞罗和塞内卡（还有 G. 1,144），这种说明源于希腊哲学［亚里士多德，《政制》（Politeia 1260 a）］。然而，它在共和（晚）时期就已经不能说明问题了，西塞罗的妻子泰伦提亚（Terentia）对此提供了一个例证，她——“比任何男人都坚强”（Cic. Ad familiares 14,8,2）——通过释放自由人完全独立而且卓有成效地管理了其财产。妇女监护继续存在可能是由于奥古斯都婚姻法而被人为地延续下来，该法将三子权或者四子权作为免予监护的特权［这在真正“优柔寡断”（levitas ainimi）情形应该主要是惩罚而不是奖励］，G. 1,194；参见边码 58.27。古典时期结束后不久，这项制度就消失了。

（二）不同于未适婚人监护（tutela impuberum），妇女监护（tutela mulierum）一直是为监护人利益服务的“自利”制度，虽然监护人完全不需要是妇女的最近继承人。监护人对人身和财产的原始权力在古典时期早就已经消灭了，为妇女处理事务的权力同样也已经消灭了。妇女自己管理其财产，监护人也就不需要承担任何责任了（G. 1,191 f.）。监护人的职能仅限于对特定行为给以**同意**（**auctoritas**）。 2

（三）性别监护的**任命基础**与未适婚人监护的任命基础相同。 3

1. 在此也可以任命亲等最近的族亲担任**法定**监护人，对归顺夫权的妻子（uxor in manu）而言首先就是她自己的儿子。族亲之后还可任命宗亲。宗亲承担性别监护在前古典时期就已经消亡了，在《克劳迪亚法》（lex Claudia）（公元 1 世纪）中它被族亲代替（G. 1,157）。——对于释放自由人任命庇主担任监护人,而对于脱离父权人则任命释放父亲(parens manumissor)担任监护人。在这两种情形,监护都保留了很长时间,最晚到了君士坦丁时期,而且只有“基于重要事由”才会由裁判官强制给以同意(auctoritas),G. 1,192。此外,庇主行使妇女监护比阿提利亚监护更为全面、影响更大。——对妇女的法定监护可以通过拟诉弃权(in iure cessio)而让与(G. 1,168 - 172)。

4 2. 在**遗嘱**监护时,被继承人可以选择担任妇女的监护人的人[自选监护人(tutor optivus)],并且享有一次或者多次选择权(ius abdicamdi)(G. 1,150 - 154)。监护人保留有拒绝权,UE 11,17。

3. 由**长官**设定妇女监护,所依照的法律和设定未适婚人监护所依照的法律相同,即《阿提利亚法》、《尤利亚法》和《提提亚法》(leges Atilia 和 Iulia et Titia)(上文边码 62. 12,参见 G. 1,195;UE 11,18)。在古典时期,它显然只能应妇女申请而设定。

5 4. 基于特殊理由对妇女设定监护人,也有可能发生;参见上文边码 62. 12;G. 1,173 - 181。

第六十四节　保　　佐

(RPr. § § 22,90,231 III,235)

一、本质和发展

1 《十二表法》规定了对于精神病人(furiosus)和被宣告禁治产浪费人的**保佐**[**cura**(curatio)]。与监护人类似,保佐人(curator)也获得了一项对于人身和财产的信托权力,这项权力最初仅受神法和习俗限制。然而,如果涉及自权(sui iuris)适婚人,这项权力就被认为是例外并且受其目的的限制,具体而言,对于精神病人涉及其人身和财产,而对于浪费人则只涉及他所继承的家庭财产。保佐(cura)和监护(tutela)的区别就存在于这种可能的限制之中。

在共和早期，根据《莱托里亚法》(Lex Laetoria)(公元前200年左右，上文边码14.8)出现了未成年人保佐(cura minorum)，即对未满25周岁的适婚未成年人的保佐。它很快就获得了较其他保佐情形更为重要的意义，而且越来越重要，并因此而接近于未适婚人监护了。优士丁尼时期，二者几近于完全一致；而他仍然维持了未适婚人监护人(tutor impuberis)和未成年人保佐人(curator minoris)之间的外在区别。 2

二、未成年人保佐

文献：阿·克伦茨莱因(A. Kränzlein)，"优士丁尼法中债法的未成年人保佐？"(Obligatorische cura minorum im justinianischen Recht?)，《格罗索祝贺文集》，第4册，1971年，第315页；塞·迪萨尔沃(S. Di Salvo)，《莱托里亚法》(Lex Laetoria)，1979年；瓦克(边码14.8)；约·安·克鲁克，"普莱托里亚法"(Lex Plaetoria)，《雅典娜学刊》，第62卷(1984年)，第586页；汉·安库姆，"古典法中受歧视的未成年人和受欺诈的未成年人"(Le minor captus et le minor circumscriptus en driot rom. class.)，《皮·若贝尔祝贺文集》)[Liber amicorum(Ètudes P. Jaubert)]，1992年，第35页；弗·穆苏梅奇，"关于未成年人谕令的解释"(L'interpretazione dell'editto sui minori etc.)，《加洛祝贺文集》(St. Gallo)，第2册，1997年，第39页。

(一)适婚未成年人的保佐人(curator)应未成年人(minor)本人申请(在3世纪依照皇帝法也可以应其家属申请)由裁判官设定，而且最初只是为申请中准确描述的个别目的才可以设定。马可·奥勒留(2世纪后半叶)使设定保佐人明显得以普遍化，通过为范围不定的行为或者为概括行为处理设定保佐人，使未成年人保佐(cura minorum)成为一项普遍性制度。在后古典时期，对于任何(未处于监护之下的)未成年人(minor)无疑都可以设定保佐人；对于设定保佐人的管辖，如同官署任命监护人一样予以规制(上文边码62.12)。 3

违背(适婚)未成年人(minor)意思不能设定(进行诉讼外的)任何保佐人(Inst. 1,23,2)的原理,后来几乎不再具有实际意义。原监护人(tutor)在进入适婚期并不再简单地作为保佐人(curator)而继续进行照顾,相反保佐人(curator)(如同依照古典法一样)总是由官署任命(或者至少要确认)。对于未成年人(minor)可以为进行诉讼而应相对人申请设定保佐人,其根据在于,如果不这样处理,相对人将因为面临恢复原状(in integrum restitutio)(上文边码 14.8)的危险而不敢诉讼,参见 Ant. C. 5,31,1。——**文献**:德桑蒂(边码 62.9),第 247 页,第 295 页,第 311 页。

4 (二)1. 保佐人是为实施某些行为而请求设定的,这些行为需要保佐人**同意**(**consensus**),然而,这项同意不同于监护人同意(auctoritas tutoris)(上文边码 62.20),既不需要保佐人同时做出,也不需要他亲自在场。

由于未成年人(minor)有行为能力,因此行为有效并不必须经过保佐人同意(consensus curatoris);然而,如果是因为某项行为才为未成年人设定保佐人(curator)的,而该项设定行为却未经保佐人同意,裁判官就会向未成年人提供一项救济手段,他可以通过这项救济手段预先说明受人欺骗的情形(上文边码 14.8)。大概自戴克里先时期起,所有使未成年人(minor)丧失权利或者负担义务的法律行为生效都需要监护人的同意[如同此前未适婚人监护(tutela impuberis)的情形一样]。

5 2. 未成年人**财产管理**最初并不属于保佐人的任务。然而,大概在古典时期未成年人(minor)交由保佐人管理财产就通行起来了,以至于在古典晚期人们开始认为这是保佐人的主要任务;在后古典法中,它被认为毫无疑问应当属于保佐人的职能。

与此相应,人们在古典时期就已经为保佐人(curator)规定了一项符合保护被监护人财产担保(satisdatio rem pupilli salvam fore)的担保(G. 1,199 =

Inst. 1,24 pr.),此外,禁止将特定被监护人土地出让或者出质的《塞维鲁斯诏书》(oratio Severi)也相应适用于保佐人。与此相似,豁免事由(excusationes)和控告嫌疑(监护人)之诉(accusatio suspecti)(参见边码62.13,19和24)也可以适用。随着时间发展,为监护人创设的制度逐渐扩张适用于保佐人。

(三)对于保佐人和被保佐人之间的请求权,古典法通过**无因管理之诉(actio negotiorum gestorum)**即可解决(上文边码44.13)。优士丁尼尝试将它作为保佐之诉(actio curationis)或者类似诉讼[也是扩用之诉(actio utilis)]而使它独立(D. 26,8,11,添加的;D. 27,3 章标题)。 6

三、精神病人保佐

《十二表法》规定,"如果某人患有精神病,父系亲属和宗亲对他和他的财产享有权力"(Si furiosus escit, adgnatum gentiliumque in eo pecuniaque eius potestas esto)(第5表第7a条),应当将这项规定理解为,对精神病人(上文边码14.15)和他的财产的保佐权首先属于亲等最近的族亲,只有没有族亲时才属于宗亲。 7

由于精神病人保佐(cura furiosi)任命与无遗嘱继承人任命相互重合,因此它同时既是自利制度又是他利制度,与监护相似。族亲保佐(宗亲死亡者在共和时期也已经)自动发生(而无需任命)。在没有适格族亲的情形,保佐人就由裁判官(或者行省总督)任命(Gai. D. 27,10,13)。在遗嘱中指定保佐人则未获承认,它对长官而言仅仅是一项建议(Tryph. eod. 16 pr.)。优士丁尼一直要求官署设定保佐人,应当任命的人首先是父亲在遗嘱中指定的人,然后是法律规定应当任命的人,最后是其他合适人选(C. 5,70,7)。

精神病人保佐人(curator furiosi)[类似于未适婚人监护人(tutor impuberis)]应当照顾被保佐人的人身并且管理他的财产。他还作为受托人而处于所有权人的地位(domini loco)(参见G. 2,64)。与被保佐人相关的无因管理之诉(actio negotiorum 8 gestorum)适用上文(边码 64.6)所述。

在优士丁尼时期,保佐人应当提供担保并且为被保佐人财产设立财产目录。被保佐人对保佐人的财产获得了一项法定概括抵押权(C. 5,70,5a/6c)。——**文献**:卡 · 兰扎(C. Lanza),《罗马法中精神病人之研究》(Ricerche sul furiosus in diritto rom.),1990 年。

四、浪费人保佐

9 浪费人保佐以宣告禁治产(interdictio)为前提(上文边码 14.16)。如同精神病人保佐(cura furiosi)一样,依照《十二表法》(第 5 表第 7c 条),担任浪费人保佐(cura prodigi)的首先是最近族亲,其后是宗亲,必要时也可由长官设定保佐人(UE 12,1/3)。

10 保佐人对浪费人的人身没有任何权利。他的保护权力仅限于管理财产,最初管理的仅仅是无遗嘱继承财产[父亲和祖父的遗产(bona paterna avitaque),上文边码 14.17],后来则是全部财产。对这些财产,他也处于所有权人的地位(domini loco)。在他以外,浪费人自己也还有限制行为能力(上文边码 14.16)。

五、其他保佐

11 依照古典渊源,长官还为哑人、聋人和残疾人以及(尚未出生的)胎儿及其他情形设定了**其他保佐人**。他们的职能根据设定行为确定。在后古典法中,有些因特别事由而设定的监护人(上文边码 62.14)也融入了这种保佐人中。

六、后期发展

12 罗马监护法基本上得到了继受;在实施 1548 年和 1577 年《帝国警察条例》的大部分地区,监护(tutela)和保佐(cura)发生了融合。其中同时规定,所有监护人,无论是基于遗嘱、基于法律获得任命的还是由长官任命的,其管理必须是“由当局决定并且命令”

的(第 32 章第 2 节第 32 条)。因此,实施被监护人财产管理需要法庭裁定。在开明的晚期专制主义中,根据国家在所有生活领域管理并照顾市民的指导思想,监护执行在很大程度上转移到了监护法庭,而监护人则成了“国家的意定代理人”(《普鲁士一般邦法》第 2 编第 18 章第 235 条)。与此相反,1875 年《普鲁士监护条例》和该法之后的《德国民法典》与《瑞士民法典》一样,总体上都回到了普通法的原则,尤其是以监护人独立性原则作为基础。自 1992 年 1 月 1 日起,法律照管取代了成年人监护(《德国民法典》第 1896 条以下),较之于先前的宣告禁治产制度,它给被照管人保留了更多自主。——《德国民法典》第 1773 条以下(保佐,第 1909 条以下),《奥地利民法典》第 187 条以下[照顾他人;自 2001 年《亲子关系变更法》(Kind RÄG)起取代先前的监护]、第 273 条以下(残疾成年人的管理人),《瑞士民法典》第 360 条以下。——**文献**:科英,第 1 册,第 255 页;第 2 册,第 329 页。

第六编

继承法

第一章　概说　召集继承

第六十五节　继承　遗产和遗产占有

(RPr. § § 23,157 – 159,280 – 282)

一、继承的本质

文献:沃奇,《罗马继承法》(DER),第 1 册第 2 版、第 2 册第 2 版;沃奇,《从起源到塞维鲁斯的罗马继承法》(Il diritto ereditario rom. dalle origini ai Severi),《罗马世界的兴衰》,第 2 册之 14,1982 年,第 392 页 = 沃奇,《罗马法研究》(Studi di diritto rom.),第 2 册,1985 年,第 1 页;沃奇,"帝国晚期的罗马继承法之一:4 世纪的谕令"(Il diritto ereditario rom. nell'età del tardo impero I,Le costituzioni del IV sec.),《罗马法和古代法国际杂志》,第 29 卷(1978 年),第 17 页;"帝国晚期的罗马继承法之二:公元五世纪的谕令"(Le costituzioni del V. sec.),《历史与法的研究与文献》,第 48 卷(1982 年),第 1 页 = 沃奇,《研究》(Studi),第 2 册,第 79 页,第 177 页;内尔松/孟文理,第 3 编之 1,第 51 页。

(一)继承是一人或者数人作为继承人对死者可继承权利整体的**概括继受**。罗马人通过 1

继承人“继承被继承人的地位”(succedere in locum defuncti 等)形象地说明了[概括(per universitatem)取得,G. 2,97;Inst. 2,9,6]概括继受的观念。

古典法学家只是形象地使用了“继承”(succedere)的表达,旨在由此说明,继承人的权利与被继承人的权利内容相同,而后古典法学家则更倾向于权利移转的思想;不过,古典法学家已经知道了“继承死者权利”[succedere in ius(iura)defuncti]的表达。晚期罗马教义在哲学影响下说明了被继承人和继承人构成精神统一体。——依照古典市民法(ius civile),概括继受的**其他**情形主要涉及自权人(sui iuris)妇女归顺夫权(conventio in manum)(上文边码 59.3)和自权人收养(上文边码 60.27),依照荣誉法它与财产出卖(bonorum venditio)发生竞合(边码 85.7)。——将继承(succedere)的概念定位于个别继受(可以是生前行为,例如出让,也可以是死因行为,例如遗赠)是由后古典法学家们将某些萌芽一般化地运用之后才形成的。

被继承人在英语和罗马语族的语言中直到今天还被称为“de cuius”,它就来自于罗马渊源中的“涉及其遗产的人”(is de cuius hereditate agitur/quaeritur);Inst. 3,2,6。

文献:安・瓦克,“继承法中的继承作为人格继续?”(Erbrechtliche Sukzession als Persönlichkeitfortsetzung?),《萨维尼杂志》,第 123 卷(2006 年),第 197 页;马・阿芬那留斯(M. Avenarius),“所有权存续”(Continuatio dominii),《信义 人性 法》,第 1 册,第 231 页。

2 (二)继承**标的**是作为可继承权利整体的财产。其中包括属于被继承人所有的物、他的其他可继承对物权、他的大多数债权,等等。盖尤斯(G. 2,14 = Inst. 2,2,2)将**遗产**(**hereditas**)概括为权利客体之下的统一的无体物(res incorporalis)。

3 不可继承的权利包括用益权和使用权,此外还有指向仅存在于被继承人人身的给付的债权(例如基于委托、合伙所发生的债权)和某些罚金请求权(上文边码 50.8)。关于不能在限定时间设立的特定权利和债权,参见上文边码 10.14 和 18。具有死后(post mortem)效力的债,直到优士丁尼时期才可以设立(上文边码 34.7)。关于召集继承的可继承性(继承转移,transmissio),见下文边码 72.8。

债务不是遗产的组成部分;但是,对被继承人债务的继承人责任,尽管最初可能没有,却从很早就与继承联系到一起(下文边码 74.1)。 4

二、历史

(一)1. **古代罗马**继承制度(有些部分只能借助假说才能得以说明并且也因此而颇多争议)的主要部分,即自家继承人(sui heredes)继承,只是家庭法的一个侧面。随着家父(paterfamilias)死亡,他的家子和他的归顺夫权的妻子(uxor in manu)取代了他的地位,这样就可以保持家庭作为家神祭祀团体和农庄经营单位的存续。由家父专制领导的家庭团体分裂成为很多新单位,其数量与随他死亡而成为自权人(sui iuris)的人数一样多(上文边码 12.9);但在这个过程中,家庭在法律上的和神法上的客观实体继续存在。为此,只要其成员愿意,这些人就可以作为合作性质的,即根据平等原则(没有专制的首脑)建立起来的权利共同体(**继承人共同体,consortium**)而继续存在(下文边码 66.5)。 5

2. 数名自家继承人延续的这个共同体之中隐含的危险是,随着家庭人口增加,所继承的农庄将不再能够养活他们。此外,权利平等的成员(因继承开始而成为自权人的人)之间越来越难以维持彼此之间的和睦融洽,继承同一份遗产的继承人越多越是如此。虽然依照《十二表法》任何共同继承人都有权随时[通过遗产分割之诉(actio familiae erciscundae)]请求解散共同体。但这样就会带来新的危险,因为一代一代不断分割最后会使农庄被分割成为无利可图的零碎地块。 6

这种情形的出路只能是,人们应当将遗产不加分割地转送给一名继承人,同时将"多余的"共同继承人在法律上分离出家庭团体并剥夺其继承期待。某些生前行为就是可以为此而采取的手段:通过脱离父权(emancipatio)将儿子"分开",通过收养(adoptio)将子女托付给另一个家庭,对女儿则可以采取归顺夫权(conventio in manum)而结婚的方式(与此相联系的是为她设立嫁资)。此外,人们为实现该目的还发明了一项继承法的行为,即**指定继承人遗嘱**,家父在该遗嘱中指定未来的农庄继承人[指定继承人(heredis institutio)]并且剥夺其他享有继承权的家庭成员的继承权[剥夺继承权(exheredatio)]。

7 它的发展应该与中世纪独子继承权的发展相比较,后者是从"独子风俗"("一个农民只有一个孩子")发展而来的。然而,在罗马根据被继承人的意愿来决定,是否指定独子继承人或者指定谁为独子继承人。——可以作为指定继承人遗嘱的是铜和秤式遗嘱(testamentum per aes et libram)(要式买卖遗嘱),它至少在《十二表法》中就已经被作为某种给与(遗赠、释放)而获得承认。然而,采用这种方式指定继承人大概是后来才开始的;可能最早是公元前4世纪的大地产形成和资本形成中,当然也不完全排除更早的时代。古代的会前遗嘱(testamentum calatis comitiis)可以作为它的范本(上文边码60.29),因为会前遗嘱被认为是"以死亡为条件的自权人收养",可以提供给无子女者一个作为其继承人的儿子(filius)。

8 3. 被继承人死亡时没有自家继承人(sui heredes)的,就会面临家庭消灭的危险,而且由此会导致家神祭祀灭亡以及农庄衰亡。对此,《十二表法》至少影响了维持圣事(sacra)及其运行,并且召集最近族亲为遗产继承人,在没有最近族亲时则召集宗亲为继承人。当然,如果没有前述被召集人(必要时通过遗产之诉)取得遗产,甚至可以由任意家外人占取财产并且使他作为继承人时效取得(usucapio pro herede)该财产(边码72.3)。然而,没有自家(sui)继承人的被继承人,除前面提到的会前(calatis comitiis)遗嘱外，大概在《十二表法》时期就可以通过在他的要式口约遗嘱中将全部遗产（作为一种概括遗赠）给与遗赠受益人的方法而将族亲和宗亲排除于继承之外。

9 （二）随着共和早期抛弃农业地主的生活方式和经济方式，同时也随着罗马个人意识的增强，**遗嘱自由**成了确定继承制度的支配性原则。遗嘱，尽管明显是为满足古代罗马时期的特殊要求而创造出来的，自古以来仍然包含着被继承人作出其他指示的可能性。自从不再以农庄为财产核心起，为使其财产免于不断遭受分割，被继承人就可以任意行使其自由，选择一人或者数人作为继承人，甚至可以根据自己的意愿将财产给与家外人或者将其分割。家父（paterfamilias）在其死亡后对其财产命运的这种自我形成，在罗马（如同当代的英格兰一样）甚至成为一项规则，遗嘱在这个时期甚至使无遗嘱继承退居到了次要地位。

10 遗嘱自由的限制是逐渐形成的。被继承人不得默示转移给特定近亲属的要求（下文第六十九节）并没有使他丧失剥夺特定近亲属继承权的自由。直到接近于共和末期开始有特留份权利才通过引入不合义务遗嘱之告诉（querela inofficiosi testamenti）（下文边码 70.1）为特定亲属利益而限制遗嘱自由。

11 对于**无遗嘱继承**，即欠缺遗嘱时所发生的继承，裁判官在共和早期通过重新安排而使其具有了双重目标：(1) 随着个人化不断发展，**血亲**（**cognatio**）逐渐代替了《十二表法》继承体系中占统治地位的族亲关系（边码 12.7）。因此，除处于被继承人权力之下的子女外，脱离父权的子女首先被承认是有继承权的人；当然，脱离父权人被强制将他自己的财产（在计算上）合算（collatio）入遗产财团，这样他就不会处于比被继承人死亡时尚无财产能力的其他子女更好的情形。(2) 自权人婚姻不断增多导致了**配偶**之间的无遗嘱继承，当然其位置还在亲属之后。

12 （三）优士丁尼继续遵循了在古典法中的主导性趋势：族亲继

承制度的残余被清除了，市民法继承和裁判官法继承之间的对立在实践上得以超越了。遗嘱的词句形式主义（类似于要式口约，上文边码7.23）在后古典时期被抛弃了。对此，强化了外在的形式要求，即通常需要采用书面形式或者延请证人参加。

13 根据其内容，遗嘱在后古典时期主要是用于供养近亲属；此外，出于虔敬目的而给与还经常用以拯救灵魂（in bonum animae）。关于赠与的类似功能，见上文边码47.6。

14 （四）罗马继承法是初看似乎无甚意义的一套特别**规则**。例如，**任何人都不能部分有遗嘱、部分无遗嘱地死亡**（**nemo pro parte testatus, pro parte intestatus decedere potest**）（下文边码65.25），依照这项规则，一项遗嘱仅处分部分遗产的，对于其余部分遗产不能主张法定继承。此外又如，**一旦是继承人永远是继承人**（* **semel heres semper heres**），依照这项规则，可以禁止被继承人在最初召集继承人之后（条件成就或者期间届满）召集他人作为后位继承人（见下文边码68.8）。最后是不允许对特定标的而非遗产全部或者其计算份额（一半、三分之一等）而指定继承人（**heredis institutio ex re certa**，边码68.7）。这些规则可以回溯到农业社会单独继承制。在单独继承制中，全部遗产应当被作为一个整体而只能转移给可以尽可能长久地维持该遗产的一个人。在后来的生活制度和经济制度中，这些规则逐渐丧失其意义；尽管古典法仍然坚持这些规则，但已经开始尝试间接超越它，例如，在欠缺后位继承时采用了遗产信托（下文第七十八节）。

15 在后古典通俗法中，指定继承人和遗赠之间的严格界限以及由此而生的概括继承和个别继承之间的严格界限消失了，[生者之间的死因（mortis causa）]赠与和死因给与之间的界限同样也消失了。因此对个别标的"指定继承人"就有了可能，在必要时同时还会有无遗嘱继承人的概括继承。这种做法成了中世纪死因赠与（donatio post obitum）的范本，在当代某些规则中还继续发挥着作用。——与此相对，优士丁尼则严格回归到了古典的制度和原则。

三、遗产和裁判官法遗产占有

16 （一）**继承人**（**heres**）仅指市民法（ius civile）的继承人，其召集

所依照的是法律(如《十二表法》)、元老院决议或者皇帝法。被继承人可以是任何具有财产能力的罗马市民。奴隶没有继承人(Diocl. C. 6,59,4),家女(因为她没有所有权)同样也没有继承人,而家子只在享有军营特有产时才有继承人(UE 20,9)。

(二)裁判官不能创设继承人(heres),如同他不能让一个人成为(市民法)所有权人一样。然而,正如裁判官在享有裁判官法所有权(in bonis habere)的情形,使某些人处于就如同他们是所有权人一样的地位,而且在特定情形下甚至可以为他们提供对抗市民法所有权人的保护(上文边码 27.26),裁判官也可以使某些人处于与继承人相同的地位,有时也可以为他们提供对抗市民法继承人的保护。这项裁判官法继承权称为**裁判官法遗产占有**[**bonorum possessio**,区别于遗产占有(hereditatis possessio),下文边码 75.3];但是,裁判官法遗产占有人(bonorum possessor)并不是继承人(heres),而只是处于继承人的地位(heredis loco);G. 3,32 = Inst. 3,9,2(第 1 部分)。 17

这种发展可能始自于查明在遗产诉讼中可以被诉者的程序。如同原物返还之诉(rei vindicatio)是对占有人而提起的一样,对于要求继承之诉(hereditatis petitio)而言,正确的被告只有遗产占有人(下文边码 75.3),而他要比原告更便于对此承担举证责任。但是,争议双方谁应当享有这项占有并因此而处于有利的被告角色的问题,并不是通过令状而得以说明的(如上文边码 27.14),而是由裁判官本人(在简易审查后)确定消极适格并通过裁决授予裁判官法遗产占有(bonorum possessio)(下文边码 71.9)。 18

裁判官可能在三种情形下授予裁判官法遗产占有(bon. poss.),它们与裁判官"支持、补充和修正市民法"(adiuvandi vel supplendi vel corrigendi iuris civilis gratia)的活动相对应(上文边码 2.12)。(1)裁判官授予他认为是市民法继承人的人以裁判官 19

法遗产占有(bon. poss.)。后来经过要求继承之诉(hereditatis petitio)的详细调查表明,裁判官法遗产占有人(bonorum possessor)事实上不是继承人的,他就应当将遗产返还于继承人。(2)如果裁判官在根本没有市民法继承人的情形分配了裁判官法遗产占有(bon. poss.),他就因此而填补了一项漏洞。这种情形下就是最终授予了裁判官法遗产占有(bon. poss.),因为没有人能够基于市民法继承权而对他提出争议。(3)如果最终裁判官发现市民法继承并不公平,并且因此而将裁判官法遗产占有(bon. poss.)授予市民法继承人以外的其他人,因为通过对于市民法继承人的要求继承之诉(hereditatis petitio)授予他以诈欺抗辩(exceptio doli),他就修正了市民法并且为裁判官法遗产占有人(bonorum possessor)提供了保障。参见 G. 2,120;还有 3,34。

20 在第一种情形,裁判官的参与还不是创新性的,他所授予的裁判官法遗产占有(bon. poss.)只是临时性的,必须屈服于市民法权利;在学校语言中称为"**不胜诉的**裁判官法遗产占有"(bon. poss. **sine re**)。与此相反,在第二种情形和第三种情形,裁判官通常授予终局性裁判官法遗产占有(bon. poss.),它并不屈服于市民法权利:**胜诉的**裁判官法遗产占有(bon. poss. **cum re**)。参见 G. 3,35 – 37。胜诉的裁判官法遗产占有(bon. poss. cum re)比不胜诉的裁判官法遗产占有(bon. poss. sine re)出现得晚,但后来却排斥了后者。前文所及诈欺抗辩(exc. doli)源自于安东尼努斯·皮乌斯(2 世纪中叶)(下文边码 67.9)。

21 (三)在**后古典**法中,市民法继承和裁判官法继承之间的对立丧失了基础。当裁判官法遗产占有(bon. poss.)在西部晚期法中被抛弃的时候,优士丁尼则(依照古典渊源)坚持了遗产和裁判官法遗产占有的并立;当然,通常他会将二者给予同一个人。在他的《新律》中,裁判官法遗产占有(bon. poss.)消失了。

四、召集继承人

(一)为使某人能够成为继承人[或者裁判官法遗产占有人(bonorum possessor)],需要一项获得承认的取得基础,他基于这项基础而被召集成为继承人[或者裁判官法遗产占有人(bonorum possessor)][罗马人仅仅不技术地说"召唤担任继承人或者裁判官法遗产占有人"(vocari ad hereditatem 或者 ad bona)]。 22

(二)1. 罗马人只承认两种召集基础,**无遗嘱(ab intestato)**(在没有遗嘱的情形,也就是基于法律)和**基于遗嘱(ex testamento)**。 23

继承合同,即被继承人指定另一方合同当事人或者第三人为继承人(或者受遗赠人)的合同,无效。它不仅适用于遗产的直接给与,同样也适用于(以要式口约形式)指定继承人的允诺,Diocl. C. 8,38,4;Iul. D. 45,1,61,此外还适用于关于生存第三人的将来遗产的合同,这项合同被认为是背俗的(contra bonos mores)(Pap. D. 39,5,29,2;还可参见《德国民法典》第311b条第4款),也适用于抛弃继承。希腊法则与此相反,经常采用继承合同,而在东部实务中,尽管有罗马的禁令,它仍然存在直到古典时期结束。罗马人可能将这些东部的合同和后来西部的合同解释为死因赠与(donatio mortis causa)(下文边码79.1-4)的适用或者继续发展,中世纪继承合同的发展也与此相联系。直到今天,罗马法系的立法仍然不接受继承合同(例如,《意大利民法典》第458条,《法国民法典》第1130条第2款、第1093条、第1082条也有相关原则),而(依照它在普通法中获得习惯法承认的)在德国法、奥地利法和瑞士法确定无疑地表现为指定继承人合同或者抛弃继承合同(当然,《奥地利民法典》第602条、第1249条只允许在配偶间以合同指定继承人),并且详细加以规定。——《德国民法典》第1941条、第2274条以下,《瑞士民法典》第414条、第512条以下。——**文献**:科英,第1册,第587页;第2册,第604页。

2. 无遗嘱死亡人死亡后的继承,即所谓无遗嘱继承,将因遗嘱继承而被排除。 24

只有未留遗嘱、遗嘱无效或者嗣后失效,才发生无遗嘱继承,Ulp. D. 38,16,1 pr.;Inst. 3,1,pr.。当然,通过违反遗嘱继承(下文第六十九节),遗嘱有时也会因为只考虑了无遗嘱继承人的利益而失去效力。

25 3. 无遗嘱继承不能与遗嘱继承同时发生,**任何人都不能部分有遗嘱、部分无遗嘱地死亡(nemo pro parte testatus, pro parte intestatus decedere potest)**。如果被继承人并未对全部遗产进行处分或者部分遗产归属于遗嘱继承人,那么,其余部分遗产并不归属于无遗嘱继承人,而应当增添到(其他)遗嘱继承人的应继份(关于这种增添,见下文边码68.6)。参见 Inst. 2,14,5。

关于这项规则的意义和起源,参见边码65.14;67.6。在发达法律中,对于剩余部分而言,增添在大多数情况下比发生无遗嘱继承更符合被继承人的意思。古典法允许士兵遗嘱有例外,如前所述,在个别情形下就会发生违反遗嘱继承。——《德国民法典》第2088条,《奥地利民法典》第554条、第728条,《瑞士民法典》第481条。——**文献**:布·施米德林,"任何人都不能部分有遗嘱等遗嘱规则的意义、功能和起源"(Sinn, Funktion und Herkunft der Testamentsregeln nemo pro parte etc. -hereditas adimi non potest),《维托里奥·夏洛亚罗马法研究所学刊》,第78卷(1975年),第71页;毛·佩雷斯·西梅翁(M. Pérez Simeón),《任何人都不能部分有遗嘱等》(Nemo pro parte testatus etc.),2001年。

第六十六节 无遗嘱继承

(RPr. §§ 24,25,166-169,287,288)

一、市民法自家继承人的继承

1 (一)随被继承人死亡而成为自权人(sui iuris)的所有自由人,即他的(婚生)子女和他的儿子和孙子的子女,只要这些人(不包括他们的父亲)仍然处于被继承人权力之下即可,也包括其有夫权(manus)妻子,就是自家继承人(sui heredes)。女儿和孙女的子女等,不是自家继承人(sui heredes),因为他们与被继承人并非族亲属。有多少人成为自权人,家庭团体就分裂为多少家庭(familiae);此外,如果一个人没有其他自由人处于他的权力之下(不能享有家庭权力的妇女总是如此),他自己一个人就构成一个家庭(familia)。然而,所有这些家庭在古代罗马时期直至遗产分割前均处于同一继承人共同体(consortium)之中(下文边码66.5)。

直至遗产分割时才能显示出各继承人家庭应得份额。这种份额按照家支(stirpes)计算:被继承人的每个子女,同样还有被继承人的归顺夫权的妻子(uxor in manu),构成应得份额相同的一个家支。如果一个儿子死亡或者因其他任何方式被排除,他的儿子或者有夫权(manus)的妻子就可以主张他的份额,而对于先前已经死亡的孙子等也同样处理。归顺夫权的妻子(uxor in manu)处于女儿的地位(filiae loco),因此可以获得与被继承人的子女相同的遗产份额。参见G.3,1-7。——**文献**:内尔松/孟文理,第3编之1,第52页。 2

例:如果被继承人留有五个在他死亡时处于其权力之下的(亲生的或者收养的或者自权人收养的)子女,此外还有他的归顺夫权的妻子(uxor in manu),这六个人就会各得六分之一。如果一个儿子先于被继承人死亡并且留有一个归顺夫权的妻子(uxor in manu)和两个在被继承人死亡时处于其权力之下的子女,死亡子女应当获得的六分之一就会在取代他的地位(代表他)的三个人之间进行分配,即每人获得十八分之一。与此相反,如果有婚生子女的儿子在被继承人死亡时尚处于其权力之下,这个儿子就获得了他的六分之一,而这个儿子的子女则一点也得不到,因为他们被他们的父亲排除在继承之外。由于脱离父权(emancipatio)或者收养(adoptio)或者归顺夫权(conventio in manum)而被排除于其所出家庭的子女,因此也就丧失了在这个家庭中的继承权(继承期待权)。因此,妇女是自权人(sui iuris)时因为不存在家父权而不能是自家继承人(sui heredes),也就不言自明了。

3 市民法无遗嘱继承制度在年龄和性别方面没有任何区别:未适婚人和妇女如同适婚男人一样继承。遗腹子(postumus suus)在被继承人死亡时已经孕育但尚未出生,随其出生而成为与被继承人死亡时已经出生的继承人一样的继承人(G. 3,4 = Inst. 3,1,2b 末尾)。还可参见边码 68.16。——**文献**:弗·兰贝蒂(F. Lamberti),《罗马法中遗腹子问题研究》(Studi sui postumi nell'esperienza giuridica rom.),第 1 册,1996 年,第 55 页;第 2 册[古典模式的概况(profili del regime classico)],2001 年。

4 自家继承人(sui heredes)随被继承人死亡而立即取代其地位,而不需要他们接受遗产(下文边码 71.1)。

5 (二)依照古代法,数名自家继承人(sui)使家庭团体作为合作性质的团体(上文边码 65.5)而继续存在。这个**继承人共同体**(**consortium**)称为**不分割的**(**ercto non cito**),并且不是纯粹的财产法共同体,而是以成员权利平等原则为基础的一种家庭法关系(上文边码 23.21;43.2)。它通常一直存续到成员协商一致将其废止,或者到成员之一提起遗产分割之诉(actio familiae erciscundae)。关于这种继续存在的继承人共同体的详细内容,见下文边码 73.1 –3。最晚到帝政时代早期,它就已经逐渐废弃不用了。

二、市民法家外继承人的继承

6 (一)被继承人没有留下享有继承权的自家继承人(sui)的,就依照《十二表法》规定(第 5 表第 4 条、第 5 条)处理:如果某人没有遗嘱而死亡,在他没有自家继承人时,应当由最近族亲享有家产。如果他没有族亲,应当由宗亲享有家产(Si intestato moritur, cui suus heres nec escit, adgnatus proximus familiam habeto. Si adgnatus nec escit, gentiles familiam habento)。——由此可见,家产归属于亲等最近的族亲,如果没有族亲,就归属于宗亲。参见 G. 3,9 –17 = Collatio 16.2,9 –17。

文献:内尔松/孟文理,第 3 编之 1,第 65 页;马·塔拉曼卡,"《十二表法》第 5 表第 5 条中的宗亲继承”（L’acquisto dell’eredità da parte dei gentiles in XII Tab. 5. 5），《马格德兰祝贺文集》，1998 年，第 447 页。

7 最近族亲（proximus adgnatus）是与被继承人处于同一家父（paterfamilias）权力之下亲等最近的亲属，而且他在被继承人死亡时仍然活着。亲等远近［关于其计算，上文边码 12. 7；自权人收养、收养、归顺夫权（conventio in manum）与亲生在这方面是相同的］以无遗嘱继承发生时为准确定，例如以无遗嘱死亡的被继承人死亡的时间为准，或者以遗嘱继承人拒绝接受继承的时间为准。——通过解释《十二表法》（第 5 表第 4 条）并联系《沃克尼亚法》（lex Voconia）的立法理由（ratio）（下文边码 68. 15），召集妇女为族亲继承人受到了限制：出于共同祖先的女性后裔，只有在她是直系后裔或者由同一父亲所生时，即她是与被继承人是有共同“父系血缘”姐妹时，才能继承。这样就将三亲等的族亲姑母和四亲等的族亲姐妹从族亲继承中排除。她们或者更远族亲所失去的，由男性族亲得到了。这种限缩解释存在的基础显然是女人不能延续由男性后裔所彰显的“父系血缘”这种观念［伊西多尔，《语源学》（Isidor, Etymologiae 9, 6, 4）；《叙利亚－罗马法典》，第 1 条第 14 款至第 15 款（见上文边码 1. 46）］。这样就可以将财产保留在家族团体中。优士丁尼放弃了这种解释，并且依照《十二表法》重新明确了男子和妇女具有相同的继承权［（531 年）C. 6, 58, 14; Inst. 3, 2, 3－3b］。——**文献**：孟文理，“罗马妇女依照《帕皮亚和波帕埃法》和《沃克尼亚法》的立法理由而享有的继承权”（Das Erbrecht der röm. Frauen nach der lex Papia Poppaea und die ratio Voconiana），保·内夫/克·科庞，《在第 28 届德意志法史学家大会上报告》（Vorträge gehalten auf dem 28. Dt. Rechtshistorikertag），内伊梅根（Nijmegen），1992 年，第 33 页；奥·贝伦茨，载《法学阶梯》（上文边码 1. 43，大开本），第 284 页。

8 数名相同亲等的族亲并不构成继承人共同体（consortium）。他们不是按照家支进行分割，而是按照人头（capita）进行分割，即使他们分属不同家支也一样（例如，兄弟之一留有一个儿子，另一个兄弟留有两个儿子，每个人就可以获得三分之一），G. 3, 16。族亲获得遗产需要他们接受遗产，见下文边码 71. 9。

9 如果取得遗产的不是规定期间内亲等最近的亲属（例如他们全部拒绝接受遗产），这时并不召集那些亲等较远的亲属，而是使遗产归属于宗亲，后来就使它处于无人继承的状态了,G. 3,11;12;22;Inst. 3,2,5 – 7。

宗亲(gens)对归属于它的遗产不是集体经营(上文边码 62.7),而是(如同监护一样,上文边码 62.6)将其交给他们中的一人。宗亲继承在共和晚期或者古典早期就已经废弃不用了。

10 (二)如果被继承人是**释放自由人**,那么,他就没有族亲属(上文边码 62.7)。依照《十二表法》(第 5 表第 8 条),如果没有自家继承人(sui),就将他的遗产给庇主,或者,如果庇主没有成为继承人(可能由于他已经死亡或者拒绝继承等原因)就将他的遗产给他的族亲后裔(G. 3,40;45;Inst. 3,7 pr.)。这种继承同样适用于因为释放而脱离父权的人(ex mancipio manumissus),如果脱离父权的人没有自家继承人(sui),就由释放父亲(parens manumissor)(上文边码 60.37)继承(Inst. 3,2,8 起首)。——**文献:**马西·多里亚(上文边码 16.14),第 15 页。

三、无遗嘱裁判官法遗产占有

11 (一)无遗嘱继承的裁判官法制度可以追溯到共和早期,旨在主要通过更加重视血亲和配偶而克服市民法无遗嘱继承的缺陷(G. 3,19 – 24)。

裁判官法规则并未完全排斥市民法规则。市民法规则发生作用的情形如下:(1)如果由裁判官召集的继承人不是市民法继承人,就不能对市民法继承人行使其权利;(2)如果裁判官对由他召集的继承人仅仅授予不胜诉的裁判官法遗产占有(bon. poss. sine re)(上文边码 65.19 – 20),这项占有就应当屈服于市民法继承权;(3)裁判官自己可以参照市民法制度,召集法定继承人(unde legitimi)为裁判官法遗产占有(bon. poss.)的市民法继承人(下文边码 66.14)。

12 与市民法(ius civile)继承人不同,裁判官法继承人概括了可以按照顺位先后召集的很多顺位(所谓的“继承指示”)。

每个顺位可以保留一个特定**期间**,在此期间可以申请授予裁判官法遗产占有(bon. poss.);这个期间大多是100天,对于被继承人的父母和子女则是1年(Ulp. D. 38,9,1, § §8 f.,12)。如果这一期间经过但没有申请,就会召集下一顺位的人。在血亲这一顺位(下文边码66.15),首先应当召集亲等最近的人,然后根据亲等远近召集;所有亲等相同的人都获得同一期间;按照顺位和亲等继承(*successio ordinum et graduum)。

(二)对于**出生自由的**被继承人死亡后的无遗嘱裁判官法遗产占有(bon. poss. intestati),规定了四个顺位。 13

1. 在**子女**(**unde liberi**)(D. 38,6)(下文即见)这一顺位中,裁判官召集(不单单是所有直系卑血亲,而是)自家继承人(sui heredes),包括养子女,此外还包括通过脱离父权(emancipatio)而不再处于被继承人权力之下的直系卑血亲;然而并不包括通过收养(adoptio)而转入到另一个家庭的人。参见G. 3,26;UE 28,8;Inst. 3,1,9。

如同市民法继承时一样,男人和女人受到平等对待,亲等相同而被召集的人是多数人时按照家支分割,而且,在遗腹子(postumi)被召集为自家继承人(sui)时也会考虑到他。——“unde liberi”是一个缩略的法学家用语,意思是“基于谕令的一部分,基于这部分子女被召集”。

子女(unde liberi)这一顺位取得裁判官法遗产占有(bon. poss.),如同在所有情形一样,也需要裁判官授予(下文边码71.9)。这一顺位的裁判官法遗产占有(bon. poss.)对市民法继承人而言是胜诉的(cum re),也就是终局性的(上文边码65.20)。

如果被召集的自家继承人(suus)已经孕育但尚未生产,就会授权胎儿(missio ventris in possessionem)裁判官法遗产占有(bon. poss.)并且为胎儿设定保佐人(curator ventris)(Ulp. D. 37,9,7 pr. ff.,参见边码13.7)。——《德国民法典》第1912条,《奥地利民法典》第274条,《瑞士民法典》第393

条第 3 项。

14 2. 在**法定继承人(unde legitimi)**(D. 38,7)这一顺位中,裁判官召集在申请授予裁判官法遗产占有(bon. poss.)时依照市民法(ius civile)应当召集为无遗嘱继承人的人:自家继承人(sui heredes)(尽管他在子女这一顺位已经被召集了),然后是最近族亲(proximus adgnatus)(而不是亲等较远的族亲,G. 3,28),最后在古代还包括宗亲。

法定继承人的裁判官法遗产占有(bon. poss. unde legitimi),如果有顺位更优的市民法继承人(自家继承人或者亲等更近的宗亲),是不胜诉的(sine re),G. 3,37。

15 3. 在**血亲(unde cognatio)**(D. 38,8)这一顺位中包括了所有血亲,而且到了六亲等,并且在七亲等中还包括堂表孙(sobrino nati)。亲等近的人排除亲等远的人,亲等远近相同者按人头分割。裁判官法遗产占有在此针对市民法继承人是不胜诉的(sine re)。参见 Ulp. D. 38,8,1/10;G. 3,37。

兄弟姐妹的子女(四亲等)互称为堂表兄弟姐妹(consobrini)(Inst. 3,6,4;Gai. D. 38,10,1,6),兄弟姐妹的孙子女(六亲等)互称再从兄弟姐妹(sobrini)(Inst. 3,6,6;Gai. D. 38,10,3 pr.)。血亲可以通过女方以及男方获得,非婚生亲属关系根据母亲方面确定。养亲属与血亲平等。遗腹子(postumus)如果活着出生也会被考虑到。Ulp. D. 38,1,4/8;Gai. eod. 2。

16 4. 最后,如果到死亡时婚姻仍然存在,裁判官在**夫妻(unde vir et uxor)**(D. 38,11)这一顺位中可以召集配偶。这种裁判官法遗产占有(bon. poss.)也是不胜诉的(sine re)。参见 Ulp. D. 38,11,1。

（未经遗嘱确定的）配偶为所有亲属所排除，这样处理的根据与配偶间赠与无效的理由相同，见上文边码 59.4－5。妻子如果处于被继承人夫权（manus）之下，因为她处于女儿的地位（filiae loco），在子女（unde liberi）和法定继承人（unde legitimi）两个顺位中就已经被召集了。

（三）被继承人是**释放自由人**时，就会有很大不同，因为释放自由人没有族亲，而其仍处于奴隶阶层的血亲（servilis cognatio）在此不予考虑。处于亲属地位的是庇主及其直系卑血亲和其他亲属，G. 3,40 = Inst. 3,7 pr.。详细内容，见下文边码 69.10。——对于脱离父权的人死亡后的裁判官法遗产占有（bon. poss.），也特别可以适用。——**文献**：马西·多里亚（上文边码 16.14），第 61 页。 17

四、《德尔图卢斯元老院决议》和《奥尔法努斯元老院决议》

公元 2 世纪的两项元老院决议修正了母亲和子女之间的继承。 18

只有母亲仍处于父亲的夫权（manus）之下时，母亲和子女之间才存在市民法继承，而且是作为最近族亲而继承。这一点同样适用于法定继承人的裁判官法遗产占有（bon. poss. unde legitimi）。在母亲存在自权婚姻时（在子女系非婚所出时同样），母亲和子女只能依照裁判官法继承，而且是作为亲等最近的血亲（cognati）而继承。

（哈德良时期的）《德尔图卢斯元老院决议》（SC Tertullianum）为享有子女权（ius liberorum）（上文边码 58.27）的母亲赋予了继承权。（公元 178 年）《奥尔法努斯元老院决议》（SC Orfitianum）则与此相反，它使子女在母亲死亡后享有了继承权。

依照《德尔图卢斯元老院决议》（SC Tertullianum），母亲在自家继承人（sui）、父亲和有父系血缘兄弟之后继承，与父系血缘姐妹分割遗产，但先于所有其他族亲。依照《奥尔法努斯元老院决议》（SC Orfitianum），子女先于族亲继承。这两项元老院决议都给予了市民法继承权，因此，在法定继承人裁判官法遗产占有（bon. poss. unde legitimi）时考虑它们也就是合乎逻辑的了。——参见 UE 26,7 f.。——**文献**:玛·迈因哈特,《〈德尔图卢斯元老院决议〉和〈奥尔法努斯元老院决议〉对古典罗马继承法的意义》(Die Senatusconsulta Tertullianum und Orfitianum in ihrer Bedeutung für das klass. röm. Erbrecht),1967 年。

五、无人继承的遗产

19 只要存在宗亲的继承权,就不会发生无人继承遗产的情形。后来,裁判官对找不到继承人(heres)或者裁判官法遗产占有人(bonorum possessor)的(大多是债务超过的)遗产采取了财产拍卖(bonorum venditio;G. 3,78)。依照《关于市民阶层嫁娶的尤利亚法》(lex Iulia de maritandis ordinibus)(上文边码 58.25 和 28),**无人继承的遗产(bona vacantia)**作为落空(caducum)而归属于金库(aerarium,上文边码 17.5),后来(自卡拉卡拉起)则归属于国库(fiscus)(参见下文边码 71.11)。——依照马可·奥勒留皇帝的一项敕答,被继承人遗嘱中的释放自由人可以通过申请将财产转交自己的方式实施财产拍卖(venditio bonorum),以使遗嘱中所答应的释放发生效力。如果他取得了遗产,就必须全部清偿债务。这里也可以发现它清楚地表达了“自由优先”(Inst. 3,11,1;Ulp. D. 40,5,2;eod. 4,pr. ff.;Iust. C. 7,2,15)。——**文献**:关于敕答与《马可诏书》(Oratio Marci)的关系,参见弗·阿尔卡里亚(F. Arcaria),《马可诏书》(Oratio Marci),2003 年,第 203 页。

六、后古典的发展

20 从君士坦丁的混乱立法到优士丁尼的《新律》(在此不予逐一描述)都力求实现统一化。族亲继承的残余最终由于血亲利益而应当予以清除,在性别对待方面尚存的差别应当消失,遗产(heredes)和裁判官法遗产占有(bonorum possessio)之间的对立因为已经过时而应当予以调和。这些目标很大程度上得以实现了,但还没有完全实现。

这些法律的目的主要在于考虑女方亲属,即将女儿、姐妹的直系卑血亲等人也包括进来。《德尔图卢斯元老院决议》(SC Tertullianum)和《奥尔法努斯元老院决议》(SC Orfitianum)中仍然存在的限制得到了克服。脱离父权的子女与家子平等对待,因为脱离父权人而成立的亲属将予以考虑。经过认领的子女与婚生子女地位相同(关于姘合子女,见上文边码 58.52,61.5)。家子,只要他们在这时具有财产能力了,就可以根据特有继承份而继承。——在释放自由人继承时,人们也考虑了处于奴隶阶层的血亲(servilis cognatio),为了释放自由人的父母和亲属(只要他们也同样是自由人)的利益,对庇主及其亲属的继承权进行了限制。——无人继承的遗产仍然归属于国库(fiscus),当然,对(军人、百人团成员、团体成员等)特定职业群体成员的遗产也存在例外,他们的财产归属于其所在团体;对于神职人员而言归属于其教会,对于修道士而言归属于其修道院。 21

七、《新律》中的相关法律

在经过 548 年 Nov. 127 补充的 543 年 **Nov. 118** 中,优士丁尼对亲属继承重新进行规制,当然这种规制仍然不甚完全。在新规则中,族亲最终为血亲所取代,从而男女的地位完全平等了,男女双方亲属的地位同样也完全平等了。 22

配偶的继承权、释放自由人的继承、姘居之人与其子女的继承,此外还有养子女和准正子女的继承、无人继承的遗产的命运以及其他具体规定,都悄悄转移进入《新律》之中;显然原有法律继续发生着效力。——依照 537 年 Nov. 53,既没有婚姻赠与又没有嫁资的穷寡妇可以在子女之外获得遗产的四分之一[所谓**“穷寡妇的四分之一份额”**(**Quart der armen Witwe**)]。

Nov. 118 区分了四个顺位,顺位在先者排除顺位在后者。如果顺位在先的人不能或者不愿被召集为继承人,就可以召集下一顺位的人。同一顺位之内,亲等较远的人与亲等较近的人地位平等。因此,这里也实行“按照顺位和亲等继承”(* successio 23 ordinum et graduum)(上文边码 66.12)。

(一)在第一顺位中应当召集**直系卑血亲**。如果存在多数人，则按家支分割。

(二)如果没有直系卑血亲，就由父亲、母亲或者其他长辈以及**同胞兄弟姐妹**(与被继承人同父同母者)继承。在长辈之间按照亲等决定(父母一方就排除了祖父母、外祖父母)。长辈亲等相同时，一半归属于父系长辈，一半归属于母系长辈；在同一家支之内按照人头分割。同胞兄弟姐妹与父母同时被召集。他们排除了祖父母、外祖父母。

因此，祖父母、外祖父母只有在既无父母继承又无兄弟姐妹继承的情形才能获得召集。如果兄弟姐妹多人分别被召集，或者他们与父母同时继承，则任何有权利继承的人都按照人头各取得一份。已亡兄弟姐妹虽然可以由其子女代位继承，却不可以由其他直系卑血亲代位继承；子女获得与已亡人应得份额相同的份额。如果分别召集了兄弟姐妹的子女，他们就按照家支分割而不是按照人头分割[与中世纪阿佐(Azo)对阿库修斯(Accursius)取得的胜利不同]。

(三)在前列顺位之后召集**半同胞**(继)兄弟姐妹。子女可以(其他直系卑血亲则不可以)代其位。

(四)最后召集其他**旁系亲属**。如果存在多数人，则按照亲等确定，亲等相同者按照人头分割。

文献：弗·冯·博索夫斯基(F. v. Bossowski)，“优士丁尼 Nov. 118 及其来历”(Die Nov. 118 Justinians und deren Vorgeschichte)，载《科沙克尔祝贺文集》(Fs. Koschaker)，第 2 册，1939 年，第 277 页；沃奇，《罗马继承法》，第 2 册，第 2 版，第 54 页；伦·兰贝蒂尼，《优士丁尼 Nov. 118 的特征》(I caratteri della Novella 118 di Giustiniano)，1977 年。

八、这种优士丁尼的体系在当代法的亲系继承制中还能看出来[继承所根据的,《德国民法典》第 1924 条以下是“顺序”(Ordnungen)、《奥地利民法典》第 730 条以下是“家系”(Linien)、《瑞士民法典》第 457 条以下是“家支”(Stämmen),当然,所有这些在细节上都有所不同]。它们在历史上都受到优士丁尼法某种程度的影响,但仍然存在如下不同:(1)优士丁尼法中兄弟姐妹与父母同时继承,但按照亲系继承制,他们却为父母所排除;(2)优士丁尼法中同胞兄弟姐妹不包括半同胞兄弟姐妹,但按照亲系继承制,只要他们具有被继承人父母的血缘,就可以同时被召集;(3)按照亲等召集较远的旁系亲属就将属于不同亲系的人包括在内了,例如,侄子外甥(2 亲系)和叔伯舅(3 亲系),他们与被继承人同为 3 等亲。——**文献**:汉 - 格 · 默腾斯(H. - G. Mertens),《〈德国民法典〉中关于法定继承和特留份权利相关条文的确立》(Die Entstehung der Vorschriften des BGB über die gesetzliche Erbfolge und das Pflichtteilsrecht),1970 年;汉 - 格 · 默腾斯,“对亲系继承来源的思考”(Überlegungen zur Herkunft des Parentelensystems),《萨维尼杂志:日耳曼法》,第 90 卷(1973 年),第 149 页;科英,第 1 册,第 602 页;第 2 册,第 622 页。 24

第六十七节 遗嘱 表现形式

(RPr. § § 27,160,164,283)

文献:马 · 阿姆罗迪(M. Amelotti),《罗马历史文献中的遗嘱》(Il testamento romano attraverso la prassi documentale),第 1 册(遗嘱的古典形式)(Le forme classiche di testamento),1966 年[书评,汉 · 尤 · 沃尔夫,《萨维尼杂志》,第 84 卷(1967 年),第 493 页]。

一、市民法遗嘱

(一)“遗嘱之所以称为遗嘱,因为它是意思的证明(testatio mentis)”(Inst. 2,10 pr.)。遗嘱继承以被继承人意思为根据,必然排除欠缺(有效)遗嘱时才发生的无遗嘱继承(边码 65. 24)。遗嘱 1

在罗马,如同在其他地方一样,是逐渐并且分阶段发展起来的,但显然早在共和时期就由于前文所及的家庭政策和经济政策上的理由(上文边码65.6)而存在一项普遍规则,即遗嘱将无遗嘱继承排斥到了次要地位。直到后古典时期,遗嘱的意义才随着经济衰退而有所降低。

2 (二)1. **古代罗马**有三种称为遗嘱(testamenta)的行为。**会前遗嘱(testamentum calatis comitiis)**和大概是模仿它而成立的**战前遗嘱(test. in procinctu)**很可能是用来为没有自家继承人(sui heres)的人创设这样一位自家继承人的;因此,它们与自权人收养相近(上文边码60.29–30)。它们并不是要用遗嘱继承人取代无遗嘱继承人,而是要通过家庭法的事件来创设无遗嘱继承人。这两种行为很早就已经消失了(G.2,101;103;Inst.2,10,1)。

3 2. 不同的是这些行为中的第三种行为,即**铜和秤式遗嘱(testamentum per aes et libram)**(要式买卖遗嘱、秤式遗嘱),这种遗嘱确实限制了无遗嘱继承并在后来将其排除出去了。这种遗嘱逐渐发展成为唯一的遗嘱行为,由这种遗嘱演化出了后来的所有表现形式。

秤式遗嘱是要式买卖扩展并且独立的适用情形。在发达法律中,被继承人用一文铜币(nummo uno)将其财产[家产(familia)或者家庭财产(familia pecuniaque)]要式买卖给信托财产买受人,即**家产买受人(familiae emptor)**,并且在仪式进行中附加了单方表示[附款(nuncupatio),参见边码7.9]而明确规定,这些财产在被继承人死亡后应当归属于谁[**家产要式买卖(mancipatio familiae)**];G.2,102–108,还可参见Inst.2,10,10。

4 家产买受人(familiae emptor)说讲的要式买卖程式的文句是(G.2,104):我表示,对于你的全部家产,只要是处于你的处分权和我的照管之下者,以及所有应当处于这种状态者,为使你能够依照国家法律作出有效遗嘱,我用这块铜和这杆铜秤将它买下(Familiam pecuniamque tuam endo mandatela tua custodelaque mea esse aio, eaque, quo tu iure testamentum facere possis secundum legem publicam, hoc aere aeneaque libra esto mihi empta)。因此,虽然受托人使被继承人在死亡之前仍然对财产标的保留有处分权(mandatela),但却将财产标的置于自己照管(custodela)之下,并且因此而取得了在被继承人死亡后按照被继承人的意思处分该标的的能力。当然,对于文句本身还有争议。家产买受人(familiae emptor)[类似于德意志法的中间人(Salmann)]的参加中包含着遗嘱执行的萌芽,但它却没有得到进一步发展。最终遗赠受益人成为(例如直接遗赠情形的)所有权人,可以就给与他的财产对家产买受人(fam. emptor)以及其他任何遗产占有人通过遗产之诉主张所有物返还;为此不需要家产买受人(fam. emptor)向遗赠受益人实施任何转让行为。

要式买卖遗嘱在《十二表法》中就已经获得了承认,这方面所涉及的规范是(第5表第3条),“如同他对其财产或者对其保护权力一样对其财物遗赠,这就是合法的[**Uti legassit (super pecunia tutelave?) suae rei, ita ius esto**]”。这种遗嘱最初可能只包含了在无遗嘱继承之外对个别标的的处分(遗赠、释放),后来才逐渐扩展到对全部家产(familia)的处分,最初大概用于不存在自家继承人(sui)的情形,而后来的目的恰恰就是选择自家继承人中最有能力的人作为单独继承人并且将未分割财产给与他。因此,被继承人在其附款(nuncuptio)中所表示的内容,即**指定继承人[heredis institutio:“提提乌斯应当作为继承人”**(Titius heres esto)]就凸显出来了,与此同时还凸显了对其他在无遗嘱继承(ab intestato)中被召集为自家继承人(sui)的人的剥夺继承权。当然,遗嘱中还可以一如既往地包含前述个别处分的内容(见上文边码65.7)。 5

要式买卖是一种可供选择的手段,旨在使出让人(mancipio dans)有可能作出[只有与要式买卖(mancipatio)相联系时才可能存在的]附款。在附 6

款(nuncupatio)中可能涉及全部规则,例如,为共同继承人遗赠不同份额。为解决由此引发的共同继承人之一死亡时如何处理才合法的问题,发展出了任何人都不能部分有遗嘱(nemo pro parte)的规则(上文边码65.25)。

7 在共和早期,要式买卖形式相对于终意处分的内容而言丧失了重要性。家产买受人(familiae emptor)的要式买卖行为僵化成为空洞的形式。与作为最终概括承受人(familiae emptor)的继承人相比,家产买受人的角色逐渐淡化为纯粹的形式要求的人,与证人和司秤一样。这时就更加凸显出被继承人的指示,也就是包含指定继承人和其他遗嘱的被继承人的附款。它最初是口头表示的,后来通常总是用书面形式,以便保存证据并且使其内容对参加人保密。在古典时期,口头遗嘱比较少见而成为例外了。

在书面遗嘱中,口头附款(nuncupatio)被限定在如下程式:如同这块蜡板所写的那样,我给予、遗赠、遗嘱,你们这些奎里蒂人,应当就此为我作证(haec ita ut in his tabulis cerisque scripta sunt,ita do ita lego ita testor,itaque vos,Quirites,testimonium mihi perhibetote,G. 2,104)。蜡板用绳索捆绑,而绳索上印有(至少)7 枚印鉴,即要式买卖证人的印鉴、司秤的印鉴和家产买受人(familiae emptor)的印鉴。——我们保存下来大量遗嘱,有的是原件,有的是抄件或者翻译,大多出自埃及,还有一些出自后古典时期的拉文纳(Ravenna)(等地)。此外,在文学渊源中也有一些(遗嘱程式)流传下来了。

8 3. 对于**军人遗嘱**适用特别规则,D. 29,1;C. 6,21 和 Inst. 2,11 等编章就规定了相关内容。罗马军队里有大量的非罗马人,他们不熟悉罗马的形式要求,为使他们设立遗嘱能够简单些,皇帝法[尤其是图拉真(Trajan)]允许军人采用任意的口头形式或者书面形式设立遗嘱,并且使军人遗嘱免受众多限制性原则的限制。参见 Ulp. D. 29,1,1 pr.;G. 2,109 ff.;Inst. 2,11 pr. –2。

外邦人和拉丁人可以在军人遗嘱中成为继承人或者受遗赠人,遗嘱继承同时还可以有无遗嘱继承,可以附期限地或者附解除条件地指定继承人,同样可以对个别标的指定继承人,对自家继承人(sui heredes)不需要剥夺继承权,不适用《法尔其第法》(lex Falcidia)、《尤里亚法》和《帕皮亚法》(leges Iulia 和 Papia)的取得限制,排除了不合义务遗嘱之告诉(querela inofficiosi testamenti),存在多项遗嘱时在后遗嘱并不必然排除在先遗嘱等。军人遗嘱也可以在和平时期设立,但其效力随着军人复员(荣誉复员时一年后)而丧失。优士丁尼将设立军人遗嘱限制在进行军事活动时,参见 Inst. 2,11,3;C. 6,21,17。——参见《瑞士民法典》第 506 条、第 507 条第 3 款,《奥地利民法典》第 600 条。——**文献**:赫·菲廷(H. Fitting),《论军人遗嘱的历史》(Zur Geschichte des Soldatentestaments),1886 年;温·斯卡拉诺·乌萨尼,"涅尔瓦和图拉真时代的军人遗嘱"(Il testamentum militis nell'età di Nerva e Traiano),《瓜里诺祝贺文集》,第 3 册,1984 年,第 1383 页。

二、符合遗嘱的裁判官法遗产占有

裁判官放弃了对要式买卖行为过于严苛的形式要求,而且对 9
于能出具(有效设立的)遗嘱文书表明他在其中被召集为继承人的人,只要遗嘱文书上有不少于 7 名证人加盖了印鉴,就允许享有裁判官法遗产占有(bon. poss.)。参见 G. 2,119;147;Inst. 2,10,2;2,17,6;D. 37,11。关于"7 名",见上文边码 67.7)。

这样做的好处首先是简化了证明:遗嘱继承人不再需要证明有效的要式买卖行为。然而,如果市民法继承人(例如,依照市民法召集的无遗嘱继承人)证明,遗嘱因为瑕疵要式买卖(mancipatio)依照市民法(ius civile)不生效力,就可以实现他对裁判官法遗产占有人(bonorum possessor)的要求继承之诉,因此裁判官法遗产占有(bon. possessio)是非终局性的,即不胜诉的(sine re)。直到安东尼乌斯·皮乌斯(公元 2 世纪)才为符合遗嘱的裁判官法遗产占有人（bonorum possessor secundum tabulas）提供了针对市民法继承人的要求继承之诉（hereditatis petitio）的诈欺抗辩（exceptio doli），并且使这种遗产占有成为不可攻击的，即胜诉的（cum re）；G. 2,120;149a。——即使只是以口头形式指定的继承人也可以获得裁判官法遗产占有（bon. poss.），当然，只有要式买卖行为得以有效实施之时才能如此。

三、后古典的遗嘱

10 （一）后古典的皇帝法——基于对古典制度的错误认识——提供了两种普通书面遗嘱形式以供选择，一种形式要求符合市民法（ius civile）所规定的形式，需要有 5 名证人并且给予被召集人以遗产（hereditatis），而另一种形式则要求符合“裁判官法的”形式，需要有 7 名证人并且赋予一项裁判官法遗产占有（bonorum possessio）。市民法和裁判官法之间过时的对立就这样消失了，这两种形式的并存也逐渐消失了。狄奥多西二世（公元 439 年）将普通形式限定为**七名证人遗嘱**，而这种做法在优士丁尼时期也得以保留[NTh. 16 = C. 6,23,21，参见 Inst. 2,10,3，三合遗嘱（testamentum tripertitum），之所以是“三合的”，因为它结合了市民法前提、荣誉法前提和皇帝法前提]。这种遗嘱是由 7 名适婚人担任受邀参与证人在场的一个行为整体（* unitas actus），在交付经被继承人和证人签字并加以密封的文书时以口头方式表示，或者完全以口头方式表示。——依照 1512 年《公证处条例》（第 2 章）[Notariats – Ordnung（Tit. II）]，这种形式在普通法中仍然存在。参见《奥地利民法典》第 585 条。

11 （二）**亲笔**书写和签名的遗嘱（per holographam scripturam）只在西部仍然得以继续保留，它是由瓦伦提尼安三世（Valentinian Ⅲ）（公元 446 年）引入的（NVal. 21,2）。它放弃了任何邀请证人参与。西部的发展直到当代仍然具有影响。——《德国民法典》第 2231 条第 2 项、第 2247 条，《奥地利民法典》第 578 条，《瑞士民法典》第 498

条、第 505 条,《法国民法典》第 969 条、第 970 条。——**文献**:莫·博伊特根(M. Beutgen),《亲笔遗嘱的形式的历史》(Die Geschichte der Form des eigenhändigen Testaments),1992 年。

只在西部得到帝国法承认的还有配偶间的**相互**遗嘱,依照瓦伦提尼安三世的法律,它是由皇帝作为特权而许可的(NVal. 21,1)。它构成了向继承合同的过渡。 12

(三)**口头**遗嘱[采用附款,未经书面(per nuncupationem, sine scriptura)]在西部如同在东部一样继续存在,狄奥多西二世对它也要求有 7 名证人(NTh. 16,6 = C. 6,23,21,4)。 13

(四)**公证**遗嘱(* test. apud acta conditum)出现于公元 5 世纪,来源不甚清晰;它以向法庭或者地方官署递交卷宗的方式实施。递交皇帝的遗嘱[御前遗嘱(* test. principi oblatum)]与之相同。参见 C. 6,23,19 pr./1。——《德国民法典》第 2231 条第 1 项、第 2232 条,《奥地利民法典》第 587 条,《瑞士民法典》第 498 条、第 499 条。 14

(五)对例外情形适用特别形式。

1. 在瘟疫流行期间,戴克里先就已经放弃了必要证人同时在场的要求[疫时遗嘱(* test. tempore pestis conditum)]。2. 如果被继承人是盲人或者不能书写,就可以如过去那样采用口头方式做成遗嘱;从 5、6 世纪开始,也可以采用(口述)书面形式,当然对于无书写能力的人要求有 8 名证人,对于盲人要求文书官(tabularius)或者 8 名证人。3. 对于常常难以邀请到证人的地区,5 名证人就够了[乡村遗嘱(* test. ruri conditum)]。——**文献**:约·玛·弗勒施尔(J. M. Fröschl),"文盲"(Imperitia litterarum),《萨维尼杂志》,第 104 卷(1987 年),第 132 页。4. 关于军人遗嘱,见上文边码 67.8。——《德国民法典》第 2249 条、第 2250 条,《德国公证书法》(BeurkG)第 22 条、第 27 条以下,《奥地利民法典》第 597 条至第 599 条, 15

《瑞士民法典》第 506 条。

16 （六）1. 父母对可以在无遗嘱（ab intestato）时被召集的其直系卑血亲的给与并不必然被认为是遗嘱。如果父母一方书面（未遵守遗嘱形式）指定可以在无遗嘱（ab intestato）时被召集的直系卑血亲，这种父母子女间遗嘱（* test. parentum inter liberos）有效。优士丁尼强化了形式要求，但又表示——不同于此前——对第三人的某些给与有效，Nov. 107,1。2. 在所谓子女间析产（* divisio inter liberos）中，父母一方不改变继承份额大小而将其无遗嘱继承份额中的特定标的给予直系卑血亲的，并非遗嘱，当然优士丁尼对此也有形式规定（被继承人和所有子女签字）（Nov. 18,7；107,3）。——**文献**：玛·卢·布兰科·罗德里格斯（M. L. Blanco Rodriguez），《父母子女间遗嘱》（Testamentum parentum inter liberos），1991 年［书评，帕·琼蒂，《索引》，第 23 卷（1995 年），第 562 页］。

四、遗嘱启封

17 要式**遗嘱启封**可以追溯到奥古斯都的《关于二十分之一税的尤利亚法》（lex Iulia vicesimaria），该法规定了 5% 的遗产税。这个过程受到裁判官监督，启封要在一定期限内进行，形式证人应当获邀，而且要询问他是否承认其印章，文本将会被宣读，感兴趣的人可以亲眼去看而且为他提供了誊抄的机会，文书（依照晚期法）则需要正式盖章并且由官方保管（PS 4,6,1 ff.）。对于遗嘱中的任何遗赠受益人，裁判官都可以提供针对遗嘱持有人（或者恶意放弃持有的人）的向裁判官提交遗嘱文书的出示遗嘱文书令状（int. de tabulis exhibendis）（D. 43,5,1 pr.）。在后古典时期，这种令状与追究怠于出示遗嘱文书的持有人的伪造罪的刑事程序融合到了一起。

五、遗嘱执行

18 关于正规的**遗嘱执行**，罗马人虽然有了家产买受人（familiae emptor）的萌芽（边码 67.3－4），而且也有了希腊化的范本，但终究没有发展出来。它虽然非常严肃地承认但仍然停留在一种道德约束上，通过以安葬和执行遗嘱为目的而托付他人照顾的方式,被继承人可以确定一名受托人。除此之外,实践中发展出了不同的解决方案,为被继承人提供了某种保障,使得他的意愿在死亡之后能够得以实现,例如信托(参见边码 77.7)。直到中世纪法(在拜占庭受到希腊影响,在西部受到日耳曼影响)才开始实施真正的遗嘱执行。关于发展的细节,参见赖·齐默尔曼,“信托继承人?遗嘱执行人的兴起与衰落”(Heres fiduciarius? Rise and Fall of Testamentary Executor),载理夏德·赫姆霍尔兹(R. Helmholz)/赖·齐默尔曼,《信托的道路》(Itinera fiduciae),1998 年,第 267 页;科英,第 1 册,第 597 页;第 2 册,第 616 页。

第六十八节 形式主义 遗嘱的内容和生效遗嘱附书

(RPr. § § 27 Ⅲ,161 - 163,165,284 - 286)

一、形式主义

1 (一)遗嘱自古以来并且在各个时期都受到特别严格的外在和内在形式规则的约束。它在罗马与在当代是一样的,可以由以下两点得到解释,一方面是行为的重要性,因此被继承人在形成其表示时才更加谨慎,另一方面就是在被继承人死亡后由表示文句查明或者证明不一致的被继承人意思时存在的困难。

2 关于遗嘱的内在形式主义,即由典型词义出发的遗嘱解释,自前古典时期起——先于生存行为解释——就越来越考虑被继承人的个别、具体的意思了,对此前文已经论及(上文边码 8.7 - 8)。如同在其他关系中一样,这里也表现出遗嘱优先于生存行为的倾向[遗嘱优先(favor testamenti)]。

3 关于外在形式主义,即使遗嘱生效取决于遵守特定形式要求的那些规定,与解释时一样,很少使意思妥协让步。违反外在形式要求在很多情形都使整个遗嘱无效,即使可以肯定被继承人的意思指向了具有特定内容的遗嘱时也是如此。我们已经讨论了关于遗嘱表现形式的规定(上文第六十七节),现在则转入遗嘱的内容,尤其是指定继承人。

4 (二)应当普遍强调的是,在古代法和古典法中,指定继承人与其他遗嘱内容(剥夺继承权、指定监护人、遗赠、释放)一样都受到某些固定程式言词的约束,此外还对特定指示规定了固定顺序。自从(可能是)君士坦丁的一部法律(C. 6,23,15;320 年? 326 年或者 339 年?)起才放弃了这些约束,而且可以使用任意词句和任意顺序,只要它们能够清楚辨认出遗嘱人意思即可。其中,表现出了福利国家为维护遗嘱而进行的努力,同样还表现出了对古代言词形式主义的较低评价。

二、内容,尤其是指定继承人

5 (一)自从秤式遗嘱——可能最初是依照《十二表法》——将**指定继承人(heredis institutio)**纳入其中起(上文边码 65.6 –7;67.5),它很快就成为每项遗嘱都必不可少的起首部分和主要部分。每项遗嘱必须包含指定继承人。它必须位于遗嘱的起首部分;如果在它之前有其他指示,就会认为没有写上它;G. 2,229 f.;参见 Inst. 2,20,34:指定继承人犹如整个遗嘱的首部和基础(caput et fundamentum totius testamenti)。

在形式上要求用命令式做出指示:通常用“提提乌斯应当作为我的继承人”(Titius heres esto),也可以用“我命令提提乌斯作为(我的)继承人”(Titius heredem esse iubeo)(G. 2,117)。这项形式规则有个别例外,至少古典法就有所承认,例如,“我的奴隶斯提库斯应当是自由的并且作为(我的)继承人”(Stichus servus meus liber et heres esto)[G. 2,186;有时也可以使用希腊的语言,而这在后古典时期才为人接受,参见 NTh. 16,8(439 年)以及 C. 6,23,21,6]。前述君士坦丁的法律(?)则允许使用任意语言指定继承人并且允许将其置于遗嘱的任意位置。西罗马实践甚至完全放弃了指定继承人的必要性(因此也就融合了它与遗嘱附书之间的界限,下文边码 68.25)。在东部则与此相反,人们坚持任何遗嘱都要有指定继承人的原则,当然,(古典法就已经存在的)例外情形也有所增加,在这些例外情形,指定继承人无效不能使其余的遗嘱内容无效。不管是在西部还是在东部,指定继承人和(广义上的)赠与(上文边码 47.6)之间都逐渐地相互接近了。——**文献**:沃奇,《罗马继承法》,第 2 册第 2 版,第 110 页;毛・多尔塔(M. D'Orta),《论指定继承人》(Saggio sulla heredis institutio),1996 年。

(二)指定继承人要么创设单独继承人(heres ex asse),要么说明应继承遗产份额。 6

应继份额通常按照十二分确定,即,将全部遗产作为一阿司(as),而按照盎司(unicae)的数量表示一个份额,这样做符合货币关系中 1 阿司(as) = 12 盎司(unciae)(参见 Inst. 2,14,5)。——如果被继承人未将其全部遗产纳入应继承份额中,就不能将其余部分纳入无遗嘱继承(上文边码 65.25),而应当将遗嘱中指示的应继份额按照相同比例扩大到全部遗产,与此相反,如果被继承人所给出的份额总和超过了全部遗产,应当按比例缩小。参见 Ulp. D. 28,5,13,3 – 6;eod. 17,3 ff. ;Inst. 2,14,7。——《德国民法典》第 2089 条、第 2090 条(边码 1.36)。

(三)对特定标的指定继承人(heredis institutio **ex re certa**)违反继承作为概括继受的本质。然而,为维持遗嘱,人们虽然仍让这项指定有效,但清除了标的限制的内容。 7

遗嘱中只包含这项指定继承人的,被指定人就是单独继承人。对特定标的(ex re certa)指定了多数人的,他们就成为同一部分的共同继承人;每个人无论如何能够获得给与他的标的,在必要时由法官以支付金钱方式进行价值补偿。参见 Ulp. D. 28,5,1,4;eod. 9,13;Pap. eod. 79 pr. 。然而,皇帝法也允许对特定标的(ex re certa)指定的人作为单独继承人,但他必须将遗产在扣除给与他的标的后作为遗产信托而返还给无遗嘱继承人;Sev. Ant. – Marci. D. 36,1,30。——对特定标的(ex re certa)指定继承人可能是从作为农业时代的财产核心的"对土地(fudus)"指定继承人开始的。

8 （四）指定继承人可以附停止**条件**。与此相对，附**停止期限**被认为是**不允许的**而被删除了；被指定人立即成为继承人（Pap. D. 28,5,34）。——指定继承人同样不允许附**解除**条件或者**解除**期限：继承人地位不能有时间限制［G. 2,184 = Inst. 2,16,9；Gai. D. 28,5,89；**一旦是继承人永远是继承人**（* **semel heres semper heres**），上文边码 65.14］。这项规则排除了数名遗嘱继承人的先后顺序并且因此而排除了后位继承；人们在遗产信托中发现了解决该问题的办法（详见下文第七十八节）。这些规则并不适用于军人遗嘱（边码 67.8）。——《德国民法典》第 2100 条，《奥地利民法典》第 608 条、第 702 条，《瑞士民法典》第 488 条。

9 （五）**指定补充继承人**（**substitutio**）是附（停止）条件指定继承人的一种特殊情形。

1. **普通指定补充继承人**（**substitutio vulgaris**）通常是在最初被指定人未成为继承人的情形指定补充继承人，而之所以出现这种情形，可能是因为被指定人先于被继承人死亡，也可能是因为他拒绝继承遗产。

“甲应当作为我的继承人；如果甲未成为我的继承人，乙就作为我的继承人。”对补充继承人（substitutus）还可以设定补充继承人，等等。指定补充继承人之所以发生，目的是在第一被指定人不存在时避免发生无遗嘱继承并因此而在必要时避免发生多人继承。指定补充继承人还优先于共同继承人之间的继承份额增加。参见 G. 2,174 – 178；Inst. 2,15 pr. – 4。

10 2. 被继承人指定随其死亡而成为自权人的未适婚自家继承人为继承人的，也可以为这个人作为被监护人（pupillus）死亡的情形指定继承人［**为被监护人指定补充继承人**（**substitutio pupillaris**）］。

“我的儿子提提乌斯应当作为我的继承人;如果我的儿子没有成为我的继承人(普通指定补充继承人)或者虽然成为我的继承人但在他取得自我监护权之前死亡(为被监护人指定补充继承人),塞乌斯就应当作为继承人。”(Titius filius meus mihi heres esto;si filius mihi heres non erit sive heres mihi erit et hic prius moriatur quam in suam tutelam venerit,tunc Seius heres esto)(G. 2,179 – 183;Inst. 2,16 pr. –4)。被监护人的指定补充继承人首先成为遗嘱人的继承人,根据古典学说还认为他也是被监护人的继承人。依照古典法,为被监护人指定继承人被解释为普通指定继承人[库里乌斯案(causa Curiana)就是如此,上文边码 8. 7;参见西塞罗,《论演说家》(Cic. de orat. 1,180);Top. 44;马·奥勒留和卢·维鲁斯,见 Mod. D. 28,6,4 pr.]。——《德国民法典》第 2096 条以下,《奥地利民法典》第 604 条以下,《瑞士民法典》第 487 条。——**文献**:乔·菲纳齐,《为被监护人指定补充继承人》(La sostituzione pupillare),1997 年;乔·菲纳齐,“‘作为继承人’和‘在他取得自我监护权之前’”(Heredem esse ed in tutelam suam venire),《维托里奥·夏洛亚罗马法研究所学刊》,第 94 ~ 95 卷(1991 年至 1992 年),第 105 页;韦·蒂·哈尔布瓦克斯,“库里乌斯案”(Causa Curiana),《法律史案例》,第 14 页。

3. 父亲为无遗嘱能力的被监护的儿子指定继承人的,对此,优士丁尼表示,如果直系卑血亲因为精神疾病不能立遗嘱,它(通过对一项皇帝法的法律利益予以一般化)是有效的(所谓的准为被监护人指定继承人);C. 6,26,9,参见 Paul. D. 28,6,43 pr.。 11

三、遗嘱能力 可指定性

(一)设立遗嘱,包括(作为证人等)参与设立遗嘱或者在遗嘱中被作为继承人、受遗赠人等的能力,罗马人称为**遗嘱能力**(**testamenti factio**),G. 2,114 = D. 28,1,4。 12

这种表达最初是由被继承人使用和说讲的,他与继承人、遗赠人、证人等都需要有遗嘱能力(test. fact.)。被继承人的积极遗嘱能力(*t. f. activa)和继承人、受遗赠人、监护人的消极遗嘱能力(*t. f. passiva)之间的区别是自普通法起才有的。

13 (二)遗嘱能力是一种特别行为能力。

未适婚人、精神病人和被禁治产宣告的浪费人、战争中被俘虏的罗马市民(上文边码 15.7)和奴隶[通常情况;罗马人民公共的奴隶(servus publicus populi Romani),即国家奴隶却可以就(其特有产)(peculium)的一半遗产设立遗嘱,UE 20,16]、有特定残疾的人(优士丁尼之前的聋哑人,其他情形见上文边码 67.15 之 2)、没有通商权(commercium)的非市民[自始至终都包括尤尼亚拉丁人(Latini Iuniani)],此外还有受到刑罚的特定人(基督教时代尤其是因为特定宗教犯罪)也欠缺遗嘱能力。被告人因害怕公力惩罚而自杀的,如果他有过错,他的财产依照皇帝法就会没收归国库(安·皮乌斯,见 Marci. D. 48,28,3,1)。——家子只能对军营特有产(或者准军营特有产)[peculium castrense(vel quasi castrense)]立遗嘱。妇女最初没有遗嘱能力,但后来通过无偿遗嘱(testamenti faciendi gratia)以信托方式实施买卖婚(coemptio),由受托人(要式回买)夫权[manus(remancipatio)]并且将其释放(manumissio)而获得了该能力;自哈德良时期的一项元老院决议起,妇女就可以直接设立遗嘱了[如果处于监护人之下,就需要监护人同意(auctoritas tutoris)]。对此参见 G. 1,115a;UE 20,10 ff.;PS 3,4a,1 ff.)。

文献:安·瓦克,“罗马法中的自杀”(Der Selbstmord im röm. Recht),《萨维尼杂志》,第 97 卷(1980 年),第 26 页;马·库雷洛维奇,“罗马法中的自杀”(Taedium vitae im röm. Recht),《信义 人性 法》,第 4 册,第 2721 页;阿·迭·曼弗雷迪尼,“乌尔比安,D. 21,1,23,3 中的‘坏’奴隶和自杀未遂”(Ulpiano,il ,cattivo‘ servo e il suicidio tentato in D. 21,1,23,3),《信义 人性 法》,第 5 册,第 3101 页。

14 (三)作为**指定继承人**的能力,通常所有罗马市民都有(详见 UE22,1 ff.),自己的奴隶如果同时获得释放也有(G. 2,185 - 188)。他人的奴隶和家子大多也有指定能力(G. 2,189 ff.),但他们是为其家父而取得遗产的。这项可指定性,在设立遗嘱时和死亡时必须具备,此外(必要时)在取得遗产时也应当具备(Flor. D. 28,5,50,1 = Inst. 2,19,4;所谓“三个时刻学说”)。

15 对于妇女曾经存在限制，依照（公元前 169 年的）《沃克尼亚法》（lex Voconia），她们不能被财产登记中的第一（最富裕）等级的被继承人指定为继承人（G. 2，274；显然这样财产就可以保留在族亲团体中，而这个团体中的男性就可以将这笔财产用于为其花费巨大的政治和军事生涯提供资金了）。随着公元 73 年至 74 年进行的最后一次财产登记中达成协议，这项禁令失去了它的意义。——**文献**：约·安·约·玛·范德梅尔（J. A. J. M. van der Meer），《沃克尼亚法：为男人而制定》（The Lex Voconia. Made for Men），1996 年；阿·魏斯豪普特（A. Weishaupt），《沃克尼亚法》（Die Lex Voconia），1999 年［书评，尼·本克，《萨维尼杂志》，第 119 卷（2002 年），第 488 页］。

16 指定由被继承人（或者其子）所出但在立遗嘱时或者被继承人死亡时尚未出生的**遗腹子**（**postumi**），是从前古典时期和古典时期逐渐分阶段发展起来的（Pomp. D. 28，2，10；Scaev. D. 28，2，29 pr. ff.）；自家遗腹子（postumi sui）将成为市民法继承人，而他人遗腹子（postumi alieni）必要时可以在裁判官法遗产占有（bonorum possessio）中予以考虑（还可参见上文边码 66.3，下文边码 69.5）。

17 **不确定人**（**personae incertae**）不能被指定（UE 22，4－6）。人的团体（例如，自治市）也属于其中。对于罗马国家或者神的指定为人所承认，但并非私法上的判断。在后古典时期，城邦（civitates）和团体（corpora）不再被归为不确定人。教会的继承人能力自君士坦丁时起就已经获得了承认。对基督、圣徒等的给与，被人们交给了被继承人所属教会；对穷人等的给与同样如此，这里还有受给与人应当实现慈善目的的指示（参见上文边码 65.13）；Const. CTh. 9，17，6＝C. 1，2，1；Iust. C. 1，2，25；Nov. 131，9。——此外，无继承能力人也不能被指定，见下文边码 71.10。——**文献**：埃·弗·布鲁克（E. F. Bruck），《教父和社会继承权》（Kirchenväter und soziales Erbrecht），1956 年（第 120 页论及指定基督为继承人）。

四、不生效　撤回

18 （一）遗嘱**不生效**依照一般规则确定（上文第九节）。

遗嘱**自始**不生效者包括：形式有瑕疵、不包含有效指定继承人或者指定继承人违背禁止性规定或者背俗、欠缺遗嘱能力(testamento factio)、自家继承人(sui)未被按顺位指定或者被剥夺了继承权(下文第六十九节)。如果被继承人受到人格减等(capitis deminutio),有效设立的遗嘱就会**嗣后**失效(裁判官创设了例外,参见 G. 2,145 - 149;Inst. 2,17,4 - 6)。如果由于被指定人全部先于被继承人死亡或者拒绝接受遗产而使得被指定人无人成为继承人,遗嘱同样将被废弃(destitutum,desertum)。渊源中称以下情形为遗嘱中止(rumpi testamentum),即设立遗嘱后**自家遗腹子**(**postumus suus**)出生到世间[或者通过收养或者归顺夫权(conventio in manum)成为自家继承人(suus)],并且这名自家继承人(suus)既没有被指定也没有被剥夺继承权(G. 2,131;138 ff.;Inst. 2,13,1;2,17,1);此外还有撤回遗嘱的情形。

19 (二)古代的家产要式买卖(mancipatio familiae)最初可能并不存在**撤回**。但是,由遗嘱作为一种被继承人在其死亡之前可任意形成的单方处分的本质就可以推断出,它可以自由撤回。

1. 依照市民法(ius civile),遗嘱可以通过设立有效的新遗嘱而失效;G. 2,144 = Inst. 2,17,2。

新遗嘱完全废止了旧遗嘱,而不仅仅是与旧遗嘱相矛盾的指示,而且即使新指定继承人会导致无人继承也会废止旧遗嘱;只有军人遗嘱例外,Ulp. D. 29,1,19 pr. 。如果新遗嘱不是以依照市民法(ius civile)而是依照荣誉法(ius honorarium)而有效的,裁判官由此就会授予符合遗嘱的裁判官法遗产占有(bon. poss. secundum tabulas)(边码 67. 9)。——《德国民法典》第 2254 条、第 2258 条第 1 款,《奥地利民法典》第 713 条,《瑞士民法典》第 509 条、第 511 条。——**文献**:桑·塞杰兰利(S. Serangeli),《罗马法中遗嘱撤回之研究》(Studi sulla revoca del testamento in diritto rom.),第 1 册,1982 年[书评,卡·哈克尔,《萨维尼杂志》,第 102 卷(1985 年),第 665 页]。

20 2. 遗嘱人毁损遗嘱文书的、或者剪开密封绑绳的、或者丢失印章的,依照市民法(ius civile)遗嘱仍然成立。而裁判官(由七印章文书决定)则拒绝给予其中指定的继承人符合遗嘱的裁判官法遗产占有（bon. poss. secundum tabulas），并且将胜诉的无遗嘱裁判官法遗产占有（bon. poss. intestati cum re）给予了依照裁判官法召集的无遗嘱继承人；G. 2，151/151a。——《德国民法典》第2255条、第2257条、第2258条第2款，《奥地利民法典》第717条，《瑞士民法典》第511条。

3. 在后古典法中，在以下情形遗嘱可以撤回：（1）通过设立新的有效遗嘱；（2）遗嘱人有意启封、撕破、涂划文书；（3）优士丁尼之后，如果遗嘱设立已满十年，还可以在3名证人或者法官之前表示其撤回意思；C. 6，23，27。 21

五、遗嘱附书

（一）遗嘱附书（codicilli）是不包含指定继承人的单方遗嘱性指示，由被继承人用以请求遗嘱指定的继承人（或者其他遗赠受益人）实施（不要式、最初仅负道德义务的指示，下文第七十七节）遗产信托的书信发展而来。皇帝法（自奥古斯都起，Inst. 2，25 pr.）和法学家们将遗嘱附书与遗产信托结合成为一项获得法律承认并且可以实施的制度。——遗嘱附书（codicilli）（复数）是“简短文本”，最初自然都写在蜡板上。 22

1. **经确认的**遗嘱附书（codicilli testamento **confirmati**）在遗嘱中经预先宣布或者经嗣后确认，被认为是遗嘱的组成部分；它包括了可以成为遗嘱内容的一切，除了指定继承人和剥夺继承权；G. 2，273；Inst. 2，25，2。——它取决于遗嘱有效性而且要求有遗嘱能力。 23

2. **未**经确认的遗嘱附书，或者与遗嘱并存（而不取决于其效力），或者与无遗嘱继承并存，可以只包括遗产信托；G. 2，270a。 24

通过所谓遗嘱中遗嘱附书条款可以确定，如果遗嘱不生效，就应当按照遗产信托处理。据此，就可以在遗产信托中解释出指定继承人、在个别遗产信托中解释出遗赠，在遗产信托性质的释放中解释出“直接”释放。

25 （二）在后古典通俗法中，自从遗嘱中不再必需包含指定继承人开始，遗嘱和遗嘱附书之间的界限就相互模糊不清了。而东部则坚守它们之间的区别。优士丁尼要求书面或者口头设立的遗嘱附书有 5 名证人（C. 6,36,8,3 有添加）。如果遗嘱中没有明示存在遗嘱附书条款，就被认为其中不存在该条款（没有“默示”遗嘱附书；Ulp. D. 29,7,1）。

在《奥地利民法典》中，遗嘱和遗嘱附书之间的对立仍然存在（第 553 条）；《德国民法典》（第 1937 条至第 1940 条）中的“遗嘱”和《瑞士民法典》中的“遗嘱处分”则不再承认遗嘱附书。——**文献**：安·冯·普雷梅施泰因（A. v. Premerstein），《论元首制的形成与本质》（Vom Werden und Wesen des Prinzipats），1937 年，第 205 页；安·瓜里诺，“特雷巴蒂乌斯、拉贝奥和遗嘱附书”（Trebazio, Labeone e i codicilli），《罗马法论文集》（Pagine di diritto rom.），第 5 册，1994 年，第 135 页[=《历史与法的研究与文献》，第 10 卷（1944 年），第 151 页（增补）]；安·梅特罗（A. Metro），《遗嘱附书研究》（Studi sui codicilli），第 1 册，1979 年；安·梅特罗，“论伊西多尔《语源学》5，24，14”（Ancora su Isid., Etym. 5,24,14），《圣菲利波祝贺文集》，第 3 册，1983 年，第 451 页。

第六十九节　违反遗嘱继承　剥夺继承权和疏漏

（RPr. § § 170 – 172,289）

一、概说

1 （一）在“违反遗嘱继承”中贯彻的是家庭继承的古老思想而不是遗嘱自由。这些最古老的措施也许可以用于指定继承人遗嘱，可是并不反对滥用遗嘱自由，而只是包含了形式要求：被继承人如果指定一位继承人，对于他想要排除于继承人的自家继承人，就必须同时明示剥夺其继承权；默示疏漏并不能达到这种效果，而且还会危及遗嘱。此外，剥夺有能力延续家庭的儿子的继承权较之于剥夺其他自家继承人（sui）的继承权，要求得更加严格。

被继承人对其自家继承人（sui）或者指定继承人或者剥夺继承权，基于这种思想，对于剥夺继承权法律（和疏漏的后果）就有了"形式非常继承权"这种稍微恰当一些的表达方式。

（二）如果说农业时代剥夺继承权主要是通过排除其他有继承权自家继承人（sui）继承（和其他考虑）从而实现"农庄继承人"单独继承，那么，其功能在后来则发生了变化：在遗嘱自由得以充分发展和实施的时期，剥夺继承权也被用于惩罚那些对被继承人违反义务或者行事不端的人。然而，在共和初期经常发生被继承人滥用遗嘱自由并且无理由剥夺近亲属继承权的情形。借助于**不合义务遗嘱之告诉**（**querela inofficiosi testamenti**）这项与传统制度非常不同的新法律救济措施，立法对此予以干预：遗嘱没有充分考虑近亲属的，可以被作为"违反义务的"遗嘱而撤销，其结果是发生无遗嘱继承。被继承人就不能无理由剥夺亲属的继承权；为避免遗嘱被撤销，他会将"特留份"给与他们（实质非常继承权，详见下文第七十节）。 2

二、依照市民法剥夺继承权和疏漏

依照市民法（ius civile），被继承人对其**自家继承人**（**sui heredes**）或者指定继承人或者剥夺继承权；他不得疏漏（praeterire）他们：自家继承人必须被指定继承人或者被剥夺继承权（sui heredes instituendi sunt vel exheredandi），UE 22，14。 3

（一）对于**儿子**，只要立遗嘱时处于其权力之下，他就必须逐个指名剥夺继承权（nominatim exheredare）。例如，"我的儿子提提乌斯应当被剥夺继承权"（Titius filius meus exheres esto）。如果疏漏了一个儿子,整个遗嘱无效。参见 G. 2,123;127;Inst. 2,23 pr. –1;Iul. – Ulp. D. 28,2,3,1。

4 (二)对于**其他**自家继承人(sui),即女儿、孙子女、归顺夫权的妻子(uxor in manu),可以共同地不指名(inter ceteros)剥夺继承权,例如,"所有其他人应当被剥夺继承权"(ceteri omnes exheredes sunto)。如果疏漏了这些人,遗嘱仍然有效,被疏漏人与被指定人一同参加遗产分配,并且,被疏漏人在与被指定自家继承人(sui)一同继承时获得其无遗嘱应继份,与家外人(extranei)一同继承时获得给与家外人应继份的一半。参见 G. 2,124;128;Inst. 2,13 pr.。——**文献**:安·圣圭内蒂(A. Sanguinetti),"对或者指定继承人或者剥夺继承权原则起源的思考"(Considerazioni sull'origine del principio Sui heredes instituendi sunt vel exheredandi),《历史与法的研究与文献》,第 59 卷(1993 年),第 259 页。

5 (三)对于设立遗嘱后出生的子女[**后生子**(**postumus**)],必须指名(nominatim)剥夺继承权。如果疏漏了他,就会使整个遗嘱失效,即使是女儿或者孙子女也是如此,只要被继承人死亡时已经出生即可。通过法律上的行为[收养(adoptio)、归属夫权(conventio in manum)]而成为自家继承人(suus)的子女,法律地位相同。参见 G. 2,130 ff.;138 –142;Inst. 2,13,1;2,17,1;又见边码 66.3;68.16。——《德国民法典》第 2079 条,《奥地利民法典》第 777 条,《瑞士民法典》第 469 条第 1 款。

三、违反遗嘱的裁判官法遗产占有

6 (一)裁判官在其职权范围内使血亲比族亲受到更好的照顾。因此,他将在子女顺位(unde liberi)被召集无遗嘱继承的直系卑血亲作为**子女**(**liberi**)予以保护(上文边码 66.13;参见 G. 2,135 –137 = Inst. 2,13,3 –4;D. 37,4)。

7 1. 所有**男性**子女(liberi)(还有孙子)必须被指定继承人或者

被**指名**(**nominatim**)剥夺继承权;只有对女性子女才可以不指名(inter ceteros)剥夺继承权。参见 G. 2,129;135;Inst. 2,13,3。

2. 如果被继承人疏漏了一个(处于其权力之下的)**儿子**,裁判官也认为遗嘱无效,并且对他所承认的子女顺位(undi liberi)的全部无遗嘱继承人,包括采用正确形式剥夺继承权的人,给予无遗嘱裁判官法遗产占有(bon. poss. intestati)(Ulp. D. 38,6,1,9,参见上文边码 66.11 – 13)。 8

3. 如果疏漏了**其他**自家继承人(sui)[女儿、孙子女、归顺夫权的妻子(uxor in manu)]或者不是自家继承人(sui)的子女(例如,脱离父权的子女等),就只维持遗嘱中的剥夺继承权、为被监护人指定补充继承人以及某些遗赠等。指定继承人将会失效;任何被疏漏人都可以申请"违反遗嘱的裁判官法遗产占有",它始终是胜诉的(cum re),也就是终局性的,最高限为其无遗嘱继承的应继份(G. 2,125)。 9

其他未被剥夺继承权的无遗嘱继承人也取得了无遗嘱继承的应继份。女性子女(liberi)依照安东尼努斯·皮乌斯敕答只能对于依照市民法(ius civile)归属于她们的遗产取得裁判官法遗产占有(bon. poss.),参见上文边码 69.4(G. 2,126;Iust. C. 6,24,4,1)。——**文献**:莱·瓦卡,"论违反遗嘱的裁判官法遗产占有"(In tema di bonorum possessio contra tabulas),《维托里奥·夏洛亚罗马法研究所学刊》,第 80 卷(1977 年),第 159 页。

(二)裁判官对释放自由被继承人的**庇主**提供的保护还要更多,这里的释放自由被继承人以前很可能是奴隶,也可能是由家父(parens)释放的家子(脱离父权人)。如果释放自由被继承人没有子女继承,只要他对庇主没有承诺提供劳役,就必须将遗产的一半作为**特留份**(**debita portio**)留给庇主(G. 3,41 = Inst. 3,7,1)。在庇主之后应当召集为继承人的是他的儿子等。在后古典时期,这种特留份在西部降低了三分之一,在东部同样也被优士丁尼降低了三分之一(C. 6,4,4;Inst. 3,7,3)。如果被继承人少给与庇主或者根本不给与庇主,裁判官(在古典法中就已经)会就该特留份(或全部)授予 10

他违反遗嘱的裁判官法遗产占有(bon. poss. contra tabulas)。对于被释放人死因(mortis causa)或者恶意诈害庇主(in fraudem patroni)而实施的出让等行为,裁判官对庇主通过使对取得第三人的仲裁诉讼进行担保[遗嘱继承时的法比亚纳之诉(actio Fabiana),无遗嘱继承时的卡尔维希亚纳之诉(actio Calvisiana)]。——**文献**:卡·马西·多里亚,《子女的裁判官法财产》(Bona libertorum),1996年。

四、后古典法

11 (一)自从(可能是)君士坦丁对遗嘱内容放弃了词句形式要求开始(上文边码68.4－5),对于**剥夺继承权**而言任何意思表达都可以使用了,当然对于儿子仍然需要指名剥夺继承权。优士丁尼对任何男性和女性直系卑血亲都(性别平等地)要求指名,并且废除了不指名(inter ceteros)剥夺继承权,C. 6,28,4,6 f.。

12 (二)因此,在优士丁尼时期,**疏漏**任何一名男性的或者女性的、在世的或者遗腹的自家继承人(suus)的,都会使遗嘱失效。

关于依照Nov. 115对疏漏的构成要件和法律效果的限制,见下文第七十节,尤其是边码70.4－5。按照这项新律正当的疏漏不再使得遗嘱不生效力或者[通过告诉(querela)]可以撤销。

第七十节　特留份权利　不合义务遗嘱之告诉

(RPr. §§ 173,290;Kaser/Hackl §§ 32 II 3,68 II 8)

一、不合义务遗嘱之告诉

文献:安·圣圭内蒂,《遗嘱合法部分的抗告》(Dalla querela alla portio legitima),1996年;何·马·里瓦斯－阿尔巴(J. M. Ribas－Alba),《罗马法中不正当剥夺继承权》(La desheredación injustificada en derecho rom.),1998年;塞·奎尔佐利(S. Querzoli),《遗嘱和怜悯义务等》(I testamenta e gli officia pietatis etc.),2000 年[书评,汉 - 迪·施彭格勒(H. - D. Spengler),《萨维尼杂志》,第 122 卷(2005 年),第 294 页];卡·托尔特 - 马托雷利(C. Tort - Martorell),“帕比尼安的贡献等”(La aportación de Papiniano etc.),《米克尔祝贺文集》,第 983 页。

(一)不合义务遗嘱之告诉(querela inofficiosi testamenti),如上所述(上文边码 69.2),是经过共和晚期的初级阶段之后才发展起来的,旨在使撤销被继承人违反怜悯义务(contra officium pietatis)没有充分考虑其近亲属的遗嘱成为可能。这种告诉采取了与一般规则略有不同的程序,它不以法律为根据,并且为法官裁量保留了较大空间。 1

不合义务问题不是法律问题,而是社会道德问题,因此也是裁量问题,它为演说术留下了较大余地。对此有一项颇为有力的修辞性理由(color),即应当将遗嘱人作为精神病人(insania)对待。这项程序最初并无固定原则,而是要根据案件事实作出裁判,一旦确定不合义务,不仅“不合义务”指定继承人将失效,而且整个遗嘱都将失效(见下文边码 70.8)。然而,人们也并不认为该遗嘱真的如同精神病人的遗嘱那样;这种情形并非自始无效,只要不合义务遗嘱(testamentum inofficiosum)尚未被法庭确定不合义务,就仍然被认为它是有效的。参见 Marci. D. 5,2,2 = Inst. 2,18,pr.。——管辖权——可能自 10 万塞斯特尔价值限额起——归属于百人审判团(下文边码 82.16)。在帝政时期,这项程序为公职审判程序(边码 87.1)所取代。 2

(二)法学家们得益于皇帝法而对这种告诉逐渐发展出固定规则,这些规则中古典法处于支配地位并且在后古典法中得以继续发展。优士丁尼在其 Nov. 115 中对这些规则进行了概括和补充。 3

1. 关于撤销遗嘱的权利人,在古典时期是依照市民法或者裁判官法召集的子女(liberi),可能还有被继承人的长辈或者旁系血亲

(Ulp. D. 5,2,1)。——《德国民法典》第 2303 条,《奥地利民法典》第 762 条、第 763 条,《瑞士民法典》第 470 条第 1 款。

4 2. 被继承人可以将这些人疏漏或者剥夺继承权的理由并不涉及"不合义务",(最初)作出判断应当根据个别案例的具体情形。直到(公元 542 年)Nov. 115 才详细列举了这些理由,它们要么意味着对被继承人有严重过错,要么意味着有背俗行为。——《德国民法典》第 2333 条至第 2336 条、第 2338 条,《奥地利民法典》第 768 条至第 771 条、第 773 条、第 795 条,《瑞士民法典》第 477 条、第 479 条、第 480 条。

5 3. 被继承人为避免撤销而必须要留给权利人的"特留份"数额,[当然受到《法尔齐迪亚法》(lex Falcidia)影响,下文边码 76. 24]是无遗嘱应继份的四分之一。(公元 536 年)Nov. 18 提高了有利于卑亲属的特留份,总计为四个子女三分之一,更多子女时是无遗嘱应继份的一半。这种特留份可以作为应继份,也可以作为遗赠或者死因赠与而遗留下来;依照 Nov. 115 仍然只是作为应继份。——《德国民法典》第 2303 条第 1 款第 2 句,《奥地利民法典》第 765 条、第 766 条,《瑞士民法典》第 471 条。

6 在后古典时期立法中规定,被继承人授予权利人的嫁资(dos)或者婚姻赠与应当计入特留份;依照优士丁尼时期的法律,如果被继承人决定将特定生前赠与计入特留份,这项规则也同样适用。为限制特留份而附的条件或者期限被删除了。——《德国民法典》第 2315 条,《奥地利民法典》第 787 条至第 789 条,《瑞士民法典》第 527 条至第 528 条。

7 4. 这项告诉针对的是遗嘱继承人。只要该继承人已经取得遗产,这项告诉就可以成立,并且附有 5 年的期限。

这项告诉(一般)并不转移到有权撤销的继承人。抛弃这项告诉不生效

(PS 4,5,8)。如果权利人承认遗嘱,对他就产生了一项抗辩权。

5. 如果这项告诉得以实现,(具有法律形成力的)判决就会发生废止遗嘱的效力。这样就会违背其目的,因为胜诉原告这时就得到了全部无遗嘱应继份,而被继承人给与他的仅仅是特留份,他应该满足于特留份,不能主张撤销。 8

当然,人们并未将整个遗嘱作废,而是允许个别指定继承人(对其提起这项告诉但不能成功的遗嘱继承人和有权提起这项告诉的数人中未提起该项告诉而受有不利的遗嘱继承人)存在,此外还允许释放、遗赠和设定监护存在。参见 Pap. ,Paul. D. 5,2,15,2 – 19。

特留份权利人没有正当理由(上文边码 70. 4)而被完全剥夺继承权或者被疏漏的,这项遗嘱依照 Nov. 115 可能不再[如同疏漏自家继承人(suus)时所生效力那样,上文边码 69. 12]自始无效,而是认为通过这项告诉它是可撤销的。

6. 为尽量限制前述不合逻辑之处,即撤销人得到全部无遗嘱应继份,皇帝法的后古典实践发展出了一项特留份补充请求权。被继承人对权利人有所给与的,撤销就会使权利人利益受损,这样他对特留份所亏欠金额就可以取得一项**补充特留份之诉(actio ad supplendam legitimam)**(*actio suppletoria),从而使其余遗嘱内容仍然成立;Iust. C. 3,28,30 pr. /1;Inst. 2,18,3。——《德国民法典》第 2305 条,《奥地利民法典》第 775 条,《瑞士民法典》第 522 条。——**文献**:贡 · 韦泽纳,“补充特留份之诉的前优士丁尼萌芽”(Vorjustinianische Ansätze zur actio ad supplendam legitimam),《克伦茨莱因祝贺文集》,1986 年,第 149 页。 9

二、被继承人通过生前赠与(给他人)损害特留份的,塞维鲁斯 · 亚历山 10

大（公元3世纪前半叶）为受到不利益的人提供了一项针对受赠人的模仿不合义务遗嘱之告诉（quer. inoff. test.）的撤销之诉，它后来形成了**不合义务赠与之告诉（querela inofficiosae donationis）**。不合义务赠与被认为无效，赠与物将被归入遗产。参见 Paul. D. 31,87,3 f.。——《德国民法典》第2325条，《奥地利民法典》第785条、第951条、第952条，《瑞士民法典》第475条、第527条、第528条。

11 三、此外，在4世纪引入了对过度设定嫁资的撤销[**不合义务嫁资之告诉（* querela inofficiosae dotis）**]，如嫁资耗尽全部财产时必然因此而损害特留份的情形；C. 3,30。

12 四、关于**庇主**的特留份权利，其发展要先于这项告诉（querela）并且独立于它，见上文边码69.10。

13 五、未适婚人被自权人收养并且又脱离父权的，既不能归入自家继承人（sui）又不能归入子女（liberi）。被继承人遗留给他的财产少于四分之一的，安东尼努斯·皮乌斯给予他遗产的四分之一，就像他是继承人那样[**神圣皮乌斯的四分之一（quarta divi Pii）**]；Ulp. D. 10,2,2,1；5,2,8,15；Inst. 1,11,3。

第二章　遗产取得和继承人地位

第七十一节　遗产取得　无继承能力和无取得能力继承不配

（RPr. § § 25 Ⅱ,174 – 176,178,291,292）

一、自家继承人的遗产取得

（一）自古以来,依照市民法(ius civile)取得遗产就分别适用不同规则,而所依标准就是被召集的是自家继承人(domestici heredes)还是家外继承人(extranei heredes)。自家继承人(通常)随被继承人死亡而取得遗产,并不需要他协助;家外继承人则必须要对遗产实施某种行为并且经由这种取得行为才能取得遗产。 1

（二）**自家继承人**包括:(1)**自家继承人**(**sui heredes**),即归顺夫权的妻子(uxor in manu)和随被继承人死亡而成为自权人(sui iuris)的家子,他们基于无遗嘱(ab intestato)还是基于遗嘱而被召集为继承人以及第二种情形下其应继份与其无遗嘱继承应继份是否一致并不重要;(2)在释放同时指定的被继承人的奴隶,他是**必要继承人**(**heres necessarius**),可以将其责任限定在遗产范围内。 2

自家继承人取得继承人地位,并因此而随被继承人死亡依法当然(即使违反其意思)取得了被继承人的可继承权利。对此,参见 G. 2,152 ff. = Inst. 2,19 pr. ff. ;Ulp. D. 42,6,1,18。

对妇女和家子可以发生这种直接取得遗产,说明其理由的观念是,这些人在家父(paterfamilias)生前享有的共同权利处于休眠状态,这些权利随他死亡而得以释放(上文边码 60. 12)。此外,一项现实考虑也起了作用,即自家继承人(suus)在被继承人死亡时在法律上已经属于其家庭共同体并且因此也就排除了任何家外抓取人。——如果自家继承人(suus)被附停止条件指定为继承人或者首先指定家外人(extraneus)为继承人并且自家继承人(suus)只有在他放弃继承后才成为继承人,家子取得遗产就有可能在例外情形受到拖延;参见 Herm. D. 28,7,12。——**文献**:玛 · 迈因哈特,"家子附条件指定继承人"(Die bedingte Erbeinsetzung des Haussohnes),《卡泽尔纪念文集》,1973 年,第 111 页。

3 (三)自家继承人是**必要继承人**(**necessarii heredes**),不能逃避[依照市民法(ius civile)]成为继承人。但是,裁判官为自家继承人(sui heredes)提供了**拒绝继承的法律利益**(**beneficium abstinendi**):如果他还没有"插手此事"(se inmiscere),即还没有承认他想保留遗产,就可以将遗产放弃(se abstinere)。这样他就可以对遗产债务免责。参见 G. 2,158;160;163;Inst. 2,19,2 和 5。——《德国民法典》第 1942 条以下,《奥地利民法典》第 803 条、第 805 条,《瑞士民法典》第 566 条以下。

奴隶作为必要继承人不享有这项权限,这可能是因为过度负债的被继承人经常指定其奴隶为继承人,以便向其转嫁遗产破产(和因此而发生的不名誉);G. 2,153 – 155 = Inst. 2,19,1。对此参见下文边码 74. 5。——裁判官可以应自家继承人(suus)申请而为其指定思考期限(tempus ad deliberandum, Ulp. D. 28,8,8),该期限届满没有结果的,拒绝继承的法律利益(benef.

abst.)将会消灭。裁判官对待“放弃”的人就像他从未作为继承人那样,他拒绝使他享有或者对他享有涉及遗产的诉讼(Gai. D. 29,2,57 pr. ;Pomp. eod. 99),并且授予下一顺位指定继承人以遗产占有(Scaev. D. 42,1,44)。当然,有时遗嘱可以继续存在。

二、家外继承人的遗产取得

(一)不是自家继承人的所有继承人,作为**家外继承人**(**extranei heredes**)通过**接受遗产**(**aditio hereditatis**)这项特别取得行为而取得遗产;G. 2,161 f. ;Inst. 2,19,3 和 5。如果他没有实施该行为,就是自愿继承人(voluntarii heredes)。在被继承人死亡和接受遗产之间,遗产处于待继承状态(对此,下文边码 72. 1)。 4

合乎逻辑地,人们在此根据召集基础区分了以下两种能力:通过接受遗产而取得遗产的能力(deferri hereditatem,与之相应的是**继承指命**、继承开始)和取得遗产行为本身(adquirere, accipere hereditatem,与之相应的是**取得**)。继承指命通常随死亡而发生[依照《帕皮亚和波帕埃法》(lex Papia Poppaea),遗嘱开启时只发生部分继承;后来又被优士丁尼废止了],而附条件指定继承人时(或者排除发生无遗嘱继承的所有遗嘱继承人都拒绝继承时,上文边码 68. 18)的继承指命发生的则比较晚。接受遗产以继承指命为前提,如同接受遗产人知道其召集的实际情况一样;Ulp. D. 29,2,21,2 f. ;22。被召集人只能接受全部遗产或者召集给他的全部应继份。参见 Paul. D. 29,2,1 f. 。——关于继承人的继承指命转移(transmissio delationis),见下文边码 72. 8。——**文献**:卡 · 贝杜施(C. Beduschi),《接受遗产》(Hereditatis aditio),第 1 册,1976 年。

(二)**接受**遗产的方式有两种:

1. 通过不要式行为,在其中表达接受遗产的意思(**pro herede gestio**,作为继承人行事)。在古代可能要求取得对遗产(或者其实质部分)的不要式占有,而后来只要有可推知其内心的特定行 5

为(UE 22,26;PS 4,8,23)表达了接受遗产的意思(destinatio animi,G. 2,167;169;Inst. 2,19,7)就可以了。

6 2. 早期法中,显然尚无具有固定言词程式的接受遗产意思的正式表示,即**限期决定继承**(**cretio**)。例如,“既然我在普·麦维乌斯的遗嘱中被指定为继承人,我接受这项遗产并且宣布该决定”(quod me P. Maevius testamento suo heredem instituit, eam hereditatem adeo cernoque)。通常会邀请证人,但这却不是规定所要求的。参见 G. 2,164 – 173。

为尽快清楚地作出继承的表示,被继承人大多会采取限期决定继承(cretio)这种形式规定继承人。附期限对限期决定继承而言是一种典型样态,而所附期限大多是 100 天。这种行为在后古典时期逐渐废弃了,优士丁尼通过添加将其从渊源中清除。——**文献**:焦·科波拉(G. Coppola),《作为继承人处理事务之研究》(Studi sulla pro herede gestio),第 1 册,1987 年;第 2 册,1999 年[书评,阿·弗尔克尔,《萨维尼杂志》,第 106 卷(1989 年),第 665 页];哈·帕里西奥,“接受遗产的三种方式”(Tres modos de aceptación de la herencia?),《拉贝奥罗马法杂志》,第 45 卷(1999 年),第 244 页(关于 G. 2,167)。

7 (三)被召集的家外继承人不愿取得遗产的,只需要不接受遗产即可。当然,他也可以通过不要式的或者可推知其内心的行为表示,他**放弃**遗产(repudiare, omittere hereditatem, 参见 G. 2,169;UE 22,29)。他一旦拒绝继承,就不能再接受遗产。

应遗产债权人申请,裁判官可以对被召集人进行当庭询问(interrogatio in iure),他是否或者就哪部分是继承人(an heres vel quota ex parte sit),被召集人可以就此请求给予一定思考期间(tempus ad deliberandum)(G. 2,167;Gai. D. 11,1,5;Diocl. C. 6,30,9)。如果他不愿成为继承人或者不做表示而任由期间届满,就对下一被召集人进行该项询问。如果没有人愿意成为继承人，债权人就可以申请启动遗产破产程序。——在优士丁尼时期，自家继承人（suus）对其拒绝继承的权利（ius abstinendi）（边码71.3）可以如同家外继承人（extraneus）一样（在对其继承权进行询问后）申请提供该期间。（皇帝批准最长1年、法官批准最长9个月的）这一期间届满而不做表示的，视为他表示接受遗产，继承人就遗产债务不受限制地承担责任（C.6,30,22,13－14）。除此之外，优士丁尼还为继承人提供了一项**财产清单的法律利益**（**beneficium inventarii**），这就使继承人有可能设立遗产标的清单从而将其对遗产债务的责任限定于这些标的（详见下文边码74.7）。

（四）在后古典通俗法中，对自家继承人也要求就任继承人。优士丁尼则又完全恢复了对自家继承人和家外继承人的这项古典区分。 8

三、裁判官法遗产占有申请

裁判官法遗产占有（bonorum possessio）从来就不会自动发生，对于子女（liberi）也不会自动发生，它们都要由长官授予。被召集人可以提出申请（agnitio），对于这项申请（agnitio）要通过裁决方式作出决定。这项申请（agnitio）在后古典法中消失了，并且被优士丁尼认为是没有意义的。 9

在多项申请之间，违反遗嘱的裁判官法遗产占有（bon. poss. contra tabulas）优先于符合遗嘱的（secundum tabulas）裁判官法遗产占有（bon. poss.），符合遗嘱的裁判官法遗产占有又优先于无遗嘱裁判官法遗产占有，而无遗嘱继承人之间按照顺位（unde cognati）决定的，在血亲顺位中是按照亲等决定的。裁判官也是在这种顺序设定期间的，在此期间之内可以申请授予裁判官法遗产占有（bon. poss.）（上文边码66.12）。

四、无继承能力和无取得能力

（一）关于谁有继承能力，即谁可以成为继承人的问题，在遗嘱继承中已经论及（上文边码68.14－17）。所有［无遗嘱（ab intestato）或者基于遗嘱］为遗产而被召集的人，都必须是自权罗马市民。 10

家子自君士坦丁起获得了对于母亲应得遗产的继承能力，后来获得了对于母系先辈应得遗产的继承能力（上文边码 60.20）；当然，家父（paterfamilias）同时还取得了一项用益权。——在个别情形，继承能力可以通过刑罚而受到限制或者被剥夺，而这在基督教时代主要是因为违反信仰的特定违法行为。

11 （二）有些人虽然有继承能力，却不能基于遗嘱而取得，因为他们缺乏**取得能力**（capacitas）。这种“无取得能力”的主要依据的是奥古斯都婚姻法（上文边码 58.25－26）。依照公元前 18 年《关于市民阶层嫁娶尤利亚法》（lex lulia de maritandis ordinibus），达到结婚年龄的未婚者（caelibes）对于遗嘱给与他们的遗产或者他们应当取得的遗赠是没有能力的（G. 2，111；286，286a）。他们因为无继承能力而不能取得者，就会被认为是所谓落空（caducum）［或者财产落空（bona caduca）］了，而落空财产原则上立即就归国库或者金库了（不会发生共同继承人之间的增添，参见边码 73.8 末尾）。公元 9 年的《帕皮亚和波帕埃法》（lex Papia Poppaea）对此主要进行了三项革新：首先，它通过将无子女者（orbi）包括在内的方式增加了无取得能力的情形，这时这些人只能继承作为他们的应继承份额或者遗赠的一半。其次，它（补充无取得能力而）引入了“落空”（“丧失”，来自于“deficere”，不足、丧失、不合适，因此有了落空、赤字等含义）的案件类型：嗣后发生了关于这些应继份和遗赠的落空，而遗赠中因遗赠受益的人不能取得该应继份和遗赠，因为该应继份或者遗赠给他的标的（例如，因为条件欠缺，C.6，51，1，§ 2a）在遗赠设立后丧失了，而在此之前被继承人已经死亡了（他因此也就不能再变更其遗嘱了）。除此之外，还有一些情形也可以归入落空之中，即因遗赠受益的人或者遗赠给他们的标的在被继承人死亡后尚未接受遗产前通过诸如不接受遗产或者拒绝接受遗赠从而发生废止的情形。作为落空的法律效果，《帕皮亚和波帕埃法》（lex Papia Poppaea）使废止的应继份或者遗赠原则上归属于遗嘱中（没有拒绝接受遗产）的其他因遗赠受益的人，但这需要他至少有一名法律承认的婚姻所出的子女。这种分派是否发生取决于其他继承人［所谓父系继承人（heredes patres）］，只要这些继承人事先并不存在，就会归属于其他遗赠受领人［所谓父系受遗赠人（legatarii patres）］。如果并不存在这种采用遗嘱方式的因遗赠受益的人，落空的财产就会归属于金库（aerarium），后来也可以归属于国库（最晚在卡拉卡拉时期，废止了对于父系的继承人和受遗赠人的法律利益）。G. 2，206，207；UE 1，21；17，1－2。——《帕皮亚和波帕埃法》（lex Papia Poppaea）的第三项主要规则是，它在《关于市民阶层嫁娶尤利亚法》（lex Iulia de maritandis ordinibus）修改后使得归入这里调整的无取得能力的案例也具有前述法律效果。

此外，无取得能力包括了不名誉的女人［feminae probrosae，自图密善（Domitian）时起］，自《尤尼亚法》（lex Iunia）（上文边码16.9）起还包括了尤尼亚拉丁人（Latini Iuniani）。

落空和分配给其他权利人的遗产上的负担和附有遗赠、信托和释放的遗赠仍然存在，UE 17，3：财产同其上的负担一并落空（caduca cum suo onere fiunt）。 12

对于落空财产（bona caduca）的抓取权，通过落空财产返还之诉（vindicatio caducorum）这项公职审判程序确定。为确保立法效果，《帕皮亚和波帕埃法》（lex Papia Poppaea）（可能是依照先前的规则）为具备落空的事实构成的人创设了一项义务，他应当向金库长官（praefectus aerarii）报告实际情况（se deferre）。如果他没有报告，就可以由其他人报告，为此可以向报告人悬赏落空财产一定比例的酬金，尼禄限定的比例是四分之一［塔西佗，《编年史》

(Tacitus, Annales 3,28),苏维托尼乌斯,《罗马帝王传》,尼禄传第10章(Sueton, De vita Caesarum, Nero 10)]。

13 流传下来的继承法受到了非常强烈的影响,而这种影响由于某些限制和回避可能性有所减弱。它们并不涉及法律规定的继承法,而且它们(前后一致地)不适用于父母和三亲等子女之间的指定继承人(UE 18;Iust. C. 6,51,1,1b)。对于未婚的制裁也可以由于在100天之内结婚而取消(UE 17,1)。此外,被继承人也可以在无遗嘱继承时通过(不以有效遗嘱为前提的)信托而使一定范围的继承人负担义务,他们应当在继承开始后以遗产给与第三人。对于上等阶层的成员而言还有一点,即可以由恺撒或者元老院成员授予三子权[子女权(ius liberorum),边码58.27][就像公元前9年元老院授予奥古斯都的妻子利维亚(Livia)那样]。

14 在现代文献中对这些立法的继承的判断,很大程度上持怀疑态度,而古代的作者对此也不吝批评。塔西佗[《编年史》(Tacitus, Annales 3,28)]断言,这些法律通过(向报告人)悬赏诱惑而支持了告密者,很多人是为了财产,但由此导致了普遍恐怖。无论如何,罗马市民人数在公元前8年由4.233百万增加到了5.984百万,而仅仅通过归化和释放是无法对此予以解释的。——这些法律部分在君士坦丁时期,最终在优士丁尼时期,被废止了。

文献:上文边码58.25;尤其是,约斯,1882年;内尔,《古代法的历史》,第2册,第1093页,第1369页;此外,帕·沃奇,《罗马继承法》,第1册,第430页。

五、继承不配

15 继承不配在皇帝法中得以成长,经由法学家而进一步深化,通过个案处理逐渐发展成为一项统一的制度。其共同之处在于,某人因为他人死亡而有所取得，尤其是作为继承人而有所得，但基于特定理由被认为是不配的（indignus）。他虽然保留了继承人地位和取得能力（边码 71.11），但所得财产在被确定不配后由金库（aerarium），后来是国库（fiscus）没收［认其不配而没收、夺取（ut indigno aufertur，eripitur）］。为区别于财产落空，因为继承不配而被没收的财产被称为夺取财产（bona ereptoria）。参见 D. 34，9；C. 6，35。

不配事由首先是对被继承人本人犯有严重过错行为（杀害等），此外还有对遗嘱行为或者遗嘱继承犯有过错行为（伪造或者匿扣遗嘱，妨碍被继承人立遗嘱等）和其他一些情形。——《德国民法典》第 2339 条至第 2343 条，《奥地利民法典》第 540 条至第 544 条，《瑞士民法典》第 540 条、第 541 条。

文献：帕·沃奇，《罗马继承法》，第 1 册，第 465 页；克·彼·米勒－艾泽尔特（K. P. Müller－Eiselt），《神圣皮乌斯敕令》（Divus Pius constituit），1982 年，第 244 页。

第七十二节　尚未取得的遗产上的法律关系

（RPr. § § 25 Ⅲ，177，293）

一、未继承的遗产

在家外继承人继承时，作为例外也包括自家继承人继承时（上文边码 71.2 末尾），在被继承人死亡和取得遗产之间存在一段时间间隔，罗马人对此形象地说**遗产闲搁着**（**hereditas iacens**，未继承的遗产）。遗产物最初被认为是**无主物**（**res nullius**），由此后来人们又得出结论认为，取走它们不构成盗窃（下文边码 72.3）。另外，为使将来的继承人获得未取得的遗产，古典法学家们还将其作为暂时无主的财产。遗产标的上的权利继续存在，只是暂时还没有担当人并且也不能对其主张权利；债务也继续存在，只是暂时 1

还不能提起诉讼。

2 遗产可以取得权利,只要不需取得者的任何协助即可(例如,通过时效取得的完成,上文边码 25.13;或者通过遗产奴隶而取得)。通过遗产奴隶可以设立新负担。——古典法学家没有尝试对未继承的遗产进行教义建构;只是在个别地方提到遗产继承应当回溯到死亡之时(Cass. – Gai. D. 45,3,28,4),或者反过来,遗产应当取代被继承人的地位(Iul. – Ulp. D. 41,1,33,2 和 34),或者甚至说,遗产取代权利人的地位(personae vice fungi 或者类似表达,上文边码 17.3,还可见 Paul. D. 3,5,20,1;Herm. D. 41,1,61 pr.),而这些只不过是尝试进行说明而已。未继承的遗产直到普通法中才被作为独立的权利主体(法人)。——**文献**:乌·冯·吕布托,“未继承的遗产之思考”(Betrachtungen zur hereditas iacens),《格罗索祝贺文集》,第 2 册,1968 年,第 581 页;里·奥雷斯塔诺(R. Orestano),“尚未接受的遗产”(Hereditas nondum adita),《罗马法和古代法国际杂志》,第 33 卷(1982 年),第 1 页;埃·多韦雷(E. Dovere),“遗产代表所有权人本人”(Hereditas personam dominae sustinet),《历史与法的研究与文献》,第 70 卷(2004 年),第 13 页。

二、作为继承人的时效取得

3 (一)如果没有自家继承人(sui heredes),如上所述,遗产依照古代法是无主的,并且可以由任何人不构成盗窃(furtum)而夺取。他当然不会因此立即成为继承人,而是需要经过一年的时效取得期间[《十二表法》中“使用担保”(usus auctoritas),上文边码 25.2 – 3]。在期间届满之前,遗产占有人必须服从于享有权利的继承人。然而,如果该期间有利于(当然是指遗产标的核心的)遗产的占有人而届满,他就因此对全部遗产获得了无懈可击的继承人地位。

这样就可以强制权利人尽快对不正当夺取人主张其继承权。另一方面,时效取得考虑的是,农庄随即就可以由经营农庄的单独权利人得到,而他还要继续进行家神祭祀，并且对遗产债务人承担责任。

（二）在共和晚期，这种作为继承人的时效取得（usucapio pro herede）就已经逐渐弱化，以致它不再被认为是基于继承人地位的时效取得（并因此时效取得全部遗产），而仅被认为是对个别物的时效取得，而该物由某人作为继承人（pro herede）而取得，即明知该物属于（未继承的）遗产而取得（G. 2,52;3,201）。对于土地，人们仍然坚持了一年的期限（G. 2,53 f.）。它也并不需要其他名义和诚实信用（bona fides）。当然，这种时效取得后来在针对恶意占有人时进行了限制（G. 2,55－57）。 4

由哈德良推动的一项元老院决议使得针对恶意夺取人的作为继承人的时效取得（usuc. p. her.）失去了效力，即使夺取人已经时效取得，被召集的继承人仍然可以通过对他提起遗产之诉而将其得到。最后，马可·奥勒留针对明知的夺取人提供了一项抢劫遗产罪（crimen expilatae hereditatis）的控告，以作为缺乏盗窃之诉（actio furti）的补偿。

三、遗产拟诉弃权

（一）无遗嘱（ab intestato）继承而召集的族亲（和宗亲）可以将其接受归属于（转移给）他们的遗产的权利通过拟诉弃权（in iure cessio）而让与；G. 2,35;3,85。遗嘱继承人对此则没有权利，因为被继承人的意思只是选定他为继承人；G. 2,36;3,86。 5

（二）无遗嘱继承人和遗嘱继承人也可以将已经取得的遗产通过拟诉弃权（in iure cessio）而让与；当然这样处理的效力稍弱。参见 G. 2,35－37;3,85－87。 6

拟诉弃权（in iure cessio）只发生转让有体的遗产标的的效力；债权（基于暗含的抛弃）消灭，而（保留继承人地位的）让与人对债务继续承担责任。普罗库勒学派认为自家继承人也可以用这种方式转让已经取得的遗产，而萨宾学派(当然还有更早些的法学家)则认为它只适用于家外继承人。让与遗产(采用了这两种表现形式)在公元3世纪随着拟诉弃权(in iure cessio)一起消失了(上文边码7.19)。——**文献**:乌·冯·吕布托,“继承遗产权利的转让等”(Die Übertragung des Rechts zur Antretung der Erbschaft etc.),《斯凯里洛祝贺文集》(St. Scherillo),第1册,1972年,第327页;恩·里卡特(E. Ricart),“生前继受和遗产拟诉弃权;债权债务制度”(Sucesión inter vivos e in iure cessio hereditatis;regimen de créditos e dedudas),《米克尔祝贺文集》,第877页。

7 (三)应当与之相区别的是**遗产买卖**,即买卖继承人已经取得的遗产。这项行为适用一般买卖规则。关于人们在实践中用于担保将债权和债务转移于遗产买受人的要式口约,见下文第七十八节中关于遗产信托的内容。——《德国民法典》第2371条以下,《奥地利民法典》第1278条以下,参见《瑞士民法典》第635条第2款。——**文献**:马·卡泽尔,“遗产买卖和希望买卖”(Erbschaftskauf und Hoffnungskauf),《维托里奥·夏洛亚罗马法研究所学刊》,第74卷(1971年),第50页。

四、继承指命转移

8 家产外继承人在被继承人死亡后为取得遗产而被召集,他的权利作为高度人身性质的权利原则上(Iust. C. 6,51,1,5)不转移至其继承人。然而,在后古典时期的法律中出现了一种趋势,在个别情形下承认了继承指命转移(所谓的 transmissio delationis)。

古典时期的做法:裁判官在被召集人由于诸如缺席等事由被妨碍继承时例外地为被召集人的继承人提供了一项恢复原状(in integrum restitutio)[Pap. D. 29,2,86 pr.;因恢复原状的继承指命转移(* transm. ex capite in integr. restitutionis)]。此外,人们认为尚未参与继承的自家继承人放弃继承的权利(ius abstinendi)是可以继承的(Paul. D. 29,2,7,1;* transm. ex capite suitatis)。——直到狄奥多西二世时才规定了基于遗嘱召集直系卑血亲时的真正的继承指命转移(450年C. 6,52,1),优士丁尼对继承人知道被召集后一年之内或者在思考期之内(上文边码71.7)死亡的情形普遍允许了继承指命转移(边码71.5－7),C.6,30,19。——《德国民法典》第1952条,《奥地利民法典》第537条、第809条,《瑞士民法典》第569条。依照《德国民法典》和《瑞士民法典》,不能转让尚未取得的遗产。由于适用的不是继承原则而是归属原则,已经开始继承(尚未拒绝)的遗产自动转移到继承人的继承人。——**文献**:冯·吕布托(边码72.6),第332页;弗·加尔加诺(F. Galgano),"在某些制度中的遗产取得和继承指命转移"(Acquisto ereditario e transmissio delationis in alcune costituzioni etc.),《历史与法的研究与文献》,第64卷(1998年),第297页;弗·加尔加诺,"论优士丁尼的继承指命转移"(A proposito di transmissio Iustiniana),《索引》,第28卷(2000年),第409页(关于Nov. 158);弗·加尔加诺,《继承指命转移》(Transmissio delationis),2007年。

第七十三节 多数继承人 增添和财产合算

(RPr. §§ 24 Ⅱ,Ⅲ,179,180,294)

一、古代罗马的继承人共同体

(一)数名自家继承人原来在家庭团体中处于被继承人的权力之下,依照古代法这个家庭团体作为所有的自权共同继承人(coheredes)享有相同权利的合作团体而得以延续(上文边码65.5)。这种**继承人共同体**(**consortium**)称为**不分割的**(**ercto non cito**),不只是一种纯粹的财产共同体,而且也是一种家庭法的关系。 1

这个名字是从"进行分割"(erctum ciēre)演化出来的,即意指[作为绝对夺格(abl. abs.)]"如果没有进行分割"(参见边码23.21)。直到1933年在埃及发现盖尤斯的《法学阶梯》残片(G. 3,154a),这项制度的详细内容才为人所知。

归属于这个权利共同体的,除遗产之外,还有成员(他们最初 2

并无特别财产,参见上文边码 43.2 –3)将来的全部所得,此外还有诸如庇主对释放自由人的情形等。成员对继承人共同体(consortium)作为整体或者对共同体的权利并不享有按照比例计算的份额(类似于德意志法上的"共同共有");毋宁说共同体的权利属于任何一个人,但受到了成员平等权利的限制。(基于假定的相互信任)每个人都有权独立于他人而对共同体标的进行处分(出让、释放等);其他成员必需同意这项处分(G. 3,154b,见上文边码 23.21)。

3 (二)然而,到《十二表法》时期,任何成员都可以随时提起**遗产分割之诉(actio familiae erciscundae)**以请求废止该共同体。直到进行分割时才能确定各共同继承人可以自遗产取得的份额;分割将按照这个份额进行(详细内容,见上文边码 23.28)。

如果社员就进行分割达成一致,他们也可以不提起诉讼而通过共同行为将共同体废止。此外,共同体还可由于社员死亡、身份变更或者个人受刑罚等而对其个人结束(上文边码 43.3)。当然,为了财产分割肯定需要分割之诉或者共同行为。

4 (三)继承人之间的继承人共同体(consortium)受到指定继承人遗嘱努力实现的单独继承人的排挤,并且最晚在帝政早期逐渐消失了。

二、按份共同体

5 (一)古代的继承人共同体(consortium)自共和早期起就逐渐受到了作为纯粹财产共同体的按份共同体的排斥。在按份共同体中,各个共同继承人在共同体存在时就已经对各个遗产标的获得了受到份额限制的权利。共同继承人就其对个别标的或者全部标的(有计算上的份额)的应得份额可以独立于其他共同继承人而进行处分。此外,他还可以像往常随时提起遗产分割之诉(actio familiae erciscundae)那样以诉讼方式分割遗产;关于这项诉讼在物法和债法上的功能,参见上文边码 23.28(共有),边码 43.15 – 16(共同关系)。

被继承人对于可分给付的**债权**,依照《十二表法》**债当然是分割的**(**nomina ipso iure divisa**)的原则(上文边码 56.2)随继承而立即按照应继份比例被分成了独立的部分债权,因此它在遗产分割之诉中不会被涉及(Gord. C. 3,36,6)。债权不可分的,[根据通行的古典法学家的学说,全部给付(in solidum),上文边码 56.4]就都归属于作为连带债权人的共同继承人了。(关于**遗产债务**,见下文边码 74.1 – 3。)

6 (二)**裁判官法遗产占有人**(**bonorum possessores**)为数人的,裁判官将类推市民法上的共同继承人制度而予以处理。为在他们(或者市民法继承人)之间分配遗产,可以采用扩用遗产分割之诉(actio familiae erciscundae utilis),而这项诉讼同样也可用于**遗产信托人**之间或者与遗产信托人分配遗产。参见 Ulp. D. 10,2,2 pr.;eod. 24,1。

三、增添

7 罗马人说应继份的增添(adcrescere),是在以下情形:如果因为被召集人中没有人愿意或者能够成为继承人,从而使得应继份由被召集人以外的其他人获得利益,并且直接基于法律而非取决于他的意思,而且他不能避免发生这项取得。

8 继承人还没有接受遗产的,他或者连同增添的财产一起取得,或者全部拒绝接受它们,而既不能将接受遗产限定为最初的应继份,也不能限定为增添的财产。因为应继份增添于应继份,而不增添于人(portio portioni accrescit,non homini,参见 Gai. D. 29,2,53,1)。增添根据的仍然是古代继承人共同体的共同共有思想,但单独继承的趋势也能从中受益。——参见《德国民法典》第 1950 条、第 1951 条、第 2095 条。

增添既可以发生在无遗嘱继承,也可以发生在遗嘱继承。

如果遗嘱中指定的某位继承人未能取得其应继份,该应继份就由所有共同继承人按照应继份比例取得(参见上文边码 65.25)。如果被继承人在遗嘱中将某些共同继承人分成不同的组,情况则不同;如果该组成员之一未能取得其应继份,该应继份不是增添于全部共同继承人,而仅仅增添于该组其他成员。至于是否形成这样一个组,首先取决于遗嘱文句。对此,罗马法学家区分了三种情形,参见 Paul. D. 50,16,142 和 D. 32,89:

1. 同份额同文句合并(coniunctio re et verbis)可以构成一组:如果指定某些继承人继承共同应继份并且在遗嘱中共同指名时,就存在这种合并,例如,"提提乌斯和迈维乌斯应当成为一半遗产的继承人;塞乌斯应当成为一半遗产的继承人"(Titius et Maevius ex parte dimidia heredes sunto;Seius ex parte dimidia heres esto)。提提乌斯和迈维乌斯就是同份额同文句合并(re et verbis coniuncti)并且因此而构成一组;如果提提乌斯未取得其应继份,该应继份就只增添于迈维乌斯。

2. 同份额合并(coniunctio re)同样处理:指定某些共同继承人继承共同应继份,但没有共同指名,例如,"提提乌斯应当成为一半遗产的继承人;对于我指定给提提乌斯的部分,迈维乌斯也应当成为继承人。塞乌斯应当成为一半遗产的继承人"(T ex parte dimidia heres esto;M ex parte,qua Titium heredem institui,heres esto;S ex parte dimidia heres esto)。如果提提乌斯退出继承,也会单独增添于迈维乌斯,因为迈维乌斯和提提乌斯是同份额合并(re coniuncti)。

3. 同文句合并(coniunctio verbis)则不构成一组,其中共同继承人虽然共同指名,但却不是就共同应继份而指定的:"塞乌斯应当成为继承人。提提乌斯和迈维乌斯应当成为相同部分的继承人。"(S heredes esto. T et M aequis ex partibus heredes sunto)。如果提提乌斯退出继承,就会根据一般规则按照应继份比例增添于塞乌斯和迈维乌斯;Pomp. D. 28,5,67(66)。

在无遗嘱继承时同样地原则上增添于所有共同继承人。这里的增添也可能严格限制在一组之内。例如,死者想让一个儿子和父亲已经死亡的两个孙子继承,但一个孙子拒绝继承其应继份或者在接受遗产之前死亡,他的应继份就只增添于另一个孙子,Gai. D. 37,4,12 pr. 。

奥古斯都婚姻法(上文边码 58.28)对于增添进行了限制,对于特定应继份(而不仅只是应当归属于无取得能力人的应继份,上文边码 71.11)不是根据一般增添原则进行分配,而是将其作为落空(caduca)处理,其结果是,这些份额将会分配给父系继承人(heredes patres)或者父系受遗赠人(legatarii patres)或者最终归属于国库(上文边码 71.11)。优士丁尼将其清除出去了。——关于遗赠时的增添,见下文边码 76.15-16。——**文献**:沃奇,《罗马继承法》,第1册第2版,第689页;赖·齐默尔曼,“仅仅同文句合并”(Coniunctio verbis tantum),《萨维尼杂志》第101卷(1984年),第234页;关于基本联系,参见罗士安(下文边码 76.16),第54页。

四、财产合算

(一)将先前已经得到的财产提交到共同继承人之间进行结 9
算,即财产合算(collatio bonorum),其目的在于,在无遗嘱继承的情形将继承开始时已经(作为脱离父权人)有了自己财产或者已经以某种方式(例如通过设定嫁资)自被继承人优先取得财产的直系卑血亲与其他未获优惠的直系卑血亲同等对待。

1. 财产合算规则的出发点是**脱离父权人**的裁判官法继承。参 10
见 D.37,6;C.6,20。

脱离父权人与自家继承人一起被召集对被继承人的遗产实施无遗嘱裁判官法遗产占有(bonorum possessio intestati)或者违反遗嘱(contra tabulas)的裁判官法遗产占有的,这对他们就是一种优惠,因为他们获得了与自家继承人相同的应继份,尽管他们自从脱离父权就已经可以取得自己的财产了。与此相反,自家继承人则随被继承人死亡而成为自权人并因此具有了财产能力;他们此前所取得的财产,只要仍然存在,就会归属于被继承人或者因此而增加其遗产。

脱离父权人申请裁判官法遗产占有(bon. poss.)的,裁判官只有在满足以下前提时才会提供给他:脱离父权人将他自己的财产提交(conferre)给共同继承人,通过要式口约(对此在谕令中有范本程式)允诺向任何自家继承人给付这份财产的限定份额。

该限额计算方法如下:将脱离父权人的财产在他和自家继承人之间按照应继份比例进行分割;(自己必须提交的)其他脱离父权人在此不予考虑,

Jul. D. 38,6,3,2。脱离父权人承担应当提交财产多于遗产的风险；当然这并不被认为是不公平的，因为脱离父权人并未被强制申请裁判官法遗产占有（bonorum possessio）。要式口约也可以代之以实际提交财产价值。——**文献**：安·卡瓦列·马托雷利，《论脱离父权人的财产合算》（La collatio emancipati），1997 年［书评，赫·施蒂格勒，《萨维尼杂志》，第 118 卷（2001 年），第 522 页］。

11 2. **嫁资合算（collatio dotis）**也满足了类似需要。

如果被继承人在他的（他权或者脱离父权的）女儿结婚时已经授予嫁资，这个女儿似乎就比她的兄弟姐妹们优先取得了财产。如果她的婚姻因为丈夫死亡或者离婚而结束，她就得到了嫁资（dos），而这项嫁资［作为父予嫁资（dos profecticia）］又来自父亲的财产，对于这项嫁资兄弟姐妹现在并不能分享（参见，上文边码 59.10 和 19）。裁判官（在安东尼努斯·皮乌斯之后还有遗产分割法官）在女儿申请裁判官法遗产占有（bon. poss.）时可以强制她对兄弟姐妹以要式口约作出允诺，如果她后来取得嫁资就将按照应继份比例返还给他们。参见 D. 37,7。——**文献**：卡·帕帕康斯坦丁努（K. Papakonstantinou），《嫁资合算》（Die collatio dotis），1998 年；汉·安库姆，"从嫁资合算的具体案例出发"（Aus der Kasuistik zur collatio dotis），《安·瓦克祝贺文集》，2001 年，第 1 页。

12 （二）在晚期东罗马法中，这项规则扩张成为所有直系卑血亲普遍合算的规则（**直系卑血亲合算**）。与之相随但颇值怀疑的假定是，被继承人愿意（或者甚至于应当）平等对待所有直系卑血亲，并且为此通常他生前所提供的所有无偿给与都应当合入应继份计算。

13 依照利奥皇帝（公元 472 年）的法律，无遗嘱继承（ab intestato）或者违反遗嘱（contra tabulas）而被召集的任何直系卑血亲应当就尊亲属取得的嫁资或者婚姻赠与而与共同召集的其他直系卑血亲（他们是否脱离父权都一样)进行合算(C. 6,20,17)。优士丁尼将它扩张至应当计入特留份的所有给予,尤其是日常赠与,除非给与人明示排除合算(C. eod. 20)。合算从裁判官法遗产占有(bon. poss.)扩张到适用于任何继承并且得到严格施行。最终,财产合算——它违反遗嘱自由但多少还有些意义——甚至延展到了遗嘱继承(Nov. 18,16)。——参见《德国民法典》第2050条、第2052条,《奥地利民法典》第788条、第790条,《瑞士民法典》第626条、第628条。

第七十四节　对遗产债务的责任

(RPr. § § 40 I,181,295)

一、概说

(一)继承人对于被继承人遗留给他的债务,只要这项债务并未(像诸如罚金之债那样)随被继承人死亡而消灭,就应当承担责任,这一点很早就获得了承认。 1

《十二表法》就已经认为责任不仅仅约束身体,而且还约束财产,因此它可以移转至取得资产者。

债务人留有**多数人**为继承人的,(如同继承人多数人作为债权人一样,见下文边码73.5)依照《十二表法》适用**债当然是分割的**(**nomina ipso iure divisa**)的规则,可分债务随着继承自动按照应继份比例分割成为独立(分割)的债务,并不需要进行遗产分割诉讼(Diocl. C. 2,3,26;4,16,7)。只有在不可分之债的情形,共同继承人才作为连带债务人(对全部给付,in solidum)承担责任。 2

(二)继承人自古就为被继承人债务负**无限**责任,也就是说,如果遗产过度负债,他必须用自己的财产满足遗产债权人。 3

这是从对人执行的古代思想得出来的,而在对人执行中,只要责任人没有使债权人获得满足,就始终可以抓取责任人的身体。然而,他也有途径用以限制其责任。

二、责任限制

文献:沃奇,《罗马继承法》,第1册第2版,第669页、第684页;贡·韦泽纳,"历史观点中的继承人责任"(Zur Erbenhaftung in historischer Sicht),《冯·吕布托祝贺文集(3)》,1991年,第113页;贡·韦泽纳,"罗马法中继承人责任的限制:遗产分离和财产清单利益"(Beschränkungen der Erbenhaftung im röm. Recht:separatio bonorum und beneficium inventarii),《瓦尔德施泰因祝贺文集》,1993年,第401页;罗·洛佩斯-巴拉亚斯(R. López-Barajas),《遗产分离》(Separatio bonorum),1995年。

4 (一)**继承人**对于债务超过**遗产**的情形因无限责任而面临的风险,可以通过如下方法予以规避:作为自家继承人(suus heres)时放弃遗产(上文边码71.3),而作为家外继承人(extraneus)时拒绝继承遗产(上文边码71.7)。但是,他一旦最后接受遗产,(通常)就要承担无限责任。

5 只有随释放而被指定为继承人的奴隶成为自家继承人时,不能放弃遗产[必要继承人(heres necessarius),边码71.3]。然而,裁判官为他提供了**遗产分离**(**separatio bonorum**),这使他能够将遗产债权人的强制执行限制在遗产,并且能够防止执行其本人(G. 2,155;Inst. 2,19,1末尾)。这是继承人责任为对人责任但在标的上则以遗产为限的最古老的情形。——应当与此相区别的是自由原因分配遗产(addictio bonorum libertatis causa):被继承人虽然通过遗嘱授予一名或者几名奴隶自由,然而却指定第三人为继承人,而这个人和法定继承人同样都拒绝继承遗产,这就会使释放作废。然而,马可·奥勒留允许债务人的这名或者这些奴隶为获得授予他们的自由而可以分配(addicere)遗产,当然前提是他们为债权人就完全清偿其债权提供担保。如果这些发生了,直接被授予自由的人立即就自由了,因为通过接受遗产他获得了以信托方式而授予他的释放。这些人要经过分配,与继承人不同。对于死者而言,这些程序在某些方面是有利的,因为对他的怀念不会因为遗产破产所带来的名誉丧失而受影响(边码71.3)。参见 Inst. 3,11 pr. -7。——**文献**:托·芬克瑙尔,"通过接受遗产而释放"(Freilassung durch Nachlaßübernahme),《维林格学术交流会》,第19页。

(二)当然,在古典法中就已经开始保护**遗产债权人**,以使其免受因**继承人**过度负债而面临的不利。如果其受偿因为"可疑继承人"(heres suspectus)财产状况而受到威胁,裁判官可以为他提供两种救济途径:1. 他可以请求继承人提供担保,在拒绝提供担保时裁判官可以就其财产启动破产程序(Ulp. D. 42,5,31 pr./3)。2. 如果对继承人的执行已经开始,裁判官可以为遗产债务人提供**遗产分离**(**separatio bonorum**),因此就会将遗产和继承人财产分开,从而遗产债权人只能得到遗产,而继承人的债权人只能得到继承人财产(Ulp. D. 42,6,1 pr./1)。 6

(三)优士丁尼为在遗产过度负债情形保护继承人引入了(参照以前的做法的)**财产清单的法律利益**(**beneficium inventarii**),据此继承人一般能够得到将责任限制在遗产的机会(C. 6,30,22, 2 ff.,参见 Inst. 2,19,6;上文边码71.7)。 7

为享受这些优点,继承人(在接受遗产之前或者之后,至于是否请求一个考虑期并无不同)必须要在自开启遗嘱起或者自他知道被召集起30天之内开始设立遗产标的清单。他必须在60天之内邀请文书官(tabularius)和其他人在场完成该清单。他必须在财产清单签名并且担保全部说明均无恶意隐瞒。财产清单设立期间经过之前,不能向他主张遗产债务。

设立财产清单发生的效力是,继承人公开地仅以遗产标的(而不是也可以在遗产价值范围内而以自己的资产)承担责任。 8

法律(C. 6,30,22 §§4,4a,7)规定不甚清楚,但"以标的为限的"责任

(* cum viribus hereditatis)比“以价值为限的”责任(* pro viribus hereditatis)更容易为人接受;处于优势地位的普通法实践也是如此。——继承人应当按照债权人和受遗赠人主张其请求权的顺序对他们予以清偿,直至用尽这笔资产(既没有优先债权也没有统一的破产程序)。只是对未获清偿的债权人主张追偿才设定了顺序,它应当自受遗赠人获得清偿,有质权担保的债权人应当优先受偿等。遗产与继承人财产并不混同,因此,继承人可以如同其他债权人一样对遗产主张自己的权利。——《德国民法典》第 1993 条以下,《奥地利民法典》第 802 条,《瑞士民法典》第 580 条以下、第 588 条、第 589 条。依照《德国民法典》,仅仅设立遗产清单还不能发生限制继承人责任的效力。毋宁说不设立遗产清单(或者遗产清单不真实)的效果是,继承人对遗产债权人承担无限责任而不再是承担有限责任,《德国民法典》第 1994 条、第 2005 条。

第七十五节　继承权的保护

(RPr. § § 26,182,296)

一、要求继承之诉

文献:马·卡泽尔,“作为继承人或者作为占有人”(Pro herede vel pro possessore),《比斯卡尔迪祝贺文集》(St. Biscardi),第 2 册,1982 年,第 221 页;马·米勒-埃伦,《要求继承之诉:对他人债务之给付和罗马法要求继承之诉中的不当得利返还责任之研究》(Hereditatis petitio. Studien zur Leistung auf fremde Schuld und zur Bereicherungshaftung in der röm. Erbschaftsklage),1998 年。

1　(一)**要求继承之诉**(hereditatis petitio)用于保护市民法继承权(D. 5,3;C. 3,31)。它是对物之诉(actio in rem),而且在很多方面与原物返还之诉(rei vindicatio)相近:通过这项诉讼,继承人(heres)可以主张确认其继承权并且请求返还遗产。与原物返还之诉(rei vindicatio)不同的是,要求继承之诉是一项概括诉讼,涵盖了全部遗产。对此应当注意的是,遗产不只是由有体物组成,有时它可能全部或者部分由权利(尤其是债权)组成。——在优士丁尼时期,鉴于要求继承之诉(her. pet.)中包含多种给付,它(作为唯一的对物之诉)被列入了诚信审判(bonae fidei iudicia)(Inst. 4,6,28)。——关于当代法中的要求继承之诉,见《德国民法典》第2018条以下,《奥地利民法典》第823条、第824条,《瑞士民法典》第598条至第600条。

(二)正确的**原告**,只有主张是市民法继承人的人才是;他必须证明其继承权。关于遗产占有人(bonorum possessor)的遗产占有之诉(her. pet. possessoria),见下文边码75.14。 2

(三)1. 正确的**被告**意指**"遗产占有人"**[possessor hereditatis,不要与"裁判官法遗产占有人"(possessor bonorum)混淆,对此参见诸如边码66.11;67.9;69.6等多处]。当然,占有在遗产占有人的情形应当认为具有特别意义。因为在要求继承之诉(her. pet.)中消极适格的遗产占有人只有:(1)在古代的誓金法定诉讼(legis actio sacramento)[类似于原物返还之诉(rei vind.)的情形]中,只有主张自己是继承人的人,因此应当对主张遗产的两人之间的争议进行裁决。(2)在(誓约诉讼和)程式诉讼中消极适格的最初只有**作为继承人(pro herede)**而占有的人,即他的根据是其继承权("我占有,因为我是继承人"),而无论他是善意占有人还是恶意占有人。在古典盛期(尤里安)还允许对**作为占有人(pro possessore)**而占有的人提起这项诉讼,即完全不需列明任何名义("我占有,因为我占有")。参见Ulp. D. 5,3,11 pr. –13 pr.;Iul. – Ulp. D. 5,3,16,4。 3

然而,对列明具体取得事由的人[作为买受人、作为受赠人、作为嫁资(pro emptore,pro donato,pro dote)等]通常不能提起要求继承之诉,而只能提起所有权之诉或者债权之诉[D. 5,3,13,§§ 4和8–10中要求继承扩用之诉(her. pet. utilis)的例外情形]。如果所主张的具体取得事由不生效(例如占有人主张自其妻子受赠而得到占有物,边码 59.4 – 5),就可以对作为占有人的他提起要求继承之诉,这样做的理由是"作为纯粹自主占有人"的名义兜底性地位于所有其他占有名义之后,Ulp. D. 5,3,13,1。

4 2.(1)要求继承之诉(her. pet.)在古代法中[作为对物之诉(actio in rem)]只能对**"占有"**全部或者部分遗产标的者提起。自遗产不再必须由有体标的组成起,这些要求放松了很多。

程式并未将被告占有作为对其作出判罚的前提。只要占有个别的遗产物即可,占有其孳息或者其代替物亦可(例如,已出卖遗产物的价款)。即使并未占有任何有体的遗产物,也可以对(主张通过继承而对债务免责的)遗产债务人提起诉讼,Cels. -Iul. Ulp. D. 5,3,16,3。

5 (2)对于占有的要求,在古典峰期放松了很多,这很大程度上是因为受到了普·尤文提乌斯·克尔苏斯(P. Iuventius Celsus)影响:通过诈欺取代占有(dolus pro possessione est)(Paul. D. 50,17,131)这种拟制,恶意就等同于占有。因此,非占有人对于任何恶意对其提起诉讼的人而言都是消极适格的,就如同他占有着一样(qui liti se optulit quasi possideret, Cels. – Ulp. D. 5,3,13,13;eod. 45)。对于在争讼程序(litis contestatio)之前明知缺少继承地位而占有并且恶意放弃占有的其他人,也可以提起要求继承之诉。第二组恶意非占有人的消极资格在法学家克尔苏斯担任执政官期间通过的一项元老院决议中得到了承认,即《尤文提乌斯元老院决议》(* SC Iuventianum)(公元129年),其文句体现在 D. 5,3,20,6 – 6d。尽管这项元老院决议涉及没收归于金库(aerarium)[后来是国库(fiscus)]的遗产(vindicatio caducorum,上文边码 71.11),然而古典法学家们就已经将其规则适用于私人的要求继承之诉(hereditatis petitio)(关于这项元老院决议的责任体系的具体内容,见下文边码 75.9)。——在由指向追物的对物之诉(actio in rem)到以损害赔偿为目标的诉讼的发展中,消极资格扩张到恶意非占有人是关键一步。这种发展从要求继承之诉开始,也包括了个别的原物返还之诉(上文边码 27.10 – 11)。

6 (四)如同所有对物之诉(actio in rem)一样,在要求继承之诉中被告只能由裁判官间接强制而对该诉讼进行**应诉**。因为如果他拒绝应诉,尤其是拒绝参与争讼程序(litis contestatio),那么,要求继承之诉就不能成立。然而,裁判官给予被告(回复性的)**返还遗产令状**(**interdictum quam hereditatem**),而被告对此必须应诉并且基于该令状可对其判罚与其在要求继承之诉(her. pet.)败诉时相同的金额(Ulp. fragm. Vindob. 4,《前优士丁尼罗马法渊源》,第2册,第306页,参见上文边码27.14)。

在这种令状中,原告则不需要证明其继承权,而只需要证明被告作为继承人(pro herede)或者作为占有人(pro possessore)而占有遗产(或其个别标的),或者他恶意抛弃了占有。——优士丁尼废除了这项令状(interd.),取而代之的是在这种情形对于拒绝应诉的被告强制转让其遗产占有于原告(参见上文边码27.15)。

(五)为**实施**遗产诉讼,在古典时期有通过誓约(per sponsionem)的程序和通过请求返还程式(per formulam petitoriam)的程序可供选择(上文边码27.16－17)。 7

共和晚期的重大遗产诉讼更多通过(对人)誓金法定诉讼[legis actio sacramento(in personam)]而采用誓约程序进行,以便将该诉讼提交到受人尊敬的百人审判团(下文边码82.16)。——具有返还请求程式(formula petitoria)的诉讼是作为仲裁之诉而得以形成的,旨在使胜诉原告能够得以自然恢复原状;详见上文边码27.17。

(六)1. 要求继承之诉涉及的**标的**包括被告由遗产而得到的一切。这其中所包含的内容非常广泛(Ulp., Paul. D. 5,3,18,2－20,5)。 8

它包括被告占有的所有的物,被继承人可能是这些物的奎里蒂法所有权人或者裁判官法所有权人,也可能是这些物的质权人、用益权人、借用人等,只要继承人对其他人以该物承担责任即可。此外还包括被告作为恶意占有人或者善意占有人而在争讼程序之前所收取的代位物和增加部分,尤其是孳息。如果被告收取了遗产债权,债务人并未随向他提供给付而免责;但原告可以承认这项给付并且向被告请求返还向他所提供的给付。

9 2.(1)关于遗产占有人在争讼程序之前对遗产标的进行管理的责任,如同马·米勒-埃伦清楚断定的那样,渊源流传下了两种不同模式:尤里安的责任判断有利于继承人,使继承人处于符合遗产占有人管理遗产时的利害关系的地位。遗产占有人必须——他的善意或者恶意并没有区别——对于非为遗产利益的遗产管理行为所致损害负责,参见 Iul. -Ulp. D. 5,3,20,1/2;eod. 33,1;Iul. -Paul. eod. 30。

另一种责任模式存在于由克尔苏斯提议的《尤文提乌斯元老院决议》(SC Iuventianum)(上文边码 75.5)。它施行到古典晚期并且也是以原物返还之诉(rei vindicatio)为典范(同样还有《德国民法典》第 2018 条以下、第 987 条以下):决定性责任标准是未被诉遗产占有人的善意或者恶意。恶意债权人通常对恶意损害负责。依照这项元老院决议,他在出卖遗产物的情形应当像他仍然占有一样承担责任(Ulp. D. 5,3,20,6c),至少应当以买卖价款承担责任(Paul. D. 5,3,36,3)。在违反注意义务的遗产管理中应当就过失(culpa)负责,例如,因过失未收取孳息(Ulp. D. eod. 25,4)。这项元老院决议对于善意规定了一种得利(locupletior)责任,晚期古典法学家们认为这种责任包括了对诉讼开始时仍然存在的得利的责任,它的发生情形较少,罗马法学家将返还债务人对其受领的责任限定在这一范围内[其他情形:未经监护人同意(sine tutoris auctoritate)而行事的被监护人(pupillus)(上文边码 14.5;62.21),返还无效的配偶间赠与中的受赠人(上文边码 48.18 和

20)]。与《德国民法典》第818条第3款不同，罗马的给付返还之诉(condictio)不承认这种责任特权(上文边码48.18)。

对于要求继承之诉中的得利责任有一个很好的例证： 10

D.5,3,25,1(乌尔比安，《论谕令》，第15编)

Item si rem distraxit et ex pretio aliam rem comparavit, veniet pretium in petitionem hereditatis, non res quam in patrimonium suum convertit. sed si res minoris valet quam comparata est, hactenus locupletior factus videbitur, quatenus res valet: quemadmodum si consumpsisset, in totum locupletior factus non videbitur.	同样，如果他出让某物并且以该收益取得他物，要求继承之诉应当涵盖了该收益，而非他增加到其财产的物。但如果该物的价值低于买受该物所付价款，他的得利显然只是该物的价值那么多：正如他消费该物时，不应当认为该物的总价值是他的得利。

遗产占有人以出卖遗产物所得收益买受他物，并且将该物增加到他自己的财产中。乌尔比安认为，要求继承之诉(her. pet.)标的应当是买卖价款，而不是遗产物(第一次责任减轻)，也不是新物，因为加入自己财产排除了代位的思想。这位法学家还认为，关于买卖价款得利的数额应当通过所买受的物可能的较低价值和其进一步的命运而决定：如果没有补偿地消费了该物，该责任就会消灭(第二次责任减轻)。

(2)对于被告在争讼程序(litis contestatio)之前对遗产标的支出的必要费用和有益费用，善意占有人始终可以取得留置权，基于这项权利他可以主张补偿该费用；它同样适用于返还遗产时不能按照金额得到该费用的情形(Paul. D. 5,3,38; Ulp. eod. 37)。与此相反，恶意占有人则只能在返还时遗产价值增加的情形主张抵充(Paul. eod. 38；真实性存在争议)。盖尤斯(eod. 39,1)对善意占 11

有人还考虑了对奢侈费用的抵充权限。因费用而主张留置权最初需要诈欺抗辩(exceptio doli)(见 Gai. eod. 39,1)。对于是否在古典晚期就已经放弃了这种要求,因为对 Paul. D. 5,3,38 的真实性存在争论而不能确定。

12 (3)争讼程序(litis contestatio)之后就如同原物返还之诉(rei vindicatio)一样了,原告应当处的地位,正如恢复原状(restituere)概念所表明的那样,就如同被告已经在争讼程序中将遗产返还于他一样(Paul. D. 5,3,40 pr.;上文边码 27.18-20)。这在要求继承之诉(her. per.)中当然只是一项原则。具体来说:争讼程序之后,任何被告,也包括善意占有人,都对恶意(dolus)和过失(culpa)负责。至于诉讼系属发生后是否也对事变负责,则是古老的学派争议的内容:普洛库勒学派持肯定说,萨宾学派持否定说。晚期古典法学家保罗(D. 5,3,40 pr.)提出了折中说,在《尤文提乌斯元老院决议》(SC Iuventianum)的体系中只有恶意占有人对意外负责。

13 (七)继承人对于遗产中包含的权利也可以提起个别诉讼而代替要求继承之诉,即对遗产物的所有权提起原物返还之诉(rei vindicatio),对遗产债权提起债权之诉;等等。然而,要求继承之诉消费了所有对同一被告的个别诉讼,反过来任何一项个别诉讼同样也消耗了对他的要求继承之诉(her. pet.),因为在先诉讼必须对(作为先决问题的)继承权作出判断。遗产占有人则有可能一劳永逸地确定争议双方之间的继承权问题,而不是在数项个别诉讼中多次重复考察这个先决问题,因为在个别诉讼中对此所作的裁决在其他个别诉讼中并非判例。因此,人们对个别诉讼仅仅为继承人提供了[前书(praescriptio),后来是]**无预备审拘束遗产的抗辩(exceptio quod praeiudicium hereditati non fiat)**:法官就可以不审查(作为先决问题的)继承权问题,因此他只需要在原告所诉个别权利成立时作出判决,而不必对继承权问题作出判断。颇多争议的是,这项预备审抗辩的确切目的是什么:保护遗产占有人免受单一诉讼被分割为个别诉讼;在为声明继承权而预定的要求继承之诉(her. pet.)的程序中声明继承权,并且在其他程序中不作为先决问题或者确保对重大遗产诉讼有管辖权的百人审判团的职权(上文边码75.7;82.16)。——参见G.4,133;Iust. C.3,31,12。——**文献**:哈克尔(下文边码83.25),第1页,第131页。

(八)除为单独继承人提供的要求继承之诉(her. pet.)外,裁判官还为保护共同继承人[如果部分遗产被起诉(si pars hereditatis petatur),D.5,4]和**遗产信托人**(下文第七十八节)拟定了特别程式。此外,裁判官授予裁判官法遗产占有人(bonorum possessor)以**要求继承遗产占有之诉**(**hereditatis petitio possessoria**),因为裁判官法遗产令状(interdictum quorum bonorum)(下文即见)只能对有体物占有人存在,而遗产中也可以包括权利;Diocl. C.3,31,9;D.5,5。 14

二、裁判官法遗产令状

为保护由裁判官授予**裁判官法遗产占有**(**bonorum possessio**)的人,可以采用(恢复原状性的)裁判官法遗产令状(interdictum quorum bonorum)。裁判官法遗产占有人(bonorum possessor)(上文边码65.17)因此可以向没有说明具体取得事由的任何占有人请求返还,而不论这个人主张他有市民法继承权(合法或者非法)[作为继承人(pro herede)的占有人]或者根本没有提出任何取得事由[作为占有人(pro possessore)的占有人];Ulp. D.43,2,1 pr.。 15

这项令状也针对恶意抛弃占有的人。正如占有令状(上文边码21.3)旨在为对物之诉(actio in rem)进行准备一样,它在这里是为要求继承之诉(her. pet.)分配当事人角色,因为裁判官为之提供裁判官法遗产占有(bonorum possessio)的人将取得较为有利的被告角色。优士丁尼(为调和市民法和荣誉法之间的对立)将其扩张至遗产(C.8,2,1),这就使它在一定程度上与要求继承之诉(her. pet.)汇合一处了。——**文献**:伯·威·莱斯特(B. W. Leist),《裁判官法遗产占有》(Die bonorum possessio),第2册之2,1848年,第162页、第340页。

第三章　死因个别取得

第七十六节　遗　　赠

(RPr. § § 28,183 – 188,297,298)

一、概说

文献:朱·格罗索,《罗马法中的遗赠》(I legati nel diritto rom.),1962 年,第 2 版;沃奇,《罗马继承法》,第 2 册第 2 版,第 223 页。

1 在**遗赠**(**legatum**)的名称之下概括了包含死因给与个别标的或者法律利益的很多行为类型,不同于作为概括继受的继承。罗马人形成了两种典型的遗赠行为,即**遗赠**和**遗产信托**(**fideicommissum**),前者是严格要式的、古代市民法(ius civile)中受到确定规则约束的行为,后者是皇帝法的产物,赋予了自由裁量空间,而且在很大程度上抛弃了遗赠在形式上和内容上的约束。

2 遗赠在《十二表法》就已经有所规定了[参见“如果遗赠……”(Uti legassit…)的规则,上文边码 67.5];它在农业时代承担着重要任务,在单独继承的同时使被继承人归顺夫权的妻子(uxor in manu)和其他根据遗嘱被排除继承的直系卑血亲的供养得到了保障。用益权就可以回溯到这个阶段,它大多是通过遗赠而设立的,同样还有其他一些典型性供养遗赠[先行遗赠、对家子的特有产遗赠(leg. peculii)、对妻子的嫁资(dos)取回遗赠、扶养遗赠、年金遗赠、供给遗赠等]。在农业时代结束之后,对于遗赠的遗嘱自由涉及一些完全不同的目的;当然,“反奢侈立法”为限制遗赠而必须干涉遗赠的情形不断增多(下文边码76.23)。不言而喻,遗赠法如同整个遗嘱法一样,只对富裕的上层社会有用。古典文献和优士丁尼为遗赠提供了异乎寻常的巨大空间,由此还可以说明,法学经常将遗赠用作具有特定形式的单方法律行为的模型,并且由此发展出一般法律行为学说和一般债法的某些原则和规则,类似于要式口约之于要式合同和买卖之于不要式合同。

二、遗赠的种类和内容

遗赠只能在遗嘱中设定,而且是已指定继承人的一项负担,他因此而“负担加重”了。通过遗赠而“因遗赠受益”的人,只能是具有(消极)遗嘱能力(testamenti factio)(上文边码68.12)的人。遗嘱很早就出现了两种主要类型,即发生对物效力的直接遗赠和发生债的效力的间接遗赠;由此又产生了居中的补充类型,各种类型之间的区别逐渐得以消融。 3

(一)**直接遗赠(legatum per vindicationem)**具有对物效力。它是被继承人享有奎里蒂法所有权的有体物的给与,使用的程式是“我对提提乌斯给与并且遗赠奴隶斯提库斯”(Titio hominem Stichum **do lego**)。所有权直接由被继承人转归属于受遗赠人,继承人不是临时所有权人;因此,受遗赠人对该物可以向占有它的继承人,也可以向任何其他占有人通过原物返还之诉(rei vindicatio)而提出请求。参见G. 2,193 ff.。关于取得时间,见下文边码76.13。 4

可以使用的其他程式包括单独使用“我给予”(do)和“我遗赠”(lego),还有“他应当带走奴隶斯提库斯,保留他,抓取他”(…Stichum sumito, sibi habeo, capitio)。可替代物在死亡时,不可替代物在设立遗嘱时,必须属于被继承人。用益权(ususfructus)和役权也可以通过直接遗赠(per vindicationem)设立,并且给予受遗赠人以用益权返还之诉或者役权返还之诉(vindicatio ususfructus 或者 servitutis)。——**选择奴隶(servi optio)**是一种特殊类型,在这种类型之中,受遗赠人通过[类似于限期决定继承(cretio)的]要式行为在被继承人的数名奴隶之间(后来也可以在数物之间)进行选择(UE 24,14;Inst. 2,20,23;D. 33,5)。

5 (二)**间接遗赠(legatum per damnationem)**使用的程式是"我的继承人负担向卢奇乌斯·提提乌斯给予我的奴隶斯提库斯的义务"(heres meus Lucio Titio Stichum servum meum dare **damnas esto**),在发达的法律中发生了一项债,基于这项债的关系继承人负担向受遗赠人提供给付的义务。实施间接遗赠可以采用严格法**基于遗嘱之诉(actio ex testamento)**,它和基于要式口约之诉(actio ex stipulatu)相近,但具有指向"诉讼标的所值价值"(quanti ea res est)的确定程式(formula certa)和指向"被告有义务向原告给付的全部"(quidquid…dare facere oportet)的不确定程式(formula incerta)(上文边码 34.10 和 15)。参见 G. 2,201 ff.。

在古代法中,由于间接遗赠显然可以未经诉讼和判决而对责任人实施拘禁(manus iniectio),因为不管是单纯货币遗赠或者物的遗赠还是遗嘱安排,与[通过铜和秤式清偿(solutio per aes et libram)]已经清偿的情形一样,都可以由裁判官通过询问证人而确认(上文边码 32.15)。当然,这种不能适用于复杂遗赠的"直接可执行性"早已不复存在了。无论如何,在古典法中作为其后续影响的基于遗嘱之诉(actio ex test.)的确定程式(formula certa)还能够发生诉讼增加(G. 2,282;Inst. 3,27,7,参见边码 32.18)。——如果间接遗赠是附条件授予或者附期限授予的,裁判官就会强制继承人对受遗赠人为(附条件或者附期限)遗赠[执行遗赠保证(cautio legatorum servandorum causa)]的安全而提供担保,以使他在继承人破产时得到保障(Ulp. D. 36,3,1 pr. ff.)。

间接遗赠因其形式灵活而可以指向各种允许的给付,也因此在一定程度上具有了普遍的特征。 6

例:它可能涉及被继承人自己的物,也可以涉及种类性给付或者选择性给付,他人之物(所有权人不愿将其送人或者不愿将其以适当价格送人,所欠就是物的价值),将来物,尤其是将来的孳息,嫁资(其设定或者将其返还妇女),特有产(peculium)(例如给同时释放的的释放自由人),扶养、年金(annua)和其他重复性给付,等等。债权遗赠(legatum nominis)是被继承人(可让与)债权的遗赠,免除债务遗赠(liberatio legata)是(对被继承人的债务人)免除债务的遗赠,债务遗赠(legatum debiti)是被继承人对已欠受遗赠人债务的遗赠(只有对受遗赠人构成额外好处时才发生效力),Inst. 2,20,4 ff. 。——不确定标的(incertum)间接遗赠在古典法中也被认为是**分割遗赠(partitio legata)**,在这种遗赠中,继承人将和受遗赠人一起按照特定比例分割遗产[我的继承人应当和提提乌斯一起分割我的遗产(heres meus cum Titio hereditatem meam partitor);西塞罗,《论遗赠》(Cic. de leg. 2,50);UE 24,25];对此参见下文边码 78. 2。——关于当代法中遗赠的标的,见《德国民法典》第 2154 条以下、第 2169 条以下,《奥地利民法典》第 653 条以下,《瑞士民法典》第 484 条、第 563 条。——**文献**:里·阿斯托尔菲,《罗马法中遗赠标的之研究》(Studi sull'oggetto dei legati in diritto rom.),3 册,1964 年,1969 年,1979 年;乌·约翰(U. John),《罗马法到拉贝奥时关于遗赠中内容整体性的解释》(Die Auslegung des Legats von Sachgesamtheiten im röm. Recht bis Labeo),1970 年;桑·贝尔纳斯科尼(S. Bernasconi),"罗马法中的债务遗赠"(Il legato di debito nel diritto rom.),《历史与法的研究与文献》,第 42 卷(1976 年),第 23 页;罗·勒勒(R. Röhle),"回赠嫁资"(Relegare dotem),《萨维尼杂志》,第 94 卷(1977 年),第 306 页;莱·比安科(L. Bianco),"论尤里安对免除遗赠的贡献"(Il contributo di Giuliano al legatum liberationis),《历史与法的研究与文献》,第 64 卷(1998 年)第 327 页;塞·迪萨尔沃,"债务遗赠"(Legatum debiti),《信义 人性 法》,第 3 册,1531 页。

(三)其他遗赠类型还包括:1. **容受遗赠(legatum sinendi modo)**,"我的继承人应当负担容忍卢奇乌斯·提提乌斯带走奴隶斯提库斯并为自己而将 7

其予以保留的义务”(heres meus damnas esto sinere Lucium Titium hominem Stichum sumere sibique habere),最初可能是直接遗赠和间接遗赠的混合形式,这种形式使受遗赠人能够在对于物的对物抓取被拒绝时可以直接(即不通过诉讼)对继承人实施拘禁(manus iniectio)。在古典法中,它随着基于(不特定)遗赠之诉[actio(incerti)ex testamento]而提出主张,存在于被继承人或者继承人的物之上,此外还可能是免除遗赠,债权人通过它对继承人放弃债权,债务人的债务得以免除。所有这些,见 G. 2,209 ff.。

8 2. **先取遗赠(legatum per praeceptionem)**,“卢奇乌斯·提提乌斯应当预先取走奴隶斯提库斯”(Lucius Titius hominem Stichum praecipito),依照萨宾学派(和古代法学家)的见解只能授予遗产分割之诉(actio familiae erciscundae)中应当“预先”取走遗赠标的的共同继承人,而普洛库勒学派则允许为非继承人的利益而授予这项遗赠并将其作为一般直接遗赠(G. 2,216 ff.)。应当与先取遗赠相区别的是**先予遗赠(* praelegatum)**。它与先取遗赠不同,并未预先从遗产中分离出来(因此在分割剩余遗产时对它不予考虑),而是——不大实际地——被作为所有应继份的负担。因此,只要继承人加重了他自己的负担,这项遗赠就不生效(参见 Flor. D. 30,116,1)。——《德国民法典》第 2150 条,《奥地利民法典》第 648 条,《瑞士民法典》第 486 条第 3 款。——**文献**:汉·安库姆,“帕比尼安关于先取遗赠的学说”(Papinians Lehre zum legatum per praeceptionem),《冯·吕布托祝贺文集(3)》,1991 年,第 77 页;马·维默尔,《先予遗赠》(Prälegat),2004 年。

9 (四)遗赠类型之间发生了相互接近的现象,这是受到不同因素影响的结果。1.**《尼禄元老院决议》(SC Neronianum)**(公元 54 年至 68 年)通过转换促进了这种接近:如果被继承人所选择的遗赠类型不生效,但其内容为其他遗赠类型(大多是间接遗赠)所允许,它将被作为这种遗赠类型而得以发生效力。

遗赠依照市民法(ius civile)不生效,但通过裁判官法诉讼却可以主张实施。它的基本情形显然是对不属于继承人的物的直接遗赠;它应该依照最好的法而遗留下来的(atque si optimo iure relictum esset)那样发生效力,也就是将其作为间接遗赠，因为这种类型（是唯一的）允许对他人之物进行遗赠（G. 2,197 f. ;UE 24,11a;Inst. 2,20,12）。

2. 在后古典法中，遗嘱类型之间相互接近由于（可能是）君士坦丁放弃了对全部遗嘱内容坚持特定言词形式（上文边码 68.4）而得到极大促进，这样解释就有了更大自由。通过经由他长时间夜晚工作（cum magna lucubratione）而写成的敕令 C. 6,43,1，优士丁尼最终规定，所有遗赠都应当具有一种性质（unam naturam），并且，基于这项遗赠既可以成立对物之诉（actio in rem），又可以成立对人之诉（actio in personam）；参见 Inst. 2,20,2。 10

这并不意味着，对于现实中的任何一种情形，在债法诉讼之外还存在对物之诉；它也许只有在遗赠属于被继承人（或者遗赠负担人）所有的特殊物品的情形才具有意义。由于所有遗赠均具有债法效力，人们就如同先前的间接遗赠一样将其归入准合同；Gai. D. 44,7,5,2;Inst. 3,27,5。——关于遗赠和信托的相互接近，见下文边码 77.2。

（五）为**担保**他们的权利，优士丁尼为所有受遗赠人对于留给遗赠负担人的全部财产均提供了一项法定抵押权。此外，他（作为对遗赠负担人的限制）还规定了一项对于遗赠物的出让禁止或者设质禁止，并表明它们是（通过第三人）不能时效取得的；参见 C. 6,43,1;eod. 3,2－4。 11

（六）在《德国民法典》（第 2174 条）、《奥地利民法典》（第 684 条）和《瑞士民法典》（第 484 条、第 485 条）中，间接遗赠都得以进入其中，而直接遗赠却没有，因此受遗赠人的对物请求权也就不复存在。《德国民法典》的立法者否定了直接遗赠对于遗产债权人的利益。因为遗产债权人首先应当有权自遗产获得清偿，继承人在遗产不足清偿时应当有权处分遗赠标的（《德国民法典立法理由书》，第 5 册，第 133 页，《民法典草案二读委员会记录》，第 5 册，第 204 页，第 6 册，第 344 页）。与此相对，《法国民法典》第 1014 条将特定物遗赠规定为直接遗赠，当然它最初仅对遗赠负担人具有对物效力（相对所有权）并且直到交付（délivrance）受遗赠人才完全取得所有权。——**文献**：科英，第 2 册，第 610 页。 12

三、遗赠的取得

13 （一）取得遗赠所生权利与发生遗嘱继承相联系，即与遗赠负担人因遗赠而取得遗产相联系。对家外继承人而言是自参加继承时起才发生相应效力。然而，受遗赠人在这个时间之前就已经对将来取得遗赠获得了可继承期待。对于取得这项期待的决定性时间，是所谓**“实现日”（dies cedens）**。它（对于自家继承人继承与家外继承人继承一样）通常是被继承人死亡之时［依照《帕皮亚和波帕埃法》（lex Papia Poppaea）在有多数继承人时是遗嘱开启时，优士丁尼重新恢复为死亡之时］。如果对遗赠附有不特定期限（dies incertus）或者停止条件，“实现日”（dies cedens）就是期限届至或者条件成就时。相反，如果遗赠受特定期限（dies certus）约束，虽然在死亡（或者开启遗嘱）时就已经取得，但直到期限届至才可以提出主张［不技术地称为“到期日”（dies veniens）］。参见 UE 24,30 f.；Iust. C. 6,51,1,1c。

随着遗嘱继承的发生，受遗赠人取得了遗赠所生权利［不技术地称为所谓“到期日”（dies veniens）］：如果遗赠发生债的效力，他就可以提起基于遗嘱之诉（actio ex testamento），如果遗嘱发生对物效力，他就可以提起原物返还之诉。

14 如果不想要发生债的效力的遗赠，他只需要忽略这项诉讼即可；当然，他也可以免除继承人的遗赠债务。在遗赠发生对物效力的情形，普罗库勒学派认为，该物最初是无主的，直到有了具有取得意思的行为时才能取得它。与此相对，萨宾学派则使受遗赠人立即成为所有权人，但他可以拒绝继承这项遗赠（repellere，repudiare）；如果这样就会认为他从未取得过。后世法学家们适当缓和了萨宾学派的的意见，认为直至控制该物之前一直不生效力。参见 G. 2,195；Iul. D. 30,86,2。

15 如果将同一标的共同遗赠（collegatarii）给多数共同受遗赠人，直接遗赠的受遗赠人就成为按份共有人；他们之间发生增添；G. 2,199。不同于共同继承人之间（边码 73.7－8）的关系，如果被继承人将遗赠标的在受遗赠人之间进行分割，他们之间不发生任何增添：如果就特定份额因遗赠受益的共同受遗赠人之一不在了，该份额就会留给继承人。

间接遗赠的多数受遗赠人之一，在合并(coniunctim)遗赠[例如，提提乌斯和塞乌斯(Titio et Seio)]时，享有相同份额的同一项债权(在不可分给付时作为连带债权人)。如果他们对于标的(用分开的句子)分别(disiunctim)遗赠，遗赠就会成倍增加：每个人都可以请求全部，因此只能提供一次给付的继承人对其他受遗赠人就会欠下金钱价值(上文边码56.3)；增添不会发生(G.2,205)。 16

奥古斯都婚姻法，如同共同继承人的情形一样(上文边码73.8)，将无人取得的份额作为落空份额(caduca)而处理，从而发生边码71.11和73.8所描述的结果；不过这里还有其特殊之处，即只要目的是想取得遗赠，合并的共同受遗赠人(collegatarii coniuncti)就会比父系继承人(heredes patres)优先(G.2,207；详细内容，见罗士安，第44页)。优士丁尼将这一点也清除出去了。

文献：罗士安(S. Lohsse)，《增添权：罗马法遗赠法中的增添》(Ius adcrescendi. Die Anwachsung im röm. Vermächtnisrecht)，2008年。

17 (二)受遗赠人不允许(以暴力或者隐蔽方式)自力取得遗赠物；如果他这样做了，裁判官法遗产占有人(bonorum possessor)(优士丁尼时还有继承人)通过**遗赠令状(interdictum quod legatorum)**可以请求提供担保以恢复占有(Ulp. D. 43,3,1,2 ff.)。

四、遗赠的不生效和废止

18 (一)遗赠在以下情形不生效：遗嘱无效、违反遗赠形式(在指定继承人之前遗赠，上文边码68.5)、受遗赠人欠缺遗嘱能力(上文边码68.12)、意思瑕疵(上文边码8.25)或者内容不被允许。

关于内容缺陷，参见上文边码9.7－8；10.6。不被允许的还有继承人一旦死亡即生效力的指示(G.2,232 f.；Inst. 2,20,35)，此外还有罚金名义遗赠(*legatum poenae nomine relictum)，它(以违约金为范本)将(对遗赠所确定某人的)某项给付作为遗赠负担人实施被继承人不希望发生的特定行为时的惩罚(G. 2,235 f.;参见 Inst. 2,20,36)。优士丁尼废止了这两种限制(C. 8,37,15,2;C. 6,41,1)。

19 据以判断遗赠不生效的时间点,依照**加图规则**(**regula Catoniana**)(大概公元2世纪)只能是遗嘱设立之时(Cels. D. 34,7,1 pr.;不能由于障碍嗣后消失而补正)。然而,对于附(停止)条件和附不特定期限的遗赠,古典法学家并未适用该规则。——**文献**:伊·布蒂,"加图规则和补正"(Regula Catoniana e convalidazione),《索引》,第12卷(1983年至1984年),第230页;维·弗卢梅,"加图规则——罗马法学的实例"(Die regula Catoniana-ein Exempel röm. Jurisprudenz),《尼德兰德尔伦德祝贺文集》,1991年,第17页。

20 (二)1. 如果发生某些与其发生效力相反的情形,遗赠可能嗣后不生效。

例:遗赠受益人在实现日(dies cedens)之前死亡的、遗赠负担人不是继承人的、遗赠标的退出交易的或者以某种方式灭失但使遗赠负担人免责的。关于基于遗嘱之诉(actio ex testamento)的责任标准,见上文边码36.18;在直接遗赠中,继承人对于受遗赠人取得所有权之前的损害或者毁坏通过恶意之诉(actio de dolo)承担责任,此后则通过阿奎利亚法之诉(actio legis Aquiliae)承担责任(Ulp. D. 4,3,7,5,修改过的)。——如果遗嘱中的被召集人同时也是最近无遗嘱继承人,并且他拒绝继承基于遗嘱(ex testamento)应当归属于他的遗产,旨在使它们能够无遗嘱(ab intestato)无负担地由受遗赠人等取得,裁判官就基于"拒绝继承的遗嘱召集的人作为法定继承人占有遗产"(si quis omissa causa testamenti ab intestato possideat hereditatem)的谕令为受遗赠人提供了一项拟制诉讼,使他就像基于遗嘱成为继承人一样(Ulp. D. 29,4,1 pr.)。

21 2. 遗赠还可以由于**撤回**(**ademptio legati**)而废止。依照市民法(ius civile),这需要具有特定形式的相反表示,对直接遗赠是"我不给予不遗赠"(non do non lego),对间接遗赠是"我的继承人不给予"(heres meus ne dato)(Inst. 2,21 pr.;Ulp. D. 34,4,3,

8)，并且在遗嘱尚未完成时还可以体现在遗嘱本身，此外还可以体现在确认性遗嘱附书中。

不具有特定形式撤回意思的行为，尤其是通过出让[间接遗赠(per damnationem)的]遗赠物而撤回意思的行为，根据较为深刻的古典学说，可以发生一项诈欺抗辩(exceptio doli)(G. 2,198;Inst. 2,20,12)。——《德国民法典》第2253条至第2255条、第2258条，《奥地利民法典》第713条、第717条、第719条，《瑞士民法典》第509条至第511条。——**文献**：克努特尔(边码6.4)，第77页。

出让直接遗赠(per vindicationem)的遗赠物立即使遗赠无效，因为这种遗赠类型在继承开始时也需要被继承人的所有权。——因遗赠内容变更或者遗赠负担人、遗赠受益人等人的变更而发生的**遗赠转换**(**translatio legati**)，通常按照撤回规则处理；Inst. 2,21,1;Paul. D. 34,4,6。 22

五、法律上的遗赠限制

(一)古代法律反对过度遗赠的恶习，因为它使大财产分散从而导致对继承人不利。 23

1.**《关于遗嘱的富里亚法》**(**lex Furia testamentaria**)(公元前204年至公元前169年之间)禁止接受(capere)超过1000阿司的遗赠；但对血亲则有例外。对于侵害人，继承人不经诉讼和判决即可直接实施拘禁(manus iniectio)以得到受到禁止的剩余部分的四倍。参见G. 2,225;4,23。2.**《沃克尼亚法》**(**lex Voconia**)(公元前169年)禁止基于第一(最富裕)等级市民的遗赠而接受比单独继承人得到的或者全部共同继承人共同得到的财产更多的财产；G. 2,226。关于《沃克尼亚法》(lex Voc.)的其他内容，见上文边码68.15。

(二)**《法尔齐迪亚法》**(**lex Falcidia**)(公元前40年，D. 35,2;C. 6,50;Inst. 2,22)在继承人从遗产得不到(或者得到很少)利益 24

时为继承人提供了保护。它只允许被继承人通过遗赠处分其遗产的四分之三；而其遗产的四分之一，所谓的“法尔齐迪亚四分之一份额”，必须保留给继承人取得；D. 35，2，1 pr.；G. 2，227；Inst. 2，22 pr.。被继承人对法尔齐迪亚四分之一份额（quarta Falcidia）也设定负担的，所有遗赠将按比例扣减。

这项规则除对遗嘱继承人有利外，对遗嘱中的其他遗赠受益人也有利，因为遗嘱继承人由于通过遗赠或者信托而负担过重以致拒绝继承遗产（因此而发生了法定继承）时，（如同所有遗嘱内容一样）对他的给与也将失效。——受遗赠人和受信托人通过转信托而负担加重的，不能通过类推《法尔齐迪亚法》而保留四分之一的遗产，Ulp. D. 35，2，47，1。——《德国民法典》第 1992 条，《奥地利民法典》第 690 条以下，《瑞士民法典》第 486 条。——**文献**：克劳福德，第 2 册，第 779 页；安·瓦克，“《法尔齐迪亚法》的法律效力”（Die Rechtswirkungen der lex Falcidia），《卡泽尔祝贺文集》，1973 年，第 209 页；温·曼尼诺，“斯凯沃拉和涉及相关人员遗赠的法尔齐迪亚法的适用”（Scevola e l'applicazione della Falcidia ai legati fra loro connessi），《维托里奥·夏洛亚罗马法研究所学刊》，第 84 卷（1981 年），第 125 页；温·曼尼诺，《四分之一遗产的估价和被继承人的意思》（Il calcola della, quarta hereditatis' e la volontà del testatore），1989 年；彼·斯坦（P. Stein），“《法尔齐迪亚法》”（Lex Falcidia），《雅典娜学刊》，第 75 卷（1987 年）第 453 页；迪·尚巴赫尔，《〈法尔齐迪亚法〉的立法理由》（Ratio legis Falcidiae），1995 年。

第七十七节　信　托

（RPr. § § 189，297 Ⅱ，298）

一、概说

文献：格罗索（边码 76.1 之前），第 30 页，第 112 页；沃奇，《罗马继承法》，第 2 册，第 2 版，第 231 页；戴·约翰斯顿（D. Johnston），《罗马信托法》

(The Roman Law of Trusts),1988 年[书评,奥·罗宾逊,《萨维尼杂志》,第 107 卷(1990 年),第 638 页]。

信托(fidei commissum)最初是被继承人的不要式请求,他将履行这项请求"托付"于对他人的"信任"。在共和时期,人们尚未发现它具有可诉的法律约束,仅认为它是被继承人使他为之遗留财产的人所负担的道德义务,而被继承人在向该人遗赠财产时附有一项请求,即该人应当满足被继承人的愿望。 1

这样被继承人就有可能对他并未指示作为受遗赠人的人提供给与。例如,那些违反《富里亚法》或者《沃克尼亚法》(lex Furia 或者 Voconia)的人或者外邦人;G. 2,285。

奥古斯都基于信托,起初只是对个别情形,提供了一项法律强制,由此很快发展出了普遍承认的可诉性(Inst. 2,23,1;2,25 pr.)。最初只存在一种道德义务,因此人们不能在裁判官面前通过普通法律救济途径获得救济,而只能通过非常公职审判(extraordinaria cognitio),最初是在执政官面前进行,自克劳迪乌斯起(对价值较小的物)也可以在特别的信托裁判官(praetor fideicommissarius)面前进行,而在行省则要向总督提出要求(G. 2,278)。在这项裁判权中很快就为信托发展出固定的原则。对此,法学家和皇帝在古典时期就已经努力使它与遗赠的权利相互接近,而它在后古典法中也得以继续发展。最终,优士丁尼明确表示完全同等对待这两种遗赠类型,当然,他允许遗赠(legatum)和信托(fideicommissum)的名称同时存在(531 年 C. 6,43,2)。与此相应,在《学说汇纂》遗赠法起首部分予以明确规定,D. 30,1(添加的):"在任何方面遗赠都接近于信托"(Per omnia exaequata sunt legata fideicommissis);参见 Inst. 2,20,3。这 2

样,信托法的自由原则就可以普遍地扩及于遗赠了。

文献:艾·沃森,“信托的早期历史”(The Early History of fideicommissa),《索引》,第1卷(1970年),第178页;约翰斯顿(边码77.1之前),第256页。

二、各种信托的规则

3 (一)信托在古典时期就已经是**形式自由**的了。它可以在遗嘱或者遗嘱附书中设立,也可以采用口头形式设立,甚至可以通过向遗赠受益人本人作出表示或者仅仅通过手势而设立(G. 2,249 = Inst. 2,24,3;G. 2,270a;281;UE 25,1 – 3;PS 4,1,5 – 6a)。

除了“我将其托付于你的信赖”(fidei tuae committo)外,常用的请求言词还有“我要求”(peto)、“我请求”(rogo)和“我愿意”(volo)。仅表示推荐的言词,如“我推荐”(commendo),或者表示不确定的言词,如“我留下”(relinquo),并不足以成立信托。希腊语也可以使用。对于是否真的有意发生义务,显然形式自由会引发很多怀疑。

4 (二)1. 被继承人设定遗赠也应当具有遗嘱能力(testamenti factio)(UE 25,4;参见边码68.21)。

2. **遗赠负担人**可以是遗嘱继承人,此外还可以是无遗嘱继承人、遗赠受益人或者受托人以及所有可以自遗产获得某些财产的人(G. 2,260 = Inst. 2,24 pr.;G. 2,270;271)。

甚至还可以是作为无人继承遗产的取得人的国家(Marci. D. 30,114,2);负担向遗赠受益人提供给付义务的遗产债务人(Pius – Ulp. eod. 77)。——**文献**:安·瓦克,“债务人遗留下的信托”(Das Fideicommissum a debitore relictum),《法律史杂志》,第39卷(1971年),第257页。

5 3. **遗赠受益人**可以是实现日(dies cedens)仍然生存的任何人

［即使被继承人和他没有遗嘱能力（testamenti factio）亦可］；当然，人们以遗赠为范本对这项自由进行了限制（G. 2,274 f.）。

《佩伽苏斯元老院决议》（SC Pegasianum）（下文边码 78.5 – 6）将奥古斯都婚姻法中的落空条款延伸到了信托；哈德良时期的一项元老院决议将给与外邦人的信托没收归属于国库，而另一项元老院决议则禁止对不确定人（personae incertae）的信托。参见 G. 2,285 – 287。

（三）信托只发生**债的**效力，它授予遗赠受益人一项对不特定标的（incertum）的债权，这项债权应当如同诚信审判（bonae fidei iudicia）一样依照类似于自由的原则进行裁判；G. 2,278；UE 25,12。 6

基于信托所生的责任显然在古典法时期就已经超出恶意（dolus）而扩张到过失（culpa）的情形（Paul. D. 32,8 pr.）。在债务人迟延的情形，遗赠负担人对利息和孳息也承担责任（G. 2,280）。——**文献**：韦·焦迪切 – 萨巴泰利（V. Giodice – Sabbatelli），《奥古斯都到维斯帕西安时期对信托的法律保护》（La tutela giuridica dei fedecommessi fra Augusto e Vespasiano），1993 年。

信托标的（如同在间接遗赠的情形一样）可以是能够作为债的内容的全部给付（G. 2,260 – 262）；也可以是全部遗产（或者其中一部分），对此参见，下文第七十八节。

由于信托可以通过遗赠负担人死亡时才应当给付的方式设立，这就可以得出几代人之间受遗嘱规制的相互顺序（所谓的“信托指定补充继承人”）；这就是中世纪形成的**家庭信托**（fideicommissum quod familiae relinquitur）的罗马法根源（Mod. D. 31,32,6；Pap. D. 31,67 pr. 和 69,3）。当然，优士丁尼为此划定了界限，他最多允许四代人；（555 年）Nov. 159。——**文献**：帕·沃奇，《罗马继承法》，第 2 册，第 2 版，第 245 页；卢·德桑蒂，《信托指定补充继承人》（La sostituzione fedecommissaria），1999 年，第 79 页；卢·德桑蒂，《死因恢复原状（遗赠负担人死亡后信托财产的返还）》［Restitutionis post mortem 7 onus(I fedecommessi da restituirsi dopo la morte dell'onerato)],2003 年,第 191 页,第 363 页。

家庭信托于 1938 年 7 月 6 日由帝国法院依照《魏玛帝国宪法》第 155 条第 2 款第 2 项自 1939 年 1 月 1 日起废止;此后取而代之是家庭基金(然而对此每 30 年征收一次遗产税)。——**文献**:克·卢伊格,"菲利普·克尼普希尔德和现代实用时期的家庭信托"(Philipp Knipschildt und das Familienfideikommiß im Zeitalter des Usus modernus),载赫姆霍尔兹/齐默尔曼(边码 67.18),第 361 页;阿·泽尔纳,"论家庭信托的法律史"(Zur Rechtsgeschichte des Familienfideikommisses),《卡泽尔祝贺文集》,1976 年,第 657 页。

8 (四)信托的**取得**适用与间接遗赠相同的原则(上文边码 76.13)。

实现日(dies cedens)也就是死亡之日(有时是遗嘱开启之日),见上文边码 76.13;附不特定期限或者(停止)条件的,是这些事件的发生之日。当然自由解释也适用于此。

9 (五)1. 信托的**不生效**适用一般规则,但有所缓和。

继承人死亡后(post mortem heredis)才**生效**,在古典法中就已得到承认(G. 2,277)。加图规则(regula Catoniana)显然并不适用于信托(因此不生效事由嗣后消灭后有可能补正)。此外,如果遗赠负担人应当给付的多于他自己所得的,信托不生效(G. 2,261 = Inst. 2,24,1)。此外,由于遗赠负担人消失或者标的免责的灭失、由于撤回等事由,信托都会嗣后不生效。

2. **撤回**不受形式约束而且会使信托被取消;Ulp. D. 34,4,3,11。

10 (六)如果继承人因为信托而负担义务,《佩伽苏斯元老院决议》(SC Pegasianum)(下文边码 78.5-6)允许他依照《法尔齐迪亚法》(lex Falcidia)的范本(上文边码 76.24),相应地缩减信托,从而使他能够保留四分之一份额(* quarta Pegasiana,佩伽苏斯四分之一份额);G.2,254 = Inst.2,23,5。如果他明知而多为给付,因为服从信义(fides)的要求,对所给付者就不能以非债(indebitum)为由通过给付返还之诉(condictio)而主张返还;PS 4,3,4。

第七十八节　遗产信托

(RPr. § § 190,299)

一、概说

文献:格罗索(边码 76.1 之前),第 122 页;沃奇,《罗马继承法》,第 2 册第 2 版,第 343 页;约翰斯顿(边码 77.1 之前);弗·龙尚斯·德贝里尔(F. Longchamps de Berier),《罗马法中的概括信托》(Il fedecommesso universale nel diritto rom.),1997 年。

后位继承,在第一顺序继承人之后,期限届至或者条件成就时,可以有第二顺序继承人,但罗马法并无这项制度。之所以没有这项制度,是因为罗马法中继承人地位不能事先限定时间而取得(上文边码 68.8)。 1

为了能够使多数概括继承人可以一个接一个地连续继承,人们发现了解决办法,这就是所谓的信托继承:继承人只是被继承人的第一顺序继受人;但他却负担了义务,应当将遗产全部(或者一定份额)作为信托返还给其他继受人。这种概括信托可能在元首制早期就已经出现了。应当采取措施的主要难题是,遗产债权和遗产债务同时也转移到受托人。法学家们得到了元老院决议的支持,对这项规则费心尽力。这种(有些复杂的)解决办法的结果是更接近于事实上的概括继受。

2 分割遗赠(partitio legata)(上文边码 76.6)是其前身之一,但它只是一种分割,而且不可能转让遗产。对此,人们让继承人保留遗产的债权和债务,而仅仅通过在继承人和受遗赠人之间订立份额分配要式口约(stipulationes partis et pro parte)才在他们内部关系上建立了一种补偿;G. 2,254;257。

二、发展

3 (一)基于遗产信托(fideicommissum hereditatis),继承人负担向继受人将遗产恢复原状的义务,即应当将标的返还给他并且[通过象征性要式买卖(mancipatio nummo uno),后来形式自由地]转让遗产。继受人并未因此而成为真正继承人。为使其地位接近于继承人的地位,还需要完成实施遗产买卖时通常采用的要式口约。

在买卖遗产要式口约(*stipulationes emptae et venditae hereditatis)中,继受人允诺,使继承人对他因遗产而受的全部判罚以及其他给付能够得到弥补,而且使他能够对遗产债权人[作为自己事务诉讼代理人或者自己事务代理人(cognitor 或者 procurator in rem suam),上文边码 55.10]提起的诉讼进行防御。相反,继承人则允诺,向继受人返还他应当由遗产取得的一切,并使其作为自己事务诉讼代理人或者自己事务代理人(cognitor 或者 procurator in rem suam)以收取遗产债权(上文边码 55.3)。参见 G. 2,252。——**文献**:孟文理(下文边码 78.6),第 27 页。

4 (二)如果继受人无支付能力,这项规则对继承人就有风险。

继承人对遗产债权人承担全部责任,但其补偿请求权在继受人不能支付时将会落空。这项风险使很多继承人倾向于拒绝继承遗产,从而使概括信托也会失去效力。

《特雷贝卢斯元老院决议》(SC Trebellianum)(公元 56 年或

者 57 年）为此使继受人处于继承人的地位（heredis loco），从而使原来仅仅由继承人享有的诉讼或者对继承人提起的诉讼现在可以作为扩用之诉（actiones utiles）而直接授予继受人或者对继受人提起。参见 G. 2,251;253;255 = Inst. 2,23,2 -4 和 6。

此外，继受人取得了一项"信托性要求继承之诉"（fideikommissarische hereditatis petitio）并且对部分继承人和共同受托人取得了一项扩用的遗产分割之诉（actio familiae erciscundae utilis）。继承人对遗产债权人可以通过诈欺抗辩（exceptio doli）而获得担保；Ulp. D. 36,1,1,4。上文边码 78.3 提到的要式口约在此并不需要。

（三）**《佩伽苏斯元老院决议》（SC Pegasianum）**（维斯帕西安时期）防止了继承人因为不能保有遗产而拒绝继承它，为此也对信托规定了法尔齐迪亚四分之一份额（quarta Falcidia），但其规则相当复杂，而且在一定程度上可以追溯至《特雷贝卢斯元老院决议》（SC Trebellianum）之前的法律状态。 5

1. 信托所包含者不超过遗产的四分之三的，仍然适用《特雷贝卢斯元老院决议》（SC Trebellianum）的规则。同样，信托中负担过多时，继承人因为保有过度负债的遗产只能经由长官强制而接受遗产。参见 G. 2,255;258;Inst. 2,23,6。

2. 继承人应当返还超过四分之三并且还可以自主决定是否接受遗产的，就适用《特雷贝卢斯元老院决议》之前的法律，债权和债务归属于继承人，而他因此必须承担继受人破产的风险。在此应当区分：(1) 如果继承人在返还时收取了法尔齐迪亚四分之一份额（quarta Falcidia），事情这样就算了；受托人对于遗产债权人不取得任何权利也不负担任何义务，在继承人和继受人内部关系上依照份额分配要式口约（stipulationes partis et pro parte）的范本发生补偿请求权（上文边码 78.2）。(2) 相反，如果继承人未收取该四分之一份额，就会对他让步，通过受托人和继承人之间订立遗产 6

买卖要式口约（* stipulationes emptae et venditae hereditatis）的方式使受托人对外享有权利和负担义务。对此参见 G. 2,257 = Inst. 2,23,6。——**文献**：孟文理，《佩伽苏斯元老院决议》（Das senatus consultum Pegasianum），1989年。

7 （四）残余物（de eo quod hereditate supererit 或者 de residuo）信托是一种特殊情形，在这种信托中继承人对受托人负担义务，应当返还在他死亡时遗产仍然存在的财产。对此的解释表明，继承人可以根据正直的人的判断对遗产进行处分，而不是死因处分。对于其费用，他也必须在其个人财产和遗产之间按比例分割（马可·奥勒留，见 Pap. D. 36,1,56）。通过这种方式，最终达到了一种类似于免除前位继承人的效力（《德国民法典》第 2136 条）。优士丁尼限制了继承人的处分自由，只允许继承人最多处分遗产的四分之三，Nov. 108,1。

文献：阿·穆里略·比利亚尔（A. Murillo Villar），《罗马法中的残余物信托》（El fideicomiso de residuo en derecho rom.），1989 年［书评，约·菲利普－弗勒施尔，《萨维尼杂志》，第 110 卷（1993 年），第 735 页］；卢·德桑蒂（边码 77.7），第 113 页；弗·昆卡·博伊，《罗马法中的残余物信托等》（El fideicomiso de residuo en el derecho rom. etc.），2004 年（附有学说史）。

8 （五）优士丁尼废止了《佩伽苏斯元老院决议》（SC Pegasianum）中不清楚并且有失公正的规则，从而在实质上又回到了《特雷贝卢斯元老院决议》（SC Trebellianum）（Inst. 2,23,7）。

继受人此后在各种情形都处于“继承人的地位”。《佩伽苏斯元老院决议》中只有两类规定得以坚持：1. 继承人对于概括受托人也可以主张法尔齐迪亚四分之一份额（quarta Falcidia）。2. 对于拒绝接受遗产的继承人（现在对他没有不利之处）可以强制其接受遗产。

第七十九节　死因赠与

（RPr. § § 191,300）

一、死因赠与

文献：帕·西默纽斯（P. Simonius），《古典罗马法中的死因赠与》（Die Donatio Mortis Causa im klass. röm. Recht），1958年；汉·安库姆，“古典罗马法中夫妻之间的死因赠与”（Donations in Contemplation of Death between Husband and Wife in Classical Roman Law），《索引》，第22卷（1994年），第635页。

（一）“死因赠与”（donatio mortis causa）是一种赠与，其存续取决于受赠人活过了赠与人。马尔西安（D. 39,6,1 = Inst. 2,7,1末尾）用这种方式说明了它与遗赠的区别：如果“某人爱自己胜过爱受赠人并且爱受赠人胜过爱继承人”，就会有死因赠与，例如，“《荷马史诗》中特雷马库斯也是这样赠与给皮莱乌斯的”［《奥德赛》，第17卷，第75行至第83行（Odyssee 17,75 – 83）］。——赠与可以采用以下方式：(1)受赠人立即取得赠与人面临死亡危险时给与他的财产，但赠与人在脱离死亡危险或者活过受赠人时，可以由于所欲实现的目的未能实现而对所给与者通过（给付目的不达）给付返还之诉［condictio（ob rem dati）］主张返还（上文边码48.16）。(2)赠与附条件成立，即只有受赠人活过赠与人，受赠人才延缓至赠与人死亡时取得权利。 1

最后提到的是方式(3)，即立即实施给与，但没有死亡危险，而赠与人却有“死亡预感”。关于这三种类型，见Iul. – Ulp. D. 39,6,2。——《德国民法典》第2301条，《奥地利民法典》第603条、第956条，《瑞士债法》第245条第2款。

2 （二）1. 死因赠与（donatio mortis causa）在古典法中，如同任何赠与一样，只是让与所有权或者其他给与的原因（causa）。君士坦丁的法律从赠与是一种独立行为类型的观点出发（上文边码 47.4），在一定程度上将死因赠与和其他赠与同等对待。

3 2. 另一方面，它自古典时期起就已经逐渐与遗赠接近了。

《富里亚法》和《沃克尼亚法》（leges Furia 和 Voconia）自始即可适用于它。关于落空的法律和《法尔齐迪亚法》（lex Falcidia）在元首制时期也扩张适用于它。

4 死因赠与（donatio mortis causa）可以撤回，大概古典法就已经如此了。在后古典法，这是确定无疑的。在西部，它与生前赠与和遗赠融合成了中世纪法中的“授与行为”。在东部，优士丁尼使它与遗赠法几乎完全接近了。

Inst. 2,7,1。对于书面设立或者口头设立都需要 5 名证人（C. 8,56,4，类似于遗嘱附书的要求）。可撤回性也与希腊化的法相适应，参见 D. 39,6,15（结论有添加的）。——**文献**：卡・托尔－马托雷利・利亚夫雷斯（C. Tort－Martorell Llabrés），《论死因赠与的撤回》（La revocación de la donatio mortis causa etc.），2003 年；彼・容（P. Jung），“死因赠与人的返还请求权”（Das Rückforderungsrecht des Schenkers mortis causa），《胡维勒尔祝贺文集》，2007 年，第 325 页。

5 二、法律和法学家们称**死因得利**（**mortis causa capio**），旨在概括继承和遗赠之外由于他人死亡而取得财产的所有情形（G. 2,225 f.）。其中[除死因赠与外（donatio mort. causa）]还包括**条件成就原因**（**condicionis implendae causa**）的受领，即给与某人遗产或者遗赠但所附条件是向第三人给付（或者负担）第三人取得（参见 Gai. D. 39,6,31 pr./2）。死因得利（mortis causa capio）在古典法和后古典法中很大程度上也可以适用关于遗赠的规定；Marcell. D. 39,6,38。

第七编

民事诉讼法导论

以下论述基本是以卡泽尔的手册为基础的：马·卡泽尔，《罗马民事诉讼法》（Das römische Zivilprozeßrecht），第2版由卡·哈克尔修订，1996年（引用标志为Kaser/Kackl）。一般文献：见上文边码1.59；还可参见马·塔拉曼卡，《（罗马法）民事诉讼》[Processo civile（diritto rom）]，《法学百科全书》，第36册，1987年，第1页。

第八十节　概说　历史

一、私法与诉讼法

（一）为理解关于罗马私法的论述，需要对民事诉讼法的补充研究；其正当性理由在于，私法和服务于私法实现的程序之间在罗马存在密切联系。 1

正如我们已经见到的（上文边码4.6－7），罗马人并未将私法与诉讼法进行体系化区分。他们并没有给民事诉讼法以名称，而且在其渊源中，尤其是在裁判官谕令中，私法规定和诉讼法规定彼此并未互相区别。私法和诉讼法的统一是内在的统一，因为罗马法的某些基本概念在这两个法律领域中是共同的，尤其是**诉**（**actio**）这个中心概念，此外还有**抗辩**（**exceptio**）。罗马人将这些概念视为一个整体；今天我们赋予了这些整体性概念以不同含义。例如，赋予诉（actio）以程序法意义（作为“诉讼行为”“诉讼”）和私法意义（作为请求权）相互并存，而这是后来的反思，罗马人当时所知道的只是萌芽而已。

2 以下可以说明这些不区分性:(1)罗马人的“制度性法律思维”。罗马人的法律很少有体系化构造的法律领域,更多的则是个别的具体法律形制。罗马人就这样将每个诉(actio)[例如,原物返还之诉(rei vindicatio)或者基于要式口约之诉(actio ex stipulatu)或者盗窃之诉(actio furti)]视为一个整体,其中既考虑了私法的前提和法律效果,同时也考虑了以诉讼方式实现所需的程序。这种思维方式在古代还得到了为不同种类请求权提供特别程序种类的支持。(2)此外,大部分私法质料(绝大多数但不是全部),即请求权(actiones)、抗辩权(exceptiones)和其他诉讼的法律救济手段,都在内容广泛的裁判官谕令中受到了规制(上文边码2.15－16)。这些(与其时代相统一的)谕令包含了市民法诉讼和荣誉法诉讼的范本程式,通过这些范本程式他们在发生争议时提出主张。对于荣誉法诉讼,除包含裁判官法的“法律保护预告”(...iudicium dabo)外,还列明了裁判官提供由他所引入的诉讼保护的前提。因此,这里到处都是没有区分私法上和程序上的诉讼前提而共存的内容;毋宁说在这些渊源中经过加工的全部法律质料(无疑不只局限于全部私法范围内,参见上文边码2.17)都是从诉讼角度来考虑的。法律求助者就这样对其问题得到了答案:“我基于这项事实起诉能得到期望的结果吗?”“我如何对起诉进行有效答辩?”“我能不能通过裁判官预告的法律救济维护自己的法律地位?”

3 从罗马民事诉讼法的重要领域中选择一些理解私法必不可少的内容进行简短概述,也许就可以实现我们的目的。

我们对罗马民事诉讼法的认识(除了一般渊源外)主要是基于盖尤斯《法学阶梯》第4编[论诉讼(de actionibus)]。它考虑的是古代阶段,而没有描述全部程序法,并且只包括了法律救济手段[诉(actiones)、抗辩(exceptiones)等]的概况。

4 (二)如同当代民事诉讼法一样,罗马民事诉讼法就已经区分了审判程序(裁判程序、判决程序和审理程序;狭义诉讼程序)和强制执行程序,前者一般以“起诉”开始以(有法律效力的)判决结束,后者可以实现(给付)判决的内容。

关于支配罗马程序法的**诉讼原则**,应当说明以下几点:(1)法官中立性,它首先通过程序两分和当事人影响法官选择(下文边码 80.13;82.14)而得到保障,在帝政时期还可以通过向皇帝上诉而得到保障。(2)当事人支配诉讼事件,它在传唤和强制执行中表现得最为清楚,而这两者都被认为是当事人的私人行为[不愿意的人不能被强制参加诉讼(Invitus agere nemo cogitur),Diocl. C. 3,7,1;处分原则的核心]。(3)行为的言词性、直接性和公开性。(4)两造听审(audiatur et altera pars)[根据是,塞内卡,《梅迪亚》(Seneca,Medea,199f.)]。另一方当事人也必须听取。在两分的民事诉讼(边码 80.9)中,这项原则对于在法庭长官面前的阶段提供了保证,没有双方当事人参与就不能确定审理程序;在公职审判诉讼中它仍然适用(Diocl. C. 7,43,7;PS 5,5a,5;关于刑事程序,参见诸如 Marci. D. 48,17,1 pr.)。第二项到第四项原则在古典时期基本上得到遵守了,在后期专制主义君主制时则受到限制或者被背弃了。——**文献**:安·瓦克,“两造听审”(Audiatur et altera pars),《瓦尔德施泰因祝贺文集》,1993 年,第 369 页;还可参见,汉-于·贝克尔(H.-J. Becker),“合法听审”(Das rechtliche Gehör),《泽勒特祝贺文集》(Fs. Sellert)(边码 82.4),第 67 页[继受进入教会法中,其原因是,1521 年路德(Luther)被传出席了沃尔姆斯(Worms)的帝国议会并受到审判,而他则被卡尔五世(Karl V.)褫夺了公权]。 5

二、历史

(一)大概如同所有民族一样,在罗马旨在实现私权的诉讼程序的历史也是随着国家对私力的限制和监督而开始的。谁的权利受到他人损害,谁就可以自己主动并通过私力而抓取相对人或者财物而施以追夺。当然,在此他通过两种方式受到了国家干涉的限制:(1)追夺性抓取受到严格的形式约束:只有具备仪式性形式时,追夺才不意味着违法侵害他人权利范围;(2)此外,很 6

早就使抓取决定于对权利状况事先进行的权威检验。如果追夺人对相对人的权利并非自始就经确认是无争议的,强制执行之前必须通过判决确定追夺人事实上享有权利。强制执行可以实现追夺人权利,在大多数情形下只有在审理程序(判决程序)结束之后才能准许实施。这项程序要通过诉(actio)才能提起,然后通过判决对追夺人的权利进行裁决。只有例外情形,即对该权利毫无争议时,才不需要这项程序,不需要经过法官的审查或者裁决就能确认权利,因为司法长官本身可以不经过确定的审理程序而确认这项权利,或者因为责任人在司法长官面前承认了追夺人这项权利(上文边码 32.14–15)。——**文献**:卡泽尔(边码 32.15)。

7 (二)古代罗马时期的诉讼法有多项程序,通过**法定诉讼**(**legis actio**)而得以确定(下文第八十一节)。它们有些用于审理程序,其他则用于强制执行。

法定诉讼(legis actiones)的名称大概可以回溯到古代的套话程式,人们称其为“法律”(leges)。后来,这个名称由法律基础推导而来,其中,大多数都可以追溯到该法律基础(见 G. 4,11);它可以是《十二表法》,后来也可以是民众法[或者百人团法(lex censoria)]。然而,不应当怀疑的是,这些程序中最重要者在《十二表法》之前就已经产生了。此外,盖尤斯还提到过一些案例,在这些案例中人们将纯粹的习俗(mores)作为法定诉讼的基础,或者尽管有法律基础但对将它编排进入法定诉讼(legis actiones)之中却表示了怀疑(G. 4,26 f.;29)。这些不同表达产生了不同的翻译:“法定诉讼”“套话程式诉讼”,还有[孟文理(上文边码,1.47)论 G. 4,11 时所称的“法定(套话程式)诉讼”]。

8 对法定诉讼而言共同之处在于,它们都是通过古老的程式行为而确定的。这些程式行为中包括了郑重讲说精准的特定言词程式(套话程式),借助这些言词程式当事人——通常在司法长官面前——提出其主张。

严格的言词形式主义以及与此相关的谨慎的文义解释（对此参见 G. 4，11 和 30）表明了这些诉讼法行为非常古老。除言词程式外，还有其他一些形式，例如，用手抓住争议标的或者相对人或者以木棒（vindicta）触碰。在目的是审理程序的法定诉讼中，双方当事人都要讲说该程式，而在目的是强制执行的法定诉讼中，只需要追夺人一方讲说该程式。关于司法长官本人，见下文边码 80. 10。

法定诉讼是为罗马市民保留的，它们属于古代的市民法（ius civile）。

（三）最古老的罗马的审理程序可能是**统一的**，其中既包括在司法长官面前确定审理程序也包括争议裁决等（瓦·泽尔博）。司法长官为作出判决可以借助于判决作出人的专业建议，而他最初大概也受其裁决的约束，这样就相互协调一致了。 9

然而，后来很快就由此发展出了程序**两分**，即**法律审**（**in iure**）阶段，也就是在法庭上（上文边码 7. 17）在法庭长官面前，和**裁判审**（**apud iudicem**）阶段，也就是在受托承担法官任务的私人［审判员（iudex），也可能是多数人，参见下文边码 82. 14 – 17］面前，他除应当作出判决外，后来还负责宣布判决。这种经过区分的程序早在法定诉讼中就已经实施了，但它主要支配的还是前古典时期和古典时期的普通诉讼（程式诉讼，下文边码 80. 14；82. 13 – 14；82. 22；第 84 节）。

1. 只要有这种程序区分，就只有第一个程序阶段在法庭长官面前进行（in iure），也就是在国家司法权（iurisdictio）的担当人面前进行。 10

在罗马，最初由国王管辖，后来由裁判官管辖；大约**自公元前 242 年起**，管辖权有所区分，罗马市民之间的争议事项由城市裁判官（praetor urbanus）管辖，与外邦人的争议事项或者外邦人之间的争议事项由**外事裁判官**（**praetor peregrinus**）管辖。自共和初期起，我们发现在物的买卖或者奴隶买卖中物的瑕疵所生的某些请求权由贵族市政官管辖(上文边码 41.38)。在意大利,(对于特定争议金额以下以及紧急事项的)“低级”管辖权归城市的地方执法官[两人委员会(duoviri)等]享有,“高级”管辖权归罗马裁判官享有,他(在共和晚期)通过执法长官(praefecti iure dicundo)行使这项权力。在行省,总督(praesides;关于行省诉讼,见下文边码 80.22)就是司法长官。

11 法律审(in iure)程序阶段由程序确定所决定,即(在考察诉讼前提同时,下文边码 82.6)对于如同原告所提出的种类一样的请求,在法律制度中是否承认提供法律保护,即是否提供一项诉(actio),作出裁决。裁判官对于原告所讲内容是否与事实相符并不进行调查,而是临时认其为真并且考察原告在他所陈述内容中是否享有一项可以通过民事诉讼而主张的权利。裁判官对此予以否定的,就会立即驳回(actionem denegat)原告所提出的为其提供诉(actio)的申请;相反,如果他对此予以肯定,就允许他所申请的程序。如果现在被告也愿意——必要时可能会强制他——参与诉讼,就会在双方当事人和法庭长官共同参与下查明诉讼纲程,确定程序并且任命审判员(iudex)(详细内容,见下文第八十二节)。

因此,法庭长官的司法权(iuris dictio)不是作出判决意义上的“司法”,而是“法律指示”意义上的,他只对是否享有诉的问题、如果有诉那么诉的内容如何的问题、在哪个法官面前为作出判决的程序说明理由的问题作出裁决。

12 2. 然后,在“私人法官”(下文第八十四节)面前的第二个程序阶段规定了举证和判决。在这个阶段,原告为其请求举证,被告为其辩护举证。法官在评价证据的基础上按照诉讼纲程作出判决,就如同在裁判官面前的阶段所确定的那样并且以诉讼确定为基础。

对于阶段两分的来源问题，争论激烈。过去曾经有通说认为，这种程序区分具有某种原始性，而且在私人仲裁庭中发现了罗马民事诉讼的历史根源，这种私人仲裁庭逐渐接受了国家监管并因此逐渐发展形成了国家的诉讼程序［莫·弗拉萨克（M. Wlassak）］。与此相对，新近人们根据罗马流传下来的材料倾向于认为，早期的司法长官，也就是作为神权担当人的国王，享有司法上的完全权力，其中也包括作出判决的权力。将举证程序和作出判决的任务交给特别的判决法官，应当是后来才产生的，而且，最初只是一项自愿措施，它使法庭长官可以在不断增多的公务中能减轻负担；只是到了共和初期才将它作为一项强制规则，这样做的依据是渊源于希腊的民主的主导思想。这种程序区分在希腊法律部门中有相似种类，在古代东方的专制主义君主制中也可以发现相似种类，国王的"完全司法权"被分开了，这从一开始就是有可能的。如果从减轻负担的目的考虑，也许它的产生受益于一种主导思想，即诉讼确定的本质不取决于真正司法权，很多法官都听命于国家司法长官，当事人对其选择具有影响，并且只有当事人事先——自愿或者非自愿地——服从于他们时，才受其裁决拘束。——**文献**：卡泽尔/哈克尔，第 46 页；瓦·泽尔博，"论法定诉讼中审判员任务的历史变迁"（Vom geschichtlichen Wandel der Aufgabe des iudex in der legis actio），《孔克尔纪念文集》，1984 年，第 391 页；莫·弗拉萨克，《罗马诉讼中的司法命令》（Der Judikationsbefehl der röm. Prozesse），1921，第 247 页。 13

（四）1. 大概早在古代的共和时期，在法定诉讼这种古代民事程序之外，就已经出现了更具弹性的程序，即**程式诉讼**，并且，正如它所表现的那样，在程式诉讼中很多前景较好的诉讼种类的审理程序都采用书面诉讼程式（per formulas）进行。这种程序种类主要是放弃了仪式性套话程式，因此也就消除了当事人由于没有正确选择或者讲说其程式而面临的败诉风险。毋宁说，在程式诉讼程序中，诉讼纲程，即原告提出的请求和裁判官提供的诉（actio），以经过谨慎细致编辑的**诉讼程式**（**formula**）的形式得以记录下来，而诉讼程式最初虽然采用口头形式，但后来则一直采用书面形式。这种诉讼程式构成了［通过争讼程序（litis contestatio）］诉讼 14

确定的基础，并且使私人法官了解了这项诉讼的标的和内容。程式也可以有一些扩展，尤其是通过接受被告为自己辩护而申请并经裁判官批准的抗辩（exceptio）这种方式。诉讼程式的形成经过罗马法学家倾注大量智力，可以有很多变化，并且可以——不同于僵化笨拙的法定诉讼——适应已经发展并且继续前进的法律制度的多样化要求。

15 程式诉讼明显受到了法定诉讼范本的影响，但同时也表现出了独立的创造性规划所具有的特征。这一程序种类自始就不局限于罗马市民，也可以适用于外邦人。它很可能完全就是为罗马人与外邦人之间或者外邦人彼此之间的法律争议而设立的，并且因此按照其具体设置而为外事裁判官（praetor peregrinus）的实践所采用，外事裁判官则是公元前 242 年左右在原来唯一的［城市（urbanus）］裁判官之外新设的（见边码 80.10）。

它的根源在于和非市民的法律关系中，与抛弃（外国人难以适用的）言词形式主义和谐一致，与不要式行为（上文边码 3.12－13）的情形无甚不同，不要式行为部分受到了与外邦人法律交往的影响，而且应当归属于万民法（ius gentium）之列。

16 2. 根据其效力基础，程式诉讼最初依据的只是法庭长官的司法权，后来则在一定前提下被采用进入了市民法（ius civile）：

17 （1）对于荣誉法（ius honorarium）的请求权，只有程式诉讼可供选用。但对于**诚信审判**（**bonae fidei iudicia**）的请求权，也没有任何法定诉讼可用，只能在程式诉讼中予以主张。之所以如此，是因为信义（fides）约束市民和外邦人（上文边码 2.13；33.11－13），也获得了市民之间的承认，因此也就属于了市民法（ius civile）。

18 对于古代市民法（ius civile）的其他请求权，裁判官同样也逐渐创造出了程式（formulae）。随之也就确定下了荣誉法程序，罗马市民之间有时还可以在这些程序与法定诉讼之间进行选择。**《埃布提亚法》(lex Aebutia)**(大概公元前 2 世纪后半叶)承认了市民之间程式诉讼就是市民法程序,并且因此而将法定诉讼从实践中排挤出去。

(2)奥古斯都通过(公元前 17 年)**《关于私人审判的尤利亚法》**和**《关于公共审判的尤利亚法》**(**leges Iuliae iudiciorum privatorum** 和 **Publicorum**)这两部法律继续进行改革,将法定诉讼(legis actiones)(几乎完全)予以废除。此后,如果程式诉讼满足了某些前提,就可以依照市民法(ius civile)发生效力了。 19

市民法(ius civile)程序的效力受到以下约束:①诉讼被确定在罗马或者罗马周围直至第一个里程碑;②当事人和法官为罗马市民;③设定了独任法官(而非判还官,下文边码 82.15)。只有满足这些要求的诉讼,才是**法定审判(iudicium legitimum)**,其他的都是**依职权审判(iudicium imperio continens)**。依照《尤利亚法》(lex Iulia),这种对立涉及程序的期限:在法定审判(iudicium legitimum)中的诉讼在确定后 18 个月还没有作出判决的话就会消灭[**诉讼中止(mors litis)**],而在依职权审判(iudicium imperio continens)中的诉讼在该程序所确定的执法官的办公时间结束就消灭了。参见 G. 4,103 - 105。作为一项市民法(ius civile)的继续性效力,法学理论对于(实体法的)市民法(ius civile)对人之诉(actio in personam)得以确定的情形从法定审判(iudicium legitimum)派生出了消耗效力,对此参见下文边码 82.24 - 25。——**文献**:费・贝托尔迪(F. Bertoldi),《论〈关于私人审判的尤利亚法〉》(La Lex Iulia iudiciorum privatorum),2003 年。 20

(五)程式诉讼是古典时期的普通民事诉讼程序。此外,自奥古斯都起还发展出了一种以皇帝法为依据的程序,在这种程序中,审查和裁决(cognoscere)都掌握在国家官员手中。这种**公职审判**程序抛弃了必要的两分,而这种两分程序将证据认定和判决委托于私人承审员。整个程序都在国家机关之前进行,还要在公职法 21

官之前进行，而该法官有时会将个别程序阶段交给助理审判员（iudex pedaneus）处理。

这种公职审判程序完全不拘形式，而且较之于程式诉讼有许多更自由的原则。它产生了很多现象，而这些现象先前原本是统一的。在罗马（和在意大利）主要采用**非常公职审判**（**extraordinaria cognitio**）程序，即（在程式诉讼之外的）非普通程序，要在执政官面前，或者在特定执法官或者官员面前，尤其是在皇帝面前进行，迄今未显示存在可以通过诉讼实现的请求权（诸如对有亲属关系人之间的扶养、对上等阶层成员提供劳务的酬金、对遗产信托等）。此外，皇帝在（非常自由的）公职审判程序中还要自己作出裁决，可能针对的是对公职审判程序所作出的判决提起上诉（appellationes），以及逐渐发展出来的对程式诉讼判决的上诉，也可能作为例外而存在于第一审级中。皇帝将他自己的司法权中的大部分托付于其他机构行使。

22 在行省，程式诉讼也逐渐发生变性，而且向公职审判诉讼的方式发展（下文边码 87.2）。不过，早先的优势学说不应当遵从，根据该学说，程式诉讼适用于元老院行省（provinciae populi Romani），最多还适用于部分皇帝行省（provinciae Caesaris）。然而，在某些皇帝行省，主要是埃及，并不适用程式诉讼，毋宁说是保留了流传下来的程序种类。原则上程式诉讼也是行省通常适用的程序。因为总督的司法权并没有按照他是作为行省执政官管理元老院行省还是作为行省总督（praeses）（也是所有总督的上位概念，Macer D. 1,18,1）管理皇帝行省而进行区分。根据 G. 1,6，由行省总督（praesides provinciae）（而不仅仅是行省执政官）颁发的谕令构成了该程序的基础，至少在元首制早期就在很大程度上得以统一化，并且根据裁判官法范本得到了充实。所以，在古典时期行省谕令以及由此所及的总督的司法权在内容上就与裁判官的司法权相互一致了。

对行省诉讼的特别说明,可以经由《伊尔尼塔纳法》(lex Irnitana)而得出来。这部法律在1981年被发现,是青铜板所流传下来的弗拉维乌斯时期设立的伊尔尼自治市(Municipium Flavium Irnitanum)的城市法,属于在西班牙元老院行省的拜提卡(Baetica)[安达卢西亚(Andalusien)]的拉丁乡镇法。它涉及1世纪的法律,不管是在原则上还是在细节上都表现出严格以城市罗马诉讼法为根据。——**文献**:弗·兰贝蒂,《伊尔尼的青铜板》(Tabulae Irnitanae),1993年;威·西姆斯霍伊泽,"从《伊尔尼法》看城市罗马程序法"(Stadtrömisches Verfahrensrecht im Spiegel der lex Irnitana),《萨维尼杂志》,第109卷(1992年),第163页;卡·哈克尔,"行省的民事诉讼"(Der Zivilprozeß in den Provinzen),《萨维尼杂志》,第114卷(1997年),第140页;迪·内尔,"马克斯·卡泽尔的罗马民事诉讼法:阿拉伯行省的诉讼法和诉讼实践"(Röm. Zivilprozeßrecht nach Max Kaser:Prozeßrecht und Prozeßpraxis in der Provinz Arabia),《萨维尼杂志》,第115卷(1998年),第80页=《古代法的历史》,第3册,第2199页;焦·达·梅洛拉(G. D. Merola),"论行省的司法:幼发拉底河中游未发表档案材料之二"(Sull'amministrazione della giustizia nelle province:il PEuphr. 2),《信义 人性 法》,第5册,第3577页。

在元首制时期,程式诉讼逐渐被废弃了,最初是在行省,后来是在意大利,公元3世纪是在罗马(下文边码87.2)。程式诉讼不断接近于公职审判诉讼,直至最后完全融入其中。342年的一部法律(C.2,57,1)认为(被人误解的)合法形式(iuris formulae)是"咬文嚼字的"而加以禁止;当然,在实践中公职审判诉讼自戴克里先时期起就已经得到了普遍认可。 23

(六)在后古典立法中,尤其是优士丁尼的立法中,公职审判诉讼进一步完善,在很大程度上强化成为由公职法官支配诉讼而非由当事人支配诉讼的程序。《民法大全》中的这项公职审判诉讼在中世纪经由教会法和意大利法进一步调整,随着法律继受以变化后的形式为德国所采用,并且在德国发展成为普通法诉讼的基础。 24

25 1495年《帝国枢密法院条例》采用了这种罗马法—教会法的诉讼，并使其成为书面程序，由于各个阶段划分得细致入微，因此而显得拖沓冗长了。这种所谓的法庭诉讼虽然只具有辅助效力，但很多地区都有对它的模仿。与其相对的是(反对继受的)萨克森式诉讼法，它以1622年《萨克森选帝侯国诉讼和法庭条例》为基础，旨在尽快进行程序。在诉讼中必须包含对事实情况的说明；程序按照**举证分配**(**举证决定**)而分为主张阶段和证明阶段，后来排除了主张阶段。这些程序对1654年最新帝国法律中关于法庭诉讼的改革起了很多作用，从此普通法诉讼才开始在实践中继续发展。——**文献**：阿·恩格尔曼(A. Engelmann)，《民事诉讼、历史和体系》(Der Civilprozeß, Geschichte und System)，第2册(第3部分)，1890年至1895年，1970年重印；埃·德林(E. Döhring)，《1500年以来的德国司法史》(Geschichte der deutschen Rechtspflege seit 1500)，1953年；维·利特维斯基，《古代司法程序中的罗马法—教会法民事诉讼》(Der römisch－kanonische Zivilprozeß nach den älteren ordines iudiciarii)，2册，1999年。

第八十一节　法定诉讼程序

(Kaser/Hackl §§10－21)

一、概说

1 法定诉讼(legis actiones)，正如我们所见(上文边码80.7－8)，是具有特定形式的、通过仪式性套话程式表明特征的法律上的行为。通过法定诉讼，依照古代罗马市民法制度，或者由争议当事人双方对法律争议确定一项程序，或者由执行权利人启动执行程序。我们现在来分别讨论流传下来的各种法定诉讼。

二、审理程序

文献：杰·梅利洛(G. Melillo)，“法定诉讼和五种诉讼方式”(Le legis actiones e i quinque modi agendi)，《信义 人性 法》，第5册，第3515页。

（一）我们所知道的罗马人最古老的审理程序是**誓金法定诉讼（legis actio sacramento）**，它表现为对物（in rem）的程序和对人（in personam）的程序。 2

1. **对物**誓金法定诉讼（legis actio sacramento **in rem**）用于确定原物返还之诉（vindicatio）并因此而确定诉讼双方就对人或者物的支配进行诉讼的程序。在这项"对物的"法定诉讼中涉及支配权，包括父权（patria potestas）、（对妻子的）夫权（manus）、（对已出让家子的）买主权（mancipium）、对奴隶和其他要式物（res mancipi）的所有权（参见上文边码 25.3），可能还包括某些役权，或许还包括用益权、继承权以及人的自由（或者奴隶身份）。

我们在原物返还之诉（rei vindicatio）中（上文边码 27.3）已经考察过了这项程序的确定，并且看到，它以争议双方以及争议标的都要到司法长官面前为前提。这项诉讼（经过对这些前提进行不要式的预备处理和审查后）以原物返还之诉（vindicatio）开始，对标的提出主张的当事人一方作出仪式性行为，以杖棒（festuca，vindicta）触碰标的并且通过固定不变的套话程式对该标的主张其权利。对方当事人以相同言词的原物返还对待之诉（contravindicatio）（上文边码 22.4；27.3）对原物返还之诉（vindicatio）进行辩护。在对人或者自由身份的家庭权力的诉讼中，双方当事人的权利主张大多并不相同。对于双方的仪式性私力行为，司法长官以其"双方都放开该物"（mittite ambo rem）的和平命令予以禁止。在交换其他程式后［在原物返还之诉（rei vind.）中是关于所有物返还的基础（causa vindicandi），见上文边码 27.3，在要求继承之诉（hereditatis petito）中也同样］，第一个人向第二个人提出挑战："因为你没有权利请求返还所有物，所以我要求你出 500 阿司的誓金"（quando tu iniuria vindicavisti，quingentis assibus sacramento te provoco），另一个人回答说，"我也（这样）要求你"（et ego te）。通过对自己确定赌注的表示，相对人以完全相同的方式进行挑战，例如，"我已经为我的主张的真实性确定了誓金（sacramentum）；你敢对你的主张确定同样的誓金吗？"——关于这种挑战的意义，见下文边码 81.5。参见 G.4，16 f.。——**文献**：约·格·沃尔夫，"论对物誓金法定诉讼"（Zur legis actio sacramento in 3 rem),载奥·贝伦茨/马·迪塞尔霍斯特/武·埃·福斯(上文边码48.3),第1页;马·卡泽尔,“论对物誓金法定诉讼”(Zur legis actio sacramento in rem),《萨维尼杂志》,第104卷(1987年),第53页;约·普拉切克,“带物出庭:论罗马所有权诉讼中的象征性权力”(Ex iure manum conserere. Zur symbolischen Gewalt im röm. Eigentumsprozeß),《法律史杂志》,第74卷(2006年),第245页。

4 2. **对人**誓金法定诉讼(legis actio sacramento **in personam**)是为对人责任的法律争议而规定的。

我们不知道具体细节,但可以认为(参见下文边码81.7中的程式),原告以“aio...”这种程式正式主张被告的责任,并对被告进行请求、同意或者否定(„Postulo aias an neges“)。然后被告否认其责任,接着就如同在对物之诉(actio in rem)中一样,当事人对此以赌“誓金”的方式进行挑战。被告在将来诉讼中败诉的,如果被告支付给原告而使他免责的赎金金额不能由其责任基础中确定下来,就通过估价程序而确定。

5 3. 誓金挑战(provocatio sacramento)的特点是将该程序适用于双方,根据盖尤斯(G.4,13－15)流传下来的材料,它指向的是一种赌博方式,这种赌博中争议当事人任何一方都要确定(固定)誓金金额(summa sacramenti)作为赌注。根据判决来表明谁的誓金正当(sacramentum iustum)(关于争议的法律问题是作为先决问题而决定的),败诉一方所提出的赌注金额就被作为“诉讼罚金”而收归国库。

这种独特的诉讼赌博需要从它能够猜想到的来历进行解释。至少在某些适用情形,誓金(sacramentum)意味着一种誓言(例如,军人誓言);因此就可以认为,在古代当事人通过起誓而强调其主张。该誓言同时意味着一种附条件的自我诅咒:“如果我的主张不真实,我将受到誓言之神的报复。”然而,双方当事人对他们相互对立的主张各自起誓，不可避免的结果是，这意味着他们中有一个人是在起假誓。为避免这种令人生畏的灾祸，双方当事人都提供了赎罪礼（piaculum），通过将赎罪礼献给神（或者其神庙），从而在自己败诉时能赎回神所降的灾祸。根据盖尤斯的介绍，誓金金额分别是（诉讼标的在1000阿司以上的）500阿司或者（诉讼标的较低的案件以及自由诉讼中）50阿司；它（根据古代也由法律确定的换算）相当于5头牛和5只绵羊。因此，誓金（sacramentum）的名称可能来自于人以（赌输方作为干净的祭品而献出去的）动物下赌，发展到后来使用金钱下赌。随着时间推移，在诉讼中为主张权利而起誓的思想逐渐消失了，剩下的就只有赌注金额的确定了，而双方当事人［同时提供保证，誓金保证人（praedes sacramenti）］在提出诉讼理由时仍然必须对此进行允诺。败诉方的负担归属于国库应当解释为轻率诉讼罚金（* poena temere litigantium）。判决包含了对于誓金（sacramentum）的裁判，并且因此而间接包含着当事人之间对于存在争议的私权的意见。

（二）对于**申请确定审判员或者仲裁员法定诉讼（legis actio per iudicis arbitrive postulationem）**而言，确定誓金则比较少见。这种法定诉讼（legis actio）只是为特定的对人之诉而规定的；依照《十二表法》适用于基于誓约［要式许愿；最初可能是采取确定标的要式口约（stipulatio certi），后来不确定标的（incerti）要式口约大概也可以］的诉讼和遗产分割（familiae erciscundae）诉讼，依照《利齐尼亚法》（lex Licinnia）适用于一般的共有物分割之诉（actio communi dividundo）。原告主张权利和被告争辩后，原告立即就向裁判官提出申请要求确定审判员（iudex）或者仲裁员（arbiter）。参见G. 4,17a。 6

在基于誓约（sponsio）的诉讼中抛弃誓金（sacramentum），也许是为经济上的弱者而进行的社会妥协，旨在使基于消费借贷所生诉讼的费用不是很高而且风险相对较小，因为消费借贷是最重要的信贷行为，人们在实践中通常以确定金额要式口约（stip. certae pecuniae）予以确认（上文边码39.6）。——在 7

进行分割之诉[和模仿它而形成的地界调整之诉(actio finium regundorum)]时没有确定誓金,则是出于其他理由:争议当事人的主张并不是相互对立的,而是共同争取进行一项分割。对此,法官的职能是调停性质的;而这种调停也就表明了**仲裁员(arbiter)**的任务,他(或者他们)应当确定,自己有多大的裁量空间可以根据个别案件的具体情况达成公平并且令双方满意的争议调停方案。与之相对的是审判员(iudex),他则要在双方当事人两个相互矛盾的主张之间进行判决。当然,早期审判员(iudex)的工作也有裁量因素,但这需要被告开始时并非对确定金额而是需以金钱估定价值的其他给付承担责任。

作为这种法定诉讼(legis actio)的程式的例子,盖尤斯(1933 年发现的片断,G. 4,17a)为我们留下了相关内容:"我主张,你基于誓约负有向我支付10,000 塞斯特的义务;我要你声明,你对此是否有异议"(ex sponsione te mihi decem milia sestertiorum dare oportere aio;id postulo aias an neges)。被告提出异议后原告继续说:"因为你提出异议,因此我向你申请,裁判官,请你确定一名法官或者仲裁员"(quando tu negas, te praetor iudicem sive arbitrum postulo uti des)。

8 (三)晚近一些的是**请求返还法定诉讼(legis actio per condictionem)**。它也抛弃了誓金(sacramentum);这项程序主要是延期 30 天;在新的日期前应当查明并且确定审判员(iudex)。这种程序种类是为给付确定标的(certum)的请求权而规定的,以"抽象的"方式予以描述,即不说明具体的负担基础。依照这种诉讼种类,这些请求权在当时及更晚一些称为请求返还之诉(condictiones)(上文边码 48.4)。出发点在此可能仍然是消费借贷。

9 对于确定金额(certa pecunia)的请求返还法定诉讼(leg. act. p. cond.)可以追溯到《斯利亚法》(lex Silia)(公元前 3 世纪后半叶),对确定物(certae res)的请求返还法定诉讼则可以追溯到《卡勒普尼亚法》(lex Calpurnia)(G. 4,19)。——原告的程式如下:"我主张,你负有向我支付 10,000 塞斯特的义务;我要你声明,你对此是否有异议”(aio te mihi sestertiorum decem milia dare oportere;id postulo,aias an neges),在被告提出异议后说“因为你提出异议,我对你说我们约定30天后到法庭去向法官提出请求”(quando tu negas, in diem tricensimum tibi iudicis capiendi causa condico)(部分是根据1933年发现的片断,G.4,17b)。延期30天就为这项程序确定了名称(G.4,18),当然它也有使争议解决变简单的目的。——**文献**:温·朱弗雷,“《西里亚法》续论”(Ancora sulla lex Silia),《塔拉曼卡祝贺文集》,第4册,2001年,第227页。

三、执行程序

(一)**拘禁法定诉讼(legis actio per manus iniectionem)**(即通过要式地放手在身上)用于实施对人执行,即抓住责任人的身体(关于人的责任,上文已经详述,参见上文边码32.12-19)。它是这样进行的:追夺人在裁判官面前将手放在责任人身上同时讲说特定套话程式,并且因此而取得对其人身的权力。其他程序在《十二表法》(3,1-6)中有详细规定,由此导致的结果是,如果责任人因为没有通过支付他有责任支付的金额而按时获释,就可能被杀死或者沦为奴隶。当然,这种严厉的后果在晚期有所缓和。 10

拘禁(manus iniectio)可以实施30天,自责任人被判罚,或者追夺人的权利得到承认,或者其责任虽未经诉讼和判决但无争议起,因为它是裁判官自己在法律审(in iure)中已经确定了的(上文边码32.13-15)。追夺人将责任人带到裁判官面前,并且将手放在他身上同时讲说特定套话程式,“由于你被判罚(或者无判决而受约束,上文边码32.15)向我支付10,000塞斯特,而且因为你没有支付,因此我基于该判决(或者,基于等同判决者)因为10,000塞斯特而将手放在你身上”(quod tu mihi iudicatus sive damnatus es sestertium decem milia, quandoc non solvisti, ob eam rem ego tibi sestertium decem milium iudicati)(G.4,21)。只有在他为之承担责任的给付以金钱确 11

定时，才可以实施拘禁（man. ini.）；否则，给付首先应当通过诉讼标的估价裁决[arbitrium liti(s) aestimandae]以金钱估定。在实施拘禁之后，责任人就不能再自己逃避追夺人的权力；只有第三人尚能作为推迟应诉保证人（vindex）而出现，并且仪式性打走放在身上的手，这时他必须与追夺人就抓取权进行诉讼，如果他就此败诉，赎金金额就会通过诉讼增加而加倍（详细内容，见上文边码 32.18）。还有些法律增加了可以实施代替判决的拘禁（man. ini. pro. iudicato）的情形，即允许未经诉讼和判决而执行，就如同该责任已经判决确定一样。其他法律提供了单纯拘禁（man. ini. pura），这项拘禁中责任人不需要推迟应诉保证人（vindex），他自己就可以打走放在身上的手。对此参见 G. 4,22 – 25。

12 如果对拘禁（man. ini.）没有争议并且裁判官认为满足了其前提，他就会通过其官方判决（addictio）将责任人判给追夺人。追夺人对责任人就可以拘禁 60 天，施以束缚（依照《十二表法》是用绳索或者脚镣，但不得重于 15 磅）；如果债务人不愿自己供养自己，追夺人还必须供养他（依照《十二表法》，每天一磅面包）。连续三个开市日，追夺人都可以带被拘禁人去法庭到裁判官面前，在那里公示他承担责任是因为多少金额。如果没有人愿意为他支付该金额而使他解脱，追夺人就可以在第三个开市日将责任人出卖为奴隶[越过台伯河（trans Tiberim），古代意指在外国]或者——如流传下来的见解那样——将其杀死。正如格利乌斯（Gellius）(20,1,47/48)所引法学家塞克图斯·凯齐利乌斯·阿弗里坎乌斯（Sextus Caecilius Africanus）（公元 2 世纪中叶）所说的，生杀权可以由《十二表法》中一个我们不很清楚的条文（第 3 表第 5 条）得到说明，可以由一个神秘而且争论颇多的《十二表法》（第 3 表第 6 条）的规定得到说明：在第三个开市日把它们（债务人？）切成块，如果某人（债权人）切得（比其应得）或多或少，这就是不公平的（tertiis nundinis partis secanto. si plus minusve secuerunt, se(= sine) fraude esto）。——颇有争议的是，这句话是不是真的意味着将债务人的尸体肢解，它是否涉及分配债务人（尽管可能分毫全无的）财产，它是否涉及对实施要式买卖（mancipatio）出卖债务人后债权人强制执行经过司秤称量的生铜而进行切割或者分割，或者这句话还可以有其他解释。这些答案没有能令人信服的。留置债务人尸体而且必要时在多数债权人之间进行分割，也可能是想对债务人的亲属或者朋友施加压力，这样债权人或许有可能获得清偿从而交还尸体以便进行在神法上必要的葬礼。神话中流传的熏干债务人尸体的动机就可以与它对应起来了。当然并没有杀死债务人的具体案例流传下来,即使元首制时期也没有,因此塞克图斯·凯齐利乌斯(格利乌斯,同上)就已经认为,该制裁如此恐怖,因为并且也因此从没有适用过。显然早就有了避免这种制裁的机会,这就是责任人因为债务口约(nexus)(上文边码 39.1 –2)原因而沦为债权人的债务奴隶,只在那里做工以消灭责任金额。此外,在市民法(ius civile)中发展形成了与对人执行相脱离的裁判官法财产执行的前身(下文边码85.1)。——**文献**:卡泽尔/哈克尔,第 142 页;奥·贝伦茨,《十二表法中的诉讼》(Der Zwölftafelprozeß),1974 年,第 137 页、第 144 页、第 184 页。还可参见罗·菲奥里,《神圣之人》(Homo sacer),1996 年;米·施潘(M. Spann),《对人执行和财产执行中对债务人的责任抓取》(Der Haftungszugriff auf den Schuldner zwischen Personal-und Vermögensvollstreckung),2004 年(直到 21 世纪的发展史)。

(二)**扣押质物法定诉讼(legis actio per pignoris capionem)**(即通过扣押方式)虽然是诉讼之外的,但仍然是必须采取要式实施的私人扣押,它是——以我们的渊源为限——一种例外。它只有一部分可以追溯到法律,另一部分则只能追溯到纯粹的习俗(边码 80.7),并且只能在裁判官不在场而另一方当事人大多也不在场的情形下实施。盖尤斯只知道很少而且受到严格限制的请求权能以这种方式得以实现,其中部分与公法相关,部分与神法相关;G. 4,26 –29。 13

第八十二节　程式诉讼　法律审程序

(Kaser/Hackl § § 30 –43)

我们已经论及程式诉讼在罗马民事诉讼法的历史的中心地位(上文边码 80.14 –20),现在转而具体讨论前古典时期和古典时期这项普通审理程序如何进行。首先要讨论的是在法庭长官面前 1

的程序阶段。

一、诉讼开始

2 (一)这项程序随口头**传唤出庭**(**in ius vocatio**)而开始。(将来的)原告因此而强制他要告的人到庭,甚至于可以违背其意志而强制其到庭。在传唤程序中还保留着原始私力的痕迹。

依照《十二表法》(起首,第1表第1条至第3条),传唤人可以采用拘禁(manus iniectio)方式将拒不受审的相对人强行带到法庭(他必须为年老或者生病的相对人提供拉车的牲畜,但不需要提供车)。——在裁判官谕令中,不遵守传唤的相对人[和作为他晚些时候将会出庭的保证人的无支付能力的推迟应诉保证人(vindex)],将会面临裁判官法罚金之诉的威胁(G. 4,183)。如果由于原告未能在法庭周围找到被告而使传唤出庭(in ius vocatio)受到阻碍,裁判官就会指示原告(受托)占有相对人的财产[保管原因扣押财产(missio in bona rei servandae causa)],其目标是使被传唤人的所有债权人在破产程序中获得清偿(下文边码85.6)。这项严重制裁威胁了经传唤出庭(in ius vocatio)而未到法庭长官面前的相对人,但无疑不是任何缺席原告所选择法庭的所在地都会面临这项威胁。相反,每个人都只承担应当在特定地点进行法庭辩护的义务。这其中主要是[根据原告就被告审判籍(actor sequitur forum rei)的基本规则]其住所和其营业地点。对此的理由是,被告至少应当在他感觉比较合适的地方对诉讼予以应诉。在多大程度上有在债务清偿地[缔约地(* forum contractus),参见边码53.14]或者不法行为行为地(* forum delicti commissi)予以应诉的义务,则存在争论。

在履行辩护义务的地点,或者随时听候传唤出庭(in ius vocatio),或者由代理人(procurator)负责辩护。否则,就会面临财产占取(missio in bona)的威胁。如果相对人并不负担在某地辩护的义务,而原告试图对他传唤出庭(in ius vocatio)就会徒劳无果,因为他即使缺席也不会受到惩罚。财产占取(missio in bona)作为对以不到庭方式阻碍传唤的一种制裁,其适用范围决定了原告可以诉请执行权利的法庭。《学说汇纂》中流传下来的关于其适用范围的规则(例如Ulp. D. 5,1,19)具有和现代民事诉讼法中**地域管辖**相近的功能(参见《德国民事诉讼法》第12条以下)。——至于是否也可以用财产占取(missio in bona)——在前述裁判官法罚金之诉以外——对不服从已经实施的传唤的情形进行威胁,存在争论。

文献:约·普拉切克,《西塞罗为普·昆克提乌斯辩护之研究》(Studien zu Ciceros Rede für P. Quinctius),2005 年[书评,托·吕福纳,《萨维尼杂志》,第 125 卷(2008 年),第 706 页];胡·罗夫莱斯·雷耶斯(J. Robles Reyes),《罗马法中审判长与审判员之间的管辖权》(La competencia jurisdiccional y judicial en Roma),2003 年;托·吕福纳,《审判籍和传唤强制:论罗马程式诉讼中的诉讼地点》(Gerichtsstand und Ladungszwang. Zum Verfahrensort beim römischen Formularprozeß)(印刷中)。

在传唤之前应当(诉讼之外)公告诉讼(edere actionem),追夺人有义务为此而向被传唤人就法律审(in iure)所指向的程序标的连同证据发布共同予以公告。这样相对人才能按时形成对策,并且使当事人必须预先理解请求在法律上的分类和需要考虑的证据,对此通常需要进行法律咨询。在此之后才能集中精力顺利进行在法庭长官面前的辩论。——**文献**:阿·比格,"论《公告诉讼谕令》"(Zum Edikt De edendo),《萨维尼杂志》,第 112 卷(1995 年),第 1 页。

(二)如果在裁判官面前的程序不能在一个约定日期完成,就必须要延 3
期,对这个新的日期就不再需要传唤。确切地说,被告在古代应当为其再次出庭提供特别的出庭保证人(vades)。后来被告必须以要式口约的形式为他不出庭的情形亲自允诺一定罚金金额(**vadimonium**, cautio vadimonium sisti),大多同时还提供出庭保证(G. 4,184 – 186)。当事人可以自愿约定出庭保证(vadimonium)以代替第一次传唤。

文献:约·普拉切克,"为被告提供出庭保证"(Vadimonium factum Numerio Negidio),《纸草学与碑铭学研究杂志》(ZPE),第 137 卷(2001 年),第 281 页;迪·内尔(边码 48.20),第 128 页。

二、在法庭长官面前的审理

(一)在法庭长官面前,原告当着被告的面提出请求,他将该 4
请求作为诉讼的标的,并且**申请**(postuliert)长官授予他特定的**诉**(**actio**)(上文边码 4.6 – 9)。诉(actio)一方面是指任何诉讼的一般概念，另一方面又是指对人诉讼的特别概念（边码 4.5），在著名的诉（actio）、请求（petitio）和追诉（persecutio）三分法中（尤其是 Ulp. D. 50,16,178,2；Flor. D. 46,4,18,1 = Inst. 3,29,2；auctor ad Herennium 2,12,18），请求（petitio）意思是指向物的对物之诉，而追诉（persecutio）大概就是由裁判官［通过诸如事实之诉（actio in factum，边码 33.2）等］裁判官法诉讼提供的补充法律保护。——**文献**：弗·施图尔姆（边码 54.6），第 147 页、第 179 页；奥·贝伦茨，“诉、请求、追诉的三分法”（Die Trichotomie actio, petitio, persecutio），载约·豪斯曼/托·克劳泽（J. Hausmann/Th. Krause）（编），《维护善良秩序（沃·泽勒特祝贺文集）》［Zur Erhaltung guter Ordnung（Fs. W. Sellert）］，2000 年，第 11 页。

如果开始时并未确定考虑特定的诉（actio），首先就应该进行预备好的审理，在原告陈述事实情况后，就应当宣布授予原告所申请的诉（actio）中的哪一项诉。如果考察后发现，原告所陈述事实情况在谕令中并没有预定的诉（actio）可以表明其正当性，原告申请的目的就落空了。当然，如果长官认为原告的请求确实**值得法律保护**，也可以答应在这种具体情况下给原告以**事实之诉**（**actio in factum**）（上文边码 33.2），然后原告就可以申请授予这项诉了。偶尔裁判官也会有所保留，只有经过**个案审查**（**causae cognitio**）之后才会授予谕令中所包含的诉（actio）或者其他法律救济手段。——**文献**：彼·格勒施勒，《事实之诉》（Actiones in factum），2002 年。

5 （二）如果原告申请一项诉（actio），然而法庭长官确认，原告的请求**程序不当**，法庭长官就会自始驳回申请［**驳回诉讼**（**denegatio actionis**）］。如果不需要再行举证也可以确定原告（明知或者不知）没有正确陈述事实，其结果就会如此，如果证实原告没有申请正确的诉（actio）或者当事人不适格，其结果也会如此。

这就是并非由正确的原告（积极不适格）或者对正确的被告（消极不适格）提起诉讼的情形。这个问题需要对每一项诉（actio）都根据其相应前提作出回答。有时裁判官法的救济方式可供使用，即当庭询问（**interrogatio in iure**）当事人，例如，在继承人提起诉讼或者损害之诉的情形。

（三）如果法庭长官确认原告没有满足**诉讼前提**，即没有满足诉讼法的要求，而不满足这些要求就不能确定有效的程序，就会对原告予以驳回。 6

其中包括：(1)所选**法律途径的许可性**：原告的请求必须属于程式诉讼的案件范围之内，既不属于非常公职审判（extraordinaria cognitio）程序，也不属于刑事程序或者行政程序；假定原告在申请一项诉（actio）之前，这些问题大多已经清楚了。(2)受理长官的**事务管辖权**（对此参见上文边码 80.10）。(3)**地域管辖权**，即在有事务管辖权的多数同类法庭之间选择一个法庭，通常是由被告住所决定［原告就被告审判籍（actor sequitur forum rei）］。详细内容，见边码 82.2。(4)争议双方的**当事人能力**（诉讼权利能力）；（通常）奴隶和他权妇女欠缺这项能力，起初家子也欠缺这项能力。(5)**诉讼能力**（诉讼法上的行为能力）；对于未适婚人和精神病人的规制类似于行为能力（上文边码 14.4 和 8；14.15）。与此相对，对自权人（sui iuris）妇女，只有法定审判（iudicia legitima）需要监护人同意（auctoritas tutoris），而依职权审判（iudicia imperio continentia）（上文边码 80.20）则不需要。(6)**申请能力**（当庭提出申请的能力）；17 岁以下的年轻人和聋哑人欠缺这项能力。有些人欠缺为他人（作为其代理人，下文边码 82.29 – 32）提起申请的能力，特别是所有妇女、盲人和某些不名誉（infames）的人。——**文献**：瓦·卡罗，《依法公正地提出请求》（Et ius et aequom postulas），2006 年，第 103 页。

（四）在迄今进行的程序中，长官也有机会听取**被告**的意见。 7
被告对起诉可以有不同态度：

1. 他反对原告的请求，可以对基于所申请市民法之诉（actio civilis）的权利提出**异议**，或者对支持原告的荣誉法之诉（actio

honoraria)(边码 33.5)的事实情况提出异议。在这些情形,因为被告已经通过表达他的异议而表明他决定进入该诉讼,因此长官就可以允许进行这项诉讼,也就是同意指定判决法庭(iudicium)(详细内容,见下文边码 82.13 – 17)。

8 2. 在某些特定情形,审理程序和判决程序可能会被**诉讼宣誓**(**iusiurandum**)所替代。

如果通过给付返还之诉(condictio)而对确定金额(certa pecunia),后来还有其他特定物(alia certa res),提出请求,原告就可以向被告提出要求(deferre)经过裁判官法许可而对他不负担这项债务宣誓(iusiurandum in iure,iusiur. necessarium,强制宣誓)。如果被告宣誓,他就会获得自由。被告也可以向原告反提出要求(referre)宣誓,即由原告对被告依照市民法有义务向他支付 100(reum sibi centum dare oportere)宣誓。基于这项宣誓,就不再进行其他程序,也不再作出判决,而是直接予以执行。只不过在给付的不是金钱时,才需要一个纯粹估价为金钱的程序。如果被告拒绝提供宣誓给付,也不反提出要求宣誓,对他就会发生不辩护的结果了(下文边码 82.11 – 12)。参见 Diocl. C. 4,1,9。——与这种强制宣誓不同的是自愿宣誓(iusiur. voluntarium)(协商一致的或者已经提出要求的宣誓),它也可以是关于其他请求权的而且还可以庭外给付。如果是由原告宣誓,它就产生了一项宣誓之诉(actio ex iureiurando);如果是由被告宣誓,只要最初的诉(actio)未被驳回,就会授予被告一项抗辩(exceptio)以对抗这项诉。由于实体法律问题通过宣誓而得以明确,因此法官在宣誓之诉(actio ex iur eiurando)时如同宣誓抗辩(exceptio iurisiur andi)一样都只考察宣誓的事实,而不再考察其真实性了。参见 Ulp. D. 12,2,11,1;eod. 3 pr.;7 pr.。——**文献**:迪·内尔(边码 48.20),第 159 页。

9 3. 被告虽然没有对诉所创设的权利或者诉所创设的事实情况提出异议,但是他主张其他独立的事实情况,而这项事实情况依照市民法或者荣誉法适合于停止这项诉(actio),长官因此而为他提供了一项**抗辩**(**exceptio**)。为使原告提出的授予诉的申请[诉讼请求(postulatio actionis)]符合这种修改,被告因此向长官申请将这项抗辩(exceptio)加入到诉讼程式文本之中。当然,原告对于被告授予抗辩(exc.)的申请可以回答说,他自己申请**"反抗辩"**(**replicatio**)以作为相反抗辩(上文边码4.10),当然必要时被告也可以对此申请**"再抗辩"**(**duplicatio**),以此类推。

4. **当庭承认**(**confessio in iure**),即被告在法庭上承认请求权。在长官面前承认(与反提出要求的强制宣誓一样,上文边码82.8)使得对于原告请求没有争议了。对于已经确定的诉讼[承认之诉(actio confessoria),它是以承认为基础的一项承认之诉,不应当与上文边码28.20所列的承认之诉(actio confessoria)相混淆,后者并不指向承认]不再考察是否存在给付义务的问题,而只在必要时对于值多少金钱进行估价(参见上文边码51.13)。 10

5. 最后,被告还可能消极行事,既不提出异议,也不表示同意,不申请抗辩(exceptio),不反提出要求强制宣誓,这时裁判官可以采取不同措施,以强制他在审理程序中**应诉**,也就是使他服从这项程序。 11

(1)在对物之诉(actiones in rem)中,不能直接强制被告对该诉应诉[对物辩护(rem defendere)],因为所诉权利仅仅给予了原告对于物的权力而不是对于占有人的人身的权力。正如前文所见,如果他不想未经考察对物权利状态就丧失标的,通过哪些间接强制手段(actio ad exhibendum, interdictum quem fundum)对被告都是一样的,对此可以主张对物(res)辩护,从而对于对物之诉予以应诉(上文边码27.12-14;29.15;75.6)。

(2)在对人之诉(actiones in personam)中则相反,被告对该诉既未应诉也**未辩护**(**indefensus**)。这不仅涉及他在长官面前消极对待诉讼请求,而且还涉及对于他那方当事人在争议确定中必要的其他措施的不作为,特别是他拒绝参与争讼程序(litis 12 contestatio)的情形(下文边码 82.19－21)。裁判官对于未辩护(indefensus)可以通过人身强制相威胁,授权原告对被告实施私力监禁[带走(ductio)]。此外,裁判官还可以许可开始实施财产强制执行(破产程序,下文边码 85.6),(受原告委托)查封被告财产,许可原告(为执行目的而)扣押财产(**missio in bona**)。

正如在对物之诉(actio in rem)中原告可以抓取未辩护的物一样,他在对人之诉(actio in personam)中可以抓取未辩护的被告(债务人),这两种情形都未考察诉所创设的权利。这些强制措施只有临时效力,旨在促使相对人应诉。如果他自己(或者第三人为他)进行了辩护,只要还没有进行公告(proscriptio)(下文边码 85.6),执行措施就应当废止。

13 (五)根据进行到这里的程序,长官已经可以向原告授予他所申请的针对被告的诉(actio)——附有或者没有抗辩(exceptio),而且当事人已经准备好就写在程式(formula)中的争议标的进行一项在判决法庭(iudicium)的程序,这样争议就可以确定了(下文边码 82.18－20)。当然,通常事前还要**任命法官**;大多是独任审判员(iudex unus),有时候也可能是数名法官。

14 1.独任审判员(iudex)是私人,他作为“承审员”而被委诸法官的任务。对于履行法官职能的能力和法官在具体诉讼中的调查,需要根据不同的程序种类和时间而具体判断。法官最初可能是由裁判官自己选任的,而且被他作为他的代理人和顾问(上文边码 80.9)。后来主要有两种可能性:指定法官首先由当事人协商提出建议然后经长官批准(iudicem dare et addicere)。如果当事人对于法官不能达成一致意见,就会从官方法官名录(album iudicum selectorum)中进行选择(electio)以便指定。原告接连向被告提出建议名单,直到被告对所提人选没有异议而且不予拒绝。如果这项程序没有结果,就通过抓阄程序(sortitio)确定法官。能够承担法官职能的人,包括任何自由的、品行端正的、适婚的并且无精神或者身体残疾的私人。此外,对于法定诉讼

(legis actio)还必须是罗马市民(civis Romanus)。为进行民事诉讼或者刑事诉讼而开列出的法官名单,在格拉古时代之前显然只包括元老院成员;后来偶尔还包括了骑士阶层成员,当然是否允许他们担任法官则是政治争议的内容了。因为偏袒一方而被当事人拒绝(reiectio)只能限定在很小范围内。——审判员(iudex)和仲裁员(上文边码 81.7)之间的区别很早就变模糊了,审判员(iudex)的名称在很大程度上也可以用来表示法官了。

2. **判还官**(**recuperatores**)由 3 名到 11 名法官组成。它可能来源于国际间的损害赔偿程序,是对特定紧急事项由于公共利益(自由诉讼或者特定侵权诉讼,尤其是受到官府的敲诈勒索)而规定到罗马民事诉讼之中的。这项程序中选择法官得以简单化。在判还官之前的程序由于限制证人数目或者作出判决确定期限而得以加快。——**文献**:布·施米德林,《判还官程序》(Das Rekuperatorenverfahren),1963 年;卡泽尔/哈克尔,第 197 页;迪·内尔,"论罗马行省司法管辖权中的判还官"(Zu den Xenokriten (Rekuperatoren) in der Röm. Provinzialgerichtsbarkeit),载《古代法的历史》,第 3 册,第 2237 页。 15

3. **百人审判团**(**centumviri**)是一种相当古老而受尊敬的法庭,对涉及重大公共利益争议事项有管辖权,尤其是对要求继承之诉和不合义务遗嘱之告诉(querela inofficiosi testamenti,上文边码 70.2)有管辖权,并对这些事项享有很大裁量自由。它由 100 名法官组成,后来由 105 名法官(35 个部落每个部落 3 名)组成,由城市裁判官(praetor urbanus)主持,元首制时期由特殊的长矛裁判官(praetor hastaritus)(名称来源于作为权利象征的竖立长矛)主持;对于具体案件,就会从所有这些成员组成中挑选组成委员会(法庭、数名法官等)。提交到百人审判团(centumviri)的诉讼,依照《尤利亚法》(lex Iuliae),也要通过誓金法定诉讼(legis actio sacramento)确定。 16

4. 关于决定自由事项的争议裁判**十人审判团**[**decemviri**(st)litibus iudicandis],我们知之甚少。奥古斯都赋之以独立的司法权,这就使之可以担任前述百人审判团法庭委员会的主席。如同百人审判团法庭一样,这种十人审判团显然也仅仅存在于法定诉讼程序中。 17

三、争讼程序和指定判决法庭

(一)如果在法庭长官面前审理,导致的结果是,根据全部关 18

系的种类和内容确定了当事人之间将要进行诉讼的诉(actio)[和可能存在的抗辩(exceptio)],这就到了需要当事人双方和长官共同参与的**争议确定**程序。争议标的将写在**诉讼程式**中。诉讼程式包含了“诉讼纲程”,即法律问题,对于这些法律问题,法官将按照授予的诉(actio)、抗辩(exceptio)等收集证据并通过判决予以裁决(详细内容,下文第八十三节);此外,在选任法官(们)之后,还有法官姓名。

19 为使当事人受已经确定的判决法庭将来所做判决的约束,有必要使他们事先服从于该法庭。他们在**争讼程序(litis contestatio)**中完成这项要求。长官以此为基础发布其裁决,经由该裁决长官为原告对被告的争议**指定判决法庭(iudicium dare)**,该法庭将按照程式对争议案件进行裁决。

20 **争讼程序(lit. cont.)**在法定诉讼程序中需要仪式性讲说套话程式(上文边码81.3－9),为此当事人需要传唤证人[使用了“作为证人”(testes estote),因此是“共同作证”(contestatio),即传唤证人]。在程式诉讼中,这种形式大概就消失了,而且由接受不受任何形式拘束的长官裁决而没有异议可以推断出,当事人对此已经默许了。——争讼程序(litem contestari)是私人行为,由原告与被告共同实施。与此相对,指定判决法庭(iudicium dare)则是长官向当事人实施的主权性授予行为[通过“宣布判决法庭”(iudicium addicere)表达出了法官职能的转让]。被告的服从被称为“接受判决法庭”(iudicium accipere),他接受了对原告指定的判决法庭。争讼程序(litem contestari)、指定和接受判决法庭(dare 和 accipere iudicium)就表明它们是统一的过程,接着就是审判命令了(下文边码82.28)。

21 争讼程序(lit. cont.)并不意味着真实的合同,因为当事人相互同意的表示并不是互相给予的,而是给予长官的;当然,人们赋予它某种合同效力。——这项程序与当代诉讼的不同[与特别公职审判(cognitio extra ordinem)就已不同,下文边码87.5－6]主要是被告的地位。如果他不愿意参与准备和指定判决法庭(iudicium),就不会接受传唤而且也不会参与以后的诉讼阶段了，他拒绝诸如争讼程序（lit. cont.）并因此而拒绝应诉，也就不会违背其意思而开始这项诉讼关系并且实施缺席程序了，而努力要成立的审判法庭（iudicium）也就不能成立了。当然，这种情形对于被告就会发生未辩护的结果［在对人之诉（actiones in personam）中更为严厉］（上文边码 82.11－12）。这项程序对于有双方当事人共同参与的依赖性，并不能从这项程序是由先前纯粹私人仲裁程序发展来的而得到说明。毋宁说重要的在于判决法官乃是私人，他的判决只有在当事人服从于他的情形才会对当事人具有约束力。这种服从的要求被认为是一种僵化形式，从长官批准判决法庭就可以推断出当事人早就已经有这项义务了。

长官为当事人指定的**判决法庭（iudicium）**是他们共同参与而由他指定的“法庭”，在这个法庭被指定的法官（们）应当作出判决（判决法庭）。当事人之间的诉讼关系以及他们和法官之间的诉讼关系随着决定争议并且获得争讼程序（litis contestatio）支持的长官裁决而开始，人们可以称这样开始的（狭义的）诉讼是由判决法庭实施的程序。裁判审（in iure）先行审理的一切都是在进行准备。此外，人们还将具体诉讼的程式和（作为其内容的）争议标的称之为“审判”（iudicium）。 22

（二）与争讼程序相联系的有多种**效力**。

1. 争讼程序（litis contestatio）约束当事人，他们必须承认由指定法庭所作出判决的效力。 23

2. 此外，与争讼程序（litis contestatio）相联系的还有**除斥（失权）效力**：对于争议标的，一旦诉讼系属确定［即通过争讼程序（litis contestatio）、指定或者批准判决法庭（iudicium dare 或者 addicere）（上文边码 82.20）即成为**已纳入审判事项（res in iudicium deducta）**］就不能再次进行审判：对同一事项进行两次诉讼是不允许的（bis de eadem re agere non licet），简称为一事不再理（* ne bis in idem）［一事不再罚（ne bis in idem crimen iudicetur），即对同一项犯罪不能作出两次判决；因此该规则来自于刑事追究领域——参见，《德国基本法》第 103 条第 3 款、《瑞士 24

刑事案件国际法律救助法》第 66 条、《欧洲人权公约第四议定书》第 7 条(4. Prot. Nr. 7 EMRK)、《申根通行公约》第 54 条、《关于一事不再理的欧共体公约》第 1 条]。

25 在法定诉讼程序中尚不承认任何抗辩(exceptio),人们认为,通过争讼程序(lit. cont.)已经消耗了(consumitur)诉讼(actio),因此实体法诉权消灭随之而生的效力是,就同一争议标的提起第二次诉讼**当然(ipso iure)**应当(通过无罪判决而)驳回(G. 4,108)。《关于私人审判的尤利亚法》(lex Iulia iudiciorum privatorum)(上文边码 80. 19)将其转用于程式诉讼,但仅适用于以下情形:(1)以市民法(ius civile)为基础的诉,并且(2)提起对人之诉(actio in personam),(3)程序为法定审判(iudicium legitimum)(上文边码 80. 20)。只有在这三项前提之下,债权才依照市民法(ius civile)消灭,并且义务判罚(condemnari oportere)代替了有义务给予(dare oportere)(对于这种所谓的诉讼更新,参见上文边码 54. 7)。——在所有其他情形,即在对物之诉(actiones in rem)、荣誉法对人之诉(actiones in personam)和所有依职权审判(iudicia imperio continentia)中,争讼程序并不发生依照市民法(ius civile)消灭诉权的效果;裁判官可以对于就同一争议标的提起的第二项诉讼授予**已决案或者已审案抗辩(exceptio rei iudicatae vel in iudicium deductae)**,通过这种方式就可以依照荣誉法促使发生类似的实际效果。在这些情形中虽然随着争讼程序并未发生“市民法消耗”,但对于就同一事项(de eadem re)所提起的第二项诉讼却同时发生了除斥效力。参见 G. 4,106 – 109。

26 对于两项诉讼何时存在同一事项(eadem res)关系的问题,罗马人根据具体情况经过认真权衡后作出了判断,而且认为不是相同当事人之间的两项诉讼(人的竞合)或者不是就同一项诉(actio)而提起的两项诉讼(诉的竞合)有时也会构成同一事项。偶尔他们虽然否定同一事项(eadem res),但却肯定这两项诉所欲实现的目标之间在事实上存在相当程度的一致性,裁判官或者审判员以他们自己所能采取的措施为第二项诉讼设置障碍:裁判官可以采用诈欺抗辩(exceptio doli)或者驳回诉讼,而第一项诉讼的法官则只有在原告以免除或者以保证方式抛弃第二项诉讼后才会作出判决(所谓裁判官法消耗和司法消耗)。

3.此外,与争讼程序相联系的还有责任范围的变化(详见上文边码27.19－20;37.19－20;75.12)。消极不可继承而且一年消灭时效期间的罚金之诉可以变化成为可以继承且不受期间限制的罚金之诉(上文边码50.7;50.15);等等。 27

(三)**法庭**。长官通过裁决为当事人分派指定法官(独任法官或者数名法官),并且指示他们按照程式(formula)通过判决进行裁判[**审判命令(iudicare iubere)**]。通过这项与程式文本相联系的审判命令,他授予法官作出由国家进行约束的判决的能力。这项能力使审判员(iudex)尽管是私人但与纯粹的仲裁员仍然有所区别。 28

四、诉讼代理

原告或者被告在诉讼中可以由人代理。然而,由于罗马法没有自权人的直接代理,因此导致了以他人名义(nomine alterius)实施的诉讼并不立即为和对被代理人发生效力,基于诉讼发生的效力必须通过特定手段才能转而对被代理人发生。如同没有采用这种方式的合法代理人[代理人(procurator)]一样,这一点同样适用于对相对人和法庭而言的公共的合法代理人[诉讼代理人(cognitor)]。 29

(一)诉讼代理人(cognitor)在法律审(in iure)中在相对人在场时要式设定:因为我向你请求这块(具体说明的)土地(或者,因为你向我请求这块……土地),所以我向你为该事项而设定卢齐乌斯·提提乌斯作为(我的)诉讼代理人[quod ego a te fundum peto(或者 quod tu a me fundum petis),in eam rem Lucium Titium tibi cognitorem do];G.4,83;97。判决只能直接为和对代理人发生效力,然而,裁判官可以基于所作出的有利于诉讼代理人(cognitor)的判决而对原告方面的被代理人提供执行。与此相反,被告方面的被代理人必须在争讼程序中向原告提供担保,如果诉讼代理人(cognitor)被判决败诉,他将执行该判决[履行判决保证(cautio iudicium solvi)]。参见G.4,101。优士丁尼取消了诉讼代理人(cognitor),并且在很多添加中都代之以代理人 30

(procurator)。

31 (二)**代理人(procurator)**不以要式设定,因此他是否真正获得了授权是可以怀疑的(G.4,84)。(1)原告方面的代理人(proc.)必须对被代理人同意实施诉讼提供担保,也就是——因为他保留着自己的诉权——他那一方不再提起该诉讼[权利人同意实施诉讼保证(cautio ratam rem dominum habiturum)](G.4,98)。(2)如果代理人(proc.)是被告方面的,胜诉原告就会受到代理人(proc.)没有支付能力这种不利的威胁;因此,在这种情形下[不同于诉讼代理人(cognitor)的情形]代理人(proc.)自己就要对他能够履行判决提供履行判决保证(cautio iudicium solvi,G.4,101)。——**文献**:奥·帕佩里(O. Paperi),"关于代理人起源的思考"(Considerazioni sull'origine del procurator ad litem),《拉贝奥罗马法杂志》,第48卷(2002年),第37页;克林克(边码44.12之前),第45页。

32 (三)其他可以作为诉讼代理人的是**监护人(tutor)**和**保佐人(curator)**,此外还有团体或者社区的有代理权的机关。他们经常等同于诉讼代理人(cognitor)。

33 (四)除了诉讼代理人外,还有很多诉讼辅助人[演说家(oratores)、辩护人(patroni)、律师(advocati)],他们在司法机关代表着其当事人的利益,他们在法律审程序主要借助于法律知识,而在裁判审(apud iudicem)程序还要借助于口才(参见西塞罗在诉讼中的演说)。

第八十三节　诉讼程式

(Kaser/Hackl §§44,45)

一、概说

1 (一)我们迄今的研究已经认识到了诉讼程式(简要意义的formula)在罗马法程式诉讼中占据的关键地位。它除包含确定法官[卢奇乌斯·提提乌斯将担任审判员(Lucius Titius iudex esto)]之外,还包含诉讼纲程,也就是法律问题和事实问题的整体,法官裁决就取决于对这些问题的回答。这些诉讼纲程被压缩到一句话的狭小空间之内，而其形式遵循着固定原则。为使其安排尽可能实用、简单和清楚，前古典时期和古典时期的法学家们充分运用了他们的聪明才智，这些都表现在裁判官法（或者市政官）谕令的范本程式中。

（二）1. 每一项诉（actio）都有它自己的程式（formula），而这项 2
程式是与请求权类型的特性相适应的。对于大多数确定和被采用的诉，在公开张贴的谕令中都有范本程式，原告可以在其申请诉讼（postulatio actionis）（上文边码 82.4）中予以参照。同样，谕令中还包含了普通抗辩（exceptiones）和其他法律措施。我们将在下文（边码 83.11－15）对诉讼程式的主要种类举例介绍，说明他们在裁判官谕令中处于空白状态的情况。在那里还要涉及诉讼程式的划分，具体包括**列举权利的程式**（**formulae in ius conceptae**）（下文边码 83.15）和**列举事实的程式**（**formulae in factum conceptae**）（下文边码 83.14），属于特别种类的**仲裁程式**（**formulae arbitrariae**）（下文边码 83.18）和**拟制程式**（**formulae ficticiae**）（下文边码 83.19）。

2. 长官虽然受其谕令约束，但如果有附加法律保护的要求，他 3
仍然有权在谕令之诉以外授予非谕令之诉［**事实之诉**（**actiones in factum**）］，而其程式则要根据具体事实（factum）有所调整（上文边码 2.11 和 16；82.4）。其中，有个别的诉在后来进入了谕令中。

谕令中的程式因为严格限定了事实构成而不能涵盖具体案 4
件的场合，长官就会（在保留其基本类型前提下）有所变化，这种情形人们称为**扩用之诉**（**actio utilis**）（字面意思是“合乎目的的”，也就是“使之可用的”诉讼）。长官类推创造的这些程式，个别的（在普通诉讼之外）存在于谕令中，其他的则通过法学而得以发展。扩用之诉（actiones utiles）大多可以归入荣誉法（ius honorarium）（例外，上文边码 45.4；51.14），虽然它的依据是市民法之诉（actio civilis）。——**文献**：施米德林（边码 45.5），第 66 页

[对人之诉(actiones in personam)的程式结构]。

5 (三)诉讼程式的**结构**遵循着在实践中发展出的特定规则,再现了程式的特定组成部分(条款),然而并未形成完全封闭的模式。盖尤斯(G. 4,39 ff.)曾经讨论过这些程式条款。

6 1. **请求**(**intentio**)在大多数程式中都有;根据盖尤斯的论述,它是"诉讼程式中原告概括其请求的部分"(ea pars formulae, qua actor desiderium suum concludit)(G. 4,41),即包含了诉讼基础和诉讼请求标的。

诉讼基础,在对物之诉中是基于奎里蒂法(ex iure Quiritium)而存在的对物权,在对人之诉中是依照市民法(ius civile)发生的债务,它使用的表达方式是"义务"(oportere)[边码 33.4,在特定诉讼中还要加上"基于信义诚实"(ex fide bona)的表达方式]。在通过列举事实(in factum)形成的裁判官法之诉的程式中,诉讼基础是生活事实,向裁判官呈现这些事实使原告的请求具有了正当性。——**文献**:马·卡泽尔,"义务和市民法"(Oportere und ius civile),《萨维尼杂志》,第 83 卷(1966 年),第 1 页。

诉的标的可以是确定标的(certum),也可以是不确定标的(incertum)。诉的标的是**确定标的**(**certum**)的,例如,[在对物之诉(actio in rem)中]涉及某特定的物的所有权,或者[在对人之诉(actio in personam)中]列明是给付同样确定的物或者确定数目的金钱或者确定数量的可替代物。典型的**不确定**程式(formula **incerta**)会说,"被告有义务向原告给付的全部"(quidquid . . . dare facere opertet)(或者类似内容,G. 4,54)。详见上文边码,34.9–15。关于"为此目的"(ob eam rem),见施米德林(边码 45.5),第 69 页、第 76 页。

7 2. **判罚**(**condemnatio**)是"诉讼程式中授权法官判罚或者开释的部分"(ea pars formulae, qua iudici condemnandi absolvendive potestas permittitur)(G. 4,43),即授权法官对被告判罚或者对原告予以驳回。

判罚在程式诉讼中经常表述为确定数目的金额[钱款判罚(condemnatio pecuniaria),上文边码 35.3]。因此,对于程式中的判罚(condemnatio)而言,如果本身已经列明确定金额,它就是**确定的**(**certa**)(参见上文边码 83.12),相反,如果授权法官通过估价确定具体金额,即不限定或者限定最高额[估定限额(taxatio),例如,最高判罚 10,000 塞斯特(dumtaxat sestertium decem milia condemnato...)],它就是**不确定的**(**incerta**)。参见 G.4,49 – 52。判罚—开释的程式有两种,即"condemnato – absolvito"和"condemna – absolve",两者都应该理解为第二人称单数命令式(而确定法官时则使用第三人称,上文边码 83.1),第一种形式的文本也应当这样理解。——**文献**:迪·内尔,"论罗马法民事诉讼中估定限额的判罚"(Zur condemnatio cum taxatione im röm. Zivilprozeß),《萨维尼杂志》,第 112 卷(1995 年),第 51 页 =《古代法的历史》,第 3 册,第 2029 页;菲·格日梅克(Ph. Grzimek),《估定限额之研究》(Studien zur Taxatio),2001 年。

3. **请求原因**(**demonstratio**)只存在于不确定(incertum)程式中[被告有义务向原告给付的全部(quidquid... dare facere oportet),见上文边码 83.6]。它位于(在确定法官之后)前端,而且描述了诉讼所依据的事实情况;G.4,40。作为例外,请求原因(demonstratio)还可以存在于没有请求(intentio)的程式中[例如,在侵辱之诉(actio iniuriarum)中]。 8

请求原因(demonstratio)以"Quod"(所涉及的是……如果……)开头,并且只包含对事实情况的描述,而不包含原告的请求。如果原告提起的确定**请求**(**intentio** certa)超过他应得的,他的诉讼就会因为**过分请求**(**pluris petitio**)而被驳回,而且他会因为除斥效力(上文边码 82.25)而不能再次起诉(上文边码 34.9 – 14)。与此相反,如果他在请求原因(demonstratio)中超越了作为诉讼基础的事实情况,虽然他的诉讼同样会被驳回,但并不妨碍他享有一项新的诉讼;G.4,58 ff.。

4. **分配裁判**(**adiudicatio**)只存在于分割之诉[遗产分割之诉 9

和共有物分割之诉（actiones familiae erciscundae 和 communi dividundo）］和地界调整之诉（actio finium regundorum）。这项条款授权法官通过其分配判决而授予所有权，而这项分配判决同样称为“分配裁判”（adiudicatio）（参见边码23.28－29；83.24）；G.4，42。

10 5. 关于**抗辩（exceptio）**和6. **前书（praescriptio）**，参见下文边码83.26和27。

二、诉讼程式和程式条款示例

11 关于诉讼程式的主要类型，我们按照它们在裁判官谕令中的空白状态进行介绍。其中，作为空白名，对原告使用“奥卢斯·阿格里乌斯”（Aulus Agerius）（来自“agere”，意思是“起诉”），缩写为As. As.（或者 A^{us}. A^{us}.），并且相应变格，对被告使用“努梅里乌斯·内吉迪乌斯”（Numerius Negidius）（来自于“numerare”，意思是“支付”；“negare”，意思是“否认”“辩护”“异议”，即拒绝支付的人），缩写为Ns. Ns.（N^{us}. N^{us}.）。判罚条款（condemnatio，见上文边码83.7）表述为“请判罚，如果未证明，请开释”［condemnato（或者 condemna），si non paret absolvito（或者 absolve）］，缩写为c. s. n. p. a.。

如果我们没有谈到某个程式的文句，就应当参阅奥托·莱纳尔的杰出复原工作，参见莱纳尔，《永久谕令》（Das Edictum perpetuum）（1927年第3版，1956年重印、1974年重印），此外还可参阅，达·曼托瓦尼，《罗马民事诉讼中的诉讼程式》（Le formule del processo privato romano），1999年第2版。

12 **（一）（请求返还）确定金额之诉［Actio certae creditae pecuniae（condictio）］**

如果证明被告有义务向原告支付10，000塞斯特，对于系争事实，法官，如果被告未返还，请判罚被告向原告给予10，000塞斯特;如果未证明,请开释(Si paret Numerium Negidium Aulo Agerio sestertium decem milia dare oportere, qua de re agitur, iudex Numerium Negidium Aulo Agerio sestertium decem milia condemnato, si non paret, absolvito)(G. 4,41;43;49;TP 34 = TPSulp. 31 = TPN 29)。

"如果证明……有义务……"(Si paret ...)是(确定)请求[intentio (certa)],它依据的是"有义务给予"(dare oportere),这里除依照市民法(ius civile)负担的义务以外,作为例外还包括外邦人负担的义务或者对外邦人负担的义务[上文边码48.3-4;关于"义务"(oportere),见上文边码48.3]。——"抽象的"请求返还之诉(condictio)并不列明负担基础。与此不同,在诸如基于遗嘱之诉(actio ex testamento)中,则明示列出了原因(causa)。在确定金额(certa pecunia)程式中的表述是,"……基于遗嘱有义务支付X千塞斯特"(... ex testamento sest. X milia dare oportere...)——"法官……请开释"(iudex... absolvito)是确定判罚(condemnatio certa)。

(二)请求返还特定物之诉(Condictio certae rei) 13

如果证明被告有义务向原告给予100舍非尔最好的非洲小麦,对于系争事实,法官,请判罚被告向原告给予该标的所值金额;如果未证明,请开释(Si paret N^{um}. N^{um}. A^{o}. A^{o}. tritici Africi optimi modios centum dare oportere, qua de re agitur, quanti ea res est, tantam pecuniam iudex N^{um}. N^{um}. A^{o}. A^{o}. condemnato, si non paret, absolvito)[参见莱纳尔(上文边码83.11),第239页及下页]。

这里的请求(intentio)同样是确定的(certa),而判罚(condemnatio)则是不确定的(incerta)(G. 4,51)。其余内容,见上文边码83.12。

(三)保管之诉(Actio depositi) 14

对于这项请求权同时存在(较古老的)荣誉法程式和(较晚近

的)市民法程式两种程式(参见 G.4,47):

1. 如果证明原告将一张银桌交给被告保管并且被告因恶意未将该桌返还原告,法官,如果被告未返还,请判罚被告向原告支付该标的(在判决作出时)将来所值价值金额;如果未证明,请开释(Si paret A^{um}. A^{um}. apud N^{um}. N^{um}. mensam argenteam deposuisse eamque dolo malo N^{i}. N^{i}. A^{o}. A^{o}. redditam non esse, quanti ea res erit, tantam pecuniam iudex N^{um}. N^{um}. A^{o}. A^{o}. c. s. n. p. a.)。

这项荣誉法诉讼程式是**列举事实的程式**(**formula in factum concepta**):它通过"有义务给予"(dare oportere)指明了一项已经存在或者得到承认的债务。确切的说,在请求(intentio)中列明了一项事实(factum)的所有要求,而裁判官可以将这项事实作为创设诉讼的基础的:由被告保管,故意不返还。

15 2. 所涉及的是原告向被告交付一张银桌进行保管,对于系争事实,法官,如果被告未返还,请判罚,为此被告向原告给予或行为(概括讲即给付,参见上文边码 34.1)基于信义诚实有义务给予或者行为的全部;如果未证明(被告负有义务),请开释(Quod A^{us}. A^{us}. apud N^{um}. N^{um}. mensam argenteam deposuit, qua de re agitur, quidquid ob eam rem N^{um}. N^{um}. A^{o}. A^{o}. dare facere oportet ex fide bona, eius iudex N^{um}. N^{um}. A^{o}. A^{o}. condemnato nisi restituat, s. n. p. a.)。

这项程式(正如上文边码 83.12 和 13 中的两项程式一样)是**列举权利的程式**(**formulae in ius concepta**):它以"有义务给予或者行为"(dare facere oportet)指明了基于特定法律制度,即市民法(ius civile)的负担基础和给付内容,但没有详细描述该义务的(假定为确定和已知的)具体要求。

这项程式包含着对"有义务……的全部"(quidquid ... oportet)的不确定请求(intentio incerta),需要在判罚(demonstratio)中将"对于系争事实"(quod... agitur)予以具体化。这项诉讼在此涉及**诚信审判**(**bonae fidei** iudicium),所负担的义务需要按照基于信义诚实的义务(oportet ex fide bona)确定(边码 33.11)。

其他诚信审判(bonae fide iudicia)的程式(一般)只在判罚 16
(demonstratio)上有所区别。**买受之诉(actio empti)**:所涉及的是原告向被告买受系争奴隶(以奴隶为例)(quod A^{us}. A^{us}. de N^{o}. N^{o}. hominem quo de agitur emit);——**出卖之诉(actio venditi)**:所涉及的是原告向被告出卖系争奴隶(quod A^{us}. A^{us}. N^{o}. N^{o}. hominem quo de agitur vendidit);——**出租之诉(actio locatio)**:所涉及的是原告向被告使用出租(用益出租、发包或者定作)系争土地(劳务、工作成果)[quod A^{us}. A^{us}. N^{o}. N^{o}. fundum(se operasve suas、opus... faciendum) quo de agitur locavit];**承租之诉(actio conducti)**:所涉及的是原告向被告使用承租(用益承租、受领)系争土地(劳务、工作成果)[quod A^{us}. A^{us}. de N^{o}. N^{o}. fundum(operas、opus faciendum)quo de agitur conduxit];——**委托之诉(actio mandati)**:所涉及的是原告向被告委托……(quod A^{us}. A^{us}. N^{o}. N^{o}. mandavit, ut...);在对待审判(contrarium iudicium)中则反过来,所涉及的是被告向原告委托……(quod N^{us}. N^{us}. A^{o}. A^{o}. mandavit, ut...);——**无因管理之诉(actio negotiorum gestorum)**:所涉及的是被告处理了原告的事务(quod N^{us}. N^{us}. negotia A^{i}. A^{i}. gessit);在对待诉讼中则是,所涉及的是原告处理了被告的事务(quod A^{us}. A^{us}. negotia N^{i}. N^{i}. gessit);——**监护之诉(actio tutelae)**:所涉及的是被告对原告实施了监护(quod N^{us}. N^{us}. A^{i}. A^{i}. tutelam gessit);在对待之诉中则只要进行简单的主语互易即可:原告对被告实施了监护。——**信托之诉(actio fiduciae)**[本诉(directa)和对待之诉(contraria)]的程式和[为更加善良公正(melius aequius)而提起的]**妻物之诉(actio rei uxoriae)**(对此参见上文边码 59.19)的程式则显然完全不同。

文献:委托之诉(a° mandati),罗·维特曼,“委托之诉的诉讼程式”(Die Prozeßformeln der actio mandati),《委托和类似制度》,第 39 页[书评,瓦克(边码 44.1 之前),第 103 页];关于监护之诉(a° tutelae),迪·内尔,“阿拉伯行省的诉讼法和诉讼实践”(Prozeßrecht und Prozeßpraxis in der Provinz Arabia),《萨维尼杂志》,第 115 卷(1998 年),第 83 页 =《古代法的历史》,第 3 册,第 2202 页。

（四）基于（不确定）要式口约之诉［Actio ex stipulatu（incerti）］

17 所涉及的是原告由被告为（详细描述的）不确定要式口约，法官，请判罚为此被告向原告给付被告有义务给予或者行为的全部（参见边码 83.15）；如果未证明，请开释［Quod A^{us}. A^{us}. de N^{o}. N^{o}. incertum（必要时简要描述）stipulatus est，quidquid ob eam rem N^{um}. N^{um}. A^{o}. A^{o}. dare facere oportet，eius iudex N^{um}. N^{um}. A^{o}. A^{o}. c. s. n. p. a.］（参见 G. 4，136f.）。

它涉及的是指向不确定（incertum）的严格法诉讼而非基于信义诚实（ex fide bona）的诉讼，因此是不确定程式（formula incerta）。

18 **（五）原物返还之诉（Rei vindicatio）**［请求返还程式（formula petitoria），上文边码 27.17］

如果证明系争物依照奎里蒂法属于原告并且该物（根据你的自由裁量?）将不予返还，法官，请判罚被告向原告返还该标的将来所值价值金额；如果未证明，请开释［Si paret rem（具体特征）qua de agitur ex iure Quiritium A^{i}. A^{i}. esse neque ea res（arbitrio tuo?）restituetur，quanti ea res erit，tantam pecuniam iudex N^{um}. N^{um}. A^{o}. A^{o}. c. s. n. p. a.］（参见 G. 4，34；51；Inst. 4，6，31；莱纳尔，第 185 页及下页）。

这项程式是市民法程式，“如果……属于……”的请求（intentio' si... esse'）指明了一项奎里蒂法所有权（没有详细描述其要求）。这项诉讼是对物之诉（actio in rem），不以被告负担义务为基础；甚至在请求（intentio）中根本未列明被告，也未列明决定了被告消极适格的占有（对此参见，上文边码 27.9－10 和 12）。

“该物……返还”（neque... restituetur）的条款（在盗窃中!）使［根据具体情况包含仲裁审判（arbitrium iudicis）的指示与否无关紧要］这项程式成为

一项**仲裁程式**(**formula arbitraria**),其效力是这项程序在原告期望的自然恢复原状之后发生了金钱判罚。关于法官中间裁决(pronuntiatio)、被告授权返还给原告和在他不返还时可能根据诉讼估价宣誓(iusiurandum in litem)对被告判罚的程序,参见上文边码 27.17 详细介绍。关于这项仲裁之诉的适用范围,参见上文边码 34.13。

(六)**普布里奇之诉**(**Actio Publiciana**)(上文边码 27.25 –29)

如果原告对他(善意)买受并且交付给他的奴隶,只要占有经过一年的,如果证明,系争奴隶依照奎里蒂法属于他且该物(根据你的自由裁量?)将不予返还,法官,请判罚被告向原告返还该标的将来所值价值金额;如果未证明,请开释("请判罚"后同上文边码 83.18)[Si quem hominem A^{us}. A^{us}. (bona fide?) emit et is ei traditus est, anno possedisset, tum si eum hominem, de quo agitur, eius ex iure Quiritium esse pareret neque ea res... (arbitrio tuo?) restituetur, quanti ea res erit, tantam pecuniam iudex N^{um}. N^{um}. A^{o}. A^{o}. c. s. n. p. c.]。参见 G. 4,36。 19

"如果原告对他(善意)买受并且交付给他的奴隶,只要占有经过一年的,如果证明,系争奴隶依照奎里蒂法属于他……":裁判官通过这项**拟制程式**(**formula ficticia**)保护时效取得占有人,为此采用了一种拟制。他是这样处理的,不管(一年的)时效取得期间是否已经完成,他都成为奎里蒂法所有权人,因此而享有原物返还之诉(rei vindicatio)。裁判官在不同方面使用了这种拟制程式,例如,在恢复原状(in integrum restitutio)中将权利取得拟制为尚未发生(下文边码 86.7),或者在破产程序中对财产买受人(bonorum emptor)不论他实际上继承了破产人与否,在市民法罚金之诉中拟制认为他是市民(si civis esset)从而使得非市民(或者对非市民)也可以提起该诉讼(G. 4,37);还可参见,下文边码83.22结尾。这种拟制程式以市民法程式为依据时,它就属于了荣誉法(ius honorarium)。

（七）**非现行盗窃之诉（Actio furti nec manifesti）**

20 1. 如果证明原告被被告盗窃了金盘子并且被告因此有义务作为盗窃犯赔偿损害，法官，请判罚，被告向原告支付实施盗窃时该物所值价值的双倍金额；如果未证明，请开释（Si paret A°. A°. a N^{um}. N^{um}. furtum factum esse paterae aureae, quam ob rem N^{um}. N^{um}. pro fure damnum decidere oporteret, quanti ea res fuit, cum furtum factum est, tantae pecuniae duplum iudex N^{um}. N^{um}. A°. A°. c. s. n. p. a.）（参见 G. 4,37）。

这项程式以市民法（ius civile）盗窃（furtum）的事实构成为基础。《十二表法》（第 8 表第 16 条）规定，非现行盗窃犯（fur nec manifestus）应当承担支付被盗窃物双倍金额（duplione damnum decidito）作为赔偿和解的责任；因此，该程式与"有义务作为盗窃犯赔偿损害"（pro fure damnum decidere oportet）有关，在判罚（condemnatio）中规定了"双倍罚金"（poena dupli）。——**文献**：卡·哈克尔，"Gaius 4,37 和盗窃之诉的程式"（Gaius 4, 37 und die Formeln der actio furti），《瓦尔德施泰因祝贺文集》，1993 年，第 127 页，对此参见，内尔松/孟文理，第 3 编之 3，第 188 页。

21 2. 如果给予的诉讼因为不法行为系被告的家子或者奴隶实施而是一项**损害之诉（actio noxalis）**，就会在赔偿义务和金钱赔偿之外列明损害投偿（noxae deditio）以供选择。

例如，在盗窃之诉（actio furti）中是：如果证明原告被被告的奴隶斯提库斯盗窃了……被告因此有义务作为盗窃犯赔偿损害或者有义务将斯提库斯损害投偿，法官，请判罚被告向原告支付实施盗窃时该物所值价值的双倍金额，或者将斯提库斯损害投偿；如果未证明，请开释（Si paret A°. A°. a Sticho servo N^{i}. N^{i}. ... furtum factum esse..., quam ob rem N^{um}. N^{um}. aut pro fure damnum decidere aut Stichum noxae dedere oportet, quanti ea res fuit, cum furtum factum est, tantae pecuniae duplum dare aut Stichum noxae dedere iudex

N^{um}. N^{um}. A^{o}. A^{o}. c. s. n. p. a.)(参见莱纳尔,第330页)。

(八)**受命之诉(Actio quod iussu)**作为附加之诉的例子[出卖之诉(actio venditi),基于出卖托加袍于名叫盖尤斯的家子而生]: 22

所涉及的是原告在盖尤斯处于被告家父权之下时经被告授权出卖系争托加袍于他,法官,请判罚被告向原告给付盖尤斯基于信义诚实有义务给予或者行为的全部(参见边码83.15);如果未证明,请开释(Quod iussu N^{i}. N^{i}. A^{us}. A^{us}. Gaio, cum is in potestate N^{i}. N^{i}. esset, togam vendidit, qua de re agitur, quidquid ob eam rem Gaium A^{o}. A^{o}. dare facere oportet ex fide bona, eius iudex N^{um}. N^{um}. A^{o}. A^{o}. c. s. n. p. a.)(参见莱纳尔,第278页)。

这项程式具有主体变更(所谓**主体转换**),在请求原因(demonstratio)和请求(intentio)中列明家子盖尤斯为义务人,而在判罚(condemnatio)中却以某种方式列明被告[即盖尤斯的家父(paterfamilias)]为义务人。如果合同不是处于家父权(iussu patris)之下的家子所订立的,而是依照市民法(ius civile)不能负担义务的处于所有权(iussu domini)之下的奴隶所订立的,请求(intentio)就必须这样表述:……如果斯提库斯依照奎里蒂法是自由人……有义务向原告给予或者行为的全部。(... quidquid ob eam rem Stichum, si liber esset ex iure Quiritium, A^{o}. A^{o}. dare facere oporteret...)这项程式在此是一种拟制程式。

特有产之诉或者转化物之诉(actio de peculio vel de in rem verso)具有计算限制的责任(上文边码49.5和9),判罚(condemnatio)的表述是:……法官,请判罚被告向原告给付最高为特有产价值者,或者,如果被告有恶意则给付不属于特有产者,或者,被告财产因此而得利(最高为其价值);如果未证明,请开释(... eius iudex N^{um}. N^{um}. A^{o}. A^{o}. dumtaxat de peculio et si quid dolo malo N^{i}. N^{i}. factum est, quo minus peculii esset, vel si quid in rem N^{i}. N^{i}. inde versum est, c. s. n. p. a.)(参见莱纳尔,第282页)。 23

24 (九)**共有物分割之诉(Actio communi dividundo)**

所涉及的是卢奇乌斯·提提乌斯和盖尤斯·塞乌斯为分割(他们的?)共有财产以及对于造成共有财产损害或者其中一人因此有所欠缺(应当给付给他的)或者其中一人由此有所获得(他已经给付的)而提出申请想让您指定法官,法官,请指示,应当分配属于卢奇乌斯·提提乌斯和盖尤斯·塞乌斯所有的有哪些,并且请判罚某人向另一人供给因此某人(基于信义诚实)有义务向另一人供给的全部;如果未证明,请开释[Quod L. Titius C. Seius de communi (eorum?) dividundo et si quid in communi damni datum factumve sit sive quid eo nomine aut absit eorum cui aut ad eorum quem pervenerit, iudicem sibi dari postulaverunt, quantum L. Titio C. Seio adiudicari oportet, iudex L. Titio C. Seio adiudicato; quidquid ob eam rem alterum alteri praestare oportet(ex fide bona?) eius iudex alterum alteri c. s. n. p. a.](参见莱纳尔,第211页)。

在这项分割之诉中,当事人之间不像其他诉讼中存在原告和被告相互对立的主张,而是双方(或者多方)当事人申请裁判官确定审判员(iudex)[早先可以是一名或者数名仲裁员(arbitri)],由他在当事人之间进行分割。为此目的,法官在分配裁判(adiudicatio)(上文边码83.9)程式中得到了授予所有权的能力。此外,他还可以提供补偿给付,并且为此而在不确定判罚(condemnatio incerta)中为他授权。由于共有清算诉讼服务于所有当事人,因此任何当事人对其他当事人都可以就他们之间的未清算余额而作出判罚。判罚(condemnatio)明确表示,补偿给付以及所得利益和所生损失都必须予以考虑(对此参见上文边码23.22;43.17)。

25 (十)**确认之诉**[预备审(praeiudicia),因为它大多是对将来提起给付之诉的先决问题的裁判]的程式只由请求(intentio)组成,例如,“原告是否被告的释放自由人?”(an N^{us}. N^{us}. libertus A^{i}. A^{i}. sit?);“……嫁资是多少?”(quanta dos ... sit?);G. 4,

44。——**文献**：卡·哈克尔，《古典罗马法中的预备审》(Praeiudicium im klassischen röm. Recht)，1976 年，又见边码 15.14。

(十一)**抗辩**(**exceptio**)，正如它的名称所说的，是程式中判罚条件的例外。它以一种否定条件句的形式加在判罚(condemnatio)之前；例如诈欺抗辩(exceptio doli)：“……如果没有原告恶意诈欺该案就不会发生(或者如现在这样)”[... si in ea re nihil dolo malo A^i. A^i. factum sit neque fiat (quanti ea res ...)](G. 4,119，参见上文边码 33.18)。 26

另例：如果在本案中不是基于对……的恐惧或者……不是违反法律或者元老院决议而为的(si in ea re nihil metus causa... 或者... nihil contra legem senatusve consultum factum est)。——**反抗辩**(**replicatio**)采用了附有“或者如果……”(aut si...)的抗辩(exceptio)的程式文本(G. 4,126)。抗辩全都是裁判官的创造，即使它们能够在市民法(ius civile)渊源[法律(leges)、元老院决议(SCta.)]中找到支持也不例外；它在法定诉讼程序中尚不存在。——谕令中包含大量抗辩，G. 4,118；莱纳尔，第 501 页。

(十二)**前书**(**praescriptiones**)，如同抗辩(exceptiones)一样，是特殊的程式组成部分，为原告利益(pro actore)，在古代法中也可以是为被告利益(pro reo)，这项程式使用了“诉讼所涉及的是……”(ea res agatur...)，旨在限制争议标的并且因此限制消耗效力。参见 G. 4,130 ff.。 27

例如，在租金要式口约中仅仅就到期给付提起诉讼的，(这就)只能就到期事实提起诉讼(ea res agatur, cuius rei dies fuit)(G. 4,137)。有利于被告的前书(praescr. pro reo)在古典法中逐渐受到抗辩(exceptio)的排斥；例证，见上文边码 75.13。——后古典法的前书(praescriptio)则与此不同，见下文边码 87.8。——**文献**：罗·菲奥里，《诉讼所涉及的是》(Ea res agatur)，2003

年;路·佩莱奇,《前书》(La praescriptio),2003 年。

第八十四节 裁判审程序

(Kaser/Hackl §§51-55)

一、直至判决的程序

1 (一)在已经确定的独任法官或者合议法庭面前的程序服务于举证和作出判决。审判员(iudex)(或者其他判决法官,上文边码 82.15-17)通过程式了解法律争议的标的,对此进行调查和裁判是他的职责。他受到程式及其内容的约束,将对程式(及其解释)交由他判断的所有法律问题和事实问题,但也仅限于这些问题,作出裁判。

2 在法定诉讼程序中,当事人在确定法官后约定,以此后第三日为到法官面前的具体期限[第三日审判延期(comperendinatio)];在那里向法官概要陈述争议[争议概述(causae coniectio)],然后开始当事人陈述(G. 4,15)。关于程式诉讼,我们由《伊尔尼塔纳法》(lex Irnitana)第 90 章至第 92 章认识了"约定期限"(intertium dare)这种表达方式,它是对于约定到判决法庭的审判期限的表述。——依照《十二表法》第 1 表第 7 条至第 9 条,诉讼应当在一天内进行,太阳落山之前应当作出判决;当然也存在约定期限的可能。如果迟延,就会发生诉讼中止(mors litis)(上文边码 80.20)的效力。

3 (二)1. 在法官面前的程序受直接性原则和言词性原则支配。尤其是**证明程序**很大程度上处于裁量自由原则之下。这项原则首先适用于**证据评价**问题,在这个问题上罗马人早就实现了司法自由的原则。——参见《德国民事诉讼法》第 286 条第 1 款,《奥地利民事诉讼法》第 272 条第 1 款,《瑞士联邦民事诉讼法》第 40 条。

古代罗马法则与此不同，对司法裁判自由有所限制，基于特定的事实构成可以立即并且不可反驳地得出确定结论。例如，通过在证人面前“简单地”搜查住宅而查明的盗赃物占有人就应当立即认其是查获盗窃(furtum conceptum)(上文边码51.4)。

2. 对于**举证责任**适用的规则是，原告一般要证明成立该诉(actio)的事实情况，被告应当证明其抗辩(exceptio)具有正当性。此外，谁主张谁举证，而不是谁异议谁举证。这最初是纯粹经验规则，后来逐渐发展成为法律规则。对于消极主张(“某事没有发生”)，举证责任通常发生倒置，因此相对人必须证明，所谓的未发生确实已经发生了(例证，上文边码38.25)。 4

推定(praesumptiones)也属于这种事实关联，基于推定不需要经过举证就可以认为某些情况已经存在了；必要时相对人对此可以提出相反证据[相对人可以反驳的推定在中世纪被称为法律推定(* praesumptio iuris)，不可以反驳的推定称为不容反证的推定(* praesumptio iuris et de iure)(contrariam probationem non admittens，一项法律推定并且因为法律而不允许对方当事人提出反证)]。可以反驳的推定，例如，善意推定，参见诸如上文边码25.11。在程式诉讼中，推定起的作用总的来说微不足道(也有例外，它可以追溯到古代，上文边码59.6)。但是，可以发现很多解释规则，它们是由法学家们为法律规则和法律上的行为而发展出来的(参见上文边码8.12－17)。它们属于实体法，但在诉讼中可以认为是举证责任的规则。 5

3. 证据出示属于当事人的任务，而非法官的职责；当事人还有义务提供**证据方法**，对此一般[当然也存在例外，见下文(2)]不会通过向第三人(证人等)实施国家强制而为他提供帮助。 6

为司法裁决提供基础的一切(证据基础)，作为证据方法都是合格的。最重要的是：(1)**当事人陈述**：必要时可以通过**宣誓**(iusiurandum)而予以强化。不同于在裁判官面前实施的法律审(in iure)中所允许的宣誓(上文边码 82.8),在法官面前的宣誓通常是以当事人约定为基础,至少在发达的法律中是由法官自由判断的。同样,(宣誓的或者未宣誓的)事实**自认**对于法官丝毫没有拘束力;但承认请求权则有所不同,而承认请求权既可能是在长官面前[作为当庭承认(confessio in iure),上文边码 82.10],也可能是在法官面前。(2)**证人**(testes),应当由当事人提供并且由他(或者其辅助人)带到法官面前。一般对于证人作证没有法律强制;只有形式证人,他们需要参与诸如秤式行为等特定要式行为或者是参与做成证人文书(testatio)(上文边码 7.2;7.31),在他事后拒绝作证时,从《十二表法》(第 8 表第 22 条)开始,他就不再适合担任此类证人(improbus intestabilisque),即无能力成为形式证人或者作为形式证人而受邀出庭。诉讼证人将在当事人陈述之前进行宣誓;首先向原告的形式证人发问,然后是向被告的形式证人发问(有权向对方证人进行交叉询问);只能向每个证人发问一次。(3)不同种类的**书证**(债据、收据、交易文书、遗嘱、家庭收支账簿、交易账簿、账单等),可以由任何一方当事人提供。关于通过做成证人文书(testatio)的交易成立以及其他有证人陈述的特殊事实作为法庭证据的可能性,见上文边码 7.32。当然,这些文书也处于法官的自由证据判断之下。(4)有时还进行**勘验**,或者,(5)听取**鉴定人**意见(对于妊娠情况所请的助产士;土地测量师)。——关于不适合作证(intestabilis),见边码 13.13。

二、判决

7 (一)证明程序结束后(而且通常是当事人最终陈述结束后),法官(或者合议庭)就作出判决(sententia 即判决,iudicatum 即判决内容,res iudicata 即已决案),并且在双方当事人面前宣判。

法官在就职时应当宣誓,他将依据法律和事实履行其职责。他必须自己具备这些必要法律知识,当然在必要时他可以请法学家作为顾问(consilium),但他却不受顾问的法律意见约束。如果因为他不清楚案件事实或者法律状态而不能作出裁判,法官可以对“本案本身不明”(rem sibi non liquere)宣誓;然后确定其他法官。合议庭裁决需要绝对多数;票数相同就解释为有利于被告。——如果一方当事人没有出庭，依照《十二表法》(第1表第8条)，法官将等到中午，此后将作出有利于出庭一方的判决[中午以后他将争议标的判归出庭一方(post meridiem praesenti litem addicito)；缺席判决]。在程式诉讼中这项规则显然继续存在。——**文献**：特·迈尔-马利，"本案本身不明宣誓和法律拒绝禁止"(Iurare sibi non liquere und Rechtsverweigerungsverbot)，《弗·马切尔祝贺文集》(Fs. F. Matscher)，1993年，第349页；约·格·沃尔夫，"审判员宣誓"(Iudex iuratus)，《米克尔祝贺文集》，第1087页。

(二)判决必须符合在程式中所固定的诉讼纲程。就其内容而言，判决可以是给付判决、形成判决或者确认判决(上文边码4.7)。在给付之诉中的文句表述是"判罚"(condemno)或者"开释"(absolvo)；判罚判决(除损害之诉以外，上文边码83.21)总是指向特定金额[关于钱款判罚(condemnatio pecuniaria)的原则，见上文边码35.3-5]。在分割之诉中包含权利形成，大多情形是所有权授予(上文边码83.9和24，以及边码23.20；23.28-29)的场合，判决包含着一项"判定"(adiudico)；在判定向一方当事人给付的情形，使用了"判罚"(condemno)(上文边码83.24)。在预备审(praeiudicia)中的表述是确认(上文边码83.25)。 8

(三)1.承审员(们)的判决通常是终局性的，并且不得变更(它具有**形式既判力**)。在古代承审员的判决一直具有这种效力，因为进行裁决的法庭只有一个审级；当然，也有不同，详见下文。 9

法官自己不能再改变已经公布的判决。如果判决(例如因为缺乏程序前提或者因为严重程序缺陷)无效，就应当立即依职权对无效性进行考察。无效事由也可以在上诉(appellatio)(下文2.)中予以确定。通过恢复原状(in integrum restitutio)形式撤销判决(应当事人请求)只有在非常例外的情形才能发生。关于履行职务中侵权的审判员(iudex，qui litem suam fecit)的责任,见上文边码 51.28。

10 2. 在元首制时期,产生了**上诉**(appellatio,也称为 provocatio);首先是对非常公职审判(extraordinaria cognitio)的判决可以上诉,后来逐渐发展到对普通诉讼的裁决也可以上诉。它需要求助于皇帝或者他所委派的皇帝官员(上文边码 80.21),可以导致废止或者变更判决。它的渊源在于护民官的职权(tribunicia potestas),奥古斯都使它包含了对长官行为的"干预"(intercedere),专门用它来保护"小人物"。——**文献**:卡泽尔/哈克尔,第七十五节,还可参见,上文边码 80.21。

11 (四)判决**发生的效力**是,对作出判决所针对的法律问题作出最终裁决,而在它不可撤销时也是终局性裁决。

1. 基于具有判罚内容的给付判决,就可以予以执行了(下文第八十五节)。

12 2. 判决的内容创设了当事人之间的原权利(**实质既判力**);他们之间存在争议的法律问题不再有争议。判决中包含着分配裁判(addiudicatio)的,基于其形成效力就会创设出对抗任何人的新的权利状态(边码 83.9)。在其他情形,判决通常不会发生权利形成的效力[诸如确认生父的预备审(praeiudicium)是例外,Marcell. – Ulp. D. 25,3,3 pr.]。

关于判决中所包含的陈述,不管是在当事人之间的还是对于第三人而言,以后都会继续发生效力。判决内容对后来的诉讼所具有的权威性仅仅是"拟制"的,由于或大或小的概然性,因此可以认为法官正确地作出了裁决。只有在例外情形(例如在确认之诉中),依照法学家法判决才有了法律上的约束,因此判决就具有了判例性。

13 已经确定并实施的诉讼还发生对同一事项(de eadem re)排

除第二次诉讼的效力;但是,这种除斥效力通常不与判决相联系,而与争讼程序(litis contestatio)相联系(上文边码82.24－25)。

3. 义务判罚(condemnari oportere)因为判罚而发生变化,被告屈从于可能的判罚之下,依照古典法学说有义务行为判罚之事(iudicatum facere oportere),即负担了支付判决表明金额的债务。关于这种所谓第二次诉讼更新,见上文边码54.7;关于基于金钱判罚的取得效力,见上文边码27.22。——**文献**:安·萨洛莫内,《判决如债》(Iudicati velut obligatio),2007年。 14

第八十五节　程式程序中的执行

(Kaser/Hackl §§56－61)

一、概说

在**法定诉讼程序**中,基于对人之诉(actiones in personam)发生强制执行,如果不考虑扣押质物(pignoris capio)(对此,边码81.13)的例外情形,通常采取对人执行的方式。它从拘禁(manus iniectio)开始,如果责任人事先未能清偿债务,依照《十二表法》可能会导致他被杀死或者沦为奴隶,而在实践中还可能会使他成为债务奴隶(上文边码81.10－12)。 1

在**程式诉讼**的领域内,基于所有给付判决都可以发生强制执行程序[对物之诉(actiones in rem)也是如此,见下文边码85.3]。古代对人执行的目标在于使债务人成为债务奴隶,这项目标虽然仍然存在,但这时却受到了对债务人财产的执行的抑制。对债务人财产的执行从扣押财产(**missio in bona**)开始,是裁判官法的创造(参见上文边码81.12)。它包括了——受对人执行影响并由此发展而来——债务人的全部财产,这些财产将会为全体债权人利益而通过统一程序予以变价。普通财产执行在古典时期仍然是一 2

种**破产**程序，并且因此是一种概括执行。与此同时，对个别标的“特别执行”仅在例外情形为特定的需要保护的人的利益才能获得承认。

二、对人执行和财产执行

3 （一）执行这样开始：债权人在执法官面前申请对债务人的**已决案之诉（actio iudicati）**。对此主要考察名义（判决、承认、反提出要求宣誓）的合法性。

已决案之诉（actio iudicati）针对的是受判罚人（iudicatus），与其相对应的诉针对的是在法律审（in iure）中当庭承认（confessus）者；如同其他诉一样，它在《十二表法》（第3表第1条）规定的30天期限经过以后才发生（上文边码32.17；81.11）。未经诉讼和判决而具有可执行性的情形（上文边32.15），在程式程序中不复存在。另一方面，如果被告对于对物之诉（actio in rem）应诉并且［基于原物返还之诉（rei vindicatio）的物的价值的金钱请求程式（formula petitoria），边码83.18］受判罚了，他就是执行中的受判罚人。我们已经看到，只有对特定金额才允许执行［参见35.3–4；关于承认之诉（actio confessoria），见上文边码82.10］。——**文献**：基·布扎基（C. Buzzacchi），《古典罗马法诉讼中的已决案研究》（Studi sull'actio iudicati nel processo rom. classio），1996年；安·萨洛莫内（边码84.14）。

4 基于授予已决案之诉（actio iudicati）的申请，只有在债务人对判决之债（或者与其等同者）表示异议或者主张存在抗辩（exceptio）的情形，才例外地进入审理程序。如果进入审理程序，债务人就会面临诉讼增加的风险，即如果他再次败诉，其责任金额将会翻倍（上文边码32.18；81.11）。

5 （二）如果债权人对于执行的权利（通过债务人承认或者再次败诉）得到确认，债权人就可以申请对人执行，或者申请财产执行，或者同时申请二者。

1. **对人执行**仍然是——尽管所受影响较弱——以《十二表法》为依据。通过裁判官授予债权人带走债务人并使他成为债务奴隶的权利[命令带走(duci iubere)],就会授予对人执行。尽管这种执行方式比较严厉,但它在古代各个阶段都存在。为打破债务人在财产执行中的拖延,它也是必要的。——**文献**:卡泽尔/哈克尔,第387页;施潘(边码81.12)。

2. **财产**执行随着根据命令**扣押**财产而开始,在这项命令中,裁判官表示,取得财产占有后将其列入目录(予以公告)并将其出卖,即命令为出卖而占有财产并公告(bona possideri proscribi venire iubere):债权人将被安排占有(持有)债务人的财产,即**扣押财产**(**missio in bona**),但只能是财产维持和财产管理的原因(rei servandae causa),为此通常需要设定财产保佐人(curator bonorum)。公告(proscriptio)使得这项程序开始,也使得其他债权人知道,他们必须在30天(在遗产破产情形是15天)公告期限内对其债权进行登记。期限届满,债务人将变得不名誉(infamis)。这时裁判官会将债权人召集到一起,并且从他们中间选出一位业务执行人作为财产托管人(magister bonorum),他将出卖债务人财产(**venditio bonorum**),而且是通过拍卖方式出卖。这并不是为得到确定的买卖价款,而是为使债权人的债权份额尽可能多地获得支付。一旦拍定,它就属于**破产财产买受人**(**bonorum emptor**)了,属于债务人财产即破产财团的拍卖取得人了。——参见G.3,79。 6

拍卖这种方式在罗马人中间一般比较受喜欢,他们不仅仅在公共劳务方面采用拍卖,而且还在包税人(publicani)收税方面也采用拍卖方式。竞买人在财产执行中所受激励在于,他希望能买到高于他向债务人支付的消极财产的积极财产。——财产买受人(bonorum emptor)将被作为破产人的继受人,并且类推适用继承人的有关规则(ficto se herede)。因此,通过拟制程式(formula ficticia)将会给予财产买受人(或者针对财产买受人而给 7

予)债务人的诉讼(和针对债务人的诉讼),而不论财产买受人实际上是否继承了债务人[上文边码83.19;财产买受人(bon. emptor)的诉讼称为塞尔维之诉(actio Serviana),但不要与名称相同的质权人之诉相互混淆]。人们还可以针对债务人而简单地给财产买受人(bonorum emptor)以债务人对财产买受人可以适用的程式(而没有拟制),其中,在请求原因(demonstratio)和请求(intentio)中列明债务人,在判罚(condemnatio)中却列明财产买受人(bon. emptor)[鲁提利之诉(actio Rutiliana),其中有主体转换,见上文边码83.22]。关于这两项诉讼,都可以参见G.4,35;至于是否仅在破产人不复存在或者遭受巨大身份变动(边码13.3-4)的情形才授予塞尔维之诉(actio Serviana),存在争论。

8 特定债权具有优先性,并因此而可以自财产买受人(bon. emptor)全部受偿(例如,补偿丧葬费的债权、妇女对嫁资返还的债权、国库的债权等)。——执行债务人对债权人就出卖财产(venditio bonorum)之前发生的债权继续承担责任,但在第一年期间享有生活费保留的法律利益(beneficium competentiae)(上文边码32.22)。Diocl. C.7,75,6,该片段的真实性值得怀疑。

9 (三)债务人没有过错而陷于债务超过的,可以通过自愿将其**财产让与**(**cessio bonorum**,G.3,78)债权人的方式,避免他所面临的对人执行以及依照(奥古斯都时期的)《尤利亚法》(lex Iulia)财产执行所导致的不名誉。这种法律利益必须向执法官申请并经他同意。

它使债务人额外地对此前已经发生的债务享有生活费保留的法律利益(beneficium competentiae),这有助于他改善其经济状况;Ulp. D.42,3,4 pr.。

(四)只有在例外情形,债权人才可以通过**个别执行**受偿,即出卖债务人的个别财物,直至变卖价款达到了清偿所需金额[财产变卖(distractio bonorum)]。

在谕令中有些情形就是如此,例如,对于没有监护人或者保佐人的无行为能力人(Paul. D.42,5,6 pr.;又见 Ulp. D.42,4,7,11)。对于元老阶层的人们(他们受保护可以免受不名誉),元老院决议一般性地规定,对于这些人不是让他们破产,而是为出卖个别财产并清偿债权人而设定财产变卖保佐人(curator distrahendorum bonorum gratia)(Gai. D. 27,10,5)。最后,债权人自己也可以建议债务人采用这种清偿方式(Iul. D. 42,7,5)。

第八十六节 特别的裁判官法法律救济

(Kaser/Hackl §§62-65)

一、令状

1 (一)裁判官有时并不发布一项诉(actio)而是代之以发布一项令状(interdictum),并因此而发布了一项法律救济,旨在以目的导向的方法满足被告要求。在原告向裁判官陈述其请求后,裁判官依其申请(在考察诉讼前提之后)向被告发布一项禁止(interdicere)或者一项命令,两者目的都在于实现原告的请求,即维持或者恢复原告认为合法而提出请求的私法状态。

这种裁判官法的禁止或者命令用特定程式颁布,其范本同样包含在裁判官谕令中(例见上文边码21.7和9)。在这种令状程式中,总是要列举出全部实体法前提。例如,禁止被告对于原告无瑕疵取得的占有使用私力,或者命令以暴力方式从无瑕疵占有人侵夺占有的人向无瑕疵占有人予以返还(例见上文边码21.7和9;21.13-16)。——所有令状都属于荣誉法,都包含着对人之诉(actiones in personam)中的应诉强制(上文边码82.12)。——**文献**:迪·内尔,“论伊尔尼和其他地方的令状程序”(Zum Interdiktenverfahren in Irni und anderswo),《塔拉曼卡祝贺文集》,第3册,第73页。

2 如果被告自愿服从这项令状,即遵从这项禁止或者命令,原告因此不需要进入审理程序就可以实现其目标。相反,如果被告违反这项禁止或者不遵从这项命令,原告就可以(如同在普通诉讼中一样)申请确定审理程序,由承审员(在个别情形下由判还官)作出判决并且还可能进入强制执行程序。

3 裁判官根据各种具体情形而颁发的令状,与当代德国民事诉讼法中的临时处分可以相互比较。已经开始的审理程序(agere ex interdicto)有可能是必要的,而为结束这项审理程序,就可能有必要调整各具体令状类型。(参见《奥地利民事诉讼法》第457条以下的占有程序)。令状的历史渊源应当到行政程序中去寻找,其中对不服从执法官禁止的人首先就要处以行政罚金(multa)。详细内容,见上文边码21.8。

4 (二)令状(interdicta)或者是**禁止性的**(**prohibitoria**),或者是**恢复性的**(**restitutoria**)或者是**出示性的**(**exhibitoria**)(G. 4, 140,参见,边码21.6)。禁止性令状是最古老的类型,其程式表述为"……我禁止使用暴力……"(... vim fieri veto),其中包含着对私力违反行为的禁止(参见上文边码21.7和9)。返还性令状和出示性令状则使用了"应当恢复……"(... restituas)或者"应当出示……"(... exhibeas)的表述(例见上文边码21.12-16以及60.9;67.17),因此它们包含了返还或者出示的命令。

5 确定违反行为的程序,有些较为繁琐而拖沓,尤其是在禁止性令状中。为获得判决法庭的裁决,人们使用了成立罚金要式口约的方式,即当事人双方相互允诺,如果自己不法将向对方支付罚金;对原告而言令状不法即为不法,对被告而言违反令状行为不法即为不法。基于这项由裁判官强制要求成立的要式口约,将来可以请求罚金,因此同时也就要求通过对作为先决问题的已颁发令状的合法性作出判断[这种关系类似于原物返还之诉(rei vindicatio)和预备审誓约(sponsio praeiudicialis)之间的关系,上文边码27.16,只有以令状为保证才能真正要回这笔罚金;参见G. 4,165 ff.]。

6 这样就可以得到的只是对于已颁发令状的合法性或者不法性的确认,但还需要有其他司法行为,才能取得自己获胜部分以及其他所争取的给付。例如,在禁止性占有令状中确定了一项返还占有后续程序(也可称为"卡斯克利程序")[iudicium secutorium(sive Cascellianum)],这样就可以从诉讼期间临时占有的相对人那里取回占有(G.4,169)。在恢复性(和出示性)令状中,原告通过誓约程序(per sponsionem)(通过罚金要式口约)胜诉后,授予原告对该物的返还或者出示进行恢复物(或者出示物)审判[iudicium de re restituenda(或者 exhibenda)](G.4,165)。当然,可能在誓约程序开始前,被告就已经申请了仲裁员(arbiter);然后他通过仲裁程式(per formulam arbitrariam),(与在原物返还之诉的情形相近)不需要对令状的合法性和恢复原状(或者出示)进行罚金要式口约而通过统一的仲裁之诉作出裁决,通常这就能使原告取得自然给付(上文边码 27.17;参见 G.4162－165)。

二、恢复原状

文献:马·卡泽尔,"论恢复原状,特别是因为胁迫和诈欺"(Zur in integrum restitutio, besonders wegen metus und dolus),《萨维尼杂志》,第 94 卷(1977 年),第 101 页。

在特定情形(在胁迫、诈欺、诈害债权人、占未成年人便宜等情形,作为例外在错误的情形),将会提供"恢复原状"(in integrum restitutio)。 7

(一)在裁判官法恢复原状(in int. rest.)中,裁判官依申请考察请求人是否具有可以作为根据的获得承认的恢复原状事由。如果有这项根据,他就按照需要提供(裁判官法的)诉讼,从而消除构成恢复原状事由的事件已经发生的效力。裁判官法恢复原状之诉,即废止诉讼(iudicia rescissoria)("废止"已完成事务),大多是附有拟制程式(formula ficticia)而提供的,这项程式使得原告即使不具备恢复原状事由(如恐惧)的事实构成,也可以实现其目的(参见 G.4,38;Ed. D.4,5,2,1,又见 Inst.3,10,3)。在例外情形,可以交由法官对恢复原状事由进行考察。——参见库皮施(边码 8.30

之前)和贝内尔(边码9.3)的研究。

8 (二)此外还有司法性恢复原状(in int. rest.),即在仲裁之诉(actiones arbitrariae)(上文边码27.17;83.18)的程序中,法官力求在终局判决之前(通过自然给付,必要时以金钱支付作补充)实施恢复原状。作为司法性恢复原状的例子,可以举出胁迫之诉和诈欺之诉(actiones quod metus causa 和 de dolo)(上文边码8.32和35);此外可能还有仲裁性的事实之诉(actiones in factum)。

9 (三)在后古典法中,裁判官法恢复原状(in int. rest.)和司法性恢复原状逐渐融合:这时恢复原状一般存在于因未实施行为而致的弥补损失的诉讼中;参见边码9.12。——在当代民事诉讼法的"恢复原状"中,恢复原状(in int. rest.)继续存在,但其具体形式发生了很大变化。

10 三、很多情形都可能会发生扣押或者占有裁定;它有时涉及全部财产[**扣押财产(missio in bona)**],例如强制执行的情形(上文边码85.6),有时涉及单个的物[**授权占有(missio in possessionem)**],例如潜在损害(damnum infectum)的情形(上文边码19.13;23.17)。

11 四、裁判官有时会强制成立**裁判官法要式口约(stipulationes praetoriae)**,旨在为程序继续进行或者实现程序目的提供担保[例如,保证约据(cautiones),上文边码86.5,还可参见边码27.16;82.30—31]。其他的裁判官法要式口约,例如潜在损害保证(cautio damni infecti)(上文边码23.17),独立于诉讼程序,市政官双倍要式口约(stip. duplae)(上文边码41.29)也是如此。所有这些要式口约的范本都存在于谕令之中。裁判官对于成立要式口约的强制手段[以诉(actio)、授权占有(missio in possessionem)等相威胁]是根据其目的而改变的。——关于法官可能强制要求的提供担保,即所谓的司法担保(cautiones iudiciales)(上文边码27.17),例如对现在不存在并且将来不存在恶意的允诺(cautio de dolo),参见 Gai. D.6,1,18 和 20。——**文献**:安·焦马洛(A. Giomaro),《司法担保和法官职责》(Cautiones iudiciales e officium iudicis),1982 年;芬克瑙尔(边码11.1之前),第448页。

第八十七节　古典公职审判程序

（Kaser/Hackl §§66－76）

一、概说

（一）公职审判程序自奥古斯都时期起发展成为皇帝法程序，是由元首在其自主范围内引入的程序。对它而言重要的是，证明程序和判决程序不再交由私人法官负责，而是使得判决之前的全部程序都在公职法官面前进行。因此，法律审（in iure）和裁判审（apud iudicem）的阶段两分，在公职审判中作为原则不复存在了。公职审判诉讼的所有法官都（直接或者间接）是皇帝的代表。 1

公职审判程序主要产生于三个根源，而这三个根源很快就结合到一起了：（1）狭义的非常公职审判（cognitio extra ordinem），适用于皇帝认为需要保护而普通司法权并不承认的请求权；（2）皇帝及其代表的固有司法权，可以是对上诉的司法权，在例外情形也可以是对第一审的司法权；和（3）在行省诉讼中发生的变性（参见上文边码 80.22，又见 84.10）。行省总督对来自行省的当事人经常指定他所信赖的人（官员、军官等）作为法官，而当事人不敢对这项指定提出异议。它与公职的助理审判员（iudex pedaneus）（下文边码 87.3）之间很明显非常相近，尤其当官方强制传唤（下文边码 87.5）也涉及这种情形之后。于是，"变性的"程式诉讼就与公职审判彼此接近了。这种发展在公元 2 世纪就已经传播到了整个意大利，并且在古典法学消亡后自 3 世纪中叶起也传播到了首都罗马。在戴克里先时期，实践中的区别大部分已经被消除了，同时，使用诉讼程式也最终在 342 年遭到了禁止（C. 2,57,1）。 2

（二）皇帝将公职审判中的**司法权**按照不同标的分派到不同机关；最初是执政官或者各种裁判官［例如，遗产信托裁判官、监护裁判官（praetor fideicommissarius，tutelarius）］，后来逐渐增加了皇帝的官员［城市行政长官（praefectus urbi）、大区行政长官 3

(praefectus praetorio)等]。在行省一般任命行省总督负责。

程序区分对于公职审判而言也并非完全陌生:司法长官可以将各个程序阶段,尤其是证明程序和判决程序,交由受托法官[**指定审判员**(**iudex datus**)、**助理审判员**(**iudex pedaneus**)等]处理。司法长官对此并没有义务设定这种"下级法官",这一点与程式诉讼不同。此外,受托法官同样也是受上级指示约束的官员,当事人对他的选择并没有受到法律保护的影响。

4 (三)公职审判程序根据的是福利国家的指导思想,即如果元首为亲自负责有秩序的司法行为而操心或者为此而确定代表法官的,就是为公共福利服务。正如共和-元老院时期皇帝管理所有领域被认为非常实用这种思考所表明的那样,公职审判程序也使普通司法权变得简明而目标明确。皇帝为公职审判法官提供了比较大的裁量空间,使得他们可以根据目的需要而调整程序。当事人因为他们具有比较大的强制力而服从于他们。皇帝实现公正司法,不再是通过判决法官的独立性,而是通过允许受到不公正判决损害的当事人经由上诉而撤销该判决,上诉最终可以上诉到皇帝本人那里。

二、审理程序

5 (一)当事人自始即服从于公职法官的司法权力。因此,争讼程序(litis contestatio)也就不再如同程式诉讼中那样具有当事人的特别服从行为的功能了。与此相应的是,**传唤**成为半官方的或者官方的行为。如果被传唤人不来,在惩罚他拒绝出庭(contumacia)的**缺席程序**中,他就会受到依照原告诉讼请求而作出的判罚。

6 传唤或者通过原告私人通知(denuntiatio)而进行,这项通知可以因为官方授权成为有权通知(denunt. ex auctoritate)而得以强化;或者通过官方传唤(evocatio)进行,可以采用书面形式(litteris),由官方发布书面命令,也可以采用告示(edicto)形式,在法官公告栏公布张贴。在行省是传唤到巡回法庭(conventus),这种巡回法庭由行省总督召集,在其辖区内较大的地方开庭,每年至少一次。如果被告在下一个开庭日期不出庭,就可以进入缺席程序,而被告在此后传唤中如果继续不出庭,就会进行缺席判决。立即强制应诉与传唤相联系,并且这时对物之诉(actiones in rem)和对人之诉(actiones in personam)是完全一样的。当然,在对物之诉(actiones in rem)中,原告可以不申请缺席程序而是仍然申请占有转移(translatio possessionis)。

争讼程序(litis contestatio)在公职审判程序中只有一种变性的形态。人们在以下现象中可以发现它:被告在司法长官面前对原告请求提出异议,与此相联系的是主要在上文边码 82.27 中提到的诉讼系属的实体法效力(见下文边码 88.7)。

(二)诉讼纲程在公职审判中不再通过程式(formula)而确定。 7
对于**诉讼请求**,这时人们不太技术地使用了"诉"(actio)、"请求"(petitio)、"追诉"(persecutio)等表述方式,并且仅仅依照实体法规则决定诉讼请求。因此,公职审判中的"诉"(actio)与私法的"请求权"基本一致了,而请求权的判断这时更加依赖于法官自由裁量了。

例如,对于过分请求(pluris petitio)进行了重新解释(下文边码 88.8)。作为驳回诉讼申请的驳回诉讼(denegatio actionis)和通过开释判决方式驳回诉讼之间不再严格区分。恢复原状(in integrum restitutio)在公职审判程序中也只是一般诉讼程序的亚种,原告可以通过这项程序消除已发生的特定法律效果。

(三)被告答辩的事由也有所变化。**抗辩(exceptio)**不再是判 8
罚条件的"例外",而是被告提出的有利于自己的证据,他通常对此承担举证责任。主张独立的反对权和对请求权的异议之间的对立就这样消失了。人们更倾向于将这种辩护手段称为**"praescriptio"**(**抗辩**)(新的含义)。对于抗辩,显然直到终局判决之前一般都可以提出来。

9 (四)**证明程序**在公职审判中也受自由评价证据原则支配。

当庭承认(confessio)和当庭宣誓(iusiurandum)在这里直至判决前都可以进行。它们在任何情形都不能代替判决,反而可能被法官认为不值得相信。

10 (五)**判决**以书面作成并予以宣读。给付判决不再必须以金钱表述;钱款判罚(condemnatio pecuniaria)原则在公职审判程序并不存在。如果原告恶意诉讼使被告被迫支出费用,原告就可能被判罚诉讼费用(sumptus litis)以作为补偿。

判决具有除斥效力,对同一标的再次诉讼会因为既判力抗辩,即已决案抗辩(praescriptio rei iudicatae)而落空。

当事人之间的判决对第三人不产生(具有约束力的)在先判决的效力(res inter alios iudicata aliis non praeiudicat, Ulp. D. 48,2,7,2)的原则,在公职审判程序中同样适用;当然,判决对第三人也发生效力这种例外情形有所增多。

11 (六)公职审判的判决自奥古斯都时期起就可以上诉(**appellatio**,上文边码 84.10)到皇帝及其代表,对皇帝的代表所作判决通常还可以上诉到皇帝。

自 2 世纪中叶起,城市行政长官(praefectus urbi)对于罗马成了常任代表;在 3 世纪,大区行政长官(praefectus praetorio)成了整个帝国的常任代表。然而,这在其中皇帝设定了一些例外,并且他还经常(在二审或者三审中)亲自作出判决。例外情形也可以上诉到元老院。

上诉应当向他反对其所作判决的法庭提出。法庭将授予上诉原告(上诉人)一项书面意见[移送案件报告(litterae dimissoriae, apóstoli)],上诉人会将该书面意见呈送上一审级法庭。上诉就阻止了执行,直到对争议事项作出最终判决。上诉审法官可以对上诉案件进行重新处理,甚至可以考虑重新进行当事人陈述(但不能提出新的请求权)。上诉审判决可以废止已被撤销的判决,这就需要开始一项新的程序,或者代之以一项新的判决。

三、执行程序

执行一如既往地或者是对人执行或者是财产执行。对于财产执行,债权人可以在普通的执行和特别的公职审判程序执行之间进行选择。如上所述(上文边码 85.6 – 7),普通执行是一项概括执行;它通过扣押财产(missio in bona)和财产出卖(venditio bonorum)而实施,而且作为破产程序旨在使债务人的所有债权人都能获得清偿。与此相对,特别的公职审判强制执行是一项**个别执行**。如果欠的是特定某物,这个物就会被执达吏(exsecutor)(法官的执行机关)取走并交给债权人。如果欠的是金钱,就会将个别标的(首先是动产,必要时是不动产,最后是权利)扣押(pignus in causa iudicati captum,扣押质权,上文边码 31.25)并由执达官拍卖;债权人由变价获得清偿。 12

第八十八节　后古典诉讼

(Kaser/Hackl §§77 – 96)

一、概说

(一)在后古典诉讼中,公职审判程序继续存在,它在吸收了“变性的”程式诉讼(上文边码 87.2)后作为唯一的程序种类得以存续。当然,在君主极权专制下程序的特征发生了彻底改变。当事人支配诉讼进程随着有利于法官支配诉讼的国家权力不断增强而受到限制,当事人则服从于国家权力。另一方面,皇帝也并不信任没有能力而且不堪信任的法官,这导致法官的裁量自由受到了很大限缩,取而代之的则是各种具体的法律监管。优士丁尼虽然在私法的很多方面都回归到了古典法,但在诉讼法方面却坚持了 1

他所处时代施行的规定并且使之继续发展。

2 在大量的、经常不明确并且编辑得非常糟糕的皇帝法所包含的规则中，对于当事人和法官应当实施的行为有很多详尽的形式规定和期限规定，等等。对于执行人员的职务行为应当缴纳费用，它们[作为诉讼费(sportulae)]构成了该官员职务收入的重要部分，但对当事人而言诉讼程序则过于昂贵。对于很多违反诉讼规定的行为，当事人和法官都面临受到严厉刑罚惩处的威胁。所有这些都表现出了整体衰落的特征。

3 (二)**法院组织**随着戴克里先时期行政的领土国家化重建而得到了整顿。在第一审级中作为普通法官的是(大大缩小了的)行省总督[行省执政官(proconsul)等];在特别情形，可以是大区的(行省总督之下)代理官(vicarius)或者(作为最高机关的)(四大区之一的)大区行政长官(praefectus praetorio)或者皇帝。

这种结构无疑受到了大量的、随时间不断变化而发生的例外的不断破坏。——在罗马和君士坦丁堡这两个首都，第一审级由城市行政长官(praefectus urbi)管辖，而其他法官则服从于他。对于轻微案件，在帝国各地都继续由社区机关的地方法庭管辖(参见上文边码 80.10)。与此同时，这时还出现了城市代理人(defensor civitatis，“小人物的律师”)，他们是为保护居民免受官署侵犯而设立的。——关于上诉管辖权，见下文边码 88.15。

二、审理程序

4 (一)关于**诉讼开始**，在 4 世纪时采用了经官方许可的原告**诉讼通知(litis denuntiatio)**这种方式，但它的期限较为冗长。在 5 世纪中期后，取而代之的是向法庭提交起诉状(libellus conventionis)，申请由执达吏(exsecutor)对被告进行纯粹的官方传唤。这种新程序因此称为**书面诉讼**。起诉状中包括了原告的请求及其权利基础，对此人们有时还会使用旧的诉讼名称。然而，诉(actio)在诉讼程式消亡以后不再具有其最初的固定内容了。

如果一方当事人没有令人信服的理由而未到庭,就会进入**缺席程序**(上文边码87.6)。优士丁尼还将这项原则应用于原告缺席的情形,其结果是被告将会获得开释。——如果被告在对物之诉(actio in rem)中缺席,执行机关就会将该物由他那里取走并交付于原告。 5

(二)1. 如果双方都已出庭并且根据日期安排也轮到该案了,就会开始**答辩程序**。这项程序由当事人双方的陈述组成,先是原告陈述(narratio),然后是被告答辩(contradictio)。 6

首先必须对争议部分进行不中伤宣誓(iusiurandum calumniae)(普通法诉讼的“危险宣誓”),以避免使诉讼成为纯粹的滥用权利行为。律师(advocati)通常要帮助当事人,他们也将同样宣誓。

2. 关于**争讼程序(litis contestatio)**,如果被告在法官面前对诉讼说明予以争辩,就可以认为进行了争讼程序,而这也就发生了——尽管可能是有所变化的——诉讼系属的效力。 7

争讼程序(lit. cont.)的消耗效力被废除了,同样,诉讼更新和已审案抗辩(exceptio rei in iudicium deductae)(上文边码82.24 -25)也被废除了。除斥效力主要与判决联系在一起,下文边码88.13。当然,对已经提交法院的诉讼重新提起诉讼被禁止了。

(三)如同在古典公职审判中(上文边码87.8)一样,**抗辩(exceptio 或者 praescriptio)**也不再只是一项独立的反对权(**抗辩权**)的主张,而是指被告所提出的所有辩护。 8

抗辩(exceptio)不再必然导致完全驳回诉讼请求,有时可能仅仅是减少判罚金额。如果原告主张得过多，这项过分请求（pluris petitio）（这时是pluspetitio）也不立即导致败诉（上文边码34.9和14），但原告可能会因为诉讼轻罪而受处罚。

9 （四）**证明程序**在后古典诉讼中的很多关系上都发生了变化。选择和提出证据都不再是当事人的事情而是法庭的事情了。对于举证责任坚持了过去的规则（上文边码84.4）。事实构成意义上的推定（praesumptiones）不需要任何证据，这时则经常获得承认。法官的证据评价自由受到了个别的固定证据规则的限制，尤其是某些文书被赋予的证据效力比证人的证据效力还强。

对于各证据方法都有详细规定。（1）当事人**宣誓**可以强制，对于它的作出（也是在法官面前）或者拒绝都有详细规定（关于其效力，见上文边码87.9）。（2）**证人**作证这时一般是强制性的（也有可能免除作证义务），证人将受官方传唤，并由法官实施。（3）官方的（也就是由官署提供的）和经过[文书证人、文书官（tabularius）或者经过笔迹鉴定]确认的私人**文书**（上文边码7.35）具有较高证明力，不能仅仅通过证人就否认其效力。此外，诸如档案、记录、登记等官方记录也具有重要意义。（4）**鉴定人**在判断文书真实性方面的作用格外突出。

10 程序的直接性原则和言词性原则这时在很大程度上被抛弃了。所有程序阶段在这个偏好书面的时代都需要记录。作出判决所依据的也主要是（当事人不在场时的）庭审笔录和其他案卷，尤其是在上诉审之中。

11 （五）在判决的情形，区分了关于争议的终局判决（definitiva sententia）和临时裁决（interlocutiones）。所有判决都要书面记录并口头宣判。

违反法定期限将会构成诉讼拖延；根据优士丁尼时期的一项法律，任何诉讼最晚必须自争讼程序(litis contestatio)起3年内结束,C.3,1,13,1。——关于缺席判决,见上文边码88.5。

1.给付判决可以表述为任何种类的给付。 12

在所有对于金钱以外的其他物的给付之诉的情形,仲裁之诉(actiones arbitrariae)(上文边码27.17)的原则这时发生了变化,通过判决命令被告在原物尚存情形予以返还,如果他没有这样做,就会根据司法命令由执行官(manu militari,D.6,1,68,添加的)将该物从他那里取走并且返还于原告。

2.除斥效力不再与争讼程序相联系,而是与判决相联系。对同一事项(de eadem re)提起第二次诉讼就会发生**已决案抗辩**(**exceptio rei iudicatae**)。 13

原告一旦受偿,就排除了基于同一争议标的(上文边码82.25-26)的竞合性诉讼所生的第二项诉讼(关于与消耗竞合相对的清偿竞合,参见上文边码50.9;56.8-9)。

3.这时可以在判决中明确由双方当事人任何一方承担诉讼费用的偿还,但通常是败诉一方。 14

(六)**上诉**(**appellatio**)进一步完善。 15

上诉开始由行省总督到了大区行政长官(praefectus praetorio)或者代理官(vicarius)。对于代理官的裁判还可以进一步上诉到皇帝,但对作为皇帝的代理人(vice sacra)的大区行政长官的判决则不可以上诉到皇帝。当然,作为对大区行政长官(praefectus praetorio)裁决的补充性救济手段,可以向皇帝提出申诉(supplicatio),对该申诉的裁决大都又委诸大区行政长官(本人或者其继任人)作出。城市行政长官(praefectus urbi)作出的判决上诉到皇帝,首都地方法院作出的判决上诉到城市行政长官(praef. urbi),其他地方法院的判决上诉到总督。

如果法官不敢裁判,就可以在判决前将该案连同所有案卷一起呈交皇帝裁判,后来也可以呈交其他级别更高的法官裁判(所谓的关系程序或者协商程序)。判决之后才可以作出的上诉(appellatio)应当与此相区别;当然,如果上诉程序向皇帝亲自提起的,就会与关系程序相称了[依照协商程序上诉(appellatio more consultationis)]。

三、后古典执行程序

16 强制执行仍然一如既往,或者是对人执行,或者是财产执行。

判决履行期限(上文边码 85.3)最初是根据个案确定,后来一般是 2 个月,在优士丁尼时期延长到 4 个月。

17 (一)对人执行继续存在,但受到某些优先权的限制。

18 (二)1. 财产执行这时通常是个别执行;它完全遵从古典公职审判的规则(上文边码 87.12)。

19 2. 破产程序只有在债务人有多数债权人并且债务超过时才会存在。但是,在这种情形人们也不是出让债务人的全部财产,而只是变卖个别财产(distractio bonorum)并且从卖价中受偿,只要资金充足,优先债权人按照全额受偿,其他债权人按照破产财团分配比例受偿。

20 (三)债务人为避免对人执行或者破产程序所带来的丧失名誉而申请财产让与(cessio bonorum)(关于效力,见上文边码 85.9),其程序类似。

21 四、关于后古典时期的特殊程序,还需要提到**敕答诉讼**。原告在开始普通诉讼之前,可以通过呈元首书(libellus principi oblatus)向皇帝提出就争议事实通过敕答予以鉴定的申请(preces)。只要向皇帝陈述的案件事实正确,一审法官就会受到获得了这种鉴定的原告所提交鉴定的约束;授予敕答存在关于"如果申请属实"(si preces veritate nituntur)的保留。被告只能通过以下方式进行辩护,即他证明案件事实并未正确描述,因此敕答与诉讼情形不相符合。这项程序的费用很高,但它为原告提供了避免法官不可信赖或者受贿的希望。

五、为取得相同利益,有时人们并不把争议事项提交给国家的法庭,而是 22
提交给主教。主教虽然没有世俗司法权,但由于他对信众的权威性和精神惩戒权,因此也显示出相当大的调解能力[**主教听审(episcopalis audientia)**]。它超越了纯粹的仲裁管辖权,对被申请人——显然只能通过精神手段——可以强制应诉,人们经常采用和解方式避免判罚裁决,而这项裁决也可以以国家名义而得以执行。

我们永远离不开罗马人。(On ne peut jamais quitter les Romains.)

孟德斯鸠:《论法的精神》(1747 年,第 11 章第 13 节)

“罗马法在这些领域对这些主题并未形成有拘束力的规则；但是在根据原则对案件进行裁判过程中，当我们的书里没有直接权威可以援引时，如果证明得到了那些法律——最博学者的研究成果、时代的集体智慧和欧洲多数国家的国内法——的支持，这对我们所得出结论的合理性绝非无足轻重的证据。”

阿克顿诉布伦德尔案（Acton v. Blundell），《米森和韦尔斯比财税法庭案例汇编》（1843 年）第 12 卷[（1843）12 Meeson and Welsby's Exchequer Reports]，第 324 页起，《英格兰判例集》第 152 卷，1223 页（152 ER 1223），廷德尔（Tindal），民诉法庭首席法官（CJCP）。

附录

附录一:拉丁语法律规则

ab heredis persona incipere obligatio non potest	不能对继承人本人开始一项债	34.7
accessio cedit principali	从物从属于主物	26.5,12,18
actor sequitur forum rei	原告就被告审判籍	82.2,6
adoptio naturam imitatur	收养是模仿自然	60.26
alteri stipulari nemo potest	任何人不能为他人利益允诺	34.6
ambiguitas contra stipulatorem	疑义不利于要式口约人	8.12
audiatur et altera pars	两造听审	80.5
bis dat qui cito dat	给得快等于双倍给	53.13
bis de eadem re agere non licet	对同一事项进行两次诉讼是不允许的	82.24
bonae fidei possessor fructus suos facit	善意占有人为自己收取孳息	26.6
casum sentit dominus	事变由所有权人承受	36.26; 41.20,23
casus a nullo praestantur	事变不应归于任何人	36.26
coactus tamen volui	由于受到胁迫我才愿意	8.31
commodum eius esse debet, cuius periculum est	承担风险的人也应当享有利益	26.12; 41.24

续表

consensus facit nuptias	合意成立婚姻	58.33;58.32
culpa lata dolo comparatur	重过失等同于故意	36.22
cum in verbis nulla ambiguitas est,non debet admitti voluntatis quaestio	如果语义确定无疑,不允许探究当事人意思	8.17
cum quaeritur in stipulatione, quid acti sit,ambiguitas contra stipulatorem est	在对要式口约实际所指存在疑问时,疑义不利于要式口约人	8.12
diei adiectio pro reo	给付时间的确定有利于债务人	53.13
dies a quo(non)computatur	(不)计算起始日	58.38
dies interpellat pro homine	期限代替人催告	37.7
dolo facit,qui petit quod redditurus est	对于因其他理由而应予返还者提出请求,是恶意而为	33.19
dolus pro possessione est	诈欺取代占有	27.10;75.5
emptio tollit locatum	买卖击破租赁	42.14
errantis nulla voluntas est	错误表示不包含意思	8.26
ex qua persona quis lucrum capit,eius factum praestare debet	谁经由他人获得利益,谁就必须对他人行为负责	36.25
factum alterius non nocet	他人行为不发生损害	36.25
falsa demonstratio non nocet	错误称谓不发生损害	8.15,17
fur semper in mora	窃贼总陷于迟延	37.7;51.7
genus perire non censetur	种类物不灭失	34.20
hereditas(iacens)personae vice fungitur	(未继承的)遗产取代人的地位	17.3;72.2

续表

impensae necessariae (utiles) dotem ipso iure minuunt	必要费用(和有益费用)当然直接减少嫁资	59.22
imperitia culpae adnumeranda	没有经验应当归于过错	36.23
impossibilium nulla obligatio est	对不能没有任何债	34.2
in maiore minus inest	大中含小	8.10;24.12
in pari turpitudine melior est causa possidentis	在同样背俗时占有人的法律地位较优	48.17
in re pari potentiorem causam esse prohibentis constat	在法律地位相同时应当坚持禁止优先	23.26
in testamentis plenius voluntates testantium interpretamur	在遗嘱中我们应当非常明确地解释被继承人的意思	8.17
infitiando lis crescit in duplum	异议使诉讼标的翻倍	32.18
invitus agere nemo cogitur	不愿意的人不能被强制参加诉讼	80.5
invitus nemo rem cogitur defendere	不得强迫任何人违背其意愿对某物辩护	27.12
ipso iure compensatur	当然抵销	53.31
iure naturae aequum est neminem cum alterius detrimento et iniuria fieri locupletiorem	根据自然法,任何人不应当因他人损害和不利而得利是符合衡平的	48.3
iuris ignorantia nocet, facti ignorantia non nocet	法律无知损害任何人,事实无知则不生损害	8.27
lex posterior derogat legi priori	新法优于旧法	54.1
libera matrimonia esse antiquitus placuit	婚姻自由是自古就被承认的	58.46

续表

libertas omnibus rebus favorabilior est	自由比其他的都更优先	8.13
mala fides superveniens non nocet	嗣后恶意发生损害	25.12
mandatum nisi gratuitum nullum est	如果不是无偿的就不是委托	44.1
mater semper certa est	母亲始终是确定的	60.22
melior est causa possidentis	占有人的法律地位较优	27.27
morte Cincia removetur	死亡排除适用《钦其亚法》	47.9
nasciturus pro iam nato habetur, quotiens de commodis eius agitur	只要对胎儿有利，就应当认其为已经出生	13.7
ne bis in idem(crimen iudicetur)	一事不再罚	82.24
nemo invitus compellitur ad communionem	任何人均不应违背其意思而被迫与他人形成共同关系	43.15
nemo plus iuris ad alium transferre potest quam ipse habet	任何人都不能转让超过他所享有权利的权利	24.3
nemo pro parte testatus, pro parte intestatus decedere potest	任何人都不能部分有遗嘱、部分无遗嘱地死亡	65.14,25; 67.6
nemo sibi ipse causam possessionis mutare potest	任何人不能为自己而单方改变其占有原因	19.9
nihil commune habet proprietas cum possessione	所有权与占有没有共同之处	19.1
nomina ipso iure divisa	债当然是分割的	56.2;73.5; 74.2

续表

nomina ossibus inhaerent	债附于骨	55.8
non ex regula ius sumatur, sed ex iure quod est regula fiat	法不应当从规则中推导出来,毋宁说由现行法才形成了规则	8.11
noxa caput sequitur	损害责任追随行为人	50.13
nuda pactio obligationem non parit, sed parit exceptionem	无定式简约不产生债,而只产生抗辩	33.14
nulli res sua servit	任何人不能对自己的土地享有役权	28.11
nullus videtur dolo facere, qui suo iure utitur	行使其权利者不应被认为恶意	4.15
omne ius hominum causa constitutum	所有法均为人而设	V;1.39
omnia iudicia absolutoria esse	所有审判都是可开释的	37.20
pacta sunt servanda	简约应当遵守	38.18;40.7
pater est quem nuptiae demonstrant	父亲是婚姻所显示的人	60.22
peccatum non dimittitur, nisi restituatur ablatum	如果没有归还被盗的东西,罪过就得不到宽恕	35.6
per liberas personas, quae in potestate nostra non sunt, adquiri nobis nihil potest	通过自由人,即那些不处于我们家父权下的人,我们不能取得权利	11.5
periculum est emptoris	买受人承担风险	41.21,22
plus valet quod actum quam quod simulatum	真正想做的比表见成立的效力更强	8.28
portio portioni adcrescit, non homini	应继份增添于应继份,而不增添于人	73.7

续表

prior tempore potior iure	时间越在先,权利就越强	31.26
quod quis ex culpa sua damnum sentit, non intellegitur damnum sentire	因为自己过错而受损害的,不认为是受到损害	36.5
res deterior reddita non est reddita	返还损坏的物不是返还	37.4
res inter alios iudicata aliis non praeiudicat	当事人之间的判决对第三人不产生在先判决的效力	87.10
res nullius cedit primo occupanti	无主物归先占它的人	26.2
res perit domino	物的灭失归所有权人	41.20,23
secundum naturam est, commoda cuiusque rei eum sequi quem sequentur incommoda	与自然正义感相符的是,享受物的利益的人承担物的不利益	41.24
semel heres semper heres	一旦是继承人永远是继承人	65.14;68.8
servitus in faciendo consistere nequit	役权不能存在于作为之上	28.9
servitus servitutis esse non potest	役权之上不能设立役权	28.11
solvit et qui delegat	指示其债务人者也已支付	54.13
species perit creditori	特定物灭失归债权人	34.20
species perit ei cui debetur	特定物灭失使所欠债务消灭	41.20
sui heredes instituendi sunt vel exheredandi	自家继承人必须被指定继承人或者被剥夺继承权	69.3
superficies solo cedit	地上物从属于土地	23.23; 26.10–11; 30.7

续表

tot stipulationes quot res	标的是多少就对多少成立要式口约	9.4;40.13
tres faciunt collegium	三人成立社团	17.11
tutor in rem suam auctor fieri non potest	监护人在自己事务中不能为被监护人作出要式同意	11.14
tutor rem pupilli emere non potest	监护人不能买受被监护人之物	11.14
ut res magis valeat quam pereat	应解释为发生效力而不是不生效力	8.13
utile per inutile non vitiatur	有效不受无效影响	9.4
versanti in re illicita omnia imputantur quae sequuntur ex delicto	基于私犯行为发生的一切后果都应当由侵权人承担	36.4
vim vi repellere licet	以暴制暴是允许的	36.11

附录二:罗马皇帝(到优士丁尼)

奥古斯都(Augustus)	前27—14
提比略(Tiberius)	14—37
盖尤斯(卡利古拉)[Gaius(Caligula)]	37—41
克劳迪乌斯(Claudius)	41—54
尼禄(Nero)	54—68
伽尔巴(Galba)	68—69
奥托(Otho)	69
维特利乌斯(Vitellius)	69
维斯帕西安(Vespasian)	69—79
提图斯(Titus)	79—81
图密善(Domitian)	81—96
内尔瓦(Nerva)	96—98
图拉真(Trajan)	98—117
哈德良(Hadrian)	117—138
安东尼努斯·皮乌斯(Antoninus Pius)	138—161
马可·奥勒留(Mark Aurel)	161—180
卢奇乌斯·维鲁斯[Lucius Verus(divi fratres)]	161—169
康茂德(Commodus)	180—192
佩尔提纳克斯(Pertinax)	193
迪迪乌斯·尤利亚努斯(Didius Iulianus)	193
塞普提米乌斯·塞维鲁斯(Septimius Severus)	193—211
安东尼努斯·塞维鲁斯(卡拉卡拉)[Antoninus Severus(Caracalla)]	211—217

盖塔(Geta)	211—212
马克里努斯(Macrinus)	217—218
埃拉伽巴(Elagabal)	218—222
塞维鲁斯·亚历山大(Severus Alexander)	222—235
马克西米努斯·特拉克斯(Maximinus Thrax)	235—238
高尔迪安一世(Gordian Ⅰ)	238
高尔迪安二世(Gordian Ⅱ)	238
巴尔比努斯(Balbinus)	238
普皮努斯(Pupienus)	238
高尔迪安三世(Gordian Ⅲ)	238—244
阿拉伯人菲利普(Philippus Arabs)	244—249
菲利普二世(Philippus Ⅱ)	247—249
德西乌斯(Decius)	249—251
特里波尼阿努斯·伽卢斯(Trebonianus Gallus)	251—253
霍斯提里阿努斯(Hostilianus)	251
沃卢西阿努斯(Volusianus)	251—253
埃米里阿努斯(Aemilianus)	253
瓦勒良(Valerian)	253—260
伽利埃努斯(Gallienus)	253—268
克劳迪乌斯·哥特库斯(Claudius Gothicus)	268—270
昆提卢斯(Quintillus)	270
奥勒良(Aurelian)	270—275
塔西陀(Tacitus)	275—276
弗洛里亚努斯(Florianus)	276
普罗布斯(Probus)	276—282
卡鲁斯(Carus)	282—283
卡里努斯(Carinus)	283—285
努梅里安(Numerian)	283—284

戴克里先(Diokletian)	284—305
马克西米里安(Maximian)	286—305,307—308,310
君士坦丁一世·克罗鲁斯(Constantius Ⅰ. Chlorus)	305—306
伽勒里乌斯(Galerius)	305—311
塞维鲁斯(Severus)	306—307
马克森提乌斯(Maxentius)	306—312
李锡尼乌斯(Licinius)	308—324
马克西米努斯·戴亚(Maximinus Daia)	309—313
君士坦丁一世(大帝)[Konstantin Ⅰ.(d. Gr.)]	306—337
君士坦丁二世(Konstantin Ⅱ)	337—340
君士坦斯(Constans)	337—350
君士坦提乌斯二世(Constantius Ⅱ)	337—361
尤里安(阿波斯塔塔)[Iulianus(Apostata)]	360—363
约维安(Jovian)	363—364
瓦伦提尼安一世(Valentinian Ⅰ)	364—375
瓦伦斯(Valens)	364—378
格拉提安(Gratian)	367—383
瓦伦提尼安二世(Valentinian Ⅱ)	375—392
狄奥多西一世(Theodosius Ⅰ)	379—395
最终法律分裂	395
西罗马帝国	
霍诺留(Honorius)	393/395—423
君士坦丁三世(Constantius Ⅲ)	421
约翰内斯(Johannes)	423—425
瓦伦提尼安三世(Valentinian Ⅲ)	425—455
佩特罗尼乌斯·马克西姆斯(Petronius Maximus)	455
阿维图斯(Avitus)	455—456
马约里安(Majorian)	457—461

李比乌斯·塞维鲁斯(Libius Severus)	461—465
安特米乌斯(Anthemius)	467—472
奥吕布留斯(Olybrius)	472
格吕塞留斯(Glycerius)	473—474
内波斯(Nepos)	474—475
罗慕鲁斯·奥古斯都(Romulus Augustulus)	474—476
西部帝国灭亡	476
东罗马帝国	
阿尔卡迪乌斯(Arcadius)	383/395—408
狄奥多西二世(Theodosius Ⅱ)	408—450
马尔奇阿努斯(Marcianus)	450—457
利奥一世(Leo Ⅰ)	457—474
利奥二世(Leo Ⅱ)	474
芝诺(Zeno)	474—475,476—491
巴西里斯库斯(Basiliscus)	475—476
阿纳斯塔修斯(Anastasius)	491—518
优士丁一世(Justin Ⅰ)	518—527
优士丁尼(Justinian)	527—565
拜占庭灭亡	1453

附录三:渊源索引

附录只收入引用原文或者给出详细指引的渊源。

附录中的数字指边码。破折号前的数字为渊源具体位置,破折号后的数字为本书边码,其中,圆点前的数字为节次,圆点后的数字为节内边码数。斜体为主要的出现位置。

一、法律渊源

(一)前优士丁尼的作家和法律汇编

《狄奥多西法典》(Codex Theodosianus = CTh.)

《梵帝冈残片》(Fragmenta Vaticana = vat.)

《盖尤斯法学阶梯》(Gai institutiones = G.)

《保罗论判决》(Pauli sententiae = PS)

《十二表法》(leges duodecim tabularum = 12Taf.)

（二）《民法大全》(Corpus iuris civilis)

《法学阶梯》(Institutiones = Inst.)

《学说汇纂》(Digesta = D.)

《优士丁尼法典》(Codex Iustinianus =C.)

《新律》(Novellae leges = Nov.)

(三)碑铭

布伦斯/格拉登维茨,《古代罗马法渊源》(Bruns)

《前优士丁尼罗马法渊源》(第3册)(FIRA Ⅲ)

二、非法律渊源

马·图利乌斯·西塞罗,《论演说家》
[M. Tullius Cicero(=Cic.)de orat.]

奥·格利乌斯,《阿提卡之夜》(A. Gellius,Noctes Atticae)

附录四：内容索引

数字为边码。圆点前的数字为节数，圆点后的数字为边码，同一节内的边码用逗号相区别。主题词用短横线代替。斜体为出现的主要位置。

续表

续表

– *conducti*	承租之诉	42.3;83,16;又见 *conductor*
– *confessoria*	承认之诉	*28.20*;29.15;51.13;82.10;85.3;86.8
– *de deiectis vel effusis*	倒泼或者投掷之诉	51.28
– *de dolo*	诈欺之诉	*8.35*;29.9;33.16;34.21;39.24;51.27
– *de eo quod certo loco*	确定地点之诉	53.15
– *de in rem verso*	转化物之诉	*49.5,9–10*;83.23
– *de modo agri*	土地面积之诉	24.7,8,9;32.10,15;41.36
– *de pauperie*	动物致损之诉	*50.14*
– *de peculio*	特有产之诉	15.7;*49.5–8*,15;60.16;83.23
– *de pecunia constituta*	第三人清偿允诺之诉	46.2
– *depensi*	保证人追偿之诉	32.15;57.20
– *depositi*	保管之诉	*39.14–16*;*83.14*
– *depositi contraria*	保管对待之诉	39.18
– *de positis vel suspensis*	堆置或者悬挂之诉	51.28
– *de recepto*	承保之诉	46.6
– *de sepulchro violato*	盗毁坟墓之诉	50.1
– *de tigno iuncto*	已安装梁木之诉	26.10;51.9
– *dotis*, *de dote*	返还嫁资之诉	59.26
– *empti*	买受之诉	34.2;*41.17–18*,*30–35*,*45–48*;83.16

续表

续表

– *in factum civilis*	市民法事实之诉	45.4
– *in rem* des Erbbauberechtigten	地上权人的对物之诉	30.6–7
– *in rem* des Erbpächters	永佃权人的对物之诉	30.2,4
– *incerti civilis*	市民法不确定之诉	45.4
– *iniuriarum*	侵辱之诉	*18.7*;26.2;34.15;35.14;*51.23*;83.8
– *institoria*	经理人之诉	49.3,*13–14*
– *institutoria*	设立之诉	57.28
– *iudicati*	已决案之诉	32.18;85.3–4
– *legis Aquiliae*	阿奎利亚法之诉	51.13–18
– *locati*	出租之诉	42.3;83.16;又见 *locator*
– *mandati contraria*	委托对待之诉	44.10;57.21;83.16
– *mandati directa*	委托直接之诉	44.8;83.16
– *momentaria*	临时之诉	21.17
– *negatoria*	否认之诉	23.14,18;*27.23–24*;28.13,20
– *negotiorum gestorum* (*directa*)	(直接)无因管理之诉	44.13.19–20;64.6,8;83.16
– *negotiorum gestorum contraria*	无因管理对待之诉	38.22;44.21;83.16
– *operarum*	劳务之诉	16.15;34.10
– *Pauliana*	保罗之诉	*9.12*
– *pigneraticia*	质押之诉	31.17,36;*39.22–23*

续表

续表

– *sequestraria*	扣押保管之诉	39.21
– *Serviana*	塞尔维之诉	31.20,28.39;85.7
– *spolii*	侵夺之诉	21.20
– *suppletoria*	补充特留份之诉	70.9
– *tributoria*	分配之诉	*49.15*
– *tutelae*	监护之诉	36.14;62.18,*26–29*;83.16
– *tutelae contraria*	监护对待之诉	62.29;83.16
– *utilis* des Zessionars	受让人的扩用之诉	55.5,7,8
– *venditi*	出卖人之诉	41.17,*19*,21;83.16
– *vi bonorum raptorum*	抢劫之诉	51.26
actiones adiecticiae qualitatis	主人责任之诉	49.2;83.22
– *arbitrariae*	仲裁之诉	8.32,35;9.3;*27.17*;34.13;*75.7*;83.2,18;86.6,8;88.12
– *civiles*	市民法之诉	4.9;33.4
– *contrariae*	对待之诉	38.20
– *ficticiae*	拟制之诉	3.16,26;27.29;33.5;83.2,19;85.7;86.7
– *honorariae*	荣誉法之诉	4.9;33.5
– *in factum conceptae*	事实之诉	3.26;33.2,5;38.15;*45.1*,*4*;51.14,15;82.4;83.2,*14*

续表

续表

续表

续表

续表

续表

Annahmeverzug	受领迟延	见 Gläubigerverzug
Anschwemmung	淤积地	26.11
Anspruch	请求权	4.6,7;87.7
Anstalt	机构	17.12
Anstiftung	教唆	50.9
antichreisis	用益质	31.15,32
Antrag	要约	8.20,21
Antritt der Erbschaft	接受遗产	见 Erbschaftsantritt
Anwachsung	增添	23.25;65.25;68.6;71.11;73.7,8;76.15,16
Anwalt	律师	见 *advocatus*
Anwartschaft	期待	10.18;31.26;41.16
– des bedingt Berechtigten	附条件权利人的期待	10.9
Anweisung	指示	48.7;54.9
apocha	收据	53.3
apólides	无城邦人	3.11
apóstoli	移送案件报告	87.11
appellatio	上诉	见 Berufung
apud acta	在官府前	7.36
apud iudicem(Verfahren)	裁判审(程序)	80.9;82.33;84.1–14;87.1
aquae haustus	汲水权	28.5
aquaeductus	引水权	28.5

续表

续表

续表

续表

Beauftragter	受托人	34. 31
bedingt Freier	待自由人	见 *statuliber*
Bedingung	条件	9. 10;*10. 1 – 16*;41. 22
– , auflösende	解除条件	*10. 11 – 15*;67. 8;68. 8
– , aufschiebende	停止条件	10. 2,3;68. 8,9;76. 19;77. 8
– , stillschweigende	默示条件	见 *condicio tacita*
– , unechte	不真正条件	10. 6
– , widerspruchsvolle	不一致的条件	10. 7
Bedingungseintritt	条件成就	10. 5,9
Befreiungsvermächtnis	免除遗赠	76. 6,7
befristete Klagen	附期限的诉	4. 11;50. 15;51. 23
Befristung	期限	10. 12,14,*17 – 18*;76. 19;77. 8
– , auflösende	解除期限	10. 18;68. 8
– , aufschiebende	停止期限	10. 18;68. 8
Begünstigung	包庇	51. 1
beiderseitiges Gehör	两造听审	80. 5
Beihilfe	帮助	50. 9
beneficium abstinendi	拒绝继承的法律利益	71. 3,7;72. 8;74. 4;又见 Ausschlagung
– cedendarum actionum	诉讼转让的法律利益	57. 22,25,26

续表

续表

– ,fehlerhafter	瑕疵占有	21.8,11
– Übergang im Erbfall	继承时的占有移转	20.10;21.9
Besitzdiener	占有辅助人	19.18;20.6
Besitzer,redlicher	占有人,善意占有人	26.6;27.20 – 21
– ,selbständiger u. unselbständiger	独立占有人和非独立占有人	19.18
– ,unmittelbarer und mittelbarer	直接占有人和间接占有人	19.18
– ,unredlicher	恶意占有人	27.19 – 20;75.9
Besitzerwerb	占有取得	*20.1 – 6*
Besitzesrechtsklage	占有权诉讼	27.29
Besitzkehr	占有取回	36.11
Besitzkonstitut	占有改定	见 *constitutum possessorium*
besitzloses Pfand	非占有质	31.14,18 – 20,31,37,41
Besitzpfand	占有质	31.14 – 15,18,31;39.22
Besitzschutz	占有保护	*21.1 – 20*
Besitzverlust	占有丧失	*20.7 – 9*
Besitzzeit,Hinzurechnung der	占有时间,添附	21.9
Bessergebotsklausel	择优条款	见 *in diem addictio*
Bestattung	葬埋	23.2

续表

续表

– *ereptoria*	夺取财产	71.15
– *materna*	母亲遗产	23.9;25.19;29.18;60.20,40
– *paterna avitaque*	父亲和祖父的遗产	64.10
– *vacantia*	无人继承的遗产	66.19
bonae fidei iudicia	诚信审判	2.13;3.16;31.12–13;33.4,9,*11–19*;36.13–14,19;37.6;38.22;53.27;75.1;77.6;80.17;*83.15,16*
bona fides	善意;诚实信用	25.11–12,15,17,18;48.3
bona fide serviens	表见奴隶	11.6–7
boni mores	善良风俗	9.9
bonitarisches Eigentum	裁判官法所有权	*22.9*,12;24.7,10;25.11;26.4;27.25–26,30;31.16,35;41.17
bonorum emptor	财产买受人	53.29;83.19;85.6,7
– *possessio*	裁判官法遗产占有	65.17–21,75.15
– – *contra tabulas*	违反遗嘱的裁判官法遗产占有	69.6–10
– – *cum re*,*sine re*	胜诉的裁判官法遗产占有,不胜诉的裁判官法遗产占有	65.20

续表

续表

续表

续表

续表

续表

续表

续表

– ob rem dati	给予目的不达请求返还之诉	10.21;41.17;45.1,7;48.24;59.17;79.1
– ob turpem vel iniustam causam	污秽或者不法原因请求返还之诉	48.24
– possessionis	请求返还占有之诉	48.9
– pretii	请求返还价款之诉	48.10,19
– sine causa	无原因请求返还之诉	48.25
condominium	按份共有	23.22
conductor	承租人	42.4,12 – 13(使用承租人,用益承租人),23(受雇人),27(承揽人)
confarreatio	共食婚	6.4;58.34,49
confessio in iure	当庭承认	32.14,18;82.10;84.6;85.3;87.9
confinium	地界	23.20,23
confirmatio	确认	62.9,10(监护人);68.22ff.(遗嘱附书)
confusio	混合,混同	23.22;26.15;28.19;31.30;53.32;56.7 又见 Vereinigung
coniunctim(Legat)	合并(遗赠)	76.16
coniunctio re, verbis, re et verbis	同份额合并,同文句合并、同份额同文句合并	73.8

续表

续表

续表

续表

续表

续表

Dereliktion	抛弃	15. 19;23. 25;*26. 4*
Deszendentenkollation	直系卑血亲合算	73. 12
Detention	持有	*19. 16 – 19*
Detentor	持有人	19. 17;20. 5,6;27. 8;29. 7;39. 11,17;42. 13
detestatio sacrorum	家庭圣所	60. 25
dicta	保证	41. 31,39 – 40,45
Diebstahl	盗窃	25. 5;36. 15;51. 1 – 9
– ,offenkundiger,nicht offenkundiger	现行盗窃,非现行盗窃	51. 2 – 3,5
Dienstbarkeit	役权	7. 18;28. 2;又见 Servitut(en)
Dienstleistungspflicht als Grundstückslast	劳务义务作为土地负担	23. 4
Dienstvertrag	雇佣合同	42. 1,4,19 – 24
dies	期限	10. 17
– *a quo*	起始日	10. 22
– *cedens*	实现日	76. 13,20;77. 5,8
– *certus*	特定期限	76. 13
– *certus an et quando*	确定期限	10. 17
– *certus an,incertus quando*	不确定期限	10. 17
– *incertus an certus quando*	发生与否不确定但时期确定的期限	10. 17

续表

续表

续表

续表

– minderen Rechts	次等婚姻	58.52
Ehebewuβtsein	婚姻意识	58.2
Ehebruch	通奸	58.31,40,47,48; 59.20
Ehegatten	配偶	51.8;58.20;65.11; 66.11,16
Ehegebote	婚姻命令	3.18;58.26–28
Ehegesetze(Augustus)	(奥古斯都)婚姻法	*58.25–29*;59.4; *71.11–14*;73.8; 76.16;77.5
Ehegewalt	夫权	见 *manus*
Ehehindernisse	婚姻障碍	58.17–24;又见 Ehevoraussetzungen
eheliche Kinder	婚生子女	*60.22–23*;61.5–8
Ehelosigkeit	未婚	58.28
Eheschenkung	婚姻赠与	59.29–31
Eheschlieβung	结婚	58.32–33;59.1–7
Eheverbote	婚姻禁令	58.16,18–31,51; 又见 Ehevoraussetzungen
Eheversprechen	婚约	58.11
Ehevoraussetzungen	婚姻前提	58.14–31;又见 Ehehindernisse, Eheverbote
Ehre,Minderung der	名誉减等	13.13
Eid	宣誓	见 *iusiurandum*, *sacramentum*

续表

续表

续表

续表

– *spei*	希望买卖	见 Hoffnungskauf
– *venditio*	买卖	38. 11;*41. 1 – 51*
Endtermin	终期	10. 18
Enteignung	征收	*23. 6*
Enterbung	剥夺继承权	65. 6;67. 5;69. 1, 3 – 5,11
entgangener Gewinn	所失利益	35. 9;37. 9
Entmündigung	宣告禁治产	14. 16,17;64. 9
– wegen Verschwendung	因浪费宣告禁治产	14. 16
Entmündigungsformel	宣告禁治产程式	14. 17
Entwehrung	追夺占有	41. 25
epibolé	强制负担	23. 4
episcopalis audientia	主教听审	88. 22
epistula Hadriani	哈德良的书信	57. 16,22
Erbanwartschaft	继承人期待	60. 12;71. 2
Erbbaurecht	地上权	4. 13;*30. 6 – 7*
Erbeinsetzung	指定继承人	65. 14;67. 5;68. 3, *5 – 11*,25
– , bedingte	附条件指定继承人	10. 7
Erbeinsetzungstestament	指定继承人遗嘱	65. 6 – 9;67. 5; 73. 4;又见 Manzipationstestament
Erbengemeinschaft	继承人共同体	23. 21;43. 14;66. 1ff. ;73. 1 – 13
Erbenhaftung	继承人责任	74. 1 – 8

续表

续表

Erbunwürdigkeit	继承不配	71. 15
Erbvertrag	继承合同	65. 23
Erbverzicht	抛弃继承	65. 23
ercto non cito	不分割的	见 Gemeinschaft *ercto non cito*
Erfolgshaftung	结果责任	36. 6
Erfüllung	履行,清偿	52. 1;*53. 1 – 16*
Erfüllungsgehilfe	履行辅助人	*36. 25*
Erfüllungsort	清偿地点	*53. 14 – 15*
Erfüllungszusage	清偿允诺	见 *constitutum debiti*
Erkenntnisverfahren	审判程序	80. 4,6,7 – 8
Erklärungsbewuβtsein	表示意识	8. 1 – 3
Erklärungstheorie	表示理论	8. 1
Erlaβ	免除	52. 7 – 8;*53. 17 – 21*
Erlaβ – *pactum*	免除简约	38. 13;52. 4
Erlöschen der Schuld	债务消灭	*52. 1 – 8*;*53. 1 – 34*; *54. 1*
Ermächtigung	授权	11. 8f. ;49. 10; 53. 5;54. 9;55. 3 – 4
Ermessensprüfung	个案审查	82. 4
error	错误	*8. 20*
– *facti*	事实错误	8. 27
– *in corpore*	实物错误	8. 22
– *in materia*	材料错误	8. 22

续表

续表

Erwerbsgründe, Zusammentreffen von	取得原因竞合	53.33
Erwerbstitel	取得名义	19.8-9
Erwerbsunfähigkeit	无取得能力	71.11
Ethisierung des Rechts	法律伦理化	8.18
Eviktion	追夺占有	41.9,17,*25*,26,29,33
Eviktionsprinzip	追夺占有原则	41.17
Ewigpacht	永久用益租赁	42.16
ex fide bona	基于信义诚实	33.11;34.15
exceptio	抗辩	2.11,12;*4.10*;80.14;82.9;83.2,*26*,27;87.8;88.8
– *dilatoria*	延期抗辩	4.10
– *doli*	诈欺抗辩	2.12;4.10,15;8.36;9.2;22.9;26.20;27.21,31;28.8;29.13;*33.18-19*;36.7,14;37.18;38.22;40.10;53.21,30;54.2,15;57.11,22;65.19;75.11;76.21
– *doli praesentis*	现时诈欺抗辩	33.19
– *doli praeteriti*	过去诈欺抗辩	33.19
– *dominii*	市民法所有权抗辩	27.26
– *iurisiurandi*	宣誓抗辩	82.8

续表

续表

Exkusationsrecht	拒绝权	见 Ablehnungsrecht
expensilatio	支出	40.15
expromissio	债务承担	41.26;55.9
exsecutor	执达吏	87.12;88.4,12
extranei heredes	家外继承人	66.6 – 10;71.1,4;72.1
extraordinaria cognitio	非常公职审判	2.19;4.9;42.20;50.5;77.2;80.21;82.21;84.10;87.2
facere	行为	34.1;35.5
factum	事实	83.3,14
facultas restituendi	返还可能	27.8
Fahrlässigkeit	过失	*36.9 – 10,18 – 25*
–,objektiver Maβstab	过失的客观标准	36.23 – 24
Fälligkeit	到期	37.7;53.12,13
Fallrecht	案例法	2.5,28
falsa demonstratio	错误称谓	8.15 – 17
Falzidische Quart	法尔齐迪亚四分之一份额	76.24;77.10;78.5 – 7
familia	家庭	1.4;*12.1 – 7*;66.1;67.5
– *pecuniaque*	家庭财产	22.5 – 6
familiae emptor	家产买受人	67.3 – 7,18
Familie	家庭	见 *familia*

续表

续表

续表

续表

续表

续表

Fund	发现	26.5
Furcht	胁迫;恐惧	见 *metus*
furiosus	精神病人	14.15
Fürsorgepflicht	救济义务	42.22
furtum	盗窃	51.*1*-*7*,8
-*manifestum*	现行盗窃	32.7;51.2
-*possessionis*	窃占	51.1
-*sui*	自盗	15.22
-*usus*	窃用	51.1
Gaius, Institutionen	盖尤斯《法学阶梯》	1.10,46,47;2.27;80.3
Garantie	担保	36.23,26;42.8,27;46.6;57.18
Garantiestipulation	担保要式口约	41.37,43
Gastrecht	宾客权	13.5
Gattungskauf	种类买卖	*41.8*
Gattungsschuld	种类债务	34.10,*19*-*25*;53.14
-, begrenzte	限定种类债务	*34.22*;41.8
Gebäudeeinsturz	建筑物坍塌	23.17
Gebäudeservituten	建筑物役权	28.2-4,*6*
Gebrauch	使用	29.1,5
Gebrauchsrecht	使用权	19.5;29.*20*,21

续表

续表

续表

续表

Gesellschafterklage	合伙之诉	见 *actio pro socio*
Gesellschaftsvermögen	合伙财产	17.4;43.9,14,18
Gesetze, vorjustinianische	前优士丁尼法律	1.48
Gesetzesumgehung	规避法律	9.8
Gesetzgebung	立法	2.5,8,*10*
Gesicht	面容	*15.25*
Gestaltungsklage, – urteil	形成之诉,形成判决	4.7;23.28ff.;83.24;84.8
Gestaltungsrechte	形成权	4.1;53.25
Geständnis	自认	84.6
Gestellungsbürgen	出庭保证人	见 *vades*
Gestellungsbürgschaft	出庭保证	57.3
Gestellungsversprechen	出庭约定	7.21
Gewährleistungsausschluβ	排除瑕疵担保	41.43
Gewährschaft	担保	*7.7*
Gewalt	不可抗力	见 höhere Gewalt
Gewaltdelikte	暴力私犯	51.25–26
gewaltfreie Ehe	自权人婚姻	58.9,37–38,41;59.4;65.11
gewaltfreie Personen	自权人	12.8
Gewaltunterworfene	他权人	49.1–4;50.12–13
Gewaltverbot	禁止暴力	1.31;8.30–31;21.1,6–14,17–20;86.4

续表

续表

habere licere	出卖物占有	*41. 17*
habitatio	居住权	见 Wohnrecht
Haftung	责任	*32. 20,22*
– *cum,pro viribus hereditatis*	以标的为限的责任,以价值为限的责任	74. 8
– ,persönliche	人的责任	32. 3;52. 4
Haftungsausschluβ	责任排除	46. 7
Haftungsbeschränkung, – verschärfung	责任限制,责任加重	27. 19;32. 22;37. 4,8,19;75. 12;82. 27
Haftungsgeschäfte	责任行为	32. 10
Haftungslösung	责任解脱	24. 11;35. 3;38. 13;39. 2;*52. 4*
Handelsrecht	商法	1. 2
Handlung, (un –) vertretbare	(不)可替代行为	18. 12
Handlungsfähigkeit	(广义)行为能力	*14. 1 – 17*
Hausbuch	家庭收支簿	40. 14
Hauserben	自家继承人	65. 5;66. 1 – 5;71. 2;72. 1
Hausgemeinschaft, fortgesetzte	继续存在的家庭共同体	12. 9;43. 2;73. 1
Hausgericht	家庭法庭	60. 2,3
Hausgrundstück	房地	29. 14

续表

续表

续表

续表

imperium	治权	2.11
improbus intestabilisque	不能作为证人	13.13
impuberes infantia maioers	未适婚大幼儿	14.4,10;62.20;82.6
impubes	未适婚人	14.2;20.4
in bonis	裁判官法所有权	22.9
in bonum animae	拯救灵魂	65.13
in diem addictio	择优解除简约	41.49
in integrum restitutio	恢复原状	2.11;9.3,11;14.8–9;59.3;60.27;83.19;84.9;86.7–9;87.7
in iure(Verfahren)	法律审	80.9,11;82.1–33;87.1
in iure cessio	拟诉弃权	6.3;7.1,*16*–*19*;15.9;16.2;22.6,9;24.9,14;27.4;28.12,17;29.10,13;31.7,8;48.13;60.32;72.6
–*hereditatis*	遗产拟诉弃权	72.5–6
in ius vocatio	传唤出庭	82.2–3;又见 Ladung
in solidum	全部给付	56.4
incertum als Leistungsgegenstand	不确定标的作为给付标的	34.14–15;35.9;37.5,20;40.2
indebitum solutum	非债清偿	24.11;38.7;48.14

续表

续表

institor	经理人	11.8,12;*49.13-14*
institutio ex re certa	对特定标的的指定继承人	65.14,15;*68.7*
Institutionen	《法学阶梯》	1.*20*,42,43;2.24
Institutionensystem	法学阶梯体系	2.27
instrumenta dotalia	嫁资文书	58.32;59.16
-publica	公共文书	7.34-36
-publice confecta	公共确认文书	7.34
instrumentum	文书,从物	7.25;18.15
insula in flumine nata	河流中生长出的岛屿	26.12
-in mari nata	海洋中生长出的岛屿	26.2
intentio	请求	83.6,8
intercedere	债务承担;干预	57.27;84.10
interdicere	禁止	21.6
interdicta adipiscendae possessionis	获得占有令状	*21.1*
-duplicia	双重令状	*21.11*
-prohibitoria	禁止性令状	21.3,6,*7-12*;28.21;86.4,5
-recuperandae possessionis	回复占有令状	*21.4*
-restitutoria	恢复令状	21.4,6,*13-16*;86.4
-retinendae possessionis	维持占有令状	*21.3*

续表

续表

续表

续表

iudex	审判员	80.9,12－13;81.7;82.13－14;84;又见Beamterrichter,Richter
－datus,pedanus	指定审判员,助理审判员	80.21;87.2,3
－,qui litem suam fecit	履行职务中侵权的审判员	51.28
iudicare iubere	审判命令	82.28
iudicatum facere oportere	有义务行为判罚之事	54.7;84.14
iudicatus	受判罚人	85.3
iudicem addicere	批准法官	82.18
iudicia stricti iuris	严格法审判	33.9
iudicium	判决法庭;审判	82.7,13－17,18－22
－contrarium	对待审判	38.21
－dare,accipere	指定判决法庭,接受判决法庭	82.19－20
－imperio continens	依职权审判	80.20;82.25
－legitimum	法定审判	54.7;80.20;82.25
－rescissorium	废止诉讼	86.7
－secutorium(sive Cascellianum)	后续程序(卡斯克利程序)	86.6
iura in re	物权	28.22
－praediorum rusticorum	乡村地役权	见 Feldservituten
－praediorum urbanorum	城市地役权	见 Gebäudeservituten

续表

续表

– postliminii	复境权	15.17
– praetorium	裁判官法	2.8,11 – 17
– privatum	私法	1.2;*3.4 – 7*
– prohibendi	否决权	23.18,21,*26 – 27*
– protimiseos	优先权	见 Vorkauf
– publicum	公法	3.*4 – 7*,8,14;17.5
– Quiritium	奎里蒂法	7.2
– sacrum	神法	3.8
– singulare	个别法	3.28
– tollendi	去除权	26.10;27.21;59.27
– trium, quattuor liberorum	三、四子女权	58.27
– vetus	旧法	2.25
– vitae necisque	生死权	58.7;60.3,25
iusiurandum	宣誓	82.8;84.6;87.9;88.9
– calumniae	不中伤宣誓	88.6
– deferre, referre	提出要求宣誓,反提出要求宣誓	82.8
– in litem	诉讼估价宣誓	27.17;34.13;83.18
– necessarium, voluntarium	强制宣誓,自愿宣誓	82.8;85.3
iussum	授权	11.9,15;44.6;49.10
– de restituendo	向原告恢复原状	27.17

续表

续表

续表

续表

续表

续表

续表

续表

Leihe	使用借贷	38.7－8;39.3,*10－13*
Leistung an Dritte	向第三人给付	53.5－8
－an Erfüllungs Statt	代物清偿	见 *datio in solutum*
－durch Dritte	由第三人给付	53.4;又见 Drittlösung
Leistungsbestimmung durch Dritte	由第三人确定给付	34.4;41.13
Leistungsgefahr	给付风险	34.20－22;41.20
Leistungsgegenstand	给付标的	34;*53.9－11*
Leistungsklage,－urteil	给付之诉,给付判决	4.7,8;84.8;85.2,11
Leistungspflicht	给付义务	32.20－21
Leistungszeit	给付时间	*53.12－13*
lex	法	7.9;8.10;又见 *leges*
－*Aebutia*	《埃布提亚法》	80.18
－*Aelia Sentia*	《埃利亚和森提亚法》	3.11;16.11
－*Anastasiana*	《阿纳斯塔修斯法》	55.7
－*Apuleia*	《阿普雷亚法》	57.6,9
－*Aquilia*	《阿奎利亚法》	15.2;36.3;*51.10*;57.1
－*Atilia*	《阿提利亚法》	62.12;63.4
－*Atinia*	《阿提尼亚法》	25.*5*,*8*,17－18,20
－*Canuleia*	《卡努雷亚法》	58.17
－*Claudia*	《克劳迪亚法》	63.3

续表

续表

续表

续表

– – *operis irregularis*	不真正劳务成果租赁	42.30
– – *rei*	物的租赁	42.5,6 – 18;又见 Miete,Pacht
locatio perpetua	永久用益租赁	30.3 – 5;42.16
locator	出租人	42.4,8 – 11(作为使用出租人/用益出租人),23(作为雇佣人),28 – 29(作为定作人)
Lohnarbeit	雇佣劳动	42.1,19
Lohngefahr	酬金风险	42.24(雇佣合同),28 – 30(承揽合同)
longa manu traditio	长手交付	20.2
longi temporis praescriptio	长期时效期间	4.14;15.20;22.10;*25.14 – 17*;28.16,18;29.12;31.30
longissimi temporis praescriptio	最长时效期间	25.18
Lösegeld	赎金	15.17;32.6
Lösungsrecht	赎回权	60.7
Lösungssumme	赎金金额	32.16 – 20
lucida intervalla	清醒期间	14.15
lucrum cessans	所失利益	35.9,10
Luxusbekämpfung	反对奢侈	23.2;47.8;76.2,23
Machtbereich	控制范围	20.7
Magie	神秘	6.2

续表

续表

续表

续表

续表

续表

mutuum	消费借贷	*39. 3 – 7*
Nachbarrecht	相邻权	*23. 10 – 20*
Nacherbschaft	后位继承	65. 14;68. 8;78. 1,7
nachgeformte Geschäfte	模仿行为	*6. 3*;7. 4
Nachklassik	后古典时期	1. 12,15,23;2. 21,23
–,frühe	后古典早期	1. 23;2. 22
Nachlaβ,erbloser	遗产,无人继承的	66. 19,21;77. 4
Nachlaβbesitz	遗产占有	见 *bonorum possessio*
Nachlaβkonkurs	遗产破产	66. 19;71. 3,7
Nachlaβverbindlichkeiten	遗产债务	71. 7;74. 1 – 2;又见 Erbenhaftung
nasciturus	胎儿	13. 7
natalium restitutio	出身复原	16. 16
natura actionis	诉的性质	33. 3
– contractus	合同性质	33. 3
naturalis obligatio	自然之债	15. 11;31. 21;*33. 6 – 8*;39. 7;49. 1 – 2,6;60. 14
– possessio	自然占有	19. 16,21
– ratio	自然理性	*3. 17*;26. 1,6;29. 17
Naturalkomputation	自然计算法	10. 22
Naturalleistung	自然给付	35. 1,3,5;86. 6,8
Naturalobligation	自然之债	见 *naturalis obligatio*

续表

续表

续表

续表

obsignatio	密封	53.16
occupatio	先占	15.16;24.1;26.*2*–*4*,5,18
Offenkundigkeit	显而易见	32.15
öffentliche Urkunden	公共文书	见 *instrumenta publica*
öffentliches Recht	公法	3.4–7,14;17.9
Öffentlichkeit	公开性	80.5
onera matrimonii	婚姻负担	59.8
ope exceptionis	由于抗辩	52.3
operae animalium	牲畜劳动力	29.21
– *liberti*	释放自由人劳务	*16.15*;42.21;69.10
– *servorum*	奴隶劳务	29.21
operarum promissio	劳务承诺	38.9
operis novi nuntiatio	新建筑异议	23.18
oportere	义务	33.4
– *ex fide bona*	基于信义诚实的义务	3.16
opus metalli	强制劳动	31.26
oratio principis	元首诏书	2.10
– *Severi*	《塞维鲁斯诏书》	62.19;64.5
Organschaft	机关	*11.3*;17.2,4
Ortsgebrauch	地方惯例	3.2
Ortsgewohnheiten	地方习惯	3.21
Ostprovinzen	东部行省	3.21

续表

续表

Pandektistik	学说汇纂法学	1. *34*, 40, *57*; 3. 23
Parapherna	嫁资外财产	59. 32
parens manumissor	释放父亲	60. 37; 62. 7; 63. 3; 66. 10
Parentelenordnung	亲系继承制度	66. 24
parricidium	杀人罪	36. 7
pars dominii	部分所有权	29. 2
– *pro diviso*	可分部分	18. 14; *23. 23*; 26. 12
– *pro indiviso*	按份部分	*23. 22 – 25*; 29. 4; 73. 5
Parteiaussage	当事人陈述	84. 6
Parteifähigkeit	当事人能力	15. 13; 82. 6
– (Hauskind)	(家子的)当事人能力	60. 11
partitio legata	分割遗赠	76. 6; 78. 2
partus ancillae	女奴所生子女	见 Sklavenkind
Passivdelegation	消极指示	54. 13; 55. 9
Passivlegitimation	消极适格	82. 5; [原物返还之诉(*rei vindicatio*)] 27. 8 – 11; [要求继承之诉(*hereditatis petitio*)] 75. 3 – 5
paterfamilias	家父	1. 4; 12. 2 – 9, 12; 14. 12
patria potestas	父权	4. 4; 12. 4; 22. 2; 58. 15; 60. 1 – 41

续表

续表

Perklusionsrecht des Vermieters	使用出租人锁押权	31.38
permutatio	互易	*41.12*;45.1
perpetua causa	永久原因	28.7
perpetuatio obligationis	债的继续	37.3 – 5,8;48.18
persecutio	追诉	82.4;87.7
Person, juristische	人,法人	13.1,6;*17.1 – 2*,12,14;72.2
–, natürliche	自然人	13.1
persona	人	13.1,6;17.3
personae incertae	不确定人	68.17;77.5
Personalexekution	对人执行	74.3
Personalitätsprinzip	属人法原则	1.18;3.9 – 10
Personalkredit	人的信用	31.1 – 2
Personalservituten	人役权	28.3;29.3,21
Personalvollstreckung	对人执行	31.1 – 2;32.12;*81.10 – 12*;85.1,2,5;87.12;88.16 – 17;又见 Konkurs
Personenverletzung	人身伤害	50.13;*51.15 – 24*
persönliche Klagen	对人之诉	4.5
Persönlichkeitsrecht, allgemeines	一般人格权	51.24
Persönlichkeitsverletzung	人格侵害	51.20,23
Perzeption	感知	26.7;29.4;42.6

续表

续表

Pflichtteilsentziehung	剥夺特留份	70.4
Pflichtteilsergänzungs-anspruch	特留份补充请求权	70.9
Pflichtteilsrecht	特留份权利	65.10;70.1－13
Philosophie	哲学	1.7,11,19,32;2.28;3.2,6,13,17,18;14.7;15.3;18.11;23.3;26.9,18;29.6;33.6;36.24;39.19;41.14;42.20;48.3;63.1
pia causa	慈善团体	17.14
pignoris capio	扣押质物	17.9;31.6,37;81.13;85.1
pignus	质押;质物;质权	31.3,5－6,9,*14－41*;*39.22－25*;又见 Pfandrecht
－*Gordianum*	高尔迪安质押	39.25
plebiscita	平民会议决议	2.10
pluris petitio	过分请求	34.9;53.28,31;83.8;87.7;88.8
poena	罚金	32.7;35.11;50.3
poena temere litigantium	轻率诉讼罚金	32.18;81.5
pollicitatio	单方允诺	47.12
Pönalklage	罚金之诉	见 Bußklage,Strafklage

续表

续表

praedes	保证人	7.21;57.3;81.5
– *litis et vindiciarum*	诉讼保证人	27.5
praediatura	土地质押	31.6
praefecti iure dicundo	执法长官	80.10
praefectus aerarii	金库长官	71.12
praefectus praetorio	大区行政长官	87.3,11;88.3,15
– *urbi*	城市行政长官	87.3,11;88.3,15
praeiudicium	预备审	57.6;60.8;83.25;84.8,12
praelegatum,Prälegat	先予遗赠	76.8
praescriptio acquisitiva	取得时效	4.14
– *extinctiva*	消灭时效	4.14
praescriptiones	时效;前书	4.12;25.16;40.2;48.20;83.27;87.8;88.8,9
– *pro reo*,*pro actore*	为被告利益的前书,为原告利益的前书	83.27
praeses,*praesides*	总督	80.10,22
praestare	供给	34.1
praesumptio iuris(*et de iure...*)	法律推定(和不可以反驳的推定……)	84.5
– *Muciana*	穆齐推定	59.6
praeteritio	疏漏	69.3–10
praetor	裁判官	见 Prätor
praetor fideicommissarius	信托裁判官	77.2

续表

续表

续表

续表

Prozeßverschleppung	诉讼拖延	84. 2;88. 11
Prozeßvertreter(in eigener Sache)	(自己事务的)诉讼代理人	55. 3,10
Prozeßvertretung	诉讼代理	44. 11;82. 29 – 33
Prozeßvoraussetzungen	诉讼前提	82. 6
pubertas	适婚期	14. 8
publicani	包税人	17. 9;85. 7
Publizitätsprinzip	公示原则	18. 9;24. 7
Pupillarsubstitution	为被监护人指定补充继承人	68. 10
pupillus	被监护人	62. 1
purgatio morae	迟延涤除	37. 10
Putativtitel	误信名义	24. 12;25. 10
quaestio lance et litio	端盘裸身搜查	51. 2
quanti ea res erit	诉讼标的将来所值价值	34. 13
quanti ea res est	诉讼标的所值价值	35. 8,14
quanti interest	利益总值	34. 13;35. 9;51. 13
quarta divi Pii	神圣皮乌斯的四分之一份额	71. 13
quarta Pegasiana	佩伽苏斯的四分之一份额	77. 10
Quart der armen Witwe	穷寡妇的四分之一份额	66. 22
quasi possessio	准占有	19. 19;28. 21

续表

续表

续表

续表

续表

续表

续表

续表

续表

续表

续表

续表

续表

续表

Sicherungsübereignung	担保性让与	见 *fiducia*(*cum creditore contracta*)
Siebenzeugentestament	七名证人遗嘱	67.9,10
Sittenaufsicht, zensorische	习俗监管,监察官的	23.1
Sittengerichtsbarkeit des Zensors	监察官的习俗监管权	3.3
Sittenwidrigkeit	背俗	3.2;*9.9–10*;10.7;34.3;48.17;58.11,46;60.2
Sklave, flüchtiger	逃亡奴隶	*15.22*;20.8;41.39
Sklaven	奴隶	*15.1–18*;33.7f.;50.12–13;51.10f.;82.6
– im Sakralrecht	神法中的奴隶	15.6
– im Zivilprozeβ	民事诉讼中的奴隶	15.13
–, Geschäfte von	奴隶的营业	49.1–15
–, Geschäftsschulden	奴隶的营业债务	33.7
–, Verfügungsgeschäfte	奴隶的处分行为	15.10
–, Verpflichtungsgeschäfte	奴隶的负担行为	15.11;16.15
Sklavendelikte	奴隶的私犯行为	15.12
Sklavenerwerb	奴隶取得	11.4;15.9
Sklavenflucht	奴隶逃亡	*15.22*
Sklavenkind	奴隶子女	15.5,15;18.16;*29.6*
Sklaverei	奴隶制	*15.1–6*;又见 Sklaven

续表

续表

species	特定物	18.12;32.10;34.19
specificatio	加工	见 Verarbeitung
Spezialexekution	个别执行	85.2,10;87.12;88.12,18
Speziessache	特定物	53.14
Speziesschuld	特定债务	34.10 – 15,19 – 20;37.3
Sphärentheorie	领域理论	42.28
Spiel	赌博	40.5
spoliatio	侵夺	21.20
sponsalia	婚约	见 Verlöbnis
sponsio	誓约	7.20,21;57.3,4,5 – 7,8 – 23;58.10;81.6,7
– *praeiudicialis*	预备审誓约	86.5
Sponsionsbürgeschaft	誓约保证	52.7;54.1,3
Sponsionsprozeβ	誓约诉讼	27.16;75.7;86.5,6
sponsio – stipulatio	誓约—要式口约	32.2,11
sportulae	诉讼费	88.2
Spruchformel	套话程式	5.5;80.7 – 8,14;81.1;82.20
Spruchformen	套话形式	6.1
Spruchgericht	判决法庭	82.7,22;又见 *iudicium*
Staat,römischer	国家,罗马国家	17.2,5

续表

续表

续表

续表

Sühne	赎罪	50. 3, 7, 13
Sünde	罪过	35. 6; 36. 24
sui heredes	自家继承人	43. 2 – 3; 65. 5; 66. 1 – 5, 13, 14; 71. 2 – 3
sui iuris	自权人	12. 8
sukzessive Delation	继承指示	66. 12
summariissimum	简易审查	21. 19
superficies	地上物	26. 10 – 11; 30. 6
superfluum	余额	31. 11 – 12, 15, 28, 36; 39. 22 – 23
supplicatio	申诉	88. 15
Surrogat	代位物	75. 8
Suspensivbedingung	延缓条件	10. 2, 3
suum cuique	应有权利	39. 19
Symbol	象征	24. 6
symbolisches Handeln	象征性行为	6. 2
Symmetrieprinzip	对称原则	6. 4; 53. 23
Synallagma	双务合同	38. 24
syngrapha	契据	40. 19
System des römischen Rechts	罗马法的体系	2. 26 – 28
tabellio	文书记述人	7. 34, 36
tabula picta	已画之板	26. 13

续表

续表

续表

续表

续表

续表

Typengebundenheit	类型约束	33.2
Überbau	越界建筑	23.15
Überfall	越界落果	*23.12*
Übergabe	交付	见 *traditio*
Übergehung	疏漏	69.3－10
Überhang	越界悬伸	*23.11*
Übernahmeverschulden	承担性过错	36.23
Überschuldung	债务超过	49.15
Umdeutung	转换	见 Konversion
Umgehung des Gesetzes	规避法律	9.8
Umladungsverbot	转装禁止	36.4
Umstellung der Subjekte	主体转换	49.4;83.22
Umweltschutz	环境保护	23.19
Unbestreitbarkeit	无可争议性	32.12－15;80.6
uncia	盎司	34.25
unde cognati, legitimi, liberi, vir et uxor	血亲、法定继承人、子女、夫妻的顺位	66.13－16,17;参见 66.23
Unentgeltlichkeit	无偿	47.2
Unerfahrenheit	没有经验	36.23;43.12
unerlaubte Handlung	侵权行为	50.3
ungerechtfertigte Bereicherung	不当得利	*48.2*
Universalität	普世性	1.1

续表

续表

续表

续表

续表

续表

续表

续表

－，Verfall	承担违约金	40.12
Vertragstreue	合同忠实	39.19
Vertragsverhandlungen	缔约行为	33.16;37.6;41.47
Vertrauenswürdigkeit（Vormund）	违背信义（监护人）	62.24
Vertretung	代理	11.1;见 Stellvertretung
Verursachung	因果关系	36.1,*3－5*
Verwahrung	保管	38.7－8;*39.14－23*
－，uneigentliche	不真正保管;非常保管	*39.20*
Verwaltungsrecht	行政法	2.7
Verwandtschaft，agnatische	亲属，族亲的	12.7;15.5;61.1;又见 *adgnatio*
－，Grade	亲等	12.7
－，kognatische	血亲	12.7;61.1
Verwendungen	费用	27.21;31.13;59.22,27;75.11;又见 Aufwendungen
Verwendungsanspruch	费用请求权	49.10
Verwirkung	失权	21.17;25.1
Verzicht	抛弃	28.17;29.13;31.30
Verzug	迟延	*37.7－18*
Verzugsbereinigung	迟延涤除	*37.10*
Verzugszinsen	迟延利息	34.31;37.9,19;39.9

续表

续表

– *absoluta*	绝对强制	8.31
– *compulsiva*	心理强迫	8.31
– *maior*	不可抗力	35.15,*26*
Völkergemeinrecht	万民法	2.1;*3.12 – 19*
Völkerrecht	国际法	*3.14*
Volksgeist	民族精神	1.33
Volksrechte	民族法	1.14
Volksversammlung	民众会议	60.24,29 – 31
Volljährigkeitserklärung	宣告成年	14.11
Vollstreckbarkeit, unmittelbare	可执行性,直接可执行性	*32.15*;76.5;85.3
Vollstreckung	执行	85
Vorausvermächtnis	先予遗赠	76.8
Vorerbschaft	先位继承	见 Nacherbschaft
Vorkauf	先买	41.51
Vorkaufsrecht	先买权	23.9;30.5
Vorklassik	前古典时期	1.7
Vormund	监护人	11.10;12.10;14.4;34.31;58.21;*62.1 – 30*;*63.1 – 3*
Vormünderin	女监护人	62.15
Vormundschaft	监护	12.10;44.12;*62.1 – 30*
– des Patrons	庇主监护	16.14

续表

续表

Wette	打赌	40.5
Widerruf	撤回	16.16(释放);47.11;79.4(赠与);60.40[脱离父权(*emancipatio*)];68.19-21(遗嘱);76.21(遗赠);77.9(信托)
Wiedereinsetzung in den vorigen Stand	恢复原状	8.31,32;86.9
Wiedereinsetzungsklage	撤销之诉	8.33
Wiederkauf	买回	41.51
Wiederverheiratung	再婚	58.23,24,27,29
Wille, hypothetischer	意思,假定的	8.25
-Wirklicher	真实意思	8.1,4,8
Willensdoktrin	意思主义	8.2
Willenseinigung	意思一致;合意	8.24;又见 *consensus*
Willenserklärung	意思表示	5.1;8.1-3,20
Willensmängel	意思瑕疵	8.20
Willensprinzip	意思原则	8.18
Willensschuld	意定债务	36.24
Willenstheorie	意思理论	8.1
Wirkform	效力形式	6.2
Witwe	寡妇	62.15;63.3;66.22
Wohnrecht	居住权	29.21
Wohnsitz	住所	53.14

续表

续表

著者简介

马克斯·卡泽尔

马克斯·卡泽尔(Max Kaser),1906 年生于维也纳,1997 年逝于萨尔茨堡的埃恩林格,是 20 世纪世界公认的古代罗马私法和罗马民事诉讼法领域最著名的学者。这一声望主要是基于其内容广博的罗马法手册:《罗马私法》(*Das römische Privatrecht*)[第 1 册:古代罗马、前古典和古典法(*Bd. I*:*Altrömisches*, *vorklassisches und klassisches Recht*),1955 年;第 2 册:后古典发展(*Bd. II*:*Nachklassische Entwicklungen*),1959 年;第 2 版,1971 年和 1975 年]和《罗马民事诉讼法》(*Das römische Zivilprozeßrecht*)(1966 年,第 2 版由卡·哈克尔修订,1996 年)。这些作品集中而又均衡地以简洁清晰的语言呈现出国际上罗马法研究的所有知识,并且通过援引古代法律渊源和现代研究的例证进行了说明。这两部手册迄今仍然是从事学术工作的起点。

以优异的成绩完成中学和大学学业并在格拉茨获得博士学位(1928 年)后,卡泽尔于 1931 年赴吉森大学(Universität Gießen),在奥托·埃格尔(Otto Eger)指导下以一篇关于物的返还中责任范围的论文"作为诉讼标的的恢复原状"(*Restituere als Prozessgegenstand*)取得教授资格。1933 年他 27 岁时被任命为明斯特大学(Universität Münster)民法和罗马法教授。他在此工作达 26 年之久,直至(拒绝很多大学的聘约后)1959 年秋季接受汉堡大学(Universität Hamburg)的聘约。1971 年秋季退休之后,他作为荣誉教授任教于萨尔茨堡大学(Universität Salzburg)直至年满 70 周岁,取得了丰硕成果。

卡泽尔 20 世纪 30 年代的作品主要着力于罗马私法领域不断出现的问题。他的研究重点在 40 年代是古代罗马法和法律史,在 50 年代以手册中关于私法的两册论述为顶峰,在 60 年代则是关于民事诉讼法的基本手册。此外,在这个时期卡泽尔对罗马法律渊源研究方法的兴趣不断提高;他在这方面的主要贡献在于消除添加批评的影响(添加批评认为流传下来的法律文本中,主要是《学说汇纂》中,很多可能是古典晚期伪造的,这在当时有些被过分夸大了),并因此而为解释法律渊源重新奠定了可信的并为当代普遍承认的基础。这些新思考使得卡泽尔在 70 年代对私法手册的两册重新修订而形成了第 2 版。此外,其研究生涯中还隐含着另外一方面的思想,它们体现为长篇宏论或者专著,所涉甚广,尤其是专著《万民法》(*Ius gentium*)(1993 年)。此外,他还完成了这本(后来经过罗・克努特尔修订的)《罗马私法》教科书的 16 个版次,撰写了无数思想内容丰富的书评和悼念文章,毕生作品总计为 19 部书和 418 篇其他作品。

为数众多的德国学生和外国学生受到了卡泽尔的激励和鼓舞,开始从事罗马法研究并走上了学术道路,其中有 8 人在他那里取得了教授资格:1950 年弗・施瓦茨,1961 年迪・梅迪库斯,1968 年汉・赫・塞勒,1972 年汉 – 彼・贝内尔,1973 年弗・彼得斯、罗・克努特尔,1976 年卡・哈克尔。当然,因为较长时间随卡泽尔学习居留,还有其他二十余名同行也属于关系密切的弟子之列。在这些人的学术道路的重要阶段,他以其渊博知识提供了持续帮助,以其亲切关怀为他们的科学工作提供了重要帮助。

卡泽尔因其作品而广受赞赏,关于他所获荣誉,可以列出如下:十个国外著名大学的荣誉博士、十所科学院的院士、三部祝贺文集、多枚高级勋章,等等。他是引领国际罗马法学术不可或缺的重要人物,而罗马法在今天法律秩序中以多种方式发挥着无与伦比的作用。

罗尔夫·克努特尔

罗尔夫·克努特尔(Rolf Knütel),1939年生于汉堡,于弗莱堡和汉堡以及(意大利)帕维亚学习法学,1968年以关于罗马法中合同废止的论文“相反合意”(*contrarius consensus*)取得博士学位,1976年以关于罗马法中违约金的论文“罚金要式口约”(*stipulatio poenae*)(1976年版)取得教授资格。他在汉堡大学攻读博士学位和教授资格的学术导师和指导教师是世界著名的马克斯·卡泽尔教授。1977年,克努特尔接受波恩大学(Universität Bonn)民法和罗马法教席的聘约(成为20世纪最著名的德国私法学家维尔纳·弗卢梅的继任人)。尽管曾有图宾根大学(Universität Tübingen)的聘约(1988年),他一直任教于波恩大学。(2005年)退休后,他继续在波恩从事研究。

克努特尔的研究领域涉及罗马法和现行私法、法的历史比较、罗马法在中世纪和近代的影响。他发表过关于(基督教)《圣经》的法律问题以及智利、阿根廷和巴西、路易斯安那州、奥地利和日本法律的作品发表。他的学术之旅遍及世界,也常涉足中国并在中国发表多篇论文。他自始即担任“当代德国法学名著”编辑委员会选题推荐人、顾问。

他发表的学术作品,包括《罗马私法》在内,大约250部(篇)。这些作品对德国(联邦最高法院)的司法和立法均有影响。

克努特尔的主要作品是《民法大全》(*Corpus Iuris Civilis*)的德语翻译。这项工作开始于1986年,起初是与奥·贝伦茨教授、汉·赫·塞勒教授和贝·库皮施教授合作,目前是与托·吕福纳教授和罗士安教授合作。迄今已经出版了5册(拉丁语德语对照本):第1册,《法学阶梯》(*Institutionen*)(1997年第2版,袖珍书2013年第4版),第2册至第5册,《学说汇纂》(*Digesten*)(第1编至第34编,1995年至2012年)。1994年至2009年,他还担任罗马法领域举足轻重的《萨维尼杂志》(Savigny – Zeitschrift)的共同主编。

克努特尔自1998年起成为“北莱茵–威斯特伐利亚科学和艺术学院”(Nordrhein – Westfälische Akademie der Wissenschaften und Künste)成员,自2009年起成为“荷兰王室科学院”(阿姆斯特丹)[Königlich Niederländische Akademie der Wissenschaften (Amsterdam)]成员。他还担任了很多学术杂志的顾问。

译者简介

田士永,1971 年生于河北省深泽县,男,汉族。1990 年 9 月起在中国政法大学学习,1994 年经济法专业本科毕业,获法学学士学位,1997 年民商法专业硕士研究生毕业,获法学硕士学位,2000 年民商法专业博士研究生毕业,获法学博士学位。2000 年 7 月起在中国政法大学任教,现任中国政法大学教授。公开发表《无权处分中的私人自治原则》等论文、译文、研究综述及书评多篇,公开出版《物权行为理论研究》等专著、译著,主编、参编教科书多部。

“当代德国法学名著”计划书目

法哲学·法律理论·法律史

1. 恩吉施:法律思维导论

   K. Engisch:Einführung in das juristische Denken

2. 哈腾豪尔:德国法的思想史基础

   H. Hattenhauer: Die geistesgeschichtlichen Grundlagen des deutschen Rechts

3. 雅科布斯:规范·人格体·社会——法哲学前思

   G. Jakobs: Norm, Person, Gesellschaft-Vorüberlegungen zu einer Rechtsphilosophie

4. 耶林:为权利而斗争

   R. v. Jhering:Der Kampf ums Recht

5. 考夫曼:后现代法哲学——告别演讲

   A. Kaufmann:Rechtsphilosophie in der Nach - Neuzeit

6. 考夫曼/哈斯默尔:当代法哲学和法律理论导论

   A. Kaufmann/W. Hassemer: Einführung in Rechtsphilosophie und Rechtstheorie der Gegenwart

7. 耶林/贝伦茨:法学是一门科学吗?

   R. v. Jhering/ O. Behrends: Ist die Jurisprudenz eine Wissenschaft? - Jherings Wiener Antrittsvorlesung vom 16. Oktober 1868. Aus dem Nachlaß herausgegeben und mit einer Einführung, Erläuterungen sowie einer wissenschaftsgeschichtlichen Einordnung versehen von Okko Behrends

8. 拉德布鲁赫:社会主义文化论

G. Radbruch:Kulturlehre des Sozialismus

9. 萨维尼:历史法学派的基本思想

F. C. v. Savigny:Grundgedanken der historischen Rechtsschule

10. 齐佩利乌斯:法学方法论

R. Zippelius:Juristische Methodenlehre

11. 韦森贝格/韦森纳:晚近德国私法史

G. Wesenberg/ G. Wesener:Neuere deutsche Privatrechtsgeschichte

12. 菲韦格:论题学与法学——论法学的基础研究

T. Viehweg: Topik und Jurisprudenz - Ein Beitrag zur rechtswissenschaftlichen Grundlagenforschung

13. 拉德布鲁赫:法学导论

G. Radbruch:Einführung in die Rechtswissenschaft

14. 克卢格:法律逻辑

U. Klug:Juristische Logik

15. 诺伊曼:法律论证学

U. Neumann:Juristische Argumentationslehre

16. 卡纳里斯:法学中的体系思想与体系思维

C. W. Canaris: Systemdenken und Systembegriff in der Jurisprudenz, entwickelt am Beispiel des deutschen Privatrechts

17. 拉伦茨:法律行为解释之方法

K. Larenz:Die Methode der Auslegung des Rechtsgeschäfts

民商法·经济法

18. 鲍尔/施蒂尔纳:德国物权法(上、下册)

F. Baur/R. Stürner:Sachenrecht

19. 卡纳里斯:德国商法

C. W. Canaris:Handelsrecht

20. 弗卢梅:法律行为论

W. Flume: Allgemeiner Teil des Bürgerlichen Rechts, Band Ⅱ, Das

Rechtsgeschäft
21. 卡泽尔/克努特尔:罗马私法
M. Kaser/R. Knütel:Römisches Privatrecht
22. 克茨:欧洲合同法(上卷)
H. Kötz:Europäisches Vertragsrecht
23. 拉伦茨:德国民法通论
K. Larenz:Allgemeiner Teil des Deutschen Bürgerlichen Rechts
24. 梅迪库斯:德国民法总论
D. Medicus:Allgemeiner Teil des BGB
25. 梅迪库斯:德国债法总论
D. Medicus:Schuldrecht Ⅰ(Allgemeiner Teil)
26. 梅迪库斯:德国债法分论
D. Medicus:Schuldrecht II(Besonderer Teil)
27. 施密德:德国公司法
K. Schmidt:Gesellschaftsrecht
28. 施瓦布:德国民法导论
D. Schwab:Einführung in das Zivilrecht
29. 齐默尔曼:债法——民法传统的罗马法基础
R. Zimmermann:The Law of Obligations - Roman Foundations of the Civilian Tradition
30. 梅迪库斯:请求权基础
D. Medicus:Grundwissen zum Bürgerlichen Recht - Ein Basisbuch zu den Anspruchsgrundlagen
31. 施瓦布:德国家庭法
D. Schwab:Familienrecht
32. 齐默尔曼:德国新债法——历史和比较的视角
R. Zimmermann:The New German Law of Obligations - Historical and Comparative Perspectives
33. 里特纳:欧洲与德国经济法
F. Rittner:Europäisches und deutsches Wirtschaftsrecht

34. 施瓦尔贝/齐默尔:卡特尔法与经济学

U. Schwalbe/ D. Zimmer: Kartellrecht und Ökonomie: Moderne ökonomische Ansätze in der europäischen und deutschen Zusammenschlusskontrolle

35. 科英:欧洲私法

H. Coing:Europäisches Privatrecht

36. 弗莱斯纳:国际私法中的利益法学

A. Flessner:Interessenjurisprudenz im internationalen Privatrecht

37. 瓦尔特曼:德国劳动法

R. Waltermann:Arbeitsrecht

38. 莱波尔德:德国继承法

D. Leipold:Erbrecht

刑法·行政法·国家法·宪法

39. 齐佩利乌斯:德国国家学

R. Zippelius:Allgemeine Staatslehre

40. 毛雷尔:行政法学总论

H. Maurer:Allgemeines Verwaltungsrecht

41. 韦塞尔斯:德国刑法总则

J. Wessels:Strafrecht, Allgemeiner Teil

42. 施莱希/科里奥特:德国联邦宪法法院:地位、程序与裁判

K. Schlaich/S. Korioth: Das Bundesverfassungsgericht. Stellung, Verfahren, Entscheidung

43. 舍恩克/鲍尔/施蒂尔纳/布伦斯:德国强制执行法

A. Schönke/ F. Baur /R. Stürner /A. Bruns: Zwangsvollstreckungsrecht

背景系列

44. 雅科布斯：十九世纪德国民法科学与立法

H. H. Jakobs：Wissenschaft und Gesetzgebung im bürgerlichen Recht nach der Rechtsquellenlehre des 19. Jahrhunderts

45. 克斯勒：马克斯·韦伯的生平、著述及影响

D. Käsler：Einführung in das Studium Max Webers

46. 考夫曼：古斯塔夫·拉德布鲁赫传——法律思想家、哲学家和社会民主主义者

A. Kaufmann：Gustav Radbruch-Rechtsdenker, Philosoph, Sozialdemokrat

47. 克莱因海尔/施罗德：九百年来德意志与欧洲法学家

G. Kleinheyer/ J. Schröder：Deutsche und Europäische Juristen aus neun Jahrhunderten

48. 克尼佩尔：法律与历史——论《德国民法典》的形成与变迁

R. Knieper：Gesetz und Geschichte-Ein Beitrag zu Bestand und Veränderung des
Bürgerlichen Gesetzbuches

49. 格林德曼/里森胡贝尔：二十世纪的德国民法学家

S. Grundmann/ K. Riesenhuber：Deutschsprachige Zivilrechtslehrer des 20. Jahrhunderts in Berichten ihrer Schüler 1-Eine Ideengeschichte in Einzeldarstellungen

图书在版编目(CIP)数据

罗马私法 / (德) 马克斯·卡泽尔，(德) 罗尔夫·克努特尔著 ; 田士永译. -- 北京 : 法律出版社，2018(2019.5重印)
(当代德国法学名著)
ISBN 978-7-5197-0355-4

Ⅰ. ①罗… Ⅱ. ①马… ②罗… ③田… Ⅲ. ①罗马法—私法—研究 Ⅳ. D904.1

中国版本图书馆CIP数据核字(2016)第304375号

罗马私法
LUOMA SIFA

[德]马克斯·卡泽尔
[德]罗尔夫·克努特尔 著
田士永 译

责任编辑 韩满春
装帧设计 李 瞻

出版 法律出版社
总发行 中国法律图书有限公司
经销 新华书店
印刷 三河市龙大印装有限公司
责任校对 王晓萍
责任印制 陶 松

编辑统筹 学术·对外出版分社
开本 A5
印张 33.25
字数 810千
版本 2018年9月第1版
印次 2019年5月第2次印刷

法律出版社 / 北京市丰台区莲花池西里7号(100073)
网址 / www.lawpress.com.cn
投稿邮箱 / info@lawpress.com.cn
举报维权邮箱 / jbwq@lawpress.com.cn
销售热线 / 010-83938336
咨询电话 / 010-63939796

中国法律图书有限公司 / 北京市丰台区莲花池西里7号(100073)
全国各地中法图分、子公司销售电话：
统一销售客服 / 400-660-6393
第一法律书店 / 010-83938334/8335 西安分公司 / 029-85330678 重庆分公司 / 023-67453036
上海分公司 / 021-62071639/1636 深圳分公司 / 0755-83072995

书号：ISBN 978-7-5197-0355-4 **定价**：118.00元